2025年用

共通テスト
過去問

英数国

問題編

■ 共通テストに向けて

共通テストは，高校の教科書程度の内容を客観形式で問う試験です。出題のほとんどは基本を問うものですが，「勉強するべき科目数が多い」「あらゆる分野からまんべんなく出題される」「制限時間内で多くの問題をこなさなければならない」という点から，できるだけ早い時期から段階的に対策をする必要があります。

本書は，共通テスト対策で求められる以下の学習のうち，②の段階での使用を想定しています。

①教科書を中心に基本事項をもれなく押さえる
②共通テストの過去問で出題傾向を把握する
③出題形式・出題パターンを踏まえたオリジナル問題で実戦形式の演習を繰り返し行う

出題傾向を把握するとともに，解答時間を意識して問題を解き，解答解説をじっくりと読んで知識の定着・処理能力の増強を行いましょう。

Z会編集部

特典

令和7年度大学入学共通テスト 試作問題『情報Ⅰ』の解答解説は以下のWebサイトからダウンロードできます。

https://www.zkai.co.jp/books/2025_kakomon_3284/

※『情報Ⅰ』の問題・正解表は、大学入試センターのホームページ（https://www.dnc.ac.jp/kyotsu/shiken_jouhou/r7/r7_kentoujoukyou/r7mondai.html）等でご確認ください。

～ CONTENTS ～

共通テスト攻略法

データクリップ

1 出題教科・科目の出題方法

下の表の教科・科目で実施される。なお，受験教科・科目は各大学が個別に定めているため，各大学の要項にて確認が必要である。

※解答方法はすべてマーク式。以下の表は大学入試センター発表の『令和7年度大学入学者選抜に係る大学入学共通テスト出題教科・科目の出題方法等』を元に作成した。

※『　』は大学入学共通テストにおける出題科目を表し，「　」は高等学校学習指導要領上設定されている科目を表す。

教科	出題科目	出題方法（出題範囲，出題科目選択の方法等）	試験時間（配点）
国語	『国語』	・「現代の国語」及び「言語文化」を出題範囲とし，近代以降の文章及び古典（古文，漢文）を出題する。 分野別の大問数及び配点は，近代以降の文章が3問110点，古典が2問90点（古文・漢文各45点）とする。	90分（200点）
地理歴史 公民	『地理総合，地理探究』 『歴史総合，日本史探究』 『歴史総合，世界史探究』 『公共，倫理』 『公共，政治・経済』 →(b) 『地理総合／歴史総合／公共』 →(a) (a)：必履修科目を組み合わせた出題科目 (b)：必履修科目と選択科目を組み合わせた出題科目	・左記出題科目の6科目のうちから最大2科目を選択し，解答する。 ・(a)の『地理総合／歴史総合／公共』は，「地理総合」，「歴史総合」及び「公共」の3つを出題範囲とし，そのうち2つを選択解答する（配点は各50点）。 ・2科目を選択する場合、以下の組合せを選択することはできない。 (b)のうちから2科目を選択する場合 『公共，倫理』と『公共，政治・経済』の組合せを選択することはできない。 (b)のうちから1科目及び(a)を選択する場合 (b)については，(a)で選択解答するものと同一名称を含む科目を選択することはできない。	1科目選択 60分（100点） 2科目選択 130分 （うち解答時間120分） （200点）
数学①	『数学Ⅰ・数学A』 『数学Ⅰ』	・左記出題科目の2科目のうちから1科目を選択し，解答する。 ・「数学A」については，図形の性質，場合の数と確率の2項目に対応した出題とし，全てを解答する。	70分（100点）
数学②	『数学Ⅱ，数学B，数学C』	・「数学B」及び「数学C」については，数列（数学B），統計的な推測（数学B），ベクトル（数学C）及び平面上の曲線と複素数平面（数学C）の4項目に対応した出題とし，4項目のうち3項目の内容の問題を選択解答する。	70分（100点）
理科	『物理基礎／化学基礎／生物基礎／地学基礎』 『物理』『化学』『生物』『地学』	・左記出題科目の5科目のうちから最大2科目を選択し，解答する。 ・『物理基礎／化学基礎／生物基礎／地学基礎』は，「物理基礎」，「化学基礎」，「生物基礎」及び「地学基礎」の4つを出題範囲とし，そのうち2つを選択解答する（配点は各50点）。	1科目選択 60分（100点） 2科目選択 130分 （うち解答時間120分） （200点）
外国語	『英語』 『ドイツ語』『フランス語』 『中国語』『韓国語』	・左記出題科目の5科目のうちから1科目を選択し，解答する。 ・『英語』は「英語コミュニケーションⅠ」，「英語コミュニケーションⅡ」及び「論理・表現Ⅰ」を出題範囲とし，【リーディング】及び【リスニング】を出題する。受験者は，原則としてその両方を受験する。その他の科目については，『英語』に準じる出題範囲とし，【筆記】を出題する。 ・科目選択に当たり，『ドイツ語』，『フランス語』，『中国語』及び『韓国語』の問題冊子の配付を希望する場合は，出願時に申し出ること。	『英語』 【リーディング】 80分（100点） 【リスニング】 30分（100点） 『ドイツ語』『フランス語』『中国語』『韓国語』 【筆記】80分（200点）
情報	『情報Ⅰ』		60分（100点）

2 2024年度の得点状況

2024年度は，前年度に比べて，下記の平均点に★がついている科目が難化し，平均点が下がる結果となった。

特に英語リーディングは，前年より語数増や英文構成の複雑さも相まって，平均点が51.54点と，共通テスト開始以降では最低の結果となった。その他，数学と公民科目に平均点の低下傾向が見られた。また一部科目には，令和7年度共通テストに向けた試作問題で公開されている方向性に親和性のある出題も確認できた。なお，今年度については得点調整は行われなかった。

		本試験（1月13日・14日実施）		追試験（1月27日・28日実施）
教科名	科目名等	受験者数（人）	平均点（点）	受験者数（人）
国語（200点）	国語	433,173	116.50	1,106
地理歴史（100点）	世界史B	75,866	60.28	1,004（注1）
	日本史B	131,309	★56.27	
	地理B	136,948	65.74	
公民（100点）	現代社会	71,988	★55.94	
	倫理	18,199	★56.44	
	政治・経済	39,482	★44.35	
	倫理，政治・経済	43,839	61.26	
数学①（100点）	数学Ⅰ・数学A	339,152	★51.38	1,000（注1）
数学②（100点）	数学Ⅱ・数学B	312,255	★57.74	979（注1）
理科①（50点）	物理基礎	17,949	28.72	316
	化学基礎	92,894	★27.31	
	生物基礎	115,318	31.57	
	地学基礎	43,372	35.56	
理科②（100点）	物理	142,525	★62.97	672
	化学	180,779	54.77	
	生物	56,596	54.82	
	地学	1,792	56.62	
外国語（100点）	英語リーディング	449,328	★51.54	1,161
	英語リスニング	447,519	67.24	1,174

※2024年3月1日段階では，追試験の平均点が発表されていないため，上記の表では受験者数のみを示している。

（注1）国語，英語リーディング，英語リスニング以外では，科目ごとの追試験単独の受験者数は公表されていない。
このため，地理歴史，公民，数学①，数学②，理科①，理科②については，大学入試センターの発表どおり，教科ごとにまとめて提示しており，上記の表は載せていない科目も含まれた人数となっている。

3 共通テストのスケジュール

受験案内の入手，出願などの流れを，注意すべき点とともに整理する。

受験案内の入手	9月上旬より，希望者に「受験案内」が配付される
↓	
出願	受付期間は9月下旬～10月上旬 (現役生は学校経由で出願)
↓	
登録内容の確認	10月下旬までに「確認はがき」が送られ，志願票記入事項の登録内容についての照合確認をする
↓	
受験票などの到着	12月中旬までに「受験票」などが送られてくる
↓	
受験の準備	受験に必要な準備を行う（受験票・写真票への写真の添付など）。指定された試験会場へのルートも必ず確認しておこう
↓	
本試験の実施	1/13以降の最初の土曜日及び翌日の日曜日に実施される
↓	
正解等の発表	試験問題，正解・配点は，大学入試センターのホームページにて，試験実施後に発表される
↓	
国公立大学出願	1月下旬に国公立大学の個別試験出願 (私立大学の出願時期は大学によって異なるため，各大学の要項などで確認しておこう)

※ 2025年度の詳細は受験案内や大学入試センターのウェブサイト（https://www.dnc.ac.jp/），各大学の要項などで確認してください。

共通テスト攻略法
傾向と対策

英語リーディング

■2025年度の新課程でのテストについて

2022年11月の大学入試センター公表資料で，試作問題第A問・第B問が発表されています。

なお，試験時間と配点については，2023年6月の公表資料では，現行同様です。

●英語リーディング：　80分/100点

	試作問題　英語リーディング	
	第A問	第B問
配点	18点	12点
形式	情報の整理と意見論述の準備	文章の推敲

試作問題の詳しい解説は ☞ P. 10 へ

■過去3年間の出題内容

年度	大問		設問数	配点	本試・問題の概要
2024年度	第1問	A	2	4	語学学校のイベントの案内
		B	3	6	3つの観光ツアーの案内
	第2問	A	5	10	高校の戦略ゲームクラブへの勧誘チラシ
		B	5	10	留学生による旅行保険についてのレビュー
	第3問	A	2	6	フォトラリーのイベントに関するブログ記事
		B	3	9	南の島へのバーチャルツアーに関する学校新聞
	第4問		5	16	英語クラブ室の改善策について
	第5問		5	15	同級生3人が高校卒業後に再会するまでの物語
	第6問	A	4	12	時間の知覚
		B	5	12	トウガラシなどの香辛料が持つ特徴と人体への影響

※設問数は「問」の数でカウントしています。

年度	大問		設問数	配点	本試・問題の概要
2023年度	第1問	A	2	4	劇とミュージカルの案内
		B	3	6	夏の英語キャンプの案内
	第2問	A	5	10	新発売のシューズの広告
		B	5	10	効率的な時間の使い方の調査報告
	第3問	A	2	6	バックパックの詰め方と暖の工夫についてのニュースレター
		B	3	9	「アドベンチャー・ルーム」の創り方についてのブログ
	第4問		5	16	効果的な学習法についての2人の見解の記事
	第5問		5	15	卓球から得た教訓について高校生が書いた文章
	第6問	A	4	12	収集についての記事
		B	5	12	クマムシに関する論説文

※設問数は「問」の数でカウントしています。

年度	大問		設問数	配点	本試・問題の概要
2022年度	第1問	A	2	4	ブラジルの料理本
		B	3	6	キリンの赤ちゃんの名前コンテストの参加要項
	第2問	A	5	10	大学図書館の利用についてのお知らせ
		B	5	10	学校内新聞の記事
	第3問	A	2	6	日本文化体験イベントについてのブログ
		B	3	9	登山チャレンジについての雑誌記事
	第4問		5	16	家電購入のアドバイスについての大学新入生向けのブログ
	第5問		5	15	テレビ発明の特許を巡ってのFarnsworthの伝記
	第6問	A	4	12	朝型・夜型の生活スタイルについての記事
		B	3	12	プラスチックの分類とリサイクルについての記事

※設問数は「問」の数でカウントしています。

特記事項

・大問数・配点は2021年度以降，ほぼ同様です。
・難易度については2023年度に比べ，総語数が6300語近くまで200語弱増加したことと合わせて，平均点も過去最低だったため，難化したと言えます。
・今回，出題傾向や，形式の変更が見られましたが，これは新課程に対応する2025年度実施予定の共通テストに向けての変化とも考えられます。

2024年度の本試出題内容詳細

第1問A・B　（解答目安時間：6分）

2023年度から大きな形式の変化はありません。

第2問A　（解答目安時間：6分）

例年出題される事実と意見を分別する問題は，2023年度同様に「意見」を選ぶもの1問のみでした。また，本文で言及されていないものを選ぶ問題が新たに出題されました。

第2問B　（解答目安時間：6分）

2023年度は本文が2つのエリアに明確に分かれていましたが，2024年度はエリア分けのない一続きの文章でした。

第3問A　（解答目安時間：5分）

2023年度の設問は本文の直接的な記述から判断できるものだったのに対し，2024年度は本文の内容から推測し，応答の適切さを自分で判断する必要があるものでした。

第3問B　（解答目安時間：5分）

2023年度と同様に，時系列に沿って選択肢を並べ換える問題が出題されました。ただし，昨年の選択肢は単なる出来事の記述だったのに対し，2024年度の選択肢はイベントに参加した生徒のコメント（感想）だったため，事実と意見を分別し，解答に必要な情報を的確に判断することが必要でした。

第4問　（解答目安時間：12分）

例年と同じく，2つの資料から情報を読み取る問題が出題されました。資料は，2023年度が記事2つだったのに対し，2024年度は記事とアンケート結果でした。客観的な記事と，主観的なアンケート結果を総合しながら解答する必要がありました。

第5問　（解答目安時間：14分）

物語文を読んでプレゼンテーション用のメモを完成させる問題で，設問形式は2023年度とほぼ同じであるものの，語数が増加しました。加えて，2024年度は3人の人物それぞれについて，約20年間の出来事が時を前後し，場面も頻繁に切り替わりながら話が進められています。英文構成が複雑になった上に語数が大幅に増加したため，情報を整理しながら素早く読み進める必要がありました。

第6問A　（解答目安時間：12分）

2023年度と同様，英文の記事を読んでその内容に関するメモの空欄を埋める問題が出題されました。例年通りの出題のほかに，本文中で述べられている概念に当てはまる具体例を選ぶという新傾向の問題も出題され，本文の内容を正確に理解した上で思考・判断する力が問われました。

第6問B　（解答目安時間：14分）

例年と同じく，本文を読み，アウトラインをまとめる力を問う問題でした。英文自体は2023年度より身近な題材でやや読みやすい印象ですが，難易度の高い語句・表現の理解を必要とする，解きにくい設問も含まれていました。

2025年度の新課程に向けた分析 は
次のページへ ▶▶▶

■令和７年(2025年)度大学入学共通テスト　試作問題の要点分析

試作問題から見える大きな変更の方針

「英語リーディング」で問われている力

・第Ａ問：資料を活用して文章のアウトラインを作成する力
・第Ｂ問：論理構成や展開に配慮して文章を推敲する力

⇒主にライティングにつながる力が問われているのが特徴

問題A Step1 → 2 → 3 と資料を読み進め,「自分」の発表を完成させるために思考する問題

Step1：まず，身近な内容に関する発表テーマについて情報源が５つ提示され，それらの内容を理解します

ポイント①　情報源は Author（筆者）Ａ～Ｅという形で提示されます。

ポイント②　設問では，複数の Author の主張に共通する点や，ある Author の主張から推論できることを解答するものが問われています。

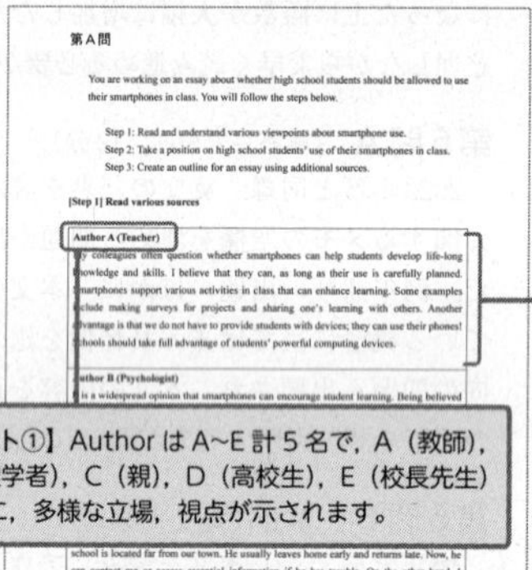

第Ａ問

You are working on an essay about whether high school students should be allowed to use their smartphones in class. You will follow the steps below.

Step 1: Read and understand various viewpoints about smartphone use.
Step 2: Take a position on high school students' use of their smartphones in class.
Step 3: Create an outline for an essay using additional sources.

[Step 1] Read various sources

Author A (Teacher)
y colleagues often question whether smartphones can help students develop life-long owledge and skills. I believe that they can, as long as their use is carefully planned. martphones support various activities in class that can enhance learning. Some examples clude making surveys for projects and sharing one's learning with others. Another vantage is that we do not have to provide students with devices; they can use their phones! hools should take full advantage of students' powerful computing devices.

uthor B (Psychologist)
is a widespread opinion that smartphones can encourage student learning. Being believed

school is located far from our town. He usually leaves home early and returns late. Now, he can contact me or access essential information if he has trouble. On the other hand, I sometimes see him walking while looking at his smartphone. If he is not careful, he could have an accident. Generally, I think that high school students are safer with smartphones, but parents still need to be aware of the risks. I also wonder how he is using it in class.

【ポイント①】Author は A~E 計５名で，Ａ（教師），Ｂ（心理学者），Ｃ（親），Ｄ（高校生），Ｅ（校長先生）のように，多様な立場，視点が示されます。

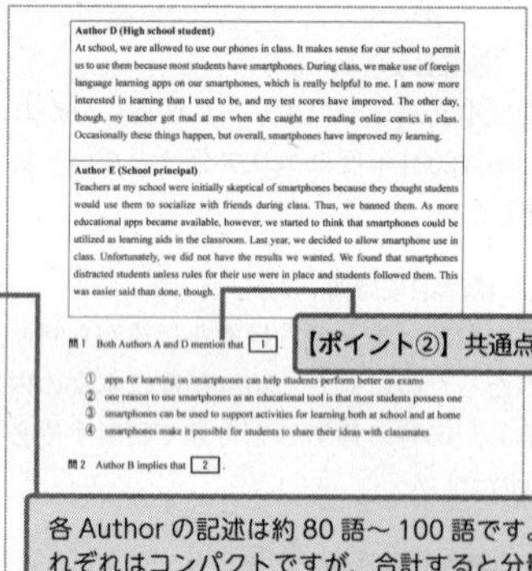

Author D (High school student)
At school, we are allowed to use our phones in class. It makes sense for our school to permit us to use them because most students have smartphones. During class, we make use of foreign language learning apps on our smartphones, which is really helpful to me. I am now more interested in learning than I used to be, and my test scores have improved. The other day, though, my teacher got mad at me when she caught me reading online comics in class. Occasionally these things happen, but overall, smartphones have improved my learning.

Author E (School principal)
Teachers at my school were initially skeptical of smartphones because they thought students would use them to socialize with friends during class. Thus, we banned them. As more educational apps became available, however, we started to think that smartphones could be utilized as learning aids in the classroom. Last year, we decided to allow smartphone use in class. Unfortunately, we did not have the results we wanted. We found that smartphones distracted students unless rules for their use were in place and students followed them. This was easier said than done, though.

問 1　Both Authors A and D mention that [1].

① apps for learning on smartphones can help students perform better on exams
② one reason to use smartphones as an educational tool is that most students possess one
③ smartphones can be used to support activities for learning both at school and at home
④ smartphones make it possible for students to share their ideas with classmates

問 2　Author B implies that [2].

【ポイント②】共通点や推論

各 Author の記述は約 80 語～ 100 語です。それぞれはコンパクトですが，合計すると分量は多いので，要点を押さえましょう。

Step2：次に，「あなたの意見」をまとめます

ポイント　提示されるYour Position（立場）をしっかり理解し，Authorの記述をまとめましょう。

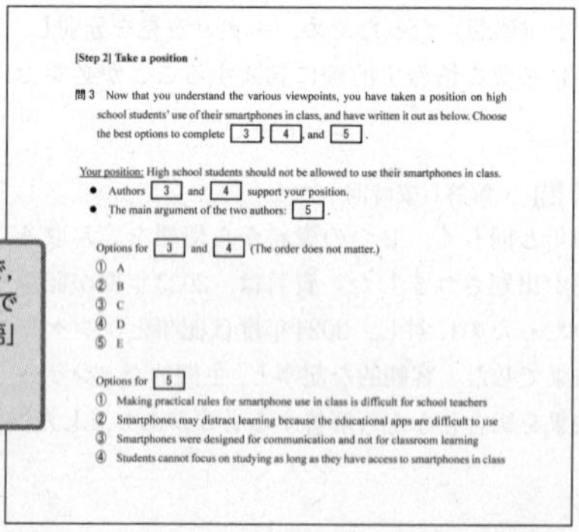

[Step 2] Take a position

問 3　Now that you understand the various viewpoints, you have taken a position on high school students' use of their smartphones in class, and have written it out as below. Choose the best options to complete [3], [4], and [5].

Your position: High school students should not be allowed to use their smartphones in class.
- Authors [3] and [4] support your position.
- The main argument of the two authors: [5].

Options for [3] and [4] (The order does not matter.)
① A
② B
③ C
④ D
⑤ E

Options for [5]
① Making practical rules for smartphone use in class is difficult for school teachers
② Smartphones may distract learning because the educational apps are difficult to use
③ Smartphones were designed for communication and not for classroom learning
④ Students cannot focus on studying as long as they have access to smartphones in class

Step1～３までの総語数は「約1300語」で，現在までの共通テスト 英語リーディングで最長となる2024年度第５問の「約1200語」を超えます。
情報整理の速度が非常に重要になります。

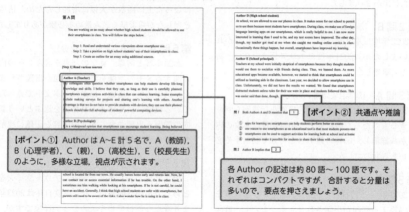

Step3：最後に，発表資料を完成させます

ポイント　Source A（記事）とB（グラフと分析）の内容を踏まえてReason（理由）を完成させます。

[Step 3] Create an outline using Sources A and B

Outline of your essay:

Using smartphones in class is not a good idea

Introduction

Smartphones have become essential for modern life, but students should be prohibited from using their phones during class.

Body

Reason 1: [From Step 2]

Reason 2: [Based on Source A] ……… [6]

Reason 3: [Based on Source B] ……… [7]

Conclusion

High schools should not allow students to use their smartphones in class.

Source A

Mobile devices offer advantages for learning. For example, one study showed that university students learned psychology better when using their interactive mobile apps compared with their digital textbooks. Although the information was the same, extra features in the apps, such as 3D images, enhanced students' learning. It is important to note, however, that digital devices are not all equally effective. Another study found that students understand content better using their laptop computers rather than their smartphones because of the larger screen size. Schools must select the type of digital device that will maximize students' learning, and there is a strong argument for schools to provide computers or tablets rather than to have students use their smartphones. If all students are provided with computers or tablets with the same apps installed, there will be fewer technical problems and it will be easier for teachers to conduct class. This also enables students without their own smartphones to participate in all class activities.

Source B

A study conducted in the U.S. found that numerous teenagers are addicted to their smartphones. The study surveyed about 1,000 students between the ages of 13 and 18. The graph below shows the percentages of students who agreed with the statements about their smartphone use.

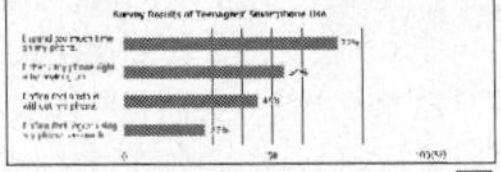

問 4　Based on Source A, which of the following is the most appropriate for Reason 2? [6]

① Apps that display 3D images are essential for learning, but not all students have these apps on their smartphones.
② Certain kinds of digital devices can enhance educational effectiveness, but smartphones are not the best.
③ Students should obtain digital skills not only on smartphones but also on other devices to prepare for university.
④ We should stick to textbooks because psychology studies have not shown the positive effects of digital devices on learning.

問 5　For Reason 3, you have decided to write, "Young students are facing the danger of smartphone addiction." Based on Source B, which option best supports this statement? [7]

① Although more than half of teenagers reported using their smartphones too much, less than a quarter actually feel regret about it. This may indicate unawareness of a dependency problem.
② Close to three in four teenagers spend too much time on their phones. In fact, over 50% check their phones immediately after waking. Many teenagers cannot resist using their phones.
③ Over 70% of teenagers think they spend too much time on their phones, and more than half feel anxious without them. This kind of dependence can negatively impact their daily lives.
④ Teenagers are always using smartphones. In fact, more than three-quarters admit to using their phones too much. Their lives are controlled by smartphones from morning to night.

問題B　「自分」の書いた作文を添削してもらい，アドバイスに沿って英文を修正する

第B問

In English class you are writing an essay on a social issue you are interested in. This is your most recent draft. You are now working on revisions based on comments from your teacher.

Eco-friendly Action with Fashion	**Comments**
Many people love fashion. Clothes are important for self-expression, but fashion can be harmful to the environment. In Japan, about 480,000 tons of clothes are said to be thrown away every year. This is equal to about 130 large trucks a day. We need to change our "throw-away" behavior. This essay will highlight three ways to be more sustainable.	
First, when shopping, avoid making unplanned purchases. According to a government survey, approximately 64% of shoppers do not think about what is already in their closet. (1)∧ So, try to plan your choices carefully when you are shopping.	*(1) You are missing something here. Add more information between the two sentences to connect them.*
In addition, purchase high-quality clothes which usually last longer. Even though the price might be higher, it is good value when an item can be worn for several years. (2)∧ Cheaper fabrics can lose their color or start to look old quickly, so they need to be thrown away sooner.	*(2) Insert a connecting expression here.*
Finally, (3)<u>think about your clothes</u>. For example, sell them to used clothing stores. That way other people can enjoy wearing them. You could also donate clothes to a charity for people who need them. Another way is to find a new purpose for them. There are many ways to transform outfits into useful items such as quilts or bags.	*(3) This topic sentence doesn't really match this paragraph. Rewrite it.*
In conclusion, it is time for a lifestyle change. From now on, check your closet before you go shopping, (4)<u>select better things</u>, and lastly, give your clothes a second life. In this way, we can all become more sustainable with fashion.	*(4) The underlined phrase doesn't summarize your essay content enough. Change it.*

Overall Comment:
Your essay is getting better. Keep up the good work. (Have you checked your own closet? I have checked mine! ☺)

実際の添削でもよく用いられる「∧（挿入記号）」で，不足のある個所が示されます。

問 1　Based on comment (1), which is the best sentence to add? [1]

① As a result, people buy many similar items they do not need.
② Because of this, customers cannot enjoy clothes shopping.
③ Due to this, shop clerks want to know what customers need.
④ In this situation, consumers tend to avoid going shopping.

問 2　Based on comment (2), which is the best expression to add? [2]

① for instance
② in contrast
③ nevertheless
④ therefore

問 3　Based on comment (3), which is the most appropriate way to rewrite the topic sentence? [3]

① buy fewer new clothes
② dispose of old clothes
③ find ways to reuse clothes
④ give unwanted clothes away

問 4　Based on comment (4), which is the best replacement? [4]

① buy items that maintain their condition
② choose inexpensive fashionable clothes
③ pick items that can be transformed

Comments 欄の内容が直接，各設問の問題文と選択肢につながります。
実際の英文添削に近い出題です。

新傾向への対策

試作問題を通して見える新しい形式は，見た目上は斬新に感じるかもしれませんが，その出題を通して問われる力の本質は，共通テスト開始時から大きくは変わっていません。英語についての知識の丸暗記ではなく，それをいかに活用して問題に取り組むかが重要である点は一貫しています。また次のページには，これを踏まえた対策法も紹介しています。当たり前に思う部分も多いかもしれませんが，ぜひ自身の学習の中に取り入れたり，意識するようにしてみてください。

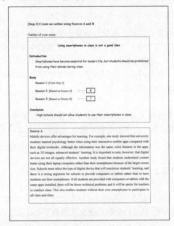

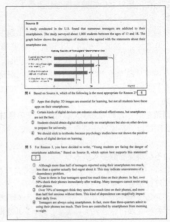

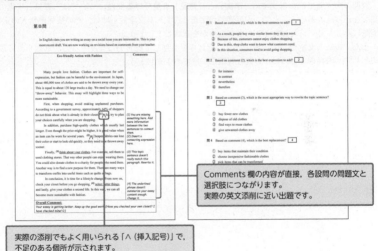

■対策

●分野ごとに，足りない知識を補強しよう！

<単語>

単語そのものの意味を問うような設問は出題されませんが，読解の分量が増えた分，語彙力は重要な要素になります。『速読英単語 入門編』『同 必修編』（Z会）などを使って，**文章の中で単語を覚える学**習法がオススメです。また，これまでもanalyse（= analyze）や practise（= practice）といったイギリス綴りの英単語やイギリス英語特有の表現が見られたので，読解問題の本文で登場した時には復習時に覚えるとよいでしょう。

<文法>

文法問題を解くための知識ではなく，文の意味を理解するための知識が必要になります。読解問題に取り組む際には，必ず文法書を手元に置いて，疑問に思った事項を都度確認していくとよいでしょう。

●いろいろな英文を数多く読もう！

総語数は6,000語程度であり，80分で解くには**精読よりはむしろ速読**の能力が求められていますので，日頃の読解量がものを言います。

また，共通テストでは，SNS，手紙文，ブログ，雑誌記事，説明文，ノンフィクションまでいろいろなタイプの英文が出題されています。**ジャンルを問わず，幅広い分野の英文に慣れておくことも大切です。**

●問題意識をもって英文を読もう！

設問の中で特徴的な本文中の**「事実」と「意見」を見分ける**問題については，意見と事実の判別を意識しながら読み進めることで，内容理解が深まります。英文を読む時は，その情報が個人の意見なのか，実際に起こったり言われたりした事実なのかを意識しましょう。

また，複数の文章からの情報を読み，それらを整理して総合的に理解する力が求められる設問への対策として，内容をまとめながら読む習慣をつけておきましょう。

英語リスニング

■2025年度の新課程でのテストについて

2022 年 11 月の大学入試センター公表資料で，試作問題第Ｃ問が発表されています。

なお，試験時間と配点については，2023 年 6 月の公表資料では，現行同様です。

●リスニング：解答時間 30 分（ＩＣプレーヤーの作動確認等含めた試験時間 60 分）/100 点

試作問題　英語リスニング	
	第Ｃ問
配点	15 点
形式	講義の聞き取り，情報の整理と共有

試作問題の詳しい解説は ☞ P. 15 へ

■過去３年間の出題内容

「英語リスニング」

	大問		設問数	配点	本試・問題の概要
2024年度	第１問	A	4	16	短い発話の聞き取り（英文のみ）
		B	3	9	短い発話の聞き取り（イラスト選択）
	第２問		4	16	短い対話の聞き取り（イラスト選択）
	第３問		6	18	短い対話の聞き取り（英文のみ）
	第４問	A	8	8	指示・説明の聞き取り（イラスト並べ替え・図表完成問題）
		B	1	4	複数の説明の聞き取り（文化祭の出し物）
	第５問		7	15	講義の聞き取り（ガラスについて）
	第６問	A	2	6	対話の聞き取り（旅行中の移動手段）
		B	2	8	長い会話文の聞き取り（運動を始めることについての４名の学生の対話）

※ 2024 年度は 1 月 13 日・14 日実施の「本試験」と，1 月 27 日・28 日実施の「追・再試験」が行われました。

	大問		設問数	配点	本試・問題の概要	追試・問題の概要
2023年度	第１問	A	4	16	短い発話の聞き取り（英文のみ）	同左
		B	3	9	短い発話の聞き取り（イラスト選択）	同左
	第２問		4	16	短い対話の聞き取り（イラスト選択）	同左
	第３問		6	18	短い対話の聞き取り（英文のみ）	同左
	第４問	A	8	8	指示・説明の聞き取り（グラフ・図表完成問題）	同左
		B	1	4	複数の説明の聞き取り（生徒会会長候補の演説）	複数の説明の聞き取り（国際会議の会場の説明）
	第５問		7	15	講義の聞き取り（アジアゾウについて）	講義の聞き取り（美術館のデジタル化について）
	第６問	A	2	6	対話の聞き取り （ソロハイキングについての対話）	対話の聞き取り （旅行の持ち物（カメラ）についての対話）
		B	2	8	議論の聞き取り （就職後に住む場所に関する学生４名の議論）	議論の聞き取り （卒業研究に関する学生４名の議論）

※ 2023 年度は 1 月 14 日・15 日実施の「本試」と，1 月 28 日・29 日実施の「追試」が行われました。
※設問数は「問」の数でカウントしています。

	大問		設問数	配点	本試・問題の概要
2022年度	第１問	A	4	16	短い発話の聞き取り（英文のみ）
		B	3	9	短い発話の聞き取り（イラスト選択）
	第２問		4	16	短い対話の聞き取り（イラスト選択）
	第３問		6	18	短い対話の聞き取り（英文のみ）
	第４問	A	8	8	指示・説明の聞き取り（イラスト並べ替え・図表完成問題）
		B	1	4	複数の説明の聞き取り（来月の読書会で読む本を決める）
	第５問		7	15	講義の聞き取り（ギグワークモデルという働き方について）
	第６問	A	2	6	対話の聞き取り（料理の作り方についての対話）
		B	2	8	議論の聞き取り（エコツーリズムに関する４名の学生の議論）

※ 2022 年度は 1 月 15 日・16 日実施の「本試」と，1 月 29 日・30 日実施の「追試」が行われました。
※設問数は「問」の数でカウントしています。

特記事項

・出題形式や分量は2021 年度以降，ほぼ同様で，難易度にも大きな変化はありません。
・リスニングの特徴としては，読み上げ音声にはアメリカ英語以外にも多様な英語が含まれており，英語を聞きながら情報を整理するなど，実戦的な英語のリスニング力が求められるものになっています。
・第4問以降は設問を解くためには与えられたグラフや表などの資料を読み，聞き取った情報から素早く正答を導き出す必要があり，高い情報処理力が求められます。
・リスニング音声の読み上げは，第1 ～第2 問は2 回読み，第3 問～第6 問は1 回読みで出題されています。

2024 年度の本試出題内容詳細

第１問Ａ

形式・難易度・語数いずれも2023年度から変化はありませんでした。身のまわりに関する平易な英語で話される短い発話を聴き取る力と，その状況を把握する力が問われています。

第１問Ｂ

１人の短い発話から状況に合うイラストを選ぶ設問形式で，形式・難易度・語数いずれも2023年度から変化はありません。問われたのは人・物の状態や特徴などで，難易度は高くありません。

第２問

形式・難易度・語数いずれも2023年度から変化はありませんでした。どの設問でも４つの選択肢の共通点・相違点は明確で，正解を選ぶのは比較的容易でした。

第３問

１回の発言の語数に多少の増減はありますが，全体としての語数はほぼ前年並みで，形式・難易度とも大きな変化はありませんでした。第３問から音声の放送は１回のみになるので，事前に設問文や選択肢に目を通しておくのがよいでしょう。

第４問Ａ

2023年度のグラフ完成ではなく，2022年と同じイラストを時系列順に並べ替える問題が出題されました。イラストの場合は何を表しているのか明確なので，時系列に注意して聞けば難しくはありません。図表完成問題では，曜日順ではなく同じ講座の案内がまとめられているので，最初に表をしっかり見ておくとよいでしょう。

第４問Ｂ

形式・難易度・語数いずれも2023年度から変化はありませんでした。出題形式に慣れている受験生にとっては，情報を整理しながら正解にたどり着くのは容易だったと思われます。

第５問

テーマは「ガラス」について。問題形式は2023年度とほぼ同じです。ワークシートがシンプルになった分，問題冊子からのヒントが少なく，聴き取りに集中する必要があります。問33は講義の続きを聞いて，となっていますが，前年と同じくグループの発表内容を聞いて答える問題であることに変わりありません。

第６問Ａ

テーマは「旅行中の移動手段」について。前年度から大きな変化は見られず，話者の意見を選ぶ問題と，会話終了時に決めたことを選ぶ問題になっています。会話の流れを理解し，最終的にどのような合意に至ったかをつかむ必要があります。

第６問Ｂ

テーマは「これから始める運動」について。４人が「どのような運動が自分に合っており，どのような効果があるか」について話し合っているという設定です。会話終了時の状況が問われているため，４人の考え方の変化に注意して会話の流れを理解する必要があります。

■令和7年（2025年）度大学入学共通テスト　試作問題の要点分析

リスニング問題については，複数の領域を統合した言語活動をより意識した問題の具体例として試作第C問が示されています。リスニング試験全体としては，試験時間・配点に変更はなく，また，読み上げ回数についても，１回読み，２回読みの両方の問題を含むもので，全体としては現行のリスニング試験を踏襲したものとなりそうです。試作問題では，2021年度の本試験（1月16日実施）の英語リスニング（第５問）の問題を基にして再構築したものが示されています。変更点としては以下の２点です。

①**問32**：問題冊子に英文選択肢として示されていた内容一致文の選択問題が，講義を聞いたグループメンバーの口頭での話を聴き取り，それが講義内容と一致しているかどうかを判断する問題になっている。

問32　講義の内容と一致するものはどれか。最も適切なものを，四つの選択肢（⓪～④）のうちから一つ選びなさい。 32

① Danish people are against high taxes to maintain a standard of living.
② Danish people spend less money on basic needs than on socializing.
③ Danish people's income is large enough to encourage a life of luxury.
④ Danish people's welfare system allows them to live meaningful lives.

問32　講義後に，あなたは要約を書くために，グループのメンバーA，Bと，講義内容を口頭で確認しています。それぞれの発言が講義の内容と一致するかどうかについて，最も適切なものを四つの選択肢（⓪～④）のうちから一つ選びなさい。 32

① Aの発言のみ一致する
② Bの発言のみ一致する
③ どちらの発言も一致する
④ どちらの発言も一致しない

②**問33**：講義の続きを聴き取る問題が，２名のディスカッションを聴き取り，講義内容・図表と併せて「どのようなことが言えるか」を解答する問題になっている。

問33　講義の続きを聞き，下の図から読み取れる情報と講義全体の内容からどのようなことが言えるか，最も適切なものを，四つの選択肢（⓪～④）のうちから一つ選びなさい。 33

問33　講義の後で，Joe と May が下の図表を見ながらディスカッションをしています。ディスカッションの内容及び講義の内容からどのようなことが言えるか，最も適切なものを，四つの選択肢（⓪～④）のうちから一つ選びなさい。 33

「講義を聞いて概要・要点を把握する力」を問う前半部の問題はそのままに，①，②とも「聴き取った情報を他者と共有したり，話し合ったりする力」を問うことを，より意識したものになっています。

①では，講義内容と一致するかどうか，2024年度までの形式では英文を読み取って判断する必要がありましたが，試作第C問型では，講義に関する発言を聴き取りそれが講義の要約として正しいかどうかを判断する必要があります。放送前に選択肢を読んでヒントにすることはできず，講義のポイントとメンバーの発言の両方をしっかりと聴き取って判断することが求められます。

②では「他者と共有したり，話し合ったりする力」に加え，これまでの出題同様「聴き取った情報と問題文中に示されたグラフ資料を統合的に処理する力」が求められています。聴き取るのが講義の続きではなく，ディスカッション（会話のやりとり）となることで，講義内容，グラフに加え，複数の視点からの発言を統合して判断することとなります。

後半の１回読みで確実に得点するには，各ブロックのまとまりがプラスとマイナスのどちらの面について述べているのか，その根拠は何か，を聴き取るような演習を繰り返して，ポイントをつかむ聴き取り方を身に着けておく必要があるでしょう。

■対策

●自分でも発音できるようになろう！

リスニングテストでは「英語を聞いて理解できるか」が問われています。単語や熟語を覚える際は音声も一緒に覚えることが大切です。特に，自分で発音できない音は聞き取れません。聞いて声に出す，を繰り返してリスニング力と発音・語彙力をともに向上させましょう。

●解いた問題を使ってさらに耳を鍛えよう！

リスニング問題では，スクリプトを見ながら繰り返し聞くことで耳を鍛えましょう。リスニング力の向上には「シャドーイング」（スクリプトを見ずに流れてくる音声を聞いたとおりに声に出し，影のようについていく練習法）や，「ディクテーション」（聞き取った英文の書き取り）も効果的です。

●毎日英語の音に触れよう！

リスニング力は一朝一夕には向上しません。10分でもよいので毎日のトレーニングを積み重ね，また，共通テストの１回読みに備えて普段から１回で理解するような意識で取り組むとよいでしょう。

共通テスト攻略法
傾向と対策

数学Ⅰ・A

■試作問題の出題内容

第1問，第2問は「数学Ⅰ」，第3問，第4問は「数学A」からの出題。
第1問～第4問のすべてが必答で，計4問を解答する。

（時間は解答目安時間です。）

第1問　（2021年本試第一日程と同内容）

〔1〕数と式　配点 10点　時間 6分

文字定数を含む2次方程式の解について考察する問題。因数分解や2次方程式の解を求めることや，整数部分の考察ができるかが問われた。

〔2〕図形と計量　配点 20点　時間 11分

三角形のそれぞれの辺を1辺とする正方形を加えた図形についての問題。

(1)は具体的な値で三角形の面積を求め，(2)と(3)は，△ABCの形状から，正方形や三角形の面積の関係を調べる。(1)が(3)の具体例となっており，**具体的な値での計算から，一般的に成り立つ関係を見出す**ことがポイント。(4)は，外接円の半径の大小関係を考察する。見出した関係を，様々な辺や角に応用できるかが問われている。

第2問　（〔1〕のみ2021年本試第一日程と同内容）

〔1〕二次関数　配点 15点　時間 10分

陸上競技の100m走を題材にした問題。

「ピッチ」と「ストライド」について，与えられたデータや仮定から，式や値を正しく求められるかが問われる。文章での説明や仮定が多く，**必要な情報を素早く見つける**ことがポイント。

〔2〕データの分析　配点 15点　時間 13分

国際空港の利便性について考察する問題。

(1)や(2)の散布図などから情報を読み取る内容は過去と似た流れだが，新課程の内容である外れ値を含んだデータになっている。(3)は，仮説検定の考え方が出題された。**与えられた外れ値の定義や仮説検定の方針を把握して考察を進める**ことがポイント。

第3問　（2021年本試第一日程と同内容）

図形の性質　配点 20点　時間 15分

三角形が与えられ，角の二等分線，外接円，円に内接する円などについて，線分の長さや点の位置関係を調べる問題。角の二等分線の定理，方べきの定理などの様々な性質を利用したり，相似な三角形を見つけて辺の比に着目するなどして線分の長さを求める。

点が同一円周上にあるかを問う最後の設問は，様々な性質や定理の中から**何を用いればこれまでに求めた値を利用できそうか判断する**ことがポイント。

第4問

場合の数と確率　配点 20点　時間 15分

当たりくじを引く回数に関する確率や，その期待値について考察する問題。

(1)は，事象の確率や期待値を求める。

(2)は，2人がくじを引くという場面設定に対して，より当たりくじを引きやすくなる戦略を考えるという流れ。後半では，2通りの場合について期待値を求め，よりよい戦略を判断する。会話文から方針を読み取り，(1)で求めた値を利用して考察を進めていく。2通りの場合における式は互いに異なるものの，**式を整理する考え方の共通点に着目する**ことがポイント。

■過去３年間の出題内容

第1問，第2問は「数学Ⅰ」，第3問～第5問は「数学A」からの出題。

第1問，第2問は必答で，第3問～第5問は3問中2問を選択して，計4問を解答する。

2024年度本試験

（時間は解答目安時間です。）

第１問

〔1〕数と式　配点 10点　時間 7分

無理数の整数部分や小数部分を題材とした問題。分母の有理化，式の値，1次不等式などの幅広い知識が問われた。

〔2〕図形と計量　配点 20点　時間 9分

電柱の高さと影の長さの関係を考察する問題。前半は影の長さから電柱の高さを求め，後半は，逆に電柱の長さから影の長さを考察する。与えられる角度が前半と変わっており，**前半で求めた辺や角のどこが変わるかを考える**ことがポイント。

第２問

〔1〕二次関数　配点 15点　時間 12分

台形の周上の点でつくられる三角形の面積について考察する問題。点の動く向きによって場合を分け，最大値や最小値などを正しく求められるかが問われた。

〔2〕データの分析　配点 15点　時間 10分

長距離競技のベストタイムを題材にした問題。ヒストグラム，箱ひげ図，散布図から，代表値や相関の強さなどの情報を正しく読み取れるかが問われた。(1)(iii)は，異なるデータにおける選手の速さを，与えられた式を使って比較する。

第３問

場合の数と確率　配点 20点　時間 16分

箱の中にあるカードを1枚ずつ取り出し，すべての種類のカードがそろう確率を求める問題。

(1)では2種類のカードを取り出す場面を考え，(2)は3種類のカード，(3)は4種類のカードと種類が増えていく。**種類が増える前の考え方をうまく利用する**ことがポイント。

第４問

整数の性質　配点 20点　時間 16分

n進数のタイマーについて，ある時間での表示や，複数のタイマーが同じ表示になる時間を考える問題。タイマーの表示方法を理解し，条件を最小公倍数や不定方程式などの問題に結び付けることがポイント。

第５問

図形の性質　配点 20点　時間 16分

星型の図形について，辺の比や点の位置関係を調べる問題。

(2)では，(ii)で位置関係を調べるための構想が示され，(iii)で点を変えて同様の考察を行う。**(ii)の考察をもとに，着目する線分を見極める**ことがポイント。

2023年度，2022年度の出題

	問題番号		配点	分野
2023年（本試）	第１問	〔1〕	10	数と式
		〔2〕	20	図形と計量
	第２問	〔1〕	15	データの分析
		〔2〕	15	二次関数
	第３問		20	場合の数と確率
	第４問		20	整数の性質
	第５問		20	図形の性質

	問題番号		配点	分野
2022年（本試）	第１問	〔1〕	10	数と式
		〔2〕	6	図形と計量
		〔3〕	14	図形と計量，二次関数
	第２問	〔1〕	15	数と式，二次関数
		〔2〕	15	データの分析
	第３問		20	場合の数と確率
	第４問		20	整数の性質
	第５問		20	図形の性質

■対策

共通テストでは，単に計算を正確に行ったり，定理や公式を正しく活用したりする力が求められるだけではなく，「日常の事象や複雑な問題をどのように解決するか」「発見した解き方や考え方をどのように活かすか」といった見方ができるかも問われている。これまでの共通テストを踏まえ，以下にいくつか対策の例をまとめたので，日々の学習や，本書を用いた演習を進めるときの参考にしてほしい。

●新課程で追加される分野に注意

試作問題では，**第2問〔2〕「データの分析」と第4問「場合の数と確率」**が新しい問題として公開されており，これらは過去問では対策しにくい分野である。

第2問〔2〕「データの分析」では，**外れ値や，仮説検定の考え方の理解が必要**である。試作問題では，最初に外れ値の定義が与えられた上で，外れ値を含むデータの箱ひげ図や散布図について考察する問題が出題された。これからの「データの分析」では，**外れ値の存在などを考慮しながら図やグラフを読み取る**力が問われると予想される。さらに試作問題の後半では，仮説検定の考え方の問題として，**与えられた方針や実験結果を踏まえて判断する**ものが出題された。

第4問「場合の数と確率」でも，**期待値の理解が必要**である。試作問題を見ると，前半は単に期待値を求める問題であったが，後半では，太郎さんと花子さんの会話などで期待値の計算についての方針が示され，求めた期待値をもとに当たりくじをより多く引くための戦略を考察する問題が出題された。しっかり演習して対応できるようにしてほしい。

試作問題第4問「場合の数と確率」より一部抜粋

本問の前に求めた確率の値や式をもとに，期待値の計算を考える問題である。

花子：残りの６通りも同じように計算すれば，この場合の当たりくじを引く回数の期待値を計算できるね。

太郎：期待値を計算する式は，選んだ箱がAである事象に対する式とBである事象に対する式に分けて整理できそうだよ。

会話文で示された方針を読み取り，その方針に沿って考察していくと考えやすい。

残りの６通りについても同じように考えると，(X)の場合の当たりくじを引く回数の期待値を計算する式は

$$\boxed{\text{ス}}\times\frac{\boxed{\text{オ}}}{\boxed{\text{カ}}}+\boxed{\text{セ}}\times\boxed{\text{キ}}$$

となる。

期待値を求めたあと，試作問題ではくじを引く戦略を判断していたが，他にも
「くじの本数などの条件を変えたときに，期待値がどう変化するかを調べる」
「対戦形式にしたとき，先攻と後攻のどちらが有利かを期待値から判断する」
などの流れも考えられる。

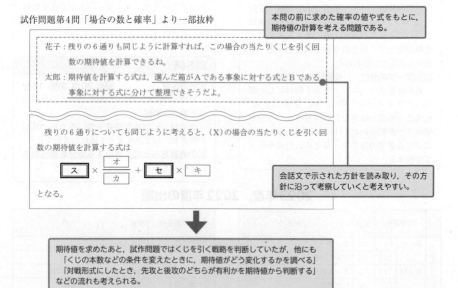

●「変わるもの」と「変わらないもの」に注目する

試作問題以外にも，過去の出題から共通テストらしさが見られる問題を紹介しておこう。

2023年度本試験の第5問では，(1)で円と直線が交わる場合について考察した後，(2)で円と直線が交わらない場合について考察するという出題がされた。(1)と(2)の手順が似ていることから，**(1)の考察を(2)に応用する**ことができる。

このようなときには，前後の問題文や考え方で**「変わるもの」**と**「変わらないもの」**の2つに分けて考えてみてもよいだろう。点の位置や名前が変わっている一方で，(1)と(2)の図をかいて見比べて
「角度の関係は変わっていないものが多いから，(1)と同じように5点を通る円がかけるのではないか？」
と考えられると，解決の見通しが立てやすい。

(1) 円Oと直線ℓが交わる場合

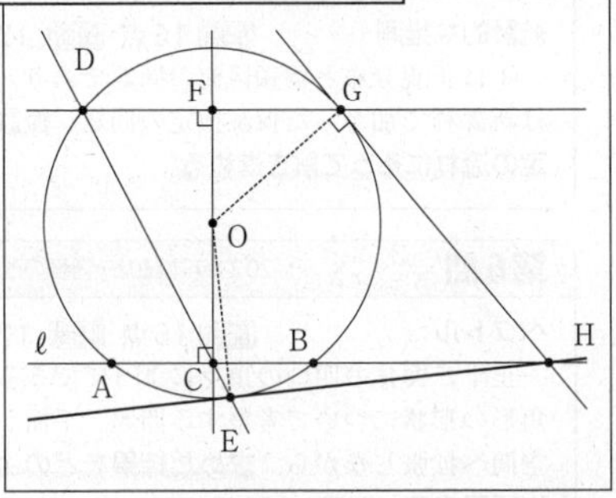

(2) 円Oと直線ℓが交わらない場合

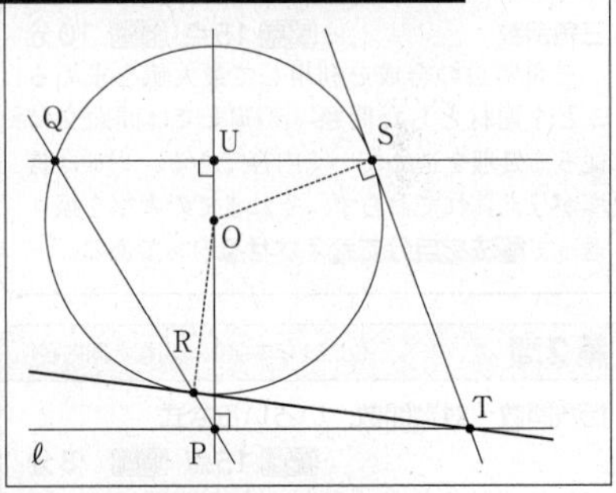

会話文で点の位置や名前は変わっているけれど，角度の関係はあまり変わってない。
→(1)と同じように結論が導けるのではないか？

問題の流れの中で「正の数から負の数へ」「整数から有理数へ」「鋭角から鈍角へ」のように，条件が変わってもそのまま成り立つ性質を利用することもある。特定の条件のもとで考えた後には，**「どのような条件までなら成り立つ性質か」**に注意しておこう。

■最後に

共通テストでは，「日常や社会の事象」と「数学の事象」の2種類の事象を題材に

☑　問題を**数理的（数学的）に捉える**こと

☑　問題解決に向けて，**構想・見通しを立てる**こと

☑　焦点化した問題を**解決する**こと

☑　解決過程をもとに，**結果を意味づけたり，概念を形成したり，体系化する**こと

の4つの資質能力が問われている。このような資質能力が問われていることを意識しながら，「この問題は前後の問題とどのようなつながりがあるのだろう？」と考え，問題の流れを掴んでいこう。

本書でも，この4つの資質能力を問うような問題を多く扱っている。最初は難しく感じるかもしれないが，問題のポイントがどこにあるかを探りながら解き，力をつけてほしい。

共通テスト攻略法
傾向と対策

数学Ⅱ・B・C

■試作問題の出題内容

第1問～第3問は「数学Ⅱ」，第4問，第5問は「数学B」，第6問，第7問は「数学C」からの出題。
第1問～第3問は必答で，第4問～第7問は4問中3問を選択して，計6問を解答する。

（時間は解答目安時間です。）

第1問　（2021年本試第一日程と同内容）

三角関数　配点 15点　時間 10分

三角関数の合成を利用して最大値を求めることを題材とした問題。(2)(ii)までは問題文に従って処理を進めていく内容である。(2)(iii)は誘導が与えられておらず，それまでの考察を振り返って**解法を自分で考えさせる**内容である。

第2問　（2021年本試第一日程と同内容）

指数関数・対数関数，いろいろな式　配点 15点　時間 8分

指数関数の性質を題材とした問題。(1)，(2)は処理中心である。(3)は三角関数の性質との比較で，「βに何か具体的な値を代入して」という構想を参考に，**(1)，(2)の結果から具体的な値として何が適切かを考える**。相加平均と相乗平均の関係や恒等式も含んでいる。

第3問　（2021年本試第一日程の改題）

微分・積分の考え　配点 22点　時間 14分

(1)は2次関数のグラフのy軸との交点における接線についての考察，(2)は3次関数のグラフのy軸との交点における接線についての考察。(2)は(1)の拡張で，**数学の事象について発展的に考える**。共通接線の式，グラフの概形の考察などが問われている。

第4問　（2021年本試第一日程の改題）

数列　配点 16点　時間 12分

等差数列と等比数列を含んだ漸化式を題材とした問題。(3)は(1)，**(2)の考察を振り返り**，数列$\{d_n\}$が等比数列となる必要十分条件を求める。

第5問

統計的な推測　配点 16点　時間 12分

(1)は正規分布と信頼区間の問題であり，(2)は新課程で加わった仮説検定の問題。**仮説検定の流れにそって解き進める**。

第6問　（2021年本試第一日程の改題）

ベクトル　配点 16点　時間 12分

正十二面体の四つの頂点によってできる四角形の形状について考察する問題。平面から空間へ拡張しながら，**求めた結果をどのように活用するか**が問われる。

第7問

〔1〕平面上の曲線　配点 4点　時間 3分

方程式の係数の値の変化に応じて表示される図形について考察する問題。**コンピュータソフトを利用した設定**はたびたび見られる。

〔2〕複素数平面　配点 12点　時間 9分

コンピュータソフトを利用して複素数に対応する点によって作られる複素数平面上の図形の問題。事象を数学的に表現したり，解決の過程を振り返って**事象の数学的な特徴や他の事象との関係**を考察したりする。

■過去３年間の出題内容

第1問，第2問は旧課程「数学Ⅱ」，第3問～第5問は旧課程「数学B」からの出題。

第1問，第2問は必答で，第3問～第5問は3問中2問を選択して，計4問を解答する。試験時間は60分。

2024年度本試験

（時間は解答目安時間です。）

第１問

〔1〕指数関数・対数関数　配点 15点　時間 8分

対数関数のグラフや対数方程式の表す図形，対数不等式の表す領域について考察する問題。**値の変化によってグラフがどのように変化していくのか**の理解が求められている。

〔2〕いろいろな式　配点 15点　時間 12分

整式を2次式で割ったときの余りが定数になる条件を考察する問題。(3)は(2)までの**考察を振り返り，余りを求める**内容である。

第２問

微分・積分の考え　配点 30点　時間 16分

2次関数のグラフと，定積分を用いて表された関数のグラフの関係について考察する問題。計算量は少なめであるが，**数値が表す図形的な意味が問われたり，求めた式からグラフの概形を考える設問が多く**，共通テストらしい出題である。

第３問

確率分布と統計的な推測　配点 20点　時間 12分

晴れの日についての確率分布を考察する問題。(2)は期待値や1次関数に関する内容で，新課程の数学Ⅰ・Aの範囲が中心であった。**求めたものが直線やグラフ上にあるという流れ**は，共通テストでよく見られる設定である。

第４問

数列　配点 20点　時間 12分

数列の漸化式と一般項について考察する問題。(3)は，(i)，(ii)の考察から(iii)を考え，(iv)で，**これまでの考察を振り返る**内容である。

第５問

ベクトル　配点 20点　時間 12分

座標空間における線分の長さの最小値について考察する問題。(2)は**2通りの方針で考える**。(3)は，(2)のいずれの方針でも解ける。処理中心だが，解法の考察など，共通テストらしい出題である。

2023年度，2022年度の出題

	問題番号		配点	分野
2023年（本試）	第1問	〔1〕	18	三角関数
		〔2〕	12	指数関数・対数関数
	第2問	〔1〕	15	微分・積分の考え
		〔2〕	15	微分・積分の考え
	第3問		20	確率分布と統計的な推測
	第4問		20	数列
	第5問		20	ベクトル

	問題番号		配点	分野
2022年（本試）	第1問	〔1〕	15	図形と方程式，三角関数
		〔2〕	15	指数関数・対数関数
	第2問	〔1〕	18	微分・積分の考え
		〔2〕	12	微分・積分の考え
	第3問		20	確率分布と統計的な推測
	第4問		20	数列
	第5問		20	ベクトル

■対策

共通テストでは，単に計算を正確に行ったり，定理や公式を正しく活用したりする力が求められるだけではなく，「日常の事象や複雑な問題をどのように解決するか」「発見した解き方や考え方をどのようにいかすか」といった見方ができるかも問われている。これまでの共通テストを踏まえ，以下にいくつか対策の例をまとめたので，日々の学習や，本書を用いた演習を進めるときの参考にしてほしい。

●新課程で追加される分野に注意

試作問題では，**第5問「統計的な推測」と第7問「平面上の曲線と複素数平面」**が新しい問題として公開されており，これらは過去問では対策しにくい分野である。

第5問「統計的な推測」は，**仮説検定の理解が必要**である。数学Iでは仮説検定の考え方を学習しているが，数学Bでは棄却域を求めて判断することまで必要となる。一方で，統計の意味の理解を問われる点は，これまでと大きくは変わらないと考えられる。

第7問「平面上の曲線と複素数平面」は，試作問題では，〔1〕で「平面上の曲線」，〔2〕で「複素数平面」となっていたが，どちらか一方のテーマに絞った問題が出題されることも考えられる。その場合，**試作問題よりも深い考察が求められる**可能性がある。

第7問〔1〕「平面上の曲線」より一部抜粋

〔1〕　a，b，c，d，f を実数とし，x，y の方程式

$$ax^2+by^2+cx+dy+f=0$$

について，この方程式が表す座標平面上の図形をコンピュータソフトを用いて表示させる。ただし，このコンピュータソフトでは a，b，c，d，f の値は十分に広い範囲で変化させられるものとする。

a，b，c，d，f の値を入力したときに座標平面上に表示される図形に着目させる問題である。

方程式 $ax^2+by^2+cx+dy+f=0$ の a，c，d，f の値は変えずに，b の値だけを $b \geqq 0$ の範囲で変化させたとき，座標平面上には［ア］。

ここでは b の値だけを変化させたときについて考えさせている。

本問のような問題では，より深い考察として，「b 以外の値を変化させたときについて考えさせる」，「座標平面上に表示される図形の変化から，どの文字の値に着目するかを考えさせる」などの出題が考えられるだろう。

●これまで以上に処理力も求められる

新課程の「数学Ⅱ・B・C」では，**大問6問を70分で解答**しなければならない。これまでの「数学Ⅱ・B」では，大問4問を60分で解答していたことを考えると，一つ一つの大問にかけられる時間は少なくなっている。試作問題では，一つ一つの大問における設問数は少なくなっているものの，問題そのものが易しくなっているわけではないため，これまで以上に手早く処理する力も求められているといえる。

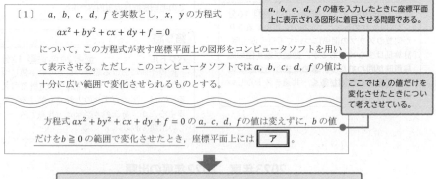

●二つの方針の違いを見抜く

試作問題以外にも，過去の出題から共通テストらしさが見られる問題を紹介しておこう。

2023年度本試験の第4問は，預金の推移を題材とした数列の問題であり，n年目の初めの預金をa_n万円とおいたときのa_nを求めるための二つの方針が(1)で与えられている。そして，(2)以降の問題では，二つの方針のどちらの考え方を参照するのがよいかが問われている。

このような問題では，**二つの方針の違いについて理解することが大切**である。本問における二つの方針は

方針1

n年目の初めの預金と$(n+1)$年目の初めの預金との関係に着目して考える。

方針2

もともと預金口座にあった10万円と毎年の初めに入金したp万円について，n年目の初めにそれぞれがいくらになるかに着目して考える。

であり，それぞれ着目する部分が異なることに注意する必要がある。**方針1**では，**年ごとの預金の総額に着目**し，**方針2**では，預金をもともとあった10万円と毎年入金するp万円という**入金時期が異なる要素ごとに着目**している点がポイントになる。

したがって，10年目の終わりの預金の総額について考える(2)では，**方針1**や**方針2**で求められるa_nの一般項からa_{10}について着目すればよいので，**方針1・方針2のどちらの利用も考えられる**が，1年目の入金を始める前の預金が10万円から13万円に変わった場合について考える(3)では，**方針1よりも方針2の利用が望ましい**ことになる。

本問のような複数の方針を使い分ける必要がある問題への対策としては，解答解説を確認して終わりにするのではなく，**それぞれの方針で解くことが可能かどうか実際に手を動かして確かめてみることが大切**である。(2)は**方針1・方針2**のどちらの利用も考えられるが，a_nの式がほぼ見えている**方針2**を参照する方がわかりやすいこと，(3)も**方針1**の利用は難しく，**方針2**を利用した方が処理しやすいことを実際に手を動かして確かめることで，このような方針選択に少しずつ慣れていくことができる。

■最後に

共通テストでは，「日常や社会の事象」と「数学の事象」の2種類の事象を題材に

☑ 問題を**数理的（数学的）に捉える**こと

☑ 問題解決に向けて，**構想・見通しを立てる**こと

☑ 焦点化した問題を**解決する**こと

☑ 解決過程をもとに，**結果を意味づけたり，概念を形成したり，体系化する**こと

の4つの資質能力が問われている。このような資質能力が問われていることを意識しながら，「この問題は前後の問題とどのようなつながりがあるのだろう？」と考え，問題の流れを掴んでいこう。

本書でも，この4つの資質能力を問うような問題を多く扱っている。最初は難しく感じるかもしれないが，問題のポイントがどこにあるかを探りながら解き，力をつけてほしい。

国語

■2025年度の新課程でのテストについて

2022年11月の大学入試センター公表資料で、新しい大問の第３問として試作問題第Ａ問・第Ｂ問が発表されました。この新しい第３問の追加によって、試験時間や大問構成が変更になります。

試験時間と配点については、試験時間が従来の80分から90分に変更となり、大問数も全４題から全５題に増えます。配点については200点を継続しますが、大問数が増えたことにより、各大問の配点が変わります。内訳として近代以降の文章の第１問～第３問が110点、古文の第４問が45点、漢文の第５問が45点となります。

◆主な変更点

	試験時間	問題構成・配点		
現行	80分	全４問	近代以降の文章 2問 100点	古典 2問 100点 ※古文・漢文 各50点
新課程	90分	全5問	近代以降の文章 3問 110点	古典 2問 90点 ※古文・漢文 各45点

※2023（令和5年）6月公表「令和7年度大学入学者選抜に係る大学入学共通テスト出題教科・科目の出題方法等」による。

■令和７年（2025年）度大学入学共通テスト　試作問題の要点分析

◆試作問題の出題内容詳細

第Ａ問

問題文は、「気候変動が健康に与える影響」について書かれた文章や図、グラフなど複数の多様なテクストが提示されたのが特徴的です。

設問は３問（マーク数５）。**問１・問２**は資料の読み取り問題であり、必要な情報を見極め、情報と情報の関係を的確に理解する力が問われました。**問３**は資料を踏まえて書くレポートの**【目次】**が示され、これについての問題に答えるというものでした。

文章の論理展開を的確にとらえる力が求められるだけではなく、問題を通して多角的な見方や考え方を知ることができるような出題になっています。

第Ｂ問

問題文は、日本語の独特な言葉遣いについて、「言葉遣いへの自覚」という題で生徒がレポートを書いた、という設定のものでした。なお、試作問題の第Ａ問に比べて文章が中心の問題となっています。

設問は４問（マーク数５）。**問１**は、レポートの展開を踏まえ、資料を適切に解釈した選択肢を選ぶ問題でした。**問２・問３**では、複数の資料の論旨を適切にとらえることができているかが問われていました。**問４**は、レポートの主張を支える論拠として適切なものを選ぶ問題でした。

全体を通じて、レポートや資料が何を示しているのかを読み取り、設問に合わせてそれらを適切に解釈する力が求められています。

【試作問題　第A問】

多数の図やグラフの読み取り・比較が求められる。

文章だけではなく、図やグラフの読み取りが求められます。それを踏まえて、レポートの【目次】について考察する問題では、章立てや項目と比較することがポイントになります。

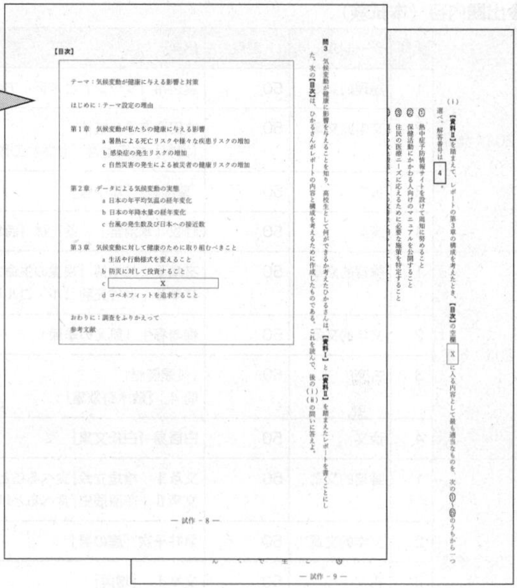

【試作問題　第B問】

複数の資料を読み取り、適切に批判・考察する力が問われる。

問題文の冒頭で、複数の資料が引用された生徒の【レポート】が提示されています。【レポート】の内容を批判的にとらえなおすことや、主張を強める根拠を考察することが求められます。

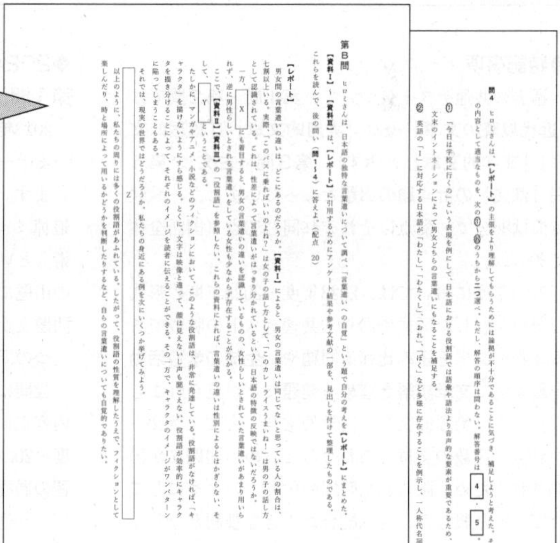

■過去３年間の出題内容

◆出題内容（本試験）

	大問	ジャンル	配点	出典
2024年度	1	論理的文章	50	渡辺裕『サウンドとメディアの文化資源学―境界線上の音楽』
	2	文学的文章	50	牧田真有子「桟橋」 【資料】太田省吾「自然と工作――現在的断章」
	3	古文	50	『草縁集』「車中雪」
	4	漢文	50	杜牧「華清宮」／蔡正孫『詩林広記』／程大昌『考古編』
2023年度	1	論理的文章	50	文章Ⅰ：柏木博『視覚の生命力―イメージの復権』 文章Ⅱ：呉谷充利『ル・コルビュジエと近代絵画―二〇世紀モダニズムの道程』
	2	文学的文章	50	梅崎春生「飢えの季節」
	3	古文	50	『俊頼髄脳』 問４：『散木奇歌集』
	4	漢文	50	白居易『白氏文集』
2022年度	1	論理的文章	50	文章Ⅰ：檜垣立哉『食べることの哲学』 文章Ⅱ：藤原辰史『食べるとはどういうことか』
	2	文学的文章	50	黒井千次「庭の男」
	3	古文	50	文章Ⅰ：『増鏡』 文章Ⅱ：『とはずがたり』
	4	漢文	50	阮元『揅経室集』

◆特記事項

過去の共通テストについて、**第１問・第２問では「近代以降の文章」及び「実用的文章」(「論理的文章」「文学的文章」と示す)、第３問「古文」、第４問「漢文」の計４題の出題**となっていました。試験時間は80分で、配点はそれぞれ同じ50点（国語全体で200点)。

2024年度においては、2023年度・2022年度の形式を概ね踏襲した形式であり、共通テストの特徴である**複数の文章を読み比べる問題や、生徒の学習活動を踏まえて文章読解を進める問題**などが見られました。また、論理的文章・文学的文章・古文・漢文いずれも、複数の文章をあわせると長めの問題文が出題されたため、限られた時間の中でどのようにして設問に取り組むか、**時間配分が大きな課題**となります。

◆2024年度の本試出題内容詳細

第１問（論理的文章）

2023年度と同じく実用的文章は見られず、扱っているテーマもセンター試験を踏襲したものになっています。モーツァルト没後200年の節目に行われた追悼ミサの事例を切り口にして、「音楽」や「芸術」という概念のとらえ方について論じた文章からの出題でした。なお、2023年度・2022年度は二つの問題文が提示される出題形式でしたが、2024年度は一つの問題文からの出題形式に戻りました。

設問については、過去のセンター試験を踏襲して内容把握問題を中心に構成されていますが、2023年度・2022年度から引き続き**「マルチテクスト」「学習の過程を意識した問題の場面設定を重視する」**という共通テストの問題作成方針を踏まえた問題が特徴的でした。問題文の他に**問６**で生徒が書いた**【文章】**が提示され、その推敲の仕方を問う枝問が３問出題されました。なお、漢字の問題は2023年度・2022年度では同一の漢字を含むものを選ぶ問題が３問、漢字の意味を問う問題が２問出題されていましたが、2024年度では従来の同一の漢字を含むものを選ぶ問題が５問の形式に戻りました。

設問形式の変化や、問題文とは異なる資料・ノート・話し合いの内容を比較する読解に慣れていないと解答に時間がかかるため、今後も注意が必要です。

第２問（文学的文章）

2023年度・2022年度と同じく、小説からの出題でした。高校生の「イチナ」と八歳年上の「おば」が登場する現代小説からの出題で、2017年に発表された比較的新しい作品でした。

設問については、従来と同じく登場人物の心情把握問題・内容把握問題を中心に構成されていますが、**「マルチテクスト」「学習の過程を意識した問題の場面設定を重視する」**という共通テストの問題作成方針を踏まえた問題が見られました。特徴的なのは**問７**で**【資料】**（太田省吾「自然と工作――現在的断章」）に基づいた教師と生徒の対話の空欄補充問題が出題されました。なお、センター試験の**問１**にあった語句の意味を問う問題は2023年度・2022年度で出題されていませんでしたが、2024年度では再び出題されていました。

このような形式の変化や新傾向の問題が今後も予想されますが、まどわされず丁寧に読み進めて、正解を導いてください。

第３問（古文）

2018年度センター試験本試験の本居宣長『石上私淑言』以来となる、近世に書かれた文章からの出題でした。主人公が従者を連れて桂の別邸に向かう道中の雪の風景とその美しさが中心に描かれたものでした。

設問は語句問題・内容把握問題といった形でセンター試験を概ね踏襲していますが、こちらも**「マルチテクスト」「学習の過程を意識した問題の場面設定を重視する」**という共通テストの問題作成方針を踏まえた問題が見られました。**問４**では、例年見られた本文に関連する古文ではなく、本文を解説した現代文が示されていました。資料から空欄と対応する本文の箇所を見つけ、それらを丁寧に読解することが重要だといえましょう。なお、共通テスト初年度から引き続き、文法問題単独での出題は見られませんでした。

今後も、複数の文章の比較読解はもちろん、**和歌や表現に関する出題**が予想されますので、これらの形式に慣れるようにしましょう。

第４問（漢文）

楊貴妃のために玄宗が茘枝を献上させたことに関する**【詩】**と、関連する**【資料】**４つが示された問題文でした。2022年度・2021年度で出題された、漢詩が再び出題されたのが特徴です。

設問は、漢字の意味・返り点や書き下し文・解釈を問う問題を中心に構成されていますが、漢文でも**「マルチテクスト」**という共通テストの問題作成方針を踏まえた問題になっています。**問５**では資料と詩との関係性を、**問６**は全資料から導くことができる詩の解釈を問う問題が出題されました。各資料の内容を把握する「本文読解」は大前提とした上で、さらに読み取った内容を整理し、論理的にとらえる力が求められます。

複数の題材を含む問題文の読解では、字義や句法に沿って丁寧に取り組むことを心がけながら、その形式に慣れるようにしましょう。

■対策

共通テストに向けて、今後以下の点に注意して対策を進めましょう。

●複数の文章を読み比べる訓練をしよう

→複数の文章を用いた出題は今後も続くと予想されます。複数の文章が扱われる場合は、それぞれを読解した上で、文章間における共通点・相違点が問われる可能性が高いといえましょう。このような出題に備えて、ある文章を読んだら同じ話題を扱った他の文章を読む、そして、読んだあとは、文章間での共通点や相違点について考える……という訓練を積むことが効果的です。

●とくに古文・漢文は、基礎固めが大前提！

→複数の文章を比較して解く問題など、新しい出題形式への対策はもちろん大事ですが、これは基礎固めが前提となります。とくに古文・漢文は、文章の内容把握問題・登場人物の心情把握問題・文章の表現を問う問題……といった出題が多くを占めます。そのため、文章の丁寧な読解をもとに解答する、という基本姿勢に変わりはありません。新傾向に対する備えは、単語や文法の確かな基礎知識があってこそです。古文単語や文法・漢文句形をしっかり身につけなければ、〈何となく文章を読んで、雰囲気や勘で選択肢を選ぶ……〉といったことになってしまい、正確な文章読解から遠のいてしまうため、単語や文法の土台固めが最優先です。そして単語・文法の基礎固めを終えたら、共通テストの形式の問題など、たくさんの実戦演習を積みましょう。問題を解く中で、単語や文法のさらなる強化や読解力のアップをはかってください。

●実用的文章に慣れよう

→とくに新しい第３問では、出題範囲に実用的文章が含まれることから、実生活に基づいた文章や、図や表、グラフといった資料が出題される可能性が高いです。試作問題だけではなく、過去の2017年度試行調査では、表や図が掲載されて、本文と表や写真と関連する内容を読み取る問題があり、2018年度試行調査でも、著作権法の条文が扱われました。身近な話題について述べた文章や資料を読む機会も増やして、資料の中で重要な箇所をすばやく読み取る力を養っていきましょう。さらに、論説文や小説だけではなく新聞なども読んで、さまざまな素材に触れてください。

●時間配分を意識して取り組む

→国語の新課程での共通テストは大問が１題増えて、試験時間も10分延びただけに見えるかもしれません。しかし、近年の共通テストの傾向や新設の第３問の試作問題の内容を考慮すると、90分という試験時間に比して分量の多い試験になる可能性が高いといえましょう。たとえば90分で５題を解答する場合、新設の第３問の解答時間が12～14分とすると、残りは80分を切っており、それ以外の各大問を20分以内で取り組むことが求められます。そうすると、各大問の時間配分をより意識して取り組むことが求められるといえます。

本書を取り組む際にも、各回の大問すべてにまず目を通して、どのような問題構成になっているかを確認してください。その上で90分に収まるよう各大問の時間配分を意識して問題を解きましょう。

英語リーディング

～ CONTENTS ～

試作問題

〔英　語（リーディング）〕

試作問題掲載の趣旨と注意点

この試作問題は，独立行政法人大学入試センターが公表している，大学入学共通テスト「令和７年度試験の問題作成の方向性、試作問題等」のウェブサイトに記載のある内容を再掲したものです。本書では，学習に取り組まれる皆様のために，これに詳細の解答解説を作成し，より学びを深めていただけるように工夫しました。

本問題は，令和７年度大学入学共通テストについての具体的なイメージを共有することを目的として作成されていますが，過去の大学入試センター試験や大学入学共通テストと同様の問題作成や点検のプロセスは経ていないものとされています。本問題と同じような内容，形式，配点等の問題が必ず出題されることを保証するものではありませんので，その点につきましてご注意ください。

第A問

You are working on an essay about whether high school students should be allowed to use their smartphones in class. You will follow the steps below.

Step 1: Read and understand various viewpoints about smartphone use.
Step 2: Take a position on high school students' use of their smartphones in class.
Step 3: Create an outline for an essay using additional sources.

[Step 1] Read various sources

Author A (Teacher)
My colleagues often question whether smartphones can help students develop life-long knowledge and skills. I believe that they can, as long as their use is carefully planned. Smartphones support various activities in class that can enhance learning. Some examples include making surveys for projects and sharing one's learning with others. Another advantage is that we do not have to provide students with devices; they can use their phones! Schools should take full advantage of students' powerful computing devices.

Author B (Psychologist)
It is a widespread opinion that smartphones can encourage student learning. Being believed by many, though, does not make an opinion correct. A recent study found that when high school students were allowed to use their smartphones in class, it was impossible for them to concentrate on learning. In fact, even if students were not using their own smartphones, seeing their classmates using smartphones was a distraction. It is clear that schools should make the classroom a place that is free from the interference of smartphones.

Author C (Parent)
I recently bought a smartphone for my son who is a high school student. This is because his school is located far from our town. He usually leaves home early and returns late. Now, he can contact me or access essential information if he has trouble. On the other hand, I sometimes see him walking while looking at his smartphone. If he is not careful, he could have an accident. Generally, I think that high school students are safer with smartphones, but parents still need to be aware of the risks. I also wonder how he is using it in class.

Author D (High school student) At school, we are allowed to use our phones in class. It makes sense for our school to permit us to use them because most students have smartphones. During class, we make use of foreign language learning apps on our smartphones, which is really helpful to me. I am now more interested in learning than I used to be, and my test scores have improved. The other day, though, my teacher got mad at me when she caught me reading online comics in class. Occasionally these things happen, but overall, smartphones have improved my learning.
Author E (School principal) Teachers at my school were initially skeptical of smartphones because they thought students would use them to socialize with friends during class. Thus, we banned them. As more educational apps became available, however, we started to think that smartphones could be utilized as learning aids in the classroom. Last year, we decided to allow smartphone use in class. Unfortunately, we did not have the results we wanted. We found that smartphones distracted students unless rules for their use were in place and students followed them. This was easier said than done, though.

問1　Both Authors A and D mention that [1].

① apps for learning on smartphones can help students perform better on exams
② one reason to use smartphones as an educational tool is that most students possess one
③ smartphones can be used to support activities for learning both at school and at home
④ smartphones make it possible for students to share their ideas with classmates

問2　Author B implies that [2].

① having time away from digital devices interferes with students' motivation to learn
② sometimes commonly held beliefs can be different from the facts that research reveals
③ students who do not have smartphones are likely to consider themselves better learners
④ the classroom should be a place where students can learn without the interference of teachers

[Step 2] Take a position

問 3　Now that you understand the various viewpoints, you have taken a position on high school students' use of their smartphones in class, and have written it out as below. Choose the best options to complete [3], [4], and [5].

<u>Your position:</u> High school students should not be allowed to use their smartphones in class.

- Authors [3] and [4] support your position.
- The main argument of the two authors: [5].

Options for [3] and [4] (The order does not matter.)

① A
② B
③ C
④ D
⑤ E

Options for [5]

① Making practical rules for smartphone use in class is difficult for school teachers
② Smartphones may distract learning because the educational apps are difficult to use
③ Smartphones were designed for communication and not for classroom learning
④ Students cannot focus on studying as long as they have access to smartphones in class

[Step 3] Create an outline using Sources A and B

Outline of your essay:

Using smartphones in class is not a good idea
Introduction
Smartphones have become essential for modern life, but students should be prohibited from using their phones during class.
Body
Reason 1: [From Step 2]
Reason 2: [Based on Source A] ……… 6
Reason 3: [Based on Source B] ……… 7
Conclusion
High schools should not allow students to use their smartphones in class.

Source A

Mobile devices offer advantages for learning. For example, one study showed that university students learned psychology better when using their interactive mobile apps compared with their digital textbooks. Although the information was the same, extra features in the apps, such as 3D images, enhanced students' learning. It is important to note, however, that digital devices are not all equally effective. Another study found that students understand content better using their laptop computers rather than their smartphones because of the larger screen size. Schools must select the type of digital device that will maximize students' learning, and there is a strong argument for schools to provide computers or tablets rather than to have students use their smartphones. If all students are provided with computers or tablets with the same apps installed, there will be fewer technical problems and it will be easier for teachers to conduct class. This also enables students without their own smartphones to participate in all class activities.

Source B

A study conducted in the U.S. found that numerous teenagers are addicted to their smartphones. The study surveyed about 1,000 students between the ages of 13 and 18. The graph below shows the percentages of students who agreed with the statements about their smartphone use.

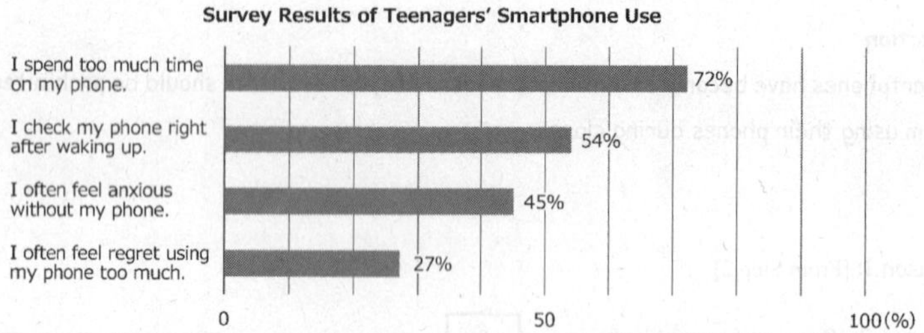

問 4　Based on Source A, which of the following is the most appropriate for Reason 2? [6]

① Apps that display 3D images are essential for learning, but not all students have these apps on their smartphones.

② Certain kinds of digital devices can enhance educational effectiveness, but smartphones are not the best.

③ Students should obtain digital skills not only on smartphones but also on other devices to prepare for university.

④ We should stick to textbooks because psychology studies have not shown the positive effects of digital devices on learning.

問 5　For Reason 3, you have decided to write, "Young students are facing the danger of smartphone addiction." Based on Source B, which option best supports this statement? [7]

① Although more than half of teenagers reported using their smartphones too much, less than a quarter actually feel regret about it. This may indicate unawareness of a dependency problem.

② Close to three in four teenagers spend too much time on their phones. In fact, over 50% check their phones immediately after waking. Many teenagers cannot resist using their phones.

③ Over 70% of teenagers think they spend too much time on their phones, and more than half feel anxious without them. This kind of dependence can negatively impact their daily lives.

④ Teenagers are always using smartphones. In fact, more than three-quarters admit to using their phones too much. Their lives are controlled by smartphones from morning to night.

（下 書 き 用 紙）

英語（リーディング）の問題は次に続く。

第B問

In English class you are writing an essay on a social issue you are interested in. This is your most recent draft. You are now working on revisions based on comments from your teacher.

Eco-friendly Action with Fashion	**Comments**
Many people love fashion. Clothes are important for self-expression, but fashion can be harmful to the environment. In Japan, about 480,000 tons of clothes are said to be thrown away every year. This is equal to about 130 large trucks a day. We need to change our "throw-away" behavior. This essay will highlight three ways to be more sustainable.	
First, when shopping, avoid making unplanned purchases. According to a government survey, approximately 64% of shoppers do not think about what is already in their closet. (1)∧So, try to plan your choices carefully when you are shopping.	*(1) You are missing something here. Add more information between the two sentences to connect them.*
In addition, purchase high-quality clothes which usually last longer. Even though the price might be higher, it is good value when an item can be worn for several years. (2)∧Cheaper fabrics can lose their color or start to look old quickly, so they need to be thrown away sooner.	*(2) Insert a connecting expression here.*
Finally, (3) think about your clothes. For example, sell them to used clothing stores. That way other people can enjoy wearing them. You could also donate clothes to a charity for people who need them. Another way is to find a new purpose for them. There are many ways to transform outfits into useful items such as quilts or bags.	*(3) This topic sentence doesn't really match this paragraph. Rewrite it.*
In conclusion, it is time for a lifestyle change. From now on, check your closet before you go shopping, (4) select better things, and lastly, give your clothes a second life. In this way, we can all become more sustainable with fashion.	*(4) The underlined phrase doesn't summarize your essay content enough. Change it.*
Overall Comment: *Your essay is getting better. Keep up the good work. (Have you checked your own closet? I have checked mine! ☺)*	

問 1　Based on comment (1), which is the best sentence to add? 1

① As a result, people buy many similar items they do not need.
② Because of this, customers cannot enjoy clothes shopping.
③ Due to this, shop clerks want to know what customers need.
④ In this situation, consumers tend to avoid going shopping.

問 2　Based on comment (2), which is the best expression to add? 2

① for instance
② in contrast
③ nevertheless
④ therefore

問 3　Based on comment (3), which is the most appropriate way to rewrite the topic sentence?
3

① buy fewer new clothes
② dispose of old clothes
③ find ways to reuse clothes
④ give unwanted clothes away

問 4　Based on comment (4), which is the best replacement? 4

① buy items that maintain their condition
② choose inexpensive fashionable clothes
③ pick items that can be transformed
④ purchase clothes that are second-hand

2024 本試

（100点 80分）

〔英　語（リーディング）〕

注　意　事　項

1　解答用紙に，正しく記入・マークされていない場合は，採点できないことがあります。

2　試験中に問題冊子の印刷不鮮明，ページの落丁・乱丁及び解答用紙の汚れ等に気付いた場合は，手を高く挙げて監督者に知らせなさい。

3　解答は，解答用紙の解答欄にマークしなさい。例えば，［10］と表示のある問いに対して③と解答する場合は，次の(例)のように**解答番号10の解答欄**の③に**マーク**しなさい。

（例）

解答番号	解　答　欄
10	① ② ● ④ ⑤ ⑥ ⑦ ⑧ ⑨

4　問題冊子の余白等は適宜利用してよいが，どのページも切り離してはいけません。

5　**不正行為について**

①　不正行為に対しては厳正に対処します。

②　不正行為に見えるような行為が見受けられた場合は，監督者がカードを用いて注意します。

③　不正行為を行った場合は，その時点で受験を取りやめさせ退室させます。

6　試験終了後，問題冊子は持ち帰りなさい。

英　語(リーディング)

各大問の英文や図表を読み，解答番号 1 ～ 49 にあてはまるものとして最も適当な選択肢を選びなさい。

第1問 (配点　10)

A You are studying English at a language school in the US. The school is planning an event. You want to attend, so you are reading the flyer.

The Thorpe English Language School

International Night

Friday, May 24, 5 p.m.-8 p.m.

Entrance Fee: $5

The Thorpe English Language School (TELS) is organizing an international exchange event. TELS students don't need to pay the entrance fee. Please present your student ID at the reception desk in the Student Lobby.

- **Enjoy foods from various parts of the world**
  Have you ever tasted hummus from the Middle East? How about tacos from Mexico? Couscous from North Africa? Try them all!
- **Experience different languages and new ways to communicate**
  Write basic expressions such as "hello" and "thank you" in Arabic, Italian, Japanese, and Spanish. Learn how people from these cultures use facial expressions and their hands to communicate.
- **Watch dance performances**
  From 7 p.m. watch flamenco, hula, and samba dance shows on the stage! After each dance, performers will teach some basic steps. Please join in.

Lots of pictures, flags, maps, textiles, crafts, and games will be displayed in the hall. If you have some pictures or items from your home country which can be displayed at the event, let a school staff member know by May 17!

問 1　To join the event free of charge, you must [1].

① bring pictures from your home country

② consult a staff member about the display

③ fill out a form in the Student Lobby

④ show proof that you are a TELS student

問 2　At the event, you can [2].

① learn about gestures in various cultures

② participate in a dance competition

③ read short stories in foreign languages

④ try cooking international dishes

B You are an exchange student in the US and next week your class will go on a day trip. The teacher has provided some information.

Tours of Yentonville

The Yentonville Tourist Office offers three city tours.

The History Tour

The day will begin with a visit to St. Patrick's Church, which was built when the city was established in the mid-1800s. Opposite the church is the early-20th-century Mayor's House. There will be a tour of the house and its beautiful garden. Finally, cross the city by public bus and visit the Peace Park. Opened soon after World War Ⅱ, it was the site of many demonstrations in the 1960s.

The Arts Tour

The morning will be spent in the Yentonville Arts District. We will begin in the Art Gallery where there are many paintings from Europe and the US. After lunch, enjoy a concert across the street at the Bruton Concert Hall before walking a short distance to the Artists' Avenue. This part of the district was developed several years ago when new artists' studios and the nearby Sculpture Park were created. Watch artists at work in their studios and afterwards wander around the park, finding sculptures among the trees.

The Sports Tour

First thing in the morning, you can watch the Yentonville Lions football team training at their open-air facility in the suburbs. In the afternoon, travel by subway to the Yentonville Hockey Arena, completed last fall. Spend some time in its exhibition hall to learn about the arena's unique design. Finally, enjoy a professional hockey game in the arena.

Yentonville Tourist Office, January, 2024

問 1　Yentonville has [3].

① a church built 250 years ago when the city was constructed
② a unique football training facility in the center of the town
③ an art studio where visitors can create original works of art
④ an arts area with both an art gallery and a concert hall

問 2　On all three tours, you will [4].

① learn about historic events in the city
② see people demonstrate their skills
③ spend time both indoors and outdoors
④ use public transportation to get around

問 3　Which is the newest place in Yentonville you can visit on the tours? [5]

① The Hockey Arena
② The Mayor's House
③ The Peace Park
④ The Sculpture Park

第2問 （配点　20）

A　You are an exchange student at a high school in the UK and find this flyer.

Invitation to the Strategy Game Club

Have you ever wanted to learn strategy games like chess, *shogi*, or *go*? They are actually more than just games. You can learn skills such as thinking logically and deeply without distractions. Plus, these games are really fun! This club is open to all students of our school. Regardless of skill level, you are welcome to join.

We play strategy games together and. . .

- learn basic moves from demonstrations by club members
- play online against club friends
- share tips on our club webpage
- learn the history and etiquette of each game
- analyse games using computer software
- participate in local and national tournaments

Regular meetings: Wednesday afternoons in Room 301, Student Centre

Member Comments

– My mind is clearer, calmer, and more focused in class.

– It's cool to learn how some games have certain similarities.

– At tournaments, I like discussing strategies with other participants.

– Members share Internet videos that explain practical strategies for chess.

– It's nice to have friends who give good advice about *go*.

– I was a complete beginner when I joined, and I had no problem!

問 1 According to the flyer, which is true about the club? [6]

① Absolute beginners are welcome.
② Members edit computer programs.
③ Professional players give formal demonstrations.
④ Students from other schools can join.

問 2 Which of the following is **not** mentioned as a club activity? [7]

① Having games with non-club members
② Playing matches against computers
③ Sharing game-playing ideas on the Internet
④ Studying the backgrounds of strategy games

問 3 One **opinion** stated by a member is that [8].

① comparing different games is interesting
② many videos about *go* are useful
③ members learn tips at competitions
④ regular meetings are held off campus

問 4 The club invitation and a member's comment both mention that [9].

① new members must demonstrate experience
② online support is necessary to be a good player
③ *shogi* is a logical and stimulating game
④ strategy games help improve one's concentration

問 5 This club is most likely suitable for students who want to [10].

① create their own computer strategy games
② improve their skill level of playing strategy games
③ learn proper British etiquette through playing strategy games
④ spend weekends playing strategy games in the club room

B You are a college student going to study in the US and need travel insurance. You find this review of an insurance plan written by a female international student who studied in the US for six months.

There are many things to consider before traveling abroad: pack appropriate clothes, prepare your travel expenses, and don't forget medication (if necessary). Also, you should purchase travel insurance. When I studied at Fairville University in California, I bought travel insurance from TravSafer International. I signed up online in less than 15 minutes and was immediately covered. They accept any form of payment, usually on a monthly basis. There were three plans. All plans include a one-time health check-up. The Premium Plan is \$100/month. The plan provides 24-hour medical support through a smartphone app and telephone service. Immediate financial support will be authorized if you need to stay in a hospital. The Standard Plan worked best for me. It had the 24-hour telephone assistance and included a weekly email with tips for staying healthy in a foreign country. It wasn't cheap: \$75/month. However, it was nice to get the optional 15% discount because I paid for six months of coverage in advance. If your budget is limited, you can choose the Economy Plan, which is \$25/month. It has the 24-hour telephone support like the other plans but only covers emergency care. Also, they can arrange a taxi to a hospital at a reduced cost if considered necessary by the support center. I never got sick or hurt, so I thought it was a waste of money to get insurance. Then my friend from Brazil broke his leg while playing soccer and had to spend a few days in a hospital. He had chosen the Premium Plan and it covered everything! I realized how important insurance is—you know that you will be supported when you are in trouble.

問 1 According to the review, which of the following is true? [11]

① Day and night medical assistance is available with the most expensive plan.

② The cheapest plan includes free hospitalization for any reason.

③ The mid-level plan does not include the one-time health check-up.

④ The writer's plan cost her over $100 every month.

問 2 Which is **<u>not</u>** included in the cheapest option? [12]

① Email support

② Emergency treatment

③ Telephone help desk

④ Transport assistance

問 3 Which is the best combination that describes TravSafer International?

13

A：They allow monthly payments.

B：They design scholarship plans for students.

C：They help you remember your medication.

D：They offer an Internet-based registration system.

E：They require a few days to process the application form.

① **A** and **D**

② **A** and **E**

③ **B** and **D**

④ **B** and **E**

⑤ **C** and **D**

問 4 The writer's **opinion** of her chosen plan is that 14 .

① it prevented her from being health conscious

② she was not satisfied with the telephone assistance

③ the option for cost reduction was attractive

④ the treatment for her broken leg was covered

問 5 Which of the following best describes the writer's attitude? 15

① She believes the smartphone app is useful.

② She considers travel preparation to be important.

③ She feels the US medical system is unique in the world.

④ She thinks a different hospital would have been better for her friend.

第3問 (配点 15)

A Susan, your English ALT's sister, visited your class last month. Now back in the UK, she wrote on her blog about an event she took part in.

Hi!

I participated in a photo rally for foreign tourists with my friends: See the rules on the right. As photo rally beginners, we decided to aim for only five of the checkpoints. In three minutes, we arrived at our first target, the city museum. In quick succession, we made the second, third, and fourth targets. Things were going smoothly! But, on the way to the last target, the statue of a famous samurai from the city, we got lost. Time was running out and my feet were hurting from walking for over two hours. We stopped a man with a pet monkey for help, but neither our Japanese nor his English were good enough. After he'd explained the way using gestures, we realised we wouldn't have enough time to get there and would have to give up. We took a photo with him and said goodbye. When we got back to Sakura City Hall, we were surprised to hear that the winning team had completed 19 checkpoints. One of our photos was selected to be on the event website (click here). It reminds me of the man's warmth and kindness: our own "gold medal."

Sakura City Photo Rally Rules

- Each group can only use the **camera** and **paper map**, both provided by us
- Take as many photos of **25 checkpoints** (designated sightseeing spots) as possible
- **3-hour** time limit
- Photos must include **all 3 team members**
- All members must move **together**
- **No** mobile phones
- **No** transport

問 1　You click the link in the blog. Which picture appears? [16]

①

②

③

④

問 2　You are asked to comment on Susan's blog. Which would be an appropriate comment to her? [17]

① I want to see a picture of you wearing the gold medal!

② You did your best. Come back to Japan and try again!

③ You reached 19 checkpoints in three hours? Really? Wow!!

④ Your photo is great! Did you upgrade your phone?

B You are going to participate in an English Day. As preparation, you are reading an article in the school newspaper written by Yuzu, who took part in it last year.

Virtual Field Trip to a South Sea Island

This year, for our English Day, we participated in a virtual science tour. The winter weather had been terrible, so we were excited to see the tropical scenery of the volcanic island projected on the screen.

First, we "took a road trip" to learn about the geography of the island, using navigation software to view the route. We "got into the car," which our teacher, Mr Leach, sometimes stopped so we could look out of the window and get a better sense of the rainforest. Afterwards, we asked Mr Leach about what we'd seen.

Later, we "dived into the ocean" and learnt about the diversity of marine creatures. We observed a coral reef via a live camera. Mr Leach asked us if we could count the number of creatures, but there were too many! Then he showed us an image of the ocean 10 years ago. The reef we'd seen on camera was dynamic, but in the photo it was even more full of life. It looked so different after only 10 years! Mr Leach told us human activity was affecting the ocean and it could be totally ruined if we didn't act now.

In the evening, we studied astronomy under a "perfect starry sky." We put up tents in the gymnasium and created a temporary planetarium on the ceiling using a projector. We were fascinated by the sky full of constellations, shooting stars, and the Milky Way. Someone pointed out one of the brightest lights and asked Mr Leach if it was Venus, a planet close to Earth. He nodded and explained that humans have created so much artificial light that hardly anything is visible in our city's night sky.

On my way home after school, the weather had improved and the sky was now cloudless. I looked up at the moonless sky and realised what Mr Leach had told us was true.

問 1 Yuzu's article also included student comments (①～④) describing the events in the virtual tour. Put the comments in the order in which the events happened.

18 → 19 → 20 → 21

①

I was wondering how dangerous the island was. I saw beautiful birds and a huge snake in the jungle.

②

It was really shocking that there had been many more creatures before. We should protect our beautiful oceans!

③

Setting up a camping site in the gymnasium was kind of weird, but great fun! Better than outside, because we weren't bitten by bugs!

④

We were lost for words during the space show and realised we often don't notice things even though they're there.

問 2 From the tour, Yuzu did **not** learn about the [22] of the south sea island.

① marine ecosystem
② night-time sky
③ seasonal weather
④ trees and plants

問 3 On the way home, Yuzu looked up and most likely saw [23] in the night sky.

① a shooting star
② just a few stars
③ the full moon
④ the Milky Way

（下 書 き 用 紙）

英語（リーディング）の試験問題は次に続く。

第４問 （配点　16）

Your college English club's room has several problems and you want to redesign it. Based on the following article and the results of a questionnaire given to members, you make a handout for a group discussion.

What Makes a Good Classroom?

Diana Bashworth, writer at *Trends in Education*

As many schools work to improve their classrooms, it is important to have some ideas for making design decisions. SIN, which stands for *Stimulation, Individualization*, and *Naturalness*, is a framework that might be helpful to consider when designing classrooms.

The first, Stimulation, has two aspects: color and complexity. This has to do with the ceiling, floor, walls, and interior furnishings. For example, a classroom that lacks colors might be uninteresting. On the other hand, a classroom should not be too colorful. A bright color could be used on one wall, on the floor, window coverings, or furniture. In addition, it can be visually distracting to have too many things displayed on walls. It is suggested that 20 to 30 percent of wall space remain free.

The next item in the framework is Individualization, which includes two considerations: ownership and flexibility. Ownership refers to whether the classroom feels personalized. Examples of this include having chairs and desks that are suitable for student sizes and ages, and providing storage space and areas for displaying student works or projects. Flexibility is about having a classroom that allows for different kinds of activities.

Naturalness relates to the quality and quantity of light, both natural and artificial, and the temperature of the classroom. Too much natural light may make screens and boards difficult to see; students may have difficulty reading or writing if there is a lack of light. In addition, hot summer classrooms do not promote effective study. Schools should install systems allowing for the adjustment of both light and temperature.

While Naturalness is more familiar to us, and therefore often considered the priority, the other components are equally important. Hopefully, these ideas can guide your project to a successful end.

Results of the Questionnaire

Q1: Choose any items that match your use of the English club's room.

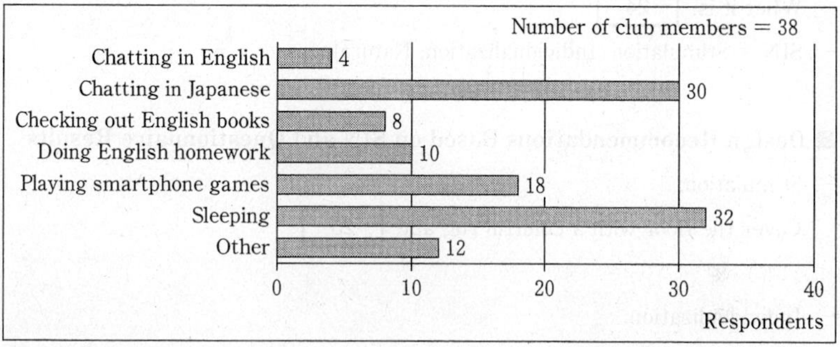

Q2: What do you think about the current English club's room?

Main comments:

Student 1 (S 1): I can't see the projector screen and whiteboard well on a sunny day. Also, there's no way to control the temperature.

S 2: By the windows, the sunlight makes it hard to read. The other side of the room doesn't get enough light. Also, the books are disorganized and the walls are covered with posters. It makes me feel uncomfortable.

S 3: The chairs don't really fit me and the desks are hard to move when we work in small groups. Also, lots of members speak Japanese, even though it's an English club.

S 4: The pictures of foreign countries on the walls make me want to speak English. Everyone likes the sofas — they are so comfortable that we often use the room for sleeping!

S 5: The room is so far away, so I hardly ever go there! Aren't there other rooms available?

S 6: There's so much gray in the room. I don't like it. But it's good that there are plenty of everyday English phrases on the walls!

Your discussion handout:

Room Improvement Project

■ **SIN Framework**

- What it is: [24]
- SIN = Stimulation, Individualization, Naturalness

■ **Design Recommendations Based on SIN and Questionnaire Results**

- Stimulation:

  Cover the floor with a colorful rug and [25].

- Individualization:

  Replace room furniture.

  (tables with wheels → easy to move around)

- Naturalness:

  [26]

  A. Install blinds on windows.

  B. Make temperature control possible.

  C. Move projector screen away from windows.

  D. Place sofas near walls.

  E. Put floor lamp in darker corner.

■ **Other Issues to Discuss**

- The majority of members [27] the room as [28]'s comment mentioned. How can we solve this?
- Based on both the graph and [29]'s comment, should we set a language rule in the room to motivate members to speak English more?
- S 5 doesn't like the location, but we can't change the room, so let's think about how to encourage members to visit more often.

問 1　Choose the best option for 24 .

① A guide to show which colors are appropriate to use in classrooms
② A method to prioritize the needs of students and teachers in classrooms
③ A model to follow when planning classroom environments
④ A system to understand how classrooms influence students' performance

問 2　Choose the best option for 25 .

① move the screen to a better place
② paint each wall a different color
③ put books on shelves
④ reduce displayed items

問 3　You are checking the handout. You notice an error in the recommendations under Naturalness. Which of the following should you **remove**? 26

① A
② B
③ C
④ D
⑤ E

問 4　Choose the best options for [27] and [28].

[27]

① borrow books from
② can't easily get to
③ don't use Japanese in
④ feel anxious in
⑤ take naps in

[28]

① S 1
② S 2
③ S 3
④ S 4
⑤ S 5
⑥ S 6

問 5　Choose the best option for [29].

① S 1
② S 2
③ S 3
④ S 4
⑤ S 5
⑥ S 6

（下 書 き 用 紙）

英語（リーディング）の試験問題は次に続く。

第５問 （配点　15）

You are in an English discussion group, and it is your turn to introduce a story. You have found a story in an English language magazine in Japan. You are preparing notes for your presentation.

Maki's Kitchen

"*Irasshai-mase*," said Maki as two customers entered her restaurant, Maki's Kitchen. Maki had joined her family business at the age of 19 when her father became ill. After he recovered, Maki decided to continue. Eventually, Maki's parents retired and she became the owner. Maki had many regular customers who came not only for the delicious food, but also to sit at the counter and talk to her. Although her business was doing very well, Maki occasionally daydreamed about doing something different.

"Can we sit at the counter?" she heard. It was her old friends, Takuya and Kasumi. A phone call a few weeks earlier from Kasumi to Takuya had given them the idea to visit Maki and surprise her.

◆◆◆◆◆

Takuya's phone vibrated, and he saw a familiar name, Kasumi.

"Kasumi!"

"Hi Takuya, I saw you in the newspaper. Congratulations!"

"Thanks. Hey, you weren't at our 20th high school reunion last month."

"No, I couldn't make it. I can't believe it's been 20 years since we graduated. Actually, I was calling to ask if you've seen Maki recently."

◆◆◆◆◆

Takuya's family had moved to Kawanaka Town shortly before he started high school. He joined the drama club, where he met Maki and Kasumi. The three became inseparable. After graduation, Takuya left Kawanaka to become an actor, while Maki and Kasumi remained. Maki had decided she wanted to study at university and enrolled in a preparatory school. Kasumi, on the other hand, started her career. Takuya tried out for various acting roles but was constantly rejected; eventually, he quit.

Exactly one year after graduation, Takuya returned to Kawanaka with his dreams destroyed. He called Maki, who offered her sympathy. He was surprised to learn that Maki had abandoned her plan to attend university because she had to manage her family's restaurant. Her first day of work had been the day he called. For some reason, Takuya could not resist giving Maki some advice.

"Maki, I've always thought your family's restaurant should change the coffee it serves. I think people in Kawanaka want a bolder flavor. I'd be happy to recommend a different brand," he said.

"Takuya, you really know your coffee. Hey, I was walking by Café Kawanaka and saw a help-wanted sign. You should apply!" Maki replied.

Takuya was hired by Café Kawanaka and became fascinated by the science of coffee making. On the one-year anniversary of his employment, Takuya was talking to Maki at her restaurant.

"Maki," he said, "do you know what my dream is?"

"It must have something to do with coffee."

"That's right! It's to have my own coffee business."

"I can't imagine a better person for it. What are you waiting for?"

Maki's encouragement inspired Takuya. He quit his job, purchased a coffee bean roaster, and began roasting beans. Maki had a sign in her restaurant saying, "We proudly serve Takuya's Coffee," and this publicity helped the coffee gain popularity in Kawanaka. Takuya started making good money selling his beans. Eventually, he opened his own café and became a successful business owner.

◆◆◆◆◆

Kasumi was reading the newspaper when she saw the headline: *TAKUYA'S CAFÉ ATTRACTING TOURISTS TO KAWANAKA TOWN*. "Who would have thought that Takuya would be so successful?" Kasumi thought to herself as she reflected on her past.

In the high school drama club, Kasumi's duty was to put make-up on the actors. No one could do it better than her. Maki noticed this and saw that a cosmetics company called Beautella was advertising for salespeople. She encouraged Kasumi to apply, and, after graduation, she became an employee of Beautella.

The work was tough; Kasumi went door to door selling cosmetics. On bad days, she would call Maki, who would lift her spirits. One day, Maki had an idea, "Doesn't Beautella do make-up workshops? I think you are more suited for that. You can show people how to use the make-up. They'll love the way they look and buy lots of cosmetics!"

Kasumi's company agreed to let her do workshops, and they were a hit! Kasumi's sales were so good that eight months out of high school, she had been promoted, moving to the big city of Ishijima. Since then, she had steadily climbed her way up the company ladder until she had been named vice-president of Beautella this year.

"I wouldn't be vice-president now without Maki," she thought, "she helped me when I was struggling, but I was too absorbed with my work in Ishijima to give her support when she had to quit her preparatory school." Glancing back to the article, she decided to call Takuya.

◆◆◆◆◆

"Maki wasn't at the reunion. I haven't seen her in ages," said Takuya.

"Same here. It's a pity. Where would we be without her?" asked Kasumi.

The conversation became silent, as they wordlessly communicated their guilt. Then, Kasumi had an idea.

◆◆◆◆◆

The three friends were talking and laughing when Maki asked, "By the way, I'm really happy to see you two, but what brings you here?"

"Payback," said Takuya.

"Have I done something wrong?" asked Maki.

"No. The opposite. You understand people incredibly well. You can identify others' strengths and show them how to make use of them. We're proof of this. You made us aware of our gifts," said Takuya.

"The irony is that you couldn't do the same for yourself," added Kasumi.

"I think Ishijima University would be ideal for you. It offers a degree program in counseling that's designed for people with jobs," said Takuya.

"You'd have to go there a few times a month, but you could stay with me. Also, Takuya can help you find staff for your restaurant," said Kasumi.

Maki closed her eyes and imagined Kawanaka having both "Maki's Kitchen" and "Maki's Counseling." She liked that idea.

Your notes:

Maki's Kitchen

Story outline

Maki, Takuya, and Kasumi graduate from high school.

↓ [30]

[31]

[32]

[33]

Maki begins to think about a second career.

About Maki

- Age: [34]
- Occupation: restaurant owner
- How she supported her friends:

  Provided Takuya with encouragement and [35].

  〃 Kasumi 〃 〃 and [36].

Interpretation of key moments

- Kasumi and Takuya experience an uncomfortable silence on the phone because they [37].
- In the final scene, Kasumi uses the word "irony" with Maki. The irony is that Maki does not [38].

問 1 Choose **four** out of the five events (①～⑤) and rearrange them in the order they happened. [30] → [31] → [32] → [33]

① Kasumi becomes vice-president of her company.
② Kasumi gets in touch with Takuya.
③ Maki gets her university degree.
④ Maki starts working in her family business.
⑤ Takuya is inspired to start his own business.

問 2 Choose the best option for [34].

① early 30s
② late 30s
③ early 40s
④ late 40s

問 3 Choose the best options for [35] and [36].

① made the product known to people
② proposed a successful business idea
③ purchased equipment for the business
④ suggested moving to a bigger city
⑤ taught the necessary skills for success

問 4　Choose the best option for **37** .

① do not want to discuss their success
② have not spoken in a long time
③ regret not appreciating their friend more
④ think Maki was envious of their achievements

問 5　Choose the best option for **38** .

① like to try different things
② recognize her own talent
③ understand the ability she lacks
④ want to pursue her dreams

第 6 問 (配点 24)

A Your English teacher has assigned this article to you. You need to prepare notes to give a short talk.

Perceptions of Time

When you hear the word "time," it is probably hours, minutes, and seconds that immediately come to mind. In the late 19th century, however, philosopher Henri Bergson described how people usually do not experience time as it is measured by clocks (**clock time**). Humans do not have a known biological mechanism to measure clock time, so they use mental processes instead. This is called **psychological time**, which everyone perceives differently.

If you were asked how long it had taken to finish your homework, you probably would not know exactly. You would think back and make an estimate. In a 1975 experiment, participants were shown either simple or complex shapes for a fixed amount of time and asked to memorize them. Afterwards, they were asked how long they had looked at the shapes. To answer, they used a mental process called **retrospective timing**, which is estimating time based on the information retrieved from memory. Participants who were shown the complex shapes felt the time was longer, while the people who saw the simple shapes experienced the opposite.

Another process to measure psychological time is called **prospective timing**. It is used when you are actively keeping track of time while doing something. Instead of using the amount of information recalled, the level of attention given to time while doing the activity is used. In several studies, the participants performed tasks while estimating the time needed to complete them. Time seemed shorter for the people doing more challenging mental activities which required them to place more focus on the task than on time.

Time felt longer for the participants who did simpler tasks and the longest for those who were waiting or doing nothing.

Your emotional state can influence your awareness of time, too. For example, you can be enjoying a concert so much that you forget about time. Afterwards, you are shocked that hours have passed by in what seemed to be the blink of an eye. To explain this, we often say, "Time flies when you're having fun." The opposite occurs when you are bored. Instead of being focused on an activity, you notice the time. It seems to go very slowly as you cannot wait for your boredom to end. Fear also affects our perception of time. In a 2006 study, more than 60 people experienced skydiving for the first time. Participants with high levels of unpleasant emotions perceived the time spent skydiving to be much longer than it was in reality.

Psychological time also seems to move differently during life stages. Children constantly encounter new information and have new experiences, which makes each day memorable and seem longer when recalled. Also, time creeps by for them as they anticipate upcoming events such as birthdays and trips. For most adults, unknown information is rarely encountered and new experiences become less frequent, so less mental focus is required and each day becomes less memorable. However, this is not always the case. Daily routines are shaken up when drastic changes occur, such as changing jobs or relocating to a new city. In such cases, the passage of time for those people is similar to that for children. But generally speaking, time seems to accelerate as we mature.

Knowledge of psychological time can be helpful in our daily lives, as it may help us deal with boredom. Because time passes slowly when we are not mentally focused and thinking about time, changing to a more engaging activity, such as reading a book, will help ease our boredom and speed up the time. The next occasion that you hear "Time flies when you're having fun," you will be reminded of this.

Your notes:

Perceptions of Time

Outline by paragraph

1. [39]
2. Retrospective timing
3. Prospective timing
4. [40]
   - ➤ Skydiving
5. Effects of age
   - ➤ Time speeds up as we mature, but a [41].
6. Practical tips

My original examples to help the audience

A. Retrospective timing

Example: [42]

B. Prospective timing

Example: [43]

問 1　Choose the best options for [39] and [40].

① Biological mechanisms

② Effects of our feelings

③ Kinds of memory

④ Life stages

⑤ Ongoing research

⑥ Types of time

問 2 Choose the best option for [41].

① major lifestyle change at any age will likely make time slow down
② major lifestyle change regardless of age will likely make time speed up
③ minor lifestyle change for adults will likely make time slow down
④ minor lifestyle change for children will likely make time speed up

問 3 Choose the best option for [42].

① anticipating a message from a classmate
② memorizing your mother's cellphone number
③ reflecting on how many hours you worked today
④ remembering that you have a meeting tomorrow

問 4 Choose the best option for [43].

① guessing how long you've been jogging so far
② making a schedule for the basketball team summer camp
③ running into your tennis coach at the railway station
④ thinking about your last family vacation to a hot spring

B You are preparing a presentation for your science club, using the following passage from a science website.

Chili Peppers: The Spice of Life

Tiny pieces of red spice in chili chicken add a nice touch of color, but biting into even a small piece can make a person's mouth burn as if it were on fire. While some people love this, others want to avoid the painful sensation. At the same time, though, they can eat sashimi with wasabi. This might lead one to wonder what spiciness actually is and to ask where the difference between chili and wasabi comes from.

Unlike sweetness, saltiness, and sourness, spiciness is not a taste. In fact, we do not actually taste heat, or spiciness, when we eat spicy foods. The bite we feel from eating chili peppers and wasabi is derived from different types of compounds. Chili peppers get their heat from a heavier, oil-like element called capsaicin. Capsaicin leaves a lingering, fire-like sensation in our mouths because it triggers a receptor called TRPV1. TRPV1 induces stress and tells us when something is burning our mouths. Interestingly, there is a wide range of heat across the different varieties of chili peppers, and the level depends on the amount of capsaicin they contain. This is measured using the Scoville Scale, which is also called Scoville Heat Units (SHU). SHUs range from the sweet and mild *shishito* pepper at 50-200 SHUs to the Carolina Reaper pepper, which can reach up to 2. 2 million.

Wasabi is considered a root, not a pepper, and does not contain capsaicin. Thus, wasabi is not ranked on the Scoville Scale. However, people have compared the level of spice in it to chilis with around 1, 000 SHUs, which is on the lower end of the scale. The reason some people cannot tolerate chili spice but can eat foods flavored with wasabi is that the spice compounds in it are low in density. The compounds in wasabi vaporize easily, delivering a blast of spiciness to our nose when we eat it.

Consuming chili peppers can have positive effects on our health, and much research has been conducted into the benefits of capsaicin. When capsaicin activates the TRPV1 receptor in a person's body, it is similar to what happens when they experience stress or pain from an injury. Strangely, capsaicin can also make pain go away. Scientists found that TRPV1 ceases to be turned on after long-term exposure to chili peppers, temporarily easing painful sensations. Thus, skin creams containing capsaicin might be useful for people who experience muscle aches.

Another benefit of eating chili peppers is that they accelerate the metabolism. A group of researchers analyzed 90 studies on capsaicin and body weight and found that people had a reduced appetite when they ate spicy foods. This is because spicy foods increase the heart rate, send more energy to the muscles, and convert fat into energy. Recently, scientists at the University of Wyoming have created a weight-loss drug with capsaicin as a main ingredient.

It is also believed that chili peppers are connected with food safety, which might lead to a healthier life. When food is left outside of a refrigerated environment, microorganisms multiply on it, which may cause sickness if eaten. Studies have shown that capsaicin and other chemicals found in chili peppers have antibacterial properties that can slow down or even stop microorganism growth. As a result, food lasts longer and there are fewer food-borne illnesses. This may explain why people in hot climates have a tendency to use more chili peppers, and therefore, be more tolerant of spicier foods due to repeated exposure. Also, in the past, before there were refrigerators, they were less likely to have food poisoning than people in cooler climates.

Chili peppers seem to have health benefits, but can they also be bad for our health? Peppers that are high on the Scoville Scale can cause physical discomfort when eaten in large quantities. People who have eaten several of the world's hottest chilis in a short time have reported experiencing upset stomachs, diarrhea, numb hands, and symptoms similar to a heart attack. Ghost peppers, which contain one million SHUs, can even burn a person's skin if they are touched.

Luckily the discomfort some people feel after eating spicy foods tends to go away soon—usually within a few hours. Despite some negative side effects, spicy foods remain popular around the world and add a flavorful touch to the table. Remember, it is safe to consume spicy foods, but you might want to be careful about the amount of peppers you put in your dishes.

Presentation slides:

Slide 1

Chili Peppers:
The Spice of Life

1

Slide 2

Characteristics

chili peppers	wasabi
· oil-like elements	· 44
· triggering TRPV1	· changing to vapor
· persistent feeling	· spicy rush

2

Slide 3

Positive Effects

Capsaicin can... 45

A. reduce pain.
B. give you more energy.
C. speed up your metabolism.
D. make you feel less stress.
E. decrease food poisoning.

3

Slide 4

Negative Effects

When eating too many strong chili peppers in a short time,

· 46

· 47

4

Slide 5

Spice Tolerance

48

5

Slide 6

Closing Remark

49

6

問 1 What is the first characteristic of wasabi on Slide 2? [44]

① burning taste
② fire-like sensation
③ lasting feeling
④ light compounds

問 2 Which is an **error** you found on Slide 3? [45]

① A
② B
③ C
④ D
⑤ E

問 3 Choose two options for Slide 4. (The order does not matter.)
[46] · [47]

① you might activate harmful bacteria.
② you might experience stomach pain.
③ you might lose feeling in your hands.
④ your fingers might feel like they are on fire.
⑤ your nose might start hurting.

問 4　What can be inferred about tolerance for spices for Slide 5?　[48]

① People with a high tolerance to chili peppers pay attention to the spices used in their food.

② People with a high tolerance to wasabi are scared of chili peppers' negative effects.

③ People with a low tolerance to chili peppers can get used to their heat.

④ People with a low tolerance to wasabi cannot endure high SHU levels.

問 5　Choose the most appropriate remark for Slide 6.　[49]

① Don't be afraid. Eating spicy foods will boost your confidence.

② Next time you eat chili chicken, remember its punch only stays for a second.

③ Personality plays a big role in our spice preference, so don't worry.

④ Unfortunately, there are no cures for a low wasabi tolerance.

⑤ When someone offers you some spicy food, remember it has some benefits.

2023 本試

（100点
80分）

〔英　語（リーディング）〕

注　意　事　項

1　解答用紙に，正しく記入・マークされていない場合は，採点できないことがあります。

2　この問題冊子は，37ページあります。

試験中に問題冊子の印刷不鮮明，ページの落丁・乱丁及び解答用紙の汚れ等に気付いた場合は，手を高く挙げて監督者に知らせなさい。

3　解答は，解答用紙の解答欄にマークしなさい。例えば，10 と表示のある問いに対して③と解答する場合は，次の(例)のように**解答番号10の解答欄**の③に**マーク**しなさい。

(例)

解答番号	解　答　欄
10	① ② ❸ ④ ⑤ ⑥ ⑦ ⑧ ⑨

4　問題冊子の余白等は適宜利用してよいが，どのページも切り離してはいけません。

5　**不正行為について**

①　不正行為に対しては厳正に対処します。

②　不正行為に見えるような行為が見受けられた場合は，監督者がカードを用いて注意します。

③　不正行為を行った場合は，その時点で受験を取りやめさせ退室させます。

6　試験終了後，問題冊子は持ち帰りなさい。

英　　語(リーディング)

各大問の英文や図表を読み，解答番号 [1] ～ [49] にあてはまるものとして最も適当な選択肢を選びなさい。

第１問　(配点　10)

A　You are studying in the US, and as an afternoon activity you need to choose one of two performances to go and see. Your teacher gives you this handout.

Performances for Friday

Palace Theater	**Grand Theater**
Together Wherever	***The Guitar Queen***
A romantic play that will make you laugh and cry	A rock musical featuring colorful costumes
▸ From 2:00 p.m. (no breaks and a running time of one hour and 45 minutes)	▸ Starts at 1:00 p.m. (three hours long including two 15-minute breaks)
▸ Actors available to talk in the lobby after the performance	▸ Opportunity to greet the cast in their costumes before the show starts
▸ No food or drinks available	▸ Light refreshments (snacks & drinks), original T-shirts, and other goods sold in the lobby
▸ Free T-shirts for five lucky people	

Instructions: Which performance would you like to attend? Fill in the form below and hand it in to your teacher today.

- -

Choose (✔) one: *Together Wherever* □　　*The Guitar Queen* □

Name: ______________________________

問 1 What are you told to do after reading the handout? [1]

① Complete and hand in the bottom part.

② Find out more about the performances.

③ Talk to your teacher about your decision.

④ Write your name and explain your choice.

問 2 Which is true about both performances? [2]

① No drinks can be purchased before the show.

② Some T-shirts will be given as gifts.

③ They will finish at the same time.

④ You can meet performers at the theaters.

B You are a senior high school student interested in improving your English during the summer vacation. You find a website for an intensive English summer camp run by an international school.

GIS

Intensive English Summer Camp

Galley International School (GIS) has provided intensive English summer camps for senior high school students in Japan since 1989. Spend two weeks in an all-English environment!

Dates: August 1-14, 2023
Location: Lake Kawaguchi Youth Lodge, Yamanashi Prefecture
Cost: 120,000 yen, including food and accommodation (additional fees for optional activities such as kayaking and canoeing)

Courses Offered

◆**FOREST**: You'll master basic grammar structures, make short speeches on simple topics, and get pronunciation tips. Your instructors have taught English for over 20 years in several countries. On the final day of the camp, you'll take part in a speech contest while all the other campers listen.

◆**MOUNTAIN**: You'll work in a group to write and perform a skit in English. Instructors for this course have worked at theater schools in New York City, London, and Sydney. You'll perform your skit for all the campers to enjoy on August 14.

◆**SKY**: You'll learn debating skills and critical thinking in this course. Your instructors have been to many countries to coach debate teams and some have published best-selling textbooks on the subject. You'll do a short debate in front of all the other campers on the last day. (Note: Only those with an advanced level of English will be accepted.)

▲Application

Step 1: Fill in the online application **HERE** by May 20, 2023.

Step 2: We'll contact you to set up an interview to assess your English ability and ask about your course preference.

Step 3: You'll be assigned to a course.

問 1 All GIS instructors have [3].

① been in Japan since 1989
② won international competitions
③ worked in other countries
④ written some popular books

問 2 On the last day of the camp, campers will [4].

① assess each other's performances
② compete to receive the best prize
③ make presentations about the future
④ show what they learned at the camp

問 3 What will happen after submitting your camp application? [5]

① You will call the English instructors.
② You will take a written English test.
③ Your English level will be checked.
④ Your English speech topic will be sent.

第 2 問　(配点　20)

A　You want to buy a good pair of shoes as you walk a long way to school and often get sore feet. You are searching on a UK website and find this advertisement.

Navi 55 presents the new *Smart Support* shoe line

Smart Support shoes are strong, long-lasting, and reasonably priced. They are available in three colours and styles.

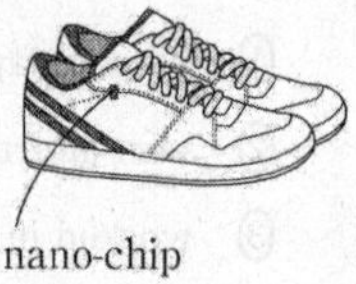

Special Features

Smart Support shoes have a nano-chip which analyses the shape of your feet when connected to the *iSupport* application. Download the app onto your smartphone, PC, tablet, and/or smartwatch. Then, while wearing the shoes, let the chip collect the data about your feet. The inside of the shoe will automatically adjust to give correct, personalised foot support. As with other Navi 55 products, the shoes have our popular Route Memory function.

Advantages

Better Balance: Adjusting how you stand, the personalised support helps keep feet, legs, and back free from pain.

Promotes Exercise: As they are so comfortable, you will be willing to walk regularly.

Route Memory: The chip records your daily route, distance, and pace as you walk.

Route Options: View your live location on your device, have the directions play automatically in your earphones, or use your smartwatch to read directions.

Customers' Comments

- I like the choices for getting directions, and prefer using audio guidance to visual guidance.
- I lost 2 kg in a month!
- I love my pair now, but it took me several days to get used to them.
- As they don't slip in the rain, I wear mine all year round.
- They are so light and comfortable I even wear them when cycling.
- Easy to get around! I don't need to worry about getting lost.
- They look great. The app's basic features are easy to use, but I wouldn't pay for the optional advanced ones.

問 1 According to the maker's statements, which best describes the new shoes? [6]

① Cheap summer shoes
② High-tech everyday shoes
③ Light comfortable sports shoes
④ Stylish colourful cycling shoes

問 2 Which benefit offered by the shoes is most likely to appeal to you? [7]

① Getting more regular exercise
② Having personalised foot support
③ Knowing how fast you walk
④ Looking cool wearing them

問 3 One **opinion** stated by a customer is that [8].

① the app encourages fast walking

② the app's free functions are user-friendly

③ the shoes are good value for money

④ the shoes increase your cycling speed

問 4 One customer's comment mentions using audio devices. Which benefit is this comment based on? [9]

① Better Balance

② Promotes Exercise

③ Route Memory

④ Route Options

問 5 According to one customer's opinion, [10] is recommended.

① allowing time to get accustomed to wearing the shoes

② buying a watch to help you lose weight

③ connecting to the app before putting the shoes on

④ paying for the *iSupport* advanced features

B You are a member of the student council. The members have been discussing a student project helping students to use their time efficiently. To get ideas, you are reading a report about a school challenge. It was written by an exchange student who studied in another school in Japan.

Commuting Challenge

Most students come to my school by bus or train. I often see a lot of students playing games on their phones or chatting. However, they could also use this time for reading or doing homework. We started this activity to help students use their commuting time more effectively. Students had to complete a commuting activity chart from January 17th to February 17th. A total of 300 students participated: More than two thirds of them were second-years; about a quarter were third-years; only 15 first-years participated. How come so few first-years participated? Based on the feedback (given below), there seems to be an answer to this question:

Feedback from participants

HS: Thanks to this project, I got the highest score ever in an English vocabulary test. It was easy to set small goals to complete on my way.

KF: My friend was sad because she couldn't participate. She lives nearby and walks to school. There should have been other ways to take part.

SS: My train is always crowded and I have to stand, so there is no space to open a book or a tablet. I only used audio materials, but there were not nearly enough.

JH: I kept a study log, which made me realise how I used my time. For some reason most of my first-year classmates didn't seem to know about this challenge.

MN: I spent most of the time on the bus watching videos, and it helped me to understand classes better. I felt the time went very fast.

問 1　The aim of the Commuting Challenge was to help students to [11].

① commute more quickly
② improve their test scores
③ manage English classes better
④ use their time better

問 2　One **fact** about the Commuting Challenge is that [12].

① fewer than 10% of the participants were first-years
② it was held for two months during the winter
③ students had to use portable devices on buses
④ the majority of participants travelled by train

問 3　From the feedback, [13] were activities reported by participants.

A：keeping study records
B：learning language
C：making notes on tablets
D：reading lesson notes on mobile phones

① A and B
② A and C
③ A and D
④ B and C
⑤ B and D
⑥ C and D

問 4 One of the participants' opinions about the Commuting Challenge is that [14].

① it could have included students who walk to school

② the train was a good place to read books

③ there were plenty of audio materials for studying

④ watching videos for fun helped time pass quickly

問 5 The author's question is answered by [15].

① HS

② JH

③ KF

④ MN

⑤ SS

第3問 (配点 15)

A You are studying at Camberford University, Sydney. You are going on a class camping trip and are reading the camping club's newsletter to prepare.

Going camping? Read me!!!

Hi, I'm Kaitlyn. I want to share two practical camping lessons from my recent club trip. The first thing is to divide your backpack into three main parts and put the heaviest items in the middle section to balance the backpack. Next, more frequently used daily necessities should be placed in the top section. That means putting your sleeping bag at the bottom; food, cookware and tent in the middle; and your clothes at the top. Most good backpacks come with a "brain" (an additional pouch) for small easy-to-reach items.

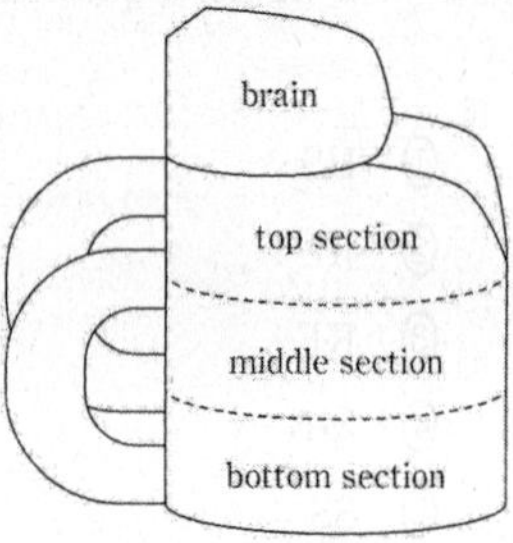

Last year, in the evening, we had fun cooking and eating outdoors. I had been sitting close to our campfire, but by the time I got back to the tent I was freezing. Although I put on extra layers of clothes before going to sleep, I was still cold. Then, my friend told me to take off my outer layers and stuff them into my sleeping bag to fill up some of the empty space. This stuffing method was new to me, and surprisingly kept me warm all night!

I hope my advice helps you stay warm and comfortable. Enjoy your camping trip!

問 1　If you take Kaitlyn's advice, how should you fill your backpack? [16]

①

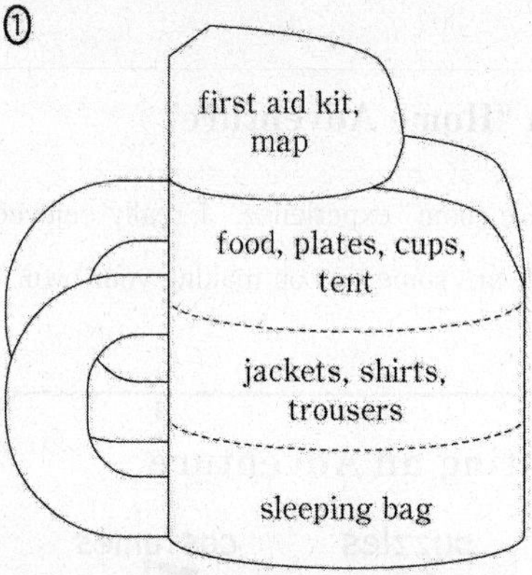

②

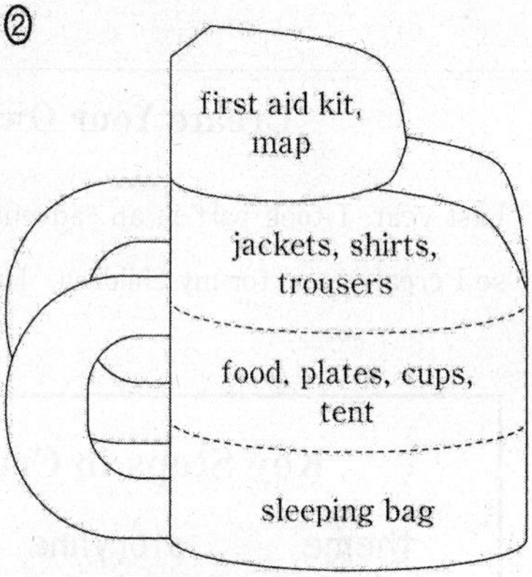

③

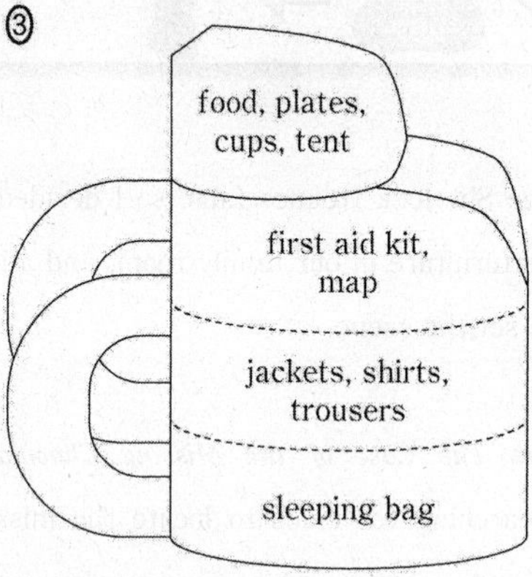

④

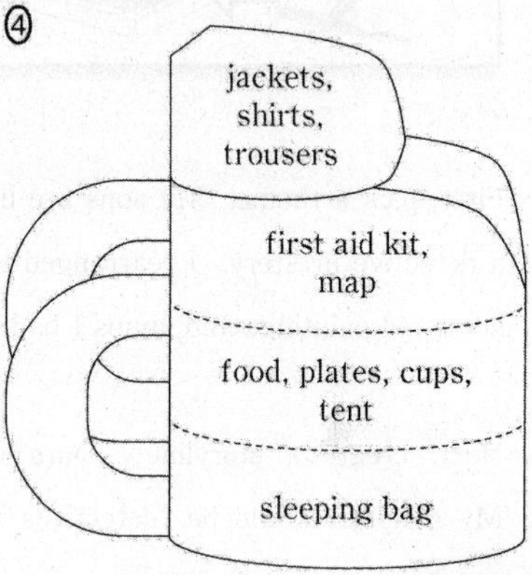

問 2　According to Kaitlyn, [17] is the best method to stay warm all night.

① avoiding going out of your tent
② eating hot meals beside your campfire
③ filling the gaps in your sleeping bag
④ wearing all of your extra clothes

B Your English club will make an "adventure room" for the school festival. To get some ideas, you are reading a blog about a room a British man created.

Create Your Own "Home Adventure"

Last year, I took part in an "adventure room" experience. I really enjoyed it, so I created one for my children. Here are some tips on making your own.

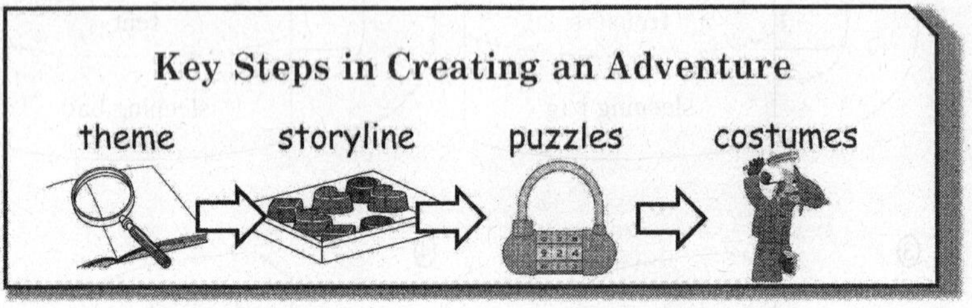

First, pick a theme. My sons are huge Sherlock Holmes fans, so I decided on a detective mystery. I rearranged the furniture in our family room, and added some old paintings and lamps I had to set the scene.

Next, create a storyline. Ours was *The Case of the Missing Chocolates.* My children would be "detectives" searching for clues to locate the missing sweets.

The third step is to design puzzles and challenges. A useful idea is to work backwards from the solution. If the task is to open a box locked with a three-digit padlock, think of ways to hide a three-digit code. Old books are fantastic for hiding messages in. I had tremendous fun underlining words on different pages to form mystery sentences. Remember that the puzzles should get progressively more difficult near the final goal. To get into the spirit, I then had the children wear costumes. My eldest son was excited when I handed him a magnifying glass, and immediately began acting like Sherlock Holmes. After that, the children started to search for the first clue.

This "adventure room" was designed specifically for my family, so I made some of the challenges personal. For the final task, I took a couple of small cups and put a plastic sticker in each one, then filled them with yogurt. The "detectives" had to eat their way to the bottom to reveal the clues. Neither of my kids would eat yogurt, so this truly was tough for them. During the adventure, my children were totally focused, and they enjoyed themselves so much that we will have another one next month.

問 1 Put the following events (①~④) into the order in which they happened.

[18] → [19] → [20] → [21]

① The children ate food they are not fond of.
② The children started the search for the sweets.
③ The father decorated the living room in the house.
④ The father gave his sons some clothes to wear.

問 2 If you follow the father's advice to create your own "adventure room," you should [22].

① concentrate on three-letter words
② leave secret messages under the lamps
③ make the challenges gradually harder
④ practise acting like Sherlock Holmes

問 3 From this story, you understand that the father [23].

① became focused on searching for the sweets
② created an experience especially for his children
③ had some trouble preparing the adventure game
④ spent a lot of money decorating the room

(下 書 き 用 紙)

英語(リーディング)の試験問題は次に続く。

第4問 (配点　16)

Your teacher has asked you to read two articles about effective ways to study. You will discuss what you learned in your next class.

How to Study Effectively: Contextual Learning!

Tim Oxford

Science Teacher, Stone City Junior High School

As a science teacher, I am always concerned about how to help students who struggle to learn. Recently, I found that their main way of learning was to study new information repeatedly until they could recall it all. For example, when they studied for a test, they would use a workbook like the example below and repeatedly say the terms that go in the blanks: "Obsidian is igneous, dark, and glassy. Obsidian is igneous, dark, and glassy. . . ." These students would feel as if they had learned the information, but would quickly forget it and get low scores on the test. Also, this sort of repetitive learning is dull and demotivating.

To help them learn, I tried applying "contextual learning." In this kind of learning, new knowledge is constructed through students' own experiences. For my science class, students learned the properties of different kinds of rocks. Rather than having them memorize the terms from a workbook, I brought a big box of various rocks to the class. Students examined the rocks and identified their names based on the characteristics they observed.

Thanks to this experience, I think these students will always be able to describe the properties of the rocks they studied. One issue, however, is that we don't always have the time to do contextual learning, so students will still study by doing drills. I don't think this is the best way. I'm still searching for ways to improve their learning.

Rock name	Obsidian
Rock type	igneous
Coloring	dark
Texture	glassy
Picture	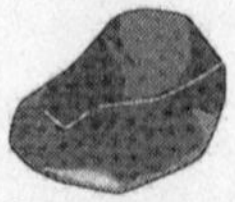

How to Make Repetitive Learning Effective

Cheng Lee

Professor, Stone City University

Mr. Oxford's thoughts on contextual learning were insightful. I agree that it can be beneficial. Repetition, though, can also work well. However, the repetitive learning strategy he discussed, which is called "massed learning," is not effective. There is another kind of repetitive learning called "spaced learning," in which students memorize new information and then review it over longer intervals.

The interval between studying is the key difference. In Mr. Oxford's example, his students probably used their workbooks to study over a short period of time. In this case, they might have paid less attention to the content as they continued to review it. The reason for this is that the content was no longer new and could easily be ignored. In contrast, when the intervals are longer, the students' memory of the content is weaker. Therefore, they pay more attention because they have to make a greater effort to recall what they had learned before. For example, if students study with their workbooks, wait three days, and then study again, they are likely to learn the material better.

Previous research has provided evidence for the advantages of spaced learning. In one experiment, students in Groups A and B tried to memorize the names of 50 animals. Both groups studied four times, but Group A studied at one-day intervals while Group B studied at one-week intervals. As the figure to the right shows, 28 days after the last learning session, the average ratio of recalled names on a test was higher for the spaced learning group.

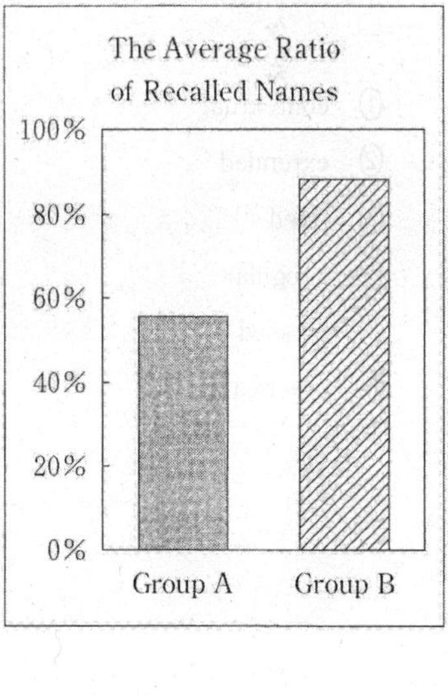

I understand that students often need to learn a lot of information in a short period of time, and long intervals between studying might not be practical. You should understand, though, that massed learning might not be good for long-term recall.

問 1　Oxford believes that [24] .

① continuous drilling is boring

② reading an explanation of terms is helpful

③ students are not interested in science

④ studying with a workbook leads to success

問 2　In the study discussed by Lee, students took a test [25] after their final session.

① four weeks

② immediately

③ one day

④ one week

問 3　Lee introduces spaced learning, which involves studying at [26] intervals, in order to overcome the disadvantages of [27] learning that Oxford discussed. (Choose the best one for each box from options ①～⑥.)

① contextual

② extended

③ fixed

④ irregular

⑤ massed

⑥ practical

問 4 Both writers agree that [28] is helpful for remembering new information.

① experiential learning

② having proper rest

③ long-term attention

④ studying with workbooks

問 5 Which additional information would be the best to further support Lee's argument for spaced learning? [29]

① The main factor that makes a science class attractive

② The most effective length of intervals for spaced learning

③ Whether students' workbooks include visuals or not

④ Why Oxford's students could not memorize information well

第５問 (配点 15)

Your English teacher has told everyone in your class to find an inspirational story and present it to a discussion group, using notes. You have found a story written by a high school student in the UK.

Lessons from Table Tennis

Ben Carter

The ball flew at lightning speed to my backhand. It was completely unexpected and I had no time to react. I lost the point and the match. Defeat... Again! This is how it was in the first few months when I started playing table tennis. It was frustrating, but I now know that the sport taught me more than simply how to be a better athlete.

In middle school, I loved football. I was one of the top scorers, but I didn't get along with my teammates. The coach often said that I should be more of a team player. I knew I should work on the problem, but communication was just not my strong point.

I had to leave the football club when my family moved to a new town. I wasn't upset as I had decided to stop playing football anyway. My new school had a table tennis club, coached by the PE teacher, Mr Trent, and I joined that. To be honest, I chose table tennis because I thought it would be easier for me to play individually.

At first, I lost more games than I won. I was frustrated and often went straight home after practice, not speaking to anyone. One day, however, Mr Trent said to me, "You could be a good player, Ben, but you need to think more about your game. What do you think you need to do?" "I don't know," I replied, "focus on the ball more?" "Yes," Mr Trent continued, "but you also need to study your opponent's moves and adjust your play accordingly. Remember, your opponent is a person, not a ball." This made a deep impression on me.

I deliberately modified my style of play, paying closer attention to my opponent's moves. It was not easy, and took a lot of concentration. My efforts paid off, however, and my play improved. My confidence grew and I started staying behind more after practice. I was turning into a star player and my classmates tried to talk to me more than before. I thought that I was becoming popular, but our conversations seemed to end before they really got started. Although my play might have improved, my communication skills obviously hadn't.

My older brother Patrick was one of the few people I could communicate with well. One day, I tried to explain my problems with communication to him, but couldn't make him understand. We switched to talking about table tennis. "What do you actually enjoy about it?" he asked me curiously. I said I loved analysing my opponent's movements and making instant decisions about the next move. Patrick looked thoughtful. "That sounds like the kind of skill we use when we communicate," he said.

At that time, I didn't understand, but soon after our conversation, I won a silver medal in a table tennis tournament. My classmates seemed really pleased. One of them, George, came running over. "Hey, Ben!" he said, "Let's have a party to celebrate!" Without thinking, I replied, "I can't. I've got practice." He looked a bit hurt and walked off without saying anything else.

Why was he upset? I thought about this incident for a long time. Why did he suggest a party? Should I have said something different? A lot of questions came to my mind, but then I realised that he was just being kind. If I'd said, "Great idea. Thank you! Let me talk to Mr Trent and see if I can get some time off practice," then maybe the outcome would have been better. At that moment Patrick's words made sense. Without attempting to grasp someone's intention, I wouldn't know how to respond.

I'm still not the best communicator in the world, but I definitely feel more confident in my communication skills now than before. Next year, my friends and I are going to co-ordinate the table tennis league with other schools.

Your notes:

Lessons from Table Tennis

About the author (Ben Carter)

- Played football at middle school.
- Started playing table tennis at his new school because he [30].

Other important people

- Mr Trent: Ben's table tennis coach, who helped him improve his play.
- Patrick: Ben's brother, who [31].
- George: Ben's classmate, who wanted to celebrate his victory.

Influential events in Ben's journey to becoming a better communicator

Began playing table tennis → [32] → [33] → [34] → [35]

What Ben realised after the conversation with George

He should have [36].

What we can learn from this story

- [37]
- [38]

問 1　Choose the best option for [30].

① believed it would help him communicate
② hoped to become popular at school
③ thought he could win games easily
④ wanted to avoid playing a team sport

問 2　Choose the best option for [31].

① asked him what he enjoyed about communication
② encouraged him to be more confident
③ helped him learn the social skills he needed
④ told him what he should have said to his school friends

問 3　Choose **four** out of the five options (①～⑤) and rearrange them in the order they happened. [32] → [33] → [34] → [35]

① Became a table tennis champion
② Discussed with his teacher how to play well
③ Refused a party in his honour
④ Started to study his opponents
⑤ Talked to his brother about table tennis

問 4 Choose the best option for [36].

① asked his friend questions to find out more about his motivation
② invited Mr Trent and other classmates to the party to show appreciation
③ tried to understand his friend's point of view to act appropriately
④ worked hard to be a better team player for successful communication

問 5 Choose the best two options for [37] and [38]. (The order does not matter.)

① Advice from people around us can help us change.
② Confidence is important for being a good communicator.
③ It is important to make our intentions clear to our friends.
④ The support that teammates provide one another is helpful.
⑤ We can apply what we learn from one thing to another.

(下 書 き 用 紙)

英語(リーディング)の試験問題は次に続く。

第 6 問 (配点　24)

A　You are in a discussion group in school. You have been asked to summarize the following article. You will speak about it, using only notes.

Collecting

Collecting has existed at all levels of society, across cultures and age groups since early times. Museums are proof that things have been collected, saved, and passed down for future generations. There are various reasons for starting a collection. For example, Ms. A enjoys going to yard sales every Saturday morning with her children. At yard sales, people sell unwanted things in front of their houses. One day, while looking for antique dishes, an unusual painting caught her eye and she bought it for only a few dollars. Over time, she found similar pieces that left an impression on her, and she now has a modest collection of artwork, some of which may be worth more than she paid. One person's trash can be another person's treasure. Regardless of how someone's collection was started, it is human nature to collect things.

In 1988, researchers Brenda Danet and Tamar Katriel analyzed 80 years of studies on children under the age of 10, and found that about 90% collected something. This shows us that people like to gather things from an early age. Even after becoming adults, people continue collecting stuff. Researchers in the field generally agree that approximately one third of adults maintain this behavior. Why is this? The primary explanation is related to emotions. Some save greeting cards from friends and family, dried flowers from special events, seashells from a day at the beach, old photos, and so on. For others, their collection is a connection to their youth. They may have baseball cards, comic books, dolls, or miniature cars that they have kept since they were small.

Others have an attachment to history; they seek and hold onto historical documents, signed letters and autographs from famous people, and so forth.

For some individuals there is a social reason. People collect things such as pins to share, show, and even trade, making new friends this way. Others, like some holders of Guinness World Records, appreciate the fame they achieve for their unique collection. Cards, stickers, stamps, coins, and toys have topped the "usual" collection list, but some collectors lean toward the more unexpected. In September 2014, Guinness World Records recognized Harry Sperl, of Germany, for having the largest hamburger-related collection in the world, with 3,724 items; from T-shirts to pillows to dog toys, Sperl's room is filled with all things "hamburger." Similarly, Liu Fuchang, of China, is a collector of playing cards. He has 11,087 different sets.

Perhaps the easiest motivation to understand is pleasure. Some people start collections for pure enjoyment. They may purchase and put up paintings just to gaze at frequently, or they may collect audio recordings and old-fashioned vinyl records to enjoy listening to their favorite music. This type of collector is unlikely to be very interested in the monetary value of their treasured music, while others collect objects specifically as an investment. While it is possible to download certain classic games for free, having the same game unopened in its original packaging, in "mint condition," can make the game worth a lot. Owning various valuable "collector's items" could ensure some financial security.

This behavior of collecting things will definitely continue into the distant future. Although the reasons why people keep things will likely remain the same, advances in technology will have an influence on collections. As technology can remove physical constraints, it is now possible for an individual to have vast digital libraries of music and art that would have been unimaginable 30 years ago. It is unclear, though, what other impacts technology will have on collections. Can you even imagine the form and scale that the next generation's collections will take?

Your notes:

Collecting

Introduction

- ◆ Collecting has long been part of the human experience.
- ◆ The yard sale story tells us that [39].

Facts

- ◆ [40]
- ◆ Guinness World Records
  - ◇ Sperl: 3,724 hamburger-related items
  - ◇ Liu: 11,087 sets of playing cards

Reasons for collecting

- ◆ Motivation for collecting can be emotional or social.
- ◆ Various reasons mentioned: [41], [42], interest in history, childhood excitement, becoming famous, sharing, etc.

Collections in the future

- ◆ [43]

問 1　Choose the best option for 39 .

① a great place for people to sell things to collectors at a high price is a yard sale

② people can evaluate items incorrectly and end up paying too much money for junk

③ something not important to one person may be of value to someone else

④ things once collected and thrown in another person's yard may be valuable to others

問 2　Choose the best option for 40 .

① About two thirds of children do not collect ordinary things.

② Almost one third of adults start collecting things for pleasure.

③ Approximately 10% of kids have collections similar to their friends.

④ Roughly 30% of people keep collecting into adulthood.

問 3　Choose the best options for 41 and 42 . (The order does not matter.)

① desire to advance technology

② fear of missing unexpected opportunities

③ filling a sense of emptiness

④ reminder of precious events

⑤ reusing objects for the future

⑥ seeking some sort of profit

問 4　Choose the best option for 43 .

① Collections will likely continue to change in size and shape.

② Collectors of mint-condition games will have more digital copies of them.

③ People who have lost their passion for collecting will start again.

④ Reasons for collecting will change because of advances in technology.

B You are in a student group preparing for an international science presentation contest. You are using the following passage to create your part of the presentation on extraordinary creatures.

Ask someone to name the world's toughest animal, and they might say the Bactrian camel as it can survive in temperatures as high as 50℃, or the Arctic fox which can survive in temperatures lower than −58℃. However, both answers would be wrong as it is widely believed that the tardigrade is the toughest creature on earth.

Tardigrades, also known as water bears, are microscopic creatures, which are between 0.1 mm to 1.5 mm in length. They live almost everywhere, from 6,000-meter-high mountains to 4,600 meters below the ocean's surface. They can even be found under thick ice and in hot springs. Most live in water, but some tardigrades can be found in some of the driest places on earth. One researcher reported finding tardigrades living under rocks in a desert without any recorded rainfall for 25 years. All they need are a few drops or a thin layer of water to live in. When the water dries up, so do they. They lose all but three percent of their body's water and their metabolism slows down to 0.01% of its normal speed. The dried-out tardigrade is now in a state called "tun," a kind of deep sleep. It will continue in this state until it is once again soaked in water. Then, like a sponge, it absorbs the water and springs back to life again as if nothing had happened. Whether the tardigrade is in tun for 1 week or 10 years does not really matter. The moment it is surrounded by water, it comes alive again. When tardigrades are in a state of tun, they are so tough that they can survive in temperatures as low as −272℃ and as high as 151℃. Exactly how they achieve this is still not fully understood.

Perhaps even more amazing than their ability to survive on earth — they have been on earth for some 540 million years — is their ability to survive in space. In 2007, a team of European researchers sent a number of living tardigrades into space on the outside of a rocket for 10 days. On their return to earth, the researchers were surprised to see that 68% were still alive. This means that for 10 days most were able to survive X-rays and ultraviolet radiation 1,000 times more intense than here on earth. Later, in 2019, an Israeli spacecraft crashed onto the moon and thousands of tardigrades in a state of tun were spilled onto its surface. Whether these are still alive or not is unknown as no one has gone to collect them — which is a pity.

Tardigrades are shaped like a short cucumber. They have four short legs on each side of their bodies. Some species have sticky pads at the end of each leg, while others have claws. There are 16 known claw variations, which help identify those species with claws. All tardigrades have a place for eyes, but not all species have eyes. Their eyes are primitive, only having five cells in total — just one of which is light sensitive.

Basically, tardigrades can be divided into those that eat plant matter, and those that eat other creatures. Those that eat vegetation have a ventral mouth — a mouth located in the lower part of the head, like a shark. The type that eats other creatures has a terminal mouth, which means the mouth is at the very front of the head, like a tuna. The mouths of tardigrades do not have teeth. They do, however, have two sharp needles, called stylets, that they use to pierce plant cells or the bodies of smaller creatures so the contents can be sucked out.

Both types of tardigrade have rather simple digestive systems. The mouth leads to the pharynx (throat), where digestive juices and food are mixed. Located above the pharynx is a salivary gland. This produces the juices that flow into the mouth and help with digestion. After the pharynx, there is a tube which transports food toward the gut. This tube is called the esophagus. The middle gut, a simple stomach/intestine type of organ, digests the food and absorbs the nutrients. The leftovers then eventually move through to the anus.

Your presentation slides:

Tardigrades:
Earth's Ultimate Survivors

1. Basic Information

- 0.1 mm to 1.5 mm in length
- shaped like a short cucumber
-
- [44]
-

2. Habitats

- live almost everywhere
- extreme environments such as...
  - ✓ 6 km above sea level
  - ✓ 4.6 km below sea level
  - ✓ in deserts
  - ✓ −272℃ to 151℃
  - ✓ in space (possibly)

3. Secrets to Survival

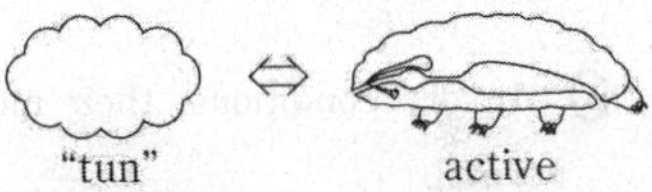

- [45]
- [46]

4. Digestive Systems [47]

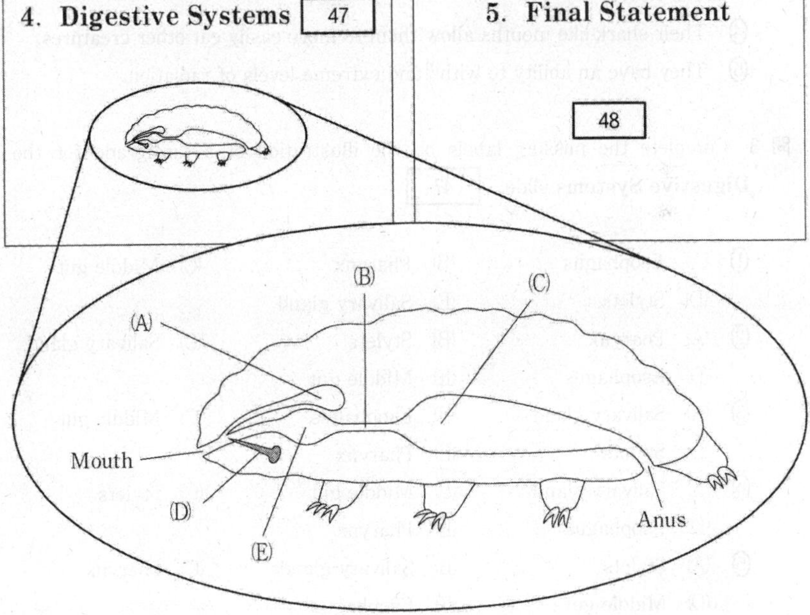

5. Final Statement

[48]

問 1　Which of the following should you **not** include for [44] ?

① eight short legs
② either blind or sighted
③ plant-eating or creature-eating
④ sixteen different types of feet
⑤ two stylets rather than teeth

問 2　For the **Secrets to Survival** slide, select two features of the tardigrade which best help it survive. (The order does not matter.) [45] · [46]

① In dry conditions, their metabolism drops to less than one percent of normal.
② Tardigrades in a state of tun are able to survive in temperatures exceeding 151℃.
③ The state of tun will cease when the water in a tardigrade's body is above 0.01%.
④ Their shark-like mouths allow them to more easily eat other creatures.
⑤ They have an ability to withstand extreme levels of radiation.

問 3　Complete the missing labels on the illustration of a tardigrade for the **Digestive Systems** slide. [47]

① (A) Esophagus　(B) Pharynx　(C) Middle gut
　(D) Stylets　(E) Salivary gland
② (A) Pharynx　(B) Stylets　(C) Salivary gland
　(D) Esophagus　(E) Middle gut
③ (A) Salivary gland　(B) Esophagus　(C) Middle gut
　(D) Stylets　(E) Pharynx
④ (A) Salivary gland　(B) Middle gut　(C) Stylets
　(D) Esophagus　(E) Pharynx
⑤ (A) Stylets　(B) Salivary gland　(C) Pharynx
　(D) Middle gut　(E) Esophagus

問 4 Which is the best statement for the final slide? [48]

① For thousands of years, tardigrades have survived some of the harshest conditions on earth and in space. They will live longer than humankind.

② Tardigrades are from space and can live in temperatures exceeding the limits of the Arctic fox and Bactrian camel, so they are surely stronger than human beings.

③ Tardigrades are, without a doubt, the toughest creatures on earth. They can survive on the top of mountains; at the bottom of the sea; in the waters of hot springs; and they can also thrive on the moon.

④ Tardigrades have survived some of the harshest conditions on earth, and at least one trip into space. This remarkable creature might outlive the human species.

問 5 What can be inferred about sending tardigrades into space? [49]

① Finding out whether the tardigrades can survive in space was never thought to be important.

② Tardigrades, along with other creatures that have been on earth for millions of years, can withstand X-rays and ultraviolet radiation.

③ The Israeli researchers did not expect so many tardigrades to survive the harsh environment of space.

④ The reason why no one has been to see if tardigrades can survive on the moon's surface attracted the author's attention.

2023 追試

（100点 80分）

〔英　語（リーディング）〕

注　意　事　項

1　解答用紙に，正しく記入・マークされていない場合は，採点できないことがあります。

2　この問題冊子は，37ページあります。

試験中に問題冊子の印刷不鮮明，ページの落丁・乱丁及び解答用紙の汚れ等に気付いた場合は，手を高く挙げて監督者に知らせなさい。

3　解答は，解答用紙の解答欄にマークしなさい。例えば，［10］と表示のある問いに対して③と解答する場合は，次の(例)のように**解答番号10**の**解答欄**の③にマークしなさい。

（例）

解答番号	解　答　欄
10	①　②　●　④　⑤　⑥　⑦　⑧　⑨

4　問題冊子の余白等は適宜利用してよいが，どのページも切り離してはいけません。

5　**不正行為について**

①　不正行為に対しては厳正に対処します。

②　不正行為に見えるような行為が見受けられた場合は，監督者がカードを用いて注意します。

③　不正行為を行った場合は，その時点で受験を取りやめさせ退室させます。

6　試験終了後，問題冊子は持ち帰りなさい。

英　語（リーディング）

各大問の英文や図表を読み，解答番号 1 ～ 49 にあてはまるものとして最も適当な選択肢を選びなさい。

第１問 （配点　10）

A You are waiting in line for a walking tour of a castle and are asked to test a new device. You receive the following instructions from the staff.

Audio Guide Testing
for the Westville Castle Walking Tour

Thank you for helping us test our new audio guide. We hope you will enjoy your experience here at Westville Castle.

How to use

When you put the device on your ear, it will turn on. As you walk around the castle, detailed explanations will automatically play as you enter each room. If you want to pause an explanation, tap the button on the earpiece once. The device is programmed to answer questions about the rooms. If you want to ask a question, tap the button twice and whisper. The microphone will pick up your voice and you will hear the answer.

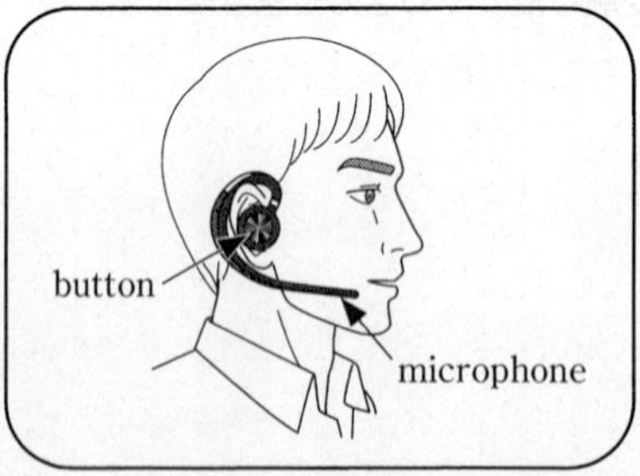

Before you leave

Drop the device off at the collection desk to the left of the exit, then fill in a brief questionnaire, and hand it to the staff. In return, you will receive a discount coupon to use at the castle's souvenir shop.

問 1 The device is most likely to be able to answer questions about the [1].

① interiors of the castle
② length of the walking tour
③ mechanism of the device
④ prices at the souvenir shop

問 2 To get the coupon, you must [2].

① ask the staff a question about the device
② give some feedback about the device
③ leave through the exit on the left
④ submit your completed audio guide test

B Your English teacher has given you a flyer for an international short film festival in your city. You want to attend the festival.

Star International Short Film Festival 2023

February 10 (Fri.) -12 (Sun.)

We are pleased to present a total of 50 short films to celebrate the first decade of the festival. Below are the four films that were nominated for the Grand Prize. Enjoy a special talk by the film's director following the first screening of each finalist film.

Grand Prize Finalist Films

My Pet Pigs, USA (27 min.) This drama tells a heart-warming story about a family and their pets.	*Chase to the Tower*, France (28 min.) A police chase ends with thrilling action at the Eiffel Tower.
▸ Fri. 7 p.m. and Sat. 2 p.m. ▸ At Cinema Paradise, Screen 2	▸ Fri. 5 p.m. and Sun. 7 p.m. ▸ At Cinema Paradise, Screen 1
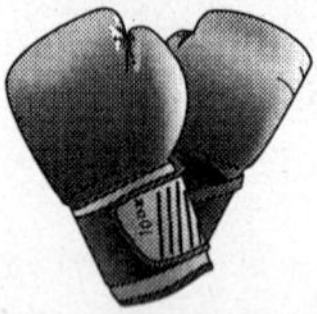	
Gold Medal Girl, China (25 min.) This documentary highlights the life of an amazing athlete.	*Inside the Cave*, Iran (18 min.) A group of hikers has a scary adventure in this horror film.
▸ Sat. and Sun. 3 p.m. ▸ At Movie House, Main Screen	▸ Fri. 3 p.m. and Sat. 8 p.m. ▸ At Movie House, Screen 1

Festival Passes	
Type	Price (yen)
3-day	4,000
2-day	3,000
1-day	2,000

▶ Festival Passes are available from each theater. The theaters will also sell single tickets for 500 yen before each screening.

▶ Festival Pass holders are invited to attend the special reception in the lobby of Cinema Paradise on February 12 (Sun.) at 8 p.m.

For the complete schedule of the short films showing during the festival, please visit our website.

問 1 If you are free on Sunday evening, which finalist film can you see? [3]

① *Chase to the Tower*
② *Gold Medal Girl*
③ *Inside the Cave*
④ *My Pet Pigs*

問 2 What will happen at Cinema Paradise on the last night of the festival? [4]

① An event to celebrate the festival will take place.
② Nominations will be made for the Grand Prize.
③ One of the directors will talk about *Chase to the Tower*.
④ The movie *My Pet Pigs* will be screened.

問 3 What is true about the short film festival? [5]

① Four talks by film directors will be held.
② Passes can be bought through the website.
③ Reservations are necessary for single tickets.
④ The finalist films can be seen on the same day.

第2問 (配点 20)

A You are a member of a school newspaper club and received a message from Paul, an exchange student from the US.

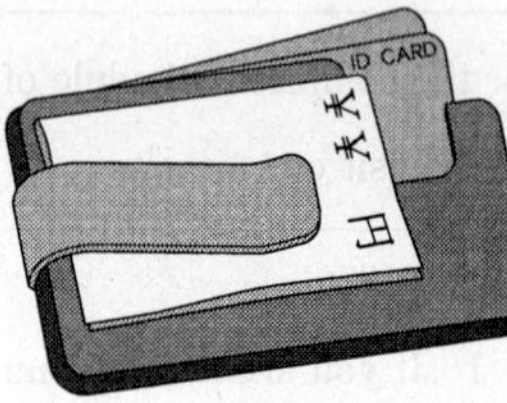

I have a suggestion for our next issue. The other day, I was looking for a new wallet for myself and found a website selling small slim wallets which are designed to hold cards and a few bills. Weighing only 60 g, they look stylish. As I mainly use electronic money, this type of wallet seemed useful. I shared the link with my friends and asked them what they thought. Here are their comments:

- I use a similar wallet now, and it holds cards securely.
- They look perfect for me as I walk a lot, and it would be easy to carry.
- I'd definitely use one if the store near my house accepted electronic money.
- Cards take up very little space. Cashless payments make it easier to collect points.
- I use both electronic money and cash. What would I do with my coins?
- Interesting! Up to 6 cards can fit in it, but for me that is a card-holder, not a wallet.
- I like to keep things like receipts in my wallet. When I asked my brother, though, he told me he wanted one!
- They are so compact that I might not even notice if I lost mine.

When I talked with them, even those who don't like this type of wallet pointed out some merits of using cards and electronic money. This made me wonder why many students still use bills and coins, and I thought this might be a good topic for our newspaper. What do you think?

問 1　Which question did Paul probably ask his friends? [6]

① Do you carry a wallet?
② Do you use electronic money?
③ What do you keep in your wallet?
④ What do you think about these wallets?

問 2　A **fact** about a slim wallet mentioned by one of Paul's friends is that it [7].

① can hold half a dozen cards
② can slip out of a pocket easily
③ is ideal for walkers
④ is lighter than 80 g

問 3　One response shows that one of Paul's friends [8].

① finds slim wallets cool but doesn't want to use one
② prefers the capacity of a regular wallet
③ thinks slim wallets will be less popular in the future
④ uses a slim wallet with another wallet for coins

問 4　According to Paul's friend, using the wallet with electronic money makes it easier to [9].

① carry safely
② receive benefits
③ record receipts
④ use at any shop

問 5　Paul wants to find out more about [10].

① different types of electronic money

② students' reasons for using cash

③ the benefits of slim wallets for young people

④ the differences between small and large wallets

B You are reading the following article as you are interested in studying overseas.

Summer in Britain

Chiaki Suzuki

November 2022

This year, I spent two weeks studying English. I chose to stay in a beautiful city, called Punton, and had a wonderful time there. There were many things to do, which was exciting. I was never bored. It can get expensive, but I liked getting student discounts when I showed my student card. Also, I liked window-shopping and using the local library. I ate a variety of food from around the world, too, as there were many people from different cultural backgrounds living there. Most of the friends I made were from my English school, so I did not practice speaking English with the locals as much as I had expected. On the other hand, I came to have friends from many different countries. Lastly, I took public transport, which I found convenient and easy to use as it came frequently.

If I had stayed in the countryside, however, I would have seen a different side of life in Britain. My friend who stayed there had a lovely, relaxing experience. She said farmers sell their produce directly. Also, there are local theatres, bands, art and craft shows, restaurants, and some unusual activities like stream-jumping. However, getting around is not as easy, so it's harder to keep busy. You need to walk some distance to catch buses or trains, which do not come as often. In fact, she had to keep a copy of the timetables. If I had been in the countryside, I probably would have walked around and chatted with the local people.

I had a rich cultural experience and I want to go back to Britain. However, next time I want to connect more with British people and eat more traditional British food.

問 1　According to the article, Chiaki [11].

① ate food from different countries
② improved her English as she had hoped
③ kept notes on cultural experiences
④ worked in a local shop

問 2　With her student ID, Chiaki was able to [12].

① enter the local library
② get reduced prices
③ join a local student band
④ use public transport for free

問 3　Chiaki thinks [13] in Punton.

① it is easy to experience various cultures
② it is easy to make friends with the local people
③ there are many restaurants serving British food
④ there are many unusual local events

問 4　One **fact** Chiaki heard about staying in the countryside is that [14].

① local people carry the bus timetable
② people buy food from farms
③ the cost of entertainment is high
④ there are fewer interesting things to do

問 5　Which best describes Chiaki's impression of her time in Britain? [15]

① Her interest in craft shows grew.
② She enjoyed making lots of local friends.
③ She found the countryside beautiful.
④ Some of her experiences were unexpected.

(下 書 き 用 紙)

英語(リーディング)の試験問題は次に続く。

第 3 問 （配点　15）

A The exchange student in your school is a koi keeper. You are reading an article he wrote for a magazine called *Young Fish-Keepers*.

My First Fish

Tom Pescatore

I joined the Newmans Koi Club when I was 13, and as part of my club's tradition, the president went with me to buy my first fish. I used money I received for my birthday and purchased a 15 cm baby ghost koi. She now lives with other members' fish in the clubhouse tank.

I love my fish, and still read everything I can about ghosts. Although not well known in Japan, they became widely owned by UK koi keepers in the 1980s. Ghosts are a hybrid type of fish. My ghost's father was a Japanese ogon koi, and her mother was a wild mirror carp. Ghosts grow quickly, and she was 85 cm and 12 kg within a couple of years. Ghosts are less likely to get sick and they can survive for more than 40 years. Mine is now a gorgeous, four-year-old, mature, platinum ghost koi.

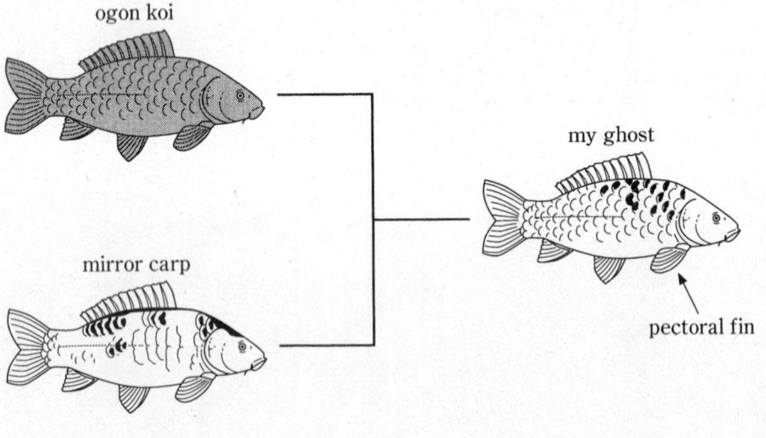

Ghosts are not considered as valuable as their famous "pure-bred" Japanese cousins, so usually don't cost much. This makes them affordable for a 13 year old with birthday present money. The most striking parts of my ghost are her metallic head and flashy pectoral fins that sparkle in the sunlight. As the name "ghost koi" suggests, these fish can fade in and out of sight while swimming. They are super-cool fish, so why not start with a ghost?

問 1 From the article, you know that Tom's fish is **not** [16].

① adult
② cheap
③ pure-bred
④ tough

問 2 The species was named "ghost koi" because [17].

① their appearance is very frightening
② their shadowy fins flash when they swim
③ they can live secretly for a long time
④ they seem to mysteriously vanish in water

B You have entered an English speech contest and you are reading an essay to improve your presentation skills.

Gaining Courage

Rick Halston

In my last semester in college, I received an award for my final research presentation. I wasn't always good at speaking in front of people; in fact, one of my biggest fears was of making speeches. Since my primary school days, my shy personality had never been ideal for public speaking. From my first day of college, I especially feared giving the monthly class presentations. I would practise for hours on end. That helped somewhat, but I still sounded nervous or confused.

A significant change came before my most important presentation when I watched a music video from my favourite singer's newly released album. I noticed it sounded completely different from her previous work. She had switched from soft-rock to classical jazz, and her style of clothes had also changed. I thought she was taking a huge professional risk, but she displayed such confidence with her new style that I was inspired. I would change my sound and my look, too. I worked tirelessly to make my voice both bolder and calmer. I wore a suit jacket over my shirt, and with each practice, I felt my confidence grow.

When I started my final presentation, naturally, I was nervous, but gradually a sense of calm flowed through me. I was able to speak with clarity and answer the follow-up questions without tripping over my words. At that moment, I actually felt confident. Right then, I understood that we can either allow anxiety to control us or find new ways to overcome it. There is no single clear way to become a confident presenter, but thanks to that singer I realised that we need to uncover and develop our own courage.

問 1　Put the following events (①～④) into the order in which they happened.

[18] → [19] → [20] → [21]

① He felt nervous at the start of his final presentation.

② He made short presentations on a regular basis.

③ He was given a prize for his presentation.

④ He was motivated to take a risk and act more confidently.

問 2　Rick was moved by his favourite singer and [22].

① accepted his own shy personality

② decided to go to her next concert

③ found new ways of going to class

④ learnt from her dramatic changes

問 3　From the essay, you learnt that Rick [23].

① began to deal with his anxiety

② decided to change professions

③ improved his questioning skills

④ uncovered his talent for singing

第４問 （配点　16）

You and two friends have rented a section of a community garden for the first time. Your friends have written emails about their ideas for growing vegetables in the garden. Based on their ideas, you reply to finalize the garden plans.

March 23, 2023

Our Garden Plan

Hi! Daniel here! I scanned this great planting chart in a gardening book I got from the library. The black circles show when to plant seeds directly into the soil. The black squares show when to plant seedlings, which are like baby plants. The stars show when to harvest a vegetable.

Planting Schedule

	Mar.		Apr.		May		June		July		Aug.		Sept.		Oct.		Nov.	
beans			●	●	●				☆	☆								
cabbages		●	●						☆	☆		■	■			☆	☆	☆
carrots		●	●						☆	☆								
onions						☆	☆	☆					●	●				
potatoes	●	●					☆	☆			●						☆	☆
tomatoes			●	■	■					☆	☆	☆						

It's already late March, so I think we should plant the potatoes now. We can harvest them in June, and then plant them again in August. Also, I'd like to plant the carrots at the same time as the potatoes, and the cabbages the next month. After harvesting them in July, we can put in cabbage seedlings at the same time as we plant the onions. We won't be able to eat our onions until next year! I have bought tomato seedlings and would like to give them more time to grow before planting them. Let's plant the beans toward the end of April, and the tomatoes the following month.

Let's discuss the garden layout. We will have a 6×6 meter area and it can be divided into two halves, north and south. Beans, cabbages, and tomatoes grow above the ground so let's grow them together. How about in the southern part? We can grow the carrots, potatoes, and onions together because they all grow underground. They will go in the northern part.

March 24, 2023

Re: Our Garden Plan

Thanks, Daniel!

Rachel here. Your schedule is great, but I'd like to make some changes to your garden layout. We have six vegetables, so why don't we divide the garden into six sections?

We have to be careful about which vegetables we plant next to one another. I did a little research in a gardening book about the vegetables we'll grow. Some of our vegetables grow well together and they are called "friends." Others don't and they are "enemies." Our layout must consider this.

First, the tomatoes should go in the southern part of the garden. Tomatoes and cabbages are enemies and should be separated. Let's plant the cabbages in the southwest corner. The onions can be put in the middle because they are friends of both tomatoes and cabbages.

Next, let's think about the northern part of the garden. Let's put the beans in the western corner because beans and cabbages are friends. Carrots are friends with tomatoes so planting them in the eastern corner would be better. Potatoes can go in the middle. They are friends with beans and neutral with onions.

Well, what do you think of the layout?

March 25, 2023

Re: Re: Our Garden Plan

Hi!

It's me! Thanks for your excellent ideas! Below is the planting schedule Daniel suggested two days ago. First, we need to buy [24] kinds of seeds soon so we can plant them over the next two months!

[25]

Mar.	**Early Apr.**	**Late Apr.**	**May**	**Aug.**	**Sept.**
−[A] −potatoes	−[B]	−[C]	−[D]	−potatoes	−onions −cabbages

I made this garden layout using Rachel's idea.

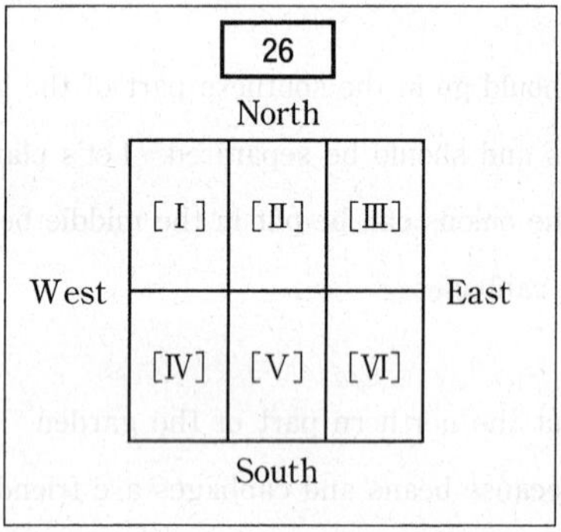

It is similar to Daniel's. The vegetables in the northern and southern halves are almost the same. Only the [27] are in different areas.

Rachel did a good job of considering friends and enemies. For our reference, I have made a chart.

[28]

We have not yet discussed [29], but I think we should.

問 1 Choose the best option for [24].

① 3
② 4
③ 5
④ 6

問 2 Complete the planting schedule in your email. Choose the best option for [25].

	[A]	[B]	[C]	[D]
①	cabbages	carrots	beans	tomatoes
②	cabbages	carrots	tomatoes	beans
③	carrots	cabbages	beans	tomatoes
④	carrots	tomatoes	cabbages	beans

問 3 Complete the garden layout information in your email.

Choose the best option for [26].

	[Ⅰ]	[Ⅱ]	[Ⅲ]	[Ⅳ]	[Ⅴ]	[Ⅵ]
①	beans	onions	tomatoes	cabbages	potatoes	carrots
②	beans	potatoes	carrots	cabbages	onions	tomatoes
③	cabbages	onions	carrots	beans	potatoes	tomatoes
④	cabbages	potatoes	tomatoes	beans	onions	carrots

Choose the best option for [27].

① beans and onions
② cabbages and potatoes
③ carrots and tomatoes
④ onions and potatoes

問 4　Which chart should appear in [28] ?

(◎ : friends, × : enemies)

①

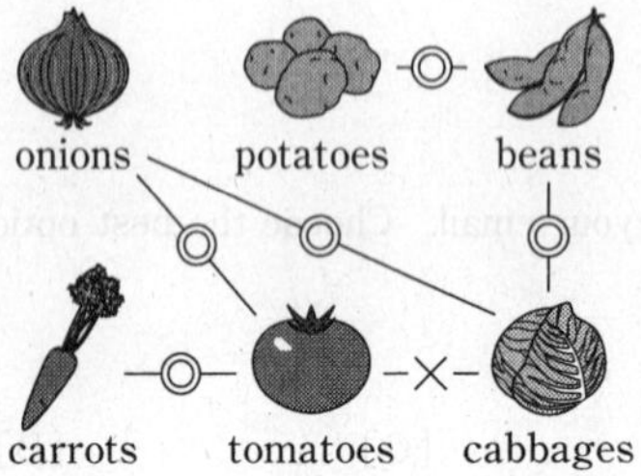

②

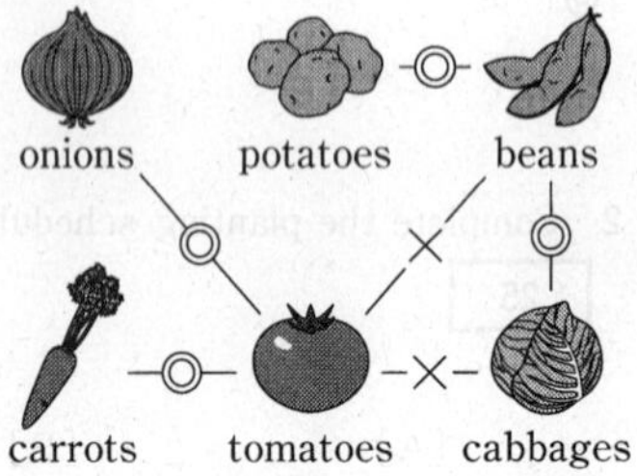

③

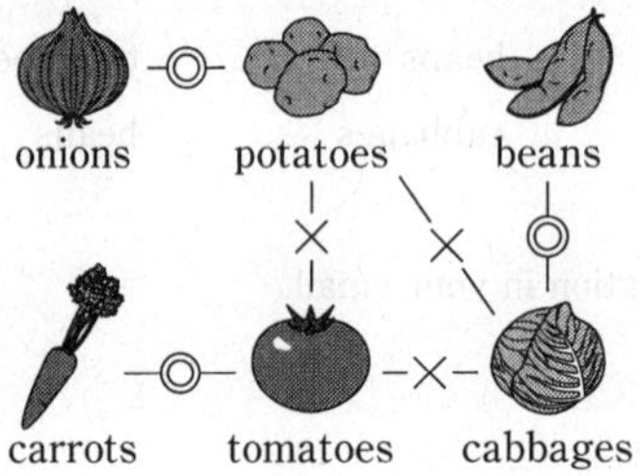

④

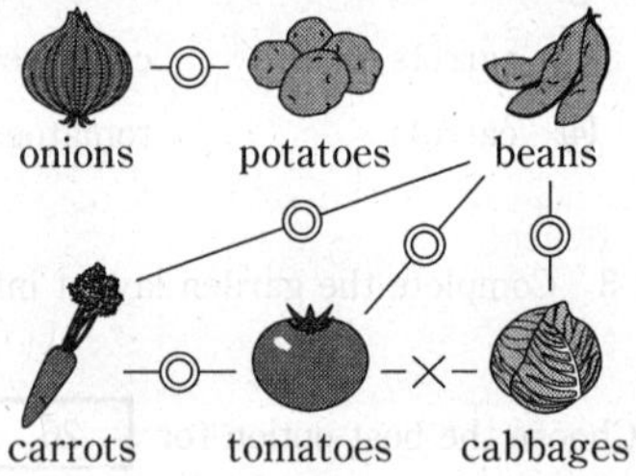

問 5　Choose the best option for [29].

① the difference between seeds and seedlings

② the responsibilities of caring for the garden

③ the timing for collecting the crops

④ vegetables that should be planted together

第5問 (配点 15)

Your English teacher has told everyone in your class to choose a short story in English to read. You will introduce the following story to your classmates, using a worksheet.

Becoming an Artist

Lucy smiled in anticipation. In a moment she would walk onto the stage and receive her prize from the mayor and the judges of the drawing contest. The microphone screeched and then came the mayor's announcement. "And the winner of the drawing contest is... Robert McGinnis! Congratulations!"

Lucy stood up, still smiling. Then, her face blazing red with embarrassment, abruptly sat down again. What? There must be a mistake! But the boy named Robert McGinnis was already on the stage, shaking hands with the mayor and accepting the prize. She glanced at her parents, her eyes filled with tears of disappointment. They had expected her to do well, especially her father. "Oh Daddy, I'm sorry I didn't win," she whispered.

Lucy had enjoyed drawing since she was a little girl. She did her first drawing of her father when she was in kindergarten. Although it was only a child's drawing, it really looked like him. He was delighted, and, from that day, Lucy spent many happy hours drawing pictures to give to Mommy and Daddy.

As she got older, her parents continued to encourage her. Her mother, a busy translator, was happy that her daughter was doing something creative. Her father bought her art books. He was no artist himself, but sometimes gave her advice, suggesting that she look very carefully at what she was drawing and copy as accurately as possible. Lucy tried hard, wanting to improve her technique and please her father.

It had been Lucy's idea to enter the town drawing contest. She thought that if she won, her artistic ability would be recognized. She practiced every evening after school. She also spent all her weekends working quietly on her drawings, copying her subjects as carefully as she could.

Her failure to do well came as a great shock. She had worked so hard and her parents had been so supportive. Her father, however, was puzzled. Why did Lucy apologize at the end of the contest? There was no need to do so. Later, Lucy asked him why she had failed to win the competition. He answered sympathetically, "To me, your drawing was perfect." Then he smiled, and added, "But perhaps you should talk to your mother. She understands art better than I do."

Her mother was thoughtful. She wanted to give Lucy advice without damaging her daughter's self-esteem. "Your drawing was good," she told her, "but I think it lacked something. I think you only drew what you could see. When I translate a novel, I need to capture not only the meaning, but also the spirit of the original. To do that, I need to consider the meaning behind the words. Perhaps drawing is the same; you need to look under the surface."

Lucy continued to draw, but her art left her feeling unsatisfied. She couldn't understand what her mother meant. What was wrong with drawing what she could see? What else could she do?

Around this time, Lucy became friends with a girl called Cathy. They became close friends and Lucy grew to appreciate her for her kindness and humorous personality. Cathy often made Lucy laugh, telling jokes, saying ridiculous things, and making funny faces. One afternoon, Cathy had such a funny expression on her face that Lucy felt she had to draw it. "Hold that pose!" she told Cathy, laughing. She drew quickly, enjoying her friend's expression so much that she didn't really think about what she was doing.

When Lucy entered art college three years later, she still had that sketch. It had caught Cathy exactly, not only her odd expression but also her friend's kindness and her sense of humor — the things that are found under the surface.

Your worksheet:

1. Story title

"Becoming an Artist"

2. People in the story

Lucy: She loves to draw.

Lucy's father: He 30 .

Lucy's mother: She is a translator and supports Lucy.

Cathy: She becomes Lucy's close friend.

3. What the story is about

Lucy's growth as an artist:

31

32

33

34

Her drawing improves thanks to 35 *and* 36 .

4. My favorite part of the story

When the result of the contest is announced, Lucy says, "Oh Daddy, I'm sorry I didn't win."

This shows that Lucy 37 .

5. Why I chose this story

Because I want to be a voice actor and this story taught me the importance of trying to 38 *to make the characters I play seem more real.*

問 1　Choose the best option for [30].

① gives Lucy some drawing tips
② has Lucy make drawings of him often
③ spends weekends drawing with Lucy
④ wants Lucy to work as an artist

問 2　Choose **four** out of the five descriptions (①～⑤) and rearrange them in the order they happened. [31] → [32] → [33] → [34]

① She becomes frustrated with her drawing.
② She decides not to show anyone her drawings.
③ She draws with her feelings as well as her eyes.
④ She has fun making drawings as gifts.
⑤ She works hard to prove her talent at drawing.

問 3　Choose the best two options for [35] and [36]. (The order does not matter.)

① a friend she couldn't help sketching
② a message she got from a novel
③ advice she received from her mother
④ her attempt to make a friend laugh
⑤ spending weekends drawing indoors

問 4 Choose the best option for [37].

① didn't practice as much as her father expected
② knew her father didn't like her entering the contest
③ thought she should have followed her father's advice
④ was worried she had disappointed her father

問 5 Choose the best option for [38].

① achieve a better understanding of people
② analyze my own feelings more deeply
③ describe accurately what is happening around me
④ use different techniques depending on the situation

(下 書 き 用 紙)

英語(リーディング)の試験問題は次に続く。

第6問 (配点 24)

A You belong to an English discussion group. Each week, members read an article, create a summary, and make a challenging quiz question to share. For the next meeting, you read the following article.

Getting to Know Aquatic Species

The mysteries of the deep blue sea have fascinated ocean-watchers for millennia. Aquatic beings, however, cannot easily get to us. What if we go to them? Despite what you may expect, certain ocean animals will come right up to you. Dan McSweeney, a Hawaii-based underwater research photographer, tells a fascinating story. While he was studying whales underwater, one came charging at him. Whales are huge, so he was worried. The whale stopped, opened its mouth, and "passed" him some tuna. He accepted the gift. McSweeney believes that because of the air bubbles coming from his tank, the whale recognized him as a similar animal and offered the *sashimi*. Later, the whale came back, and McSweeney returned the food.

Friendly interactions with dolphins or whales are possible, but how about octopuses? Science fiction sometimes describes aliens as looking like octopuses, so this animal group "cephalopods," which means "head-feet," may be perceived as being distant from humans. Yet, if you learn more about them, you might be convinced there is the possibility of interaction. Octopuses have long tentacles (arms/legs) extending from soft round bodies. Besides touch and motion, each tentacle experiences smell and taste and has sucking disks, called *suckers*, that grab and manipulate things. Their eyes, like two independent cameras, can move 80° and focus on two different things at once. UC Berkeley researcher, Alexander Stubbs, confirms that while octopuses sense light and color differently from humans, they do recognize color changes. These features might indicate that they are intelligent enough to interact with us. In fact, an article in *Everyday Mysteries* begins: "Question. Can an octopus get to know you? Answer. Yes."

Octopuses are known to "return your gaze" when you look at them. They may even remember you. This notion was tested by Roland C. Anderson and his colleagues, who conducted experiments with two similar-looking people wearing the same uniforms. The friendly person, who had fed and socialized with them, got a completely different reaction from the cephalopods than the other person who had not.

When taken from their natural habitat, octopuses can be mischievous, so watch out. They can push the lids off their tanks, escape, and go for a walk. Scientists sometimes get surprise visits. A paper from the Naples Zoological Station, written in 1959, talks about trying to teach three octopuses to pull a lever down for food. Two of them, Albert and Bertram, cooperated with the experiment, but Charles, a clever cephalopod, refused to do so. He shot water at the scientists and ended the experiment by breaking the equipment.

If you are interested in seeing their natural behavior and interactions, getting into the sea and having them come to you might work better. They may even raise a tentacle to motion you over. Around 2007, Peter Godfrey-Smith, a philosophy professor teaching at Harvard University, was home on vacation in Sydney, Australia. Exploring in the ocean, he came across a giant cephalopod. Godfrey-Smith was so impressed by the behavior he witnessed that he started developing philosophy theories based on his observations. Determined to find out what humans could learn from cephalopods, Godfrey-Smith let them guide him. On one ocean trip, another cephalopod took Godfrey-Smith's colleague by the hand on a 10-minute tour of the octopus's home, "as if he were being led across the sea floor by a very small, eight-legged child!"

How can you get sea creatures to come to you if you don't swim? The

Kahn family has solved this with "Coral World" in Eilat, Israel. The lowest floor of the building is actually constructed in the Red Sea, creating a "human display." Rather than the sea-life performances at many aquariums, you find yourself in a "people tank," where curious fish and sea creatures, swimming freely in the ocean, come to look at you. To make a good impression, you may want to wear nice clothes.

Your summary:

Getting to Know Aquatic Species

General information

The author mainly wants to say that [39].

Human-octopus interaction

Anderson's experiment suggests octopuses can [40].

The Naples Zoological Station experiment suggests octopuses can [41].

Godfrey-Smith's story suggests octopuses can be friendly.

The Kahn family

Established Coral World with the idea of [42]

Your quiz question:

Which of the following does <u>not</u> represent a story or episode from the article?

A

B

C

D

Answer [43]

問 1 Choose the best option for [39].

① a good place where people can interact with octopuses is the ocean
② eye contact is a key sign of friendship between different species
③ interactions with sea creatures can be started by either side
④ people should keep sea creatures at home to make friends with them

問 2 Choose the best options for [40] and [41].

① be a good source for creating philosophical theories
② be afraid of swimmers when they get close to their home
③ be uncooperative with humans in a laboratory setting
④ compete with other octopuses if they have chances to get treats
⑤ recognize that someone they have met before is kind
⑥ touch, smell, taste, and sense light and color like humans

問 3 Choose the best option for [42].

① attracting more people with a unique aquarium
② creating a convenient place to swim with sea life
③ raising more intelligent and cooperative octopuses
④ reversing the roles of people and sea creatures

問 4 The answer to your quiz question is [43].

① A
② B
③ C
④ D

B You are preparing a poster for an in-school presentation on a scientific discovery, using the following article.

As you are reading this, you probably have a pencil in your hand. In the center of every pencil is something called "lead." This dark gray material is not actually lead (Pb), but a different substance, graphite. Graphite has been a major area of research for many years. It is made up of thin layers of carbon that can be easily separated. Indeed, it is this ease of separation that enables the pencil to write. As the pencil rubs against the paper, thin layers of carbon are pulled off the pencil lead and left on the paper as lines or writing.

In 2004, two scientists, Andre Geim and Konstantin Novoselov, were investigating graphite at the University of Manchester, in the UK. They were trying to see if they could obtain a very thin slice of graphite to study. Their goal was to get a slice of carbon which was between 10 and 100 layers thick. Even though their university laboratory had the latest scientific equipment, they made their incredible breakthrough — for what was later to become a Nobel Prize-winning discovery — with only a cheap roll of sticky tape.

In a BBC News interview, Professor Geim described their technique. He said that the first step was to put sticky tape on a piece of graphite. Then, when the tape is pulled off, a flake of graphite will come off on the tape. Next, fold the tape in half, sticking the flake onto the other side of the tape. Then pull the tape apart to split the flake. You now have two flakes, roughly half as thick as before. Fold the tape together once more in a slightly different position to avoid having the flakes touch each other. Pull it apart again, and you will now have four thinner flakes than before. Repeat this procedure 10 or 20 times, and you're left with many very thin flakes attached to your tape. Finally, you dissolve the tape using chemicals so everything goes into a solution.

Geim and Novoselov then looked at the solution, and were surprised to see that the thin flakes were flat and not rolled up — and even more surprised that the flakes were as thin as only 10 layers of graphite. As graphite conducts electricity, it was only a matter of weeks before they were studying whether these thin sheets could be used in computer chips. By 2005, they had succeeded in separating a single layer of graphite. As this does not exist naturally, this new material was given a new name: graphene. Graphene is only one atom thick, and perhaps the thinnest material in the universe. It is one of the few two-dimensional (2D) materials known, and forms a six-sided, honeycomb-patterned structure. In addition, it is possibly the lightest and strongest substance known on earth. It is also excellent at carrying electricity. In fact, at laboratory temperatures (20-25℃), graphene conducts electricity faster than any known substance. This has led to manufacturers investing in further research because graphene-based batteries could last three times longer and be charged five times faster than lithium-ion batteries.

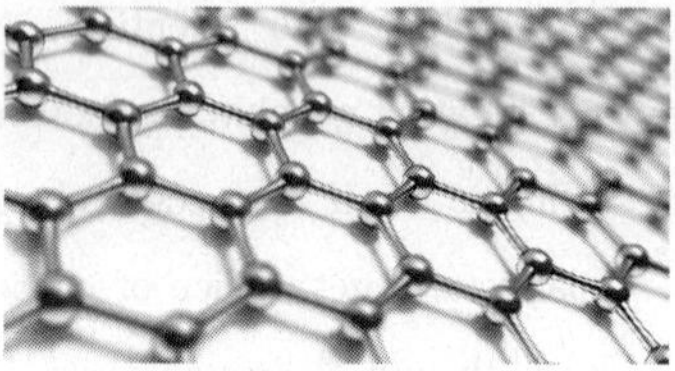

Figure 1. Structure of Graphene

Graphene has been called a super-material because of its amazing properties. It is 1,000 times lighter than paper and close to being totally transparent. It allows 98% of light to pass through it while at the same time it is so dense that even one molecule of helium gas cannot pass through it. It can also convert light into electricity. It is 200 times stronger than steel by weight: So strong in fact, that if you could make a $1\ m^2$ sheet of graphene, it would weigh less than a human hair and be strong enough to hold the weight of a cat. Quite simply, this material found in pencil lead has the potential to revolutionize the development of computer chips, rechargeable batteries, and strong, light-weight materials.

※著作権の都合で，図版の一部を差し替えています。

Your presentation poster draft:

Graphene

Basic information [44]

Graphene. . .

A. is a 2D material.

B. is a separated layer of graphite.

C. is an extremely thin sheet of metal.

D. is not a naturally occurring substance.

E. looks like a sheet of wire mesh.

F. was isolated without advanced equipment.

How Geim and Novoselov separated graphite (5 steps)

Step 1. Press sticky tape on graphite and remove.

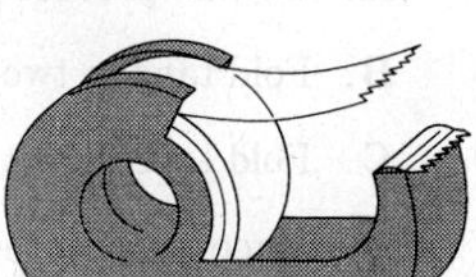

Step 2.
Step 3. } [45]
Step 4.

Step 5. Dissolve tape in a chemical solution and collect the flakes.

The properties of graphene

[46]
[47]

Future use

[48]

問 1　You are checking your poster. You spotted an error in the basic information section. Which of the following should you **remove**? 44

① A
② B
③ C
④ D
⑤ E
⑥ F

問 2　You are going to summarize the five-step process used to separate layers of graphite. Choose the best combination of steps to complete the process. 45

A. Do this process over and over again.
B. Fold tape in two again so another part of the tape touches the graphite.
C. Fold tape in two and pull it apart.
D. Place tape on the thinner flakes and press down.
E. Pull a flake of graphite off some sticky tape.

① C → B → A
② C → E → D
③ D → C → B
④ D → E → A
⑤ E → C → A
⑥ E → C → D

問 3 From the list below, select the two which best describe graphene's properties. (The order does not matter.) [46] · [47]

① At average room temperature, it is the world's most efficient material for carrying electricity.

② Gram for gram, graphene is stronger and more resistant to electricity.

③ Graphene weighs slightly more than graphite per cm^2.

④ It allows almost all light to pass through its structure.

⑤ Its six-sided honeycomb structure allows gas particles to pass from one side to another.

問 4 From this passage, which of the following might graphene be used for in the future? [48]

① A material for filtering small gas molecules from large ones

② Developing light-sensitive chips

③ Electricity resistant materials

④ Increasing the weight and strength of batteries

問 5 From this passage, we can infer that the writer [49].

① believed that many great Nobel Prize-winning discoveries have been made with low-cost equipment

② knew about the potential of graphene to reduce the production costs and recharging times of rechargeable batteries

③ was impressed by the fact that graphene and all its properties had lain hidden in every pencil mark until being revealed by Geim and Novoselov

④ was surprised at how long it took for Geim and Novoselov to realize the potential of using thin sheets of graphene in computer chips

2022 本試

（100点
80分）

〔英　　語（リーディング）〕

注　意　事　項

1　解答用紙に，正しく記入・マークされていない場合は，採点できないことがあります。

2　この問題冊子は，34ページあります。

試験中に問題冊子の印刷不鮮明，ページの落丁・乱丁及び解答用紙の汚れ等に気付いた場合は，手を高く挙げて監督者に知らせなさい。

3　解答は，解答用紙の解答欄にマークしなさい。例えば，［10］と表示のある問いに対して③と解答する場合は，次の（例）のように**解答番号10の解答欄の**③に**マーク**しなさい。

（例）

解答番号	解　答　欄
10	①　②　③　④　⑤　⑥　⑦　⑧　⑨

4　問題冊子の余白等は適宜利用してよいが，どのページも切り離してはいけません。

5　**不正行為について**

①　不正行為に対しては厳正に対処します。

②　不正行為に見えるような行為が見受けられた場合は，監督者がカードを用いて注意します。

③　不正行為を行った場合は，その時点で受験を取りやめさせ退室させます。

6　試験終了後，問題冊子は持ち帰りなさい。

※著作権の都合で一部，問題を掲載できない箇所があります。掲載していない問題は，大学入試センターのホームページ（https://www.dnc.ac.jp/）等でご確認ください。

英　　語(リーディング)

各大問の英文や図表を読み，解答番号 1 ～ 48 にあてはまるものとして最も適当な選択肢を選びなさい。

第1問 (配点　10)

A You are studying about Brazil in the international club at your senior high school. Your teacher asked you to do research on food in Brazil. You find a Brazilian cookbook and read about fruits used to make desserts.

Popular Brazilian Fruits	
 **Cupuaçu**	 **Jabuticaba**
· Smells and tastes like chocolate · Great for desserts, such as cakes, and with yogurt · Brazilians love the chocolate-flavored juice of this fruit.	· Looks like a grape · Eat them within three days of picking for a sweet flavor. · After they get sour, use them for making jams, jellies, and cakes.
 **Pitanga**	 **Buriti**
· Comes in two varieties, red and green · Use the sweet red one for making cakes. · The sour green one is only for jams and jellies.	· Orange inside, similar to a peach or a mango · Tastes very sweet, melts in your mouth · Best for ice cream, cakes, and jams

※著作権の都合で，図版の一部を差し替えています。

問 1 Both *cupuaçu* and *buriti* can be used to make [1].

① a cake

② chocolate

③ ice cream

④ yogurt

問 2 If you want to make a sour cake, the best fruit to use is [2].

① *buriti*

② *cupuaçu*

③ *jabuticaba*

④ *pitanga*

B You are looking at the website for the City Zoo in Toronto, Canada and you find an interesting contest announcement. You are thinking about entering the contest.

Contest!

Name a Baby Giraffe

Let's welcome our newest animal to the City Zoo!

A healthy baby giraffe was born on May 26 at the City Zoo.

He's already walking and running around!

He weighs 66 kg and is 180 cm tall.

Your mission is to help his parents, Billy and Noelle, pick a name for their baby.

How to Enter

◆ Click on the link here to submit your idea for his name and follow the directions. → **Enter Here**

◆ Names are accepted starting at 12:00 a.m. on June 1 until 11:59 p.m. on June 7.

◆ Watch the baby giraffe on the live web camera to help you get ideas. → **Live Web Camera**

◆ Each submission is $5. All money will go towards feeding the growing baby giraffe.

Contest Schedule

June 8	The zoo staff will choose five finalists from all the entries. These names will be posted on the zoo's website by 5:00 p.m.
June 9	How will the parents decide on the winning name? Click on the live stream link between 11:00 a.m. and 12:00 p.m. to find out! → **Live Stream** Check our website for the winning name after 12:00 p.m.

Prizes

All five contest finalists will receive free one-day zoo passes valid until the end of July.

The one who submitted the winning name will also get a special photo of the baby giraffe with his family, as well as a private Night Safari Tour!

問 1 You can enter this contest between [3].

① May 26 and May 31

② June 1 and June 7

③ June 8 and June 9

④ June 10 and July 31

問 2 When submitting your idea for the baby giraffe's name, you must [4].

① buy a day pass

② pay the submission fee

③ spend five dollars at the City Zoo

④ watch the giraffe through the website

問 3 If the name you submitted is included among the five finalists, you will [5].

① get free entry to the zoo for a day

② have free access to the live website

③ meet and feed the baby giraffe

④ take a picture with the giraffe's family

第 2 問 (配点 20)

A You are on a *Future Leader* summer programme, which is taking place on a university campus in the UK. You are reading the information about the library so that you can do your coursework.

Abermouth University Library

Open from 8 am to 9 pm

2022 Handout

Library Card: Your student ID card is also your library card and photocopy card. It is in your welcome pack.

Borrowing Books

You can borrow a maximum of eight books at one time for seven days. To check books out, go to the Information Desk, which is on the first floor. If books are not returned by the due date, you will not be allowed to borrow library books again for three days from the day the books are returned.

Using Computers

Computers with Internet connections are in the Computer Workstations by the main entrance on the first floor. Students may bring their own laptop computers and tablets into the library, but may use them only in the Study Area on the second floor. Students are asked to work quietly, and also not to reserve seats for friends.

Library Orientations

On Tuesdays at 10 am, 20-minute library orientations are held in the Reading Room on the third floor. Talk to the Information Desk staff for details.

Comments from Past Students

- The library orientation was really good. The materials were great, too!
- The Study Area can get really crowded. Get there as early as possible to get a seat!
- The Wi-Fi inside the library is quite slow, but the one at the coffee shop next door is good. By the way, you cannot bring any drinks into the library.
- The staff at the Information Desk answered all my questions. Go there if you need any help!
- On the ground floor there are some TVs for watching the library's videos. When watching videos, you need to use your own earphones or headphones. Next to the TVs there are photocopiers.

問 1 [6] are two things you can do at the library.

A：bring in coffee from the coffee shop

B：save seats for others in the Study Area

C：use the photocopiers on the second floor

D：use your ID to make photocopies

E：use your laptop in the Study Area

① A and B
② A and C
③ B and E
④ C and D
⑤ D and E

問 2 You are at the main entrance of the library and want to go to the orientation. You need to [7].

① go down one floor
② go up one floor
③ go up two floors
④ stay on the same floor

問 3 [8] near the main entrance to the library.

① The Computer Workstations are
② The Reading Room is
③ The Study Area is
④ The TVs are

問 4　If you borrowed three books on 2 August and returned them on 10 August, you could [9].

① borrow eight more books on 10 August
② borrow seven more books on 10 August
③ not borrow any more books before 13 August
④ not borrow any more books before 17 August

問 5　One **fact** stated by a previous student is that [10].

① headphones or earphones are necessary when watching videos
② the library is open until 9 pm
③ the library orientation handouts are wonderful
④ the Study Area is often empty

B You are the editor of a school English paper. David, an exchange student from the UK, has written an article for the paper.

Do you like animals? The UK is known as a nation of animal-lovers; two in five UK homes have pets. This is lower than in the US, where more than half of homes have pets. However, Australia has the highest percentage of homes with pets!

Why is this so? Results of a survey done in Australia give us some answers.

Pet owners mention the following advantages of living with pets:

- The love, happiness, and friendship pets give (90%);
- The feeling of having another family member (over 60% of dog and cat owners);
- The happy times pets bring. Most owners spend 3–4 hours with their 'fur babies' every day and around half of all dog and cat owners let their pets sleep with them!

One disadvantage is that pets have to be cared for when owners go away. It may be difficult to organise care for them; 25% of owners take their pets on holidays or road trips.

These results suggest that keeping pets is a good thing. On the other hand, since coming to Japan, I have seen other problems such as space, time, and cost. Still, I know people here who are content living in small flats with pets. Recently, I heard that little pigs are becoming popular as pets in Japan. Some people take their pig(s) for a walk, which must be fun, but I wonder how easy it is to keep pigs inside homes.

問 1 In terms of the ratios for homes with pets, which shows the countries' ranking from **highest to lowest**? [11]

① Australia — the UK — the US
② Australia — the US — the UK
③ The UK — Australia — the US
④ The UK — the US — Australia
⑤ The US — Australia — the UK
⑥ The US — the UK — Australia

問 2 According to David's report, one advantage of having pets is that [12].

① you can save money
② you can sleep longer
③ you will become popular
④ your life can be more enjoyable

問 3 The statement that best reflects one finding from the survey is [13].

① 'I feel uncomfortable when I watch TV with my cat.'
② 'I spend about three hours with my pet every day.'
③ 'Most pets like going on car trips.'
④ 'Pets need a room of their own.'

問 4 Which best summarises David's opinions about having pets in Japan? 14

① It is not troublesome to keep pets.
② People might stop keeping pets.
③ Pet owners have more family members.
④ Some people are happy to keep pets inside their homes.

問 5 Which is the most suitable title for the article? 15

① Does Your Pet Sleep on Your Bed?
② What Does Keeping Pets Give Us?
③ What Pet Do You Have?
④ Why Not Keep a Pet Pig?

第 3 問 (配点 15)

A You are interested in how Japanese culture is represented in other countries. You are reading a young UK blogger's post.

Emily Sampson

Monday, 5 July, 8.00 pm

On the first two Sundays in July every year, there is an intercultural event in Winsfield called A Slice of Japan. I had a chance to go there yesterday. It is definitely worth visiting! There were many authentic food stands called *yatai*, hands-on activities, and some great performances. The *yatai* served green-tea ice cream, *takoyaki*, and *yakitori*. I tried green-tea ice cream and *takoyaki*. The *takoyaki* was especially delicious. You should try some!

I saw three performances. One of them was a *rakugo* comedy given in English. Some people were laughing, but somehow I didn't find it funny. It may be because I don't know much about Japanese culture. For me, the other two, the *taiko* and the *koto*, were the highlights. The *taiko* were powerful, and the *koto* was relaxing.

I attended a workshop and a cultural experience, which were fun. In the workshop, I learnt how to make *onigiri*. Although the shape of the one I made was a little odd, it tasted good. The *nagashi-somen* experience was really interesting! It involved trying to catch cooked noodles with chopsticks as they slid down a bamboo water slide. It was very difficult to catch them.

If you want to experience a slice of Japan, this festival is for you! I took a picture of the flyer. Check it out.

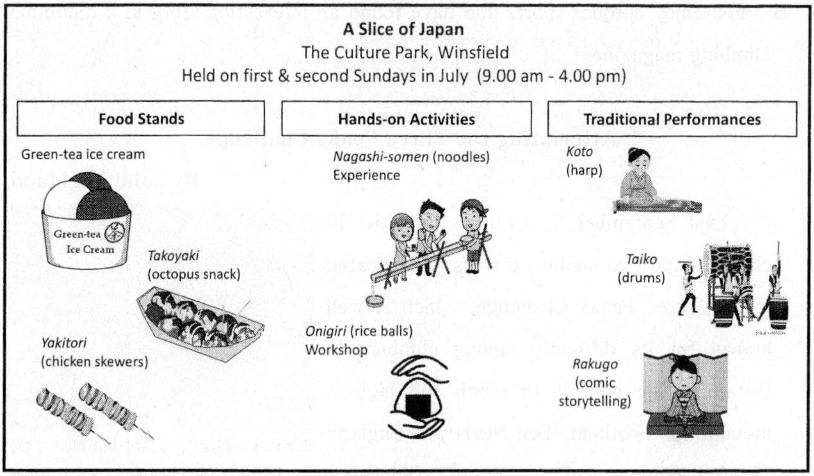

問 1 In Emily's blog, you read that she [16].

① enjoyed Japanese traditional music

② learnt how to play Japanese drums

③ made a water slide from bamboo

④ was able to try all the *yatai* foods

問 2 Emily was most likely [17] when she was listening to the *rakugo* comedy.

① confused

② convinced

③ excited

④ relaxed

B You enjoy outdoor sports and have found an interesting story in a mountain climbing magazine.

Attempting the Three Peaks Challenge

By John Highland

※著作権の都合で，図版を非掲載としております。

Last September, a team of 12 of us, 10 climbers and two minibus drivers, participated in the Three Peaks Challenge, which is well known for its difficulty among climbers in Britain. The goal is to climb the highest mountain in Scotland (Ben Nevis), in England (Scafell Pike), and in Wales (Snowdon) within 24 hours, including approximately 10 hours of driving between the mountains. To prepare for this, we trained on and off for several months and planned the route carefully. Our challenge would start at the foot of Ben Nevis and finish at the foot of Snowdon.

We began our first climb at six o'clock on a beautiful autumn morning. Thanks to our training, we reached the summit in under three hours. On the way down, however, I realised I had dropped my phone. Fortunately, I found it with the help of the team, but we lost 15 minutes.

We reached our next destination, Scafell Pike, early that evening. After six hours of rest in the minibus, we started our second climb full of energy. As it got darker, though, we had to slow down. It took four-and-a-half hours to complete Scafell Pike. Again, it took longer than planned, and time was running out. However, because the traffic was light, we were right on schedule when we started our final climb. Now we felt more confident we could complete the challenge within the time limit.

Unfortunately, soon after we started the final climb, it began to rain heavily and we had to slow down again. It was slippery and very difficult to see ahead. At 4.30 am, we realised that we could no longer finish in 24 hours.

Nevertheless, we were still determined to climb the final mountain. The rain got heavier and heavier, and two members of the team decided to return to the minibus. Exhausted and miserable, the rest of us were also ready to go back down, but then the sky cleared, and we saw that we were really close to the top of the mountain. Suddenly, we were no longer tired. Even though we weren't successful with the time challenge, we were successful with the climb challenge. We had done it. What a feeling that was!

問 1 Put the following events (①～④) into the order they happened.

[18] → [19] → [20] → [21]

① All members reached the top of the highest mountain in Scotland.
② Some members gave up climbing Snowdon.
③ The group travelled by minibus to Wales.
④ The team members helped to find the writer's phone.

問 2 What was the reason for being behind schedule when they completed Scafell Pike? [22]

① It took longer than planned to reach the top of Ben Nevis.
② It was difficult to make good progress in the dark.
③ The climbers took a rest in order to save energy.
④ The team had to wait until the conditions improved.

問 3 From this story, you learnt that the writer [23].

① didn't feel a sense of satisfaction
② reached the top of all three mountains
③ successfully completed the time challenge
④ was the second driver of the minibus

第4問 (配点 16)

You are a new student at Robinson University in the US. You are reading the blogs of two students, Len and Cindy, to find out where you can buy things for your apartment.

New to Robinson University?

Posted by Len at 4:51 p.m. on August 4, 2021

Getting ready for college? Do you need some home appliances or electronics, but don't want to spend too much money? There's a great store close to the university called Second Hand. It sells used goods such as televisions, vacuum cleaners, and microwaves. A lot of students like to buy and sell their things at the store. Here are some items that are on sale now. Most of them are priced very reasonably, but stock is limited, so hurry!

https://secondhand.web

Purchasing used goods is eco-friendly. Plus, by buying from Second Hand you'll be supporting a local business. The owner is actually a graduate of Robinson University!

Welcome to Robinson University!

Posted by Cindy at 11:21 a.m. on August 5, 2021

Are you starting at Robinson University soon? You may be preparing to buy some household appliances or electronics for your new life.

You're going to be here for four years, so buy your goods new! In my first year, I bought all of my appliances at a shop selling used goods near the university because they were cheaper than brand-new ones. However, some of them stopped working after just one month, and they did not have warranties. I had to replace them quickly and could not shop around, so I just bought everything from one big chain store. I wish I had been able to compare the prices at two or more shops beforehand.

The website called save4unistu.com is very useful for comparing the prices of items from different stores before you go shopping. The following table compares current prices for the most popular new items from three big stores.

Item	Cut Price	Great Buy	Value Saver
Rice Cooker **(W 11 in. x D 14 in. x H 8 in.)**	**$115**	**$120**	**$125**
Television **(50 in.)**	**$300**	**$295**	**$305**
Kettle **(1ℓ)**	**$15**	**$18**	**$20**
Microwave **(1.1 cu. ft. 900 watts)**	**$88**	**$90**	**$95**
Vacuum Cleaner **(W 9 in. x L 14 in. x H 12 in.)**	**$33**	**$35**	**$38**

https://save4unistu.com

Note that warranties are available for all items. So, if anything stops working, replacing it will be straightforward. Value Saver provides one-year warranties on all household goods for free. If the item is over $300, the warranty is extended by four years. Great Buy provides one-year warranties on all household goods, and students with proof of enrollment at a school get 10% off the prices listed on the table above. Warranties at Cut Price are not provided for free. You have to pay $10 per item for a five-year warranty.

Things go fast! Don't wait or you'll miss out!

問 1 Len recommends buying used goods because [24].

① it will help the university
② most of the items are good for the environment
③ they are affordable for students
④ you can find what you need in a hurry

問 2 Cindy suggests buying [25].

① from a single big chain store because it saves time
② from the website because it offers the best prices
③ new items that have warranties for replacement
④ used items because they are much cheaper than new items

問 3 Both Len and Cindy recommend that you [26].

① buy from the store near your university
② buy your appliances as soon as you can
③ choose a shop offering a student discount
④ choose the items with warranties

問 4 If you want to buy new appliances at the best possible prices, you should [27].

① access the URL in Cindy's post

② access the URL in Len's post

③ contact one big chain store

④ contact shops close to the campus

問 5 You have decided to buy a microwave from [28] because it is the cheapest. You have also decided to buy a television from [29] because it is the cheapest with a five-year warranty. (Choose one for each box from options ①～④.)

① Cut Price

② Great Buy

③ Second Hand

④ Value Saver

第5問 (配点 15)

In your English class, you will give a presentation about a great inventor. You found the following article and prepared notes for your presentation.

Who invented television? It is not an easy question to answer. In the early years of the 20th century, there was something called a mechanical television system, but it was not a success. Inventors were also competing to develop an electronic television system, which later became the basis of what we have today. In the US, there was a battle over the patent for the electronic television system, which attracted people's attention because it was between a young man and a giant corporation. This patent would give the inventor the official right to be the only person to develop, use, or sell the system.

Farnsworth in 1939

Philo Taylor Farnsworth was born in a log cabin in Utah in 1906. His family did not have electricity until he was 12 years old, and he was excited to find a generator—a machine that produces electricity—when they moved into a new home. He was very interested in mechanical and electrical technology, reading any information he could find on the subject. He would often repair the old generator and even changed his mother's hand-powered washing machine into an electricity-powered one.

One day, while working in his father's potato field, he looked behind him and saw all the straight parallel rows of soil that he had made. Suddenly, it occurred to him that it might be possible to create an electronic image on a screen using parallel lines, just like the rows in the field. In 1922, during the spring semester of his first year at high school, he presented this idea to his chemistry teacher, Justin Tolman, and asked for advice about his concept of an electronic television system. With sketches and diagrams on blackboards, he showed the teacher how it might be accomplished, and Tolman encouraged him to develop his ideas.

On September 7, 1927, Farnsworth succeeded in sending his first electronic image. In the following years, he further improved the system so that it could successfully broadcast live images. The US government gave him a patent for this system in 1930.

However, Farnsworth was not the only one working on such a system. A giant company, RCA (Radio Corporation of America), also saw a bright future for television and did not want to miss the opportunity. They recruited Vladimir Zworykin, who had already worked on an electronic television system and had earned a patent as early as 1923. Yet, in 1931, they offered Farnsworth a large sum of money to sell them his patent as his system was superior to that of Zworykin's. He refused this offer, which started a patent war between Farnsworth and RCA.

The company took legal action against Farnsworth, claiming that Zworykin's 1923 patent had priority even though he had never made a working version of his system. Farnsworth lost the first two rounds of the court case. However, in the final round, the teacher who had copied Farnsworth's blackboard drawings gave evidence that Farnsworth did have the idea of an electronic television system at least a year before Zworykin's patent was issued. In 1934, a judge approved Farnsworth's patent claim on the strength of handwritten notes made by his old high school teacher, Tolman.

Farnsworth died in 1971 at the age of 64. He held about 300 US and foreign patents, mostly in radio and television, and in 1999, *TIME* magazine included Farnsworth in *Time 100: The Most Important People of the Century*. In an interview after his death, Farnsworth's wife Pem recalled Neil Armstrong's moon landing being broadcast. Watching the television with her, Farnsworth had said, "Pem, this has made it all worthwhile." His story will always be tied to his teenage dream of sending moving pictures through the air and those blackboard drawings at his high school.

Your presentation notes:

Philo Taylor Farnsworth (1906–1971)

— 30 —

Early Days

- born in a log cabin without electricity
- 31
- 32

Sequence of Key Events

33

34

Farnsworth successfully sent his first image.

35

36

RCA took Farnsworth to court.

Outcome

- Farnsworth won the patent battle against RCA thanks to 37 .

Achievements and Recognition

- Farnsworth had about 300 patents.
- *TIME* magazine listed him as one of the century's most important figures.
- 38

問 1　Which is the best subtitle for your presentation? [30]

① A Young Inventor Against a Giant Company
② From High School Teacher to Successful Inventor
③ Never-Ending Passion for Generating Electricity
④ The Future of Electronic Television

問 2　Choose the best two options for [31] and [32] to complete Early Days. (The order does not matter.)

① bought a generator to provide his family with electricity
② built a log cabin that had electricity with the help of his father
③ enjoyed reading books on every subject in school
④ fixed and improved household equipment for his family
⑤ got the idea for an electronic television system while working in a field

問 3　Choose **four** out of the five events (①～⑤) in the order they happened to complete Sequence of Key Events.

[33] → [34] → [35] → [36]

① Farnsworth rejected RCA's offer.
② Farnsworth shared his idea with his high school teacher.
③ RCA won the first stage of the battle.
④ The US government gave Farnsworth the patent.
⑤ Zworykin was granted a patent for his television system.

問 4 Choose the best option for [37] to complete Outcome.

① the acceptance of his rival's technological inferiority
② the financial assistance provided by Tolman
③ the sketches his teacher had kept for many years
④ the withdrawal of RCA from the battle

問 5 Choose the best option for [38] to complete Achievements and Recognition.

① He and his wife were given an award for their work with RCA.
② He appeared on TV when Armstrong's first moon landing was broadcast.
③ His invention has enabled us to watch historic events live.
④ Many teenagers have followed their dreams after watching him on TV.

(下 書 き 用 紙)

英語(リーディング)の試験問題は次に続く。

第6問 (配点 24)

A Your study group is learning about "how time of day affects people." You have found an article you want to share. Complete the summary notes for your next meeting.

When Does the Day Begin for You?

When asked "Are you a morning person?" some reply "No, I'm a night owl." Such people can concentrate and create at night. At the other end of the clock, a well-known proverb claims: "The early bird catches the worm," which means that waking early is the way to get food, win prizes, and reach goals. The lark is a morning singer, so early birds, the opposite of *owls*, are *larks*. Creatures active during the day are "diurnal" and those emerging at night are "nocturnal."

Yet another proverb states: "Early to bed, early to rise makes a man healthy, wealthy, and wise." *Larks* may jump out of bed and welcome the morning with a big breakfast, while *owls* hit the snooze button, getting ready at the last minute, usually without breakfast. They may have fewer meals, but they eat late in the day. Not exercising after meals can cause weight gain. Perhaps *larks* are healthier. *Owls* must work or learn on the *lark* schedule. Most schooling occurs before 4:00 p.m., so young *larks* may perform certain tasks better. Business deals made early in the day may make some *larks* wealthier.

What makes one person a *lark* and another an *owl*? One theory suggests preference for day or night has to do with time of birth. In 2010, Cleveland State University researchers found evidence that not only does a person's internal clock start at the moment of birth, but that those born at night might have lifelong challenges performing during daytime hours. Usually, their world experience begins with darkness. Since traditional study time and office work happen in daylight, we assume that day begins in the morning. People asleep are not first in line, and might miss chances.

Does everyone follow the system of beginning days in the morning? The Jewish people, an approximately 6,000-year-old religious group, believe a day is measured from sundown until the following sundown—from eve to eve. Christians continue this tradition with Christmas Eve. The Chinese use their system of 12 animals not only to mark years, but to separate each two-hour period of the day. The hour of the rat, the first period, is from 11:00 p.m. to 1:00 a.m. Chinese culture also begins the day at night. In other words, ancient customs support how *owls* view time.

Research indicates *owls* are smarter and more creative. So, perhaps *larks* are not always wiser! That is to say, *larks* win "healthy" and sometimes "wealthy," but they may lose "wise." In an early report, Richard D. Roberts and Patrick C. Kyllonen state that *owls* tend to be more intelligent. A later, comprehensive study by Franzis Preckel, for which Roberts was one of the co-authors, came to the same conclusion. It is not all good news for *owls*, though. Not only can schoolwork be a challenge, but they may miss daytime career opportunities and are more likely to enjoy the bad habits of "nightlife," playing at night while *larks* sleep. Nightlife tends to be expensive. A University of Barcelona study suggests *larks* are precise, seek perfection, and feel little stress. *Owls* seek new adventures and exciting leisure activities, yet they often have trouble relaxing.

Can people change? While the results are not all in, studies of young adults seem to say no, we are hard-wired. So, as young people grow and acquire more freedom, they end up returning to their *lark* or *owl* nature. However, concerns arise that this categorization may not fit everyone. In addition to time of birth possibly being an indication, a report published in *Nature Communications* suggests that DNA may also affect our habits concerning time. Other works focus on changes occurring in some people due to aging or illness. New research in this area appears all the time. A study of university students in Russia suggests that there are six types, so *owls* and *larks* may not be the only birds around!

Your summary notes:

When Does the Day Begin for You?

Vocabulary

Definition of <u>diurnal</u>: [39]

⇔ opposite: nocturnal

The Main Points

- Not all of us fit easily into the common daytime schedule, but we are forced to follow it, especially when we are children.
- Some studies indicate that the most active time for each of us is part of our nature.
- Basically, [40].
- Perspectives keep changing with new research.

Interesting Details

- The Jewish and Christian religions, as well as Chinese time division, are referred to in the article in order to [41].
- Some studies show that [42] may set a person's internal clock and may be the explanation for differences in intelligence and [43].

問 1　Choose the best option for [39].

① achieves goals quickly

② likes keeping pet birds

③ lively in the daytime

④ skillful in finding food

問 2 Choose the best option for [40].

① a more flexible time and performance schedule will be developed in the future

② enjoying social activities in the morning becomes more important as we age

③ it might be hard for us to change what time of day we perform best

④ living on the *owl* schedule will eventually lead to social and financial benefits

問 3 Choose the best option for [41].

① explain that certain societies have long believed that a day begins at night

② indicate that nocturnal people were more religious in the past

③ say that people have long thought they miss chances due to morning laziness

④ support the idea that *owls* must go to work or school on the *lark* schedule

問 4 Choose the best options for [42] and [43].

① amount of sleep

② appearance

③ behavior

④ cultural background

⑤ religious beliefs

⑥ time of birth

B You are in a student group preparing a poster for a scientific presentation contest with the theme "What we should know in order to protect the environment." You have been using the following passage to create the poster.

Recycling Plastic
—What You Need to Know—

The world is full of various types of plastic. Look around, and you will see dozens of plastic items. Look closer and you will notice a recycling symbol on them. In Japan, you might have seen the first symbol in Figure 1 below, but the United States and Europe have a more detailed classification. These recycling symbols look like a triangle of chasing pointers, or sometimes a simple triangle with a number from one to seven inside. This system was started in 1988 by the Society of the Plastics Industry in the US, but since 2008 it has been administered by an international standards organization, ASTM (American Society for Testing and Materials) International. Recycling symbols provide important data about the chemical composition of plastic used and its recyclability. However, a plastic recycling symbol on an object does not always mean that the item can be recycled. It only shows what type of plastic it is made from and that it might be recyclable.

Figure 1. Plastic recycling symbols

So, what do these numbers mean? One group (numbers 2, 4, and 5) is considered to be safe for the human body, while the other group (numbers 1, 3, 6, and 7) could be problematic in certain circumstances. Let us look at the safer group first.

High-density Polyethylene is a recycle-type 2 plastic and is commonly called HDPE. It is non-toxic and can be used in the human body for heart valves and artificial joints. It is strong and can be used at temperatures as low as −40℃ and as high as 100℃. HDPE can be reused without any harm and is also suitable for beer-bottle cases, milk jugs, chairs, and toys. Type 2 products can be recycled several times. Type 4 products are made from Low-density Polyethylene (LDPE). They are safe to use and are flexible. LDPE is used for squeezable bottles, and bread wrapping. Currently, very little Type 4 plastic is recycled. Polypropylene (PP), a Type 5 material, is the second-most widely produced plastic in the world. It is light, non-stretching, and has a high resistance to impact, heat, and freezing. It is suitable for furniture, food containers, and polymer banknotes such as the Australian dollar. Only 3% of Type 5 is recycled.

Now let us look at the second group, Types 1, 3, 6, and 7. These are more challenging because of the chemicals they contain or the difficulty in recycling them. Recycle-type 1 plastic is commonly known as PETE (Polyethylene Terephthalate), and is used mainly in food and beverage containers. PETE containers — or PET as it is often written in Japan — should only be used once as they are difficult to clean thoroughly. Also, they should not be heated above 70℃ as this can cause some containers to soften and change shape. Uncontaminated PETE is easy to recycle and can be made into new containers, clothes, or carpets, but if PETE is contaminated with Polyvinyl Chloride (PVC), it can make it unrecyclable. PVC, Type 3, is thought to be one of the least recyclable plastics known. It should only be disposed of by professionals and never set fire to at home or in the garden. Type 3 plastic is found in shower curtains, pipes, and flooring. Type 6, Polystyrene (PS) or Styrofoam as it is often called, is hard to recycle and catches fire easily. However, it is cheap to produce and lightweight. It is used for disposable drinking cups, instant noodle containers, and other food packaging. Type 7 plastics (acrylics, nylons, and polycarbonates) are difficult to recycle. Type 7 plastics are often used in the manufacture of vehicle parts such as seats, dashboards, and bumpers.

Currently, only about 20% of plastic is recycled, and approximately 55% ends up in a landfill. Therefore, knowledge about different types of plastic could help reduce waste and contribute to an increased awareness of the environment.

Your presentation poster draft:

Do you know the plastic recycling symbols?

What are plastic recycling symbols?

[44]

Types of plastic and recycling information

Type	Symbol	Description	Products
1	1 PETE (PET)	This type of plastic is common and generally easy to recycle.	drink bottles, food containers, etc.
2	2 HDPE	This type of plastic is easily recycled [45].	heart valves, artificial joints, chairs, toys, etc.
3	3 PVC	This type of plastic is [46].	shower curtains, pipes, flooring, etc.
4	4		

Plastics with common properties

[47]

[48]

問 1 Under the first poster heading, your group wants to introduce the plastic recycling symbols as explained in the passage. Which of the following is the most appropriate? [44]

① They are symbols that rank the recyclability of plastics and other related problems.
② They provide information on the chemical make-up and recycling options of the plastic.
③ They tell the user which standards organization gave them certificates for general use.
④ They were introduced by ASTM and developed by the Society of the Plastics Industry.

問 2 You have been asked to write descriptions of Type 2 and Type 3 plastics. Choose the best options for [45] and [46].

Type 2 [45]
① and commonly known as a single-use plastic
② and used at a wide range of temperatures
③ but harmful to humans
④ but unsuitable for drink containers

Type 3 [46]
① difficult to recycle and should not be burned in the yard
② flammable; however, it is soft and cheap to produce
③ known to be a non-toxic product
④ well known for being easily recyclable

問 3 You are making statements about some plastics which share common properties. According to the article, which two of the following are appropriate? (The order does not matter.) [47] ・ [48]

① Boiling water (100℃) can be served in Type 1 and Type 6 plastic containers.

② It is easy to recycle products with Type 1, 2, and 3 logos.

③ Products with the symbols 1, 2, 4, 5, and 6 are suitable for food or drink containers.

④ Products with Type 5 and Type 6 markings are light in weight.

⑤ Type 4 and 5 plastics are heat resistant and are widely recycled.

⑥ Type 6 and 7 plastics are easy to recycle and environmentally friendly.

2022 追試

(100点
80分)

〔英　語（リーディング）〕

注　意　事　項

1　解答用紙に，正しく記入・マークされていない場合は，採点できないことがあります。

2　この問題冊子は，37ページあります。

試験中に問題冊子の印刷不鮮明，ページの落丁・乱丁及び解答用紙の汚れ等に気付いた場合は，手を高く挙げて監督者に知らせなさい。

3　解答は，解答用紙の解答欄にマークしなさい。例えば，［10］と表示のある問いに対して③と解答する場合は，次の（例）のように**解答番号10**の**解答欄**の③に**マーク**しなさい。

（例）

解答番号	解　答　欄
10	①　②　●　④　⑤　⑥　⑦　⑧　⑨

4　問題冊子の余白等は適宜利用してよいが，どのページも切り離してはいけません。

5　**不正行為について**

①　不正行為に対しては厳正に対処します。

②　不正行為に見えるような行為が見受けられた場合は，監督者がカードを用いて注意します。

③　不正行為を行った場合は，その時点で受験を取りやめさせ退室させます。

6　試験終了後，問題冊子は持ち帰りなさい。

※著作権の都合で一部，問題を掲載できない箇所があります。掲載していない問題は，大学入試センターのホームページ（https://www.dnc.ac.jp/）等でご確認ください。

英　　語(リーディング)

各大問の英文や図表を読み，解答番号 [1] ～ [48] にあてはまるものとして最も適当な選択肢を選びなさい。

第1問　(配点　10)

A　You are studying at a senior high school in Alberta, Canada. Your classmate Bob is sending you messages about the after-school activities for this term.

Hey! How are you doing?

Hi Bob. I'm great!

Did you hear about this? We've got to choose our after-school activities for this term.

Yes! I'm going to join the volunteer program and tutor at an elementary school.

What are you going to tutor?

They need tutors for different grades and subjects. I want to help elementary school kids learn Japanese. How about you? Are you going to sign up for this program?

Yes, I'm really interested in the volunteer program, too.

You are good at geography and history. Why don't you tutor the first-year senior high school students?

I don't want to tutor at a senior high school. I was thinking of volunteering at an elementary school or a kindergarten, but not many students have volunteered at junior high schools. So, I think I'll tutor there.

Really? Tutoring at a junior high school sounds difficult. What would you want to teach there?

When I was in junior high school, math was really hard for me. I'd like to tutor math because I think it's difficult for students.

[2]

問 1 Where does Bob plan to help as a volunteer? [1]

① At a junior high school

② At a kindergarten

③ At a senior high school

④ At an elementary school

問 2 What is the most appropriate response to Bob's last message? [2]

① My favorite subject was math, too.

② We will tutor at the same school then.

③ Wow, that's a great idea!

④ Wow, you really love Japanese!

B You are a senior high school student and thinking about studying abroad. You find an advertisement for an online event where you can learn about studying and working in the US.

Online Study Abroad and Career Information Sessions 2022

The American Students' Network is planning three Virtual Sessions.

Session Date/Time*	**Details**
Study: Senior High School (for junior and senior high school students)	
Virtual Session 1 July 31 3 p.m.-5 p.m.	What is it like to study at an American senior high school? ➢ Classes, homework, and grades ➢ After-school activities and sports ☆ You will hear from students all over the US. Take a chance to ask questions!
Study: University (for senior high school students)	
Virtual Session 2 August 8 9 a.m.-12 p.m.	What can you expect while studying at a university in the US? ➢ Advice for succeeding in classes ➢ Campus life and student associations ☆ Listen to a famous professor's live talk. Feel free to ask questions!
Work: Careers (for senior high school and university students)	
Virtual Session 3 August 12 1 p.m.-4 p.m.	How do you find a job in the US? ➢ Job hunting and how to write a résumé ➢ Meet a wide range of professionals including a flight attendant, a chef, an actor, and many more! ☆ Ask questions about their jobs and work visas.

*Central Standard Time (CST)

Click here to register by July 29, 2022. → **Session Registration**

Please provide your full name, date of birth, email address, name of your school, and indicate the virtual session (s) you're interested in.

問 1　On which day can you listen to a lecture? [3]

① July 29

② July 31

③ August 8

④ August 12

問 2　You should attend Sessions 1 and 2 to [4].

① find out about application procedures

② get information about studying in the US

③ share your study abroad experiences

④ talk to people with different jobs

問 3　To register for any of these virtual sessions, you need to supply [5].

① questions you have

② your birthday

③ your choice of career

④ your home address

第2問 (配点 20)

A You are an exchange student in the UK. Your host family is going to take you to Hambury for a weekend to experience some culture. You are looking at the information about what you can do near the hotel and the reviews of the hotel where you will stay.

White Horse Hotel
In Hambury Square

Things to do & see near the hotel:

◆ Hambury Church: It's only 10 minutes on foot.
◆ The farmers' market: It's held in the square every first and third weekend.
◆ The Kings Arms: Have lunch in the oldest building in Hambury (just across from the hotel).
◆ East Street: You can get all your gifts there (15-minute walk from the hotel).
◆ The Steam House: It's next to Hambury Railway Museum, by the station.
◆ The walking tour (90 minutes): It starts in the square at 11 am every Tuesday and Saturday.
◆ The stone circle: Every Tuesday lunchtime there is live music (just behind the church).
◆ The old castle (admission: £5): See the play *Romeo and Juliet* every Saturday night. (Get your tickets at the castle gate, across from the station, for £15.)

Become a member* of the White Horse Hotel and get:

◆ a free ticket to the railway museum
◆ tickets to the play for only £9 per person
◆ a discount coupon for Memory Photo Studio (get a photo of you wearing traditional Victorian clothes). Open every day, 9.00 am–5.30 pm.

*Membership is free for staying guests.

Most popular reviews:

We will be back
It's a nice hotel in the centre of the town with a great breakfast. Though the shops are limited, the town is pretty and walking to the beautiful church only took 5 minutes. The tea and cakes at the Steam House are a must. Sally

Lovely Town
Our room was very comfortable, and the staff were kind. Coming from Australia, I thought the play in the castle was great, and the walking tour was very interesting. I also recommend the stone circle (if you don't mind a 10-minute walk up a hill). Ben

問 1 [6] is the closest to the White Horse Hotel.

① East Street
② Hambury Church
③ The Kings Arms
④ The stone circle

問 2 [7] is one combination of activities you can do if you visit Hambury on the third Saturday of the month.

A：go on a walking tour
B：have your photo taken
C：listen to the live music
D：shop at the farmers' market

① A，B，and C
② A，B，and D
③ A，C，and D
④ B，C，and D

問 3 You want to get cheaper tickets for *Romeo and Juliet*. You will [8].

① become a member of the hotel
② buy your tickets at the castle
③ get free tickets from the hotel
④ wear traditional Victorian clothes

問 4 One advantage of the hotel the reviews do **not** mention is the [9].

① comfort
② discounts
③ food
④ service

問 5 Which best reflects the opinions of the reviewers? [10]

① The activities were fun, and the shops good.
② The hotel room was pretty, and the photo studio great.
③ The music was good, and the activities interesting.
④ The sightseeing was exciting, and the hotel conveniently placed.

（下 書 き 用 紙）

英語（リーディング）の試験問題は次に続く。

B Your English teacher has given you this article to read to prepare for a class debate.

When I was in elementary school, my favorite time at school was when I talked and ran around with my friends during recess, the long break after lunch. Recently, I learned that some elementary schools in the US have changed the timing of recess to before lunch. In 2001, less than 5% of elementary schools had recess before lunch. By 2012, more than one-third of schools had changed to this new system. Surveys were conducted to find out more about this change. Here are the results.

It's good to have recess before lunch because:

- Students get hungrier and want to eat.
- Students don't rush meals to play outside after lunch.
- Students are calmer and focus better in the afternoon.
- Less food is wasted.
- Fewer students say they have headaches or stomachaches.
- Fewer students visit the school nurse.

However, there are some challenges to having recess before lunch:

- Students may forget to wash their hands before eating.
- Students may get too hungry as lunch time is later.
- Schools will have to change their timetables.
- Teachers and staff will have to alter their schedules.

This is an interesting idea and more schools need to consider it. As a child, I remember being very hungry before lunch. You might say having lunch later is not practical. However, some say schools can offer a small healthy morning snack. Having food more often is better for students' health, too. What about washing hands? Well, why not make it part of the schedule?

問 1 Which question are you debating? In schools, should [11]?

① break be made shorter
② food waste be reduced
③ lunches be made healthier
④ recess be rescheduled

問 2 One advantage of having recess before lunch is: Students [12].

① do not need morning snacks
② have a longer break
③ study more peacefully
④ wash their hands better

問 3 One concern with having recess before lunch is: [13].

① Schools may need more school nurses
② Schools may need to make new schedules
③ Students may spend more time inside
④ Students may waste more food

問 4 Which of the following problems could be solved by the author's suggestion? [14]

① School schedules will need changing.

② School staff will have to eat later.

③ Students will be less likely to wash their hands.

④ Students will leave their lunch uneaten.

問 5 In the author's opinion, more schools should help students [15].

① adopt better eating habits

② enjoy eating lunch earlier

③ not visit the school nurse

④ not worry about changes in the timetable

（下 書 き 用 紙）

英語（リーディング）の試験問題は次に続く。

第3問 (配点 15)

A Your English teacher from the UK writes a blog for her students. She has just written about an Expo that is being held in your city, and you are interested in it.

Tracy Pang

Monday, 10 August, 11.58 pm

Last weekend, I went to the International Save the Planet Expo held at the Convention Centre. There were a lot of creative ideas that we could try at home. No wonder there were so many people taking part.

The exhibition on remaking household items was particularly inspiring. It was amazing to see how things we normally throw away can be remade into useful and stylish items. They looked nothing like the original products. The workshops were excellent, too. Some sessions were in English, which was perfect for me (and for you, too)! I joined one of them and made a jewellery box from an egg carton. We first chose the base colour, and then decided on the materials for decoration. I had no confidence in making something usable, but it turned out lovely.

If you are interested, the Expo is on until 22 August. I strongly suggest that you avoid the weekend crowds, though. The calendar below shows the dates of the Expo and the workshops.

International Save the Planet Expo (August 4–22)

Sunday	Monday	Tuesday	Wednesday	Thursday	Friday	Saturday
						1
2	3	4	5 W★	6	7	8 W★
9 W	10 W★	11	12 W	13	14	15 W
16 W	17 W	18	19 W★	20	21	22 W★
23	24	25	26	27	28	29
30	31					

W＝workshop (★ in English)

問 1 Tracy attended the workshop to learn about [16].

① combining colours creatively
② decreasing household food waste
③ redecorating rooms in a house
④ transforming everyday items

問 2 Based on Tracy's recommendation, the best date for you to attend a workshop in English is on [17].

① 12 August
② 16 August
③ 19 August
④ 22 August

B Your British friend shows you an interesting article about dogs in the UK.

A Dog-Lover's Paradise

A visit to Robert Gray's dog rescue shelter in Greenfields will surprise you if your idea of a dog shelter is a place where dogs are often kept in crowded conditions. When I was asked to visit there last summer to take photographs for this magazine, I jumped at the chance. I will never forget how wonderful it was to see so many healthy, happy dogs running freely across the fields.

At the time of my visit, around 70 dogs were living there. Since then, the number has grown to over 100. For these dogs, the shelter is a safe place away from their past lives of neglect. The owner, Robert Gray, began taking in homeless dogs from the streets of Melchester in 2008, when dogs running wild in the city were a growing problem. Robert started the shelter in his back garden, but the number of dogs kept increasing day by day, quickly reaching 20. So, in the summer of 2009, he moved the shelter to his uncle's farm in Greenfields.

Although what I saw in Greenfields seemed like a paradise for the dogs, Robert told me that he has faced many difficulties in running the shelter. Since the very early days in Melchester, the cost of providing the dogs with food and medical treatment has been a problem. Another issue concerns the behaviour of the dogs. Some neighbouring farmers are unhappy about dogs wandering onto their land and barking loudly, which can frighten their farm animals. Most of the dogs are actually very friendly, though.

The number of dogs continues to grow, and Robert hopes that visitors will find a dog they like and give it a permanent home. One adorable dog named Muttley followed me everywhere. I was in love! I promised Muttley that I would return soon to take him home with me.

Mike Davis (January, 2022)

問 1 Put the following events (①～④) into the order they happened.

[18] → [19] → [20] → [21]

① The dog shelter began having financial problems.

② The dog shelter moved to a new location.

③ The number of dogs reached one hundred.

④ The writer visited the dog shelter in Greenfields.

問 2 The dog shelter was started because [22].

① in Melchester, there were a lot of dogs without owners

② people wanted to see dogs running freely in the streets

③ the farmers in Greenfields were worried about their dogs

④ there was a need for a place where people can adopt dogs

問 3 From this article, you learnt that [23].

① Robert's uncle started rescuing dogs in 2008

② the dogs are quiet and well behaved

③ the shelter has stopped accepting more dogs

④ the writer is thinking of adopting a dog

第４問　(配点　16)

To make a schedule for your homestay guest, Tom, you are reading the email exchange between your family and him.

Hi Tom,

Your arrival is just around the corner, so we are writing to check some details. First, what time will you land at Asuka International Airport? We'd like to meet you in the arrivals area.

While you are staying with us, we'll eat meals together. We usually have breakfast at 7:30 a.m. and dinner at 7 p.m. on weekdays. Do you think that will work, or would another time suit you better?

We would like to show you around Asuka. There will be a neighborhood festival on the day after you arrive from noon to 4 p.m. You can join one of the groups carrying a portable shrine, called a *mikoshi*. After the festival, at 8 p.m., there will be a fireworks display by the river until 9 p.m.

Also, we would like to take you to a restaurant one evening. Attached is some information about our favorite places. As we don't know what you like, please tell us which looks best to you.

Restaurants	Comments	Notes
Asuka Steak	A local favorite for meat lovers	Closed Tue.
Kagura Ramen	Famous for its chicken ramen	Open every day
Sushi Homban	Fresh and delicious seafood	Closed Mon.
Tempura Iroha	So delicious!	Closed Wed.

Finally, according to your profile, you collect samurai figures. Chuo Dori, the main street in our town, has many shops that sell them. There are also shops selling food, clothes, computer games, stationery, etc. You can have a great time there. What do you think? Would you like to go there?

See you soon,
Your Host Family

The email below is Tom's reply to your family.

Dear Host Family,

Thank you for your email. I'm really looking forward to my visit to Japan. You don't have to come to the airport. Hinode University is arranging transportation for us to the campus. There will be a welcome banquet till 7 p.m. in Memorial Hall. After the banquet, I will wait for you at the entrance to the building. Would that be all right?

I think I need half a day to recover from the flight, so I might like to get up late and just relax in the afternoon the next day. The fireworks at night sound exciting.

Starting Monday, my language lessons are from 8 a.m., so could we eat breakfast 30 minutes earlier? My afternoon activities finish at 5 p.m. Dinner at 7 p.m. would be perfect.

Thank you for the list of restaurants with comments. To tell you the truth, I'm not fond of seafood, and I don't eat red meat. I have no afternoon activities on the 10th, so could we go out to eat on that day?

As for shopping, Chuo Dori sounds like a great place. While we're there I'd like to buy some Japanese snacks for my family, too. Since my language classes finish at noon on the 12th, could we go shopping on that afternoon?

Can't wait to meet you!
Tom

[Your notes for Tom's schedule]

Day/Date	With Family	School
Sat. 6th	Arrival & pick up at 24	Reception
Sun. 7th	25	
Mon. 8th		・Language classes 8 a.m. – 3 p.m. (until noon on Fri.) ・Afternoon activities until 5 p.m. (except Wed. & Fri.)
Tue. 9th		
Wed. 10th	Dinner at 26	
Thurs. 11th		
Fri. 12th	Shopping for 27 & 28	
Sat. 13th	Departure	
*Mon. – Fri.	Breakfast 29 Dinner 7 p.m.	

問 1 Where will your family meet Tom? 24

① Asuka International Airport

② the Banquet Room

③ the entrance to Memorial Hall

④ the main gate of Hinode University

問 2 Choose what Tom will do on Sunday. 25

① Attend a welcome banquet

② Carry a portable shrine

③ Go to a festival

④ Watch fireworks

問 3 Choose the restaurant where your family will take Tom. [26]

① Asuka Steak
② Kagura Ramen
③ Sushi Homban
④ Tempura Iroha

問 4 Choose what Tom will shop for. [27] · [28] (The order does not matter.)

① Action figures
② Clothes
③ Computer games
④ Food
⑤ Stationery

問 5 You will have breakfast with Tom at [29].

① 6:30 a.m.
② 7:00 a.m.
③ 7:30 a.m.
④ 8:00 a.m.

第5問 (配点 15)

You are applying for a scholarship to attend an international summer program. As part of the application process, you need to make a presentation about a famous person from another country. Complete your presentation slides based on the article below.

During his 87 years of life, both above and below the waves, Jacques Cousteau did many great things. He was an officer in the French navy, an explorer, an environmentalist, a filmmaker, a scientist, an author, and a researcher who studied all forms of underwater life.

Born in France in 1910, he went to school in Paris and then entered the French naval academy in 1930. After graduating in 1933, he was training to become a pilot, when he was involved in a car accident and was badly injured. This put an end to his flying career. To help recover from his injuries, Cousteau began swimming in the Mediterranean, which increased his interest in life underwater. Around this time, he carried out his first underwater research. Cousteau remained in the navy until 1949, even though he could no longer follow his dream of becoming a pilot.

In the 1940s, Cousteau became friends with Marcel Ichac, who lived in the same village. Both men shared a desire to explore unknown and difficult-to-reach places. For Ichac this was mountain peaks, and for Cousteau it was the mysterious world under the sea. In 1943, these two neighbors became widely recognized when they won a prize for the first French underwater documentary.

Their documentary, *18 Meters Deep*, had been filmed the previous year without breathing equipment. After their success they went on to make another film, *Shipwrecks*, using one of the very first underwater breathing devices, known as the Aqua-Lung. While filming *Shipwrecks*, Cousteau was not satisfied with how long he could breathe underwater, and made improvements to its design. His improved equipment enabled him to explore the wreck of the Roman ship, the *Mahdia*, in 1948.

Cousteau was always watching the ocean, even from age four when he first learned how to swim. In his book, *The Silent World*, published in 1953, he describes a group of dolphins following his boat. He had long suspected that dolphins used echolocation (navigating with sound waves), so he decided to try an experiment. Cousteau changed direction by a few degrees so that the boat wasn't following the best course, according to his underwater maps. The dolphins followed for a few minutes, but then changed back to their original course. Seeing this, Cousteau confirmed his prediction about their ability, even though human use of echolocation was still relatively new.

Throughout his life, Cousteau's work would continue to be recognized internationally. He had the ability to capture the beauty of the world below the surface of the ocean with cameras, and he shared the images with ordinary people through his many publications. For this he was awarded the Special Gold Medal by *National Geographic* in 1961. Later, his lifelong passion for environmental work would help educate people on the necessity of protecting the ocean and aquatic life. For this he was honored in 1977 with the United Nations International Environment Prize.

Jacques Cousteau's life has inspired writers, filmmakers, and even musicians. In 2010, Brad Matsen published *Jacques Cousteau: The Sea King*. This was followed by the film *The Odyssey* in 2016, which shows his time as the captain of the research boat *Calypso*. When Cousteau was at the peak of his career, the American musician John Denver used the research boat as the title for a piece on his album *Windsong*.

Cousteau himself produced more than 50 books and 120 television documentaries. His first documentary series, *The Undersea World of Jacques Cousteau*, ran for ten years. His style of presentation made these programs very popular, and a second documentary series, *The Cousteau Odyssey*, was aired for another five years. Thanks to the life and work of Jacques Cousteau, we have a better understanding of what is going on under the waves.

Your presentation slides:

Jacques Cousteau

— 30 —

International Summer Program Presentation

1

Early Career (before 1940)

- Graduated from the naval academy
- 31
- Started to conduct underwater research
- Continued working in the navy

2

In the 1940s

Desired to reveal the underwater world

↓

32

↓

33

↓

34

↓

35

3

Some Major Works

Title		Description
18 Meters Deep		An early prize-winning documentary
36	(A)	A book mentioning his scientific experiment
	(B)	A documentary series that lasted a decade

4

Contributions

- Developed diving equipment
- Confirmed dolphins use echolocation
- Made attractive documentaries about aquatic life
- 37
- 38

5

問 1 Which is the best subtitle for your presentation? 30

① Capturing the Beauty of Nature in Photographs
② Discovering the Mysteries of Intelligent Creatures
③ Exploring the Top and Bottom of the World
④ Making the Unknown Undersea World Known

問 2 Choose the best option to complete the **Early Career (before 1940)** slide. 31

① Developed underwater breathing equipment
② Forced to give up his dream of becoming a pilot
③ Shifted his focus from the ocean to the air
④ Suffered severe injuries while underwater

問 3 Choose **four** out of the five events (①～⑤) in the order they happened to complete the **In the 1940s** slide.

32 → 33 → 34 → 35

① Dived to the *Mahdia* using improved equipment
② Filmed a documentary without breathing equipment
③ Helped one of his neighbors explore high places
④ Left the French navy
⑤ Won an award and became famous

問 4 Choose the best combination to complete the **Some Major Works** slide. 36

	(A)	(B)
①	*Shipwrecks*	*The Cousteau Odyssey*
②	*Shipwrecks*	*The Undersea World of Jacques Cousteau*
③	*The Silent World*	*The Cousteau Odyssey*
④	*The Silent World*	*The Undersea World of Jacques Cousteau*

問 5 Choose two achievements to complete the **Contributions** slide. (The order does not matter.) 37 ・ 38

① Built a TV station to broadcast documentaries about marine life

② Encouraged people to protect the ocean environment

③ Established prizes to honor innovative aquatic filmmaking

④ Produced many beautiful images of the underwater world

⑤ Trained pilots and researchers in the French navy

（下 書 き 用 紙）

英語（リーディング）の試験問題は次に続く。

第6問 (配点 24)

A Your study group is learning about "false memories." One group member has made partial notes. Read this article to complete the notes for your next study meeting.

False Memories

What are memories? Most people imagine them to be something like video recordings of events in our minds. Whether it is a memory of love that we treasure or something more like failure that we fear, most of us believe our memories are a permanent record of what happened. We may agree that they get harder to recall as time goes on, but we think we remember the truth. Psychologists now tell us that this is not the case. Our memories can change or even be changed. They can move anywhere from slightly incorrect to absolutely false! According to well-known researcher Elizabeth Loftus, rather than being a complete, correct, unchanging recording, "Memory works a little bit more like a Wikipedia page." Anyone, including the original author, can edit the information.

[redacted]

Since the time of Sigmund Freud, called "the father of modern psychology," mental therapy has asked people to think back to their childhood to understand their problems. In the late 20th century, people believed that recalling old memories was a good way to heal the mind, so there were exercises and interviewing techniques encouraging patients to imagine various old family situations. Now, we realize that such activities may lead to false memories because our memories are affected by many factors. It is not just what we remember, but when we remember, where we are when we remember, who is asking, and how they are asking. We may, therefore, believe something that comes from our imagination is actually true. Perhaps experts should start researching whether there is such a thing as "true memories."

Summary notes:

FALSE MEMORIES

Introduction

- When she says "Memory works a little bit more like a Wikipedia page," Elizabeth Loftus means that memories [39].

Research by Hyman & Billings

- The first interview indicates that the student [40].
- The results of their study suggest that [41] and [42].

Conclusions

People believe that memory is something exact, but our memories are affected by many things. While focusing on old events was a technique adapted to heal our minds, we must consider that [43].

問 1 Choose the best option to complete statement [39].

① are an account of one's true experiences
② can be modified by oneself or others
③ may get harder to remember as time goes by
④ should be shared with others freely

問 2 Choose the best option to complete statement [40].

① described all the wedding details to the interviewer
② knew about an accident at a wedding from childhood
③ was asked to create a false story about a wedding
④ was unsure about something the interviewer said

問 3 Choose the two best statements for [41] and [42]. (The order does not matter.)

① false events could be planted easily in young children's memories
② our confidence levels must be related to the truthfulness of our memories
③ people sometimes appear to recall things that never happened to them
④ planting false memories is frequently criticized by researchers
⑤ the phrases used to ask about memories affect the person's response
⑥ when a child experiences an eventful situation, it forms stable memories

問 4 Choose the best option for [43] to complete **Conclusions**.

① asking about our memories will help us remember more clearly
② the technique focuses on who, what, when, where, and how
③ this mental therapy approach may be less helpful than we thought
④ we have to work on our ability to remember events more precisely

B You are in a student group preparing a poster for a presentation contest. You have been using the following passage to create the poster.

A Brief History of Units of Length

Since ancient times, people have measured things. Measuring helps humans say how long, far, big, or heavy something is with some kind of accuracy. While weight and volume are important for the exchange of food, it can be argued that one of the most useful measurements is length because it is needed to calculate area, which helps in the exchange, protection, and taxation of property.

Measuring systems would often be based on or related to the human body. One of the earliest known measuring systems was the cubit, which was created around the 3rd millennium BC in Egypt and Mesopotamia. One cubit was the length of a man's forearm from the elbow to the tip of the middle finger, which according to one royal standard was 524 millimeters (mm). In addition, the old Roman foot (296 mm), which probably came from the Egyptians, was based on a human foot.

A unit of measurement known as the yard probably originated in Britain after the Roman occupation and it is said to be based on the double cubit. Whatever its origin, there were several different yards in use in Britain. Each one was a different length until the 12th century when the yard was standardized as the length from King Henry I's nose to his thumb on his outstretched arm. But it was not until the 14th century that official documents described the yard as being divided into three equal parts — three feet — with one foot consisting of 12 inches. While this description helped standardize the inch and foot, it wasn't until the late 15th century, when King Henry Ⅶ distributed official metal samples of feet and yards, that people knew for certain their true length. Over the years, a number of small adjustments were made until the International Yard and Pound Agreement of 1959 finally defined the standard inch, foot, and yard as 25.4 mm, 304.8 mm, and 914.4 mm respectively.

The use of the human body as a standard from which to develop a measuring system was not unique to western cultures. The traditional Chinese unit of length called *chi* — now one-third of a meter — was originally defined as the length from the tip of the thumb to the outstretched tip of the middle finger, which was around 200 mm. However, over the years it increased in length and became known as the Chinese foot. Interestingly, the Japanese *shaku,* which was based on the *chi,* is almost the same as one standard foot. It is only 1.8 mm shorter.

The connection between the human body and measurement can also be found in sailing. The fathom (6 feet), the best-known unit for measuring the depth of the sea in the English-speaking world, was historically an ancient Greek measurement. It was not a very accurate measurement as it was based on the length of rope a sailor could extend from open arm to open arm. Like many other British and American units, it was also standardized in 1959.

The metric system, first described in 1668 and officially adopted by the French government in 1799, has now become the dominant measuring system worldwide. This system has slowly been adopted by many countries as either their standard measuring system or as an alternative to their traditional system. While the metric system is mainly used by the scientific, medical, and industrial professions, traditional commercial activities still continue to use local traditional measuring systems. For example, in Japan, window widths are measured in *ken* (6 *shaku*).

Once, an understanding of the relationship between different measures was only something traders and tax officials needed to know. However, now that international online shopping has spread around the world, we all need to know a little about other countries' measuring systems so that we know how much, or how little, of something we are buying.

Your presentation poster draft:

Different Cultures, Different Measurements

1. The purposes of common units

Standard units are used for:

A. calculating how much tax people should pay

B. commercial purposes

C. comparing parts of the human body

D. measuring amounts of food

E. protecting the property of individuals

2. Origins and history of units of length

[45]

[46]

3. Comparison of units of length

Figure 1. Comparison of major units of length

[47]

4. Units today

[48]

問 1 When you were checking the statements under the first poster heading, everyone in the group agreed that one suggestion did not fit well. Which of the following should you **not** include? [44]

① A
② B
③ C
④ D
⑤ E

問 2 Under the second poster heading, you need to write statements concerning units of length. Choose the two below which are most accurate. (The order does not matter.) [45] · [46]

① Inch and meter were defined by the 1959 International Yard and Pound Agreement.
② The *chi* began as a unit related to a hand and gradually became longer over time.
③ The cubit is one of the oldest units based on the length of a man's foot.
④ The length of the current standard yard was standardized by King Henry Ⅶ.
⑤ The origin of the fathom was from the distance between a man's open arms.
⑥ The origin of the Roman foot can be traced back to Great Britain.

問 3 Under the third poster heading, you want a graphic to visualize some of the units in the passage. Which graph best represents the different length of the units from short (at the top) to long (at the bottom)? [47]

①

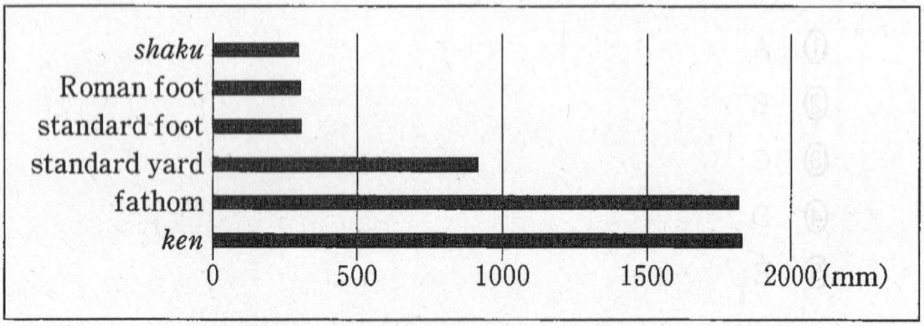

②

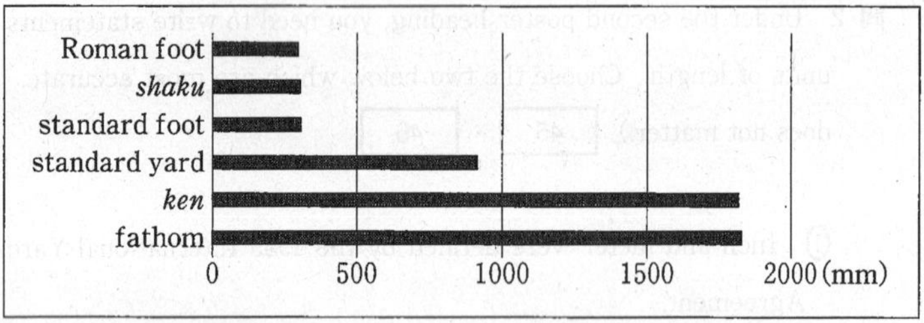

③

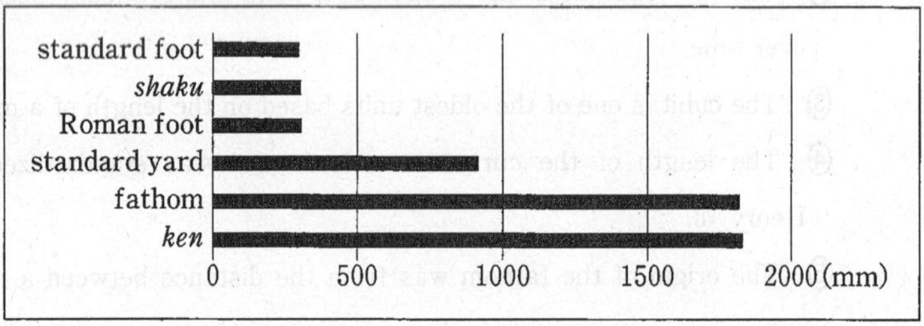

④

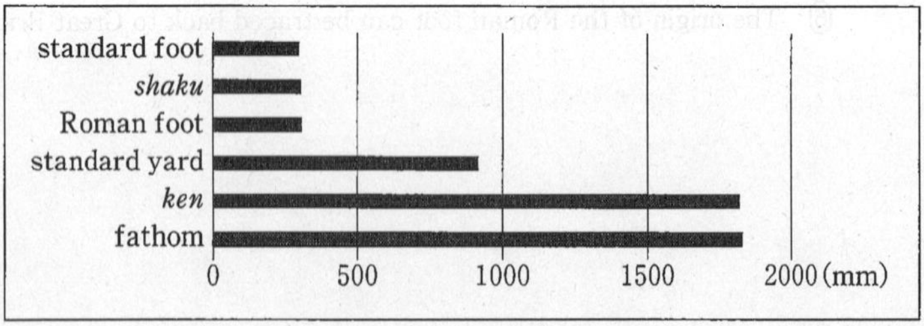

問 4 Under the last poster heading, your group wants to add a statement about today's units based on the passage. Which of the following is the most appropriate? [48]

① Although the metric system has become dominant worldwide, traditional measuring systems continue to play certain roles in local affairs.

② Science and medicine use traditional units today to maintain consistency despite the acceptance of a widespread standardized measurement system.

③ The increase in cross-border online shopping has made the metric system the world standard.

④ Today's units, such as the inch, foot, and yard, are based on the *chi*, whose origin is related to a part of the human body.

英語リスニング

～ CONTENTS ～

リスニング音声は，右の二次元コードを読み込むか，
下記URLから2026年3月末まで聞くことができます。

https://service.zkai.co.jp/books/zbooks_data/dlstream?c=3284

※リスニング音声は共通テストで実際に使われた音声となっています。そのため，本書のページ番号と音声内のアナウンスに一部異なる箇所があります。

試作問題

〔英　　語（リスニング）〕

リスニング音声は，右の二次元コードを読み込むか，下記URLから
2026年3月末まで聞くことができます。
https://ex2.zkai.co.jp/books/2025KM/R7Shisaku_full.mp3

試作問題掲載の趣旨と注意点

この試作問題は，独立行政法人大学入試センターが公表している，大学入学共通テスト「令和７年度試験の問題作成の方向性、試作問題等」のウェブサイトに記載のある内容を再掲したものです。本書では，学習に取り組まれる皆様のために，これに詳細の解答解説を作成し，より学びを深めていただけるように工夫しました。

本問題は，令和７年度大学入学共通テストについての具体的なイメージを共有することを目的として作成されていますが，過去の大学入試センター試験や大学入学共通テストと同様の問題作成や点検のプロセスは経ていないものとされています。本問題と同じような内容，形式，配点等の問題が必ず出題されることを保証するものではありませんので，その点につきましてご注意ください。

第C問 (配点 15) **音声は1回流れます。**

第C問は**問**27から**問**33の7問です。

最初に講義を聞き，**問**27から**問**31に答えなさい。次に**問**32と**問**33の音声を聞き，問いに答えなさい。**状況，ワークシート，問い及び図表を読む時間が与えられた後，音声が流れます。**

> 状況
> あなたはアメリカの大学で，幸福観についての講義を，ワークシートにメモを取りながら聞いています。

ワークシート

○ **World Happiness Report**

・Purpose: To promote 〔 27 〕 happiness and well-being

・Scandinavian countries: Consistently happiest in the world (since 2012)

Why? ⇒ "**Hygge**" lifestyle in Denmark

↓ spread around the world in 2016

○ **Interpretations of Hygge**

	Popular Image of Hygge	Real Hygge in Denmark
What	28	29
Where	30	31
How	special	ordinary

問27 ワークシートの空欄 27 に入れるのに最も適切なものを，四つの選択肢（①～④）のうちから一つ選びなさい。

① a sustainable development goal beyond
② a sustainable economy supporting
③ a sustainable natural environment for
④ a sustainable society challenging

問28～31 ワークシートの空欄 28 ～ 31 に入れるのに最も適切なものを，六つの選択肢（①～⑥）のうちから一つずつ選びなさい。選択肢は２回以上使ってもかまいません。

① goods　② relationships　③ tasks
④ everywhere　⑤ indoors　⑥ outdoors

問32 講義後に，あなたは要約を書くために，グループのメンバーＡ，Ｂと，講義内容を口頭で確認しています。それぞれの発言が講義の内容と一致するかどうかについて，最も適切なものを四つの選択肢（①～④）のうちから一つ選びなさい。 32

① Ａの発言のみ一致する
② Ｂの発言のみ一致する
③ どちらの発言も一致する
④ どちらの発言も一致しない

問33 講義の後で，Joe と May が下の図表を見ながらディスカッションをしています。ディスカッションの内容及び講義の内容からどのようなことが言えるか，最も適切なものを，四つの選択肢(①～④)のうちから一つ選びなさい。 33

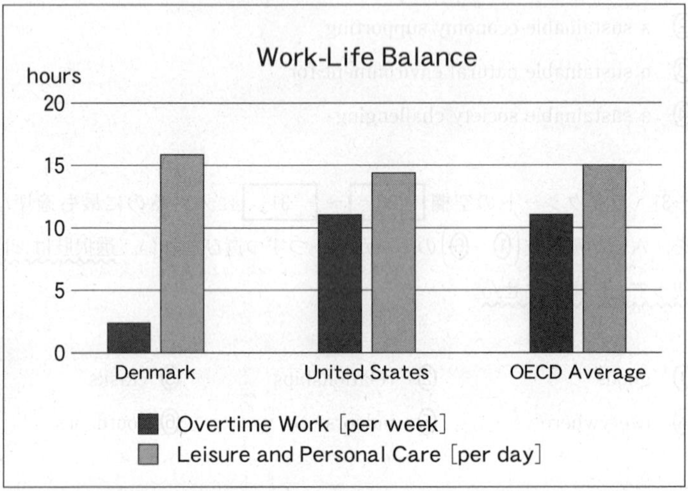

① People in Denmark do less overtime work while maintaining their productivity.

② People in Denmark enjoy working more, even though their income is guaranteed.

③ People in OECD countries are more productive because they work more overtime.

④ People in the US have an expensive lifestyle but the most time for leisure.

2024 本試

(100点
30分)

〔英　　語（リスニング）〕

リスニング音声は，右の二次元コードを読み込むか，下記URLから
2026年3月末まで聞くことができます。
https://ex2.zkai.co.jp/books/2025KM/2024Honshi_full.mp3

注　意　事　項

1　解答用紙に，正しく記入・マークされていない場合は，採点できないことがあります。

2　問題冊子の異常で**解答に支障がある場合**は，ためらわずに**黙って手を高く挙げなさい**。監督者が筆談用の用紙を渡しますので，トラブルの内容を記入しなさい。試験が終わってから申し出ることはできません。

3　この試験では，**聞き取る英語の音声を2回流す問題と，1回流す問題があります**。流す回数は下の表のとおりです。また，流す回数は，各問題の指示文にも書かれています。

問題	第1問	第2問	第3問	第4問	第5問	第6問
流す回数	2回	2回	**1回**	**1回**	**1回**	**1回**

4　問題音声には，**問題文を読むため，または解答をするために音の流れない時間があります**。

5　解答は，**設問ごとに解答用紙にマークしなさい**。問題冊子に記入しておいて，途中や最後に**まとめて解答用紙に転記してはいけません（まとめて転記する時間は用意されていません。）**。

6　解答用紙の汚れに気付いた場合は，そのまま解答を続け，解答終了後，監督者に知らせなさい。解答時間中に解答用紙の交換は行いません。

7　解答時間中は，試験問題に関する質問は一切受け付けません。

8　**不正行為について**

①　不正行為に対しては厳正に対処します。

②　不正行為に見えるような行為が見受けられた場合は，監督者がカードを用いて注意します。

③　不正行為を行った場合は，その時点で受験を取りやめさせ退室させます。

9　試験終了後，問題冊子は持ち帰りなさい。

英　語（リスニング）

（解答番号 [1] ～ [37]）

第１問　（配点　25）　音声は２回流れます。

第１問はＡとＢの二つの部分に分かれています。

A　第１問Ａは問１から問４までの４問です。英語を聞き，それぞれの内容と最もよく合っているものを，四つの選択肢（①～④）のうちから一つずつ選びなさい。

問１ [1]

① The speaker brought her pencil.

② The speaker forgot her notebook.

③ The speaker needs a pencil.

④ The speaker wants a notebook.

問２ [2]

① Ken is offering to buy their lunch.

② Ken paid for the tickets already.

③ The speaker is offering to buy the tickets.

④ The speaker paid for their lunch yesterday.

問 3 　3

① The speaker doesn't know where the old city hall is.

② The speaker has been to the new city hall just one time.

③ The speaker hasn't been to the old city hall before.

④ The speaker wants to know the way to the new city hall.

問 4 　4

① The speaker didn't cook enough food.

② The speaker made enough sandwiches.

③ The speaker will serve more pasta.

④ The speaker won't prepare more dishes.

これで第１問Aは終わりです。

B　第1問Bは問5から問7までの3問です。英語を聞き，それぞれの内容と最もよく合っている絵を，四つの選択肢(①〜④)のうちから一つずつ選びなさい。

問5　5

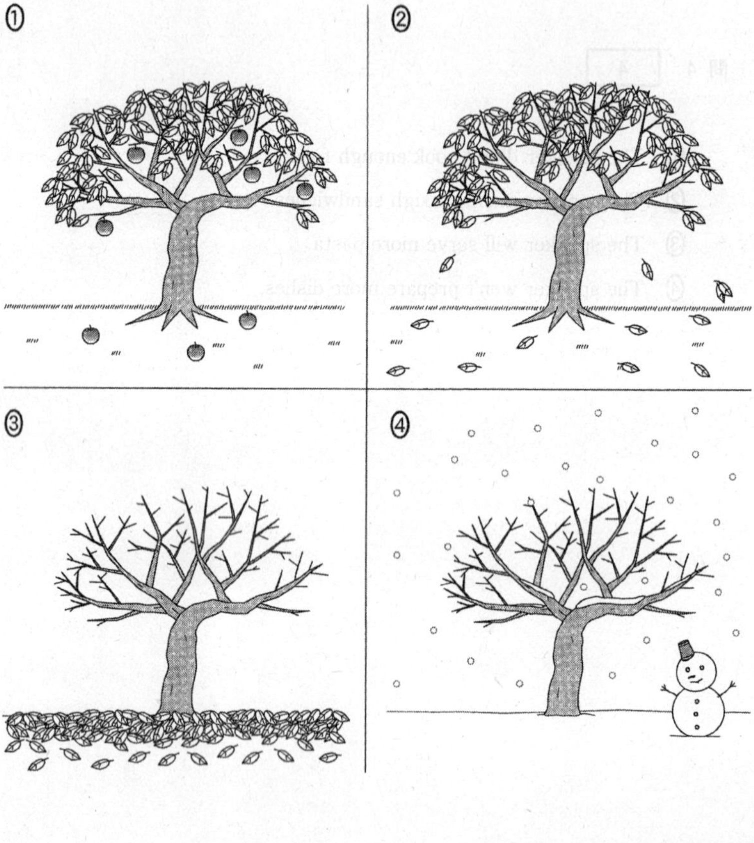

問 6　6

①

②

③

④

問 7 [7]

①

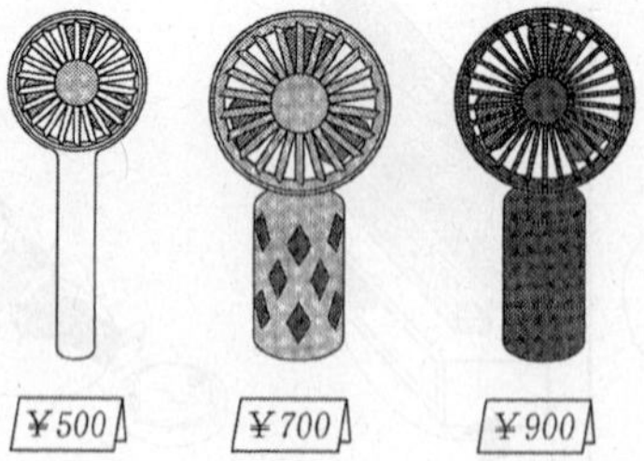

②

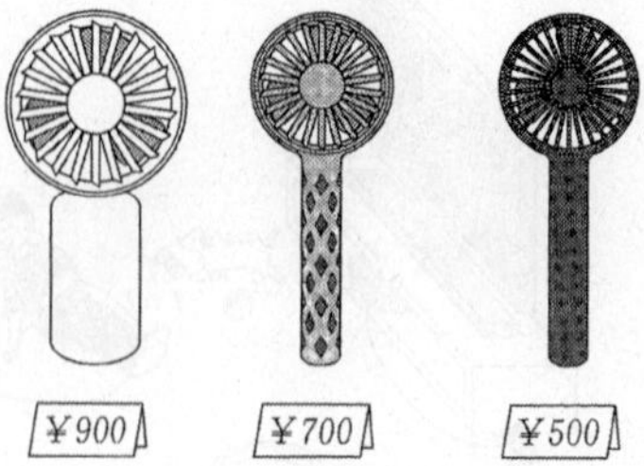

③

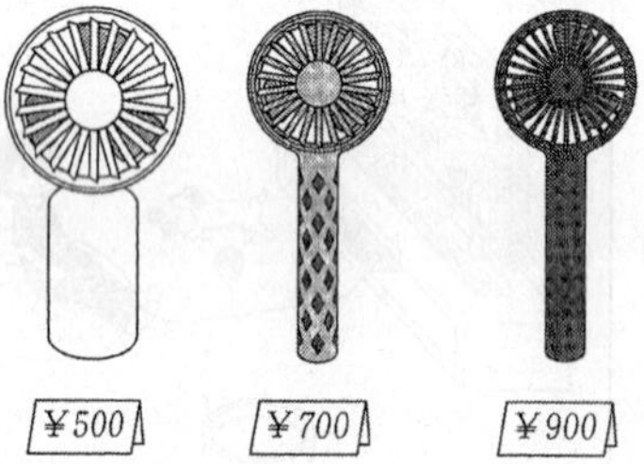

④

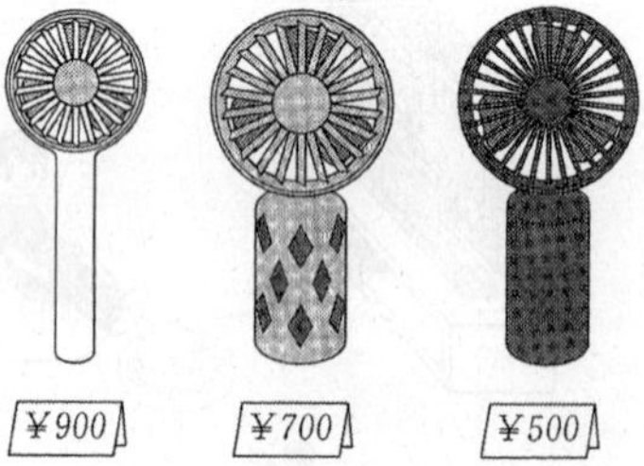

これで第１問Bは終わりです。

（下 書 き 用 紙）

英語（リスニング）の試験問題は次に続く。

第2問 （配点 16） 音声は2回流れます。

第2問は問8から問11までの4問です。それぞれの問いについて，対話の場面が日本語で書かれています。対話とそれについての問いを聞き，その答えとして最も適切なものを，四つの選択肢（①～④）のうちから一つずつ選びなさい。

問 8 交番で，迷子になった猫の説明をしています。 [8]

①

②

③

④

問 9　女性の子ども時代の写真を見ています。 9

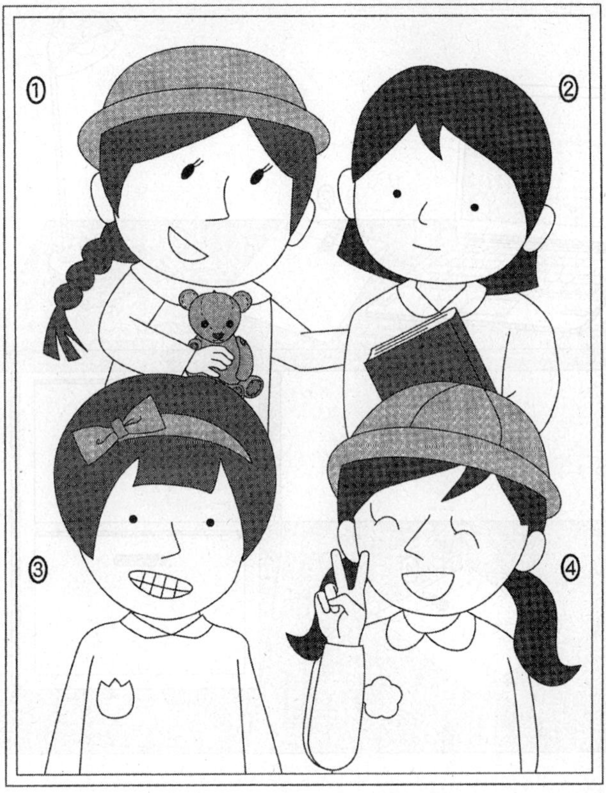

問10　母親が，職場から電話をしてきました。 [10]

問11　レストランに予約の電話をかけています。 11

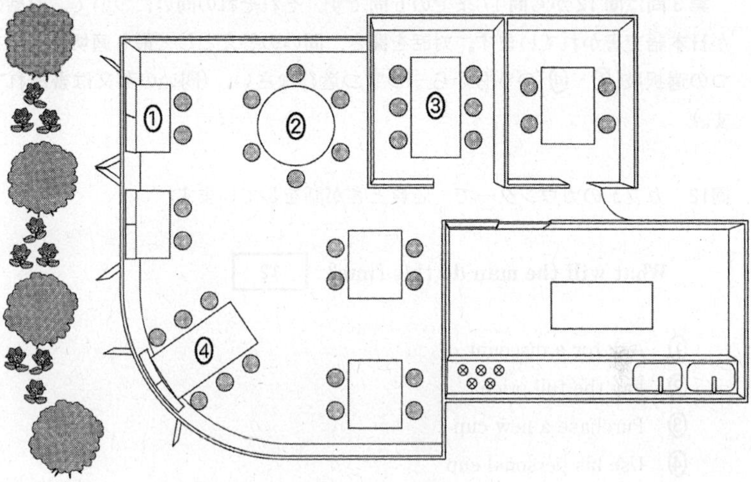

これで第２問は終わりです。

第3問 (配点 18) 音声は1回流れます。

第3問は問12から問17までの6問です。それぞれの問いについて，対話の場面が日本語で書かれています。対話を聞き，問いの答えとして最も適切なものを，四つの選択肢(①～④)のうちから一つずつ選びなさい。(問いの英文は書かれています。)

問12 カフェのカウンターで，店員と客が話をしています。

What will the man do this time? 12

① Ask for a discount
② Pay the full price
③ Purchase a new cup
④ Use his personal cup

問13 男性と女性が，楽器について話をしています。

What is the man going to do? 13

① Begin taking piano lessons
② Buy an electronic keyboard
③ Consider getting another piano
④ Replace the headphones for his keyboard

問14 友人同士が，買い物について話をしています。

What will the woman do? 14

① Buy a jacket at her favorite store
② Go to a used-clothing store today
③ Shop for second-hand clothes next week
④ Take her friend to a bargain sale

問15　荷造りをしている二人が，話をしています。

What is the woman doing now? 15

① Getting things ready in the bedroom
② Helping the man finish in the bedroom
③ Moving everything into the living room
④ Packing all the items in the living room

問16　男性が，友人の女性と明日の予定について話をしています。

What will the man do tomorrow? 16

① Learn to ride a farm horse
② Ride horses with his friend
③ Take pictures of his friend
④ Visit his grandfather's farm

問17　高校生同士が，理科の宿題について話をしています。

What did the boy do? 17

① He finished writing a science report.
② He put off writing a science report.
③ He read two pages from the textbook.
④ He spent a long time reading the textbook.

これで第３問は終わりです。

第４問　（配点　12）　音声は１回流れます。

第４問はＡとＢの二つの部分に分かれています。

Ａ　第４問Ａは問 18 から問 25 までの８問です。話を聞き，それぞれの問いの答えとして最も適切なものを，選択肢から選びなさい。**問題文と図表を読む時間が与えられた後，音声が流れます。**

問18～21　友人が，週末に行なったことについて話をしています。話を聞き，その内容を表した四つのイラスト（①～④）を，行なった順番に並べなさい。

[18] → [19] → [20] → [21]

①

②

③

④

問22～25　あなたは，留学先の大学で，アドバイザーから夏季講座のスケジュールの説明を聞いています。次のスケジュールの四つの空欄 22 ～ 25 に入れるのに最も適切なものを，六つの選択肢（①～⑥）のうちから一つずつ選びなさい。選択肢は２回以上使ってもかまいません。

Summer Class Schedule

	Monday	Tuesday	Wednesday	Thursday	Friday
1st	Social Welfare	23	Biology	Social Welfare	World History
2nd	22	Business Studies	Environmental Studies	24	25

① Biology
② Business Studies
③ Environmental Studies
④ Languages
⑤ Math
⑥ World History

これで第４問Ａは終わりです。

B　第４問Ｂは問 26 の１問です。話を聞き，次に示された条件に最も合うものを，四つの選択肢（①～④）のうちから一つ選びなさい。後の表を参考にしてメモを取ってもかまいません。**状況と条件を読む時間が与えられた後，音声が流れます。**

状況
あなたは，クラスで行う文化祭の出し物を決めるために，四人のクラスメートからアイデアを聞いています。

あなたが考えている条件
A．参加者が 20 分以内で体験できること
B．一度に 10 人以下で運営できること
C．費用が全くかからないこと

Ideas	Condition A	Condition B	Condition C
① Bowling game			
② Face painting			
③ Fashion show			
④ Tea ceremony			

問26 “ 26 ” is what you are most likely to choose.

① Bowling game
② Face painting
③ Fashion show
④ Tea ceremony

これで第４問Ｂは終わりです。

(下 書 き 用 紙)

英語(リスニング)の試験問題は次に続く。

第5問 (配点　15)　音声は1回流れます。

第5問は問27から問33までの7問です。

最初に講義を聞き，問27から問32に答えなさい。次に続きを聞き，問33に答えなさい。状況，ワークシート，問い及び図表を読む時間が与えられた後，音声が流れます。

状況

あなたは大学で，ガラスに関する講義を，ワークシートにメモを取りながら聞いています。

ワークシート

Glass: An Amazing Material

- Glass does **NOT**....
  - release dangerous chemicals
  - [27]
  - break down in nature

- Glass:

Production	[28] shapes	[29] windows
Uses of Current Technology	[30] rooms	[31] roads

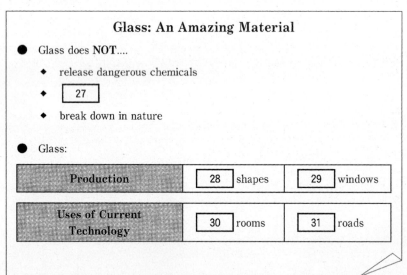

問27　ワークシートの空欄 [27] に入れるのに最も適切なものを，四つの選択肢（①～④）のうちから一つ選びなさい。

① allow for repeated recycling
② have unique recycling qualities
③ keep bacteria out of medicine
④ permit bacteria to go through

問28～31　ワークシートの空欄 [28] ～ [31] に入れるのに最も適切なものを，六つの選択肢（①～⑥）のうちから一つずつ選びなさい。選択肢は２回以上使ってもかまいません。

① Adjusts sound in	② Arranged in	③ Blown into
④ Improves safety of	⑤ Reflects views of	⑥ Spread into

問32　講義の内容と一致するものはどれか。最も適切なものを，四つの選択肢（①～④）のうちから一つ選びなさい。 [32]

① Glass has been improved in many ways by technology for modern life.
② Glass has been replaced in buildings by inexpensive new materials.
③ Glass is a material limited in use by its weight, fragility, and expense.
④ Glass is a modern invention necessary in many aspects of our daily life.

第５問はさらに続きます。

問33　講義の続きを聞き，次の図から読み取れる情報と講義全体の内容からどのようなことが言えるか，最も適切なものを，四つの選択肢（①～④）のうちから一つ選びなさい。 **33**

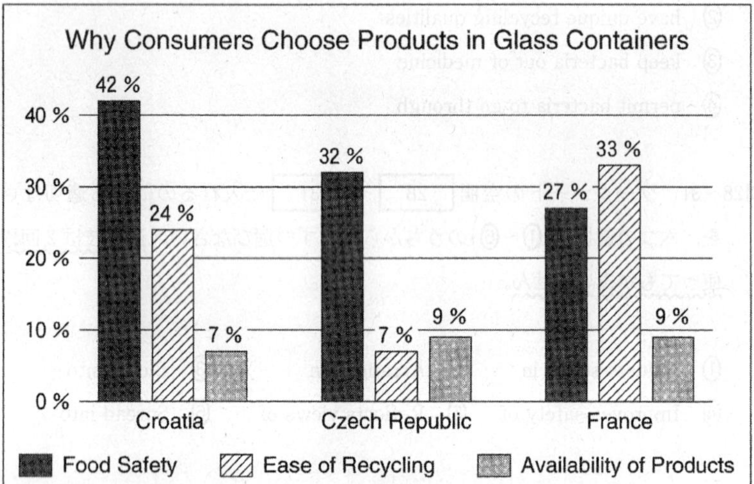

① Glass can be recycled repeatedly, but “ease of recycling” is the least common reason in the Czech Republic and Croatia.

② Glass is harmful to the environment, but “food safety” is the most common reason in the Czech Republic and Croatia.

③ Glass products are preferred by half of Europeans, and “ease of recycling” is the most common reason in France and Croatia.

④ Glass products can be made using ancient techniques, and “availability of products” is the least common reason in France and Croatia.

これで第5問は終わりです。

（下 書 き 用 紙）

英語（リスニング）の試験問題は次に続く。

第6問 (配点 14) **音声は1回流れます。**

第6問はAとBの二つの部分に分かれています。

A 第6問Aは問34・問35の2問です。二人の対話を聞き，それぞれの問いの答えとして最も適切なものを，四つの選択肢(①～④)のうちから一つずつ選びなさい。(問いの英文は書かれています。)**状況と問いを読む時間が与えられた後，音声が流れます。**

状況
Michelle が，いとこの Jack と旅行中の移動の方法について話をしています。

問34 **Which opinion did Michelle express during the conversation?** 34

① Booking a hotel room with a view would be reasonable.
② Looking at the scenery from the ferry would be great.
③ Smelling the sea air on the ferry would be unpleasant.
④ Taking the ferry would be faster than taking the train.

問35 **What did they decide to do by the end of the conversation?** 35

① Buy some medicine
② Change their hotel rooms
③ Check the ferry schedule
④ Take the train to France

これで第6問Aは終わりです。

（下 書 き 用 紙）

英語（リスニング）の試験問題は次に続く。

B **第6問Bは問36・問37の2問です。**会話を聞き，それぞれの問いの答えとして最も適切なものを，選択肢のうちから一つずつ選びなさい。後の表を参考にしてメモを取ってもかまいません。**状況と問いを読む時間が与えられた後，音声が流れます。**

状況

四人の学生(Chris, Amy, Haruki, Linda)が，運動を始めることについて話をしています。

Chris	
Amy	
Haruki	
Linda	

問36 会話が終わった時点で，**ウォーキングをすることに決めた人**を，四つの選択肢(①～④)のうちから一つ選びなさい。 36

① Amy
② Haruki
③ Amy, Chris
④ Chris, Linda

問37　会話を踏まえて，Lindaの考えの根拠となる図表を，四つの選択肢(①～④)のうちから一つ選びなさい。 37

①

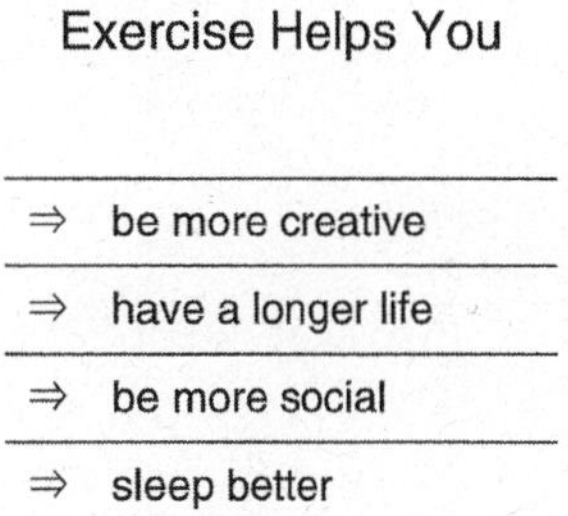

②

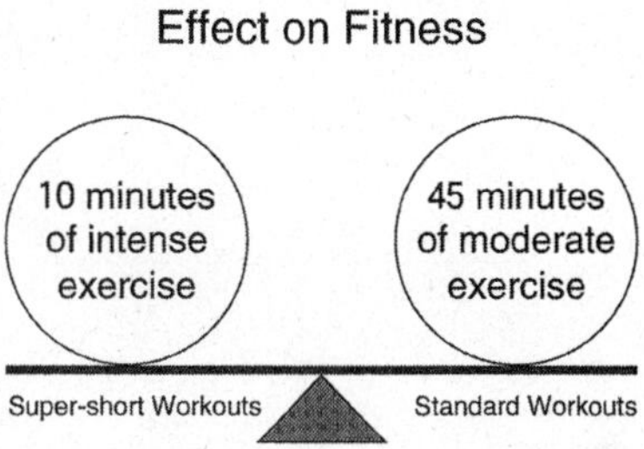

③

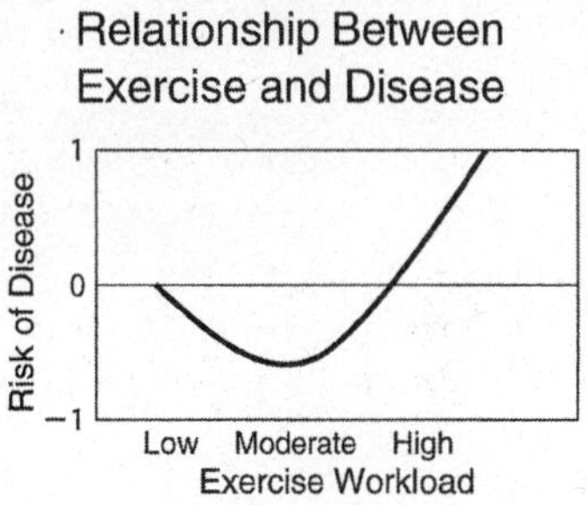

④

これで第6問Bは終わりです。

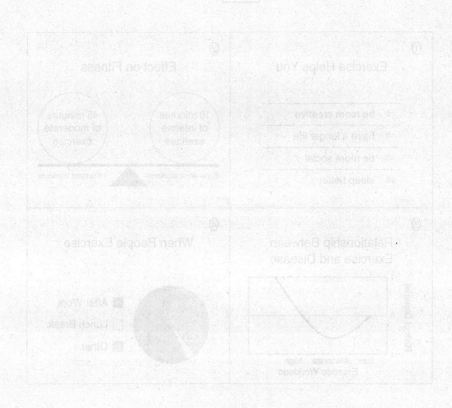

2023 本試

（100点 30分）

〔英　語（リスニング）〕

リスニング音声は，右の二次元コードを読み込むか，下記URLから2026年3月末まで聞くことができます。
https://ex2.zkai.co.jp/books/2025KM/2023Honshi_full.mp3

注 意 事 項

1　解答用紙に，正しく記入・マークされていない場合は，採点できないことがあります。

2　問題冊子の異常で**解答に支障がある場合**は，ためらわずに**黙って手を高く挙げなさい**。監督者が筆談用の用紙を渡しますので，トラブルの内容を記入しなさい。試験が終わってから申し出ることはできません。

3　この試験では，**聞き取る英語の音声を2回流す問題と，1回流す問題があります**。流す回数は下の表のとおりです。また，流す回数は，各問題の指示文にも書かれています。

問題	第1問	第2問	第3問	第4問	第5問	第6問
流す回数	2回	2回	**1回**	**1回**	**1回**	**1回**

4　問題音声には，**問題文を読むため，または解答をするために音の流れない時間があります**。

5　解答は，**設問ごとに解答用紙にマークしなさい**。問題冊子に記入しておいて，途中や最後に**まとめて解答用紙に転記してはいけません（まとめて転記する時間は用意されていません**。）。

6　解答用紙の汚れに気付いた場合は，そのまま解答を続け，解答終了後，監督者に知らせなさい。解答時間中に解答用紙の交換は行いません。

7　解答時間中は，試験問題に関する質問は一切受け付けません。

8　**不正行為について**

①　不正行為に対しては厳正に対処します。

②　不正行為に見えるような行為が見受けられた場合は，監督者がカードを用いて注意します。

③　不正行為を行った場合は，その時点で受験を取りやめさせ退室させます。

9　試験終了後，問題冊子は持ち帰りなさい。

英　　語（リスニング）

（解答番号 [1] ～ [37]）

第1問　（配点　25）　音声は2回流れます。

第1問はAとBの二つの部分に分かれています。

A　第1問Aは問1から問4までの4問です。英語を聞き，それぞれの内容と最もよく合っているものを，四つの選択肢（①～④）のうちから一つずつ選びなさい。

問1　[1]

① The speaker is asking Sam to shut the door.

② The speaker is asking Sam to turn on the TV.

③ The speaker is going to open the door right now.

④ The speaker is going to watch TV while working.

問2　[2]

① The speaker finished cleaning the bowl.

② The speaker finished washing the pan.

③ The speaker is cleaning the pan now.

④ The speaker is washing the bowl now.

問 3 [3]

① The speaker received a postcard from her uncle.

② The speaker sent the postcard to her uncle in Canada.

③ The speaker's uncle forgot to send the postcard.

④ The speaker's uncle got a postcard from Canada.

問 4 [4]

① There are fewer than 20 students in the classroom right now.

② There are 22 students in the classroom right now.

③ There will be just 18 students in the classroom later.

④ There will be more than 20 students in the classroom later.

これで第1問Aは終わりです。

B　第1問Bは問5から問7までの3問です。英語を聞き，それぞれの内容と最もよく合っている絵を，四つの選択肢(①～④)のうちから一つずつ選びなさい。

問 5　[5]

①

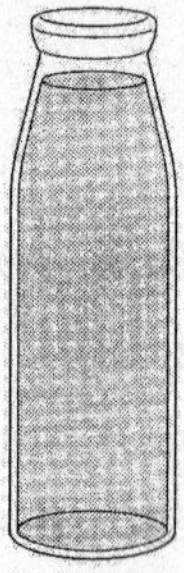

②

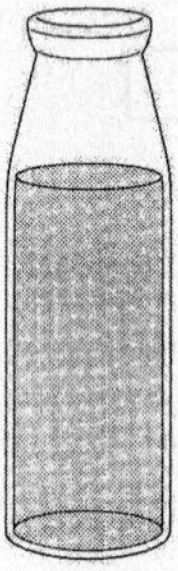

③

④

問 6 　6

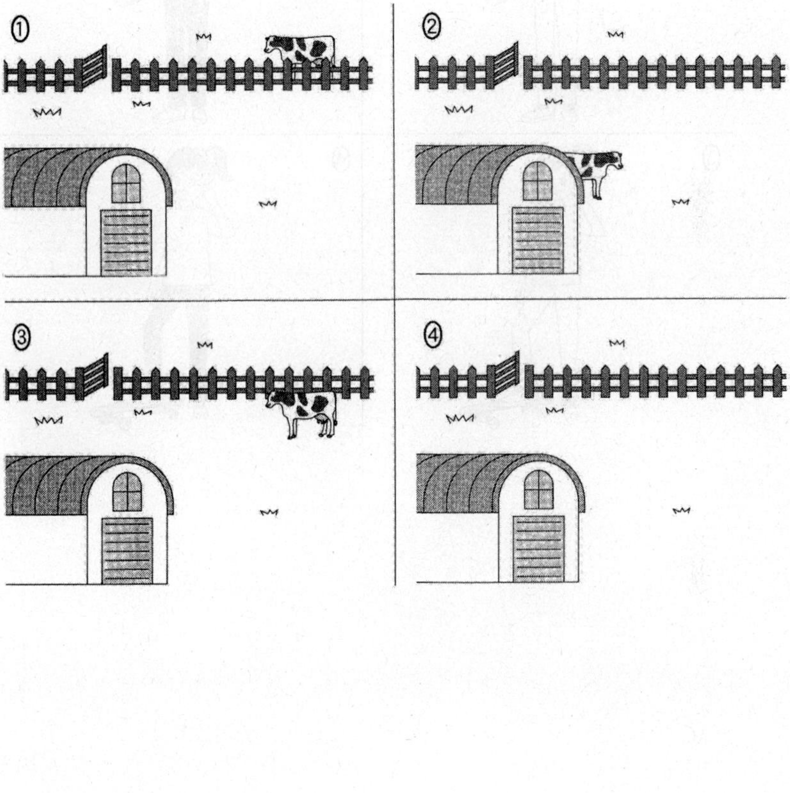

問 7 [7]

これで第１問Ｂは終わりです。

(下 書 き 用 紙)

英語(リスニング)の試験問題は次に続く。

第 2 問 （配点　16）　音声は 2 回流れます。

第 2 問は問 8 から問 11 までの 4 問です。それぞれの問いについて，対話の場面が日本語で書かれています。対話とそれについての問いを聞き，その答えとして最も適切なものを，四つの選択肢（①～④）のうちから一つずつ選びなさい。

問 8　バーチャルイベントで，友人同士のプロフィール画像(avatar)を当てあっています。 [8]

①

②

③

④

問 9　ホームパーティーの後で，ゴミの分別をしています。 9

①　②　③　④

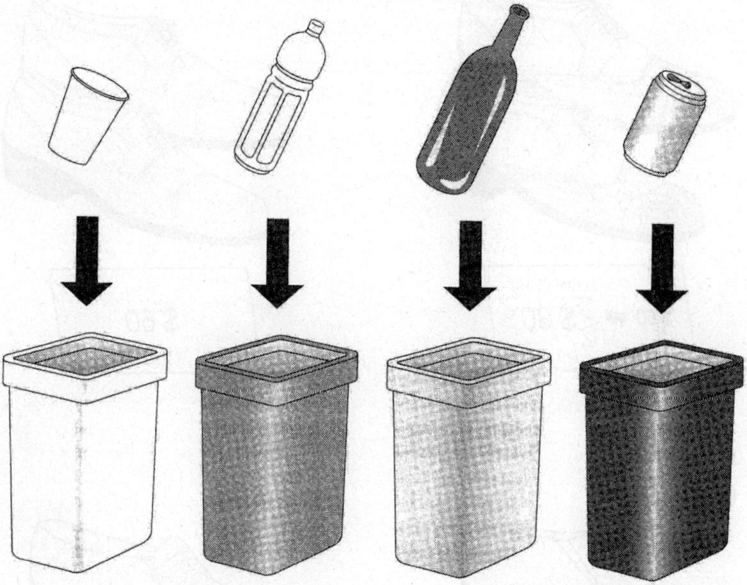

問10　靴屋で，店員と客が会話をしています。 10

①

②

③

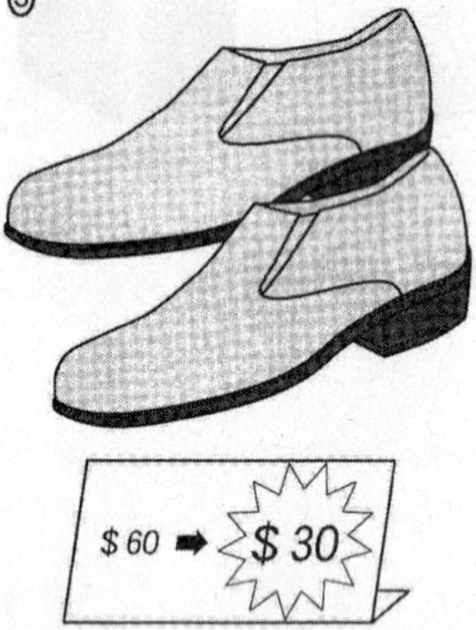

④

問11　友人同士が，野球場の案内図を見ながら，待ち合わせ場所を決めています。

11

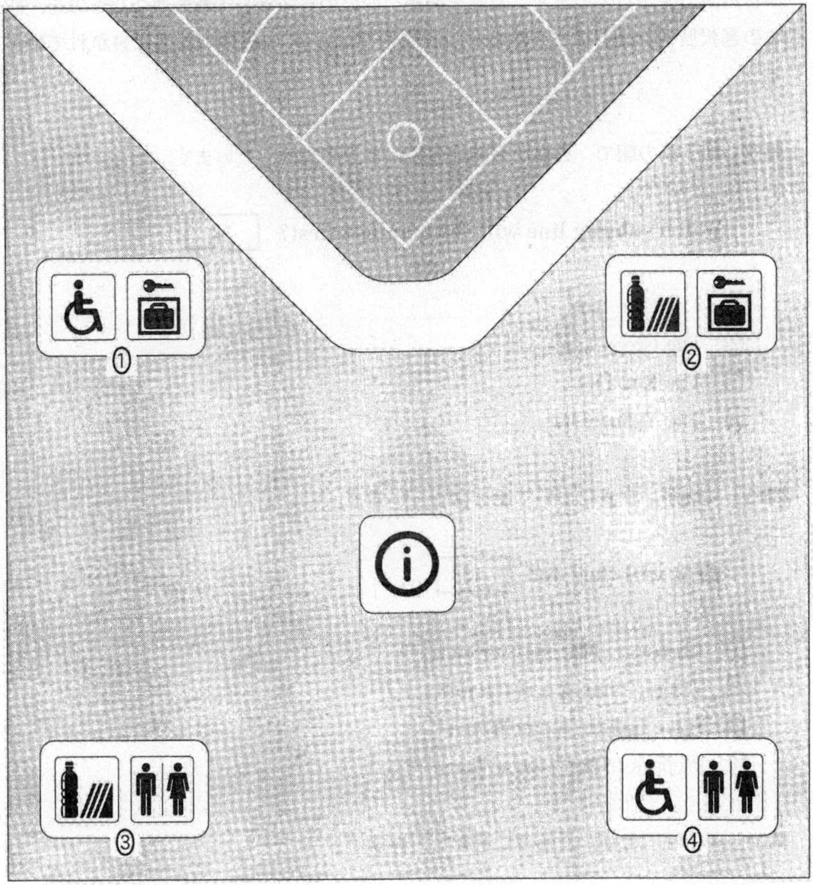

これで第２問は終わりです。

第3問 (配点 18) 音声は1回流れます。

第3問は問12から問17までの6問です。それぞれの問いについて，対話の場面が日本語で書かれています。対話を聞き，問いの答えとして最も適切なものを，四つの選択肢(①～④)のうちから一つずつ選びなさい。(問いの英文は書かれています。)

問12 地下鉄の駅で，男性が目的地への行き方を質問しています。

Which subway line will the man use first? 12

① The Blue Line
② The Green Line
③ The Red Line
④ The Yellow Line

問13 夫婦が，夕食について話し合っています。

What will they do? 13

① Choose a cheaper restaurant
② Eat together at a restaurant
③ Have Indian food delivered
④ Prepare Indian food at home

問14 高校生同士が，授業後に話をしています。

What did the boy do? 14

① He checked his dictionary in class.
② He left his backpack at his home.
③ He took his backpack to the office.
④ He used his dictionary on the bus.

問15　寮のパーティーで，先輩と新入生が話をしています。

What is true about the new student? 15

① He grew up in England.
② He is just visiting London.
③ He is studying in Germany.
④ He was born in the UK.

問16　同僚同士が話をしています。

What will the man do? 16

① Buy some medicine at the drugstore
② Drop by the clinic on his way home
③ Keep working and take some medicine
④ Take the allergy pills he already has

問17　友人同士が，ペットについて話をしています。

What is the man going to do? 17

① Adopt a cat
② Adopt a dog
③ Buy a cat
④ Buy a dog

これで第３問は終わりです。

第4問 (配点 12) 音声は1回流れます。

第4問はAとBの二つの部分に分かれています。

A 第4問Aは問18から問25までの8問です。話を聞き，それぞれの問いの答えとして最も適切なものを，選択肢から選びなさい。問題文と図表を読む時間が与えられた後，音声が流れます。

問18～21 あなたは，大学の授業で配られたワークシートのグラフを完成させようとしています。先生の説明を聞き，四つの空欄 [18] ～ [21] に入れるのに最も適切なものを，四つの選択肢(①～④)のうちから一つずつ選びなさい。

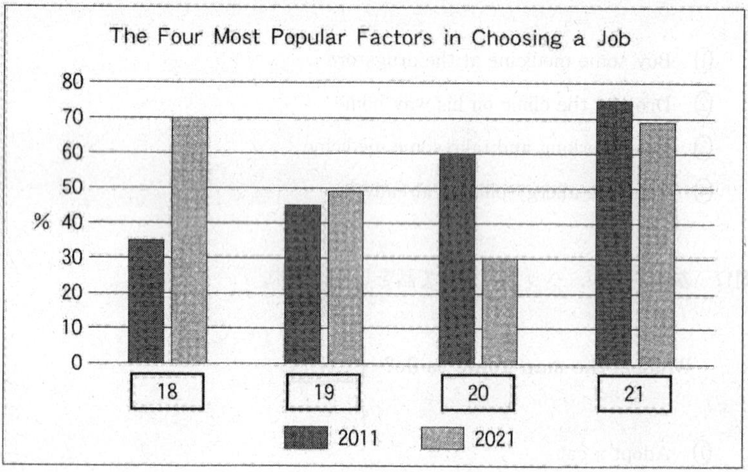

① Content of work

② Income

③ Location

④ Working hours

問22～25　あなたは，自宅のパソコンから，ゲームの国際大会にオンラインで参加しています。結果と賞品に関する主催者の話を聞き，次の表の四つの空欄 22 ～ 25 に入れるのに最も適切なものを，六つの選択肢（①～⑥）のうちから一つずつ選びなさい。選択肢は2回以上使ってもかまいません。

International Game Competition: Summary of the Results

Teams	Stage A	Stage B	Final Rank	Prize
Dark Dragons	3rd	3rd	4th	22
Elegant Eagles	1st	2nd	1st	23
Shocking Sharks	4th	1st	2nd	24
Warrior Wolves	2nd	4th	3rd	25

① Game
② Medal
③ Trophy
④ Game, Medal
⑤ Game, Trophy
⑥ Medal, Trophy

これで第4問Aは終わりです。

B 第4問Bは問26の1問です。話を聞き，示された条件に最も合うものを，四つの選択肢（①～④）のうちから一つ選びなさい。後の表を参考にしてメモを取ってもかまいません。状況と条件を読む時間が与えられた後，音声が流れます。

状況

あなたは，交換留学先の高校で，生徒会の会長選挙の前に，四人の会長候補者の演説を聞いています。

あなたが考えている条件

A．全校生徒のための行事を増やすこと

B．学校の食堂にベジタリアン向けのメニューを増やすこと

C．コンピューター室を使える時間を増やすこと

Candidates	Condition A	Condition B	Condition C
① Charlie			
② Jun			
③ Nancy			
④ Philip			

問26 [26] is the candidate you are most likely to choose.

① Charlie

② Jun

③ Nancy

④ Philip

これで第4問Bは終わりです。

（下 書 き 用 紙）

英語（リスニング）の試験問題は次に続く。

第５問　(配点　15)　音声は１回流れます。

第５問は問 27 から問 33 までの７問です。

最初に講義を聞き，問 27 から問 32 に答えなさい。次に続きを聞き，問 33 に答えなさい。状況，ワークシート，問い及び図表を読む時間が与えられた後，音声が流れます。

> 状況
>
> あなたは大学で，アジアゾウに関する講義を，ワークシートにメモを取りながら聞いています。

ワークシート

Asian Elephants

◇ **General Information**

- Size: Largest land animal in Asia
- Habitats: South and Southeast Asia
- Characteristics: 〔 27 〕

◇ **Threats to Elephants**

Threat 1: Illegal Commercial Activities

- using elephant body parts for accessories, 28 , medicine
- capturing live elephants for 29

Threat 2: Habitat Loss Due to Land Development

- a decrease in elephant 30 interaction
- an increase in human and elephant 31

問27　ワークシートの空欄 27 に入れるのに最も適切なものを，四つの選択肢(①～④)のうちから一つ選びなさい。

① Aggressive and strong
② Cooperative and smart
③ Friendly and calm
④ Independent and intelligent

問28～31　ワークシートの空欄 28 ～ 31 に入れるのに最も適切なものを，六つの選択肢(①～⑥)のうちから一つずつ選びなさい。選択肢は２回以上使ってもかまいません。

① clothing　② cosmetics　③ deaths
④ friendship　⑤ group　⑥ performances

問32　講義の内容と一致するものはどれか。最も適切なものを，四つの選択肢(①～④)のうちから一つ選びなさい。 32

① Efforts to stop illegal activities are effective in allowing humans to expand their housing projects.
② Encounters between different elephant groups are responsible for the decrease in agricultural development.
③ Helping humans and Asian elephants live together is a key to preserving elephants' lives and habitats.
④ Listing the Asian elephant as an endangered species is a way to solve environmental problems.

第５問はさらに続きます。

問33　グループの発表を聞き，次の図から読み取れる情報と講義全体の内容からどのようなことが言えるか，最も適切なものを，四つの選択肢（①～④）のうちから一つ選びなさい。 33

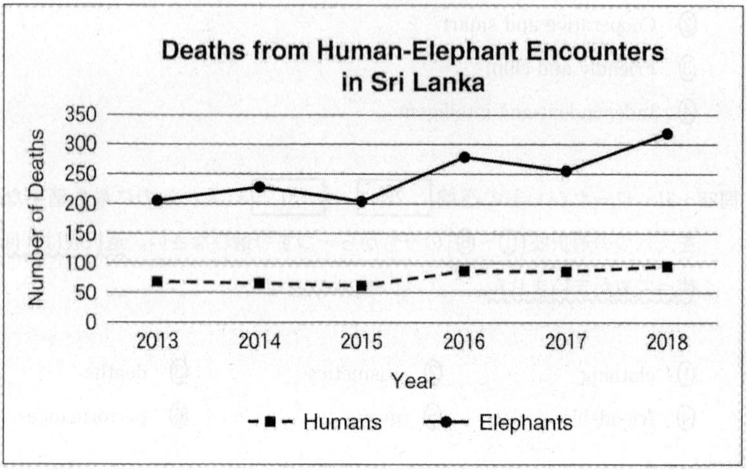

① Efforts to protect endangered animals have increased the number of elephants in Sri Lanka.

② Monitoring illegal activities in Sri Lanka has been effective in eliminating elephant deaths.

③ Sri Lanka has not seen an increase in the number of elephants that have died due to human-elephant encounters.

④ Steps taken to protect elephants have not produced the desired results in Sri Lanka yet.

これで第５問は終わりです。

（下 書 き 用 紙）

英語（リスニング）の試験問題は次に続く。

第６問 （配点　14） 音声は１回流れます。

第６問はＡとＢの二つの部分に分かれています。

A 　第６問Ａは問 34・問 35 の２問です。二人の対話を聞き，それぞれの問いの答えとして最も適切なものを，四つの選択肢（①～④）のうちから一つずつ選びなさい。（問いの英文は書かれています。）**状況と問いを読む時間が与えられた後，音声が流れます。**

状況
David と母の Sue が，ハイキングについて話をしています。

問34　**Which statement would David agree with the most?** 　34

① Enjoyable hiking requires walking a long distance.
② Going on a group hike gives you a sense of achievement.
③ Hiking alone is convenient because you can choose when to go.
④ Hiking is often difficult because nobody helps you.

問35　**Which statement best describes Sue's opinion about hiking alone by the end of the conversation?** 　35

① It is acceptable.
② It is creative.
③ It is fantastic.
④ It is ridiculous.

これで第６問Ａは終わりです。

（下 書 き 用 紙）

英語（リスニング）の試験問題は次に続く。

B 第6問Bは問36・問37の2問です。会話を聞き，それぞれの問いの答えとして最も適切なものを，選択肢のうちから一つずつ選びなさい。後の表を参考にしてメモを取ってもかまいません。**状況と問いを読む時間が与えられた後，音声が流れます。**

状況
寮に住む四人の学生(Mary, Jimmy, Lisa, Kota)が，就職後に住む場所について話し合っています。

Mary	
Jimmy	
Lisa	
Kota	

問36 会話が終わった時点で，**街の中心部に住むことに決めた人**を，四つの選択肢(①～④)のうちから一つ選びなさい。 36

① Jimmy
② Lisa
③ Jimmy, Mary
④ Kota, Mary

問37　会話を踏まえて，Lisaの考えの根拠となる図表を，四つの選択肢(①～④)のうちから一つ選びなさい。 37

①

Money Spent on Pets per Month

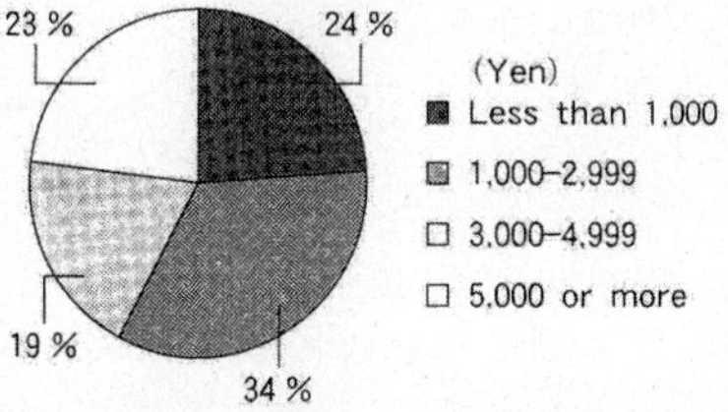

②

Average Monthly Rent

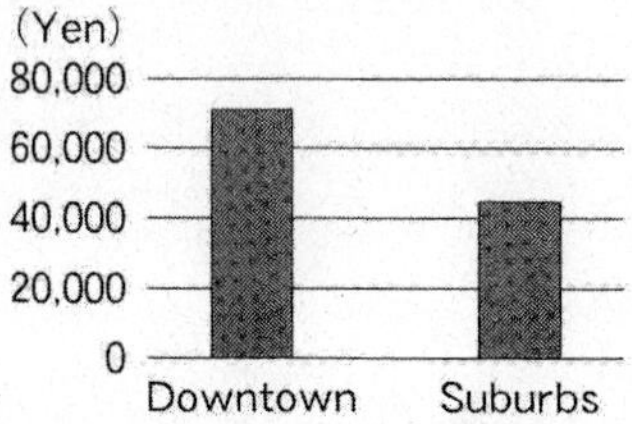

③

Three Popular Activities While Commuting

1	Listening to News
2	Reading Business Magazines
3	Light Physical Exercise

④

Reasons for Choosing a Place to Live

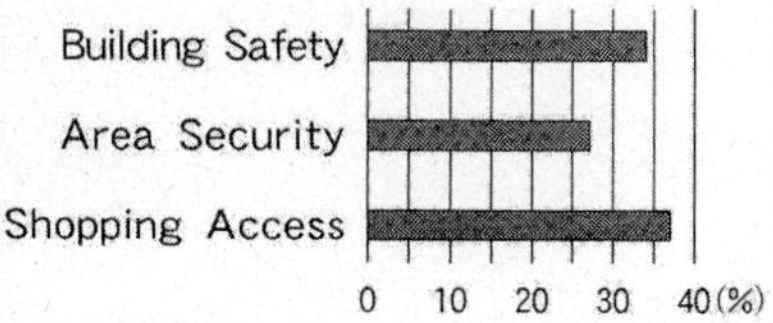

これで第6問Bは終わりです。

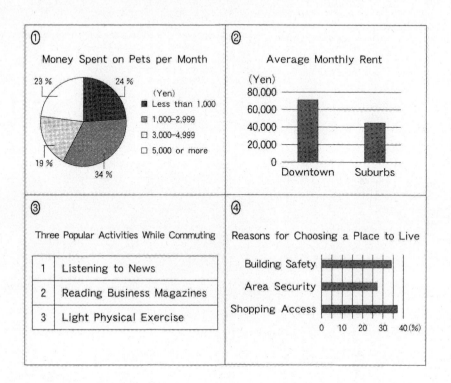

2023 追試

（100点 30分）

〔英　語（リスニング）〕

リスニング音声は，右の二次元コードを読み込むか，下記URLから2026年3月末まで聞くことができます。
https://ex2.zkai.co.jp/books/2025KM/2023Tsuishi_full.mp3

注　意　事　項

1　解答用紙に，正しく記入・マークされていない場合は，採点できないことがあります。

2　問題冊子の異常で**解答に支障がある場合**は，ためらわずに**黙って手を高く挙げなさい**。監督者が筆談用の用紙を渡しますので，トラブルの内容を記入しなさい。試験が終わってから申し出ることはできません。

3　この試験では，**聞き取る英語の音声を２回流す問題と，１回流す問題があります**。流す回数は下の表のとおりです。また，流す回数は，各問題の指示文にも書かれています。

問題	第１問	第２問	第３問	第４問	第５問	第６問
流す回数	２回	２回	**１回**	**１回**	**１回**	**１回**

4　問題音声には，**問題文を読むため，または解答をするために音の流れない時間があります**。

5　解答は，**設問ごとに解答用紙にマークしなさい**。問題冊子に記入しておいて，途中や最後に**まとめて解答用紙に転記してはいけません（まとめて転記する時間は用意されていません。）**。

6　解答用紙の汚れに気付いた場合は，そのまま解答を続け，解答終了後，監督者に知らせなさい。解答時間中に解答用紙の交換は行いません。

7　解答時間中は，試験問題に関する質問は一切受け付けません。

8　**不正行為について**

①　不正行為に対しては厳正に対処します。

②　不正行為に見えるような行為が見受けられた場合は，監督者がカードを用いて注意します。

③　不正行為を行った場合は，その時点で受験を取りやめさせ退室させます。

9　試験終了後，問題冊子は持ち帰りなさい。

英　語（リスニング）

（解答番号 1 ～ 37 ）

第1問 （配点　25）　音声は2回流れます。

第1問はAとBの二つの部分に分かれています。

A　第1問Aは問1から問4までの4問です。英語を聞き，それぞれの内容と最もよく合っているものを，四つの選択肢（①～④）のうちから一つずつ選びなさい。

問1 [1]

① The speaker admires Jennifer's sweater.
② The speaker is asking about the sweater.
③ The speaker is looking for a sweater.
④ The speaker wants to see Jennifer's sweater.

問2 [2]

① The speaker doesn't enjoy playing tennis.
② The speaker doesn't want to play any sports now.
③ The speaker thinks badminton is the most fun.
④ The speaker thinks tennis is better than bowling.

問 3　　3

① The speaker doesn't want to eat steak.

② The speaker hasn't eaten dinner yet.

③ The speaker is eating steak now.

④ The speaker wants to eat dinner alone.

問 4　　4

① The speaker is talking to the dentist.

② The speaker is telling Diana the time.

③ The speaker wants to call Diana.

④ The speaker wants to go to the dentist.

これで第１問Ａは終わりです。

B　第1問Bは問5から問7までの3問です。英語を聞き，それぞれの内容と最もよく合っている絵を，四つの選択肢（①～④）のうちから一つずつ選びなさい。

問5　5

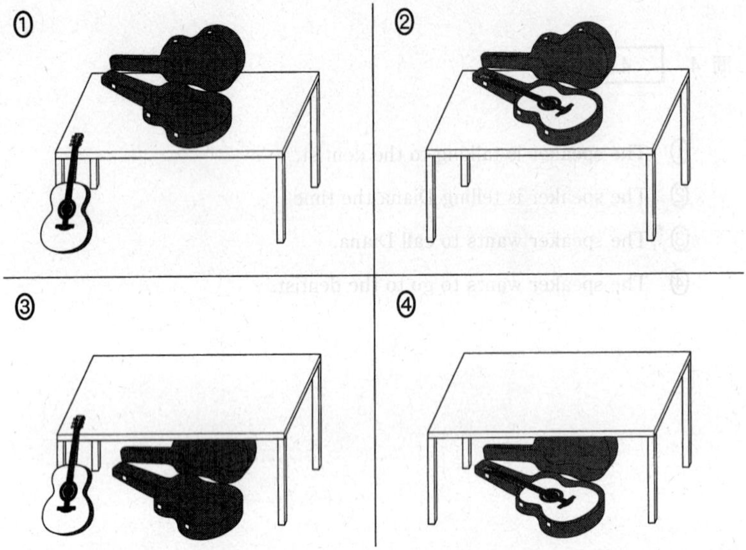

問 6 | 6 |

①

②

③

④

問 7　7

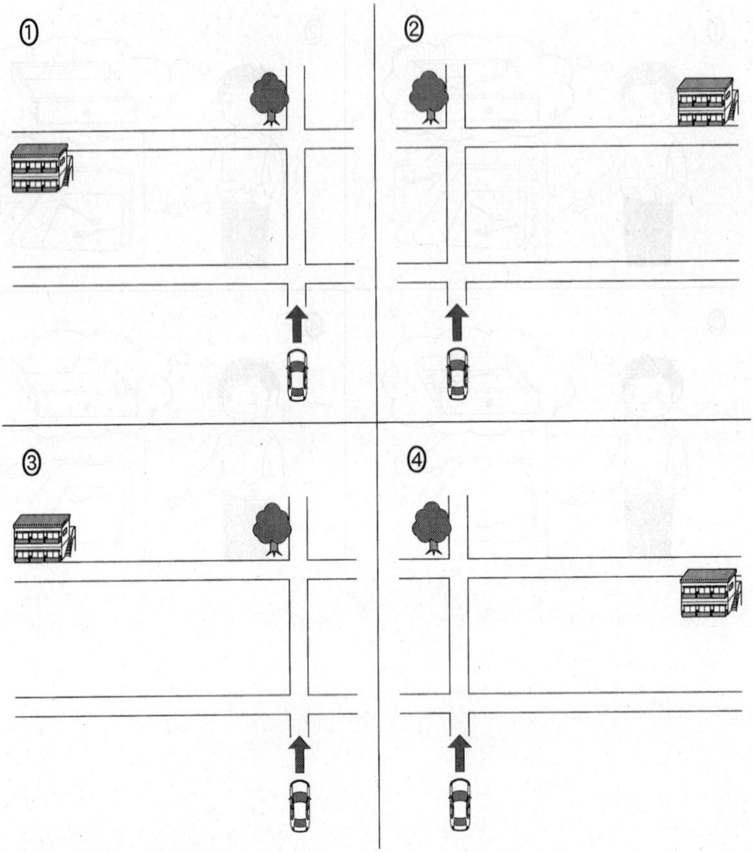

これで第 1 問 B は終わりです。

(下 書 き 用 紙)

英語(リスニング)の試験問題は次に続く。

第2問 （配点　16）　音声は2回流れます。

第2問は**問**8から**問**11までの4問です。それぞれの問いについて，対話の場面が日本語で書かれています。対話とそれについての問いを聞き，その答えとして最も適切なものを，四つの選択肢（①～④）のうちから一つずつ選びなさい。

問 8　教科書を見ながら，ゲンジボタルの成長について話をしています。　8

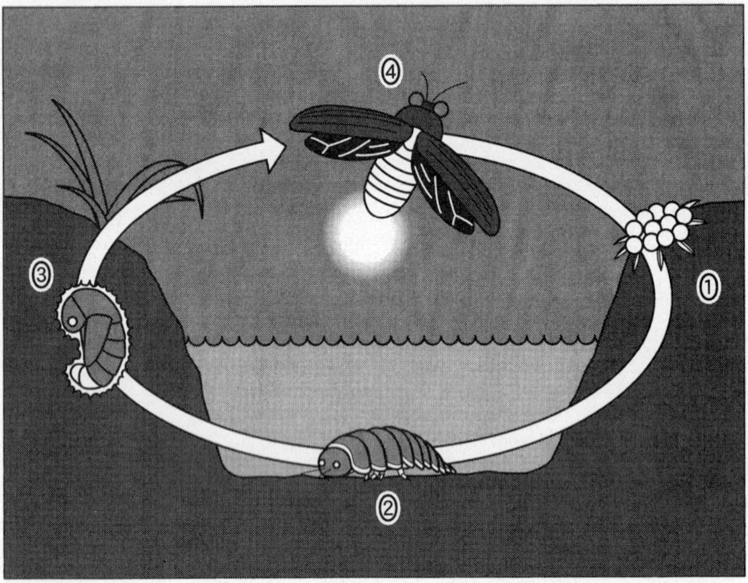

問 9　来週の文化祭で販売するエコバッグのデザインについて話し合っています。

9

①

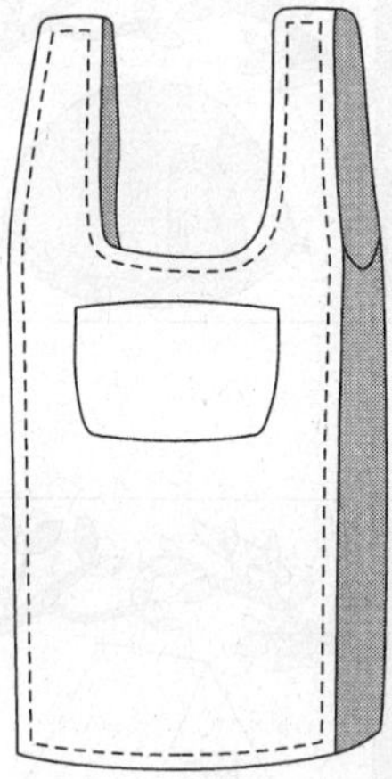

②

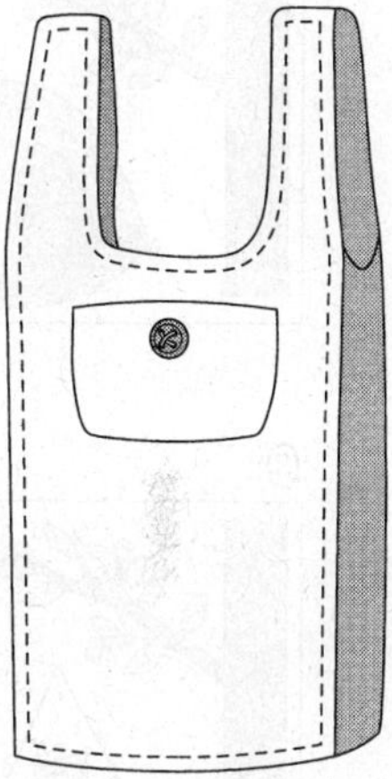

③

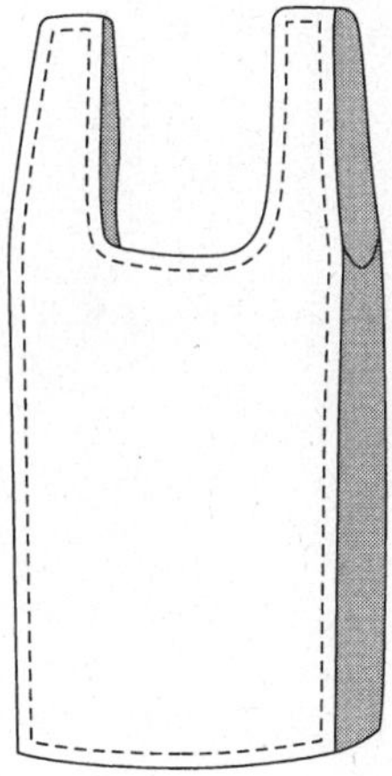

④

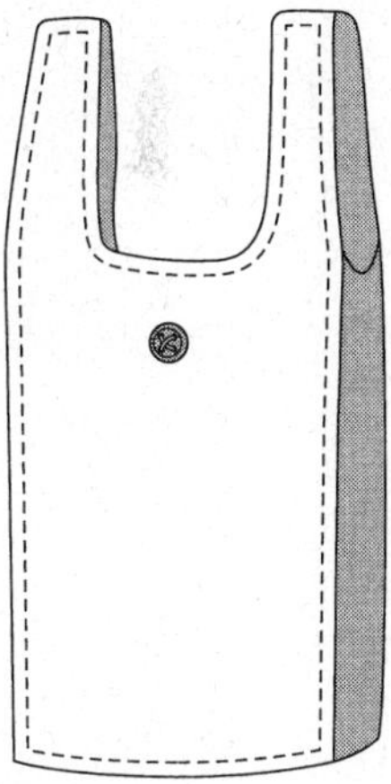

問10　キャンプ場に着いた妹が，携帯電話で兄と話をしています。　10

①

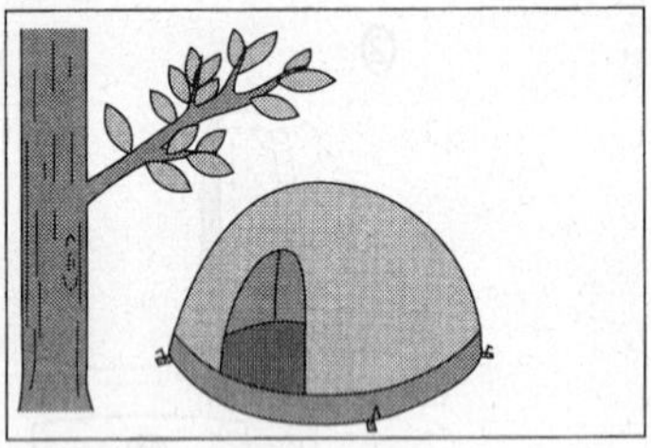

②

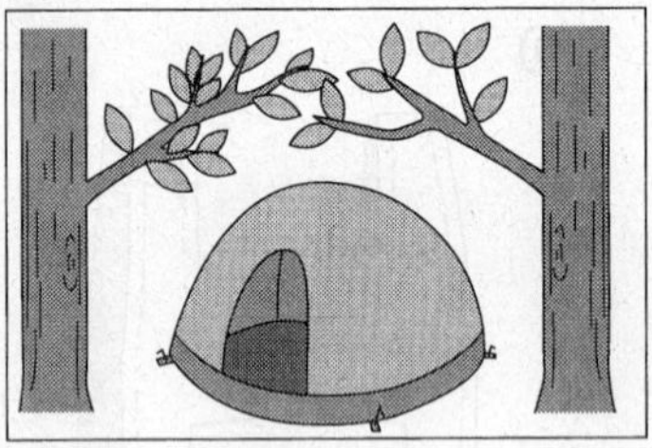

③

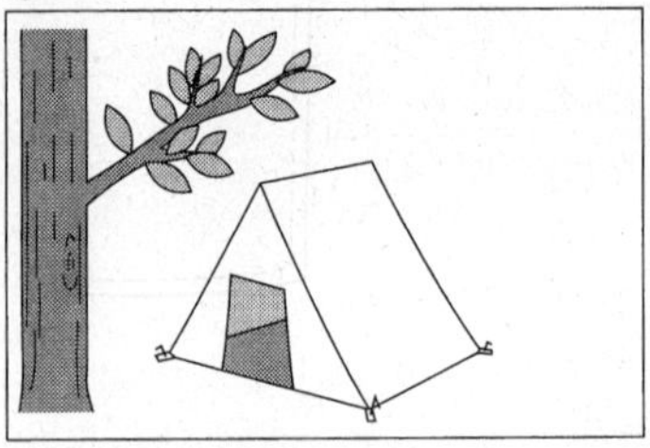

④

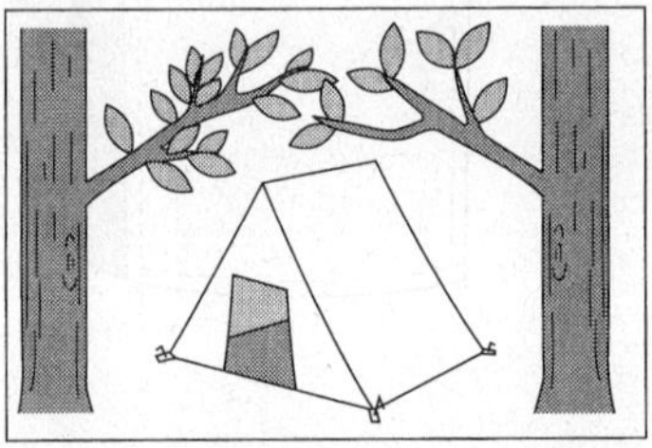

問11　フェリー乗り場で，今日の観光の予定を決めています。 11

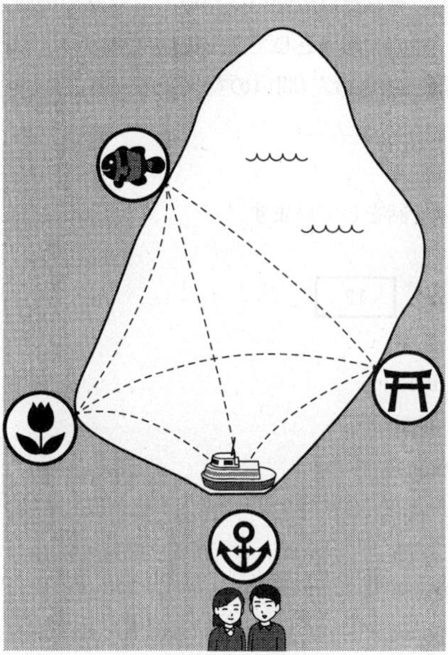

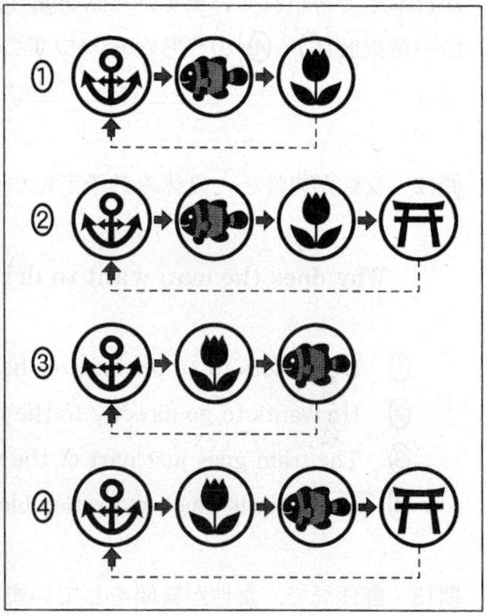

これで第 2 問は終わりです。

第３問　（配点　18）　音声は１回流れます。

第３問は**問**12から**問**17までの６問です。それぞれの問いについて，対話の場面が日本語で書かれています。対話を聞き，問いの答えとして最も適切なものを，四つの選択肢（①～④）のうちから一つずつ選びなさい。（問いの英文は書かれています。）

問12　女性が男性と，夏休みの予定について話をしています。

Why does the man want to drive?　12

① He prefers to stop wherever he likes.
② He wants to go directly to the coast.
③ The train goes just part of the way.
④ The train is much more flexible.

問13　郵便局で，女性が質問をしています。

What will the woman do?　13

① Buy the less expensive postage
② Mail the letter on Friday or later
③ Pay the higher price for postage
④ Send the letter by standard delivery

問14　男性が女性と，観たい映画について話をしています。

What did they decide to do?　14

① Choose a movie next week
② Go to a comedy movie today
③ Select a movie this week
④ Watch a horror movie tonight

問15 友人同士が，先週末の出来事について話をしています。

Who did she eat lunch with? 15

① Both her brother and sister
② Everyone in her family
③ Her brother's and sister's children
④ Her two nieces and two nephews

問16 レストランで，夫婦が何を注文するか話をしています。

What is true according to the conversation? 16

① The man will order fish and pie.
② The man will order pasta and cake.
③ The woman will order fish and cake.
④ The woman will order pasta and pie.

問17 道で，男性が同僚の女性に話しかけています。

What will the man do? 17

① Go to the subway with the woman
② Help the woman with one of the bags
③ Take the bags home for the woman
④ Walk with the woman to the bus stop

これで第3問は終わりです。

第４問 （配点　12） 音声は１回流れます。

第４問はＡとＢの二つの部分に分かれています。

A　第４問Ａは問 18 から問 25 までの８問です。話を聞き，それぞれの問いの答えとして最も適切なものを，選択肢から選びなさい。**問題文と図表を読む時間が与えられた後，音声が流れます。**

問18～21　あなたは，大学の授業で配られた資料のグラフを完成させようとしています。クラスメートの発表を聞き，四つの空欄 [18] ～ [21] に入れるのに最も適切なものを，四つの選択肢（①～④）のうちから一つずつ選びなさい。

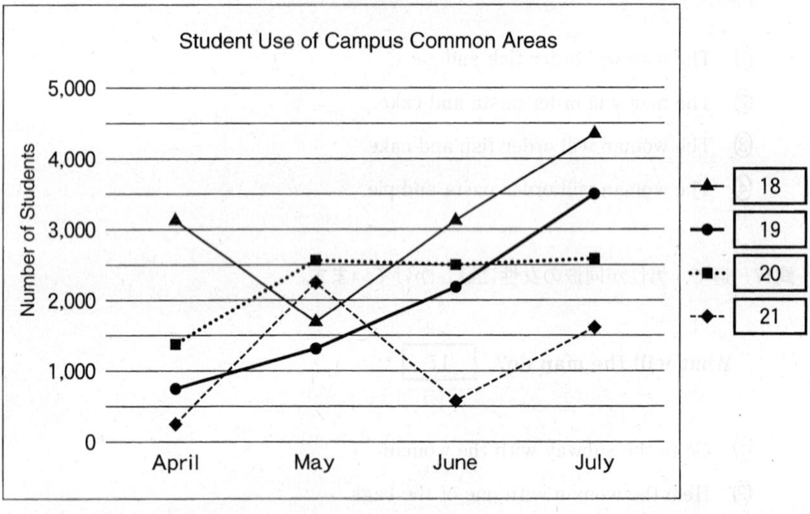

① Cafeteria
② Computer Room
③ Library
④ Student Lounge

問22〜25　あなたは，留学生の友達のために，英語が通じるフィットネスクラブを探していて，受付で一緒に料金プランの説明を聞いています。次の表の四つの空欄 22 〜 25 に入れるのに最も適切なものを，六つの選択肢（①〜⑥）のうちから一つずつ選びなさい。選択肢は２回以上使ってもかまいません。

Club Membership Plans and Monthly Fees

Membership plans	All areas	Pool only	Towel service
Regular	¥8, 000	23	24
Daytime	¥5, 000	¥3, 000	25
Student	22	¥2, 000	¥1, 000

① ¥0
② ¥1, 000
③ ¥2, 500
④ ¥3, 000
⑤ ¥4, 000
⑥ ¥6, 000

これで第４問Aは終わりです。

B 第4問Bは問26の1問です。話を聞き，示された条件に最も合うものを，四つの選択肢（①～④）のうちから一つ選びなさい。後の表を参考にしてメモを取ってもかまいません。**状況と条件を読む時間が与えられた後，音声が流れます。**

状況

あなたは，国際会議の会場を一つ決めるために，四人のスタッフが推薦する場所の説明を聞いています。

あなたが考えている条件

A．50人以上入る部屋が8室以上あること

B．施設内全体でWi-Fiが使えること

C．施設内で食事ができること

Location	Condition A	Condition B	Condition C
① Ashford Center			
② Founders' Hotel			
③ Mountain Terrace			
④ Valley Hall			

問26 [26] is the location you are most likely to choose.

① Ashford Center
② Founders' Hotel
③ Mountain Terrace
④ Valley Hall

これで第4問Bは終わりです。

（下 書 き 用 紙）

英語（リスニング）の試験問題は次に続く。

第5問 (配点 15) 音声は1回流れます。

第5問は**問**27から**問**33までの7問です。

最初に講義を聞き，**問**27から**問**32に答えなさい。次に続きを聞き，**問**33に答えなさい。**状況，ワークシート，問い及び図表を読む時間が与えられた後，音声が流れます。**

状況

あなたは大学で，美術館のデジタル化についての講義を，ワークシートにメモを取りながら聞いています。

ワークシート

Art in the Digital Age

○Impact of Digital Technology on Art Museums

Digital art museums are changing how people interact with art because art museums [27].

○Distinct Features of Digital Art Museums

Benefits to museums	Benefits to visitors
◆potential increase in the number of visitors	◆easier access ◆flexible [28] ◆detailed [29]

Challenges for museums
The need for: ◆enthusiastic [30] ◆digital specialists ◆increased [31]

問27　ワークシートの空欄 [27] に入れるのに最も適切なものを，四つの選択肢（①～④）のうちから一つ選びなさい。

① are no longer restricted to physical locations
② can now buy new pieces of artwork online
③ do not have to limit the types of art created
④ need to shift their focus to exhibitions in buildings

問28～31　ワークシートの空欄 [28] ～ [31] に入れるのに最も適切なものを，六つの選択肢（①～⑥）のうちから一つずつ選びなさい。選択肢は２回以上使ってもかまいません。

① artists　② budget　③ directors
④ information　⑤ physical paintings　⑥ visiting time

問32　講義の内容と一致するものはどれか。最も適切なものを，四つの選択肢（①～④）のうちから一つ選びなさい。 [32]

① More art museums are planning to offer free services on site for visitors with seasonal passes.
② Museums may need to maintain both traditional and online spaces to be successful in the future.
③ One objective for art museums is to get younger generations interested in seeing exhibits in person.
④ The production of sustainable art pieces will provide the motivation for expanding digital art museums.

第５問はさらに続きます。

問33　グループの発表を聞き，次の図から読み取れる情報と講義全体の内容からどのようなことが言えるか，最も適切なものを，四つの選択肢（①～④）のうちから一つ選びなさい。 | 33 |

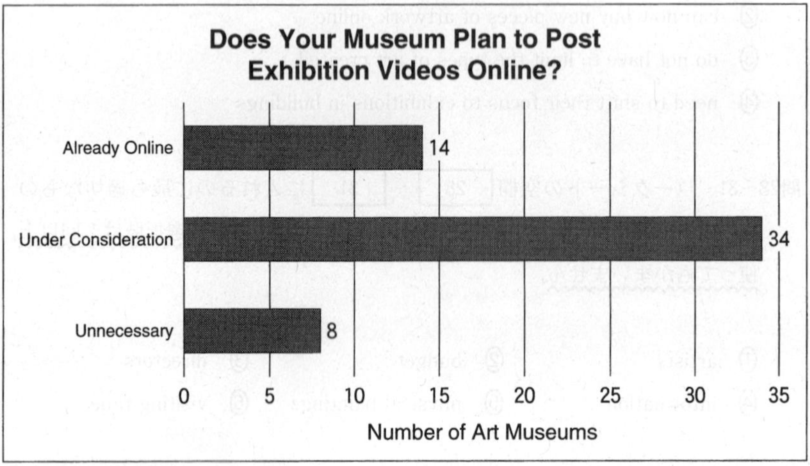

① As visitors want to see art in person, 14 museums decided that putting exhibition videos online is unnecessary.

② Despite problems in finding money and staff, more than 10 museums have already put their exhibition videos online.

③ Eight museums are putting exhibition videos online, and they will put their physical collections in storage.

④ Most of the 56 museums want to have exhibition videos online because it takes very little effort and the cost is low.

これで第５問は終わりです。

（下 書 き 用 紙）

英語（リスニング）の試験問題は次に続く。

第6問 (配点 14) **音声は1回流れます。**

第6問はAとBの二つの部分に分かれています。

A 第6問Aは問34・問35の2問です。二人の対話を聞き，それぞれの問いの答えとして最も適切なものを，四つの選択肢(①～④)のうちから一つずつ選びなさい。(問いの英文は書かれています。)**状況と問いを読む時間が与えられた後，音声が流れます。**

状況

Raymond と Mana が，今度行く旅行について話をしています。

問34 **Which statement best describes Mana's opinion?** [34]

① Bringing a camera and lenses on a trip is necessary.
② Getting the latest smartphone is advantageous.
③ Packing for an international trip is time-consuming.
④ Updating software on the phone is annoying.

問35 **Which of the following statements would both speakers agree with?** [35]

① It's expensive to repair broken smartphones.
② It's impossible to take photos of running animals.
③ It's unpleasant to carry around heavy luggage.
④ It's vital for both of them to buy a camera and lenses.

これで第6問Aは終わりです。

（下 書 き 用 紙）

英語（リスニング）の試験問題は次に続く。

B 　第6問Bは問36・問37の2問です。会話を聞き，それぞれの問いの答えとして最も適切なものを，選択肢のうちから一つずつ選びなさい。後の表を参考にしてメモを取ってもかまいません。**状況と問いを読む時間が与えられた後，音声が流れます。**

> 状況
> 四人の学生（Jeff, Sally, Matt, Aki）が，卒業研究について話をしています。

Jeff	
Sally	
Matt	
Aki	

問36 会話が終わった時点で，**単独での研究**を選択しているのは四人のうち何人でしたか。四つの選択肢（①～④）のうちから一つ選びなさい。 36

① 1人
② 2人
③ 3人
④ 4人

問37　会話を踏まえて，Akiの考えの根拠となる図表を，四つの選択肢(①～④)のうちから一つ選びなさい。 **37**

①

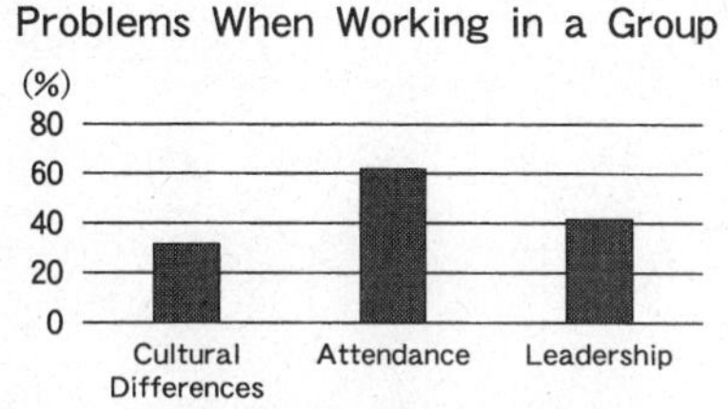

②

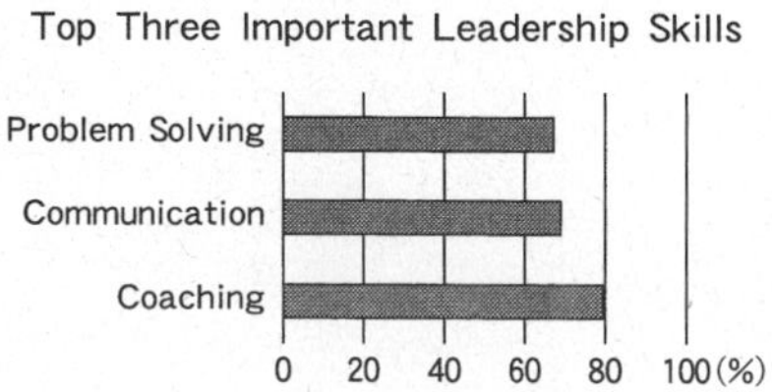

③

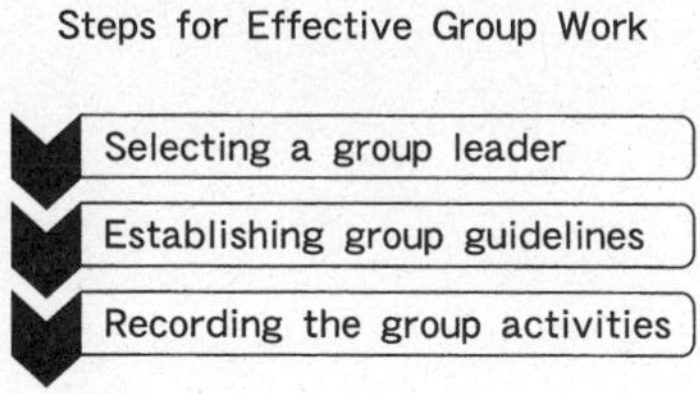

④

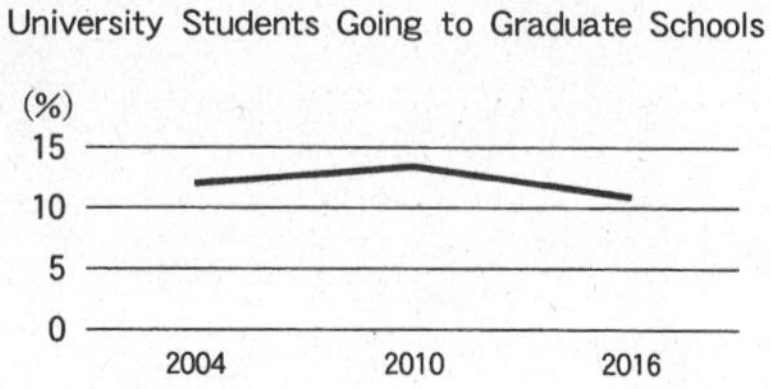

これで第6問Bは終わりです。

2022 本試

(100点 30分)

〔英　語（リスニング）〕

リスニング音声は，右の二次元コードを読み込むか，下記URLから2026年3月末まで聞くことができます。
https://ex2.zkai.co.jp/books/2025KM/2022Honshi_full.mp3

注　意　事　項

1　解答用紙に，正しく記入・マークされていない場合は，採点できないことがあります。

2　問題冊子の異常で**解答に支障がある場合**は，ためらわずに**黙って手を高く挙げなさい**。監督者が筆談用の用紙を渡しますので，トラブルの内容を記入しなさい。試験が終わってから申し出ることはできません。

3　この試験では，**聞き取る英語の音声を2回流す問題と，1回流す問題があります**。流す回数は下の表のとおりです。また，流す回数は，各問題の指示文にも書かれています。

問題	第1問	第2問	第3問	第4問	第5問	第6問
流す回数	2回	2回	**1回**	**1回**	**1回**	**1回**

4　問題音声には，**問題文を読むため，または解答をするために音の流れない時間があります**。

5　解答は，**設問ごとに解答用紙にマークしなさい**。問題冊子に記入しておいて，途中や最後に**まとめて解答用紙に転記してはいけません（まとめて転記する時間は用意されていません**。）。

6　解答用紙の汚れに気付いた場合は，そのまま解答を続け，解答終了後，監督者に知らせなさい。解答時間中に解答用紙の交換は行いません。

7　解答時間中は，試験問題に関する質問は一切受け付けません。

8　**不正行為について**

①　不正行為に対しては厳正に対処します。

②　不正行為に見えるような行為が見受けられた場合は，監督者がカードを用いて注意します。

③　不正行為を行った場合は，その時点で受験を取りやめさせ退室させます。

9　試験終了後，問題冊子は持ち帰りなさい。

英　語(リスニング)

(解答番号 1 ～ 37)

第1問 (配点 25) 音声は2回流れます。

第1問はAとBの二つの部分に分かれています。

A 第1問Aは問1から問4までの4問です。英語を聞き，それぞれの内容と最もよく合っているものを，四つの選択肢(①～④)のうちから一つずつ選びなさい。

問1 1

① The speaker couldn't find a seat on the bus.

② The speaker didn't see anybody on the bus.

③ The speaker got a seat on the bus.

④ The speaker saw many people on the bus.

問2 2

① The speaker will ask Susan to go back.

② The speaker will go and get his phone.

③ The speaker will leave his phone.

④ The speaker will wait for Susan.

問 3 [3]

① The speaker found his suitcase in London.

② The speaker has a map of London.

③ The speaker lost his suitcase in London.

④ The speaker needs to buy a map of London.

問 4 [4]

① Claire cannot meet Thomas for lunch this Friday.

② Claire hardly ever has lunch with Thomas on Fridays.

③ Claire usually doesn't see Thomas on Fridays.

④ Claire will eat lunch with Thomas this Friday.

これで第１問Aは終わりです。

B　第1問Bは問5から問7までの3問です。英語を聞き，それぞれの内容と最もよく合っている絵を，四つの選択肢（①～④）のうちから一つずつ選びなさい。

問5　[5]

①

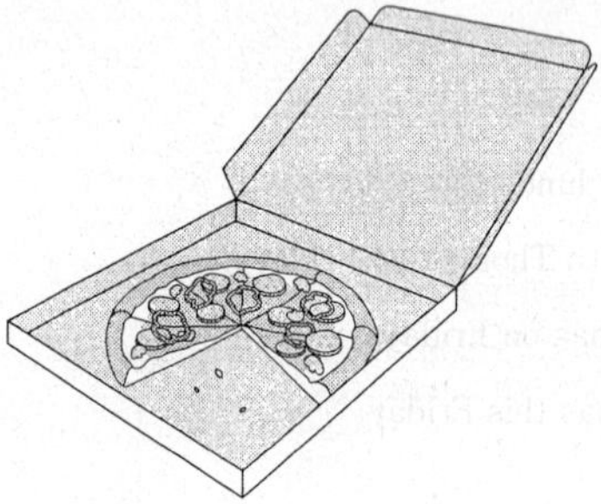

②

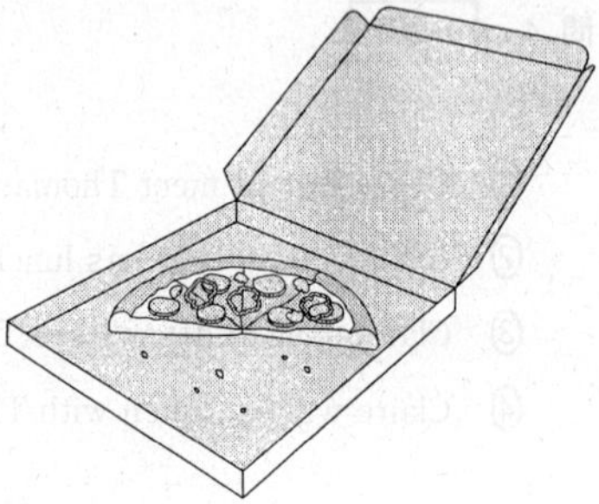

③

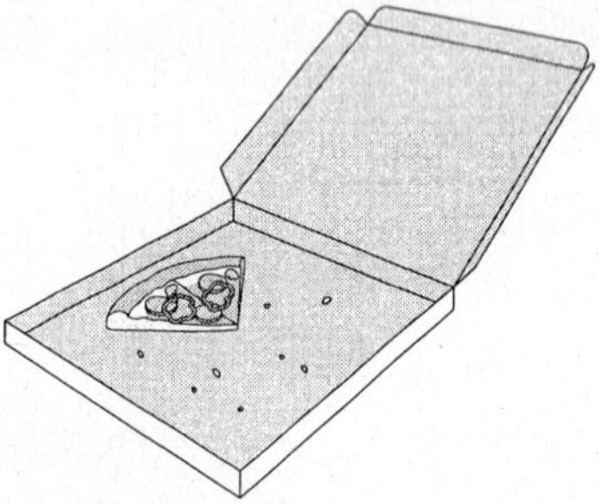

④

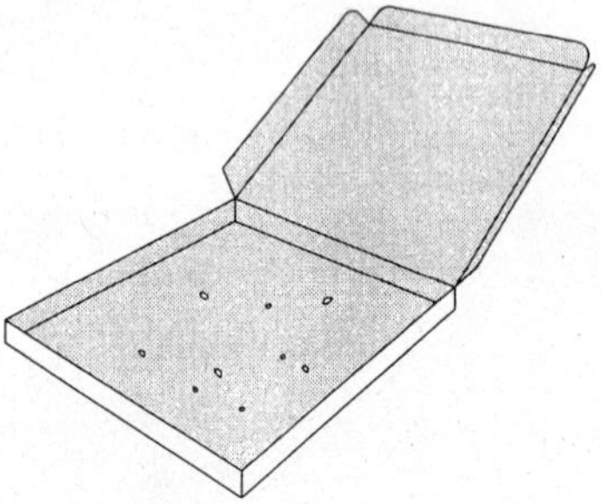

問 6 　6

問7 [7]

①

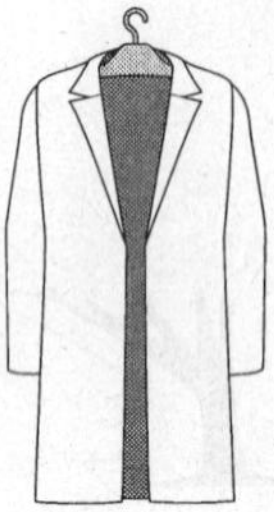

②

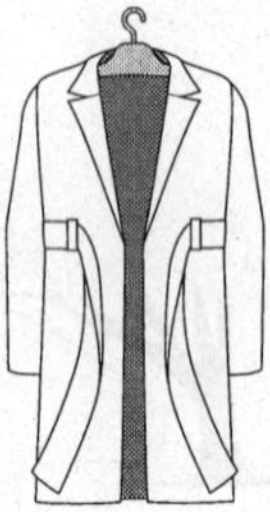

③

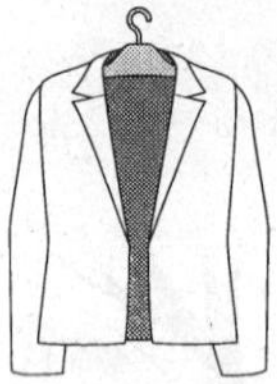

④

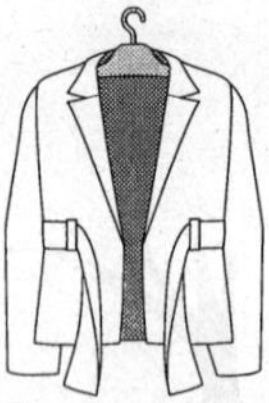

これで第1問Bは終わりです。

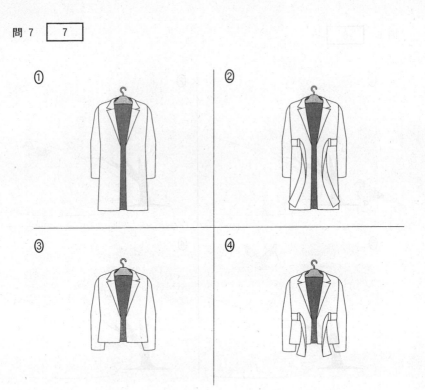

（下 書 き 用 紙）

英語（リスニング）の試験問題は次に続く。

第 2 問 (配点 16) 音声は 2 回流れます。

第 2 問は問 8 から問 11 までの 4 問です。それぞれの問いについて，対話の場面が日本語で書かれています。対話とそれについての問いを聞き，その答えとして最も適切なものを，四つの選択肢(①～④)のうちから一つずつ選びなさい。

問 8 部屋の片づけをしています。 [8]

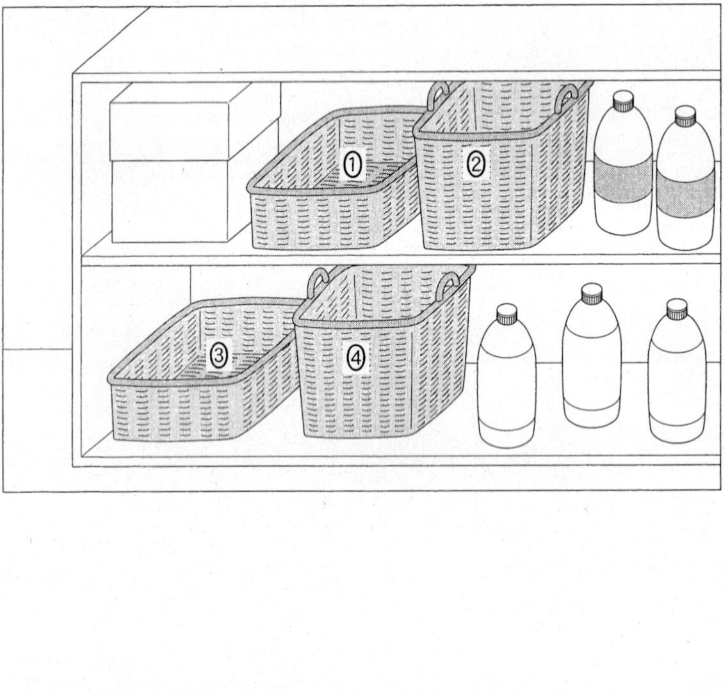

問 9　店員が，客から注文を受けています。 9

①

②

③

④

問10　息子が，母親にシャツの取り扱い表示について尋ねています。 10

①

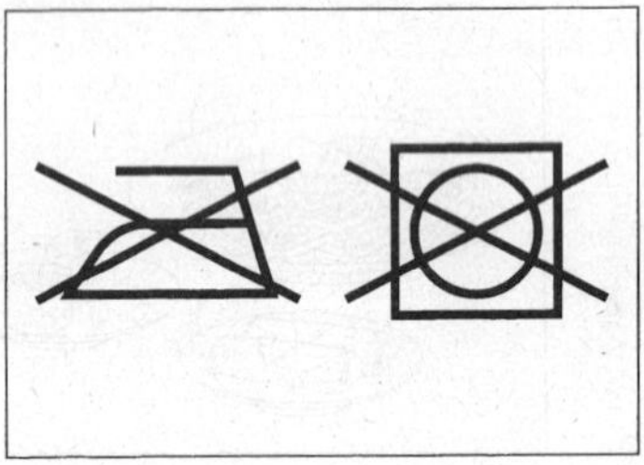

②

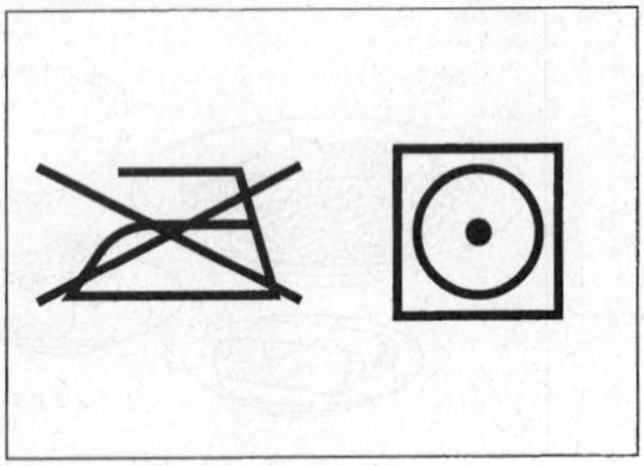

③

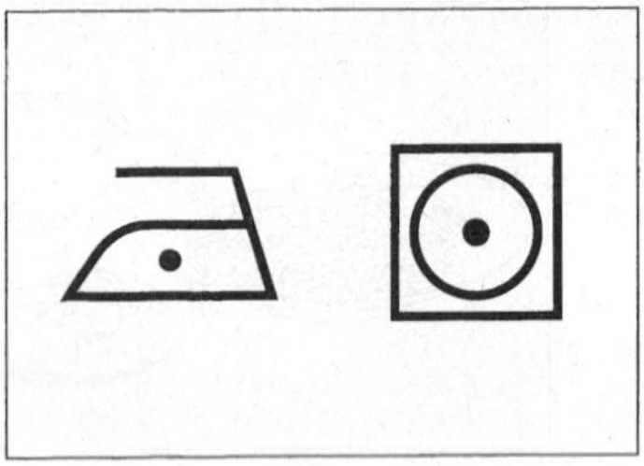

④

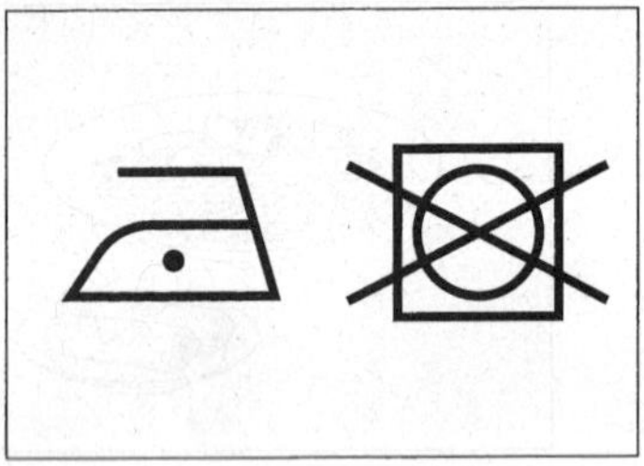

問11　映画館のシートマップを見ながら座席を決めています。 11

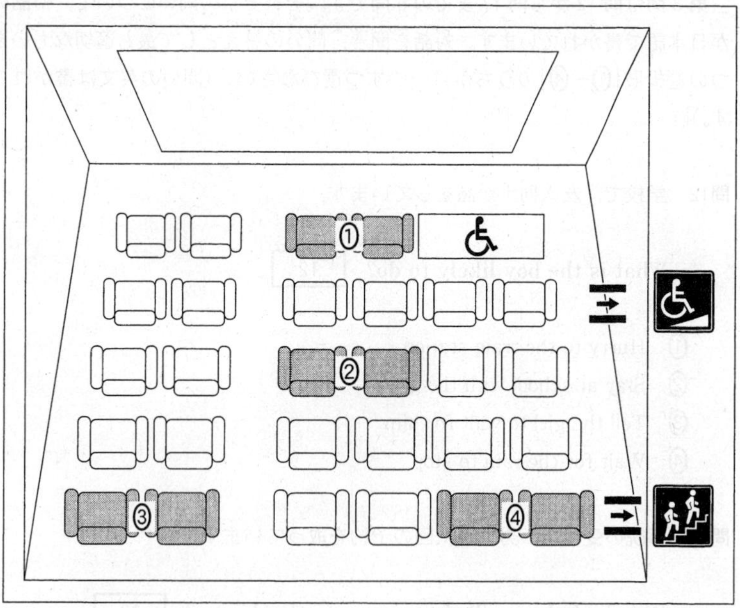

これで第2問は終わりです。

第3問 (配点　18) 音声は1回流れます。

第3問は問12から問17までの6問です。それぞれの問いについて，対話の場面が日本語で書かれています。対話を聞き，問いの答えとして最も適切なものを，四つの選択肢(①～④)のうちから一つずつ選びなさい。(問いの英文は書かれています。)

問12　学校で，友人同士が話をしています。

What is the boy likely to do? [12]

① Hurry to the train station
② Stay at school with the girl
③ Tell the girl to wait for him
④ Wait for the rain to stop

問13　病院の受付で，男性が次回の予約を取っています。

On which date will the man go to the doctor? [13]

① March 1st
② March 2nd
③ March 3rd
④ March 4th

問14　男性が女性と話をしています。

What is the man likely to do? [14]

① Buy a shoulder bag with his sister
② Choose a birthday gift for his aunt
③ Find a store with his mother
④ Get a handbag for his mother

問15　観光案内所で，観光客が質問をしています。

Why is the woman disappointed? 15

① American art is not on display.
② Asian art is not exhibited today.
③ The museum is now closed permanently.
④ The website is temporarily not working.

問16　コンピューターの前で，生徒同士が話をしています。

Why is the boy having a problem? 16

① He didn't enter a username.
② He didn't use the right password.
③ He forgot his password.
④ He mistyped his username.

問17　女性が男性と話をしています。

What does the man think about the concert? 17

① It should have lasted longer.
② It was as long as he expected.
③ The performance was rather poor.
④ The price could have been higher.

これで第3問は終わりです。

第4問 (配点 12) **音声は1回流れます。**

第4問はAとBの二つの部分に分かれています。

A 第4問Aは問18から問25までの8問です。話を聞き，それぞれの問いの答えとして最も適切なものを，選択肢から選びなさい。**問題文と図表を読む時間が与えられた後，音声が流れます。**

問18～21 友人が，子どもの頃のクリスマスの思い出について話しています。話を聞き，その内容を表した四つのイラスト(①～④)を，出来事が起きた順番に並べなさい。 [18] → [19] → [20] → [21]

①

②

③

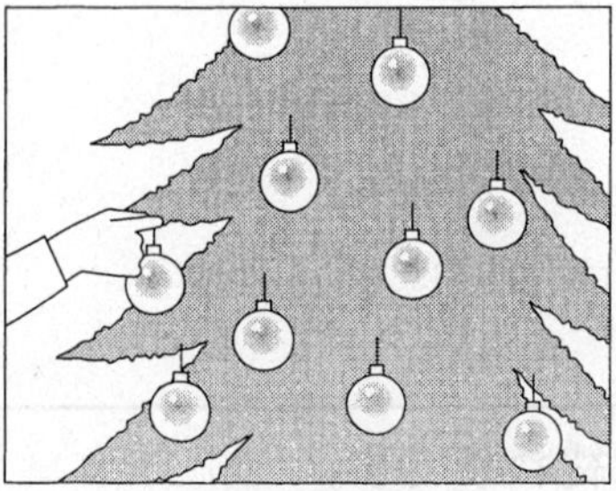

④

問22～25　あなたは，留学先で，集めた衣類などを整理して福祉施設に送るボランティア活動に参加しています。話を聞き，次の表の四つの空欄 22 ～ 25 に入れるのに最も適切なものを，五つの選択肢（①～⑤）のうちから一つずつ選びなさい。選択肢は２回以上使ってもかまいません。

Collected Items

Item number	Category	Item	Box number
0001	Men's	down jacket	22
0002	Men's	belt	23
0003	Women's	ski wear	24
0004	Boys'	ski wear	25
0005	Girls'	coat	
0006	Men's	cotton sweater	

① Box 1
② Box 2
③ Box 3
④ Box 4
⑤ Box 5

これで第４問Aは終わりです。

B 第4問Bは問26の1問です。話を聞き，示された条件に最も合うものを，四つの選択肢(①～④)のうちから一つ選びなさい。後の表を参考にしてメモを取ってもかまいません。**状況と条件を読む時間が与えられた後，音声が流れます。**

状況

あなたは，来月の読書会で読む本を一冊決めるために，四人のメンバーが推薦する本の説明を聞いています。

あなたが考えている条件

A．長さが250ページを超えないこと

B．過去1年以内に出版されていること

C．ノンフィクションで，実在の人物を扱っていること

Book titles	Condition A	Condition B	Condition C
① *Exploring Space and Beyond*			
② *Farming as a Family*			
③ *My Life as a Pop Star*			
④ *Winning at the Olympics*			

問26 [26] is the book you are most likely to choose.

① *Exploring Space and Beyond*

② *Farming as a Family*

③ *My Life as a Pop Star*

④ *Winning at the Olympics*

これで第4問Bは終わりです。

（下 書 き 用 紙）

英語（リスニング）の試験問題は次に続く。

第 5 問 （配点　15） 音声は 1 回流れます。

第 5 問は**問** 27 から**問** 33 までの 7 問です。

最初に講義を聞き，**問** 27 から**問** 32 に答えなさい。次に続きを聞き，**問** 33 に答えなさい。**状況，ワークシート，問い及び図表を読む時間が与えられた後，音声が流れます。**

状況

あなたは大学で，働き方についての講義を，ワークシートにメモを取りながら聞いています。

ワークシート

The Gig Work Model: A Work Model for the 21st Century

○What is "Gig Work"?

・The Gig Work Model is characterized by 〔 27 〕.

○Benefits of Gig Work

For Companies	28	skilled workers
For Workers	choice of work	29

○Expansion of Gig Work

local 30 ››› specialized 31 ›››➡

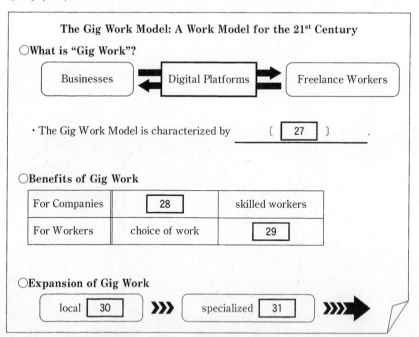

問27　ワークシートの空欄 [27] に入れるのに最も適切なものを，四つの選択肢（①～④）のうちから一つ選びなさい。

① individual tasks that must be completed for a regular salary
② job opportunities that are open for digital platform developers
③ temporary work that is done by independent workers
④ work styles that are not determined by the period of contract

問28～31　ワークシートの空欄 [28] ～ [31] に入れるのに最も適切なものを，六つの選択肢（①～⑥）のうちから一つずつ選びなさい。選択肢は２回以上使ってもかまいません。

① advertising　　② flexible hours　　③ lower expenses
④ project work　　⑤ service jobs　　⑥ stable income

問32　講義の内容と一致するものはどれか。最も適切なものを，四つの選択肢（①～④）のうちから一つ選びなさい。 [32]

① Companies can develop more skilled workers through permanent employment.
② Gig workers sacrifice their work-life balance to guarantee additional income.
③ Lack of contracts is the main obstacle in connecting companies and workers.
④ The gig work model is driving new discussion on how society views jobs.

第５問はさらに続きます。

問33　講義の続きを聞き，次の図から読み取れる情報と講義全体の内容からどのようなことが言えるか，最も適切なものを，四つの選択肢（①～④）のうちから一つ選びなさい。 **33**

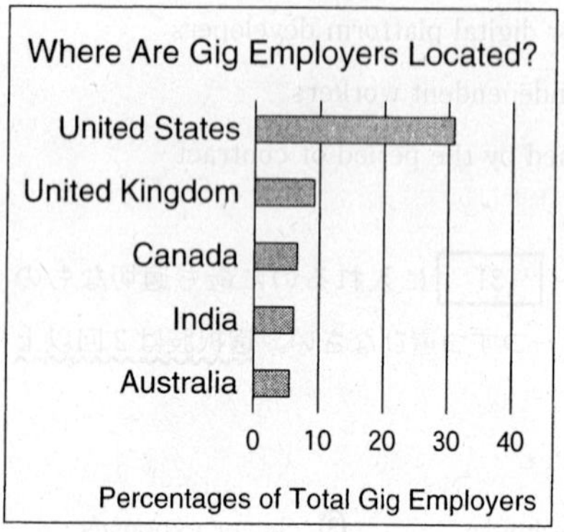

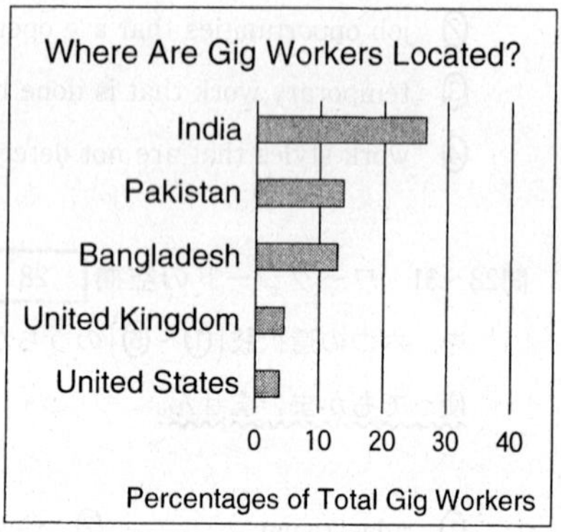

① A majority of gig workers in South Asian countries are highly specialized.

② Canada and the United States are competing for online platform services.

③ Global demand for gig work is greater than the number of employees available.

④ The ease of hiring workers across international borders is a benefit of gig work.

これで第５問は終わりです。

（下 書 き 用 紙）

英語（リスニング）の試験問題は次に続く。

第 6 問 (配点　14)　音声は 1 回流れます。

第 6 問は A と B の二つの部分に分かれています。

A　第 6 問 A は問 34・問 35 の 2 問です。二人の対話を聞き，それぞれの問いの答えとして最も適切なものを，四つの選択肢(①～④)のうちから一つずつ選びなさい。(問いの英文は書かれています。) **状況と問いを読む時間が与えられた後，音声が流れます。**

状況
Julia が，Tom と料理について話をしています。

問34　**What is Tom's main point?**　34

① Certain dishes are difficult to make.
② Imagination is an important part of cooking.
③ Some ingredients are essential for flavor.
④ Successful recipes include many steps.

問35　**What does Julia think about cooking?**　35

① Cooking creatively is more fun than following a recipe.
② Cooking with feeling is the highest priority.
③ It is easy to make a mistake with measurements.
④ Preparing food requires clear directions.

これで第 6 問 A は終わりです。

(下 書 き 用 紙)

英語(リスニング)の試験問題は次に続く。

B 第6問Bは問36・問37の2問です。会話を聞き，それぞれの問いの答えとして最も適切なものを，選択肢のうちから一つずつ選びなさい。後の表を参考にしてメモを取ってもかまいません。**状況と問いを読む時間が与えられた後，音声が流れます。**

状況

旅先で，四人の学生(Anne，Brian，Donna，Hiro)が，通りかかった店の前で話しています。

Anne	
Brian	
Donna	
Hiro	

問36　四人のうちエコツーリズムに**賛成している**のは何人ですか。四つの選択肢(①～④)のうちから一つ選びなさい。 36

① 1人
② 2人
③ 3人
④ 4人

問37　会話を踏まえて，Brian の考えの根拠となる図表を，四つの選択肢（①～④）のうちから一つ選びなさい。 37

①

Economic Benefits from Reefs (%)

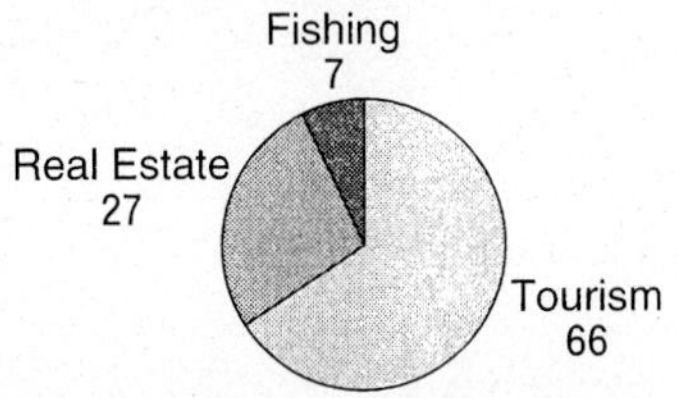

②

Estimated Survival Rates of Coral Reefs if No Actions Are Taken (%)

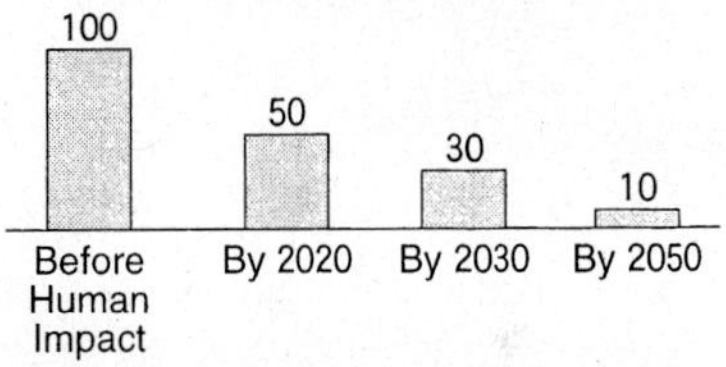

③

Price of Red Coral (million yen/kg)

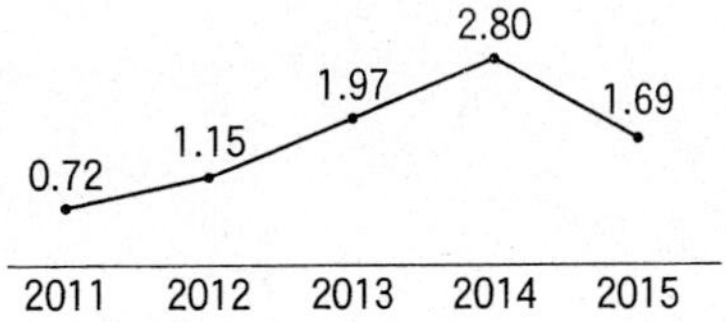

④

Travel Agencies Participating in Preservation Actions (%)

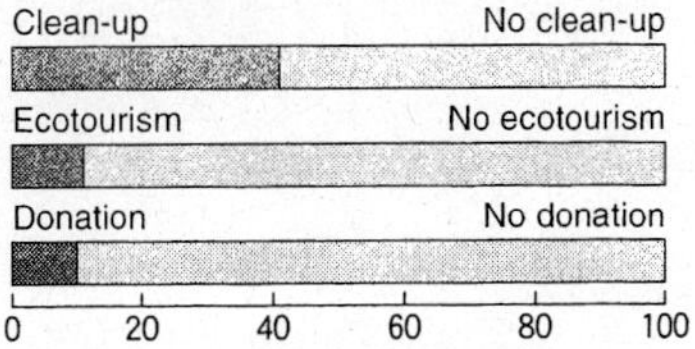

これで第６問Bは終わりです。

2022 追試

（100点
30分）

〔英　語（リスニング）〕

リスニング音声は，右の二次元コードを読み込むか，下記URLから
2026年3月末まで聞くことができます。
https://ex2.zkai.co.jp/books/2025KM/2022Tsuishi_full.mp3

注 意 事 項

1　解答用紙に，正しく記入・マークされていない場合は，採点できないことがあります。

2　問題冊子の異常で**解答に支障がある場合**は，ためらわずに**黙って手を高く挙げなさい**。監督者が筆談用の用紙を渡しますので，トラブルの内容を記入しなさい。試験が終わってから申し出ることはできません。

3　この試験では，**聞き取る英語の音声を２回流す問題と，１回流す問題があります**。流す回数は下の表のとおりです。また，流す回数は，各問題の指示文にも書かれています。

問題	第１問	第２問	第３問	第４問	第５問	第６問
流す回数	２回	２回	**１回**	**１回**	**１回**	**１回**

4　問題音声には，**問題文を読むため，または解答をするために音の流れない時間があります**。

5　解答は，**設問ごとに解答用紙にマークしなさい**。問題冊子に記入しておいて，途中や最後に**まとめて解答用紙に転記してはいけません（まとめて転記する時間は用意されていません**。）。

6　解答用紙の汚れに気付いた場合は，そのまま解答を続け，解答終了後，監督者に知らせなさい。解答時間中に解答用紙の交換は行いません。

7　解答時間中は，試験問題に関する質問は一切受け付けません。

8　**不正行為について**

①　不正行為に対しては厳正に対処します。

②　不正行為に見えるような行為が見受けられた場合は，監督者がカードを用いて注意します。

③　不正行為を行った場合は，その時点で受験を取りやめさせ退室させます。

9　試験終了後，問題冊子は持ち帰りなさい。

英　語（リスニング）

（解答番号 1 ～ 37）

第1問 （配点 25） 音声は2回流れます。

第1問はAとBの二つの部分に分かれています。

A 第1問Aは問1から問4までの4問です。英語を聞き，それぞれの内容と最もよく合っているものを，四つの選択肢（①～④）のうちから一つずつ選びなさい。

問1 1

① The speaker forgot to do his homework.

② The speaker has finished his homework.

③ The speaker is doing his homework now.

④ The speaker will do his homework later.

問2 2

① The speaker doesn't want Meg to go home.

② The speaker doesn't want to go home.

③ The speaker wants Meg to go home.

④ The speaker wants to go home.

問 3 [3]

① The speaker is far away from the station now.

② The speaker is with Jill on the train now.

③ The speaker will leave Jill a message.

④ The speaker will stop talking on the phone.

問 4 [4]

① The speaker doesn't have any bread or milk.

② The speaker doesn't want any eggs.

③ The speaker will buy some bread and milk.

④ The speaker will get some eggs.

これで第 1 問 A は終わりです。

B　第1問Bは問5から問7までの3問です。英語を聞き，それぞれの内容と最もよく合っている絵を，四つの選択肢（①～④）のうちから一つずつ選びなさい。

問5　[5]

①

②

③

④

問 6　6

①

②

③

④

問 7 　7　

①

②

③

④

これで第１問Ｂは終わりです。

（下 書 き 用 紙）

英語（リスニング）の試験問題は次に続く。

第 2 問 （配点　16） 音声は 2 回流れます。

第 2 問は問 8 から問 11 までの 4 問です。それぞれの問いについて，対話の場面が日本語で書かれています。対話とそれについての問いを聞き，その答えとして最も適切なものを，四つの選択肢（①～④）のうちから一つずつ選びなさい。

問 8　電話で，落とし物の問い合わせをしています。 [8]

①　②　③　④

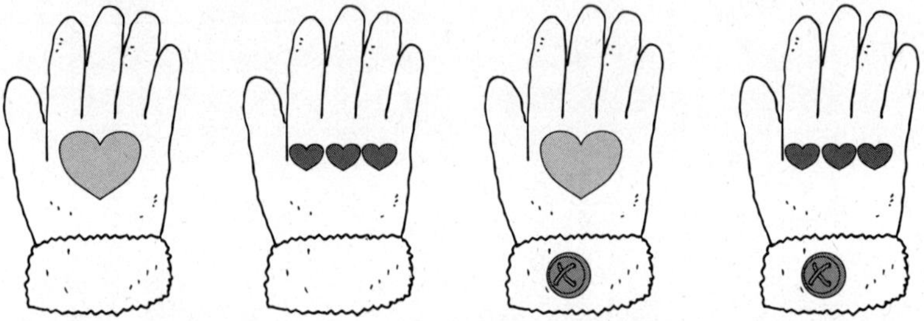

問 9　どのスピーカーを買うか話をしています。 9

①

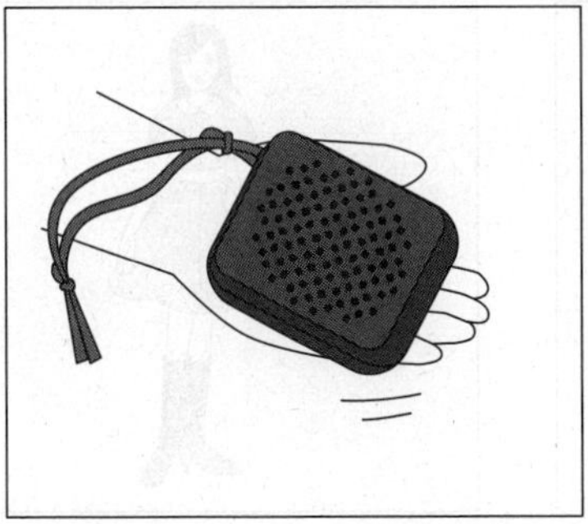

②

③

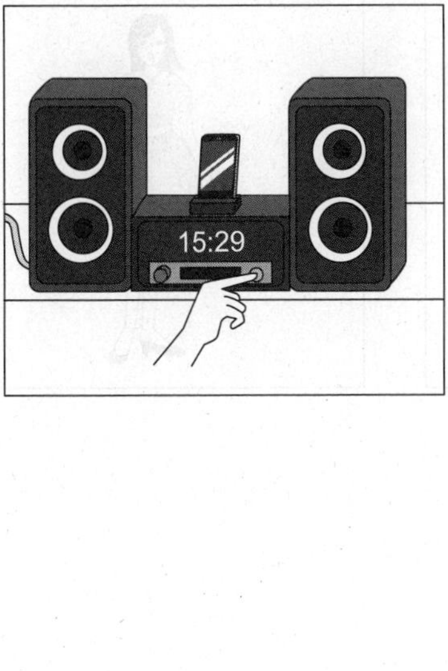

④

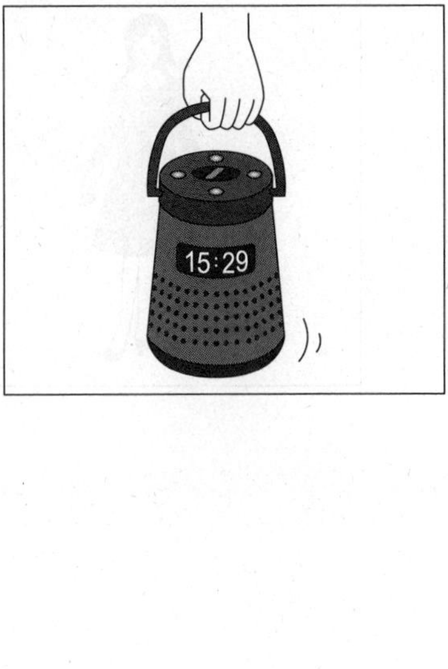

問10　弟が，出かけようとしている姉に話しかけています。 **10**

①

②

③

④

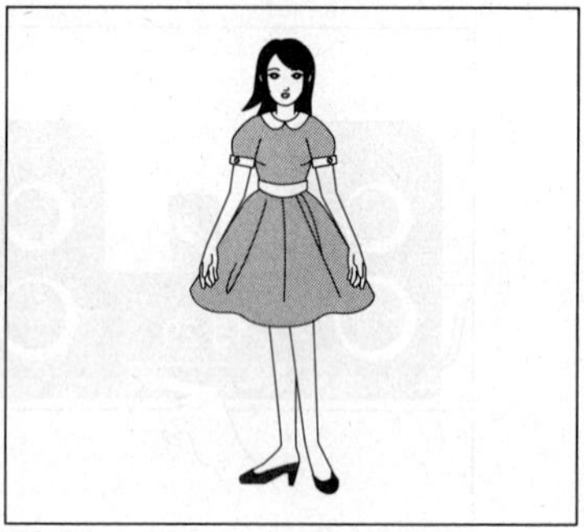

問11　友人同士が，車を停めたところについて話しています。 11

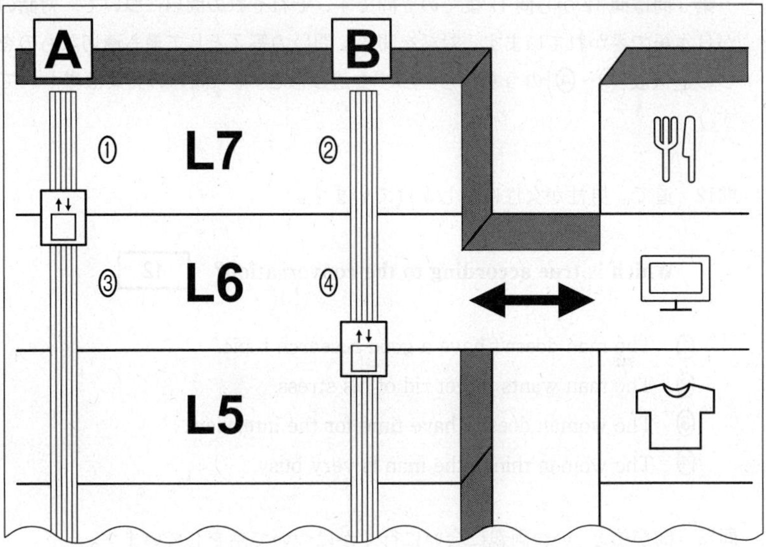

これで第２問は終わりです。

第3問 (配点 18) 音声は1回流れます。

第3問は**問**12から**問**17までの6問です。それぞれの問いについて，対話の場面が日本語で書かれています。対話を聞き，問いの答えとして最も適切なものを，四つの選択肢(①～④)のうちから一つずつ選びなさい。(問いの英文は書かれています。)

問12 道で，男性が女性に話しかけています。

Which is true according to the conversation? 12

① The man doesn't have a good research topic.
② The man wants to get rid of his stress.
③ The woman doesn't have time for the interview.
④ The woman thinks the man is very busy.

問13 姉が弟と，いつ両親に会いに行くかについて話をしています。

What will the woman probably do next weekend? 13

① Meet her brother and father on Saturday
② Meet her brother and mother on Sunday
③ Meet her mother and father on Saturday
④ Meet her mother and father on Sunday

問14 友人同士が，アルバイトについて話をしています。

How many days does the woman work in a week? 14

① 2 days
② 3 days
③ 5 days
④ 7 days

問15　公園から帰った後で，姉と弟が話をしています。

What did the boy do? 15

① He left the park immediately.
② He looked for his sister in the park.
③ He talked to his sister on the phone.
④ He went home with his sister.

問16　オフィスで，男性が女性と話をしています。

What do the man and the woman decide to do? 16

① Get away from the station
② Go out for Italian food
③ Have Japanese food nearby
④ Stay close to the office

問17　学校で，友人同士が話をしています。

Which is true about the girl? 17

① She rode the same train as the boy.
② She saw the boy alone at the station.
③ She talked to the boy on the train.
④ She took the boy to the station.

これで第３問は終わりです。

第4問 (配点 12) **音声は1回流れます。**

第4問は**A**と**B**の二つの部分に分かれています。

A 第4問**A**は問18から問25までの8問です。話を聞き，それぞれの問いの答えとして最も適切なものを，選択肢から選びなさい。**問題文と図表を読む時間が与えられた後，音声が流れます。**

問18～21 先生が，保護者向けのイベントについて，当日のスケジュールを生徒たちと確認しています。話を聞き，その内容を表した四つのイラスト（①～④）を，スケジュールに沿った順番に並べなさい。

[18] → [19] → [20] → [21]

①

②

③

④

問22～25　あなたは，留学先で，世界の食品フェアに友人と来ています。受付で話を聞いてきた友人の説明を聞き，次のメモの四つの空欄 22 ～ 25 に入れるのに最も適切なものを，六つの選択肢（①～⑥）のうちから一つずつ選びなさい。選択肢は２回以上使ってもかまいません。

Things to buy		**Section**
Canadian maple candy	—	22
Greek cheese	—	23
Indonesian instant ramen	—	24
Kenyan bottled coffee	—	25

① A and B
② B
③ C
④ C and F
⑤ D
⑥ E and F

これで第４問Aは終わりです。

B 第4問Bは問26の1問です。話を聞き，示された条件に最も合うものを，四つの選択肢（①〜④）のうちから一つ選びなさい。後の表を参考にしてメモを取ってもかまいません。**状況と条件を読む時間が与えられた後，音声が流れます。**

状況
あなたは，ある美術館の館内ツアーの中から，参加するものを一つ決めるために，四人の学芸員の説明を聞いています。

あなたが考えている条件
A. 現代美術を鑑賞できること
B. 絵画と彫刻の両方を鑑賞できること
C. ガイドから対面で説明を受けられること

Tours	Condition A	Condition B	Condition C
① Tour No.1			
② Tour No.2			
③ Tour No.3			
④ Tour No.4			

問26 [26] is the tour you are most likely to choose.

① Tour No.1
② Tour No.2
③ Tour No.3
④ Tour No.4

これで第4問Bは終わりです。

(下書き用紙)

英語(リスニング)の試験問題は次に続く。

第 5 問 (配点 15) 音声は 1 回流れます。

第 5 問は問 27 から問 33 までの 7 問です。

最初に講義を聞き，問 27 から問 32 に答えなさい。次に続きを聞き，問 33 に答えなさい。状況，ワークシート，問い及び図表を読む時間が与えられた後，音声が流れます。

> 状況
> あなたは大学で，ミツバチついての講義を，ワークシートにメモを取りながら聞いています。

ワークシート

The Importance of Honeybees

○A major role played by honeybees:

To ＿＿＿〔 27 〕＿＿＿.

○What's happening in honeybee populations:

	Wild Honeybees	Domesticated Honeybees
Problems	28	Shortage of honeybees
Causes	Loss of natural habitats	29

○What can be done:

	Wild Honeybees	Domesticated Honeybees
Solutions	30	31

問27　ワークシートの空欄 27 に入れるのに最も適切なものを，四つの選択肢（①～④）のうちから一つ選びなさい。

① contribute to the emphasis on tiny animals
② help humans simplify agricultural practices
③ overcome serious challenges facing wild plants
④ provide us with a vital part of our food supply

問28～31　ワークシートの空欄 28 ～ 31 に入れるのに最も適切なものを，六つの選択肢（①～⑥）のうちから一つずつ選びなさい。選択肢は２回以上使ってもかまいません。

① Decline in population
② Diversity of plants
③ Increase in honey production
④ Lack of land development
⑤ New technology
⑥ Threats to health

問32　講義の内容と一致するものはどれか。最も適切なものを，四つの選択肢（①～④）のうちから一つ選びなさい。 32

① Allowing beekeepers access to natural environments helps to ensure sufficient honey production.
② Developing the global food supply has been the primary focus of beekeepers in recent years.
③ Improving conditions for honeybees will be of benefit to humans as well as honeybees.
④ Increasing the wild honeybee population will reduce the number of domesticated honeybees.

第５問はさらに続きます。

問33　講義の続きを聞き，次の図から読み取れる情報と講義全体の内容からどのようなことが言えるか，最も適切なものを，四つの選択肢(①～④)のうちから一つ選びなさい。 33

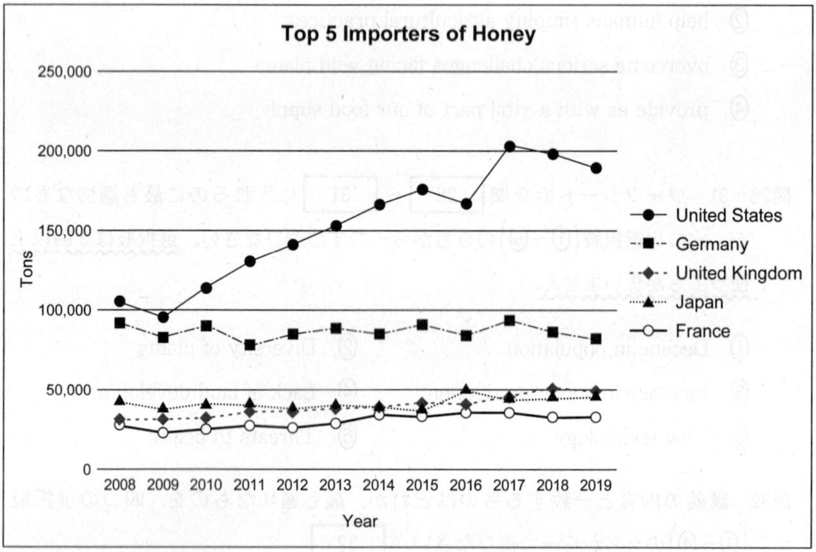

① The growing risk of wild honeybees becoming extinct has limited the amount of honey imports to the U.S. over the last decade.

② The high demand for honey in the U.S. since 2009 has resulted in the growth in imports to the top five countries.

③ The increase of honey imports to the U.S. is due to the efforts of beekeepers to grow a variety of plants all year around.

④ The U.S. successfully imports honey from other countries, despite the global decrease in domesticated honeybee populations.

これで第5問は終わりです。

（下 書 き 用 紙）

英語（リスニング）の試験問題は次に続く。

第 6 問 (配点 14) 音声は 1 回流れます。

第 6 問は A と B の二つの部分に分かれています。

A 第 6 問 A は問 34・問 35 の 2 問です。二人の対話を聞き，それぞれの問いの答えとして最も適切なものを，四つの選択肢（①～④）のうちから一つずつ選びなさい。（問いの英文は書かれています。）**状況と問いを読む時間が与えられた後，音声が流れます。**

状況
Mike と妻の Pam が，小学生の息子（Timmy）の誕生日プレゼントについて話をしています。

問34 What is Pam's main reason for recommending the saxophone? [34]

① Jazz is more enjoyable than classical music.

② Playing ad lib is as exciting as reading music.

③ Playing the saxophone in an orchestra is rewarding.

④ The saxophone is easier to play than the violin.

問35 Which of the following statements would Mike agree with? [35]

① Jazz musicians study longer than classical musicians.

② Learning the violin offers a good opportunity to play classical music.

③ The violin can be played in many more ways than the saxophone.

④ Younger learners are not as talented as older learners.

これで第 6 問 A は終わりです。

（下 書 き 用 紙）

英語（リスニング）の試験問題は次に続く。

B　第６問Ｂは問 36・問 37 の２問です。会話を聞き，それぞれの問いの答えとして最も適切なものを，選択肢のうちから一つずつ選びなさい。後の表を参考にしてメモを取ってもかまいません。**状況と問いを読む時間が与えられた後，音声が流れます。**

状況

四人の学生 (Joe, Saki, Keith, Beth) が，Saki の部屋で電子書籍について意見交換をしています。

Joe	
Saki	
Keith	
Beth	

問36　会話が終わった時点で，電子書籍を**支持した**のは四人のうち何人でしたか。四つの選択肢（①～④）のうちから一つ選びなさい。 **36**

① 1人
② 2人
③ 3人
④ 4人

問37 会話を踏まえて，Joe の考えの根拠となる図表を，四つの選択肢（①～④）のうちから一つ選びなさい。 **37**

①

②

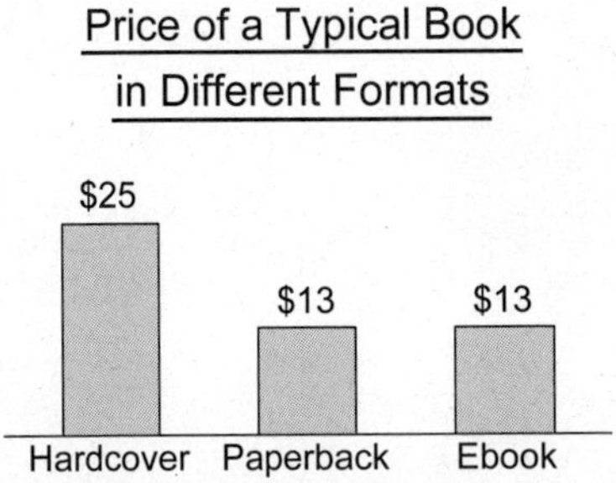

③

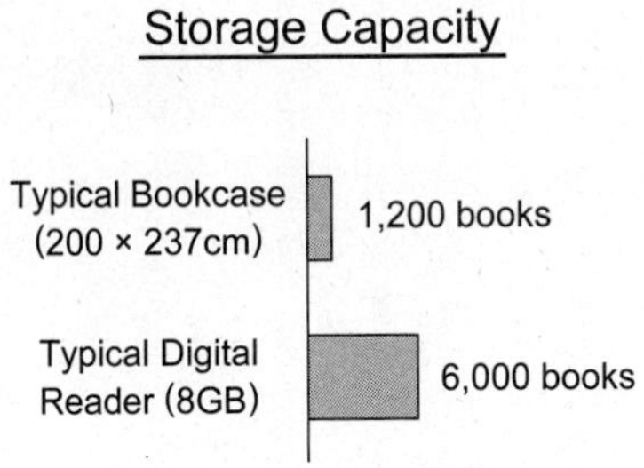

④

Top 3 Reasons for Paper Books

1	Touch: Physical sensation
2	Collection: Adding to a physical bookshelf
3	Satisfaction: Seeing completed pages

これで第6問Bは終わりです。

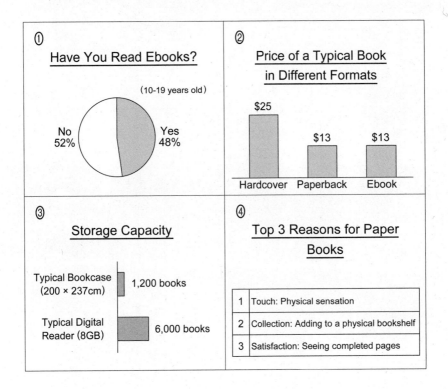

数学Ⅰ・A

～CONTENTS～

解答上の注意

1　解答は，解答用紙の問題番号に対応した解答欄にマークしなさい。

2　問題の文中の $\boxed{ア}$，$\boxed{イウ}$ などには，符号(−，±)又は数字(0〜9)が入ります。ア，イ，ウ，…の一つ一つは，これらのいずれか一つに対応します。それらを解答用紙のア，イ，ウ，…で示された解答欄にマークして答えなさい。

例　$\boxed{アイウ}$ に −83 と答えたいとき

ア	●	⊕	⓪	①	②	③	④	⑤	⑥	⑦	⑧	⑨
イ	⊖	⊕	⓪	①	②	③	④	⑤	⑥	⑦	●	⑨
ウ	⊖	⊕	⓪	①	②	●	④	⑤	⑥	⑦	⑧	⑨

3　分数形で解答する場合，分数の符号は分子につけ，分母につけてはいけません。

例えば，$\dfrac{\boxed{エオ}}{\boxed{カ}}$ に $-\dfrac{4}{5}$ と答えたいときは，$\dfrac{-4}{5}$ として答えなさい。

また，それ以上約分できない形で答えなさい。

例えば，$\dfrac{3}{4}$ と答えるところを，$\dfrac{6}{8}$ のように答えてはいけません。

4　小数の形で解答する場合，指定された桁数の一つ下の桁を四捨五入して答えなさい。また，必要に応じて，指定された桁まで ⓪ にマークしなさい。

例えば，$\boxed{キ}.\boxed{クケ}$ に 2.5 と答えたいときは，2.50 として答えなさい。

5　根号を含む形で解答する場合，根号の中に現れる自然数が最小となる形で答えなさい。

例えば，$\boxed{コ}\sqrt{\boxed{サ}}$ に $4\sqrt{2}$ と答えるところを，$2\sqrt{8}$ のように答えてはいけません。

6　根号を含む分数形で解答する場合，例えば $\dfrac{\boxed{シ}+\boxed{ス}\sqrt{\boxed{セ}}}{\boxed{ソ}}$ に $\dfrac{3+2\sqrt{2}}{2}$ と答えるところを，$\dfrac{6+4\sqrt{2}}{4}$ や $\dfrac{6+2\sqrt{8}}{4}$ のように答えてはいけません。

7　問題の文中の二重四角で表記された $\boxed{\boxed{タ}}$ などには，選択肢から一つを選んで，答えなさい。

8　なお，同一の問題文中に $\boxed{チツ}$，$\boxed{\boxed{テ}}$ などが2度以上現れる場合，原則として，2度目以降は，$\boxed{チツ}$，$\boxed{\boxed{テ}}$ のように細字で表記します。

試作問題

（100点 70分）

〔数学Ⅰ・A〕

試作問題掲載の趣旨と注意点

この試作問題は，独立行政法人大学入試センターが公表している，大学入学共通テスト「令和７年度試験の問題作成の方向性、試作問題等」のウェブサイトに記載のある内容を再掲したものです。本書では，学習に取り組まれる皆様のために，これに詳細の解答解説を作成し，より学びを深めていただけるように工夫しました。

本問題は，令和７年度大学入学共通テストについての具体的なイメージを共有することを目的として作成されていますが，過去の大学入試センター試験や大学入学共通テストと同様の問題作成や点検のプロセスは経ていないものとされています。本問題と同じような内容，形式，配点等の問題が必ず出題されることを保証するものではありませんので，その点につきましてご注意ください。

注　意　事　項

1　**時間を計り，上記の解答時間内で解答しなさい。**

ただし，納得のいくまで時間をかけて解答するという利用法でもかまいません。

2　第１問～第４問は必答。計４問を解答しなさい。

3　問題の余白は適宜利用してよいが，どのページも切り離してはいけません。

数学Ⅰ，数学A

（全　問　必　答）

第1問（配点　30）

〔1〕cを正の整数とする。xの2次方程式

$$2x^2+(4c-3)x+2c^2-c-11=0 \quad \cdots\cdots\cdots\cdots\cdots\cdots\cdots ①$$

について考える。

(1)　$c=1$のとき，①の左辺を因数分解すると

$$\left(\boxed{\text{ア}}\,x+\boxed{\text{イ}}\right)\left(x-\boxed{\text{ウ}}\right)$$

であるから，①の解は

$$x=-\frac{\boxed{\text{イ}}}{\boxed{\text{ア}}},\quad \boxed{\text{ウ}}$$

である。

(2)　$c=2$のとき，①の解は

$$x=\frac{-\boxed{\text{エ}}\pm\sqrt{\boxed{\text{オカ}}}}{\boxed{\text{キ}}}$$

であり，大きい方の解をαとすると

$$\frac{5}{\alpha}=\frac{\boxed{\text{ク}}+\sqrt{\boxed{\text{ケコ}}}}{\boxed{\text{サ}}}$$

である。また，$m<\dfrac{5}{\alpha}<m+1$を満たす整数mは$\boxed{\text{シ}}$である。

（数学Ⅰ，数学A第1問は次ページに続く。）

(3) 太郎さんと花子さんは，①の解について考察している。

太郎：①の解は c の値によって，ともに有理数である場合もあれば，ともに無理数である場合もあるね。c がどのような値のときに，解は有理数になるのかな。

花子：2 次方程式の解の公式の根号の中に着目すればいいんじゃないかな。

①の解が異なる二つの有理数であるような正の整数 c の個数は **ス** 個である。

（数学Ⅰ，数学A第１問は次ページに続く。）

〔2〕右の図のように，△ABCの外側に辺AB, BC, CAをそれぞれ１辺とする正方形ADEB, BFGC，CHIAをかき，２点EとF，GとH，IとDをそれぞれ線分で結んだ図形を考える。以下において

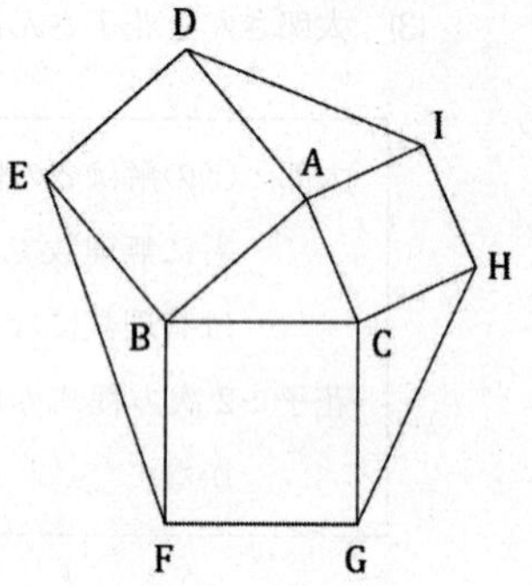

参考図

$\mathrm{BC}=a,\ \mathrm{CA}=b,\ \mathrm{AB}=c$

$\angle\mathrm{CAB}=A,\ \angle\mathrm{ABC}=B,\ \angle\mathrm{BCA}=C$

とする。

(1)　$b=6$，$c=5$，$\cos A=\dfrac{3}{5}$ のとき，$\sin A=\dfrac{\boxed{\text{セ}}}{\boxed{\text{ソ}}}$ であり，

△ABCの面積は $\boxed{\text{タチ}}$，△AID の面積は $\boxed{\text{ツテ}}$ である。

（数学Ⅰ，数学Ａ第１問は次ページに続く。）

(2) 正方形 BFGC, CHIA, ADEB の面積をそれぞれ S_1, S_2, S_3 とする。このとき，$S_1 - S_2 - S_3$ は

- $0° < A < 90°$ のとき，［ト］。
- $A = 90°$ のとき，［ナ］。
- $90° < A < 180°$ のとき，［ニ］。

［ト］～［ニ］の解答群（同じものを繰り返し選んでもよい。）

⓪ 0 である
① 正の値である
② 負の値である
③ 正の値も負の値もとる

(3) △AID, △BEF, △CGH の面積をそれぞれ T_1, T_2, T_3 とする。このとき，［ヌ］である。

［ヌ］の解答群

⓪ $a < b < c$ ならば，$T_1 > T_2 > T_3$
① $a < b < c$ ならば，$T_1 < T_2 < T_3$
② A が鈍角ならば，$T_1 < T_2$ かつ $T_1 < T_3$
③ a, b, c の値に関係なく，$T_1 = T_2 = T_3$

（数学Ⅰ，数学A第１問は次ページに続く。）

(4) △ABC, △AID, △BEF, △CGH のうち，外接円の半径が最も小さいものを求める。

$0° < A < 90°$のとき，ID ［ネ］ BCであり

（△AID の外接円の半径） ［ノ］ （△ABC の外接円の半径）

であるから，外接円の半径が最も小さい三角形は

- $0° < A < B < C < 90°$のとき，［ハ］ である。
- $0° < A < B < 90° < C$のとき，［ヒ］ である。

［ネ］，［ノ］ の解答群（同じものを繰り返し選んでもよい。）

⓪ $<$	① $=$	② $>$

［ハ］，［ヒ］ の解答群（同じものを繰り返し選んでもよい。）

⓪ △ABC	① △AID	② △BEF	③ △CGH

（下書き用紙）

数学Ⅰ，数学Aの試験問題は次に続く。

第２問（配点　30）

〔１〕陸上競技の短距離 100m 走では，100 m を走るのにかかる時間（以下，タイムと呼ぶ）は，1 歩あたりの進む距離（以下，ストライドと呼ぶ）と 1 秒あたりの歩数（以下，ピッチと呼ぶ）に関係がある。ストライドとピッチはそれぞれ以下の式で与えられる。

$$\text{ストライド（m/歩）} = \frac{100\ \text{（m）}}{100\text{m を走るのにかかった歩数（歩）}}$$

$$\text{ピッチ（歩/秒）} = \frac{100\text{m を走るのにかかった歩数（歩）}}{\text{タイム（秒）}}$$

ただし，100m を走るのにかかった歩数は，最後の 1 歩がゴールラインをまたぐこともあるので，小数で表される。以下，単位は必要のない限り省略する。

例えば，タイムが 10.81 で，そのときの歩数が 48.5 であったとき，ストライドは $\frac{100}{48.5}$ より約 2.06，ピッチは $\frac{48.5}{10.81}$ より約 4.49 である。

なお，小数の形で解答する場合は，**解答上の注意**にあるように，指定された桁数の一つ下の桁を四捨五入して答えよ。また，必要に応じて，指定された桁まで⓪にマークせよ。

（数学Ⅰ，数学Ａ第２問は次ページに続く。）

(1) ストライドを x，ピッチを z とおく。ピッチは1秒あたりの歩数，ストライドは1歩あたりの進む距離なので，1秒あたりの進む距離すなわち平均速度は，x と z を用いて **ア** (m/秒) と表される。

これより，タイムと，ストライド，ピッチとの関係は

$$タイム=\frac{100}{\boxed{ア}} \quad \cdots\cdots\cdots\cdots ①$$

と表されるので， ア が最大になるときにタイムが最もよくなる。ただし，タイムがよくなるとは，タイムの値が小さくなることである。

ア の解答群

⓪ $x+z$	① $z-x$	② xz
③ $\frac{x+z}{2}$	④ $\frac{z-x}{2}$	⑤ $\frac{xz}{2}$

（数学Ⅰ，数学A第2問は次ページに続く。）

(2) 男子短距離 100m 走の選手である太郎さんは，①に着目して，タイムが最もよくなるストライドとピッチを考えることにした。

次の表は，太郎さんが練習で 100m を 3 回走ったときのストライドとピッチのデータである。

	1 回目	2 回目	3 回目
ストライド	2.05	2.10	2.15
ピッチ	4.70	4.60	4.50

また，ストライドとピッチにはそれぞれ限界がある。太郎さんの場合，ストライドの最大値は 2.40，ピッチの最大値は 4.80 である。

太郎さんは，上の表から，ストライドが 0.05 大きくなるとピッチが 0.1 小さくなるという関係があると考えて，ピッチがストライドの 1 次関数として表されると仮定した。このとき，ピッチ z はストライド x を用いて

$$z = \boxed{\text{イウ}}\,x + \frac{\boxed{\text{エオ}}}{5} \qquad \cdots\cdots ②$$

と表される。

②が太郎さんのストライドの最大値 2.40 とピッチの最大値 4.80 まで成り立つと仮定すると，x の値の範囲は次のようになる。

$$\boxed{\text{カ}}\,.\,\boxed{\text{キク}} \leqq x \leqq 2.40$$

（数学Ⅰ，数学A第２問は次ページに続く。）

$y=$ [ア] とおく。②を$y=$ [ア] に代入することにより，y を x の関数として表すことができる。太郎さんのタイムが最もよくなるストライドとピッチを求めるためには，[カ].[キク] $\leqq x \leqq 2.40$ の範囲で y の値を最大にする x の値を見つければよい。このとき，y の値が最大になるのは$x=$ [ケ].[コサ] のときである。

よって，太郎さんのタイムが最もよくなるのは，ストライドが [ケ].[コサ] のときであり，このとき，ピッチは [シ].[スセ] である。また，このときの太郎さんのタイムは，①により [ソ] である。

[ソ] については，最も適当なものを，次の⓪～⑤のうちから一つ選べ。

⓪ 9.68	① 9.97	② 10.09
③ 10.33	④ 10.42	⑤ 10.55

（数学Ⅰ，数学Ａ第２問は次ページに続く。）

〔2〕太郎さんと花子さんは，社会のグローバル化に伴う都市間の国際競争において，都市周辺にある国際空港の利便性が重視されていることを知った。そこで，日本を含む世界の主な 40 の国際空港それぞれから最も近い主要ターミナル駅へ鉄道等で移動するときの「移動距離」，「所要時間」，「費用」を調べた。なお，「所要時間」と「費用」は各国とも午前 10 時台で調査し，「費用」は調査時点の為替レートで日本円に換算した。

（数学Ⅰ，数学Ａ第２問は次ページに続く。）

以下では，データが与えられた際，次の値を外れ値とする。

「(第１四分位数)－1.5×(四分位範囲)」以下のすべての値
「(第３四分位数)＋1.5×(四分位範囲)」以上のすべての値

(1) 次のデータは，40 の国際空港からの「移動距離」（単位はkm）を並べたものである。

56	48	47	42	40	38	38	36	28	25
25	24	23	22	22	21	21	20	20	20
20	20	19	18	16	16	15	15	14	13
13	12	11	11	10	10	10	8	7	6

このデータにおいて，四分位範囲は **タチ** であり，外れ値の個数は **ツ** である。

（数学Ⅰ，数学Ａ第２問は次ページに続く。）

(2) 図1は「移動距離」と「所要時間」の散布図，図2は「所要時間」と「費用」の散布図，図3は「費用」と「移動距離」の散布図である。ただし，白丸は日本の空港，黒丸は日本以外の空港を表している。また，「移動距離」，「所要時間」，「費用」の平均値はそれぞれ22，38，950であり，散布図に実線で示している。

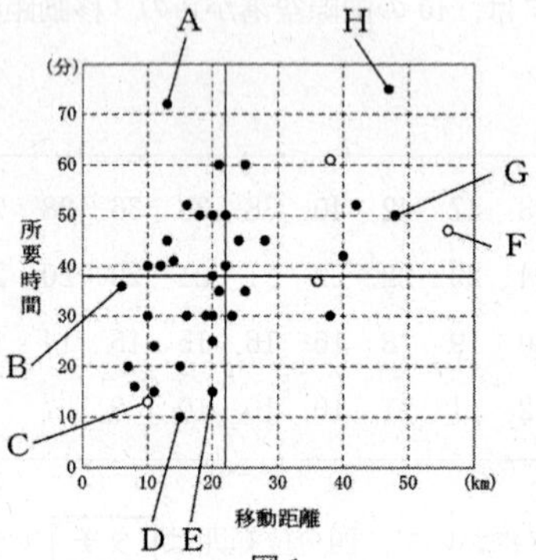

図1

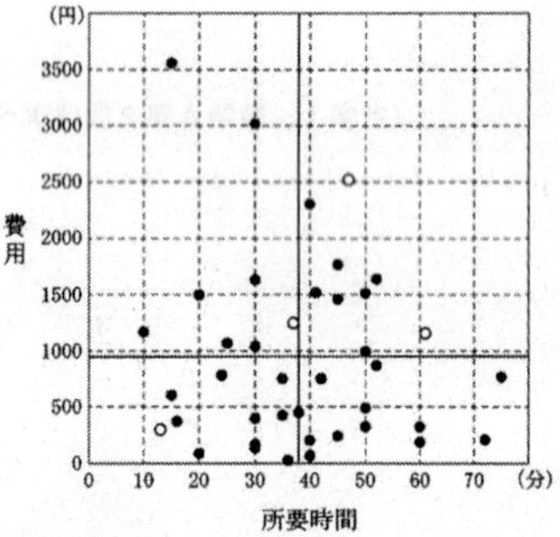

図2

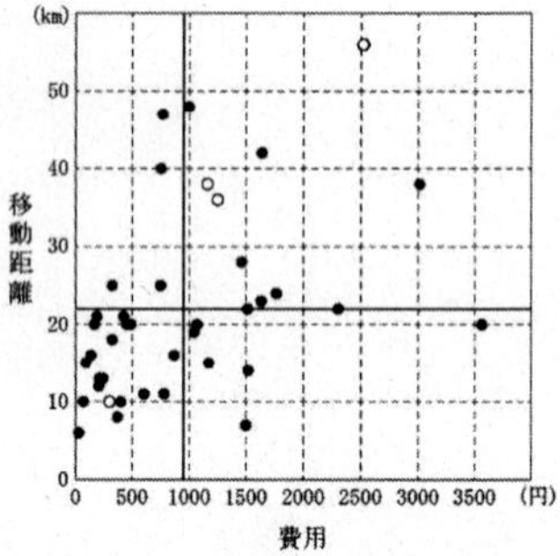

図3

(i) 40の国際空港について，「所要時間」を「移動距離」で割った「1kmあたりの所要時間」を考えよう。外れ値を＊で示した「1kmあたりの所要時間」の箱ひげ図は [テ] であり，外れ値は図1のA～Hのうちの [ト] と [ナ] である。

(数学Ⅰ，数学A第2問は次ページに続く。)

テ については，最も適当なものを，次の⓪～④のうちから一つ選べ。

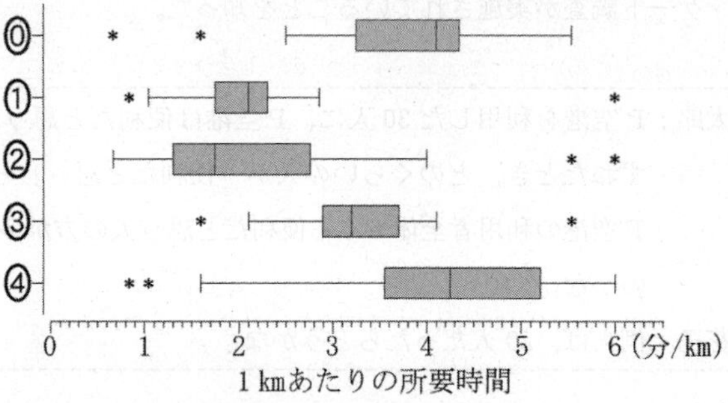

ト，ナ の解答群（解答の順序は問わない。）

⓪ A	① B	② C	③ D	④ E	⑤ F	⑥ G	⑦ H

(ii) ある国で，次のような新空港が建設される計画があるとする。

移動距離（km）	所要時間（分）	費用（円）
22	38	950

次の(Ⅰ)，(Ⅱ)，(Ⅲ)は，40の国際空港にこの新空港を加えたデータに関する記述である。

(Ⅰ) 新空港は，日本の四つのいずれの空港よりも，「費用」は高いが「所要時間」は短い。

(Ⅱ) 「移動距離」の標準偏差は，新空港を加える前後で変化しない。

(Ⅲ) 図1，図2，図3のそれぞれの二つの変量について，変量間の相関係数は，新空港を加える前後で変化しない。

(Ⅰ)，(Ⅱ)，(Ⅲ)の正誤の組合せとして正しいものは ニ である。

ニ の解答群

	⓪	①	②	③	④	⑤	⑥	⑦
(Ⅰ)	正	正	正	正	誤	誤	誤	誤
(Ⅱ)	正	正	誤	誤	正	正	誤	誤
(Ⅲ)	正	誤	正	誤	正	誤	正	誤

（数学Ⅰ，数学A第2問は次ページに続く。）

(3) 太郎さんは，調べた空港のうちの一つであるＰ空港で，利便性に関するアンケート調査が実施されていることを知った。

太郎：Ｐ空港を利用した 30 人に，Ｐ空港は便利だと思うかどうかをたずねたとき，どのくらいの人が「便利だと思う」と回答したら，Ｐ空港の利用者全体のうち便利だと思う人の方が多いとしてよいのかな。

花子：例えば，20 人だったらどうかな。

二人は，30 人のうち 20 人が「便利だと思う」と回答した場合に，「Ｐ空港は便利だと思う人の方が多い」といえるかどうかを，次の**方針**で考えることにした。

方針

- “Ｐ空港の利用者全体のうちで「便利だと思う」と回答する割合と，「便利だと思う」と回答しない割合が等しい”という仮説をたてる。
- この仮説のもとで，30 人抽出したうちの 20 人以上が「便利だと思う」と回答する確率が5%未満であれば，その仮説は誤っていると判断し，5%以上であれば，その仮説は誤っているとは判断しない。

（数学Ⅰ，数学Ａ第２問は次ページに続く。）

次の**実験結果**は，30 枚の硬貨を投げる実験を 1000 回行ったとき，表が出た枚数ごとの回数の割合を示したものである。

実験結果

表の枚数	0	1	2	3	4	5	6	7	8	9	
割合	0.0%	0.0%	0.0%	0.0%	0.0%	0.0%	0.0%	0.0%	0.1%	0.8%	
表の枚数	10	11	12	13	14	15	16	17	18	19	
割合	3.2%	5.8%	8.0%	11.2%	13.8%	14.4%	14.1%	9.8%	8.8%	4.2%	
表の枚数	20	21	22	23	24	25	26	27	28	29	30
割合	3.2%	1.4%	1.0%	0.0%	0.1%	0.0%	0.1%	0.0%	0.0%	0.0%	0.0%

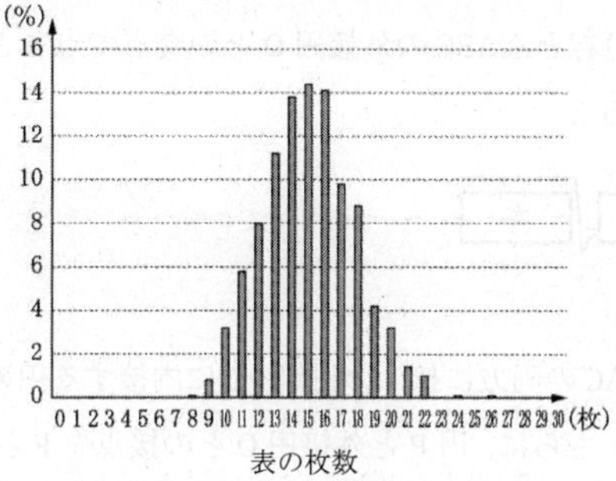

実験結果を用いると，30 枚の硬貨のうち 20 枚以上が表となった割合は［ヌ］.［ネ］%である。これを，30 人のうち 20 人以上が「便利だと思う」と回答する確率とみなし，**方針**に従うと，「便利だと思う」と回答する割合と,「便利だと思う」と回答しない割合が等しいという仮説は［ノ］，P空港は便利だと思う人の方が［ハ］。

［ノ］，［ハ］については，最も適当なものを，次のそれぞれの解答群から一つずつ選べ。

［ノ］の解答群

⓪ 誤っていると判断され	① 誤っているとは判断されず

［ハ］の解答群

⓪ 多いといえる	① 多いとはいえない

第３問 (配点　20)

$\triangle$ABCにおいて，AB = 3，BC = 4，AC = 5とする。

$\angle$BACの二等分線と辺BCとの交点をDとすると

$$\mathrm{BD} = \frac{\boxed{\text{ア}}}{\boxed{\text{イ}}},\quad \mathrm{AD} = \frac{\boxed{\text{ウ}}\sqrt{\boxed{\text{エ}}}}{\boxed{\text{オ}}}$$

である。

また，$\angle$BACの二等分線と$\triangle$ABCの外接円Oとの交点で点Aとは異なる点をEとする。$\triangle$AECに着目すると

$$\mathrm{AE} = \boxed{\text{カ}}\sqrt{\boxed{\text{キ}}}$$

である。

$\triangle$ABCの2辺ABとACの両方に接し，外接円Oに内接する円の中心をPとする。円Pの半径をrとする。さらに，円Pと外接円Oとの接点をFとし，直線PFと外接円Oとの交点で点Fとは異なる点をGとする。このとき

$$\mathrm{AP} = \sqrt{\boxed{\text{ク}}}\,r,\quad \mathrm{PG} = \boxed{\text{ケ}} - r$$

と表せる。したがって，方べきの定理により$r = \dfrac{\boxed{\text{コ}}}{\boxed{\text{サ}}}$である。

（数学Ⅰ，数学Ａ第３問は次ページに続く。）

△ABCの内心をQとする。内接円Qの半径は シ で，$AQ = \sqrt{\boxed{ス}}$ である。

また，円Pと辺ABとの接点をHとすると，$AH = \dfrac{\boxed{セ}}{\boxed{ソ}}$ である。

以上から，点Hに関する次の(a)，(b)の正誤の組合せとして正しいものは タ である。

(a)　点Hは3点B，D，Qを通る円の周上にある。

(b)　点Hは3点B，E，Qを通る円の周上にある。

タ の解答群

	⓪	①	②	③
(a)	正	正	誤	誤
(b)	正	誤	正	誤

第４問 （配点　20）

中にくじが入っている二つの箱AとBがある。二つの箱の外見は同じであるが，箱Aでは，当たりくじを引く確率が $\frac{1}{2}$ であり，箱Bでは，当たりくじを引く確率が $\frac{1}{3}$ である。

(1) 各箱で，くじを１本引いてはもとに戻す試行を３回繰り返す。このとき

箱Aにおいて，３回中ちょうど１回当たる確率は $\frac{\boxed{ア}}{\boxed{イ}}$ ･･･ ①

箱Bにおいて，３回中ちょうど１回当たる確率は $\frac{\boxed{ウ}}{\boxed{エ}}$ ･･･ ②

である。箱Aにおいて，３回引いたときに当たりくじを引く回数の期待値は $\frac{\boxed{オ}}{\boxed{カ}}$ であり，箱Bにおいて，３回引いたときに当たりくじを引く回数の期待値は $\boxed{キ}$ である。

（数学Ⅰ，数学A第４問は次ページに続く。）

(2) 太郎さんと花子さんは，それぞれくじを引くことにした。ただし，二人は，箱A，箱Bでの当たりくじを引く確率は知っているが，二つの箱のどちらがAで，どちらがBであるかはわからないものとする。

まず，太郎さんが二つの箱のうちの一方をでたらめに選ぶ。そして，その選んだ箱において，くじを1本引いてはもとに戻す試行を3回繰り返したところ，3回中ちょうど1回当たった。

このとき，選ばれた箱がAである事象をA，選ばれた箱がBである事象をB，3回中ちょうど1回当たる事象をWとする。①，②に注意すると

$$P(A\cap W)=\frac{1}{2}\times\frac{\boxed{\text{ア}}}{\boxed{\text{イ}}},\quad P(B\cap W)=\frac{1}{2}\times\frac{\boxed{\text{ウ}}}{\boxed{\text{エ}}}$$

である。$P(W)=P(A\cap W)+P(B\cap W)$であるから，3回中ちょうど1回当たったとき，選んだ箱がAである条件付き確率$P_W(A)$は$\dfrac{\boxed{\text{クケ}}}{\boxed{\text{コサ}}}$となる。また，条件付き確率$P_W(B)$は$1-P_W(A)$で求められる。

（数学Ⅰ，数学A第4問は次ページに続く。）

次に，花子さんが箱を選ぶ。その選んだ箱において，くじを1本引いてはもとに戻す試行を3回繰り返す。花子さんは，当たりくじをより多く引きたいので，太郎さんのくじの結果をもとに，次の(X)，(Y)のどちらの場合がよいかを考えている。

(X)　太郎さんが選んだ箱と同じ箱を選ぶ。

(Y)　太郎さんが選んだ箱と異なる箱を選ぶ。

花子さんがくじを引くときに起こりうる事象の場合の数は，選んだ箱がA，Bのいずれかの2通りと，3回のうち当たりくじを引く回数が0，1，2，3回のいずれかの4通りの組合せで全部で8通りある。

花子：当たりくじを引く回数の期待値が大きい方の箱を選ぶといいかな。

太郎：当たりくじを引く回数の期待値を求めるには，この8通りについて，それぞれの起こる確率と当たりくじを引く回数との積を考えればいいね。

花子さんは当たりくじを引く回数の期待値が大きい方の箱を選ぶことにした。

(X)の場合について考える。箱Aにおいて3回引いてちょうど1回当たる事象をA_1，箱Bにおいて3回引いてちょうど1回当たる事象をB_1と表す。

太郎さんが選んだ箱がAである確率$P_W(A)$を用いると，花子さんが選んだ箱がAで，かつ，花子さんが3回引いてちょうど1回当たる事象の起こる確率は$P_W(A) \times P(A_1)$と表せる。このことと同様に考えると，花子さんが選んだ箱がBで，かつ，花子さんが3回引いてちょうど1回当たる事象の起こる確率は［シ］と表せる。

花子：残りの6通りも同じように計算すれば，この場合の当たりくじを引く回数の期待値を計算できるね。

太郎：期待値を計算する式は，選んだ箱がAである事象に対する式とBである事象に対する式に分けて整理できそうだよ。

（数学Ⅰ，数学A第4問は次ページに続く。）

残りの６通りについても同じように考えると，(X)の場合の当たりくじを引く回数の期待値を計算する式は

$$\boxed{\text{ス}} \times \frac{\boxed{\text{オ}}}{\boxed{\text{カ}}} + \boxed{\text{セ}} \times \boxed{\text{キ}}$$

となる。

(Y)の場合についても同様に考えて計算すると，(Y)の場合の当たりくじを引く回数の期待値は $\dfrac{\boxed{\text{ソタ}}}{\boxed{\text{チツ}}}$ である。よって，当たりくじを引く回数の期待値が大きい方の箱を選ぶという方針に基づくと，花子さんは，太郎さんが選んだ箱と［テ］。

［シ］の解答群

⓪ $P_W(A) \times P(A_1)$	① $P_W(A) \times P(B_1)$
② $P_W(B) \times P(A_1)$	③ $P_W(B) \times P(B_1)$

［ス］，［セ］の解答群（同じものを繰り返し選んでもよい。）

⓪ $\frac{1}{2}$	① $\frac{1}{4}$	② $P_W(A)$	③ $P_W(B)$
④ $\frac{1}{2}P_W(A)$		⑤ $\frac{1}{2}P_W(B)$	
⑥ $P_W(A) - P_W(B)$		⑦ $P_W(B) - P_W(A)$	
⑧ $\frac{P_W(A) - P_W(B)}{2}$		⑨ $\frac{P_W(B) - P_W(A)}{2}$	

［テ］の解答群

⓪ 同じ箱を選ぶ方がよい	① 異なる箱を選ぶ方がよい

2024 本試

(100点
70分)

〔数学Ⅰ・A〕

注　意　事　項

1　**数学解答用紙を切り離し，試験開始の準備をしなさい。**

2　**時間を計り，上記の解答時間内で解答しなさい。**

ただし，納得のいくまで時間をかけて解答するという利用法でもかまいません。

3　第1問，第2問は必答。第3問～第5問から2問選択。計4問を解答しなさい。

4　**解答用紙には解答欄以外に受験番号欄，氏名欄，試験場コード欄，解答科目欄があります。解答科目欄は解答する科目**を一つ選び，**マーク**しなさい。**その他の欄**は自分自身で本番を想定し，**正しく記入し，マークしなさい**。

5　**解答は解答用紙の解答欄にマークしなさい。**

6　選択問題については，解答する問題を決めたあと，その問題番号の解答欄に解答しなさい。ただし，**指定された問題数をこえて解答してはいけません**。

7　問題の余白は適宜利用してよいが，どのページも切り離してはいけません。

第１問　（必答問題）（配点　30）

〔1〕　不等式

$$n < 2\sqrt{13} < n+1 \qquad \cdots\cdots\cdots\cdots\cdots\cdots\cdots ①$$

を満たす整数 n は $\boxed{\text{ア}}$ である。実数 a, b を

$$a = 2\sqrt{13} - \boxed{\text{ア}} \qquad \cdots\cdots\cdots\cdots\cdots\cdots\cdots ②$$

$$b = \frac{1}{a} \qquad \cdots\cdots\cdots\cdots\cdots\cdots\cdots ③$$

で定める。このとき

$$b = \frac{\boxed{\text{イ}} + 2\sqrt{13}}{\boxed{\text{ウ}}} \qquad \cdots\cdots\cdots\cdots\cdots\cdots\cdots ④$$

である。また

$$a^2 - 9b^2 = \boxed{\text{エオカ}}\sqrt{13}$$

である。

（数学Ⅰ・数学Ａ第１問は次ページに続く。）

①から

$$\frac{\boxed{\text{ア}}}{2} < \sqrt{13} < \frac{\boxed{\text{ア}}+1}{2} \qquad \cdots\cdots\cdots\cdots ⑤$$

が成り立つ。

太郎さんと花子さんは，$\sqrt{13}$ について話している。

> 太郎：⑤から $\sqrt{13}$ のおよその値がわかるけど，小数点以下はよくわからないね。
>
> 花子：小数点以下をもう少し詳しく調べることができないかな。

①と④から

$$\frac{m}{\boxed{\text{ウ}}} < b < \frac{m+1}{\boxed{\text{ウ}}}$$

を満たす整数 m は $\boxed{\textbf{キク}}$ となる。よって，③から

$$\frac{\boxed{\text{ウ}}}{m+1} < a < \frac{\boxed{\text{ウ}}}{m} \qquad \cdots\cdots\cdots\cdots ⑥$$

が成り立つ。

$\sqrt{13}$ の整数部分は $\boxed{\textbf{ケ}}$ であり，②と⑥を使えば $\sqrt{13}$ の小数第1位の数字は $\boxed{\textbf{コ}}$ ，小数第2位の数字は $\boxed{\textbf{サ}}$ であることがわかる。

(数学Ⅰ・数学A第1問は次ページに続く。)

〔2〕 以下の問題を解答するにあたっては，必要に応じて 9 ページの三角比の表を用いてもよい。

水平な地面(以下，地面)に垂直に立っている電柱の高さを，その影の長さと太陽高度を利用して求めよう。

(数学Ⅰ・数学A第1問は次ページに続く。)

図1のように，電柱の影の先端は坂の斜面(以下，坂)にあるとする。また，坂には傾斜を表す道路標識が設置されていて，そこには7％と表示されているとする。

電柱の太さと影の幅は無視して考えるものとする。また，地面と坂は平面であるとし，地面と坂が交わってできる直線をℓとする。

電柱の先端を点Aとし，根もとを点Bとする。電柱の影について，地面にある部分を線分BCとし，坂にある部分を線分CDとする。線分BC，CDがそれぞれℓと垂直であるとき，電柱の影は坂に向かってまっすぐにのびているということにする。

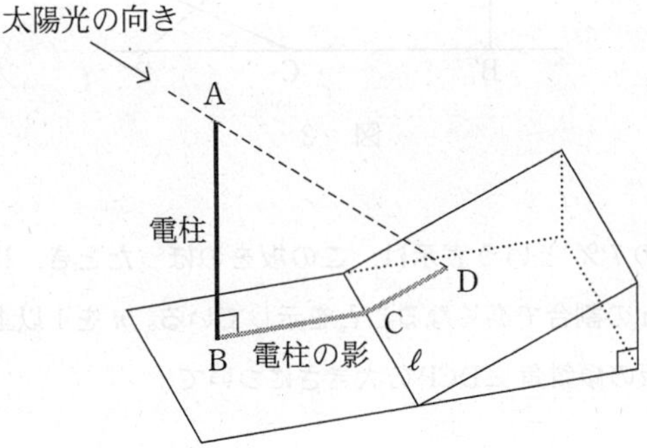

図　1

(数学Ⅰ・数学A第1問は次ページに続く。)

電柱の影が坂に向かってまっすぐにのびているとする。このとき，4点A，B，C，Dを通る平面はℓと垂直である。その平面において，図2のように，直線ADと直線BCの交点をPとすると，太陽高度とは$\angle \mathrm{APB}$の大きさのことである。

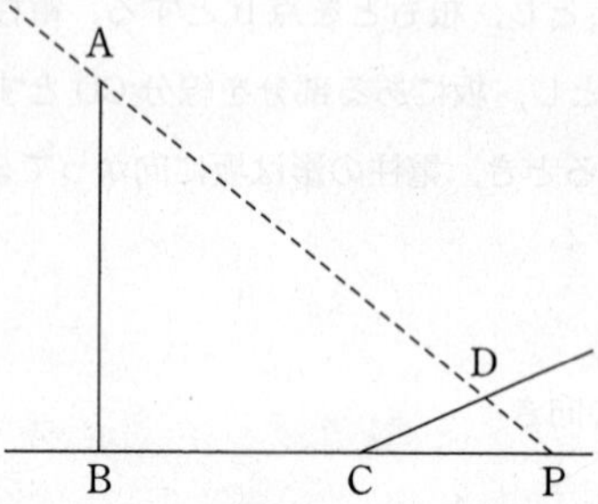

図　2

道路標識の7％という表示は，この坂をのぼったとき，100 mの水平距離に対して7 mの割合で高くなることを示している。nを1以上9以下の整数とするとき，坂の傾斜角$\angle \mathrm{DCP}$の大きさについて

$$n^\circ < \angle \mathrm{DCP} < n^\circ + 1^\circ$$

を満たすnの値は［シ］である。

以下では，$\angle \mathrm{DCP}$の大きさは，ちょうど［シ］°であるとする。

（数学Ⅰ・数学A第1問は次ページに続く。）

ある日，電柱の影が坂に向かってまっすぐにのびていたとき，影の長さを調べたところ BC = 7 m，CD = 4 m であり，太陽高度は ∠APB = 45° であった。点 D から直線 AB に垂直な直線を引き，直線 AB との交点を E とするとき

BE = [ス] × [セ] m

であり

DE = ([ソ] + [タ] × [チ]) m

である。よって，電柱の高さは，小数第 2 位で四捨五入すると [ツ] m であることがわかる。

[セ]，[チ] の解答群(同じものを繰り返し選んでもよい。)

⓪ $\sin \angle DCP$	① $\dfrac{1}{\sin \angle DCP}$	② $\cos \angle DCP$
③ $\dfrac{1}{\cos \angle DCP}$	④ $\tan \angle DCP$	⑤ $\dfrac{1}{\tan \angle DCP}$

[ツ] の解答群

⓪ 10.4	① 10.7	② 11.0
③ 11.3	④ 11.6	⑤ 11.9

(数学Ⅰ・数学A第 1 問は次ページに続く。)

別の日，電柱の影が坂に向かってまっすぐにのびていたときの太陽高度は $\angle APB = 42^\circ$ であった。電柱の高さがわかったので，前回調べた日からの影の長さの変化を知ることができる。電柱の影について，坂にある部分の長さは

$$CD = \frac{AB - \boxed{\text{テ}} \times \boxed{\text{ド}}}{\boxed{\text{ナ}} + \boxed{\text{ニ}} \times \boxed{\text{ト}}}\ \mathrm{m}$$

である。$AB = \boxed{\text{ツ}}$ m として，これを計算することにより，この日の電柱の影について，坂にある部分の長さは，前回調べた 4 m より約 1.2 m だけ長いことがわかる。

$\boxed{\text{ト}}$ ～ $\boxed{\text{ニ}}$ の解答群(同じものを繰り返し選んでもよい。)

⓪ $\sin \angle DCP$	① $\cos \angle DCP$	② $\tan \angle DCP$
③ $\sin 42^\circ$	④ $\cos 42^\circ$	⑤ $\tan 42^\circ$

(数学Ⅰ・数学A第1問は次ページに続く。)

三角比の表

角	正弦(sin)	余弦(cos)	正接(tan)	角	正弦(sin)	余弦(cos)	正接(tan)
0°	0.0000	1.0000	0.0000	45°	0.7071	0.7071	1.0000
1°	0.0175	0.9998	0.0175	46°	0.7193	0.6947	1.0355
2°	0.0349	0.9994	0.0349	47°	0.7314	0.6820	1.0724
3°	0.0523	0.9986	0.0524	48°	0.7431	0.6691	1.1106
4°	0.0698	0.9976	0.0699	49°	0.7547	0.6561	1.1504
5°	0.0872	0.9962	0.0875	50°	0.7660	0.6428	1.1918
6°	0.1045	0.9945	0.1051	51°	0.7771	0.6293	1.2349
7°	0.1219	0.9925	0.1228	52°	0.7880	0.6157	1.2799
8°	0.1392	0.9903	0.1405	53°	0.7986	0.6018	1.3270
9°	0.1564	0.9877	0.1584	54°	0.8090	0.5878	1.3764
10°	0.1736	0.9848	0.1763	55°	0.8192	0.5736	1.4281
11°	0.1908	0.9816	0.1944	56°	0.8290	0.5592	1.4826
12°	0.2079	0.9781	0.2126	57°	0.8387	0.5446	1.5399
13°	0.2250	0.9744	0.2309	58°	0.8480	0.5299	1.6003
14°	0.2419	0.9703	0.2493	59°	0.8572	0.5150	1.6643
15°	0.2588	0.9659	0.2679	60°	0.8660	0.5000	1.7321
16°	0.2756	0.9613	0.2867	61°	0.8746	0.4848	1.8040
17°	0.2924	0.9563	0.3057	62°	0.8829	0.4695	1.8807
18°	0.3090	0.9511	0.3249	63°	0.8910	0.4540	1.9626
19°	0.3256	0.9455	0.3443	64°	0.8988	0.4384	2.0503
20°	0.3420	0.9397	0.3640	65°	0.9063	0.4226	2.1445
21°	0.3584	0.9336	0.3839	66°	0.9135	0.4067	2.2460
22°	0.3746	0.9272	0.4040	67°	0.9205	0.3907	2.3559
23°	0.3907	0.9205	0.4245	68°	0.9272	0.3746	2.4751
24°	0.4067	0.9135	0.4452	69°	0.9336	0.3584	2.6051
25°	0.4226	0.9063	0.4663	70°	0.9397	0.3420	2.7475
26°	0.4384	0.8988	0.4877	71°	0.9455	0.3256	2.9042
27°	0.4540	0.8910	0.5095	72°	0.9511	0.3090	3.0777
28°	0.4695	0.8829	0.5317	73°	0.9563	0.2924	3.2709
29°	0.4848	0.8746	0.5543	74°	0.9613	0.2756	3.4874
30°	0.5000	0.8660	0.5774	75°	0.9659	0.2588	3.7321
31°	0.5150	0.8572	0.6009	76°	0.9703	0.2419	4.0108
32°	0.5299	0.8480	0.6249	77°	0.9744	0.2250	4.3315
33°	0.5446	0.8387	0.6494	78°	0.9781	0.2079	4.7046
34°	0.5592	0.8290	0.6745	79°	0.9816	0.1908	5.1446
35°	0.5736	0.8192	0.7002	80°	0.9848	0.1736	5.6713
36°	0.5878	0.8090	0.7265	81°	0.9877	0.1564	6.3138
37°	0.6018	0.7986	0.7536	82°	0.9903	0.1392	7.1154
38°	0.6157	0.7880	0.7813	83°	0.9925	0.1219	8.1443
39°	0.6293	0.7771	0.8098	84°	0.9945	0.1045	9.5144
40°	0.6428	0.7660	0.8391	85°	0.9962	0.0872	11.4301
41°	0.6561	0.7547	0.8693	86°	0.9976	0.0698	14.3007
42°	0.6691	0.7431	0.9004	87°	0.9986	0.0523	19.0811
43°	0.6820	0.7314	0.9325	88°	0.9994	0.0349	28.6363
44°	0.6947	0.7193	0.9657	89°	0.9998	0.0175	57.2900
45°	0.7071	0.7071	1.0000	90°	1.0000	0.0000	—

第2問　（必答問題）（配点　30）

〔1〕　座標平面上に4点O(0，0)，A(6，0)，B(4，6)，C(0，6)を頂点とする台形OABCがある。また，この座標平面上で，点P，Qは次の**規則**に従って移動する。

規則

- Pは，Oから出発して毎秒1の一定の速さでx軸上を正の向きにAまで移動し，Aに到達した時点で移動を終了する。
- Qは，Cから出発してy軸上を負の向きにOまで移動し，Oに到達した後はy軸上を正の向きにCまで移動する。そして，Cに到達した時点で移動を終了する。ただし，Qは毎秒2の一定の速さで移動する。
- P，Qは同時刻に移動を開始する。

この**規則**に従ってP，Qが移動するとき，P，QはそれぞれA，Cに同時刻に到達し，移動を終了する。

以下において，P，Qが移動を開始する時刻を**開始時刻**，移動を終了する時刻を**終了時刻**とする。

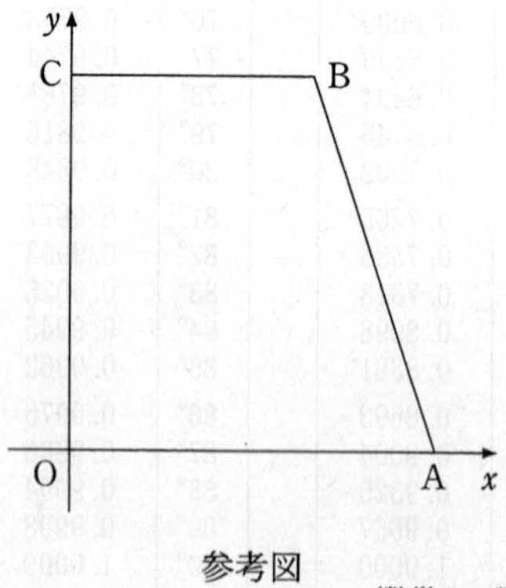

参考図

（数学Ⅰ・数学A第2問は次ページに続く。）

(1) **開始時刻**から 1 秒後の △PBQ の面積は [ア] である。

(2) **開始時刻**から 3 秒間の △PBQ の面積について，面積の最小値は [イ] であり，最大値は [ウエ] である。

(3) **開始時刻**から**終了時刻**までの △PBQ の面積について，面積の最小値は [オ] であり，最大値は [カキ] である。

(4) **開始時刻**から**終了時刻**までの △PBQ の面積について，面積が 10 以下となる時間は $\left(\boxed{\text{ク}} - \sqrt{\boxed{\text{ケ}}} + \sqrt{\boxed{\text{コ}}} \right)$ 秒間である。

（数学Ⅰ・数学A第 2 問は次ページに続く。）

〔2〕 高校の陸上部で長距離競技の選手として活躍する太郎さんは，長距離競技の公認記録が掲載されているWebページを見つけた。このWebページでは，各選手における公認記録のうち最も速いものが掲載されている。そのWebページに掲載されている，ある選手のある長距離競技での公認記録を，その選手のその競技でのベストタイムということにする。

なお，以下の図や表については，ベースボール・マガジン社「陸上競技ランキング」のWebページをもとに作成している。

(1) 太郎さんは，男子マラソンの日本人選手の2022年末時点でのベストタイムを調べた。その中で，2018年より前にベストタイムを出した選手と2018年以降にベストタイムを出した選手に分け，それぞれにおいて速い方から50人の選手のベストタイムをデータA，データBとした。

ここでは，マラソンのベストタイムは，実際のベストタイムから2時間を引いた時間を秒単位で表したものとする。例えば2時間5分30秒であれば，$60 \times 5 + 30 = 330$(秒)となる。

(数学Ⅰ・数学A第2問は次ページに続く。)

(i) 図1と図2はそれぞれ，階級の幅を30秒としたAとBのヒストグラムである。なお，ヒストグラムの各階級の区間は，左側の数値を含み，右側の数値を含まない。

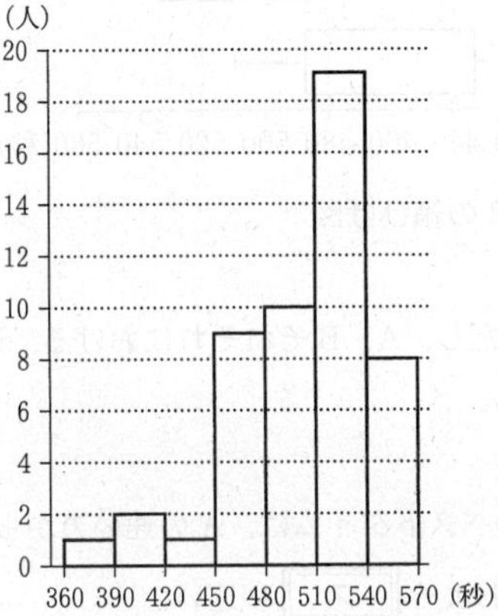

図1　Aのヒストグラム

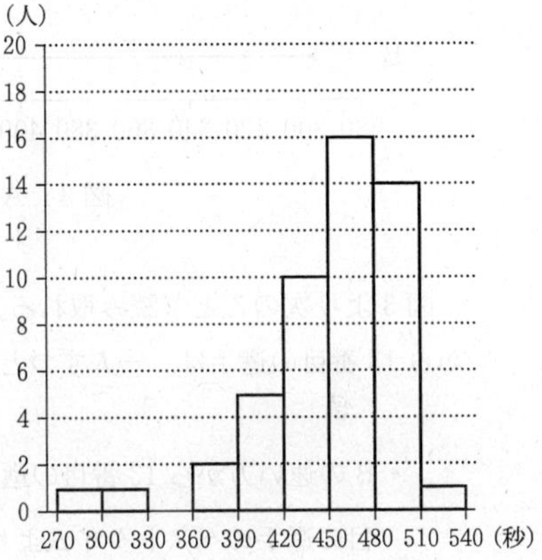

図2　Bのヒストグラム

図1からAの最頻値は階級 [サ] の階級値である。また，図2からBの中央値が含まれる階級は [シ] である。

[サ]，[シ] の解答群（同じものを繰り返し選んでもよい。）

⓪ 270以上300未満	① 300以上330未満
② 330以上360未満	③ 360以上390未満
④ 390以上420未満	⑤ 420以上450未満
⑥ 450以上480未満	⑦ 480以上510未満
⑧ 510以上540未満	⑨ 540以上570未満

（数学Ⅰ・数学A第2問は次ページに続く。）

(ii) 図3は，A，Bそれぞれの箱ひげ図を並べたものである。ただし，中央値を示す線は省いている。

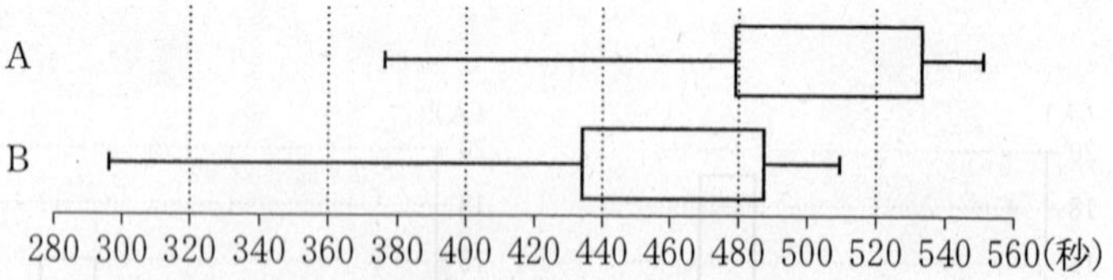

図3　AとBの箱ひげ図

図3より次のことが読み取れる。ただし，A，Bそれぞれにおける，速い方から13番目の選手は，一人ずつとする。

- Bの速い方から13番目の選手のベストタイムは，Aの速い方から13番目の選手のベストタイムより，およそ［ス］秒速い。
- Aの四分位範囲からBの四分位範囲を引いた差の絶対値は［セ］である。

［ス］については，最も適当なものを，次の⓪～⑤のうちから一つ選べ。

⓪ 5	① 15	② 25	③ 35	④ 45	⑤ 55

［セ］の解答群

⓪ 0以上20未満
① 20以上40未満
② 40以上60未満
③ 60以上80未満
④ 80以上100未満

(数学Ⅰ・数学A第2問は16ページに続く。)

（下 書 き 用 紙）

数学Ⅰ・数学Aの試験問題は次に続く。

(iii) 太郎さんは，A のある選手とBのある選手のベストタイムの比較において，その二人の選手のベストタイムが速いか遅いかとは別の観点でも考えるために，次の**式**を満たす z の値を用いて判断することにした。

式

(あるデータのある選手のベストタイム)＝

(そのデータの平均値)＋ z ×(そのデータの標準偏差)

二人の選手それぞれのベストタイムに対する z の値を比較し，その値の小さい選手の方が優れていると判断する。

(数学Ⅰ・数学A第2問は次ページに続く。)

表1は，A，Bそれぞれにおける，速い方から1番目の選手(以下，1位の選手)のベストタイムと，データの平均値と標準偏差をまとめたものである。

表1　1位の選手のベストタイム，平均値，標準偏差

データ	1位の選手のベストタイム	平均値	標準偏差
A	376	504	40
B	296	454	45

式と表1を用いると，Bの1位の選手のベストタイムに対する z の値は

$$z = -\boxed{\text{ソ}}.\boxed{\text{タチ}}$$

である。このことから，Bの1位の選手のベストタイムは，平均値より標準偏差のおよそ ソ . タチ 倍だけ小さいことがわかる。

A，Bそれぞれにおける，1位の選手についての記述として，次の⓪～③のうち，正しいものは ツ である。

ツ の解答群

⓪　ベストタイムで比較するとAの1位の選手の方が速く，z の値で比較するとAの1位の選手の方が優れている。

①　ベストタイムで比較するとBの1位の選手の方が速く，z の値で比較するとBの1位の選手の方が優れている。

②　ベストタイムで比較するとAの1位の選手の方が速く，z の値で比較するとBの1位の選手の方が優れている。

③　ベストタイムで比較するとBの1位の選手の方が速く，z の値で比較するとAの1位の選手の方が優れている。

(数学Ⅰ・数学A第2問は次ページに続く。)

(2) 太郎さんは，マラソン，10000 m，5000 m のベストタイムに関連がないかを調べることにした。そのために，2022 年末時点でのこれら 3 種目のベストタイムをすべて確認できた日本人男子選手のうち，マラソンのベストタイムが速い方から 50 人を選んだ。

図 4 と図 5 はそれぞれ，選んだ 50 人についてのマラソンと 10000 m のベストタイム，5000 m と 10000 m のベストタイムの散布図である。ただし，5000 m と 10000 m のベストタイムは秒単位で表し，マラソンのベストタイムは(1)の場合と同様，実際のベストタイムから 2 時間を引いた時間を秒単位で表したものとする。なお，これらの散布図には，完全に重なっている点はない。

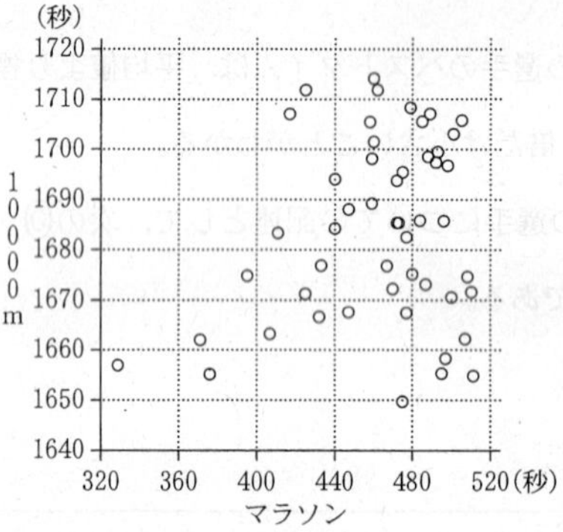

図 4　マラソンと 10000 m の散布図

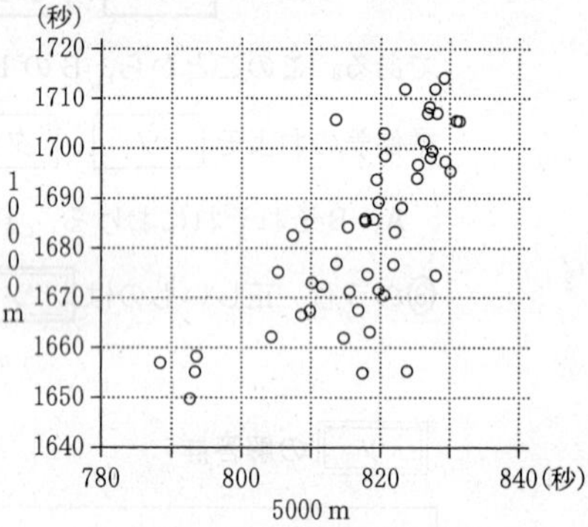

図 5　5000 m と 10000 m の散布図

(数学Ⅰ・数学A第 2 問は次ページに続く。)

次の(a)，(b)は，図4と図5に関する記述である。

(a) マラソンのベストタイムの速い方から3番目までの選手の10000 m のベストタイムは，3選手とも1670秒未満である。

(b) マラソンと10000 m の間の相関は，5000 m と10000 m の間の相関より強い。

(a)，(b)の正誤の組合せとして正しいものは テ である。

テ の解答群

	⓪	①	②	③
(a)	正	正	誤	誤
(b)	正	誤	正	誤

第3問～第5問は，いずれか2問を選択し，解答しなさい。

第3問 （選択問題）（配点 20）

箱の中にカードが2枚以上入っており，それぞれのカードにはアルファベットが1文字だけ書かれている。この箱の中からカードを1枚取り出し，書かれているアルファベットを確認してからもとに戻すという試行を繰り返し行う。

(1) 箱の中に $\boxed{\mathrm{A}}$，$\boxed{\mathrm{B}}$ のカードが1枚ずつ全部で2枚入っている場合を考える。

以下では，2以上の自然数 n に対し，n 回の試行でA，Bがそろっているとは，n 回の試行で $\boxed{\mathrm{A}}$，$\boxed{\mathrm{B}}$ のそれぞれが少なくとも1回は取り出されることを意味する。

(i) 2回の試行でA，Bがそろっている確率は $\dfrac{\boxed{\text{ア}}}{\boxed{\text{イ}}}$ である。

(ii) 3回の試行でA，Bがそろっている確率を求める。

例えば，3回の試行のうち $\boxed{\mathrm{A}}$ を1回，$\boxed{\mathrm{B}}$ を2回取り出す取り出し方は3通りあり，それらをすべて挙げると次のようになる。

1回目	2回目	3回目
$\boxed{\mathrm{A}}$	$\boxed{\mathrm{B}}$	$\boxed{\mathrm{B}}$
$\boxed{\mathrm{B}}$	$\boxed{\mathrm{A}}$	$\boxed{\mathrm{B}}$
$\boxed{\mathrm{B}}$	$\boxed{\mathrm{B}}$	$\boxed{\mathrm{A}}$

このように考えることにより，3回の試行でA，Bがそろっている取り出し方は $\boxed{\text{ウ}}$ 通りあることがわかる。よって，3回の試行でA，Bがそろっている確率は $\dfrac{\boxed{\text{ウ}}}{2^3}$ である。

(iii) 4回の試行でA，Bがそろっている取り出し方は $\boxed{\text{エオ}}$ 通りある。よって，4回の試行でA，Bがそろっている確率は $\dfrac{\boxed{\text{カ}}}{\boxed{\text{キ}}}$ である。

（数学Ⅰ・数学A第3問は次ページに続く。）

(2)　箱の中に[A]，[B]，[C]のカードが1枚ずつ全部で3枚入っている場合を考える。

以下では，3以上の自然数 n に対し，n 回目の試行で初めてA，B，Cがそろうとは，n 回の試行で[A]，[B]，[C]のそれぞれが少なくとも1回は取り出され，かつ[A]，[B]，[C]のうちいずれか1枚が n 回目の試行で初めて取り出されることを意味する。

(i)　3回目の試行で初めてA，B，Cがそろう取り出し方は $\boxed{\text{ク}}$ 通りある。

よって，3回目の試行で初めてA，B，Cがそろう確率は $\dfrac{\boxed{\text{ク}}}{3^3}$ である。

(ii)　4回目の試行で初めてA，B，Cがそろう確率を求める。

4回目の試行で初めてA，B，Cがそろう取り出し方は，(1)の(ii)を振り返ることにより，$3 \times \boxed{\text{ウ}}$ 通りあることがわかる。よって，4回目の試行で初めてA，B，Cがそろう確率は $\dfrac{\boxed{\text{ケ}}}{\boxed{\text{コ}}}$ である。

(iii)　5回目の試行で初めてA，B，Cがそろう取り出し方は $\boxed{\text{サシ}}$ 通りある。

よって，5回目の試行で初めてA，B，Cがそろう確率は $\dfrac{\boxed{\text{サシ}}}{3^5}$ である。

（数学Ⅰ・数学A第3問は次ページに続く。）

(3) 箱の中に$\boxed{\text{A}}$，$\boxed{\text{B}}$，$\boxed{\text{C}}$，$\boxed{\text{D}}$のカードが1枚ずつ全部で4枚入っている場合を考える。

以下では，6回目の試行で初めてA，B，C，Dがそろうとは，6回の試行で$\boxed{\text{A}}$，$\boxed{\text{B}}$，$\boxed{\text{C}}$，$\boxed{\text{D}}$のそれぞれが少なくとも1回は取り出され，かつ$\boxed{\text{A}}$，$\boxed{\text{B}}$，$\boxed{\text{C}}$，$\boxed{\text{D}}$のうちいずれか1枚が6回目の試行で初めて取り出されることを意味する。

また，3以上5以下の自然数nに対し，6回の試行のうちn回目の試行で初めてA，B，Cだけがそろうとは，6回の試行のうち1回目からn回目の試行で，$\boxed{\text{A}}$，$\boxed{\text{B}}$，$\boxed{\text{C}}$のそれぞれが少なくとも1回は取り出され，$\boxed{\text{D}}$は1回も取り出されず，かつ$\boxed{\text{A}}$，$\boxed{\text{B}}$，$\boxed{\text{C}}$のうちいずれか1枚がn回目の試行で初めて取り出されることを意味する。6回の試行のうちn回目の試行で初めてB，C，Dだけがそろうなども同様に定める。

(数学Ⅰ・数学A第3問は次ページに続く。)

太郎さんと花子さんは，6回目の試行で初めてA，B，C，Dがそろう確率について考えている。

太郎：例えば，5回目までに$\boxed{\text{A}}$，$\boxed{\text{B}}$，$\boxed{\text{C}}$のそれぞれが少なくとも1回は取り出され，かつ6回目に初めて$\boxed{\text{D}}$が取り出される場合を考えたら計算できそうだね。

花子：それなら，初めてA，B，Cだけがそろうのが，3回目のとき，4回目のとき，5回目のときで分けて考えてみてはどうかな。

6回の試行のうち3回目の試行で初めてA，B，Cだけがそろう取り出し方が$\boxed{\text{ク}}$通りであることに注意すると，「6回の試行のうち3回目の試行で初めてA，B，Cだけがそろい，かつ6回目の試行で初めて$\boxed{\text{D}}$が取り出される」取り出し方は$\boxed{\text{スセ}}$通りあることがわかる。

同じように考えると，「6回の試行のうち4回目の試行で初めてA，B，Cだけがそろい，かつ6回目の試行で初めて$\boxed{\text{D}}$が取り出される」取り出し方は$\boxed{\text{ソタ}}$通りあることもわかる。

以上のように考えることにより，6回目の試行で初めてA，B，C，Dがそろう確率は$\dfrac{\boxed{\text{チツ}}}{\boxed{\text{テトナ}}}$であることがわかる。

第3問～第5問は，いずれか2問を選択し，解答しなさい。

第4問 （選択問題）（配点　20）

T3，T4，T6を次のようなタイマーとする。

T3 ：3進数を3桁表示するタイマー

T4 ：4進数を3桁表示するタイマー

T6 ：6進数を3桁表示するタイマー

なお，n 進数とは n 進法で表された数のことである。

これらのタイマーは，すべて次の**表示方法**に従うものとする。

表示方法

(a)　スタートした時点でタイマーは000と表示されている。

(b)　タイマーは，スタートした後，表示される数が1秒ごとに1ずつ増えていき，3桁で表示できる最大の数が表示された1秒後に，表示が000に戻る。

(c)　タイマーは表示が000に戻った後も，(b)と同様に，表示される数が1秒ごとに1ずつ増えていき，3桁で表示できる最大の数が表示された1秒後に，表示が000に戻るという動作を繰り返す。

T3

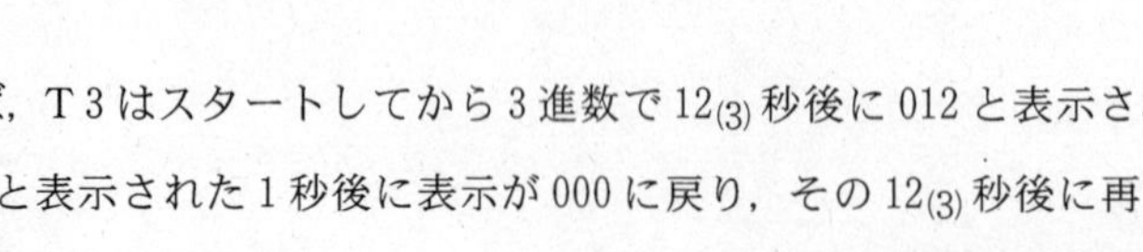

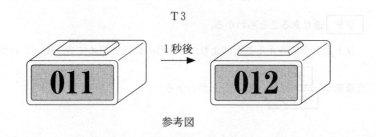

参考図

例えば，T3はスタートしてから3進数で $12_{(3)}$ 秒後に012と表示される。その後，222と表示された1秒後に表示が000に戻り，その $12_{(3)}$ 秒後に再び012と表示される。

（数学Ⅰ・数学A第4問は次ページに続く。）

(1) T 6 は，スタートしてから 10 進数で 40 秒後に **アイウ** と表示される。

T 4 は，スタートしてから 2 進数で $10011_{(2)}$ 秒後に **エオカ** と表示される。

(2) T 4 をスタートさせた後，初めて表示が 000 に戻るのは，スタートしてから 10 進数で **キク** 秒後であり，その後も キク 秒ごとに表示が 000 に戻る。

同様の考察を T 6 に対しても行うことにより，T 4 と T 6 を同時にスタートさせた後，初めて両方の表示が同時に 000 に戻るのは，スタートしてから 10 進数で **ケコサシ** 秒後であることがわかる。

（数学Ⅰ・数学A第 4 問は次ページに続く。）

(3)　0 以上の整数 ℓ に対して，T 4 をスタートさせた ℓ 秒後に T 4 が 012 と表示されることと

ℓ を **スセ** で割った余りが **ソ** であること

は同値である。ただし，スセ と ソ は 10 進法で表されているものとする。

T 3 についても同様の考察を行うことにより，次のことがわかる。

T 3 と T 4 を同時にスタートさせてから，初めて両方が同時に 012 と表示されるまでの時間を m 秒とするとき，m は 10 進法で **タチツ** と表される。

（数学Ⅰ・数学A第 4 問は次ページに続く。）

また，T4とT6の表示に関する記述として，次の⓪～③のうち，正しいものは［テ］である。

［テ］の解答群

⓪ T4とT6を同時にスタートさせてから，m秒後より前に初めて両方が同時に012と表示される。
① T4とT6を同時にスタートさせてから，ちょうどm秒後に初めて両方が同時に012と表示される。
② T4とT6を同時にスタートさせてから，m秒後より後に初めて両方が同時に012と表示される。
③ T4とT6を同時にスタートさせてから，両方が同時に012と表示されることはない。

第3問～第5問は，いずれか2問を選択し，解答しなさい。

第5問 (選択問題)(配点 20)

図1のように，平面上に5点A，B，C，D，Eがあり，線分AC，CE，EB，BD，DAによって，星形の図形ができるときを考える。線分ACとBEの交点をP，ACとBDの交点をQ，BDとCEの交点をR，ADとCEの交点をS，ADとBEの交点をTとする。

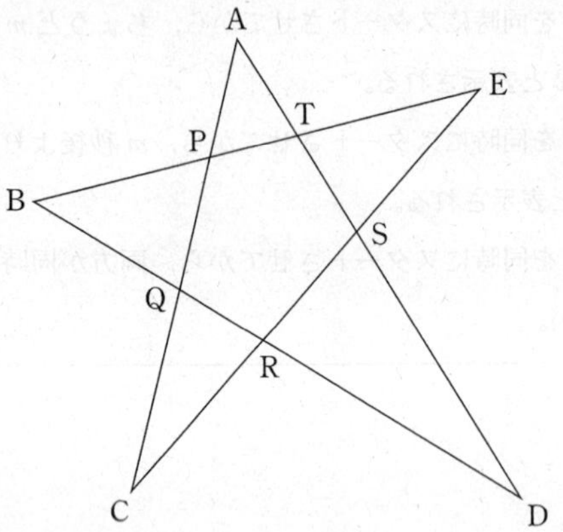

図 1

ここでは

$$AP : PQ : QC = 2 : 3 : 3, \quad AT : TS : SD = 1 : 1 : 3$$

を満たす星形の図形を考える。

以下の問題において比を解答する場合は，最も簡単な整数の比で答えよ。

(数学Ⅰ・数学A第5問は次ページに続く。)

(1) △AQD と直線 CE に着目すると

$$\frac{\mathrm{QR}}{\mathrm{RD}} \cdot \frac{\mathrm{DS}}{\mathrm{SA}} \cdot \frac{\boxed{\text{ア}}}{\mathrm{CQ}} = 1$$

が成り立つので

$$\mathrm{QR} : \mathrm{RD} = \boxed{\text{イ}} : \boxed{\text{ウ}}$$

となる。また，△AQD と直線 BE に着目すると

$$\mathrm{QB} : \mathrm{BD} = \boxed{\text{エ}} : \boxed{\text{オ}}$$

となる。したがって

$$\mathrm{BQ} : \mathrm{QR} : \mathrm{RD} = \boxed{\text{エ}} : \boxed{\text{イ}} : \boxed{\text{ウ}}$$

となることがわかる。

ア の解答群

⓪ AC	① AP	② AQ	③ CP	④ PQ

（数学Ⅰ・数学A第5問は次ページに続く。）

(2) 5点P，Q，R，S，Tが同一円周上にあるとし，AC = 8であるとする。

(i) 5点A，P，Q，S，Tに着目すると，AT : AS = 1 : 2より
AT $= \sqrt{\boxed{\text{カ}}}$ となる。さらに，5点D，Q，R，S，Tに着目すると
DR $= 4\sqrt{3}$ となることがわかる。

(ii) 3点A，B，Cを通る円と点Dとの位置関係を，次の**構想**に基づいて調べよう。

構想

> 線分ACとBDの交点Qに着目し，AQ・CQとBQ・DQの大小を比べる。

まず，AQ・CQ = 5・3 = 15 かつ BQ・DQ = $\boxed{\text{キク}}$ であるから

AQ・CQ $\boxed{\text{ケ}}$ BQ・DQ ……………………………… ①

が成り立つ。また，3点A，B，Cを通る円と直線BDとの交点のうち，Bと異なる点をXとすると

AQ・CQ $\boxed{\text{コ}}$ BQ・XQ ……………………………… ②

が成り立つ。①と②の左辺は同じなので，①と②の右辺を比べることにより，XQ $\boxed{\text{サ}}$ DQが得られる。したがって，点Dは3点A，B，Cを通る円の $\boxed{\text{シ}}$ にある。

$\boxed{\text{ケ}}$ ～ $\boxed{\text{サ}}$ の解答群(同じものを繰り返し選んでもよい。)

⓪ $<$	① $=$	② $>$

$\boxed{\text{シ}}$ の解答群

⓪ 内部	① 周上	② 外部

(数学Ⅰ・数学A第5問は次ページに続く。)

(iii) 3点C, D, Eを通る円と2点A, Bとの位置関係について調べよう。

この星形の図形において，さらに$CR = RS = SE = 3$となることがわかる。したがって，点Aは3点C, D, Eを通る円の [ス] にあり，点Bは3点C, D, Eを通る円の [セ] にある。

[ス], [セ] の解答群(同じものを繰り返し選んでもよい。)

⓪ 内部	① 周上	② 外部

2023 本試 (100点 70分)

〔数学Ⅰ・A〕

注　意　事　項

1　**数学解答用紙を切り離し，試験開始の準備をしなさい。**

2　**時間を計り，上記の解答時間内で解答しなさい。**

ただし，納得のいくまで時間をかけて解答するという利用法でもかまいません。

3　第1問，第2問は必答。第3問～第5問から2問選択。計4問を解答しなさい。

4　この回の問題は，このページを含め，30ページあります。

5　**解答用紙には解答欄以外に受験番号欄，氏名欄，試験場コード欄，解答科目欄があります。解答科目欄は解答する科目**を一つ選び，**マーク**しなさい。**その他の欄**は自分自身で本番を想定し，**正しく記入し，マークしなさい。**

6　**解答は解答用紙の解答欄にマークしなさい。**

7　選択問題については，解答する問題を決めたあと，その問題番号の解答欄に解答しなさい。ただし，**指定された問題数をこえて解答してはいけません。**

8　問題の余白は適宜利用してよいが，どのページも切り離してはいけません。

第１問　（必答問題）（配点　30）

〔1〕　実数 x についての不等式

$$|x+6| \leqq 2$$

の解は

$$\boxed{\text{アイ}} \leqq x \leqq \boxed{\text{ウエ}}$$

である。

　よって，実数 a，b，c，d が

$$\left|(1-\sqrt{3})(a-b)(c-d)+6\right| \leqq 2$$

を満たしているとき，$1-\sqrt{3}$ は負であることに注意すると，$(a-b)(c-d)$ のとり得る値の範囲は

$$\boxed{\text{オ}} + \boxed{\text{カ}}\sqrt{3} \leqq (a-b)(c-d) \leqq \boxed{\text{キ}} + \boxed{\text{ク}}\sqrt{3}$$

であることがわかる。

（数学Ⅰ・数学A第１問は次ページに続く。）

特に

$$(a-b)(c-d)=\boxed{\text{キ}}+\boxed{\text{ク}}\sqrt{3} \quad \cdots\cdots\cdots\cdots\cdots\cdots ①$$

であるとき，さらに

$$(a-c)(b-d)=-3+\sqrt{3} \quad \cdots\cdots\cdots\cdots\cdots\cdots ②$$

が成り立つならば

$$(a-d)(c-b)=\boxed{\text{ケ}}+\boxed{\text{コ}}\sqrt{3} \quad \cdots\cdots\cdots\cdots\cdots\cdots ③$$

であることが，等式①，②，③の左辺を展開して比較することによりわかる。

（数学Ⅰ・数学A第１問は次ページに続く。）

〔2〕

(1) 点Oを中心とし，半径が5である円Oがある。この円周上に2点A，BをAB＝6となるようにとる。また，円Oの円周上に，2点A，Bとは異なる点Cをとる。

(i) $\sin\angle ACB =$ [サ] である。また，点Cを$\angle ACB$が鈍角となるようにとるとき，$\cos\angle ACB =$ [シ] である。

(ii) 点Cを△ABCの面積が最大となるようにとる。点Cから直線ABに垂直な直線を引き，直線ABとの交点をDとするとき，

$\tan\angle OAD =$ [ス] である。また，△ABCの面積は [セソ] である。

[サ] ～ [ス] の解答群(同じものを繰り返し選んでもよい。)

⓪	$\frac{3}{5}$	①	$\frac{3}{4}$	②	$\frac{4}{5}$	③	1	④	$\frac{4}{3}$
⑤	$-\frac{3}{5}$	⑥	$-\frac{3}{4}$	⑦	$-\frac{4}{5}$	⑧	-1	⑨	$-\frac{4}{3}$

(数学Ⅰ・数学A第1問は6ページに続く。)

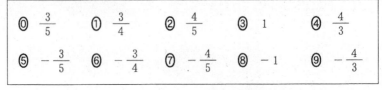

(下 書 き 用 紙)

数学Ⅰ・数学Aの試験問題は次に続く。

(2) 半径が5である球Sがある。この球面上に3点P，Q，Rをとったとき，これらの3点を通る平面 α 上で $PQ=8$，$QR=5$，$RP=9$ であったとする。

球Sの球面上に点Tを三角錐《すい》TPQRの体積が最大となるようにとるとき，その体積を求めよう。

まず，$\cos\angle QPR=\dfrac{\boxed{\text{タ}}}{\boxed{\text{チ}}}$ であることから，△PQRの面積は

$\boxed{\text{ツ}}\sqrt{\boxed{\text{テト}}}$ である。

次に，点Tから平面 α に垂直な直線を引き，平面 α との交点をHとする。このとき，PH，QH，RHの長さについて，$\boxed{\text{ナ}}$ が成り立つ。

以上より，三角錐TPQRの体積は $\boxed{\text{ニヌ}}\left(\sqrt{\boxed{\text{ネノ}}}+\sqrt{\boxed{\text{ハ}}}\right)$ である。

$\boxed{\text{ナ}}$ の解答群

⓪ $PH<QH<RH$	① $PH<RH<QH$
② $QH<PH<RH$	③ $QH<RH<PH$
④ $RH<PH<QH$	⑤ $RH<QH<PH$
⑥ $PH=QH=RH$	

（下 書 き 用 紙）

数学Ⅰ・数学Aの試験問題は次に続く。

第2問 （必答問題）（配点　30）

〔1〕　太郎さんは，総務省が公表している2020年の家計調査の結果を用いて，地域による食文化の違いについて考えている。家計調査における調査地点は，都道府県庁所在市および政令指定都市（都道府県庁所在市を除く）であり，合計52市である。家計調査の結果の中でも，スーパーマーケットなどで販売されている調理食品の「二人以上の世帯の1世帯当たり年間支出金額（以下，支出金額，単位は円）」を分析することにした。以下においては，52市の調理食品の支出金額をデータとして用いる。

太郎さんは調理食品として，最初にうなぎのかば焼き（以下，かば焼き）に着目し，図1のように52市におけるかば焼きの支出金額のヒストグラムを作成した。ただし，ヒストグラムの各階級の区間は，左側の数値を含み，右側の数値を含まない。

なお，以下の図や表については，総務省のWebページをもとに作成している。

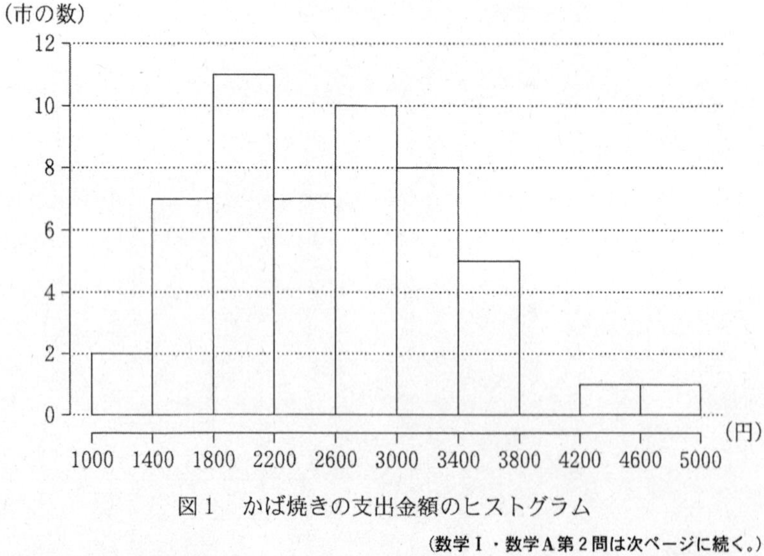

図1　かば焼きの支出金額のヒストグラム

（数学Ⅰ・数学A第2問は次ページに続く。）

(1) 図1から次のことが読み取れる。

- 第1四分位数が含まれる階級は [ア] である。
- 第3四分位数が含まれる階級は [イ] である。
- 四分位範囲は [ウ] 。

[ア] , [イ] の解答群(同じものを繰り返し選んでもよい。)

⓪ 1000以上1400未満	① 1400以上1800未満
② 1800以上2200未満	③ 2200以上2600未満
④ 2600以上3000未満	⑤ 3000以上3400未満
⑥ 3400以上3800未満	⑦ 3800以上4200未満
⑧ 4200以上4600未満	⑨ 4600以上5000未満

[ウ] の解答群

⓪ 800より小さい
① 800より大きく1600より小さい
② 1600より大きく2400より小さい
③ 2400より大きく3200より小さい
④ 3200より大きく4000より小さい
⑤ 4000より大きい

(数学Ⅰ・数学A第2問は次ページに続く。)

(2) 太郎さんは，東西での地域による食文化の違いを調べるために，52 市を東側の地域 E(19 市)と西側の地域 W(33 市)の二つに分けて考えることにした。

(i) 地域 E と地域 W について，かば焼きの支出金額の箱ひげ図を，図 2，図 3 のようにそれぞれ作成した。

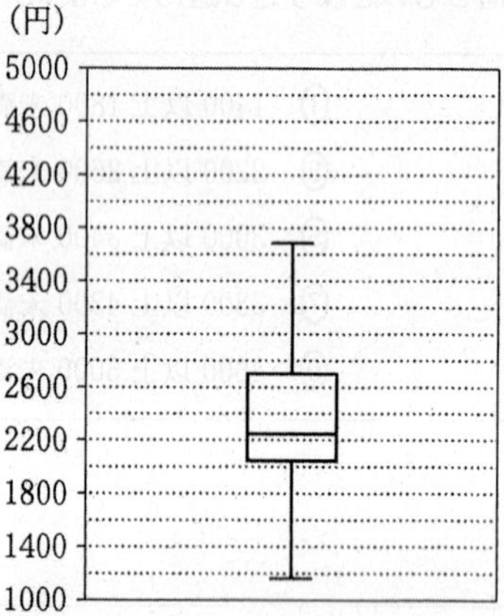

図 2　地域 E におけるかば焼きの支出金額の箱ひげ図

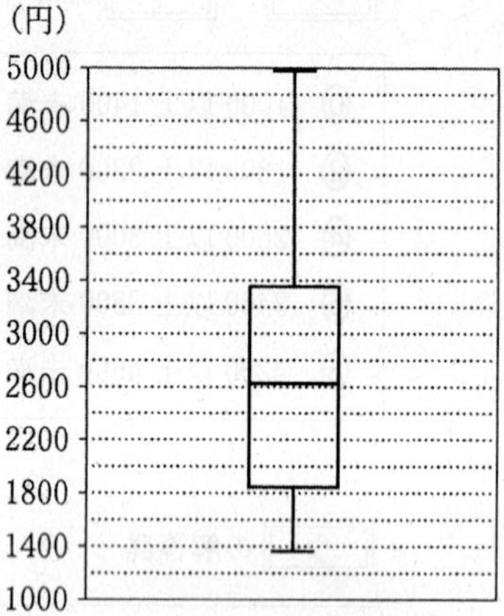

図 3　地域 W におけるかば焼きの支出金額の箱ひげ図

かば焼きの支出金額について，図 2 と図 3 から読み取れることとして，次の⓪～③のうち，正しいものは [エ] である。

[エ] の解答群

⓪ 地域 E において，小さい方から 5 番目は 2000 以下である。
① 地域 E と地域 W の範囲は等しい。
② 中央値は，地域 E より地域 W の方が大きい。
③ 2600 未満の市の割合は，地域 E より地域 W の方が大きい。

(数学Ⅰ・数学A第 2 問は次ページに続く。)

(ii) 太郎さんは，地域Ｅと地域Ｗのデータの散らばりの度合いを数値でとらえようと思い，それぞれの分散を考えることにした。地域Ｅにおけるかば焼きの支出金額の分散は，地域Ｅのそれぞれの市におけるかば焼きの支出金額の偏差の［オ］である。

［オ］の解答群

⓪ ２乗を合計した値
① 絶対値を合計した値
② ２乗を合計して地域Ｅの市の数で割った値
③ 絶対値を合計して地域Ｅの市の数で割った値
④ ２乗を合計して地域Ｅの市の数で割った値の平方根のうち正のもの
⑤ 絶対値を合計して地域Ｅの市の数で割った値の平方根のうち正のもの

(数学Ⅰ・数学Ａ第２問は次ページに続く。)

⑶ 太郎さんは，⑵で考えた地域Eにおける，やきとりの支出金額についても調べることにした。

ここでは地域Eにおいて，やきとりの支出金額が増加すれば，かば焼きの支出金額も増加する傾向があるのではないかと考え，まず図4のように，地域Eにおける，やきとりとかば焼きの支出金額の散布図を作成した。そして，相関係数を計算するために，表1のように平均値，分散，標準偏差および共分散を算出した。ただし，共分散は地域Eのそれぞれの市における，やきとりの支出金額の偏差とかば焼きの支出金額の偏差との積の平均値である。

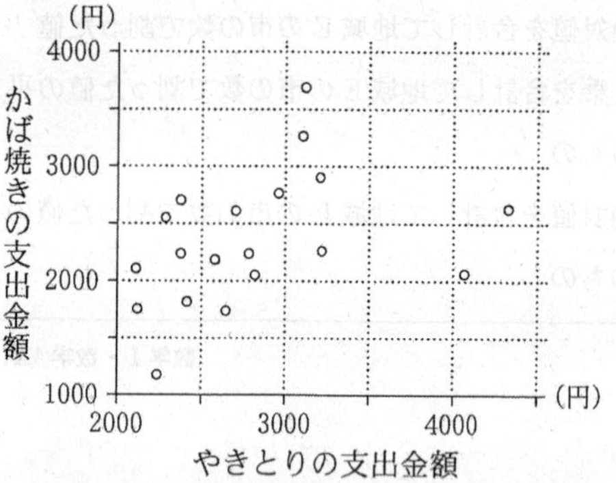

図4　地域Eにおける，やきとりとかば焼きの支出金額の散布図

表1　地域Eにおける，やきとりとかば焼きの支出金額の平均値，分散，標準偏差および共分散

	平均値	分　散	標準偏差	共分散
やきとりの支出金額	2810	348100	590	124000
かば焼きの支出金額	2350	324900	570	

(数学Ⅰ・数学A第2問は次ページに続く。)

表1を用いると，地域Eにおける，やきとりの支出金額とかば焼きの支出金額の相関係数は［カ］である。

［カ］については，最も適当なものを，次の⓪～⑨のうちから一つ選べ。

⓪ －0.62	① －0.50	② －0.37	③ －0.19
④ －0.02	⑤ 0.02	⑥ 0.19	⑦ 0.37
⑧ 0.50	⑨ 0.62		

（数学Ⅰ・数学A第2問は次ページに続く。）

〔2〕 太郎さんと花子さんは，バスケットボールのプロ選手の中には，リングと同じ高さでシュートを打てる人がいることを知り，シュートを打つ高さによってボールの軌道がどう変わるかについて考えている。

二人は，図1のように座標軸が定められた平面上に，プロ選手と花子さんがシュートを打つ様子を真横から見た図をかき，ボールがリングに入った場合について，後の**仮定**を設定して考えることにした。長さの単位はメートルであるが，以下では省略する。

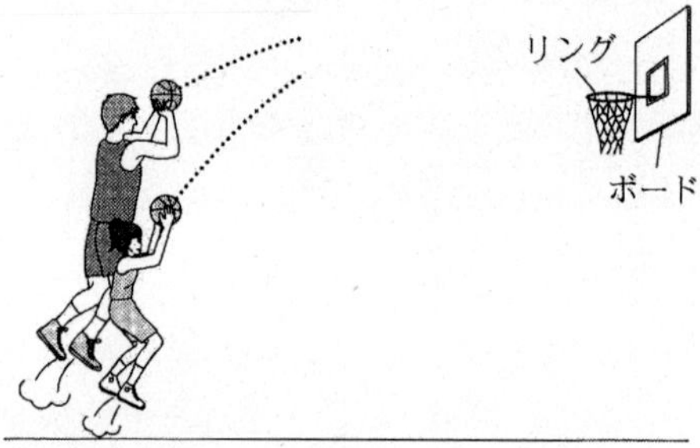

参考図

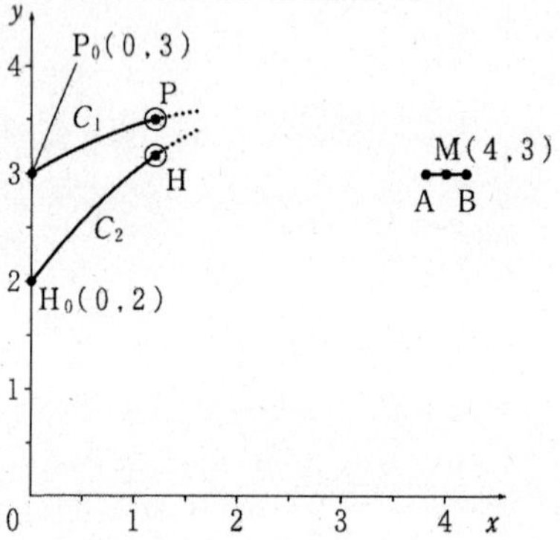

図 1

（数学Ⅰ・数学A第2問は次ページに続く。）

仮定

- 平面上では，ボールを直径 0.2 の円とする。
- リングを真横から見たときの左端を点 A(3.8 , 3)，右端を点 B(4.2 , 3) とし，リングの太さは無視する。
- ボールがリングや他のものに当たらずに上からリングを通り，かつ，ボールの中心が AB の中点 M(4 , 3)を通る場合を考える。ただし，ボールがリングに当たるとは，ボールの中心と A または B との距離が 0.1 以下になることとする。
- プロ選手がシュートを打つ場合のボールの中心を点 P とし，P は，はじめに点 P_0(0 , 3)にあるものとする。また，P_0，M を通る，上に凸の放物線を C_1 とし，P は C_1 上を動くものとする。
- 花子さんがシュートを打つ場合のボールの中心を点 H とし，H は，はじめに点 H_0(0 , 2)にあるものとする。また，H_0，M を通る，上に凸の放物線を C_2 とし，H は C_2 上を動くものとする。
- 放物線 C_1 や C_2 に対して，頂点の y 座標を「**シュートの高さ**」とし，頂点の x 座標を「**ボールが最も高くなるときの地上の位置**」とする。

(1) 放物線 C_1 の方程式における x^2 の係数を a とする。放物線 C_1 の方程式は

$$y = ax^2 - \boxed{\text{キ}}\,ax + \boxed{\text{ク}}$$

と表すことができる。また，プロ選手の「**シュートの高さ**」は

$$-\boxed{\text{ケ}}\,a + \boxed{\text{コ}}$$

である。

(数学Ⅰ・数学A第2問は次ページに続く。)

放物線 C_2 の方程式における x^2 の係数を p とする。放物線 C_2 の方程式は

$$y = p\left\{x - \left(2 - \frac{1}{8p}\right)\right\}^2 - \frac{(16p-1)^2}{64p} + 2$$

と表すことができる。

プロ選手と花子さんの「**ボールが最も高くなるときの地上の位置**」の比較の記述として，次の⓪～③のうち，正しいものは［サ］である。

［サ］の解答群

⓪ プロ選手と花子さんの「**ボールが最も高くなるときの地上の位置**」は，つねに一致する。

① プロ選手の「**ボールが最も高くなるときの地上の位置**」の方が，つねにMの x 座標に近い。

② 花子さんの「**ボールが最も高くなるときの地上の位置**」の方が，つねにMの x 座標に近い。

③ プロ選手の「**ボールが最も高くなるときの地上の位置**」の方がMの x 座標に近いときもあれば，花子さんの「**ボールが最も高くなるときの地上の位置**」の方がMの x 座標に近いときもある。

(数学Ⅰ・数学A第2問は18ページに続く。)

(下 書 き 用 紙)

数学Ⅰ・数学Aの試験問題は次に続く。

(2) 二人は，ボールがリングすれすれを通る場合のプロ選手と花子さんの「**シュートの高さ**」について次のように話している。

太郎：例えば，プロ選手のボールがリングに当たらないようにするには，P がリングの左端 A のどのくらい上を通れば良いのかな。

花子：A の真上の点で P が通る点 D を，線分 DM が A を中心とする半径 0.1 の円と接するようにとって考えてみたらどうかな。

太郎：なるほど。P の軌道は上に凸の放物線で山なりだから，その場合，図 2 のように，P は D を通った後で線分 DM より上側を通るのでボールはリングに当たらないね。花子さんの場合も，H がこの D を通れば，ボールはリングに当たらないね。

花子：放物線 C_1 と C_2 が D を通る場合でプロ選手と私の「**シュートの高さ**」を比べてみようよ。

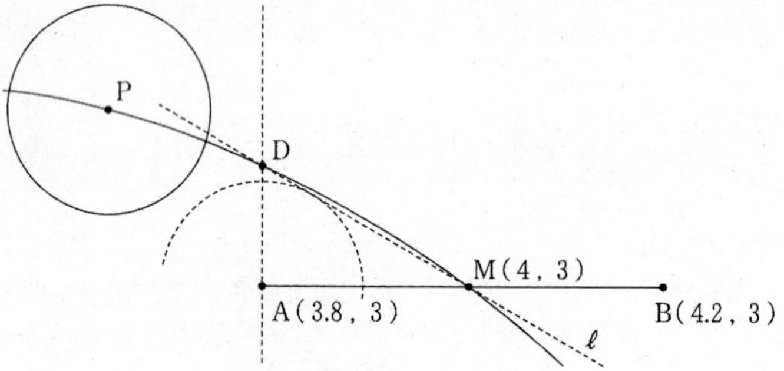

図　2

(数学Ⅰ・数学A第2問は次ページに続く。)

図2のように，Mを通る直線ℓが，Aを中心とする半径0.1の円に直線ABの上側で接しているとする。また，Aを通り直線ABに垂直な直線を引き，ℓとの交点をDとする。このとき，$\mathrm{AD}=\dfrac{\sqrt{3}}{15}$である。

よって，放物線C_1がDを通るとき，C_1の方程式は

$$y=-\frac{\boxed{\text{シ}}\sqrt{\boxed{\text{ス}}}}{\boxed{\text{セソ}}}\left(x^2-\boxed{\text{キ}}\,x\right)+\boxed{\text{ク}}$$

となる。

また，放物線C_2がDを通るとき，(1)で与えられたC_2の方程式を用いると，花子さんの「**シュートの高さ**」は約3.4と求められる。

以上のことから，放物線C_1とC_2がDを通るとき，プロ選手と花子さんの「**シュートの高さ**」を比べると，$\boxed{\text{タ}}$の「**シュートの高さ**」の方が大きく，その差はボール$\boxed{\text{チ}}$である。なお，$\sqrt{3}=1.7320508\cdots$である。

$\boxed{\text{タ}}$の解答群

⓪　プロ選手	①　花子さん

$\boxed{\text{チ}}$については，最も適当なものを，次の⓪～③のうちから一つ選べ。

⓪　約1個分	①　約2個分	②　約3個分	③　約4個分

第3問～第5問は，いずれか2問を選択し，解答しなさい。

第3問　(選択問題)(配点　20)

番号によって区別された複数の球が，何本かのひもでつながれている。ただし，各ひもはその両端で二つの球をつなぐものとする。次の**条件**を満たす球の塗り分け方(以下，球の塗り方)を考える。

条件

- それぞれの球を，用意した5色(赤，青，黄，緑，紫)のうちのいずれか1色で塗る。
- 1本のひもでつながれた二つの球は異なる色になるようにする。
- 同じ色を何回使ってもよく，また使わない色があってもよい。

例えば図Aでは，三つの球が2本のひもでつながれている。この三つの球を塗るとき，球1の塗り方が5通りあり，球1を塗った後，球2の塗り方は4通りあり，さらに球3の塗り方は4通りある。したがって，球の塗り方の総数は80である。

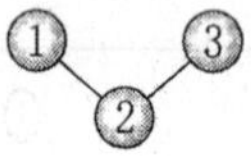

図　A

(1)　図Bにおいて，球の塗り方は［アイウ］通りある。

図　B

(数学Ⅰ・数学A第3問は次ページに続く。)

(2) 図Cにおいて，球の塗り方は **エオ** 通りある。

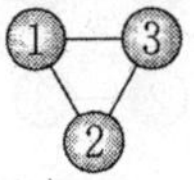

図　C

(3) 図Dにおける球の塗り方のうち，赤をちょうど2回使う塗り方は **カキ** 通りある。

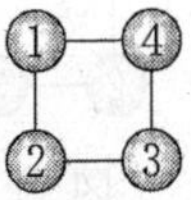

図　D

(4) 図Eにおける球の塗り方のうち，赤をちょうど3回使い，かつ青をちょうど2回使う塗り方は **クケ** 通りある。

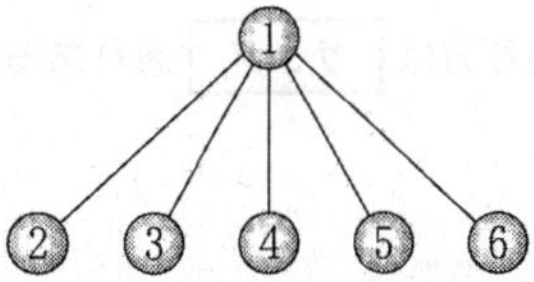

図　E

(数学Ⅰ・数学A第3問は次ページに続く。)

(5) 図Dにおいて，球の塗り方の総数を求める。

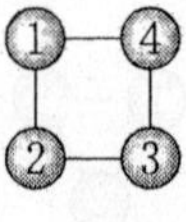

図　D(再掲)

そのために，次の**構想**を立てる。

構想

図Dと図Fを比較する。

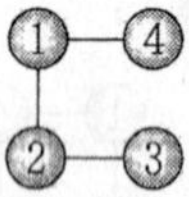

図　F

図Fでは球3と球4が同色になる球の塗り方が可能であるため，図Dよりも図Fの球の塗り方の総数の方が大きい。

図Fにおける球の塗り方は，図Bにおける球の塗り方と同じであるため，全部で アイウ 通りある。そのうち球3と球4が同色になる球の塗り方の総数と一致する図として，後の⓪～④のうち，正しいものは コ である。したがって，図Dにおける球の塗り方は サシス 通りある。

コ の解答群

⓪

①

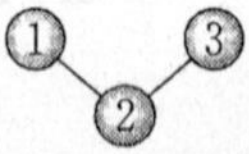

②

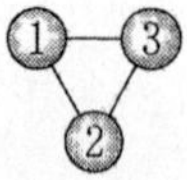

③

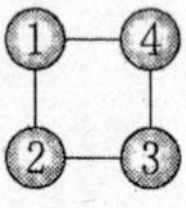

④

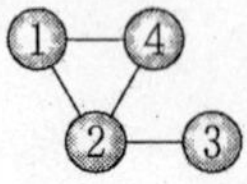

(数学Ⅰ・数学A第3問は次ページに続く。)

(6) 図 G において，球の塗り方は セソタチ 通りある。

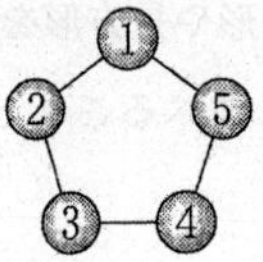

図 G

第3問～第5問は，いずれか2問を選択し，解答しなさい。

第4問 （選択問題）（配点 20）

色のついた長方形を並べて正方形や長方形を作ることを考える。色のついた長方形は，向きを変えずにすき間なく並べることとし，色のついた長方形は十分《じゅうぶん》あるものとする。

(1) 横の長さが 462 で縦の長さが 110 である赤い長方形を，図1のように並べて正方形や長方形を作ることを考える。

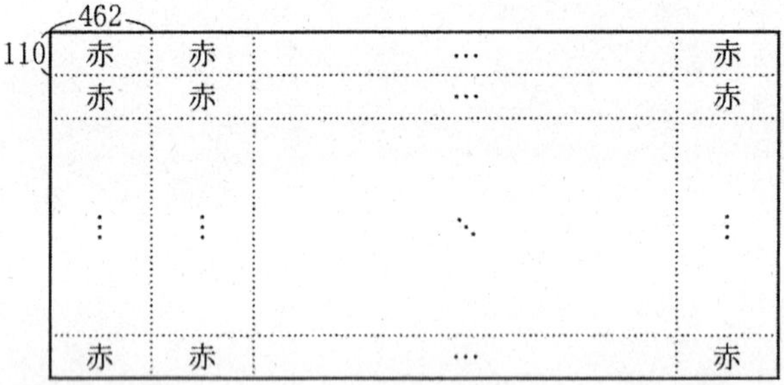

図 1

（数学Ⅰ・数学A第4問は次ページに続く。）

462 と 110 の両方を割り切る素数のうち最大のものは **アイ** である。

赤い長方形を並べて作ることができる正方形のうち，辺の長さが最小であるものは，一辺の長さが **ウエオカ** のものである。

また，赤い長方形を並べて正方形ではない長方形を作るとき，横の長さと縦の長さの差の絶対値が最小になるのは，462 の約数と 110 の約数を考えると，差の絶対値が **キク** になるときであることがわかる。

縦の長さが横の長さより キク 長い長方形のうち，横の長さが最小であるものは，横の長さが **ケコサシ** のものである。

（数学Ⅰ・数学A第4問は次ページに続く。）

(2) 花子さんと太郎さんは，(1)で用いた赤い長方形を 1 枚以上並べて長方形を作り，その右側に横の長さが 363 で縦の長さが 154 である青い長方形を 1 枚以上並べて，図 2 のような正方形や長方形を作ることを考えている。

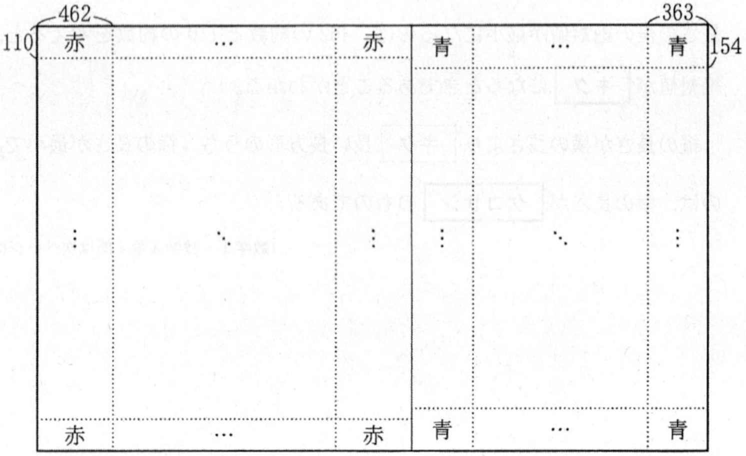

図　2

このとき，赤い長方形を並べてできる長方形の縦の長さと，青い長方形を並べてできる長方形の縦の長さは等しい。よって，図 2 のような長方形のうち，縦の長さが最小のものは，縦の長さが **スセソ** のものであり，図 2 のような長方形は縦の長さが スセソ の倍数である。

(数学Ⅰ・数学A第 4 問は次ページに続く。)

二人は，次のように話している。

花子：赤い長方形と青い長方形を図 2 のように並べて正方形を作ってみようよ。

太郎：赤い長方形の横の長さが 462 で青い長方形の横の長さが 363 だから，図 2 のような正方形の横の長さは 462 と 363 を組み合わせて作ることができる長さでないといけないね。

花子：正方形だから，横の長さは [スセソ] の倍数でもないといけないね。

462 と 363 の最大公約数は [タチ] であり，[タチ] の倍数のうちで [スセソ] の倍数でもある最小の正の整数は [ツテトナ] である。

これらのことと，使う長方形の枚数が赤い長方形も青い長方形も 1 枚以上であることから，図 2 のような正方形のうち，辺の長さが最小であるものは，一辺の長さが [ニヌネノ] のものであることがわかる。

第3問～第5問は，いずれか2問を選択し，解答しなさい。

第5問 （選択問題）（配点　20）

(1)　円Oに対して，次の手順1で作図を行う。

手順1

(Step 1)　円Oと異なる2点で交わり，中心Oを通らない直線ℓを引く。円Oと直線ℓとの交点をA，Bとし，線分ABの中点Cをとる。

(Step 2)　円Oの周上に，点Dを∠CODが鈍角となるようにとる。直線CDを引き，円Oとの交点でDとは異なる点をEとする。

(Step 3)　点Dを通り直線OCに垂直な直線を引き，直線OCとの交点をFとし，円Oとの交点でDとは異なる点をGとする。

(Step 4)　点Gにおける円Oの接線を引き，直線ℓとの交点をHとする。

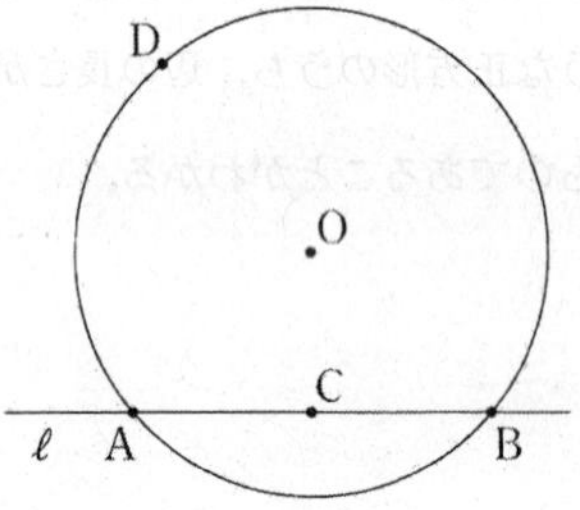

参考図

このとき，直線ℓと点Dの位置によらず，直線EHは円Oの接線である。このことは，次の**構想**に基づいて，後のように説明できる。

（数学Ⅰ・数学A第5問は次ページに続く。）

構想

直線 EH が円 O の接線であることを証明するためには，

∠OEH ＝ [アイ]° であることを示せばよい。

手順 1 の(Step 1)と(Step 4)により，4 点 C，G，H，[ウ] は同一円周上にあることがわかる。よって，∠CHG ＝ [エ] である。一方，点 E は円 O の周上にあることから，[エ] ＝ [オ] がわかる。よって，∠CHG ＝ [オ] であるので，4 点 C，G，H，[カ] は同一円周上にある。この円が点 [ウ] を通ることにより，∠OEH ＝ [アイ]° を示すことができる。

[ウ] の解答群

⓪ B	① D	② F	③ O

[エ] の解答群

⓪ ∠AFC	① ∠CDF	② ∠CGH	③ ∠CBO	④ ∠FOG

[オ] の解答群

⓪ ∠AED	① ∠ADE	② ∠BOE	③ ∠DEG	④ ∠EOH

[カ] の解答群

⓪ A	① D	② E	③ F

(数学Ⅰ・数学A第 5 問は次ページに続く。)

(2) 円Oに対して，(1)の**手順1**とは直線ℓの引き方を変え，次の**手順2**で作図を行う。

手順2

(Step 1) 円Oと共有点をもたない直線ℓを引く。中心Oから直線ℓに垂直な直線を引き，直線ℓとの交点をPとする。

(Step 2) 円Oの周上に，点Qを∠POQが鈍角となるようにとる。直線PQを引き，円Oとの交点でQとは異なる点をRとする。

(Step 3) 点Qを通り直線OPに垂直な直線を引き，円Oとの交点でQとは異なる点をSとする。

(Step 4) 点Sにおける円Oの接線を引き，直線ℓとの交点をTとする。

このとき，∠PTS = [キ] である。

円Oの半径が$\sqrt{5}$で，OT = $3\sqrt{6}$であったとすると，3点O，P，Rを通る円の半径は$\dfrac{[ク]\sqrt{[ケ]}}{[コ]}$であり，RT = [サ] である。

[キ] の解答群

⓪ ∠PQS	① ∠PST	② ∠QPS	③ ∠QRS	④ ∠SRT

2023 追試

(100点
70分)

〔数学Ⅰ・A〕

注　意　事　項

1　**数学解答用紙を切り離し，試験開始の準備をしなさい。**

2　**時間を計り，上記の解答時間内で解答しなさい。**

ただし，納得のいくまで時間をかけて解答するという利用法でもかまいません。

3　第1問，第2問は必答。第3問～第5問から2問選択。計4問を解答しなさい。

4　この回の問題は，このページを含め，27ページあります。

5　**解答用紙には解答欄以外に受験番号欄，氏名欄，試験場コード欄，解答科目欄があります。解答科目欄は解答する科目**を一つ選び，**マーク**しなさい。**その他の欄**は自分自身で本番を想定し，**正しく記入し，マークしなさい。**

6　**解答は解答用紙の解答欄にマークしなさい。**

7　選択問題については，解答する問題を決めたあと，その問題番号の解答欄に解答しなさい。ただし，**指定された問題数をこえて解答してはいけません。**

8　問題の余白は適宜利用してよいが，どのページも切り離してはいけません。

第１問　（必答問題）（配点　30）

〔1〕 k を定数として，x についての不等式

$$\sqrt{5}\,x < k - x < 2x + 1 \qquad \cdots\cdots\cdots\cdots\cdots\cdots\cdots\cdots\cdots ①$$

を考える。

(1)　不等式 $k - x < 2x + 1$ を解くと

$$x > \frac{k - \boxed{\text{ア}}}{\boxed{\text{イ}}}$$

であり，不等式 $\sqrt{5}\,x < k - x$ を解くと

$$x < \frac{\boxed{\text{ウエ}} + \sqrt{5}}{\boxed{\text{オ}}}\,k$$

である。

よって，不等式 ① を満たす x が存在するような k の値の範囲は

$$k < \boxed{\text{カ}} + \boxed{\text{キ}}\,\sqrt{5} \qquad \cdots\cdots\cdots\cdots\cdots\cdots\cdots\cdots\cdots ②$$

である。

（数学Ⅰ・数学A第１問は次ページに続く。）

(2) p, q は $p < q$ を満たす実数とする。x の値の範囲 $p < x < q$ に対し，$q - p$ をその範囲の幅ということにする。

②が成り立つとき，不等式①を満たす x の値の範囲の幅が $\frac{\sqrt{5}}{3}$ より大きくなるような k の値の範囲は

$$k < \boxed{\text{クケ}} - \boxed{\text{コ}}\sqrt{5}$$

である。

(数学Ⅰ・数学A第1問は次ページに続く。)

〔2〕 △ABC において BC = 1 であるとする。sin ∠ABC と sin ∠ACB に関する条件が与えられたときの △ABC の辺，角，面積について考察する。

(1) $\sin\angle ABC = \dfrac{\sqrt{15}}{4}$ であるとき，$\cos\angle ABC = \pm\dfrac{\boxed{サ}}{\boxed{シ}}$ である。

(2) $\sin\angle ABC = \dfrac{\sqrt{15}}{4}$，$\sin\angle ACB = \dfrac{\sqrt{15}}{8}$ であるとする。

(i) このとき，AC = $\boxed{ス}$ AB である。

(ii) この条件を満たす三角形は二つあり，その中で面積が大きい方の △ABC においては，$AB = \dfrac{\boxed{セ}}{\boxed{ソ}}$ である。

(数学 I・数学 A 第 1 問は次ページに続く。)

(3)　$\sin\angle\mathrm{ABC} = 2\sin\angle\mathrm{ACB}$ を満たす $\triangle\mathrm{ABC}$ のうち，面積 S が最大となるものを求めよう。

$\sin\angle\mathrm{ABC} = 2\sin\angle\mathrm{ACB}$ と $\mathrm{BC} = 1$ により

$$\cos\angle\mathrm{ABC} = \frac{\boxed{\text{タ}} - \boxed{\text{チ}}\,\mathrm{AB}^2}{2\,\mathrm{AB}}$$

である。$\triangle\mathrm{ABC}$ の面積 S について調べるために，S^2 を考える。$\mathrm{AB}^2 = x$ とおくと

$$S^2 = -\frac{\boxed{\text{ツ}}}{\boxed{\text{テト}}}x^2 + \frac{\boxed{\text{ナ}}}{\boxed{\text{ニ}}}x - \frac{1}{16}$$

と表すことができる。したがって，S^2 が最大となるのは $x = \dfrac{\boxed{\text{ヌ}}}{\boxed{\text{ネ}}}$ のとき，すなわち $\mathrm{AB} = \dfrac{\sqrt{\boxed{\text{ノ}}}}{\boxed{\text{ハ}}}$ のときである。$S > 0$ より，このときに面積 S も最大となる。

また，面積 S が最大となる $\triangle\mathrm{ABC}$ において，$\angle\mathrm{ABC}$ は $\boxed{\text{ヒ}}$ で，$\angle\mathrm{ACB}$ は $\boxed{\text{フ}}$ である。

$\boxed{\text{ヒ}}$，$\boxed{\text{フ}}$ の解答群(同じものを繰り返し選んでもよい。)

⓪ 鋭　角	① 直　角	② 鈍　角

第２問 (必答問題) (配点 30)

〔1〕 高校１年生の太郎さんと花子さんのクラスでは，文化祭でやきそば屋を出店することになった。二人は１皿あたりの価格をいくらにするかを検討するためにアンケート調査を行い，１皿あたりの価格と売り上げ数の関係について次の表のように予測した。

１皿あたりの価格(円)	100	150	200	250	300
売り上げ数 (皿)	1250	750	450	250	50

この結果から太郎さんと花子さんは，１皿あたりの価格が 100 円以上 300 円以下の範囲で，予測される利益(以下，利益)の最大値について考えることにした。

太郎：価格を横軸，売り上げ数を縦軸にとって散布図をかいてみたよ。

花子：散布図の点の並びは，１次関数のグラフのようには見えないね。２次関数のグラフみたいに見えるよ。

太郎：価格が 100，200，300 のときの点を通る２次関数のグラフをかくと，図１のように価格が 150，250 のときの点もそのグラフの近くにあるよ。

花子：現実には，もっと複雑な関係なのだろうけど，１次関数と２次関数で比べると，２次関数で考えた方がよいような気がするね。

(数学Ｉ・数学Ａ第２問は次ページに続く。)

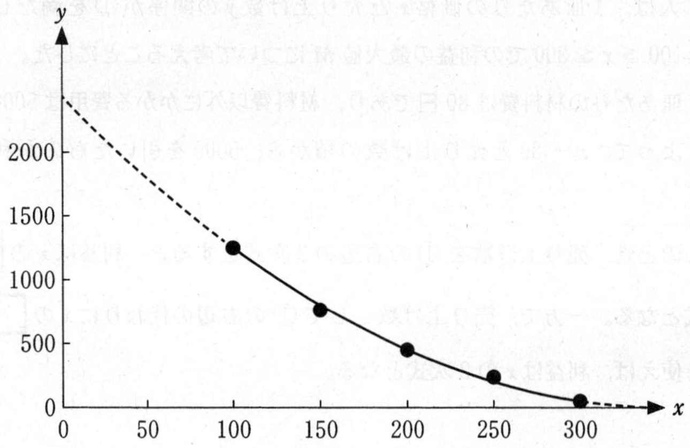

図　1

2 次関数

$$y = ax^2 + bx + c \quad \cdots\cdots\cdots\cdots\cdots\cdots\cdots\cdots \text{①}$$

のグラフは，3 点(100，1250)，(200，450)，(300，50)を通るとする。このとき，$b =$ **アイウ** である。

(数学Ⅰ・数学A第 2 問は次ページに続く。)

二人は，1皿あたりの価格 x と売り上げ数 y の関係が ① を満たしたときの，$100 \leqq x \leqq 300$ での利益の最大値 M について考えることにした。

1皿あたりの材料費は80円であり，材料費以外にかかる費用は5000円である。よって，$x - 80$ と売り上げ数の積から，5000を引いたものが利益となる。

このとき，売り上げ数を ① の右辺の2次式とすると，利益は x の $\boxed{\text{エ}}$ 次式となる。一方で，売り上げ数として ① の右辺の代わりに x の $\boxed{\text{オ}}$ 次式を使えば，利益は x の2次式となる。

太郎：利益が $\boxed{\text{エ}}$ 次式だと，今の私たちの知識では最大値 M を正確に求めることができないね。

花子：① の右辺の代わりに $\boxed{\text{オ}}$ 次式を使えば利益は2次式になるから，最大値を求められるよ。

太郎：現実の問題を考えるときには正確な答えが出せないことも多いから，自分の知識の範囲内で工夫しておおよその値を出すことには価値があると思うよ。

花子：考えているのが利益だから，① の右辺の代わりの式は売り上げ数を少なく見積もった式を考えると手堅いね。

太郎：少なく見積もるということは，その関数のグラフは ① のグラフより，下の方にあるということだね。

(数学Ⅰ・数学A第2問は次ページに続く。)

1 次関数

$$y = -4x + 1160 \quad \cdots\cdots\cdots\cdots\cdots\cdots\cdots\cdots \text{②}$$

を考える。このとき，① と ② のグラフの位置関係は次の図 2 のようになっている。

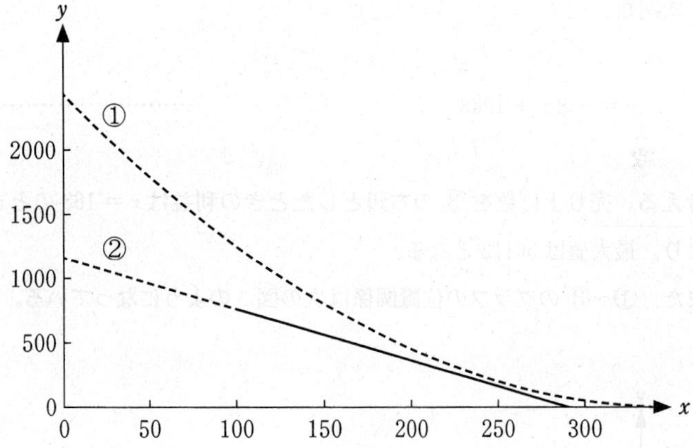

図　2

① の右辺の代わりに ② の右辺を使うと，売り上げ数を少なく見積もることになる。売り上げ数を ② の右辺としたときの利益 z は

$$z = -\boxed{\text{カ}}\,x^2 + \boxed{\text{キクケコ}}\,x - 97800$$

で与えられる。z が最大となる x を p とおくと，$p = \boxed{\text{サシス}}$ であり，z の最大値は 39100 である。

(数学Ⅰ・数学A第 2 問は次ページに続く。)

太郎：売り上げ数を少なく見積もった式は，各 x について値が ① より小さければよいので，色々な式が考えられるね。

花子：それらの式を ① の右辺の代わりに使ったときの利益の最大値と，① の右辺から計算される利益の最大値 M との関係はどうなるのかな。

1 次関数

$$y = -8x + 1968 \quad \cdots\cdots\cdots\cdots ③$$

を考える。売り上げ数を ③ の右辺としたときの利益は $x = 163$ のときに最大となり，最大値は 50112 となる。

また，①~③ のグラフの位置関係は次の図 3 のようになっている。

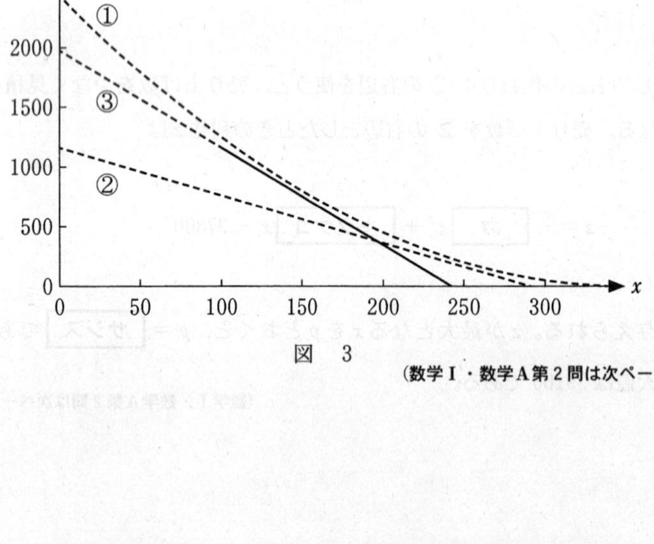

図　3

(数学Ⅰ・数学A第 2 問は次ページに続く。)

売り上げ数を①の右辺としたときの利益の記述として，次の⓪～⑥のうち，正しいものは セ と ソ である。

セ ， ソ の解答群(解答の順序は問わない。)

⓪ 利益の最大値 M は 39100 である。

① 利益の最大値 M は 50112 である。

② 利益の最大値 M は $\dfrac{39100+50112}{2}$ である。

③ $x=163$ とすれば，利益は少なくとも 50112 以上となる。

④ $x=p$ とすれば，利益は少なくとも 39100 以上となる。

⑤ $x=163$ のときに利益は最大値 M をとる。

⑥ $x=p$ のときに利益は最大値 M をとる。

(数学Ⅰ・数学A第2問は次ページに続く。)

1 次関数

$$y = -6x + 1860 \quad \cdots\cdots\cdots\cdots \text{④}$$

を考える。$100 \leqq x \leqq 300$ において，売り上げ数を ④ の右辺としたときの利益は $x = 195$ のときに最大となり，最大値は 74350 となる。

また，①～④ のグラフの位置関係は次の図 4 のようになっている。

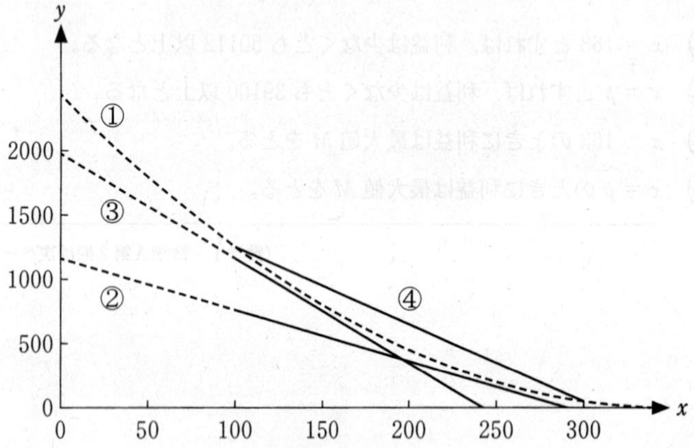

図　4

(数学Ⅰ・数学A第2問は次ページに続く。)

売り上げ数を ① の右辺としたときの利益の最大値 M についての記述として，次の⓪～④のうち，正しいものは タ である。

タ の解答群

⓪ 利益の最大値 M は 50112 より小さい。

① 利益の最大値 M は 50112 である。

② 利益の最大値 M は 50112 より大きく 74350 より小さい。

③ 利益の最大値 M は 74350 である。

④ 利益の最大値 M は 74350 より大きい。

（数学Ⅰ・数学A第2問は次ページに続く。）

〔2〕 花子さんの通う学校では，生徒会会則の一部を変更することの賛否について生徒全員が投票をすることになった。投票結果に関心がある花子さんは，身近な人たちに尋ねて下調べをしてみようと思い，各回答が賛成ならば1，反対ならば0と表すことにした。このようにして作成される n 人分のデータを x_1，x_2，…，x_n と表す。ただし，賛成と反対以外の回答はないものとする。

例えば，10人について調べた結果が

$$0,1,1,1,0,1,1,1,1,1$$

であったならば，$x_1 = 0$，$x_2 = 1$，…，$x_{10} = 1$ となる。この場合，データの値の総和は8であり，平均値は $\dfrac{4}{5}$ である。

(1) データの値の総和 $x_1 + x_2 + \cdots + x_n$ は **チ** と一致し，平均値 $\bar{x} = \dfrac{x_1 + x_2 + \cdots + x_n}{n}$ は **ツ** と一致する。

チ，**ツ** の解答群(同じものを繰り返し選んでもよい。)

- ⓪ 賛成の人の数
- ① 反対の人の数
- ② 賛成の人の数から反対の人の数を引いた値
- ③ n 人中における賛成の人の割合
- ④ n 人中における反対の人の割合
- ⑤ $\dfrac{\text{賛成の人の数}}{\text{反対の人の数}}$ の値

(数学Ⅰ・数学A第2問は次ページに続く。)

(2) 花子さんは，0と1だけからなるデータの平均値と分散について考えてみることにした。

$m = x_1 + x_2 + \cdots + x_n$ とおくと，平均値は $\dfrac{m}{n}$ である。また，分散を s^2 で表す。s^2 は，0と1の個数に着目すると

$$s^2 = \frac{1}{n}\left\{ \boxed{テ}\left(1 - \frac{m}{n}\right)^2 + \boxed{ト}\left(0 - \frac{m}{n}\right)^2 \right\} = \boxed{ナ}$$

と表すことができる。

テ，ト の解答群(同じものを繰り返し選んでもよい。)

⓪ n　① m　② $(n-m)$　③ $\dfrac{m}{n}$

④ $\left(1-\dfrac{m}{n}\right)$　⑤ $\dfrac{n}{2}$　⑥ $\dfrac{m}{2}$　⑦ $\dfrac{n-m}{2}$

ナ の解答群

⓪ $\dfrac{m^2}{n^2}$　① $\left(1-\dfrac{m}{n}\right)^2$　② $\dfrac{m(n-m)}{n^2}$

③ $\dfrac{m(1-m)}{n^2}$　④ $\dfrac{m(n-m)}{2n^2}$　⑤ $\dfrac{n^2-3mn+3m^2}{n^2}$

⑥ $\dfrac{n^2-2mn+2m^2}{2n^2}$

(数学Ⅰ・数学A第2問は次ページに続く。)

〔3〕 変量x, yの値の組

$$(-1,\ -1),\quad (-1,\ 1),\quad (1,\ -1),\quad (1,\ 1)$$

をデータWとする。データWのxとyの相関係数は0である。データWに，新たに1個の値の組を加えたときの相関係数について調べる。なお，必要に応じて，後に示す表1の計算表を用いて考えてもよい。

aを実数とする。データWに$(5a,\ 5a)$を加えたデータをW'とする。W'のxの平均値$\bar{x}$は［ニ］，W'のxとyの共分散s_{xy}は［ヌ］となる。ただし，xとyの共分散とは，xの偏差とyの偏差の積の平均値である。

W'のxとyの標準偏差を，それぞれs_x, s_yとする。積$s_x s_y$は［ネ］となる。また相関係数が0.95以上となるための必要十分条件は$s_{xy} \geqq 0.95\, s_x s_y$である。これより，相関係数が0.95以上となるようなaの値の範囲は［ノ］である。

表1　計算表

x	y	$x-\bar{x}$	$y-\bar{y}$	$(x-\bar{x})(y-\bar{y})$
-1	-1			
-1	1			
1	-1			
1	1			
$5a$	$5a$			

（数学Ⅰ・数学A第2問は次ページに続く。）

ニ の解答群

⓪ 0	① $5a$	② $5a+4$	③ a	④ $a+\dfrac{4}{5}$

ヌ の解答群

⓪ $4a^2$	① $4a^2+\dfrac{4}{5}$	② $4a^2+\dfrac{4}{5}a$	③ $5a^2$	④ $20a^2$

ネ の解答群

⓪ $4a^2+\dfrac{16}{5}a+\dfrac{4}{5}$	① $4a^2+1$
② $4a^2+\dfrac{4}{5}$	③ $2a^2+\dfrac{2}{5}$

ノ の解答群

⓪ $-\dfrac{\sqrt{95}}{4}\leqq a\leqq\dfrac{\sqrt{95}}{4}$	① $a\leqq-\dfrac{\sqrt{95}}{4},\ \dfrac{\sqrt{95}}{4}\leqq a$
② $-\dfrac{\sqrt{95}}{5}\leqq a\leqq\dfrac{\sqrt{95}}{5}$	③ $a\leqq-\dfrac{\sqrt{95}}{5},\ \dfrac{\sqrt{95}}{5}\leqq a$
④ $-\dfrac{2\sqrt{19}}{5}\leqq a\leqq\dfrac{2\sqrt{19}}{5}$	⑤ $a\leqq-\dfrac{2\sqrt{19}}{5},\ \dfrac{2\sqrt{19}}{5}\leqq a$

第3問～第5問は，いずれか2問を選択し，解答しなさい。

第3問 （選択問題）（配点　20）

(1)　1枚の硬貨を繰り返し投げるとき，この硬貨の表裏の出方に応じて，座標平面上の点Pが次の**規則1**に従って移動するものとする。

規則1

- 点Pは原点O$(0, 0)$を出発点とする。
- 点Pのx座標は，硬貨を投げるごとに1だけ増加する。
- 点Pのy座標は，硬貨を投げるごとに，表が出たら1だけ増加し，裏が出たら1だけ減少する。

また，点Pの座標を次の**記号**で表す。

記号

硬貨をk回投げ終えた時点での点Pの座標$(x,\ y)$を$(k,\ y_k)$で表す。

座標平面上の点Pの移動の仕方について，例えば，硬貨を1回投げて表が出た場合について考える。このとき，点Pの座標は$(1, 1)$となる。これを図1のように，原点O$(0, 0)$と点$(1, 1)$をまっすぐな矢印で結ぶ。このようにして点Pの移動の仕方を表す。

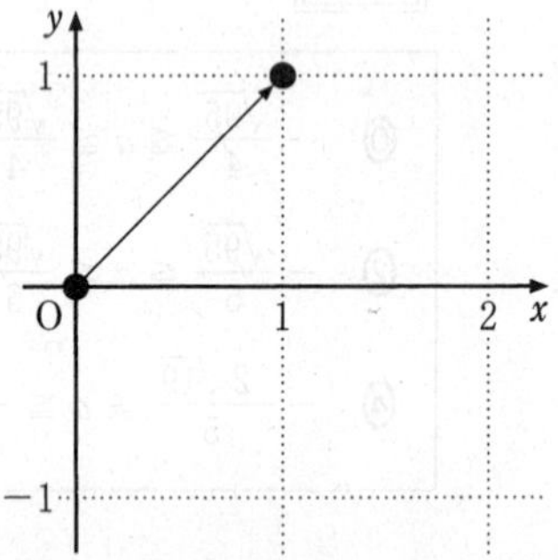

図　1

以下において，図を使用する際には同じように考えることにする。

（数学Ⅰ・数学A第3問は次ページに続く。）

(i) 硬貨を3回投げ終えたとき，点Pの移動の仕方が条件

$$y_1 \geqq -1 \text{ かつ } y_2 \geqq -1 \text{ かつ } y_3 \geqq -1 \quad \cdots\cdots\cdots\cdots\cdots (*)$$

を満たす確率を求めよう。

条件(*)を満たす点Pの移動の仕方は図2のようになる。例えば点O(0, 0)から点A(2, 0)までの点Pの移動の仕方は，点O(0, 0)から点(1, 1)まで移動したのち点A(2, 0)に移動する場合と，点O(0, 0)から点(1, −1)まで移動したのち点A(2, 0)に移動する場合のいずれかであるため，2通りある。このとき，この移動の仕方の総数である2を，**四角囲みの中の数字**で点A(2, 0)の近くに書く。図2における他の四角囲みの中の数字についても同様に考える。

このように考えると，条件(*)を満たす点Pの移動の仕方のうち，点(3, 3)に至る移動の仕方は $\boxed{ア}$ 通りあり，点(3, 1)に至る移動の仕方は $\boxed{イ}$ 通りあり，点(3, −1)に至る移動の仕方は $\boxed{ウ}$ 通りある。

よって，点Pの移動の仕方が条件(*)を満たすような硬貨の表裏の出方の総数は

$$\boxed{ア} + \boxed{イ} + \boxed{ウ}$$

である。

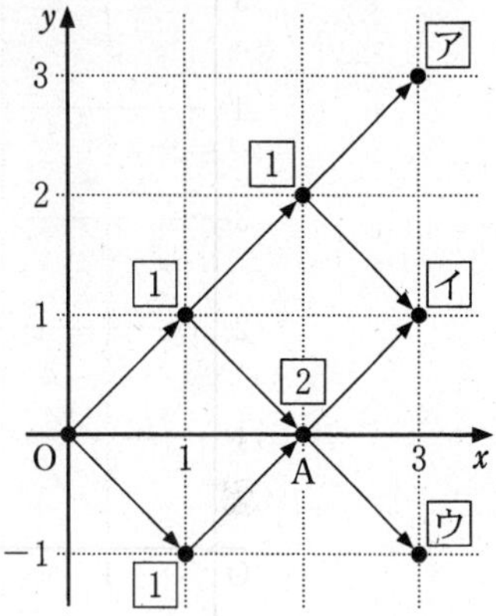

図 2

したがって，点Pの移動の仕方が条件(*)を満たす確率は

$$\frac{\boxed{ア} + \boxed{イ} + \boxed{ウ}}{2^3}$$

として求めることができる。

(数学Ⅰ・数学A第3問は次ページに続く。)

(ii)　硬貨を4回投げるとする。このとき，(i)と同様に図を用いて考えよう。

$y_1 \geqq 0$ かつ $y_2 \geqq 0$ かつ $y_3 \geqq 0$ かつ $y_4 \geqq 0$ である確率は $\dfrac{\boxed{エ}}{\boxed{オ}}$ となる。

また，$y_1 \geqq 0$ かつ $y_2 \geqq 0$ かつ $y_3 = 1$ かつ $y_4 \geqq 0$ である確率は $\dfrac{\boxed{カ}}{\boxed{キ}}$ となる。さらに，$y_1 \geqq 0$ かつ $y_2 \geqq 0$ かつ $y_3 \geqq 0$ かつ $y_4 \geqq 0$ であったとき，$y_3 = 1$ である条件付き確率は $\dfrac{\boxed{ク}}{\boxed{ケ}}$ となる。

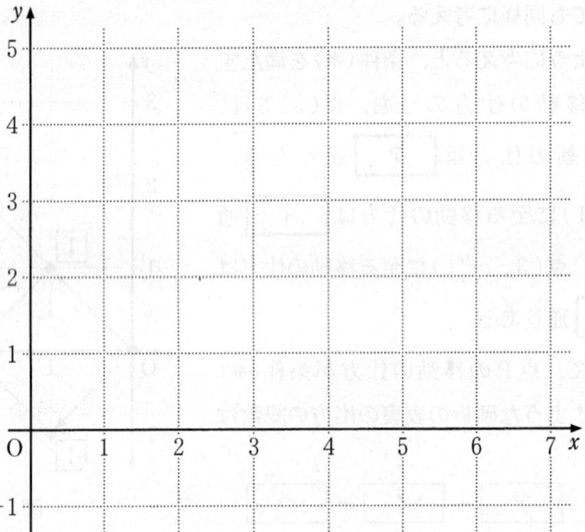

参考図

(iii)　硬貨を4回投げ終えた時点で点Pの座標が(4，2)であるとき，点(4，2)に至る移動の仕方によらず表の出る回数は $\boxed{コ}$ 回となり，裏の出る回数は $\left(4 - \boxed{コ}\right)$ 回となる。

(数学Ⅰ・数学A第3問は次ページに続く。)

(2)　1個のさいころを繰り返し投げるとき，このさいころの目の出方に応じて，数直線上の点Qが次の**規則 2** に従って移動するものとする。

規則 2

- 点Qは原点Oを出発点とする。
- 点Qの座標は，さいころを投げるごとに，3の倍数の目が出たら1だけ増加し，それ以外の目が出たら1だけ減少する。

(i)　さいころを7回投げ終えた時点で点Qの座標が3である確率は $\dfrac{\boxed{\text{サシ}}}{\boxed{\text{スセソ}}}$ となる。

(ii)　さいころを7回投げる間，点Qの座標がつねに0以上3以下であり，かつ7回投げ終えた時点で点Qの座標が3である確率は $\dfrac{\boxed{\text{タチ}}}{\boxed{\text{ツテトナ}}}$ となる。

(iii)　さいころを7回投げる間，点Qの座標がつねに0以上3以下であり，かつ7回投げ終えた時点で点Qの座標が3であったとき，3回投げ終えた時点で点Qの座標が1である条件付き確率は $\dfrac{\boxed{\text{ニ}}}{\boxed{\text{ヌ}}}$ となる。

第3問～第5問は，いずれか2問を選択し，解答しなさい。

第4問 （選択問題）（配点 20）

x，y，z についての二つの式をともに満たす整数 x，y，z が存在するかどうかを考えてみよう。

(1) 二つの式が

$$7x + 13y + 17z = 8 \quad \cdots\cdots ①$$

と

$$35x + 39y + 34z = 37 \quad \cdots\cdots ②$$

の場合を考える。①，② から x を消去すると

$$\boxed{アイ}\,y + \boxed{ウエ}\,z = 3 \quad \cdots\cdots ③$$

を得る。③ を y，z についての不定方程式とみると，その整数解のうち，y が正の整数で最小になるのは

$$y = \boxed{オ}, \quad z = \boxed{カキ}$$

である。よって，③ のすべての整数解は，k を整数として

$$y = \boxed{オ} - \boxed{クケ}\,k, \quad z = \boxed{カキ} + \boxed{コサ}\,k$$

と表される。これらを ① に代入して x を求めると

$$x = 31k - 3 + \frac{\boxed{シ}\,k + 2}{7}$$

となるので，x が整数になるのは，k を 7 で割ったときの余りが $\boxed{ス}$ のときである。

以上のことから，この場合は，二つの式をともに満たす整数 x，y，z が存在することがわかる。

（数学Ⅰ・数学A第4問は次ページに続く。）

⑵　a を整数とする。二つの式が

$$2x+5y+7z=a \qquad \cdots\cdots ④$$

と

$$3x+25y+21z=-1 \qquad \cdots\cdots ⑤$$

の場合を考える。⑤ − ④ から

$$x=-20y-14z-1-a \qquad \cdots\cdots ⑥$$

を得る。また，⑤ × 2 − ④ × 3 から

$$35y+21z=-2-3a \qquad \cdots\cdots ⑦$$

を得る。このとき

a を［セ］で割ったときの余りが［ソ］である

ことは，⑦ を満たす整数 y，z が存在するための必要十分条件であることがわかる。そのときの整数 y，z を ⑥ に代入すると，x も整数になる。また，そのときの x，y，z は ④ と ⑤ をともに満たす。

以上のことから，この場合は，a の値によって，二つの式をともに満たす整数 x，y，z が存在する場合と存在しない場合があることがわかる。

（数学Ⅰ・数学A第４問は次ページに続く。）

(3) b を整数とする。二つの式が

$$x + 2y + bz = 1 \quad \cdots\cdots\cdots\cdots ⑧$$

と

$$5x + 6y + 3z = 5 + b \quad \cdots\cdots\cdots\cdots ⑨$$

の場合を考える。⑨ − ⑧ × 5 から

$$-4y + (3 - 5b)z = b \quad \cdots\cdots\cdots\cdots ⑩$$

を得る。⑩ の左辺の y の係数に着目することにより

b を 4 で割ったときの余りが [タ] または [チ] である

ことは，⑩ を満たす整数 y，z が存在するための必要十分条件であることがわかる。ただし，[タ] < [チ] とする。

そのときの整数 y，z を ⑧ に代入すると，x も整数になる。また，そのときの x，y，z は ⑧ と ⑨ をともに満たす。

以上のことから，この場合も，b の値によって，二つの式をともに満たす整数 x，y，z が存在する場合と存在しない場合があることがわかる。

(数学Ⅰ・数学A第4問は次ページに続く。)

(4) c を整数とする。二つの式が

$$x + 3y + 5z = 1 \quad \cdots\cdots\cdots\cdots ⑪$$

と

$$cx + 3(c + 5)y + 10z = 3 \quad \cdots\cdots\cdots\cdots ⑫$$

の場合を考える。これまでと同様に，y，z についての不定方程式を考察することにより

c を ［ツテ］ で割ったときの余りが ［ト］ または ［ナニ］ である

ことは，⑪ と ⑫ をともに満たす整数 x，y，z が存在するための必要十分条件であることがわかる。

第3問～第5問は，いずれか2問を選択し，解答しなさい。

第5問 （選択問題）（配点　20）

△ABC において辺 AB を 2 ： 3 に内分する点を P とする。辺 AC 上に 2 点 A，C のいずれとも異なる点 Q をとる。線分 BQ と線分 CP との交点を R とし，直線 AR と辺 BC との交点を S とする。

以下の問題において比を解答する場合は，最も簡単な整数の比で答えよ。

(1) 点 Q は辺 AC を 1 ： 2 に内分する点とする。このとき，点 S は辺 BC を $\boxed{\text{ア}}$ ： $\boxed{\text{イ}}$ に内分する点である。

AB = 5 とし，△ABC の内接円が辺 AB，辺 AC とそれぞれ点 P，点 Q で接しているとする。AQ = $\boxed{\text{ウ}}$ であることに注意すると，BC = $\boxed{\text{エ}}$ であり，$\boxed{\text{オ}}$ であることがわかる。

$\boxed{\text{オ}}$ の解答群

⓪ 点 R は △ABC の内心
① 点 R は △ABC の重心
② 点 S は △ABC の内接円と辺 BC との接点
③ 点 S は点 A から辺 BC に下ろした垂線と辺 BC との交点

（数学Ⅰ・数学A第5問は次ページに続く。）

(2) △BPR と △CQR の面積比について考察する。

(i) 点 Q は辺 AC を 1 : 4 に内分する点とする。このとき，点 R は，線分 BQ を **カキ** : **ク** に内分し，線分 CP を **ケコ** : **サ** に内分する。したがって

$$\frac{\triangle \mathrm{CQR}\text{ の面積}}{\triangle \mathrm{BPR}\text{ の面積}} = \frac{\boxed{\text{シス}}}{\boxed{\text{セ}}}$$

である。

(ii) $\dfrac{\triangle \mathrm{CQR}\text{ の面積}}{\triangle \mathrm{BPR}\text{ の面積}} = \dfrac{1}{4}$ のとき，点 Q は辺 AC を **ソ** : **タ** に内分する点である。

2022 本試

(100点 70分)

〔数学Ⅰ・A〕

注　意　事　項

1　**数学解答用紙を切り離し，試験開始の準備をしなさい。**

2　**時間を計り，上記の解答時間内で解答しなさい。**
ただし，納得のいくまで時間をかけて解答するという利用法でもかまいません。

3　第1問，第2問は必答。第3問～第5問から2問選択。計4問を解答しなさい。

4　この回の問題は，このページを含め，25ページあります。

5　**解答用紙には解答欄以外に受験番号欄，氏名欄，試験場コード欄，解答科目欄があります。解答科目欄は解答する科目**を一つ選び，**マーク**しなさい。**その他の欄**は自分自身で本番を想定し，**正しく記入し，マークしなさい。**

6　**解答は解答用紙の解答欄にマークしなさい。**

7　選択問題については，解答する問題を決めたあと，その問題番号の解答欄に解答しなさい。ただし，**指定された問題数をこえて解答してはいけません。**

8　問題の余白は適宜利用してよいが，どのページも切り離してはいけません。

第1問 (必答問題)(配点 30)

〔1〕 実数 a, b, c が

$$a + b + c = 1 \quad \cdots\cdots\cdots\cdots\cdots\cdots\cdots ①$$

および

$$a^2 + b^2 + c^2 = 13 \quad \cdots\cdots\cdots\cdots\cdots\cdots\cdots ②$$

を満たしているとする。

(1) $(a + b + c)^2$ を展開した式において,①と②を用いると

$$ab + bc + ca = \boxed{\text{アイ}}$$

であることがわかる。よって

$$(a - b)^2 + (b - c)^2 + (c - a)^2 = \boxed{\text{ウエ}}$$

である。

(数学Ⅰ・数学A第1問は次ページに続く。)

(2) $a-b=2\sqrt{5}$ の場合に，$(a-b)(b-c)(c-a)$ の値を求めてみよう。

$b-c=x$，$c-a=y$ とおくと

$$x+y=\boxed{\text{オカ}}\sqrt{5}$$

である。また，(1)の計算から

$$x^2+y^2=\boxed{\text{キク}}$$

が成り立つ。

これらより

$$(a-b)(b-c)(c-a)=\boxed{\text{ケ}}\sqrt{5}$$

である。

（数学Ⅰ・数学A第1問は次ページに続く。）

〔2〕 以下の問題を解答するにあたっては，必要に応じて7ページの三角比の表を用いてもよい。

太郎さんと花子さんは，キャンプ場のガイドブックにある地図を見ながら，後のように話している。

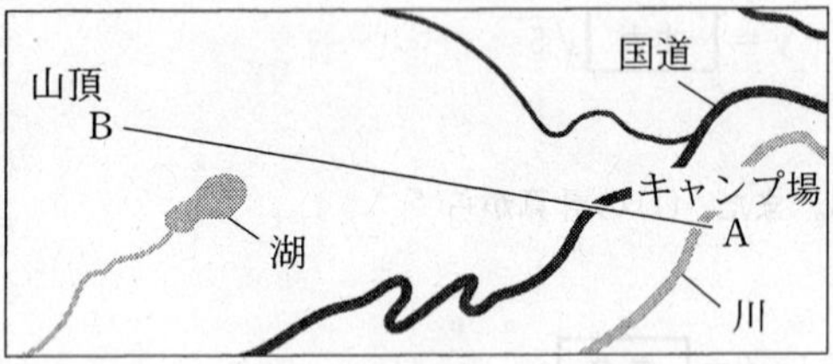

参考図

太郎：キャンプ場の地点Aから山頂Bを見上げる角度はどれくらいかな。

花子：地図アプリを使って，地点Aと山頂Bを含む断面図を調べたら，図1のようになったよ。点Cは，山頂Bから地点Aを通る水平面に下ろした垂線とその水平面との交点のことだよ。

太郎：図1の角度θは，AC，BCの長さを定規で測って，三角比の表を用いて調べたら16°だったよ。

花子：本当に16°なの？　図1の鉛直方向の縮尺と水平方向の縮尺は等しいのかな？

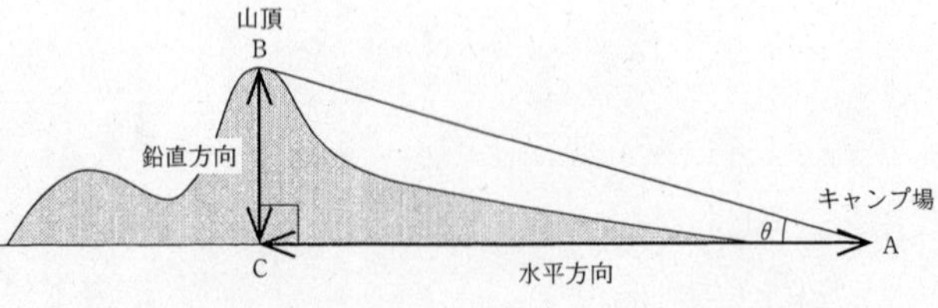

図　1

(数学Ⅰ・数学A第1問は次ページに続く。)

図1のθはちょうど16°であったとする。しかし，図1の縮尺は，水平方向が$\dfrac{1}{100000}$であるのに対して，鉛直方向は$\dfrac{1}{25000}$であった。

実際にキャンプ場の地点Aから山頂Bを見上げる角である∠BACを考えると，tan ∠BACは［コ］.［サシス］となる。したがって，∠BACの大きさは［セ］。ただし，目の高さは無視して考えるものとする。

［セ］の解答群

⓪	3°より大きく4°より小さい
①	ちょうど4°である
②	4°より大きく5°より小さい
③	ちょうど16°である
④	48°より大きく49°より小さい
⑤	ちょうど49°である
⑥	49°より大きく50°より小さい
⑦	63°より大きく64°より小さい
⑧	ちょうど64°である
⑨	64°より大きく65°より小さい

（数学Ⅰ・数学A第1問は7ページに続く。）

（下 書 き 用 紙）

数学Ⅰ・数学Aの試験問題は次に続く。

三角比の表

角	正弦(sin)	余弦(cos)	正接(tan)	角	正弦(sin)	余弦(cos)	正接(tan)
0°	0.0000	1.0000	0.0000	45°	0.7071	0.7071	1.0000
1°	0.0175	0.9998	0.0175	46°	0.7193	0.6947	1.0355
2°	0.0349	0.9994	0.0349	47°	0.7314	0.6820	1.0724
3°	0.0523	0.9986	0.0524	48°	0.7431	0.6691	1.1106
4°	0.0698	0.9976	0.0699	49°	0.7547	0.6561	1.1504
5°	0.0872	0.9962	0.0875	50°	0.7660	0.6428	1.1918
6°	0.1045	0.9945	0.1051	51°	0.7771	0.6293	1.2349
7°	0.1219	0.9925	0.1228	52°	0.7880	0.6157	1.2799
8°	0.1392	0.9903	0.1405	53°	0.7986	0.6018	1.3270
9°	0.1564	0.9877	0.1584	54°	0.8090	0.5878	1.3764
10°	0.1736	0.9848	0.1763	55°	0.8192	0.5736	1.4281
11°	0.1908	0.9816	0.1944	56°	0.8290	0.5592	1.4826
12°	0.2079	0.9781	0.2126	57°	0.8387	0.5446	1.5399
13°	0.2250	0.9744	0.2309	58°	0.8480	0.5299	1.6003
14°	0.2419	0.9703	0.2493	59°	0.8572	0.5150	1.6643
15°	0.2588	0.9659	0.2679	60°	0.8660	0.5000	1.7321
16°	0.2756	0.9613	0.2867	61°	0.8746	0.4848	1.8040
17°	0.2924	0.9563	0.3057	62°	0.8829	0.4695	1.8807
18°	0.3090	0.9511	0.3249	63°	0.8910	0.4540	1.9626
19°	0.3256	0.9455	0.3443	64°	0.8988	0.4384	2.0503
20°	0.3420	0.9397	0.3640	65°	0.9063	0.4226	2.1445
21°	0.3584	0.9336	0.3839	66°	0.9135	0.4067	2.2460
22°	0.3746	0.9272	0.4040	67°	0.9205	0.3907	2.3559
23°	0.3907	0.9205	0.4245	68°	0.9272	0.3746	2.4751
24°	0.4067	0.9135	0.4452	69°	0.9336	0.3584	2.6051
25°	0.4226	0.9063	0.4663	70°	0.9397	0.3420	2.7475
26°	0.4384	0.8988	0.4877	71°	0.9455	0.3256	2.9042
27°	0.4540	0.8910	0.5095	72°	0.9511	0.3090	3.0777
28°	0.4695	0.8829	0.5317	73°	0.9563	0.2924	3.2709
29°	0.4848	0.8746	0.5543	74°	0.9613	0.2756	3.4874
30°	0.5000	0.8660	0.5774	75°	0.9659	0.2588	3.7321
31°	0.5150	0.8572	0.6009	76°	0.9703	0.2419	4.0108
32°	0.5299	0.8480	0.6249	77°	0.9744	0.2250	4.3315
33°	0.5446	0.8387	0.6494	78°	0.9781	0.2079	4.7046
34°	0.5592	0.8290	0.6745	79°	0.9816	0.1908	5.1446
35°	0.5736	0.8192	0.7002	80°	0.9848	0.1736	5.6713
36°	0.5878	0.8090	0.7265	81°	0.9877	0.1564	6.3138
37°	0.6018	0.7986	0.7536	82°	0.9903	0.1392	7.1154
38°	0.6157	0.7880	0.7813	83°	0.9925	0.1219	8.1443
39°	0.6293	0.7771	0.8098	84°	0.9945	0.1045	9.5144
40°	0.6428	0.7660	0.8391	85°	0.9962	0.0872	11.4301
41°	0.6561	0.7547	0.8693	86°	0.9976	0.0698	14.3007
42°	0.6691	0.7431	0.9004	87°	0.9986	0.0523	19.0811
43°	0.6820	0.7314	0.9325	88°	0.9994	0.0349	28.6363
44°	0.6947	0.7193	0.9657	89°	0.9998	0.0175	57.2900
45°	0.7071	0.7071	1.0000	90°	1.0000	0.0000	—

(数学Ⅰ・数学A第1問は次ページに続く。)

〔3〕 外接円の半径が 3 である △ABC を考える。点 A から直線 BC に引いた垂線と直線 BC との交点を D とする。

(1) AB = 5，AC = 4 とする。このとき

$$\sin\angle \mathrm{ABC} = \frac{\boxed{\text{ソ}}}{\boxed{\text{タ}}}, \qquad \mathrm{AD} = \frac{\boxed{\text{チツ}}}{\boxed{\text{テ}}}$$

である。

(2) 2 辺 AB，AC の長さの間に 2AB + AC = 14 の関係があるとする。

このとき，AB の長さのとり得る値の範囲は $\boxed{\text{ト}} \leqq \mathrm{AB} \leqq \boxed{\text{ナ}}$ であり

$$\mathrm{AD} = \frac{\boxed{\text{ニヌ}}}{\boxed{\text{ネ}}}\mathrm{AB}^2 + \frac{\boxed{\text{ノ}}}{\boxed{\text{ハ}}}\mathrm{AB}$$

と表せるので，AD の長さの最大値は $\boxed{\text{ヒ}}$ である。

（下 書 き 用 紙）

数学Ⅰ・数学Aの試験問題は次に続く。

第2問 （必答問題）（配点　30）

〔1〕 p，q を実数とする。

花子さんと太郎さんは，次の二つの2次方程式について考えている。

$$x^2 + px + q = 0 \qquad \cdots\cdots\cdots\cdots ①$$
$$x^2 + qx + p = 0 \qquad \cdots\cdots\cdots\cdots ②$$

① または ② を満たす実数 x の個数を n とおく。

(1) $p = 4$，$q = -4$ のとき，$n =$ $\boxed{\text{ア}}$ である。

また，$p = 1$，$q = -2$ のとき，$n =$ $\boxed{\text{イ}}$ である。

(2) $p = -6$ のとき，$n = 3$ になる場合を考える。

花子：例えば，① と ② をともに満たす実数 x があるときは $n = 3$ になりそうだね。

太郎：それを α としたら，$\alpha^2 - 6\alpha + q = 0$ と $\alpha^2 + q\alpha - 6 = 0$ が成り立つよ。

花子：なるほど。それならば，α^2 を消去すれば，α の値が求められそうだね。

太郎：確かに α の値が求まるけど，実際に $n = 3$ となっているかどうかの確認が必要だね。

花子：これ以外にも $n = 3$ となる場合がありそうだね。

$n = 3$ となる q の値は

$q =$ $\boxed{\text{ウ}}$，$\boxed{\text{エ}}$

である。ただし，$\boxed{\text{ウ}} < \boxed{\text{エ}}$ とする。

（数学Ⅰ・数学A第2問は次ページに続く。）

(3) 花子さんと太郎さんは，グラフ表示ソフトを用いて，①，② の左辺を y とおいた 2 次関数 $y = x^2 + px + q$ と $y = x^2 + qx + p$ のグラフの動きを考えている。

(数学Ⅰ・数学A第 2 問は次ページに続く。)

$p=-6$ に固定したまま，q の値だけを変化させる。

$$y=x^2-6x+q \quad \cdots\cdots\cdots\cdots\cdots\cdots \text{③}$$

$$y=x^2+qx-6 \quad \cdots\cdots\cdots\cdots\cdots\cdots \text{④}$$

の二つのグラフについて，$q=1$ のときのグラフを点線で，q の値を 1 から増加させたときのグラフを実線でそれぞれ表す。このとき，③ のグラフの移動の様子を示すと [オ] となり，④ のグラフの移動の様子を示すと [カ] となる。

[オ]，[カ] については，最も適当なものを，次の⓪～⑦のうちから一つずつ選べ。ただし，同じものを繰り返し選んでもよい。なお，x 軸と y 軸は省略しているが，x 軸は右方向，y 軸は上方向がそれぞれ正の方向である。

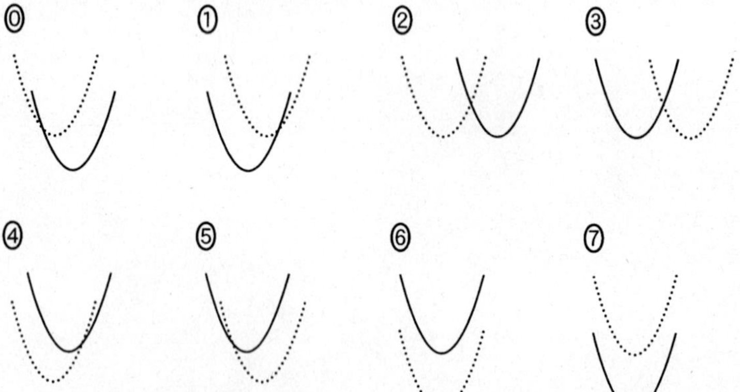

（数学Ⅰ・数学A第2問は次ページに続く。）

(4) [ウ] $< q <$ [エ] とする。全体集合 U を実数全体の集合とし，U の部分集合 A，B を

$$A = \{x \mid x^2 - 6x + q < 0\}$$
$$B = \{x \mid x^2 + qx - 6 < 0\}$$

とする。U の部分集合 X に対し，X の補集合を $\overline{X}$ と表す。このとき，次のことが成り立つ。

- $x \in A$ は，$x \in B$ であるための [キ]。
- $x \in B$ は，$x \in \overline{A}$ であるための [ク]。

[キ]，[ク] の解答群（同じものを繰り返し選んでもよい。）

⓪ 必要条件であるが，十分条件ではない
① 十分条件であるが，必要条件ではない
② 必要十分条件である
③ 必要条件でも十分条件でもない

（数学Ⅰ・数学A第2問は次ページに続く。）

〔2〕 日本国外における日本語教育の状況を調べるために，独立行政法人国際交流基金では「海外日本語教育機関調査」を実施しており，各国における教育機関数，教員数，学習者数が調べられている。2018 年度において学習者数が 5000 人以上の国と地域(以下，国)は 29 か国であった。これら 29 か国について，2009 年度と 2018 年度のデータが得られている。

(1) 各国において，学習者数を教員数で割ることにより，国ごとの「教員 1 人あたりの学習者数」を算出することができる。図 1 と図 2 は，2009 年度および 2018 年度における「教員 1 人あたりの学習者数」のヒストグラムである。これら二つのヒストグラムから，9 年間の変化に関して，後のことが読み取れる。なお，ヒストグラムの各階級の区間は，左側の数値を含み，右側の数値を含まない。

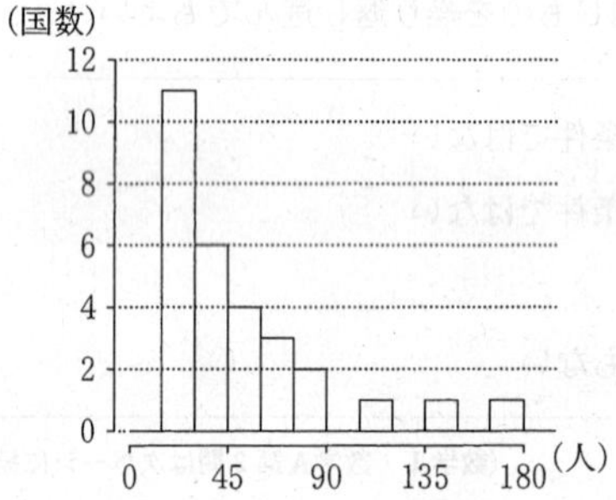

図 1　2009 年度における教員 1 人あたりの学習者数のヒストグラム

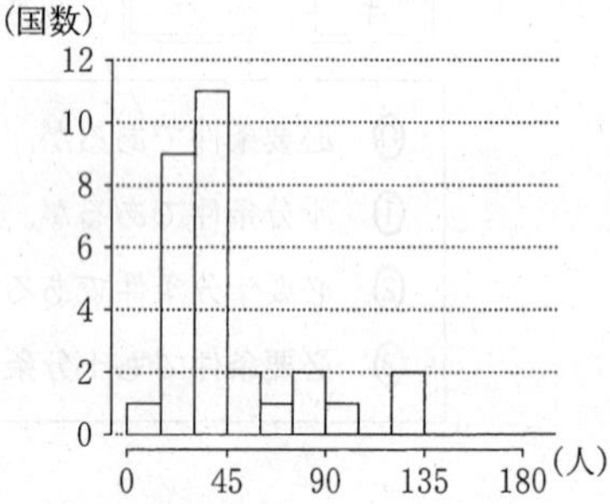

図 2　2018 年度における教員 1 人あたりの学習者数のヒストグラム

(出典：国際交流基金の Web ページにより作成)

(数学Ⅰ・数学A第 2 問は次ページに続く。)

・2009 年度と 2018 年度の中央値が含まれる階級の階級値を比較すると，[ケ]。

・2009 年度と 2018 年度の第 1 四分位数が含まれる階級の階級値を比較すると，[コ]。

・2009 年度と 2018 年度の第 3 四分位数が含まれる階級の階級値を比較すると，[サ]。

・2009 年度と 2018 年度の範囲を比較すると，[シ]。

・2009 年度と 2018 年度の四分位範囲を比較すると，[ス]。

[ケ] ～ [ス] の解答群(同じものを繰り返し選んでもよい。)

⓪ 2018 年度の方が小さい
① 2018 年度の方が大きい
② 両者は等しい
③ これら二つのヒストグラムからだけでは両者の大小を判断できない

(数学Ⅰ・数学A第 2 問は次ページに続く。)

(2) 各国において，学習者数を教育機関数で割ることにより，「教育機関1機関あたりの学習者数」も算出した。図3は，2009年度における「教育機関1機関あたりの学習者数」の箱ひげ図である。

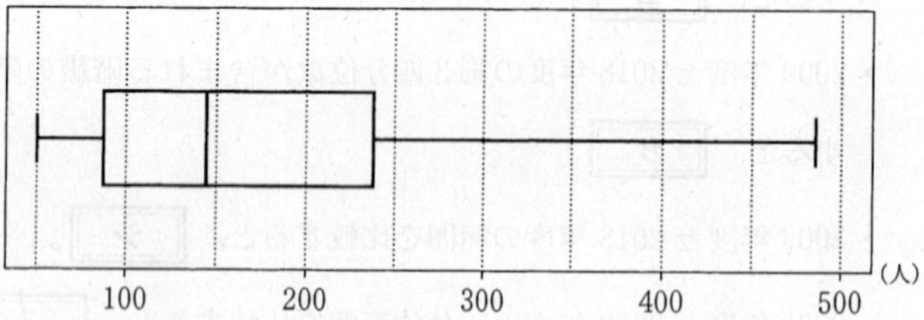

図3　2009年度における教育機関1機関あたりの学習者数の箱ひげ図

(出典：国際交流基金のWebページにより作成)

2009年度について，「教育機関1機関あたりの学習者数」(横軸)と「教員1人あたりの学習者数」(縦軸)の散布図は［セ］である。ここで，2009年度における「教員1人あたりの学習者数」のヒストグラムである(1)の図1を，図4として再掲しておく。

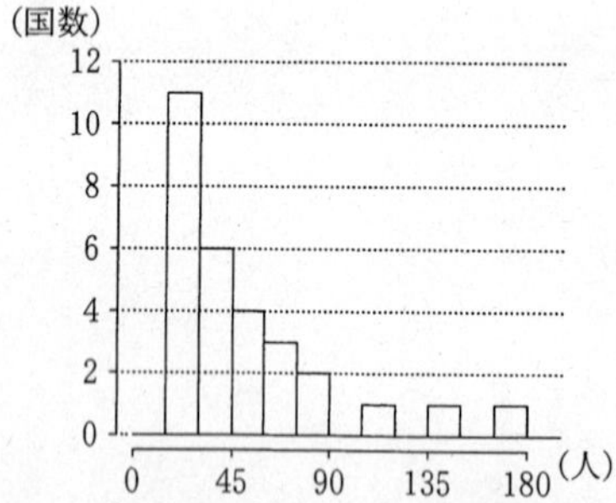

図4　2009年度における教員1人あたりの学習者数のヒストグラム

(出典：国際交流基金のWebページにより作成)

(数学Ⅰ・数学A第2問は次ページに続く。)

セ については，最も適当なものを，次の⓪～③のうちから一つ選べ。なお，これらの散布図には，完全に重なっている点はない。

⓪

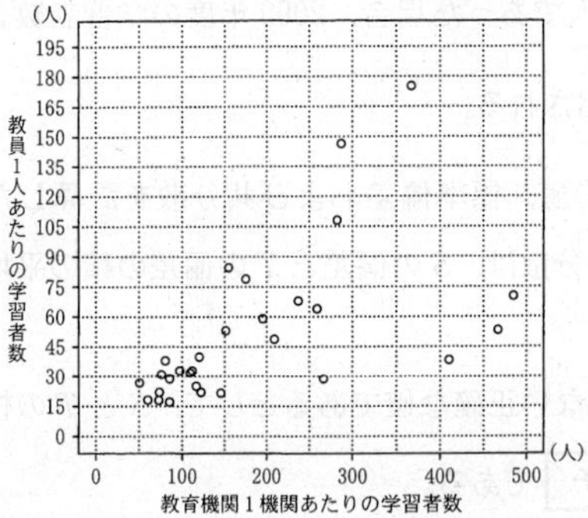

①

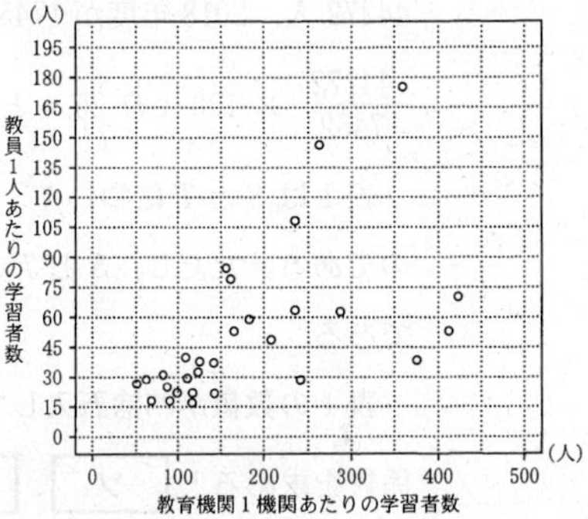

②

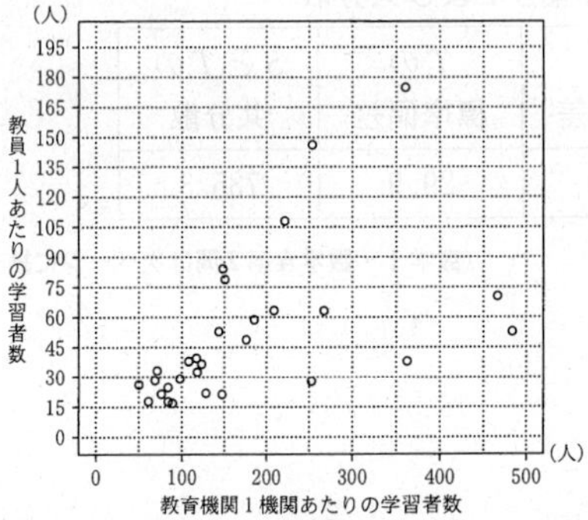

③

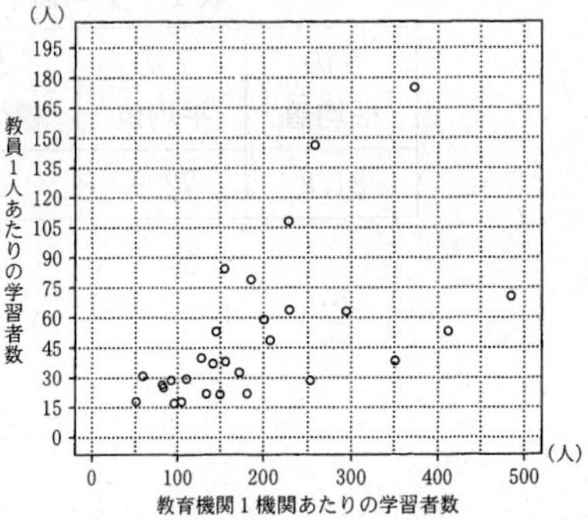

(数学Ⅰ・数学A第2問は次ページに続く。)

(3) 各国における2018年度の学習者数を100としたときの2009年度の学習者数S，および，各国における2018年度の教員数を100としたときの2009年度の教員数Tを算出した。

例えば，学習者数について説明すると，ある国において，2009年度が44272人，2018年度が174521人であった場合，2009年度の学習者数Sは$\dfrac{44272}{174521} \times 100$より25.4と算出される。

表1はSとTについて，平均値，標準偏差および共分散を計算したものである。ただし，SとTの共分散は，Sの偏差とTの偏差の積の平均値である。

表1の数値が四捨五入していない正確な値であるとして，SとTの相関係数を求めると［ソ］.［タチ］である。

表1　平均値，標準偏差および共分散

Sの平均値	Tの平均値	Sの標準偏差	Tの標準偏差	SとTの共分散
81.8	72.9	39.3	29.9	735.3

(数学Ⅰ・数学A第2問は次ページに続く。)

(4)　表1と(3)で求めた相関係数を参考にすると，(3)で算出した2009年度の S(横軸)と T(縦軸)の散布図は [ツ] である。

[ツ] については，最も適当なものを，次の⓪～③のうちから一つ選べ。なお，これらの散布図には，完全に重なっている点はない。

⓪

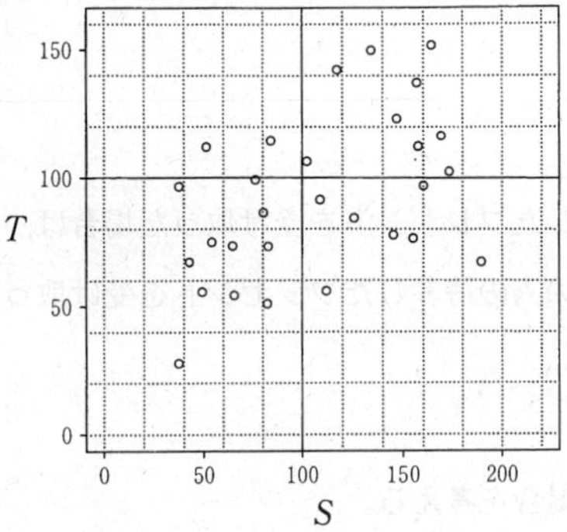

①

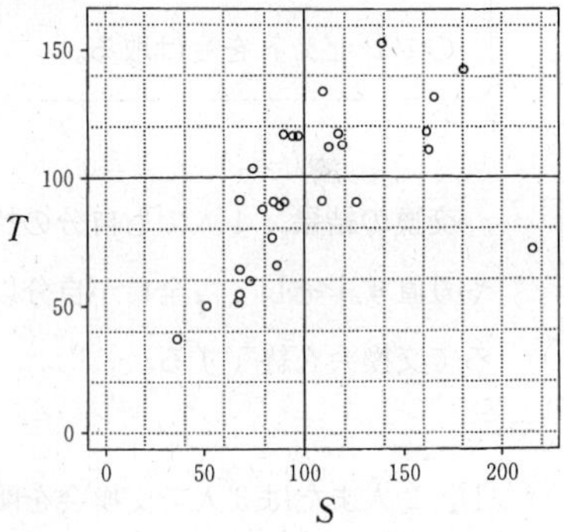

②

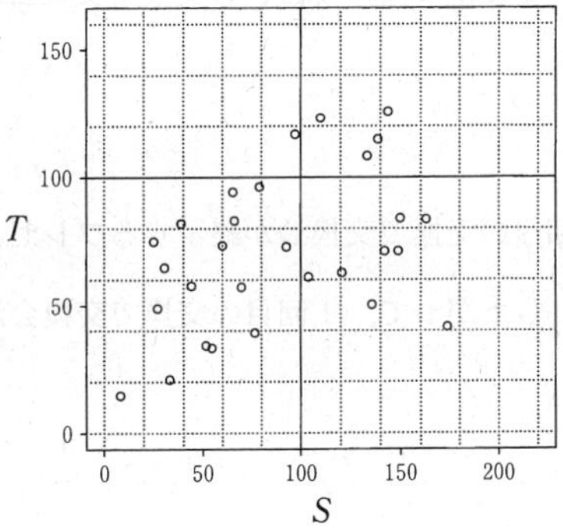

③

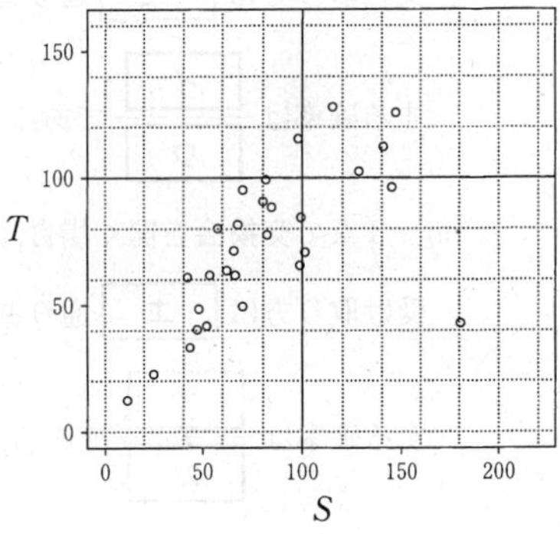

第3問～第5問は，いずれか2問を選択し，解答しなさい。

第3問 (選択問題) (配点 20)

複数人がそれぞれプレゼントを一つずつ持ち寄り，交換会を開く。ただし，プレゼントはすべて異なるとする。プレゼントの交換は次の**手順**で行う。

手順

外見が同じ袋を人数分用意し，各袋にプレゼントを一つずつ入れたうえで，各参加者に袋を一つずつでたらめに配る。各参加者は配られた袋の中のプレゼントを受け取る。

交換の結果，1人でも自分の持参したプレゼントを受け取った場合は，交換をやり直す。そして，全員が自分以外の人の持参したプレゼントを受け取ったところで交換会を終了する。

(1) 2人または3人で交換会を開く場合を考える。

(i) 2人で交換会を開く場合，1回目の交換で交換会が終了するプレゼントの受け取り方は $\boxed{\text{ア}}$ 通りある。したがって，1回目の交換で交換会が終了する確率は $\dfrac{\boxed{\text{イ}}}{\boxed{\text{ウ}}}$ である。

(ii) 3人で交換会を開く場合，1回目の交換で交換会が終了するプレゼントの受け取り方は $\boxed{\text{エ}}$ 通りある。したがって，1回目の交換で交換会が終了する確率は $\dfrac{\boxed{\text{オ}}}{\boxed{\text{カ}}}$ である。

(iii) 3人で交換会を開く場合，4回以下の交換で交換会が終了する確率は $\dfrac{\boxed{\text{キク}}}{\boxed{\text{ケコ}}}$ である。

(数学Ⅰ・数学A第3問は次ページに続く。)

(2)　4人で交換会を開く場合，1回目の交換で交換会が終了する確率を次の**構想**に基づいて求めてみよう。

> **構想**
>
> 1回目の交換で交換会が**終了しない**プレゼントの受け取り方の総数を求める。そのために，自分の持参したプレゼントを受け取る人数によって場合分けをする。

1回目の交換で，4人のうち，ちょうど1人が自分の持参したプレゼントを受け取る場合は $\boxed{\text{サ}}$ 通りあり，ちょうど2人が自分のプレゼントを受け取る場合は $\boxed{\text{シ}}$ 通りある。このように考えていくと，1回目のプレゼントの受け取り方のうち，1回目の交換で交換会が終了しない受け取り方の総数は $\boxed{\text{スセ}}$ である。

したがって，1回目の交換で交換会が終了する確率は $\dfrac{\boxed{\text{ソ}}}{\boxed{\text{タ}}}$ である。

(3)　5人で交換会を開く場合，1回目の交換で交換会が終了する確率は $\dfrac{\boxed{\text{チツ}}}{\boxed{\text{テト}}}$ である。

(4)　A，B，C，D，Eの5人が交換会を開く。1回目の交換でA，B，C，Dがそれぞれ自分以外の人の持参したプレゼントを受け取ったとき，その回で交換会が終了する条件付き確率は $\dfrac{\boxed{\text{ナニ}}}{\boxed{\text{ヌネ}}}$ である。

第3問～第5問は，いずれか2問を選択し，解答しなさい。

第4問 （選択問題）（配点　20）

(1)　$5^4 = 625$ を 2^4 で割ったときの余りは1に等しい。このことを用いると，不定方程式

$$5^4 x - 2^4 y = 1 \qquad \cdots\cdots\cdots\cdots\cdots ①$$

の整数解のうち，x が正の整数で最小になるのは

$$x = \boxed{\text{ア}}, \quad y = \boxed{\text{イウ}}$$

であることがわかる。

また，① の整数解のうち，x が2桁の正の整数で最小になるのは

$$x = \boxed{\text{エオ}}, \quad y = \boxed{\text{カキク}}$$

である。

(2)　次に，625^2 を 5^5 で割ったときの余りと，2^5 で割ったときの余りについて考えてみよう。

まず

$$625^2 = 5^{\boxed{\text{ケ}}}$$

であり，また，$m = \boxed{\text{イウ}}$ とすると

$$625^2 = 2^{\boxed{\text{ケ}}} m^2 + 2^{\boxed{\text{コ}}} m + 1$$

である。これらより，625^2 を 5^5 で割ったときの余りと，2^5 で割ったときの余りがわかる。

（数学Ⅰ・数学A第4問は次ページに続く。）

(3) (2) の考察は，不定方程式

$$5^5x - 2^5y = 1 \quad \cdots\cdots\cdots\cdots\cdots\cdots\cdots\cdots\cdots \text{②}$$

の整数解を調べるために利用できる。

x，y を ② の整数解とする。5^5x は 5^5 の倍数であり，2^5 で割ったときの余りは 1 となる。よって，(2) により，$5^5x - 625^2$ は 5^5 でも 2^5 でも割り切れる。5^5 と 2^5 は互いに素なので，$5^5x - 625^2$ は $5^5 \cdot 2^5$ の倍数である。

このことから，② の整数解のうち，x が 3 桁の正の整数で最小になるのは

$x =$ **サシス**，$y =$ **セソタチツ**

であることがわかる。

(4) 11^4 を 2^4 で割ったときの余りは 1 に等しい。不定方程式

$$11^5x - 2^5y = 1$$

の整数解のうち，x が正の整数で最小になるのは

$x =$ **テト**，$y =$ **ナニヌネノ**

である。

第3問～第5問は，いずれか2問を選択し，解答しなさい。

第5問 （選択問題）（配点　20）

△ABC の重心を G とし，線分 AG 上で点 A とは異なる位置に点 D をとる。直線 AG と辺 BC の交点を E とする。また，直線 BC 上で辺 BC 上にはない位置に点 F をとる。直線 DF と辺 AB の交点を P，直線 DF と辺 AC の交点を Q とする。

(1)　点 D は線分 AG の中点であるとする。このとき，△ABC の形状に関係なく

$$\frac{\mathrm{AD}}{\mathrm{DE}} = \frac{\boxed{\text{ア}}}{\boxed{\text{イ}}}$$

である。また，点 F の位置に関係なく

$$\frac{\mathrm{BP}}{\mathrm{AP}} = \boxed{\text{ウ}} \times \frac{\boxed{\boxed{\text{エ}}}}{\boxed{\boxed{\text{オ}}}}, \qquad \frac{\mathrm{CQ}}{\mathrm{AQ}} = \boxed{\text{カ}} \times \frac{\boxed{\boxed{\text{キ}}}}{\boxed{\boxed{\text{ク}}}}$$

であるので，つねに

$$\frac{\mathrm{BP}}{\mathrm{AP}} + \frac{\mathrm{CQ}}{\mathrm{AQ}} = \boxed{\text{ケ}}$$

となる。

$\boxed{\boxed{\text{エ}}}$，$\boxed{\boxed{\text{オ}}}$，$\boxed{\boxed{\text{キ}}}$，$\boxed{\boxed{\text{ク}}}$ の解答群（同じものを繰り返し選んでもよい。）

⓪　BC	①　BF	②　CF	③　EF
④　FP	⑤　FQ	⑥　PQ	

（数学Ⅰ・数学A第5問は次ページに続く。）

(2) AB = 9，BC = 8，AC = 6 とし，(1)と同様に，点 D は線分 AG の中点であるとする。ここで，4 点 B，C，Q，P が同一円周上にあるように点 F をとる。

このとき，$AQ = \dfrac{\boxed{\text{コ}}}{\boxed{\text{サ}}}AP$ であるから

$$AP = \frac{\boxed{\text{シス}}}{\boxed{\text{セ}}}, \qquad AQ = \frac{\boxed{\text{ソタ}}}{\boxed{\text{チ}}}$$

であり

$$CF = \frac{\boxed{\text{ツテ}}}{\boxed{\text{トナ}}}$$

である。

(3) △ABC の形状や点 F の位置に関係なく，つねに $\dfrac{BP}{AP} + \dfrac{CQ}{AQ} = 10$ となるのは，$\dfrac{AD}{DG} = \dfrac{\boxed{\text{ニ}}}{\boxed{\text{ヌ}}}$ のときである。

2022 追試

(100点
70分)

〔数学Ⅰ・A〕

注 意 事 項

1 **数学解答用紙を切り離し，試験開始の準備をしなさい。**

2 **時間を計り，上記の解答時間内で解答しなさい。**

ただし，納得のいくまで時間をかけて解答するという利用法でもかまいません。

3 第1問，第2問は必答。第3問～第5問から2問選択。計4問を解答しなさい。

4 この回の問題は，このページを含め，29ページあります。

5 **解答用紙には解答欄以外に受験番号欄，氏名欄，試験場コード欄，解答科目欄があります。解答科目欄は解答する科目**を一つ選び，**マーク**しなさい。**その他の欄**は自分自身で本番を想定し，**正しく記入し，マークしなさい。**

6 **解答は解答用紙の解答欄にマークしなさい。**

7 選択問題については，解答する問題を決めたあと，その問題番号の解答欄に解答しなさい。ただし，**指定された問題数をこえて解答してはいけません。**

8 問題の余白は適宜利用してよいが，どのページも切り離してはいけません。

第１問 （必答問題）（配点　30）

〔1〕 c を実数とし，x の方程式

$$|3x-3c+1|=(3-\sqrt{3})x-1 \quad \cdots\cdots\cdots\cdots\cdots\cdots\cdots\cdots ①$$

を考える。

(1) $x \geqq c-\dfrac{1}{3}$ のとき，①は

$$3x-3c+1=(3-\sqrt{3})x-1 \quad \cdots\cdots\cdots\cdots\cdots\cdots\cdots\cdots ②$$

となる。②を満たす x は

$$x=\sqrt{\boxed{\text{ア}}}\,c-\frac{\boxed{\text{イ}}\sqrt{3}}{3} \quad \cdots\cdots\cdots\cdots\cdots\cdots\cdots\cdots ③$$

となる。③が $x \geqq c-\dfrac{1}{3}$ を満たすような c の値の範囲は $\boxed{\text{ウ}}$ である。

また，$x < c-\dfrac{1}{3}$ のとき，①は

$$-3x+3c-1=(3-\sqrt{3})x-1 \quad \cdots\cdots\cdots\cdots\cdots\cdots\cdots\cdots ④$$

となる。④を満たす x は

$$x=\frac{\boxed{\text{エ}}+\sqrt{3}}{\boxed{\text{オカ}}}\,c \quad \cdots\cdots\cdots\cdots\cdots\cdots\cdots\cdots ⑤$$

となる。⑤が $x < c-\dfrac{1}{3}$ を満たすような c の値の範囲は $\boxed{\text{キ}}$ である。

（数学Ⅰ・数学Ａ第１問は次ページに続く。）

ウ ， キ の解答群（同じものを繰り返し選んでもよい。）

⓪ $c \leqq \frac{3+\sqrt{3}}{6}$　① $c < \frac{3-\sqrt{3}}{6}$　② $c \geqq \frac{5+\sqrt{3}}{6}$

③ $c > \frac{3+\sqrt{3}}{6}$　④ $c \geqq \frac{3-\sqrt{3}}{6}$　⑤ $c > \frac{5+\sqrt{3}}{6}$

⑥ $c \leqq \frac{5-\sqrt{3}}{6}$　⑦ $c \geqq \frac{7-3\sqrt{3}}{6}$

⑧ $c < \frac{5-\sqrt{3}}{6}$　⑨ $c > \frac{7-3\sqrt{3}}{6}$

(2) ①が異なる二つの解をもつための必要十分条件は ク であり，ただ一つの解をもつための必要十分条件は ケ である。さらに，①が解をもたないための必要十分条件は コ である。

ク ～ コ の解答群（同じものを繰り返し選んでもよい。）

⓪ $c > \frac{3-\sqrt{3}}{6}$　① $c > \frac{5+\sqrt{3}}{6}$　② $c \geqq \frac{7-3\sqrt{3}}{6}$

③ $c = \frac{3-\sqrt{3}}{6}$　④ $c = \frac{5+\sqrt{3}}{6}$　⑤ $c = \frac{7-3\sqrt{3}}{6}$

⑥ $c \leqq \frac{3-\sqrt{3}}{6}$　⑦ $c < \frac{5+\sqrt{3}}{6}$　⑧ $c < \frac{7-3\sqrt{3}}{6}$

（数学Ⅰ・数学A第１問は次ページに続く。）

〔2〕 以下の問題を解答するにあたっては，必要に応じて7ページの三角比の表を用いてもよい。

火災時に，ビルの高層階に取り残された人を救出する際，はしご車を使用することがある。

図1のはしご車で考える。はしごの先端をA，はしごの支点をBとする。はしごの角度(はしごと水平面のなす角の大きさ)は75°まで大きくすることができ，はしごの長さABは35mまで伸ばすことができる。また，はしごの支点Bは地面から2mの高さにあるとする。

以下，はしごの長さABは35mに固定して考える。また，はしごは太さを無視して線分とみなし，はしご車は水平な地面上にあるものとする。

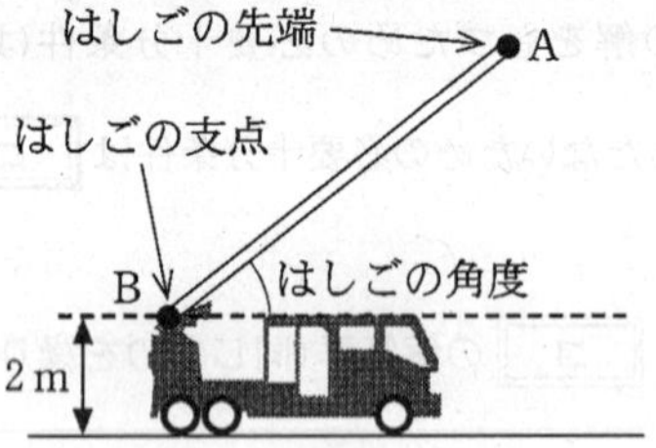

図 1

(1) はしごの先端Aの最高到達点の高さは，地面から **サシ** mである。小数第1位を四捨五入して答えよ。

(数学Ⅰ・数学A第1問は次ページに続く。)

(2) 図1のはしごは，図2のように，点Cで，ACが鉛直方向になるまで下向きに屈折させることができる。ACの長さは10 mである。

図3のように，あるビルにおいて，地面から26 mの高さにある位置を点Pとする。障害物のフェンスや木があるため，はしご車をBQの長さが18 mとなる場所にとめる。ここで，点Qは，点Pの真下で，点Bと同じ高さにある位置である。

このとき，はしごの先端Aが点Pに届くかどうかは，障害物の高さや，はしご車と障害物の距離によって決まる。そこで，このことについて，後の(i)，(ii)のように考える。

ただし，はしご車，障害物，ビルは同じ水平な地面上にあり，点A，B，C，P，Qはすべて同一平面上にあるものとする。

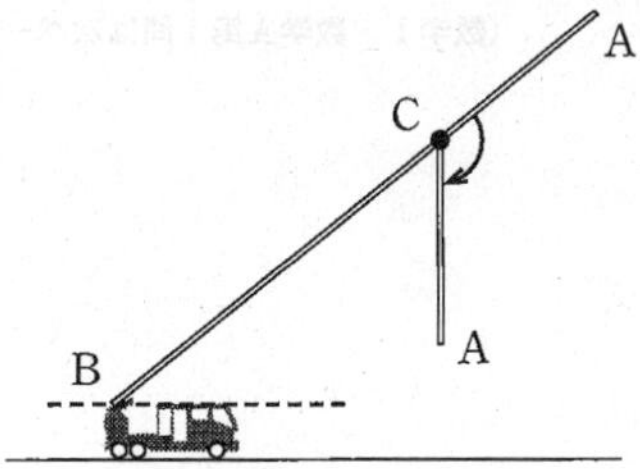

図　2

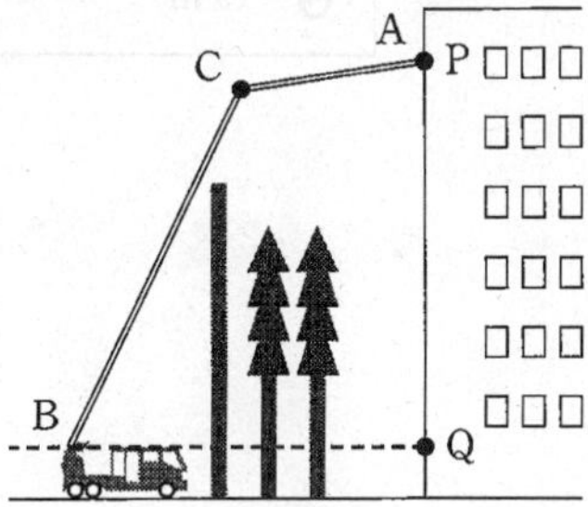

図　3

(i) はしごを点Cで屈折させ，はしごの先端Aが点Pに一致したとすると，∠QBCの大きさはおよそ [ス] °になる。

[ス] については，最も適当なものを，次の⓪～⑥のうちから一つ選べ。

⓪ 53	① 56	② 59	③ 63
④ 67	⑤ 71	⑥ 75	

(数学Ⅰ・数学A第1問は次ページに続く。)

(ii) はしご車に最も近い障害物はフェンスで，フェンスの高さは7 m 以上あり，障害物の中で最も高いものとする。フェンスは地面に垂直で2点B，Qの間にあり，フェンスとBQとの交点から点Bまでの距離は6 m である。また，フェンスの厚みは考えないとする。

このとき，次の⓪～⑥のフェンスの高さのうち，図3のように，はしごがフェンスに当たらずに，はしごの先端Aを点Pに一致させることができる最大のものは，［セ］である。

［セ］の解答群

⓪ 7 m	① 10 m	② 13 m	③ 16 m
④ 19 m	⑤ 22 m	⑥ 25 m	

（数学Ⅰ・数学A第1問は次ページに続く。）

三角比の表

角	正弦(sin)	余弦(cos)	正接(tan)	角	正弦(sin)	余弦(cos)	正接(tan)
0°	0.0000	1.0000	0.0000	45°	0.7071	0.7071	1.0000
1°	0.0175	0.9998	0.0175	46°	0.7193	0.6947	1.0355
2°	0.0349	0.9994	0.0349	47°	0.7314	0.6820	1.0724
3°	0.0523	0.9986	0.0524	48°	0.7431	0.6691	1.1106
4°	0.0698	0.9976	0.0699	49°	0.7547	0.6561	1.1504
5°	0.0872	0.9962	0.0875	50°	0.7660	0.6428	1.1918
6°	0.1045	0.9945	0.1051	51°	0.7771	0.6293	1.2349
7°	0.1219	0.9925	0.1228	52°	0.7880	0.6157	1.2799
8°	0.1392	0.9903	0.1405	53°	0.7986	0.6018	1.3270
9°	0.1564	0.9877	0.1584	54°	0.8090	0.5878	1.3764
10°	0.1736	0.9848	0.1763	55°	0.8192	0.5736	1.4281
11°	0.1908	0.9816	0.1944	56°	0.8290	0.5592	1.4826
12°	0.2079	0.9781	0.2126	57°	0.8387	0.5446	1.5399
13°	0.2250	0.9744	0.2309	58°	0.8480	0.5299	1.6003
14°	0.2419	0.9703	0.2493	59°	0.8572	0.5150	1.6643
15°	0.2588	0.9659	0.2679	60°	0.8660	0.5000	1.7321
16°	0.2756	0.9613	0.2867	61°	0.8746	0.4848	1.8040
17°	0.2924	0.9563	0.3057	62°	0.8829	0.4695	1.8807
18°	0.3090	0.9511	0.3249	63°	0.8910	0.4540	1.9626
19°	0.3256	0.9455	0.3443	64°	0.8988	0.4384	2.0503
20°	0.3420	0.9397	0.3640	65°	0.9063	0.4226	2.1445
21°	0.3584	0.9336	0.3839	66°	0.9135	0.4067	2.2460
22°	0.3746	0.9272	0.4040	67°	0.9205	0.3907	2.3559
23°	0.3907	0.9205	0.4245	68°	0.9272	0.3746	2.4751
24°	0.4067	0.9135	0.4452	69°	0.9336	0.3584	2.6051
25°	0.4226	0.9063	0.4663	70°	0.9397	0.3420	2.7475
26°	0.4384	0.8988	0.4877	71°	0.9455	0.3256	2.9042
27°	0.4540	0.8910	0.5095	72°	0.9511	0.3090	3.0777
28°	0.4695	0.8829	0.5317	73°	0.9563	0.2924	3.2709
29°	0.4848	0.8746	0.5543	74°	0.9613	0.2756	3.4874
30°	0.5000	0.8660	0.5774	75°	0.9659	0.2588	3.7321
31°	0.5150	0.8572	0.6009	76°	0.9703	0.2419	4.0108
32°	0.5299	0.8480	0.6249	77°	0.9744	0.2250	4.3315
33°	0.5446	0.8387	0.6494	78°	0.9781	0.2079	4.7046
34°	0.5592	0.8290	0.6745	79°	0.9816	0.1908	5.1446
35°	0.5736	0.8192	0.7002	80°	0.9848	0.1736	5.6713
36°	0.5878	0.8090	0.7265	81°	0.9877	0.1564	6.3138
37°	0.6018	0.7986	0.7536	82°	0.9903	0.1392	7.1154
38°	0.6157	0.7880	0.7813	83°	0.9925	0.1219	8.1443
39°	0.6293	0.7771	0.8098	84°	0.9945	0.1045	9.5144
40°	0.6428	0.7660	0.8391	85°	0.9962	0.0872	11.4301
41°	0.6561	0.7547	0.8693	86°	0.9976	0.0698	14.3007
42°	0.6691	0.7431	0.9004	87°	0.9986	0.0523	19.0811
43°	0.6820	0.7314	0.9325	88°	0.9994	0.0349	28.6363
44°	0.6947	0.7193	0.9657	89°	0.9998	0.0175	57.2900
45°	0.7071	0.7071	1.0000	90°	1.0000	0.0000	—

(数学Ⅰ・数学A第１問は次ページに続く。)

〔3〕 三角形は，与えられた辺の長さや角の大きさの条件によって，ただ一通りに決まる場合や二通りに決まる場合がある。

以下，△ABC において AB = 4 とする。

(1) AC = 6，$\cos\angle\mathrm{BAC} = \dfrac{1}{3}$ とする。このとき，BC = $\boxed{\text{ソ}}$ であり，△ABC はただ一通りに決まる。

(2) $\sin\angle\mathrm{BAC} = \dfrac{1}{3}$ とする。このとき，BC の長さのとり得る値の範囲は，点 B と直線 AC との距離を考えることにより，$\mathrm{BC} \geqq \dfrac{\boxed{\text{タ}}}{\boxed{\text{チ}}}$ である。

$\mathrm{BC} = \dfrac{\boxed{\text{タ}}}{\boxed{\text{チ}}}$ または BC = $\boxed{\text{ツ}}$ のとき，△ABC はただ一通りに決まる。

また，∠ABC = 90° のとき，$\mathrm{BC} = \sqrt{\boxed{\text{テ}}}$ である。

(数学Ⅰ・数学A第1問は次ページに続く。)

したがって，△ABC の形状について，次のことが成り立つ。

- $\dfrac{\boxed{\text{タ}}}{\boxed{\text{チ}}} < \mathrm{BC} < \sqrt{\boxed{\text{テ}}}$ のとき，△ABC は $\boxed{\text{ト}}$ 。
- $\mathrm{BC} = \sqrt{\boxed{\text{テ}}}$ のとき，△ABC は $\boxed{\text{ナ}}$ 。
- $\mathrm{BC} > \sqrt{\boxed{\text{テ}}}$ かつ $\mathrm{BC} \neq \boxed{\text{ツ}}$ のとき，△ABC は $\boxed{\text{ニ}}$ 。

$\boxed{\text{ト}}$ ～ $\boxed{\text{ニ}}$ の解答群(同じものを繰り返し選んでもよい。)

⓪ ただ一通りに決まり，それは鋭角三角形である
① ただ一通りに決まり，それは直角三角形である
② ただ一通りに決まり，それは鈍角三角形である
③ 二通りに決まり，それらはともに鋭角三角形である
④ 二通りに決まり，それらは鋭角三角形と直角三角形である
⑤ 二通りに決まり，それらは鋭角三角形と鈍角三角形である
⑥ 二通りに決まり，それらはともに直角三角形である
⑦ 二通りに決まり，それらは直角三角形と鈍角三角形である
⑧ 二通りに決まり，それらはともに鈍角三角形である

第２問　（必答問題）（配点　30）

〔1〕 a を $5 < a < 10$ を満たす実数とする。長方形ABCDを考え，$\mathrm{AB} = \mathrm{CD} = 5$，$\mathrm{BC} = \mathrm{DA} = a$ とする。

次のようにして，長方形ABCDの辺上に４点P，Q，R，Sをとり，内部に点Tをとることを考える。

辺AB上に点Bと異なる点Pをとる。辺BC上に点Qを∠BPQが45°になるようにとる。Qを通り，直線PQと垂直に交わる直線を ℓ とする。ℓ が頂点C，D以外の点で辺CDと交わるとき，ℓ と辺CDの交点をRとする。

点Rを通り ℓ と垂直に交わる直線を m とする。m と辺ADとの交点をSとする。点Sを通り m と垂直に交わる直線を n とする。n と直線PQとの交点をTとする。

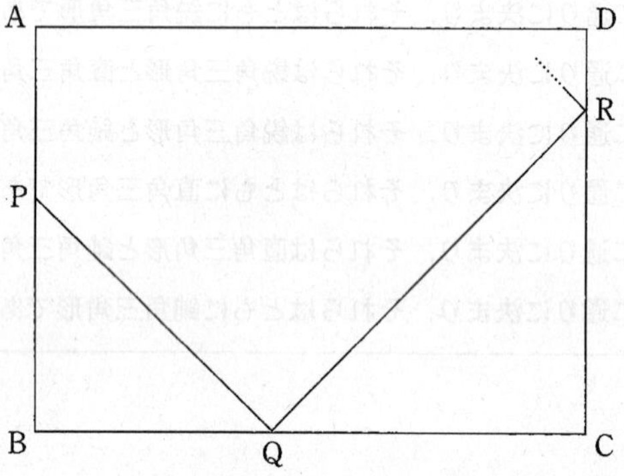

参考図

（数学Ⅰ・数学Ａ第２問は次ページに続く。）

(1)　$a=6$ のとき，ℓ が頂点 C，D 以外の点で辺 CD と交わるときの AP の値の範囲は $0 \leqq \mathrm{AP} < \boxed{\text{ア}}$ である。このとき，四角形 QRST の面積の最大値は $\dfrac{\boxed{\text{イウ}}}{\boxed{\text{エ}}}$ である。

$a=8$ のとき，四角形 QRST の面積の最大値は $\boxed{\text{オカ}}$ である。

(2)　$5 < a < 10$ とする。ℓ が頂点 C，D 以外の点で辺 CD と交わるときの AP の値の範囲は

$$0 \leqq \mathrm{AP} < \boxed{\text{キク}} - a \qquad \cdots\cdots\cdots\cdots\cdots\cdots ①$$

である。

点 P が ① を満たす範囲を動くとする。四角形 QRST の面積の最大値が $\dfrac{\boxed{\text{イウ}}}{\boxed{\text{エ}}}$ となるときの a の値の範囲は

$$5 < a \leqq \dfrac{\boxed{\text{ケコ}}}{\boxed{\text{サ}}}$$

である。

a が $\dfrac{\boxed{\text{ケコ}}}{\boxed{\text{サ}}} < a < 10$ を満たすとき，P が ① を満たす範囲を動いたときの四角形 QRST の面積の最大値は

$$\boxed{\text{シス}}\,a^2 + \boxed{\text{セソ}}\,a - \boxed{\text{タチツ}}$$

である。

（数学Ⅰ・数学A第2問は次ページに続く。）

〔2〕 国土交通省では「全国道路・街路交通情勢調査」を行い，地域ごとのデータを公開している。以下では，2010 年と 2015 年に 67 地域で調査された高速道路の交通量と速度を使用する。交通量としては，それぞれの地域において，ある 1 日にある区間を走行した自動車の台数(以下，交通量という。単位は台)を用いる。また，速度としては，それぞれの地域において，ある区間を走行した自動車の走行距離および走行時間から算出した値(以下，速度という。単位は km/h)を用いる。

(数学Ⅰ・数学A第 2 問は 14 ページに続く。)

(下 書 き 用 紙)

数学Ⅰ・数学Aの試験問題は次に続く。

(1) 表1は，2015年の交通量と速度の平均値，標準偏差および共分散である。ただし，共分散は交通量の偏差と速度の偏差の積の平均値である。

表1　2015年の交通量と速度の平均値，標準偏差および共分散

	平均値	標準偏差	共分散
交通量	17300	10200	− 63600
速　度	82.0	9.60	

この表より，(標準偏差)：(平均値)の比の値は，小数第3位を四捨五入すると，交通量については0.59であり，速度については［テ］である。また，交通量と速度の相関係数は［ト］である。

また，図1は，2015年の交通量と速度の散布図である。なお，この散布図には，完全に重なっている点はない。

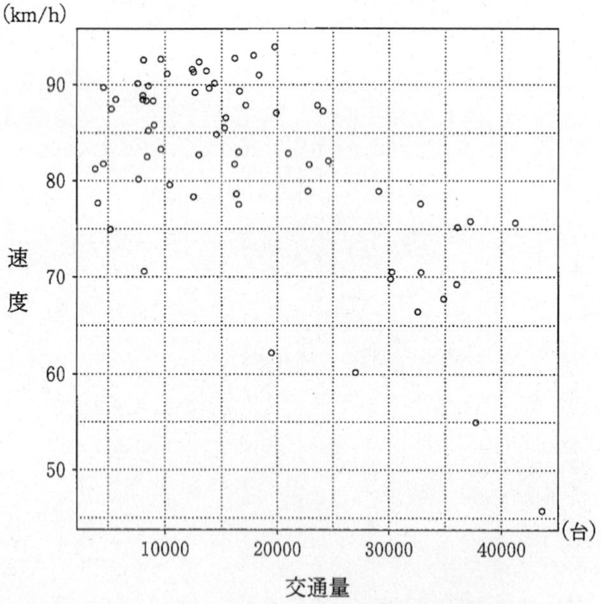

図1　2015年の交通量と速度の散布図

(出典：国土交通省のWebページにより作成)

(数学Ⅰ・数学A第2問は次ページに続く。)

2015 年の交通量のヒストグラムは，図 1 を参考にすると，[ナ] である。なお，ヒストグラムの各階級の区間は，左側の数値を含み，右側の数値を含まない。また，表 1 および図 1 から読み取れることとして，後の⓪～⑤のうち，正しいものは [ニ] と [ヌ] である。

[テ]，[ト] については，最も適当なものを，次の⓪～⑨のうちから一つずつ選べ。ただし，同じものを繰り返し選んでもよい。

⓪ −0.71	① −0.65	② −0.59	③ −0.12	④ −0.03
⑤ 0.03	⑥ 0.12	⑦ 0.59	⑧ 0.65	⑨ 0.71

[ナ] の解答群

⓪
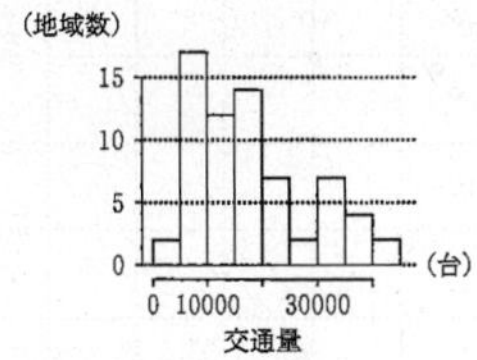

①
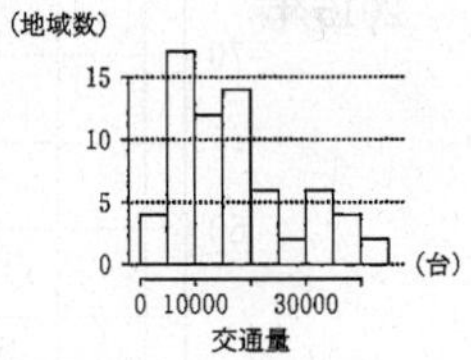

②
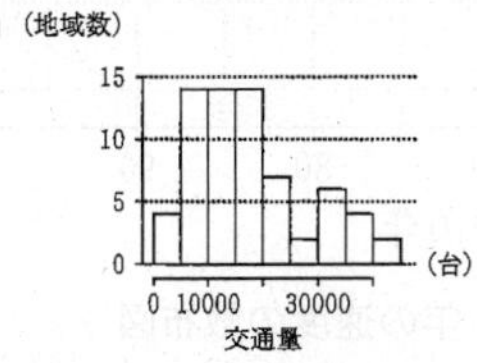

③
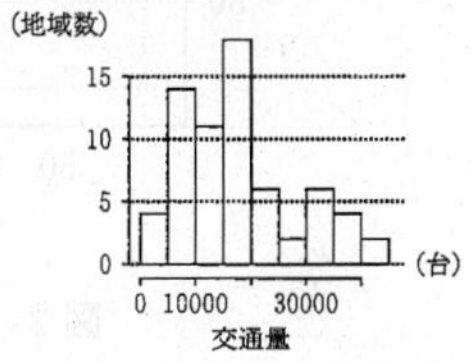

[ニ]，[ヌ] の解答群(解答の順序は問わない。)

⓪ 交通量が 27500 以上のすべての地域の速度は 75 未満である。
① 交通量が 10000 未満のすべての地域の速度は 70 以上である。
② 速度が平均値以上のすべての地域では，交通量が平均値以上である。
③ 速度が平均値未満のすべての地域では，交通量が平均値未満である。
④ 交通量が 27500 以上の地域は，ちょうど 7 地域存在する。
⑤ 速度が 72.5 未満の地域は，ちょうど 11 地域存在する。

(数学Ⅰ・数学A第 2 問は次ページに続く。)

(2) 図2は，2010年と2015年の速度の散布図である。ただし，原点を通り，傾きが1である直線(点線)を補助的に描いている。また，この散布図には，完全に重なっている点はない。

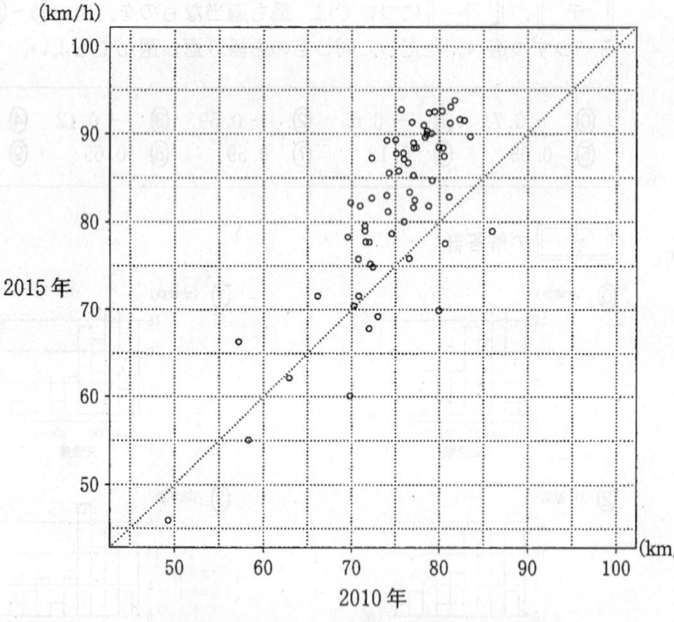

図2　2010年と2015年の速度の散布図

(出典：国土交通省のWebページにより作成)

(数学Ⅰ・数学A第2問は次ページに続く。)

67地域について，2010年より2015年の速度が速くなった地域群をA群，遅くなった地域群をB群とする。A群の地域数は［ネノ］である。

B群において，2010年より2015年の速度が，5 km/h以上遅くなった地域数は［ハ］であり，10％以上遅くなった地域数は［ヒ］である。

A群の2015年の速度については，第1四分位数は81.2，中央値は86.7，第3四分位数は89.7であった。次の(I)，(II)，(III)はA群とB群の2015年の速度に関する記述である。

(I) A群の速度の範囲は，B群の速度の範囲より小さい。

(II) A群の速度の第1四分位数は，B群の速度の第3四分位数より小さい。

(III) A群の速度の四分位範囲は，B群の速度の四分位範囲より小さい。

(I)，(II)，(III)の正誤の組合せとして正しいものは［フ］である。

［フ］の解答群

	⓪	①	②	③	④	⑤	⑥	⑦
(I)	正	正	正	正	誤	誤	誤	誤
(II)	正	正	誤	誤	正	正	誤	誤
(III)	正	誤	正	誤	正	誤	正	誤

（数学Ⅰ・数学A第2問は次ページに続く。）

(3) 図3は2015年の速度の箱ひげ図である。図4は図1を再掲したものであり，2015年の交通量と速度の散布図である。これらの速度から1kmあたりの走行時間(分)を考える。例えば，速度が55km/hの場合は，1時間あたりの走行距離が55kmなので，1kmあたりの走行時間は$\frac{1}{55}\times 60$の小数第3位を四捨五入して1.09分となる。

このようにして2015年の速度を1kmあたりの走行時間に変換したデータの箱ひげ図は［ヘ］であり，2015年の交通量と1kmあたりの走行時間の散布図は［ホ］である。なお，解答群の散布図には，完全に重なっている点はない。

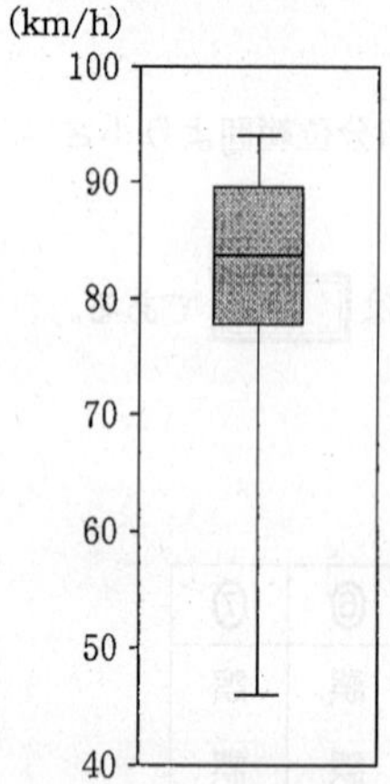

図3　2015年の速度の箱ひげ図

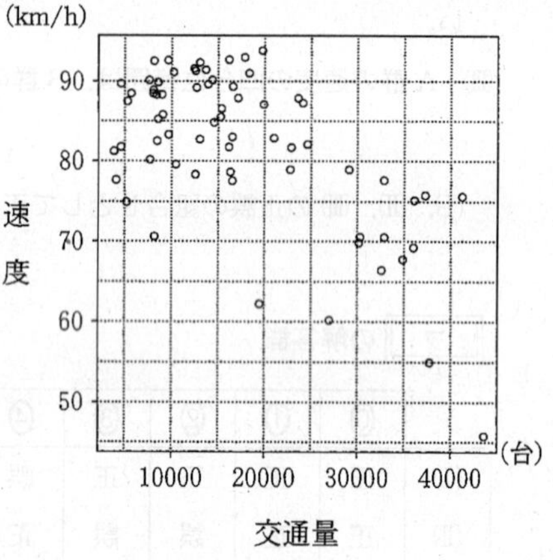

図4　2015年の交通量と速度の散布図

(出典：国土交通省のWebページにより作成)

(数学Ⅰ・数学A第2問は次ページに続く。)

ヘ の解答群

⓪

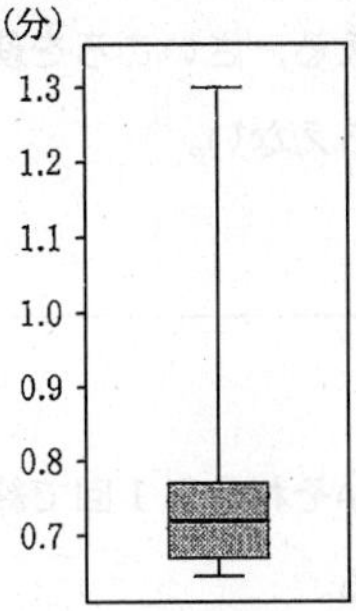

①

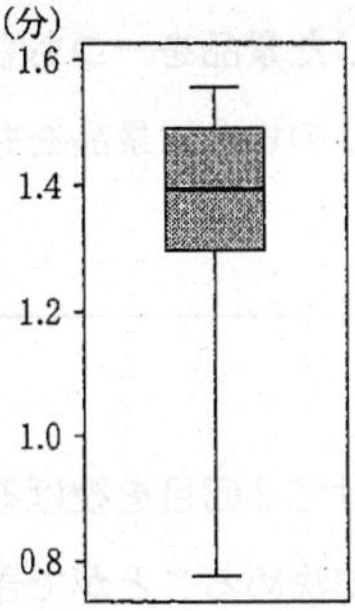

②

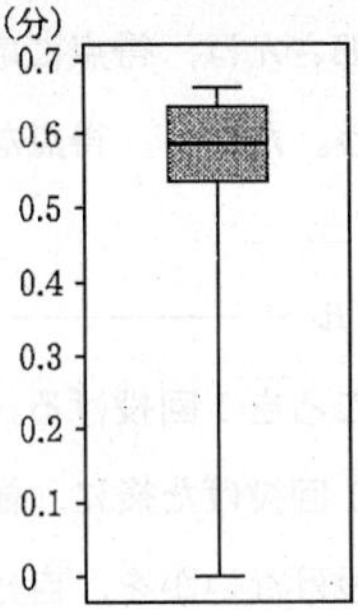

③

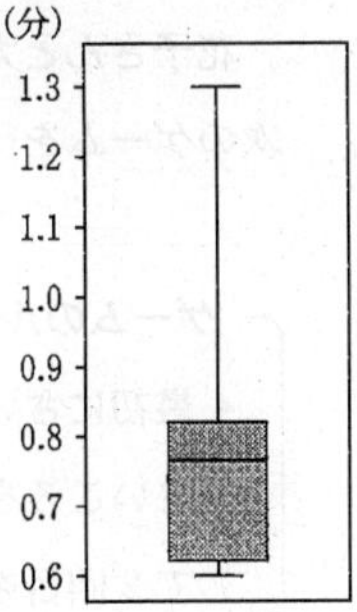

ホ の解答群

⓪

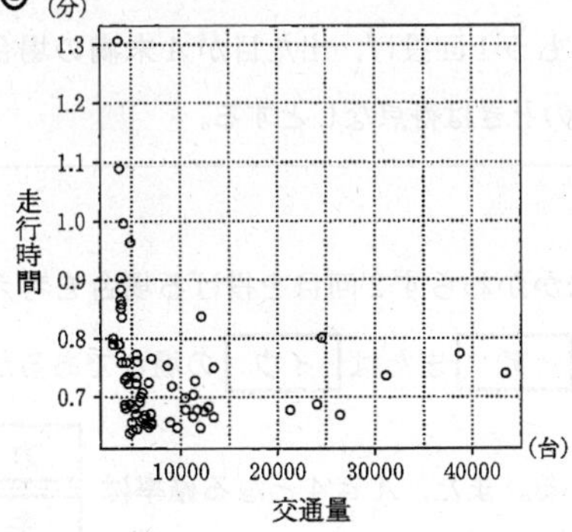

①

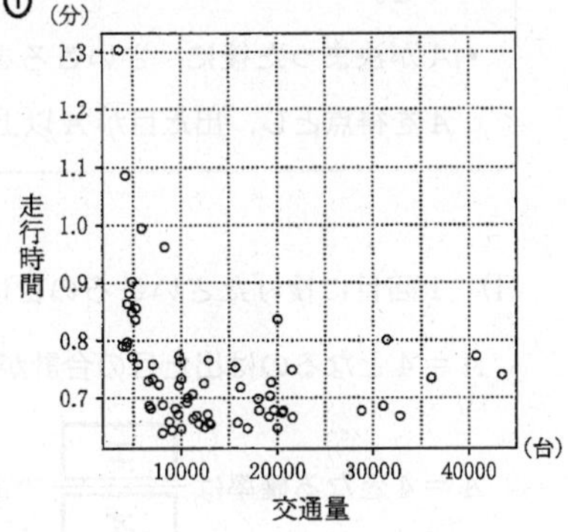

②

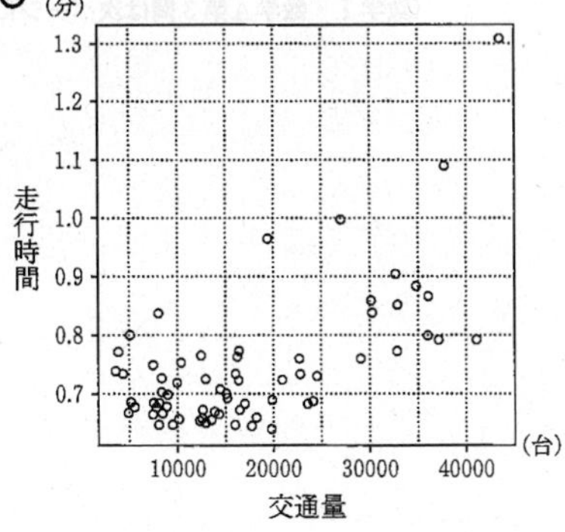

③

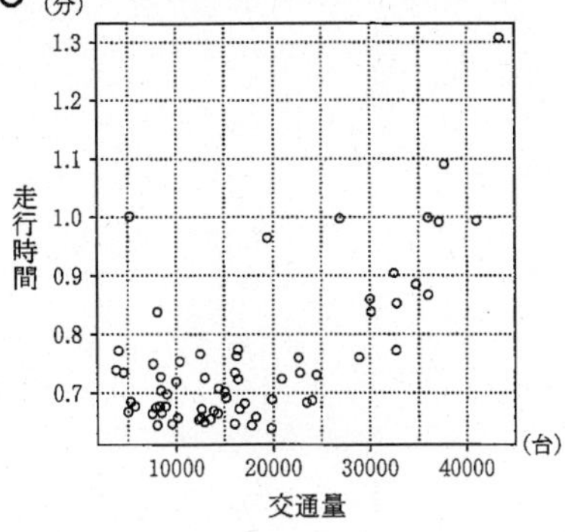

第3問～第5問は，いずれか2問を選択し，解答しなさい。

第3問 （選択問題）（配点　20）

花子さんと太郎さんは，得点に応じた景品を一つもらえる，さいころを使った次のゲームを行う。ただし，得点なしの場合は景品をもらえない。

ゲームのルール

- 最初にさいころを1回投げる。
- さいころを1回投げた後に，続けて2回目を投げるかそれとも1回で終えて2回目を投げないかを，自分で決めることができる。
- 2回目を投げた場合は，出た目の合計を6で割った余りをAとする。
  2回目を投げなかった場合は，1回目に出た目を6で割った余りをAとする。
- Aが決まった後に，さいころをもう1回投げ，出た目がA未満の場合はAを得点とし，出た目がA以上のときは得点なしとする。

(1)　1回目に投げたさいころの目にかかわらず2回目を投げる場合を考える。

$A=4$となるのは出た目の合計が $\boxed{\text{ア}}$ または $\boxed{\text{イウ}}$ の場合であるから，

$A=4$となる確率は $\dfrac{\boxed{\text{エ}}}{\boxed{\text{オ}}}$ である。また，$A \geqq 4$となる確率は $\dfrac{\boxed{\text{カ}}}{\boxed{\text{キ}}}$ である。

（数学Ⅰ・数学A第3問は次ページに続く。）

(2) 花子さんは4点以上の景品が欲しいと思い，$A \geqq 4$ となる確率が最大となるような戦略を考えた。

例えば，さいころを1回投げたところ，出た目は5であったとする。この条件のもとでは，2回目を投げない場合は確実に $A \geqq 4$ となるが，2回目を投げると $A \geqq 4$ となる確率は $\dfrac{\boxed{\text{ク}}}{\boxed{\text{ケ}}}$ である。よって，この条件のもとでは2回目を投げない方が $A \geqq 4$ となる確率は大きくなる。

1回目に出た目が5以外の場合も，このように2回目を投げない場合と投げる場合を比較すると，花子さんの戦略は次のようになる。

花子さんの戦略

1回目に投げたさいころの目を6で割った余りが $\boxed{\text{コ}}$ のときのみ，2回目を投げる。

1回目に投げたさいころの目が5以外の場合も考えてみると，いずれの場合も2回目を投げたときに $A \geqq 4$ となる確率は $\dfrac{\boxed{\text{ク}}}{\boxed{\text{ケ}}}$ である。このことから，花子さんの戦略のもとで $A \geqq 4$ となる確率は $\dfrac{\boxed{\text{サ}}}{\boxed{\text{シ}}}$ であり，この確率は $\dfrac{\boxed{\text{カ}}}{\boxed{\text{キ}}}$ より大きくなる。

$\boxed{\text{コ}}$ の解答群

⓪ 2以下	① 3以下	② 4以下
③ 2以上	④ 3以上	⑤ 4以上

(数学Ⅰ・数学A第3問は次ページに続く。)

(3)　太郎さんは，どの景品でもよいからもらいたいと思い，得点なしとなる確率が最小となるような戦略を考えた。

例えば，さいころを1回投げたところ，出た目は3であったとする。この条件のもとでは，2回目を投げない場合，得点なしとなる確率は $\dfrac{\boxed{\text{ス}}}{\boxed{\text{セ}}}$ であり，2回目を投げる場合，得点なしとなる確率は $\dfrac{\boxed{\text{ソタ}}}{\boxed{\text{チツ}}}$ である。よって，1回目に投げたさいころの目が3であったときは，$\boxed{\text{テ}}$。

1回目に投げたさいころの目が3以外の場合についても考えてみると，太郎さんの戦略は次のようになる。

太郎さんの戦略

> 1回目に投げたさいころの目を6で割った余りが $\boxed{\text{ト}}$ のときのみ，2回目を投げる。

この戦略のもとで太郎さんが得点なしとなる確率は $\dfrac{\boxed{\text{ナニ}}}{\boxed{\text{ヌネ}}}$ であり，この確率は，1回目に投げたさいころの目にかかわらず2回目を投げる場合における得点なしとなる確率より小さくなる。

（数学Ⅰ・数学A第3問は次ページに続く。）

テ の解答群

⓪ 2回目を投げない方が得点なしとなる確率は小さい
① 2回目を投げた方が得点なしとなる確率は小さい
② 2回目を投げても投げなくても得点なしとなる確率は変わらない

ト の解答群

⓪ 2以下	① 3以下	② 4以下
③ 2以上	④ 3以上	⑤ 4以上

第3問～第5問は，いずれか2問を選択し，解答しなさい。

第4問 （選択問題）（配点　20）

(1)　整数 k が $0 \leqq k < 5$ を満たすとする。$77k = 5 \times 15k + 2k$ に注意すると，$77k$ を 5 で割った余りが 1 となるのは $k = \boxed{\text{ア}}$ のときである。

(2)　三つの整数 k，ℓ，m が

$$0 \leqq k < 5, \quad 0 \leqq \ell < 7, \quad 0 \leqq m < 11$$

を満たすとする。このとき

$$\frac{k}{5} + \frac{\ell}{7} + \frac{m}{11} - \frac{1}{385} \qquad \cdots\cdots ①$$

が整数となる k，ℓ，m を求めよう。

①の値が整数のとき，その値を n とすると

$$\frac{k}{5} + \frac{\ell}{7} + \frac{m}{11} = \frac{1}{385} + n \qquad \cdots\cdots ②$$

となる。②の両辺に 385 を掛けると

$$77k + 55\ell + 35m = 1 + 385n \qquad \cdots\cdots ③$$

となる。これより

$$77k = 5(-11\ell - 7m + 77n) + 1$$

となることから，$77k$ を 5 で割った余りは 1 なので $k = \boxed{\text{ア}}$ である。

（数学Ⅰ・数学A第4問は次ページに続く。）

同様にして

$$55\ell = 7(-11k - 5m + 55n) + 1$$

および

$$35m = 11(-7k - 5\ell + 35n) + 1$$

であることに注意すると，$\ell =$ [イ] および $m =$ [ウ] が得られる。

なお，$k =$ [ア]，$\ell =$ [イ]，$m =$ [ウ] を ③ に代入すると $n = 2$ であることがわかる。

（数学Ⅰ・数学A第4問は次ページに続く。）

(3) 三つの整数 x, y, z が

$$0 \leqq x < 5,\quad 0 \leqq y < 7,\quad 0 \leqq z < 11$$

を満たすとする。次の形の整数

$$77 \times \boxed{\text{ア}} \times x + 55 \times \boxed{\text{イ}} \times y + 35 \times \boxed{\text{ウ}} \times z$$

を5，7，11で割った余りがそれぞれ2，4，5であるとする。このとき，x, y, z を求めよう。$77 \times \boxed{\text{ア}} \times x$ を5で割った余りが2であることから $x = \boxed{\text{エ}}$ となる。同様にして $y = \boxed{\text{オ}}$，$z = \boxed{\text{カ}}$ となる。

x, y, z を上で求めた値として，整数 p を

$$p = 77 \times \boxed{\text{ア}} \times x + 55 \times \boxed{\text{イ}} \times y + 35 \times \boxed{\text{ウ}} \times z$$

で定める。このとき，5，7，11で割った余りがそれぞれ2，4，5である整数 M は，ある整数 r を用いて $M = p + 385r$ と表すことができる。

(4) 整数 p を(3)で定めたものとする。p^a を5で割った余りが1となる正の整数 a のうち，最小のものは $a = 4$ である。また，p^b を7で割った余りが1となる正の整数 b のうち，最小のものは $b = \boxed{\text{キ}}$ となる。さらに，p^c を11で割った余りが1となる正の整数 c のうち，最小のものは $c = \boxed{\text{ク}}$ である。

p^8 を385で割った余りを q とするとき，q を求めよう。p^8 を5，7，11で割った余りを利用して(3)と同様に考えると，$q = \boxed{\text{ケコサ}}$ であることがわかる。

（下 書 き 用 紙）

数学Ⅰ・数学Aの試験問題は次に続く。

第3問～第5問は，いずれか2問を選択し，解答しなさい。

第5問 （選択問題）（配点　20）

(1)　円と直線に関する次の**定理**を考える。

> **定理**　3点P，Q，Rは一直線上にこの順に並んでいるとし，点Tはこの直線上にないものとする。このとき，$PQ \cdot PR = PT^2$ が成り立つならば，直線PTは3点Q，R，Tを通る円に接する。

この**定理**が成り立つことは，次のように説明できる。

直線PTは3点Q，R，Tを通る円Oに接しないとする。このとき，直線PTは円Oと異なる2点で交わる。直線PTと円Oとの交点で点Tとは異なる点をT′とすると

$$PT \cdot PT' = \boxed{ア} \cdot \boxed{イ}$$

が成り立つ。点Tと点T′が異なることにより，$PT \cdot PT'$ の値と PT^2 の値は異なる。したがって，$PQ \cdot PR = PT^2$ に矛盾するので，背理法により，直線PTは3点Q，R，Tを通る円に接するといえる。

$\boxed{ア}$，$\boxed{イ}$ の解答群（解答の順序は問わない。）

⓪ PQ	① PR	② QR	③ QT	④ RT

（数学Ⅰ・数学A第5問は次ページに続く。）

(2)　$\triangle \mathrm{ABC}$ において，$\mathrm{AB}=\dfrac{1}{2}$，$\mathrm{BC}=\dfrac{3}{4}$，$\mathrm{AC}=1$ とする。

このとき，$\angle \mathrm{ABC}$ の二等分線と辺 AC との交点を D とすると，$\mathrm{AD}=\dfrac{\boxed{\text{ウ}}}{\boxed{\text{エ}}}$ である。直線 BC 上に，点 C とは異なり，$\mathrm{BC}=\mathrm{BE}$ となる点 E をとる。$\angle \mathrm{ABE}$ の二等分線と線分 AE との交点を F とし，直線 AC との交点を G とすると

$$\frac{\mathrm{AC}}{\mathrm{AG}}=\frac{\boxed{\text{オ}}}{\boxed{\text{カ}}},\qquad \frac{\triangle \mathrm{ABF}\text{ の面積}}{\triangle \mathrm{AFG}\text{ の面積}}=\frac{\boxed{\text{キ}}}{\boxed{\text{ク}}}$$

である。

線分 DG の中点を H とすると，$\mathrm{BH}=\dfrac{\boxed{\text{ケ}}}{\boxed{\text{コ}}}$ である。また

$$\mathrm{AH}=\frac{\boxed{\text{サ}}}{\boxed{\text{シ}}},\qquad \mathrm{CH}=\frac{\boxed{\text{ス}}}{\boxed{\text{セ}}}$$

である。

$\triangle \mathrm{ABC}$ の外心を O とする。$\triangle \mathrm{ABC}$ の外接円 O の半径が $\dfrac{\boxed{\text{ソ}}\sqrt{\boxed{\text{タチ}}}}{\boxed{\text{ツテ}}}$ であることから，線分 BH を 1 : 2 に内分する点を I とすると

$$\mathrm{IO}=\frac{\boxed{\text{ト}}\sqrt{\boxed{\text{ナ}}}}{\boxed{\text{ニヌ}}}$$

であることがわかる。

数学Ⅱ・B

～ CONTENTS ～

解答上の注意

1　解答は，解答用紙の問題番号に対応した解答欄にマークしなさい。

2　問題の文中の $\boxed{\text{ア}}$ ，$\boxed{\text{イウ}}$ などには，符号(−)，数字(0〜9)，又は文字(a〜d)が入ります。ア，イ，ウ，…の一つ一つは，これらのいずれか一つに対応します。それらを解答用紙のア，イ，ウ，…で示された解答欄にマークして答えなさい。

例　$\boxed{\text{アイウ}}$ に $-8a$ と答えたいとき

ア	●	⓪	①	②	③	④	⑤	⑥	⑦	⑧	⑨	ⓐ	ⓑ	ⓒ	ⓓ
イ	⊖	⓪	①	②	③	④	⑤	⑥	⑦	●	⑨	ⓐ	ⓑ	ⓒ	ⓓ
ウ	⊖	⓪	①	②	③	④	⑤	⑥	⑦	⑧	⑨	●	ⓑ	ⓒ	ⓓ

3　数と文字の積の形で解答する場合，数を文字の前にして答えなさい。

例えば，$3a$ と答えるところを，$a3$ と答えてはいけません。

4　分数形で解答する場合，分数の符号は分子につけ，分母につけてはいけません。

例えば，$\dfrac{\boxed{\text{エオ}}}{\boxed{\text{カ}}}$ に $-\dfrac{4}{5}$ と答えたいときは，$\dfrac{-4}{5}$ として答えなさい。

また，それ以上約分できない形で答えなさい。

例えば，$\dfrac{3}{4}$，$\dfrac{2a+1}{3}$ と答えるところを，$\dfrac{6}{8}$，$\dfrac{4a+2}{6}$ のように答えてはいけません。

5　小数の形で解答する場合，指定された桁数の一つ下の桁を四捨五入して答えなさい。また，必要に応じて，指定された桁まで ⓪ にマークしなさい。

例えば，$\boxed{\text{キ}}.\boxed{\text{クケ}}$ に 2.5 と答えたいときは，2.50 として答えなさい。

6　根号を含む形で解答する場合，根号の中に現れる自然数が最小となる形で答えなさい。

例えば，$4\sqrt{2}$，$\dfrac{\sqrt{13}}{2}$，$6\sqrt{2a}$ と答えるところを，$2\sqrt{8}$，$\dfrac{\sqrt{52}}{4}$，$3\sqrt{8a}$ のように答えてはいけません。

7　問題の文中の二重四角で表記された $\boxed{\boxed{\text{コ}}}$ などには，選択肢から一つを選んで，答えなさい。

8　同一の問題文中に $\boxed{\text{サシ}}$，$\boxed{\boxed{\text{ス}}}$ などが2度以上現れる場合，原則として，2度目以降は，$\boxed{\text{サシ}}$，$\boxed{\boxed{\text{ス}}}$ のように細字で表記します。

試作問題

(100点 70分)

〔数学Ⅱ・B・C〕

試作問題掲載の趣旨と注意点

この試作問題は，独立行政法人大学入試センターが公表している，大学入学共通テスト「令和７年度試験の問題作成の方向性、試作問題等」のウェブサイトに記載のある内容を再掲したものです。本書では，学習に取り組まれる皆様のために，これに詳細の解答解説を作成し，より学びを深めていただけるように工夫しました。

本問題は，令和７年度大学入学共通テストについての具体的なイメージを共有することを目的として作成されていますが，過去の大学入試センター試験や大学入学共通テストと同様の問題作成や点検のプロセスは経ていないものとされています。本問題と同じような内容，形式，配点等の問題が必ず出題されることを保証するものではありませんので，その点につきましてご注意ください。

注 意 事 項

1　**時間を計り，上記の解答時間内で解答しなさい。**

ただし，納得のいくまで時間をかけて解答するという利用法でもかまいません。

2　第１問～第３問は必答。第４問～第７問から３問選択。計６問を解答しなさい。

3　問題の余白は適宜利用してよいが，どのページも切り離してはいけません。

第１問（必答問題）（配点　15）

⑴　次の**問題A**について考えよう。

> **問題A**　関数 $y=\sin\theta+\sqrt{3}\cos\theta\left(0\leqq\theta\leqq\dfrac{\pi}{2}\right)$ の最大値を求めよ。

$$\sin\frac{\pi}{\boxed{\text{ア}}}=\frac{\sqrt{3}}{2},\quad \cos\frac{\pi}{\boxed{\text{ア}}}=\frac{1}{2}$$

であるから，三角関数の合成により

$$y=\boxed{\text{イ}}\sin\left(\theta+\frac{\pi}{\boxed{\text{ア}}}\right)$$

と変形できる。よって，y は $\theta=\dfrac{\pi}{\boxed{\text{ウ}}}$ で最大値 $\boxed{\text{エ}}$ をとる。

⑵　p を定数とし，次の**問題B**について考えよう。

> **問題B**　関数 $y=\sin\theta+p\cos\theta\left(0\leqq\theta\leqq\dfrac{\pi}{2}\right)$ の最大値を求めよ。

(i)　$p=0$ のとき，y は $\theta=\dfrac{\pi}{\boxed{\text{オ}}}$ で最大値 $\boxed{\text{カ}}$ をとる。

（数学Ⅱ，数学Ｂ，数学Ｃ第１問は次ページに続く。）

(ii)　$p > 0$のときは，加法定理

$$\cos(\theta - \alpha) = \cos\theta\cos\alpha + \sin\theta\sin\alpha$$

を用いると

$$y = \sin\theta + p\cos\theta = \sqrt{\boxed{\text{キ}}}\cos(\theta - \alpha)$$

と表すことができる。ただし，αは

$$\sin\alpha = \frac{\boxed{\text{ク}}}{\sqrt{\boxed{\text{キ}}}},\quad \cos\alpha = \frac{\boxed{\text{ケ}}}{\sqrt{\boxed{\text{キ}}}},\quad 0 < \alpha < \frac{\pi}{2}$$

を満たすものとする。このとき，yは$\theta = \boxed{\text{コ}}$で最大値

$\sqrt{\boxed{\text{サ}}}$をとる。

(iii)　$p < 0$のとき，yは$\theta = \boxed{\text{シ}}$で最大値$\boxed{\text{ス}}$をとる。

$\boxed{\text{キ}}$～$\boxed{\text{ケ}}$，$\boxed{\text{サ}}$，$\boxed{\text{ス}}$の解答群（同じものを繰り返し選んでもよい。）

⓪　-1	①　1	②　$-p$
③　p	④　$1-p$	⑤　$1+p$
⑥　$-p^2$	⑦　p^2	⑧　$1-p^2$
⑨　$1+p^2$	ⓐ　$(1-p)^2$	ⓑ　$(1+p)^2$

$\boxed{\text{コ}}$，$\boxed{\text{シ}}$の解答群（同じものを繰り返し選んでもよい。）

⓪　0	①　α	②　$\dfrac{\pi}{2}$

第２問（必答問題）（配点　15）

二つの関数 $f(x) = \dfrac{2^x + 2^{-x}}{2}$，$g(x) = \dfrac{2^x - 2^{-x}}{2}$ について考える。

(1)　$f(0) = \boxed{\text{ア}}$，$g(0) = \boxed{\text{イ}}$ である。また，$f(x)$ は相加平均と相乗平均の関係から，$x = \boxed{\text{ウ}}$ で最小値 $\boxed{\text{エ}}$ をとる。

$g(x) = -2$ となる x の値は $\log_2\left(\sqrt{\boxed{\text{オ}}} - \boxed{\text{カ}}\right)$ である。

(2)　次の①～④は，x にどのような値を代入してもつねに成り立つ。

$f(-x) = \boxed{\text{キ}}$ ……………………… ①

$g(-x) = \boxed{\text{ク}}$ ……………………… ②

$\{f(x)\}^2 - \{g(x)\}^2 = \boxed{\text{ケ}}$ ……………………… ③

$g(2x) = \boxed{\text{コ}}\ f(x)g(x)$ ……………………… ④

$\boxed{\text{キ}}$，$\boxed{\text{ク}}$ の解答群（同じものを繰り返し選んでもよい。）

⓪　$f(x)$	①　$-f(x)$	②　$g(x)$	③　$-g(x)$

（数学Ⅱ，数学B，数学C第２問は次ページに続く。）

(3) 花子さんと太郎さんは，$f(x)$ と $g(x)$ の性質について話している。

花子：①～④は三角関数の性質に似ているね。

太郎：三角関数の加法定理に類似した式（A）～（D）を考えてみたけど，つねに成り立つ式はあるだろうか。

花子：成り立たない式を見つけるために，式（A）～（D）の β に何か具体的な値を代入して調べてみたらどうかな。

太郎さんが考えた式

$$f(\alpha-\beta)=f(\alpha)g(\beta)+g(\alpha)f(\beta) \quad \cdots\cdots\text{(A)}$$

$$f(\alpha+\beta)=f(\alpha)f(\beta)+g(\alpha)g(\beta) \quad \cdots\cdots\text{(B)}$$

$$g(\alpha-\beta)=f(\alpha)f(\beta)+g(\alpha)g(\beta) \quad \cdots\cdots\text{(C)}$$

$$g(\alpha+\beta)=f(\alpha)g(\beta)-g(\alpha)f(\beta) \quad \cdots\cdots\text{(D)}$$

(1)，(2)で示されたことのいくつかを利用すると，式（A）～（D）のうち，［サ］以外の三つは成り立たないことがわかる。［サ］は左辺と右辺をそれぞれ計算することによって成り立つことが確かめられる。

［サ］の解答群

⓪ （A）	① （B）	② （C）	③ （D）

第３問（必答問題）（配点　22）

⑴　座標平面上で，次の二つの２次関数のグラフについて考える。

$y = 3x^2 + 2x + 3$ ……………………… ①

$y = 2x^2 + 2x + 3$ ……………………… ②

①，②の２次関数のグラフには次の**共通点**がある。

共通点

y 軸との交点における接線の方程式は $y =$ [ア] $x +$ [イ] である。

次の⓪～⑤の２次関数のグラフのうち，y 軸との交点における接線の方程式が $y =$ [ア] $x +$ [イ] となるものは [ウ] である。

[ウ] の解答群

⓪ $y = 3x^2 - 2x - 3$	① $y = -3x^2 + 2x - 3$
② $y = 2x^2 + 2x - 3$	③ $y = 2x^2 - 2x + 3$
④ $y = -x^2 + 2x + 3$	⑤ $y = -x^2 - 2x + 3$

a，b，c を０でない実数とする。

曲線 $y = ax^2 + bx + c$ 上の点$\left(0,\right.$ [エ] $\left.\right)$における接線を ℓ とすると，その方程式は $y =$ [オ] $x +$ [カ] である。

（数学Ⅱ，数学Ｂ，数学Ｃ第３問は次ページに続く。）

接線 ℓ と x 軸との交点の x 座標は $\dfrac{\boxed{\text{キク}}}{\boxed{\text{ケ}}}$ である。

a，b，c が正の実数であるとき，曲線 $y = ax^2 + bx + c$ と接線 ℓ および直線 $x = \dfrac{\boxed{\text{キク}}}{\boxed{\text{ケ}}}$ で囲まれた図形の面積を S とすると

$$S = \frac{ac^{\boxed{\text{コ}}}}{\boxed{\text{サ}}\,b^{\boxed{\text{シ}}}} \qquad \cdots\cdots\cdots\cdots\cdots\cdots\cdots\cdots\cdots\cdots ③$$

である。

③において，$a = 1$ とし，S の値が一定となるように正の実数 b，c の値を変化させる。このとき，b と c の関係を表すグラフの概形は $\boxed{\text{ス}}$ である。

$\boxed{\text{ス}}$ については，最も適当なものを，次の⓪～⑤のうちから一つ選べ。

⓪

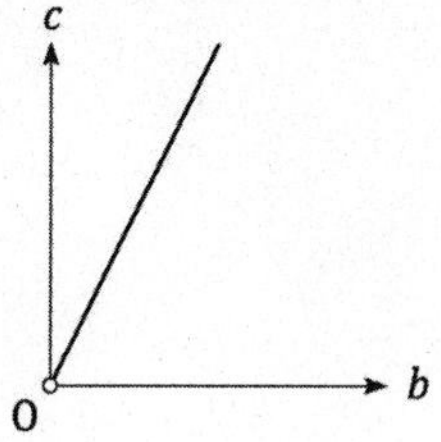

①

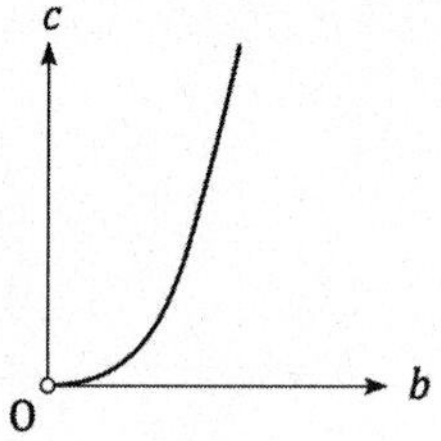

②

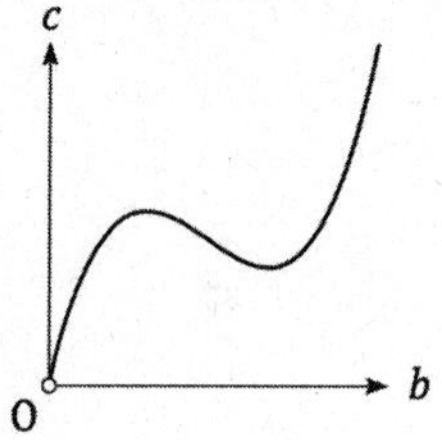

③

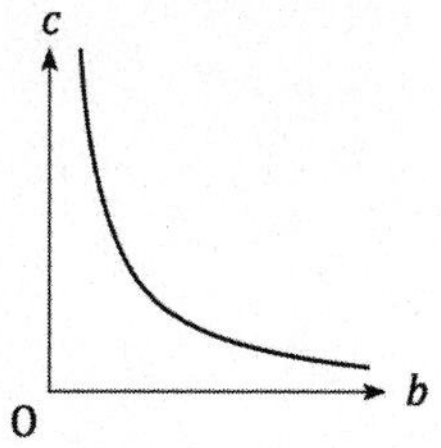

④

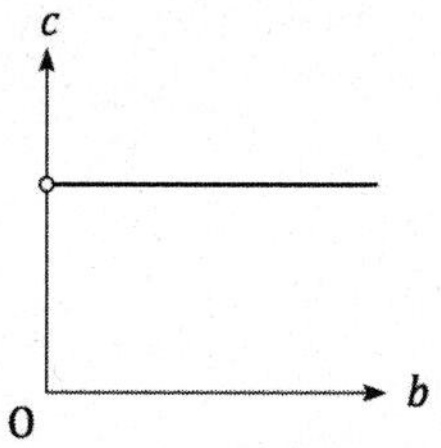

⑤

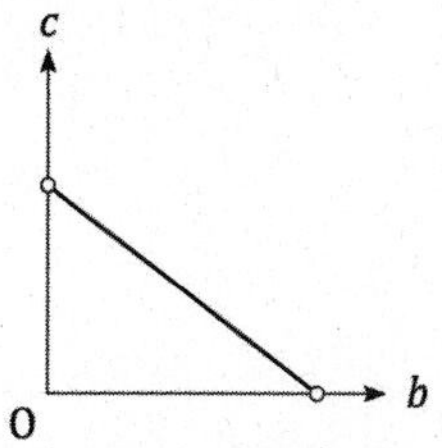

（数学Ⅱ，数学B，数学C第３問は次ページに続く。）

(2)　a，b，c，d を 0 でない実数とする。

$f(x) = ax^3 + bx^2 + cx + d$ とする。このとき，関数 $y = f(x)$ のグラフと y 軸との交点における接線の方程式は $y = \boxed{\text{セ}}\,x + \boxed{\text{ソ}}$ となる。

次に，$g(x) = \boxed{\text{セ}}\,x + \boxed{\text{ソ}}$ とし，$f(x) - g(x)$ について考える。

$y = f(x)$ のグラフと $y = g(x)$ のグラフの共有点の x 座標は $\dfrac{\boxed{\text{タチ}}}{\boxed{\text{ツ}}}$ と $\boxed{\text{テ}}$ である。また，x が $\dfrac{\boxed{\text{タチ}}}{\boxed{\text{ツ}}}$ と $\boxed{\text{テ}}$ の間を動くとき，$|f(x) - g(x)|$ の値が最大となるのは，$x = \dfrac{\boxed{\text{トナニ}}}{\boxed{\text{ヌネ}}}$ のときである。

（下書き用紙）

数学Ⅱ，数学Ｂ，数学Ｃの試験問題は次に続く。

第4問〜第7問は，いずれか3問を選択し，解答しなさい。

第4問 （選択問題） （配点　16）

初項3，公差pの等差数列を$\{a_n\}$とし，初項3，公比rの等比数列を$\{b_n\}$とする。ただし，$p \neq 0$かつ$r \neq 0$とする。さらに，これらの数列が次を満たすとする。

$$a_n b_{n+1} - 2a_{n+1} b_n + 3b_{n+1} = 0 \quad (n = 1,\ 2,\ 3,\ \cdots) \qquad \cdots\cdots ①$$

(1) pとrの値を求めよう。自然数nについて，a_n，a_{n+1}，b_nはそれぞれ

$$a_n = \boxed{\text{ア}} + (n-1)p \qquad \cdots\cdots\cdots\cdots ②$$

$$a_{n+1} = \boxed{\text{ア}} + np \qquad \cdots\cdots\cdots\cdots ③$$

$$b_n = \boxed{\text{イ}}\, r^{n-1}$$

と表される。$r \neq 0$により，すべての自然数nについて，$b_n \neq 0$となる。

$\dfrac{b_{n+1}}{b_n} = r$であることから，①の両辺をb_nで割ることにより

$$\boxed{\text{ウ}}\, a_{n+1} = r\left(a_n + \boxed{\text{エ}}\right) \qquad \cdots\cdots\cdots\cdots ④$$

が成り立つことがわかる。④に②と③を代入すると

$$\left(r - \boxed{\text{オ}}\right)pn = r\left(p - \boxed{\text{カ}}\right) + \boxed{\text{キ}} \qquad \cdots\cdots\cdots\cdots ⑤$$

となる。⑤がすべてのnで成り立つことおよび$p \neq 0$により，$r = \boxed{\text{オ}}$を得る。さらに，このことから，$p = \boxed{\text{ク}}$を得る。

以上から，すべての自然数nについて，a_nとb_nが正であることもわかる。

（数学Ⅱ，数学B，数学C第4問は次ページに続く。）

(2) 数列 $\{a_n\}$ に対して，初項 3 の数列 $\{c_n\}$ が次を満たすとする。

$$a_n c_{n+1} - 4a_{n+1}c_n + 3c_{n+1} = 0 \quad (n = 1,\ 2,\ 3,\ \cdots) \qquad \cdots\cdots\cdots ⑥$$

a_n が正であることから，⑥を変形して，$c_{n+1} = \dfrac{\boxed{\text{ケ}}\, a_{n+1}}{a_n + \boxed{\text{コ}}}\, c_n$ を得る。

さらに，$p = \boxed{\text{ク}}$ であることから，数列 $\{c_n\}$ は $\boxed{\text{サ}}$ ことがわかる。

$\boxed{\text{サ}}$ の解答群

⓪ すべての項が同じ値をとる数列である
① 公差が 0 でない等差数列である
② 公比が 1 より大きい等比数列である
③ 公比が 1 より小さい等比数列である
④ 等差数列でも等比数列でもない

(3) q，u は定数で，$q \neq 0$ とする。数列 $\{b_n\}$ に対して，初項 3 の数列 $\{d_n\}$ が次を満たすとする。

$$d_n b_{n+1} - q d_{n+1} b_n + u b_{n+1} = 0 \quad (n = 1,\ 2,\ 3,\ \cdots) \qquad \cdots\cdots\cdots ⑦$$

$r = \boxed{\text{オ}}$ であることから，⑦を変形して，$d_{n+1} = \dfrac{\boxed{\text{シ}}}{q}(d_n + u)$ を得る。したがって，数列 $\{d_n\}$ が，公比が 0 より大きく 1 より小さい等比数列となるための必要十分条件は，$q > \boxed{\text{ス}}$ かつ $u = \boxed{\text{セ}}$ である。

第５問 （選択問題） （配点　16）

以下の問題を解答するにあたっては，必要に応じて 15 ページの正規分布表を用いてもよい。

花子さんは，マイクロプラスチックと呼ばれる小さなプラスチック片（以下，MP）による海洋中や大気中の汚染が，環境問題となっていることを知った。花子さんたち 49 人は，面積が 50 a（アール）の砂浜の表面にあるMPの個数を調べるため，それぞれが無作為に選んだ 20 cm 四方の区画の表面から深さ 3 cm までをすくい，MP の個数を研究所で数えてもらうことにした。そして，この砂浜の 1 区画あたりのMP の個数を確率変数 X として考えることにした。

このとき，X の母平均を m，母標準偏差を σ とし，標本 49 区画の 1 区画あたりの MP の個数の平均値を表す確率変数を $\overline{X}$ とする。

花子さんたちが調べた 49 区画では，平均値が 16，標準偏差が 2 であった。

(1) 砂浜全体に含まれる MP の全個数 M を推定することにする。

花子さんは，次の**方針**で M を推定することとした。

方針

砂浜全体には 20 cm四方の区画が 125000 個分あり，$M = 125000 \times m$ なので，M を $W = 125000 \times \overline{X}$ で推定する。

確率変数 $\overline{X}$ は，標本の大きさ 49 が十分に大きいので，平均 ア ，標準偏差 イ の正規分布に近似的に従う。

そこで，**方針**に基づいて考えると，確率変数 W は平均 ウ ，標準偏差 エ の正規分布に近似的に従うことがわかる。

このとき，X の母標準偏差 σ は標本の標準偏差と同じ $\sigma = 2$ と仮定すると，M に対する信頼度 95％の信頼区間は

オカキ $\times 10^4 \leqq M \leqq$ クケコ $\times 10^4$

となる。

（数学Ⅱ，数学Ｂ，数学Ｃ第５問は次ページに続く。）

ア の解答群

⓪ m	① $4m$	② $7m$	③ $16m$	④ $49m$
⑤ X	⑥ $4X$	⑦ $7X$	⑧ $16X$	⑨ $49X$

イ の解答群

⓪ σ	① 2σ	② 4σ	③ 7σ	④ 49σ
⑤ $\dfrac{\sigma}{2}$	⑥ $\dfrac{\sigma}{4}$	⑦ $\dfrac{\sigma}{7}$	⑧ $\dfrac{\sigma}{49}$	

ウ の解答群

⓪ $\dfrac{16}{49}m$	① $\dfrac{4}{7}m$	② $49m$	③ $\dfrac{125000}{49}m$
④ $125000m$	⑤ $\dfrac{16}{49}\overline{X}$	⑥ $\dfrac{4}{7}\overline{X}$	⑦ $49\overline{X}$
⑧ $\dfrac{125000}{49}\overline{X}$	⑨ $125000\overline{X}$		

エ の解答群

⓪ $\dfrac{\sigma}{49}$	① $\dfrac{\sigma}{7}$	② 49σ	③ $\dfrac{125000}{49}\sigma$
④ $\dfrac{31250}{7}\sigma$	⑤ $\dfrac{125000}{7}\sigma$	⑥ 31250σ	⑦ 62500σ
⑧ 125000σ	⑨ 250000σ		

（数学Ⅱ，数学B，数学C第５問は次ページに続く。）

(2) 研究所が昨年調査したときには, 1 区画あたりの MP の個数の母平均が 15, 母標準偏差が 2 であった。今年の母平均 m が昨年とは異なるといえるかを, 有意水準 5%で仮説検定をする。ただし, 母標準偏差は今年も $\sigma = 2$ とする。

まず, 帰無仮説は「今年の母平均は [サ]」であり, 対立仮説は「今年の母平均は [シ]」である。

次に, 帰無仮説が正しいとすると, $\overline{X}$ は平均 [ス], 標準偏差 [セ] の正規分布に近似的に従うため, 確率変数 $Z = \dfrac{\overline{X} - \boxed{\text{ス}}}{\boxed{\text{セ}}}$ は標準正規分布に近似的に従う。

花子さんたちの調査結果から求めた Z の値を z とすると, 標準正規分布において確率 $P(Z \leqq -|z|)$ と確率 $P(Z \geqq |z|)$ の和は 0. 05 よりも [ソ] ので, 有意水準 5%で今年の母平均 m は昨年と [タ]。

[サ], [シ] の解答群（同じものを繰り返し選んでもよい。）

⓪ $\overline{X}$ である	① m である
② 15 である	③ 16 である
④ $\overline{X}$ ではない	⑤ m ではない
⑥ 15 ではない	⑦ 16 ではない

[ス], [セ] の解答群（同じものを繰り返し選んでもよい。）

⓪ $\dfrac{4}{49}$	① $\dfrac{2}{7}$	② $\dfrac{16}{49}$	③ $\dfrac{4}{7}$	④ 2
⑤ $\dfrac{15}{7}$	⑥ 4	⑦ 15	⑧ 16	

[ソ] の解答群

⓪ 大きい	① 小さい

[タ] の解答群

⓪ 異なるといえる	① 異なるとはいえない

（数学Ⅱ, 数学B, 数学C第５問は次ページに続く。）

正 規 分 布 表

次の表は，標準正規分布の分布曲線における右図の灰色部分の面積の値をまとめたものである。

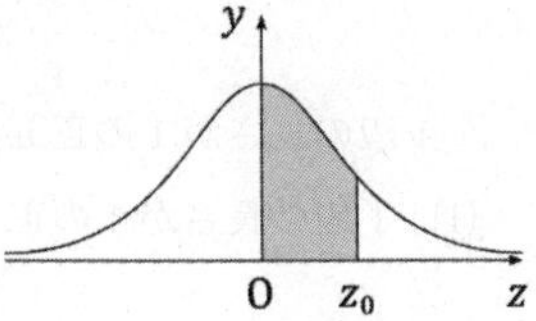

z_0	0.00	0.01	0.02	0.03	0.04	0.05	0.06	0.07	0.08	0.09
0.0	0.0000	0.0040	0.0080	0.0120	0.0160	0.0199	0.0239	0.0279	0.0319	0.0359
0.1	0.0398	0.0438	0.0478	0.0517	0.0557	0.0596	0.0636	0.0675	0.0714	0.0753
0.2	0.0793	0.0832	0.0871	0.0910	0.0948	0.0987	0.1026	0.1064	0.1103	0.1141
0.3	0.1179	0.1217	0.1255	0.1293	0.1331	0.1368	0.1406	0.1443	0.1480	0.1517
0.4	0.1554	0.1591	0.1628	0.1664	0.1700	0.1736	0.1772	0.1808	0.1844	0.1879
0.5	0.1915	0.1950	0.1985	0.2019	0.2054	0.2088	0.2123	0.2157	0.2190	0.2224
0.6	0.2257	0.2291	0.2324	0.2357	0.2389	0.2422	0.2454	0.2486	0.2517	0.2549
0.7	0.2580	0.2611	0.2642	0.2673	0.2704	0.2734	0.2764	0.2794	0.2823	0.2852
0.8	0.2881	0.2910	0.2939	0.2967	0.2995	0.3023	0.3051	0.3078	0.3106	0.3133
0.9	0.3159	0.3186	0.3212	0.3238	0.3264	0.3289	0.3315	0.3340	0.3365	0.3389
1.0	0.3413	0.3438	0.3461	0.3485	0.3508	0.3531	0.3554	0.3577	0.3599	0.3621
1.1	0.3643	0.3665	0.3686	0.3708	0.3729	0.3749	0.3770	0.3790	0.3810	0.3830
1.2	0.3849	0.3869	0.3888	0.3907	0.3925	0.3944	0.3962	0.3980	0.3997	0.4015
1.3	0.4032	0.4049	0.4066	0.4082	0.4099	0.4115	0.4131	0.4147	0.4162	0.4177
1.4	0.4192	0.4207	0.4222	0.4236	0.4251	0.4265	0.4279	0.4292	0.4306	0.4319
1.5	0.4332	0.4345	0.4357	0.4370	0.4382	0.4394	0.4406	0.4418	0.4429	0.4441
1.6	0.4452	0.4463	0.4474	0.4484	0.4495	0.4505	0.4515	0.4525	0.4535	0.4545
1.7	0.4554	0.4564	0.4573	0.4582	0.4591	0.4599	0.4608	0.4616	0.4625	0.4633
1.8	0.4641	0.4649	0.4656	0.4664	0.4671	0.4678	0.4686	0.4693	0.4699	0.4706
1.9	0.4713	0.4719	0.4726	0.4732	0.4738	0.4744	0.4750	0.4756	0.4761	0.4767
2.0	0.4772	0.4778	0.4783	0.4788	0.4793	0.4798	0.4803	0.4808	0.4812	0.4817
2.1	0.4821	0.4826	0.4830	0.4834	0.4838	0.4842	0.4846	0.4850	0.4854	0.4857
2.2	0.4861	0.4864	0.4868	0.4871	0.4875	0.4878	0.4881	0.4884	0.4887	0.4890
2.3	0.4893	0.4896	0.4898	0.4901	0.4904	0.4906	0.4909	0.4911	0.4913	0.4916
2.4	0.4918	0.4920	0.4922	0.4925	0.4927	0.4929	0.4931	0.4932	0.4934	0.4936
2.5	0.4938	0.4940	0.4941	0.4943	0.4945	0.4946	0.4948	0.4949	0.4951	0.4952
2.6	0.4953	0.4955	0.4956	0.4957	0.4959	0.4960	0.4961	0.4962	0.4963	0.4964
2.7	0.4965	0.4966	0.4967	0.4968	0.4969	0.4970	0.4971	0.4972	0.4973	0.4974
2.8	0.4974	0.4975	0.4976	0.4977	0.4977	0.4978	0.4979	0.4979	0.4980	0.4981
2.9	0.4981	0.4982	0.4982	0.4983	0.4984	0.4984	0.4985	0.4985	0.4986	0.4986
3.0	0.4987	0.4987	0.4987	0.4988	0.4988	0.4989	0.4989	0.4989	0.4990	0.4990
3.1	0.4990	0.4991	0.4991	0.4991	0.4992	0.4992	0.4992	0.4992	0.4993	0.4993
3.2	0.4993	0.4993	0.4994	0.4994	0.4994	0.4994	0.4994	0.4995	0.4995	0.4995
3.3	0.4995	0.4995	0.4995	0.4996	0.4996	0.4996	0.4996	0.4996	0.4996	0.4997
3.4	0.4997	0.4997	0.4997	0.4997	0.4997	0.4997	0.4997	0.4997	0.4997	0.4998
3.5	0.4998	0.4998	0.4998	0.4998	0.4998	0.4998	0.4998	0.4998	0.4998	0.4998

第４問～第７問は，いずれか３問を選択し，解答しなさい。

第６問（選択問題）（配点　16）

１辺の長さが１の正五角形の対角線の長さをaとする。

(1)　１辺の長さが１の正五角形$\mathrm{OA_1B_1C_1A_2}$を考える。

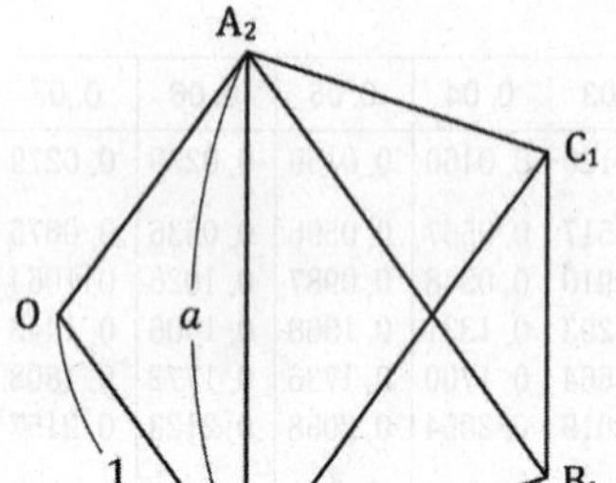

正五角形の性質から$\overrightarrow{\mathrm{A_1A_2}}$と$\overrightarrow{\mathrm{B_1C_1}}$は平行であり，ここでは

$$\overrightarrow{\mathrm{A_1A_2}} = \boxed{\text{ア}}\,\overrightarrow{\mathrm{B_1C_1}}$$

であるから

$$\overrightarrow{\mathrm{B_1C_1}} = \frac{1}{\boxed{\text{ア}}}\overrightarrow{\mathrm{A_1A_2}} = \frac{1}{\boxed{\text{ア}}}\left(\overrightarrow{\mathrm{OA_2}} - \overrightarrow{\mathrm{OA_1}}\right)$$

また，$\overrightarrow{\mathrm{OA_1}}$と$\overrightarrow{\mathrm{A_2B_1}}$は平行で，さらに，$\overrightarrow{\mathrm{OA_2}}$と$\overrightarrow{\mathrm{A_1C_1}}$も平行であることから

$$\begin{aligned}\overrightarrow{\mathrm{B_1C_1}} &= \overrightarrow{\mathrm{B_1A_2}} + \overrightarrow{\mathrm{A_2O}} + \overrightarrow{\mathrm{OA_1}} + \overrightarrow{\mathrm{A_1C_1}}\\ &= -\boxed{\text{ア}}\,\overrightarrow{\mathrm{OA_1}} - \overrightarrow{\mathrm{OA_2}} + \overrightarrow{\mathrm{OA_1}} + \boxed{\text{ア}}\,\overrightarrow{\mathrm{OA_2}}\\ &= \left(\boxed{\text{イ}} - \boxed{\text{ウ}}\right)\left(\overrightarrow{\mathrm{OA_2}} - \overrightarrow{\mathrm{OA_1}}\right)\end{aligned}$$

となる。したがって

$$\frac{1}{\boxed{\text{ア}}} = \boxed{\text{イ}} - \boxed{\text{ウ}}$$

が成り立つ。$a > 0$ に注意してこれを解くと，$a = \dfrac{1+\sqrt{5}}{2}$ を得る。

（数学Ⅱ，数学B，数学C第６問は次ページに続く。）

(2)　下の図のような，1 辺の長さが 1 の正十二面体を考える。正十二面体とは，どの面もすべて合同な正五角形であり，どの頂点にも三つの面が集まっているへこみのない多面体のことである。

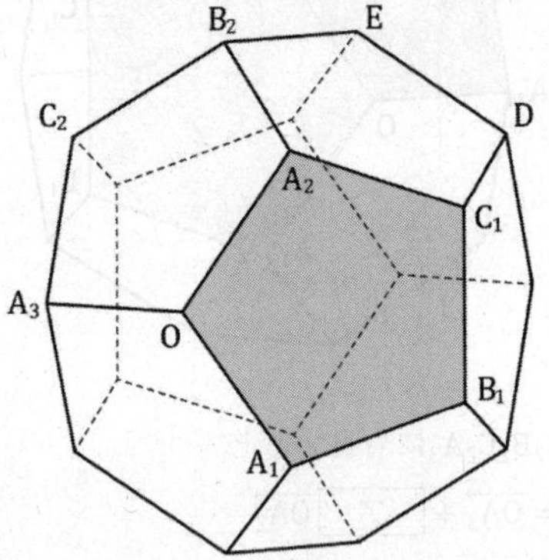

面$\mathrm{OA_1B_1C_1A_2}$に着目する。$\overrightarrow{\mathrm{OA_1}}$と$\overrightarrow{\mathrm{A_2B_1}}$が平行であることから

$$\overrightarrow{\mathrm{OB_1}} = \overrightarrow{\mathrm{OA_2}} + \overrightarrow{\mathrm{A_2B_1}} = \overrightarrow{\mathrm{OA_2}} + \boxed{\text{ア}}\,\overrightarrow{\mathrm{OA_1}}$$

である。また

$$\overrightarrow{\mathrm{OA_1}} \cdot \overrightarrow{\mathrm{OA_2}} = \frac{\boxed{\text{エ}} - \sqrt{\boxed{\text{オ}}}}{\boxed{\text{カ}}}$$

である。

ただし，$\boxed{\text{エ}}$ ～ $\boxed{\text{カ}}$ は，文字 a を用いない形で答えること。

（数学Ⅱ，数学B，数学C第６問は次ページに続く。）

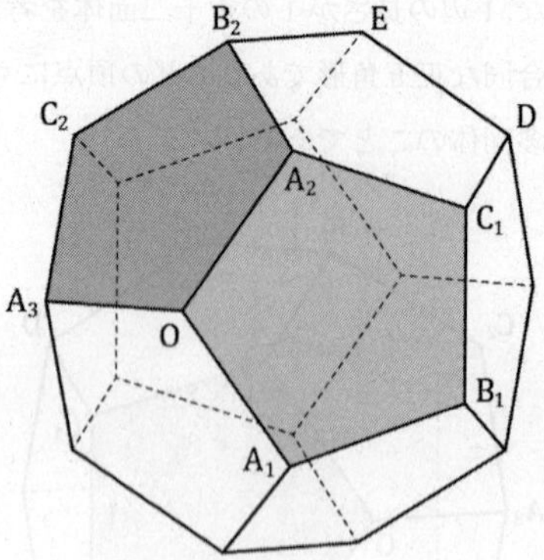

次に，面$OA_2B_2C_2A_3$に着目すると

$$\overrightarrow{OB_2} = \overrightarrow{OA_3} + \boxed{\text{ア}}\,\overrightarrow{OA_2}$$

である。さらに

$$\overrightarrow{OA_2}\cdot\overrightarrow{OA_3} = \overrightarrow{OA_3}\cdot\overrightarrow{OA_1} = \frac{\boxed{\text{エ}} - \sqrt{\boxed{\text{オ}}}}{\boxed{\text{カ}}}$$

が成り立つことがわかる。ゆえに

$$\overrightarrow{OA_1}\cdot\overrightarrow{OB_2} = \boxed{\text{キ}},\quad \overrightarrow{OB_1}\cdot\overrightarrow{OB_2} = \boxed{\text{ク}}$$

である。

[キ]，[ク] の解答群（同じものを繰り返し選んでもよい。）

⓪ 0	① 1	② -1	③ $\dfrac{1+\sqrt{5}}{2}$
④ $\dfrac{1-\sqrt{5}}{2}$	⑤ $\dfrac{-1+\sqrt{5}}{2}$	⑥ $\dfrac{-1-\sqrt{5}}{2}$	⑦ $-\dfrac{1}{2}$
⑧ $\dfrac{-1+\sqrt{5}}{4}$	⑨ $\dfrac{-1-\sqrt{5}}{4}$		

（数学Ⅱ，数学B，数学C第６問は次ページに続く。）

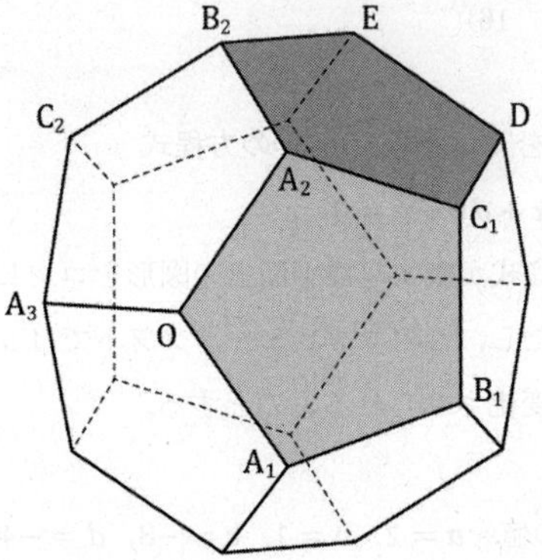

最後に，面 $A_2C_1DEB_2$ に着目する。

$$\overrightarrow{B_2D} = \boxed{\text{ア}}\ \overrightarrow{A_2C_1} = \overrightarrow{OB_1}$$

であることに注意すると，4 点 O，B_1，D，B_2 は同一平面上にあり，四角形 OB_1DB_2 は ケ ことがわかる。

ケ の解答群

⓪ 正方形である

① 正方形ではないが，長方形である

② 正方形ではないが，ひし形である

③ 長方形でもひし形でもないが，平行四辺形である

④ 平行四辺形ではないが，台形である

⑤ 台形でない

ただし，少なくとも一組の対辺が平行な四角形を台形という。

第４問～第７問は，いずれか３問を選択し，解答しなさい。

第７問（選択問題）（配点　16）

〔1〕　a，b，c，d，f を実数とし，x，y の方程式

$$ax^2 + by^2 + cx + dy + f = 0$$

について，この方程式が表す座標平面上の図形をコンピュータソフトを用いて表示させる。ただし，このコンピュータソフトでは a，b，c，d，f の値は十分に広い範囲で変化させられるものとする。

a，b，c，d，f の値を $a = 2$，$b = 1$，$c = -8$，$d = -4$，$f = 0$ とすると図１のように楕円が表示された。

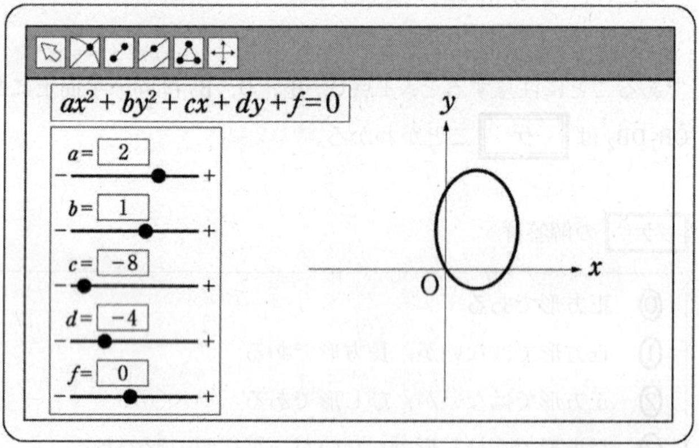

図１

（数学Ⅱ，数学Ｂ，数学Ｃ第７問は次ページに続く。）

方程式 $ax^2+by^2+cx+dy+f=0$ の a，c，d，f の値は変えずに，b の値だけを $b \geqq 0$ の範囲で変化させたとき，座標平面上には ア 。

ア の解答群

⓪ つねに楕円のみが現れ，円は現れない
① 楕円，円が現れ，他の図形は現れない
② 楕円，円，放物線が現れ，他の図形は現れない
③ 楕円，円，双曲線が現れ，他の図形は現れない
④ 楕円，円，双曲線，放物線が現れ，他の図形は現れない
⑤ 楕円，円，双曲線，放物線が現れ，また他の図形が現れることもある

（数学Ⅱ，数学B，数学C第７問は次ページに続く。）

〔2〕　太郎さんと花子さんは，複素数 w を一つ決めて，w，w^2，w^3，…によって複素数平面上に表されるそれぞれの点 A_1，A_2，A_3，…を表示させたときの様子をコンピュータソフトを用いて観察している。ただし，点 w は実軸より上にあるとする。つまり，w の偏角を $\arg w$ とするとき，$w \neq 0$ かつ $0 < \arg w < \pi$ を満たすとする。

図 1，図 2，図 3 は，w の値を変えて点 A_1，A_2，A_3，…，A_{20} を表示させたものである。ただし，観察しやすくするために，図 1，図 2，図 3 の間では，表示範囲を変えている。

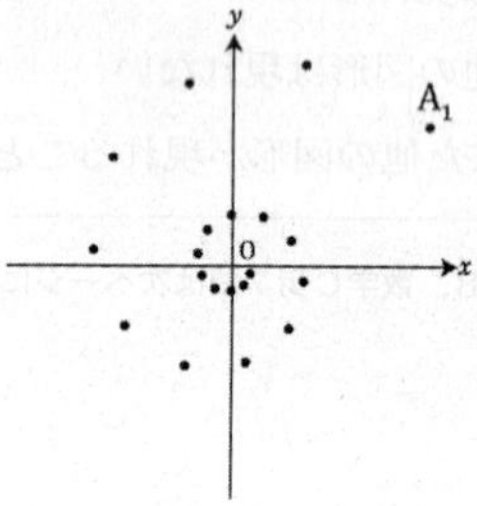

図 1

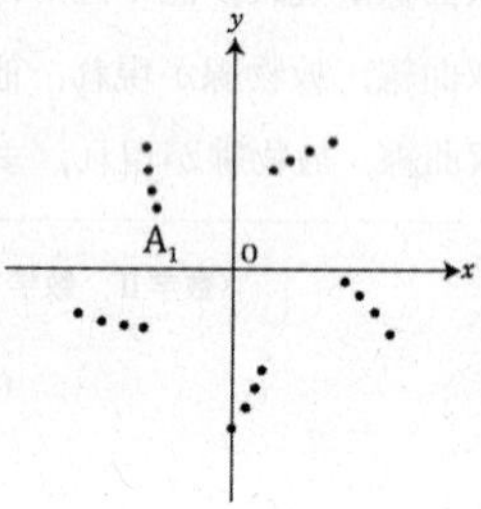

図 2

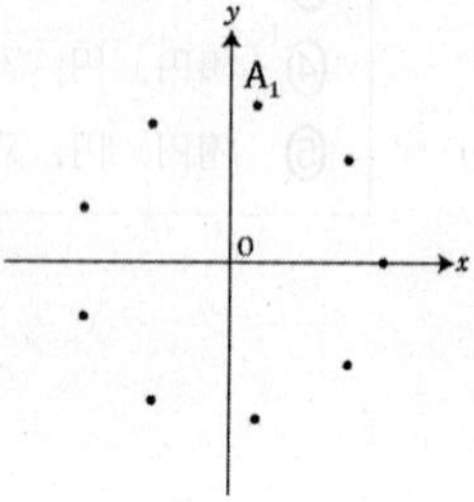

図 3

太郎：w の値によって，A_1 から A_{20} までの点の様子もずいぶんいろいろなパターンがあるね。あれ，図 3 は点が 20 個ないよ。

花子：ためしに A_{30} まで表示させても図 3 は変化しないね。同じところを何度も通っていくんだと思う。

太郎：図 3 に対して，A_1，A_2，A_3，…と線分で結んで点をたどってみると図 4 のようになったよ。なるほど，A_1 に戻ってきているね。

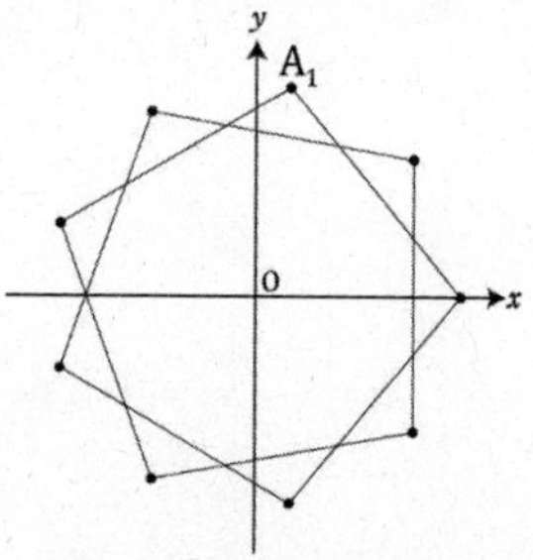

図 4

（数学Ⅱ，数学Ｂ，数学Ｃ第７問は次ページに続く。）

図4をもとに，太郎さんは，A_1，A_2，A_3，…と点をとっていって再びA_1に戻る場合に，点を順に線分で結んでできる図形について一般に考えることにした。すなわち，A_1とA_nが重なるようなnがあるとき，線分A_1A_2，A_2A_3，…，$A_{n-1}A_n$をかいてできる図形について考える。このとき，$w = w^n$に着目すると$|w| =$ [イ] であることがわかる。また，次のことが成り立つ。

- $1 \leqq k \leqq n-1$に対して$A_kA_{k+1} =$ [ウ] であり，つねに一定である。
- $2 \leqq k \leqq n-1$に対して$\angle A_{k+1}A_kA_{k-1} =$ [エ] であり，つねに一定である。

ただし，$\angle A_{k+1}A_kA_{k-1}$は，線分A_kA_{k+1}を線分A_kA_{k-1}に重なるまで回転させた角とする。

花子さんは，$n = 25$のとき，すなわち，A_1とA_{25}が重なるとき，A_1からA_{25}までを順に線分で結んでできる図形が，正多角形になる場合を考えた。このようなwの値は全部で [オ] 個である。また，このような正多角形についてどの場合であっても，それぞれの正多角形に内接する円上の点をzとすると，zはつねに [カ] を満たす。

[ウ] の解答群

⓪ $|w+1|$　① $|w-1|$　② $|w|+1$　③ $|w|-1$

[エ] の解答群

⓪ $\arg w$　① $\arg(-w)$　② $\arg \dfrac{1}{w}$　③ $\arg\left(-\dfrac{1}{w}\right)$

[カ] の解答群

⓪ $|z| = 1$　① $|z-w| = 1$　② $|z| = |w+1|$

③ $|z| = |w-1|$　④ $|z-w| = |w+1|$　⑤ $|z-w| = |w-1|$

⑥ $|z| = \dfrac{|w+1|}{2}$　⑦ $|z| = \dfrac{|w-1|}{2}$

2024 本試 （100点 60分）

〔数学Ⅱ・B〕

注 意 事 項

1　**数学解答用紙をキリトリ線より切り離し，試験開始の準備をしなさい。**

2　**時間を計り，上記の解答時間内で解答しなさい。**

ただし，納得のいくまで時間をかけて解答するという利用法でもかまいません。

3　第1問，第2問は必答。第3問～第5問から2問選択。計4問を解答しなさい。

4　**解答用紙には解答欄以外に受験番号欄，氏名欄，試験場コード欄，解答科目欄があります。解答科目欄は解答する科目**を一つ選び，科目名の下の◯に**マーク**しなさい。**その他の欄**は自分自身で本番を想定し，**正しく記入し，マークしなさい。**

5　**解答は解答用紙の解答欄にマークしなさい。**

6　選択問題については，解答する問題を決めたあと，その問題番号の解答欄に解答しなさい。ただし，**指定された問題数をこえて解答してはいけません。**

7　問題の余白は適宜利用してよいが，どのページも切り離してはいけません。

第１問　(必答問題)　(配点　30)

〔1〕

(1)　$k > 0$，$k \neq 1$ とする。関数 $y = \log_k x$ と $y = \log_2 kx$ のグラフについて考えよう。

(i)　$y = \log_3 x$ のグラフは点 $\left(27,\ \boxed{\text{ア}}\right)$ を通る。また，$y = \log_2 \dfrac{x}{5}$ のグラフは点 $\left(\boxed{\text{イウ}},\ 1\right)$ を通る。

(ii)　$y = \log_k x$ のグラフは，k の値によらず定点 $\left(\boxed{\text{エ}},\ \boxed{\text{オ}}\right)$ を通る。

(iii)　$k = 2$，3，4 のとき

$y = \log_k x$ のグラフの概形は $\boxed{\text{カ}}$

$y = \log_2 kx$ のグラフの概形は $\boxed{\text{キ}}$

である。

(数学Ⅱ・数学B第１問は次ページに続く。)

カ ， キ については，最も適当なものを，次の⓪～⑤のうちから一つずつ選べ。ただし，同じものを繰り返し選んでもよい。

⓪

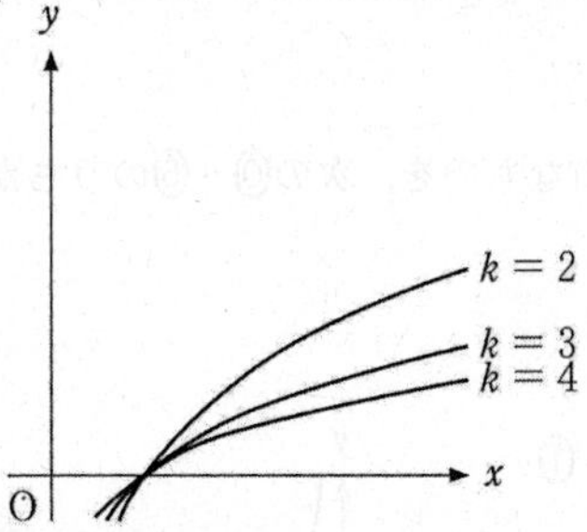

①

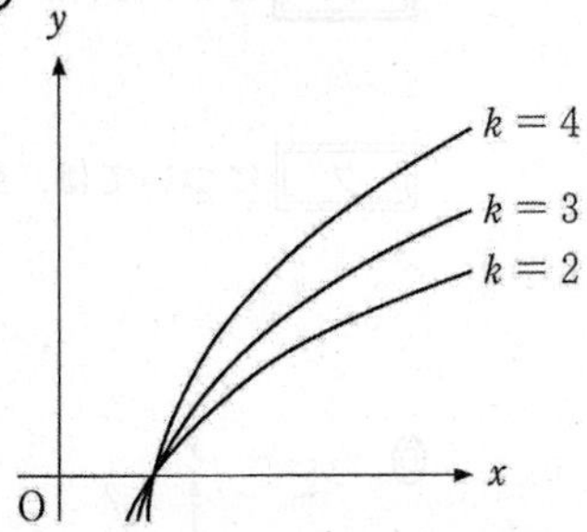

②

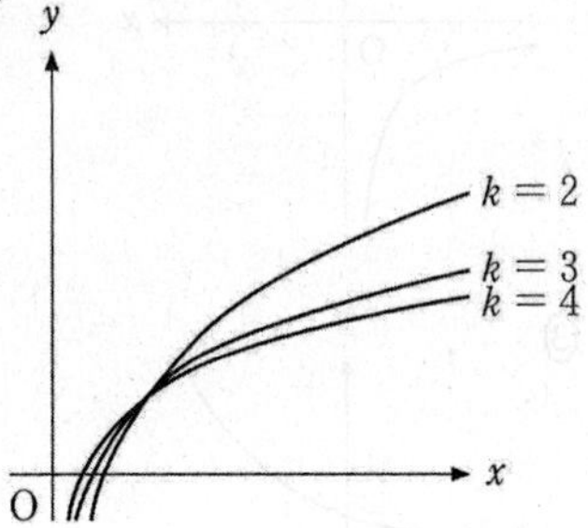

③

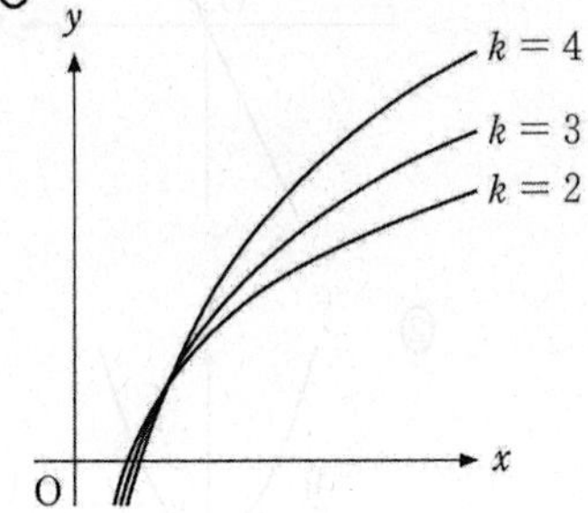

④

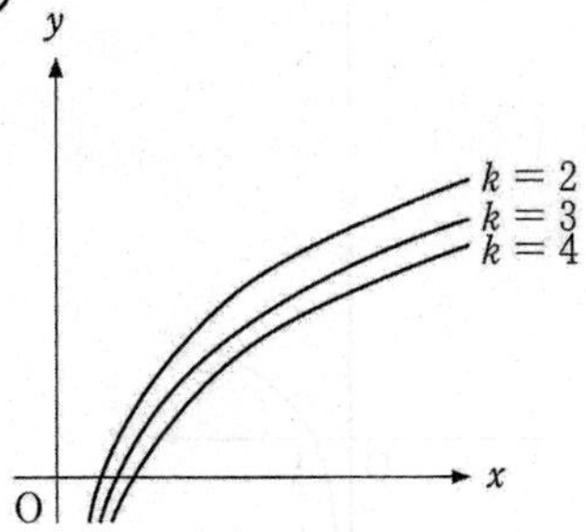

⑤

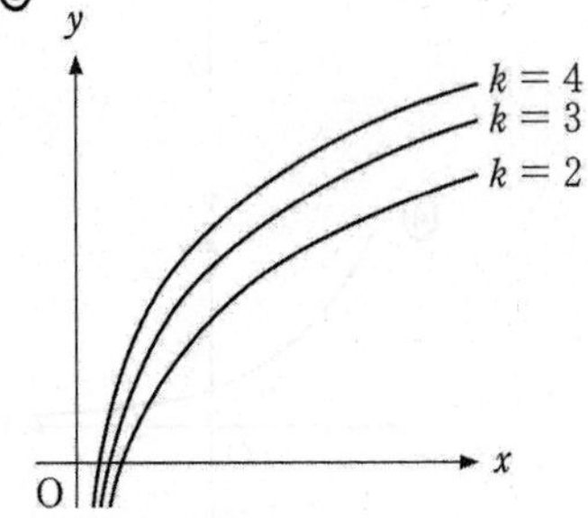

(数学Ⅱ・数学B第1問は次ページに続く。)

(2) $x > 0$, $x \neq 1$, $y > 0$ とする。$\log_x y$ について考えよう。

(i) 座標平面において，方程式 $\log_x y = 2$ の表す図形を図示すると，

[ク] の $x > 0$, $x \neq 1$, $y > 0$ の部分となる。

[ク] については，最も適当なものを，次の⓪～⑤のうちから一つ選べ。

⓪
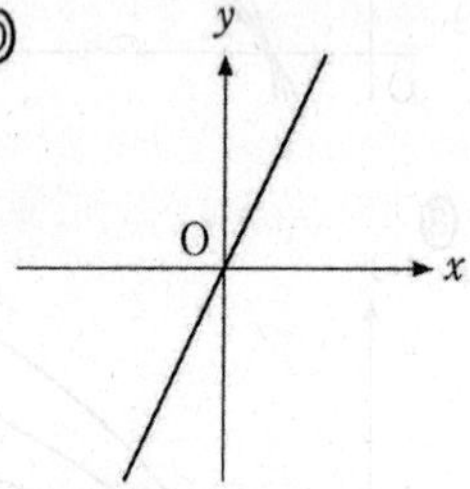

①
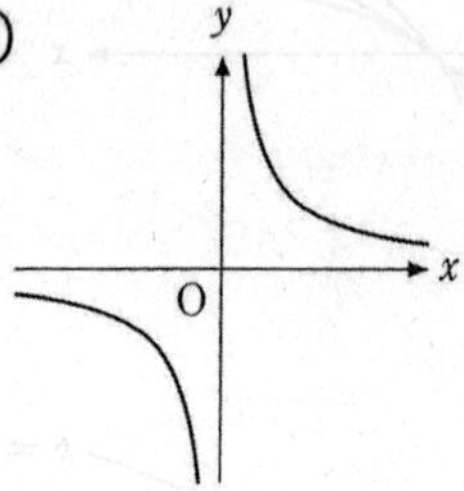

②
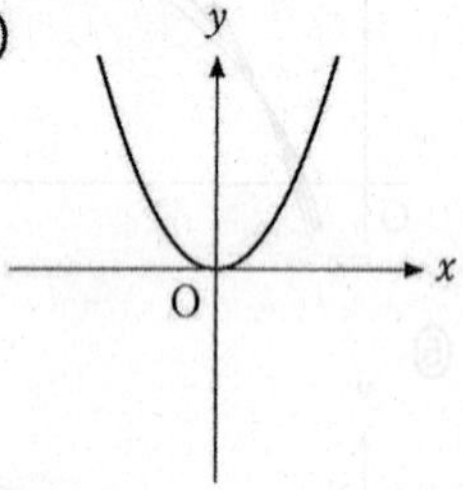

③
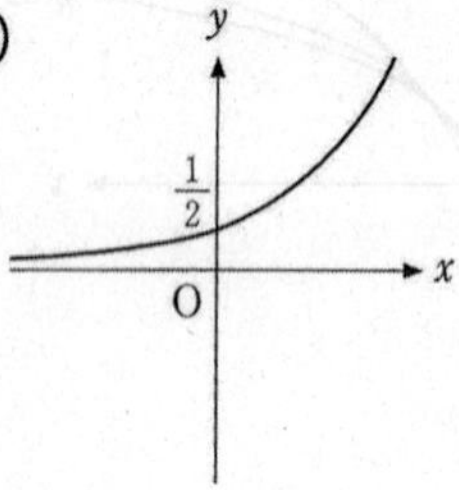

④
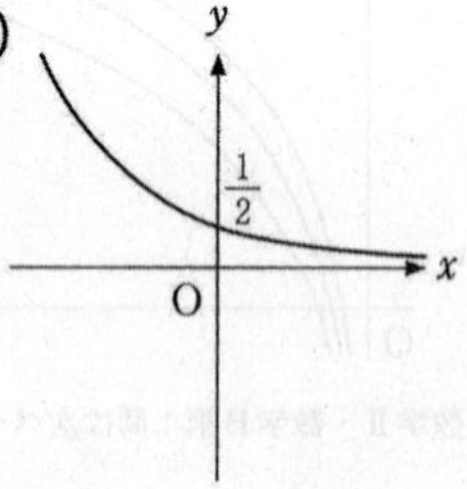

⑤
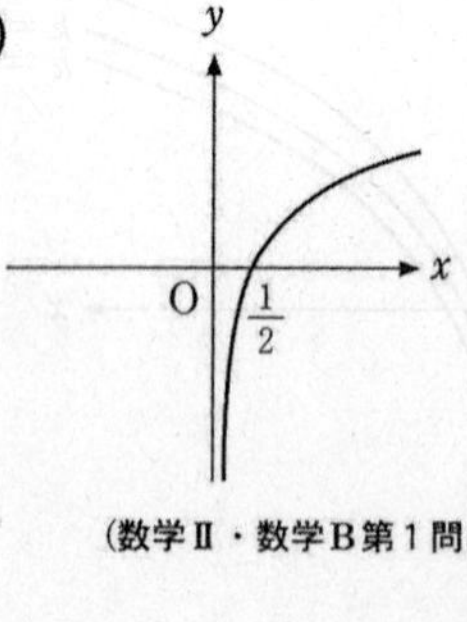

(数学Ⅱ・数学B第1問は次ページに続く。)

(ii)　座標平面において，不等式 $0 < \log_x y < 1$ の表す領域を図示すると，

ケ の斜線部分となる。ただし，境界（境界線）は含まない。

ケ については，最も適当なものを，次の⓪～⑤のうちから一つ選べ。

⓪
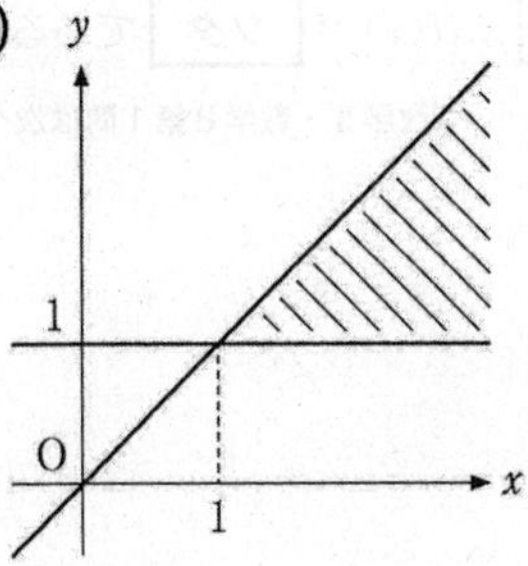

①
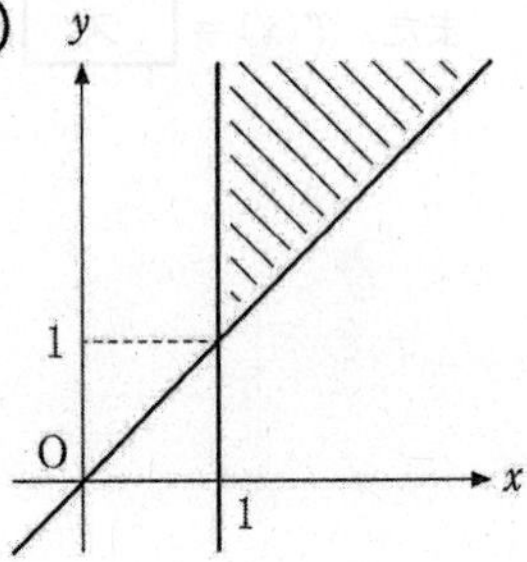

②
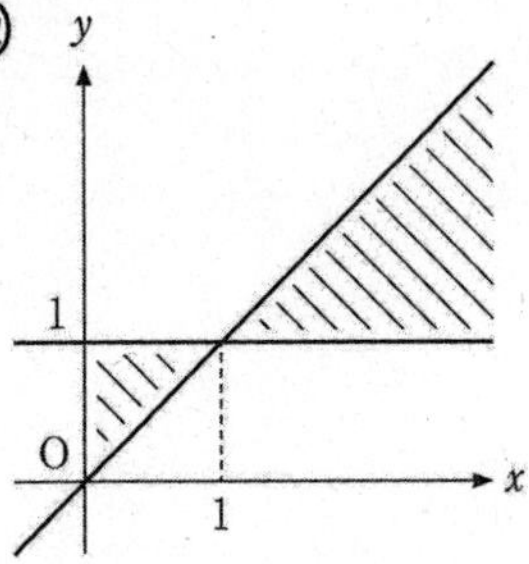

③
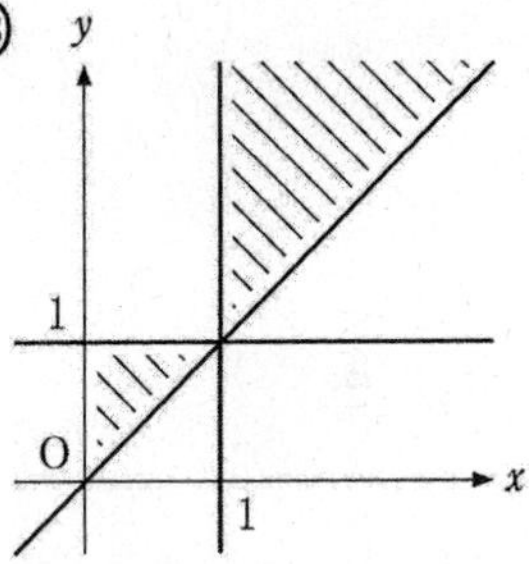

④
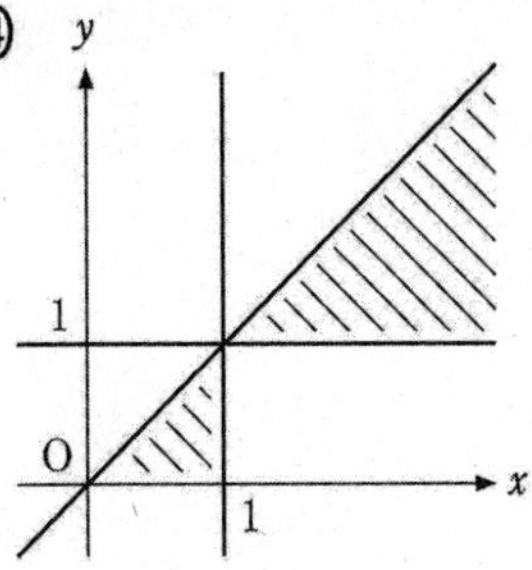

⑤
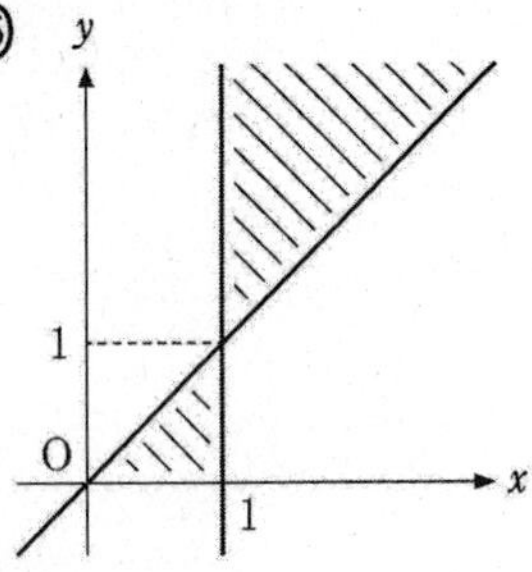

（数学Ⅱ・数学B第1問は次ページに続く。）

〔2〕 $S(x)$ を x の 2 次式とする。x の整式 $P(x)$ を $S(x)$ で割ったときの商を $T(x)$，余りを $U(x)$ とする。ただし，$S(x)$ と $P(x)$ の係数は実数であるとする。

(1) $P(x) = 2x^3 + 7x^2 + 10x + 5$，$S(x) = x^2 + 4x + 7$ の場合を考える。

方程式 $S(x) = 0$ の解は $x =$ [コサ] $\pm \sqrt{\text{[シ]}}\, i$ である。

また，$T(x) =$ [ス] $x -$ [セ]，$U(x) =$ [ソタ] である。

（数学Ⅱ・数学B第１問は次ページに続く。）

(2) 方程式 $S(x)=0$ は異なる二つの解 α，β をもつとする。このとき

$P(x)$ を $S(x)$ で割った余りが定数になる

ことと同値な条件を考える。

(i) 余りが定数になるときを考えてみよう。

仮定から，定数 k を用いて $U(x)=k$ とおける。このとき，[チ]。

したがって，余りが定数になるとき，[ツ] が成り立つ。

[チ] については，最も適当なものを，次の⓪～③のうちから一つ選べ。

⓪ $P(\alpha)=P(\beta)=k$ が成り立つことから，$P(x)=S(x)T(x)+k$ となることが導かれる。また，$P(\alpha)=P(\beta)=k$ が成り立つことから，$S(\alpha)=S(\beta)=0$ となることが導かれる

① $P(x)=S(x)T(x)+k$ かつ $P(\alpha)=P(\beta)=k$ が成り立つことから，$S(\alpha)=S(\beta)=0$ となることが導かれる

② $S(\alpha)=S(\beta)=0$ が成り立つことから，$P(x)=S(x)T(x)+k$ となることが導かれる。また，$S(\alpha)=S(\beta)=0$ が成り立つことから，$P(\alpha)=P(\beta)=k$ となることが導かれる

③ $P(x)=S(x)T(x)+k$ かつ $S(\alpha)=S(\beta)=0$ が成り立つことから，$P(\alpha)=P(\beta)=k$ となることが導かれる

[ツ] の解答群

⓪ $T(\alpha)=T(\beta)$	① $P(\alpha)=P(\beta)$
② $T(\alpha)\neq T(\beta)$	③ $P(\alpha)\neq P(\beta)$

（数学Ⅱ・数学B第1問は次ページに続く。）

(ii) 逆に $\boxed{\text{ツ}}$ が成り立つとき，余りが定数になるかを調べよう。

$S(x)$が2次式であるから，m，nを定数として$U(x) = mx + n$とおける。$P(x)$を$S(x)$，$T(x)$，m，nを用いて表すと，$P(x) = \boxed{\text{テ}}$ となる。この等式のxにα，βをそれぞれ代入すると $\boxed{\text{ト}}$ となるので，$\boxed{\text{ツ}}$ と$\alpha \neq \beta$より $\boxed{\text{ナ}}$ となる。以上から余りが定数になることがわかる。

$\boxed{\text{テ}}$ の解答群

⓪ $(mx + n)S(x)T(x)$	① $S(x)T(x) + mx + n$
② $(mx + n)S(x) + T(x)$	③ $(mx + n)T(x) + S(x)$

$\boxed{\text{ト}}$ の解答群

⓪ $P(\alpha) = T(\alpha)$ かつ $P(\beta) = T(\beta)$

① $P(\alpha) = m\alpha + n$ かつ $P(\beta) = m\beta + n$

② $P(\alpha) = (m\alpha + n)T(\alpha)$ かつ $P(\beta) = (m\beta + n)T(\beta)$

③ $P(\alpha) = P(\beta) = 0$

④ $P(\alpha) \neq 0$ かつ $P(\beta) \neq 0$

$\boxed{\text{ナ}}$ の解答群

⓪ $m \neq 0$	① $m \neq 0$ かつ $n = 0$
② $m \neq 0$ かつ $n \neq 0$	③ $m = 0$
④ $m = n = 0$	⑤ $m = 0$ かつ $n \neq 0$
⑥ $n = 0$	⑦ $n \neq 0$

(数学Ⅱ・数学B第1問は次ページに続く。)

(i)，(ii)の考察から，方程式 $S(x)=0$ が異なる二つの解 α，β をもつとき，$P(x)$ を $S(x)$ で割った余りが定数になることと ツ であることは同値である。

(3) p を定数とし，$P(x)=x^{10}-2x^9-px^2-5x$，$S(x)=x^2-x-2$ の場合を考える。$P(x)$ を $S(x)$ で割った余りが定数になるとき，$p=$ ニヌ となり，その余りは ネノ となる。

第２問　（必答問題）（配点　30）

m を $m>1$ を満たす定数とし，$f(x)=3(x-1)(x-m)$ とする。また，$S(x)=\int_0^x f(t)\,dt$ とする。関数 $y=f(x)$ と $y=S(x)$ のグラフの関係について考えてみよう。

(1)　$m=2$ のとき，すなわち，$f(x)=3(x-1)(x-2)$ のときを考える。

(i)　$f'(x)=0$ となる x の値は $x=\dfrac{\boxed{\text{ア}}}{\boxed{\text{イ}}}$ である。

(ii)　$S(x)$ を計算すると

$$
\begin{aligned}
S(x) &= \int_0^x f(t)\,dt \\
&= \int_0^x \left(3t^2-\boxed{\text{ウ}}\,t+\boxed{\text{エ}}\right)dt \\
&= x^3-\frac{\boxed{\text{オ}}}{\boxed{\text{カ}}}x^2+\boxed{\text{キ}}\,x
\end{aligned}
$$

であるから

$x=\boxed{\text{ク}}$ のとき，$S(x)$ は極大値 $\dfrac{\boxed{\text{ケ}}}{\boxed{\text{コ}}}$ をとり

$x=\boxed{\text{サ}}$ のとき，$S(x)$ は極小値 $\boxed{\text{シ}}$ をとることがわかる。

（数学Ⅱ・数学B第２問は次ページに続く。）

(iii) $f(3)$と一致するものとして，次の⓪～④のうち，正しいものは[ス]である。

[ス]の解答群

⓪	$S(3)$
①	2点$(2, S(2))$，$(4, S(4))$を通る直線の傾き
②	2点$(0, 0)$，$(3, S(3))$を通る直線の傾き
③	関数$y=S(x)$のグラフ上の点$(3, S(3))$における接線の傾き
④	関数$y=f(x)$のグラフ上の点$(3, f(3))$における接線の傾き

(数学Ⅱ・数学B第2問は次ページに続く。)

(2)　$0 \leqq x \leqq 1$ の範囲で，関数 $y = f(x)$ のグラフと x 軸および y 軸で囲まれた図形の面積を S_1，$1 \leqq x \leqq m$ の範囲で，関数 $y = f(x)$ のグラフと x 軸で囲まれた図形の面積を S_2 とする。このとき，$S_1 = \boxed{\text{セ}}$，$S_2 = \boxed{\text{ソ}}$ である。

$S_1 = S_2$ となるのは $\boxed{\text{タ}} = 0$ のときであるから，$S_1 = S_2$ が成り立つような $f(x)$ に対する関数 $y = S(x)$ のグラフの概形は $\boxed{\text{チ}}$ である。また，$S_1 > S_2$ が成り立つような $f(x)$ に対する関数 $y = S(x)$ のグラフの概形は $\boxed{\text{ツ}}$ である。

$\boxed{\text{セ}}$，$\boxed{\text{ソ}}$ の解答群(同じものを繰り返し選んでもよい。)

⓪ $\displaystyle\int_0^1 f(x)\,dx$	① $\displaystyle\int_0^m f(x)\,dx$	② $\displaystyle\int_1^m f(x)\,dx$
③ $\displaystyle\int_0^1 \{-f(x)\}\,dx$	④ $\displaystyle\int_0^m \{-f(x)\}\,dx$	⑤ $\displaystyle\int_1^m \{-f(x)\}\,dx$

$\boxed{\text{タ}}$ の解答群

⓪ $\displaystyle\int_0^1 f(x)\,dx$	① $\displaystyle\int_0^m f(x)\,dx$
② $\displaystyle\int_1^m f(x)\,dx$	③ $\displaystyle\int_0^1 f(x)\,dx - \int_0^m f(x)\,dx$
④ $\displaystyle\int_0^1 f(x)\,dx - \int_1^m f(x)\,dx$	⑤ $\displaystyle\int_0^1 f(x)\,dx + \int_0^m f(x)\,dx$
⑥ $\displaystyle\int_0^m f(x)\,dx + \int_1^m f(x)\,dx$	

(数学Ⅱ・数学B第2問は次ページに続く。)

チ，ツ については，最も適当なものを，次の⓪～⑤のうちから一つずつ選べ。ただし，同じものを繰り返し選んでもよい。

⓪

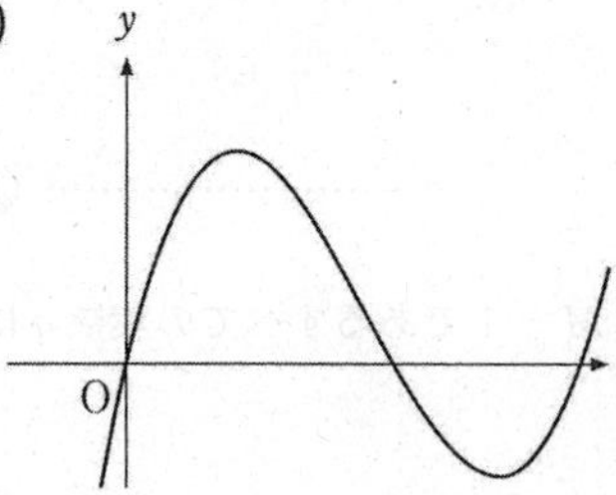

①

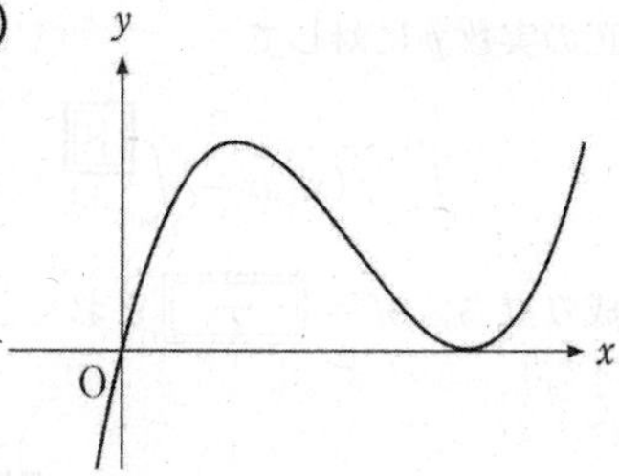

②

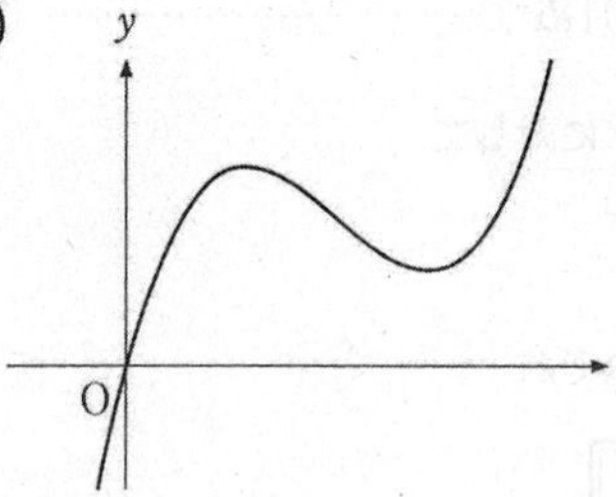

③

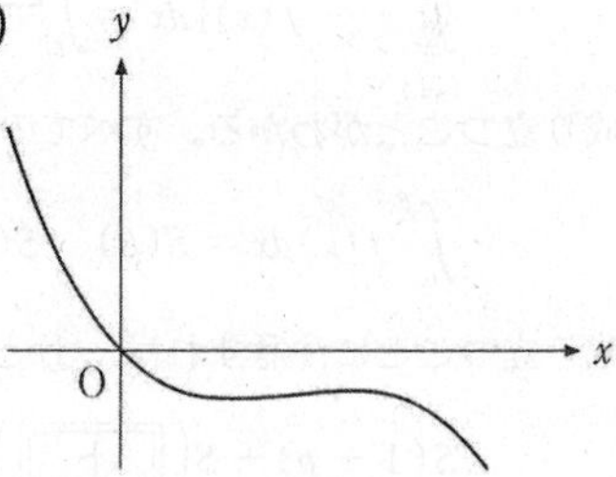

④

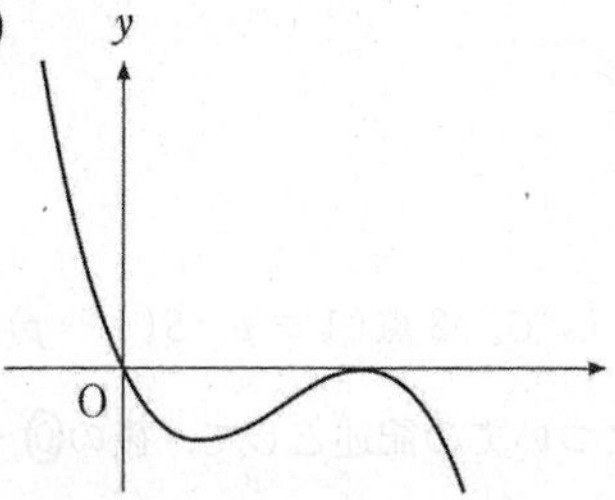

⑤

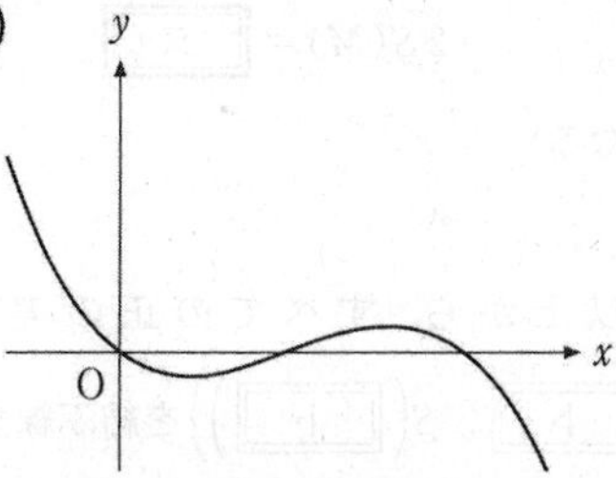

（数学Ⅱ・数学B第２問は次ページに続く。）

(3)　関数 $y=f(x)$ のグラフの特徴から関数 $y=S(x)$ のグラフの特徴を考えてみよう。

関数 $y=f(x)$ のグラフは直線 $x=\boxed{\text{テ}}$ に関して対称であるから，すべての正の実数 p に対して

$$\int_{1-p}^{1} f(x)\,dx=\int_{m}^{\boxed{\text{ト}}} f(x)\,dx \quad \cdots\cdots\cdots\cdots\cdots\cdots\cdots\cdots\cdots\cdots \text{①}$$

が成り立ち，$M=\boxed{\text{テ}}$ とおくと $0<q \leqq M-1$ であるすべての実数 q に対して

$$\int_{M-q}^{M} \{-f(x)\}\,dx=\int_{M}^{\boxed{\text{ナ}}} \{-f(x)\}\,dx \quad \cdots\cdots\cdots\cdots\cdots\cdots\cdots\cdots\cdots\cdots \text{②}$$

が成り立つことがわかる。すべての実数 α，β に対して

$$\int_{\alpha}^{\beta} f(x)\,dx=S(\beta)-S(\alpha)$$

が成り立つことに注意すれば，① と ② はそれぞれ

$$S(1-p)+S\left(\boxed{\text{ト}}\right)=\boxed{\text{ニ}}$$

$$2\,S(M)=\boxed{\text{ヌ}}$$

となる。

以上から，すべての正の実数 p に対して，2点 $(1-p,\ S(1-p))$，$\left(\boxed{\text{ト}},\ S\left(\boxed{\text{ト}}\right)\right)$ を結ぶ線分の中点についての記述として，後の⓪～⑤のうち，最も適当なものは $\boxed{\text{ネ}}$ である。

(数学Ⅱ・数学B第2問は次ページに続く。)

テ の解答群

⓪ m　① $\frac{m}{2}$　② $m+1$　③ $\frac{m+1}{2}$

ト の解答群

⓪ $1-p$　① p　② $1+p$
③ $m-p$　④ $m+p$

ナ の解答群

⓪ $M-q$　① M　② $M+q$
③ $M+m-q$　④ $M+m$　⑤ $M+m+q$

ニ の解答群

⓪ $S(1)+S(m)$　① $S(1)+S(p)$　② $S(1)-S(m)$
③ $S(1)-S(p)$　④ $S(p)-S(m)$　⑤ $S(m)-S(p)$

ヌ の解答群

⓪ $S(M-q)+S(M+m-q)$　① $S(M-q)+S(M+m)$
② $S(M-q)+S(M)$　③ $2S(M-q)$
④ $S(M+q)+S(M-q)$　⑤ $S(M+m+q)+S(M-q)$

ネ の解答群

⓪ x 座標は p の値によらず一つに定まり，y 座標は p の値により変わる。
① x 座標は p の値により変わり，y 座標は p の値によらず一つに定まる。
② 中点は p の値によらず一つに定まり，関数 $y=S(x)$ のグラフ上にある。
③ 中点は p の値によらず一つに定まり，関数 $y=f(x)$ のグラフ上にある。
④ 中点は p の値によって動くが，つねに関数 $y=S(x)$ のグラフ上にある。
⑤ 中点は p の値によって動くが，つねに関数 $y=f(x)$ のグラフ上にある。

第3問～第5問は，いずれか2問を選択し，解答しなさい。

第3問 （選択問題）（配点　20）

以下の問題を解答するにあたっては，必要に応じて21ページの正規分布表を用いてもよい。また，ここでの**晴れ**の定義については，気象庁の天気概況の「快晴」または「晴」とする。

(1)　太郎さんは，自分が住んでいる地域において，日曜日に**晴れ**となる確率を考えている。

晴れの場合は1，**晴れ**以外の場合は0の値をとる確率変数をXと定義する。また，$X=1$である確率をpとすると，その確率分布は表1のようになる。

表　1

X	0	1	計
確　率	$1-p$	p	1

この確率変数Xの平均（期待値）をmとすると

$$m = \boxed{\text{ア}}$$

となる。

太郎さんは，ある期間における連続したn週の日曜日の天気を，表1の確率分布をもつ母集団から無作為に抽出した大きさnの標本とみなし，それらのXを確率変数X_1，X_2，…，X_nで表すことにした。そして，その標本平均$\overline{X}$を利用して，母平均mを推定しようと考えた。実際に$n=300$として**晴れ**の日数を調べたところ，表2のようになった。

表　2

天　気	日　数
晴れ	75
晴れ以外	225
計	300

（数学Ⅱ・数学B第3問は次ページに続く。）

母標準偏差を σ とすると，$n=300$ は十分に大きいので，標本平均 $\overline{X}$ は近似的に正規分布 $N\left(m,\ \boxed{\text{イ}}\right)$ に従う。

一般に，母標準偏差 σ がわからないとき，標本の大きさ n が大きければ，σ の代わりに標本の標準偏差 S を用いてもよいことが知られている。S は

$$S=\sqrt{\frac{1}{n}\{(X_1-\overline{X})^2+(X_2-\overline{X})^2+\cdots+(X_n-\overline{X})^2\}}$$
$$=\sqrt{\frac{1}{n}(X_1{}^2+X_2{}^2+\cdots+X_n{}^2)-\boxed{\text{ウ}}}$$

で計算できる。ここで，$X_1{}^2=X_1$，$X_2{}^2=X_2$，$\cdots$，$X_n{}^2=X_n$ であることに着目し，右辺を整理すると，$S=\sqrt{\boxed{\text{エ}}}$ と表されることがわかる。

よって，表 2 より，大きさ $n=300$ の標本から求められる母平均 m に対する信頼度 95 % の信頼区間は $\boxed{\text{オ}}$ となる。

$\boxed{\text{ア}}$ の解答群

⓪ p	① p^2	② $1-p$	③ $(1-p)^2$

$\boxed{\text{イ}}$ の解答群

⓪ σ	① σ^2	② $\dfrac{\sigma}{n}$	③ $\dfrac{\sigma^2}{n}$	④ $\dfrac{\sigma}{\sqrt{n}}$

$\boxed{\text{ウ}}$，$\boxed{\text{エ}}$ の解答群(同じものを繰り返し選んでもよい。)

⓪ $\overline{X}$	① $(\overline{X})^2$	② $\overline{X}(1-\overline{X})$	③ $1-\overline{X}$

$\boxed{\text{オ}}$ については，最も適当なものを，次の⓪～⑤のうちから一つ選べ。

⓪ $0.201 \leqq m \leqq 0.299$	① $0.209 \leqq m \leqq 0.291$
② $0.225 \leqq m \leqq 0.250$	③ $0.225 \leqq m \leqq 0.275$
④ $0.247 \leqq m \leqq 0.253$	⑤ $0.250 \leqq m \leqq 0.275$

(数学Ⅱ・数学B第3問は次ページに続く。)

(2) ある期間において，「ちょうど3週続けて日曜日の天気が**晴れ**になること」がどのくらいの頻度で起こり得るのかを考察しよう。以下では，連続する k 週の日曜日の天気について，(1)の太郎さんが考えた確率変数のうち X_1，X_2，…，X_k を用いて調べる。ただし，k は3以上300以下の自然数とする。

X_1，X_2，…，X_k の値を順に並べたときの0と1からなる列において，「ちょうど三つ続けて1が現れる部分」をAとし，Aの個数を確率変数 U_k で表す。例えば，$k = 20$ とし，X_1，X_2，…，X_{20} の値を順に並べたとき

$$1,1,1,1,0,\underset{\mathrm{A}}{\underline{1,1,1}},0,0,1,1,1,1,1,0,0,\underset{\mathrm{A}}{\underline{1,1,1}}$$

であったとする。この例では，下線部分はAを示しており，1が四つ以上続く部分はAとはみなさないので，$U_{20} = 2$ となる。

$k = 4$ のとき，X_1，X_2，X_3，X_4 のとり得る値と，それに対応した U_4 の値を書き出すと，表3のようになる。

表　3

X_1	X_2	X_3	X_4	U_4
0	0	0	0	0
1	0	0	0	0
0	1	0	0	0
0	0	1	0	0
0	0	0	1	0
1	1	0	0	0
1	0	1	0	0
1	0	0	1	0
0	1	1	0	0
0	1	0	1	0
0	0	1	1	0
1	1	1	0	1
1	1	0	1	0
1	0	1	1	0
0	1	1	1	1
1	1	1	1	0

(数学Ⅱ・数学B第3問は次ページに続く。)

ここで，U_k の期待値を求めてみよう。(1)における p の値を $p=\dfrac{1}{4}$ とする。

$k=4$ のとき，U_4 の期待値は

$$E(U_4)=\frac{\boxed{\text{カ}}}{128}$$

となる。$k=5$ のとき，U_5 の期待値は

$$E(U_5)=\frac{\boxed{\text{キク}}}{1024}$$

となる。

4以上の k について，k と $E(U_k)$ の関係を詳しく調べると，座標平面上の点 $(4,\ E(U_4))$，$(5,\ E(U_5))$，…，$(300,\ E(U_{300}))$ は一つの直線上にあることがわかる。この事実によって

$$E(U_{300})=\frac{\boxed{\text{ケコ}}}{\boxed{\text{サ}}}$$

となる。

（数学Ⅱ・数学B第3問は21ページに続く。）

（下 書 き 用 紙）

数学Ⅱ・数学Ｂの試験問題は次に続く。

正 規 分 布 表

次の表は，標準正規分布の分布曲線における右図の灰色部分の面積の値をまとめたものである。

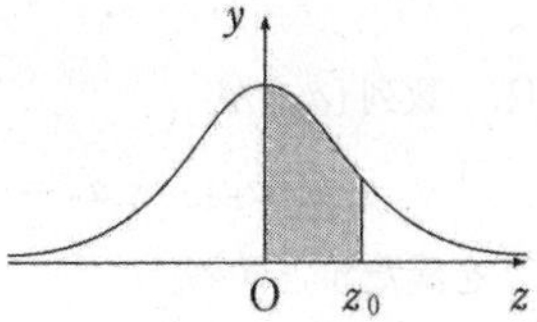

z_0	0.00	0.01	0.02	0.03	0.04	0.05	0.06	0.07	0.08	0.09
0.0	0.0000	0.0040	0.0080	0.0120	0.0160	0.0199	0.0239	0.0279	0.0319	0.0359
0.1	0.0398	0.0438	0.0478	0.0517	0.0557	0.0596	0.0636	0.0675	0.0714	0.0753
0.2	0.0793	0.0832	0.0871	0.0910	0.0948	0.0987	0.1026	0.1064	0.1103	0.1141
0.3	0.1179	0.1217	0.1255	0.1293	0.1331	0.1368	0.1406	0.1443	0.1480	0.1517
0.4	0.1554	0.1591	0.1628	0.1664	0.1700	0.1736	0.1772	0.1808	0.1844	0.1879
0.5	0.1915	0.1950	0.1985	0.2019	0.2054	0.2088	0.2123	0.2157	0.2190	0.2224
0.6	0.2257	0.2291	0.2324	0.2357	0.2389	0.2422	0.2454	0.2486	0.2517	0.2549
0.7	0.2580	0.2611	0.2642	0.2673	0.2704	0.2734	0.2764	0.2794	0.2823	0.2852
0.8	0.2881	0.2910	0.2939	0.2967	0.2995	0.3023	0.3051	0.3078	0.3106	0.3133
0.9	0.3159	0.3186	0.3212	0.3238	0.3264	0.3289	0.3315	0.3340	0.3365	0.3389
1.0	0.3413	0.3438	0.3461	0.3485	0.3508	0.3531	0.3554	0.3577	0.3599	0.3621
1.1	0.3643	0.3665	0.3686	0.3708	0.3729	0.3749	0.3770	0.3790	0.3810	0.3830
1.2	0.3849	0.3869	0.3888	0.3907	0.3925	0.3944	0.3962	0.3980	0.3997	0.4015
1.3	0.4032	0.4049	0.4066	0.4082	0.4099	0.4115	0.4131	0.4147	0.4162	0.4177
1.4	0.4192	0.4207	0.4222	0.4236	0.4251	0.4265	0.4279	0.4292	0.4306	0.4319
1.5	0.4332	0.4345	0.4357	0.4370	0.4382	0.4394	0.4406	0.4418	0.4429	0.4441
1.6	0.4452	0.4463	0.4474	0.4484	0.4495	0.4505	0.4515	0.4525	0.4535	0.4545
1.7	0.4554	0.4564	0.4573	0.4582	0.4591	0.4599	0.4608	0.4616	0.4625	0.4633
1.8	0.4641	0.4649	0.4656	0.4664	0.4671	0.4678	0.4686	0.4693	0.4699	0.4706
1.9	0.4713	0.4719	0.4726	0.4732	0.4738	0.4744	0.4750	0.4756	0.4761	0.4767
2.0	0.4772	0.4778	0.4783	0.4788	0.4793	0.4798	0.4803	0.4808	0.4812	0.4817
2.1	0.4821	0.4826	0.4830	0.4834	0.4838	0.4842	0.4846	0.4850	0.4854	0.4857
2.2	0.4861	0.4864	0.4868	0.4871	0.4875	0.4878	0.4881	0.4884	0.4887	0.4890
2.3	0.4893	0.4896	0.4898	0.4901	0.4904	0.4906	0.4909	0.4911	0.4913	0.4916
2.4	0.4918	0.4920	0.4922	0.4925	0.4927	0.4929	0.4931	0.4932	0.4934	0.4936
2.5	0.4938	0.4940	0.4941	0.4943	0.4945	0.4946	0.4948	0.4949	0.4951	0.4952
2.6	0.4953	0.4955	0.4956	0.4957	0.4959	0.4960	0.4961	0.4962	0.4963	0.4964
2.7	0.4965	0.4966	0.4967	0.4968	0.4969	0.4970	0.4971	0.4972	0.4973	0.4974
2.8	0.4974	0.4975	0.4976	0.4977	0.4977	0.4978	0.4979	0.4979	0.4980	0.4981
2.9	0.4981	0.4982	0.4982	0.4983	0.4984	0.4984	0.4985	0.4985	0.4986	0.4986
3.0	0.4987	0.4987	0.4987	0.4988	0.4988	0.4989	0.4989	0.4989	0.4990	0.4990

第3問～第5問は，いずれか2問を選択し，解答しなさい。

第4問 （選択問題）（配点　20）

(1)　数列$\{a_n\}$が

$$a_{n+1}-a_n=14 \quad (n=1,\ 2,\ 3,\ \cdots)$$

を満たすとする。

$a_1=10$のとき，$a_2=\boxed{\text{アイ}}$，$a_3=\boxed{\text{ウエ}}$である。

数列$\{a_n\}$の一般項は，初項a_1を用いて

$$a_n=a_1+\boxed{\text{オカ}}(n-1)$$

と表すことができる。

(2)　数列$\{b_n\}$が

$$2b_{n+1}-b_n+3=0 \quad (n=1,\ 2,\ 3,\ \cdots)$$

を満たすとする。

数列$\{b_n\}$の一般項は，初項b_1を用いて

$$b_n=\left(b_1+\boxed{\text{キ}}\right)\left(\frac{\boxed{\text{ク}}}{\boxed{\text{ケ}}}\right)^{n-1}-\boxed{\text{コ}}$$

と表すことができる。

（数学Ⅱ・数学B第4問は次ページに続く。）

(3) 太郎さんは

$$(c_n+3)(2c_{n+1}-c_n+3)=0 \quad (n=1, 2, 3, \cdots) \cdots\cdots\cdots ①$$

を満たす数列$\{c_n\}$について調べることにした。

(i)

- 数列$\{c_n\}$が①を満たし，$c_1=5$のとき，$c_2=$ [サ] である。
- 数列$\{c_n\}$が①を満たし，$c_3=-3$のとき，$c_2=$ [シス]，$c_1=$ [セソ] である。

(ii) 太郎さんは，数列$\{c_n\}$が①を満たし，$c_3=-3$となる場合について考えている。

$c_3=-3$のとき，c_4がどのような値でも

$$(c_3+3)(2c_4-c_3+3)=0$$

が成り立つ。

- 数列$\{c_n\}$が①を満たし，$c_3=-3$，$c_4=5$のとき

$c_1=$ [セソ]，$c_2=$ [シス]，$c_3=-3$，$c_4=5$，$c_5=$ [タ]

である。

- 数列$\{c_n\}$が①を満たし，$c_3=-3$，$c_4=83$のとき

$c_1=$ [セソ]，$c_2=$ [シス]，$c_3=-3$，$c_4=83$，$c_5=$ [チツ]

である。

(数学Ⅱ・数学B第4問は次ページに続く。)

(iii)　太郎さんは(i)と(ii)から，$c_n = -3$ となることがあるかどうかに着目し，次の**命題A**が成り立つのではないかと考えた。

> **命題A**　数列 $\{c_n\}$ が ① を満たし，$c_1 \neq -3$ であるとする。このとき，すべての自然数 n について $c_n \neq -3$ である。

命題Aが真であることを証明するには，**命題A**の仮定を満たす数列 $\{c_n\}$ について，**テ** を示せばよい。

実際，このようにして**命題A**が真であることを証明できる。

テ については，最も適当なものを，次の⓪～④のうちから一つ選べ。

⓪　$c_2 \neq -3$ かつ $c_3 \neq -3$ であること

①　$c_{100} \neq -3$ かつ $c_{200} \neq -3$ であること

②　$c_{100} \neq -3$ ならば $c_{101} \neq -3$ であること

③　$n = k$ のとき $c_n \neq -3$ が成り立つと仮定すると，$n = k + 1$ のときも $c_n \neq -3$ が成り立つこと

④　$n = k$ のとき $c_n = -3$ が成り立つと仮定すると，$n = k + 1$ のときも $c_n = -3$ が成り立つこと

(数学Ⅱ・数学B第4問は次ページに続く。)

(iv) 次の(I), (II), (III)は，数列$\{c_n\}$に関する命題である。

(I) $c_1 = 3$ かつ $c_{100} = -3$ であり，かつ①を満たす数列$\{c_n\}$がある。

(II) $c_1 = -3$ かつ $c_{100} = -3$ であり，かつ①を満たす数列$\{c_n\}$がある。

(III) $c_1 = -3$ かつ $c_{100} = 3$ であり，かつ①を満たす数列$\{c_n\}$がある。

(I), (II), (III)の真偽の組合せとして正しいものは [ト] である。

[ト] の解答群

	⓪	①	②	③	④	⑤	⑥	⑦
(I)	真	真	真	真	偽	偽	偽	偽
(II)	真	真	偽	偽	真	真	偽	偽
(III)	真	偽	真	偽	真	偽	真	偽

第3問～第5問は，いずれか2問を選択し，解答しなさい。

第5問 （選択問題）（配点　20）

点Oを原点とする座標空間に4点A(2，7，−1)，B(3，6，0)，C(−8，10，−3)，D(−9，8，−4)がある。A，Bを通る直線をℓ_1とし，C，Dを通る直線をℓ_2とする。

(1)

$$\overrightarrow{AB} = \left(\boxed{\text{ア}},\ \boxed{\text{イウ}},\ \boxed{\text{エ}}\right)$$

であり，$\overrightarrow{AB}\cdot\overrightarrow{CD} = \boxed{\text{オ}}$ である。

(2) 花子さんと太郎さんは，点Pがℓ_1上を動くとき，$|\overrightarrow{OP}|$が最小となるPの位置について考えている。

Pがℓ_1上にあるので，$\overrightarrow{AP} = s\overrightarrow{AB}$を満たす実数$s$があり，$\overrightarrow{OP} = \boxed{\text{カ}}$ が成り立つ。

$|\overrightarrow{OP}|$が最小となるsの値を求めればPの位置が求まる。このことについて，花子さんと太郎さんが話をしている。

花子：$|\overrightarrow{OP}|^2$が最小となるsの値を求めればよいね。

太郎：$|\overrightarrow{OP}|$が最小となるときの直線OPとℓ_1の関係に着目してもよさそうだよ。

（数学Ⅱ・数学B第5問は次ページに続く。）

$|\overrightarrow{OP}|^2 =$ キ $s^2 -$ クケ $s +$ コサ である。

また，$|\overrightarrow{OP}|$ が最小となるとき，直線 OP と ℓ_1 の関係に着目すると シ が成り立つことがわかる。

花子さんの考え方でも，太郎さんの考え方でも，$s =$ ス のとき $|\overrightarrow{OP}|$ が最小となることがわかる。

カ の解答群

⓪ $s\overrightarrow{AB}$	① $s\overrightarrow{OB}$
② $\overrightarrow{OA} + s\overrightarrow{AB}$	③ $(1-2s)\overrightarrow{OA} + s\overrightarrow{OB}$
④ $(1-s)\overrightarrow{OA} + s\overrightarrow{AB}$	

シ の解答群

⓪ $\overrightarrow{OP}\cdot\overrightarrow{AB} > 0$	① $\overrightarrow{OP}\cdot\overrightarrow{AB} = 0$
② $\overrightarrow{OP}\cdot\overrightarrow{AB} < 0$	③ $|\overrightarrow{OP}| = |\overrightarrow{AB}|$
④ $\overrightarrow{OP}\cdot\overrightarrow{AB} = \overrightarrow{OB}\cdot\overrightarrow{AP}$	⑤ $\overrightarrow{OB}\cdot\overrightarrow{AP} = 0$
⑥ $\overrightarrow{OP}\cdot\overrightarrow{AB} = |\overrightarrow{OP}|\,|\overrightarrow{AB}|$	

（数学Ⅱ・数学B第5問は次ページに続く。）

(3) 点Pが ℓ_1 上を動き，点Qが ℓ_2 上を動くとする。このとき，線分PQの長さが最小になるPの座標は $\left(\boxed{\text{セソ}},\ \boxed{\text{タチ}},\ \boxed{\text{ツテ}}\right)$，Qの座標は $\left(\boxed{\text{トナ}},\ \boxed{\text{ニヌ}},\ \boxed{\text{ネノ}}\right)$ である。

2023 本試

（100点
60分）

〔数学Ⅱ・B〕

注 意 事 項

1　**数学解答用紙を切り離し，試験開始の準備をしなさい。**

2　**時間を計り，上記の解答時間内で解答しなさい。**

ただし，納得のいくまで時間をかけて解答するという利用法でもかまいません。

3　第1問，第2問は必答。第3問～第5問から2問選択。計4問を解答しなさい。

4　「2023 本試」の問題は，このページを含め，29ページあります。

5　**解答用紙には解答欄以外に受験番号欄，氏名欄，試験場コード欄，解答科目欄があります。解答科目欄は解答する科目**を一つ選び，科目名の下の◯に**マーク**しなさい。**その他の欄**は自分自身で本番を想定し，**正しく記入し，マークしなさい。**

6　**解答は解答用紙の解答欄にマークしなさい。**

7　選択問題については，解答する問題を決めたあと，その問題番号の解答欄に解答しなさい。ただし，**指定された問題数をこえて解答してはいけません。**

8　問題の余白は適宜利用してよいが，どのページも切り離してはいけません。

第１問　（必答問題）（配点　30）

〔1〕　三角関数の値の大小関係について考えよう。

(1)　$x=\dfrac{\pi}{6}$ のとき $\sin x$ $\boxed{\text{ア}}$ $\sin 2x$ であり，$x=\dfrac{2}{3}\pi$ のとき

$\sin x$ $\boxed{\text{イ}}$ $\sin 2x$ である。

$\boxed{\text{ア}}$，$\boxed{\text{イ}}$ の解答群（同じものを繰り返し選んでもよい。）

⓪　$<$	①　$=$	②　$>$

（数学Ⅱ・数学B第１問は次ページに続く。）

(2)　$\sin x$ と $\sin 2x$ の値の大小関係を詳しく調べよう。

$$\sin 2x - \sin x = \sin x\left(\boxed{\text{ウ}}\cos x - \boxed{\text{エ}}\right)$$

であるから，$\sin 2x - \sin x > 0$ が成り立つことは

「$\sin x > 0$　かつ　$\boxed{\text{ウ}}\cos x - \boxed{\text{エ}} > 0$」 …………… ①

または

「$\sin x < 0$　かつ　$\boxed{\text{ウ}}\cos x - \boxed{\text{エ}} < 0$」 …………… ②

が成り立つことと同値である。$0 \leqq x \leqq 2\pi$ のとき，①が成り立つような x の値の範囲は

$$0 < x < \frac{\pi}{\boxed{\text{オ}}}$$

であり，②が成り立つような x の値の範囲は

$$\pi < x < \frac{\boxed{\text{カ}}}{\boxed{\text{キ}}}\pi$$

である。よって，$0 \leqq x \leqq 2\pi$ のとき，$\sin 2x > \sin x$ が成り立つような x の値の範囲は

$$0 < x < \frac{\pi}{\boxed{\text{オ}}},\quad \pi < x < \frac{\boxed{\text{カ}}}{\boxed{\text{キ}}}\pi$$

である。

(数学Ⅱ・数学B第1問は次ページに続く。)

(3)　$\sin 3x$ と $\sin 4x$ の値の大小関係を調べよう。

三角関数の加法定理を用いると，等式

$$\sin(\alpha+\beta)-\sin(\alpha-\beta)=2\cos\alpha\sin\beta \qquad \cdots\cdots ③$$

が得られる。$\alpha+\beta=4x$，$\alpha-\beta=3x$ を満たす α，β に対して ③ を用いることにより，$\sin 4x-\sin 3x>0$ が成り立つことは

「$\cos$ [ク] >0　かつ　$\sin$ [ケ] >0 」 ……………… ④

または

「$\cos$ [ク] <0　かつ　$\sin$ [ケ] <0 」 ……………… ⑤

が成り立つことと同値であることがわかる。

$0\leqq x\leqq\pi$ のとき，④，⑤ により，$\sin 4x>\sin 3x$ が成り立つような x の値の範囲は

$$0<x<\frac{\pi}{[\text{コ}]},\quad \frac{[\text{サ}]}{[\text{シ}]}\pi<x<\frac{[\text{ス}]}{[\text{セ}]}\pi$$

である。

[ク]，[ケ] の解答群(同じものを繰り返し選んでもよい。)

⓪　0	①　x	②　$2x$	③　$3x$
④　$4x$	⑤　$5x$	⑥　$6x$	⑦　$\frac{x}{2}$
⑧　$\frac{3}{2}x$	⑨　$\frac{5}{2}x$	ⓐ　$\frac{7}{2}x$	ⓑ　$\frac{9}{2}x$

(数学Ⅱ・数学B第1問は次ページに続く。)

(4)　(2)，(3)の考察から，$0 \leqq x \leqq \pi$ のとき，$\sin 3x > \sin 4x > \sin 2x$ が成り立つような x の値の範囲は

$$\frac{\pi}{\boxed{\text{コ}}} < x < \frac{\pi}{\boxed{\text{ソ}}},\qquad \frac{\boxed{\text{ス}}}{\boxed{\text{セ}}}\pi < x < \frac{\boxed{\text{タ}}}{\boxed{\text{チ}}}\pi$$

であることがわかる。

（数学Ⅱ・数学B第1問は次ページに続く。）

〔2〕

(1) $a>0$, $a \neq 1$, $b>0$ のとき，$\log_a b = x$ とおくと，$\boxed{\text{ツ}}$ が成り立つ。

$\boxed{\text{ツ}}$ の解答群

⓪ $x^a = b$	① $x^b = a$
② $a^x = b$	③ $b^x = a$
④ $a^b = x$	⑤ $b^a = x$

(2) 様々な対数の値が有理数か無理数かについて考えよう。

(i) $\log_5 25 = \boxed{\text{テ}}$，$\log_9 27 = \dfrac{\boxed{\text{ト}}}{\boxed{\text{ナ}}}$ であり，どちらも有理数である。

(ii) $\log_2 3$ が有理数と無理数のどちらであるかを考えよう。

$\log_2 3$ が有理数であると仮定すると，$\log_2 3 > 0$ であるので，二つの自然数 p，q を用いて $\log_2 3 = \dfrac{p}{q}$ と表すことができる。このとき，(1)により $\log_2 3 = \dfrac{p}{q}$ は $\boxed{\text{ニ}}$ と変形できる。いま，2は偶数であり3は奇数であるので，$\boxed{\text{ニ}}$ を満たす自然数 p，q は存在しない。

したがって，$\log_2 3$ は無理数であることがわかる。

(iii) a，b を2以上の自然数とするとき，(ii)と同様に考えると，「$\boxed{\text{ヌ}}$ ならば $\log_a b$ はつねに無理数である」ことがわかる。

（数学Ⅱ・数学B第1問は次ページに続く。）

ニ の解答群

⓪ $p^2 = 3q^2$	① $q^2 = p^3$	② $2^q = 3^p$
③ $p^3 = 2q^3$	④ $p^2 = q^3$	⑤ $2^p = 3^q$

ヌ の解答群

⓪ a が偶数

① b が偶数

② a が奇数

③ b が奇数

④ a と b がともに偶数，または a と b がともに奇数

⑤ a と b のいずれか一方が偶数で，もう一方が奇数

第2問 (必答問題)(配点　30)

〔1〕

(1) kを正の定数とし，次の3次関数を考える。

$$f(x)=x^2(k-x)$$

$y=f(x)$のグラフとx軸との共有点の座標は$(0,\ 0)$と$\left(\boxed{\text{ア}},\ 0\right)$である。

$f(x)$の導関数$f'(x)$は

$$f'(x)=\boxed{\text{イウ}}\,x^2+\boxed{\text{エ}}\,kx$$

である。

$x=\boxed{\text{オ}}$のとき，$f(x)$は極小値$\boxed{\text{カ}}$をとる。

$x=\boxed{\text{キ}}$のとき，$f(x)$は極大値$\boxed{\text{ク}}$をとる。

また，$0<x<k$の範囲において$x=\boxed{\text{キ}}$のとき$f(x)$は最大となることがわかる。

$\boxed{\text{ア}}$，$\boxed{\text{オ}}$～$\boxed{\text{ク}}$の解答群(同じものを繰り返し選んでもよい。)

⓪ 0	① $\frac{1}{3}k$	② $\frac{1}{2}k$	③ $\frac{2}{3}k$
④ k	⑤ $\frac{3}{2}k$	⑥ $-4k^2$	⑦ $\frac{1}{8}k^2$
⑧ $\frac{2}{27}k^3$	⑨ $\frac{4}{27}k^3$	ⓐ $\frac{4}{9}k^3$	ⓑ $4k^3$

(数学Ⅱ・数学B第2問は次ページに続く。)

⑵　後の図のように底面が半径 9 の円で高さが 15 の円錐《すい》に内接する円柱を考える。円柱の底面の半径と体積をそれぞれ x，V とする。V を x の式で表すと

$$V = \frac{\boxed{\text{ケ}}}{\boxed{\text{コ}}}\pi x^2\left(\boxed{\text{サ}} - x\right) \quad (0 < x < 9)$$

である。⑴の考察より，$x = \boxed{\text{シ}}$ のとき V は最大となることがわかる。V の最大値は $\boxed{\text{スセソ}}\,\pi$ である。

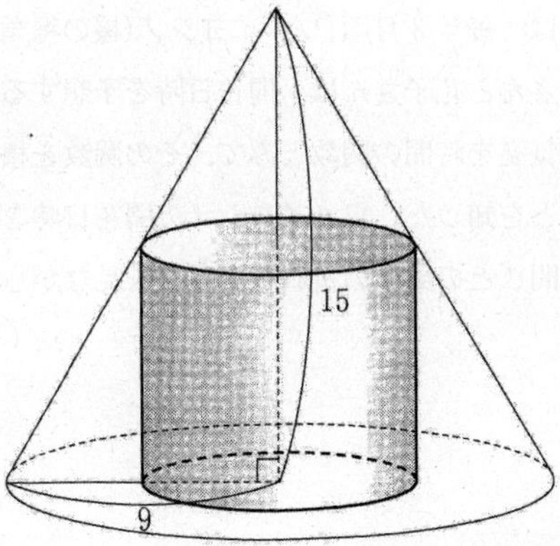

(数学Ⅱ・数学B第2問は次ページに続く。)

〔2〕

(1) 定積分 $\int_0^{30}\left(\frac{1}{5}x+3\right)dx$ の値は $\boxed{タチツ}$ である。

また，関数 $\frac{1}{100}x^2-\frac{1}{6}x+5$ の不定積分は

$$\int\left(\frac{1}{100}x^2-\frac{1}{6}x+5\right)dx=\frac{1}{\boxed{テトナ}}x^3-\frac{1}{\boxed{ニヌ}}x^2+\boxed{ネ}\,x+C$$

である。ただし，C は積分定数とする。

(2) ある地域では，毎年3月頃「ソメイヨシノ（桜の種類）の開花予想日」が話題になる。太郎さんと花子さんは，開花日時を予想する方法の一つに，2月に入ってからの気温を時間の関数とみて，その関数を積分した値をもとにする方法があることを知った。ソメイヨシノの開花日時を予想するために，二人は図1の6時間ごとの気温の折れ線グラフを見ながら，次のように考えることにした。

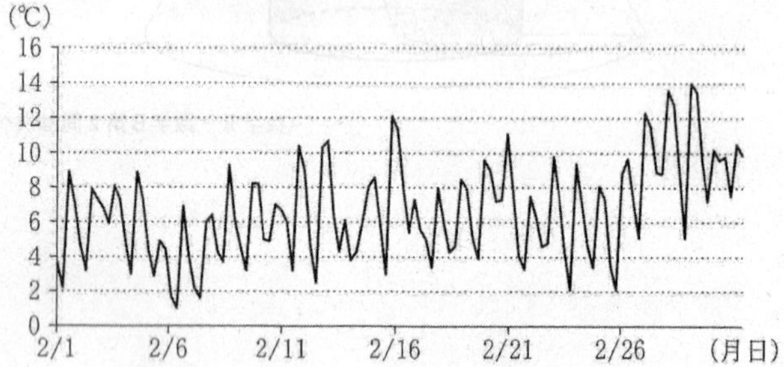

図1　6時間ごとの気温の折れ線グラフ

x の値の範囲を0以上の実数全体として，2月1日午前0時から $24x$ 時間経った時点を x 日後とする。（例えば，10.3日後は2月11日午前7時12分を表す。）また，x 日後の気温を y ℃とする。このとき，y は x の関数であり，これを $y=f(x)$ とおく。ただし，y は負にはならないものとする。

（数学Ⅱ・数学B第2問は次ページに続く。）

気温を表す関数 $f(x)$ を用いて二人はソメイヨシノの開花日時を次の**設定**で考えることにした。

設定

正の実数 t に対して，$f(x)$ を 0 から t まで積分した値を $S(t)$ とする。すなわち，$S(t)=\int_0^t f(x)\,dx$ とする。この $S(t)$ が 400 に到達したとき，ソメイヨシノが開花する。

設定のもと，太郎さんは気温を表す関数 $y=f(x)$ のグラフを図 2 のように直線とみなしてソメイヨシノの開花日時を考えることにした。

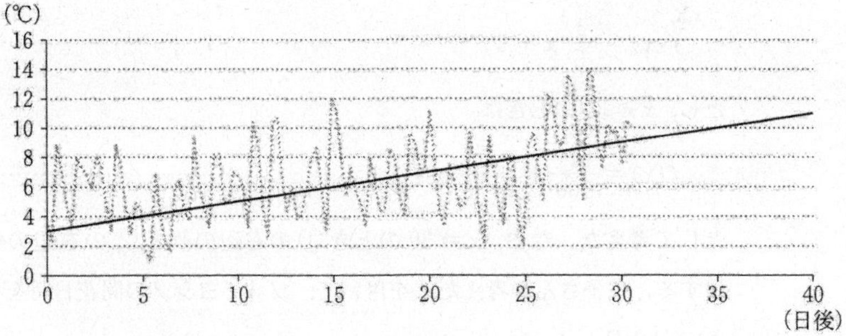

図 2　図 1 のグラフと，太郎さんが直線とみなした $y=f(x)$ のグラフ

(i)　太郎さんは

$$f(x)=\frac{1}{5}x+3 \quad (x \geqq 0)$$

として考えた。このとき，ソメイヨシノの開花日時は 2 月に入ってから **ノ** となる。

ノ の解答群

⓪ 30 日後	① 35 日後	② 40 日後
③ 45 日後	④ 50 日後	⑤ 55 日後
⑥ 60 日後	⑦ 65 日後	

(数学Ⅱ・数学B第 2 問は次ページに続く。)

(ii) 太郎さんと花子さんは，2月に入ってから30日後以降の気温について話をしている。

> 太郎：1次関数を用いてソメイヨシノの開花日時を求めてみたよ。
>
> 花子：気温の上がり方から考えて，2月に入ってから30日後以降の気温を表す関数が2次関数の場合も考えてみようか。

花子さんは気温を表す関数 $f(x)$ を，$0 \leqq x \leqq 30$ のときは太郎さんと同じように

$$f(x)=\frac{1}{5}x+3 \quad \cdots\cdots\cdots\cdots ①$$

とし，$x \geqq 30$ のときは

$$f(x)=\frac{1}{100}x^2-\frac{1}{6}x+5 \quad \cdots\cdots\cdots\cdots ②$$

として考えた。なお，$x=30$ のとき①の右辺の値と②の右辺の値は一致する。花子さんの考えた式を用いて，ソメイヨシノの開花日時を考えよう。(1)より

$$\int_0^{30}\left(\frac{1}{5}x+3\right)dx=\boxed{\text{タチツ}}$$

であり

$$\int_{30}^{40}\left(\frac{1}{100}x^2-\frac{1}{6}x+5\right)dx=115$$

となることがわかる。

また，$x \geqq 30$ の範囲において $f(x)$ は増加する。よって

$$\int_{30}^{40}f(x)\,dx \quad \boxed{\text{ハ}} \quad \int_{40}^{50}f(x)\,dx$$

であることがわかる。以上より，ソメイヨシノの開花日時は2月に入ってから $\boxed{\text{ヒ}}$ となる。

(数学Ⅱ・数学B第2問は次ページに続く。)

ハ の解答群

⓪ $<$	① $=$	② $>$

ヒ の解答群

⓪ 30 日後より前

① 30 日後

② 30 日後より後，かつ 40 日後より前

③ 40 日後

④ 40 日後より後，かつ 50 日後より前

⑤ 50 日後

⑥ 50 日後より後，かつ 60 日後より前

⑦ 60 日後

⑧ 60 日後より後

第3問～第5問は，いずれか2問を選択し，解答しなさい。

第3問 （選択問題）（配点　20）

以下の問題を解答するにあたっては，必要に応じて19ページの正規分布表を用いてもよい。

(1)　ある生産地で生産されるピーマン全体を母集団とし，この母集団におけるピーマン1個の重さ(単位はg)を表す確率変数をXとする。mとσを正の実数とし，Xは正規分布$N(m,\ \sigma^2)$に従うとする。

(i)　この母集団から1個のピーマンを無作為に抽出したとき，重さがm g以上である確率$P(X \geqq m)$は

$$P(X \geqq m) = P\left(\frac{X-m}{\sigma} \geqq \boxed{\text{ア}}\right) = \frac{\boxed{\text{イ}}}{\boxed{\text{ウ}}}$$

である。

(ii)　母集団から無作為に抽出された大きさnの標本X_1，X_2，…，X_nの標本平均を$\overline{X}$とする。$\overline{X}$の平均(期待値)と標準偏差はそれぞれ

$$E(\overline{X}) = \boxed{\text{エ}},\qquad \sigma(\overline{X}) = \boxed{\text{オ}}$$

となる。

$n=400$，標本平均が30.0 g，標本の標準偏差が3.6 gのとき，mの信頼度90 %の信頼区間を次の**方針**で求めよう。

方針

Zを標準正規分布$N(0,\ 1)$に従う確率変数として，$P(-z_0 \leqq Z \leqq z_0) = 0.901$となる$z_0$を正規分布表から求める。この$z_0$を用いると$m$の信頼度90.1 %の信頼区間が求められるが，これを信頼度90 %の信頼区間とみなして考える。

方針において，$z_0 = \boxed{\text{カ}}.\boxed{\text{キク}}$である。

（数学Ⅱ・数学B第3問は次ページに続く。）

一般に，標本の大きさ n が大きいときには，母標準偏差の代わりに，標本の標準偏差を用いてよいことが知られている。$n=400$ は十分に大きいので，**方針**に基づくと，m の信頼度 90 % の信頼区間は [ケ] となる。

[エ]，[オ] の解答群(同じものを繰り返し選んでもよい。)

⓪ σ	① σ^2	② $\dfrac{\sigma}{\sqrt{n}}$	③ $\dfrac{\sigma^2}{n}$
④ m	⑤ $2m$	⑥ m^2	⑦ $\sqrt{m}$
⑧ $\dfrac{\sigma}{n}$	⑨ $n\sigma$	ⓐ nm	ⓑ $\dfrac{m}{n}$

[ケ] については，最も適当なものを，次の⓪～⑤のうちから一つ選べ。

⓪ $28.6 \leqq m \leqq 31.4$	① $28.7 \leqq m \leqq 31.3$	② $28.9 \leqq m \leqq 31.1$
③ $29.6 \leqq m \leqq 30.4$	④ $29.7 \leqq m \leqq 30.3$	⑤ $29.9 \leqq m \leqq 30.1$

(数学Ⅱ・数学B第3問は次ページに続く。)

(2) (1)の確率変数 X において，$m = 30.0$，$\sigma = 3.6$ とした母集団から無作為にピーマンを1個ずつ抽出し，ピーマン2個を1組にしたものを袋に入れていく。このようにしてピーマン2個を1組にしたものを25袋作る。その際，1袋ずつの重さの分散を小さくするために，次の**ピーマン分類法**を考える。

ピーマン分類法

無作為に抽出したいくつかのピーマンについて，重さが30.0 g以下のときをSサイズ，30.0 gを超えるときはLサイズと分類する。そして，分類されたピーマンからSサイズとLサイズのピーマンを一つずつ選び，ピーマン2個を1組とした袋を作る。

(i) ピーマンを無作為に50個抽出したとき，**ピーマン分類法**で25袋作ることができる確率 p_0 を考えよう。無作為に1個抽出したピーマンがSサイズである確率は $\dfrac{\boxed{コ}}{\boxed{サ}}$ である。ピーマンを無作為に50個抽出したときのSサイズのピーマンの個数を表す確率変数を U_0 とすると，U_0 は二項分布 $B\left(50,\ \dfrac{\boxed{コ}}{\boxed{サ}}\right)$ に従うので

$$p_0 = {}_{50}\mathrm{C}_{\boxed{シス}} \times \left(\frac{\boxed{コ}}{\boxed{サ}}\right)^{\boxed{シス}} \times \left(1 - \frac{\boxed{コ}}{\boxed{サ}}\right)^{50-\boxed{シス}}$$

となる。

p_0 を計算すると，$p_0 = 0.1122\cdots$ となることから，ピーマンを無作為に50個抽出したとき，25袋作ることができる確率は0.11程度とわかる。

(ii) **ピーマン分類法**で25袋作ることができる確率が0.95以上となるようなピーマンの個数を考えよう。

（数学Ⅱ・数学B第3問は次ページに続く。）

kを自然数とし，ピーマンを無作為に$(50+k)$個抽出したとき，Sサイズのピーマンの個数を表す確率変数をU_kとすると，U_kは二項分布$B\left(50+k,\ \dfrac{\boxed{\text{コ}}}{\boxed{\text{サ}}}\right)$に従う。

$(50+k)$は十分に大きいので，U_kは近似的に正規分布$N\left(\boxed{\text{セ}},\ \boxed{\text{ソ}}\right)$に従い，$Y=\dfrac{U_k-\boxed{\text{セ}}}{\sqrt{\boxed{\text{ソ}}}}$とすると，$Y$は近似的に標準正規分布$N(0,1)$に従う。

よって，**ピーマン分類法**で，25袋作ることができる確率をp_kとすると

$$p_k=P(25\leqq U_k\leqq 25+k)=P\left(-\frac{\boxed{\text{タ}}}{\sqrt{50+k}}\leqq Y\leqq\frac{\boxed{\text{タ}}}{\sqrt{50+k}}\right)$$

となる。

$\boxed{\text{タ}}=\alpha,\ \sqrt{50+k}=\beta$とおく。

$p_k\geqq 0.95$になるような$\dfrac{\alpha}{\beta}$について，正規分布表から$\dfrac{\alpha}{\beta}\geqq 1.96$を満たせばよいことがわかる。ここでは

$$\frac{\alpha}{\beta}\geqq 2 \qquad\cdots\cdots\cdots\cdots ①$$

を満たす自然数kを考えることとする。①の両辺は正であるから，$\alpha^2\geqq 4\beta^2$を満たす最小のkをk_0とすると，$k_0=\boxed{\text{チツ}}$であることがわかる。ただし，$\boxed{\text{チツ}}$の計算においては，$\sqrt{51}=7.14$を用いてもよい。

したがって，少なくとも$\left(50+\boxed{\text{チツ}}\right)$個のピーマンを抽出しておけば，**ピーマン分類法**で25袋作ることができる確率は0.95以上となる。

$\boxed{\text{セ}}$ ～ $\boxed{\text{タ}}$ の解答群(同じものを繰り返し選んでもよい。)

⓪ k	① $2k$	② $3k$	③ $\dfrac{50+k}{2}$
④ $\dfrac{25+k}{2}$	⑤ $25+k$	⑥ $\dfrac{\sqrt{50+k}}{2}$	⑦ $\dfrac{50+k}{4}$

(数学Ⅱ・数学B第3問は19ページに続く。)

(下 書 き 用 紙)

数学Ⅱ・数学Bの試験問題は次に続く。

正 規 分 布 表

次の表は，標準正規分布の分布曲線における右図の灰色部分の面積の値をまとめたものである。

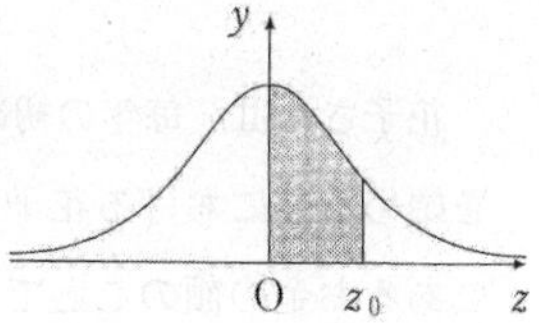

z_0	0.00	0.01	0.02	0.03	0.04	0.05	0.06	0.07	0.08	0.09
0.0	0.0000	0.0040	0.0080	0.0120	0.0160	0.0199	0.0239	0.0279	0.0319	0.0359
0.1	0.0398	0.0438	0.0478	0.0517	0.0557	0.0596	0.0636	0.0675	0.0714	0.0753
0.2	0.0793	0.0832	0.0871	0.0910	0.0948	0.0987	0.1026	0.1064	0.1103	0.1141
0.3	0.1179	0.1217	0.1255	0.1293	0.1331	0.1368	0.1406	0.1443	0.1480	0.1517
0.4	0.1554	0.1591	0.1628	0.1664	0.1700	0.1736	0.1772	0.1808	0.1844	0.1879
0.5	0.1915	0.1950	0.1985	0.2019	0.2054	0.2088	0.2123	0.2157	0.2190	0.2224
0.6	0.2257	0.2291	0.2324	0.2357	0.2389	0.2422	0.2454	0.2486	0.2517	0.2549
0.7	0.2580	0.2611	0.2642	0.2673	0.2704	0.2734	0.2764	0.2794	0.2823	0.2852
0.8	0.2881	0.2910	0.2939	0.2967	0.2995	0.3023	0.3051	0.3078	0.3106	0.3133
0.9	0.3159	0.3186	0.3212	0.3238	0.3264	0.3289	0.3315	0.3340	0.3365	0.3389
1.0	0.3413	0.3438	0.3461	0.3485	0.3508	0.3531	0.3554	0.3577	0.3599	0.3621
1.1	0.3643	0.3665	0.3686	0.3708	0.3729	0.3749	0.3770	0.3790	0.3810	0.3830
1.2	0.3849	0.3869	0.3888	0.3907	0.3925	0.3944	0.3962	0.3980	0.3997	0.4015
1.3	0.4032	0.4049	0.4066	0.4082	0.4099	0.4115	0.4131	0.4147	0.4162	0.4177
1.4	0.4192	0.4207	0.4222	0.4236	0.4251	0.4265	0.4279	0.4292	0.4306	0.4319
1.5	0.4332	0.4345	0.4357	0.4370	0.4382	0.4394	0.4406	0.4418	0.4429	0.4441
1.6	0.4452	0.4463	0.4474	0.4484	0.4495	0.4505	0.4515	0.4525	0.4535	0.4545
1.7	0.4554	0.4564	0.4573	0.4582	0.4591	0.4599	0.4608	0.4616	0.4625	0.4633
1.8	0.4641	0.4649	0.4656	0.4664	0.4671	0.4678	0.4686	0.4693	0.4699	0.4706
1.9	0.4713	0.4719	0.4726	0.4732	0.4738	0.4744	0.4750	0.4756	0.4761	0.4767
2.0	0.4772	0.4778	0.4783	0.4788	0.4793	0.4798	0.4803	0.4808	0.4812	0.4817
2.1	0.4821	0.4826	0.4830	0.4834	0.4838	0.4842	0.4846	0.4850	0.4854	0.4857
2.2	0.4861	0.4864	0.4868	0.4871	0.4875	0.4878	0.4881	0.4884	0.4887	0.4890
2.3	0.4893	0.4896	0.4898	0.4901	0.4904	0.4906	0.4909	0.4911	0.4913	0.4916
2.4	0.4918	0.4920	0.4922	0.4925	0.4927	0.4929	0.4931	0.4932	0.4934	0.4936
2.5	0.4938	0.4940	0.4941	0.4943	0.4945	0.4946	0.4948	0.4949	0.4951	0.4952
2.6	0.4953	0.4955	0.4956	0.4957	0.4959	0.4960	0.4961	0.4962	0.4963	0.4964
2.7	0.4965	0.4966	0.4967	0.4968	0.4969	0.4970	0.4971	0.4972	0.4973	0.4974
2.8	0.4974	0.4975	0.4976	0.4977	0.4977	0.4978	0.4979	0.4979	0.4980	0.4981
2.9	0.4981	0.4982	0.4982	0.4983	0.4984	0.4984	0.4985	0.4985	0.4986	0.4986
3.0	0.4987	0.4987	0.4987	0.4988	0.4988	0.4989	0.4989	0.4989	0.4990	0.4990

第3問～第5問は，いずれか2問を選択し，解答しなさい。

第4問 （選択問題）（配点　20）

花子さんは，毎年の初めに預金口座に一定額の入金をすることにした。この入金を始める前における花子さんの預金は10万円である。ここで，預金とは預金口座にあるお金の額のことである。預金には年利1％で利息がつき，ある年の初めの預金が x 万円であれば，その年の終わりには預金は $1.01x$ 万円となる。次の年の初めには $1.01x$ 万円に入金額を加えたものが預金となる。

毎年の初めの入金額を p 万円とし，n 年目の初めの預金を a_n 万円とおく。ただし，$p > 0$ とし，n は自然数とする。

例えば，$a_1 = 10 + p$，$a_2 = 1.01(10 + p) + p$ である。

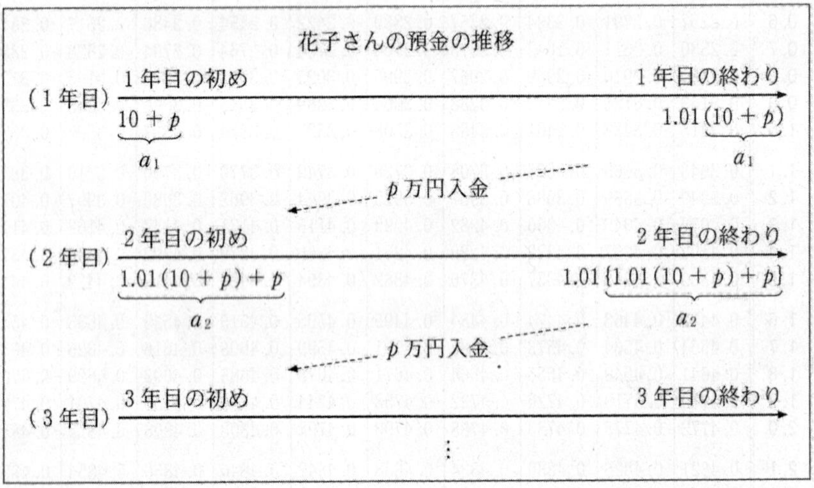

参考図

（数学Ⅱ・数学B第4問は次ページに続く。）

(1) a_n を求めるために二つの方針で考える。

方針 1

n 年目の初めの預金と $(n+1)$ 年目の初めの預金との関係に着目して考える。

3 年目の初めの預金 a_3 万円について，$a_3 =$ [ア] である。すべての自然数 n について

$$a_{n+1} = \boxed{\text{イ}}\, a_n + \boxed{\text{ウ}}$$

が成り立つ。これは

$$a_{n+1} + \boxed{\text{エ}} = \boxed{\text{オ}}\left(a_n + \boxed{\text{エ}}\right)$$

と変形でき，a_n を求めることができる。

[ア] の解答群

⓪ $1.01\{1.01(10+p)+p\}$	① $1.01\{1.01(10+p)+1.01p\}$
② $1.01\{1.01(10+p)+p\}+p$	③ $1.01\{1.01(10+p)+p\}+1.01p$
④ $1.01(10+p)+1.01p$	⑤ $1.01(10+1.01p)+1.01p$

[イ] ～ [オ] の解答群(同じものを繰り返し選んでもよい。)

⓪ 1.01	① 1.01^{n-1}	② 1.01^{n}
③ p	④ $100p$	⑤ np
⑥ $100np$	⑦ $1.01^{n-1}\times 100p$	⑧ $1.01^{n}\times 100p$

(数学Ⅱ・数学B第 4 問は次ページに続く。)

方針2

もともと預金口座にあった10万円と毎年の初めに入金した p 万円について，n 年目の初めにそれぞれがいくらになるかに着目して考える。

もともと預金口座にあった10万円は，2年目の初めには 10×1.01 万円になり，3年目の初めには 10×1.01^2 万円になる。同様に考えると n 年目の初めには $10\times1.01^{n-1}$ 万円になる。

- 1年目の初めに入金した p 万円は，n 年目の初めには $p\times1.01^{\boxed{\text{カ}}}$ 万円になる。
- 2年目の初めに入金した p 万円は，n 年目の初めには $p\times1.01^{\boxed{\text{キ}}}$ 万円になる。

⋮

- n 年目の初めに入金した p 万円は，n 年目の初めには p 万円のままである。

これより

$$\begin{aligned}a_n&=10\times1.01^{n-1}+p\times1.01^{\boxed{\text{カ}}}+p\times1.01^{\boxed{\text{キ}}}+\cdots+p\\&=10\times1.01^{n-1}+p\sum_{k=1}^{n}1.01^{\boxed{\text{ク}}}\end{aligned}$$

となることがわかる。ここで，$\displaystyle\sum_{k=1}^{n}1.01^{\boxed{\text{ク}}}=\boxed{\text{ケ}}$ となるので，a_n を求めることができる。

[カ]，[キ] の解答群(同じものを繰り返し選んでもよい。)

⓪ $n+1$	① n	② $n-1$	③ $n-2$

[ク] の解答群

⓪ $k+1$	① k	② $k-1$	③ $k-2$

[ケ] の解答群

⓪ 100×1.01^n	① $100(1.01^n-1)$
② $100(1.01^{n-1}-1)$	③ $n+1.01^{n-1}-1$
④ $0.01(101n-1)$	⑤ $\dfrac{n\times1.01^{n-1}}{2}$

(数学Ⅱ・数学B第4問は次ページに続く。)

(2)　花子さんは，10 年目の終わりの預金が 30 万円以上になるための入金額について考えた。

10 年目の終わりの預金が 30 万円以上であることを不等式を用いて表すと $\boxed{\text{コ}}\geqq 30$ となる。この不等式を p について解くと

$$p \geqq \frac{\boxed{\text{サシ}} - \boxed{\text{スセ}} \times 1.01^{10}}{101\left(1.01^{10}-1\right)}$$

となる。したがって，毎年の初めの入金額が例えば 18000 円であれば，10 年目の終わりの預金が 30 万円以上になることがわかる。

$\boxed{\text{コ}}$ の解答群

⓪　a_{10}	①　$a_{10}+p$	②　$a_{10}-p$
③　$1.01a_{10}$	④　$1.01a_{10}+p$	⑤　$1.01a_{10}-p$

（数学Ⅱ・数学B第 4 問は次ページに続く。）

(3) 1年目の入金を始める前における花子さんの預金が10万円ではなく，13万円の場合を考える。すべての自然数 n に対して，この場合の n 年目の初めの預金は a_n 万円よりも ソ 万円多い。なお，年利は1％であり，毎年の初めの入金額は p 万円のままである。

ソ の解答群

⓪ 3	① 13	② $3(n-1)$
③ $3n$	④ $13(n-1)$	⑤ $13n$
⑥ 3^n	⑦ $3+1.01(n-1)$	⑧ $3\times1.01^{n-1}$
⑨ 3×1.01^n	ⓐ $13\times1.01^{n-1}$	ⓑ 13×1.01^n

（下 書 き 用 紙）

数学Ⅱ・数学Ｂの試験問題は次に続く。

第3問～第5問は，いずれか2問を選択し，解答しなさい。

第5問 （選択問題）（配点　20）

三角錐《すい》PABCにおいて，辺BCの中点をMとおく。また，∠PAB ＝ ∠PACとし，この角度をθとおく。ただし，$0° < \theta < 90°$とする。

(1) $\overrightarrow{\mathrm{AM}}$は

$$\overrightarrow{\mathrm{AM}} = \frac{\boxed{\text{ア}}}{\boxed{\text{イ}}}\overrightarrow{\mathrm{AB}} + \frac{\boxed{\text{ウ}}}{\boxed{\text{エ}}}\overrightarrow{\mathrm{AC}}$$

と表せる。また

$$\frac{\overrightarrow{\mathrm{AP}}\cdot\overrightarrow{\mathrm{AB}}}{|\overrightarrow{\mathrm{AP}}|\,|\overrightarrow{\mathrm{AB}}|} = \frac{\overrightarrow{\mathrm{AP}}\cdot\overrightarrow{\mathrm{AC}}}{|\overrightarrow{\mathrm{AP}}|\,|\overrightarrow{\mathrm{AC}}|} = \boxed{\boxed{\text{オ}}} \quad \cdots\cdots\cdots\cdots ①$$

である。

$\boxed{\boxed{\text{オ}}}$ の解答群

⓪ $\sin\theta$	① $\cos\theta$	② $\tan\theta$
③ $\dfrac{1}{\sin\theta}$	④ $\dfrac{1}{\cos\theta}$	⑤ $\dfrac{1}{\tan\theta}$
⑥ $\sin\angle\mathrm{BPC}$	⑦ $\cos\angle\mathrm{BPC}$	⑧ $\tan\angle\mathrm{BPC}$

(2) $\theta = 45°$とし，さらに

$$|\overrightarrow{\mathrm{AP}}| = 3\sqrt{2}, \quad |\overrightarrow{\mathrm{AB}}| = |\overrightarrow{\mathrm{PB}}| = 3, \quad |\overrightarrow{\mathrm{AC}}| = |\overrightarrow{\mathrm{PC}}| = 3$$

が成り立つ場合を考える。このとき

$$\overrightarrow{\mathrm{AP}}\cdot\overrightarrow{\mathrm{AB}} = \overrightarrow{\mathrm{AP}}\cdot\overrightarrow{\mathrm{AC}} = \boxed{\text{カ}}$$

である。さらに，直線AM上の点Dが∠APD ＝ 90°を満たしているとする。このとき，$\overrightarrow{\mathrm{AD}} = \boxed{\text{キ}}\,\overrightarrow{\mathrm{AM}}$である。

（数学Ⅱ・数学B第5問は次ページに続く。）

(3)

$$\overrightarrow{AQ} = \boxed{\text{キ}}\ \overrightarrow{AM}$$

で定まる点をQとおく。$\overrightarrow{PA}$ と $\overrightarrow{PQ}$ が垂直である三角錐 PABC はどのようなものかについて考えよう。例えば(2)の場合では，点Qは点Dと一致し，$\overrightarrow{PA}$ と $\overrightarrow{PQ}$ は垂直である。

(i) $\overrightarrow{PA}$ と $\overrightarrow{PQ}$ が垂直であるとき，$\overrightarrow{PQ}$ を $\overrightarrow{AB}$，$\overrightarrow{AC}$，$\overrightarrow{AP}$ を用いて表して考えると，$\boxed{\text{ク}}$ が成り立つ。さらに①に注意すると，$\boxed{\text{ク}}$ から $\boxed{\text{ケ}}$ が成り立つことがわかる。

したがって，$\overrightarrow{PA}$ と $\overrightarrow{PQ}$ が垂直であれば，$\boxed{\text{ケ}}$ が成り立つ。逆に，$\boxed{\text{ケ}}$ が成り立てば，$\overrightarrow{PA}$ と $\overrightarrow{PQ}$ は垂直である。

$\boxed{\text{ク}}$ の解答群

⓪ $\overrightarrow{AP}\cdot\overrightarrow{AB} + \overrightarrow{AP}\cdot\overrightarrow{AC} = \overrightarrow{AP}\cdot\overrightarrow{AP}$

① $\overrightarrow{AP}\cdot\overrightarrow{AB} + \overrightarrow{AP}\cdot\overrightarrow{AC} = -\overrightarrow{AP}\cdot\overrightarrow{AP}$

② $\overrightarrow{AP}\cdot\overrightarrow{AB} + \overrightarrow{AP}\cdot\overrightarrow{AC} = \overrightarrow{AB}\cdot\overrightarrow{AC}$

③ $\overrightarrow{AP}\cdot\overrightarrow{AB} + \overrightarrow{AP}\cdot\overrightarrow{AC} = -\overrightarrow{AB}\cdot\overrightarrow{AC}$

④ $\overrightarrow{AP}\cdot\overrightarrow{AB} + \overrightarrow{AP}\cdot\overrightarrow{AC} = 0$

⑤ $\overrightarrow{AP}\cdot\overrightarrow{AB} - \overrightarrow{AP}\cdot\overrightarrow{AC} = 0$

$\boxed{\text{ケ}}$ の解答群

⓪ $|\overrightarrow{AB}| + |\overrightarrow{AC}| = \sqrt{2}\,|\overrightarrow{BC}|$

① $|\overrightarrow{AB}| + |\overrightarrow{AC}| = 2\,|\overrightarrow{BC}|$

② $|\overrightarrow{AB}|\sin\theta + |\overrightarrow{AC}|\sin\theta = |\overrightarrow{AP}|$

③ $|\overrightarrow{AB}|\cos\theta + |\overrightarrow{AC}|\cos\theta = |\overrightarrow{AP}|$

④ $|\overrightarrow{AB}|\sin\theta = |\overrightarrow{AC}|\sin\theta = 2\,|\overrightarrow{AP}|$

⑤ $|\overrightarrow{AB}|\cos\theta = |\overrightarrow{AC}|\cos\theta = 2\,|\overrightarrow{AP}|$

(ii) kを正の実数とし

$$k\overrightarrow{\mathrm{AP}}\cdot\overrightarrow{\mathrm{AB}}=\overrightarrow{\mathrm{AP}}\cdot\overrightarrow{\mathrm{AC}}$$

が成り立つとする。このとき，$\boxed{\text{コ}}$ が成り立つ。

また，点Bから直線APに下ろした垂線と直線APとの交点をB′とし，同様に点Cから直線APに下ろした垂線と直線APとの交点をC′とする。

このとき，$\overrightarrow{\mathrm{PA}}$ と $\overrightarrow{\mathrm{PQ}}$ が垂直であることは，$\boxed{\text{サ}}$ であることと同値である。特に $k=1$ のとき，$\overrightarrow{\mathrm{PA}}$ と $\overrightarrow{\mathrm{PQ}}$ が垂直であることは，$\boxed{\text{シ}}$ であることと同値である。

$\boxed{\text{コ}}$ の解答群

⓪ $k\lvert\overrightarrow{\mathrm{AB}}\rvert=\lvert\overrightarrow{\mathrm{AC}}\rvert$	① $\lvert\overrightarrow{\mathrm{AB}}\rvert=k\lvert\overrightarrow{\mathrm{AC}}\rvert$
② $k\lvert\overrightarrow{\mathrm{AP}}\rvert=\sqrt{2}\,\lvert\overrightarrow{\mathrm{AB}}\rvert$	③ $k\lvert\overrightarrow{\mathrm{AP}}\rvert=\sqrt{2}\,\lvert\overrightarrow{\mathrm{AC}}\rvert$

$\boxed{\text{サ}}$ の解答群

⓪ B′とC′がともに線分APの中点

① B′とC′が線分APをそれぞれ$(k+1):1$と$1:(k+1)$に内分する点

② B′とC′が線分APをそれぞれ$1:(k+1)$と$(k+1):1$に内分する点

③ B′とC′が線分APをそれぞれ$k:1$と$1:k$に内分する点

④ B′とC′が線分APをそれぞれ$1:k$と$k:1$に内分する点

⑤ B′とC′がともに線分APを$k:1$に内分する点

⑥ B′とC′がともに線分APを$1:k$に内分する点

（数学Ⅱ・数学B第5問は次ページに続く。）

シ の解答群

⓪ △PAB と △PAC がともに正三角形

① △PAB と △PAC がそれぞれ ∠PBA = 90°，∠PCA = 90° を満たす直角二等辺三角形

② △PAB と △PAC がそれぞれ BP = BA，CP = CA を満たす二等辺三角形

③ △PAB と △PAC が合同

④ AP = BC

2023 追試

（100点
60分）

〔数学Ⅱ・B〕

注 意 事 項

1 **数学解答用紙を切り離し，試験開始の準備をしなさい。**

2 **時間を計り，上記の解答時間内で解答しなさい。**

ただし，納得のいくまで時間をかけて解答するという利用法でもかまいません。

3 第1問，第2問は必答。第3問～第5問から2問選択。計4問を解答しなさい。

4 「2023 追試」の問題は，このページを含め，30ページあります。

5 **解答用紙には解答欄以外に受験番号欄，氏名欄，試験場コード欄，解答科目欄があります。解答科目欄は解答する科目**を一つ選び，科目名の下の○に**マーク**しなさい。**その他の欄**は自分自身で本番を想定し，**正しく記入し，マークしなさい。**

6 **解答は解答用紙の解答欄にマークしなさい。**

7 選択問題については，解答する問題を決めたあと，その問題番号の解答欄に解答しなさい。ただし，**指定された問題数をこえて解答してはいけません。**

8 問題の余白は適宜利用してよいが，どのページも切り離してはいけません。

第1問　(必答問題)（配点　30）

〔1〕 $P(x)$を係数が実数であるxの整式とする。方程式$P(x)=0$は虚数$1+\sqrt{2}\,i$を解にもつとする。

(1) 虚数$1-\sqrt{2}\,i$も$P(x)=0$の解であることを示そう。

$1\pm\sqrt{2}\,i$を解とするxの2次方程式でx^2の係数が1であるものは

$$x^2-\boxed{\text{ア}}\,x+\boxed{\text{イ}}=0$$

である。$S(x)=x^2-\boxed{\text{ア}}\,x+\boxed{\text{イ}}$とし，$P(x)$を$S(x)$で割ったときの商を$Q(x)$，余りを$R(x)$とすると，次が成り立つ。

$$P(x)=\boxed{\boxed{\text{ウ}}}$$

また，$S(x)$は2次式であるから，m，nを実数として，$R(x)$は

$$R(x)=mx+n$$

と表せる。ここで，$1+\sqrt{2}\,i$が二つの方程式$P(x)=0$と$S(x)=0$の解であることを用いれば$R(1+\sqrt{2}\,i)=\boxed{\text{エ}}$となるので，$x=1+\sqrt{2}\,i$を$R(x)=mx+n$に代入することにより，$m=\boxed{\text{オ}}$，$n=\boxed{\text{カ}}$であることがわかる。したがって，$\boxed{\boxed{\text{キ}}}$であることがわかるので，$1-\sqrt{2}\,i$も$P(x)=0$の解である。

（数学Ⅱ・数学B第1問は次ページに続く。）

ウ の解答群

⓪ $S(x)Q(x)R(x)$	① $S(x)R(x)+Q(x)$
② $R(x)Q(x)+S(x)$	③ $S(x)Q(x)+R(x)$

キ の解答群

⓪ $P(x)=S(x)R(x)$	① $P(x)=Q(x)R(x)$
② $Q(x)=0$	③ $R(x)=0$
④ $S(x)=Q(x)R(x)$	⑤ $Q(x)=S(x)R(x)$

(数学Ⅱ・数学B第1問は次ページに続く。)

(2) k，ℓ を実数として

$$P(x) = 3x^4 + 2x^3 + kx + \ell$$

の場合を考える。このとき，$P(x)$ を(1)の $S(x)$ で割ったときの商を $Q(x)$，余りを $R(x)$ とすると

$$Q(x) = \boxed{\text{ク}}\,x^2 + \boxed{\text{ケ}}\,x + \boxed{\text{コ}}$$

$$R(x) = \left(k - \boxed{\text{サシ}}\right)x + \ell - \boxed{\text{スセ}}$$

となる。$P(x) = 0$ は $1 + \sqrt{2}\,i$ を解にもつので，(1)の考察を用いると

$$k = \boxed{\text{ソタ}}, \quad \ell = \boxed{\text{チツ}}$$

である。また，$P(x) = 0$ の $1 + \sqrt{2}\,i$ 以外の解は

$$x = \boxed{\text{テ}} - \sqrt{\boxed{\text{ト}}}\,i, \quad \frac{-\boxed{\text{ナ}} \pm \sqrt{\boxed{\text{ニ}}}\,i}{\boxed{\text{ヌ}}}$$

であることがわかる。

(数学Ⅱ・数学B第1問は6ページに続く。)

（下 書 き 用 紙）

数学Ⅱ・数学Bの試験問題は次に続く。

〔2〕 以下の問題を解答するにあたっては，必要に応じて10，11ページの常用対数表を用いてもよい。

花子さんは，あるスポーツドリンク(以下，商品S)の売り上げ本数が気温にどう影響されるかを知りたいと考えた。そこで，地区Aについて調べたところ，最高気温が22℃，25℃，28℃であった日の商品Sの売り上げ本数をそれぞれN_1，N_2，N_3とするとき

$$N_1 = 285,\quad N_2 = 368,\quad N_3 = 475$$

であった。このとき

$$\frac{N_2 - N_1}{25 - 22} < \frac{N_3 - N_2}{28 - 25}$$

であり，座標平面上の3点$(22,\ N_1)$，$(25,\ N_2)$，$(28,\ N_3)$は一つの直線上にはないので，花子さんはN_1，N_2，N_3の対数を考えてみることにした。

(1) 常用対数表によると，$\log_{10} 2.85 = 0.4548$であるので

$$\log_{10} N_1 = \log_{10} 285 = 0.4548 + \boxed{\text{ネ}} = \boxed{\text{ネ}}.4548$$

である。この値の小数第4位を四捨五入したものをp_1とすると

$$p_1 = \boxed{\text{ネ}}.455$$

である。同じように，$\log_{10} N_2$の値の小数第4位を四捨五入したものをp_2とすると

$$p_2 = \boxed{\text{ノ}}.\boxed{\text{ハヒフ}}$$

である。

(数学Ⅱ・数学B第1問は次ページに続く。)

さらに，$\log_{10} N_3$ の値の小数第4位を四捨五入したものを p_3 とすると

$$\frac{p_2 - p_1}{25 - 22} = \frac{p_3 - p_2}{28 - 25}$$

が成り立つことが確かめられる。したがって

$$\frac{p_2 - p_1}{25 - 22} = \frac{p_3 - p_2}{28 - 25} = k$$

とおくとき，座標平面上の3点 $(22,\ p_1)$，$(25,\ p_2)$，$(28,\ p_3)$ は次の方程式が表す直線上にある。

$$y = k(x - 22) + p_1 \quad \cdots\cdots\cdots\cdots\cdots\cdots ①$$

いま，N を正の実数とし，座標平面上の点 $(x,\ \log_{10} N)$ が ① の直線上にあるとする。このとき，x と N の関係式として，次の⓪～③のうち，正しいものは［ヘ］である。

［ヘ］の解答群

⓪ $N = 10\,k(x - 22) + p_1$

① $N = 10\{k(x - 22) + p_1\}$

② $N = 10^{k(x-22)+p_1}$

③ $N = p_1 \cdot 10^{k(x-22)}$

(数学Ⅱ・数学B第1問は次ページに続く。)

(2) 花子さんは，地区Aで最高気温が32 ℃になる日の商品Sの売り上げ本数を予想することにした。$x = 32$ のときに関係式 [ヘ] を満たす N の値は [ホ] の範囲にある。そこで，花子さんは売り上げ本数が [ホ] の範囲に入るだろうと考えた。

[ホ] の解答群

⓪ 440 以上 450 未満	① 450 以上 460 未満
② 460 以上 470 未満	③ 470 以上 480 未満
④ 650 以上 660 未満	⑤ 660 以上 670 未満
⑥ 670 以上 680 未満	⑦ 680 以上 690 未満
⑧ 890 以上 900 未満	⑨ 900 以上 910 未満
ⓐ 910 以上 920 未満	ⓑ 920 以上 930 未満

(数学Ⅱ・数学B第1問は10ページに続く。)

(下 書 き 用 紙)

数学Ⅱ・数学Bの試験問題は次に続く。

常 用 対 数 表

数	0	1	2	3	4	5	6	7	8	9
1.0	0.0000	0.0043	0.0086	0.0128	0.0170	0.0212	0.0253	0.0294	0.0334	0.0374
1.1	0.0414	0.0453	0.0492	0.0531	0.0569	0.0607	0.0645	0.0682	0.0719	0.0755
1.2	0.0792	0.0828	0.0864	0.0899	0.0934	0.0969	0.1004	0.1038	0.1072	0.1106
1.3	0.1139	0.1173	0.1206	0.1239	0.1271	0.1303	0.1335	0.1367	0.1399	0.1430
1.4	0.1461	0.1492	0.1523	0.1553	0.1584	0.1614	0.1644	0.1673	0.1703	0.1732
1.5	0.1761	0.1790	0.1818	0.1847	0.1875	0.1903	0.1931	0.1959	0.1987	0.2014
1.6	0.2041	0.2068	0.2095	0.2122	0.2148	0.2175	0.2201	0.2227	0.2253	0.2279
1.7	0.2304	0.2330	0.2355	0.2380	0.2405	0.2430	0.2455	0.2480	0.2504	0.2529
1.8	0.2553	0.2577	0.2601	0.2625	0.2648	0.2672	0.2695	0.2718	0.2742	0.2765
1.9	0.2788	0.2810	0.2833	0.2856	0.2878	0.2900	0.2923	0.2945	0.2967	0.2989
2.0	0.3010	0.3032	0.3054	0.3075	0.3096	0.3118	0.3139	0.3160	0.3181	0.3201
2.1	0.3222	0.3243	0.3263	0.3284	0.3304	0.3324	0.3345	0.3365	0.3385	0.3404
2.2	0.3424	0.3444	0.3464	0.3483	0.3502	0.3522	0.3541	0.3560	0.3579	0.3598
2.3	0.3617	0.3636	0.3655	0.3674	0.3692	0.3711	0.3729	0.3747	0.3766	0.3784
2.4	0.3802	0.3820	0.3838	0.3856	0.3874	0.3892	0.3909	0.3927	0.3945	0.3962
2.5	0.3979	0.3997	0.4014	0.4031	0.4048	0.4065	0.4082	0.4099	0.4116	0.4133
2.6	0.4150	0.4166	0.4183	0.4200	0.4216	0.4232	0.4249	0.4265	0.4281	0.4298
2.7	0.4314	0.4330	0.4346	0.4362	0.4378	0.4393	0.4409	0.4425	0.4440	0.4456
2.8	0.4472	0.4487	0.4502	0.4518	0.4533	0.4548	0.4564	0.4579	0.4594	0.4609
2.9	0.4624	0.4639	0.4654	0.4669	0.4683	0.4698	0.4713	0.4728	0.4742	0.4757
3.0	0.4771	0.4786	0.4800	0.4814	0.4829	0.4843	0.4857	0.4871	0.4886	0.4900
3.1	0.4914	0.4928	0.4942	0.4955	0.4969	0.4983	0.4997	0.5011	0.5024	0.5038
3.2	0.5051	0.5065	0.5079	0.5092	0.5105	0.5119	0.5132	0.5145	0.5159	0.5172
3.3	0.5185	0.5198	0.5211	0.5224	0.5237	0.5250	0.5263	0.5276	0.5289	0.5302
3.4	0.5315	0.5328	0.5340	0.5353	0.5366	0.5378	0.5391	0.5403	0.5416	0.5428
3.5	0.5441	0.5453	0.5465	0.5478	0.5490	0.5502	0.5514	0.5527	0.5539	0.5551
3.6	0.5563	0.5575	0.5587	0.5599	0.5611	0.5623	0.5635	0.5647	0.5658	0.5670
3.7	0.5682	0.5694	0.5705	0.5717	0.5729	0.5740	0.5752	0.5763	0.5775	0.5786
3.8	0.5798	0.5809	0.5821	0.5832	0.5843	0.5855	0.5866	0.5877	0.5888	0.5899
3.9	0.5911	0.5922	0.5933	0.5944	0.5955	0.5966	0.5977	0.5988	0.5999	0.6010
4.0	0.6021	0.6031	0.6042	0.6053	0.6064	0.6075	0.6085	0.6096	0.6107	0.6117
4.1	0.6128	0.6138	0.6149	0.6160	0.6170	0.6180	0.6191	0.6201	0.6212	0.6222
4.2	0.6232	0.6243	0.6253	0.6263	0.6274	0.6284	0.6294	0.6304	0.6314	0.6325
4.3	0.6335	0.6345	0.6355	0.6365	0.6375	0.6385	0.6395	0.6405	0.6415	0.6425
4.4	0.6435	0.6444	0.6454	0.6464	0.6474	0.6484	0.6493	0.6503	0.6513	0.6522
4.5	0.6532	0.6542	0.6551	0.6561	0.6571	0.6580	0.6590	0.6599	0.6609	0.6618
4.6	0.6628	0.6637	0.6646	0.6656	0.6665	0.6675	0.6684	0.6693	0.6702	0.6712
4.7	0.6721	0.6730	0.6739	0.6749	0.6758	0.6767	0.6776	0.6785	0.6794	0.6803
4.8	0.6812	0.6821	0.6830	0.6839	0.6848	0.6857	0.6866	0.6875	0.6884	0.6893
4.9	0.6902	0.6911	0.6920	0.6928	0.6937	0.6946	0.6955	0.6964	0.6972	0.6981
5.0	0.6990	0.6998	0.7007	0.7016	0.7024	0.7033	0.7042	0.7050	0.7059	0.7067
5.1	0.7076	0.7084	0.7093	0.7101	0.7110	0.7118	0.7126	0.7135	0.7143	0.7152
5.2	0.7160	0.7168	0.7177	0.7185	0.7193	0.7202	0.7210	0.7218	0.7226	0.7235
5.3	0.7243	0.7251	0.7259	0.7267	0.7275	0.7284	0.7292	0.7300	0.7308	0.7316
5.4	0.7324	0.7332	0.7340	0.7348	0.7356	0.7364	0.7372	0.7380	0.7388	0.7396

(数学Ⅱ・数学B第1問は次ページに続く。)

数	0	1	2	3	4	5	6	7	8	9
5.5	0.7404	0.7412	0.7419	0.7427	0.7435	0.7443	0.7451	0.7459	0.7466	0.7474
5.6	0.7482	0.7490	0.7497	0.7505	0.7513	0.7520	0.7528	0.7536	0.7543	0.7551
5.7	0.7559	0.7566	0.7574	0.7582	0.7589	0.7597	0.7604	0.7612	0.7619	0.7627
5.8	0.7634	0.7642	0.7649	0.7657	0.7664	0.7672	0.7679	0.7686	0.7694	0.7701
5.9	0.7709	0.7716	0.7723	0.7731	0.7738	0.7745	0.7752	0.7760	0.7767	0.7774
6.0	0.7782	0.7789	0.7796	0.7803	0.7810	0.7818	0.7825	0.7832	0.7839	0.7846
6.1	0.7853	0.7860	0.7868	0.7875	0.7882	0.7889	0.7896	0.7903	0.7910	0.7917
6.2	0.7924	0.7931	0.7938	0.7945	0.7952	0.7959	0.7966	0.7973	0.7980	0.7987
6.3	0.7993	0.8000	0.8007	0.8014	0.8021	0.8028	0.8035	0.8041	0.8048	0.8055
6.4	0.8062	0.8069	0.8075	0.8082	0.8089	0.8096	0.8102	0.8109	0.8116	0.8122
6.5	0.8129	0.8136	0.8142	0.8149	0.8156	0.8162	0.8169	0.8176	0.8182	0.8189
6.6	0.8195	0.8202	0.8209	0.8215	0.8222	0.8228	0.8235	0.8241	0.8248	0.8254
6.7	0.8261	0.8267	0.8274	0.8280	0.8287	0.8293	0.8299	0.8306	0.8312	0.8319
6.8	0.8325	0.8331	0.8338	0.8344	0.8351	0.8357	0.8363	0.8370	0.8376	0.8382
6.9	0.8388	0.8395	0.8401	0.8407	0.8414	0.8420	0.8426	0.8432	0.8439	0.8445
7.0	0.8451	0.8457	0.8463	0.8470	0.8476	0.8482	0.8488	0.8494	0.8500	0.8506
7.1	0.8513	0.8519	0.8525	0.8531	0.8537	0.8543	0.8549	0.8555	0.8561	0.8567
7.2	0.8573	0.8579	0.8585	0.8591	0.8597	0.8603	0.8609	0.8615	0.8621	0.8627
7.3	0.8633	0.8639	0.8645	0.8651	0.8657	0.8663	0.8669	0.8675	0.8681	0.8686
7.4	0.8692	0.8698	0.8704	0.8710	0.8716	0.8722	0.8727	0.8733	0.8739	0.8745
7.5	0.8751	0.8756	0.8762	0.8768	0.8774	0.8779	0.8785	0.8791	0.8797	0.8802
7.6	0.8808	0.8814	0.8820	0.8825	0.8831	0.8837	0.8842	0.8848	0.8854	0.8859
7.7	0.8865	0.8871	0.8876	0.8882	0.8887	0.8893	0.8899	0.8904	0.8910	0.8915
7.8	0.8921	0.8927	0.8932	0.8938	0.8943	0.8949	0.8954	0.8960	0.8965	0.8971
7.9	0.8976	0.8982	0.8987	0.8993	0.8998	0.9004	0.9009	0.9015	0.9020	0.9025
8.0	0.9031	0.9036	0.9042	0.9047	0.9053	0.9058	0.9063	0.9069	0.9074	0.9079
8.1	0.9085	0.9090	0.9096	0.9101	0.9106	0.9112	0.9117	0.9122	0.9128	0.9133
8.2	0.9138	0.9143	0.9149	0.9154	0.9159	0.9165	0.9170	0.9175	0.9180	0.9186
8.3	0.9191	0.9196	0.9201	0.9206	0.9212	0.9217	0.9222	0.9227	0.9232	0.9238
8.4	0.9243	0.9248	0.9253	0.9258	0.9263	0.9269	0.9274	0.9279	0.9284	0.9289
8.5	0.9294	0.9299	0.9304	0.9309	0.9315	0.9320	0.9325	0.9330	0.9335	0.9340
8.6	0.9345	0.9350	0.9355	0.9360	0.9365	0.9370	0.9375	0.9380	0.9385	0.9390
8.7	0.9395	0.9400	0.9405	0.9410	0.9415	0.9420	0.9425	0.9430	0.9435	0.9440
8.8	0.9445	0.9450	0.9455	0.9460	0.9465	0.9469	0.9474	0.9479	0.9484	0.9489
8.9	0.9494	0.9499	0.9504	0.9509	0.9513	0.9518	0.9523	0.9528	0.9533	0.9538
9.0	0.9542	0.9547	0.9552	0.9557	0.9562	0.9566	0.9571	0.9576	0.9581	0.9586
9.1	0.9590	0.9595	0.9600	0.9605	0.9609	0.9614	0.9619	0.9624	0.9628	0.9633
9.2	0.9638	0.9643	0.9647	0.9652	0.9657	0.9661	0.9666	0.9671	0.9675	0.9680
9.3	0.9685	0.9689	0.9694	0.9699	0.9703	0.9708	0.9713	0.9717	0.9722	0.9727
9.4	0.9731	0.9736	0.9741	0.9745	0.9750	0.9754	0.9759	0.9763	0.9768	0.9773
9.5	0.9777	0.9782	0.9786	0.9791	0.9795	0.9800	0.9805	0.9809	0.9814	0.9818
9.6	0.9823	0.9827	0.9832	0.9836	0.9841	0.9845	0.9850	0.9854	0.9859	0.9863
9.7	0.9868	0.9872	0.9877	0.9881	0.9886	0.9890	0.9894	0.9899	0.9903	0.9908
9.8	0.9912	0.9917	0.9921	0.9926	0.9930	0.9934	0.9939	0.9943	0.9948	0.9952
9.9	0.9956	0.9961	0.9965	0.9969	0.9974	0.9978	0.9983	0.9987	0.9991	0.9996

第２問 （必答問題）（配点　30）

〔１〕 縦の長さが $9\,\mathrm{cm}$，横の長さが $24\,\mathrm{cm}$ の長方形の厚紙がある。この厚紙から容積が最大となる箱を作る。このとき，箱にふたがない場合とふたがある場合で容積の最大値がどう変わるかを調べたい。ただし，厚紙の厚さは考えず，作る箱の形を直方体とみなす。

(1) 厚紙の四隅《すみ》から図１のように四つの合同な正方形の斜線部分を切り取り，破線にそって折り曲げて，ふたのない箱を作る。この箱の容積を $V\,\mathrm{cm}^3$ とする。

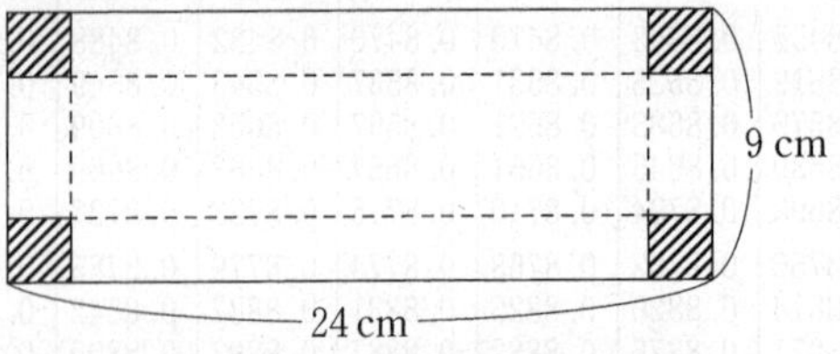

図１　ふたのない箱を作る場合

次の構想に基づいて箱の容積の最大値を考える。

構想

図１のように切り取る斜線部分の正方形の一辺の長さを $x\,\mathrm{cm}$ とする。V を x の関数として表し，箱が作れる x の値の範囲に注意して V の最大値を考える。

（数学Ⅱ・数学Ｂ第２問は次ページに続く。）

箱が作れるための x のとり得る値の範囲は $0 < x < \dfrac{\boxed{\text{ア}}}{\boxed{\text{イ}}}$ である。V を x の式で表すと

$$V = \boxed{\text{ウ}}\, x^3 - \boxed{\text{エオ}}\, x^2 + \boxed{\text{カキク}}\, x$$

であり，V は $x = \boxed{\text{ケ}}$ で最大値 $\boxed{\text{コサシ}}$ をとる。

(数学Ⅱ・数学B第2問は次ページに続く。)

(2) 厚紙の四隅から図 2 のように四つの斜線部分を切り取り，破線にそって折り曲げて，ふたでぴったりと閉じることのできる箱を作る。この箱の容積を W cm^3 とする。

図 2 の四つの斜線部分のうち，左側二つの斜線部分をそれぞれ一辺の長さが x cm の正方形とすると，右側二つの斜線部分は，それぞれ縦の長さが x cm，横の長さが ス cm の長方形となる。

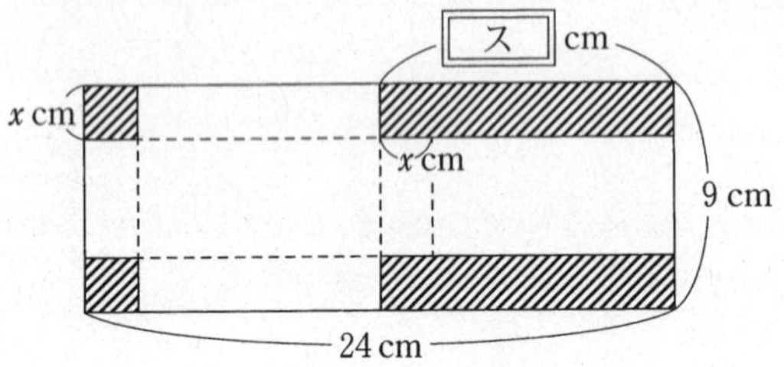

図 2　ふたのある箱を作る場合

ス の解答群

⓪ 6	① $(6-x)$	② $(6+x)$
③ 12	④ $(12-x)$	⑤ $(12+x)$
⑥ 18	⑦ $(18-x)$	⑧ $(18+x)$

(数学Ⅱ・数学B第 2 問は次ページに続く。)

太郎さんと花子さんは，W を x の式で表した後，(1) の結果を見ながら W の最大値の求め方について話している。

> 太郎：W の式がわかったから，W の最大値は (1) と同じように求められるね。
>
> 花子：ちょっと待って。W を表す式と (1) の V を表す式は似ているね。W を表す式と V を表す式の関係を利用できないかな。

(1) の V が最大値をとるときの x の値を x_0 とする。W の最大値は (1) で求めた V の最大値 [セ]。また，W が最大値をとる x は [ソ]。

[セ] の解答群

⓪ の $\dfrac{1}{4}$ 倍である	① の 4 倍である
② の $\dfrac{1}{3}$ 倍である	③ の 3 倍である
④ の $\dfrac{1}{2}$ 倍である	⑤ の 2 倍である
⑥ と等しくなる	

[ソ] の解答群

⓪ ただ一つあり，その値は x_0 より小さい

① ただ一つあり，その値は x_0 より大きい

② ただ一つあり，その値は x_0 と等しい

③ 二つ以上ある

(数学Ⅱ・数学B第 2 問は次ページに続く。)

(3) 縦の長さが 9 cm，横の長さが 24 cm の長方形に限らず，いろいろな長方形の厚紙から (1)，(2) と同じようにふたのない箱とふたのある箱を作る。このとき

ふたのある箱の容積の最大値が，ふたのない箱の容積の最大値 セ

ということが成り立つための長方形についての記述として，次の⓪～④のうち，正しいものは タ である。

タ の解答群

⓪ 縦の長さが 9 cm，横の長さが 24 cm の長方形のときのみ成り立つ。

① 縦の長さが 9 cm，横の長さが 24 cm の長方形のときと，縦の長さが 24 cm，横の長さが 9 cm の長方形のときのみ成り立つ。

② 縦と横の長さの比が 3 ： 8 の長方形のときのみ成り立つ。

③ 縦と横の長さの比が 3 ： 8 の長方形のときと，縦と横の長さの比が 8 ： 3 の長方形のときのみ成り立つ。

④ 縦と横の長さに関係なくどのような長方形のときでも成り立つ。

(数学Ⅱ・数学B第2問は次ページに続く。)

〔2〕 $1^2+2^2+\cdots+10^2$ をある関数の定積分で表すことを考えよう。

(1) すべての実数 t に対して，$\displaystyle\int_t^{t+1} f(x)\,dx=t^2$ となる 2 次関数 $f(x)$ を求めよう。

$$\int_t^{t+1} 1\,dx=\boxed{\text{チ}}$$

$$\int_t^{t+1} x\,dx=t+\frac{\boxed{\text{ツ}}}{\boxed{\text{テ}}}$$

$$\int_t^{t+1} x^2dx=t^2+t+\frac{\boxed{\text{ト}}}{\boxed{\text{ナ}}}$$

である。また，ℓ，m，n を定数とし，$f(x)=\ell x^2+mx+n$ とおくと

$$\int_t^{t+1} f(x)\,dx=\ell t^2+(\ell+m)t+\frac{\boxed{\text{ト}}}{\boxed{\text{ナ}}}\ell+\frac{\boxed{\text{ツ}}}{\boxed{\text{テ}}}m+n$$

を得る。このことから，t についての恒等式

$$t^2=\ell t^2+(\ell+m)t+\frac{\boxed{\text{ト}}}{\boxed{\text{ナ}}}\ell+\frac{\boxed{\text{ツ}}}{\boxed{\text{テ}}}m+n$$

を得る。よって，$\ell=\boxed{\text{ニ}}$，$m=\boxed{\text{ヌネ}}$，$n=\dfrac{\boxed{\text{ノ}}}{\boxed{\text{ハ}}}$ とわかる。

(2) (1)で求めた $f(x)$ を用いれば，次が成り立つ。

$$1^2+2^2+\cdots+10^2=\int_1^{\boxed{\text{ヒフ}}} f(x)\,dx$$

第3問〜第5問は，いずれか2問を選択し，解答しなさい。

第3問 （選択問題）（配点　20）

以下の問題を解答するにあたっては，必要に応じて23ページの正規分布表を用いてもよい。

1，2，3，4の数字がそれぞれ一つずつ書かれた4枚の白のカードが箱Aに，1，2，3，4の数字がそれぞれ一つずつ書かれた4枚の赤のカードが箱Bに入っている。箱A，Bからそれぞれ1枚ずつのカードを無作為に取り出し，取り出したカードの数字を確認してからもとに戻す試行について，次のように確率変数X，Yを定める。

「確率変数X」
取り出した白のカードに書かれた数と赤のカードに書かれた数の**小さい方**の数(書かれた数が等しい場合はその数)をXの値とする。

「確率変数Y」
取り出した白のカードに書かれた数と赤のカードに書かれた数の**大きい方**の数(書かれた数が等しい場合はその数)をYの値とする。

太郎さんは，この試行を2回繰り返したときに記録された2個の数の平均値$t_2 = 2.50$と，100回繰り返したときに記録された100個の数の平均値$t_{100} = 2.95$が書いてあるメモを見つけた。メモに関する**太郎さんの記憶**は次のとおりである。

太郎さんの記憶
メモに書かれていたt_2とt_{100}は「確率変数X」の平均値である。

太郎さんは，このメモに書かれていたt_2とt_{100}が「確率変数X」か「確率変数Y」のうちどちらか一方の平均値であったことは覚えていたが，**太郎さんの記憶**における「確率変数X」の部分が確かでなく，もしかしたら「確率変数Y」だったかもしれないと感じている。このことについて，太郎さんが花子さんに相談したところ，花子さんは，太郎さんが見つけたメモに書かれていた二つの平均値をもとにして**太郎さんの記憶**が正しいかどうかがわかるのではないかと考えた。

(数学Ⅱ・数学B第3問は次ページに続く。)

(1) $X=1$ となるのは，白のカード，赤のカードともに 1 か，白のカードが 1 で赤のカードが 2 以上か，赤のカードが 1 で白のカードが 2 以上の場合であり，全部で [ア] 通りある。$X=2$，3，4 についても同様に考えることにより，X の確率分布は

X	1	2	3	4	計
P	$\frac{\text{ア}}{16}$	$\frac{\text{イ}}{16}$	$\frac{\text{ウ}}{16}$	$\frac{\text{エ}}{16}$	1

となることがわかる。また，Y の確率分布は

Y	1	2	3	4	計
P	$\frac{1}{16}$	$\frac{\text{オ}}{16}$	$\frac{\text{カ}}{16}$	$\frac{\text{キ}}{16}$	1

となる。

確率変数 Z を $Z=$ [ク] $-X$ とすると，Z の確率分布と Y の確率分布は同じであることがわかる。

(2) 確率変数 X の平均（期待値）と標準偏差はそれぞれ

$$E(X)=\frac{\text{ケコ}}{8},\quad \sigma(X)=\frac{\sqrt{55}}{8}$$

となる。このことと，(1)の確率変数 Z に関する考察から，確率変数 Y の平均は

$$E(Y)=\frac{\text{サシ}}{8}$$

となり，標準偏差は $\sigma(Y)=$ [ス] となる。

[ス] の解答群

⓪ $\{\sigma(X)\}^2$	① $5-\sigma(X)$	② $5\sigma(X)$	③ $\sigma(X)$

（数学Ⅱ・数学B第 3 問は次ページに続く。）

(3) 確率変数 X, Y の分布から**太郎さんの記憶**が正しいかどうかを推測しよう。

X の確率分布をもつ母集団を考え，この母集団から無作為に抽出した大きさ n の標本を確率変数 X_1, X_2, …, X_n とし，標本平均を $\overline{X}$ とする。Y の確率分布をもつ母集団を考え，この母集団から無作為に抽出した大きさ n の標本を確率変数 Y_1, Y_2, …, Y_n とし，標本平均を $\overline{Y}$ とする。

(i) メモに書かれていた，$t_2 = 2.50$ について考えよう。

花子さんは，$\overline{X} = 2.50$ となる確率 $P(\overline{X} = 2.50)$ と $\overline{Y} = 2.50$ となる確率 $P(\overline{Y} = 2.50)$ を比較することで，**太郎さんの記憶**が正しいかどうかがわかるのではないかと考えた。

$\overline{X} = 2.50$ となる確率は，$X_1 + X_2 = 5$ となる確率であり，(1)の X の確率分布より

$$P(\overline{X} = 2.50) = \frac{\boxed{\text{セソ}}}{64}$$

となり，(1)の Y の確率分布から，$P(\overline{Y} = 2.50)$ $\boxed{\text{タ}}$ $P(\overline{X} = 2.50)$ が成り立つことがわかる。

このことから，花子さんは，$t_2 = 2.50$ からでは**太郎さんの記憶**が正しいかどうかはわからないと考えた。

$\boxed{\text{タ}}$ の解答群

⓪ $<$	① $=$	② $>$

(数学Ⅱ・数学B第3問は次ページに続く。)

(ii) メモに書かれていた，$t_{100}=2.95$ について考えよう。

n が大きいとき，$\overline{X}$ は近似的に正規分布 $N(E(\overline{X}),\ \{\sigma(\overline{X})\}^2)$ に従い，

$\sigma(\overline{X})=$ [チ] である。$n=100$ は大きいので，$\overline{X}=2.95$ であったとすると，推定される母平均を m_X として，m_X の信頼度 95 % の信頼区間は

[ツ] $\leqq m_X \leqq$ [テ] ……………………… ①

となる。一方，$\overline{Y}=2.95$ であったとすると，推定される母平均を m_Y として，m_Y の信頼度 95 % の信頼区間は

[ト] $\leqq m_Y \leqq$ [ナ] ……………………… ②

となることもわかる。ただし，[ツ] ～ [ナ] の計算においては，$\sqrt{55}=7.4$ とする。

[チ] の解答群

⓪ $\{\sigma(X)\}^2$	① $\dfrac{\sigma(X)}{n}$	② $\dfrac{\sigma(X)}{\sqrt{n}}$	③ $\dfrac{\{\sigma(X)\}^2}{n}$

[ツ] ～ [ナ] については，最も適当なものを，次の⓪～⑧のうちから一つずつ選べ。ただし，同じものを繰り返し選んでもよい。

⓪ 1.693	① 1.875	② 2.057
③ 2.740	④ 2.769	⑤ 2.798
⑥ 3.102	⑦ 3.131	⑧ 3.160

（数学Ⅱ・数学B第3問は次ページに続く。）

花子さんは，次の**基準**により**太郎さんの記憶**が正しいかどうかを判断することにした。ただし，**基準**が適用できない場合には，判断しないものとする。

基準

① の信頼区間に $E(X)$ が含まれていて，② の信頼区間に $E(Y)$ が含まれていないならば，**太郎さんの記憶**は正しいものとする。① の信頼区間に $E(X)$ が含まれず，② の信頼区間に $E(Y)$ が含まれているならば，**太郎さんの記憶**は正しくないものとする。

$E(X)$ は ① の信頼区間に［ニ］。$E(Y)$ は ② の信頼区間に［ヌ］。

以上より，**太郎さんの記憶**については，［ネ］。

［ニ］，［ヌ］の解答群（同じものを繰り返し選んでもよい。）

⓪ 含まれている	① 含まれていない

［ネ］については，最も適当なものを，次の⓪～②のうちから一つ選べ。

⓪ 正しいと判断され，メモに書かれていた t_2 と t_{100} は「確率変数 X」の平均値である

① 正しくないと判断され，メモに書かれていた t_2 と t_{100} は「確率変数 Y」の平均値である

② **基準**が適用できないので，判断しない

（数学Ⅱ・数学B第3問は次ページに続く。）

正　規　分　布　表

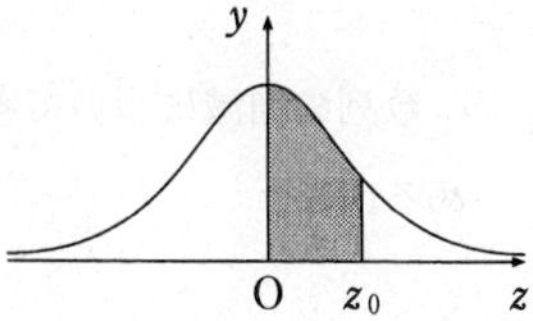

次の表は，標準正規分布の分布曲線における右図の灰色部分の面積の値をまとめたものである。

z_0	0.00	0.01	0.02	0.03	0.04	0.05	0.06	0.07	0.08	0.09
0.0	0.0000	0.0040	0.0080	0.0120	0.0160	0.0199	0.0239	0.0279	0.0319	0.0359
0.1	0.0398	0.0438	0.0478	0.0517	0.0557	0.0596	0.0636	0.0675	0.0714	0.0753
0.2	0.0793	0.0832	0.0871	0.0910	0.0948	0.0987	0.1026	0.1064	0.1103	0.1141
0.3	0.1179	0.1217	0.1255	0.1293	0.1331	0.1368	0.1406	0.1443	0.1480	0.1517
0.4	0.1554	0.1591	0.1628	0.1664	0.1700	0.1736	0.1772	0.1808	0.1844	0.1879
0.5	0.1915	0.1950	0.1985	0.2019	0.2054	0.2088	0.2123	0.2157	0.2190	0.2224
0.6	0.2257	0.2291	0.2324	0.2357	0.2389	0.2422	0.2454	0.2486	0.2517	0.2549
0.7	0.2580	0.2611	0.2642	0.2673	0.2704	0.2734	0.2764	0.2794	0.2823	0.2852
0.8	0.2881	0.2910	0.2939	0.2967	0.2995	0.3023	0.3051	0.3078	0.3106	0.3133
0.9	0.3159	0.3186	0.3212	0.3238	0.3264	0.3289	0.3315	0.3340	0.3365	0.3389
1.0	0.3413	0.3438	0.3461	0.3485	0.3508	0.3531	0.3554	0.3577	0.3599	0.3621
1.1	0.3643	0.3665	0.3686	0.3708	0.3729	0.3749	0.3770	0.3790	0.3810	0.3830
1.2	0.3849	0.3869	0.3888	0.3907	0.3925	0.3944	0.3962	0.3980	0.3997	0.4015
1.3	0.4032	0.4049	0.4066	0.4082	0.4099	0.4115	0.4131	0.4147	0.4162	0.4177
1.4	0.4192	0.4207	0.4222	0.4236	0.4251	0.4265	0.4279	0.4292	0.4306	0.4319
1.5	0.4332	0.4345	0.4357	0.4370	0.4382	0.4394	0.4406	0.4418	0.4429	0.4441
1.6	0.4452	0.4463	0.4474	0.4484	0.4495	0.4505	0.4515	0.4525	0.4535	0.4545
1.7	0.4554	0.4564	0.4573	0.4582	0.4591	0.4599	0.4608	0.4616	0.4625	0.4633
1.8	0.4641	0.4649	0.4656	0.4664	0.4671	0.4678	0.4686	0.4693	0.4699	0.4706
1.9	0.4713	0.4719	0.4726	0.4732	0.4738	0.4744	0.4750	0.4756	0.4761	0.4767
2.0	0.4772	0.4778	0.4783	0.4788	0.4793	0.4798	0.4803	0.4808	0.4812	0.4817
2.1	0.4821	0.4826	0.4830	0.4834	0.4838	0.4842	0.4846	0.4850	0.4854	0.4857
2.2	0.4861	0.4864	0.4868	0.4871	0.4875	0.4878	0.4881	0.4884	0.4887	0.4890
2.3	0.4893	0.4896	0.4898	0.4901	0.4904	0.4906	0.4909	0.4911	0.4913	0.4916
2.4	0.4918	0.4920	0.4922	0.4925	0.4927	0.4929	0.4931	0.4932	0.4934	0.4936
2.5	0.4938	0.4940	0.4941	0.4943	0.4945	0.4946	0.4948	0.4949	0.4951	0.4952
2.6	0.4953	0.4955	0.4956	0.4957	0.4959	0.4960	0.4961	0.4962	0.4963	0.4964
2.7	0.4965	0.4966	0.4967	0.4968	0.4969	0.4970	0.4971	0.4972	0.4973	0.4974
2.8	0.4974	0.4975	0.4976	0.4977	0.4977	0.4978	0.4979	0.4979	0.4980	0.4981
2.9	0.4981	0.4982	0.4982	0.4983	0.4984	0.4984	0.4985	0.4985	0.4986	0.4986
3.0	0.4987	0.4987	0.4987	0.4988	0.4988	0.4989	0.4989	0.4989	0.4990	0.4990

第3問～第5問は，いずれか2問を選択し，解答しなさい。

第4問 （選択問題）（配点 20）

数列の増減について考える。与えられた数列 $\{p_n\}$ の増減について次のように定める。

- すべての自然数 n について $p_n < p_{n+1}$ となるとき，数列 $\{p_n\}$ はつねに増加するという。
- すべての自然数 n について $p_n > p_{n+1}$ となるとき，数列 $\{p_n\}$ はつねに減少するという。
- $p_k < p_{k+1}$ となる自然数 k があり，さらに $p_\ell > p_{\ell+1}$ となる自然数 ℓ もあるとき，数列 $\{p_n\}$ は増加することも減少することもあるという。

(1) 数列 $\{a_n\}$ は

$$a_1 = 23, \quad a_{n+1} = a_n - 3 \quad (n = 1,\ 2,\ 3,\ \cdots)$$

を満たすとする。このとき

$$a_n = \boxed{\text{アイ}}\, n + \boxed{\text{ウエ}} \quad (n = 1,\ 2,\ 3,\ \cdots)$$

となり，$a_n < 0$ を満たす最小の自然数 n は $\boxed{\text{オ}}$ である。

数列 $\{a_n\}$ は $\boxed{\text{カ}}$ 。また，自然数 n に対して，$S_n = \sum_{k=1}^{n} a_k$ とおくと，数列 $\{S_n\}$ は $\boxed{\text{キ}}$ 。

$n \geqq \boxed{\text{オ}}$ のとき，$\boxed{\text{ク}}$ 。また，$b_n = \dfrac{1}{a_n}$ とおくと，$n \geqq \boxed{\text{オ}}$ のとき，$\boxed{\text{ケ}}$ 。

（数学Ⅱ・数学B第4問は次ページに続く。）

カ , キ の解答群(同じものを繰り返し選んでもよい。)

⓪ つねに増加する
① つねに減少する
② 増加することも減少することもある

ク の解答群

⓪ $a_n < 0$ である
① $a_n > 0$ である
② $a_n < 0$ となることも $a_n > 0$ となることもある

ケ の解答群

⓪ $b_n < b_{n+1}$ である
① $b_n > b_{n+1}$ である
② $b_n < b_{n+1}$ となることも $b_n > b_{n+1}$ となることもある

(数学Ⅱ・数学B第4問は次ページに続く。)

(2)　数列$\{c_n\}$は

$$c_1 = 30, \quad c_{n+1} = \frac{50\,c_n - 800}{c_n - 10} \quad (n = 1,\ 2,\ 3,\ \cdots)$$

を満たすとする。

以下では，すべての自然数nに対して$c_n \neq 20$となることを用いてよい。

$d_n = \dfrac{1}{c_n - 20}$　$(n = 1,\ 2,\ 3,\ \cdots)$とおくと，$d_1 = \dfrac{1}{\boxed{\text{コサ}}}$であり，また

$$c_n = \frac{1}{d_n} + \boxed{\text{シス}} \quad (n = 1,\ 2,\ 3,\ \cdots) \quad \cdots\cdots\cdots\cdots\cdots\cdots ①$$

が成り立つ。したがって

$$\frac{1}{d_{n+1}} = \frac{50\left(\dfrac{1}{d_n} + \boxed{\text{シス}}\right) - 800}{\left(\dfrac{1}{d_n} + \boxed{\text{シス}}\right) - 10} - \boxed{\text{シス}} \quad (n = 1,\ 2,\ 3,\ \cdots)$$

により

$$d_{n+1} = \frac{d_n}{\boxed{\text{セ}}} + \frac{1}{\boxed{\text{ソタ}}} \quad (n = 1,\ 2,\ 3,\ \cdots)$$

が成り立つ。

数列$\{d_n\}$の一般項は

$$d_n = \frac{1}{\boxed{\text{チツ}}}\left(\frac{1}{\boxed{\text{テ}}}\right)^{n-1} + \frac{1}{\boxed{\text{トナ}}}$$

である。

したがって，$d_n \boxed{\text{ニ}} \dfrac{1}{\boxed{\text{トナ}}}$　$(n = 1,\ 2,\ 3,\ \cdots)$であり，数列$\{d_n\}$は

$\boxed{\text{ヌ}}$。

よって①により，Oを原点とする座標平面上に$n = 1$から$n = 10$まで点$(n,\ c_n)$を図示すると$\boxed{\text{ネ}}$となる。

(数学Ⅱ・数学B第4問は次ページに続く。)

ニ の解答群

⓪ <	① =	② >

ヌ の解答群

⓪ つねに増加する

① つねに減少する

② 増加することも減少することもある

ネ については，最も適当なものを，次の⓪～⑤のうちから一つ選べ。

⓪

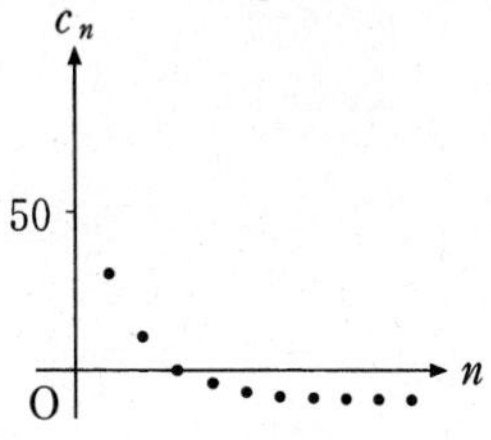

①

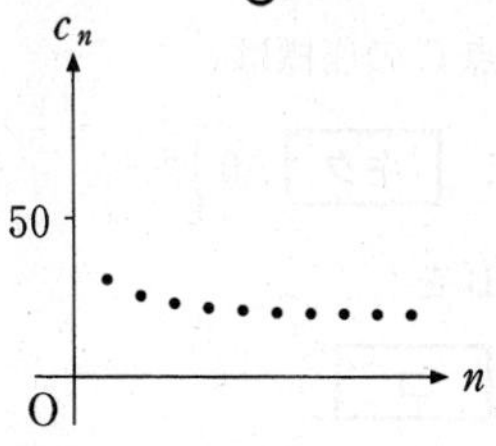

②

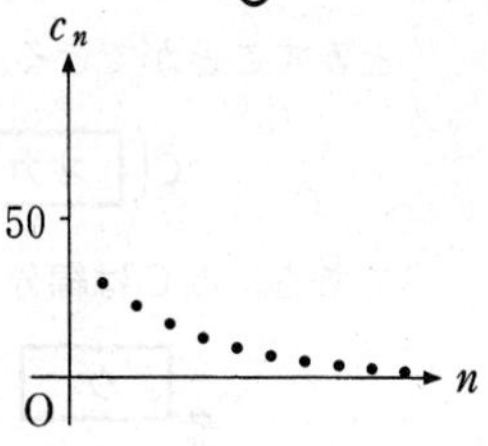

③

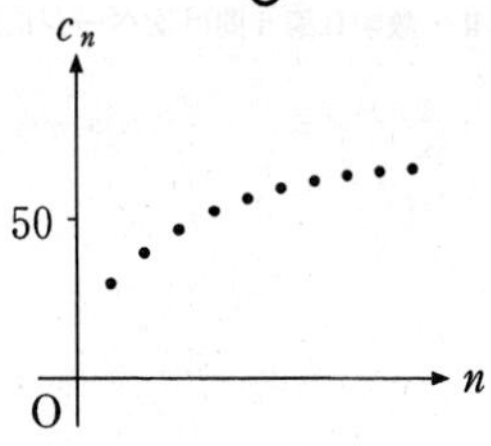

④

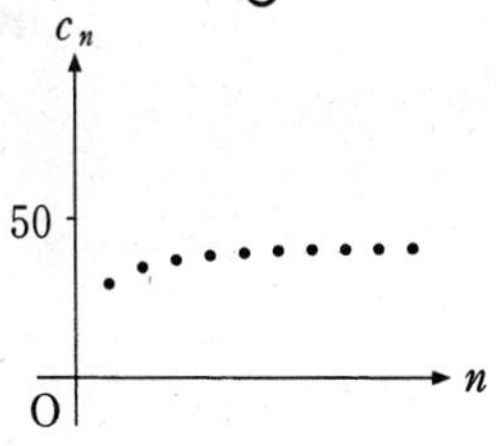

⑤

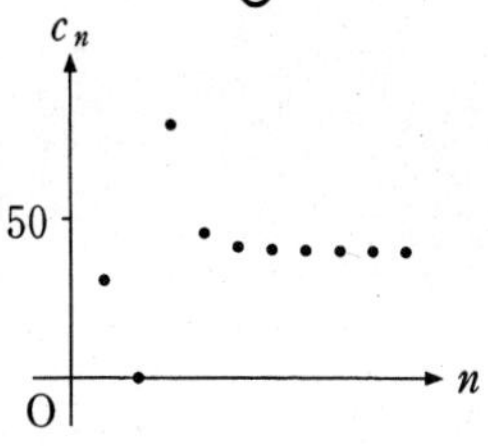

第3問～第5問は，いずれか2問を選択し，解答しなさい。

第5問 （選択問題）（配点　20）

点Oを原点とする座標空間において2点A，Bの座標を

$$A(0,\ -3,\ 5),\quad B(2,\ 0,\ 4)$$

とし，直線ABと xy 平面との交点をCとする。また，点Dの座標を

$$D(7,\ 4,\ 5)$$

とする。

直線AB上の点Pについて，$\overrightarrow{OP}$ を実数 t を用いて

$$\overrightarrow{OP} = \overrightarrow{OA} + t\overrightarrow{AB}$$

と表すことにする。

(1) 点Pの座標は

$$P\left(\boxed{ア}t,\ \boxed{イ}t - \boxed{ウ},\ -t + \boxed{エ}\right)$$

と表すことができる。点Cの座標は

$$C\left(\boxed{オカ},\ \boxed{キク},\ 0\right)$$

である。点Cは線分ABを

$$\boxed{ケ} : \boxed{コ}$$

に外分する。ただし，$\boxed{ケ} : \boxed{コ}$ は最も簡単な整数の比で答えよ。

（数学Ⅱ・数学B第5問は次ページに続く。）

(2)　$\angle \mathrm{CPD} = 120^\circ$ となるときの点Pの座標について考えよう。

$\angle \mathrm{CPD} = 120^\circ$ のとき

$$\overrightarrow{\mathrm{PC}} \cdot \overrightarrow{\mathrm{PD}} = \frac{\boxed{\text{サシ}}}{\boxed{\text{ス}}} |\overrightarrow{\mathrm{PC}}|\,|\overrightarrow{\mathrm{PD}}| \qquad \cdots\cdots\cdots\cdots ①$$

が成り立つ。ここで，$\overrightarrow{\mathrm{PC}}$ と $\overrightarrow{\mathrm{AB}}$ が平行であることから，0でない実数 k を用いて $\overrightarrow{\mathrm{PC}} = k\overrightarrow{\mathrm{AB}}$ と表すことができるので，① は

$$k\overrightarrow{\mathrm{AB}} \cdot \overrightarrow{\mathrm{PD}} = \frac{\boxed{\text{サシ}}}{\boxed{\text{ス}}} |k\overrightarrow{\mathrm{AB}}|\,|\overrightarrow{\mathrm{PD}}| \qquad \cdots\cdots\cdots\cdots ②$$

と表すことができる。

$\overrightarrow{\mathrm{AB}} \cdot \overrightarrow{\mathrm{PD}}$ と $|\overrightarrow{\mathrm{PD}}|^2$ は，それぞれ

$$\overrightarrow{\mathrm{AB}} \cdot \overrightarrow{\mathrm{PD}} = -7\left(\boxed{\text{セ}}\,t - \boxed{\text{ソ}}\right)$$

$$|\overrightarrow{\mathrm{PD}}|^2 = 14\left(t^2 - \boxed{\text{タ}}\,t + \boxed{\text{チ}}\right)$$

と表される。したがって，② の両辺の2乗が等しくなるのは

$$t = \boxed{\text{ツ}},\ \boxed{\text{テ}}$$

のときである。ただし，$\boxed{\text{ツ}} < \boxed{\text{テ}}$ とする。

$t = \boxed{\text{ツ}}$，$\boxed{\text{テ}}$ のときの $\angle \mathrm{CPD}$ をそれぞれ調べることで，$\angle \mathrm{CPD} = 120^\circ$ となる点Pの座標は

$$\mathrm{P}\left(\boxed{\text{ト}},\ \boxed{\text{ナ}},\ \boxed{\text{ニ}}\right)$$

であることがわかる。

（数学Ⅱ・数学B第5問は次ページに続く。）

(3) 直線ABから点Aを除いた部分を点Pが動くとき，直線DPは xy 平面と交わる。この交点をQとするとき，点Qが描く図形について考えよう。

点Qが直線DP上にあることから，$\overrightarrow{OQ}$ は実数 s を用いて

$$\overrightarrow{OQ} = \overrightarrow{OD} + s\overrightarrow{DP}$$

と表すことができる。さらに，点Qが xy 平面上にあることから，s は t を用いて表すことができる。よって，$\overrightarrow{OQ}$ は t を用いて

$$\overrightarrow{OQ} = \left(\boxed{\text{ヌネ}},\ \boxed{\text{ノハ}},\ 0 \right) - \frac{\boxed{\text{ヒフ}}}{t}(1,\ 1,\ 0)$$

と表すことができる。

したがって，点Qはある直線上を動くことがわかる。さらに，t が0以外の実数値を変化するとき $\frac{1}{t}$ は0以外のすべての実数値をとることに注意すると，点Qが描く図形は直線から1点を除いたものであることがわかる。この除かれた点をRとするとき，$\overrightarrow{DR}$ は［へ］と平行である。

［へ］の解答群

⓪ $\overrightarrow{OA}$	① $\overrightarrow{OB}$	② $\overrightarrow{OC}$	③ $\overrightarrow{OD}$
④ $\overrightarrow{AB}$	⑤ $\overrightarrow{AD}$	⑥ $\overrightarrow{BD}$	⑦ $\overrightarrow{CD}$

2022 本試

(100点 60分)

〔数学Ⅱ・B〕

注 意 事 項

1 **数学解答用紙を切り離し，試験開始の準備をしなさい。**

2 **時間を計り，上記の解答時間内で解答しなさい。**
ただし，納得のいくまで時間をかけて解答するという利用法でもかまいません。

3 第1問，第2問は必答。第3問～第5問から2問選択。計4問を解答しなさい。

4 「2022 本試」の問題は，このページを含め，26ページあります。

5 **解答用紙には解答欄以外に受験番号欄，氏名欄，試験場コード欄，解答科目欄があります。解答科目欄は解答する科目**を一つ選び，科目名の下の〇に**マーク**しなさい。**その他の欄**は自分自身で本番を想定し，**正しく記入し，マークしなさい。**

6 **解答は解答用紙の解答欄にマークしなさい。**

7 選択問題については，解答する問題を決めたあと，その問題番号の解答欄に解答しなさい。ただし，**指定された問題数をこえて解答してはいけません。**

8 問題の余白は適宜利用してよいが，どのページも切り離してはいけません。

第1問 （必答問題）（配点　30）

〔1〕 座標平面上に点A(－8，0)をとる。また，不等式

$$x^2 + y^2 - 4x - 10y + 4 \leqq 0$$

の表す領域を D とする。

(1) 領域 D は，中心が点([ア] ， [イ])，半径が [ウ] の円の [エ] である。

[エ] の解答群

⓪ 周	① 内部	② 外部
③ 周および内部	④ 周および外部	

以下，点([ア] ， [イ])をQとし，方程式

$$x^2 + y^2 - 4x - 10y + 4 = 0$$

の表す図形を C とする。

（数学Ⅱ・数学B第1問は次ページに続く。）

(2) 点Aを通る直線と領域Dが共有点をもつのはどのようなときかを考えよう。

(i) (1)により，直線$y=$ **オ** は点Aを通るCの接線の一つとなることがわかる。

太郎さんと花子さんは点Aを通るCのもう一つの接線について話している。

点Aを通り，傾きがkの直線をℓとする。

太郎：直線ℓの方程式は$y=k(x+8)$と表すことができるから，

これを

$$x^2+y^2-4x-10y+4=0$$

に代入することで接線を求められそうだね。

花子：x軸と直線AQのなす角のタンジェントに着目することでも求められそうだよ。

（数学Ⅱ・数学B第1問は次ページに続く。）

(ii) 太郎さんの求め方について考えてみよう。

$y = k(x+8)$ を $x^2 + y^2 - 4x - 10y + 4 = 0$ に代入すると，x についての２次方程式

$$(k^2+1)x^2 + (16k^2 - 10k - 4)x + 64k^2 - 80k + 4 = 0$$

が得られる。この方程式が [カ] ときの k の値が接線の傾きとなる。

[カ] の解答群

⓪ 重解をもつ
① 異なる二つの実数解をもち，一つは０である
② 異なる二つの正の実数解をもつ
③ 正の実数解と負の実数解をもつ
④ 異なる二つの負の実数解をもつ
⑤ 異なる二つの虚数解をもつ

(iii) 花子さんの求め方について考えてみよう。

x 軸と直線AQのなす角を θ $\left(0 < \theta \leqq \frac{\pi}{2}\right)$ とすると

$$\tan\theta = \frac{[キ]}{[ク]}$$

であり，直線 $y =$ [オ] と異なる接線の傾きは $\tan$ [ケ] と表すことができる。

[ケ] の解答群

⓪ θ	① 2θ	② $\left(\theta + \frac{\pi}{2}\right)$
③ $\left(\theta - \frac{\pi}{2}\right)$	④ $(\theta + \pi)$	⑤ $(\theta - \pi)$
⑥ $\left(2\theta + \frac{\pi}{2}\right)$	⑦ $\left(2\theta - \frac{\pi}{2}\right)$	

（数学Ⅱ・数学B第１問は次ページに続く。）

(iv) 点Aを通るCの接線のうち，直線$y=$ オ と異なる接線の傾きをk_0とする。このとき，(ii)または(iii)の考え方を用いることにより

$$k_0 = \frac{\boxed{\text{コ}}}{\boxed{\text{サ}}}$$

であることがわかる。

直線ℓと領域Dが共有点をもつようなkの値の範囲は シ である。

シ の解答群

⓪ $k > k_0$	① $k \geqq k_0$
② $k < k_0$	③ $k \leqq k_0$
④ $0 < k < k_0$	⑤ $0 \leqq k \leqq k_0$

(数学Ⅱ・数学B第1問は次ページに続く。)

〔2〕 a, b は正の実数であり，$a \neq 1$，$b \neq 1$ を満たすとする。太郎さんは $\log_a b$ と $\log_b a$ の大小関係を調べることにした。

(1) 太郎さんは次のような考察をした。

まず，$\log_3 9 = \boxed{\text{ス}}$，$\log_9 3 = \dfrac{1}{\boxed{\text{ス}}}$ である。この場合

$$\log_3 9 > \log_9 3$$

が成り立つ。

一方，$\log_{\frac{1}{4}} \boxed{\text{セ}} = -\dfrac{3}{2}$，$\log_{\boxed{\text{セ}}} \dfrac{1}{4} = -\dfrac{2}{3}$ である。この場合

$$\log_{\frac{1}{4}} \boxed{\text{セ}} < \log_{\boxed{\text{セ}}} \frac{1}{4}$$

が成り立つ。

(数学Ⅱ・数学B第1問は次ページに続く。)

(2)　ここで

$$\log_a b = t \qquad \cdots\cdots\cdots\cdots ①$$

とおく。

(1)の考察をもとにして，太郎さんは次の式が成り立つと推測し，それが正しいことを確かめることにした。

$$\log_b a = \frac{1}{t} \qquad \cdots\cdots\cdots\cdots ②$$

①により， ソ である。このことにより タ が得られ，②が成り立つことが確かめられる。

ソ の解答群

⓪ $a^b = t$	① $a^t = b$	② $b^a = t$
③ $b^t = a$	④ $t^a = b$	⑤ $t^b = a$

タ の解答群

⓪ $a = t^{\frac{1}{b}}$	① $a = b^{\frac{1}{t}}$	② $b = t^{\frac{1}{a}}$
③ $b = a^{\frac{1}{t}}$	④ $t = b^{\frac{1}{a}}$	⑤ $t = a^{\frac{1}{b}}$

(数学Ⅱ・数学B第1問は次ページに続く。)

(3) 次に，太郎さんは(2)の考察をもとにして

$$t > \frac{1}{t} \qquad \cdots\cdots\cdots\cdots\cdots\cdots \text{③}$$

を満たす実数 t $(t \neq 0)$ の値の範囲を求めた。

太郎さんの考察

> $t > 0$ ならば，③の両辺に t を掛けることにより，$t^2 > 1$ を得る。
> このような t $(t > 0)$ の値の範囲は $1 < t$ である。
>
> $t < 0$ ならば，③の両辺に t を掛けることにより，$t^2 < 1$ を得る。
> このような t $(t < 0)$ の値の範囲は $-1 < t < 0$ である。

この考察により，③を満たす t $(t \neq 0)$ の値の範囲は

$-1 < t < 0$，$1 < t$

であることがわかる。

ここで，a の値を一つ定めたとき，不等式

$$\log_a b > \log_b a \qquad \cdots\cdots\cdots\cdots\cdots\cdots \text{④}$$

を満たす実数 b $(b > 0,\ b \neq 1)$ の値の範囲について考える。

④を満たす b の値の範囲は，$a > 1$ のときは [チ] であり，$0 < a < 1$ のときは [ツ] である。

(数学Ⅱ・数学B第1問は次ページに続く。)

チ の解答群

⓪ $0 < b < \frac{1}{a}$, $1 < b < a$	① $0 < b < \frac{1}{a}$, $a < b$
② $\frac{1}{a} < b < 1$, $1 < b < a$	③ $\frac{1}{a} < b < 1$, $a < b$

ツ の解答群

⓪ $0 < b < a$, $1 < b < \frac{1}{a}$	① $0 < b < a$, $\frac{1}{a} < b$
② $a < b < 1$, $1 < b < \frac{1}{a}$	③ $a < b < 1$, $\frac{1}{a} < b$

(4) $p = \frac{12}{13}$, $q = \frac{12}{11}$, $r = \frac{14}{13}$ とする。

次の⓪～③のうち，正しいものは テ である。

テ の解答群

⓪ $\log_p q > \log_q p$ かつ $\log_p r > \log_r p$

① $\log_p q > \log_q p$ かつ $\log_p r < \log_r p$

② $\log_p q < \log_q p$ かつ $\log_p r > \log_r p$

③ $\log_p q < \log_q p$ かつ $\log_p r < \log_r p$

第2問 (必答問題) (配点　30)

〔1〕 a を実数とし，$f(x) = x^3 - 6ax + 16$ とおく。

(1) $y = f(x)$ のグラフの概形は

$a = 0$ のとき，[ア]

$a < 0$ のとき，[イ]

である。

[ア]，[イ] については，最も適当なものを，次の⓪～⑤のうちから一つずつ選べ。ただし，同じものを繰り返し選んでもよい。

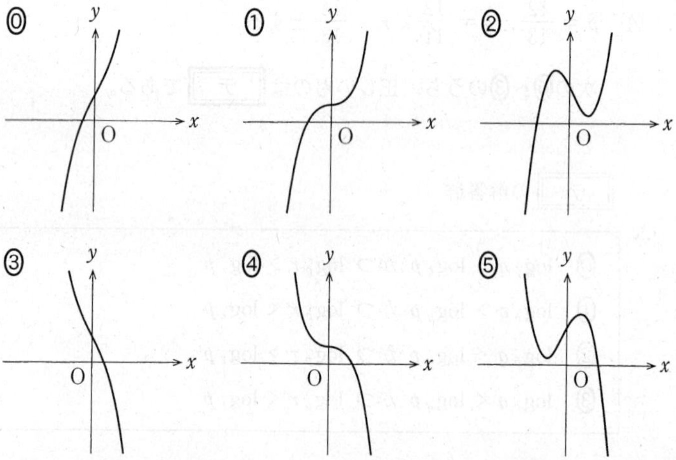

(数学Ⅱ・数学B第2問は次ページに続く。)

(2) $a > 0$ とし，p を実数とする。座標平面上の曲線 $y = f(x)$ と直線 $y = p$ が3個の共有点をもつような p の値の範囲は [ウ] $< p <$ [エ] である。

$p =$ [ウ] のとき，曲線 $y = f(x)$ と直線 $y = p$ は2個の共有点をもつ。それらの x 座標を q，r $(q < r)$ とする。曲線 $y = f(x)$ と直線 $y = p$ が点 $(r,\ p)$ で接することに注意すると

$$q = \text{[オカ]}\sqrt{\text{[キ]}}\,a^{\frac{1}{2}},\quad r = \sqrt{\text{[ク]}}\,a^{\frac{1}{2}}$$

と表せる。

[ウ]，[エ] の解答群（同じものを繰り返し選んでもよい。）

⓪ $2\sqrt{2}\,a^{\frac{3}{2}} + 16$	① $-2\sqrt{2}\,a^{\frac{3}{2}} + 16$
② $4\sqrt{2}\,a^{\frac{3}{2}} + 16$	③ $-4\sqrt{2}\,a^{\frac{3}{2}} + 16$
④ $8\sqrt{2}\,a^{\frac{3}{2}} + 16$	⑤ $-8\sqrt{2}\,a^{\frac{3}{2}} + 16$

(3) 方程式 $f(x) = 0$ の異なる実数解の個数を n とする。次の⓪～⑤のうち，正しいものは [ケ] と [コ] である。

[ケ]，[コ] の解答群（解答の順序は問わない。）

⓪ $n = 1$ ならば $a < 0$	① $a < 0$ ならば $n = 1$
② $n = 2$ ならば $a < 0$	③ $a < 0$ ならば $n = 2$
④ $n = 3$ ならば $a > 0$	⑤ $a > 0$ ならば $n = 3$

（数学Ⅱ・数学B第2問は次ページに続く。）

〔2〕 $b>0$ とし，$g(x)=x^3-3bx+3b^2$，$h(x)=x^3-x^2+b^2$ とおく。座標平面上の曲線 $y=g(x)$ を C_1，曲線 $y=h(x)$ を C_2 とする。

C_1 と C_2 は2点で交わる。これらの交点の x 座標をそれぞれ α，β $(\alpha<\beta)$ とすると，$\alpha=\boxed{\text{サ}}$，$\beta=\boxed{\text{シス}}$ である。

$\alpha \leqq x \leqq \beta$ の範囲で C_1 と C_2 で囲まれた図形の面積を S とする。また，$t>\beta$ とし，$\beta \leqq x \leqq t$ の範囲で C_1 と C_2 および直線 $x=t$ で囲まれた図形の面積を T とする。

このとき

$$S=\int_{\alpha}^{\beta}\boxed{\text{セ}}\,dx$$

$$T=\int_{\beta}^{t}\boxed{\text{ソ}}\,dx$$

$$S-T=\int_{\alpha}^{t}\boxed{\text{タ}}\,dx$$

であるので

$$S-T=\frac{\boxed{\text{チツ}}}{\boxed{\text{テ}}}\left(2t^3-\boxed{\text{ト}}\,bt^2+\boxed{\text{ナニ}}\,b^2t-\boxed{\text{ヌ}}\,b^3\right)$$

が得られる。

したがって，$S=T$ となるのは $t=\dfrac{\boxed{\text{ネ}}}{\boxed{\text{ノ}}}b$ のときである。

（数学Ⅱ・数学B第2問は次ページに続く。）

セ ～ タ の解答群（同じものを繰り返し選んでもよい。）

⓪ $\{g(x)+h(x)\}$
① $\{g(x)-h(x)\}$
② $\{h(x)-g(x)\}$
③ $\{2g(x)+2h(x)\}$
④ $\{2g(x)-2h(x)\}$
⑤ $\{2h(x)-2g(x)\}$
⑥ $2g(x)$
⑦ $2h(x)$

第3問～第5問は，いずれか2問を選択し，解答しなさい。

第3問 （選択問題）（配点 20）

以下の問題を解答するにあたっては，必要に応じて19ページの正規分布表を用いてもよい。

ジャガイモを栽培し販売している会社に勤務する花子さんは，A地区とB地区で収穫されるジャガイモについて調べることになった。

(1) A地区で収穫されるジャガイモには1個の重さが200 gを超えるものが25 ％含まれることが経験的にわかっている。花子さんはA地区で収穫されたジャガイモから400個を無作為に抽出し，重さを計測した。そのうち，重さが200 gを超えるジャガイモの個数を表す確率変数をZとする。このときZは二項分布$B\left(400,\ 0.\boxed{\text{アイ}}\right)$に従うから，$Z$の平均(期待値)は$\boxed{\text{ウエオ}}$である。

(数学Ⅱ・数学B第3問は次ページに続く。)

(2)　Zを(1)の確率変数とし，A 地区で収穫されたジャガイモ400個からなる標本において，重さが200 g を超えていたジャガイモの標本における比率を $R = \dfrac{Z}{400}$ とする。このとき，Rの標準偏差は$\sigma(R) =$ [カ] である。

標本の大きさ400は十分に大きいので，Rは近似的に正規分布 $N\left(0.\,[アイ],\ ([カ])^2\right)$ に従う。

したがって，$P(R \geqq x) = 0.0465$ となるようなxの値は [キ] となる。ただし， [キ] の計算においては$\sqrt{3} = 1.73$とする。

[カ] の解答群

⓪ $\dfrac{3}{6400}$	① $\dfrac{\sqrt{3}}{4}$	② $\dfrac{\sqrt{3}}{80}$	③ $\dfrac{3}{40}$

[キ] については，最も適当なものを，次の⓪～③のうちから一つ選べ。

⓪ 0.209	① 0.251	② 0.286	③ 0.395

（数学Ⅱ・数学B第3問は次ページに続く。）

(3) B地区で収穫され，出荷される予定のジャガイモ1個の重さは100 gから300 gの間に分布している。B地区で収穫され，出荷される予定のジャガイモ1個の重さを表す確率変数をXとするとき，Xは連続型確率変数であり，Xのとり得る値xの範囲は$100 \leqq x \leqq 300$である。

花子さんは，B地区で収穫され，出荷される予定のすべてのジャガイモのうち，重さが200 g以上のものの割合を見積もりたいと考えた。そのために花子さんは，Xの確率密度関数$f(x)$として適当な関数を定め，それを用いて割合を見積もるという方針を立てた。

B地区で収穫され，出荷される予定のジャガイモから206個を無作為に抽出したところ，重さの標本平均は180 gであった。図1はこの標本のヒストグラムである。

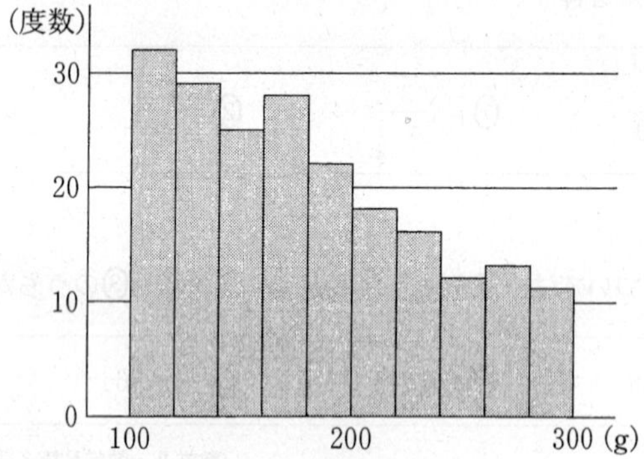

図1　ジャガイモの重さのヒストグラム

花子さんは図1のヒストグラムにおいて，重さxの増加とともに度数がほぼ一定の割合で減少している傾向に着目し，Xの確率密度関数$f(x)$として，1次関数

$$f(x) = ax + b \qquad (100 \leqq x \leqq 300)$$

を考えることにした。ただし，$100 \leqq x \leqq 300$の範囲で$f(x) \geqq 0$とする。

このとき，$P(100 \leqq X \leqq 300) =$ [ク] であることから

[ケ] $\cdot 10^4 a +$ [コ] $\cdot 10^2 b =$ [ク] ……………………①

である。

(数学Ⅱ・数学B第3問は次ページに続く。)

花子さんは，Xの平均（期待値）が重さの標本平均180 gと等しくなるように確率密度関数を定める方法を用いることにした。

連続型確率変数Xのとり得る値xの範囲が$100 \leqq x \leqq 300$で，その確率密度関数が$f(x)$のとき，Xの平均（期待値）mは

$$m = \int_{100}^{300} xf(x)\,dx$$

で定義される。この定義と花子さんの採用した方法から

$$m = \frac{26}{3} \cdot 10^6 a + 4 \cdot 10^4 b = 180 \qquad \cdots\cdots\cdots\cdots ②$$

となる。①と②により，確率密度関数は

$$f(x) = -\boxed{\text{サ}} \cdot 10^{-5} x + \boxed{\text{シス}} \cdot 10^{-3} \qquad \cdots\cdots\cdots\cdots ③$$

と得られる。このようにして得られた③の$f(x)$は，$100 \leqq x \leqq 300$の範囲で$f(x) \geqq 0$を満たしており，確かに確率密度関数として適当である。

したがって，この花子さんの方針に基づくと，B地区で収穫され，出荷される予定のすべてのジャガイモのうち，重さが200 g以上のものは［セ］%あると見積もることができる。

［セ］については，最も適当なものを，次の⓪～③のうちから一つ選べ。

⓪ 33	① 34	② 35	③ 36

（数学Ⅱ・数学B第3問は19ページに続く。）

（下 書 き 用 紙）

数学Ⅱ・数学Bの試験問題は次に続く。

正 規 分 布 表

次の表は，標準正規分布の分布曲線における右図の灰色部分の面積の値をまとめたものである。

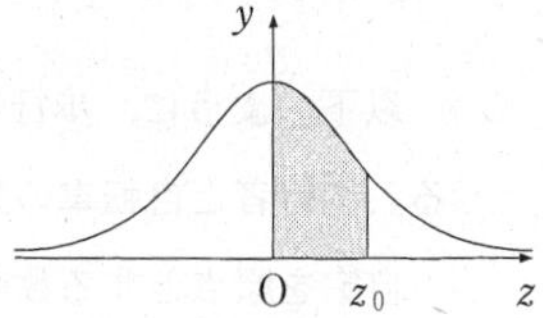

z_0	0.00	0.01	0.02	0.03	0.04	0.05	0.06	0.07	0.08	0.09
0.0	0.0000	0.0040	0.0080	0.0120	0.0160	0.0199	0.0239	0.0279	0.0319	0.0359
0.1	0.0398	0.0438	0.0478	0.0517	0.0557	0.0596	0.0636	0.0675	0.0714	0.0753
0.2	0.0793	0.0832	0.0871	0.0910	0.0948	0.0987	0.1026	0.1064	0.1103	0.1141
0.3	0.1179	0.1217	0.1255	0.1293	0.1331	0.1368	0.1406	0.1443	0.1480	0.1517
0.4	0.1554	0.1591	0.1628	0.1664	0.1700	0.1736	0.1772	0.1808	0.1844	0.1879
0.5	0.1915	0.1950	0.1985	0.2019	0.2054	0.2088	0.2123	0.2157	0.2190	0.2224
0.6	0.2257	0.2291	0.2324	0.2357	0.2389	0.2422	0.2454	0.2486	0.2517	0.2549
0.7	0.2580	0.2611	0.2642	0.2673	0.2704	0.2734	0.2764	0.2794	0.2823	0.2852
0.8	0.2881	0.2910	0.2939	0.2967	0.2995	0.3023	0.3051	0.3078	0.3106	0.3133
0.9	0.3159	0.3186	0.3212	0.3238	0.3264	0.3289	0.3315	0.3340	0.3365	0.3389
1.0	0.3413	0.3438	0.3461	0.3485	0.3508	0.3531	0.3554	0.3577	0.3599	0.3621
1.1	0.3643	0.3665	0.3686	0.3708	0.3729	0.3749	0.3770	0.3790	0.3810	0.3830
1.2	0.3849	0.3869	0.3888	0.3907	0.3925	0.3944	0.3962	0.3980	0.3997	0.4015
1.3	0.4032	0.4049	0.4066	0.4082	0.4099	0.4115	0.4131	0.4147	0.4162	0.4177
1.4	0.4192	0.4207	0.4222	0.4236	0.4251	0.4265	0.4279	0.4292	0.4306	0.4319
1.5	0.4332	0.4345	0.4357	0.4370	0.4382	0.4394	0.4406	0.4418	0.4429	0.4441
1.6	0.4452	0.4463	0.4474	0.4484	0.4495	0.4505	0.4515	0.4525	0.4535	0.4545
1.7	0.4554	0.4564	0.4573	0.4582	0.4591	0.4599	0.4608	0.4616	0.4625	0.4633
1.8	0.4641	0.4649	0.4656	0.4664	0.4671	0.4678	0.4686	0.4693	0.4699	0.4706
1.9	0.4713	0.4719	0.4726	0.4732	0.4738	0.4744	0.4750	0.4756	0.4761	0.4767
2.0	0.4772	0.4778	0.4783	0.4788	0.4793	0.4798	0.4803	0.4808	0.4812	0.4817
2.1	0.4821	0.4826	0.4830	0.4834	0.4838	0.4842	0.4846	0.4850	0.4854	0.4857
2.2	0.4861	0.4864	0.4868	0.4871	0.4875	0.4878	0.4881	0.4884	0.4887	0.4890
2.3	0.4893	0.4896	0.4898	0.4901	0.4904	0.4906	0.4909	0.4911	0.4913	0.4916
2.4	0.4918	0.4920	0.4922	0.4925	0.4927	0.4929	0.4931	0.4932	0.4934	0.4936
2.5	0.4938	0.4940	0.4941	0.4943	0.4945	0.4946	0.4948	0.4949	0.4951	0.4952
2.6	0.4953	0.4955	0.4956	0.4957	0.4959	0.4960	0.4961	0.4962	0.4963	0.4964
2.7	0.4965	0.4966	0.4967	0.4968	0.4969	0.4970	0.4971	0.4972	0.4973	0.4974
2.8	0.4974	0.4975	0.4976	0.4977	0.4977	0.4978	0.4979	0.4979	0.4980	0.4981
2.9	0.4981	0.4982	0.4982	0.4983	0.4984	0.4984	0.4985	0.4985	0.4986	0.4986
3.0	0.4987	0.4987	0.4987	0.4988	0.4988	0.4989	0.4989	0.4989	0.4990	0.4990

第3問～第5問は，いずれか2問を選択し，解答しなさい。

第4問 （選択問題） （配点 20）

以下のように，歩行者と自転車が自宅を出発して移動と停止を繰り返している。歩行者と自転車の動きについて，数学的に考えてみよう。

自宅を原点とする数直線を考え，歩行者と自転車をその数直線上を動く点とみなす。数直線上の点の座標が y であるとき，その点は位置 y にあるということにする。また，歩行者が自宅を出発してから x 分経過した時点を時刻 x と表す。歩行者は時刻0に自宅を出発し，正の向きに毎分1の速さで歩き始める。自転車は時刻2に自宅を出発し，毎分2の速さで歩行者を追いかける。自転車が歩行者に追いつくと，歩行者と自転車はともに1分だけ停止する。その後，歩行者は再び正の向きに毎分1の速さで歩き出し，自転車は毎分2の速さで自宅に戻る。自転車は自宅に到着すると，1分だけ停止した後，再び毎分2の速さで歩行者を追いかける。これを繰り返し，自転車は自宅と歩行者の間を往復する。

$x = a_n$ を自転車が n 回目に自宅を出発する時刻とし，$y = b_n$ をそのときの歩行者の位置とする。

(1) 花子さんと太郎さんは，数列 $\{a_n\}$，$\{b_n\}$ の一般項を求めるために，歩行者と自転車について，時刻 x において位置 y にいることをOを原点とする座標平面上の点 $(x,\ y)$ で表すことにした。

（数学Ⅱ・数学B第4問は次ページに続く。）

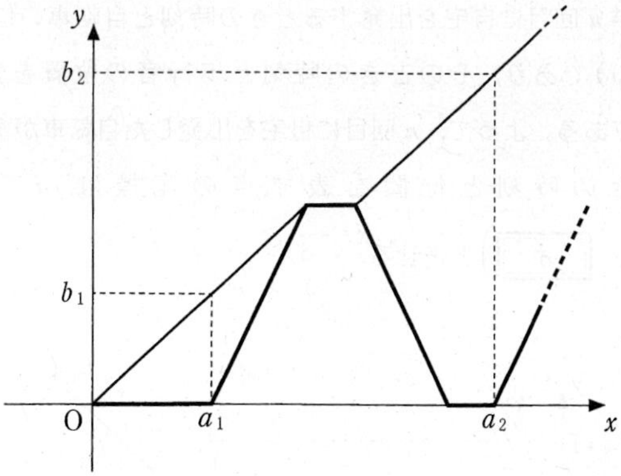

$a_1 = 2$，$b_1 = 2$により，自転車が最初に自宅を出発するときの時刻と自転車の位置を表す点の座標は$(2, 0)$であり，そのときの時刻と歩行者の位置を表す点の座標は$(2, 2)$である。また，自転車が最初に歩行者に追いつくときの時刻と位置を表す点の座標は（ ア ， ア ）である。よって

$a_2 =$ イ ，$b_2 =$ ウ

である。

花子：数列$\{a_n\}$，$\{b_n\}$の一般項について考える前に，（ ア ， ア ）の求め方について整理してみようか。

太郎：花子さんはどうやって求めたの？

花子：自転車が歩行者を追いかけるときに，間隔が1分間に1ずつ縮まっていくことを利用したよ。

太郎：歩行者と自転車の動きをそれぞれ直線の方程式で表して，交点を計算して求めることもできるね。

（数学Ⅱ・数学B第4問は次ページに続く。）

自転車が n 回目に自宅を出発するときの時刻と自転車の位置を表す点の座標は $(a_n,\ 0)$ であり，そのときの時刻と歩行者の位置を表す点の座標は $(a_n,\ b_n)$ である。よって，n 回目に自宅を出発した自転車が次に歩行者に追いつくときの時刻と位置を表す点の座標は，a_n，b_n を用いて，(エ ， オ) と表せる。

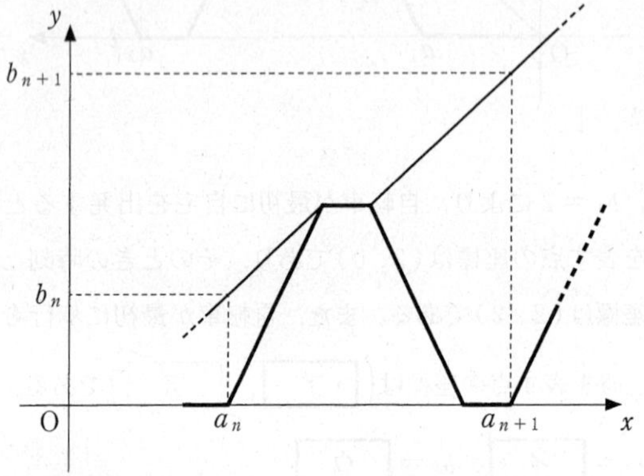

エ ， オ の解答群（同じものを繰り返し選んでもよい。）

⓪ a_n	① b_n	② $2a_n$
③ a_n+b_n	④ $2b_n$	⑤ $3a_n$
⑥ $2a_n+b_n$	⑦ a_n+2b_n	⑧ $3b_n$

（数学Ⅱ・数学B第4問は次ページに続く。）

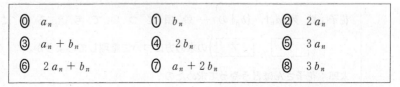

以上から，数列$\{a_n\}$，$\{b_n\}$について，自然数nに対して，関係式

$$a_{n+1} = a_n + \boxed{\text{カ}}\, b_n + \boxed{\text{キ}} \quad \cdots\cdots ①$$

$$b_{n+1} = 3b_n + \boxed{\text{ク}} \quad \cdots\cdots ②$$

が成り立つことがわかる。まず，$b_1 = 2$と②から

$$b_n = \boxed{\text{ケ}} \quad (n = 1,\ 2,\ 3,\ \cdots)$$

を得る。この結果と，$a_1 = 2$および①から

$$a_n = \boxed{\text{コ}} \quad (n = 1,\ 2,\ 3,\ \cdots)$$

がわかる。

[ケ]，[コ]の解答群(同じものを繰り返し選んでもよい。)

⓪ $3^{n-1}+1$	① $\frac{1}{2}\cdot 3^n + \frac{1}{2}$
② $3^{n-1}+n$	③ $\frac{1}{2}\cdot 3^n + n - \frac{1}{2}$
④ $3^{n-1}+n^2$	⑤ $\frac{1}{2}\cdot 3^n + n^2 - \frac{1}{2}$
⑥ $2\cdot 3^{n-1}$	⑦ $\frac{5}{2}\cdot 3^{n-1} - \frac{1}{2}$
⑧ $2\cdot 3^{n-1}+n-1$	⑨ $\frac{5}{2}\cdot 3^{n-1} + n - \frac{3}{2}$
ⓐ $2\cdot 3^{n-1}+n^2-1$	ⓑ $\frac{5}{2}\cdot 3^{n-1} + n^2 - \frac{3}{2}$

(2) 歩行者が$y = 300$の位置に到着するときまでに，自転車が歩行者に追いつく回数は[サ]回である。また，[サ]回目に自転車が歩行者に追いつく時刻は，$x =$ [シスセ]である。

第3問～第5問は，いずれか2問を選択し，解答しなさい。

第5問 （選択問題）（配点　20）

平面上の点Oを中心とする半径1の円周上に，3点A，B，Cがあり，$\overrightarrow{OA}\cdot\overrightarrow{OB}=-\dfrac{2}{3}$ および $\overrightarrow{OC}=-\overrightarrow{OA}$ を満たすとする。t を $0<t<1$ を満たす実数とし，線分ABを $t:(1-t)$ に内分する点をPとする。また，直線OP上に点Qをとる。

(1)　$\cos\angle AOB=\dfrac{\boxed{アイ}}{\boxed{ウ}}$ である。

また，実数 k を用いて，$\overrightarrow{OQ}=k\overrightarrow{OP}$ と表せる。したがって

$\overrightarrow{OQ}=\boxed{エ}\overrightarrow{OA}+\boxed{オ}\overrightarrow{OB}$ ……………………………… ①

$\overrightarrow{CQ}=\boxed{カ}\overrightarrow{OA}+\boxed{キ}\overrightarrow{OB}$

となる。

$\overrightarrow{OA}$ と $\overrightarrow{OP}$ が垂直となるのは，$t=\dfrac{\boxed{ク}}{\boxed{ケ}}$ のときである。

$\boxed{エ}$ ～ $\boxed{キ}$ の解答群（同じものを繰り返し選んでもよい。）

⓪　kt	①　$(k-kt)$	②　$(kt+1)$
③　$(kt-1)$	④　$(k-kt+1)$	⑤　$(k-kt-1)$

（数学Ⅱ・数学B第5問は次ページに続く。）

以下，t キ $\dfrac{\boxed{\text{ク}}}{\boxed{\text{ケ}}}$ とし，∠OCQ が直角であるとする。

(2) ∠OCQ が直角であることにより，(1) の k は

$$k=\frac{\boxed{\text{コ}}}{\boxed{\text{サ}}\,t-\boxed{\text{シ}}} \qquad \cdots\cdots ②$$

となることがわかる。

平面から直線 OA を除いた部分は，直線 OA を境に二つの部分に分けられる。そのうち，点 B を含む部分を D_1，含まない部分を D_2 とする。また，平面から直線 OB を除いた部分は，直線 OB を境に二つの部分に分けられる。そのうち，点 A を含む部分を E_1，含まない部分を E_2 とする。

- $0<t<\dfrac{\boxed{\text{ク}}}{\boxed{\text{ケ}}}$ ならば，点 Q は $\boxed{\text{ス}}$。
- $\dfrac{\boxed{\text{ク}}}{\boxed{\text{ケ}}}<t<1$ ならば，点 Q は $\boxed{\text{セ}}$。

$\boxed{\text{ス}}$，$\boxed{\text{セ}}$ の解答群(同じものを繰り返し選んでもよい。)

⓪ D_1 に含まれ，かつ E_1 に含まれる
① D_1 に含まれ，かつ E_2 に含まれる
② D_2 に含まれ，かつ E_1 に含まれる
③ D_2 に含まれ，かつ E_2 に含まれる

(数学Ⅱ・数学B第5問は次ページに続く。)

(3)　太郎さんと花子さんは，点 P の位置と $|\overrightarrow{OQ}|$ の関係について考えている。

$t=\dfrac{1}{2}$ のとき，① と ② により，$|\overrightarrow{OQ}|=\sqrt{\boxed{\text{ソ}}}$ とわかる。

太郎：$t \neq \dfrac{1}{2}$ のときにも，$|\overrightarrow{OQ}|=\sqrt{\boxed{\text{ソ}}}$ となる場合があるかな。

花子：$|\overrightarrow{OQ}|$ を t を用いて表して，$|\overrightarrow{OQ}|=\sqrt{\boxed{\text{ソ}}}$ を満たす t の値について考えればいいと思うよ。

太郎：計算が大変そうだね。

花子：直線 OA に関して，$t=\dfrac{1}{2}$ のときの点 Q と対称な点を R としたら，$|\overrightarrow{OR}|=\sqrt{\boxed{\text{ソ}}}$ となるよ。

太郎：$\overrightarrow{OR}$ を $\overrightarrow{OA}$ と $\overrightarrow{OB}$ を用いて表すことができれば，t の値が求められそうだね。

直線 OA に関して，$t=\dfrac{1}{2}$ のときの点 Q と対称な点を R とすると

$$\overrightarrow{CR}=\boxed{\text{タ}}\,\overrightarrow{CQ}$$
$$=\boxed{\text{チ}}\,\overrightarrow{OA}+\boxed{\text{ツ}}\,\overrightarrow{OB}$$

となる。

$t \neq \dfrac{1}{2}$ のとき，$|\overrightarrow{OQ}|=\sqrt{\boxed{\text{ソ}}}$ となる t の値は $\dfrac{\boxed{\text{テ}}}{\boxed{\text{ト}}}$ である。

2022 追試

（100点／60分）

〔数学Ⅱ・B〕

注　意　事　項

1　**数学解答用紙を切り離し，試験開始の準備をしなさい。**

2　**時間を計り，上記の解答時間内で解答しなさい。**

ただし，納得のいくまで時間をかけて解答するという利用法でもかまいません。

3　第1問，第2問は必答。第3問～第5問から2問選択。計4問を解答しなさい。

4　「2022 追試」の問題は，このページを含め，25ページあります。

5　**解答用紙には解答欄以外に受験番号欄，氏名欄，試験場コード欄，解答科目欄があります。解答科目欄は解答する科目**を一つ選び，科目名の下の◯に**マーク**しなさい。**その他の欄**は自分自身で本番を想定し，**正しく記入し，マークしなさい。**

6　**解答は解答用紙の解答欄にマークしなさい。**

7　選択問題については，解答する問題を決めたあと，その問題番号の解答欄に解答しなさい。ただし，**指定された問題数をこえて解答してはいけません。**

8　問題の余白は適宜利用してよいが，どのページも切り離してはいけません。

第1問 （必答問題）（配点　30）

〔1〕 座標平面上で，直線 $3x + 2y - 39 = 0$ を ℓ_1 とする。また，k を実数とし，直線 $kx - y - 5k + 12 = 0$ を ℓ_2 とする。

(1) 直線 ℓ_1 と x 軸は，点 $\left(\boxed{\text{アイ}}, 0\right)$ で交わる。

また，直線 ℓ_2 は k の値に関係なく点 $\left(\boxed{\text{ウ}}, \boxed{\text{エオ}}\right)$ を通り，直線 ℓ_1 もこの点を通る。

(2) 2直線 ℓ_1，ℓ_2 および x 軸によって囲まれた三角形ができないような k の値は

$$k = \boxed{\text{カ}}, \ \frac{\boxed{\text{キク}}}{\boxed{\text{ケ}}}$$

である。

（数学Ⅱ・数学B第1問は次ページに続く。）

(3)　2直線ℓ_1, ℓ_2およびx軸によって囲まれた三角形ができるとき，この三角形の周および内部からなる領域をDとする。さらに，rを正の実数とし，不等式$x^2 + y^2 \leqq r^2$の表す領域をEとする。

直線ℓ_2が点$(-13, 0)$を通る場合を考える。このとき，$k = \dfrac{\boxed{\text{コ}}}{\boxed{\text{サ}}}$

である。さらに，DがEに含まれるようなrの値の範囲は

$r \geqq \boxed{\text{シス}}$

である。

次に，$r = \boxed{\text{シス}}$ の場合を考える。このとき，DがEに含まれるようなkの値の範囲は

$k \geqq \dfrac{\boxed{\text{セ}}}{\boxed{\text{ソ}}}$ または $k < \dfrac{\boxed{\text{タチ}}}{\boxed{\text{ツ}}}$

である。

（数学Ⅱ・数学B第1問は次ページに続く。）

〔2〕 θ は $-\frac{\pi}{2} < \theta < \frac{\pi}{2}$ を満たすとする。

(1) $\tan\theta = -\sqrt{3}$ のとき，$\theta =$ [テ] であり

$\cos\theta =$ [ト]，$\sin\theta =$ [ナ]

である。

一般に，$\tan\theta = k$ のとき

$\cos\theta =$ [ニ]，$\sin\theta =$ [ヌ]

である。

[テ] の解答群

⓪ $-\frac{\pi}{3}$	① $-\frac{\pi}{4}$	② $-\frac{\pi}{6}$	③ $\frac{\pi}{6}$	④ $\frac{\pi}{4}$	⑤ $\frac{\pi}{3}$

[ト]，[ナ] の解答群（同じものを繰り返し選んでもよい。）

⓪ 0	① 1	② -1
③ $\frac{\sqrt{3}}{2}$	④ $-\frac{\sqrt{3}}{2}$	⑤ $\frac{\sqrt{2}}{2}$
⑥ $-\frac{\sqrt{2}}{2}$	⑦ $\frac{1}{2}$	⑧ $-\frac{1}{2}$

[ニ]，[ヌ] の解答群（同じものを繰り返し選んでもよい。）

⓪ $\frac{1}{1+k^2}$	① $-\frac{1}{1+k^2}$	② $\frac{k}{1+k^2}$	③ $-\frac{k}{1+k^2}$
④ $\frac{2}{1+k^2}$	⑤ $-\frac{2}{1+k^2}$	⑥ $\frac{2k}{1+k^2}$	⑦ $-\frac{2k}{1+k^2}$
⑧ $\frac{1}{\sqrt{1+k^2}}$	⑨ $-\frac{1}{\sqrt{1+k^2}}$	ⓐ $\frac{k}{\sqrt{1+k^2}}$	ⓑ $-\frac{k}{\sqrt{1+k^2}}$

（数学Ⅱ・数学B第1問は次ページに続く。）

(2) 花子さんと太郎さんは，関数のとり得る値の範囲について話している。

花子：$-\frac{\pi}{2}<\theta<\frac{\pi}{2}$ の範囲で θ を動かすとき，$\tan\theta$ のとり得る値の範囲は実数全体だよね。

太郎：$\tan\theta=\frac{\sin\theta}{\cos\theta}$ だけど，分子を少し変えるとどうなるかな。

$\frac{\sin 2\theta}{\cos\theta}=p$，$\frac{\sin\left(\theta+\frac{\pi}{7}\right)}{\cos\theta}=q$ とおく。

$-\frac{\pi}{2}<\theta<\frac{\pi}{2}$ の範囲で θ を動かすとき，p のとり得る値の範囲は ネ であり，q のとり得る値の範囲は ノ である。

ネ の解答群

⓪ $-1<p<1$	① $0<p<1$
② $-2<p<2$	③ $0<p<2$
④ 実数全体	⑤ 正の実数全体

ノ の解答群

⓪ $-1<q<1$	① $0<q<1$
② $-2<q<2$	③ $0<q<2$
④ 実数全体	⑤ 正の実数全体
⑥ $-\sin\frac{\pi}{7}<q<\sin\frac{\pi}{7}$	⑦ $0<q<\sin\frac{\pi}{7}$
⑧ $-\cos\frac{\pi}{7}<q<\cos\frac{\pi}{7}$	⑨ $0<q<\cos\frac{\pi}{7}$

（数学Ⅱ・数学B第１問は次ページに続く。）

(3) α は $0 \leqq \alpha < 2\pi$ を満たすとし

$$\frac{\sin(\theta + \alpha)}{\cos\theta} = r$$

とおく。$\alpha = \frac{\pi}{7}$ の場合，r は(2)で定めた q と等しい。

α の値を一つ定め，$-\frac{\pi}{2} < \theta < \frac{\pi}{2}$ の範囲で θ のみを動かすとき，r のとり得る値の範囲を考える。

r のとり得る値の範囲が q のとり得る値の範囲と異なるような $\alpha\ (0 \leqq \alpha < 2\pi)$ は [ハ]。

[ハ] の解答群

⓪ 存在しない	① ちょうど1個存在する
② ちょうど2個存在する	③ ちょうど3個存在する
④ ちょうど4個存在する	⑤ 5個以上存在する

（下 書 き 用 紙）

数学Ⅱ・数学Bの試験問題は次に続く。

第 2 問 （必答問題）（配点　30）

k を実数とし

$$f(x) = x^3 - kx$$

とおく。また，座標平面上の曲線 $y = f(x)$ を C とする。

必要に応じて，次のことを用いてもよい。

曲線 C の平行移動

曲線 C を x 軸方向に p，y 軸方向に q だけ平行移動した曲線の方程式は

$$y = (x - p)^3 - k(x - p) + q$$

である。

(1)　t を実数とし

$$g(x) = (x - t)^3 - k(x - t)$$

とおく。また，座標平面上の曲線 $y = g(x)$ を C_1 とする。

(i)　関数 $f(x)$ は $x = 2$ で極値をとるとする。

このとき，$f'(2) =$ [ア] であるから，$k =$ [イウ] であり，$f(x)$ は $x =$ [エオ] で極大値をとる。また，$g(x)$ が $x = 3$ で極大値をとるとき，$t =$ [カ] である。

（数学Ⅱ・数学B第 2 問は次ページに続く。）

(ii)　$t=1$ とする。また，曲線 C と C_1 は2点で交わるとし，一つの交点の x 座標は -2 であるとする。このとき，$k=$ **キク** であり，もう一方の交点の x 座標は **ケ** である。また，C と C_1 で囲まれた図形のうち，$x \geqq 0$ の範囲にある部分の面積は $\dfrac{\boxed{\text{コサ}}}{\boxed{\text{シ}}}$ である。

（数学Ⅱ・数学B第2問は次ページに続く。）

(2) a, b, c を実数とし

$$h(x) = x^3 + 3ax^2 + bx + c$$

とおく。また，座標平面上の曲線 $y = h(x)$ を C_2 とする。

(i) 曲線 C を平行移動して，C_2 と一致させることができるかどうかを考察しよう。C を x 軸方向に p，y 軸方向に q だけ平行移動した曲線が C_2 と一致するとき

$$h(x) = (x - p)^3 - k(x - p) + q \quad \cdots\cdots ①$$

である。よって，$p =$ [スセ]，$b =$ [ソ] $p^2 - k$ であり

$$k = \boxed{タ}\, a^2 - b \quad \cdots\cdots ②$$

である。また，①において，$x = p$ を代入すると，$q = h(p) = h\left(\boxed{スセ}\right)$ となる。

逆に，k が②を満たすとき，C を x 軸方向に [スセ]，y 軸方向に $h\left(\boxed{スセ}\right)$ だけ平行移動させると C_2 と一致することが確かめられる。

(数学Ⅱ・数学B第2問は次ページに続く。)

(ii) $b = 3a^2 - 3$ とする。このとき，曲線 C_2 は曲線

$$y = x^3 - \boxed{\text{チ}}\,x$$

を平行移動したものと一致する。よって，$h(x)$ が $x = 4$ で極大値 3 をとるとき，$h(x)$ は $x = \boxed{\text{ツ}}$ で極小値 $\boxed{\text{テト}}$ をとることがわかる。

(iii) 次の⓪～③のうち，平行移動によって一致させることができる二つの異なる曲線は $\boxed{\text{ナ}}$ と $\boxed{\text{ニ}}$ である。

$\boxed{\text{ナ}}$ ，$\boxed{\text{ニ}}$ の解答群(解答の順序は問わない。)

⓪ $y = x^3 - x - 5$

① $y = x^3 + 3x^2 - 2x - 4$

② $y = x^3 - 6x^2 - x - 4$

③ $y = x^3 - 6x^2 + 7x - 5$

第3問～第5問は，いずれか2問を選択し，解答しなさい。

第3問 （選択問題）（配点　20）

以下の問題を解答するにあたっては，必要に応じて17ページの正規分布表を用いてもよい。

太郎さんのクラスでは，確率分布の問題として，2個のさいころを同時に投げることを72回繰り返す試行を行い，2個とも1の目が出た回数を表す確率変数Xの分布を考えることとなった。そこで，21名の生徒がこの試行を行った。

(1)　Xは二項分布$B\left(\boxed{\text{アイ}}, \dfrac{\boxed{\text{ウ}}}{\boxed{\text{エオ}}}\right)$に従う。このとき，$k = \boxed{\text{アイ}}$，

$p = \dfrac{\boxed{\text{ウ}}}{\boxed{\text{エオ}}}$とおくと，$X = r$である確率は

$$P(X = r) = {}_k\mathrm{C}_r\, p^r (1-p)^{\boxed{\text{カ}}} \qquad (r = 0,\ 1,\ 2,\ \cdots,\ k)\ \cdots\cdots\ ①$$

である。

また，Xの平均(期待値)は$E(X) = \boxed{\text{キ}}$，標準偏差は

$\sigma(X) = \dfrac{\sqrt{\boxed{\text{クケ}}}}{\boxed{\text{コ}}}$である。

$\boxed{\text{カ}}$ の解答群

⓪　k	①　$k+r$	②　$k-r$	③　r

（数学Ⅱ・数学B第3問は次ページに続く。）

(2) 21名全員の試行結果について，2個とも1の目が出た回数を調べたところ，次の表のような結果になった。なお，5回以上出た生徒はいなかった。

回数	0	1	2	3	4	計
人数	2	7	7	3	2	21

この表をもとに，確率変数Yを考える。Yのとり得る値を0，1，2，3，4とし，各値の相対度数を確率として，Yの確率分布を次の表のとおりとする。

Y	0	1	2	3	4	計
P	$\frac{2}{21}$	$\frac{1}{3}$	$\frac{1}{3}$	$\frac{\boxed{サ}}{\boxed{シ}}$	$\frac{2}{21}$	$\boxed{ス}$

このとき，Yの平均は$E(Y)=\dfrac{\boxed{セソ}}{\boxed{タチ}}$，標準偏差は$\sigma(Y)=\dfrac{\sqrt{530}}{21}$である。

(数学Ⅱ・数学B第3問は次ページに続く。)

(3) 太郎さんは，(2)の実際の試行結果から作成した確率変数 Y の分布について，二項分布の ① のように，その確率の値を数式で表したいと考えた。そこで，$Y=1$，$Y=2$ である確率が最大であり，かつ，それら二つの確率が等しくなっている確率分布について先生に相談したところ，Y の代わりとして，新しく次のような確率変数 Z を提案された。

先生の提案

Z のとり得る値は 0，1，2，3，4 であり，$Z=r$ である確率を

$$P(Z=r)=\alpha\cdot\frac{2^r}{r!}\qquad(r=0,\ 1,\ 2,\ 3,\ 4)$$

とする。ただし，α を正の定数とする。また，$r!=r(r-1)\cdots\cdot 2\cdot 1$ であり，$0!=1$，$1!=1$，$2!=2$，$3!=6$，$4!=24$ である。

このとき，(2)と同様に Z の確率分布の表を作成することにより，

$\alpha=\dfrac{\boxed{ツ}}{\boxed{テ}}$ であることがわかる。

Z の平均は $E(Z)=\dfrac{\boxed{セソ}}{\boxed{タチ}}$，標準偏差は $\sigma(Z)=\dfrac{\sqrt{614}}{21}$ であり，$E(Z)=E(Y)$ が成り立つ。また，$Z=1$，$Z=2$ である確率が最大であり，かつ，それら二つの確率は等しい。これらのことから，太郎さんは提案されたこの Z の確率分布を利用することを考えた。

（数学Ⅱ・数学B第3問は次ページに続く。）

(4) (3) で考えた確率変数 Z の確率分布をもつ母集団を考え，この母集団から無作為に抽出した大きさ n の標本を確率変数 W_1, W_2, $\cdots$, W_n とし，標本平均を $\overline{W} = \dfrac{1}{n}(W_1 + W_2 + \cdots + W_n)$ とする。

$\overline{W}$ の平均を $E(\overline{W}) = m$，標準偏差を $\sigma(\overline{W}) = s$ とおくと，$m = \dfrac{\boxed{\text{トナ}}}{\boxed{\text{ニヌ}}}$，$s = \sigma(Z) \cdot \boxed{\text{ネ}}$ である。

$\boxed{\text{ネ}}$ の解答群

⓪ $\dfrac{1}{n}$	① 1	② $\dfrac{1}{\sqrt{n}}$
③ $\sqrt{n}$	④ n	⑤ n^2

（数学Ⅱ・数学B第3問は次ページに続く。）

また，標本の大きさnが十分に大きいとき，$\overline{W}$は近似的に正規分布$N(m,\ s^2)$に従う。さらに，nが増加するとs^2は [ノ] ので，$\overline{W}$の分布曲線と，mと$E(X)=$ [キ] の大小関係に注意すれば，nが増加すると$P\left(\overline{W} \geqq \text{[キ]}\right)$は [ハ] ことがわかる。

ここで，$U=$ [ヒ] とおくと，nが十分に大きいとき，確率変数Uは近似的に標準正規分布$N(0,1)$に従う。このことを利用すると，$n=100$のとき，標本の大きさは十分に大きいので

$$P\left(\overline{W} \geqq \text{[キ]}\right) = 0.\text{[フヘホ]}$$

である。ただし，0. [フヘホ] の計算においては$\dfrac{1}{\sqrt{614}}=\dfrac{\sqrt{614}}{614}=0.040$とする。

$\overline{W}$の確率分布において$E(X)$は極端に大きな値をとっていることがわかり，$E(X)$と$E(\overline{W})$は等しいとはみなせない。

[ノ]，[ハ] の解答群(同じものを繰り返し選んでもよい。)

⓪ 小さくなる	① 変化しない	② 大きくなる

[ヒ] の解答群

⓪ $\dfrac{\overline{W}-m}{\sqrt{n}}$	① $\dfrac{\overline{W}-m}{n}$	② $\dfrac{\overline{W}-m}{n^2}$
③ $\dfrac{\overline{W}-m}{\sqrt{s}}$	④ $\dfrac{\overline{W}-m}{s}$	⑤ $\dfrac{\overline{W}-m}{s^2}$

(数学Ⅱ・数学B第3問は次ページに続く。)

正 規 分 布 表

次の表は，標準正規分布の分布曲線における右図の灰色部分の面積の値をまとめたものである。

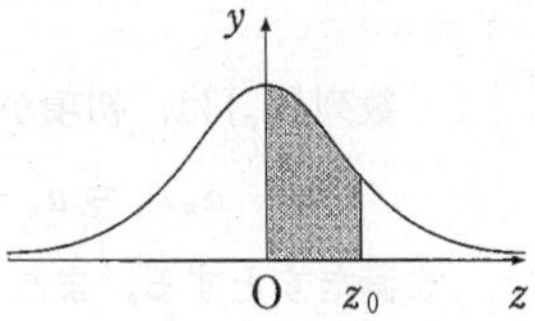

z_0	0.00	0.01	0.02	0.03	0.04	0.05	0.06	0.07	0.08	0.09
0.0	0.0000	0.0040	0.0080	0.0120	0.0160	0.0199	0.0239	0.0279	0.0319	0.0359
0.1	0.0398	0.0438	0.0478	0.0517	0.0557	0.0596	0.0636	0.0675	0.0714	0.0753
0.2	0.0793	0.0832	0.0871	0.0910	0.0948	0.0987	0.1026	0.1064	0.1103	0.1141
0.3	0.1179	0.1217	0.1255	0.1293	0.1331	0.1368	0.1406	0.1443	0.1480	0.1517
0.4	0.1554	0.1591	0.1628	0.1664	0.1700	0.1736	0.1772	0.1808	0.1844	0.1879
0.5	0.1915	0.1950	0.1985	0.2019	0.2054	0.2088	0.2123	0.2157	0.2190	0.2224
0.6	0.2257	0.2291	0.2324	0.2357	0.2389	0.2422	0.2454	0.2486	0.2517	0.2549
0.7	0.2580	0.2611	0.2642	0.2673	0.2704	0.2734	0.2764	0.2794	0.2823	0.2852
0.8	0.2881	0.2910	0.2939	0.2967	0.2995	0.3023	0.3051	0.3078	0.3106	0.3133
0.9	0.3159	0.3186	0.3212	0.3238	0.3264	0.3289	0.3315	0.3340	0.3365	0.3389
1.0	0.3413	0.3438	0.3461	0.3485	0.3508	0.3531	0.3554	0.3577	0.3599	0.3621
1.1	0.3643	0.3665	0.3686	0.3708	0.3729	0.3749	0.3770	0.3790	0.3810	0.3830
1.2	0.3849	0.3869	0.3888	0.3907	0.3925	0.3944	0.3962	0.3980	0.3997	0.4015
1.3	0.4032	0.4049	0.4066	0.4082	0.4099	0.4115	0.4131	0.4147	0.4162	0.4177
1.4	0.4192	0.4207	0.4222	0.4236	0.4251	0.4265	0.4279	0.4292	0.4306	0.4319
1.5	0.4332	0.4345	0.4357	0.4370	0.4382	0.4394	0.4406	0.4418	0.4429	0.4441
1.6	0.4452	0.4463	0.4474	0.4484	0.4495	0.4505	0.4515	0.4525	0.4535	0.4545
1.7	0.4554	0.4564	0.4573	0.4582	0.4591	0.4599	0.4608	0.4616	0.4625	0.4633
1.8	0.4641	0.4649	0.4656	0.4664	0.4671	0.4678	0.4686	0.4693	0.4699	0.4706
1.9	0.4713	0.4719	0.4726	0.4732	0.4738	0.4744	0.4750	0.4756	0.4761	0.4767
2.0	0.4772	0.4778	0.4783	0.4788	0.4793	0.4798	0.4803	0.4808	0.4812	0.4817
2.1	0.4821	0.4826	0.4830	0.4834	0.4838	0.4842	0.4846	0.4850	0.4854	0.4857
2.2	0.4861	0.4864	0.4868	0.4871	0.4875	0.4878	0.4881	0.4884	0.4887	0.4890
2.3	0.4893	0.4896	0.4898	0.4901	0.4904	0.4906	0.4909	0.4911	0.4913	0.4916
2.4	0.4918	0.4920	0.4922	0.4925	0.4927	0.4929	0.4931	0.4932	0.4934	0.4936
2.5	0.4938	0.4940	0.4941	0.4943	0.4945	0.4946	0.4948	0.4949	0.4951	0.4952
2.6	0.4953	0.4955	0.4956	0.4957	0.4959	0.4960	0.4961	0.4962	0.4963	0.4964
2.7	0.4965	0.4966	0.4967	0.4968	0.4969	0.4970	0.4971	0.4972	0.4973	0.4974
2.8	0.4974	0.4975	0.4976	0.4977	0.4977	0.4978	0.4979	0.4979	0.4980	0.4981
2.9	0.4981	0.4982	0.4982	0.4983	0.4984	0.4984	0.4985	0.4985	0.4986	0.4986
3.0	0.4987	0.4987	0.4987	0.4988	0.4988	0.4989	0.4989	0.4989	0.4990	0.4990

第3問～第5問は，いずれか2問を選択し，解答しなさい。

第4問 (選択問題)(配点　20)

数列$\{a_n\}$は，初項が1で

$$a_{n+1} = a_n + 4n + 2 \qquad (n = 1,\ 2,\ 3,\ \cdots)$$

を満たすとする。また，数列$\{b_n\}$は，初項が1で

$$b_{n+1} = b_n + 4n + 2 + 2\cdot(-1)^n \qquad (n = 1,\ 2,\ 3,\ \cdots)$$

を満たすとする。さらに，$S_n = \sum_{k=1}^{n} a_k$とおく。

(1)　$a_2 = \boxed{\text{ア}}$である。また，階差数列を考えることにより

$$a_n = \boxed{\text{イ}}\,n^2 - \boxed{\text{ウ}} \qquad (n = 1,\ 2,\ 3,\ \cdots)$$

であることがわかる。さらに

$$S_n = \frac{\boxed{\text{エ}}\,n^3 + \boxed{\text{オ}}\,n^2 - \boxed{\text{カ}}\,n}{\boxed{\text{キ}}} \qquad (n = 1,\ 2,\ 3,\ \cdots)$$

を得る。

(2)　$b_2 = \boxed{\text{ク}}$である。また，すべての自然数nに対して

$$a_n - b_n = \boxed{\text{ケ}}$$

が成り立つ。

$\boxed{\text{ケ}}$ の解答群

⓪　0	①　$2n$	②　$2n-2$
③　n^2-1	④　n^2-n	⑤　$1+(-1)^n$
⑥　$1-(-1)^n$	⑦　$-1+(-1)^n$	⑧　$-1-(-1)^n$

(数学Ⅱ・数学B第4問は次ページに続く。)

(3) (2)から

$$a_{2021}\ \boxed{\text{コ}}\ b_{2021},\qquad a_{2022}\ \boxed{\text{サ}}\ b_{2022}$$

が成り立つことがわかる。また，$T_n = \sum_{k=1}^{n} b_k$ とおくと

$$S_{2021}\ \boxed{\text{シ}}\ T_{2021},\qquad S_{2022}\ \boxed{\text{ス}}\ T_{2022}$$

が成り立つこともわかる。

[コ] ～ [ス] の解答群(同じものを繰り返し選んでもよい。)

⓪ $<$	① $=$	② $>$

(数学Ⅱ・数学B第4問は次ページに続く。)

(4) 数列$\{b_n\}$の初項を変えたらどうなるかを考えてみよう。つまり，初項がcで

$$c_{n+1} = c_n + 4n + 2 + 2\cdot(-1)^n \qquad (n = 1, 2, 3, \cdots)$$

を満たす数列$\{c_n\}$を考える。

すべての自然数nに対して

$$b_n - c_n = \boxed{\text{セ}} - \boxed{\text{ソ}}$$

が成り立つ。

また，$U_n = \sum_{k=1}^{n} c_k$とおく。$S_4 = U_4$が成り立つとき，$c = \boxed{\text{タ}}$である。このとき

$$S_{2021}\ \boxed{\text{チ}}\ U_{2021}, \qquad S_{2022}\ \boxed{\text{ツ}}\ U_{2022}$$

も成り立つ。

ただし，タ は，文字（a～d）を用いない形で答えること。

チ ，ツ の解答群（同じものを繰り返し選んでもよい。）

⓪ $<$	① $=$	② $>$

（下 書 き 用 紙）

数学Ⅱ・数学Bの試験問題は次に続く。

第3問～第5問は，いずれか2問を選択し，解答しなさい。

第5問　（選択問題）（配点　20）

a を正の実数とする。O を原点とする座標空間に4点

$$A_1(1,\ 0,\ a),\ A_2(0,\ 1,\ a),\ A_3(-1,\ 0,\ a),\ A_4(0,\ -1,\ a)$$

がある。また，次の図のように，4点 B_1，B_2，B_3，B_4 を四角形 $A_1OA_2B_1$，$A_2OA_3B_2$，$A_3OA_4B_3$，$A_4OA_1B_4$ がそれぞれひし形になるようにとる。さらに，4点 C_1，C_2，C_3，C_4 を四角形 $A_1B_1C_1B_4$，$A_2B_2C_2B_1$，$A_3B_3C_3B_2$，$A_4B_4C_4B_3$ がそれぞれひし形になるようにとる。

ただし，座標空間における四角形を考える際には，その四つの頂点が同一平面上にあるものとする。

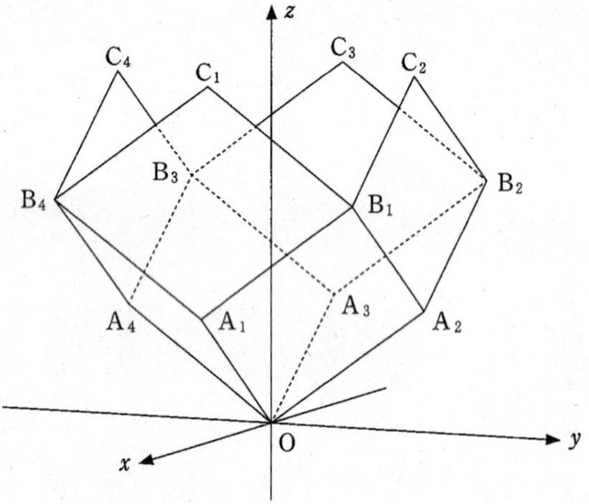

(1)　点 B_2，C_3 の座標は

$$B_2\left(-1,\ \boxed{\text{ア}},\ \boxed{\text{イウ}}\right),\ C_3\left(-1,\ \boxed{\text{エ}},\ \boxed{\text{オカ}}\right)$$

である。

（数学Ⅱ・数学B第5問は次ページに続く。）

また，

$$\overrightarrow{\mathrm{OA_1}}\cdot\overrightarrow{\mathrm{OB_2}}=\boxed{\text{キ}},\quad \overrightarrow{\mathrm{OA_1}}\cdot\overrightarrow{\mathrm{B_2C_3}}=\boxed{\text{ク}}$$

となる。

$\boxed{\text{キ}}$，$\boxed{\text{ク}}$ の解答群（同じものを繰り返し選んでもよい。）

⓪ 0	① 1	② -1
③ a^2	④ a^2+1	⑤ a^2-1
⑥ $2a^2$	⑦ $2a^2+1$	⑧ $2a^2-1$

(2) ひし形 $\mathrm{A_1OA_2B_1}$ と $\mathrm{A_1B_1C_1B_4}$ が合同であるとする。

対応する対角線の長さが等しいことから，$a=\dfrac{\sqrt{\boxed{\text{ケ}}}}{\boxed{\text{コ}}}$ であることがわかる。

直線 $\mathrm{OA_1}$ 上に点 P を $\angle\mathrm{OPA_2}$ が直角となるようにとる。

実数 s を用いて $\overrightarrow{\mathrm{OP}}=s\,\overrightarrow{\mathrm{OA_1}}$ と表せる。$\overrightarrow{\mathrm{PA_2}}$ と $\overrightarrow{\mathrm{OA_1}}$ が垂直であること，および

$$\overrightarrow{\mathrm{OA_1}}\cdot\overrightarrow{\mathrm{OA_1}}=\frac{\boxed{\text{サ}}}{\boxed{\text{シ}}},\quad \overrightarrow{\mathrm{OA_1}}\cdot\overrightarrow{\mathrm{OA_2}}=\frac{\boxed{\text{ス}}}{\boxed{\text{セ}}}$$

であることにより

$$s=\frac{\boxed{\text{ソ}}}{\boxed{\text{タ}}}$$

であることがわかる。

（数学Ⅱ・数学B第5問は次ページに続く。）

(3)　実数 a および点 P を (2) のようにとり，3 点 P，A_2，A_4 を通る平面を α とするとき，次のことについて考察しよう。

考察すること

平面 α と 2 点 B_2，C_3 の位置関係

$\angle OPA_4$ も直角であるので，$\overrightarrow{OA_1}$ と平面 α は垂直であることに注意する。

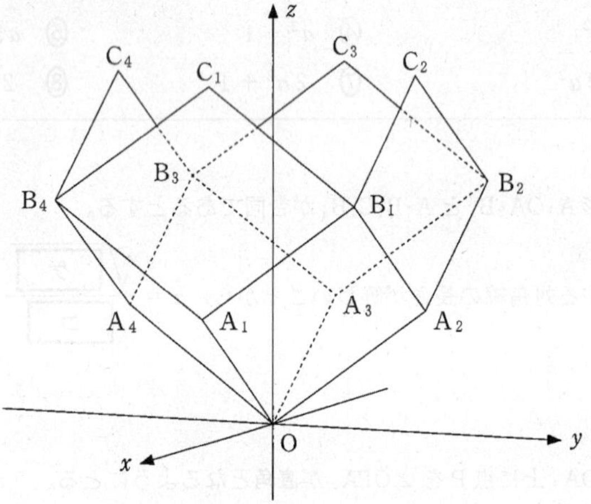

直線 B_2C_3 と平面 α の交点を Q とする。

実数 t を用いて

$$\overrightarrow{OQ} = \overrightarrow{OB_2} + t\,\overrightarrow{B_2C_3}$$

と表せる。$\overrightarrow{PQ}$ が $\overrightarrow{OA_1}$ と垂直であることにより

$t =$ ［ チ ］

であることがわかる。

座標空間から平面 α を除いた部分は，α を境に，原点 O を含む側と含まない側に分けられる。このとき，点 B_2 は［ ツ ］にあり，点 C_3 は［ テ ］にある。

（数学Ⅱ・数学B第５問は次ページに続く。）

チ の解答群

⓪ 0	① 1	② -1	③ $\frac{1}{2}$
④ $-\frac{1}{2}$	⑤ $\frac{1}{3}$	⑥ $-\frac{1}{3}$	⑦ $\frac{2}{3}$

ツ , テ の解答群(同じものを繰り返し選んでもよい。)

⓪ α 上

① O を含む側

② O を含まない側

国語

～ CONTENTS ～

試作問題

〔国語〕

試作問題掲載の趣旨と注意点

この試作問題は，独立行政法人大学入試センターが公表している，大学入学共通テスト「令和７年度試験の問題作成の方向性、試作問題等」のウェブサイトに記載のある内容を再掲したものです。本書では，学習に取り組まれる皆様のために，これに詳細の解答解説を作成し，より学びを深めていただけるように工夫しました。

本問題は，令和７年度大学入学共通テストについての具体的なイメージを共有することを目的として作成されていますが，過去の大学入試センター試験や大学入学共通テストと同様の問題作成や点検のプロセスは経ていないものとされています。本問題と同じような内容，形式，配点等の問題が必ず出題されることを保証するものではありませんので，その点につきましてご注意ください。

第A問　次の【資料Ⅰ】（文章、図、グラフ1～グラフ3）と【資料Ⅱ】は、気候変動が健康に与える影響について調べていたひかるさんが見つけた資料の一部である。これらを読んで、後の問い（問1～3）に答えよ。（配点　20）

【資料Ⅰ】

文章　**健康分野における、気候変動の影響について**

ⓐ気候変動による気温上昇は熱ストレス[注1]を増加させ、熱中症リスク[注2]や暑熱による死亡リスク、その他、呼吸器系疾患等の様々な疾患リスクを増加させる。特に、ⓑ暑熱に対して脆《ぜい》弱性が高い高齢者を中心に、暑熱による超過死亡[注3]が増加傾向にあることが報告されている。年によってばらつきはあるものの、熱中症による救急搬送人員・医療機関受診者数・熱中症死亡者数は増加傾向にある。

ⓒ気温の上昇は感染症を媒介する節足動物[注4]の分布域・個体群密度・活動時期を変化させる。感染者の移動も相まって、国内での感染連鎖が発生することが危惧される。これまで侵入・定着がされていない北海道南部でもヒトスジシマカの生息が拡大する可能性や、日本脳炎ウイルスを媒介する外来性の蚊の鹿児島県以北への分布域拡大の可能性などが新たに指摘されている。

外気温の変化は、水系・食品媒介性感染症[注5]やインフルエンザのような感染症類の流行パターンを変化させる。感染性胃腸炎やロタウイルス感染症、下痢症などの水系・食品媒介性感染症、インフルエンザや手足口病などの感染症類の発症リスク・流行パターンの変化が新たに報告されている。

猛暑や強い台風、大雨等の極端な気象現象の増加に伴いⓓ自然災害が発生すれば、被災者の暑熱リスクや感染症リスク、精神疾患リスク等が増加する可能性がある。

2030年代までの短期的には、ⓔ温暖化に伴い光化学オキシダント・オゾン等の汚染物質の増加に伴う超過死亡者数が増加するが、それ以降は減少することが予測されている。

健康分野における、気候変動による健康面への影響の概略は、次の図に示すとおりである。

（注）1　熱ストレス……高温による健康影響の原因の総称。
2　リスク……危険が生じる可能性や度合い。
3　超過死亡……過去のデータから統計的に推定される死者数をどれだけ上回ったかを示す指標。
4　感染症を媒介する節足動物……昆虫やダニ類など。
5　水系・食品媒介性感染症……水、食品を介して発症する感染症。

図

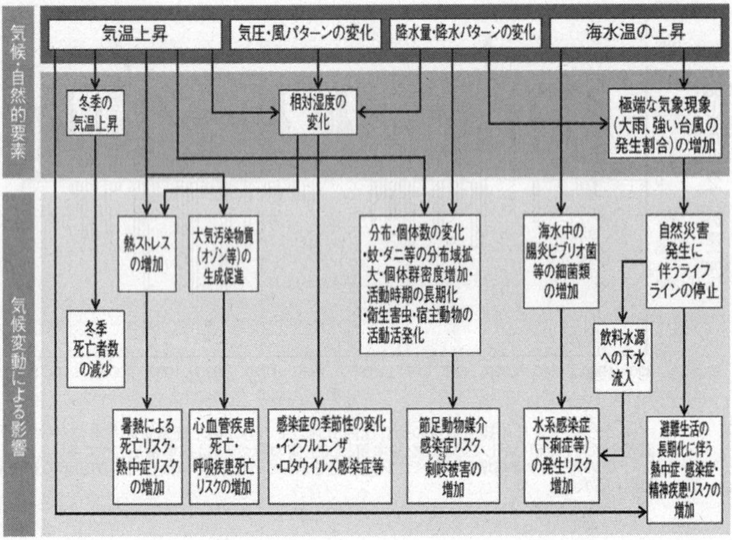

（文章と図は、環境省「気候変動影響評価報告書 詳細（令和２年12月）」をもとに作成）

グラフ1 日本の年平均気温偏差の経年変化

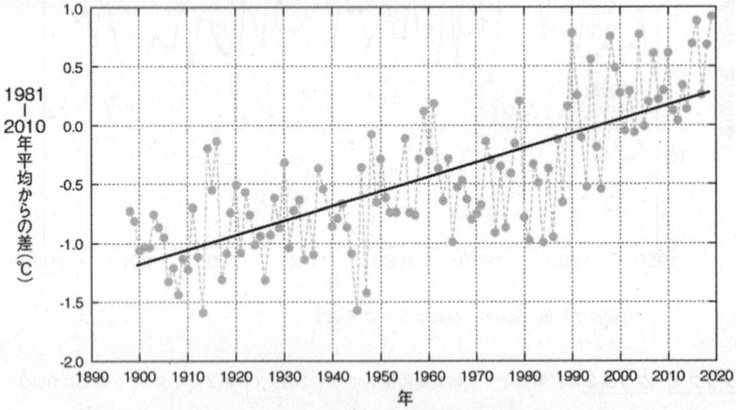

点線で結ばれた点は、国内15観測地点での年平均気温の基準値からの偏差を平均した値を示している。直線は長期変化傾向（この期間の平均的な変化傾向）を示している。基準値は1981～2010年の30年平均値。

グラフ2 日本の年降水量偏差の経年変化

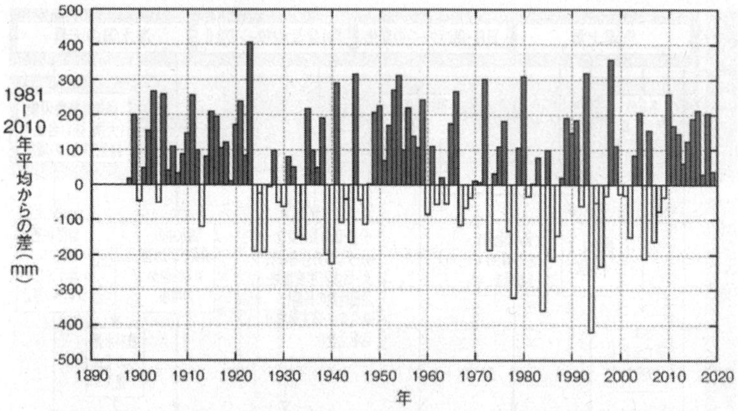

棒グラフは気象庁の観測地点のうち、国内51地点での各年の年降水量の基準値からの偏差を平均した値を示している。0を基準値とし、上側の棒グラフは基準値と比べて多いことを、下側の棒グラフは基準値と比べて少ないことを示している。基準値は1981～2010年の30年間の平均値。

グラフ3 台風の発生数及び日本への接近数

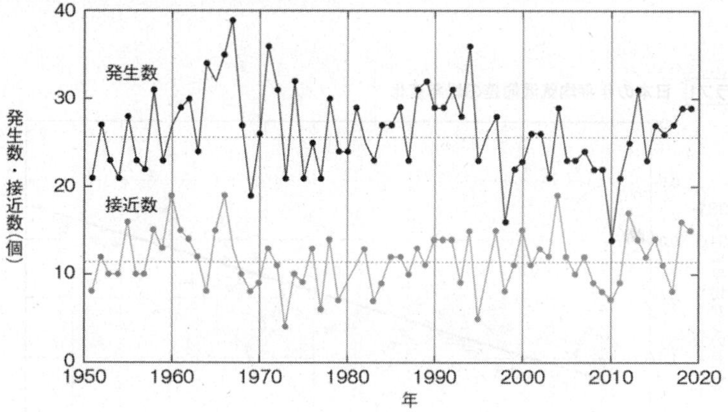

点線は平年値（1950年～2020年の平均）を表す。

（グラフ1～グラフ3は、気象庁「気候変動監視レポート 2019（令和２年７月）」をもとに作成）

【資料Ⅱ】

地球温暖化の対策は、これまで原因となる温室効果ガスの排出を削減する「緩和策」を中心に進められてきた。しかし、世界が早急に緩和策に取り組んだとしても、地球温暖化の進行を完全に制御することはできないと考えられている。温暖化の影響と考えられる事象が世界各地で起こる中、その影響を抑えるためには、私たちの生活・行動様式の変容や防災への投資といった被害を回避、軽減するための「適応策」が求められる。例えば、環境省は熱中症予防情報サイトを設けて、私たちが日々の生活や街中で熱中症を予防するための様々な工夫や取り組みを紹介したり、保健活動にかかわる人向けの保健指導マニュアル「熱中症環境保健マニュアル」を公開したりしている。これも暑熱に対する適応策である。また、健康影響が生じた場合、現状の保健医療体制で住民の医療ニーズに応え、健康水準を保持できるのか、そのために不足しているリソース[注1]があるとすれば何で、必要な施策は何かを特定することが望まれる。例えば、21 世紀半ばに熱中症搬送者数が 2 倍以上となった場合、現行の救急搬送システム（救急隊員数、救急車の数等）ですべての熱中症患者を同じ水準で搬送可能なのか、受け入れる医療機関、病床、医療従事者は足りるのか、といった評価を行い、対策を立案していくことが今後求められる。また緩和策と健康増進を同時に進めるコベネフィット[注2]を追求していくことも推奨される。例えば、自動車の代わりに自転車を使うことは、自動車から排出される温室効果ガスと大気汚染物質を減らし（緩和策）、自転車を漕《こ》ぐことで心肺機能が高まり健康増進につながる。肉食を減らし、野菜食を中心にすることは、家畜の飼育過程で糞《ふん》尿などから大量に排出されるメタンガスなどの温室効果ガスを抑制すると同時に、健康増進につながる。こうしたコベネフィットを社会全体で追求していくことは、各セクター[注3]で縦割りになりがちな適応策に横のつながりをもたらすことが期待される。

（橋爪真弘《はしづめまさひろ》「公衆衛生分野における気候変動の影響と適応策」による）

（注） 1　リソース……資源。

2　コベネフィット……一つの活動が複数の利益につながること。

3　セクター……部門、部署。

問1 **【資料Ⅰ】** **文章**と**図**との関係について、次の（ⅰ）（ⅱ）の問いに答えよ。

（ⅰ）**文章**の下線部ⓐ〜ⓔの内容には、**図**では**省略されているものが二つ**ある。その二つの組合せとして最も適当なものを、次の①〜⑤のうちから一つ選べ。解答番号は **1** 。

① ⓑとⓔ
② ⓐとⓓ
③ ⓒとⓔ
④ ⓑとⓓ
⑤ ⓐとⓒ

（ⅱ）**図**の内容や表現の説明として**適当でないもの**を、次の①〜⑤のうちから一つ選べ。解答番号は **2** 。

① 「気候変動による影響」として環境及び健康面への影響を整理して図示し、**文章**の内容を読み手が理解しやすいように工夫している。
② 気温上昇によって降水量・降水パターンの変化や海水温の上昇が起こるという因果関係を図示することによって、**文章**の内容を補足している。
③ 「気候・自然的要素」と「気候変動による影響」に分けて整理することで、どの要素がどのような影響を与えたかがわかるように提示している。
④ 「気候・自然的要素」が及ぼす「気候変動による影響」を図示することにより、特定の現象が複数の影響を生み出し得ることを示唆している。
⑤ 気候変動によって健康分野が受ける複雑な影響を読み手にわかりやすく伝えるために、いくつかの事象に限定して因果関係を図示している。

問2 次のア〜エの各文は、ひかるさんが**【資料Ⅰ】**、**【資料Ⅱ】**を根拠としてまとめたものである。**【凡例】**に基づいて各文の内容の正誤を判断したとき、その組合せとして最も適当なものを、後の①〜⑤のうちから一つ選べ。解答番号は **3** 。

【凡例】

正　し　い――述べられている内容は、正しい。
誤っている――述べられている内容は、誤っている。
判断できない――述べられている内容の正誤について、**【資料Ⅰ】**、**【資料Ⅱ】**からは判断できない。

ア　気候変動による気温の上昇は、冬における死亡者数の減少につながる一方で、高齢者を中心に熱中症や呼吸器疾患など様々な健康リスクをもたらす。

イ　日本の年降水量の平均は一九〇一年から一九三〇年の三〇年間より一九八一年から二〇一〇年の三〇年間の方が多く、気候変動の一端がうかがえる。

ウ　台風の発生数が平年値よりも多い年は日本で真夏日・猛暑日となる日が多く、気温や海水温の上昇と台風の発生数は関連している可能性がある。

エ　地球温暖化に対して、温室効果ガスの排出削減を目指す緩和策だけでなく、被害を回避、軽減するための適応策や健康増進のための対策も必要である。

①	ア　正しい	イ　誤っている	ウ　誤っている	エ　判断できない
②	ア　誤っている	イ　判断できない	ウ　誤っている	エ　誤っている
③	ア　正しい	イ　誤っている	ウ　判断できない	エ　正しい
④	ア　誤っている	イ　正しい	ウ　判断できない	エ　正しい
⑤	ア　判断できない	イ　正しい	ウ　判断できない	エ　誤っている

問3　気候変動が健康に影響を与えることを知り、高校生として何ができるか考えたひかるさんは、**【資料Ⅰ】**と**【資料Ⅱ】**を踏まえたレポートを書くことにした。次の**【目次】**は、ひかるさんがレポートの内容と構成を考えるために作成したものである。これを読んで、後の（ⅰ）（ⅱ）の問いに答えよ。

【目次】

テーマ：気候変動が健康に与える影響と対策

はじめに：テーマ設定の理由

第１章　気候変動が私たちの健康に与える影響
- a 暑熱による死亡リスクや様々な疾患リスクの増加
- b 感染症の発生リスクの増加
- c 自然災害の発生による被災者の健康リスクの増加

第２章　データによる気候変動の実態
- a 日本の年平均気温の経年変化
- b 日本の年降水量の経年変化
- c 台風の発生数及び日本への接近数

第３章　気候変動に対して健康のために取り組むべきこと
- a 生活や行動様式を変えること
- b 防災に対して投資すること
- c ［　　X　　］
- d コベネフィットを追求すること

おわりに：調査をふりかえって

参考文献

（ⅰ）　**【資料Ⅱ】**を踏まえて、レポートの第3章の構成を考えたとき、**【目次】**の空欄 X に入る内容として最も適当なものを、次の①～⑤のうちから一つ選べ。解答番号は **4** 。

① 熱中症予防情報サイトを設けて周知に努めること
② 保健活動にかかわる人向けのマニュアルを公開すること
③ 住民の医療ニーズに応えるために必要な施策を特定すること
④ 現行の救急搬送システムの改善点を明らかにすること
⑤ 縦割りになりがちな適応策に横のつながりをもたらすこと

（ⅱ）　ひかるさんは、級友に**【目次】**と**【資料Ⅰ】【資料Ⅱ】**を示してレポートの内容や構成を説明し、助言をもらった。**助言の内容に誤りがあるもの**を、次の①～⑤のうちから一つ選べ。解答番号は **5** 。

① Aさん　テーマに掲げている「対策」という表現は、「健康を守るための対策」なのか、「気候変動を防ぐための対策」なのかわかりにくいから、そこが明確になるように表現すべきだと思うよ。

② Bさん　第1章のbの表現は、aやcの表現とそろえたほうがいいんじゃないかな。「大気汚染物質による感染症の発生リスクの増加」とすれば、発生の原因まで明確に示すことができると思うよ。

③ Cさん　気候変動と健康というテーマで論じるなら、気候変動に関するデータだけでなく、感染症や熱中症の発生状況の推移がわかるデータも提示できると、より根拠が明確になるんじゃないかな。

④ Dさん　第1章で、気候変動が健康に与えるリスクについて述べるんだよね。でも、その前提として気候変動が起きているデータを示すべきだから、第1章と第2章は入れ替えた方が、流れがよくなると思うよ。

⑤ Eさん　第1章から第3章は、調べてわかった事実や見つけた資料の内容の紹介だけで終わっているように見えるけど、それらに基づいたひかるさんなりの考察も書いてみたらどうだろう。

第B問

ヒロミさんは、日本語の独特な言葉遣いについて調べ、「言葉遣いへの自覚」という題で自分の考えを**【レポート】**にまとめた。**【資料Ⅰ】**～**【資料Ⅲ】**は、**【レポート】**に引用するためにアンケート結果や参考文献の一部を、見出しを付けて整理したものである。これらを読んで、後の問い（**問1～4**）に答えよ。（配点　20）

【レポート】

男女間の言葉遣いの違いは、どこにあるのだろうか。**【資料Ⅰ】**によると、男女の言葉遣いは同じでないと思っている人の割合は、七割以上いる。実際、「このバスに乗ればいいのよね？」は女の子の話し方として、「このカレーライスうまいね！」は男の子の話し方として認識されている。これは、性差によって言葉遣いがはっきり分かれているという、日本語の特徴の反映ではないだろうか。

一方、［　X　］にも着目すると、男女の言葉遣いの違いを認識しているものの、女性らしいとされていた言葉遣いがあまり用いられず、逆に男性らしいとされる言葉遣いをしている女性も少なからず存在することが分かる。

ここで、**【資料Ⅱ】【資料Ⅲ】**の「役割語」を参照したい。これらの資料によれば、言葉遣いの違いは性別によるとはかぎらない、そして、［　Y　］ということである。

たしかに、マンガやアニメ、小説などのフィクションにおいて、このような役割語は、非常に発達している。役割語がなければ、「キャラクタ」を描けないようにすら感じる。とくに、文字は映像と違って、顔は見えないし声も聞こえない。役割語が効率的にキャラクタを描き分けることによって、それぞれのイメージを読者に伝えることができる。その一方で、キャラクタのイメージがワンパターンに陥ってしまうこともある。

それでは、現実の世界ではどうだろうか。私たちの身近にある例を次にいくつか挙げてみよう。

［　Z　］

以上のように、私たちの周りには多くの役割語があふれている。したがって、役割語の性質を理解したうえで、フィクションとして楽しんだり、時と場所によって用いるかどうかを判断したりするなど、自らの言葉遣いについても自覚的でありたい。

【資料Ⅰ】　性別による言葉遣いの違い

調査期間　2008/11/23〜2008/12/08

調査対象　小学生〜高校生 10,930 人（男子 5,787 人、女子 5,107 人、無回答 36 人）

調査方法　任意で回答

単位　全て％

質問 1

男の子（人）が使うことばと、女の子（人）が使うことばは、同じだと思いますか？

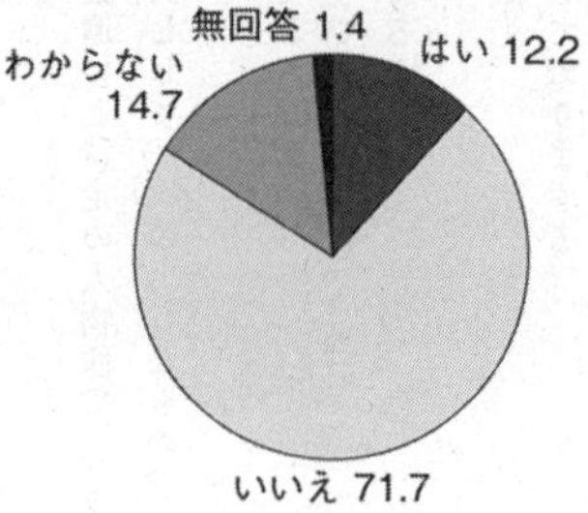

質問 2

①次の各文は、男の子、女の子、どちらの話し方だと思いますか？

「このバスに乗ればいいのよね？」

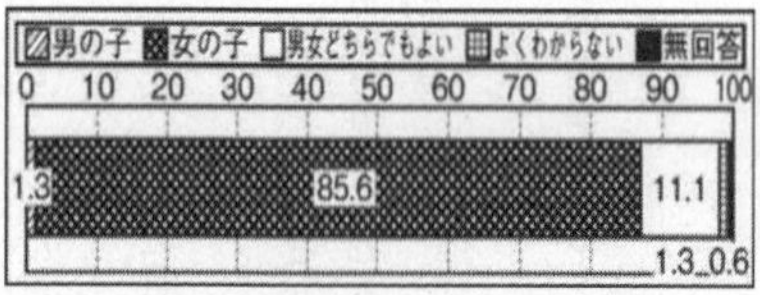

「このカレーライスうまいね！」

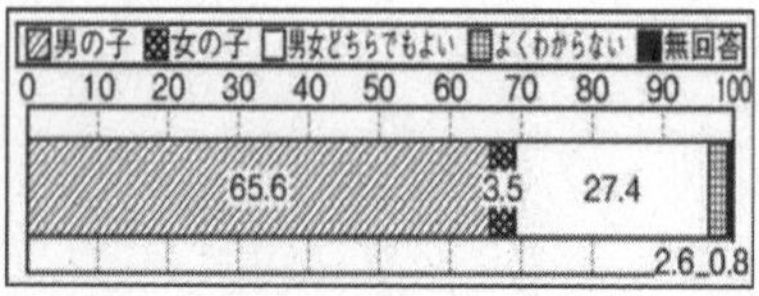

②次のようなことばづかいはしますか？

「このバスに乗ればいいのよね？」

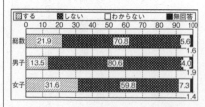

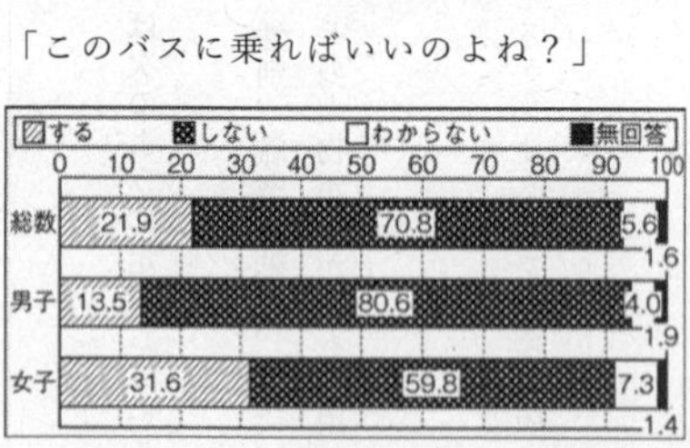

「このカレーライスうまいね！」

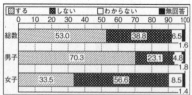

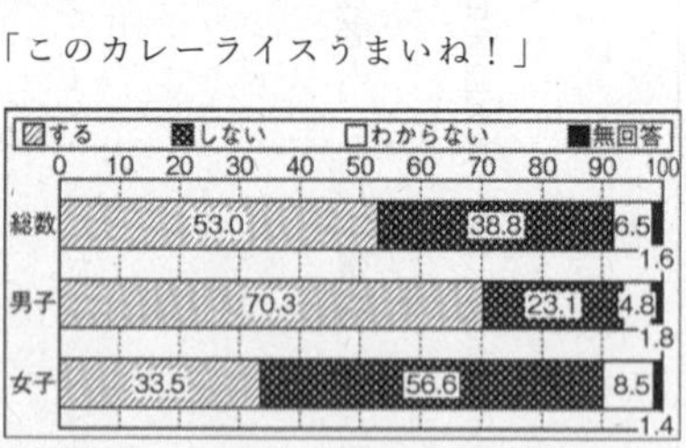

（旺文社「第 6 回ことばに関するアンケート」による）

【資料Ⅱ】 役割語の定義

役割語について、金水敏『ヴァーチャル日本語 役割語の謎』（岩波書店、二〇〇三年、二〇五頁）では次のように定義している。

ある特定の言葉遣い（語彙・語法・言い回し・イントネーション等）を聞くと特定の人物像（年齢、性別、職業、階層、時代、容姿・風貌、性格等）を思い浮かべることができるとき、あるいはある特定の人物像を提示されると、その人物がいかにも使用しそうな言葉遣いを思い浮かべることができるとき、その言葉遣いを「役割語」と呼ぶ。

すなわち、特定の話し方あるいは言葉遣いと特定の人物像（キャラクタ）との心理的な連合であり、(注)ステレオタイプの言語版であるとも言える。役割語の分かりやすい例として、次のようなものを挙げることができる。

a　おお、そうじゃ、わしが知っておるんじゃ。
b　あら、そうよ、わたくしが知っておりますわ。
c　うん、そうだよ、ぼくが知ってるよ。
d　んだ、んだ、おら知ってるだ。
e　そやそや、わしが知ってまっせー。
f　うむ、さよう、せっしゃが存じております。

上記の話し方はいずれも論理的な内容が同じであるが、想起させる話し手が異なる。例えばaは男性老人、bはお嬢様、cは男の子、dは田舎もの、eは関西人、fは武士などの話し手が当てられるであろう。

（金水《きんすい》敏《さとし》「役割語と日本語教育」『日本語教育』第一五〇号による）

（注）　ステレオタイプ――型にはまった画一的なイメージ。紋切り型。

【資料Ⅲ】　役割語の習得時期

多くの日本語話者は、「あら、すてきだわ」「おい、おれは行くぜ」のような言い方が女性や男性の話し方を想起させるという知識を共有している。しかし、現実の日常生活の中でこのようないかにも女性的、いかにも男性的というような表現は今日の日本ではやはりまれになっている。

日常的な音声言語に、語彙・語法的な特徴と性差に関する積極的な証拠が乏しいにもかかわらず、多くのネイティブの日本語話者は、〈男ことば〉と〈女ことば〉を正しく認識する。むろんこれは、絵本やテレビなどの作品の受容を通して知識を受け入れているのである。この点について考えるために、私が代表者を務める(注)科研費の研究グループで、幼児の役割語認識の発達に関する予備的な実験調査を紹介しよう。図1として示すのは、その実験に用いたイラストである。

この図を被実験者の幼児に示し、さらに音声刺激として次のような文の読み上げを聞かせ、絵の人物を指し示させた。

a　おれは、この町が大好きだぜ。
b　あたしは、この町が大好きなのよ。
c　わしは、この町が大好きなんじゃ。
d　ぼくは、この町が大好きさ。
e　わたくしは、この町が大好きですわ。

図1　役割語習得に関する実験刺激

その結果、三歳児では性差を含む役割語の認識が十分でなかったのに対し、五歳児ではほぼ完璧にできることが分かった(音声的な刺激を用いたので、語彙・語法的な指標と音声的な指標のどちらが効いていたかはこれからの検討課題である)。

幼児が、これらの人物像すべてに現実に出会うということはほとんど考えにくい。これに対して、幼児が日常的に触れる絵本やアニメ作品等には、役割語の例があふれている。

（金水敏「役割語と日本語教育」『日本語教育』第一五〇号による）

（注）　科研費――科学研究費補助金の略。学術研究を発展させることを目的にする競争的資金。

問1 **【レポート】**の空欄 X には、**【レポート】**の展開を踏まえた**【資料Ⅰ】**の説明が入る。その説明として最も適当なものを、次の①〜⑤のうちから一つ選べ。解答番号は 1 。

① 「このバスに乗ればいいのよね?」を使わない女子は六割近くにのぼり、「このカレーライスうまいね!」を使わない男子は二割を超えていること

② 「このバスに乗ればいいのよね?」を使う女子は三割程度にとどまり、「このカレーライスうまいね!」を使う女子は三割を超えていること

③ 「このバスに乗ればいいのよね?」を使わない女子は六割近くにのぼり、「このカレーライスうまいね!」を使わない男女は四割近くにのぼること

④ 「このバスに乗ればいいのよね?」を使わない女子は六割近くにのぼり、「このカレーライスうまいね!」を使うか分からないという女子は一割程度にとどまっていること

⑤ 「このバスに乗ればいいのよね?」を使う女子は三割程度にとどまり、「このカレーライスうまいね!」を男女どちらが使ってもいいと考える人は三割近くにのぼること

問2　**【レポート】**の空欄 Y には、**【資料Ⅱ】**及び**【資料Ⅲ】**の要約が入る。その要約として最も適当なものを、次の①～⑤のうちから一つ選べ。解答番号は **2** 。

① イラストと音声刺激を用いた発達段階に関する調査によって、役割語の認識は、五歳でほぼ獲得されることが明らかになったが、それは絵本やアニメといった幼児向けのフィクションの影響である

② 役割語とは、特定の人物像を想起させたり特定の人物がいかにも使用しそうだと感じさせたりする語彙や言い回しなどの言葉遣いのことであり、日本語の言葉遣いの特徴を端的に示した概念である

③ 年齢や職業、性格といった話し手の人物像に関する情報と結びつけられた言葉遣いを役割語と呼び、私たちはそうした言葉遣いを幼児期から絵本やアニメ等の登場人物の話し方を通して学んでいる

④ 日本語話者であれば言葉遣いだけで特定の人物のイメージを思い浮かべることができるが、こうした特定のイメージが社会で広く共有されるに至ったステレオタイプとしての言語が役割語である

⑤ 特定の人物のイメージを喚起する役割語の力が非常に強いのは、幼児期からフィクションを通して刷り込まれているためであるが、成長の過程で理性的な判断によってそのイメージは変えられる

問3 【レポート】の空欄 Z には、役割語の例が入る。その例として**適当でないもの**を、次の①～⑤のうちから一つ選べ。解答番号は 3 。

① 家族や友だちに対してはくだけた言葉遣いで話すことが多い人が、他人の目を意識して、親密な人にも敬語を用いて話し方を変える場合が見受けられる。

② アニメやマンガ、映画の登場人物を真似るなどして、一般的に男性が用いる「僕」や「俺」などの一人称代名詞を用いる女性が見受けられる。

③ ふだん共通語を話す人が話す不自然な方言よりも、周りが方言を話す環境で育てられた人が話す自然な方言の方が好まれるという傾向が見受けられる。

④ 「ツッコミキャラ」、「天然キャラ」などの類型的な人物像が浸透し、場面に応じてそれらを使い分けるというコミュニケーションが見受けられる。

⑤ スポーツニュースで外国人男性選手の言葉が、「俺は～だぜ」、「～さ」などと男性言葉をことさら強調して翻訳される場合が見受けられる。

問4 ヒロミさんは、**【レポート】**の主張をより理解してもらうためには論拠が不十分であることに気づき、補足しようと考えた。その内容として適当なものを、次の①～⑥のうちから**二つ**選べ。ただし、解答の順序は問わない。解答番号は 4 ・ 5 。

① 「今日は学校に行くの」という表現を例にして、日本語における役割語では語彙や語法より音声的な要素が重要であるため、文末のイントネーションによって男女どちらの言葉遣いにもなることを補足する。

② 英語の「I」に対応する日本語が「わたし」、「わたくし」、「おれ」、「ぼく」など多様に存在することを例示し、一人称代名詞の使い分けだけでも具体的な人物像を想起させることができることを補足する。

③ マンガやアニメなどに登場する武士や忍者が用いるとされる「～でござる」という文末表現が江戸時代にはすでに使われていたことを指摘し、役割語の多くが江戸時代の言葉を反映していることを補足する。

④ 役割語と性別、年齢、仕事の種類、見た目などのイメージとがつながりやすいことを踏まえ、不用意に役割語を用いることは人間関係において個性を固定化してしまう可能性があるということを補足する。

⑤ 絵本やアニメなどの幼児向けの作品を通していつの間にか認識されるという役割語の習得過程とその影響力の大きさを示し、この時期の幼児教育には子どもの語彙を豊かにする可能性があるということを補足する。

⑥ 役割語であると認識されてはいても実際の場面ではあまり用いられないという役割語使用の実情をもとに、一人称代名詞や文末表現などの役割語の数が将来減少してしまう可能性があるということを補足する。

2024 本試

（200点
80分）

〔国語〕

注　意　事　項

1　解答用紙に，正しく記入・マークされていない場合は，採点できないことがあります。

2　問題は４問あり，第１問，第２問は「近代以降の文章」，第３問は「古文」，第４問は「漢文」の問題です。

なお，大学が指定する特定分野のみを解答する場合でも，試験時間は80分です。

3　試験中に問題冊子の印刷不鮮明，ページの落丁・乱丁及び解答用紙の汚れ等に気付いた場合は，手を高く挙げて監督者に知らせなさい。

4　解答は，解答用紙の解答欄にマークしなさい。例えば，［10］と表示のある問いに対して③と解答する場合は，次の(例)のように**解答番号10の解答欄**の③に**マーク**しなさい。

（例）

解答番号	解答欄								
	1	2	3	4	5	6	7	8	9
10	①	②	●	④	⑤	⑥	⑦	⑧	⑨

5　問題冊子の余白等は適宜利用してよいが，どのページも切り離してはいけません。

6　**不正行為について**

①　不正行為に対しては厳正に対処します。

②　不正行為に見えるような行為が見受けられた場合は，監督者がカードを用いて注意します。

③　不正行為を行った場合は，その時点で受験を取りやめさせ退室させます。

7　試験終了後，問題冊子は持ち帰りなさい。

第1問

次の文章を読んで、後の問い（問1〜6）に答えよ。なお、設問の都合で本文の段落に 1 〜 10 の番号を付してある。また、表記を一部改めている。（配点　50）

1 モーツァルトの没後二〇〇年の年となった一九九一年の、まさにモーツァルトの命日に当たる一二月五日に、ウィーンの聖シュテファン大聖堂でモーツァルトの《レクイエム》(注1)の演奏が行われた（直後にLD(注2)が発売されている）。ゲオルク・ショルティ(注3)の指揮するウィーン・フィル(注4)、ウィーン国立歌劇場の合唱団などが出演し、ウィーンの音楽界の総力をあげた演奏でもあるのだが、ここで重要なのは、これがモーツァルトの没後二〇〇年を記念する追悼ミサ(注5)という「宗教行事」であったということである。それゆえ、随所に聖書の朗読や祈りの言葉等、「音楽」ではない台詞《せりふ》の部分や聖体拝領などの様々な儀式的所作が割り込む形になる。まさに「音楽」でもあり「宗教行事」でもあるという典型的な例である。

2 モーツァルトの《レクイエム》という音楽作品として聴こうとする人は、これをどのように認識するのか？　あるCDショップのウェブサイトに(ア)ケイサイされているこの演奏のCDのレビュー欄には、「キリスト教徒でない並みの音楽好きには延々と続く典礼の割り込みには正直辟易《へきえき》としてくるのも事実。CDプレイヤーのプログラミング機能がカツ(イ)ヤクする」というコメントが見られる。これを「音楽」として捉えようとするこの聴き手が、音楽部分だけをつなぎ合わせてひとまとまりとして捉えるような認識の仕方をしているさまが彷彿《ほうふつ》としてくる。

3 それに対して、この(ウ)モヨオし物は「音楽」である以前に典礼であり、この聴き手のような本来のあり方を無視した聴き方は本末顚倒《てんとう》だとする立場も当然考えられる。こういうものは、典礼の全体を体験してこそその意味を正しく認識できるのであり、音楽部分だけつまみだして云々《うんぬん》するなどという聴き方は、あらゆる音楽を、コンテクストを無視してコンサートのモデルで捉える一九世紀的なアク(エ)ヘイにすぎない、一刻も早く、そういう歪《ゆが》みを取り去って、体験の本来の姿を取り戻さなければならない、そういう主張である。

4 この主張はたしかに一面の真理ではあろう。だがここでの問題は、一九世紀には音楽が典礼から自立したとか、それをまた、本来のコンテクストに戻す動きが生じているというような単純な二分法的ストーリーにおさまるものではない。もちろん、物事には見方によっていろいろな側面があるのは当然なのだから、音楽か典礼かというオールオアナッシングのような議論で話が片付かないのはあたりまえだが、何よりも重要なのは、ここでの問題が、音楽vs.典礼といった図式的な二項関係の説明にはおさまりきれない複合的な性格をもった、しかもきわめてアクチュアル(注6)な現代的問題を孕《はら》んでいるということである。

5 Aこれが典礼なのか、音楽なのかという問題は、実はかなり微妙である。たしかに、モーツァルトの命日を記念して聖シュテファン大聖堂で行われている追悼ミサであるという限りでは(オ)マギれもなく宗教行事であるには違いないが、ウィーン・フィルと国立歌劇場合唱団の大部隊が大挙してシュテファン大聖堂に乗り込んで来ているという段階で、すでにかなり異例な事態である。DVDの映像を見ても、前方の祭壇を中心に行われている司式(注7)を見る限りでは通常の「典礼」のようだが、通常の典礼にはない大規模なオーケストラと合唱団を後方に配置するために、聖堂の後ろにある通常の出入り口は閉め切られてしまっている。聖堂での通常の儀礼という範囲に到底おさまりきれないものになっているのだ。客(信徒と言うべきだろうか)もまた、典礼という限りでは、前の祭壇で行われている司式に注目するのが自然であり、実際椅子もそちら向きにセットされているのだが、背後から聞こえてくる音楽は、もはや典礼の一部をなす、というようなレベルをはるかにこえて、その音楽自体を「鑑賞」の対象にしている様子が窺《うかが》える(実際、映像を見ると、「客」が半ば後ろ向きになって、窮屈そうな様子で背後のオーケストラや合唱の方をみている様子が映し出されている)。

6 そして何といっても極めつきなのが、この典礼の映像がLD、DVDなどの形でパッケージ化されて販売され、私を含めた大多数の人々はその様子を、これらのメディアを通して体験しているという事実である。これはほとんど音楽的なメディア・イヴェントと言っても過言ではないものになっているのだが、ここで非常におもしろいのは、典礼という宗教行事よりもモーツァルトの「音楽作品」に焦点をあてるという方向性を推し進めた結果、典礼の要素が背景に退くのではなくかえって、典礼をも巻き込む形で全体が「作品化」され、「鑑賞」の対象になるような状況が生じているということである。

7 このことは、B今「芸術」全般にわたって進行しつつある状況とも対応している。それは「博物館化」、「博物館学的欲望」などの語で呼ばれる、きわめて現代的な現象である。コンサートホール同様、一九世紀にそのあり方を確立した美術館や博物館においては、様々な物品を現実のコンテクストから切り取って展示する、そのあり方が不自然だという批判が出てきた。たしかに、寺で信仰の対象として長いこと使われ、皆が頭をなでてすり減っているような仏像が、それ自体、美術的な、あるいは歴史的な価値をもつものとして、寺から持ち出されてガラスケースの中に展示され、それを遠くから鑑賞する、というような体験はとても不思議なものではある。最近ではその種の展示でも、単に「もの自体」をみせるのでなく、それが使われたコンテクスト全体をみせ、そのものが生活の中で使われている状況を可能な限りイメージさせるような工夫がなされたり、作家や作品そのものではなく、その背景になった時代全体を主題化した展覧会のようなものが増えたり、といった動きが進んできた。ところがそのことが、単に元のコンテクストに戻す、ということにとどまらない結果を生み出しているのである。

8 美術館や博物館の展示が、物そのものにとどまらず、それを取り巻くコンテクストをも取り込むようになってきていることは、別の見方をすれば、かつては「聖域」として仕切られた「作品そのもの」の外に位置していたはずの現実の時空もろとも、美術館や博物館という「聖域」の中に引きずり込まれた状況であるとみることもできる。それどころか、一九世紀以来、こうした場で育まれてきた「鑑賞」のまなざしが今や、美術館や博物館の垣根をのりこえて、町全体に流れ込むようになってきていると言ってよいかもしれない。ディズニーランドやハウステンボスは言うに及ばず、ウィーンでも京都でも、ベルリンや東京でも、いたるところに「歴史的町並み」風の場所が出現し、さながら町全体がテーマパーク化したような状況になっている。そういう場所で人々が周囲の景物に向けるまなざしは、たぶん美術館や博物館の内部で「物そのもの」に向けられていたものに近いものだろう。「博物館化」、「博物館学的欲望」といった語はまさに、そのような心性や状況を言い表そうとしているものである。これまで問題にしてきたシュテファン大聖堂での《レクイエム》のケースも、それになぞらえれば、単に音楽をコンサートから典礼のコンテクストに戻したのではなく、むしろ典礼そのものをもコンサート的なまなざしのうちに置こうとする人々の「コンサートホール的欲望」によって、コンサートの外なる場所であったはずの現実の都市の様々な空間が、どんどん「コンサートホール化」されている状況の反映と言い換えることができるように思われる。

9 「音楽」や「芸術」の概念の話に戻り、今のそういう状況に重ね合わせて考え直してみるならば、この状況は、近代的なコンサートホールの展開と相関的に形成されてきた「音楽」や「芸術」に向けるまなざしや聴き方が今や、その外側にまであふれ出てきて、かつてそのような概念の適用範囲外にあった領域にまでどんどん浸食してきている状況であると言いうるだろう。逆説的な言い方になるが、一見したところ「音楽」や「芸術」という伝統的な概念や枠組みが解体、多様化しているようにみえる状況と裏腹に、むしろコンサートホールや美術館から漏れ出したそれらの概念があらゆるものの「音楽化」や「芸術化」を促進しているように思われるのである。だがそうであるならば、「音楽」や「芸術」という概念が自明の前提であるかのように考えてスタートしてしまうような議論に対しては、Cなおさら警戒心をもって周到に臨まなければならないのではないだろうか。このような状況自体、特定の歴史的・文化的コンテクストの中で一定の価値観やイデオロギーに媒介されることによって成り立っているのだとすれば、そこでの「音楽化」や「芸術化」の動きの周辺にはたらいている力学や、そういう中で「音楽」や「芸術」の概念が形作られたり変容したりする過程やメカニズムを明確にすることこそが決定的に重要になってくるからである。

10 問題のポイントを簡単に言うなら、「音楽」や「芸術」は決して最初から「ある」わけではなく、「なる」ものであるということになろう。それにもかかわらず、「音楽」や「芸術」という概念を繰り返し使っているうちに、それがいつの間にか本質化され、最初から「ある」かのような話にすりかわってしまい（ちょうど紙幣を繰り返し使っているうちに、それ自体に価値が具《そな》わっているかのように錯覚するようになってしまうのと同じである）、その結果は、気がついてみたら、「音楽は国境を越える」、「音楽で世界は一つ」という怪しげなグローバリズムの論理に取り込まれていたということにもなりかねないのである。

（渡辺《わたなべ》 裕《ひろし》『サウンドとメディアの文化資源学 —— 境界線上の音楽』による）

（注）

1　レクイエム――死者の魂が天国に迎え入れられるよう神に祈るための曲。

2　ＬＤ――レーザーディスク。映像・音声の記録媒体の一つ。

3　ゲオルク・ショルティ――ハンガリー出身の指揮者、ピアニスト（一九一二―一九九七）。

4　ウィーン・フィル――ウィーン・フィルハーモニー管弦楽団のこと。

5　聖体拝領――キリストの血と肉を象徴する葡萄《ぶどう》酒とパンを人々が受け取る儀式。

6　アクチュアルな――今まさに直面している。

7　司式――教会の儀式をつかさどること。ここでは儀式そのものを指す。

問1　傍線部(ア)〜(オ)に相当する漢字を含むものを、次の各群の①〜④のうちから、それぞれ一つずつ選べ。解答番号は［1］〜［5］。

(ア)　ケイサイ　［1］

① 名著にケイハツされる
② 連絡事項をケイシュツする
③ 方針転換のケイキになる
④ 一族のケイズを作る

(イ)　カツヤク　［2］

① 神仏のごリヤクにすがる
② あの人はケンヤク家だ
③ 面目ヤクジョの働きをする
④ 重要なヤクショクに就く

(ウ)　モヨオし物　［3］

① 議案をサイタクする
② サイミン効果のある音楽
③ カッサイを浴びた演技
④ 多額のフサイを抱える

(エ)　アクヘイ　［4］

① 機会のコウヘイを保つ
② 心身がヒヘイする
③ 室内にユウヘイされる
④ オウヘイな態度をとる

(オ)　マギれ　［5］

① 不満がフンシュツする
② フンベツある大人になる
③ 議論がフンキュウする
④ 決算をフンショクする

問2　傍線部A「これが典礼なのか、音楽なのかという問題は、実はかなり微妙である。」とあるが、筆者がそのように述べる理由として最も適当なものを、次の①～⑤のうちから一つ選べ。解答番号は 6 。

① 追悼ミサにおける《レクイエム》は、音楽として捉えることもできるが、それ以前に典礼の一部なのであり、典礼の全体を体験することによって楽曲本来のあり方を正しく認識できるようにもなっているから。

② 追悼ミサにおける《レクイエム》は、もともと典礼の一要素として理解されてはいたが、聖書の朗読や祈りの言葉等の儀式的な部分を取り去れば、独立した音楽として鑑賞できると認識されてもいるから。

③ 追悼ミサにおける《レクイエム》は、典礼の一要素として演奏されたものではあったが、参列者のために儀式と演奏の空間を分けたことによって、聖堂内でありながら音楽として典礼から自立することにもなったから。

④ 追悼ミサにおける《レクイエム》は、典礼の一部として受容されてはいたが、演奏を聴くことを目的に参列する人やCDを購入する人が増えたことで、典礼が音楽の一部と見なされるようにもなっていったから。

⑤ 追悼ミサにおける《レクイエム》は、典礼を構成する一要素であるが、その典礼から切り離し音楽として鑑賞することもでき、さらには典礼全体を一つのイヴェントとして鑑賞するような事態も起きているから。

問3 傍線部B「今『芸術』全般にわたって進行しつつある状況」とあるが、それはどのような状況か。その説明として最も適当なものを、次の①～⑤のうちから一つ選べ。解答番号は 7 。

① 展示物をその背景とともに捉えることで、美術館や博物館の内部で作品に向けられていたまなざしが周囲の事物にも向けられるようになり、現実の空間まで鑑賞の対象に組み込まれてきたという状況。

② 展示物を取り巻くコンテクストもイメージすることで、美術館や博物館内部の空間よりもその周辺に関心が移り、物そのものが置かれていた生活空間も鑑賞の対象とする考え方がもたらされてきたという状況。

③ 作品の展示空間を美術館や博物館の内部に限ったものと見なすのではなく、地域全体を展示空間と見なす新たな鑑賞のまなざしが生まれ、施設の内部と外部の境界が曖昧になってきたという状況。

④ 生活の中にあった事物が美術館や博物館の内部に展示物として取り込まれるようになったことで、作品と結びついたコンテクスト全体が鑑賞の対象として主題化されるようになってきたという状況。

⑤ 美術館や博物館内部の展示空間からその外に位置していた現実の時空にも鑑賞の対象が拡大していくにつれて、町全体をテーマパーク化し人々の関心を呼び込もうとする都市が出現してきたという状況。

問4　傍線部C「なおさら警戒心をもって周到に臨まなければならないのではないだろうか」とあるが、筆者がそのように述べる理由として最も適当なものを、次の①～⑤のうちから一つ選べ。解答番号は［8］。

① 「音楽」や「芸術」は、コンサートホールや美術館の内部で形成された「博物館学的欲望」に基づいて更新され続けてきた概念である。その過程を無視して概念を自明のものとしてしまうと、概念化を促す原動力としての人々の心性を捉え損ねてしまうから。

② 「音楽」や「芸術」は、コンサートホールや美術館における演奏や展示を通して多様に評価され変容してきた概念である。その過程を無視して概念を自明のものとしてしまうと、「音楽で世界は一つ」などというグローバリズムの論理に取り込まれてしまうから。

③ 「音楽」や「芸術」は、コンサートホールや美術館といった「聖域」が外部へと領域を広げていったことで発展してきた概念である。その過程を無視して概念を自明のものとしてしまうと、あらゆるものが「音楽化」や「芸術化」の対象になってゆく状況を説明できなくなるから。

④ 「音楽」や「芸術」は、コンサートホールや美術館の中で生まれた価値観やイデオロギーを媒介として形作られてきた概念である。その過程を無視して概念を自明のものとしてしまうと、それらの周辺にはたらいている力学の変容過程を明確にすることができなくなるから。

⑤ 「音楽」や「芸術」は、コンサートホールや美術館で育まれた「鑑賞」のまなざしと関わり合いながら成り立ってきた概念である。その過程を無視して概念を自明のものとしてしまうと、それ自体が本質化され、普遍的な価値を持つものとして機能してしまいかねないから。

問5 この文章の構成・展開に関する説明として**適当でないもの**を、次の①～④のうちから一つ選べ。解答番号は [9]。

① [1]段落は、議論の前提となる事例をその背景や補足情報とともに提示して導入を図っており、[2]・[3]段落は、[1]段落で提示された事例について説明しながら二つの異なる立場を紹介している。

② [4]段落は、[2]・[3]段落で紹介された立場を基に問題を提起しており、[5]・[6]段落は、[4]段落で提起された問題についてより具体的な情報を付け加えた上で議論の方向づけを行っている。

③ [7]段落は、前段落までの議論をより一般的な事例を通して検討し直すことで新たに別の問題への転換を図っており、[8]段落は、[7]段落から導き出された観点を基に筆者の見解を提示している。

④ [9]段落は、[7]・[8]段落で導き出された観点に基づいて問題点を指摘しており、[10]段落は、その問題点を簡潔に言い換えつつ[9]段落の議論から導かれた筆者の危惧を示している。

問6　授業で本文を読んだSさんは、作品鑑賞のあり方について自身の経験を基に考える課題を与えられ、次の【文章】を書いた。その後、Sさんは提出前にこの【文章】を推敲《すいこう》することにした。このことについて、後の(i)～(iii)の問いに答えよ。

【文章】

本文では現実を鑑賞の対象とすることに注意深くなるよう主張されていた。しかし、ここでは作品を現実世界とつなげて鑑賞することの有効性について自分自身の経験を基に考えてみたい。

小説や映画、漫画やアニメの中には、現実に存在する場所を舞台にした作品が多くある。そのため、私たちは作品を読み終えたり見終わったりした後に、実際に舞台となった場所を訪れることで、現実空間と作品をつなげて鑑賞することができる。

最近、近くの町がある小説の舞台になっていることを知った。私は何度もそこに行ったことがあるが、これまでは何も感じることがなかった。ところが、小説を読んでから訪れてみると、今までと別の見方ができて面白かった。（**a**）このように、私たちは、作品世界というフィルターを通じて現実世界をも鑑賞の対象にすることが可能である。（**b**）一方で、小説の舞台をめぐり歩いてみたことによって小説のイメージが変わった気もした。（**c**）実際の町の印象を織り込んで読んでみることで、作品が新しい姿を見せることもあるのだ。（**d**）作品を読んで町を歩くことで、さまざまな発見があった。

(i) Sさんは、傍線部「今までと別の見方ができて」を前後の文脈に合わせてより具体的な表現に修正することにした。修正する表現として最も適当なものを、次の①～④のうちから一つ選べ。解答番号は 10 。

① なにげない町の風景が作品の描写を通して魅力的に見えてきて
② その町の情景を思い浮かべながら作品を新たな視点で読み解けて
③ 作品そのままの町の様子から作者の創作意図が感じられて
④ 作品の情景と実際の風景のずれから時間の経過が実感できて

(ii) Sさんは、自身が感じ取った印象に理由を加えて自らの主張につなげるため、【文章】に次の一文を加筆することにした。加筆する最も適当な箇所は（a）～（d）のどの箇所か。後の①～④のうちから一つ選べ。解答番号は 11 。

> それは、単に作品の舞台に足を運んだということだけではなく、現実の空間に身を置くことによって得たイメージで作品を自分なりに捉え直すということをしたからだろう。

① （a）
② （b）
③ （c）
④ （d）

(iii) Sさんは、この【文章】の主張をより明確にするために全体の結論を最終段落として書き加えることにした。そのための方針として最も適当なものを、次の①～④のうちから一つ選べ。解答番号は 12 。

① 作品世界をふまえることで現実世界への認識を深めることができるように、自分が生きている現実世界を知るために作品理解は欠かせない。その気づきを基に、作品世界と現実世界が不可分であることに留意して作品を鑑賞する必要があるといった結論を述べる。

② 作品世界と重ね合わせることで現実世界の見方が変わることがあり、それとは逆に、現実世界と重ね合わせることで作品の印象が変わることもある。その気づきを基に、作品と現実世界の鑑賞のあり方は相互に作用し得るといった結論を述べる。

③ 現実世界をふまえることで作品世界を別の角度から捉えることができるが、一方で、現実世界を意識せずに作品世界だけを味わうことも有効である。その気づきを基に、読者の鑑賞のあり方によって作品の意味は多様であるといった結論を述べる。

④ 現実世界と重ね合わせることで作品世界の捉え方が変わることがあり、そのことで作品に対する理解がさらに深まることになる。その気づきを基に、作品世界を鑑賞するには現実世界も鑑賞の対象にすることが欠かせないといった結論を述べる。

（下書き用紙）

国語の試験問題は次に続く。

第2問

次の文章は、牧田真有子《まきたまゆこ》「桟橋」（二〇一七年発表）の一節である。一六歳の高校生「イチナ」の家に、八歳年上の「おば」が訪れ、同居するようになる。イチナが幼少期に祖父母の家で親しく接していたおばは、中学生の頃から演劇の才能を発揮し、その後は劇団に所属しながら住居を転々としていた。これを読んで、後の問い（問1～7）に答えよ。なお、設問の都合で本文の上に行数を付してある。（配点　50）

イチナが幼い頃のおばの印象は、「ままごと遊びになぜか本気で付き合ってくれるおねえさん」だった。幼稚園や小学校から祖父母の家に直行するときのイチナの目当ては、おばと定まっていた。学者だった祖父の書斎のソファで昼寝をして、おばが中学校から帰ってくるのを待った。やがて路地の角を曲がってざくざくと砂利を踏む足音で目がさめ、跳ね起きて玄関へ急ぐ。

「イチナ、少しはあの子にも羽を伸ばさせてあげなさい」

背後から祖父が神経質な口調でたしなめ、おばは靴を脱がないままかばんだけどすんと置いて、「いいよ。休みに行くようなもんだから」と書斎の方角に言い放つ。イチナはおばにまとわりつくようにして一緒に家を出る。

杉の木立に囲まれた児童公園が遊び場だった。おばは一度も足をとめずすたすたと砂場へ向かう。滑り台や鉄棒で遊んでいた、年齢にばらつきのある七、八人が我先にと集ってくる。

ままごとといっても、ありふれた家庭を模したものであったためしはない。専業主婦の正体が窃盗団のカシラだとか、全面闘争よりも華やかな記憶とともに滅びていく方を選ぶ王家の一族だとか、(ア)うらぶれた男やもめ（注1）と彼を陰に陽に支えるおせっかいな商店街の面々だとか、凝っている。「我が領土ではもはや革命分子らが徒党を組んでおるのだ」「後添え（注2）をもらうんなら早いに越したことあないぜ」等々、子どもには耳慣れないせりふが多い。おばは一人で何役もこなす。彼女からは簡単な説明があるだけなので、子どもたちは的外れなせりふを連発するが、Aおばがいる限り世界は崩れなかった。

家にいるときには決してしない足の組み方。「三行半《みくだりはん》（注3）」という言葉を口にするときだけ異様に淡くなるまなざし。寂しげな舌打ち。ここと、ここにあるはずのない場所とががらりと入れ替わっていく一つの大きな動きに、子どもたちは皆、巻き込まれた

がった。全力を尽くして立ちこぎするブランコよりも、たしかに危険な匂いがした。

夕暮れの公園を斜めに突っ切っていく通行人も多い。おばの同級生が苦笑まじりに声を掛けてくる。会社帰りらしい年配の男性が立ちどまってしげしげと見ていくこともある。制服姿のおばは全然かまわずに続ける。さまざまな遊具の影は誰かが引っ張っているかのように伸びつづけて、砂の上を黒く塗っていく。

公園の砂場で三文役者(注4)を務めた幼《おさな》馴染《なじみ》たちの一人と、イチナは今も親交がある。

映画を見に行く日取りを決めるため、その年上の友人と電話していた夕方のことだ。話の切れ目にイチナは、「なんと今あのおばが居候中(注5)でね」と言った。電話口の向こうに、すばやい沈黙があった。階下の台所からは天ぷらを揚げる母親の声と手伝っているおばの声が、一箇所に重なったり離れたりして聞こえていた。二人の声質はそっくりで、わずかに小さいおばの声は、母の声の影のようだった。一拍おいて友人は「フーライボー(注6)とか、なまで見んのはじめてかも」とちぐはぐなことを言った。

「なまで見てた頃は定住してたしね。懐かしくない？　電話代わろうか」

イチナが冗談半分で勧めると、相手も「結構です」と笑って言ったが、そこには何か、拭いきれていない沈黙が交じっているようだった。

「おばさんと話すのは億劫《おっくう》？」とイチナは訊《き》いた。

「いや、これ言っていいのかな。おばさんさ、私の家にもちょっと住んでたんだよね。去年の春。いきなりだった。寝袋かついで玄関に立ってる人が誰なのか、最初ぴんと来なかったもん。あ、別にいいんだよ、じゅうぶんな生活費入れてくれてたし。私もほら、一人暮らしも二年目で飽きてたし」

空いている方の手で絨毯《じゅうたん》の上の糸屑《いとくず》を拾っていたイチナの動きがとまる。言ってしまうと友人は、B もう気安い声を出した。

「私まで『おばさん』呼ばわりは悪いと思いつつ。イチナのがうつっちゃって」

「昔、それとなく『おねえさん』にすり替えようとする度おじいちゃんから威嚇されてね」

イチナは狼狽《ろうばい》を引きずったまま再び手を動かし始める。彼女の祖父は言葉の正式な使用を好む。続柄の呼称についての勝手な改変は、たとえ幼い孫相手であっても許さなかった。

台所ではおばが、水で戻すわかめの引きあげが早い、と母から厳しく指摘されている。

「しかしあのおばさんてのは、全っ然、ぼろ出さないね」

友人は思い出したように言った。イチナはすかさず反論した。

「けっこうずぼらだしそそっかしいけど」

「失敗しないって意味じゃなくて、失敗してもぜったい言い訳しないとか。痛いときは存分に痛がるとか、年上だからって虚勢張らないとか。自然体の人ってのはいるけど、おばさんの場合いっそ自然の側みたいに思える時ない？　他人なのに不透明感なさすぎて。朝顔の観察日記みたいに記録をつけられそうっていうか。共同生活、悪くなかったよ。なぜかはっきり思い出せないけど」

イチナは今度は、絨毯の上の糸屑を拾う手をとめない。上手《うま》くとめられなかったのだ。電話を切ると、「終わったなら早く手伝いに来なさい」という母親からの伝言を携えておばが上がってくる。肩までの髪をざっと束ね、腕まくりした格好のおばに、イチナは先の通話相手の名を挙げる。

「もう泊めてくれるような知り合いが底をついたからってさ、私の友達のとこにまで勝手に押しかけるのやめてよ。おばさんとあの子って、ほぼ見ず知らずの人ってくらいの関係じゃん、今となっては」

「けど完全に見ず知らずの人の家ってわりと暮らしにくいものだよ」

「嘘《うそ》でしょ試したの？　ていうか、そもそもなんでまた居候？」

「たしかにする理由はない。でもしない理由もなくない？」

「迷惑がかかる。セキュリティの問題。不躾《ぶしつけ》で厚かましい。しない方の理由はひっきりなしに湧いてくるんだけど？」

「それはその人が決めることでしょう。その人のことを私が予《あらかじ》め決めるわけにはいかないでしょう」

「(イ)もっともらしい顔で言わないでよ」

イチナが物の単位を誤ったりすると、すかさず正して復唱させる祖父に、おばは目鼻立ちが似ている。しかし厳格な祖父ですら、本当のことを受け入れれば自分自身を損なうような場面では(ウ)やにわに弁解し、自分の領域を護《まも》ろうとするときがあった。友人の言うとおりなのかもしれない、とイチナは考える。普通、人にはもっと、内面の輪郭が露《あら》わになる瞬間がある。肉体とは別に、その人がそこから先へ出ることのない領域の、縁。当人には自覚しきれなくても他人の眼《め》にはふしぎとなまなましく映る。たしかにおばには、どこからどこまでがおばなのかよくわからない様子があった。氷山の一角みたいに。

居候という根本的な問題に対して母が得意の批評眼を保てなくなったのは、おば自身の工夫による成果ではない、とイチナはふむ。母だけではない、おばを住まわせた人たちは皆その、果てのなさに途中で追いつけなくなってしまうのだ。だから居候が去った後、彼らはおばとの暮らしをはっきりと思い出せない。思い出したいなら観察日記でもつけるしかない。C私はごまかされたくない、とイチナは思う。

「そうかイチナ、する方の理由これでいい?」階段を下りかけていたおばの、言葉だけが部屋に戻ってくる。「私の肉体は家だから。だから、これより外側にもう一重の、自分の家をほしいと思えない」

演じるごとに役柄に自分をあけ払うから。そういう意味だとイチナが理解したときには、おばはもう台所にいる。イチナは何してるのよ、という母親の声と、のんきそうにしてる、というおばの声が、空をよぎる鳥と路上を伝う鳥影のような一対の質感で耳に届く。

(注)
1 男やもめ——妻を失った男。
2 後添え——二度目の配偶者。
3 三行半——夫から妻に出す離縁状。
4 三文——価値の低いこと。
5 居候——他人の家に身を寄せ、養ってもらっていること。
6 フーライボー——風来坊。居どころを気まぐれに変えながら生きている人。

問1　傍線部(ア)〜(ウ)の語句の意味として最も適当なものを、次の各群の①〜⑤のうちから、それぞれ一つずつ選べ。解答番号は 13 〜 15 。

(ア) うらぶれた 13
① 度量が小さく偏屈な
② だらしなく大雑把な
③ 不満げで投げやりな
④ みすぼらしく惨めな
⑤ 優柔不断で不誠実な

(イ) もっともらしい 14
① 悪びれず開き直るような
② まるで他人事だと突き放すような
③ へりくだり理解を求めるような
④ いかにも正しいことを言うような
⑤ 問い詰めてやりこめるような

(ウ) やにわに 15
① 多弁に
② 即座に
③ 強硬に
④ 半端に
⑤ 柔軟に

問2　傍線部A「おばがいる限り世界は崩れなかった」とあるが、どういうことか。その説明として最も適当なものを、次の①～⑤のうちから一つ選べ。解答番号は 16 。

① おばの「ままごと」は、ありきたりの内容とは異なるものだったが、子どもたちが役柄に合わない言動をしても、自在な演技をするおばに生み出された雰囲気によってその場が保たれていたということ。

② おばの「ままごと」は、もともと子ども相手のたわいのない遊戯だったが、演技に魅了されたおばの姿勢によって本格的な内容になり、そのことで参加者全員を夢中にさせるほどの完成度に達していたということ。

③ おばの「ままごと」は、その中身が非日常的で大人びたものであったが、子どもたちの取るに足りない言動にもおばが相応の意味づけをしたため、結果的に子どもたちを退屈させない劇になっていたということ。

④ おばの「ままごと」は、奇抜なふるまいを子どもたちに求めるものだったが、人目を気にしないおばが恥じることなく演じたため、子どもたちも安心して物語の設定を受け入れることができたということ。

⑤ おばの「ままごと」は、子どもたちにとって設定が複雑で難解なものであったが、おばが状況にあわせて話の筋をつくりかえることで、子どもたちが楽しんで参加できる物語になっていたということ。

問3　傍線部B「もう気安い声を出した」とあるが、友人がこのような対応をしたのはなぜか。その理由の説明として最も適当なものを、次の①～⑤のうちから一つ選べ。解答番号は 17 。

① 同居していたことをおばに口止めされていた友人は、イチナが重ねて尋ねてくるのを好機としてありのままを告げた。そのうえで、おばの生活についてイチナと語り合う良い機会だと思ってうれしくなったから。

② おばと同居していた事実を黙っていた友人は、イチナに隠し事をしている罪悪感に耐えきれず打ち明けてしまった。そのうえで、イチナとの会話を自然に続けようと考えてくつろいだ雰囲気をつくろうとしたから。

③ 同居するなかでおばと親密になった友人は、二人の仲を気にし始めたイチナに衝撃を与えないようにおばとの関係を明かした。そのうえで、現在は付き合いがないことを示してイチナを安心させようとしたから。

④ おばとの同居を伏せていた友人は、おばを煩わしく感じているとイチナに思われることを避けようとして事実を告げた。そのうえで、話さずにいた後ろめたさから解放されてイチナと気楽に会話できると考えたから。

⑤ おばと同居していたことをイチナには隠そうとしていた友人は、おばがイチナにうっかり話してしまうことを懸念して自分から打ち明けた。そのうえで、友人関係が破綻しないようにイチナをなだめようとしたから。

問4　本文33行目から47行目にかけて糸屑を拾うイチナの様子が何度か描かれているが、その描写についての説明として最も適当なものを、次の①～⑤のうちから一つ選べ。解答番号は 18 。

① 友人からおばとの関係を打ち明けられ、自分とおばの関係に他人が割り込んでくることの衝撃をなんとか押さえようとするイチナの内面が、手を止めたり止めなかったりという動作に暗示的に表現されている。

② 友人の家におばが居候していたことに驚かされ、さらに友人が自分の意識していなかったおばの一面を伝えてきたことに揺さぶられるイチナの心のありようが、糸屑を拾う手の動きを通して表現されている。

③ おばとの共同生活を悪くなかったとする友人の意外な言葉に接し、おばの居候の生活を厚かましく迷惑なものと捉えていた見方を覆されたイチナの心の動きが、手で糸屑を拾う動きになぞらえて表現されている。

④ 友人とおばとの関係が親密であったと告げられたことにうろたえ、現在とは違いおばに懐いていた頃を思い返すイチナの物寂しい思いが、糸屑を拾う手遊びという無自覚な動作に重ねられて表現されている。

⑤ おばとの共同生活を思い出せないと友人が言ったことを受けて、おばに対して同じ思いを抱いていたことにあらためて気づいたイチナの驚きが、意思と関係なく動いてしまう手の動作に象徴的に表現されている。

問5　傍線部C「私はごまかされたくない、とイチナは思う。」とあるが、このときのイチナの思いとして最も適当なものを、次の①～⑤のうちから一つ選べ。解答番号は 19 。

① おばとの生活は突然訪問された人にも悪い印象を残すものではなかったため、同居していた友人や母はおばの居候生活を強く責めてこなかったが、自分だけは迷惑なものとして追及し続けたいという思い。

② おばの自然なふるまいは同居人にも内面のありようを感じさせないため、これまでともに生活してきた者たちはおばという人のあり方を捉えられなかったが、自分だけはどうにかして見誤らずに捉えたいという思い。

③ 明確な記憶を残させないようおばがふるまっているため、これまでともに暮らしてきた者たちはおばとの生活をはっきりと思い出せないが、自分だけはおばを観察することによって記憶にとどめておきたいという思い。

④ 共同生活をしてもおばの内面が見えてこないため、同居していた友人や母ですらどこまでが演技か見抜くことができなかったが、自分だけは個々の言動からおばの本心を解き明かして理解したいという思い。

⑤ 何を質問してもおばがはぐらかすような答えしかしないため、ともに暮らした友人や母にもおばの居候生活の理由は隠し通されてきたが、自分だけは口先で丸め込まれることなく観察を通して明らかにしたいという思い。

問6　本文の表現に関する説明として**適当でないもの**を、次の①～⑤のうちから一つ選べ。解答番号は 20 。

① 「ざくざくと砂利を踏む」(3行目)、「どすんと置いて」(5行目)、「すたすたと砂場へ向かう」(7行目)は、擬音語・擬態語が用いられることで、おばの中学校時代の様子や行動が具体的にイメージできるように表現されている。

② 「さまざまな遊具の影は誰かが引っ張っているかのように伸びつづけて、砂の上を黒く塗っていく。」(18～19行目)は、遊具の影の動きが比喩で表されることで、子どもたちの意識が徐々に変化していく様子が表現されている。

③ イチナが電話で友人と話している場面(22～47行目)では、友人の話すイチナの知らないおばの話と階下から聞こえてくる身近なおばの様子とが交互に示されることで、おばの異なる姿が並立的に表現されている。

④ イチナとおばの会話場面(50～57行目)では、情景描写が省かれそれぞれの発言だけで構成されることで、居候をめぐってイチナとおばの意見が対立しイチナが言い募っていく様子が臨場感をもって表現されている。

⑤ 「たしかにおばには、どこからどこまでがおばなのかよくわからない様子があった。氷山の一角みたいに。」(62行目)は、比喩と倒置が用いられることで、イチナから見たおばのうかがいしれなさが表現されている。

問7　「おば」は居候する理由をイチナに問われ、「私の肉体は家だから。」（67～68行目）と答えた。この言葉をイチナは「演じるごとに役柄に自分をあけ払うから。」（69行目）ということだと理解した。イチナによるこうしたおばの捉え方について理解を深めるために、教師から**【資料】**が配付された。以下は**【資料】**とそれに基づいた教師と生徒の対話である。このことについて後の(i)・(ii)の問いに答えよ。

【資料】

演出家・太《おお》田《た》省《しょう》吾《ご》が演技について論じた文章「自然と工作——現在的断章」より

われわれは、日常、己《おの》れの枠をもたずに生活している。そして、枠をもつことができるのは、死の場面であると言ってもよい。死ぬとき、いや死んだときには、われわれは、〈私〉の枠をもつ、これこれの者であったと。しかし、そのときの〈私〉は存在しているとはいえぬ状態にあるとすれば、われわれは〈私〉を枠づけることのできぬ存在であるということになるのだが、〈私〉を枠づけたいという欲求は、われわれの基礎的な生の欲求である。

われわれは、なに者かでありたいのだ。なに者かである者として〈私〉を枠づけ自己実現させたいのだ。

演技の欲求を、自分でないなに者かになりたいという言い方で言うことがある。このとき、自分でないなに者かとは、自分でない者ではなく、なに者かの方が目指されているのであり、そのなに者とは、実は自分のことである。つまり、それは自分になりたい欲求を基礎とした一つの言い方である。

教　師――イチナはおばの人物像を捉えかねているようですね。人には普通「内面の輪郭」(60行目)が明らかになるときがあるのに、おばにはそれがないとされています。この問題を考えるために、**【資料】**を読んでみましょう。この**【資料】**によると、「われわれは、日常、己れの枠をもたずに生活している」ので「〈私〉を枠づけたいという欲求」を持つとのことです。「枠」を使って考えると、本文の中にもわかりやすくなるところがありませんか。

生徒M――イチナはおばのことを「 [X] 」と思っていました。それは**【資料】**の「 [Y] 」ようという様子がおばには見られないことを示しているのではないでしょうか。

生徒N――一方で、友人はおばを「ぼろ出さない」(40行目)と評しています。これは、「枠」がないようにイチナには見えるおばのあり方を、意思的なふるまいと見る言い方ではないでしょうか。はじめはこれに反論したイチナも友人の言葉に触発されているようです。

教　師――おばについて、「枠」を観点にしてそれぞれ意見が出ましたが、おばは演じる者でもありました。イチナの「演じるごとに役柄に自分をあけ払うから」という理解の仕方については、どう言えるでしょうか。

生徒N――イチナはおばのことを、日常生活で [Z] と考えています。幼い頃に体験した中学生のおばの演技の様子も考えると、役者としてもおばは様々な役になりきることで自分であることから離れている、とイチナは捉えていると思います。この理解が、「演じるごとに役柄に自分をあけ払う」という言葉につながったのではないでしょうか。

教　師――**【資料】**では、「自分でないなに者かになりたい」欲求の現れとして演技がみなされていますが、イチナの考えているおばのあり方とは隔たりがありそうですね。

(i) 空欄 X ・ Y に入るものの組合せとして最も適当なものを、次の①～④のうちから一つ選べ。解答番号は 21 。

① X ままごと遊びになぜか本気で付き合ってくれる　Y なに者かである者として〈私〉を枠づけ

② X けっこうずぼらだしそそっかしい　Y 日常、己れの枠をもたずに生活し

③ X 内面の輪郭が露わになる瞬間がある　Y 日常、己れの枠をもたずに生活し

④ X どこからどこまでがおばなのかよくわからない　Y なに者かである者として〈私〉を枠づけ

(ii) 空欄 Z に入るものとして最も適当なものを、次の①～④のうちから一つ選べ。解答番号は 22 。

① 演技を通して「枠」を隠し「実現」させたい「自己」を人に見せないよう意識している

② 「〈私〉を枠づけたいという欲求」の内容を常に更新しながらその欲求を実現している

③ 自分は「これこれの者」だという一つの「枠」にとらわれないふるまいをしている

④ 「自分になりたい」という「欲求」に基づいて多様な「己れの枠」を所有できている

（下書き用紙）

国語の試験問題は次に続く。

第3問　次の文章は、「車中雪《しやちゆうのゆき》」という題で創作された作品の一節である(『草縁集《そうえんしゆう》』所収)。主人公が従者とともに桂《かつら》(京都市西京区の地名)にある別邸(本文では「院」)に向かう場面から始まる。これを読んで、後の問い(**問**1～4)に答えよ。なお、設問の都合で本文の上に行数を付してある。(配点　50)

桂の院つくりそへ給《たま》ふものから、(ア)あからさまにも渡り給はざりしを、友待つ雪(注1)にもよほされてなむ、ゆくりなく思《おぼ》し立(注2)たすめる。かうやうの御歩《あり》きには、源少将、藤式部をはじめて、今の世の有職《いうそく》と聞こゆる若人のかぎり、必ずしも召しまつはしたりしを、(イ)とみのことなりければ、かくとだにもほのめかし給はず、「ただ親しき家司《けいし》(注3)四人五人《よたりいつたり》して」とぞ思しおきて給ふ。やがて御車引き出《い》でたるに、「空より花の(注4)」と **a** うち興じたりしも、めでゆくまにまにいつしかと散りうせぬるは、かくてやみぬとにやあらむ。「さるはいみじき出で消えにこそ」と、人々死に返り(注5)妬《ねた》がるを、「げにあへなく口惜し」と思せど、「さて **b** 引き返さむも人目悪《わろ》かめり。なほ法輪の八講(注6)にことよせて」と思しなりて、ひたやりに急がせ給ふほど、またもつつ闇(注7)に曇りみちて、ありしよりけに散り乱れたれば、道のほとりに御車たてさせつつ見給ふに、何がしの山、くれがしの河原も、ただ時の間に **c** 面《おも》変はりせり。

かのしぶしぶなりし人々も、いといたう笑み曲げて、「これや小倉《をぐら》(注8)の峰ならまし」「それこそ梅津(注9)の渡りならめ」と、口々に定めあへるものから、松と竹とのけぢめをだに、とりはづしては違《たが》へぬべかめり。「あはれ、世に面白しとはかかるをや言ふならむかし。なほここにて(注10)を見栄《は》やさまし」とて、やがて下簾《したすだれ》(注11)かかげ給ひつつ、

ここもまた月の中なる里ならし雪の光もよに似ざりけり

など **d** 興ぜさせ給ふほど、(ウ)かたちをかしげなる童《わらは》の水干《すいかん》着たるが、手を吹く吹く御あと尋《と》め来て、榻《しぢ》(注12)のもとにうずくまりつつ、「これ御車に」とて差し出でたるは、源少将よりの御消息なりけり。**e** 大夫《たいふ》とりつたへて奉るを見給ふに、「いつも後《おく》らかし給はぬを、かく、

X 白雪のふり捨てられしあたりには恨みのみこそ千重に積もれれ」

とあるを、ほほ笑み給ひて、畳紙《たたうがみ》に、

Y　尋め来やとゆきにしあとをつけつつも待つとは人の知らずやありけむ

やがてそこなる松を雪ながら折らせ給ひて、その枝に結びつけてぞたまはせたる。

やうやう暮れかかるほど、さばかり天霧《あまぎ》らひ（注13）たりしも、いつしかなごりなく晴れわたりて、名に負ふ里の月影はなやかに差し出でたるに、雪の光もいとどしく映えまさりつつ、天地《あめつち》のかぎり、白銀《しろかね》うちのべたらむがごとくきらめきわたりて、あやにまばゆき夜のさまなり。

院の預かり（注14）も出で来て、「かう渡らせ給ふとも知らざりつれば、とくも迎へ奉らざりしこと」など言ひつつ、頭《かしら》ももたげで、よろづに追従するあまりに、牛の額の雪かきはらふとては、軛《くびき》に触れて烏帽子《えぼし》を落とし、御車やるべき道清むとては、あたら雪をも踏みしだきつつ、足手の色を海老《えび》（注15）になして、桂風《かつらかぜ》を引き歩く。人々、「いまはとく引き入れてむ。かしこのさまもいとゆかしきを」とて、もろそそき（注16）にそそきあへるを、「げにも」とは思すものから、ここもなほ見過ぐしがたうて。

（注）
1　友待つ雪——後から降ってくる雪を待つかのように消え残っている雪。
2　思し立たす——「す」はここでは尊敬の助動詞。
3　家司——邸《やしき》の事務を担当する者。後出の「大夫」はその一人。
4　空より花の——『古今和歌集』の「冬ながら空より花の散りくるは雲のあなたは春にやあるらむ」という和歌をふまえた表現。
5　死に返り——とても強く。
6　法輪の八講——「法輪」は京都市西京区にある法輪寺。「八講」は『法華経』全八巻を講義して讃《たた》える法会。
7　つつ闇——まっくら闇。
8　小倉の峰——京都市右京区にある小倉山。
9　梅津の渡り——京都市右京区の名所。桂川左岸に位置する。

10 ここにてを見栄やさまし——ここで見て賞美しよう。

11 下簾——牛車《ぎっしゃ》の前後の簾（下図参照）の内にかける帳《とばり》。

12 榻——牛車から牛をとり放したとき、「轅《くびき》」を支える台（下図参照）。牛車に乗り降りする際に踏み台ともする。

13 天霧らひ——「天霧らふ」は雲や霧などがかかって空が一面に曇るという意。

14 院の預かり——桂の院の管理を任された人。

15 海老になして——海老のように赤くして。

16 もろそそき——「もろ」は一斉に、「そそく」はそわそわするという意。

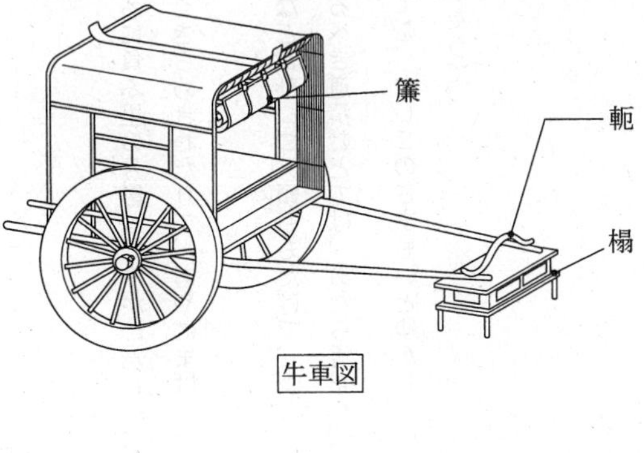

牛車図

問1　傍線部(ア)〜(ウ)の解釈として最も適当なものを、次の各群の①〜⑤のうちから、それぞれ一つずつ選べ。解答番号は 23 〜 25 。

(ア)　あからさまにも　23

① 昼のうちも
② 一人でも
③ 少しの間も
④ 完成してからも
⑤ 紅葉の季節にも

(イ)　とみのこと　24

① 今までになかったこと
② にわかに思いついたこと
③ ひそかに楽しみたいこと
④ 天候に左右されること
⑤ とてもぜいたくなこと

(ウ)　かたちをかしげなる　25

① 格好が場違いな
② 機転がよく利く
③ 和歌が上手な
④ 体を斜めに傾けた
⑤ 見た目が好ましい

問2 波線部 **a**～**e** について、語句と表現に関する説明として最も適当なものを、次の ① ～ ⑤ のうちから一つ選べ。解答番号は 26 。

① **a**「うち興じたりしも」の「し」は強意の副助詞で、雪が降ることに対する主人公の喜びの大きさを表している。

② **b**「引き返さむも」の「む」は仮定・婉曲の助動詞で、引き返した場合の状況を主人公が考えていることを表している。

③ **c**「面変はりせり」の「せり」は「り」が完了の助動詞で、人々の顔色が寒さで変化してしまったことを表している。

④ **d**「興ぜさせ給ふ」の「させ」は使役の助動詞で、主人公が和歌を詠んで人々を楽しませたことを表している。

⑤ **e**「大夫とりつたへて奉るを見給ふ」の「給ふ」は尊敬の補助動詞で、作者から大夫に対する敬意を表している。

問3　和歌X・Yに関する説明として最も適当なものを、次の①～④のうちから一つ選べ。解答番号は 27 。

① 源少将は主人公の誘いを断ったことを気に病み、「白雪」が降り積もるように私への「恨み」が積もっているのでしょうね、という意味の和歌Xを贈った。

② 源少将は和歌Xに「捨てられ」「恨み」という恋の歌によく使われる言葉を用いて主人公への恋情を訴えたため、主人公は意外な告白に思わず頬を緩めた。

③ 主人公は和歌Yに「待つ」という言葉を用いたのに合わせて、「待つ」の掛詞《かけことば》としてよく使われる「松」の枝とともに、源少将が待つ桂の院に返事を届けさせた。

④ 主人公は「ゆき」に「雪」と「行き」の意を掛けて、「雪に車の跡をつけながら進み、あなたを待っていたのですよ」という和歌Yを詠んで源少将に贈った。

問4 次に示すのは、「桂《かつら》」という言葉に注目して本文を解説した文章である。これを読んで、後の(i)~(iii)の問いに答えよ。

本文は江戸時代に書かれた作品だが、「桂」やそれに関連する表現に注目すると、平安時代に成立した『源氏物語』や、中国の故事がふまえられていることがわかる。以下、順を追って解説していく。

まず、1行目に「桂の院」とある。「桂」は都の中心地からやや離れたところにある土地の名前で、『源氏物語』の主人公である光源氏も「桂の院」という別邸を持っている。「桂の院」という言葉がはじめに出てくることで、読者は『源氏物語』の世界を思い浮かべながら本文を読んでいくことになる。

次に、12行目の和歌に「月の中なる里」とある。実はこれも「桂」に関わる表現である。古語辞典の「桂」の項目には、「中国の伝説で、月に生えているという木。また、月のこと」という説明がある。すなわち、「月の中なる里」とは「桂の里」を指す。したがって、12行目の和歌は、「まだ桂の里に着いていないはずだが、この場所もまた『月の中なる里』だと思われる。なぜなら、[I]」と解釈できる。

「桂」が「月」を連想させる言葉だとすると、20行目で桂の里が「名に負ふ里」と表現されている意味も理解できる。すなわち、20~22行目は[II]、という情景を描いているわけである。

最後に、25行目に「桂風を引き歩く」とある。「桂風」は「桂の木の間を吹き抜ける風」のことであるが、「桂風を引き」には「風邪を引く」という意味も掛けられている。実は『源氏物語』にも「浜風を引き歩く」という似た表現がある。光源氏の弾く琴の音が素晴らしく、それを聞いた人々が思わず浜を浮かれ歩き風邪を引くというユーモラスな場面である。『源氏物語』を意識して読むと、23~26行目では主人公がどのように描かれているかがよくわかる。すなわち、[III]。

以上のように、本文は「桂の院」に向かう主人公たちの様子を、移り変わる雪と月の情景とともに描き、最後は院の預かりや人々と対比的に主人公を描いて終わる。作者は『源氏物語』や中国の故事をふまえつつ、「桂」という言葉が有するイメージをいかして、この作品を著したのである。

(i) 空欄 I に入る文章として最も適当なものを、次の ①～④ のうちから一つ選べ。解答番号は 28 。

① 小倉や梅津とは比較できないくらい月と雪が美しいから
② 雪がこの世のものとは思えないほど光り輝いているから
③ ひどく降る白い雪によって周囲の見分けがつかないから
④ 月の光に照らされた雪のおかげで昼のように明るいから

(ii) 空欄 Ⅱ に入る文章として最も適当なものを、次の①～④のうちから一つ選べ。解答番号は 29 。

① 空を覆っていた雲にわずかな隙間が生じ、月を想起させる名を持つ桂の里には、一筋の月の光が鮮やかに差し込んできて、明るく照らし出された雪の山が、目がくらむほど輝いている

② 空を覆っていた雲がいつの間にかなくなり、月を想起させる名を持つ桂の里にふさわしく、月の光が鮮やかに差し込み、雪明かりもますます引き立ち、あたり一面が銀色に輝いている

③ 空を覆っていた雲が少しずつ薄らぎ、月を想起させる名を持つ桂の里に、月の光が鮮やかに差し込んでいるものの、今夜降り積もった雪が、その月の光を打ち消して明るく輝いている

④ 空を覆っていた雲は跡形もなく消え去り、月を想起させる名を持つ桂の里だけに、月の光が鮮やかに差し込んできて、空にちりばめられた銀河の星が、見渡す限りまぶしく輝いている

(iii) 空欄 Ⅲ に入る文章として最も適当なものを、次の①～④のうちから一つ選べ。解答番号は 30 。

① 「足手の色」を気にして仕事が手につかない院の預かりや、邸の中に入って休息をとろうとする人々とは異なり、「ここもなほ見過ぐしがたうて」とその場に居続けようとするところに、主人公の律儀な性格が表現されている

② 風邪を引いた院の預かりを放っておいて「かしこのさまもいとゆかしきを」と邸に移ろうとする人々とは異なり、「『げにも』とは思す」ものの、院の預かりの体調を気遣うところに、主人公の温厚な人柄が表現されている

③ 軽率にふるまって「あたら雪をも踏みしだきつつ」主人を迎えようとする院の預かりや、すぐに先を急ごうとする人々とは異なり、「ここもなほ見過ぐしがたうて」と思っているところに、主人公の風雅な心が表現されている

④ 「とくも迎へ奉らざりしこと」と言い訳しながら慌てる院の預かりや、都に帰りたくて落ち着かない人々とは異なり、「『げにも』とは思す」ものの、周囲の人を気にかけないところに、主人公の悠々とした姿が表現されている

第4問 次の文章は、唐の杜牧《とぼく》（八〇三—八五二）の【詩】「華清宮《かせいきゅう》」とそれに関連する【資料】Ⅰ〜Ⅳである。これを読んで、後の問い（問1〜6）に答えよ。なお、設問の都合で返り点・送り仮名を省いたところがある。（配点 50）

【詩】

華（注1）清宮

長安ヨリ回望スレバ繡《しう》（注2）成レス堆ヲ
山頂ノ千門次（注3）第ニ開ク
一騎紅《こう》（注4）塵《ぢん》妃（注5）子笑フ
無三シ人ノ知二ル是《こ》レ荔《れい》（注6）枝ノ来一タルヲ

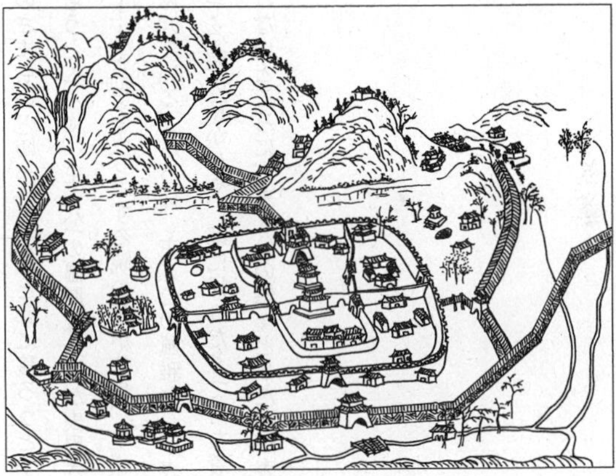

多くの門や御殿が並ぶ華清宮の全景

【資料】

Ⅰ 『天(注7)宝遺事』ニ云《い》フ、「貴妃嗜《たしな》ム二茘枝ヲ一。当時涪《ふう》(注8)州《しう》致スニレ貢ヲ以テシ二馬(注9)遞ヲ一、馳《ち》載《さい》スルコト七日七夜ニシテ至ルレ京ニ。人馬多ク斃《たふ》レ二於路ニ一、(ア)百姓苦シムトレ之ニ。」

Ⅱ 『畳(注10)山詩話』ニ云フ、「明(注11)皇致シテ二遠物ヲ一以テ悦《よろこ》バシム二婦人ヲ一。窮人力絶人命、有所不顧。」

Ⅲ 『遯《とん》(注12)斎《さい》閑《かん》覧《らん》』ニ云フ、「杜牧ノ華清宮詩尤《もつと》モ(イ)膾《くわい》二炙《しや》ス人口ニ一。拠レバ二唐(注13)紀ニ一、明皇以テ二十月ヲ一幸シ二驪《り》山《ざん》ニ一、至リテレ春ニ即チ還《かへ》ルレ宮ニ。是レ未ダル三嘗テ六月ニハ在ラ二驪山ニ一也。然ルニ茘枝ハ盛暑ニシテ方《はじ》メテ熟スト。」

（【詩】と【資料】Ⅰ～Ⅲは蔡正孫《さいせいそん》『詩林広記』による）

Ⅳ

『甘(注14)沢謡』ニ曰ハク、「天宝十四年六月一日、貴妃誕《たん》(注15)辰《しん》、駕《が》(注16)幸二ス驪山一ニ。命二ジテ小(注17)部音声一ニ奏二シ楽ヲ長(注18)生殿一ニ、進二メシムルモ新曲一ヲ、未レダ有レラ名。会《たまたま》南(注19)海献二ジ荔枝一ヲ、(ウ)因名二ツクト荔《れい》枝《し》香《かう》ト一。」

（【資料】Ⅳは程大昌《ていだいしょう》『考古編』による）

（注）

1 華清宮――唐の都長安の郊外にある、驪山《りざん》の温泉地に造営された離宮。

2 繡成レ堆――綾絹《あやぎぬ》を重ねたような驪山の山容の美しさをいう。

3 次第――次々と。

4 紅塵――砂煙。

5 妃子――楊貴妃《ようきひ》のこと。唐の皇帝玄宗《げんそう》（六八五―七六二）の妃《きさき》。

6 荔枝――果物のライチ。中国南方の特産物。

7 『天宝遺事』――唐の天宝年間（七四二―七五六）の逸話を集めた書。王仁裕《おうじんゆう》著。

8 涪州――中国南方の地名。

9 馬逓――早馬の中継による緊急輸送。公文書を運ぶのが本来の目的。

10 『畳山詩話』――詩の解説・批評や詩人の逸話を載せた書。謝枋得《しゃぼうとく》著。

11　明皇――玄宗を指す。
12　『遯斎閑覧』――学問的なテーマで書かれた随筆集。陳正敏《ちんせいびん》著。
13　唐紀――唐の時代についての歴史記録。
14　『甘沢謡』――唐の逸話を集めた書。袁郊《えんこう》著。
15　誕辰――誕生日。
16　駕――皇帝の乗り物。
17　小部音声――唐の宮廷の少年歌舞音楽隊。
18　長生殿――華清宮の建物の一つ。
19　南海――南海郡のこと。中国南方の地名。

問1　この【詩】の形式と押韻の説明として最も適当なものを、次の①～⑥のうちから一つ選べ。解答番号は 31 。

① 形式は七言律詩であり、「開」「来」で押韻している。
② 形式は七言律詩であり、「堆」「開」「来」で押韻している。
③ 形式は七言律詩であり、「堆」「開」「笑」「来」で押韻している。
④ 形式は七言絶句であり、「開」「来」で押韻している。
⑤ 形式は七言絶句であり、「堆」「開」「来」で押韻している。
⑥ 形式は七言絶句であり、「堆」「開」「笑」「来」で押韻している。

問2　波線部(ア)「百姓」・(イ)「膾二‐炙 人 口ニ」・(ウ)「因」のここでの意味として最も適当なものを、次の各群の①～⑤のうちから、それぞれ一つずつ選べ。解答番号は 32 ～ 34 。

(ア)「百姓」 32
① 民衆
② 旅人
③ 皇帝
④ 商人
⑤ 罪人

(イ)「膾二‐炙 人 口ニ」 33
① 異口同音に批判する
② 一言では到底表せない
③ 詳しく分析されている
④ 広く知れわたっている
⑤ 人々が苦痛に感じている

(ウ)「因」 34
① そのために
② やむをえず
③ ことさら
④ とりあえず
⑤ またもや

問3　傍線部「窮人力絶人命、有所不顧。」について、返り点の付け方と書き下し文との組合せとして最も適当なものを、次の①～⑤のうちから一つ選べ。解答番号は 35 。

① 窮三人力絶二人命一、有二所不一レ顧。　人力の人命を絶たんとするを窮めて、所として顧みざる有りと。

② 窮二人力絶人命一、有所レ不レ顧。　人の力《つと》めて絶人の命を窮むるは、有れども顧みざる所なりと。

③ 窮人力絶人命、有所不レ顧。　窮人の力は絶人の命にして、有る所顧みざるのみと。

④ 窮二人力一絶二人命一、有レ所レ不レ顧。　人力を窮め人命を絶つも、顧みざる所有りと。

⑤ 窮レ人力絶レ人命、有レ所不レ顧。　人を窮めて力《つと》めしめ人を絶ちて命じ、所有るも顧みずと。

問4 【詩】の第三句「一 騎 紅 塵 妃 子 笑」について、【資料】Ⅰ・Ⅱをふまえた解釈として最も適当なものを、次の①～⑤のうちから一つ選べ。解答番号は 36 。

① 玄宗のため楊貴妃が手配した茘枝を早馬が砂煙を上げながら運んで来る。それを見て楊貴妃は笑う。
② 楊貴妃のため茘枝を手に入れようと早馬が砂煙のなか産地へと走りゆく。それを見て楊貴妃は笑う。
③ 楊貴妃の好物の茘枝を運ぶ早馬が宮殿の門の直前で倒れて砂煙を上げる。それを見て楊貴妃は笑う。
④ 玄宗の命令で楊貴妃の好物の茘枝を運ぶ早馬が砂煙を上げ疾走して来る。それを見て楊貴妃は笑う。
⑤ 玄宗に取り入りたい役人が茘枝を携えて砂煙のなか早馬を走らせて来る。それを見て楊貴妃は笑う。

問5 【資料】Ⅲ・Ⅳに関する説明として最も適当なものを、次の①～⑤のうちから一つ選べ。解答番号は 37 。

① 【資料】Ⅲは、玄宗一行が驪山に滞在した時期と茘枝が熟す時期との一致によって、【詩】の描写が事実に符合することを指摘する。【資料】Ⅳは、玄宗一行が夏の華清宮で賞玩したのは楽曲「茘枝香」であったことを述べており、【資料】Ⅲの見解に反論する根拠となる。

② 【資料】Ⅲは、玄宗一行が驪山に滞在した時期と茘枝が熟す時期との一致によって、【詩】の描写が事実に符合することを指摘する。【資料】Ⅳは、夏の華清宮で玄宗一行に献上された茘枝が特別に「茘枝香」と名付けられたことを述べており、【資料】Ⅲの見解を補足できる。

③ 【資料】Ⅲは、玄宗一行が驪山に滞在した時期と茘枝が熟す時期との不一致によって、【詩】の描写が事実に反することを指摘する。【資料】Ⅳは、夏の華清宮で玄宗一行に献上された「茘枝香」が果物の名ではなく楽曲の名であることを述べており、【資料】Ⅲの見解を補足できる。

④ 【資料】Ⅲは、玄宗一行が驪山に滞在した時期と茘枝が熟す時期との不一致によって、【詩】の描写が事実に反することを指摘する。【資料】Ⅳは、玄宗一行が「茘枝香」という名の茘枝を賞味した場所は夏の南海郡であったことを述べており、【資料】Ⅲの見解を補足できる。

⑤ 【資料】Ⅲは、玄宗一行が驪山に滞在した時期と茘枝が熟す時期との不一致によって、【詩】の描写が事実に反することを指摘する。【資料】Ⅳは、「茘枝香」という楽曲名が夏の華清宮で玄宗一行に献上された茘枝に由来すると述べており、【資料】Ⅲの見解に反論する根拠となる。

問6 【資料】をふまえた【詩】の鑑賞として最も適当なものを、次の①～⑤のうちから一つ選べ。解答番号は 38 。

① 驪山の華清宮を舞台に、開放される宮殿の門、公文書を急送するはずの早馬、楊貴妃の笑みと、謎めいた描写が連ねられたうえで、それらが常軌を逸した茘枝の輸送によるものであったことが明かされる。事実無根の逸話をあえて描き、玄宗が政治を怠り宮殿でぜいたくに過ごしていたことへの憤慨をぶちまけている。

② 驪山の遠景から華清宮の門、駆け抜ける早馬へと焦点が絞られ、視点は楊貴妃の笑みに転じる。笑みをもたらしたのは不適切な手段で運ばれる茘枝であった。事実かどうか不明な部分があるものの、玄宗と楊貴妃の逸話を巧みに用い、玄宗が為政者の道を踏み外して楊貴妃に対する情愛に溺れたことを慨嘆している。

③ 驪山の山容や宮殿の門の配置を詳しく描き、早馬が上げる砂煙や楊貴妃の笑みなどの細部も見逃さない。早馬がもたらすであろう茘枝についても写実的に描写している。玄宗と楊貴妃に関する事実を巧みに詠み込んでおり、二人が華清宮でどのような生活を送っていたかについての歴史的知識を提供している。

④ 美しい驪山に造営された華清宮の壮麗さを背景に、一人ほほ笑む楊貴妃の艶《あで》やかさが印象的に描かれたうえで、ほほ笑みをもたらした茘枝の希少性について語られる。事実かどうかわからないことを含むものの、玄宗が天下のすべてを手に入れて君臨していたことへの感嘆を巧みに表現している。

⑤ 驪山に建つ宮殿の門は後景に退き、ほほ笑む楊貴妃の眼中には一騎の早馬しかない。早馬がもたらそうとしているのは、玄宗が楊貴妃とともに賞味する茘枝であった。事実かどうかを問題とせず、玄宗と楊貴妃の仲睦《むつ》まじさが際立つ逸話を用いることで、二人が永遠の愛を誓ったことを賛美している。

2023 本試

(200点
80分)

〔国語〕

注 意 事 項

1　解答用紙に，正しく記入・マークされていない場合は，採点できないことがあります。

2　この問題冊子は，50ページあります。問題は4問あり，第1問，第2問は「近代以降の文章」，第3問は「古文」，第4問は「漢文」の問題です。

　なお，大学が指定する特定分野のみを解答する場合でも，試験時間は80分です。

3　試験中に問題冊子の印刷不鮮明，ページの落丁・乱丁及び解答用紙の汚れ等に気付いた場合は，手を高く挙げて監督者に知らせなさい。

4　解答は，解答用紙の解答欄にマークしなさい。例えば，[10]と表示のある問いに対して③と解答する場合は，次の(例)のように**解答番号10の解答欄の③にマーク**しなさい。

(例)

解答番号	解	答	欄						
	1	2	3	4	5	6	7	8	9
10	①	②	❸	④	⑤	⑥	⑦	⑧	⑨

5　問題冊子の余白等は適宜利用してよいが，どのページも切り離してはいけません。

6　**不正行為について**

　①　不正行為に対しては厳正に対処します。

　②　不正行為に見えるような行為が見受けられた場合は，監督者がカードを用いて注意します。

　③　不正行為を行った場合は，その時点で受験を取りやめさせ退室させます。

7　試験終了後，問題冊子は持ち帰りなさい。

第1問

次の【文章Ⅰ】は、正岡子規《まさおかしき》の書斎にあったガラス障子と建築家ル・コルビュジエの建築物における窓について考察したものである。また、【文章Ⅱ】は、ル・コルビュジエの窓について【文章Ⅰ】とは別の観点から考察したものである。どちらの文章にもル・コルビュジエ著『小さな家』からの引用が含まれている(引用文中の(中略)は原文のままである)。これらを読んで、後の問い(問1～6)に答えよ。なお、設問の都合で表記を一部改めている。(配点　50)

【文章Ⅰ】

寝返りさえ自らままならなかった子規にとっては、室内にさまざまなものを置き、それをながめることが楽しみだった。そして、ガラス障子のむこうに見える庭の植物や空を見ることが慰めだった。味覚のほかは視覚こそが子規の自身の存在を確認する感覚だった。子規は、視覚の人だったともいえる。障子の紙をガラスに入れ替えることで、A子規は季節や日々の移り変わりを楽しむことができた。

(注1)『墨汁一滴』の三月一二日には「不平十ケ条《じつかじょう》」として、「板ガラスの日本で出来ぬ不平」と書いている。この不平を述べている一九〇一(明治三四)年、たしかに日本では板ガラスは製造していなかったようだ。(注2)石井研堂の『増訂明治事物起原』には、「(明治)三十六年、原料も総《すべ》て本邦のものにて、完全なる板硝子《いたがらす》を製出せり。大正三年、欧州大戦の影響、本邦の輸入硝子は其《その》船便を失ふ、是《ここ》に於《おい》て、旭《あさひ》硝子製造会社等の製品が、漸《ようや》く用ひらるることとなり、わが板硝子界は、大発展を遂ぐるに至れり」とある。

これによると板ガラスの製造が日本で始まったのは、一九〇三年ということになる。子規が不平を述べた二年後である。してみれば、(注3)虚子のすすめで子規の書斎(病室)に入れられた「ガラス障子」は、輸入品だったのだろう。高価なものであったと思われる。高価であってもガラス障子にすることで、子規は、庭の植物に季節の移ろいを見ることができ、青空や雨をながめることができるようになった。ほとんど寝たきりで身体を動かすことができなくなり、絶望的な気分の中で自殺することも頭によぎっていた子規。彼の書斎(病室)は、ガラス障子によって「見ることのできる装置(室内)」あるいは「見るための装置(室内)」へと変容し

たのである。

映画研究者のアン・フリードバーグ（注4）は、『ヴァーチャル・ウインドウ』の(ア)ボウトウで、「窓」は「フレーム」であり「スクリーン」でもあるといっている。

窓はフレームであるとともに、プロセニアム〔舞台と客席を区切る額縁状の部分〕でもある。窓の縁〔エッジ〕が、風景を切り取る。窓は外界を二次元の平面へと変える。つまり、窓はスクリーンとなる。窓と同様に、スクリーンは平面であると同時にフレーム——映像〔イメージ〕が投影される反射面であり、視界を制限するフレーム——でもある。スクリーンは建築のひとつの構成要素であり、新しいやり方で、壁の通風を演出する。

子規の書斎は、ガラス障子によるプロセニアムがつくられたのであり、それは外界を二次元に変えるスクリーンでありフレームとなったのである。B ガラス障子は「視覚装置」だといえる。

子規の書斎（病室）の障子をガラス障子にすることで、その室内は「視覚装置」となったわけだが、実のところ、外界をながめることのできる「窓」は、視覚装置として、建築・住宅にもっとも重要な要素としてある。

建築家のル・コルビュジエは、いわば視覚装置としての「窓」をきわめて重視していた。そして、彼は窓の構成こそ、建築を決定しているとまで考えていた。したがって、子規の書斎（病室）とは比べものにならないほど、ル・コルビュジエは、視覚装置としての窓の多様性を、デザインつまり表象として実現していった。とはいえ、窓が視覚装置であるという点においては、子規の書斎（病室）のガラス障子といささかもかかわることはない。しかし、ル・コルビュジエは、住まいを徹底した視覚装置、まるでカメラのように考えていたという点では、子規のガラス障子のようにおだやかなものではなかった。子規のガラス障子は、フレームではあっても、操作されたフレームではない。他方、C ル・コルビュジエの窓は、確信を持ってつくられたフレームであった。

ル・コルビュジエは、ブエノス・アイレスで(イ)行った講演のなかで、「建築の歴史を窓の各時代の推移で示してみよう」といい、また窓によって「建築の性格が決定されてきたのです」と述べている。そして、古代ポンペイの出窓、ロマネスクの窓、ゴシックの窓、さらに一九世紀パリの窓から現代の窓のあり方までを歴史的に検討してみせる。そして「窓は採光のためにあり、換気のためではない」とも述べている。こうしたル・コルビュジエの窓についての言説について、アン・フリードバーグは、ル・コルビュジエのいう住宅は「住むための機械」であると同時に、それはまた「見るための機械でもあった」のだと述べている。さらに、ル・コルビュジエは、窓に換気ではなく「視界と採光」を優先したのであり、それは「窓のフレームと窓の形、すなわち「アスペクト比」の変更を引き起こした」と指摘している。ル・コルビュジエは窓を、外界を切り取るフレームだと捉えており、その結果、窓の形、そして「アスペクト比」(ディスプレイの長辺と短辺の比)が変化したというのである。

実際彼は、両親のための家をレマン湖のほとりに建てている。まず、この家は、塀(壁)で囲まれているのだが、これについてル・コルビュジエは、次のように記述している。

> 囲い壁の存在理由は、北から東にかけて、さらに部分的に南から西にかけて視界を閉ざすためである。四方八方に蔓延《まんえん》する景色というものは圧倒的で、焦点をかき、長い間にはかえって退屈なものになってしまう。このような状況では、もはや〝私たち〟は風景を〝眺める〟ことができないのではなかろうか。景色を(ウ)望むには、むしろそれを限定しなければならない。思い切った判断によって選別しなければならないのだ。すなわち、まず壁を建てることによって視界を遮《さえ》ぎり、つぎに連《つ》らなる壁面を要所要所取り払い、そこに水平線の広がりを求めるのである。(注5)(『小さな家』)

風景を見る「視覚装置」としての窓(開口部)と壁をいかに構成するかが、ル・コルビュジエにとって課題であったことがわかる。

(柏木《かしわぎ》博《ひろし》『視覚の生命力――イメージの復権』による)

【文章Ⅱ】

一九二〇年代の最後期を飾る初期の古典的作品サヴォア邸(注6)は、見事なプロポーション(注7)をもつ「横長の窓」を示す。が一方、「横長の窓」を内側から見ると、それは壁をくりぬいた窓であり、その意味は反転する。それは四周を遮る壁体となる。「横長の窓」は、「横長の壁」となって現われる。「横長の窓」は一九二〇年代から一九三〇年代に入ると、「全面ガラスの壁面」へと移行する。スイス館(注8)がこれをよく示している。しかしながらスイス館の屋上庭園の四周は、強固な壁で囲われている。大気は壁で仕切られているのである。

かれは初期につぎのようにいう。「住宅は沈思黙考の場である」。あるいは「人間には自らを消耗する〈仕事の時間〉があり、自らをひき上げて、心の(エ)キンセンに耳を傾ける〈瞑想《めいそう》の時間〉とがある」。

これらの言葉には、いわゆる近代建築の理論においては説明しがたい一つの空間論が現わされている。一方は、いわば光の(オ)ウトんじられる世界であり、他方は光の溢《あふ》れる世界である。つまり、前者は内面的な世界に、後者は外的な世界に関わっている。

かれは『小さな家』において「風景」を語る：「ここに見られる囲い壁の存在理由は、北から東にかけて、さらに部分的に南から西にかけて視界を閉ざすためである。四方八方に蔓延する景色というものは圧倒的で、焦点をかき、長い間にはかえって退屈なものになってしまう。このような状況では、もはや〝私たち〟は風景を〝眺める〟ことができないのではなかろうか。景色を望むには、むしろそれを限定しなければならない。（中略）北側の壁と、そして東側と南側の壁とが〝囲われた庭〟を形成すること、これがここでの方針である」。

ここに語られる「風景」は動かぬ視点をもっている。かれが多くを語った「動く視点」にた

サヴォア邸

本誌での掲載に当たって写真を差しかえました。(編集部)

いするこの「動かぬ視点」は風景を切り取る。視点と風景は、一つの壁によって隔てられ、そしてつながれる。風景は一点から見られ、眺められる。**D** 壁がもつ意味は、風景の観照の空間的構造化である。この動かぬ視点《テオリア》theōria（注9）の存在は、かれにおいて即興的なものではない。

かれは、住宅は、沈思黙考、美に関わると述べている。初期に明言されるこの思想は、明らかに動かぬ視点をもっている。その後の展開のなかで、沈思黙考の場をうたう住宅論は、動く視点が強調されるあまり、ル・コルビュジエにおいて影をひそめた感がある。しかしながら、このテーマはル・コルビュジエが後期に手がけた「礼拝堂」（注10）や「修道院」において再度主題化され、深く追求されている。「礼拝堂」や「修道院」は、なによりも沈思黙考、瞑想の場である。つまり、後期のこうした宗教建築を問うことにおいて、動く視点にたいするル・コルビュジエの動かぬ視点の意義が明瞭になる。

（呉谷充利《くれたにみつとし》『ル・コルビュジエと近代絵画——二〇世紀モダニズムの道程』による）

（注）
1 『墨汁一滴』——正岡子規（一八六七—一九〇二）が一九〇一年に著した随筆集。
2 石井研堂——ジャーナリスト、明治文化研究家（一八六五—一九四三）。
3 虚子——高浜虚子（一八七四—一九五九）。俳人、小説家。正岡子規に師事した。
4 アン・フリードバーグ——アメリカの映像メディア研究者（一九五二—二〇〇九）。
5 『小さな家』——ル・コルビュジエ（一八八七—一九六五）が一九五四年に著した書物。自身が両親のためにレマン湖のほとりに建てた家について書かれている。
6 サヴォア邸——ル・コルビュジエの設計で、パリ郊外に建てられた住宅。
7 プロポーション——つりあい。均整。
8 スイス館——ル・コルビュジエの設計で、パリに建てられた建築物。
9 動かぬ視点《テオリア》theōria——ギリシア語で、「見ること」「眺めること」の意。
10 「礼拝堂」や「修道院」——ロンシャンの礼拝堂とラ・トゥーレット修道院を指す。

問1 次の(i)・(ii)の問いに答えよ。

(i) 傍線部(ア)・(エ)・(オ)に相当する漢字を含むものを、次の各群の①～④のうちから、それぞれ一つずつ選べ。解答番号は 1 ～ 3 。

(ア) ボウトウ 1

① 流行性のカンボウにかかる
② 今朝はネボウしてしまった
③ 過去をボウキャクする
④ 経費がボウチョウする

(エ) キンセン 2

① ヒキンな例を挙げる
② 食卓をフキンで拭く
③ モッキンを演奏する
④ 財政をキンシュクする

(オ) ウトんじられる 3

① 裁判所にテイソする
② 地域がカソ化する
③ ソシナを進呈する
④ 漢学のソヨウがある

(ii) 傍線部(イ)・(ウ)と同じ意味を持つものを、次の各群の①～④のうちから、それぞれ一つずつ選べ。解答番号は [4]・[5]。

(イ) 行った [4]

① 行シン
② 行レツ
③ リョ行
④ リ行

(ウ) 望む [5]

① ホン望
② ショク望
③ テン望
④ ジン望

問2 傍線部**A**「子規は季節や日々の移り変わりを楽しむことができた」とあるが、それはどういうことか。その説明として最も適当なものを、次の①～⑤のうちから一つ選べ。解答番号は 6 。

① 病気で絶望的な気分で過ごしていた子規にとって、ガラス障子越しに外の風物を眺める時間が現状を忘れるための有意義な時間になっていたということ。

② 病気で塞ぎ込み生きる希望を失いかけていた子規にとって、ガラス障子から確認できる外界の出来事が自己の救済につながっていったということ。

③ 病気で寝返りも満足に打てなかった子規にとって、ガラス障子を通して多様な景色を見ることが生を実感する契機となっていたということ。

④ 病気で身体を動かすことができなかった子規にとって、ガラス障子という装置が外の世界への想像をかき立ててくれたということ。

⑤ 病気で寝たきりのまま思索していた子規にとって、ガラス障子を取り入れて内と外が視覚的につながったことが作風に転機をもたらしたということ。

問3　傍線部B「ガラス障子は『視覚装置』だといえる。」とあるが、筆者がそのように述べる理由として最も適当なものを、次の①～⑤のうちから一つ選べ。解答番号は 7 。

① ガラス障子は、季節の移ろいをガラスに映すことで、隔てられた外界を室内に投影して見る楽しみを喚起する仕掛けだと考えられるから。

② ガラス障子は、室外に広がる風景の範囲を定めることで、外の世界を平面化されたイメージとして映し出す仕掛けだと考えられるから。

③ ガラス障子は、外の世界と室内とを切り離したり接続したりすることで、視界に入る風景を制御する仕掛けだと考えられるから。

④ ガラス障子は、視界に制約を設けて風景をフレームに収めることで、新たな風景の解釈を可能にする仕掛けだと考えられるから。

⑤ ガラス障子は、風景を額縁状に区切って絵画に見立てることで、その風景を鑑賞するための空間へと室内を変化させる仕掛けだと考えられるから。

問4　傍線部C「ル・コルビュジエの窓は、確信を持ってつくられたフレームであった」とあるが、「ル・コルビュジエの窓」の特徴と効果の説明として最も適当なものを、次の①～⑤のうちから一つ選べ。解答番号は 8 。

① ル・コルビュジエの窓は、外界に焦点を合わせるカメラの役割を果たすものであり、壁を枠として視界を制御することで風景がより美しく見えるようになる。

② ル・コルビュジエの窓は、居住性を向上させる機能を持つものであり、採光を重視することで囲い壁に遮られた空間の生活環境が快適なものになる。

③ ル・コルビュジエの窓は、アスペクト比の変更を目的としたものであり、外界を意図的に切り取ることで室外の景色が水平に広がって見えるようになる。

④ ル・コルビュジエの窓は、居住者に対する視覚的な効果に配慮したものであり、囲い壁を効率よく配置することで風景への没入が可能になる。

⑤ ル・コルビュジエの窓は、換気よりも視覚を優先したものであり、視点が定まりにくい風景に限定を施すことでかえって広がりが認識されるようになる。

問5　傍線部D「壁がもつ意味は、風景の観照の空間的構造化である。」とあるが、これによって住宅はどのような空間になるのか。その説明として最も適当なものを、次の①～⑤のうちから一つ選べ。解答番号は 9 。

① 三方を壁で囲われた空間を構成することによって、外光は制限されて一方向からのみ部屋の内部に取り入れられる。このように外部の光を調整する構造により、住宅は仕事を終えた人間の心を癒やす空間になる。

② 外界を壁と窓で切り取ることによって、視点は固定されてさまざまな方向から景色を眺める自由が失われる。このように壁と窓が視点を制御する構造により、住宅はおのずと人間が風景と向き合う空間になる。

③ 四周の大部分を壁で囲いながら開口部を設けることによって、固定された視点から風景を眺めることが可能になる。このように視界を制限する構造により、住宅は内部の人間が静かに思索をめぐらす空間になる。

④ 四方に広がる空間を壁で限定することによって、選別された視角から風景と向き合うことが可能になる。このように一箇所において外界と人間がつながる構造により、住宅は風景を鑑賞するための空間になる。

⑤ 周囲を囲った壁の一部を窓としてくりぬくことによって、外界に対する視野に制約が課せられる。このように壁と窓を設けて内部の人間を瞑想へと誘導する構造により、住宅は自己省察するための空間になる。

問6 次に示すのは、授業で【文章Ⅰ】【文章Ⅱ】を読んだ後の、話し合いの様子である。これを読んで、後の(i)〜(iii)の問いに答えよ。

生徒A――【文章Ⅰ】と【文章Ⅱ】は、両方ともル・コルビュジエの建築における窓について論じられていたね。

生徒B――【文章Ⅰ】にも【文章Ⅱ】にも同じル・コルビュジエからの引用文があったけれど、少し違っていたよ。

生徒C――よく読み比べると、[**X**]。

生徒B――そうか、同じ文献でもどのように引用するかによって随分印象が変わるんだね。

生徒C――【文章Ⅰ】は正岡子規の部屋にあったガラス障子をふまえて、ル・コルビュジエの話題に移っていた。

生徒B――なぜわざわざ子規のことを取り上げたのかな。

生徒A――それは、[**Y**]のだと思う。

生徒B――なるほど。でも、子規の話題は【文章Ⅱ】の内容ともつながるような気がしたんだけど。

生徒C――そうだね。【文章Ⅱ】と関連づけて【文章Ⅰ】を読むと、[**Z**]と解釈できるね。

生徒A――こうして二つの文章を読み比べながら話し合ってみると、いろいろ気づくことがあるね。

(i) 空欄 X に入る発言として最も適当なものを、次の①～④のうちから一つ選べ。解答番号は 10 。

① 【文章Ⅰ】の引用文は、壁による閉塞とそこから開放される視界についての内容だけど、【文章Ⅱ】の引用文では、壁の圧迫感について記された部分が省略されて、三方を囲んで形成される壁の話に接続されている

② 【文章Ⅰ】の引用文は、視界を遮る壁とその壁に設けられた窓の機能についての内容だけど、【文章Ⅱ】の引用文では、壁の機能が中心に述べられていて、その壁によってどの方角を遮るかが重要視されている

③ 【文章Ⅰ】の引用文は、壁の外に広がる圧倒的な景色とそれを限定する窓の役割についての内容だけど、【文章Ⅱ】の引用文では、主に外部を遮る壁の機能について説明されていて、窓の機能には触れられていない

④ 【文章Ⅰ】の引用文は、周囲を囲う壁とそこに開けられた窓の効果についての内容だけど、【文章Ⅱ】の引用文では、壁に窓を設けることの意図が省略されて、視界を遮って壁で囲う効果が強調されている

(ii) 空欄 **Y** に入る発言として最も適当なものを、次の ① 〜 ④ のうちから一つ選べ。解答番号は 11 。

① ル・コルビュジエの建築論が現代の窓の設計に大きな影響を与えたことを理解しやすくするために、子規の書斎にガラス障子がもたらした変化をまず示した

② ル・コルビュジエの設計が居住者と風景の関係を考慮したものであったことを理解しやすくするために、子規の日常においてガラス障子が果たした役割をまず示した

③ ル・コルビュジエの窓の配置が採光によって美しい空間を演出したことを理解しやすくするために、子規の芸術に対してガラス障子が及ぼした効果をまず示した

④ ル・コルビュジエの換気と採光についての考察が住み心地の追求であったことを理解しやすくするために、子規の心身にガラス障子が与えた影響をまず示した

(iii) 空欄 Z に入る発言として最も適当なものを、次の①～④のうちから一つ選べ。解答番号は 12 。

① 病で絶望的な気分の中にいた子規は、書斎にガラス障子を取り入れることで内面的な世界を獲得したと言える。そう考えると、子規の書斎もル・コルビュジエの主題化した宗教建築として機能していた

② 病で外界の眺めを失っていた子規は、書斎にガラス障子を取り入れることで光の溢れる世界を獲得したと言える。そう考えると、子規の書斎もル・コルビュジエの指摘する仕事の空間として機能していた

③ 病で自由に動くことができずにいた子規は、書斎にガラス障子を取り入れることで動かぬ視点を獲得したと言える。そう考えると、子規の書斎もル・コルビュジエの言う沈思黙考の場として機能していた

④ 病で行動が制限されていた子規は、書斎にガラス障子を取り入れることで見るための機械を獲得したと言える。そう考えると、子規の書斎もル・コルビュジエの住宅と同様の視覚装置として機能していた

（下書き用紙）

国語の試験問題は次に続く。

第2問

次の文章は、梅崎春生《うめざきはるお》「飢えの季節」（一九四八年発表）の一節である。第二次世界大戦の終結直後、食糧難の東京が舞台である。いつも空腹の状態にあった主人公の「私」は広告会社に応募して採用され、「大東京の将来」をテーマにした看板広告の構想を練るよう命じられた。本文は、「私」がまとめ上げた構想を会議に提出した場面から始まる。これを読んで、後の問い（問1～7）に答えよ。（配点　50）

私が無理矢理に拵《こしら》え上げた構想のなかでは、都民のひとりひとりが楽しく胸をはって生きてゆけるような、そんな風の都市をつくりあげていた。私がもっとも念願する理想の食物都市とはいささか形はちがっていたが、その精神も少《すく》なからずこの構想には加味されていた。たとえば緑地帯には柿の並木がつらなり、夕昏《ゆうぐれ》散歩する都民たちがそれをもいで食べてもいいような仕組《しくみ》になっていた。私の考えでは、そんな雰囲気のなかでこそ、都民のひとりひとりが胸を張って生きてゆける筈《はず》であった。絵柄や文章を指定したこの二十枚の下書きの中に、私のさまざまな夢がこめられていると言ってよかった。このような私の夢が飢えたる都市の人々の共感を得ない筈はなかった。町角に私の作品が並べられれば、道行く人々は皆立ちどまって、微笑《ほほえ》みながら眺めて呉《く》れるにちがいない。そう私は信じた。だから之《これ》を提出するにあたっても、私はすこし晴れがましい気持でもあったのである。

会長も臨席した編輯《へんしゅう》（注1）会議の席上で、しかし私の下書きは散々の悪評であった。悪評であるというより、てんで問題にされなかったのである。

「これは一体どういうつもりなのかね」

私の下書きを一枚一枚見ながら、会長はがらがらした声で私に言った。

「こんなものを街頭展に出して、一体何のためになると思うんだね」

「そ、それはです」とA私はあわてて説明した。「只今《ただいま》は食糧事情がわるくて、皆意気が衰え、夢を失っていると思うんです。だからせめてたのしい夢を見せてやりたい、とこう考えたものですから――」

会長は不機嫌な顔をして、私の苦心の下書きを重ねて卓の上にほうりだした。

「——大東京の将来というテーマをつかんだら」しばらくして会長ははき出すように口をきった。「現在何が不足しているか。理想の東京をつくるためにはどんなものが必要か。そんなことを考えるんだ。たとえば家を建てるための材木だ」

会長は赤らんだ掌《てのひら》をくにゃくにゃ動かして材木の形をしてみせた。

「材木はどこにあるか。どの位のストックがあるか。そしてそれは何々材木会社に頼めば直《す》ぐ手に入る、とこういう具合《ぐあい》にやるんだ」

会長は再び私の下書きを手にとった。

「明るい都市？　明るくするには、電燈《でんとう》だ。電燈の生産はどうなっているか。マツダランプの工場では、どんな数量を生産し、将来どんな具合に生産が増加するか、それを書くんだ。電燈ならマツダランプという具合だ。そしてマツダランプから金を貰《もら》うんだ」

ははあ、とやっと胸におちるものが私にあった。会長は顔をしかめた。

「緑地帯に柿の木を植えるって？　そんな馬鹿な。土地会社だ。東京都市計画で緑地帯の候補地がこれこれになっているから、そこの住民たちは今のうちに他に土地を買って、移転する準備したらよい、という具合だ。そのとき土地を買うなら何々土地会社へ、だ。そしてまた金を貰う」

佐藤や長山アキ子や他の編輯員たちの、冷笑するような視線を額にかんじながら、私はあかくなってうつむいていた。飛《と》んでもない誤解をしていたことが、段々判《わか》ってきたのである。思えば戦争中情報局(注2)と手を組んでこんな仕事をやっていたというのも、憂国の至情にあふれてからの所業ではなくて、たんなる儲《もう》け仕事にすぎなかったことは、少し考えれば判る筈であった。そして戦争が終《おわ》って情報局と手が切れて、掌をかえしたように文化国家の建設の啓蒙《けいもう》をやろうというのも、私費を投じた慈善事業である筈がなかった。会長の声を受けとめながら、椅子に身体《からだ》を硬くして、頭をたれたまま、**B**私はだんだん腹が立ってきたのである。私の夢が侮蔑されたのが口惜しいのではない。この会社のそのような営利精神を憎むのでもない。佐藤や長山の冷笑

的な視線が辛《つら》かったのでもない。ただただ私は自分の間抜けさ加減に腹を立てていたのであった。

その夕方、私は憂鬱《ゆううつ》な顔をして焼けビル(注3)を出、うすぐらい街を昌平橋《しょうへいばし》(注4)の方にあるいて行った。あれから私は構想のたてなおしを命ぜられて、それを引受《ひきう》けたのであった。しかしそれならそれでよかった。給料さえ貰えれば始めから私は何でもやるつもりでいたのだから。憂鬱な顔をしているというのも、ただ腹がへっているからであった。膝をがくがくさせながら昌平橋のたもとまで来たとき、私は変な老人から呼びとめられた。共同便所の横のうすくらがりにいるせいか、その老人は人間というより一枚の影に似ていた。

「旦那」声をぜいぜいふるわせながら老人は手を出した。「昨日から、何も食っていないんです。ほんとに何も食っていないんです。たった一食でもよろしいから、めぐんでやって下さいな。旦那、おねがいです」

老人は外套《がいとう》(注5)も着ていなかった。顔はくろくよごれていて、上衣《うわぎ》の袖から出た手は、ぎょっとするほど細かった。身体が小刻みに動いていて、立っていることも精いっぱいであるらしかった。老人の骨ばった指が私の外套の袖にからんだ。私はある苦痛をしのびながらそれを振りはらった。

「ないんだよ。僕も一食ずつしか食べていないんだ。ぎりぎり計算して食っているんだ。とても分けてあげられないんだよ」

「そうでしょうが、旦那、あたしは昨日からなにも食っていないんです。何なら、この上衣を抵当(注6)に入れてもよござんす。一食だけ。ね。一食だけでいいんです」

老人の眼《め》は暗がりの中でもぎらぎら光っていて、まるで眼球が瞼《まぶた》のそとにとびだしているような具合であった。頬はげっそりしなびていて、そこから咽喉《のど》にかけてざらざらに鳥肌が立っていた。

「ねえ。旦那。お願い。お願いです」

頭をふらふらと下げる老爺《ろうや》よりもどんなに私の方が頭を下げて願いたかったことだろう。あたりに人眼がなければ私はひざまずいて、これ以上自分を苦しめて呉れるなと、老爺にむかって頭をさげていたかも知れないのだ。しかし私は、C自分でもおどろくほど邪険な口調で、老爺にこたえていた。

「駄目だよ。無いといったら無いよ。誰か他の人にでも頼みな」

暫《しばら》くの後私は食堂のかたい椅子にかけて、変な臭いのする魚の煮付と芋まじりの少量の飯をぼそぼそと噛《か》んでいた。しきりに胸を熱くして来るものがあって、食物の味もわからない位だった。私をとりまくさまざまの構図が、ひっきりなしに心を去来した。毎日白い御飯を腹いっぱいに詰め、鶏にまで白米をやる下宿のあるじ、闇売り(注7)でずいぶん儲けたくせに柿のひとつやふたつで怒っている裏の吉田さん。高価な莨《たばこ》(注8)をひっきりなしに吸って血色のいい会長。鼠《ねずみ》のような庶務課長。膝頭が蒼《あお》白く飛出《とびで》た佐藤。長山アキ子の腐った芋の弁当。国民服一着しかもたないT・I氏。お尻の破れた青いモンペ(注9)の女。電車の中で私を押して来る勤め人たち。ただ一食の物乞いに上衣を脱ごうとした老爺。それらのたくさんの構図にかこまれて、朝起きたときから食物のことばかり妄想し、こそ泥のように芋や柿をかすめている私自身の姿がそこにあるわけであった。こんな日常が連続してゆくことで、一体どんなおそろしい結末が待っているのか。**D**それを考えるだけで私は身ぶるいした。

食べている私の外套の背に、もはや寒さがもたれて来る。もう月末が近づいているのであった。かぞえてみるとこの会社につとめ出してから、もう二十日以上も経っているわけであった。

私の給料が月給でなく日給であること、そしてそれも一日三円の割であることを知ったときの私の衝動はどんなであっただろう。それを私は月末の給料日に、鼠のような風貌の庶務課長から言いわたされたのであった。庶務課長のキンキンした声の内容によると、私は(私と一緒に入社した者も)しばらくの間は見習《みならい》社員というわけで、実力次第ではこれからどんなにでも昇給させるから、力を落《おと》さずにしっかりやるように、という話であった。そして声をひそめて、

「君は朝も定刻前にちゃんとやってくるし、毎日自発的に一時間ほど残業をやっていることは、僕もよく知っている。会長も知っておられると思う。だから一所懸命にやって呉れたまえ。君にはほんとに期待しているのだ」

私はその声をききながら、私の一日の給料が一枚の外食券(注10)の闇価(注11)と同じだ、などということをぼんやり考えていたのである。

日給三円だと聞かされたときの衝動は、すぐ胸の奥で消えてしまって、その代《かわ》りに私の手足のさきまで今ゆるゆると拡《ひろ》がってき

たのは、水のように静かな怒りであった。私はそのときすでに、此処《ここ》を辞める決心をかためていたのである。課長の言葉がとぎれるのを待って、私は低い声でいった。

「私はここを辞めさせて頂きたいとおもいます」

なぜ、と課長は鼠のようにずるい視線をあげた。

「一日三円では食えないのです。E食えないことは、やはり良くないことだと思うんです」

そう言いながらも、ここを辞めたらどうなるか、という危惧がかすめるのを私は意識した。しかしそんな危惧があるとしても、それはどうにもならないことであった。私は私の道を自分で切りひらいてゆく他はなかった。ふつうのつとめをしていては満足に食べて行けないなら、私は他に新しい生き方を求めるよりなかった。そして私はあの食堂でみる人々のことを思いうかべていた。鞄《かばん》の中にいろんな物を詰めこんで、それを売ったり買ったりしている事実を。そこにも生きる途《みち》がひとつはある筈であった。そしてまた、あの惨《みじ》めな老爺にならって、外套を抵当にして食を乞う方法も残っているに相違なかった。

「君にはほんとに期待していたのだがなあ」

ほんとに期待していたのは、庶務課長よりもむしろ私なのであった。ほんとに私はどんなに人並みな暮《くら》しの出来る給料を期待していただろう。盗みもする必要がない、静かな生活を、私はどんなに希求していたことだろう。しかしそれが絶望であることがはっきり判ったこの瞬間、F私はむしろある勇気がほのぼのと胸にのぼってくるのを感じていたのである。

その日私は会計の係から働いた分だけの給料を受取《うけと》り、永久にこの焼けビルに別れをつげた。電車みちまで出てふりかえると、曇り空の下で灰色のこの焼けビルは、私の飢えの季節の象徴のようにかなしくそそり立っていたのである。

（注）

1　編輯――「編集」に同じ。

2　情報局――戦時下にマスメディア統制や情報宣伝を担った国家機関。

3　焼けビル――戦災で焼け残ったビル。「私」の勤め先がある。

4　昌平橋――現在の東京都千代田区にある、神田川にかかる橋。そのたもとに「私」の行きつけの食堂がある。

5　外套――防寒・防雨のため洋服の上に着る衣類。オーバーコート。

6　抵当――金銭などを借りて返せなくなったときに、貸し手が自由に扱える借り手側の権利や財産。

7　闇売り――公式の販路・価格によらないで内密に売ること。

8　国民服――国民が常用すべきものとして一九四〇年に制定された服装。戦時中に広く男性が着用した。

9　モンペ――作業用・防寒用として着用するズボン状の衣服。戦時中に女性の標準服として普及した。

10　外食券――戦中・戦後の統制下で、役所が発行した食券。

11　闇価――闇売りにおける価格。

問1　傍線部A「私はあわてて説明した」とあるが、このときの「私」の様子の説明として最も適当なものを、次の①～⑤のうちから一つ選べ。解答番号は 13 。

① 都民が夢をもてるような都市構想なら広く受け入れられると自信をもって提出しただけに、構想の主旨を会長から問いただされたことに戸惑い、理解を得ようとしている。

② 会長も出席する重要な会議の場で成果をあげて認められようと張り切って作った構想が、予想外の低評価を受けたことに動揺し、なんとか名誉を回復しようとしている。

③ 会長から頭ごなしの批判を受け、街頭展に出す目的を明確にイメージできていなかったことを悟り、自分の未熟さにあきれつつもどうにかその場を取り繕おうとしている。

④ 会議に臨席した人々の理解を得られなかったことで、過酷な食糧事情を抱える都民の現実を見誤っていたことに今更ながら気づき、気まずさを解消しようとしている。

⑤ 「私」の理想の食物都市の構想は都民の共感を呼べると考えていたため、会長からテーマとの関連不足を指摘されてうろたえ、急いで構想の背景を補おうとしている。

問2　傍線部B「私はだんだん腹が立ってきたのである」とあるが、それはなぜか。その理由として最も適当なものを、次の①～⑤のうちから一つ選べ。解答番号は 14 。

① 戦後に会社が国民を啓蒙し文化国家を建設するという理想を掲げた真意を理解せず、給料をもらって飢えをしのぎたいという自らの欲望を優先させた自分の浅ましさが次第に嘆かわしく思えてきたから。

② 戦時中には国家的慈善事業を行っていた会社が戦後に方針転換したことに思い至らず、暴利をむさぼるような経営にいつの間にか自分が加担させられていることを徐々に自覚して反発を覚えたから。

③ 戦後に営利を追求するようになった会社が社員相互の啓発による競争を重視していることに思い至らず、会長があきれるような提案しかできなかった自分の無能さがつくづく恥ずかしくなってきたから。

④ 戦後の復興を担う会社が利益を追求するだけで東京を発展させていく意図などないことを理解せず、飢えの解消を前面に打ち出す提案をした自分の安直な姿勢に自嘲の念が少しずつ湧いてきたから。

⑤ 戦時中に情報局と提携していた会社が純粋な慈善事業を行うはずもないことに思い至らず、自分の理想や夢だけを詰め込んだ構想を誇りをもって提案した自分の愚かさにようやく気づき始めたから。

問3　傍線部C「自分でもおどろくほど邪険な口調で、老爺にこたえていた」とあるが、ここに至るまでの「私」の心の動きはどのようなものか。その説明として最も適当なものを、次の①～⑤のうちから一つ選べ。解答番号は 15 。

① ぎりぎり計算して食べている自分より、老爺の飢えのほうが深刻だと痛感した「私」は、彼の懇願に対してせめて丁寧な態度で断りたいと思いはしたが、人目をはばからず無心を続ける老爺にいら立った。

② 一食を得るために上衣さえ差し出そうとする老爺の様子を見た「私」は、彼を救えないことに対し頭を下げ許しを乞いたいと思いつつ、周りの視線を気にしてそれもできない自分へのいらだちを募らせた。

③ 飢えから逃れようと必死に頭を下げる老爺の姿に自分と重なるところがあると感じた「私」は、自分も食べていないことを話し説得を試みたが、食物をねだり続ける老爺に自分にはない厚かましさも感じた。

④ 頬の肉がげっそりと落ちた老爺のやせ細り方に同情した「私」は、彼の願いに応えられないことに罪悪感を抱いていたが、後ろめたさに付け込み、どこまでも食い下がる老爺のしつこさに嫌悪感を覚えた。

⑤ かろうじて立っている様子の老爺の懇願に応じることのできない「私」は、苦痛を感じながら耐えていたが、なおもすがりつく老爺の必死の態度に接し、彼に向き合うことから逃れたい衝動に駆られた。

問4　傍線部D「それを考えるだけで私は身ぶるいした。」とあるが、このときの「私」の状況と心理の説明として最も適当なものを、次の①～⑤のうちから一つ選べ。解答番号は 16 。

① 貧富の差が如実に現れる周囲の人びとの姿から自らの貧しく惨めな姿も浮かび、食物への思いにとらわれていることを自覚した「私」は、農作物を盗むような生活の先にある自身の将来に思い至った。

② 定収入を得てぜいたくに暮らす人びとの存在に気づいた「私」は、芋や柿などの農作物を生活の糧にすることを想像し、そのような空想にふける自分は厳しい現実を直視できていないと認識した。

③ 経済的な格差がある社会でしたたかに生きる人びとに思いを巡らせた「私」は、一食のために上衣を手放そうとした老爺のように、その場しのぎの不器用な生き方しかできない我が身を振り返った。

④ 富める人もいれば貧しい人もいる社会の構造にやっと思い至った「私」は、会社に勤め始めて二十日以上経ってもその構造から抜け出せない自分が、さらなる貧困に落ちるしかないことに気づいた。

⑤ 自分を囲む現実を顧みたことで、周囲には貧しい人が多いなかに富める人もいることに気づいた「私」は、食糧のことで頭が一杯になり社会の動向を広く認識できていなかった自分を見つめ直した。

問5　傍線部E「食えないことは、やはり良くないことだと思うんです」とあるが、この発言の説明として最も適当なものを、次の①〜⑤のうちから一つ選べ。解答番号は 17 。

① 満足に食べていくため不本意な業務も受け入れていたが、あまりにも薄給であることに承服できず、将来的な待遇改善や今までの評価が問題ではなく、現在の飢えを解消できないことが決め手となって退職することを淡々と伝えた。

② 飢えた生活から脱却できると信じて営利重視の経営方針にも目をつぶってきたが、営利主義が想定外の薄給にまで波及していると知り、口先だけ景気の良いことを言う課長の態度にも不信感を抱いたことで、つい感情的に反論した。

③ 飢えない暮らしを望んで夢を侮蔑されても会社勤めを続けてきたが、結局のところ新しい生き方を選択しないかぎり静かな生活は送れないとわかり、課長に正論を述べても仕方がないと諦めて、ぞんざいな言い方しかできなかった。

④ 静かな生活の実現に向けて何でもすると決意して自発的に残業さえしてきたが、月給ではなく日給であることに怒りを覚え、課長に何を言っても正当な評価は得られないと感じて、不当な薄給だという事実をぶっきらぼうに述べた。

⑤ 小声でほめてくる課長が本心を示していないことはわかるものの、静かな生活は自分で切り開くしかないという事実に変わりはなく、有効な議論を展開するだけの余裕もないので、負け惜しみのような主張を絞り出すしかなかった。

問6　傍線部F「私はむしろある勇気がほのぼのと胸にのぼってくるのを感じていたのである」とあるが、このときの「私」の心情の説明として最も適当なものを、次の①～⑤のうちから一つ選べ。解答番号は 18 。

① 希望していた静かな暮らしが実現できないことに失望したが、その給料では食べていけないと主張できたことにより、これからは会社の期待に添って生きるのではなく自由に生きようと徐々に思い始めている。

② これから新しい道を切り開いていくため静かな生活はかなわないと悲しんでいたが、課長に言われた言葉を思い出すことにより、自分がすべきことをイメージできるようになりにわかに自信が芽生えてきている。

③ 昇給の可能性もあるとの上司の言葉はありがたかったが、盗みをせざるを得ないほどの生活不安を解消するまでの説得力を感じられないのでそれを受け入れられず、物乞いをしてでも生きていこうと決意を固めている。

④ 人並みの暮らしができる給料を期待していたが、その願いが断たれたことで現在の会社勤めを辞める決意をし、将来の生活に対する懸念はあるものの新たな生き方を模索しようとする気力が湧き起こってきている。

⑤ 期待しているという課長の言葉とは裏腹の食べていけないほどの給料に気落ちしていたが、一方で課長が自分に期待していた事実があることに自信を得て、新しい生活を前向きに送ろうと少し気楽になっている。

問7 Wさんのクラスでは、本文の理解を深めるために教師から本文と同時代の【資料】が提示された。Wさんは、【資料】を参考に「マツダランプの広告」と本文の「焼けビル」との共通点をふまえて「私」の「飢え」を考察することにし、【構想メモ】を作り、【文章】を書いた。このことについて、後の(i)・(ii)の問いに答えよ。なお、設問の都合で広告の一部を改めている。

【資料】

●マツダランプの広告

雑誌『航空朝日』（一九四五年九月一日発行）に掲載

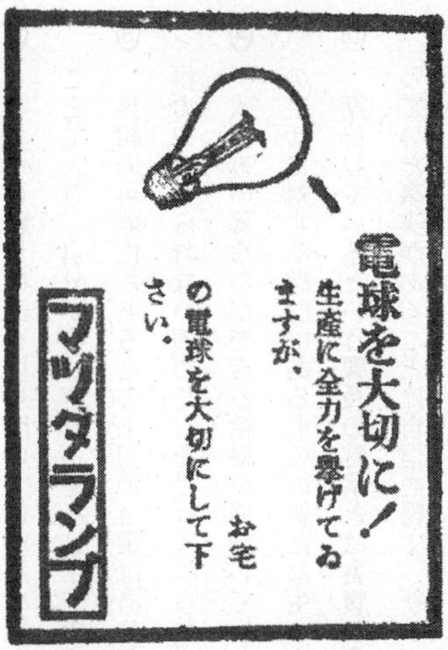

●補足

この広告は、戦時中には「生産《せいさん》に全力《ぜんりょく》を挙《あ》げてゐますが、御家庭用は尠《すく》なくなりますから、お宅の電球を大切にして下さい。」と書かれていた。戦後も物が不足していたため、右のように変えて掲載された。

【構想メモ】

(1) 【資料】からわかること

・社会状況として戦後も物資が不足していること。

・広告の一部の文言を削ることで、戦時中の広告を終戦後に再利用しているということ。

(2) 【文章】の展開

① 【資料】と本文との共通点

・マツダランプの広告

・「焼けビル」（本文末尾）

↓

② 「私」の現状や今後に関する「私」の認識について

↓

③ 「私」の「飢え」についてのまとめ

【文章】

> **【資料】**のマツダランプの広告は、戦後も物資が不足している社会状況を表している。この広告と「飢えの季節」本文の最後にある「焼けビル」とには共通点がある。［ Ⅰ ］この共通点は、本文の会長の仕事のやり方とも重なる。そのような会長の下で働く「私」自身はこの職にしがみついていても苦しい生活を脱する可能性がないと思い、具体的な未来像を持つこともないままに会社を辞めたのである。そこで改めて**【資料】**を参考に、本文の最後の一文に注目して「私」の「飢え」について考察すると、「かなしくそそり立っていた」という「焼けビル」は、［ Ⅱ ］と捉えることができる。

(i) 空欄［ Ⅰ ］に入るものとして最も適当なものを、次の①～④のうちから一つ選べ。解答番号は［ 19 ］。

① それは、戦時下の軍事的圧力の影響が、終戦後の日常生活の中においても色濃く残っているということだ。
② それは、戦時下に生じた倹約の精神が、終戦後の人びとの生活態度においても保たれているということだ。
③ それは、戦時下に存在した事物が、終戦に伴い社会が変化する中においても生き延びているということだ。
④ それは、戦時下の国家貢献を重視する方針が、終戦後の経済活動においても支持されているということだ。

(ii) 空欄［ Ⅱ ］に入るものとして最も適当なものを、次の①～④のうちから一つ選べ。解答番号は［ 20 ］。

① 「私」の飢えを解消するほどの給料を払えない会社の象徴
② 「私」にとって解消すべき飢えが継続していることの象徴
③ 「私」の今までの飢えた生活や不本意な仕事との決別の象徴
④ 「私」が会社を辞め飢えから脱却する勇気を得たことの象徴

第3問 次の文章は源俊頼《としより》が著した『俊頼髄脳《としよりずいのう》』の一節で、殿上人たちが、皇后寛子のために、寛子の父・藤原頼通の邸内で船遊びをしようとするところから始まる。これを読んで、後の問い（問1～4）に答えよ。なお、設問の都合で本文の段落に 1 ～ 5 の番号を付してある。（配点 50）

1 宮司《みやづかさ》（注1）ども集まりて、船をばいかがすべき、紅葉《もみぢ》を多くとりにやりて、船の屋形にして、船《ふな》さし（注2）は侍《さぶらひ》の a 若からむをしたりければ、俄《にはか》に狩袴《かりばかま》（注3）染めなどしてきらめきけり。その日になりて、人々、皆参り集まりぬ。「御船はまうけたりや」と尋ねられければ、「皆まうけて侍り」と申して、その期《ご》になりて、島がくれ（注4）より漕《こ》ぎ出でたるを見れば、なにとなく、ひた照《て》りなる船を二つ、装束《さうぞ》き出でたるけしき、いとをかしかりけり。

2 人々、皆乗り分かれて、管絃《くわんげん》の具ども、御前（注5）より申し出だして、そのことする人々、前におきて、(ア)やうやうさしまはす程に、南の普賢堂に、宇治の僧正（注6）、僧都《そうづ》の君と申しける時、御修法《みずほふ》しておはしけるに、かかることありとて、もろもろの僧たち、大人、若き、集まりて、庭にゐなみたり。童部《わらはべ》、供《とも》法師にいたるまで、繡花《しうくわ》（注7）装束きて、さし退《の》きつつ群がれゐたり。

3 その中に、良暹《りやうぜん》といへる歌よみのありけるを、殿上人、見知りてあれば、「良暹がさぶらふか」と問ひければ、良暹、目もなく（注8）笑みて、平《ひら》がりてさぶらひければ、かたはらに若き僧の侍りけるが知り、「b さに侍り」と申しければ、「あれ、船に召して乗せて連歌《れんが》（注9）などせさせむは、いかがあるべき」と、いま一つの船の人々に申しあはせければ、「いかが。あるべからず。後の人や、さらでもありぬべかりけることかなとや申さむ」などありければ、さもあることとて、乗せずして、ただながら連歌などはせさせてむなど定めて、近う漕ぎよせて、「良暹、さりぬべからむ連歌などして参らせよ」と、人々申されければ、さる者にて、もしさやうのこともやあるとて c まうけたりけるにや、聞きけるままに程もなくかたはらの僧にものを言ひければ、その僧、(イ)ことごとしく歩みよりて、

「もみぢ葉のこがれて見ゆる御船《みふね》かな

と申し侍るなり」と申しかけて帰りぬ。

4 人々、これを聞きて、船々に聞かせて、付けむとしけるが遅かりければ、船を漕ぐともなくて、やうやう築島《つくじま》をめぐりて、一めぐりの程に、付けて言はむとしけるに、え付けざりければ、むなしく過ぎにけり。「いかに」「遅し」と、たがひに船々あらそひて、二《ふた》めぐりになりにけり。なほ、え付けざりければ、船を漕がで、島のかくれにて、「(ウ)かへすがへすもわろきことなり、これを d 今まで付けぬは。日はみな暮れぬ。いかがせむずる」と、今は、付けむの心はなくて、付けでやみなむことを嘆く程に、何事も e 覚えずなりぬ。

5 ことごとしく管絃の物の具申しおろして船に乗せたりけるも、いささか、かきならす人もなくてやみにけり。かく言ひ沙汰する程に、普賢堂の前にそこばく多かりつる人、皆立ちにけり。人々、船よりおりて、御前にて遊ばむなど思ひけれど、このことにたがひて、皆逃げておのおの失《う》せにけり。宮司、まうけしたりけれど、いたづらにてやみにけり。

(注)
1 宮司――皇后に仕える役人。
2 船さし――船を操作する人。
3 狩袴染めなどして――「狩袴」は狩衣を着用する際の袴。これを、今回の催しにふさわしいように染めたということ。
4 島がくれ――島陰。頼通邸の庭の池には島が築造されていた。そのため、島に隠れて邸《やしき》側からは見えにくいところがある。
5 御前より申し出だして――皇后寛子からお借りして。
6 宇治の僧正――頼通の子、覚円。寛子の兄。寛子のために邸内の普賢堂で祈禱《きとう》をしていた。
7 繡花――花模様の刺繡《ししゅう》。
8 目もなく笑みて――目を細めて笑って。
9 連歌――五・七・五の句と七・七の句を交互に詠んでいく形態の詩歌。前の句に続けて詠むことを、句を付けるという。

問1　傍線部(ア)～(ウ)の解釈として最も適当なものを、次の各群の①～⑤のうちから、それぞれ一つずつ選べ。解答番号は 21 ～ 23 。

(ア)　やうやうさしまはす程に 21
① さりげなく池を見回すと
② あれこれ準備するうちに
③ 徐々に船を動かすうちに
④ 次第に船の方に集まると
⑤ 段々と演奏が始まるころ

(イ)　ことごとしく歩みよりて 22
① たちまち僧侶たちの方に向かっていって
② 焦った様子で殿上人のもとに寄っていって
③ 卑屈な態度で良暹のそばに来て
④ もったいぶって船の方に近づいていって
⑤ すべてを聞いて良暹のところに行って

(ウ)　かへすがへすも 23
① 繰り返すのも
② どう考えても
③ 句を返すのも
④ 引き返すのも
⑤ 話し合うのも

問2　波線部a～eについて、語句と表現に関する説明として最も適当なものを、次の①～⑤のうちから一つ選べ。解答番号は 24 。

① a「若からむ」は、「らむ」が現在推量の助動詞であり、断定的に記述することを避けた表現になっている。
② b「さに侍り」は、「侍り」が丁寧語であり、「若き僧」から読み手への敬意を込めた表現になっている。
③ c「まうけたりけるにや」は、「や」が疑問の係助詞であり、文中に作者の想像を挟み込んだ表現になっている。
④ d「今まで付けぬは」は、「ぬ」が強意の助動詞であり、「人々」の驚きを強調した表現になっている。
⑤ e「覚えずなりぬ」は、「なり」が推定の助動詞であり、今後の成り行きを読み手に予想させる表現になっている。

問3　1 ～ 3 段落についての説明として最も適当なものを、次の ① ～ ⑤ のうちから一つ選べ。解答番号は 25 。

① 宮司たちは、船の飾り付けに悩み、当日になってようやくもみじの葉で飾った船を準備し始めた。
② 宇治の僧正は、船遊びの時間が迫ってきたので、祈禱を中止し、供の法師たちを庭に呼び集めた。
③ 良暹は、身分が低いため船に乗ることを辞退したが、句を求められたことには喜びを感じていた。
④ 殿上人たちは、管絃や和歌の催しだけでは後で批判されるだろうと考え、連歌も行うことにした。
⑤ 良暹のそばにいた若い僧は、殿上人たちが声をかけてきた際、かしこまる良暹に代わって答えた。

問4　次に示すのは、授業で本文を読んだ後の、話し合いの様子である。これを読んで、後の(i)～(iii)の問いに答えよ。

教　師――本文の 3 ～ 5 段落の内容をより深く理解するために、次の文章を読んでみましょう。これは『散木奇歌集《さんぼくきかしゅう》』の一節で、作者は本文と同じく源俊頼《としより》です。

> 人々あまた八幡《やはた》(注1)の御神楽《みかぐら》に参りたりけるに、こと果てて又の日、別当《べつたう》(注2)法印光清《くわうせい》が堂の池の釣殿《つりどの》に人々ゐなみて遊びけるに、「光清、連歌作ることなむ得たることとおぼゆる。ただいま連歌付けばや」など申しゐたりけるに、かたのごとくとて申したりける、
>
> 　釣殿の下には魚《いを》やすまざらむ　　俊重《とししげ》(注3)
>
> 光清しきりに案じけれども、え付けでやみにしことなど、帰りて語りしかば、試みにとて、
>
> 　うつばり(注4)の影そこに見えつつ　　俊頼
>
> (注)
> 1　八幡の御神楽――石清水八幡宮《いわしみずはちまんぐう》において、神をまつるために歌舞を奏する催し。
> 2　別当法印――「別当」はここでは石清水八幡宮の長官。「法印」は最高の僧位。
> 3　俊重――源俊頼の子。
> 4　うつばり――屋根の重みを支えるための梁《はり》。

教　師――この『散木奇歌集』の文章は、人々が集まっている場で、連歌をしたいと光清が言い出すところから始まります。その後の展開を話し合ってみましょう。

生徒A――俊重が「釣殿の」の句を詠んだけれど、光清は結局それに続く句を付けることができなかったんだね。

生徒B――そのことを聞いた父親の俊頼が俊重の句に「うつばりの」の句を付けてみせたんだ。

生徒C――そうすると、俊頼の句はどういう意味になるのかな？

生徒A――その場に合わせて詠まれた俊重の句に対して、俊頼が機転を利かせて返答をしたわけだよね。二つの句のつながりはどうなっているんだろう……。

教　師――前に授業で取り上げた「掛詞《かけことば》」に注目してみると良いですよ。

生徒B――掛詞は一つの言葉に二つ以上の意味を持たせる技法だったよね。あ、そうか、この二つの句のつながりがわかった！　[X]　ということじゃないかな。

生徒C――なるほど、句を付けるって簡単なことじゃないんだね。うまく付けられたら楽しそうだけど。

教　師――そうですね。それでは、ここで本文の『俊頼髄脳』の [3] 段落で良暹《りょうぜん》が詠んだ「もみぢ葉の」の句について考えてみましょう。

生徒A――この句は [Y]。でも、この句はそれだけで完結しているわけじゃなくて、別の人がこれに続く七・七を付けることが求められていたんだ。

生徒B――そうすると、[4]・[5] 段落の状況もよくわかるよ。[Z] ということなんだね。

教　師――良い学習ができましたね。『俊頼髄脳』のこの後の箇所では、こういうときは気負わずに句を付けるべきだ、と書かれています。ということで、次回の授業では、皆さんで連歌をしてみましょう。

(i) 空欄 **X** に入る発言として最も適当なものを、次の①～④のうちから一つ選べ。解答番号は 26 。

① 俊重が、皆が釣りすぎたせいで釣殿から魚の姿が消えてしまったと詠んだのに対して、俊頼は、「そこ」に「底」を掛けて、水底《みなそこ》にはそこかしこに釣針が落ちていて、昔の面影をとどめているよ、と付けている

② 俊重が、釣殿の下にいる魚は心を休めることもできないだろうかと詠んだのに対して、俊頼は、「うつばり」に「鬱」を掛けて、梁の影にあたるような場所だと、魚の気持ちも沈んでしまうよね、と付けている

③ 俊重が、「すむ」に「澄む」を掛けて、水は澄みきっているのに魚の姿は見えないと詠んだのに対して、俊頼は、「そこ」に「あなた」という意味を掛けて、そこにあなたの姿が見えたからだよ、と付けている

④ 俊重が、釣殿の下には魚が住んでいないのだろうかと詠んだのに対して、俊頼は、釣殿の「うつばり」に「針」の意味を掛けて、池の水底には釣殿の梁ならぬ釣針が映って見えるからね、と付けている

(ii) 空欄 **Y** に入る発言として最も適当なものを、次の①～④のうちから一つ選べ。解答番号は **27** 。

① 船遊びの場にふさわしい句を求められて詠んだ句であり、「こがれて」には、葉が色づくという意味の「焦がれて」と船が漕がれるという意味の「漕がれて」が掛けられていて、紅葉に飾られた船が池を廻《めぐ》っていく様子を表している

② 寛子への恋心を伝えるために詠んだ句であり、「こがれて」には恋い焦がれるという意味が込められ、「御船」には出家した身でありながら、あてもなく海に漂う船のように恋の道に迷い込んでしまった良暹自身がたとえられている

③ 頼通や寛子を賛美するために詠んだ句であり、「もみぢ葉」は寛子の美しさを、敬語の用いられた「御船」は栄華を極めた頼通たち藤原氏を表し、順風満帆に船が出発するように、一族の将来も明るく希望に満ちていると讃《たた》えている

④ 祈禱を受けていた寛子のために詠んだ句であり、「もみぢ葉」「見ゆる」「御船」というマ行の音で始まる言葉を重ねることによって音の響きを柔らかなものに整え、寛子やこの催しの参加者の心を癒やしたいという思いを込めている

(iii) 空欄 Z に入る発言として最も適当なものを、次の①〜④のうちから一つ選べ。解答番号は 28 。

① 誰も次の句を付けることができなかったので、良暹を指名した責任について殿上人たちの間で言い争いが始まり、それがいつまでも終わらなかったので、もはや宴《うたげ》どころではなくなった

② 次の句をなかなか付けられなかった殿上人たちは、自身の無能さを自覚させられ、これでは寛子のための催しを取り仕切ることも不可能だと悟り、準備していた宴を中止にしてしまった

③ 殿上人たちは良暹の句にその場ですぐに句を付けることができず、時間が経っても池の周りを廻るばかりで、ついにはこの催しの雰囲気をしらけさせたまま帰り、宴を台無しにしてしまった

④ 殿上人たちは念入りに船遊びの準備をしていたのに、連歌を始めたせいで予定の時間を大幅に超過し、庭で待っていた人々も帰ってしまったので、せっかくの宴も殿上人たちの反省の場となった

第4問　唐の白居易は、皇帝自らが行う官吏登用試験に備えて一年間受験勉強に取り組んだ。その際、自分で予想問題を作り、それに対する模擬答案を準備した。次の文章は、その【予想問題】と【模擬答案】の一部である。これを読んで、後の問い（問1～7）に答えよ。なお、設問の都合で本文を改め、返り点・送り仮名を省いたところがある。（配点　50）

【予想問題】

問《フ》、自《リ》レ古《いにしへ》以来、A君《タル》者無《ク》レ不《ルハ》レ思《ハ》レ求《ムルヲ》二其《ノ》賢《ヲ》一、賢《ナル》者罔《なシ》レ不《ルハ》レ思《ハ》レ効《いたスヲ》二其《ノ》用《ヲ》一。然《レドモ》両《ふたツナガラ》不《ルハ》二相《あひ》遇《ハ》一、其《ノ》故《ハ》何《ゾ》哉。今欲《スルニ》レ求《メント》レ之《ヲ》、其《ノ》術《ハ》安《クニ》在《リヤ》。

【模擬答案】

臣（注1）聞《ク》、人君《タル》者無《ク》レ不《ルハ》レ思《ハ》レ求《ムルヲ》二其《ノ》賢《ヲ》一、人臣《タル》者無《シト》レ不《ルハ》レ思《ハ》レ効《スヲ》二其《ノ》用《ヲ》一。然《リ》而《シテ》君《ハ》求《メントシテ》レ賢《ヲ》而不レ得、臣《ハ》効《サントシテ》レ用《ヲ》而（ア）無レ由者、B豈不以貴賤相懸、朝（注2）野相隔、堂（注3）遠於千里、門（注4）深於九重。

臣以為(イ)、求レムルニ賢ヲ有レリ術、弁(ウ)レ賢ヲ有レリ方。方術者、各《おのおの》審《つまび》二ラカニシ其ノ族類一ヲ、使二ムル之ヲシテ推薦一セ而已。近ク取二レバ諸《これ》ヲ喩《たとへ》一ニ、C 其レ猶二ホキ線《いと》ト与レノ矢也。線ハ因レリテ針ニ而入リ、矢ハ待レチテ弦ヲ而発ス。雖レモ有二リト線矢一、苟クモ無二クンバ針弦一、求二ムルモ自ラ致一スヲ焉、不レル可レカラ得也。夫レ必ズ以二テスル族類一ヲ者、蓋シ賢愚有レリ貫クコト、善悪有レリ倫《ともがら》、若シ以レテ類ヲ求ムレバ、D [X] 以類至。此レ亦タ猶二ホク水ノ流レレ湿ニ、火ノ就レクガ燥ニ、E 自然之理也。

（白居易『白氏文集』による）

（注）
1 臣――君主に対する臣下の自称。
2 朝野――朝廷と民間。
3 堂――君主が執務する場所。
4 門――王城の門。

問1　波線部(ア)「無レ由」、(イ)「以為」、(ウ)「弁」のここでの意味として最も適当なものを、次の各群の①～⑤のうちから、それぞれ一つずつ選べ。解答番号は [29] ～ [31] 。

(ア)「無レ由」 [29]

① 方法がない
② 伝承がない
③ 原因がない
④ 意味がない
⑤ 信用がない

(イ)「以為」 [30]

① 考えるに
② 同情するに
③ 行うに
④ 目撃するに
⑤ 命ずるに

(ウ)「弁」 [31]

① 弁償するには
② 弁護するには
③ 弁解するには
④ 弁論するには
⑤ 弁別するには

問2　傍線部A「君者無レ不レ思レ求二其賢一、賢者罔レ不レ思レ効二其用一」の解釈として最も適当なものを、次の①～⑤のうちから一つ選べ。解答番号は 32 。

① 君主は賢者の仲間を求めようと思っており、賢者は無能な臣下を退けたいと思っている。
② 君主は賢者を顧問にしようと思っており、賢者は君主の要請を辞退したいと思っている。
③ 君主は賢者を登用しようと思っており、賢者は君主の役に立ちたいと思っている。
④ 君主は賢者の意見を聞こうと思っており、賢者は自分の意見は用いられまいと思っている。
⑤ 君主は賢者の称賛を得ようと思っており、賢者は君主に信用されたいと思っている。

問3　傍線部B「豈不以貴賤相懸、朝野相隔、堂遠於千里、門深於九重」の返り点の付け方と書き下し文との組合せとして最も適当なものを、次の①～⑤のうちから一つ選べ。解答番号は 33 。

① 豈不レ以二貴賤相懸一、朝野相隔、堂遠二於千里一、門深二於九重一
豈に貴賤相懸《あひへだ》たるを以てならずして、朝野相隔たり、堂は千里よりも遠く、門は九重よりも深きや

② 豈不レ以二貴賤相懸、朝野相隔一、堂遠二於千里一、門深二於九重一
豈に貴賤相懸たり、朝野相隔たるを以てならずして、堂は千里よりも遠く、門は九重よりも深きや

③ 豈不レ以三貴賤相懸、朝野相隔、堂遠二於千里一、門深二於九重一
豈に貴賤相懸たり、朝野相隔たり、堂は千里よりも遠きを以てならずして、門は九重よりも深きや

④ 豈不下以三貴賤相懸、朝野相隔、堂遠二於千里一、門深中於九重上
豈に貴賤相懸たり、朝野相隔たり、堂は千里よりも遠きを以て、門は九重よりも深からずや

⑤ 豈不レ以下貴賤相懸、朝野相隔、堂遠二於千里一、門深中於九重上
豈に貴賤相懸たり、朝野相隔たり、堂は千里よりも遠く、門は九重よりも深きを以てならずや

問4　傍線部C「其 猶二線 与一レ矢 也」の比喩は、「線」・「矢」のどのような点に着目して用いられているのか。最も適当なものを、次の①～⑤のうちから一つ選べ。解答番号は 34 。

① 「線」や「矢」は、単独では力を発揮しようとしても発揮できないという点。

② 「線」と「矢」は、互いに結びつけば力を発揮できるという点。

③ 「線」や「矢」は、針や弦と絡み合って力を発揮できないという点。

④ 「線」と「矢」は、助け合ったとしても力を発揮できないという点。

⑤ 「線」や「矢」は、針や弦の助けを借りなくても力を発揮できるという点。

問5　傍線部D「**X** 以類至」について、(a)空欄 **X** に入る語と、(b)書き下し文との組合せとして最も適当なものを、次の①〜⑤のうちから一つ選べ。解答番号は 35 。

① (a) 不　(b) 類を以てせずして至ればなり

② (a) 何　(b) 何ぞ類を以て至らんや

③ (a) 必　(b) 必ず類を以て至ればなり

④ (a) 誰　(b) 誰か類を以て至らんや

⑤ (a) 嘗　(b) 嘗《かつ》て類を以て至ればなり

問6　傍線部E「自 然 之 理 也」はどういう意味を表しているのか。その説明として最も適当なものを、次の①～⑤のうちから一つ選べ。解答番号は 36 。

① 水と火の性質は反対だがそれぞれ有用であるように、相反する性質のものであってもおのおの有効に作用するのが自然であるということ。

② 水の湿り気と火の乾燥とが互いに打ち消し合うように、性質の違う二つのものは相互に干渉してしまうのが自然であるということ。

③ 川の流れが湿地を作り山火事で土地が乾燥するように、性質の似通ったものはそれぞれに大きな作用を生み出すのが自然であるということ。

④ 水は湿ったところに流れ、火は乾燥したところへと広がるように、性質を同じくするものは互いに求め合うのが自然であるということ。

⑤ 水の潤いや火による乾燥が恵みにも害にもなるように、どのような性質のものにもそれぞれ長所と短所があるのが自然であるということ。

問7 【予想問題】に対して、作者が【模擬答案】で述べた答えはどのような内容であったのか。その説明として最も適当なものを、次の①～⑤のうちから一つ選べ。解答番号は 37 。

① 君主が賢者と出会わないのは、君主が賢者を採用する機会が少ないためであり、賢者を求めるには採用試験をより多く実施することによって人材を多く確保し、その中から賢者を探し出すべきである。

② 君主が賢者と出会わないのは、君主と賢者の心が離れているためであり、賢者を求めるにはまず君主の考えを広く伝えて、賢者との心理的距離を縮めたうえで人材を採用するべきである。

③ 君主が賢者と出会わないのは、君主が人材を見分けられないためであり、賢者を求めるにはその賢者が党派に加わらず、自分の信念を貫いているかどうかを見分けるべきである。

④ 君主が賢者と出会わないのは、君主が賢者を見つけ出すことができないためであり、賢者を求めるには賢者のグループを見極めたうえで、その中から人材を推挙してもらうべきである。

⑤ 君主が賢者と出会わないのは、君主が賢者を受け入れないためであり、賢者を求めるには幾重にも重なっている王城の門を開放して、やって来る人々を広く受け入れるべきである。

2023 追試

(200点
80分)

〔国語〕

注　意　事　項

1　解答用紙に，正しく記入・マークされていない場合は，採点できないことがあります。

2　この問題冊子は，52ページあります。問題は４問あり，第１問，第２問は「近代以降の文章」，第３問は「古文」，第４問は「漢文」の問題です。

なお，大学が指定する特定分野のみを解答する場合でも，試験時間は80分です。

3　試験中に問題冊子の印刷不鮮明，ページの落丁・乱丁及び解答用紙の汚れ等に気付いた場合は，手を高く挙げて監督者に知らせなさい。

4　解答は，解答用紙の解答欄にマークしなさい。例えば，［10］と表示のある問いに対して③と解答する場合は，次の(例)のように**解答番号10**の**解答欄**の③に**マーク**しなさい。

（例）

解答番号	解答欄								
	1	2	3	4	5	6	7	8	9
10	①	②	❸	④	⑤	⑥	⑦	⑧	⑨

5　問題冊子の余白等は適宜利用してよいが，どのページも切り離してはいけません。

6　**不正行為について**

①　不正行為に対しては厳正に対処します。

②　不正行為に見えるような行為が見受けられた場合は，監督者がカードを用いて注意します。

③　不正行為を行った場合は，その時点で受験を取りやめさせ退室させます。

7　試験終了後，問題冊子は持ち帰りなさい。

※著作権の都合で一部，問題を掲載できない箇所があります。掲載していない問題は，大学入試センターのホームページ（https://www.dnc.ac.jp/）等でご確認ください。

第1問　次の文章を読んで、後の問い（問1～6）に答えよ。（配点　50）

※著作権の都合で、問題の一部を非掲載としております。

※著作権の都合で、問題の一部を非掲載としております。

（北川《きたがわ》東子《さきこ》「歴史の必然性について——私たちは歴史の一部である」による）

（注）
1　キャロル・グラック——アメリカの歴史学者（一九四一—　）。
2　E・ホブズボーム——イギリスの歴史学者（一九一七—二〇一二）。
3　ヘーゲル——ドイツの哲学者（一七七〇—一八三一）。
4　H・シュネーデルバッハ——ドイツの哲学者（一九三六—　）。
5　ドロイゼン——ドイツの歴史学者（一八〇八—一八八四）。
6　ディルタイ——ドイツの哲学者（一八三三—一九一一）。
7　ジンメル——ドイツの哲学者（一八五八—一九一八）。
8　シーザー——古代ローマの将軍・政治家（前一〇〇頃—前四四）。各地の内乱を平定し、独裁官となった。
9　フリードリヒ大王——プロイセン国王フリードリヒ二世（一七一二—一七八六）。プロイセンをヨーロッパの強国にした。
10　原テキスト——歴史記述のもとになる文献のこと。

問1 次の(i)・(ii)の問いに答えよ。

(i) 傍線部(ア)・(オ)と同じ意味を持つものを、次の各群の①～④のうちから、それぞれ一つずつ選べ。解答番号は 1 ・ 2 。

(ア) 挙げて 1

① 挙シキ
② カイ挙
③ レッ挙
④ 挙ドウ

(オ) 関わる 2

① ナン関
② 関チ
③ 関モン
④ ゼイ関

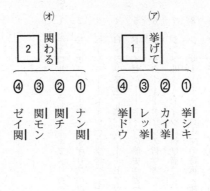

(ii) 傍線部(イ)〜(エ)に相当する漢字を含むものを、次の各群の①〜④のうちから、それぞれ一つずつ選べ。解答番号は 3 〜 5 。

(イ) ホンロウ 3

① ホンカイを遂げる
② 君主へのムホンを企てる
③ 説得されてホンイする
④ 資金集めにホンソウする

(ウ) タイダ 4

① ダサクと評価される
② ダセイで動く
③ 泣く泣くダキョウする
④ 客がチョウダの列をなす

(エ) テッテイ 5

① コンテイからくつがえす
② タンテイに調査を依頼する
③ テイサイを整える
④ 今後の方針をサクテイする

問2　傍線部A「『自分の不在』を前提とするような歴史理解」とあるが、それはどういうことか。その説明として最も適当なものを、次の①～⑤のうちから一つ選べ。解答番号は 6 。

① 自分は歴史の一部でしかないという意識を前提として、当事者の立場で体験した出来事だけを歴史と考えること。
② 自分の生命は有限であるという意識を前提として、自分が生きた時代の出来事を歴史上に位置づけて把握すること。
③ 自分には関与できない出来事があるという意識を前提として、歴史を動かした少数者だけを当事者と見なすこと。
④ 自分の生まれる前の出来事は体験できないという意識を前提として、自分より年上の人々の経験から学ぼうとすること。
⑤ 自分は歴史の当事者ではないという意識を前提として、個人の記憶を超えた歴史的出来事を捉えようとすること。

問3　傍線部B「しかし同時に、私たちの願望の現れでもある。」とあるが、筆者がこのように述べる理由として最も適当なものを、次の①～⑤のうちから一つ選べ。解答番号は 7 。

① 歴史は、多くの人々が慣れ親しんだ出来事が記述されたものである。こうした捉え方には、歴史の当事者ではないながらもそこに生きた人々の存在を意識したいという、大多数の人々の願いが含まれていると考えられるから。

② 歴史は、世界に起きたさまざまな出来事の中で歴史を動かした者の体験が記述されたものである。こうした捉え方には、歴史の当事者としての責任からは免れたいという、大多数の人々の願いが働いていると考えられるから。

③ 歴史は、おびただしい出来事の中で権力を持つ者に関する記憶が記述されたものである。こうした捉え方には、歴史に名が残ることのない一人の市民として平穏に暮らしたいという、大多数の人々の願いが表れていると考えられるから。

④ 歴史は、ある時代を生きた人々の中で一部の者に関する出来事が記述されたものである。こうした捉え方には、歴史に直接関わらずに無事に過ごしたいという、大多数の人々の願いが反映されていると考えられるから。

⑤ 歴史は、時代を大きく動かした人々を中心として記述されたものである。こうした捉え方には、歴史の書物を通して価値ある出来事だけを知りたいという、大多数の人々の願いが込められていると考えられるから。

問4　傍線部C「『健全な歴史家意識』ともいうべき姿勢」とあるが、それはどのような姿勢か。その説明として最も適当なものを、次の①～⑤のうちから一つ選べ。解答番号は 8 。

① 出来事を当事者の立場から捉えるのではなく、対象との間に距離を保ちながら、史料に基づいた解釈のみによって歴史を認識しようとする姿勢。

② 出来事を自己の体験に基づいて捉えるのではなく、断片的な事実だけを組み合わせて、知りうることの総体を歴史として確定させようとする姿勢。

③ 出来事を権力の中枢から捉えるのではなく、歴史哲学への懐疑をたえず意識しながら、市民の代理として歴史を解釈しようとする姿勢。

④ 出来事を専門的な知識に基づいて捉えるのではなく、自分も歴史の一部として、実際に生きた人々の体験のみを記述しようとする姿勢。

⑤ 出来事を個人の記憶に基づいて捉えるのではなく、現在の視点から整理された史料に基づいて、客観的に記述された歴史だけを観察しようとする姿勢。

問5　傍線部D「私たちは歴史に内在しようとする」とあるが、それはどういうことか。その説明として最も適当なものを、次の①～⑤のうちから一つ選べ。解答番号は 9 。

① 自分は歴史の一部でもあるとする「ゆるい関心」を抱いていた「私たち」が、「歴史の捏造」を正さなければならないと感じることで、自己の体験を基盤とした客観的な議論が起こることを望むようになること。

② 歴史に対して直接的な関わりを避ける「ゆるい関心」を抱いていた「私たち」が、「歴史の捏造」に直面して自らのあり方や状況に憤りを覚えることで、歴史を語るための基礎に自己の体験を据えようとすること。

③ 観察者として歴史を周辺から眺める「ゆるい関心」を抱いていた「私たち」が、「歴史の捏造」を強く批判する必要性を感じることで、自己の体験を中心に据えつつ客観的に歴史を記述しようとすること。

④ 実践性や政治性を伴わない歴史への「ゆるい関心」を抱いていた「私たち」が、「歴史の捏造」を生み出す自己の関わり方への怒りを感じることで、歴史的出来事と歴史記述の間の不均衡を解消しようとすること。

⑤ 歴史の当事者ではないことを基本とした「ゆるい関心」を抱いていた「私たち」が、「歴史の捏造」に由来する焦燥に駆られることで、自己の体験を客観的な歴史に重ね合わせようとすること。

問6 授業で本文を読んだKさんは、文章を書く上での技術や工夫について考える課題を与えられ、次のような**【文章】**を書いた。その後、Kさんは提出前にこの**【文章】**を推敲《すいこう》することにした。このことについて、後の(i)・(ii)の問いに答えよ。

【文章】

本文を読んで、論理的な文章を効果的に書くための技術や工夫について学ぶことができた。そのことについて整理したい。

まず気づいた点は、キーワードを巧みに使用していることである。「自分の不在」や「ゆるい関心」のように、歴史学の専門家ではない読者にも理解しやすい言葉を使い、それにカギ括弧を付けて強調することで、論点を印象づける工夫がなされている。このようにキーワードを使用することで、**a**<u>難しい話題が扱いやすくなる</u>。

次に気づいた点は、キーワードが歴史家の言葉と関連づけて用いられていることである。例えば、冒頭ではキャロル・グラックの発言をふまえて「自分の不在」という言葉が示されている。また、後半では「ゆるい関心」という言葉を説明した上で、ドロイゼンによる歴史の定義が引用されている。**b**<u>これらによって説得力のある文章になっている</u>。ただし、歴史家の言葉と筆者の主張は必ずしも一致しているわけではない。

(i) Kさんは、傍線部**a**・**b**をより適切な表現に修正することにした。修正する表現として最も適当なものを、次の各群の①～④のうちから、それぞれ一つずつ選べ。解答番号は 10 ・ 11 。

a 「難しい話題が扱いやすくなる」 10

① 筆者の体験をふまえて議論を開始することが可能になる
② 複雑な議論の核心を端的に表現することが可能になる
③ 理論的な根拠に基づいて議論を展開することが可能になる
④ 多岐にわたる議論の論点を取捨選択することが可能になる

b 「これらによって説得力のある文章になっている。」 11

① このように歴史家の言葉を用いることで、キーワードの延長線上にある筆者の主張を権威づけている。
② このように歴史家の言葉を用いることで、キーワードの背後にある専門的な知見の蓄積を示している。
③ このように歴史家の言葉を用いることで、キーワードの対極にある既存の学説を批判的に検討している。
④ このように歴史家の言葉を用いることで、キーワードの基盤にある多様な見解を抽象化している。

(ii) Kさんは、【文章】の末尾にまとめを書き加えることにした。書き加えるまとめの方針として最も適当なものを、次の①～④のうちから一つ選べ。解答番号は 12 。

① 自己の主張を効果的に論述するためには、従来の学説を正確に提示するとともに、その問題点をわかりやすく説明する必要がある。そのことによって、主張の位置づけが明確になり、読者も問題意識を持って議論に参加できるようになることを述べる。

② 自己の主張を効果的に論述するためには、専門的な見解を根拠として引用するとともに、論点を絞り筋道立てて展開する必要がある。そのことによって、主張が明確に方向づけられ、読者も前提となる知識をふまえて議論に参加できるようになることを述べる。

③ 自己の主張を効果的に論述するためには、専門用語を適切に使用して論点を示すとともに、身近な事例を挙げて読者の理解を促す必要がある。そのことによって、主張の説得力が強まり、読者も具体的に対象を把握した上で議論に参加できるようになることを述べる。

④ 自己の主張を効果的に論述するためには、議論の鍵となる言葉を示すとともに、多様な学説を参照して相互の整合性を確認する必要がある。そのことによって、主張の客観性が高まり、読者も広い視野を持って議論に参加できるようになることを述べる。

（下書き用紙）

国語の試験問題は次に続く。

第2問

次の文章は、太宰《だざい》治《おさむ》「パンドラの匣《はこ》」（一九四六年発表）の一節である。この小説は、第二次世界大戦の終結直後、結核を患う主人公の「僕」が、療養施設の「塾生」（療養者）たちとの集団生活を、友人「君」に宛てて報告する手紙という設定で書かれている。本文中に登場する「かっぽれ」「固パン」「越後獅子《えちごじし》」は、「僕」がいる「桜の間」の同室者たちのあだ名である。これを読んで、後の問い（**問1～7**）に答えよ。（配点　50）

きょうは一つ、かっぽれさんの俳句でも御紹介しましょうか。こんどの日曜の慰安放送（注1）は、塾生たちの文芸作品の発表会という事になって、和歌、俳句、詩に自信のある人は、あすの晩までに事務所に作品を提出せよとの事で、かっぽれは、僕たちの「桜の間」の選手として、お得意の俳句を提出する事になり、二、三日前から鉛筆を耳にはさみ、ベッドの上に正坐《せいざ》して首をひねり、真剣に句を案じていたが、けさ、やっとまとまったそうで、十句ばかり便箋《びんせん》に書きつらねたのを、同室の僕たちに披露した。まず、固パンに見せたけれども、固パンは苦笑して、

「僕には、わかりません。」と言って、すぐにその紙片を返却した。次に、越後獅子に見せて御批評を乞うた。越後獅子は背中を丸めて、その紙片をねらうようにつくづくと見つめ、「けしからぬ。」と言った。

下手《へた》だとか何とか言うなら、まだしも、けしからぬという批評はひどいと思った。

かっぽれは、蒼《あお》ざめて、

「だめでしょうか。」とお伺いした。

「そちらの先生に聞きなさい。」と言って越後は、ぐいと僕の方を顎でしゃくった。

かっぽれは、僕のところに便箋を持って来た。僕は不風流だから、俳句の妙味など(ア)てんでわからない。やっぱり固パンのように、すぐに返却しておゆるしを乞うべきところでもあったのだが、Aどうも、かっぽれが気の毒で、何とかなぐさめてやりたく、わかりもしない癖に、とにかくその十ばかりの句を拝読した。そんなにまずいものではないように僕には思われた。月《つき》

並《なみ》とでもいうのか、ありふれたような句であるが、これでも、自分で作るとなると、なかなか骨の折れるものなのではあるまいか。

乱れ咲く乙女心の野菊かな、なんてのは少しへんだが、それでも、けしからぬと怒るほどの下手さではないと思った。けれども、最後の一句に突き当《あた》って、はっとした。越後獅子が憤慨したわけも、よくわかった。

露の世は露の世ながらさりながら

誰やらの句だ。これは、いけないと思った。けれども、それを(イ)あからさまに言って、かっぽれに赤恥をかかせるような事もしたくなかった。

「どれもみな、うまいと思いますけど、この、最後の一句は他のと取りかえたら、もっとよくなるんじゃないかな。素人考えですけど。」

「そうですかね。」かっぽれは不服らしく、口をとがらせた。「その句が一ばんいいと私は思っているんですがね。」

B そりゃ、いい筈《はず》だ。俳句の門外漢の僕でさえ知っているほど有名な句なんだもの。

「いい事は、いいに違いないでしょうけど。」

僕は、ちょっと途方に暮れた。

「わかりますかね。」かっぽれは図に乗って来た。「いまの日本国に対する私のまごころも、この句には織り込まれてあると思うんだが、わからねえかな。」と、少し僕を軽蔑するような口調で言う。

「どんな、まごころなんです。」と僕も、**C** もはや笑わずに反問した。

「わからねえかな。」と、かっぽれは、君もずいぶんトンマな男だねえ、と言わんばかりに、眉をひそめ、「日本のいまの運命をどう考えます。露の世でしょう？　その露の世は露の世である。さりながら、諸君、光明を求めて進もうじゃないか。(ウ)いたずらに悲観する勿《なか》れ、といったような意味になって来るじゃないか。これがすなわち私の日本に対するまごころというわけのものなんだ。わかりますかね。」

しかし、僕は内心あっけにとられた。この句は、君、一茶《いっさ》（注2）が子供に死なれて、露の世とあきらめてはいるが、それでも、悲しくてあきらめ切れぬという気持《きもち》の句だった筈ではなかったかしら。それを、まあ、ひどいじゃないか。きれいに意味をひっくりかえしている。これが越後の所謂《いわゆる》「こんにちの新しい発明」（注3）かも知れないが、あまりにひどい。かっぽれのまごころには賛成だが、とにかく古人の句を盗んで勝手な意味をつけて、もてあそぶのは悪い事だし、それにこの句をそのまま、かっぽれの作品として事務所に提出されては、この「桜の間」の名誉にもかかわると思ったので、僕は、勇気を出して、はっきり言ってやった。

「でも、これとよく似た句が昔の人の句にもあるんです。盗んだわけじゃないでしょうけど、誤解されるといけませんから、これは、他のと取りかえたほうがいいと思うんです。」

「似たような句があるんですか。」

かっぽれは眼《め》を丸くして僕を見つめた。その眼は、溜息《ためいき》が出るくらいに美しく澄んでいた。盗んで、自分で気がつかぬ、という奇妙な心理も、俳句の天狗《てんぐ》たちには、あり得る事かも知れないと僕は考え直した。実に無邪気な罪人である。まさに思い（注4）邪《よこしま》無しである。

「そいつは、つまらねえ事になった。俳句には、時々こんな事があるんで、こまるのです。何せ、たった十七文字ですからね。似た句が出来るわけですよ。」どうも、かっぽれは、常習犯らしい。「ええと、それではこれを消して、」と耳にはさんであった鉛筆で、あっさり、露の世の句の上に棒を引き、「かわりに、こんなのはどうでしょう。」と、僕のベッドの枕元の小机で何やら素早くしたためて僕に見せた。

コスモスや影おどるなり乾《ほし》（注5）むしろ

「けっこうです。」僕は、ほっとして言った。下手でも何でも、盗んだ句でさえなければ今は安心の気持だった。「ついでに、コスモスの、と直したらどうでしょう。」と安心のあまり、よけいの事まで言ってしまった。

「コスモスの影おどるなり乾むしろ、ですかね。なるほど、情景がはっきりして来ますね。偉いねえ。」と言って僕の背中をぽ

んと叩《たた》いた。「隅に置けねえや。」

　僕は赤面した。

「おだてちゃいけません。」落ちつかない気持になった。「コスモスや、のほうがいいのかも知れませんよ。僕には俳句の事は、全くわからないんです。ただ、コスモスの、としたほうが、僕たちには、わかり易《やす》くていいような気がしたものですから。」

そんなもの、どっちだっていいじゃないか、とD内心の声は叫んでもいた。

けれども、かっぽれは、どうやら僕を尊敬したようである。これからも俳句の相談に乗ってくれと、まんざらお世辞だけでもないらしく真顔で頼んで、そうして意気揚々と、れいの爪《つま》先《さ》き立ってお尻を軽く振って歩く、あの、音楽的な、ちょんちょん歩きをして自分のベッドに引き上げて行き、僕はそれを見送り、Eどうにも、かなわない気持であった。俳句の相談役など、じっさい、文句入りの都々逸《どどいつ》(注6)以上に困ると思った。どうにも落ちつかず、閉口の気持で、僕は、

「とんでもない事になりました。」と思わず越後に向って愚痴を言った。さすがの新しい男(注7)も、かっぽれの俳句には、まいったのである。

越後獅子は黙って重く首肯した。

けれども話は、これだけじゃないんだ。さらに驚くべき事実が現出した。

けさの八時の摩擦(注8)の時には、マア坊(注9)が、かっぽれの番に当っていて、そうして、かっぽれが彼女に小声で言っているのを聞いてびっくりした。

「マア坊の、あの、コスモスの句、な、あれは悪くねえけど、でも、気をつけろ。コスモスや、てのはまずいぜ。コスモスの、だ。」

おどろいた、あれは、マア坊の句なのだ。

(注) 1 慰安放送――施設内でのレクリエーションの一つ。

2 一茶――小林一茶(一七六三―一八二七)。江戸時代後期の俳人。

3 「こんにちの新しい発明」――本文より前の一節で、「越後獅子」は詩の創作には「こんにちの新しい発明が無ければいけない。」と述べている。

4 まさに思い邪無し――本文より前の一節で、「僕」が「君」に対して「詩三百、思い邪無し、とかいう言葉があったじゃありませんか。」と語りかけていた箇所をふまえた表現。

5 乾むしろ――藁《わら》などを編んで作った敷物。

6 都々逸――江戸時代後期から江戸を中心に広まった俗曲。

7 新しい男――「僕」は、戦争が終わり世界が大きく変動する時代の中で、新しい価値観を体現する人物になることを自らに誓っている。

8 摩擦の時――施設では一日に数回、毛のブラシで体をこすって鍛えることを日課としている。

9 マア坊――施設で働く人物。結核患者たちを介護している女性。

問1　傍線部(ア)〜(ウ)の本文中における意味を表す語句として最も適当なものを、次の各群の①〜⑤のうちから、それぞれ一つずつ選べ。解答番号は 13 〜 15 。

(ア) てんで 13
① 元来
② 所詮
③ 依然
④ 全然
⑤ 格別

(イ) あからさまに 14
① 故意に
② 平易に
③ 露骨に
④ 端的に
⑤ 厳密に

(ウ) いたずらに 15
① 絶対に
② 過剰に
③ 軽々に
④ 当然に
⑤ 無益に

問2 傍線部**A**「どうも、かっぽれが気の毒で、何とかなぐさめてやりたく」とあるが、このときの「僕」の心情の説明として最も適当なものを、次の①～⑤のうちから一つ選べ。解答番号は 16 。

① 俳句は得意だと豪語していたもののいざ詠ませると大いに手間取っている「かっぽれ」に不安を抱きつつも、十句そろえたこと自体は評価できるので、不自然でない程度には褒めてあげたいと思っている。

② 素人にもかかわらず「先生」と名指しされたことで、俳句が得意だという「かっぽれ」の体面を傷つけていたことに思い至り、自分が解説を加えることで彼の顔を立ててあげたいと思っている。

③ 自分たちの代表としてせっかく「かっぽれ」が俳句を詠んでくれたのに、笑われたり相手にされなかったりする様子に同情して、持てる最大限の見識を示して相談に乗ってあげたいと思っている。

④ 時間をかけてまとめた俳句をその内容に触れることなく一刀両断にされた「かっぽれ」が哀れに思われて、簡単に切り捨てるようなことはせず、何かしら制作の労をねぎらってあげたいと思っている。

⑤ 真剣に俳句に打ち込んだ「かっぽれ」を敬う一方で、彼の作った俳句が軽くいなされたり酷評されたりしている状況に憤りを覚え、巧拙にかかわらずどうにかして称賛してあげたいと思っている。

問3　傍線部B「そりゃ、いい筈だ。俳句の門外漢の僕でさえ知っているほど有名な句なんだもの。」とあるが、ここに見られる表現上の特徴についての説明として最も適当なものを、次の①～④のうちから一つ選べ。解答番号は 17 。

① 傍線部の前後では「かっぽれ」を傷つけないために断定を避けた表現が重ねられているが、傍線部では「かっぽれ」の言うことを当然のこととしながらも「そりゃ」「なんだもの」と軽い調子で表現され、表面上の「僕」の配慮と、盗作に無自覚な様子の「かっぽれ」に対するあきれや困惑といった本音との落差が示されている。

② 傍線部の直前にある「素人考えですけど」が「僕」の控えめな態度を表すのに対し、傍線部にある「門外漢の僕でさえ」という表現は「かっぽれ」をおとしめて盗作を非難するものに変化しており、類似した謙遜表現の意味合いを反転させることで、不遜な態度を取る「かっぽれ」への「僕」の怒りが強く示されている。

③ 傍線部の「そりゃ、いい筈だ」が直後の「いいに違いないでしょうけど」と、「門外漢の僕でさえ」が直前の「素人考えですけど」とそれぞれ対応しているように、形を変えつつ同じ意味の表現を繰り返し用いることで、言葉を尽くしてもいっこうに話の通じない「かっぽれ」に対する「僕」のいら立ちが示されている。

④ 傍線部で「そりゃ、いい筈だ」「なんだもの」とぞんざいな表現が使われることで、同室者との会話では常に丁寧な口調で語る「僕」の様子が明らかになり、「わからねえかな」と乱暴な口をきく「かっぽれ」の横柄な態度が浮かび上がっており、良識のある「僕」と名句を流用する非常識な「かっぽれ」との対比が示されている。

問4 傍線部C「もはや笑わずに反問した」とあるが、それはなぜか。その理由の説明として最も適当なものを、次の①～⑤のうちから一つ選べ。解答番号は 18 。

① 俳句に対する「かっぽれ」の真摯な態度に触れる中で、「僕」は笑いながら無難にやり過ごそうとしていた自らの慢心を悔いて、よりよい作品へと昇華させるために心を鬼にして添削しようと意気込んだから。

② 「かっぽれ」の稚拙な俳句に対して笑いをこらえるのに必死であったが、俳句に対する真剣な思いをとうとうと述べるその姿に触発されて、「僕」も本気で応えなければ失礼に当たると深く反省したから。

③ 「僕」に俳句の知識がないと見くびっている「かっぽれ」に対し、提出された俳句が盗作であることに気付いていることを匂わせ、お互いの上下関係を明確にするため決然と異議を唱えておきたいと考えたから。

④ 「かっぽれ」の俳句に対して曖昧な批判をしたことで、「僕」には俳句を評する力がないと「かっぽれ」が侮ってきたため、俳句に込めた彼の思いをとことん追及することでその言い分を否定しようとしたから。

⑤ 「かっぽれ」の顔を立てて名句の盗用について直接的な指摘を避けるうちに、「かっぽれ」が「僕」を軽んじる態度を取り始めたため、調子を合わせるのを止めて改まって発言の趣旨を聞きただそうとしたから。

問5 傍線部D「内心の声は叫んでもいた」とあるが、本文が「君」に宛てた手紙であることをふまえて、この表現に見られる「僕」の心理の説明として最も適当なものを、次の ① 〜 ⑤ のうちから一つ選べ。解答番号は 19 。

① 「かっぽれ」にうっかり示した修正案を思いもよらず激賞され、その事態にあわてて追加説明をしたものの、本当は「かっぽれ」の俳句に関心がなく、この展開に違和感を抱いていることを「君」に知ってほしいという心理。

② 「かっぽれ」に褒められて舞い上がってしまった自分がいたのも確かである一方、「かっぽれ」の俳句などに関わっている状況自体が恥ずべきことだと訴える、内なるもう一人の自分がいたことを「君」にわかってほしいという心理。

③ 「かっぽれ」の俳句に対する姿勢に不満を抱きつつも、現実の人間関係の中でははっきりと糾弾できない状況にあったことを示して、微細な修正案を提示することしかできなかった自分の苦悩を「君」に伝えたいという心理。

④ 「かっぽれ」には俳句の修正案を示したものの、実際にはそこまで真剣に考えていたわけではないということを強調して、「僕」の修正案に批判的な見解が出されないように「君」に対して予防線を張っておきたいという心理。

⑤ 「かっぽれ」には自分は俳句がわからないと説明したものの、内心ではどう修正しても彼の俳句が良くなることはないと感じており、本当は自らの修正案も含めて客観的に価値判断できているのだと「君」に示したいという心理。

問6　傍線部**E**「どうにも、かなわない気持であった」とあるが、「僕」がそのように感じた理由として最も適当なものを、次の①～⑤のうちから一つ選べ。解答番号は 20 。

① 自分を軽蔑しているのか尊敬しているのかよくわからず、俳句に対するこだわりも感じさせないような「かっぽれ」の奔放な態度に接して、いらだちを見せたところで結局無駄であることに思い至ったから。

② 句の差し替えを提案されると敵意をむき出しにしたのに、別の句を褒められれば上機嫌になるというような「かっぽれ」の気まぐれな態度に接して、これ以上まじめに応じる必要はないと思い至ったから。

③ 「越後獅子」に冷たくあしらわれてもくじけることなく、自分のところにやってきては俳句に関する教えを乞うような「かっぽれ」のけなげな態度に接して、盗作まがいの行為にも悪意はなかったのだと思い至ったから。

④ 自分を軽んじたかと思えば盗作に関する指摘を簡単に受け入れ、ついには敬意さえ示して得意げに引き返すような「かっぽれ」の捉えどころのない態度に接して、振り回されてばかりいることに思い至ったから。

⑤ 日本の運命についてまじめに語るようでいながら、そこで提示される俳句は盗作でしかないというような「かっぽれ」のちぐはぐな態度に接して、自分はからかわれていたのではないかと思い至ったから。

問7　授業で本文を読んだ後、二重傍線部「古人の句を盗んで勝手な意味をつけて、もてあそぶ」をきっかけに、文学作品と読者との関係はどのようなものかを考えることになった。教師からは、外山滋比古《とやましげひこ》『「読み」の整理学』の一節と、本文よりも後の場面の一節とが【資料】として配付された。これを読んで、後の(i)・(ii)の問いに答えよ。

【資料】

●文学作品と読者との関係を考える――太宰治「パンドラの匣」をきっかけに

I　外山滋比古『「読み」の整理学』より

一般の読者は、作品に対して、いちいち、添削を行うことはしない。しかし、無意識に、添削をしながら読んでいるものである。自分のコンテクスト(注)に合わせて読む。それがとりもなおさず、目に見えない添削になる。

多くの読者が、くりかえしくりかえしこういう読み方をしているうちに、作品そのものが、すこしずつ特殊から普遍へと性格を変える。つまり、古典化するのである。

逆から見れば、古典化は作者の意図した意味からの逸脱である。いかなる作品も、作者の考えた通りのものが、そのままで古典になることはできない。だれが改変するのか。読者である。

未知を読もうとして、読者は不可避的に、自分のコンテクストによって解釈する。

(注)　コンテクスト――文脈の意。

Ⅱ　太宰治「パンドラの匣」本文より後の「マア坊」の発言から始まる一節

「慰安放送？　あたしの句も一緒に出してよ。ほら、いつか、あなたに教えてあげたでしょう？　乱れ咲く乙女心の、という句。」

　果《はた》して然《しか》りだ。しかし、かっぽれは、一向に平気で、

「うん。あれは、もう、いれてあるんだ。」

「そう。しっかりやってね。」

　僕は微笑した。

　これこそは僕にとって、所謂「こんにちの新しい発明」であった。この人たちには、作者の名なんて、どうでもいいんだ。みんなで力を合《あわ》せて作ったもののような気がしているのだ。そうして、みんなで一日を楽しみ合う事が出来たら、それでいいのだ。芸術と民衆との関係は、元来そんなものだったのではなかろうか。ベートーヴェン(注1)に限るの、リスト(注2)は二流だのと、所謂その道の「通人」たちが口角泡をとばして議論している間に、民衆たちは、その議論を置き去りにして、さっさとめいめいの好むところの曲目に耳を澄まして楽しんでいるのではあるまいか。あの人たちには、作者なんて、てんで有り難くないんだ。一茶が作っても、かっぽれが作っても、マア坊が作っても、その句が面白くなけりゃ、無関心なのだ。社交上のエチケットだとか、または、趣味の向上だなんて事のために無理に芸術の「勉強」をしやしないのだ。自分の心にふれた作品だけを自分流儀で覚えて置くのだ。それだけなんだ。

（注）1　ベートーヴェン――ドイツの作曲家（一七七〇―一八二七）。

2　リスト――ハンガリーのピアニストで作曲家（一八一一―一八八六）。

(i) 本文の二重傍線部で「僕」によって「古人の句を盗んで勝手な意味をつけて、もてあそぶ」ことだと表現されていた「かっぽれ」の行為は、**【資料】**の**I**をふまえることで、どのように捉え直すことができるか。その説明として最も適当なものを、次の①～④のうちから一つ選べ。解答番号は 21 。

① 江戸時代を生きた人々の心情に思いをはせつつも、自分たちを取り巻く戦後の状況に影響を受けて意図せず句の意味を取り違えている。

② 江戸時代に作られた句に対して、その本来の意味から離れて自分たちが生きる戦後という時代に即したものへと読み替えている。

③ 江戸時代と戦後とを対比することで、句に込められた作者の個人的な思いを時代を超えた普遍性を備えたものへと昇華させている。

④ 江戸時代の人々と戦後を生きる自分たちの境遇に共通性を見いだし、古典化していた句に添削を施すことで現代的な解釈を与えている。

(ii) 【資料】のⅡを読むと、文学作品と読者との関係についての「僕」の考えが、本文の二重傍線部の時点から変化したことがわかる。この変化について、【資料】のⅠを参考に説明したものとして最も適当なものを、次の①～④のうちから一つ選べ。解答番号は 22 。

① 「僕」は、文学作品を作者が意図する意味に基づいて読むべきだという考えであったが、その後、読者に共有されることで新しい意味を帯びることもあるという考えを持ち始めている。

② 「僕」は、文学作品の意味を決定するのは読者であるという考えであったが、その後、作者の意図に沿って読む厳格な態度は作品の魅力を減退させていくという考えになりつつある。

③ 「僕」は、文学作品の価値は作者によって生み出されるという考えであったが、その後、多様性のある価値は読者によって時代とともに付加されていくという考えを持ち始めている。

④ 「僕」は、文学作品の価値は時代によって変化していくものだという考えであったが、その後、読者が面白いと感じることによって価値づけられることもあるという考えになりつつある。

（下書き用紙）

国語の試験問題は次に続く。

第3問　次の文章は『石清水《いわしみず》物語』の一節である。男君（本文では「中納言」）は木幡《こわた》の姫君に恋心を抱くが、異母妹であることを知って苦悩している。一方、男君の父・関白（本文では「殿」）は、院の意向を受け入れ、院の娘・女二の宮（本文では「宮」「女宮」ともいう）と男君との婚儀の準備を進めていた。本文はそれに続く場面である。これを読んで、後の問い（**問1〜5**）に答えよ。なお、設問の都合で本文の段落に 1 〜 5 の番号を付してある。（配点　50）

1　中納言はかかるにつけても、人知れぬ心の内には、あるまじき思ひのみやむ世なく、苦しくなりゆくを、強ひて思ひ冷ましてのみ月日を送り給《たま》ふに、宮の御かたちの名高く聞き置きたれば、同じくは、**A** ものの嘆かしさの紛るばかりに見なし聞こえばやとぞ思《おぼ》しける。官位《つかさくらゐ》の短きを飽かぬことに思しめされて、権《ごん》大納言になり給ひぬ。春の中納言（注1）も、例の同じくなり給ひて、喜び申し（注2）も劣らずし給へど、及ばぬ枝（注3）の一つことに、よろづすさまじくおぼえ給ひけり。

2　神無月十日余りに、女二の宮に参り給ふ。心おごり、言へばさらなり。まづ忍びて三条院（注4）へ参り給ふ。(ア)さらぬほどの所にだに、心殊《こと》なる用意のみおはする人なるに、ましておろかならむやは。こちたきまで薫《た》きしめ給ひて、ひき繕ひて出《い》で給ふ直衣《なほし》姿、なまめかしく、心殊なる用意など、まことに帝の御婿と言はむにかたほならず、宮と聞こゆるとも、おぼろけならむ御かたちにては、並びにくげなる人の御さまなり。忍びたれど、御前《ごぜん》（注5）などあまたにて出でさせ給ふに、大宮（注6）おはせましかば、いかに面立《おもだ》たしく思し喜ばむと、殿はまづ思ひ出で聞こえ給ふ。

3　院には、待ち取らせ給ふ御心づかひなのめならず。宮の御さまを、(イ)いつしかゆかしう思ひ聞こえ給ふに、御殿油《おほとなぶら》、火ほのかにて、御几帳《きちやう》の内におはします火影は、まづけしうはあらじはやと見えて、御髪《みぐし》のかかりたるほど、めでたく見ゆ。まして、近き御けはひの、推し量りつるに違《たが》はず、らうたげにおほどかなる御さまを、心落ちゐて、思ひの外（注7）に近づき寄りたりし道の迷ひにも、よそへぬべき心地する人ざまにおはしますにも、まづ思ひ出でられて、**B** いかなる方にかと、人の結ばむことさへ思ひつづけらるるぞ、我ながらうたてと思ひ知らるる。

4　明けぬれば、いと疾《と》く出で給ひて、やがて御文奉り給ふ。

「今朝はなほしをれぞまさる女郎花《をみなへし》いかに置きける露の名残ぞ
(注8)いつも時雨《しぐれ》は」とあり。御返しそのかし申させ給へば、いとつつましげに、ほのかにて、
「今朝のみやわきて時雨《しぐ》れむ女郎花霜がれわたる野辺のならひを」

とて、うち置かせ給へるを、包みて出だしつ。御使ひは女の装束、細長など、例のことなり。御手などさへ、なべてならずをかしげに書きなし給へれば、待ち見給ふも、よろづに思ふやうなりと思すべし。

5 かくて三日過ぐして、殿(注9)へ入らせ給ふ儀式、殊なり。寝殿の渡殿《わたどの》かけて、御しつらひあり。女房二十人、童《わらは》四人、下仕へなど、見どころ多くいみじ。女宮の御さま、のどかに見奉り給ふに、いみじう盛りに調ひて、思ひなしも気高く、らうらうじきもののなつかしげに、(ウ)おくれたるところなくうつくしき人のさまにて、御髪は袿《うちき》の裾にひとしくて、影見ゆばかりきらめきかかりたるほどなど、限りなし。人知れず心にかかる木幡の里にも並び給ふべしと見ゆるに、御心落ちゐて、いとかひありと思したり。

(注)
1 春の中納言――男君のライバル。女二の宮との結婚を望んでいた。
2 喜び申し――官位を授けられた者が宮中に参上して感謝の意を表すること。
3 及ばぬ枝――女二の宮との結婚に手が届かなかったことを指す。
4 三条院――女二の宮と院の住まい。女二の宮の結婚が決まった後、帝の位を退いた院は、この邸《やしき》で女二の宮と暮らしている。
5 御前――ここでは、貴人の通行のとき、道の前方にいる人々を追い払う人。
6 大宮――男君の亡き母宮。
7 思ひの外に近づき寄りたりし道の迷ひ――前年の春に出会って以来、男君が恋心を抱き続けている木幡の姫君のことを指す。
8 いつも時雨は――「神無月いつも時雨は降りしかどかく袖ひつる折はなかりき」という和歌をふまえる。
9 殿――男君の住む邸宅。

問1 傍線部(ア)～(ウ)の解釈として最も適当なものを、次の各群の①～⑤のうちから、それぞれ一つずつ選べ。解答番号は 23 ～ 25 。

(ア) さらぬほどの所 23

① たいして重要でない場所
② 立ち去りがたく思う場所
③ ことさら格式張った場所
④ あまりよく知らない場所
⑤ 絶対に避けられない場所

(イ) いつしかゆかしう 24

① いつ見られるかと
② こっそり覗《のぞ》こうと
③ 早く目にしたいと
④ 焦って調べようと
⑤ すぐ明白になると

(ウ) おくれたるところなく 25

① 未熟なところがなく
② 物《もの》怖《お》じするところがなく
③ 流行から外れることなく
④ 時間にいい加減ではなく
⑤ 無遠慮なところがなく

問2　傍線部**A**「ものの嘆かしさの紛るばかりに見なし聞こえばやとぞ思しける」は男君の心情を述べたものだが、その文法と内容に関わる説明として最も適当なものを、次の①～④のうちから一つ選べ。解答番号は 26 。

① 「ものの」は、接頭語「もの」に格助詞「の」が接続したもので、このまま女二の宮と結婚しても良いのだろうかという迷いをそれとなく表している。

② 「紛るばかりに」は、動詞「紛る」に程度を表す副助詞「ばかり」が接続したもので、木幡の姫君への思いが紛れるくらいにという意味を表している。

③ 「見なし聞こえばや」は、複合動詞「見なし聞こゆ」に願望を表す終助詞「ばや」が接続したもので、女二の宮に会ってみたいという願いを表している。

④ 「思しける」は、尊敬の動詞「思す」に過去の助動詞「けり」が接続したもので、いつのまにか女二の宮に恋をしていたことに対する気づきを表している。

問3 [1]～[3]段落の登場人物に関する説明として最も適当なものを、次の①～⑤のうちから一つ選べ。解答番号は[27]。

① 春の中納言は、男君と同時期に権大納言に昇進したものの、女二の宮の結婚相手を選ぶ際には一歩及ばず、男君にあらためて畏敬の念を抱いた。

② 春の中納言は、女二の宮と結婚することを諦めきれなかったので、すべての力を注いで女二の宮を奪い取ろうという気持ちで日々を過ごしていた。

③ 関白は、女二の宮との結婚に向けて三条院に参上する息子の立派な姿を見て、亡き妻がいたらどんなに誇らしく喜ばしく感じただろうと思った。

④ 院は、これから結婚しようとする娘の晴れ姿を見るにつけても、娘が幼かったころの日々が思い出され、あふれる涙を抑えることができなかった。

⑤ 院は、女二の宮の結婚相手にふさわしい官位を得るように男君を叱咤《しった》激励し、院と女二の宮が住む三条院に男君が訪れた際も、あえて厳しく接した。

問4　[4]・[5] 段落の内容に関する説明として最も適当なものを、次の①～④のうちから一つ選べ。解答番号は [28] 。

① 男君は逢瀬《おうせ》の後の寂しさを詠んだ歌を贈ったが、女二の宮は景色だけを詠んだ歌を返して、男君の思いに応えようとしなかった。男君は、本心を包み隠し続ける女二の宮に対して、まだ自分に遠慮しているようだと思った。

② 女二の宮のもとを訪れた男君は、翌朝、女二の宮への思いをつづった手紙を送った。女二の宮からの返歌は、男君の手紙の言葉をふまえたもので、内容・筆跡ともに素晴らしく、理想にかなう女性と結婚できたと男君は満足した。

③ 結婚に前向きでなかった男君は、実際に女二の宮に会ってみると、その髪の美しさや容姿の素晴らしさに思いがけず心惹《ひ》かれた。そこで、女二の宮とこのまま結婚生活を続けて、密《ひそ》かに木幡の姫君とも関係を持とうと考えた。

④ 女二の宮は、身の回りの世話をする女房・童たち、そして豪華な嫁入り道具とともに男君のもとへ嫁いだ。結婚の儀式が盛大に執り行われる中、男君と木幡の姫君の関係を察していた女二の宮は、この結婚の先行きに不安を感じた。

問5　Nさんのクラスでは、授業で本文を読んだ後、本文の表現について理解を深めるために、教師から配られた**【学習プリント】**をもとに、グループで話し合うことになった。このことについて、後の(i)・(ii)の問いに答えよ。

【学習プリント】

傍線部**B**「いかなる方にかと、人の結ばむことさへ思ひつづけらるるぞ、我ながらうたてと思ひ知らるる」の「人の結ばむこと」は、以下にあげる『伊勢物語』の和歌**I**をふまえた表現です。

むかし、男、妹のいとをかしげなりけるを見をりて、

I　うら若みねよげに見ゆる若草を人の結ばむことをしぞ思ふ

と聞こえけり。返し、

II　初草のなどめづらしき言の葉ぞうらなくものを思ひけるかな

［ステップ1］　和歌**I**の「うら若みねよげに見ゆる若草」には、「引き結んで枕にすれば、いかにも寝心地が良さそうな若草」という意味がありますが、ほかに別の意味が込められています。それが何かを示して、兄（ここにあげた『伊勢物語』の本文では「男」）が妹に何を伝えたかったかを話し合ってみましょう。

［ステップ2］　ステップ1での話し合いをふまえて、傍線部**B**に表現された男君の心情について話し合ってみましょう。

(i) Nさんのグループでは「ステップ1」の話し合いを行い、その結果を次のように【ノート】にまとめた。空欄 X ・ Y に入る内容の組合せとして最も適当なものを、次の①～④のうちから一つ選べ。解答番号は 29 。

【ノート】

・和歌Ⅰは愛らしい妹を見て詠んだ歌なので、「若草」は妹のことを指していると思われる。

・「人」が「若草」を「結ばむこと」には、 X という意味が重ねられている。

・和歌Ⅱは妹からの返歌で、「などめづらしき言の葉ぞ」には、和歌Ⅰの内容に対する驚きが表れている。

・「うらなくものを思ひけるかな」は、自身が兄の気持ちにこれまで気づいていなかったことを示している。

・和歌Ⅰを通して兄が伝えたかったことは Y であると考えられる。

① X ―自分ではなく他人が妹と結婚すること　Y ―妹への恋心

② X ―親が妹の将来の結婚相手を決めること　Y ―妹への祝福

③ X ―自分が妹を束縛して結婚させないこと　Y ―妹への執着

④ X ―妹がまだ若いのに結婚してしまうこと　Y ―妹への心配

(ii) Nさんのグループでは、［ステップ2］の話し合いを行い、その結果を教師に提出した。傍線部**B**に表現された男君の心情として最も適当なものを、次の①～④のうちから一つ選べ。解答番号は 30 。

① 自分が女二の宮と結婚したことで、妹である木幡の姫君の結婚に意見を言う立場ではなくなったので、これを機に妹への思いを諦めようとしている。

② 妹と釣り合う相手はいないと思っていたが、女二の宮との結婚後は、兄として木幡の姫君の結婚を願うようになり、自らの心境の変化に呆《あき》れている。

③ 女二の宮と結婚しても妹である木幡の姫君への思いを引きずっており、妹の将来の結婚相手のことまで想像してしまう自分自身に嫌気がさしている。

④ 娘の結婚相手として自分を認めてくれた院の複雑な親心が理解できるようになり、妹である木幡の姫君が結婚する将来を想像して感慨に耽《ふけ》っている。

（下書き用紙）

国語の試験問題は次に続く。

第4問 次の【文章Ⅰ】は、江戸末期の儒学者安積艮斎《あさかごんさい》が書いたアメリカ合衆国初代大統領ワシントンの伝記「話聖東伝《ワシントン》」の一節であり、【文章Ⅱ】は、宋代の儒学者范祖禹《はんそう》が君主の道について述べた文章の一節である。これらを読んで、後の問い（**問1〜6**）に答えよ。なお、設問の都合で返り点・送り仮名を省いたところがある。（配点 50）

【文章Ⅰ】

話《わ》聖《しん》東《とん》為スヤレ政ヲ **X** 而公、推シテレ誠ヲ待スレ物ニ。有リ二巴《は》（注1）爾《みる》東《とん》ナル者一、明敏ニシテ有リ二器（注2）識一、嫻《なら》ヒ（注3）二辞令一ニ、通ズ二大（注4）体一ニ。話聖東挙ゲテレ之ヲ、参二決セシム政事一ヲ。在ルコトレ（注5）任ニ八年、法令整粛、武備森（注6）厳ニシテ、闔《かふ》（注7）州《しう》大イニ治マル。A 然人或有議其所為者、話聖東感憤ス。及ビテ二任満ツルニ一、乃チ還リ二旧《きう》（注8）閭《りよ》ニ一、深ク自ラ韜《たう》（注9）晦《くわい》シ、無シ二復タ功名ノ意一。(ア)以テレ寿ヲ終ハル二于家一ニ。

（安積艮斎『洋外紀略』による）

（注）1 巴爾東——ハミルトン（一七五七—一八〇四）。建国期のアメリカで財務長官を務めた。
2 器識——才能と見識。
3 嫻二辞令一——文章の執筆に習熟している。
4 大体——政治の要点。
5 在レ任——大統領の地位にあること。
6 森厳——重々しいさま。
7 闔州——国中。
8 旧閭——故郷。
9 韜晦——世間の目につかないようにする。

【文章Ⅱ】

人君ハ以テ二一人之身ヲ一、而御シ二四海（注10）之広キヲ一、応ズ二万務之 Y 一。苟シクモ不シテ下以テ二至誠ヲ一与《とも》ニセ上レ賢ト而(イ)役シテ二其ノ独智ヲ一以テ先ダテバ二天下ニ一、則チB耳目心志之所レ及ブ者、其レ能ク幾《いく》何《ばく》ゾ。是ノ故ニ人君必ズ清メテレ心ヲ以テ涖《のぞ》ミレ之ニ、虚《むな》シクシテレ己ヲ以テ待スルコトレ之ニ、如ク二鑑《かがみ》之明ナルガ一、C如クナレバ二水之止マルガ一、則チ物（注11）至ルモ而不レ能ハレ罔《し》フルコト（注12）矣。

（『性理大全』による）

（注）10 四海——天下。
11 物——外界の事物。
12 罔——心をまどわすこと。

問1　空欄 X ・ Y に入る語として最も適当なものを、次の各群の①～⑤のうちからそれぞれ一つずつ選べ。解答番号は 31 ・ 32 。

31 X

① 廉
② 刻
③ 頑
④ 濫
⑤ 偏

32 Y

① 要
② 美
③ 対
④ 臣
⑤ 衆

問2 波線部(ア)「以レ寿 終二于 家一」・(イ)「役二其 独 智一」の解釈として最も適当なものを、次の各群の①～⑤のうちからそれぞれ一つずつ選べ。解答番号は 33 ・ 34 。

(ア) 「以レ寿 終二于 家一」 33

① めでたいことに自らの家で事業を成し遂げた
② 天寿を全うして自らの家でこの世を去った
③ 人々に祝福されて自らの家で余生を過ごした
④ 長寿の親のために自らの家で力を尽くした
⑤ 民の幸せを願いながら自らの家で節義を貫いた

(イ) 「役二其 独 智一」 34

① 比類のない見識を発揮して
② 自己の知識を誇示して
③ 孤高の賢人を模倣して
④ 自分の知恵だけを用いて
⑤ 独特の見解をしりぞけて

問3 傍線部**A**「然 人 或 有 議 其 所 為 者」の返り点の付け方と書き下し文との組合せとして最も適当なものを、次の①～⑤のうちから一つ選べ。解答番号は **35** 。

① 然 人 或 有下議二其 所一為 者上
然れども人或いは其の所を議して為す者有れば

② 然 人 或 有 議二其 所レ為 者一
然れども人或いは有りて其の為にする所の者を議すれば

③ 然 人 或 有レ議二其 所レ為 者一
然れども人或いは其の為にする所の者を議する有れば

④ 然 人 或 有レ議 其 所レ為 者
然れども人或いは議有りて其の為す所の者なれば

⑤ 然 人 或 有下議二其 所一レ為 者上
然れども人或いは其の為す所を議する者有れば

問4 傍線部**B**「耳目心志之所レ及者、其能幾何」の解釈として最も適当なものを、次の①～⑤のうちから一つ選べ。解答番号は 36 。

① 君主の見聞や思慮が及ぶ範囲は決して広くない。
② 天下の人々の見聞や思慮が及ぶ範囲は君主以上に広い。
③ 天下の人々の感覚や思慮が及ぶ範囲は狭くなってしまう。
④ 君主の感覚や思慮が及ぶ対象はとても数え切れない。
⑤ 天下の人々の感覚や思慮が及ぶ対象は千差万別である。

問5　傍線部C「如二水 之 止一」に関する説明として最も適当なものを、次の①～⑤のうちから一つ選べ。解答番号は 37 。

① 君主のもとに人々の意見が集まることが、まるで水が低い場所に自然とたまっていくようであるということ。
② 君主が公平な裁判を常に行っていることが、まるで水の表面が平衡を保っているようであるということ。
③ 君主が雑念をしりぞけて落ち着いていることが、まるで波立っていない静かな水のようであるということ。
④ 君主のこれまで積んできた善行の量が多いことが、まるで豊富に蓄えられた水のようであるということ。
⑤ 君主が無欲になって人々のおごりを戒めることが、まるであふれそうな水をせき止めるようであるということ。

問6 次に示すのは、**【文章Ⅰ】**と**【文章Ⅱ】**を読んだ後に、教師と二人の生徒が交わした会話の様子である。これを読んで、後の(i)・(ii)の問いに答えよ。

教　師　**【文章Ⅰ】**の安積艮斎「話聖東伝」は、森鷗外《もりおうがい》の作品『渋江抽斎《しぶえちゅうさい》』においても言及されています。渋江抽斎は、江戸末期の医者であり漢学者でもあった人物です。抽斎はもとは西洋に批判的だったのですが、「話聖東伝」を読んで考えを改め、西洋の言語を自分の子に学ばせるようにと遺言しました。鷗外によれば、「話聖東伝」の中でも抽斎がとりわけ気に入ったのは、次の**【資料】**の一節だったようです。

【資料】（送り仮名を省いた）

> 嗚呼、話聖東、雖ㇾ生二於戎《じゅう》羯《けつ》一、其為ㇾ人有二足ㇾ多者一。

教　師　「戎羯」は異民族といった意味です。この**【資料】**で艮斎はどのようなことを言っていますか。

生徒A　［ **a** ］。ワシントンに対する**【資料】**のような見方が、抽斎の考えを変えたのでしょう。

生徒B　なぜ、**【資料】**のようにワシントンは評価されているのでしょうか。

教師　【文章Ⅱ】の『性理大全』の一節は、儒学の伝統的な君主像を示しています。【文章Ⅰ】と【文章Ⅱ】には似ているところがありますね。

生徒A　**b**。

生徒B　**c**。「話聖東伝」を通じて、抽斎は立派な為政者が西洋にいたことを知り、感動したのですね。

教師　このように漢文の教養は、西洋文化を受容する際の土台になったわけです。面白いと思いませんか。

(i) 空欄 **a** に入る発言として最も適当なものを、次の①～⑤のうちから一つ選べ。解答番号は 38 。

① 「異民族の出身ではあるけれども」とあるように、艮斎は西洋の人々に対する偏見から完全に脱却していたわけではないものの、ワシントンの人柄には称賛に値する点があると言っています

② 「異民族の生まれだと言うものもいるが」とあるように、艮斎はワシントンの出自をあげつらう人々を念頭に置いて、そのような人々よりもワシントンの方が立派な人物であると言っています

③ 「異民族に生まれていながらも」とあるように、艮斎はワシントンが西洋人であることを否定的に見る一方で、ワシントンの政策には肯定的に評価すべき面があると言っています

④ 「異民族の出自であることを問わずに」とあるように、艮斎は欧米と東アジアの人々を対等であると認識し、ワシントンの人生はあらゆる人々にとって学ぶべきものであると言っています

⑤ 「異民族の出身でなかったとしても」とあるように、艮斎は欧米と東アジアを区別しない観点に立ち、ワシントンの統治の方法にはどのような国でも賛同する人が多いであろうと言っています

(ii) 空欄 **b** ・ **c** に入る発言の組合せとして最も適当なものを、次の①～⑤のうちから一つ選べ。解答番号は **39** 。

① **b**——【文章Ⅰ】は、ワシントンが人々から反発されても動じなかったことを述べていますね
c——それは、【文章Ⅱ】のどのような出来事にも信念を曲げない儒学の伝統的な君主像に重なります

② **b**——【文章Ⅰ】は、ワシントンが法律を整備して国を安定させたことを述べていますね
c——それは、【文章Ⅱ】の個人の力より制度を重視する儒学の伝統的な君主像に重なります

③ **b**——【文章Ⅰ】は、ワシントンが信頼する部下に自分の地位を譲ったことを述べていますね
c——それは、【文章Ⅱ】の権力や名誉に執着しない儒学の伝統的な君主像に重なります

④ **b**——【文章Ⅰ】は、ワシントンが政策の意図を率直に文章で示したことを述べていますね
c——それは、【文章Ⅱ】の人々に対して誠実に向き合う儒学の伝統的な君主像に重なります

⑤ **b**——【文章Ⅰ】は、ワシントンが優れた人材を登用し、政務に参与させたことを述べていますね
c——それは、【文章Ⅱ】の公正な心で賢人と協力する儒学の伝統的な君主像に重なります

2022 本試

（200点
80分）

〔国語〕

注　意　事　項

1　解答用紙に，正しく記入・マークされていない場合は，採点できないことがあります。

2　この問題冊子は，46ページあります。問題は4問あり，第1問，第2問は「近代以降の文章」，第3問は「古文」，第4問は「漢文」の問題です。

　なお，大学が指定する特定分野のみを解答する場合でも，試験時間は80分です。

3　試験中に問題冊子の印刷不鮮明，ページの落丁・乱丁及び解答用紙の汚れ等に気付いた場合は，手を高く挙げて監督者に知らせなさい。

4　解答は，解答用紙の解答欄にマークしなさい。例えば，［10］と表示のある問いに対して③と解答する場合は，次の(例)のように**解答番号10の解答欄の**③に**マーク**しなさい。

(例)

解答番号	解答欄								
	1	2	3	4	5	6	7	8	9
10	①	②	●(③)	④	⑤	⑥	⑦	⑧	⑨

5　問題冊子の余白等は適宜利用してよいが，どのページも切り離してはいけません。

6　**不正行為について**

　①　不正行為に対しては厳正に対処します。

　②　不正行為に見えるような行為が見受けられた場合は，監督者がカードを用いて注意します。

　③　不正行為を行った場合は，その時点で受験を取りやめさせ退室させます。

7　試験終了後，問題冊子は持ち帰りなさい。

第1問　次の【文章Ⅰ】【文章Ⅱ】を読んで、後の問い（問1〜6）に答えよ。（配点　50）

【文章Ⅰ】　次の文章は、宮沢賢治の「よだかの星」を参照して「食べる」ことについて考察した文章である。なお、表記を一部改めている。

「食べる」ことと「生」にまつわる議論は、どうしたところで動物が主題になってしまう。そこでは動物たちが人間の言葉をはなし、また人間は動物の言葉を理解する（まさに神話的状況である）。そのとき動物も人間も、自然のなかでの生き物として、まったく対等な位相にたってしまうことが重要なのである。動物が人間になるのではない。宮沢の記述からかいまみられるのは、そもそも逆で、人間とはもとより動物である（そうでしかありえない）ということである。そしてそれは考えてみれば、あまりに当然すぎることである。

「よだかの星」は、その意味では、擬人化がカ(ア)ジョウになされている作品のようにおもわれる。その感情ははっきりと人間的である。よだかは、みなからいじめられ、何をしても孤立してしまう。いつも自分の醜い容姿を気にかけている。親切心で他の鳥の子供を助けても、何をするのかという眼差《まなざ》しでさげすまれる。なぜ自分は生きているのかとおもう。ある意味では、多かれ少なかれ普通の人間の誰もが、一度は心のなかに抱いたことのある感情だ。さらには、よだかにはいじめっ子の鷹《たか》がいる。鷹は、お前は鷹ではないのになぜよだかという名前を名乗るのだ、しかも夜という単語と鷹という単語を借りておかしいではないか、名前を変えろと迫る。よだかはあまりのことに、自分の存在そのものを否定されたかのように感じる。

しかしよだかは、いかに醜くとも、いかに自分の存在を低くみようとも、空を飛び移動するなかで、おおきな口をあけ、羽虫をむさぼり喰《く》ってしまう。それが喉につきささろうとも、甲虫《かぶとむし》を食べてしまう。自然に対しては、自分は支配者のような役割を演じてしまいもするのである。だがどうして自分は羽虫を「食べる」のか。なぜ自分のような存在が、劣等感をもちながらも、他の生き物を食べて生きていくのか、それがよいことかどうかがわからない。

夜だかが思ひ切って飛ぶときは、そらがまるで二つに切れたやうに思はれます。一疋《ぴき》の甲虫が、夜だかの咽喉《のど》にはひって、ひどくもがきました。よだかはすぐそれを呑《の》みこみましたが、その時何だかせなかがぞっとしたやうに思ひました。

(『宮沢賢治全集5』、八六頁《ページ》)

Aここからよだかが、つぎのように思考を展開していくことは、あまりに自明なことであるだろう。

(ああ、かぶとむしや、たくさんの羽虫が、毎晩僕に殺される。そしてそのただ一つの僕がこんどは鷹に殺される。それがこんなにつらいのだ。ああ、つらい、つらい。僕はもう虫をたべないで餓《う》ゑて死なう。いやその前にもう鷹が僕を殺すだらう。いや、その前に、僕は遠くの遠くの空の向ふに行ってしまはう。)(同書、八七頁)

当然のことながら、夏の夜の一夜限りの生命かもしれない羽虫を食べること、短い時間しかいのちを送らない甲虫を食べることは、そもそも食物連鎖上のこととしてやむをえないことである。それにそもそもこの話は、もともとはよだかが自分の生のどこかに困難を抱えていて(それはわれわれすべての鏡だ)、それが次第に、他の生き物を殺して食べているという事実の問いに転化され、そのなかで自分も鷹にいずれ食べられるだろう、それならば自分は何も食べず絶食し、空の彼方《かなた》へ消えてしまおうというはなしにさらに転変していくものである。

よだかは大犬座の方に向かい億年兆年億兆年かかるといわれても、さらに大熊星の方に向かい頭を冷やせといわれても、なおその行為をやめることはしない。結局よだかは最後の力を振り絞り、自らが燃え尽きることにより、自己の行為を昇華するのである。

食べるという主題がここで前景にでているわけではない。むしろまずよだかにとって問題なのは、どうして自分のような惨めな存在が生きつづけなければならないのかということであった。そしてその問いの先にあるものとして、ふと無意識に口にして

いた羽虫や甲虫のことが気にかかる。そして自分の惨めさを感じつつも、無意識にそれを咀嚼《そしゃく》してしまっている自分に対し「せなかがぞっとした」「思ひ」を感じるのである。

よくいわれるように、このはなしは食物連鎖の議論のようにみえる。確かに表面的にはそう読めるだろう。だがよだかは、実はまだ自分が羽虫を食べることがつらいのか、自分が鷹に食べられることがつらいのか、たんに惨めな存在である自らが食べ物を殺して咀嚼することがつらいのか判然と理解しているわけではない。これはむしろ、主題としていえば、まずは食べないことの選択、つまりは断食につながるテーマである。そして、そうであるがゆえに、最終的な星への昇華という宮沢独特のストーリー性がひらかれる仕組みになっているようにもみえる。

ここで宮沢は、食物連鎖からの解放という（仏教理念として充分に想定される）事態だけをとりだすのではない。むしろここでみいだされるのは、心が(イ)キズついたよだかが、それでもなお羽虫を食べるという行為を無意識のうちになしていることに気がつき「せなかがぞっとした」「思ひ」をもつという一点だけにあるようにおもわれる。それは、B人間である（ひょっとしたら同時によだかでもある）われわれすべてが共有するものではないか。そしてこの思いを昇華させるためには、数億年数兆年彼方の星に、自らを変容させていくことしか解決策はないのである。

（檜垣立哉《ひがきたつや》『食べることの哲学』による）

【文章Ⅱ】　次の文章は、人間に食べられた豚肉（あなた）の視点から「食べる」ことについて考察した文章である。

長い旅のすえに、あなたは、いよいよ、人間の口のなかに入る準備を整えます。箸で挟まれたあなたは、まったく抵抗できぬままに口に運ばれ、アミラーゼの入った唾液をたっぷりかけられ、舌になぶられ、硬い歯によって噛《か》み切られ、すり潰されます。そのあと、歯の隙間に残ったわずかな分身に別れを告げ、食道を通って胃袋に入り、酸の海のなかでドロドロになります。十二指腸でも膵液《すいえき》と胆汁が流れ込み消化をアシストし、小腸にたどり着きます。ここでは、小腸の運動によってあなたは前後左

右にもまれながら、六メートルに及ぶチューブをくねくね旅します。そのあいだ、小腸に出される消化酵素によって、炭水化物がブドウ糖や麦芽糖に、脂肪を脂肪酸とグリセリンに分解され、それらが腸に吸収されていきます。ほとんどの栄養を吸い取られたあなたは、すっかりかたちを変えて大腸にたどり着きます。

大腸は面白いところです。大腸には消化酵素はありません。そのかわりに無数の微生物が棲《す》んでいるのです。人間は、微生物の集合住宅でもあります。その微生物たちがあなたを(ウ)襲い、あなたのなかにある繊維を発酵させます。繊維があればあるほど、大腸の微生物は活性化するので、小さい頃から繊維をたっぷり含むニンジンやレンコンなどの根菜を食べるように言われているのです。そうして、いよいよあなたは便になって肛門《こうもん》からトイレの中へとダイビングします。こうして、下水の旅をあなたは始めるのです。

こう考えると、食べものは、人間のからだのなかで、急に変身を(エ)トげるのではなく、ゆっくり、じっくりと時間をかけ、徐々に変わっていくのであり、どこまでが食べものであり、どこからが食べものでないのかについて決めるのはとても難しいことがわかります。

答えはみなさんで考えていただくとして、二つの極端な見方を示して、終わりたいと思います。

一つ目は、人間は「食べて」などいないという見方です。食べものは、口に入るまえは、塩や人工調味料など一部の例外を除いてすべて生きものであり、その死骸であって、それが人間を通過しているにすぎない、と考えることもけっして言いすぎではありません。人間は、生命の循環の通過点にすぎないのであって、地球全体の生命活動がうまく回転するように食べさせられている、と考えていることです。

二つ目は、肛門から出て、トイレに流され、下水管を通って、下水処理場で微生物の力を借りて分解され、海と土に戻っていき、そこからまた微生物が発生して、それを魚や虫が食べ、その栄養素を用いて植物が成長し、その植物や魚をまた動物や人間が食べる、という循環のプロセスと捉えることです。つまり、ずっと食べものである、ということ。世の中は食べもので満たされていて、食べものは、生きものの死によって、つぎの生きものに生を(オ)与えるバトンリレーである。しかも、バトンも走者

も無数に増えるバトンリレー。誰の口に入るかは別として、人間を通過しているにすぎないのです。

どちらも極端で、どちらも間違いではありません。しかも、C二つとも似ているところさえあります。死ぬのがわかっているのに生き続けるのはなぜか、という質問にもどこかで関わってきそうな気配もありますね。

（藤原辰史《ふじはらたつし》『食べるとはどういうことか』による）

問1　次の(i)・(ii)の問いに答えよ。

(i)　傍線部(ア)・(イ)・(エ)に相当する漢字を含むものを、次の各群の①～④のうちから、それぞれ一つずつ選べ。解答番号は［1］～［3］。

(ア)　カジョウ　［1］

① ジョウチョウな文章
② 予算のジョウヨ金
③ 汚れをジョウカする
④ ジョウキを逸する

(イ)　キズついた　［2］

① 入会をカンショウする
② 音楽をカンショウする
③ カンショウ的な気分になる
④ 箱にカンショウ材を詰める

(エ)　トげる　［3］

① 過去の事例からルイスイする
② キッスイの江戸っ子
③ マスイをかける
④ 計画をカンスイする

(ii) 傍線部(ウ)・(オ)とは**異なる意味**を持つものを、次の各群の①～④のうちから、それぞれ一つずつ選べ。解答番号は 4 ・ 5 。

(ウ) 襲い 4

① ヤ襲
② セ襲
③ キ襲
④ ライ襲

(オ) 与える 5

① キョウ与
② ゾウ与
③ カン与
④ ジュ与

問2　傍線部A「ここからよだかが、つぎのように思考を展開していく」とあるが、筆者はよだかの思考の展開をどのように捉えているか。その説明として最も適当なものを、次の①～⑤のうちから一つ選べ。解答番号は［6］。

①　よだかは、生きる意味が見いだせないままに羽虫や甲虫を殺して食べていることに苦悩し、現実の世界から消えてしまおうと考えるようになる。

②　よだかは、みなにさげすまれるばかりかついには鷹に殺されてしまう境遇を悲観し、彼方の世界へ旅立とうと考えるようになる。

③　よだかは、羽虫や甲虫を殺した自分が鷹に殺されるという弱肉強食の関係を嫌悪し、不条理な世界を拒絶しようと考えるようになる。

④　よだかは、他者を犠牲にして生きるなかで自分の存在自体が疑わしいものとなり、新しい世界を目指そうと考えるようになる。

⑤　よだかは、鷹におびやかされながらも羽虫や甲虫を食べ続けているという矛盾を解消できず、遠くの世界で再生しようと考えるようになる。

問3　傍線部B「人間である（ひょっとしたら同時によだかでもある）われわれすべてが共有するものではないか」とあるが、それはどういうことか。その説明として最も適当なものを、次の①～⑤のうちから一つ選べ。解答番号は 7 。

① 存在理由を喪失した自分が、動物の弱肉強食の世界でいつか犠牲になるかもしれないと気づき、自己の無力さに落胆するということ。

② 生きることに疑念を抱いていた自分が、意図せずに他者の生命を奪って生きていることに気づき、自己に対する強烈な違和感を覚えるということ。

③ 存在を否定されていた自分が、無意識のうちに他者の生命に依存していたことに気づき、自己を変えようと覚悟するということ。

④ 理不尽な扱いに打ちのめされていた自分が、他者の生命を無自覚に奪っていたことに気づき、自己の罪深さに動揺するということ。

⑤ 惨めさから逃れたいともがいていた自分が、知らないままに弱肉強食の世界を支える存在であったことに気づき、自己の身勝手さに絶望するということ。

問4　傍線部C「二つとも似ているところさえあります」とあるが、どういう点で似ているのか。その説明として最も適当なものを、次の①～⑤のうちから一つ選べ。解答番号は 8 。

① 人間の消化過程を中心とする見方ではなく、微生物の活動と生物の排泄行為から生命の再生産を捉えている点。
② 人間の生命維持を中心とする見方ではなく、別の生きものへの命の受け渡しとして食べる行為を捉えている点。
③ 人間の食べる行為を中心とする見方ではなく、食べられる側の視点から消化と排泄の重要性を捉えている点。
④ 人間の生と死を中心とする見方ではなく、地球環境の保護という観点から食べることの価値を捉えている点。
⑤ 人間の栄養摂取を中心とする見方ではなく、多様な微生物の働きから消化のメカニズムを捉えている点。

問5 【文章Ⅱ】の表現に関する説明として最も適当なものを、次の①～⑤のうちから一つ選べ。解答番号は 9 。

① 豚肉を「あなた」と見立てるとともに、食べられる生きものの側の心情を印象的に表現することで、無機的な消化過程に感情移入を促すように説明している。

② 豚肉を「あなた」と見立てるとともに、消化酵素と微生物とが協同して食べものを分解する様子を比喩的に表現することで、消化器官の働きを厳密に描いている。

③ 豚肉を「あなた」と見立てるとともに、食べものが消化器官を通過していく状況を擬態語を用いて表現することで、食べることの特殊な仕組みを筋道立てて説明している。

④ 豚肉を「あなた」と二人称で表しながら、比喩を多用して消化過程を表現することで、生きものが他の生物の栄養になるまでの流れを軽妙に説明している。

⑤ 豚肉を「あなた」と二人称で表しながら、生きものが消化器官でかたちを変えて物質になるさまを誇張して表現することで、消化の複雑な過程を鮮明に描いている。

問6　Mさんは授業で【文章Ⅰ】と【文章Ⅱ】を読んで「食べる」ことについて自分の考えを整理するため、次のような【メモ】を作成した。これについて、後の(i)・(ii)の問いに答えよ。

【メモ】

〈1〉　共通する要素

［どちらも「食べる」ことと生命の関係について論じている。］

⇦

〈2〉　「食べる」ことについての捉え方の違い

【文章Ⅰ】　［　X　］

【文章Ⅱ】　［「食べる」ことは、生物を地球全体の生命活動に組み込むものである。］

⇦

〈3〉　まとめ

［　Y　］

(i) Mさんは〈1〉を踏まえて〈2〉を整理した。空欄 **X** に入る最も適当なものを、次の①～④のうちから一つ選べ。解答番号は 10 。

① 「食べる」ことは、弱者の生命の尊さを意識させる行為である。

② 「食べる」ことは、自己の生命を否応なく存続させる行為である。

③ 「食べる」ことは、意図的に他者の生命を奪う行為である。

④ 「食べる」ことは、食物連鎖から生命を解放する契機となる行為である。

(ii) Mさんは〈1〉〈2〉を踏まえて「〈3〉まとめ」を書いた。空欄 **Y** に入る最も適当なものを、次の①～④のうちから一つ選べ。解答番号は 11 。

① 他者の犠牲によってもたらされたよだかの苦悩は、生命の相互関係における多様な現象の一つに過ぎない。しかし見方を変えれば、自他の生を昇華させる行為は、地球全体の生命活動を円滑に動かすために欠かせない要素であるとも考えられる。

② 苦悩から解放されるためによだかが飢えて死のうとすることは、生命が本質的には食べてなどいないという指摘に通じる。しかし見方を変えれば、地球全体の生命活動を維持するためには、食べることの認識を改める必要があるとも考えられる。

③ 無意識によだかが羽虫や甲虫を食べてしまう行為には、地球全体の生命活動を循環させる重要な意味がある。しかし見方を変えれば、一つ一つの生命がもっている生きることへの衝動こそが、循環のプロセスを成り立たせているとも考えられる。

④ 他者に対してよだかが支配者となりうる食物連鎖の関係は、命のバトンリレーのなかで解消されるものである。しかし見方を変えれば、地球全体の生命活動を円滑にするためには、食べることによって生じる序列が不可欠であるとも考えられる。

第2問

次の文章は、黒井千次《くろいせんじ》「庭の男」（一九九一年発表）の一節である。「私」は会社勤めを終え、自宅で過ごすことが多くなっている。隣家（大野家）の庭に息子のためのプレハブ小屋が建ち、そこに立てかけられた看板に描かれた男が、「私」の自宅のダイニングキチン（キッチン）から見える。その存在が徐々に気になりはじめた「私」は、看板のことを妻に相談するなかで、自分が案《か》山子《かし》をどけてくれと頼んでいる雀《すずめ》のようだと感じていた。以下はそれに続く場面である。これを読んで、後の問い（問1～5）に答えよ。（配点　50）

立《たて》看板をなんとかするよう裏の家の息子に頼んでみたら、という妻の示唆を、私は大真面目で受け止めていたわけではなかった。落着《おちつ》いて考えてみれば、その理由を中学生かそこらの少年にどう説明すればよいのか見当もつかない。相手は看板を案山子などとは夢にも思っていないだろうから、雀の論理は通用すまい。ただあの時は、妻が私の側に立ってくれたことに救われ、気持ちが楽になっただけの話だった。いやそれ以上に、男と睨《にら》み合った時、なんだ、お前は案山子ではないか、と言ってやる僅かなゆとりが生れるほどの力にはなった。裏返されればそれまでだぞ、と窓の中から毒突くのは、一方的に見詰められるのみの関係に比べればまだましだったといえる。

しかし実際には、看板を裏返す手立てが摑《つか》めぬ限り、いくら毒突いても所詮空威張りに過ぎぬのは明らかである。そして裏の男は、私のそんな焦りを見透《みすか》したかのように、前にもまして帽子の広いつばの下の眼に暗い光を溜《た》め、こちらを凝視して止《や》まなかった。流しの窓の前に立たずとも、あの男が見ている、との感じは肌に伝わった。暑いのを我慢して南側の子供部屋で本を読んだりしていると、すぐ隣の居間に男の視線の気配を覚えた。そうなると、本を伏せてわざわざダイニングキチンまで出向き、あの男がいつもと同じ場所に立っているのを確かめるまで落着けなかった。

隣の家に電話をかけ、親に事情を話して看板をどうにかしてもらう、という手も考えた。少年の頭越しのそんな手段はフェアではないだろう、との意識も働いたし、その前に親を納得させる自信がない。もしも納得せぬまま、ただこちらとのいざこざを避けるために親が看板を除去してくれたとしても、相手の内にいかなる疑惑が芽生えるかは容易に想像がつく。あの家には頭の

おかしな人間が住んでいる、そんな噂《うわさ》を立てられるのは恐ろしかった。

ある夕暮れ、それは妻が家に居る日だったが、日が沈んで外が少し涼しくなった頃、散歩に行くぞ、と裏の男に眼で告げて玄関を出た。家を離れて少し歩いた時、町会の掲示板のある角を曲って来る人影に気がついた。迷彩色のシャツをだらしなくジーパンの上に出し、俯《うつむ》きかげんに道の端をのろのろと近づいて来る。まだ育ち切らぬ柔らかな骨格と、無理に背伸びした身なりとのアンバランスな組合せがおかしかった。細い首に支えられた坊主頭がふと上り、またすぐに伏せられた。A 隣の少年だ、と思うと同時に、私はほとんど無意識のように道の反対側に移って彼の前に立っていた。

「ちょっと」

声を掛けられた少年は怯《おび》えた表情で立ち止《どま》り、それが誰かわかると小さく頷《うなず》く仕種《しぐさ》で頭だけ下げ、私を避けて通り過ぎようとした。

「庭のプレハブは君の部屋だろう」

何か曖昧な母音を洩《も》らして彼は微《かす》かに頷いた。

「あそこに立てかけてあるのは、映画の看板かい」

細い眼が閉じられるほど細くなって、警戒の色が顔に浮かんだ。

「素敵な絵だけどさ、うちの台所の窓の真正面になるんだ。置いてあるだけなら、あのオジサンを横に移すか、裏返しにするか――」

そこまで言いかけると、相手は肩を聳《そび》やかす身振りで歩き出そうとした。

「待ってくれよ、頼んでいるんだから」

肩越しに振り返る相手の顔は無表情に近かった。

「もしもさ――」

追おうとした私を振り切って彼は急ぎもせずに離れて行く。

「ジジイ——」

吐き捨てるように彼の俯いたまま低く叫ぶ声がはっきり聞えた。少年の姿が大野家の石の門に吸い込まれるまで、私はそこに立ったまま見送っていた。

ひどく後味の悪い夕刻の出来事を、私は妻に知られたくなかった。少年から見れば我が身が碌《ろく》な勤め先も持たぬジジイであることに間違いはなかったろうが、一応は礼を尽《つく》して頼んでいるつもりだったのだから、中学生の餓鬼にそれを無視され、罵られたのは身に応えた。**B**身体の底を殴られたような厭《いや》な痛みを少しでも和らげるために、こちらの申し入れが理不尽なものであり、相手の反応は無理もなかったのだ、と考えてみようともした。謂《いわ》れもない内政干渉として彼が憤る気持ちもわからぬではなかった。しかしそれなら、彼は面を上げて私の申し入れを拒絶すればよかったのだ。所詮当方は雀の論理しか持ち合わせぬのだから、黙って引き下《さが》るしかないわけだ。その方が私もまだ救われたろう。

無視と捨台詞《すてぜりふ》にも似た罵言とは、彼が息子よりも遥《はる》かに歳《とし》若い少年だけに、やはり耐え難かった。

夜が更けてクーラーをつけた寝室に妻が引込んでしまった後も、私は一人居間のソファーに坐《すわ》り続けた。穏やかな鼾《いびき》が寝室の戸の隙間を洩《も》れて来るのを待ってから、大型の懐中電灯を手にしてダイニングキチンの窓に近づいた。もしや、という淡い期待を抱いて隣家の庭を窺《うかが》った。手前の木々の葉越しにプレハブ小屋の影がぼうと白く漂うだけで、庭は闇に包まれている。網戸に擦《こす》りつけるようにして懐中電灯の明《あか》りをともした。光の環《わ》の中に、きっと私を睨《にら》み返す男の顔が浮かんだ。闇に縁取られたその顔は肌に血の色さえ滲《にじ》ませ、昼間より一層生々しかった。

「馬鹿奴《め》」

呟《つぶや》く声が身体にこもった。暗闇に立つ男を罵っているのか、夕刻の少年に怒りをぶつけているのか、自らを嘲っているのか、自分でもわからなかった。懐中電灯を手にしたまま素早く玄関を出た。土地ぎりぎりに建てた家の壁と塀の間を身体を斜めにしてすり抜ける。建築法(注)がどうなっているのか識《し》らないが、もう少し肥《ふと》れば通ることの叶《かな》わぬ僅かな隙間だった。ランニングシャツ一枚の肩や腕にモルタルのざらつきが痛かった。

東隣との低い生垣《いけがき》に突き当り、檜葉《ひば》の間を強引に割ってそこを跨《また》ぎ越し、我が家のブロック塀の端を迂回《うかい》すると再び大野家との生垣を掻《か》き分けて裏の庭へと踏み込んだ。乾いた小さな音がして枝が折れたようだったが、気にかける余裕はなかった。

繁みの下の暗がりで一息つき、足許《あしもと》から先に懐中電灯の光をさっと這《は》わせてすぐ消した。右手の母屋も正面のプレハブ小屋も、明りは消えて闇に沈んでいる。身を屈《かが》めたまま手探りに進み、地面に雑然と置かれている小さなベンチや傘立てや三輪車をよけて目指す小屋の横に出た。

男は見上げる高さでそこに平たく立っていた。光を当てなくとも顔の輪郭は夜空の下にぼんやり認められた。そんなただの板と、窓から見える男が同一人物とは到底信じ難かった。これではあの餓鬼に私の言うことが通じなかったとしても無理はない。案山子にとまった雀はこんな気分がするだろうか、と動悸《どうき》を抑えつつも苦笑した。

しかし濡《ぬ》れたように滑らかな板の表面に触れた時、指先に厭な違和感が走った。それがベニヤ板でも紙でもなく、硬質のプラスチックに似た物体だったからだ。思わず懐中電灯をつけてみずにはいられなかった。果《はた》して断面は分厚い白色で、裏側に光を差し入れるとそこには金属の補強材が縦横に渡されている。人物の描かれた表面処理がいかなるものかまでは咄嗟《とっさ》に摑めなかったが、それが単純に紙を貼りつけただけの代物ではないらしい、との想像はついた。雨に打たれて果無《はかな》く消えるどころか、これは土に埋められても腐ることのないしたたかな男だったのだ。

それを横にずらすか、道に面した壁に向きを変えて立てかけることは出来ぬものか、と持ち上げようとした。相手は根が生えたかの如《ごと》く動かない。これだけの厚みと大きさがあれば体重もかなりのものになるのだろうか。力の入れやすい手がかりを探ろうとして看板の縁を辿《たど》った指が何かに当った。太い針金だった。看板の左端にあけた穴を通して、針金は小屋の樋《とい》としっかり結ばれている。同じような右側の針金の先は、壁に突き出たボルトの頭に巻きついていた。その細工が左右に三つずつ、六ヵ所にわたって施されているのを確かめると、最早《もはや》男を動かすことは諦めざるを得なかった。夕暮れの少年の細めた眼を思い出し、理由はわからぬものの、**C** あ奴《やつ》はあ奴でかなりの覚悟でことに臨んでいるのだ、と認めてやりたいような気分がよぎった。

（注）モルタル —— セメントと砂を混ぜ、水で練り合わせたもの。タイルなどの接合や、外壁の塗装などに用いる。

問1　傍線部**A**「隣の少年だ、と思うと同時に、私はほとんど無意識のように道の反対側に移って彼の前に立っていた。」とあるが、「私」をそのような行動に駆り立てた要因はどのようなことか。その説明として適当なものを、次の①～⑥のうちから**二つ**選べ。ただし、解答の順序は問わない。解答番号は［12］・［13］。

① 親が看板を取り除いたとしても、少年にどんな疑惑が芽生えるか想像し恐ろしく思っていたこと。

② 少年を差し置いて親に連絡するような手段は、フェアではないだろうと考えていたこと。

③ 男と睨み合ったとき、お前は案山子ではないかと言ってやるだけの余裕が生まれていたこと。

④ 男の視線を感じると、男がいつもの場所に立っているのを確かめるまで安心できなかったこと。

⑤ 少年の発育途上の幼い骨格と、無理に背伸びした身なりとの不均衡をいぶかしく感じていたこと。

⑥ 少年を説得する方法を思いつけないにもかかわらず、看板をどうにかしてほしいと願っていたこと。

問2　傍線部B「身体の底を殴られたような厭な痛み」とはどのようなものか。その説明として最も適当なものを、次の①～⑤のうちから一つ選べ。解答番号は 14 。

① 頼みごとに耳を傾けてもらえないうえに、話しかけた際の気遣いも顧みられず一方的に暴言を浴びせられ、存在が根底から否定されたように感じたことによる、解消し難い不快感。

② 礼を尽くして頼んだにもかかわらず少年から非難され、自尊心が損なわれたことに加え、そのことを妻にも言えないほどの汚点だと捉えたことによる、深い孤独と屈辱感。

③ 分別のある大人として交渉にあたれば、説得できると見込んでいた歳若い相手から拒絶され、常識だと信じていたことや経験までもが否定されたように感じたことによる、抑え難いいら立ち。

④ へりくだった態度で接したために、少年を増長させてしまった一連の流れを思い返し、看板についての交渉が絶望的になったと感じたことによる、胸中をえぐられるような癒し難い無念さ。

⑤ 看板について悩む自分に、珍しく助言してくれた妻の言葉を真に受け、幼さの残る少年に対して一方的な干渉をしてしまった自分の態度に、理不尽さを感じたことによる強い失望と後悔。

問3　傍線部C「あ奴はあ奴でかなりの覚悟でことに臨んでいるのだ、と認めてやりたいような気分がよぎった」における「私」の心情の説明として最も適当なものを、次の①～⑤のうちから一つ選べ。解答番号は 15 。

① 夜中に隣家の庭に忍び込むには決意を必要としたため、看板を隣家の窓に向けて設置した少年も同様に決意をもって行動した可能性に思い至り、共感を覚えたことで、彼を見直したいような気持ちが心をかすめた。

② 隣家の迷惑を顧みることなく、看板を撤去し難いほど堅固に設置した少年の行動には、彼なりの強い思いが込められていた可能性があると気づき、陰ながら応援したいような新たな感情が心をかすめた。

③ 劣化しにくい素材で作られ、しっかり固定された看板を目の当たりにしたことで、少年が何らかの決意をもってそれを設置したことを認め、その心構えについては受け止めたいような思いが心をかすめた。

④ 迷惑な看板を設置したことについて、具体的な対応を求めるつもりだったが、撤去の難しさを確認したことで、この状況を受け入れてしまったほうが気が楽になるのではないかという思いが心をかすめた。

⑤ 看板の素材や設置方法を直接確認し、看板に対する少年の強い思いを想像したことで、彼の気持ちを無視して一方的に苦情を申し立てようとしたことを悔やみ、多少なら歩み寄ってもよいという考えが心をかすめた。

問4　本文では、同一の人物や事物が様々に呼び表されている。それらに着目した、後の(i)・(ii)の問いに答えよ。

(i)　隣家の少年を示す表現に表れる「私」の心情の説明として最も適当なものを、次の①〜⑤のうちから一つ選べ。解答番号は 16 。

①　当初はあくまで他人として「裏の家の息子」と捉えているが、実際に遭遇した少年に未熟さを認めたのちには、「息子よりも遥かに歳若い少年」と表して我が子に向けるような親しみを抱いている。

②　看板への対応を依頼する少年に礼を尽くそうとして「君」と声をかけたが、無礼な言葉と態度を向けられたことで感情的になり、「中学生の餓鬼」「あの餓鬼」と称して怒りを抑えられなくなっている。

③　看板撤去の交渉をする相手として、少年とのやりとりの最中はつねに「君」と呼んで尊重する様子を見せる一方で、少年の外見や言動に対して内心では「中学生の餓鬼」「あの餓鬼」と侮っている。

④　交渉をうまく進めるために「君」と声をかけたが、直接の接触によって我が身の老いを強く意識させられたことで、「中学生の餓鬼」「息子よりも遥かに歳若い少年」と称して彼の若さをうらやんでいる。

⑤　当初は親の方を意識して「裏の家の息子」と表していたが、実際に遭遇したのちには少年を強く意識し、「中学生の餓鬼」「息子よりも遥かに歳若い少年」と彼の年頃を外見から判断しようとしている。

(ii) 看板の絵に対する表現から読み取れる、「私」の様子や心情の説明として最も適当なものを、次の①～④のうちから一つ選べ。解答番号は 17 。

① 「私」は看板を「裏の男」と人間のように意識しているが、少年の前では「映画の看板」と呼び、自分の意識が露呈しないように工夫する。しかし少年が警戒すると、「素敵な絵」とたたえて配慮を示した直後に「あのオジサン」と無遠慮に呼んでおり、余裕をなくして表現の一貫性を失った様子が読み取れる。

② 「私」は看板について「あの男」「案山子」と比喩的に語っているが、少年の前では「素敵な絵」と大げさにたたえており、さらに、少年が憧れているらしい映画俳優への敬意を全面的に示すように「あのオジサン」と呼んでいる。少年との交渉をうまく運ぼうとして、プライドを捨てて卑屈に振るまう様子が読み取れる。

③ 「私」は妻の前では看板を「案山子」と呼び、単なる物として軽視しているが、少年の前では「素敵な絵」とたたえ、さらに「あのオジサン」と親しみを込めて呼んでいる。しかし、少年から拒絶の態度を示されると、「看板の絵」「横に移す」「裏返しにする」と物扱いしており、態度を都合よく変えている様子が読み取れる。

④ 「私」は看板を「裏の男」「あの男」と人間に見立てているが、少年の前でとっさに「映画の看板」「素敵な絵」と表してしまったため、親しみを込めながら「あのオジサン」と呼び直している。突然訪れた少年との直接交渉の機会に動揺し、看板の絵を表する言葉を見失い慌てふためいている様子が読み取れる。

問5　Nさんは、二重傍線部「案山子にとまった雀はこんな気分がするだろうか、と動悸を抑えつつも苦笑した。」について理解を深めようとした。まず、国語辞典で「案山子」を調べたところ季語であることがわかった。そこでさらに、歳時記（季語を分類して解説や例句をつけた書物）から「案山子」と「雀」が詠まれた俳句を探し、これらの内容を【ノート】に整理した。このことについて、後の(i)・(ii)の問いに答えよ。

【ノート】

●国語辞典にある「案山子」の意味

㋐竹や藁《わら》などで人の形を造り、田畑に立てて、鳥獣が寄るのをおどし防ぐもの。とりおどし。［季語・秋］。

㋑見かけばかりもっともらしくて、役に立たない人。

●歳時記に掲載されている［案山子と雀の俳句］

ⓐ「案山子立つれば群雀空にしづまらず」（飯田蛇笏《だこつ》）

ⓑ「稲雀追ふ力なき案山子かな」（高浜年尾）

ⓒ「某《それがし》は案山子にて候《そうろう》　雀殿」（夏目漱石）

●解釈のメモ

ⓐ遠くにいる案山子に脅かされて雀が群れ騒ぐ風景。

ⓑ雀を追い払えない案山子の様子。

ⓒ案山子が雀に対して虚勢を張っているように見える様子。

●「案山子」と「雀」の関係に注目し、看板に対する「私」の認識を捉えるための観点。

・看板を家の窓から見ていた時の「私」→［X］

・看板に近づいた時の「私」→［Y］

(i)　Nさんは、「私」が看板を家の窓から見ていた時と近づいた時にわけたうえで、国語辞典や歳時記の内容と関連づけながら【ノート】の傍線部について考えようとした。空欄 **X** と **Y** に入る内容の組合せとして最も適当なものを、後の①～④のうちから一つ選べ。解答番号は **18** 。

(ア)　**X** ――歳時記の句ⓐでは案山子の存在に雀がざわめいている様子であり、国語辞典の説明㋐にある「おどし防ぐ」存在となっていることに注目する。

(イ)　**X** ――歳時記の句ⓒでは案山子が虚勢を張っているように見え、国語辞典の説明㋑にある「見かけばかりもっともらしい」存在となっていることに注目する。

(ウ)　**Y** ――歳時記の句ⓑでは案山子が実際には雀を追い払うことができず、国語辞典の説明㋑にある「見かけばかりもっともらしい」存在となっていることに注目する。

(エ)　**Y** ――歳時記の句ⓒでは案山子が雀に対して自ら名乗ってみせるだけで、国語辞典の説明㋐にある「おどし防ぐ」存在となっていることに注目する。

①　X―(ア)　Y―(ウ)
②　X―(ア)　Y―(エ)
③　X―(イ)　Y―(ウ)
④　X―(イ)　Y―(エ)

(ii) 【ノート】を踏まえて「私」の看板に対する認識の変化や心情について説明したものとして、最も適当なものを、次の①～⑤のうちから一つ選べ。解答番号は 19 。

① はじめ「私」は、Ⓒ「某は案山子にて候雀殿」の虚勢を張る「案山子」のような看板に近づけず、家のなかから眺めているだけの状態であった。しかし、そばまで近づいたことで、看板は㋑「見かけばかりもっともらし」いものであることに気づき、これまで「ただの板」にこだわり続けていたことに対して大人げなさを感じている。

② はじめ「私」は、ⓑ「稲雀追ふ力なき案山子かな」の「案山子」のように看板は自分に危害を加えるようなものではないと理解していた。しかし、意を決して裏の庭に忍び込んだことで、看板の㋐「おどし防ぐもの」としての効果を実感し、雀の立場として「ただの板」に苦しんでいる自分に気恥ずかしさを感じている。

③ はじめ「私」は、自分を監視している存在として看板を捉え、㋐「おどし防ぐもの」と対面するような落ち着かない状態であった。しかし、おそるおそる近づいてみたことで、Ⓒ「某は案山子にて候雀殿」のように看板の正体を明確に認識し、「ただの板」に対する怖さを克服しえた自分に自信をもつことができたと感じている。

④ はじめ「私」は、㋐「とりおどし」のような脅すものとして看板をとらえ、その存在の不気味さを感じている状態であった。しかし、暗闇に紛れて近づいたことにより、実際にはⓑ「稲雀追ふ力なき案山子かな」のような存在であることを発見し、「ただの板」である看板に心を乱されていた自分に哀れみを感じている。

⑤ はじめ「私」は、常に自分を見つめる看板に対してⓐ「群雀空にしづまらず」の「雀」のような心穏やかでない状態であった。しかし、そばに近づいてみたことにより、看板は㋑「見かけばかりもっともらし」いものであって恐れるに足りないとわかり、「ただの板」に対して悩んできた自分に滑稽さを感じている。

第3問　次の【文章Ⅰ】は、鎌倉時代の歴史を描いた『増鏡』の一節、【文章Ⅱ】は、後深草《ごふかくさ》院に親しく仕える二条という女性が書いた『とはずがたり』の一節である。どちらの文章も、後深草院（本文では「院」）が異母妹である前斎宮《さいぐう》（本文では「斎宮」）に恋慕する場面を描いたものであり、【文章Ⅰ】の内容は、【文章Ⅱ】の6行目以降を踏まえて書かれている。【文章Ⅰ】と【文章Ⅱ】を読んで、後の問い（問1～4）に答えよ。なお、設問の都合で【文章Ⅱ】の本文の上に行数を付してある。（配点　50）

【文章Ⅰ】

院も我が御方にかへりて、うちやすませ給《たま》へれど、(ア)まどろまれ給はず。ありつる御面影、心にかかりておぼえ給ふぞいとわりなき。「さしはへて(注1)聞こえむも、人聞きよろしかるまじ。いかがはせむ」と思《おぼ》し乱る。御はらからといへど、年月よそにて生ひたち給へれば、うとうとしくならひ給へるままに、Aつつましき御思ひも薄くやありけむ、なほひたぶるにいぶせくてやみなむは、あかず口惜しと思す。けしからぬ御本性《ほんじやう》なりや。

なにがし(注2)の大納言の女《むすめ》、御身近く召し使ふ人、かの斎宮(注3)にも、さるべきゆかりありて睦《むつ》ましく参りなるるを召し寄せて、

「なれなれしきまでは思ひ寄らず。ただ少し近き程にて、思ふ心の片端を聞こえむ。かく折よき事もいと難かるべし」とBせちにまめだちてのたまへば、いかがたばかりけむ、夢うつつともなく近づき聞こえ給へれば、いと心憂しと思せど、あえかに消えまどひなどはし給はず。

【文章Ⅱ】

斎宮は二十に余り給ふ。(イ)ねびととのひたる御さま、神(注4)もなごりを慕ひ給ひけるもことわりに、花といはば、桜にたとへても、よそ目はいかがとあやまたれ、霞の袖(注5)を重ぬるひまもいかにせましと思ひぬべき御ありさまなれば、ましてくまなき御心(注6)の内は、いつしかいかなる御物思ひの種にかと、よそも御心苦しくぞおぼえさせ給ひし。

御物語ありて、神路《かみぢ》(注7)の山の御物語など、絶え絶え聞こえ給ひて、

「今宵はいたう更け侍《はべ》りぬ。のどかに、明日は(注8)嵐の山の禿《かぶろ》なる梢《こずゑ》どもも御覧じて、御帰りあれ」

など申させ給ひて、我が御方へ入らせ給ひて、いつしか、

「いかがすべき、いかがすべき」

と仰せあり。思ひつることよと、をかしくてあれば、

「(注9)幼くより参りしるしに、このこと申しかなへたらむ、まめやかに心ざしありと思はむ」

など仰せありて、やがて御使《つかひ》に参る。ただ(ウ)おほかたなるやうに、「御対面うれしく。御旅寝すさまじくや」などにて、忍びつつ文あり。(注10)氷襲《こほりがさね》の薄様《うすやう》にや、

「知られじな今しも見つる面影のやがて心にかかりけりとは」

更けぬれば、御前なる人もみな寄り臥《ふ》したる。御主《ぬし》も(注11)小几帳《こぎちやう》引き寄せて、御殿籠《とのごも》りたるなりけり。近く参りて、事のやう奏すれば、御顔うち赤めて、いと物ものたまはず、文も見るとしもなくて、うち置き給ひぬ。

「何とか申すべき」

と申せば、

「思ひ寄らぬ御言の葉は、何と申すべき方もなくて」

とばかりにて、また寝給ひぬるも心やましければ、帰り参りて、このよしを申す。

「ただ、寝たまふらむ所へ導け、導け」

と責めさせ給ふもむつかしければ、御供に参らむことはやすくこそ、しるべして参る。(注12)甘《かん》の御衣《ぞ》などはことごとしければ、御(注13)大口《おほくち》ばかりにて、忍びつつ入らせ給ふ。

まづ先に参りて、御障子をやをら開けたれば、ありつるままにて御殿籠りたる。御前なる人も寝入りぬるにや、音する人もなく、(注14)小さらかに這《は》ひ入らせ給ひぬる後、いかなる御事どもかありけむ。

（注）
1　さしはへて――わざわざ。
2　なにがしの大納言の女――二条を指す。二条は【文章Ⅱ】の作者である。
3　斎宮――伊勢神宮に奉仕する未婚の皇族女性。天皇の即位ごとに選ばれる。
4　神もなごりを慕ひ給ひける――斎宮を退きながらも、帰京せずにしばらく伊勢にとどまっていたことを指す。
5　霞の袖を重ぬる――顔を袖で隠すことを指す。美しい桜の花を霞が隠す様子にたとえる。
6　くまなき御心――院の好色な心のこと。
7　神路の山の御物語――伊勢神宮に奉仕していた頃の思い出話を指す。
8　嵐の山の禿なる梢ども――嵐山《あらしやま》の落葉した木々の梢。
9　幼くより参りし――二条が幼いときから院の側近くにいたことを指す。
10　氷襲の薄様――「氷襲」は表裏の配色で、表も裏も白。「薄様」は紙の種類。
11　小几帳――小さい几帳のこと。
12　甘の御衣――上皇の平服として着用する直衣《のうし》。
13　大口――束帯のときに表袴の下にはく裾口の広い下袴。
14　小さらかに――体を縮めて小さくして。

問1　傍線部(ア)～(ウ)の解釈として最も適当なものを、次の各群の①～⑤のうちから、それぞれ一つずつ選べ。解答番号は 20 ～ 22 。

(ア)　まどろまれ給はず　20
① 酔いが回らずにいらっしゃる
② お眠りになることができない
③ ぼんやりなさっている場合ではない
④ お心が安まらずにいらっしゃる
⑤ 一息つこうともなさらない

(イ)　ねびととのひたる　21
① 将来が楽しみな
② 成熟した
③ 着飾った
④ 場に調和した
⑤ 年相応の

(ウ)　おほかたなるやうに　22
① 特別な感じで
② 落ち着き払って
③ ありふれた挨拶で
④ 親切心を装って
⑤ 大人らしい態度で

問2　傍線部**A**「つつましき御思ひも薄くやありけむ、なほひたぶるにいぶせくてやみなむは、あかず口惜しと思す」の語句や表現に関する説明として最も適当なものを、次の①～⑤のうちから一つ選べ。解答番号は 23 。

① 「つつましき御思ひ」は、兄である院と久しぶりに対面して、気恥ずかしく思っている斎宮の気持ちを表している。

② 「ありけむ」の「けむ」は過去推量の意味で、対面したときの斎宮の心中を院が想像していることを表している。

③ 「いぶせくて」は、院が斎宮への思いをとげることができずに、悶々《もんもん》とした気持ちを抱えていることを表している。

④ 「やみなむ」の「む」は意志の意味で、院が言い寄ってくるのをかわそうという斎宮の気持ちを表している。

⑤ 「あかず口惜し」は、不満で残念だという意味で、院が斎宮の態度を物足りなく思っていることを表している。

問3 傍線部**B**「せちにまめだちてのたまへば」とあるが、このときの院の言動についての説明として最も適当なものを、次の①～⑤のうちから一つ選べ。解答番号は 24 。

① 二条と斎宮を親しくさせてでも、斎宮を手に入れようと企《たくら》んでいるところに、院の必死さが表れている。

② 恋心を手紙で伝えることをはばかる言葉に、斎宮の身分と立場を気遣う院の思慮深さが表れている。

③ 自分の気持ちを斎宮に伝えてほしいだけだという言葉に、斎宮に対する院の誠実さが表れている。

④ この機会を逃してはなるまいと、一気に事を進めようとしているところに、院の性急さが表れている。

⑤ 自分と親密な関係になることが斎宮の利益にもなるのだと力説するところに、院の傲慢さが表れている。

問4　次に示すのは、授業で【文章Ⅰ】【文章Ⅱ】を読んだ後の、話し合いの様子である。これを読み、後の(i)～(iii)の問いに答えよ。

教　師　いま二つの文章を読みましたが、【文章Ⅰ】の内容は、【文章Ⅱ】の6行目以降に該当していました。【文章Ⅰ】は【文章Ⅱ】を資料にして書かれていますが、かなり違う点もあって、それぞれに特徴がありますね。どのような違いがあるか、みんなで考えてみましょう。

生徒A　【文章Ⅱ】のほうが、【文章Ⅰ】より臨場感がある印象かなあ。

生徒B　確かに、院の様子なんかそうかも。【文章Ⅱ】では［X］。

生徒C　ほかに、二条のコメントが多いところも特徴的だよね。【文章Ⅱ】の［Y］。普段から院の側に仕えている人の目で見たことが書かれているっていう感じがあるよ。

生徒B　そう言われると、【文章Ⅰ】では【文章Ⅱ】の面白いところが全部消されてしまっている気がする。すっきりしてまとまっているけど物足りない。

教　師　確かにそう見えるかもしれませんが、【文章Ⅰ】がどのようにして書かれたものなのかも考える必要がありますね。【文章Ⅰ】は過去の人物や出来事などを後の時代の人が書いたものです。文学史では「歴史物語」と分類されていますね。【文章Ⅱ】のように当事者の視点から書いたものではないということに注意しましょう。

生徒B　そうか、書き手の意識の違いによってそれぞれの文章に違いが生じているわけだ。

生徒A　そうすると、【文章Ⅰ】で［Z］、とまとめられるかな。

生徒C　なるほど、あえてそういうふうに書き換えたのか。

教　師　こうして丁寧に読み比べると、面白い発見につながりますね。

(i) 空欄 **X** に入る最も適当なものを、次の①～④のうちから一つ選べ。解答番号は 25 。

① いてもたってもいられない院の様子が、発言中で同じ言葉を繰り返しているあたりからじかに伝わってくる

② 斎宮に対する恋心と葛藤が院の中で次第に深まっていく様子が、二条との会話からありありと伝わってくる

③ 斎宮に執着する院の心の内が、斎宮の気持ちを繰り返し思いやっているところからはっきりと伝わってくる

④ 斎宮から期待通りの返事をもらった院の心躍る様子が、院の具体的な服装描写から生き生きと伝わってくる

(ii) 空欄 **Y** に入る最も適当なものを、次の①～④のうちから一つ選べ。解答番号は 26 。

① 3行目「いつしかいかなる御物思ひの種にか」では、院の性格を知り尽くしている二条が、斎宮の容姿を見た院に、早くも好色の虫が起こり始めたであろうことを感づいている

② 8行目「思ひつることよと、をかしくてあれば」では、好色な院があの手この手で斎宮を口説こうとしているのに、世間離れした斎宮には全く通じていないことを面白がっている

③ 18行目「寝給ひぬるも心やましければ」では、院が強引な行動に出かねないことに対する注意を促すため、床についていた斎宮を起こしてしまったことに恐縮している

④ 20行目「責めさせ給ふもむつかしければ」では、逢瀬《おうせ》の手引きをすることに慣れているはずの二条でさえ、斎宮を院のもとに導く手立てが見つからずに困惑している

(iii) 空欄【Z】に入る最も適当なものを、次の①～④のうちから一つ選べ。解答番号は【27】。

① 院の斎宮への情熱的な様子を描きつつも、権威主義的で高圧的な一面を削っているのは、院を理想的な人物として印象づけて、朝廷の権威を保つように配慮しているからだろう

② 院と斎宮と二条の三者の関係性を明らかにすることで、複雑に絡み合った三人の恋心を整理しているのは、歴史的事実を知る人がわかりやすく描写しようとしているからだろう

③ 院が斎宮に送った、いつかは私になびくことになるという歌を省略したのは、神に仕えた相手との密通という事件性を弱めて、事実を抑制的に記述しようとしているからだろう

④ 院の発言を簡略化したり、二条の心情を省略したりする一方で、斎宮の心情に触れているのは、当事者全員を俯瞰《ふかん》する立場から出来事の経緯を叙述しようとしているからだろう

（下書き用紙）

国語の試験問題は次に続く。

第4問 清の学者・政治家阮元《げんげん》は、都にいたとき屋敷を借りて住んでいた。その屋敷には小さいながらも花木の生い茂る庭園があり、門外の喧噪《けんそう》から隔てられた別天地となっていた。以下は、阮元がこの庭園での出来事について、嘉慶《かけい》十八年(一八一三)に詠じた【詩】とその【序文】である。これを読んで、後の問い(問1～7)に答えよ。なお、設問の都合で返り点・送り仮名・本文を省いたところがある。(配点 50)

【序文】

余旧《もと》蔵スルニ二董《とう》(注1)思《し》翁《をう》ノ自ラ書セシレ詩ヲ扇ヲ一、有リ二「名園」「蝶《てふ》夢《む》」之句一。辛《しん》(注2)未《び》ノ秋、有リ三異蝶ノ来タル二園中ニ一。識者知リテ為シ二 I 太常仙蝶ト一、呼ベバレ之ヲ落ツレ扇ニ。継イデ而(ア)復見ル二之ヲ於瓜《くわ》(注3)爾《じ》佳《か》氏ノ園中ニ一。A 客有呼之入匣奉帰余園者、及ベバ二至リテレ園ニ啓《ひら》クニレ之ヲ、則チ空《くう》(注4)匣《かふ》也。壬《じん》(注5)申《しん》ノ春、蝶復見《あらは》ル二於余ノ園ノ台上ニ一。画者祝《いの》リテ曰ハク、B「苟近レ我、我当レ図レ之。」蝶落チ二其ノ袖ニ一、(イ)審視ルコト良《やや》久シクシテ、(ウ)得二其ノ形色ヲ一、乃チ従《しよう》(注6)容《よう》トシテ鼓《う》チテレ翅《はね》ヲ而去ル。園故《もと》無シレ名也。於イテレ是ニ始メテ以テ二思翁ノ詩及ビ蝶ノ意ヲ一名ヅクレ之ニ。秋半バニシテ、余奉ジテレ使ヒヲ出デレ都ヲ、是ノ園モ又タ属ス二他人ニ一。回二憶スレバ芳《はう》叢《そう》ヲ一、真ニ如シレ夢ノ矣。

【詩】

春城ノ花(注7)事小園多ク　幾《いく》度《たび》カ看テレ花ヲ幾度カ　X

花ハ為ニレ我ガ開キテ留《とど》メレ我ヲ住《とど》メ　人ハ随ヒテレ春ニ去リ　C 奈レ春何

思翁夢ハ好《よ》クシテ遺シ二書扇ヲ一　Ⅱ 仙蝶図成リテ染ム二袖羅ヲ一

他日誰《た》ガ家カ還《ま》タ種《う》ヱレ竹ヲ　坐(注8)シテレ輿《こし》ニ可キレ許ス二子《し》猷《いう》ノ過《よぎ》ルヲ一

（阮元『揅《けん》経《けい》室《しつ》集《しゅう》』による）

（注）
1　董思翁――明代の文人・董其昌《とうきしょう》（一五五五―一六三六）のこと。
2　辛未――清・嘉慶十六年（一八一一）。
3　瓜爾佳――満州族名家の姓。
4　空匣――空の箱。
5　壬申――清・嘉慶十七年（一八一二）。
6　従容――ゆったりと。
7　花事――春に花をめでたり、見て歩いたりすること。
8　坐レ輿可レ許二子猷過一――子猷は東晋・王徽之《おうきし》の字《あざな》。竹好きの子猷は通りかかった家に良い竹があるのを見つけ、感嘆して朗詠し、輿《こし》に乗ったまま帰ろうとした。その家の主人は王子猷が立ち寄るのを待っていたので、引き留めて歓待し、意気投合したという故事を踏まえる。

問1　波線部(ア)「復」・(イ)「審」・(ウ)「得」のここでの意味として最も適当なものを、次の各群の①～⑤のうちから、それぞれ一つずつ選べ。解答番号は 28 ～ 30 。

(ア) 28 「復」
① なお
② ふと
③ じっと
④ ふたたび
⑤ まだ

(イ) 29 「審」
① 正しく
② 詳しく
③ 急いで
④ 謹んで
⑤ 静かに

(ウ) 30 「得」
① 気がつく
② 手にする
③ 映しだす
④ 把握する
⑤ 捕獲する

問2　傍線部A「客有呼之入匣奉帰余園者」について、返り点の付け方と書き下し文との組合せとして最も適当なものを、次の①～⑤のうちから一つ選べ。解答番号は 31 。

① 客有㆔呼㆑之入㆓匣奉㆒帰㆓余園㆒者　　客に之を呼び匣《はこ》に奉じ入るること有りて余の園に帰る者あり

② 客有㆓呼㆑之入㆑匣奉帰余園者㆒　　客に之を呼び匣に入れ奉じて帰さんとする余の園の者有り

③ 客有㆘呼㆓之入㆒㆑匣奉帰㆓余園㆒者㆖　　客に之を匣に入れ呼び奉じて余の園に帰る者有り

④ 客有㆘呼㆑之入㆑匣奉帰㆓余園㆒者㆖　　客に之を呼びて匣に入れ奉じて余の園に帰さんとする者有り

⑤ 客有㆑呼㆑之入㆑匣奉㆑帰㆓余園者㆒　　客に之を呼ぶこと有りて匣に入れ余の園の者に帰すを奉ず

問3 傍線部**B**「苟 近レ我、我 当レ図レ之」の解釈として最も適当なものを、次の①～⑤のうちから一つ選べ。解答番号は 32 。

① どうか私に近づいてきて、私がおまえの絵を描けるようにしてほしい。
② ようやく私に近づいてきたのだから、私はおまえの絵を描くべきだろう。
③ ようやく私に近づいてきたのだが、どうしておまえを絵に描けるだろうか。
④ もし私に近づいてくれたとしても、どうしておまえを絵に描けただろうか。
⑤ もしも私に近づいてくれたならば、必ずおまえを絵に描いてやろう。

問4　空欄 **X** に入る漢字と【詩】に関する説明として最も適当なものを、次の①～⑤のうちから一つ選べ。解答番号は **33** 。

① 「座」が入り、起承転結で構成された七言絶句。

② 「舞」が入り、形式の制約が少ない七言古詩。

③ 「歌」が入り、頷聯《がんれん》と頸聯《けいれん》がそれぞれ対句になった七言律詩。

④ 「少」が入り、第一句の「多」字と対になる七言絶句。

⑤ 「香」が入り、第一句末と偶数句末に押韻する七言律詩。

問5 傍線部**C**「奈レ春 何」の読み方として最も適当なものを、次の①～⑤のうちから一つ選べ。解答番号は 34 。

① はるもいかん

② はるにいづれぞ

③ はるにいくばくぞ

④ はるをなんぞせん

⑤ はるをいかんせん

問6　【詩】と【序文】に描かれた一連の出来事のなかで、二重傍線部Ⅰ「太常仙蝶」・Ⅱ「仙蝶」が現れたり、とまったりした場所はどこか。それらのうちの三箇所を、現れたりとまったりした順に挙げたものとして、最も適当なものを次の①～⑤のうちから一つ選べ。解答番号は 35 。

① 春の城《まち》――袖――瓜爾佳氏の庭園

② 春の城《まち》――阮元の庭園の台――画家の家

③ 董思翁の家――扇――画家の家

④ 瓜爾佳氏の庭園――扇――袖

⑤ 扇――阮元の庭園の台――袖

問7 【詩】と【序文】から読み取れる筆者の心情の説明として最も適当なものを、次の ①～⑤ のうちから一つ選べ。解答番号は 36 。

① 毎年花が散り季節が過ぎゆくことにはかなさを感じ、董思翁の家や瓜爾佳氏の園に現れた美しい蝶《ちょう》が扇や絵とともに他人のものとなったことをむなしく思っている。

② 扇から抜け出し庭園に現れた不思議な蝶の美しさに感動し、いずれは箱のなかにとらえて絵に描きたいと考えていたが、それもかなわぬ夢となってしまったことを残念に思っている。

③ 春の庭園の美しさを詩にできたことに満足するとともに、董思翁の夢を扇に描き、珍しい蝶の模様をあしらった服ができあがったことを喜んでいる。

④ 不思議な蝶のいる夢のように美しい庭園に住んでいたが、都を離れているあいだに人に奪われてしまい、厳しい現実と美しい夢のような世界との違いを嘆いている。

⑤ 時として庭園に現れる珍しい蝶は、捕まえようとしても捕まえられない不思議な蝶であったが、その蝶が現れた庭園で過ごしたことを懐かしく思い出している。

2022 追試

（200点
80分）

〔国語〕

注　意　事　項

1　解答用紙に，正しく記入・マークされていない場合は，採点できないことがあります。

2　この問題冊子は，46ページあります。問題は4問あり，第1問，第2問は「近代以降の文章」，第3問は「古文」，第4問は「漢文」の問題です。

なお，大学が指定する特定分野のみを解答する場合でも，試験時間は80分です。

3　試験中に問題冊子の印刷不鮮明，ページの落丁・乱丁及び解答用紙の汚れ等に気付いた場合は，手を高く挙げて監督者に知らせなさい。

4　解答は，解答用紙の解答欄にマークしなさい。例えば，［10］と表示のある問いに対して③と解答する場合は，次の(例)のように**解答番号10の解答欄**の③に**マーク**しなさい。

(例)

解答番号	解答欄								
	1	2	3	4	5	6	7	8	9
10	①	②	●	④	⑤	⑥	⑦	⑧	⑨

5　問題冊子の余白等は適宜利用してよいが，どのページも切り離してはいけません。

6　**不正行為について**

①　不正行為に対しては厳正に対処します。

②　不正行為に見えるような行為が見受けられた場合は，監督者がカードを用いて注意します。

③　不正行為を行った場合は，その時点で受験を取りやめさせ退室させます。

7　試験終了後，問題冊子は持ち帰りなさい。

第1問　次の文章は、二十世紀末までのメディア環境について述べたもので、言葉の生産と流通をめぐる社会的諸関係を「言葉のエコノミー」と規定した後に続く部分である。これを読んで、後の問い（問1～6）に答えよ。（配点　50）

　言葉のエコノミーの空間に文字が持ち込んだ重要なことの一つは、言葉が声以外の表現媒体を持つことによって、言葉の一次的な媒体であった「声」と二次的な媒体である「文字」との間に時間的・空間的な「へだたり」が持ち込まれたということである。

　文字に書かれることで、言葉は「声」と「文字」とに分裂する。この時、声の方はしばしば言葉を発する身体に直接属する「内的」なものとして位置づけられ、他方、文字の方はそのような「内面」から距離化された「表層」に位置づけられる。だが、ここで注意したいのは、**A**声としての言葉もすでに、その内部に文字と同じようなへだたりをもっていたということだ。

　このことは、「声」と「音」との区別を考えてみると分かりやすい。

　「音声」という言葉があるように、普通言う意味での人間の声は音である。では、声である音と声でない音とはどう違うのか。音声学的な音の特性によって区別することも可能である。たとえば、楽器の音の音波形には完全な周期性が見られるが、人間の声にはそのような完全な周期性は見られない。ヴィブラートによる声の(ア)ソウショクは、人間の声のこの特性を利用している。だが、さしあたりそのような音声学的な特性とは別に考えるとすれば、私たちは普通、人間のような生物の、心のような内的なものにかかわる意味をともなって発せられる音を「声」と呼んで、物や体が擦れ合ったりぶつかったりして出る「音」から区別しているのだと言うことができる。

　もう少し抽象的な言い方をすれば、声には「内部（内面）」があるが、音には「内部（内面）」がない。「声としての音」の背後には、声としての音には(イ)カンゲンされない「何か」が存在しており、声はその「何か」を表現する音であることで「言葉」になる。音としての声が表現するこの「何か」は、しばしば言葉を発する人間の身体の内部や心の内部にあるものと考えられる。この時、身体に発する音は、身体や心の内部にあるものを表現するメディアであることで「声」になる。あるいは物理学者ホーキング(注1)の音声合成装置から発する「声」のように、人の身体から直接発したのではない音でも、人に発する意志や意味を表現することによって声

になるのである。

声は言葉のメディア（あるいは意味のメディア）であることによって、ただの音とは異なる内的なへだたりを自らの内に孕《はら》む。声の向こう側にある「何か」は、必ずしも近代的な意味での「主体」や「自我」である必要はない。人間の歴史のなかで、人は時に神や(ウ)ソセンの言葉を語り、部族や身分の言葉を語ってきた。このような場合、人は私たちが知るような「内面」として語っているのではない。人は自らを媒介として「誰か」の言葉を語る。B「私」とは、その「誰か」が取りうる一つの位相に過ぎない。このことは、声やそれを発する身体もまた、語られる言葉にとっては一つのメディアであることを意味している。

話される言葉の向こうに居る者が誰であるのかは、言葉のエコノミーの構造を決定する重要な条件である。近代の社会はこの「誰か」を、もっぱら語る身体の内部にある「私」へと帰属させるようにして、言葉のエコノミーの空間を組織してきた。

声を電気的に複製し、再生し、転送するメディアが現《あら》われるのは、言葉、とりわけ声を人々の内部へとつなぎとめるこの近代という時代の、十九世紀も後半になってからのことである。電話やレコードのように音声を電気的に再生し、伝達し、蓄積する一群の技術が発明・開発されると、これらの技術を利用した複製メディアの中に、肉体から切り離されて複製された「声」が現われる。

電気的なメディアによる声の再生、蓄積、転送は、声としての言葉とそれを発話する人間の身体とを時間的・空間的に切り離す。電話やラジオの場合、話される言葉は、話されるとほぼ同時に、話す身体とは遠く離れた場所で再生される。この時、電話やラジオは、話す身体と話される言葉を空間的に切り離している。他方、(注2)レコードやテープ、CDの場合、声としての言葉はそれを発する身体から時間的にも切り離され、任意の時間に任意の場所で、話し手や歌い手の意思にかかわりなく再生される。そこでは声は、ちょうど文字のように、それを発する身体から空間的にも時間的にも切り離されて生産され、流通し、消費される。

電気的な複製メディアの初期の発明者たちは、これらのメディアが言葉のエコノミーにもたらすこの時間的・空間的なへだたりを、直観的に理解していたように思われる。電話を意味する〝telephone〟は、「遠い」teleと「音」phoneが結びつくところに

成立している。また、初期のレコードの発明者たちが彼らの発明に与えたフォノグラフやグラフォフォン、グラモフォン等の名は、「音」phone と「文字（書）」graph, gram を組み合わせて造語されている。これらの名は、声を身体から遠く引き離し、かつて文字がそうしたように、声としての言葉を蓄積し、転送し、再現することを可能にするという、これらのメディアの原理的なあり方を表現している。

電気的な複製メディアの中の声は「書かれた声」、「遠い声」である。それらは、その所記性（注3）や遠隔性によって、文字が言葉のエコノミーに持ち込んだ声と言葉の間のへだたりと同じようなへだたりを、複製される声とその声を発した身体の間に持ち込むのである。

電気的なメディアの中の「書かれた声」「遠い声」は、言葉のエコノミーの空間に何をもたらしているのだろうか。

かつて文字というメディアは、「声でない言葉」をつくり出すことで、言葉から声を引き剥がし、やがてそれを人びとの内部（内面）に帰属させていった。電気的な複製メディアは、声としての言葉を語り・歌う身体から切り離し、引き剥がすことによって、声が身体にとって外在的な位相をとることを可能にする。

すでに述べたように、声としての言葉はそもそも、それが表現する「内部」にたいして外在的な「音」としての位相をもっていた。だから、より精確に言えば、電気的な複製メディアは声を、それを語り・歌う身体から時間的・空間的に切り離すことで、言葉としての声が内的に孕むあのへだたりを顕在化するのだというべきだろう。

電気的な複製メディアにおいて、再生される声とそれを語る身体は相互に外在しあう。この時、声と身体は、それまで互いを結びつけてきた言葉のエコノミーから束《つか》の間解放される。たとえば筆者たちがインタヴューした「電話中毒」の大学生の一人は、深夜の長電話の最中に自分が「声だけになっている」ような感覚をもつことがあると語っていた。また、精神科医の大平健が報告する事例において、ある女性は無言電話（注4）における他者との関係の感覚を、エレクトロニクス（注5）の技術と機械とを結びつけた言葉である「メカトロ」という機械的な隠喩によって語っている。このような身体感覚（あるいは脱―身体感覚）は、語る身体と語られる声とが相互に外在化する電気的な複製メディアのなかの空間で、語り手の主体性が身体にたいして外在したり、身体から切り離

された声の側に投射されたりすることを示している。

レコードやＣＤのように、時に様々な加工をほどこされた声を蓄積し、再生するメディアや、ラジオ番組やテレビ番組のような組織的に編集された「作品」のなかの声の場合、事情はより複雑である。これらのメディアの中で、声はそれを語り・歌う者を主体とする表現という形をとる場合もある。だが、そのような表現はつねに、語り・歌う者以外の多くの人々による、声を対象とした様々な操作とともにある。そこでは声は主体としてではなく客体として対象化されており、さらに、そのようにして加工、編集された声は「商品」として多くの人々の前に現われ、消費される。このような場合、声はもはや特定の身体や主体に帰属するとは言いがたい。そこでは声は、語られ・歌われた言葉の生産、流通、消費をめぐる社会的な制度と技術の中に深く埋め込まれており、そのような制度と技術に支えられ、特定の人称への帰属から切り離され、テクスト(注6)のように多様な人々の中へと開かれる。そして時にはメディアの中のアイドルやＤＪたちのように、言葉を語り・歌う者の側が、生産され流通する声に帰属する者として現われたりもするのである。

電気的なメディアの中の声は、それを発した身体から時間的・空間的に切り離された声である。C それは時に声を発した身体の側を自らに帰属させて響き、また時には特定の人称から解き放たれて囁《ささや》きかける。電気的なメディアの中の声を聞く時、人が経験するのは身体に外在するこのような声の経験であり、それらの声が可能にする関係の構造の変容である。

（若林《わかばやし》幹《みき》夫《お》「メディアの中の声」による）

（注）1　ホーキング —— イギリスの理論物理学者（一九四二—二〇一八）。難病により歩行や発声が困難であったため、補助器具を使っていた。

2　レコードやテープ、ＣＤ —— 音声や音楽を録音して再生するためのメディア。

3　所記性 —— 書き記されていることのうち、意味内容としての性質。

4　無言電話 —— 電話に出ても発信者が無言のままでいること。かつての電話には番号通知機能がなかった。

5　エレクトロニクス――通信・計測・情報処理などに関する学問。電子工学。

6　テクスト――文字で書かれたもの。文章や書物。

問1　傍線部(ア)～(ウ)に相当する漢字を含むものを、次の各群の①～④のうちから、それぞれ一つずつ選べ。解答番号は 1 ～ 3 。

(ア) ソウショク　1
① 調査をイショクする
② キョショクに満ちた生活
③ ゴショクを発見する
④ フッショクできない不安

(イ) カンゲン　2
① 首位をダッカンする
② 主張のコンカンを問う
③ カンシュウに倣う
④ カンサンとした町

(ウ) ソセン　3
① クウソな議論
② ヘイソの努力
③ 禅宗のカイソ
④ 原告のハイソ

問2　傍線部A「声としての言葉もすでに、その内部に文字と同じようなへだたりをもっていた」とあるが、それはどういうことか。その説明として最も適当なものを、次の①～⑤のうちから一つ選べ。解答番号は 4 。

① 言葉は書かれることによって表層としての文字と内面としての声に分裂したが、もともと声に出された言葉にも音とそれが表現している内的なものとの間に差異があったということ。

② 言葉は書かれることによって一次的な声と二次的な文字に分裂したが、もともと声に出された言葉にも一次的な音としての性質と二次的な心の内部との間に距離があったということ。

③ 言葉は書かれることによって媒体としての文字と身体から発する声に分裂したが、もともと声に出された言葉にも客体としての音と主体としての声との間に違いがあったということ。

④ 言葉は書かれることによって時間性をともなった声と空間的に定着された文字に分裂したが、もともと声に出された言葉にも音声学的な音と生物学的な声との間に開きがあったということ。

⑤ 言葉は書かれることによって文字と声に分裂したが、もともと声に出された言葉にも完全な周期性をもった表層的な音と周期性をもたない内的な声との間にずれがあったということ。

問3 傍線部B「『私』とは、その『誰か』が取りうる一つの位相に過ぎない。」とあるが、それはどういうことか。その説明として最も適当なものを、次の①～⑤のうちから一つ選べ。解答番号は 5 。

① 人間はもともと他者の言葉を語ったため音と身体との間にへだたりがあったが、声が「私」の内面を直接表現すると考える近代社会では両者の関係が密接になっているということ。

② 人間は歴史のなかで共同体の秩序とつながったメディアによって意志を決定していたが、近代社会では内面の声に従う「私」が他者からへだてられていったということ。

③ 声は本来人間の長い歴史を蓄積したメディアだったのであり、言葉をなかだちとして「私」が自我とは異なる他者と語りあうという近代社会の発想は一面的であるということ。

④ 声は元来現実の外部にある「何か」によって世界の意味を想定するメディアだったのであり、表現される考えが「私」の内部に帰属するという発想は近代になるまで現れなかったということ。

⑤ 声はかつて状況に応じて個人の意志を超えた様々な存在の言葉を伝えるメディアだったのであり、他者とは異なる「私」の内面を表すという近代的な発想が唯一のものではないということ。

問4　傍線部C「それは時に声を発した身体の側を自らに帰属させて響き、また時には特定の人称から解き放たれて囁きかける。」とあるが、それはどういうことか。その説明として最も適当なものを、次の①～⑤のうちから一つ選べ。解答番号は 6 。

①　電気的なメディアの中の声は、語り・歌う者から発した声を元に様々に複製された「商品」として流通したり、声を発する主体としての身体を感じさせない不気味なものとして享受されたりすることがあるということ。

②　電気的なメディアの中の声は、客体として対象化した声を「作品」とし、身体を付随させて流通したり、複雑な制度や技術から自由になったものとして多くの人々に受容されたりすることがあるということ。

③　電気的なメディアの中の声は、声を客体として加工し編集することで「作品」となり、語り・歌う者の存在を想起させて流通したり、声を発した身体から切り離されたものとして人々に多様に受容されたりすることがあるということ。

④　電気的なメディアの中の声は、語り・歌う者の身体から声のみが引き剝がされて「商品」として流通したり、近代において語られた自我という主体に埋め込まれたものとして密かに消費されたりすることがあるということ。

⑤　電気的なメディアの中の声は、時間的・空間的なへだたりを超えて、様々な身体が統合された「作品」として流通したり、社会的な制度や技術に組み込まれたものとして人々に享受されたりすることがあるということ。

問5　この文章の構成・展開に関する説明として最も適当なものを、次の①～⑤のうちから一つ選べ。解答番号は 7 。

① 声と音とのへだたりを論拠に声から自我が切り離されていたことを指摘しながら、電気的なメディアによって言葉が主体性を獲得していく過程を論じ、近代的な社会構造において声と人間の内部との関係が変容すると総括している。

② 声と文字、声と音、さらに声と身体との対照的な関係を捉え直し、新たに近代に発明された電気的なメディアで声が身体に内在化していく経緯を説明しながら、社会的な制度や技術における言葉の関係が変容すると総括している。

③ 表現媒体としての文字、音、声、身体の区別を明確にしながら、十九世紀後半の電気的なメディアにおいて声と身体がともに加工されて外在化したことにまで論を広げ、言葉の生産と流通をめぐる関係が変容すると総括している。

④ 声と文字との関係を導入として言葉が内包するへだたりという概念を中心に論を整理しながら、新たに現れた電気的なメディアがもたらす経験について具体例を挙げて考察し、言葉をめぐる社会的な関係が変容すると総括している。

⑤ かつては声としての音が人間の内部に縛られていたことを問題提起し、電気的なメディアの登場によって声が主体から解放されていく仕組みを検討しながら、音声が消費される現場で言葉と身体との関係が変容すると総括している。

問6 授業で「メディアの中の声」の本文を読んだNさんは、次のような**【文章】**を書いた。その後、Nさんは**【文章】**を読み直し、語句や表現を修正することにした。このことについて、後の(i)～(iii)の問いに答えよ。

【文章】

本文では、「電気的なメディア」によって、声とそれを発する人間の身体とが切り離されるということが述べられていた。**a**本文を読んで気づいたことがあるので、そのことを書きたい。

たとえば、映画の吹き替え版やアニメなどが考えられる。声を発する本人の姿が見えないにもかかわらず、外国映画の俳優やアニメのキャラクター自身がその声を発しているかのように受け止めている。つまり、別の存在が発した声であっても、私たちは違和感なく聞いているのだ。

bその上、私たちは声を聞いたときに、そこに実在する誰かがいるかのように考えてしまうことがある。たとえば、電話やボイスメッセージなどで家族や友人の声を聞くと、そこにその人がいるように感じて安心することがある。声と身体は一体化していて、切り離されているとは言い切れない面もあるのではないか。

さらに考えてみると、その声は間違いなく家族や友人の声だと決定することはできないかもしれない。**c**要するに、声によって個人を特定することは不可能なのではないだろうか。私は電話で母と姉とを取り違えてしまったことがある。また、録音した私自身の声を聞いたことがあるが、**d**ふつうにそれが自分の声だとわかっていなければ誰の声か判断できなかったに違いない。

(i) 傍線部 **a**「本文を読んで気づいたことがあるので、そのことを書きたい。」について、【文章】の内容を踏まえて、問題提起として適切な表現になるように修正したい。修正する表現として最も適当なものを、次の①～④のうちから一つ選べ。解答番号は 8 。

① だが、個人の声と身体とは不可分な関係にあり、声は個人の存在と強く結びついている。それでは、社会生活の具体的な場面においても、声によって他者の身体の実在を特定できるだろうか。

② だが、声は個人の身体から発せられるものであり、声と身体とは通常は結びつけて考えられる。それでは、密接な関係にあるはずの声と身体とを切り離して捉えることはできるのだろうか。

③ だが、声と身体とは強く結びついているものの、身体と声の持ち主とは必ずしも一致しない。それでは、声と身体とが一致しないことによって他者との関係性はどのように変わるのだろうか。

④ だが、声と個人の身体との関係は状況によっては異なり、つねに結びついているとは限らない。それでは、声と身体との結びつきが成立するには、具体的にどのような条件が想定されるのだろうか。

(ii) 傍線部**b**～**d**について、【文章】の内容を踏まえて、適切な表現に修正したい。修正する表現として最も適当なものを、次の各群の①～④のうちから、それぞれ一つずつ選べ。解答番号は、［9］～［11］。

b 「その上」［9］
① そのため
② しかも
③ しかし
④ あるいは

c 「要するに」［10］
① まさに
② ところで
③ いまだに
④ やはり

d 「ふつうに」［11］
① まさか
② もし
③ あたかも
④ おそらく

(iii) Nさんは、【文章】の末尾に全体の結論を示すことにした。どのような結論にするのがよいか。その内容の説明として最も適当なものを、次の①～④のうちから一つ選べ。解答番号は 12 。

① 他者の声については個人と身体を切り離さずに無条件に親近感を抱くことがある一方、自分自身の声を聞いたときには違和感を抱くことから、自分以外の存在に限って、声と切り離されない身体性を感じるという結論にする。

② 声を聞いたときに実在する誰かがいるかのように考えたり、身近な人間の声を聞くとその存在を感じて安心したりすることから、人間の声と身体とはつねに結びついているが、その関係は一定のものではないという結論にする。

③ 声だけで個人を特定することは難しいにもかかわらず、他者の声から安心感を得たり、自分自身の声を認識したりしていたことから、声の側に身体を重ねていたことがわかったという結論にする。

④ 声を通して人間の存在を感じたり、声を発した本人以外の何者かに身体性を感じて本人の声であっても異なる人物の声と誤解したりすることから、人間の声と身体との関係は一つに限定することはできないという結論にする。

第2問 次の文章は、室生《むろう》犀星《さいせい》「陶古の女人」（一九五六年発表）の一節である。これを読んで、後の問い（問1～6）に答えよ。なお、設問の都合で本文の上に行数を付してある。（配点 50）

　この信州(注1)の町にも美術商と称する店があって、彼は散歩の折《おり》に店の中を覗《のぞ》いて歩いたが、よしなき壺《つぼ》に眼《め》をとめながら何という意地の汚なさであろうと自分でそう思った。見るべくもない陶画(注2)をよく見ようとする、何処《どこ》までも定見のない自分に惘《あき》れていた、彼はこれらのありふれた壺に、ちょっとでも心が惹かれることは、行きずりの女の人に眼を惹かれる美しさによく似ている故《ゆえ》をもって、郷愁という名称をつけていた。天保《てんぽう》(注3)から明治にかけてのざらにある染付物《そめつけもの》(注4)や、李朝《りちょう》(注5)後期のちょっとした壺の染付などに、彼はいやしく眼をさらして、思い返して何も買わずに店を立ち去るのであるが、**A**何ももとめる物も、見るべき物もない折のさびしさはなかなかであった。東京では陶器の店のあるところでは時間をかけて見るべきものもあるが、田舎の町では何も眼にふれてくるものは、なかった。そういう気持《きもち》できょうも家まで帰って来ると、庭の中に一人の青年紳士が立っていた。服装もきちんとし眼のつかい方にも、この若い男の生い立ちの宜《よ》さのほどが見えた。手には相当に大きい尺《しゃく》(注6)もある箱の包《つつみ》をさげていた。かれは初めてお伺いする者だが、ちょっと見ていただきたい物があってお忙しいとは知りながらお訪ねしたといった。彼はこの青年の眼になにかに飢《う》えているものを感じて、その飢えは金銭にあることがその箱の品物と関聯《かんれん》して直《す》ぐに感じられた。彼は何を見せにお見えになったのか知らんが、僕は何も見たい物なんかないといい、これから仕事にかからなければならないから、些《ほ》んのちょっとの間だけお会いするといって、客を茶の間に通した。彼はどういう場合にも居留守をつかったことはないし、会えないといって客を突き帰すことをしなかった。二分間でも三分間でも会って非常な速度で用件を聞いてから、いい事なら即答をしてやっていた。そして率直にいま仕事中だからこれだけ会ったのだからお帰りというのがつねである。一人の訪客に女中(注7)やら娘やらが廊下を行ったり来たりして、会うとか会わんとかいう事でごたごたした気分がいやであった。会えば二三分間で済むことであり遠方から来た人も、会ってさえ貰《もら》えば素直に帰ってゆくのである。だからきょうの客にも彼は一体何を僕に

見てくれというのかと訊《き》くと、客は言下に陶器を一つ見ていただきたいのですといった。陶器にも種類がたくさんにあるが何処の物ですかというと、青磁（注8）でございますといった。彼は客の眼に注意してみたが先刻庭の中で見かけた飢えたものがなくなり、穏《おだや》かになっていた。どうやら彼の穏かさは箱の中の青磁に原因した落着《おちつ》きにあるらしい、客はむしろ無造作に箱の中からもう一度包んだ絹のきれをほどきはじめた、そして黄いろい絹の包の下から、突然とろりとした濃い乳緑の青磁どくとくの釉調《ゆうちょう》（注9）が、ひろがった。絹のきれが全く除《よ》けられてしまうと、そこにはだかの**B**雲鶴《うんかく》（注10）青磁が肩衝《かたつき》（注11）もなめらかに立っているのを見た。彼は陶器が裸になった羞《はず》かしさを見たことがはじめてであった。彼はこの梅瓶《メイピン》（注12）に四羽の鶴の飛び立っているのに見入った。一羽はすでに雲の上に出てようやくに疲れて、もう昇るところもない満足げなものに見えた。またの一羽は雲の中からひと呼吸《いき》に飛翔するゆるやかさが、二つならべて伸した長い脚のあたりに、ちからを抜いている状態のものであった。そして第三羽の鶴は白い雲の中から烈《はげ》しい啼《な》き声を発して、遅れまいとして熱っぽい翼際の骨のほてりまでが見え、とさかの黒い立ち毛は低く、蛇の頭のような平たい鋭さを現わしていた。最後の一羽にあるこの鳥の念願のごとき飛翔状態は、とさかと同じ列に両翼の間から伸べられた脚までが、平均された一本の走雲《はしりぐも》のような平明さをもって、はるかな雲の間を目指していた。それらの凡《すべ》ての翼は白くふわふわしていて、最後の一羽のごときは長い脚の爪までが燃えているようであった。彼はこの恐ろしい雲鶴青磁を見とどけた時の寒気《さむけ》が、しばらく背中にもむねからも去らないことを知った。客の青年は穏かな眼の中にたっぷりと構えた自信のようなものを見せて、これは本物でしょうかと取りようによっては、**C**幾《いく》らかのからかい気分まで見せていった。併《しか》しそれはあまりに驚きが大きかったために、彼がそういう邪推をしてうけとったものかも知れなかった。彼は疑いもなくこれは雲鶴青磁であり逸品であるといい、これはお宅にあったものかと訊くと、終戦後にいろいろ売り払ったなかに、これが一つ最後まで売り残されていた事、売り残されているからには父が就中《なかんずく》、たいせつにしていた物だが、二年前父の死と同時にわずらわされて（注13）了《しま》っている事を青年はいったが、その時ふたたびこの若い男の眼に飢えたような例のがつがつしたものが、うかべられた。そして青年は実は私個人の事情でこの青磁を売りたいのですが、時価はどれだけするものか判《わか》らないが私は三万円くらいに売りたいと思っているんで

す。町の美術商では二万円くらいならというんですが……私は或《あ》る随筆を読んであなたに買って貰えば余処者《よそもの》の手に渡るよりも嬉しいと思って上《あが》ったのだとかれは言った。彼は二万や三万どころではなく最低二十万円はするものだ、或《ある》いは二十五万円はするものかも知れない、それなのにたった三万円で売ろうとしているのに、彼は例の飢えたような眼に何かを突き当てて見ざるをえないし、当然うけとるべき金を知らずにうけとらないということに、正義をも併せて感じた。君はこの雲鶴梅瓶を君だけの意志で売ろうとなさるか、それとも、先刻、お話のお母上の意志も加《くわわ》って居るのかどうかと聞くと、青年は私だけの考えで母はこの話は一《いっ》さい知らないのだといい、若《も》し母が知ってもひどくは咎《とが》めない筈《はず》です、私はいま勤めていて母を見ているし、私のすることで誰も何もいいはしないと彼はいい、若し三万円が無理なら商店の付値《つけね》と私の付値の中間で結構なのです、外の人の手に渡すよりあなたのお手元にあれば、そのことで父が青磁を愛していたおもいも、そこにとどまるような気もして、あんしんしてお預けできる気がするのですと、**D**その言葉に真率さがあった。文学者なぞ遠くから見ていると、こんな信じ方をされているのかと思った。彼は言った、君は知らないらしいが、実は僕の見るところではこれだけの逸品は、最低二十万円はらくにするものだろう、そしてこの青磁がどんなにやすく見つもっても、十五万円はうけとるべき筈です、決して避暑地なぞで売る物ではなく一流の美術商に手渡しすべき物です、ここまでお話したからには、僕は決して君を騙《だま》すような買い方をする事は出来ない、お父上が買われた時にも相当以上に値のしたものであろうし、三万円で買い落すということは君を欺《だま》すことと同じことになりますと彼は言い、更に或る美術商の人が言ったことばに陶器もすじの通ったものは、地所と同じ率で年々にその価格が上騰(注14)してゆくそうだが、全くその通りですね、そういう事になれば当然君は市価と同じ価格をうけとらねばならない、とすると僕にはそういう金は持合《もちあわ》せていないし、勢い君は確乎《かっこ》とした美術商に当りをつける必要がある、彼はこういって青年の方に梅瓶をそっとずらせた。青年は彼のいう市価の高い格にぞっとして驚いたらしかったが、唾《つば》をのみ込んでいった。たとえ市価がどうあろうとも一《いっ》たん持参した物であるから、私の申出ではあなたのお心持《こころもち》を添えていただけば、それで沢山なのです、たとえ、その価格がすくないものであっても苦情は申しませんと、真底からそう思っているらしくいったが、彼は当然、価格の判定しているものに対し

て、人をだますような事は出来ない、東京に信用の於《お》ける（注15）美術商があるからと彼は其処《そこ》に、一通の紹介状を書いて渡した。

　客は間もなく立ち去ったが、彼はその後で損をしたような気がし、**E**その気持が不愉快だった。しかも青年の持参した雲鶴青磁は、彼の床の間にある梅瓶にくらべられる逸品であり、再度と（注16）手にはいる機会の絶無の物であった。人の物がほしくなるのが愛陶のこころ根であるが、当然彼の手にはいったも同様の物を、まんまと彼自身でそれの入手（注17）を反らしたことが、惜しくもあった。対手《あいて》が承知していたら構わないと思ったものの、やすく手に入れる身そぼらしさ（注18）、多額の金をもうけるような仕打《しうち》を自分の眼に見るいやらしさ、文学を勉強した者のすることでない汚なさ、それらは結局彼にあれはあれで宜かったのだ、自分をいつわることを、一等好きな物を前に置いて、それをそうしなかったことが、誰も知らないことながら心までくさっていないことが、喜ばしかった。**F**因縁がなくてわが書斎に佇《たたず》むことの出来なかった四羽の鶴は、その生きた烈しさが日がくれかけても、昼のように皓々《こうこう》（注19）として眼中にあった。

（注）
1　信州――信濃《しなの》国（現在の長野県）の別称。
2　陶画――陶器に描いた絵。
3　天保――江戸時代後期の元号。一八三〇―一八四四年。
4　染付物――藍色の顔料で絵模様を描き、その上に無色のうわぐすりをかけて焼いたもの。うわぐすりとは、素焼きの段階の陶磁器の表面に塗る薬品。加熱すると水の浸透を防ぎ、つやを出す。
5　李朝後期――美術史上の区分で、一八世紀半ばから一九世紀半ばまでの時期を指す。
6　尺――長さの単位。一尺は、約三〇センチメートル。
7　女中――雇われて家事をする女性。当時の呼称。
8　青磁――鉄分を含有した青緑色の陶磁器。
9　釉調――うわぐすりの調子。質感や視覚的効果によって得られる美感のことを指す。

10 雲鶴青磁――朝鮮半島高麗《こうらい》時代の青磁の一種で、白土や赤土を用いて、飛雲と舞鶴との様子を表したもの。

11 肩衝――器物の口から胴につながる部分の張り。

12 梅瓶――口が小さく、上部は丸く張り、下方に向かって緩やかに狭まる形状をした瓶。ここでは、青年が持参した雲鶴青磁のことを指している。

13 わすられて――ここでは「わすれられて」に同じ。

14 上騰――高く上がること。高騰。

15 於ける――ここでは「置ける」に同じ。

16 再度と――ここでは「二度と」に同じ。

17 入手を反らした――手に入れることができなかった、の意。

18 身そぼらしさ――みすぼらしさ。

19 皓々――明るいさま。

問1　傍線部A「何ももとめる物も、見るべき物もない折のさびしさ」とあるが、このときの「彼」の心情の説明として最も適当なものを、次の①～⑤のうちから一つ選べ。解答番号は 13 。

① 散歩の折に美術商を覗いて意地汚く品物をあさってみても、心を惹かれるものが何も見つからないという現実の中で、東京から離れてしまった我が身を顧みて、言いようのない心細さを感じている。

② 信州の美術商なら掘り出し物があると期待して、ちょっとした品もしつこく眺め回してみたが、結局何も見つけられなかったことで自身の鑑賞眼のなさを思い知り、やるせなく心が晴れないでいる。

③ 骨董に対して節操がない我が身を浅ましいと思いながらも、田舎の町で機会を見つけてはありふれた品をも貪欲に眺め回し、東京に比べて気になるものすらないことがわかって、うら悲しくなっている。

④ 時間をかけて見るべきすぐれた品のある東京の美術商とは異なり、ありふれた品物しかない田舎町での現実を前にして、かえって遠く離れた故郷を思い出し、しみじみと恋しく懐かしくなっている。

⑤ どこへ行っても求めるものに出会えず、通りすがりに覗く田舎の店の品物にまで執念深く眼を向けた自分のさもしさを認め、陶器への過剰な思い入れを続けることに、一切ないほどの空虚さを感じている。

問2　傍線部B「雲鶴青磁」をめぐる表現を説明したものとして最も適当なものを、次の①～⑤のうちから一つ選べ。解答番号は［14］。

① 25行目「熱っぽい翼際の骨のほてり」、26行目「平たい鋭さ」といった感覚的な言葉を用いて鶴が生き生きと描写され、陶器を見た時の「彼」の興奮がありありと表現されている。

② 22行目「陶器が裸になった」、28行目「爪までが燃えているよう」など陶器から受ける印象を比喩で描き出し、高級な陶器が「彼」の視点を通じて卑俗なもののように表現されている。

③ 22行目「見入った」、28行目「見とどけた」など「彼」の見る動作が繰り返し描写され、陶器に描かれている鶴の動きを分析しようとする「彼」の冷静沈着な態度が表現されている。

④ 20行目「とろりと」、27行目「ふわふわして」という擬態語を用いて陶器に卑近な印象を持たせ、この陶器の穏やかなたたずまいに対して「彼」の感じた慕わしさが間接的に表現されている。

⑤ 25行目「黒い立ち毛」、27行目「翼は白く」など陰影を強調しながらも他の色をあえて用いないことで、かえって陶器の色鮮やかさに目を奪われている「彼」の様子が表現されている。

問3 傍線部C「幾らかのからかい気分まで見せていった」について、後の(i)・(ii)の問いに答えよ。

(i) 「彼」が「からかい」として受け取った内容の説明として最も適当なものを、次の①～⑤のうちから一つ選べ。解答番号は 15 。

① 自分の陶器に対する愛情の強さを冷やかされていると感じた。
② 人物や陶器を見きわめる自らの洞察力が疑われていると感じた。
③ 陶器を見て自分が態度を変えたことを軽蔑されていると感じた。
④ 自分が陶器におののいているさまを面白がられていると感じた。
⑤ 自分が陶器の価値を適切に見定められるかを試されていると感じた。

(ii) 「からかい気分」を感じ取った「彼」の心情の説明として最も適当なものを、次の①～⑤のうちから一つ選べ。解答番号は 16 。

① 「彼」は青磁の価値にうろたえ、態度と裏腹の発言をした青年が盗品を持参したのではないかといぶかしんだ。
② 「彼」は青磁の素晴らしさに動転し、軽妙さを見せた青年が自分をだまそうとしているのではないかと憶測した。
③ 「彼」は青磁の価値に怖じ気づき、穏やかな表情を浮かべる青年が陶器を見極める眼を持っていると誤解した。
④ 「彼」は青磁の素晴らしさに圧倒され、軽薄な態度を取る青年が自分を見下しているのではないかと怪しんだ。
⑤ 「彼」は青磁の素晴らしさに仰天し、余裕を感じさせる青年が陶器の真価を知っているのではないかと勘繰った。

問4　傍線部**D**「その言葉に真率さがあった」とあるが、このときの青年について「彼」はどのように受け止めているか。その説明として最も適当なものを、次の①～⑤のうちから一つ選べ。解答番号は［17］。

① 父の遺品を売ることに心を痛めているが、せめて陶器に理解のある人物に託すことで父の思い出を守ろうとするところに、最後まで可能性を追い求める青年の懸命さがあると受け止めている。

② 父同様に陶器を愛する人物であれば、市価よりも高い値段で青磁を買い取ってくれるだろうと期待するところに、文学者の審美眼に対して多大な信頼を寄せる青年の誠実さがあると受け止めている。

③ 父が愛した青磁の売却に際して母の意向を確認していないものの、陶器への態度が父と重なる人物を交渉相手に選ぶところに、両親への愛情を貫こうとする青年の一途さがあると受け止めている。

④ 経済的な問題があるものの、少しでも高く売り払うことよりも自分が見込んだ人物に陶器を手渡すことを優先しようとするところに、意志を貫こうとする青年の実直さがあると受け止めている。

⑤ いたしかたなく形見の青磁を手放そうとするが、適切な価格で売り渡すよりも自分が見出した人物に何としても手渡そうとするところに、生真面目な青年のかたくなさがあると受け止めている。

問5　傍線部E「その気持が不愉快だった」とあるが、「彼」がそのように感じた理由として最も適当なものを、次の①〜⑤のうちから一つ選べ。解答番号は 18 。

① 「彼」に信頼を寄せる青年の態度に接し、東京の美術商を紹介することで誠実さを見せたものの、逸品を安価で入手する機会を逃して後悔した自分のいやしさを腹立たしく思ったから。

② 随筆を読んで父の遺品を託す相手が「彼」以外にないと信じ、初対面でも臆することなく来訪した青年の熱烈さに触れ、その期待に応えられなかった自分の狭量さにいらだちを感じたから。

③ 日々の生活苦を解消するため、父の遺品を自宅から独断で持ち出した青年の焦燥感に圧倒されるように、より高値を付ける美術商を紹介し手を引いてしまった自分の小心さに気が滅入ったから。

④ たまたま読んだ随筆だけを手がかりに、唐突に「彼」を訪ねてきた青年の大胆さを前に、逸品を入手する機会を前にしてそれに手を出す勇気を持てなかった自分の臆病さに嫌悪感を抱いたから。

⑤ 父の遺品の価値を確かめるために、「彼」の顔色をひそかに観察していた青年の態度に比べて、品物の素晴らしさに感動するあまり陶器の価値を正直に教えてしまった自分の単純さに落胆したから。

問6　傍線部**F**「因縁がなくてわが書斎に佇むことの出来なかった四羽の鶴は、その生きた烈しさが日がくれかけても、昼のように皓々として眼中にあった。」について、壺は青年が持ち帰ったにもかかわらず「四羽の鶴」が「眼中にあった」とはどういうことか。AさんとBさんは、**【資料】**を用いつつ教師と一緒に話し合いを通して考えることにした。次に示す**【資料】**と**【話し合いの様子】**について、後の(i)・(ii)の問いに答えよ。

【資料】

私は又異なる例を挙げよう。この世に蒐集《しゅうしゅう》家と呼ばれている人は多い。併《しか》し有体《ありてい》に云って全幅的に頭の下《さが》る蒐集に出逢《あ》ったためしがない。中には実に珍妙なのがある。例えば猫に因《ちな》んだものなら何なりと集める人がある。そういう蒐集はどうあっても価値の大きなものとはならない。なぜなのか。猫を現したものだという「こと」に興味が集注(注1)されて、それがどんな品物であるかは問わなくなるからである。だから二目と見られぬようなくだらぬものまで集める。質よりも量なのだから、特に珍らしい品に随喜して了《しま》う。併しそれは珍《めず》らしい「こと」への興味で、それが美しい「もの」か醜い「もの」かは別に問わない。美しいものが中にあれば、それは只《ただ》偶然にあるというに過ぎない。そういう蒐集は質的に選練(注2)される見込みはない。

併しこんな愚かな蒐集を例に挙げる要はないかも知れぬ。もっと進んだ所謂《いわゆる》「美術品」の蒐集に就いて一言する方がよい。忌憚《きたん》なく云って、真に質のよい美術品の蒐集がこの世にどれだけあるのであろうか。筋の通った蒐集が少《すくな》いのは、やはり集める「こと」、自分のものにする「こと」、自慢する「こと」等に余計魅力があるからなのであろう。而《しか》も標準は大概、有名なものである「こと」、時には高価なものである「こと」でさえある。「もの」を見るより、「こと」で購《あがな》う。「物」をじかに見ているなら、集める物に筋が通る筈《はず》である。いつも玉石が混合して了うのは、蒐集する「こと」が先だって了うからだと思える。欲が先故、眼が曇るのだとも云える。蒐集家には明るい人が少く、何かいやな性質がつきまとう。併し「もの」に真の悦《よろこ》びがあったら、明るくなる筈である。悦びを人と共に分《わか》つことが多くなる筈である。蒐集家は「こと」

への犠牲になってはいけない。「もの」へのよき選択者であり創作家でなければいけない。蒐集家には不思議なくらい、正しく選ぶ人が少い。

柳宗悦《やなぎむねよし》『もの』と『こと』（『工藝《こうげい》』一九三九年二月）の一部。なお、原文の仮名遣いを改めてある。

（注）1 集注――「集中」に同じ。

2 選練――「洗練」に同じ。

【話し合いの様子】

教　師――**【資料】**の二重傍線部には「蒐集家は『こと』への犠牲になってはいけない。」とあります。ここでは、どういうことが批判されているのか、考えてみましょう。

Aさん――批判されているのは「猫を現したもの」なら何でも集めてしまうような「蒐集」のあり方です。

Bさん――このような「蒐集」が批判されるのは、それが［Ⅰ］だと捉えられているからではないでしょうか。

Aさん――そうだとすると、二重傍線部の直後で述べられている「正しく選ぶ」態度とは、「こと」にとらわれることなく「もの」を見ようとする態度、と言い換えられそうです。

教　師――**【資料】**の中で述べられていた、「蒐集家」と「もの」との望ましい関係について把握することができました。では、この内容を踏まえると、青年の持参した陶器に対する「彼」の態度について、どのように説明できるでしょうか。

Bさん――青年が立ち去った後、その場にないはずの壺の絵が「眼中にあった」とされていることが重要ですね。結果として壺は手元に残らなかったのに、壺の与えた強い印象が「彼」の中に残ったということだと思います。

Aさん――つまり、このときの「彼」は、［Ⅱ］のですね。だから、その場にない壺の絵が「眼中にあった」という表現になるのではないでしょうか。

教　師――**【資料】**とあわせて考えることで、「もの」と真摯に向き合う「蒐集家」としての「彼」について、理解を深めることができたようです。

(i) 空欄 Ⅰ に入る発言として最も適当なものを、次の①～⑤のうちから一つ選べ。解答番号は 19 。

① 多くの品を集めることにとらわれて、美という観点を見失うこと
② 美しいかどうかにこだわりすぎて、関心の幅を狭めてしまうこと
③ 趣味の世界に閉じこもることで、他者との交流が失われること
④ 偶然の機会に期待して、対象との出会いを受動的に待つこと
⑤ 質も量も追い求めた結果、蒐集する喜びが感じられなくなること

(ii) 空欄 Ⅱ に入る発言として最も適当なものを、次の①～⑤のうちから一つ選べ。解答番号は 20 。

① 「もの」に対する強い関心に引きずられ、「こと」への執着がいっそう強められた
② 入手するという「こと」を優先しなかったからこそ、「もの」の本質をとらえられた
③ 貴重である「こと」にこだわり続けたことで、「もの」に対する認識を深められた
④ 「もの」への執着から解放されても、所有する「こと」は諦められなかった
⑤ 所有する「こと」の困難に直面したために、「もの」から目を背けることになった

第3問　次の文章は、『蜻蛉《かげろう》日記』の一節である。療養先の山寺で母が死去し、作者はひどく嘆き悲しんだ。以下は、その後の場面から始まる。これを読んで、後の問い（問1～5）に答えよ。なお、設問の都合で本文の段落に 1 ～ 6 の番号を付してある。（配点　50）

1　かくて、とかう（注1）ものすることなど、いたつく（注2）人多くて、（ア）みなしはてつ。いまはいとあはれなる山寺に集ひて、つれづれとあり。夜、目もあはぬままに、嘆き明かしつつ、山づらを見れば、霧はげに麓《ふもと》をこめたり。京もげに誰《た》がもとへかは出《い》でむとすらむ、いで、なほここながら死なむと思へど、生くる人（注3）ぞいとつらきや。

2　かくて十余日になりぬ。僧ども念仏のひまに物語するを聞けば、「この亡くなりぬる人の、あらはに見ゆるところなむある。さて、近く寄れば、消え失せぬなり。遠うては見ゆなり」「いづれの国とかや」「みみらくの島となむいふなる」など、口々語るを聞くに、いと知らまほしう、悲しうおぼえて、かくぞいはるる。

　ありとだによそにても見む名にし負はばわれに聞かせよみみらくの島

といふを、兄人《せうと》なる人聞きて、それも泣く泣く、

　いづことか音にのみ聞くみみらくの島がくれにし人をたづねむ

3　かくてあるほどに、立ちながら（注4）ものして、日々にとふめれど、ただいまは何心もなきに、穢《けが》らひの心もとなきこと、おぼつかなきことなど、むつかしきまで書きつづけてあれど、ものおぼえざりしほどのことなればにや、おぼえず。

4　里にも急がねど、心にしまかせねば、今日、みな出で立つ日になりぬ。来し時は、膝に臥《ふ》し給《たま》へりし人を、いかでか安らかにと思ひつつ、わが身は汗になりつつ、さりともと思ふ心そひて、頼もしかりき。此度《こたみ》は、いと安らかにて、あさましきまでくつろかに乗られたるにも、道すがらいみじう悲し。

5　降りて見るにも、（イ）さらにものおぼえず悲し。もろともに出で居つつ、つくろはせし草なども、わづらひしよりはじめて、うち捨てたりければ、生ひこりていろいろに咲き乱れたり。わざとのこと（注5）なども、みなおのがとりどりすれば、我はただ

つれづれとながめをのみして、「ひとむらすすき虫の音《ね》の」とのみぞいはるる。

　手ふれねど花はさかりになりにけりとどめおきける露にかかりて

などぞおぼゆる。

6 これかれ(注6)ぞ殿上などもせねば、穢らひもひとつにしなしためれば、おのがじしひき局《つぼね》(注7)などしつつあめる中に、我のみぞ紛ることなくて、夜は念仏の声聞きはじむるより、やがて泣きのみ明かさる。四十九日《しじふくにち》(注8)のこと、誰《たれ》も欠くことなくて、家にてぞする。わが知る人(注9)、おほかたのことを行ひためれば、人々多くさしあひたり。わが心ざしをば、仏をぞ描《か》かせたる。その日過ぎぬれば、みなおのがじし行きあかれぬ。ましてわが心地は心細うなりまさりて、いとどやるかたなく、人(注10)はかう心細げなるを思ひて、ありしよりはしげう通ふ。

(注)
1 とかうものすることなど —— 葬式やその後始末など。
2 いたつく —— 世話をする。
3 生くる人 —— 作者を死なせないようにしている人。
4 立ちながらものして —— 作者の夫である藤原兼家が、立ったまま面会しようとしたということ。立ったままであれば、死の穢《けが》れに触れないと考えられていた。
5 わざとのこと —— 特別に行う供養。
6 これかれぞ殿上などもせねば、穢らひもひとつにしなしためれば —— 殿上人もいないので、皆が同じ場所に籠もって喪に服したことを指す。殿上で働く人には、服喪に関わる謹慎期間をめぐってさまざまな制約があった。
7 ひき局 —— 屏風《びょうぶ》などで仕切りをして一時的に作る個人スペース。
8 四十九日のこと —— 人の死後四十九日目に行う、死者を供養するための大きな法事。
9 わが知る人 —— 作者の夫、兼家。
10 人 —— 兼家。

問1 傍線部(ア)・(イ)の解釈として最も適当なものを、次の各群の①～⑤のうちから、それぞれ一つずつ選べ。解答番号は 21 ・ 22 。

(ア) みなしはてつ 21
① 皆が疲れ果てた
② すべて済ませた
③ 一通り体裁を整えた
④ 見届け終わった
⑤ 悲しみつくした

(イ) さらにものおぼえず 22
① 少しもたとえようがないくらい
② これ以上は考えられないくらい
③ 再び思い出したくないくらい
④ もはや何も感じないくらい
⑤ 全く何もわからないくらい

問2 [2]段落、[3]段落の内容に関する説明として適当なものを、次の①～⑥のうちから**二つ**選べ。ただし、解答の順序は問わない。解答番号は [23]・[24]。

① 僧たちが念仏の合間に雑談しているのを聞いて、その不真面目な態度に作者は悲しくなった。

② 作者は「みみらくの島」のことを聞いても半信半疑で、知っているなら詳しく教えてほしいと兄に頼んだ。

③ 「みみらくの島」のことを聞いた作者の兄は、その島の場所がわかるなら母を訪ねて行きたいと詠んだ。

④ 作者は、今は心の余裕もなく死の穢れのこともあるため、兼家にいつ会えるかはっきりしないと伝えた。

⑤ 兼家は、母を亡くした作者に対して、はじめは気遣っていたが、だんだんといい加減な態度になっていった。

⑥ 作者は、母を亡くして呆然《ぼうぜん》とする余り、兼家から手紙を受け取っても、かえってわずらわしく思った。

問3 [4] 段落に記された作者の心中についての説明として最も適当なものを、次の ① ～ ⑤ のうちから一つ選べ。解答番号は [25] 。

① 自宅には帰りたくないと思っていたので、人々に連れられて山寺を去ることを不本意に思っていた。

② 山寺に向かったときの車の中では、母の不安をなんとか和らげようと、母の気を紛らすことに必死だった。

③ 山寺へ向かう途中、母の死を予感して冷や汗をかいていたが、それを母に悟られないように注意していた。

④ 山寺に到着するときまでは、祈禱《きとう》を受ければ母は必ず回復するに違いないと、僧たちを心強く思っていた。

⑤ 帰りの車の中では、介抱する苦労がなくなったために、かえって母がいないことを強く感じてしまった。

問4 [5] 段落の二重傍線部「ひとむらすすき虫の音の」は、『古今和歌集』の、ある和歌の一部を引用した表現である。その和歌と詞書《ことばがき》（和歌の前書き）は、次の【資料】の通りである。これを読んで、後の(i)・(ii)の問いに答えよ。

【資料】

藤原利基朝臣《としもとのあそん》（注1）の右近中将にて住み侍《はべ》りける曹司《ざうし》（注2）の、身まかりてのち、人も住まずなりにけるに、秋の夜ふけてものよりまうで来けるついでに見入れければ、もとありし前栽もいと繁く荒れたりけるを見て、はやくそこに侍りければ、昔を思ひやりてよみける

御春有助《みはるのありすけ》（注3）

君が植ゑしひとむらすすき虫の音のしげき野辺ともなりにけるかな

（注）1　藤原利基朝臣――平安時代前期の貴族。

2　曹司――邸宅の一画にある、貴人の子弟が住む部屋。

3　御春有助――平安時代前期の歌人。

(i) 【資料】の詞書の語句や表現に関する説明として最も適当なものを、次の①～⑤のうちから一つ選べ。解答番号は 26 。

① 「人も住まずなりにける」の「なり」は伝聞を表し、誰も住まないと聞いたという意味である。
② 「見入れければ」は思わず見とれてしまったところという意味である。
③ 「前裁」は庭を囲むように造った垣根のことである。
④ 「はやく」は時の経過に対する驚きを表している。
⑤ 「そこに侍りければ」は有助が利基に仕えていたことを示す。

(ii) **【資料】**および[5]段落についての説明として最も適当なものを、次の①～⑤のうちから一つ選べ。解答番号は[27]。

① [5]段落の二重傍線部は、親しかった人が残した植物の変化を描く**【資料】**と共通しているために思い起こされたものだが、**【資料】**では利基の死後は誰も住まなくなった曹司の庭の様子が詠まれているのに対して、[5]段落では母が亡くなる直前まで手入れをしていたおかげで色とりどりに花が咲いている様子が表現されている。

② [5]段落の二重傍線部は、親しかった人が残した植物の変化を描く**【資料】**と共通しているために思い起こされたものだが、**【資料】**では荒れ果てた庭のさびしさが「虫の音」によって強調されているのに対して、[5]段落では自由に咲き乱れている草花のたくましさが「手ふれねど」によって強調されている。

③ [5]段落の二重傍線部は、親しかった人が残した庭の様子を描く**【資料】**と共通しているために思い起こされたものだが、**【資料】**では虫の美しい鳴き声を利基に聴かせたいという思いが詠まれているのに対して、[5]段落では母の形見として咲いている花をいつまでも残しておきたいという願望が詠まれている。

④ [5]段落の二重傍線部は、手入れする人のいなくなった庭の様子を描く**【資料】**と共通しているために思い起こされたものだが、**【資料】**では野原のように荒れた庭を前にしたもの悲しさが詠まれているのに対して、[5]段落では悲しみの中にも亡き母が生前に注いだ愛情のおかげで花が咲きほこっていることへの感慨が表現されている。

⑤ [5]段落の二重傍線部は、手入れする人のいなくなった庭の様子を描く**【資料】**と共通しているために思い起こされたものだが、**【資料】**では利基が植えた草花がすっかり枯れてすすきだけになったことへの落胆が詠まれているのに対して、[5]段落では母の世話がないにもかかわらずまだ花が庭に咲き残っていることへの安堵《あんど》が表現されている。

問5 6 段落では、作者の孤独が描かれているが、その表現についての説明として**適当でないもの**を、次の①～⑤のうちから一つ選べ。解答番号は 28 。

① 推定・婉曲を表す「めり」が繰り返し用いられることで、周囲の人々の様子をどこか距離を置いて見ている作者のあり方が表現されている。

② 「おのがじし」の描写の後に、「我」「わが」と繰り返し作者の状況が対比されることで、作者の理解されない悲しみが表現されている。

③ 「仏をぞ描かせたる」には、心を閉ざした作者を慰めるために兼家が仏の姿を描いてくれたことへの感謝の気持ちが、係り結びを用いて強調されている。

④ 「いとどやるかたなく」からは、母を失った悲しみのほかに、親族が法要後に去って心細さまで加わった、作者の晴れない気持ちが読み取れる。

⑤ 「人はかう心細げなるを思ひて」からは、悲しみに暮れる作者に寄り添ってくれる存在として、作者が兼家を認識していることがうかがわれる。

第4問 唐の王宮の中に雉《きじ》が集まってくるという事件が何度も続き、皇帝である太宗《たいそう》は何かの前触れではないかと怪しんで、臣下に意見を求めた。以下は、この時に臣下の褚遂良《ちょすいりょう》が出した意見と太宗の反応とに対する批評である。これを読んで、後の問い(問1～6)に答えよ。なお、設問の都合で本文を改め、返り点・送り仮名を省いたところがある。(配点　50)

遂良曰《ハク》、「昔秦《ノ》(注1)文公《ノ》時、童子化《シテ》為《ル》レ雉《きじ》《ト》。雌《ハ》鳴《キ》二陳(注2)倉《ニ》一、雄《ハ》鳴《ク》二南(注3)陽《ニ》一。童子曰《ハク》、『得《ル》レ雄《ヲ》者《ハ》王《タリ》、得《ル》レ雌《ヲ》者《ハ》覇《タリト》。』文公遂《ニ》雄《ゆう》《タリ》二諸侯《ニ》一。陛(注4)下《ハ》本《もと》封《ゼラル》レ秦《ニ》、故《ニ》雄雌並《ビニ》見《あら》《ハレ》、以《テ》告《グト》二明徳《ヲ》一。」上《しやう》(注5)説《よろこ》《ビテ》曰《ハク》、「A人 X 以無学、遂良《ハ》所謂多識《ノ》君子《ナル》哉《ト》。」

予以《おも》謂《ヘラク》、秦《ノ》雉《ハ》、陳(注6)宝也、B豈常雉乎。今見《テ》レ雉《ヲ》、即(ア)為《スハ》二之《ヲ》宝《ト》一、猶《ホ》《シ》(注7)下得《テ》二白魚《ヲ》一、便《チ》自《ラ》比《ブルガ》中武王《ニ》上。此《レ》諂《てん》(注8)妄《ばう》之甚《ダシキモノニシテ》、愚《ぐ》(注9)二瞽《こ》《スルナリ》其《ノ》君《ヲ》一。而《ルニ》太宗善(イ)レ之《ヲ》、史《モ》(注10)不レ識《そし》《ラ》焉。C野鳥無故数入宮、此《レ》乃《チ》災異《ナリ》。D使《メバ》二魏《ぎ》(注11)徴《ちょう》《ヲシテ》在《ラ》一、必《ズ》以《テ》二高(注12)宗鼎《てい》耳《じ》之祥《ヲ》一諫《いさ》《メン》也。遂良非《ザルニ》レ不《ルニ》レ知《ラ》レ此《ヲ》、捨《テテ》二鼎《てい》雊《こう》《ヲ》一而取《ルハ》二陳宝《ヲ》一、E非《ザル》二忠臣《ニ》一也。

(蘇《そ》軾《しょく》『重《ちょう》編《へん》東《とう》坡《ば》先《せん》生《せい》外《がい》集《しゅう》』による)

（注）
1　秦文公――春秋時代の諸侯の一人で、秦の統治者。
2　陳倉――地名。現在の陝西《せんせい》省にあった。
3　南陽――地名。現在の河南省と湖北省の境界あたりにあった。
4　陛下本封㆑秦――太宗は即位以前、秦王の位を与えられていた。唐の長安も春秋時代の秦の領地に含まれる。
5　上――太宗。
6　陳宝――童子が変身した雉を指す。
7　猶㆘得㆓白魚㆒便自比㆗武王㆖――周の武王が船で川を渡っていると、白い魚が船中に飛び込んできた故事を踏まえる。その後、武王は殷《いん》を滅ぼして周王朝を開き、白魚は吉兆とされた。
8　諂妄――こびへつらうこと。
9　愚瞽――判断を誤らせる。
10　史――史官。歴史書編集を担当する役人。
11　魏徴――太宗の臣下。
12　高宗鼎耳之祥――殷の高宗の祭りの時、鼎《かなえ》（三本足の器）の取っ手に雉がとまって鳴き、これを異変と考えた臣下が王をいさめた故事。後に見える「鼎雊」もこれと同じ。「雊」は雉が鳴くこと。

問1 波線部(ア)「即」・(イ)「善」のここでの意味として最も適当なものを、次の各群の①～⑤のうちから、それぞれ一つずつ選べ。解答番号は 29 ・ 30 。

(ア) 「即」 29

① かえって
② そこではじめて
③ すぐに
④ そのときには
⑤ かりに

(イ) 「善」 30

① 崇拝する
② 称賛する
③ 整える
④ 得意とする
⑤ 親友になる

問2　傍線部A「人　X　以無学」について、空欄　X　に入る語と書き下し文との組合せとして最も適当なものを、次の①～⑤のうちから一つ選べ。解答番号は　31　。

① 須　　人須らく以て学無かるべし

② 不如　　人以て学無きに如かず

③ 不可　　人以て学無かるべからず

④ 猶　　人猶ほ以て学無きがごとし

⑤ 不唯　　人唯だ以て学無きのみにあらず

問3　傍線部**B**「豈 常 雉 乎」の解釈として最も適当なものを、次の①～⑤のうちから一つ選べ。解答番号は 32 。

① きっといつもの雉だろう
② どうして普通の雉であろうか
③ おそらくいつも雉がいるのだろう
④ なんともありふれた雉ではないか
⑤ なぜ普通の雉なのだろう

問4 傍線部C「野鳥無故数入宮」について、返り点の付け方と書き下し文との組合せとして最も適当なものを、次の①～⑤のうちから一つ選べ。解答番号は 33 。

① 野鳥無レ故レ数レ入レ宮　野鳥宮に入るを数ふるに故《ゆゑ》無し

② 野鳥無二故数一入レ宮　野鳥故《ことさら》に数ふる無く宮に入る

③ 野鳥無レ故数入レ宮　野鳥故《ゆゑ》無くして数《しばしば》宮に入る

④ 野鳥無故数入レ宮　野鳥無きは故《もと》より数《しばしば》宮に入ればなり

⑤ 野鳥無二故数入一レ宮　野鳥故《ことさら》に数《しばしば》宮に入ること無し

問5 傍線部**D**「使二魏徴在一、必以二高宗鼎耳之祥一諫也」とあるが、次の【**資料**】は、魏徴が世を去ったときに太宗が彼を悼んで述べた言葉である。これを読んで、後の(i)・(ii)の問いに答えよ。

【**資料**】

夫レ以テレ銅ヲ為セバレ鏡ト、可ク三以テ正ス二衣冠ヲ一、以テレ古ヲ為セバレ鏡ト、可ク三以テ知ル二興(注1)替ヲ一、以テレ人ヲ為セバレ鏡ト、可シ三以テ明ラカニス二得失ヲ一。朕常ニ保チ二此ノ三ノ鏡ヲ一、以テ防グ二己ノ過チヲ一。今魏徴殂《そ》(注2)逝《せい》シ、遂ニ亡《うしな》フ二一ノ鏡ヲ一矣。

（『旧唐書《くとうじょ》』による）

(注) 1 興替——盛衰。

2 殂逝——亡くなる。

(i) 波線部「得失」のここでの意味として最も適当なものを、次の ① ～ ⑤ のうちから一つ選べ。解答番号は 34 。

① 人の長所と短所
② 自国と他国の優劣
③ 臣下たちの人望の有無
④ 過去の王朝の成功と失敗
⑤ 衣装選びの当否

(ii) **【資料】**から、傍線部**D**「使二魏徴在一、必以二高宗鼎耳之祥一諫也」と述べられた背景をうかがうことができる。この**【資料】**を踏まえた傍線部**D**の解釈として最も適当なものを、次の ① ～ ⑤ のうちから一つ選べ。解答番号は 35 。

① 鏡が物を客観的に映しだすように、魏徴は太宗に決してうそをつかなかったから、彼なら「高宗鼎耳」の故事を引用し、事件を誤解している太宗に真実を話しただろう。
② 鏡で身なりを点検するときのように、魏徴は太宗の言動に目を光らせていたから、彼なら「高宗鼎耳」の故事を引用し、事件にかこつけて太宗の無知をたしなめただろう。
③ 鏡に映った自分自身であるかのように、魏徴は太宗のことを誰よりも深く理解していたから、彼なら「高宗鼎耳」の故事を引用し、事件で悩む太宗に同情して慰めただろう。
④ 鏡が物のありのままの姿を映すように、魏徴は太宗に遠慮せず率直に意見するから、彼なら「高宗鼎耳」の故事を引用し、事件を機に太宗に反省するよう促しただろう。
⑤ 鏡が自分を見つめ直す助けとなるように、魏徴は歴史の知識で太宗を助けてきたから、彼なら「高宗鼎耳」の故事を引用し、事件にとまどう太宗に知恵を授けただろう。

問6　傍線部E「非二忠臣一也」とあるが、そのように言われる理由として最も適当なものを、次の①～⑤のうちから一つ選べ。解答番号は 36 。

① 褚遂良は、事件をめでたい知らせだと解釈して太宗の機嫌を取ったが、忠臣ならば、たとえ主君が不機嫌になるとしても、厳しく忠告して主君をより良い方向へと導くべきだったから。

② 褚遂良は、事件から貴重な教訓を引き出して太宗の気を引き締めたが、忠臣ならば、たとえ主君が緊張を解いてしまうとしても、主君の良い点をほめて主君に自信を持たせるべきだったから。

③ 褚遂良は、事件は過去にも例があり珍しくないと説明して太宗を安心させたが、忠臣ならば、たとえ主君が不安を感じるとしても、事件の重大さを強調して主君に警戒させるべきだったから。

④ 褚遂良は、事件と似た逸話を知っていたおかげで太宗を感心させたが、忠臣ならば、たとえ主君から聞かれていないとしても、普段から勉強して主君の求めに備えておくべきだったから。

⑤ 褚遂良は、事件の実態を隠し間違った報告をして太宗の注意をそらしたが、忠臣ならば、たとえ主君から怒られるとしても、本当のことを伝えて主君に事実を教えるべきだったから。

2025年用　共通テスト過去問　英数国

2024年６月10日　初版第１刷発行

編者　Ｚ会編集部
発行人　藤井孝昭
発行　Ｚ会
〒411-0033 静岡県三島市文教町1-9-11
【販売部門：書籍の乱丁・落丁・返品・交換・注文】
TEL 055-976-9095
【書籍の内容に関するお問い合わせ】
https://www.zkai.co.jp/books/contact/
【ホームページ】
https://www.zkai.co.jp/books/
装丁　犬飼奈央
印刷・製本　三晃印刷株式会社

ISBN978-4-86531-626-1 C7000

マークシートについて

問題に取り組むにあたっては、次ページからのマークシートを切り取り、必要に応じてコピーしてお使いください。

なお、試作問題のマークシートは掲載がありません。ご了承ください。

キ リ ト リ 線

英語（リーディング） 解答用紙

マーク例

良い例	悪い例
●	⊙ ⊗ ◓ ○

受検番号欄					
千位	百位	十位	一位	英字	
—	⓪	⓪	⓪	Ⓐ	A
①	①	①	①	Ⓑ	B
②	②	②	②	Ⓒ	C
③	③	③	③	Ⓗ	H
④	④	④	④	Ⓚ	K
⑤	⑤	⑤	⑤	Ⓜ	M
⑥	⑥	⑥	⑥	Ⓡ	R
⑦	⑦	⑦	⑦	Ⓤ	U
⑧	⑧	⑧	⑧	Ⓧ	X
⑨	⑨	⑨	⑨	Ⓨ	Y
—	—	—	—	Ⓩ	Z

フリガナ	
氏名	

試験場コード	十万位	万位	千位	百位	十位	一位

解答番号	解答欄								
	1	2	3	4	5	6	7	8	9
1	①	②	③	④	⑤	⑥	⑦	⑧	⑨
2	①	②	③	④	⑤	⑥	⑦	⑧	⑨
3	①	②	③	④	⑤	⑥	⑦	⑧	⑨
4	①	②	③	④	⑤	⑥	⑦	⑧	⑨
5	①	②	③	④	⑤	⑥	⑦	⑧	⑨
6	①	②	③	④	⑤	⑥	⑦	⑧	⑨
7	①	②	③	④	⑤	⑥	⑦	⑧	⑨
8	①	②	③	④	⑤	⑥	⑦	⑧	⑨
9	①	②	③	④	⑤	⑥	⑦	⑧	⑨
10	①	②	③	④	⑤	⑥	⑦	⑧	⑨
11	①	②	③	④	⑤	⑥	⑦	⑧	⑨
12	①	②	③	④	⑤	⑥	⑦	⑧	⑨
13	①	②	③	④	⑤	⑥	⑦	⑧	⑨
14	①	②	③	④	⑤	⑥	⑦	⑧	⑨
15	①	②	③	④	⑤	⑥	⑦	⑧	⑨
16	①	②	③	④	⑤	⑥	⑦	⑧	⑨
17	①	②	③	④	⑤	⑥	⑦	⑧	⑨
18	①	②	③	④	⑤	⑥	⑦	⑧	⑨
19	①	②	③	④	⑤	⑥	⑦	⑧	⑨
20	①	②	③	④	⑤	⑥	⑦	⑧	⑨
21	①	②	③	④	⑤	⑥	⑦	⑧	⑨
22	①	②	③	④	⑤	⑥	⑦	⑧	⑨
23	①	②	③	④	⑤	⑥	⑦	⑧	⑨
24	①	②	③	④	⑤	⑥	⑦	⑧	⑨
25	①	②	③	④	⑤	⑥	⑦	⑧	⑨

解答番号	解答欄								
	1	2	3	4	5	6	7	8	9
26	①	②	③	④	⑤	⑥	⑦	⑧	⑨
27	①	②	③	④	⑤	⑥	⑦	⑧	⑨
28	①	②	③	④	⑤	⑥	⑦	⑧	⑨
29	①	②	③	④	⑤	⑥	⑦	⑧	⑨
30	①	②	③	④	⑤	⑥	⑦	⑧	⑨
31	①	②	③	④	⑤	⑥	⑦	⑧	⑨
32	①	②	③	④	⑤	⑥	⑦	⑧	⑨
33	①	②	③	④	⑤	⑥	⑦	⑧	⑨
34	①	②	③	④	⑤	⑥	⑦	⑧	⑨
35	①	②	③	④	⑤	⑥	⑦	⑧	⑨
36	①	②	③	④	⑤	⑥	⑦	⑧	⑨
37	①	②	③	④	⑤	⑥	⑦	⑧	⑨
38	①	②	③	④	⑤	⑥	⑦	⑧	⑨
39	①	②	③	④	⑤	⑥	⑦	⑧	⑨
40	①	②	③	④	⑤	⑥	⑦	⑧	⑨
41	①	②	③	④	⑤	⑥	⑦	⑧	⑨
42	①	②	③	④	⑤	⑥	⑦	⑧	⑨
43	①	②	③	④	⑤	⑥	⑦	⑧	⑨
44	①	②	③	④	⑤	⑥	⑦	⑧	⑨
45	①	②	③	④	⑤	⑥	⑦	⑧	⑨
46	①	②	③	④	⑤	⑥	⑦	⑧	⑨
47	①	②	③	④	⑤	⑥	⑦	⑧	⑨
48	①	②	③	④	⑤	⑥	⑦	⑧	⑨
49	①	②	③	④	⑤	⑥	⑦	⑧	⑨
50	①	②	③	④	⑤	⑥	⑦	⑧	⑨

キ リ ト リ 線

英語（リスニング） 解答用紙

マーク例

良い例	悪い例
●	⊙ ⊗ ◓ ○

受検番号欄					
千位	百位	十位	一位	英字	
—	⓪	⓪	⓪	Ⓐ	A
①	①	①	①	Ⓑ	B
②	②	②	②	Ⓒ	C
③	③	③	③	Ⓗ	H
④	④	④	④	Ⓚ	K
⑤	⑤	⑤	⑤	Ⓜ	M
⑥	⑥	⑥	⑥	Ⓡ	R
⑦	⑦	⑦	⑦	Ⓤ	U
⑧	⑧	⑧	⑧	Ⓧ	X
⑨	⑨	⑨	⑨	Ⓨ	Y
—	—	—	—	Ⓩ	Z

フリガナ	
氏名	

試験場コード	十万位	万位	千位	百位	十位	一位

解答番号	解答欄					
	1	2	3	4	5	6
1	①	②	③	④	⑤	⑥
2	①	②	③	④	⑤	⑥
3	①	②	③	④	⑤	⑥
4	①	②	③	④	⑤	⑥
5	①	②	③	④	⑤	⑥
6	①	②	③	④	⑤	⑥
7	①	②	③	④	⑤	⑥
8	①	②	③	④	⑤	⑥
9	①	②	③	④	⑤	⑥
10	①	②	③	④	⑤	⑥
11	①	②	③	④	⑤	⑥
12	①	②	③	④	⑤	⑥
13	①	②	③	④	⑤	⑥
14	①	②	③	④	⑤	⑥
15	①	②	③	④	⑤	⑥
16	①	②	③	④	⑤	⑥
17	①	②	③	④	⑤	⑥
18	①	②	③	④	⑤	⑥
19	①	②	③	④	⑤	⑥
20	①	②	③	④	⑤	⑥

解答番号	解答欄					
	1	2	3	4	5	6
21	①	②	③	④	⑤	⑥
22	①	②	③	④	⑤	⑥
23	①	②	③	④	⑤	⑥
24	①	②	③	④	⑤	⑥
25	①	②	③	④	⑤	⑥
26	①	②	③	④	⑤	⑥
27	①	②	③	④	⑤	⑥
28	①	②	③	④	⑤	⑥
29	①	②	③	④	⑤	⑥
30	①	②	③	④	⑤	⑥
31	①	②	③	④	⑤	⑥
32	①	②	③	④	⑤	⑥
33	①	②	③	④	⑤	⑥
34	①	②	③	④	⑤	⑥
35	①	②	③	④	⑤	⑥
36	①	②	③	④	⑤	⑥
37	①	②	③	④	⑤	⑥
38	①	②	③	④	⑤	⑥
39	①	②	③	④	⑤	⑥
40	①	②	③	④	⑤	⑥

キリトリ線

数学①解答用紙・第1面

注意事項

1　問題番号4 5の解答欄は，この用紙の第2面にあります。

マーク例

良い例	悪い例
●	⊙⊗◔○

解答科目欄	
数学I	数学I・数学A
○	○

受験番号欄

千位	百位	十位	一位	英字
−	⓪	⓪	⓪	Ⓐ
①	①	①	①	Ⓑ
②	②	②	②	Ⓒ
③	③	③	③	Ⓗ
④	④	④	④	Ⓚ
⑤	⑤	⑤	⑤	Ⓜ
⑥	⑥	⑥	⑥	Ⓡ
⑦	⑦	⑦	⑦	Ⓤ
⑧	⑧	⑧	⑧	Ⓧ
⑨	⑨	⑨	⑨	Ⓨ
−	−	−	−	Ⓩ

フリガナ	
氏　名	

試験場コード	十万位	万位	千位	百位	十位	一位

1

	解答欄											
	−	±	0	1	2	3	4	5	6	7	8	9
ア	⊖	⊕	⓪	①	②	③	④	⑤	⑥	⑦	⑧	⑨
イ	⊖	⊕	⓪	①	②	③	④	⑤	⑥	⑦	⑧	⑨
ウ	⊖	⊕	⓪	①	②	③	④	⑤	⑥	⑦	⑧	⑨
エ	⊖	⊕	⓪	①	②	③	④	⑤	⑥	⑦	⑧	⑨
オ	⊖	⊕	⓪	①	②	③	④	⑤	⑥	⑦	⑧	⑨
カ	⊖	⊕	⓪	①	②	③	④	⑤	⑥	⑦	⑧	⑨
キ	⊖	⊕	⓪	①	②	③	④	⑤	⑥	⑦	⑧	⑨
ク	⊖	⊕	⓪	①	②	③	④	⑤	⑥	⑦	⑧	⑨
ケ	⊖	⊕	⓪	①	②	③	④	⑤	⑥	⑦	⑧	⑨
コ	⊖	⊕	⓪	①	②	③	④	⑤	⑥	⑦	⑧	⑨
サ	⊖	⊕	⓪	①	②	③	④	⑤	⑥	⑦	⑧	⑨
シ	⊖	⊕	⓪	①	②	③	④	⑤	⑥	⑦	⑧	⑨
ス	⊖	⊕	⓪	①	②	③	④	⑤	⑥	⑦	⑧	⑨
セ	⊖	⊕	⓪	①	②	③	④	⑤	⑥	⑦	⑧	⑨
ソ	⊖	⊕	⓪	①	②	③	④	⑤	⑥	⑦	⑧	⑨
タ	⊖	⊕	⓪	①	②	③	④	⑤	⑥	⑦	⑧	⑨
チ	⊖	⊕	⓪	①	②	③	④	⑤	⑥	⑦	⑧	⑨
ツ	⊖	⊕	⓪	①	②	③	④	⑤	⑥	⑦	⑧	⑨
テ	⊖	⊕	⓪	①	②	③	④	⑤	⑥	⑦	⑧	⑨
ト	⊖	⊕	⓪	①	②	③	④	⑤	⑥	⑦	⑧	⑨
ナ	⊖	⊕	⓪	①	②	③	④	⑤	⑥	⑦	⑧	⑨
ニ	⊖	⊕	⓪	①	②	③	④	⑤	⑥	⑦	⑧	⑨
ヌ	⊖	⊕	⓪	①	②	③	④	⑤	⑥	⑦	⑧	⑨
ネ	⊖	⊕	⓪	①	②	③	④	⑤	⑥	⑦	⑧	⑨
ノ	⊖	⊕	⓪	①	②	③	④	⑤	⑥	⑦	⑧	⑨
ハ	⊖	⊕	⓪	①	②	③	④	⑤	⑥	⑦	⑧	⑨
ヒ	⊖	⊕	⓪	①	②	③	④	⑤	⑥	⑦	⑧	⑨
フ	⊖	⊕	⓪	①	②	③	④	⑤	⑥	⑦	⑧	⑨
ヘ	⊖	⊕	⓪	①	②	③	④	⑤	⑥	⑦	⑧	⑨
ホ	⊖	⊕	⓪	①	②	③	④	⑤	⑥	⑦	⑧	⑨

2

	解答欄											
	−	±	0	1	2	3	4	5	6	7	8	9
ア	⊖	⊕	⓪	①	②	③	④	⑤	⑥	⑦	⑧	⑨
イ	⊖	⊕	⓪	①	②	③	④	⑤	⑥	⑦	⑧	⑨
ウ	⊖	⊕	⓪	①	②	③	④	⑤	⑥	⑦	⑧	⑨
エ	⊖	⊕	⓪	①	②	③	④	⑤	⑥	⑦	⑧	⑨
オ	⊖	⊕	⓪	①	②	③	④	⑤	⑥	⑦	⑧	⑨
カ	⊖	⊕	⓪	①	②	③	④	⑤	⑥	⑦	⑧	⑨
キ	⊖	⊕	⓪	①	②	③	④	⑤	⑥	⑦	⑧	⑨
ク	⊖	⊕	⓪	①	②	③	④	⑤	⑥	⑦	⑧	⑨
ケ	⊖	⊕	⓪	①	②	③	④	⑤	⑥	⑦	⑧	⑨
コ	⊖	⊕	⓪	①	②	③	④	⑤	⑥	⑦	⑧	⑨
サ	⊖	⊕	⓪	①	②	③	④	⑤	⑥	⑦	⑧	⑨
シ	⊖	⊕	⓪	①	②	③	④	⑤	⑥	⑦	⑧	⑨
ス	⊖	⊕	⓪	①	②	③	④	⑤	⑥	⑦	⑧	⑨
セ	⊖	⊕	⓪	①	②	③	④	⑤	⑥	⑦	⑧	⑨
ソ	⊖	⊕	⓪	①	②	③	④	⑤	⑥	⑦	⑧	⑨
タ	⊖	⊕	⓪	①	②	③	④	⑤	⑥	⑦	⑧	⑨
チ	⊖	⊕	⓪	①	②	③	④	⑤	⑥	⑦	⑧	⑨
ツ	⊖	⊕	⓪	①	②	③	④	⑤	⑥	⑦	⑧	⑨
テ	⊖	⊕	⓪	①	②	③	④	⑤	⑥	⑦	⑧	⑨
ト	⊖	⊕	⓪	①	②	③	④	⑤	⑥	⑦	⑧	⑨
ナ	⊖	⊕	⓪	①	②	③	④	⑤	⑥	⑦	⑧	⑨
ニ	⊖	⊕	⓪	①	②	③	④	⑤	⑥	⑦	⑧	⑨
ヌ	⊖	⊕	⓪	①	②	③	④	⑤	⑥	⑦	⑧	⑨
ネ	⊖	⊕	⓪	①	②	③	④	⑤	⑥	⑦	⑧	⑨
ノ	⊖	⊕	⓪	①	②	③	④	⑤	⑥	⑦	⑧	⑨
ハ	⊖	⊕	⓪	①	②	③	④	⑤	⑥	⑦	⑧	⑨
ヒ	⊖	⊕	⓪	①	②	③	④	⑤	⑥	⑦	⑧	⑨
フ	⊖	⊕	⓪	①	②	③	④	⑤	⑥	⑦	⑧	⑨
ヘ	⊖	⊕	⓪	①	②	③	④	⑤	⑥	⑦	⑧	⑨
ホ	⊖	⊕	⓪	①	②	③	④	⑤	⑥	⑦	⑧	⑨

3

	解答欄											
	−	±	0	1	2	3	4	5	6	7	8	9
ア	⊖	⊕	⓪	①	②	③	④	⑤	⑥	⑦	⑧	⑨
イ	⊖	⊕	⓪	①	②	③	④	⑤	⑥	⑦	⑧	⑨
ウ	⊖	⊕	⓪	①	②	③	④	⑤	⑥	⑦	⑧	⑨
エ	⊖	⊕	⓪	①	②	③	④	⑤	⑥	⑦	⑧	⑨
オ	⊖	⊕	⓪	①	②	③	④	⑤	⑥	⑦	⑧	⑨
カ	⊖	⊕	⓪	①	②	③	④	⑤	⑥	⑦	⑧	⑨
キ	⊖	⊕	⓪	①	②	③	④	⑤	⑥	⑦	⑧	⑨
ク	⊖	⊕	⓪	①	②	③	④	⑤	⑥	⑦	⑧	⑨
ケ	⊖	⊕	⓪	①	②	③	④	⑤	⑥	⑦	⑧	⑨
コ	⊖	⊕	⓪	①	②	③	④	⑤	⑥	⑦	⑧	⑨
サ	⊖	⊕	⓪	①	②	③	④	⑤	⑥	⑦	⑧	⑨
シ	⊖	⊕	⓪	①	②	③	④	⑤	⑥	⑦	⑧	⑨
ス	⊖	⊕	⓪	①	②	③	④	⑤	⑥	⑦	⑧	⑨
セ	⊖	⊕	⓪	①	②	③	④	⑤	⑥	⑦	⑧	⑨
ソ	⊖	⊕	⓪	①	②	③	④	⑤	⑥	⑦	⑧	⑨
タ	⊖	⊕	⓪	①	②	③	④	⑤	⑥	⑦	⑧	⑨
チ	⊖	⊕	⓪	①	②	③	④	⑤	⑥	⑦	⑧	⑨
ツ	⊖	⊕	⓪	①	②	③	④	⑤	⑥	⑦	⑧	⑨
テ	⊖	⊕	⓪	①	②	③	④	⑤	⑥	⑦	⑧	⑨
ト	⊖	⊕	⓪	①	②	③	④	⑤	⑥	⑦	⑧	⑨
ナ	⊖	⊕	⓪	①	②	③	④	⑤	⑥	⑦	⑧	⑨
ニ	⊖	⊕	⓪	①	②	③	④	⑤	⑥	⑦	⑧	⑨
ヌ	⊖	⊕	⓪	①	②	③	④	⑤	⑥	⑦	⑧	⑨
ネ	⊖	⊕	⓪	①	②	③	④	⑤	⑥	⑦	⑧	⑨
ノ	⊖	⊕	⓪	①	②	③	④	⑤	⑥	⑦	⑧	⑨
ハ	⊖	⊕	⓪	①	②	③	④	⑤	⑥	⑦	⑧	⑨
ヒ	⊖	⊕	⓪	①	②	③	④	⑤	⑥	⑦	⑧	⑨
フ	⊖	⊕	⓪	①	②	③	④	⑤	⑥	⑦	⑧	⑨
ヘ	⊖	⊕	⓪	①	②	③	④	⑤	⑥	⑦	⑧	⑨
ホ	⊖	⊕	⓪	①	②	③	④	⑤	⑥	⑦	⑧	⑨

数学①解答用紙・第２面

注意事項

1　問題番号[1][2][3]の解答欄は，この用紙の第１面にあります。

4	解答欄											
	−	±	0	1	2	3	4	5	6	7	8	9
ア	⊖	⊕	⓪	①	②	③	④	⑤	⑥	⑦	⑧	⑨
イ	⊖	⊕	⓪	①	②	③	④	⑤	⑥	⑦	⑧	⑨
ウ	⊖	⊕	⓪	①	②	③	④	⑤	⑥	⑦	⑧	⑨
エ	⊖	⊕	⓪	①	②	③	④	⑤	⑥	⑦	⑧	⑨
オ	⊖	⊕	⓪	①	②	③	④	⑤	⑥	⑦	⑧	⑨
カ	⊖	⊕	⓪	①	②	③	④	⑤	⑥	⑦	⑧	⑨
キ	⊖	⊕	⓪	①	②	③	④	⑤	⑥	⑦	⑧	⑨
ク	⊖	⊕	⓪	①	②	③	④	⑤	⑥	⑦	⑧	⑨
ケ	⊖	⊕	⓪	①	②	③	④	⑤	⑥	⑦	⑧	⑨
コ	⊖	⊕	⓪	①	②	③	④	⑤	⑥	⑦	⑧	⑨
サ	⊖	⊕	⓪	①	②	③	④	⑤	⑥	⑦	⑧	⑨
シ	⊖	⊕	⓪	①	②	③	④	⑤	⑥	⑦	⑧	⑨
ス	⊖	⊕	⓪	①	②	③	④	⑤	⑥	⑦	⑧	⑨
セ	⊖	⊕	⓪	①	②	③	④	⑤	⑥	⑦	⑧	⑨
ソ	⊖	⊕	⓪	①	②	③	④	⑤	⑥	⑦	⑧	⑨
タ	⊖	⊕	⓪	①	②	③	④	⑤	⑥	⑦	⑧	⑨
チ	⊖	⊕	⓪	①	②	③	④	⑤	⑥	⑦	⑧	⑨
ツ	⊖	⊕	⓪	①	②	③	④	⑤	⑥	⑦	⑧	⑨
テ	⊖	⊕	⓪	①	②	③	④	⑤	⑥	⑦	⑧	⑨
ト	⊖	⊕	⓪	①	②	③	④	⑤	⑥	⑦	⑧	⑨
ナ	⊖	⊕	⓪	①	②	③	④	⑤	⑥	⑦	⑧	⑨
ニ	⊖	⊕	⓪	①	②	③	④	⑤	⑥	⑦	⑧	⑨
ヌ	⊖	⊕	⓪	①	②	③	④	⑤	⑥	⑦	⑧	⑨
ネ	⊖	⊕	⓪	①	②	③	④	⑤	⑥	⑦	⑧	⑨
ノ	⊖	⊕	⓪	①	②	③	④	⑤	⑥	⑦	⑧	⑨
ハ	⊖	⊕	⓪	①	②	③	④	⑤	⑥	⑦	⑧	⑨
ヒ	⊖	⊕	⓪	①	②	③	④	⑤	⑥	⑦	⑧	⑨
フ	⊖	⊕	⓪	①	②	③	④	⑤	⑥	⑦	⑧	⑨
ヘ	⊖	⊕	⓪	①	②	③	④	⑤	⑥	⑦	⑧	⑨
ホ	⊖	⊕	⓪	①	②	③	④	⑤	⑥	⑦	⑧	⑨

5	解答欄											
	−	±	0	1	2	3	4	5	6	7	8	9
ア	⊖	⊕	⓪	①	②	③	④	⑤	⑥	⑦	⑧	⑨
イ	⊖	⊕	⓪	①	②	③	④	⑤	⑥	⑦	⑧	⑨
ウ	⊖	⊕	⓪	①	②	③	④	⑤	⑥	⑦	⑧	⑨
エ	⊖	⊕	⓪	①	②	③	④	⑤	⑥	⑦	⑧	⑨
オ	⊖	⊕	⓪	①	②	③	④	⑤	⑥	⑦	⑧	⑨
カ	⊖	⊕	⓪	①	②	③	④	⑤	⑥	⑦	⑧	⑨
キ	⊖	⊕	⓪	①	②	③	④	⑤	⑥	⑦	⑧	⑨
ク	⊖	⊕	⓪	①	②	③	④	⑤	⑥	⑦	⑧	⑨
ケ	⊖	⊕	⓪	①	②	③	④	⑤	⑥	⑦	⑧	⑨
コ	⊖	⊕	⓪	①	②	③	④	⑤	⑥	⑦	⑧	⑨
サ	⊖	⊕	⓪	①	②	③	④	⑤	⑥	⑦	⑧	⑨
シ	⊖	⊕	⓪	①	②	③	④	⑤	⑥	⑦	⑧	⑨
ス	⊖	⊕	⓪	①	②	③	④	⑤	⑥	⑦	⑧	⑨
セ	⊖	⊕	⓪	①	②	③	④	⑤	⑥	⑦	⑧	⑨
ソ	⊖	⊕	⓪	①	②	③	④	⑤	⑥	⑦	⑧	⑨
タ	⊖	⊕	⓪	①	②	③	④	⑤	⑥	⑦	⑧	⑨
チ	⊖	⊕	⓪	①	②	③	④	⑤	⑥	⑦	⑧	⑨
ツ	⊖	⊕	⓪	①	②	③	④	⑤	⑥	⑦	⑧	⑨
テ	⊖	⊕	⓪	①	②	③	④	⑤	⑥	⑦	⑧	⑨
ト	⊖	⊕	⓪	①	②	③	④	⑤	⑥	⑦	⑧	⑨
ナ	⊖	⊕	⓪	①	②	③	④	⑤	⑥	⑦	⑧	⑨
ニ	⊖	⊕	⓪	①	②	③	④	⑤	⑥	⑦	⑧	⑨
ヌ	⊖	⊕	⓪	①	②	③	④	⑤	⑥	⑦	⑧	⑨
ネ	⊖	⊕	⓪	①	②	③	④	⑤	⑥	⑦	⑧	⑨
ノ	⊖	⊕	⓪	①	②	③	④	⑤	⑥	⑦	⑧	⑨
ハ	⊖	⊕	⓪	①	②	③	④	⑤	⑥	⑦	⑧	⑨
ヒ	⊖	⊕	⓪	①	②	③	④	⑤	⑥	⑦	⑧	⑨
フ	⊖	⊕	⓪	①	②	③	④	⑤	⑥	⑦	⑧	⑨
ヘ	⊖	⊕	⓪	①	②	③	④	⑤	⑥	⑦	⑧	⑨
ホ	⊖	⊕	⓪	①	②	③	④	⑤	⑥	⑦	⑧	⑨

数学②解答用紙・第1面

注意事項

1　問題番号3 4 5の解答欄は，この用紙の第2面にあります。

マーク例

良い例	悪い例
●	⦿ ⊗ ◓ ⬯

解答科目欄	
数学Ⅱ	数学Ⅱ・数学B
○	○

受験番号欄				
千位	百位	十位	一位	英字
－ ① ② ③ ④ ⑤ ⑥ ⑦ ⑧ ⑨ －	⓪ ① ② ③ ④ ⑤ ⑥ ⑦ ⑧ ⑨ －	⓪ ① ② ③ ④ ⑤ ⑥ ⑦ ⑧ ⑨ －	⓪ ① ② ③ ④ ⑤ ⑥ ⑦ ⑧ ⑨ －	Ⓐ Ⓑ Ⓒ Ⓗ Ⓚ Ⓜ Ⓡ Ⓤ Ⓧ Ⓨ Ⓩ

フリガナ	
氏名	

試験場コード	十万位	万位	千位	百位	十位	一位

1

	解答欄														
	-	0	1	2	3	4	5	6	7	8	9	a	b	c	d
ア	⊖	⓪	①	②	③	④	⑤	⑥	⑦	⑧	⑨	ⓐ	ⓑ	ⓒ	ⓓ
イ	⊖	⓪	①	②	③	④	⑤	⑥	⑦	⑧	⑨	ⓐ	ⓑ	ⓒ	ⓓ
ウ	⊖	⓪	①	②	③	④	⑤	⑥	⑦	⑧	⑨	ⓐ	ⓑ	ⓒ	ⓓ
エ	⊖	⓪	①	②	③	④	⑤	⑥	⑦	⑧	⑨	ⓐ	ⓑ	ⓒ	ⓓ
オ	⊖	⓪	①	②	③	④	⑤	⑥	⑦	⑧	⑨	ⓐ	ⓑ	ⓒ	ⓓ
カ	⊖	⓪	①	②	③	④	⑤	⑥	⑦	⑧	⑨	ⓐ	ⓑ	ⓒ	ⓓ
キ	⊖	⓪	①	②	③	④	⑤	⑥	⑦	⑧	⑨	ⓐ	ⓑ	ⓒ	ⓓ
ク	⊖	⓪	①	②	③	④	⑤	⑥	⑦	⑧	⑨	ⓐ	ⓑ	ⓒ	ⓓ
ケ	⊖	⓪	①	②	③	④	⑤	⑥	⑦	⑧	⑨	ⓐ	ⓑ	ⓒ	ⓓ
コ	⊖	⓪	①	②	③	④	⑤	⑥	⑦	⑧	⑨	ⓐ	ⓑ	ⓒ	ⓓ
サ	⊖	⓪	①	②	③	④	⑤	⑥	⑦	⑧	⑨	ⓐ	ⓑ	ⓒ	ⓓ
シ	⊖	⓪	①	②	③	④	⑤	⑥	⑦	⑧	⑨	ⓐ	ⓑ	ⓒ	ⓓ
ス	⊖	⓪	①	②	③	④	⑤	⑥	⑦	⑧	⑨	ⓐ	ⓑ	ⓒ	ⓓ
セ	⊖	⓪	①	②	③	④	⑤	⑥	⑦	⑧	⑨	ⓐ	ⓑ	ⓒ	ⓓ
ソ	⊖	⓪	①	②	③	④	⑤	⑥	⑦	⑧	⑨	ⓐ	ⓑ	ⓒ	ⓓ
タ	⊖	⓪	①	②	③	④	⑤	⑥	⑦	⑧	⑨	ⓐ	ⓑ	ⓒ	ⓓ
チ	⊖	⓪	①	②	③	④	⑤	⑥	⑦	⑧	⑨	ⓐ	ⓑ	ⓒ	ⓓ
ツ	⊖	⓪	①	②	③	④	⑤	⑥	⑦	⑧	⑨	ⓐ	ⓑ	ⓒ	ⓓ
テ	⊖	⓪	①	②	③	④	⑤	⑥	⑦	⑧	⑨	ⓐ	ⓑ	ⓒ	ⓓ
ト	⊖	⓪	①	②	③	④	⑤	⑥	⑦	⑧	⑨	ⓐ	ⓑ	ⓒ	ⓓ
ナ	⊖	⓪	①	②	③	④	⑤	⑥	⑦	⑧	⑨	ⓐ	ⓑ	ⓒ	ⓓ
ニ	⊖	⓪	①	②	③	④	⑤	⑥	⑦	⑧	⑨	ⓐ	ⓑ	ⓒ	ⓓ
ヌ	⊖	⓪	①	②	③	④	⑤	⑥	⑦	⑧	⑨	ⓐ	ⓑ	ⓒ	ⓓ
ネ	⊖	⓪	①	②	③	④	⑤	⑥	⑦	⑧	⑨	ⓐ	ⓑ	ⓒ	ⓓ
ノ	⊖	⓪	①	②	③	④	⑤	⑥	⑦	⑧	⑨	ⓐ	ⓑ	ⓒ	ⓓ
ハ	⊖	⓪	①	②	③	④	⑤	⑥	⑦	⑧	⑨	ⓐ	ⓑ	ⓒ	ⓓ
ヒ	⊖	⓪	①	②	③	④	⑤	⑥	⑦	⑧	⑨	ⓐ	ⓑ	ⓒ	ⓓ
フ	⊖	⓪	①	②	③	④	⑤	⑥	⑦	⑧	⑨	ⓐ	ⓑ	ⓒ	ⓓ
ヘ	⊖	⓪	①	②	③	④	⑤	⑥	⑦	⑧	⑨	ⓐ	ⓑ	ⓒ	ⓓ
ホ	⊖	⓪	①	②	③	④	⑤	⑥	⑦	⑧	⑨	ⓐ	ⓑ	ⓒ	ⓓ

2

	解答欄														
	-	0	1	2	3	4	5	6	7	8	9	a	b	c	d
ア	⊖	⓪	①	②	③	④	⑤	⑥	⑦	⑧	⑨	ⓐ	ⓑ	ⓒ	ⓓ
イ	⊖	⓪	①	②	③	④	⑤	⑥	⑦	⑧	⑨	ⓐ	ⓑ	ⓒ	ⓓ
ウ	⊖	⓪	①	②	③	④	⑤	⑥	⑦	⑧	⑨	ⓐ	ⓑ	ⓒ	ⓓ
エ	⊖	⓪	①	②	③	④	⑤	⑥	⑦	⑧	⑨	ⓐ	ⓑ	ⓒ	ⓓ
オ	⊖	⓪	①	②	③	④	⑤	⑥	⑦	⑧	⑨	ⓐ	ⓑ	ⓒ	ⓓ
カ	⊖	⓪	①	②	③	④	⑤	⑥	⑦	⑧	⑨	ⓐ	ⓑ	ⓒ	ⓓ
キ	⊖	⓪	①	②	③	④	⑤	⑥	⑦	⑧	⑨	ⓐ	ⓑ	ⓒ	ⓓ
ク	⊖	⓪	①	②	③	④	⑤	⑥	⑦	⑧	⑨	ⓐ	ⓑ	ⓒ	ⓓ
ケ	⊖	⓪	①	②	③	④	⑤	⑥	⑦	⑧	⑨	ⓐ	ⓑ	ⓒ	ⓓ
コ	⊖	⓪	①	②	③	④	⑤	⑥	⑦	⑧	⑨	ⓐ	ⓑ	ⓒ	ⓓ
サ	⊖	⓪	①	②	③	④	⑤	⑥	⑦	⑧	⑨	ⓐ	ⓑ	ⓒ	ⓓ
シ	⊖	⓪	①	②	③	④	⑤	⑥	⑦	⑧	⑨	ⓐ	ⓑ	ⓒ	ⓓ
ス	⊖	⓪	①	②	③	④	⑤	⑥	⑦	⑧	⑨	ⓐ	ⓑ	ⓒ	ⓓ
セ	⊖	⓪	①	②	③	④	⑤	⑥	⑦	⑧	⑨	ⓐ	ⓑ	ⓒ	ⓓ
ソ	⊖	⓪	①	②	③	④	⑤	⑥	⑦	⑧	⑨	ⓐ	ⓑ	ⓒ	ⓓ
タ	⊖	⓪	①	②	③	④	⑤	⑥	⑦	⑧	⑨	ⓐ	ⓑ	ⓒ	ⓓ
チ	⊖	⓪	①	②	③	④	⑤	⑥	⑦	⑧	⑨	ⓐ	ⓑ	ⓒ	ⓓ
ツ	⊖	⓪	①	②	③	④	⑤	⑥	⑦	⑧	⑨	ⓐ	ⓑ	ⓒ	ⓓ
テ	⊖	⓪	①	②	③	④	⑤	⑥	⑦	⑧	⑨	ⓐ	ⓑ	ⓒ	ⓓ
ト	⊖	⓪	①	②	③	④	⑤	⑥	⑦	⑧	⑨	ⓐ	ⓑ	ⓒ	ⓓ
ナ	⊖	⓪	①	②	③	④	⑤	⑥	⑦	⑧	⑨	ⓐ	ⓑ	ⓒ	ⓓ
ニ	⊖	⓪	①	②	③	④	⑤	⑥	⑦	⑧	⑨	ⓐ	ⓑ	ⓒ	ⓓ
ヌ	⊖	⓪	①	②	③	④	⑤	⑥	⑦	⑧	⑨	ⓐ	ⓑ	ⓒ	ⓓ
ネ	⊖	⓪	①	②	③	④	⑤	⑥	⑦	⑧	⑨	ⓐ	ⓑ	ⓒ	ⓓ
ノ	⊖	⓪	①	②	③	④	⑤	⑥	⑦	⑧	⑨	ⓐ	ⓑ	ⓒ	ⓓ
ハ	⊖	⓪	①	②	③	④	⑤	⑥	⑦	⑧	⑨	ⓐ	ⓑ	ⓒ	ⓓ
ヒ	⊖	⓪	①	②	③	④	⑤	⑥	⑦	⑧	⑨	ⓐ	ⓑ	ⓒ	ⓓ
フ	⊖	⓪	①	②	③	④	⑤	⑥	⑦	⑧	⑨	ⓐ	ⓑ	ⓒ	ⓓ
ヘ	⊖	⓪	①	②	③	④	⑤	⑥	⑦	⑧	⑨	ⓐ	ⓑ	ⓒ	ⓓ
ホ	⊖	⓪	①	②	③	④	⑤	⑥	⑦	⑧	⑨	ⓐ	ⓑ	ⓒ	ⓓ

キ リ ト リ 線

数学②解答用紙・第２面

注意事項

1　問題番号[1][2]の解答欄は，この用紙の第１面にあります。

3

	解答欄														
	-	0	1	2	3	4	5	6	7	8	9	a	b	c	d
ア	-	0	1	2	3	4	5	6	7	8	9	a	b	c	d
イ	-	0	1	2	3	4	5	6	7	8	9	a	b	c	d
ウ	-	0	1	2	3	4	5	6	7	8	9	a	b	c	d
エ	-	0	1	2	3	4	5	6	7	8	9	a	b	c	d
オ	-	0	1	2	3	4	5	6	7	8	9	a	b	c	d
カ	-	0	1	2	3	4	5	6	7	8	9	a	b	c	d
キ	-	0	1	2	3	4	5	6	7	8	9	a	b	c	d
ク	-	0	1	2	3	4	5	6	7	8	9	a	b	c	d
ケ	-	0	1	2	3	4	5	6	7	8	9	a	b	c	d
コ	-	0	1	2	3	4	5	6	7	8	9	a	b	c	d
サ	-	0	1	2	3	4	5	6	7	8	9	a	b	c	d
シ	-	0	1	2	3	4	5	6	7	8	9	a	b	c	d
ス	-	0	1	2	3	4	5	6	7	8	9	a	b	c	d
セ	-	0	1	2	3	4	5	6	7	8	9	a	b	c	d
ソ	-	0	1	2	3	4	5	6	7	8	9	a	b	c	d
タ	-	0	1	2	3	4	5	6	7	8	9	a	b	c	d
チ	-	0	1	2	3	4	5	6	7	8	9	a	b	c	d
ツ	-	0	1	2	3	4	5	6	7	8	9	a	b	c	d
テ	-	0	1	2	3	4	5	6	7	8	9	a	b	c	d
ト	-	0	1	2	3	4	5	6	7	8	9	a	b	c	d
ナ	-	0	1	2	3	4	5	6	7	8	9	a	b	c	d
ニ	-	0	1	2	3	4	5	6	7	8	9	a	b	c	d
ヌ	-	0	1	2	3	4	5	6	7	8	9	a	b	c	d
ネ	-	0	1	2	3	4	5	6	7	8	9	a	b	c	d
ノ	-	0	1	2	3	4	5	6	7	8	9	a	b	c	d
ハ	-	0	1	2	3	4	5	6	7	8	9	a	b	c	d
ヒ	-	0	1	2	3	4	5	6	7	8	9	a	b	c	d
フ	-	0	1	2	3	4	5	6	7	8	9	a	b	c	d
ヘ	-	0	1	2	3	4	5	6	7	8	9	a	b	c	d
ホ	-	0	1	2	3	4	5	6	7	8	9	a	b	c	d

4

	解答欄														
	-	0	1	2	3	4	5	6	7	8	9	a	b	c	d
ア	-	0	1	2	3	4	5	6	7	8	9	a	b	c	d
イ	-	0	1	2	3	4	5	6	7	8	9	a	b	c	d
ウ	-	0	1	2	3	4	5	6	7	8	9	a	b	c	d
エ	-	0	1	2	3	4	5	6	7	8	9	a	b	c	d
オ	-	0	1	2	3	4	5	6	7	8	9	a	b	c	d
カ	-	0	1	2	3	4	5	6	7	8	9	a	b	c	d
キ	-	0	1	2	3	4	5	6	7	8	9	a	b	c	d
ク	-	0	1	2	3	4	5	6	7	8	9	a	b	c	d
ケ	-	0	1	2	3	4	5	6	7	8	9	a	b	c	d
コ	-	0	1	2	3	4	5	6	7	8	9	a	b	c	d
サ	-	0	1	2	3	4	5	6	7	8	9	a	b	c	d
シ	-	0	1	2	3	4	5	6	7	8	9	a	b	c	d
ス	-	0	1	2	3	4	5	6	7	8	9	a	b	c	d
セ	-	0	1	2	3	4	5	6	7	8	9	a	b	c	d
ソ	-	0	1	2	3	4	5	6	7	8	9	a	b	c	d
タ	-	0	1	2	3	4	5	6	7	8	9	a	b	c	d
チ	-	0	1	2	3	4	5	6	7	8	9	a	b	c	d
ツ	-	0	1	2	3	4	5	6	7	8	9	a	b	c	d
テ	-	0	1	2	3	4	5	6	7	8	9	a	b	c	d
ト	-	0	1	2	3	4	5	6	7	8	9	a	b	c	d
ナ	-	0	1	2	3	4	5	6	7	8	9	a	b	c	d
ニ	-	0	1	2	3	4	5	6	7	8	9	a	b	c	d
ヌ	-	0	1	2	3	4	5	6	7	8	9	a	b	c	d
ネ	-	0	1	2	3	4	5	6	7	8	9	a	b	c	d
ノ	-	0	1	2	3	4	5	6	7	8	9	a	b	c	d
ハ	-	0	1	2	3	4	5	6	7	8	9	a	b	c	d
ヒ	-	0	1	2	3	4	5	6	7	8	9	a	b	c	d
フ	-	0	1	2	3	4	5	6	7	8	9	a	b	c	d
ヘ	-	0	1	2	3	4	5	6	7	8	9	a	b	c	d
ホ	-	0	1	2	3	4	5	6	7	8	9	a	b	c	d

5

	解答欄														
	-	0	1	2	3	4	5	6	7	8	9	a	b	c	d
ア	-	0	1	2	3	4	5	6	7	8	9	a	b	c	d
イ	-	0	1	2	3	4	5	6	7	8	9	a	b	c	d
ウ	-	0	1	2	3	4	5	6	7	8	9	a	b	c	d
エ	-	0	1	2	3	4	5	6	7	8	9	a	b	c	d
オ	-	0	1	2	3	4	5	6	7	8	9	a	b	c	d
カ	-	0	1	2	3	4	5	6	7	8	9	a	b	c	d
キ	-	0	1	2	3	4	5	6	7	8	9	a	b	c	d
ク	-	0	1	2	3	4	5	6	7	8	9	a	b	c	d
ケ	-	0	1	2	3	4	5	6	7	8	9	a	b	c	d
コ	-	0	1	2	3	4	5	6	7	8	9	a	b	c	d
サ	-	0	1	2	3	4	5	6	7	8	9	a	b	c	d
シ	-	0	1	2	3	4	5	6	7	8	9	a	b	c	d
ス	-	0	1	2	3	4	5	6	7	8	9	a	b	c	d
セ	-	0	1	2	3	4	5	6	7	8	9	a	b	c	d
ソ	-	0	1	2	3	4	5	6	7	8	9	a	b	c	d
タ	-	0	1	2	3	4	5	6	7	8	9	a	b	c	d
チ	-	0	1	2	3	4	5	6	7	8	9	a	b	c	d
ツ	-	0	1	2	3	4	5	6	7	8	9	a	b	c	d
テ	-	0	1	2	3	4	5	6	7	8	9	a	b	c	d
ト	-	0	1	2	3	4	5	6	7	8	9	a	b	c	d
ナ	-	0	1	2	3	4	5	6	7	8	9	a	b	c	d
ニ	-	0	1	2	3	4	5	6	7	8	9	a	b	c	d
ヌ	-	0	1	2	3	4	5	6	7	8	9	a	b	c	d
ネ	-	0	1	2	3	4	5	6	7	8	9	a	b	c	d
ノ	-	0	1	2	3	4	5	6	7	8	9	a	b	c	d
ハ	-	0	1	2	3	4	5	6	7	8	9	a	b	c	d
ヒ	-	0	1	2	3	4	5	6	7	8	9	a	b	c	d
フ	-	0	1	2	3	4	5	6	7	8	9	a	b	c	d
ヘ	-	0	1	2	3	4	5	6	7	8	9	a	b	c	d
ホ	-	0	1	2	3	4	5	6	7	8	9	a	b	c	d

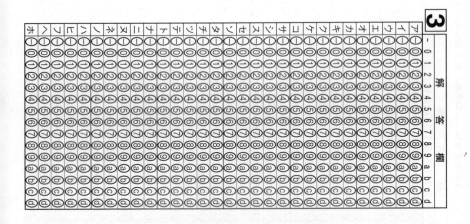

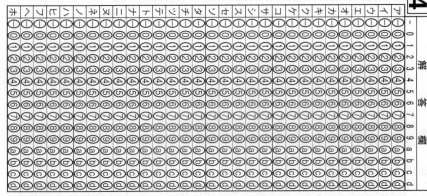

キリトリ線

国語　解答用紙

マーク例

良い例	悪い例
●	⊙ ⊗ ◓ O

受験番号欄				
千位	百位	十位	一位	英字
−	⓪	⓪	⓪	Ⓐ
①	①	①	①	Ⓑ
②	②	②	②	Ⓒ
③	③	③	③	Ⓗ
④	④	④	④	Ⓚ
⑤	⑤	⑤	⑤	Ⓜ
⑥	⑥	⑥	⑥	Ⓡ
⑦	⑦	⑦	⑦	Ⓤ
⑧	⑧	⑧	⑧	Ⓧ
⑨	⑨	⑨	⑨	Ⓨ
−	−	−	−	Ⓩ

フリガナ	
氏　名	

試験場コード	十万位	万位	千位	百位	十位	一位

解答番号	解答欄								
	1	2	3	4	5	6	7	8	9
1	①	②	③	④	⑤	⑥	⑦	⑧	⑨
2	①	②	③	④	⑤	⑥	⑦	⑧	⑨
3	①	②	③	④	⑤	⑥	⑦	⑧	⑨
4	①	②	③	④	⑤	⑥	⑦	⑧	⑨
5	①	②	③	④	⑤	⑥	⑦	⑧	⑨
6	①	②	③	④	⑤	⑥	⑦	⑧	⑨
7	①	②	③	④	⑤	⑥	⑦	⑧	⑨
8	①	②	③	④	⑤	⑥	⑦	⑧	⑨
9	①	②	③	④	⑤	⑥	⑦	⑧	⑨
10	①	②	③	④	⑤	⑥	⑦	⑧	⑨
11	①	②	③	④	⑤	⑥	⑦	⑧	⑨
12	①	②	③	④	⑤	⑥	⑦	⑧	⑨
13	①	②	③	④	⑤	⑥	⑦	⑧	⑨
14	①	②	③	④	⑤	⑥	⑦	⑧	⑨
15	①	②	③	④	⑤	⑥	⑦	⑧	⑨

解答番号	解答欄								
	1	2	3	4	5	6	7	8	9
16	①	②	③	④	⑤	⑥	⑦	⑧	⑨
17	①	②	③	④	⑤	⑥	⑦	⑧	⑨
18	①	②	③	④	⑤	⑥	⑦	⑧	⑨
19	①	②	③	④	⑤	⑥	⑦	⑧	⑨
20	①	②	③	④	⑤	⑥	⑦	⑧	⑨
21	①	②	③	④	⑤	⑥	⑦	⑧	⑨
22	①	②	③	④	⑤	⑥	⑦	⑧	⑨
23	①	②	③	④	⑤	⑥	⑦	⑧	⑨
24	①	②	③	④	⑤	⑥	⑦	⑧	⑨
25	①	②	③	④	⑤	⑥	⑦	⑧	⑨
26	①	②	③	④	⑤	⑥	⑦	⑧	⑨
27	①	②	③	④	⑤	⑥	⑦	⑧	⑨
28	①	②	③	④	⑤	⑥	⑦	⑧	⑨
29	①	②	③	④	⑤	⑥	⑦	⑧	⑨
30	①	②	③	④	⑤	⑥	⑦	⑧	⑨

解答番号	解答欄								
	1	2	3	4	5	6	7	8	9
31	①	②	③	④	⑤	⑥	⑦	⑧	⑨
32	①	②	③	④	⑤	⑥	⑦	⑧	⑨
33	①	②	③	④	⑤	⑥	⑦	⑧	⑨
34	①	②	③	④	⑤	⑥	⑦	⑧	⑨
35	①	②	③	④	⑤	⑥	⑦	⑧	⑨
36	①	②	③	④	⑤	⑥	⑦	⑧	⑨
37	①	②	③	④	⑤	⑥	⑦	⑧	⑨
38	①	②	③	④	⑤	⑥	⑦	⑧	⑨
39	①	②	③	④	⑤	⑥	⑦	⑧	⑨
40	①	②	③	④	⑤	⑥	⑦	⑧	⑨
41	①	②	③	④	⑤	⑥	⑦	⑧	⑨
42	①	②	③	④	⑤	⑥	⑦	⑧	⑨
43	①	②	③	④	⑤	⑥	⑦	⑧	⑨
44	①	②	③	④	⑤	⑥	⑦	⑧	⑨
45	①	②	③	④	⑤	⑥	⑦	⑧	⑨

解答番号	解答欄								
	1	2	3	4	5	6	7	8	9
46	①	②	③	④	⑤	⑥	⑦	⑧	⑨
47	①	②	③	④	⑤	⑥	⑦	⑧	⑨
48	①	②	③	④	⑤	⑥	⑦	⑧	⑨
49	①	②	③	④	⑤	⑥	⑦	⑧	⑨
50	①	②	③	④	⑤	⑥	⑦	⑧	⑨
51	①	②	③	④	⑤	⑥	⑦	⑧	⑨
52	①	②	③	④	⑤	⑥	⑦	⑧	⑨
53	①	②	③	④	⑤	⑥	⑦	⑧	⑨
54	①	②	③	④	⑤	⑥	⑦	⑧	⑨
55	①	②	③	④	⑤	⑥	⑦	⑧	⑨
56	①	②	③	④	⑤	⑥	⑦	⑧	⑨
57	①	②	③	④	⑤	⑥	⑦	⑧	⑨
58	①	②	③	④	⑤	⑥	⑦	⑧	⑨
59	①	②	③	④	⑤	⑥	⑦	⑧	⑨
60	①	②	③	④	⑤	⑥	⑦	⑧	⑨

2025年用

共通テスト

過去問

英数国

解答・解説編

～ CONTENTS ～

英語リーディング
解答・解説

～ CONTENTS ～

試作問題　解答

合計点	/30

問題番号(配点)	設問	解答番号	正解	配点	自己採点
第A問 (18)	1	1	②	3	
	2	2	②	3	
	3	3 – 4	②–⑤	3	
		5	④	3	
	4	6	②	3	
	5	7	②	3	

問題番号(配点)	設問	解答番号	正解	配点	自己採点
第B問 (12)	1	1	①	3	
	2	2	②	3	
	3	3	③	3	
	4	4	①	3	

(注)　-(ハイフン)でつながれた正解は，順序を問わない。

英　語（リーディング）

問●と囲み枠内…正解の根拠となる箇所

第A問

You are working on an essay about whether high school students should be allowed to use their smartphones in class. You will follow the steps below.

Step 1: Read and understand various viewpoints about smartphone use.
Step 2: Take a position on high school students' use of their smartphones in class.
Step 3: Create an outline for an essay using additional sources.

[Step 1] Read various sources

Author A (Teacher)

My colleagues often question whether smartphones can help students develop life-long knowledge and skills. I believe that they can, as long as their use is carefully planned. Smartphones support various activities in class that can enhance learning. 問1(A) Some examples include making surveys for projects and sharing one's learning with others. Another advantage is that we do not have to provide students with devices; they can use their phones! Schools should take full advantage of students' powerful computing devices.

Author B (Psychologist)

問2 It is a widespread opinion that smartphones can encourage student learning. 問3(B2) Being believed by many, though, does not make an opinion correct. A recent study found that when high school students were allowed to use their smartphones in class, it was impossible for them to concentrate on learning. In fact, even if students were not using their own smartphones, 問3(B1) seeing their classmates using smartphones was a distraction. It is clear that schools should make the classroom a place that is free from the interference of smartphones.

Author C (Parent)

I recently bought a smartphone for my son who is a high school student. This is because his school is located far from our town. He usually leaves home early and returns late. Now, he can contact me or access essential information if he has trouble. On the other hand, I sometimes see him walking while looking at his smartphone. If he is not careful, he could have an accident. Generally, I think that high school students are safer with smartphones, but parents still need to be aware of the risks. I also wonder how he is using it in class.

Author D (High school student)

問1(D) At school, we are allowed to use our phones in class. It makes sense for our school to permit us to use them because most students have smartphones. During class, we make use of foreign language learning apps on our smartphones, which is really helpful to me. I am now more interested in learning than I used to be, and my test scores have improved. The other day, though, my teacher got mad at me when she caught me reading online comics in class. Occasionally these things happen, but overall, smartphones have improved my learning.

【語句・表現】

[Step 1]

l. 4 as long as...　…する限りは

l. 5 enhance 他 ～を高める，向上させる

l. 9 psychologist 名 心理学者

*l.*14 distraction 名 気を散らすもの，こと

*l.*15 interference 名 じゃま；干渉

*l.*18 be located　位置する

*l.*29 occasionally 副 時折

*l.*29 overall 副 概して

Author E (School principal)

Teachers at my school were initially skeptical of smartphones because they thought students would use them to socialize with friends during class. Thus, we banned them. As more educational apps became available, however, we started to think that smartphones could be utilized as learning aids in the classroom. Last year, we decided to allow smartphone use in class. Unfortunately, we did not have the results we wanted. 問3(E) We found that smartphones distracted students unless rules for their use were in place and students followed them. This was easier said than done, though.

*l.*31 skeptical 形 懐疑的な

*l.*34 utilize 他 ～を利用する

*l.*36 in place （法律などが）整って

[Step 2] Take a position

Your position: High school students should not be allowed to use their smartphones in class.

- Authors [3] and [4] support your position.
- The main argument of the two authors: [5] .

[Step 3] Create an outline using Sources A and B

Outline of your essay:

Using smartphones in class is not a good idea

Introduction

Smartphones have become essential for modern life, but students should be prohibited from using their phones during class.

Body

Reason 1: [From Step 2]

Reason 2: [Based on Source A] ……… [6]

Reason 3: [Based on Source B] ……… [7]

Conclusion

High schools should not allow students to use their smartphones in class.

[Step 3]

l. 5 prohibit 他 ～を禁止する

Source A

Mobile devices offer advantages for learning. For example, one study showed that university students learned psychology better when using their interactive mobile apps compared with their digital textbooks. Although the information was the same, extra features in the apps, such as 3D images, enhanced students' learning. It is important to note, however, that digital devices are not all equally effective. Another study found that students understand content better using their laptop computers rather than their smartphones because of the larger screen size. 問4 Schools must select the type of digital device that will maximize students' learning, and there is a strong argument for schools to provide computers or tablets rather than to have students use their smartphones. If all students are provided with computers or tablets with the same apps installed, there will be fewer technical problems and it will be easier for teachers to conduct class. This also enables students without their own smartphones to participate in all class activities.

*l.*15 interactive 形 相互に作用する

*l.*24 conduct class 授業を行う

*l.*24 participate in ～ ～に参加する

Source B

A study conducted in the U.S. found that numerous teenagers are addicted to their smartphones. The study surveyed about 1,000 students between the ages of 13 and 18. The graph below shows the percentages of students who agreed with the statements about their smartphone use.

*l.*27 addicted 形 依存している；中毒な

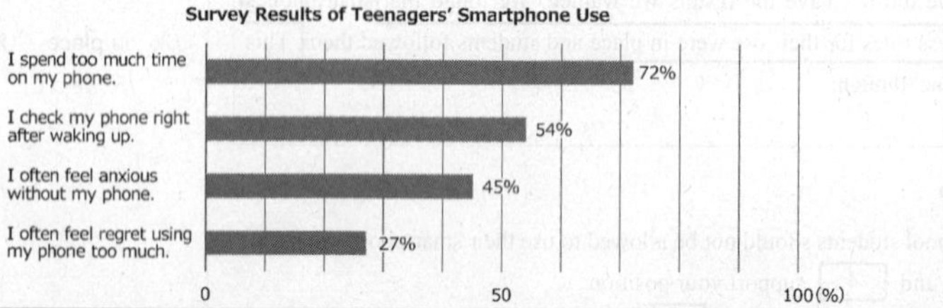

◆全訳◆

あなたは，高校生が授業中にスマートフォンを使用することを許されるべきかどうかに関するエッセイに取り組んでいます。以下の手順に従います。

ステップ1：スマートフォン使用に関するさまざまな見解を読んで理解する。

ステップ2：授業中における高校生のスマートフォン使用に対しての立場を明確にする。

ステップ3：追加の資料を用いてエッセイの概要を作成する。

［ステップ1］さまざまな資料を読む

筆者A（教師）

私の同僚はよく，スマートフォンは生徒が生涯に渡る知識や技能を身に付けるのに役立つだろうかと疑問視しています。私はスマートフォンの使用が慎重に練られたものなら，それは可能だと信じています。スマートフォンは学習を向上させるさまざまな授業中の活動を支えてくれます。例えばプロジェクトのための調査を行ったり，学んだことを他の人たちと共有したりといったことなどです。問1(A) 他にも生徒に機器を提供する必要がないのも利点です。生徒は自分のスマートフォンを使えばいいのですから！ 学校は生徒が持つ強力なコンピューター機器を最大限に活用するべきです。

筆者B（心理学者）

スマートフォンが生徒の学習を促すことは，広く受け入れられている意見です。問2 しかし多くの人に信じられているからといって，意見が正しいということにはなりません。最近の研究では，問3(B2) 高校生が授業中にスマートフォンの使用を認められていると，生徒が学習に集中できないということがわかりました。実際，生徒は自分のスマートフォンを使っていない場合でも，クラスメートがスマートフォンを使うのを見ると気が散っていました。問3(B1) 学校は，教室をスマートフォンに邪魔されない場所にするべきだということは明らかです。

筆者C（親）

最近，私は高校生の息子にスマートフォンを買ってやりました。息子の学校は私たちの町から遠くにあるからです。息子は普段，早く家を出て遅くに帰ってきます。今は困ったことがあれば，私に連絡したり必要な情報にアクセスしたりすることができます。一方で，彼がスマートフォンを見ながら歩いているのを見ることがあります。油断すると事故に遭うかもしれません。全般的に，高校生はスマートフォンがあるほうが安全だと思いますが，親はリスクにも配慮する必要があります。授業でどのように使っているかも気になります。

筆者D（高校生）

学校で，私たちは授業中のスマートフォンの使用を許されています。問1(D) ほとんどの生徒がスマートフォンを持っているので，学校が私たちに使用を認めるのは理にかなっています。授業中に私たちはスマートフォンで外国語学習アプリを使い，それは本当に私の役に立っています。以前より学習への興味が強くなりテストの成績も上がりました。でも，先日私が授業中にオンライン漫画を読んでいるのを見つけて，先生が激怒しました。たまにこういうことが起こりますが，概ねスマートフォンは私の学習を向上させてくれています。

筆者E（学校長）

我が校の教師たちは当初はスマートフォンに懐疑的でした。生徒が授業中にスマートフォンを友達と連絡を取り合うために使うだろうと考えたからです。そのため私たちはスマートフォンを禁止しました。けれども，入手できる教育的アプリが増えるにつれ，スマートフォンを教室で学習を補助するものとして利用できると思い始めました。昨年，私たちは授業中のスマートフォン使用を許すことにしました。残念なことに，望んだ結果にはなりませんでした。問3(E) スマートフォン使用に関するルールを整え，それを生徒が守らない限り，スマートフォンは生徒の気を散らせることがわかったのです。しかし，これは言うは易し行うは難しです。

［ステップ2］：立場を決める

あなたの立場：高校生は授業中にスマートフォンを使用することを許されるべきではない。

・筆者 3 と 4 があなたの立場をサポートする。

・筆者２人の主な論拠： 5 。

［ステップ3］：資料AとBを用いて概要を作成する

あなたのエッセイの概要：

授業中のスマートフォン使用は得策ではない

導入

スマートフォンは現代の生活では欠かせないものになっているが，生徒は授業中にスマートフォンを使うことを禁じられるべきだ。

本論

理由１：［ステップ２より］

理由２：［資料Aに基づいて］ 6

理由３：［資料Bに基づいて］ 7

結論

高校は生徒に授業中のスマートフォン使用を許すべきではない。

資料A

モバイル機器は学習に有利である。例えばある研究では，大学生はデジタル教科書と比べると双方向のモバイルアプリを使った時のほうが心理学をよく学べることが明らかになった。情報が同じでも，アプリの3D画像のような追加機能が学生の学習を向上させたのだ。しかし，デジタル機器がすべて同じように効果的なわけではないと注意することが大切だ。別の研究では，学生はスマートフォンよりノートパソコンを使うほうが，大きい画面サイズのおかげでよりしっかりと内容を理解することがわかった。問4 学校は生徒の学習の成果を最大化するデジタル機器の種類を選ぶべきで，学校は生徒に個人のスマートフォンを使わせるのではなく，パソコンかタブレットを提供するべきだという強い主張がある。もし同じアプリがインストールされたパソコンかタブレットがすべての生徒に提供されたら，技術的な問題は少なくなり，教師が授業を行うのも楽になるだろう。これによりスマートフォンを持っていない生徒もすべての授業活動に参加できるようになる。

資料B

アメリカで行われた研究で，非常に多くの10代がスマートフォン中毒になっていることがわかった。その研究では13歳から18歳の約1,000人の生徒について調査した。下のグラフはスマートフォン使用に関する記述に当てはまると答えた生徒の割合を示している。

（グラフタイトル：10代のスマートフォン使用の調査結果）

（グラフ項目：私はスマートフォンに時間を使い過ぎる。／私は起きてすぐにスマートフォンをチェックする。／私はスマートフォンがないと不安になることがよくある。／私はスマートフォンを使い過ぎて後悔することがよくある。）

◆解説◆

問1　1　❷

「筆者ＡとＤはどちらも［ 1 ］と述べている。」

①「スマートフォンの学習用アプリは試験で生徒がよい成績をとるのに役立つことがある」≫筆者Ｄのみ該当。Ａは試験についてはふれていない。

❷「教育ツールとしてスマートフォンを使用する理由の１つは，ほとんどの生徒が所有しているということである」

③「スマートフォンは学校と家庭の両方で学習活動を支援するのに使うことができる」≫家庭での学習についてはＡ，Ｄ共に言及なし。

④「スマートフォンは生徒が自分の考えをクラスメートと共有することを可能にする」≫筆者Ａのみ該当。

本文・全訳の**問1(A)**，**問1(D)**にあるように，両者とも生徒が自分のスマートフォンを使用できることを利点として挙げている。正解は❷。

問2　2　❷

「筆者Ｂは［ 2 ］と暗示している。」

①「デジタル機器から離れる時間を持つことは，生徒の学習意欲の妨げとなる」≫逆。スマートフォンを使用することで学習に集中できなくなると言っている。

❷「広く信じられていることが，研究が明らかにする事実とは異なることが時にある」

③「スマートフォンを持っていない生徒は自分たちのほうがいい学習者だと思いがちである」≫本文にない。

④「教室は生徒が教師の干渉を受けずに学習できる場であるべきだ」≫スマートフォンの干渉については言及があるが，教師の干渉については本文にない。

本文・全訳の**問2**と❷はほぼ同じことを言っている。**問2**の前で，広く受け入れられている意見にふれ，後ろでは研究の結果がそれとは異なることが紹介されている。❷が正解。

問3　3，4　❷，❺（順不同）　5　❹

「あなたはさまざまな見解を理解したので，高校生が授業中にスマートフォンを使うことへの立場を決め，以下のように書いた。［ 3 ］，［ 4 ］，［ 5 ］を完成させるのに最も適当な選択肢を選びなさい。」

「［ 3 ］，［ 4 ］の選択肢（順不同）」

①「Ａ」≫慎重に計画されれば授業中のスマートフォン使用は役立つ。デバイスとして生徒自身のスマートフォンを利用できるのも利点。

❷「Ｂ」≫スマートフォンを使うと生徒は学習に集中できない。

③「Ｃ」≫スマートフォンがあるとより安全だがリスクに配慮も必要。

④「Ｄ」≫多くの生徒がスマートフォンを持っている。学習アプリは効果がある。

❺「Ｅ」≫有用なアプリが増えたので使用を許可したが，望んだ結果になっていない。ルールによる管理が必要。

授業中のスマートフォン使用に反対する立場の意見を選ぶ。筆者Ｂは本文・全訳の**問3(B1)**で教室でのスマートフォンの使用に強く反対している。筆者Ｅはスマートフォン使用を認めたところ，望んだような結果にはなっておらず，**問3(E)**でルールが必要だと述べている。現在はスマートフォン使用に反対の立場だと考えられる。筆者Ａ，Ｄは授業中のスマートフォン使用に賛成の立場，筆者Ｃは授業中の使用については賛否を述べていない。正解は❷と❺。

「［ 5 ］の選択肢」

①「授業中のスマートフォン使用についての実践的なルールを作ることは教師には難しい」≫Ｅのみの意見。ルールについてＢは言及していない。

②「教育アプリは使うのが難しいので，スマートフォンは学習の妨げになるかもしれない」≫どちらもアプリを使うのが難しいとは述べていない。

③「スマートフォンは，教室での学習用ではなくコミュニケーションのために設計された」≫本文にない。

❹「生徒は授業中スマートフォンにアクセスできる限り，勉強に集中することができない」

筆者Ｂ，Ｅに共通する主張を選択する。本文・全訳の**問3(B2)**，**問3(E)**ではどちらも生徒が学習に集中できないことを問題にしている。❹が正解である。

問4　6　❷

「資料Ａに基づき，理由２として最も適当なものは次のうちどれか。」［ 6 ］

①「3D画像を表示するアプリは学習には欠かせないが，すべての学生が自分のスマートフォンにそのアプリを入れているわけではない。」≫3D画像アプリが欠かせないとは書かれていない。

❷「ある種のデジタル機器は教育的効果を向上させることができるが，スマートフォンは最良ではない。」

③「生徒は大学に備えて，スマートフォンだけでなく他の機器でもデジタル技能を獲得するべきだ。」≫大学に備えるという話題は資料Aにない。

④「心理学研究では学習におけるデジタル機器のよい効果は示していないので，教科書にこだわるべきだ。」≫デジタル機器の効果が最初の3文で紹介されている。

前半ではモバイル機器とアプリが学習に効果的である例を挙げ，後半ではスマートフォンよりノートパソコンやタブレットのほうがよい理由が挙げられている。本文・全訳の**問4**から，最適なデジタル機器を選ぶべきだと主張していることがわかる。❷が正解。

問5　7　❷

「理由3として，あなたは『若い学生はスマートフォン中毒の危険に直面している』と書くことにした。資料Bに基づき，この意見を最もよくサポートする選択肢はどれか。」 7

①「半数より多くの10代がスマートフォンを使い過ぎると報告しているが，実際にそれを後悔しているのは4分の1未満である。これは依存症の問題に気づいていないことを示しているのかもしれない。」≫72%は「半数より多く」と言うには多く，後悔しているのは27%で4分の1より多い。

❷「4分の3近くの10代がスマートフォンに時間を使い過ぎている。実際，50%より多くが起きてすぐスマートフォンをチェックしている。多くの10代がスマートフォン使用を我慢できない。」

③「70%より多くの10代が自分はスマートフォンに時間を使い過ぎると考えており，半数より多くがスマートフォンがないと不安だと感じている。この種の依存は日常生活に悪影響を与えることがある。」≫スマートフォンがないと不安な人は45%で「半数より多く」ではない。

④「10代は常にスマートフォンを使っている。実際4分の3より多くがスマートフォンを使い過ぎていることを認めている。彼らの生活は朝から晩までスマートフォンに支配されている。」≫スマートフォンを使い過ぎているのは72%で「4分の3より多く」はない。最後の「朝から晩まで」はグラフからも説明文からも読み取れない。

選択肢❷の第1文はグラフの第1項目に一致し，第2文は第2項目に一致する。グラフの各項目及び説明の第1文より，多くの10代がスマートフォンに依存していることがわかる。❷が正解である。

【設問・選択肢の語句・表現】

問1 ② possess 他 ～を所有している

問3 now that ... （いまや）…だから

問5 addiction 名 中毒

問5 ② resist 他 ～を我慢する

問5 ③ dependence 名 依存（症）

第B問

In English class you are writing an essay on a social issue you are interested in. This is your most recent draft. You are now working on revisions based on comments from your teacher.

Eco-friendly Action with Fashion	Comments
Many people love fashion. Clothes are important for self-expression, but fashion can be harmful to the environment. In Japan, about 480,000 tons of clothes are said to be thrown away every year. This is equal to about 130 large trucks a day. We need to change our "throw-away" behavior. This essay will highlight three ways to be more sustainable.	
First, when shopping, avoid making unplanned purchases. 問1(1) According to a government survey, approximately 64% of shoppers 問1(2) do not think about what is already in their closet. (1) ^ So, try to plan your choices carefully when you are shopping.	(1) *You are missing something here. Add more information between the two sentences to connect them.*
問2(1) In addition, purchase high-quality clothes which usually last longer. Even though the price might be higher, it is good value when 問2(2) an item can be worn for several years. (2) ^ Cheaper fabrics can lose their color or start to look old quickly, so they need to be thrown away sooner.	(2) *Insert a connecting expression here.*
問3(1) Finally, (3) think about your clothes. For example, sell them to used clothing stores. That way other people can enjoy wearing them. 問3(2) You could also donate clothes to a charity for people who need them. 問3(3) Another way is to find a new purpose for them. There are many ways to transform outfits into useful items such as quilts or bags.	(3) *This topic sentence doesn't really match this paragraph. Rewrite it.*
In conclusion, it is time for a lifestyle change. From now on, 問4(1) check your closet before you go shopping, (4) select better things, 問4(2) and lastly, give your clothes a second life. In this way, we can all become more sustainable with fashion.	(4) *The underlined phrase doesn't summarize your essay content enough. Change it.*

Overall Comment:
Your essay is getting better. Keep up the good work. (Have you checked your own closet? I have checked mine! ☺)

【語句・表現】

- l. 4 self-expression 名 自己表現
- l. 5 harmful 形 有害な
- l. 8 highlight 他 ～を強調する
- l. 9 sustainable 形 持続可能な
- l.10 purchase 名 購入
  l.14は 他 ～を購入する
- l.16 fabric 名 布地
- l.21 donate 他 ～を寄付する
- l.23 outfit 名 衣装
- l.23 quilt 名 キルト

◆全訳◆

英語の授業で，あなたは興味のある社会問題に関するエッセイを書いています。これはあなたの最新の草稿です。今は先生からのコメントをもとに，推敲に取り組んでいるところです。

ファッションで環境に配慮した行動を

多くの人はファッションが大好きである。服は自己表現に大切だが，ファッションは環境に対して害となることがある。日本では毎年約48万トンの衣類が捨てられると言われている。これは1日あたり大型トラック約130台分に相当する。私たちは「捨てる」行動を変える必要がある。このエッセイではより持続可能であるための3つの方法に力点を置く。

第一に，買い物をする時は無計画な購入を避けよう。政府の調査によると，問1(1) およそ64％の買い物客は何がすでに自分のクローゼットにあるかについて考えない。(1) 1 問1(2) だから，買い物をする時は選択を慎重に計画しよう。

次に，より長持ちすることの多い 問2(1) 高品質の服を買おう。値段は高いかもしれないが，何年間も着ることができる物なら価値がある。(2) 2 問2(2) 安めの生地は，すぐに色落ちしたり古びて見え始めたりするので，より早く捨てなければならなくなる。

最後に，(3) 自分の服について考えよう。例えば，問3(1) それらを古着屋に売ろう。そうすれば別の人たちがその服を着て楽しむことができる。衣類を必要とする人々のために 問3(2) 慈善活動に服を寄付することもできるだろう。問3(3) 衣類の新しい使い道を見つけるというやり方もある。衣装をキルトやバッグのような役立つ品に変える多くの方法がある。

結論として，今，生活スタイルを変える時なのだ。これからは，問4(1) 買い物に行く前にクローゼットをチェックし，(4) より良いものを選び，最後は 問4(2) 自分の服に第2の使い道を与えよう。このようにして，私たちはみなファッションでより持続可能になることができる。

コメント

(1) ここに何か足りません。2つの文をつなぐために，間にさらに情報を追加しなさい。
(2) ここに接続表現を挿入しなさい。
(3) この主題文はこの段落にあまり合っていません。書き直しなさい。
(4) 下線部の表現はあなたのエッセイの内容を十分に要約していません。変更しなさい。

総合的なコメント

あなたのエッセイは良くなってきました。この調子でがんばってください。(あなたは自分のクローゼットをチェックしましたか？　私は自分のクローゼットをチェックしましたよ！ ☺)

◆解説◆

問1 1 ❶

「コメント(1)に基づいて，付け加えるのに最も適当な文はどれか。」 1

❶「結果として，人々は必要のない多くの似た品物を買う。」

②「このため，客は服の買い物を楽しむことができない。」**≫後ろの文にうまくつながらない。**

③「このため，店員は客が必要とするものを知りたがる。」**≫店員の話題は出ていない。**

④「この状況では，客は買い物に出かけるのを避けがちだ。」**≫後ろの文にうまくつながらない。**

(1) の前後の内容を確認する。問1(1) では「何がすでにクローゼットにあるかについて考えない」，つまり自分の持っている服を考慮しないということが書かれており，問1(2) では「だから，買い物をする時は選択を慎重に計画しよう」と続く。So で始まる 問1(2) は，挿入する文を受けた内容となるはずで，❶を入れれば前後がうまくつながる。❶が正解。

問2 2 ❷

「コメント(2)に基づいて，付け加えるのに最も適当な表現はどれか。」 2

①「例えば」

❷「対照的に」

③「それにもかかわらず」

④「したがって」

問2(1) では「高品質の服」について，問2(2)

では「安めの生地」について述べている。対照的な物を比較する時，間に入れる接続表現として最も適当なのは❷である。

問3　3　❸

「コメント(3)に基づいて，主題文を書き換えるのに最も適当なものはどれか。」 3

①「新しい服を買うのを減らそう」≫他の段落で「服を慎重に選ぶ」よう言及しているが，この段落の主題ではない。

②「古い服を処分しよう」≫捨てずに有効活用する方法を提案している。

❸「服を再利用する方法を見つけよう」

④「いらない服をただであげよう」≫あげる以外の方法も提案しているので主題とは言えない。

主題文（topic sentence）は，その段落の内容を端的に表した文である。主題文のあとに具体例が3つ挙げられている。**問3(1)**「古着屋に売る」，**問3(2)**「寄付する」，**問3(3)**「衣類の新しい使い道を見つける」とあり，これらはすべて服の再利用の方法だから，❸が正解。

問4　4　❶

「コメント(4)に基づいて，どれが最も適当な代替文か。」 4

❶「元の状態を保つ〔長持ちする〕品を買おう」

②「高くないおしゃれな服を選ぼう」≫高くても長持ちする服を勧めている。

③「変えることができる品を選ぼう」≫他の品に変えることは提案しているが，それを考慮して買うことには言及していない。

④「古着を買おう」≫古着屋に売ることは提案しているが，古着を買うことは書いていない。

最後の段落は全体のまとめである。第1段落で提示された3つの案が第2，3，4段落で1つずつ説明されており，第2段落で述べている1つめのやり方は**問4(1)**，第4段落で述べている3つめは**問4(2)**にあたる。代替文には第3段落で述べている2つめの提案，高くても長く着られる「高品質の服を買おう」に関する内容を入れるのが適当。正解は❶。

【設問・選択肢の語句・表現】

問3 ② dispose of ～　～を処分する

問3 ④ give ～ away　～（物）をただでやる

問4 replacement 名 代わりとなるもの

2024 本試　解答

第1問小計	第2問小計	第3問小計	第4問小計	第5問小計	第6問小計	合計点
						／100

問題番号（配点）	設問		解答番号	正解	配点	自己採点
第1問（10）	A	1	1	④	2	
		2	2	①	2	
	B	1	3	④	2	
		2	4	③	2	
		3	5	①	2	
第2問（20）	A	1	6	①	2	
		2	7	②	2	
		3	8	①	2	
		4	9	④	2	
		5	10	②	2	
	B	1	11	①	2	
		2	12	①	2	
		3	13	①	2	
		4	14	③	2	
		5	15	②	2	
第3問（15）	A	1	16	②	3	
		2	17	②	3	
	B	1	18	①	3※	
			19	②		
			20	③		
			21	④		
		2	22	③	3	
		3	23	②	3	

問題番号（配点）	設問		解答番号	正解	配点	自己採点
第4問（16）	1		24	③	3	
	2		25	④	3	
	3		26	④	3	
	4		27	⑤	2	
			28	④	2	
	5		29	③	3	
第5問（15）	1		30	④	3※	
			31	⑤		
			32	①		
			33	②		
	2		34	②	3	
	3		35	①	3※	
			36	②		
	4		37	③	3	
	5		38	②	3	
第6問（24）	A	1	39	⑥	3※	
			40	②		
		2	41	①	3	
		3	42	③	3	
		4	43	①	3	
	B	1	44	④	2	
		2	45	④	2	
		3	46 ～ 47	②-③	3※	
		4	48	③	3	
		5	49	⑤	2	

（注）1　※は，全部正解の場合のみ点を与える。
2　-（ハイフン）でつながれた正解は，順序を問わない。

問●と囲み枠内…正解の根拠となる箇所

第1問A

第1問 （配点 10）

A You are studying English at a language school in the US. The school is planning an event. You want to attend, so you are reading the flyer.

The Thorpe English Language School

International Night

Friday, May 24, 5 p.m.-8 p.m.

Entrance Fee: $5

The Thorpe English Language School (TELS) is organizing an international 問1 exchange event. TELS students don't need to pay the entrance fee. Please present your student ID at the reception desk in the Student Lobby.

- **Enjoy foods from various parts of the world**
  Have you ever tasted hummus from the Middle East? How about tacos from Mexico? Couscous from North Africa? Try them all!
- **Experience different languages and new ways to communicate**
  Write basic expressions such as "hello" and "thank you" in Arabic, Italian, 問2 Japanese, and Spanish. Learn how people from these cultures use facial expressions and their hands to communicate.
- **Watch dance performances**
  From 7 p.m. watch flamenco, hula, and samba dance shows on the stage! After each dance, performers will teach some basic steps. Please join in.

Lots of pictures, flags, maps, textiles, crafts, and games will be displayed in the hall. If you have some pictures or items from your home country which can be displayed at the event, let a school staff member know by May 17!

【語句・表現】

l. 2 flyer 名 チラシ

l. 14 expression 名 表現

l. 15 facial expression 表情

l. 21 craft 名 工芸品

◆全訳◆

A あなたはアメリカの語学学校で英語を勉強しています。学校はイベントを計画しています。あなたは参加したいので，チラシを読んでいます。

ソープ英語学校

インターナショナルナイト

5月24日（金）午後5時～8時

入場料：5ドル

ソープ英語学校（TELS）が国際交流イベントを企画しています。TELSの学生は入場料を支払う必要はありません。問1 学生ロビー内受付にて学生証を提示してください。

●世界のさまざまな地域の料理を楽しもう

中東のフムスを食べたことがありますか？ メキシコのタコスは？ 北アフリカのクスクスは？ 全部食べてみてください！

●いろいろな言語や新しいコミュニケーション方法を体験しよう

アラビア語，イタリア語，日本語，スペイン語の "hello" や "thank you" などの基本的な表現を書いてみよう。

問2 これらの文化を背景にする人々が，コミュニケーションをとるのに表情や手をどのように使うか知ろう。

●ダンス公演を見よう

午後７時からは，ステージでのフラメンコ，フラ，サンバのダンスショーをご覧ください！ 各ダンス終了後，出演者が基本的なステップを教えます。参加してください。

会場にはたくさんの写真，旗，地図，織物，工芸品，ゲームなどが展示されます。イベントで展示できる自国の写真や品物をお持ちの方は，５月17日までに学校スタッフにお知らせください！

◆解説◆

問1 1 ❹

「このイベントに無料で参加するには，1 なければならない。」

①「自国の写真を持参し」≫無料参加の条件ではない。

②「展示についてスタッフに相談し」≫本文にない。

③「学生ロビーで申し込み用紙に記入し」≫本文にない。

❹「TELS の学生である証拠を見せ」

本文・全訳の**問1**の present your student ID（学生証を提示する）は show proof that you are a TELS student（TELS の学生である証拠を見せる）と言い換えられるので，❹が正解。

問2 2 ❶

「イベントでは 2 することができる。」

❶「さまざまな文化のジェスチャーを学ぶ」

②「ダンス競技会に参加する」≫ダンスの講習に参加することはできるが，競技会とは言っていない。

③「外国語で短い物語を読む」≫本文にない。

④「国際色豊かな料理を作ってみる」≫調理はしない。

本文・全訳の**問2**から❶が正解。facial expressions and their hands to communicate（コミュニケーションをとるための表情や手振り）を gestures（ジェスチャー）と言い換えている。

【設問・選択肢の語句・表現】

問1 ❹ proof 名 証拠

問2 ❶ gesture 名 身ぶり，ジェスチャー

問2 ② participate in ～　～に参加する

第１問Ｂ

B　You are an exchange student in the US and next week your class will go on a day trip. The teacher has provided some information.

Tours of Yentonville

The Yentonville Tourist Office offers three city tours.

The History Tour

The day will begin with a visit to St. Patrick's Church, which was built when the city was established in the mid-1800s.
問3② Opposite the church is the early-20th-century Mayor's House.
問2(1) There will be a tour of the house and its beautiful garden.
問3③ Finally, cross the city by public bus and visit the Peace Park. Opened soon after World War II, it was the site of many demonstrations in the 1960s.

【語句・表現】

l.7 establish 他 ～を設立する

l.8 mayor 名 市長

l.11 demonstration 名 デモ

The Arts Tour

問1 The morning will be spent in the Yentonville Arts District. We will begin in the Art Gallery where there are many paintings from Europe and the US. After lunch, enjoy a concert across the street at the Bruton Concert Hall before walking a short distance to the Artists' Avenue. This part of the district was 問3④ developed several years ago when new artists' studios and the 問2(2) nearby Sculpture Park were created. Watch artists at work in their studios and afterwards wander around the park, finding sculptures among the trees.

The Sports Tour

問2(3) First thing in the morning, you can watch the Yentonville Lions football team training at their open-air facility in 問3① the suburbs. In the afternoon, travel by subway to the 問2(4) Yentonville Hockey Arena, completed last fall. Spend some time in its exhibition hall to learn about the arena's unique design. Finally, enjoy a professional hockey game in the arena.

Yentonville Tourist Office, January, 2024

l.17 avenue 名 通り
l.20 wander 自 歩き回る
l.23 facility 名 施設
l.24 suburb 名 郊外
l.24 subway 名 地下鉄
l.27 unique 形 ユニークな

◆全訳◆

B　あなたはアメリカにいる交換留学生で，来週あなたのクラスは日帰り旅行に出かけます。先生がいくつかの情報を提供してくれました。

イェントンビルツアー

イェントンビル観光局は，３つの市内ツアーを提供しています。

歴史ツアー

この日は最初に聖パトリック教会を訪れます。この教会は1800年代半ばに市が制定された時に建てられました。教会の向かいには，問3② 20世紀初期の市長の家があります。問2(1) 邸宅とその美しい庭のツアーがあります。最後に，公共バスで市内を横断し，平和公園を訪れます。問3③ 第二次世界大戦直後に開園し，1960年代には多くのデモが行われた場所です。

芸術ツアー

問1 午前はイェントンビル芸術地区で過ごします。ヨーロッパやアメリカの絵画が多数あるアートギャラリーから始めます。昼食後，通りの向かいの，ブルトンコンサートホールでコンサートを楽しんだあと，短い距離を歩いてアーティスト通りへ移動します。地区のこの場所は，問3④ 数年前に新しい芸術家の工房と近くの彫刻公園が作られた時に開発されました。問2(2) 芸術家たちが工房で制作している様子を見学し，その後公園を散策して木々の間にある彫刻を見つけましょう。

スポーツツアー

朝いちばんに，問2(3) 郊外の屋外施設でイェントンビル・ライオンズ・フットボールチームが練習しているのを見ることができます。午後は，問3① 昨年秋に完成したイェントンビル・ホッケーアリーナへ地下鉄で移動します。問2(4) アリーナの展示ホールで，アリーナのユニークなデザインについて学ぶ時間を過ごしましょう。最後にアリーナでプロホッケーの試合を楽しみましょう。

イェントンビル観光局，2024年１月

◆解説◆

問1　3　❹

「イェントンビルには[3]がある。」

①「250年前に市が構築された時に建てられた教会」≫**市と教会ができたのは250年前ではない。**

②「町の中心部にあるユニークなサッカー練習場」
≫**中心部ではなく郊外にある。**

③「訪問者がオリジナル作品を制作できる芸術工房」≫**訪問者が制作できるとは書かれていない。**

❹**「アートギャラリーとコンサートホールの両方がある芸術地区」**

本文・全訳の**問1**に書かれているように，芸術地区にはアートギャラリーとコンサートホールがあるので，❹が正解。

問2　4　❸

「3つすべてのツアーで[4]だろう。」

①「市の歴史的な出来事について学ぶ」≫**歴史ツアーのみ**

②「人々が自分の技術を実演しているのを見る」
≫**歴史ツアーにはない。**

❸**「屋内と屋外の両方で過ごす」**

④「あちこち移動するのに公共交通機関を使う」
≫**芸術ツアーでは使わない。**

本文・全訳の**問2(1)**，**問2(2)**，**問2(3)**，**問2(4)**に書かれているように，どのツアーにも屋内と屋外での見学が含まれるので❸が正解。

問3　5　❶

「ツアーで訪ねることができる，イェントンビルの最新の場所はどこか。」[5]

❶**「ホッケーアリーナ」**

②「市長の家」≫**20世紀初頭に建てられた。**

③「平和公園」≫**第二次世界大戦直後にできた。**

④「彫刻公園」≫**数年前にできた。**

本文・全訳の**問3①**，**問3②**，**問3③**，**問3④**から，昨年秋にできたホッケーアリーナがいちばん新しいので❶が正解。

【設問・選択肢の語句・表現】

問1 ① construct 他 ～を構築する
問2 ② demonstrate 他 ～を実演する
問2 ④ public transportation　公共交通機関

第2問A

第2問 (配点 20)

A You are an exchange student at a high school in the UK and find this flyer.

Invitation to the Strategy Game Club

Have you ever wanted to learn strategy games like chess, *shogi*, or *go*? They are actually more than just games. You can learn skills such as thinking logically and deeply without distractions. Plus, these games are really fun! This club is open to all students of our school. Regardless of skill level, you are welcome to join.

問4(1)　問1(1)

We play strategy games together and. . .

- learn basic moves from demonstrations by club members
- play online against club friends

【語句・表現】

l. 1 flyer 名 チラシ
l. 2 strategy 名 戦略
l. 5 logically 副 論理的に
l. 5 distraction 名 注意散漫
l. 9 demonstration 名 実演

- share tips on our club webpage 問2③ 問5(1)
- 問2④ learn the history and etiquette of each game
- analyse games using computer software
- 問2① participate in local and national tournaments

Regular meetings: Wednesday afternoons in Room 301, Student Centre

---

Member Comments

問4(2) – My mind is clearer, calmer, and more focused in class.

問3 – It's cool to learn how some games have certain similarities.

問5(2) – At tournaments, I like discussing strategies with other participants. 問2③

– Members share Internet videos that explain practical strategies for chess.

– It's nice to have friends who give good advice about *go*.

問1(2) – I was a complete beginner when I joined, and I had no problem!

l.13 analyse〈英〉他 ～を分析する

l.17 focused 形 (精神的に) 集中した

l.19 participant 名 参加者

l.20 practical 形 実用的な

◆全訳◆

A あなたは英国の高校の交換留学生で，このチラシを見つけました。

戦略ゲームクラブへのお誘い

チェスや将棋，囲碁などの戦略ゲームを習いたいと思ったことはありませんか？ 実はこれらは単なるゲームを超えたものです。問4(1) 注意散漫にならず 論理的に深く考えるような技術を学ぶことができます。さらに，これらのゲームは本当におもしろいです！ このクラブには本校の全生徒が参加できます。問1(1) 技術レベルに関係なく，参加を歓迎します。

一緒に戦略ゲームをして…

●部員による実演で基本的な動きを学びます

●オンラインでクラブの友だちと対戦します

●問2③ 問5(1) クラブのウェブページでコツを共有します

●問2④ 各ゲームの歴史や礼儀作法を学びます

●コンピュータソフトを使ってゲームを分析します

●問2① 地元や全国的なトーナメントに参加します

定例会：水曜日午後，学生センター301号室

部員のコメント

- 問4(2) 以前より頭が冴え，落ち着き，授業に一層集中できます。

- 問3 ゲームにどのような共通点があるのかを学ぶのが素晴らしい。

問5(2) - トーナメントで，他の参加者と戦略を議論するのが好きです。

- 問2③ チェスの実践的な戦略を説明するインターネットの動画を部員が共有しています。

- 囲碁について良いアドバイスをしてくれる友人がいるのがよいです。

- 問1(2) 入会した時はまったくの初心者でしたが，何の問題もありませんでした！

◆解説◆

問1 6 ❶

「チラシによると，このクラブについて正しいのはどれか。」 6

❶「まったくの初心者が歓迎される。」

②「部員はコンピュータのプログラムを編集する。」
≫本文にない。

③「プロのプレイヤーが正式な実演をする。」**≫実演するのは部員。**

④「他校の生徒が参加できる。」**≫本文にない。**

本文・全訳の 問1(1)，問1(2) に書かれているように，初心者も入部できるので❶が正解。

問2 7 ❷

「クラブの活動として言及されていないものは次のうちどれか。」 7

①「部員以外の人とゲームをすること」≫本文に一致する。

❷「コンピュータを相手に対戦すること」

③「ゲームをプレイするアイディアをインターネットで共有すること」≫本文に一致する。

④「戦略ゲームの背景を学習すること」≫本文に一致する。

①③④は本文・全訳の問2①，問2③，問2④に一致する。オンラインで部員と対戦することはあるが，コンピュータと対戦するとは書かれていないので❷が正解。

問3 8 ❶

「部員が言及した意見の1つは 8 ということである。」

❶「さまざまなゲームを比較するのがおもしろい」

②「囲碁についての多くの動画が役に立つ」≫共有しているのはチェスの動画。

③「部員は競技会でコツを学ぶ」≫戦略を議論するが，コツを学ぶとは書かれていない。

④「定例会は校外で開かれる」≫コメントに書かれていない。

本文・全訳の問3に書かれているように，共通点を学ぶとはゲームを比較することなので，❶が正解。

問4 9 ❹

「クラブへのお誘いと部員のコメントの両方が 9 と言及している。」

①「新入部員は経験を証明しなければならない」≫初心者も入部できる。

②「上手なプレイヤーになるにはオンラインサポートが必要である」≫必要だとは書いていない。

③「将棋は論理的で刺激的なゲームだ」≫部員のコメントにない。

❹「戦略ゲームは集中力を高めるのに役立つ」

本文・全訳の問4(1)，問4(2)に書かれているように，論理ゲームをすることで，注意散漫にならず集中できるようになるので，❹が正解。

問5 10 ❷

「このクラブは 10 たい学生に最も適していそうだ。」

①「自分のコンピュータ戦略ゲームを作り」≫本文にない。

❷「戦略ゲームの技術レベルを上げ」

③「戦略ゲームをすることを通じて，英国での正しい礼儀作法を学び」≫学ぶのはゲームの礼儀作法。

④「週末を部室で戦略ゲームをして過ごし」≫部室に集まるのは水曜日。

本文・全訳の問5(1)，問5(2)に書かれているように，さまざまな手段で技術レベルを上げることができるので，❷が正解。

【設問・選択肢の語句・表現】

問1 ❶ absolute 形 完全な

問1 ② edit 他 ～を編集する

問1 ③ formal 形 正式な

問4 ③ stimulating 形 刺激的な

問4 ❹ concentration 名 集中

第2問B

B You are a college student going to study in the US and need travel insurance. You find this review of an insurance plan written by a female international student who studied in the US for six months.

【語句・表現】

l. 1 insurance 名 保険

問5

There are many things to consider before traveling abroad: pack appropriate clothes, prepare your travel expenses, and don't forget medication (if necessary). Also, you should purchase travel insurance.

l. 4 appropriate 形 適当な

l. 5 expense 名 費用

When I studied at Fairville University in California, I bought travel insurance from TravSafer International. 問3-D I signed up online in less than 15 minutes and was immediately covered. 問3-A They accept any form of payment, usually on a monthly basis. There were three plans. All plans include a one-time health check-up.

問1 The Premium Plan is $100/month. The plan provides 24-hour medical support through a smartphone app and telephone service. Immediate financial support will be authorized if you need to stay in a hospital.

The Standard Plan worked best for me. It had the 24-hour telephone assistance and included a weekly email with tips for staying healthy in a foreign country. It wasn't cheap: $75/month. 問4 However, it was nice to get the optional 15% discount because I paid for six months of coverage in advance.

If your budget is limited, you can choose the Economy Plan, which is $25/month. 問2 It has the 24-hour telephone support like the other plans but only covers emergency care. Also, they can arrange a taxi to a hospital at a reduced cost if considered necessary by the support center.

I never got sick or hurt, so I thought it was a waste of money to get insurance. Then my friend from Brazil broke his leg while playing soccer and had to spend a few days in a hospital. He had chosen the Premium Plan and it covered everything! I realized how important insurance is—you know that you will be supported when you are in trouble.

l. 8 sign up 契約する
l. 9 payment 名 支払い
l. 9 on a monthly basis 月額で
*l.*12 medical 形 医療の
*l.*13 immediate 形 即時の
*l.*14 authorize 他 ～を認可する
*l.*16 assistance 名 支援
*l.*18 coverage 名 補償
*l.*18 in advance 前もって
*l.*19 budget 名 予算

◆全訳◆

B　あなたはアメリカに留学する大学生で，旅行保険が必要です。アメリカで６ヵ月間勉強した留学生の女性が書いたこの保険プランのレビューを見つけました。

問5 海外旅行の前に考えなければならないことがたくさんあります：適切な服を荷物に入れること，旅行費用を準備すること，（必要であれば）医薬品を忘れないこと。また，旅行保険に加入しておくべきです。

私がカリフォルニアのフェアビル大学で学んだ時，トラブセーファーインターナショナルの旅行保険に加入しました。問3-D オンラインで15分もかからずに契約でき，すぐに保険が適用されました。問3-A どんな支払い方法でも受けつけてくれ，通常は月額制です。３つのプランがありました。すべてのプランに１回の健康診断が含まれています。

プレミアムプランは月額100ドルです。問1 このプランでは，スマートフォンのアプリと電話サービスを通じて24時間医療サポートを提供します。入院が必要になった場合は，即時の金銭的サポートが認められます。

標準プランが私にはいちばん都合がよかったです。24時間の電話支援と，外国で健康を維持するためのヒントが書かれた週１回のＥメールが含まれていました。安くはなく，月75ドルでした。問4 しかし，前もって６ヵ月分の補償費用を支払ったので，オプションで15%の割引を受けられたのがよかったです。

予算に限りがある場合はエコノミープランを選ぶこともでき，月25ドルです。問2 他のプランと同様に24時間の電話サポートがありますが，緊急医療のみカバーされます。また，サポートセンターが必要とみなしたら，病院までのタクシーを割引料金で手配してくれます。

私は病気やケガをしたことがなかったので，保険に入るのはお金の無駄だと思っていました。そんな時，ブラジル出身の友人がサッカーをしていて足を骨折し，数日間の入院をしなければなりませんでした。彼はプレミアムプランを選んでいて，すべてがカバーされました！　保険がいかに重要かわかりました。困った時に支援してくれるという安心感です。

◆解説◆

問1　11　❶

「レビューによると，次のうち正しいのはどれか。」 11

❶「いちばん高額のプランでは，日中・夜間の医療支援が受けられる。」

②「最も安いプランでは，どんな理由でも無料入院が含まれる。」≫**本文にない。**

③「中間レベルのプランには，１回の健康診断が含まれていない。」≫**すべてのプランに含まれる。**

④「筆者のプランは毎月100ドルより多くかかった。」≫**筆者が選んだ標準プランは月額75ドル。**

本文・全訳の**問1**に書かれているように，いちばん高いプレミアムプランは24-hour medical support（24時間の医療サポート）がある。これをday and night medical assistance（日中・夜間の医療支援）と言い換えた❶が正解。

問2　12　❶

「最も安いオプションに含まれていないものはどれか。」 12

❶「メールサポート」

②「緊急時の治療」≫**本文に一致する。**

③「電話ヘルプデスク」≫**本文に一致する。**

④「移送支援」≫**本文に一致する。**

本文・全訳の**問2**より，最安値のプランは電話サポートのみでメールサポートがない。❶が正解。

問3　13　❶

「トラブセーファーインターナショナルを説明する組み合わせとして，最も適当なのはどれか。」 13

A：**「月額払いが認められている。」**

B：「学生のための奨学金プランを企画している。」≫**本文にない。**

C：「薬を飲むのを忘れないように助けてくれる。」≫**本文にない。**

D：**「インターネットを利用した登録システムを提供している。」**

E：「申請書の処理に数日要する。」≫**申請後すぐに適用されたと書かれている。**

❶「AとD」

②「AとE」

③「BとD」

④「BとE」

⑤「CとD」

本文・全訳の**問3-A**がAの内容，**問3-D**がDの内容に一致するので，❶が正解。

問4　14　❸

「自分が選んだプランに対する筆者の意見は 14 である。」

①「彼女の健康志向を妨げた」≫**本文にない。**

②「電話支援に満足していなかった」≫**本文にない。**

❸「費用削減のオプションが魅力的だった」

④「彼女の足の骨折の治療がカバーされた」≫**筆者ではなく友人のことである。**

本文・全訳の**問4**に書かれているように，筆者は６ヵ月前払いによる割引（＝費用削減）に魅力を感じているので，❸が正解。

問5　15　❷

「筆者の考え方を表すのに，最も適当なものは次のうちどれか。」 15

①「スマートフォンアプリは便利だと思う。」≫**本文にない。**

❷「旅行の準備は大切だと考えている。」

③「アメリカの医療制度は世界でもユニークだと感じている。」≫**本文にない。**

④「友人にとっては別の病院の方がよかったと思っている。」≫**本文にない。**

本文・全訳の**問5**に書かれているように，旅行の前にさまざまな準備が必要だと考えているので，❷が正解。

【設問・選択肢の語句・表現】

問2 ② treatment 名 治療

問3 combination 名 組み合わせ

問3 B　scholarship 名 奨学金

問3 E　process 他 ～を処理する

問4 ① health conscious　健康意識の高い

問4 ❸ reduction 名 削減

第3問A

第3問 （配点　15）

問2(1) A　Susan, your English ALT's sister, visited your class last month. Now back in the UK, she wrote on her blog about an event she took part in.

Hi!

I participated in a photo rally for foreign tourists with my friends: See the rules on the right. As photo rally beginners, we decided to aim for only five of the checkpoints. In three minutes, we arrived at our first target, the city museum. In quick succession, we made the second, third, and fourth targets. Things were going smoothly! But, on the way to the last target, the statue of a famous samurai from the city, we got lost. Time was running out and my feet were hurting from walking

問1(2) for over two hours. We stopped a man with a pet monkey for help, but neither our Japanese nor his English were good enough. After he'd explained the way

問2(2) using gestures, we realised we wouldn't have enough time to get there and

問1(3) would have to give up. We took a photo with him and said goodbye. When we got back to Sakura City Hall, we were surprised to hear that the winning team had completed 19 checkpoints. One of our photos was selected to be on the

問1(1) event website (click here). It reminds me of the man's warmth and kindness: our own "gold medal."

Sakura City Photo Rally Rules

- Each group can only use the **camera** and **paper map**, both provided by us
- Take as many photos of **25 checkpoints** (designated sightseeing spots) as possible
- **3-hour** time limit
- Photos must include **all 3 team members**
- All members must move **together**
- **No** mobile phones
- **No** transport

【語句・表現】

l.10 target 名 目標（物）

l.10 in quick succession 続けざまに

l.13 smoothly 副 順調に

l.18 neither A nor B　A も B も～ない

l.24 warmth 名 温かさ

◆全訳◆

A　先月，英語 ALT の妹であるスーザンが，あなたのクラスを訪問しました。問2(1) スーザンは今は英国に戻っていて，参加したイベントについてブログに書きました。

こんにちは！
外国人観光客向けのフォトラリーに友だちと参加しました：右のルールを見てください。フォトラリー初心者として，私たちはチェックポイントのうち5つだけを目指すことにしました。3分で，最初の目標である市立博物館に到着しました。続けざまに，2つ目，3つ目，4つ目の目標に到着しました。順調な展開でした！　しかし，最後の目標であるその市出身の有名な侍の像に向かう途中で道に迷いました。時間がなくなり，2時間以上歩いたので足が痛くなりました。問1(2) ペットのサルを連れた男性に助けを求めて呼び止めましたが，私たちの日本語も彼の英語も十分なものではありませんでした。彼が身振りで道を説明してくれたあと，問2(2) 私たちはそこに着くには時間が足りず，あきらめるしかないとわかりました。問1(3) 私たちは彼と写真を撮ってさよならを言いました。さくら市役所に戻って，優勝チームが19のチェックポイントを達成したと聞いて驚きました。私たちの写真の1枚がイベントのウェブサイト掲載用に選ばれました（ここをクリック）。問1(1) それは男性の温かさと優しさを思いださせるもので，私たち自身の「金メダル」です。

さくら市フォトラリールール
- 各グループは**カメラ**と**紙の地図**のみ使用でき，両方とも支給される
- **25ヵ所のチェックポイント**（指定観光地）の写真をできるだけ多く撮影すること
- 制限時間は**3時間**
- 写真は**チームメンバー3名全員**が写っていること
- 全メンバーが**一緒**に行動すること
- 携帯電話**不可**
- 交通機関**不可**

◆解説◆

問1　16　❷

「あなたはブログのリンクをクリックした。どの写真が現れるか。」 16

①「チームメンバー3人が侍の像の前にいる写真」
≫グループは侍の像には行けなかった。また，サルを連れた男性がいない。

❷「チームメンバー3人とサルを連れた男性がフォトラリー中のどこかにいる写真」

③「チームメンバー3人とサルを連れた男性がゴールの前にいる写真」≫男性に会った場所は，ゴールではない。

④「チームメンバー3人が博物館の前にいる写真」
≫サルを連れた男性がいない。

本文・全訳の問1(1)から，写真には親切な男性が写っていると考える。さらに問1(2)から男性はサルを連れているとわかる。問1(3)から，男性に会ったのはゴールではない。この条件を満たす❷が正解。

問2　17　❷

「あなたはスーザンのブログにコメントするよう頼まれた。彼女への適切なコメントはどれか。」 17

①「金メダルをかけているあなたの写真が見たい！」
≫実際には金メダルはとっていない。

❷「頑張ったね。日本に戻ってきて，もう一度挑戦してください！」

③「3時間で19のチェックポイントを通過？　本当に？　すごい！」≫19のチェックポイントを達成したのは他のチーム。

④「あなたの写真は素晴らしい！　携帯電話をアップグレードしたの？」≫ラリー中は携帯電話の使用禁止。

本文・全訳の問2(1)から，スーザンが今は日本にいないとわかる。また，問2(2)から，目標が達成できなかったとわかる。したがって，❷がふさわしい。

第3問B

【語句・表現】

B You are going to participate in an English Day. As preparation, you are reading an article in the school newspaper written by Yuzu, who took part in it last year.

Virtual Field Trip to a South Sea Island

This year, for our English Day, we participated in a virtual science tour. The winter weather had been terrible, so we were excited to see the tropical scenery of the volcanic island projected on the screen.

First, we "took a road trip" to learn about the geography of the island, using navigation software to view the route. We "got into the car," which our teacher, Mr Leach, sometimes stopped 問1① 問2④ so we could look out of the window and get a better sense of the rainforest. Afterwards, we asked Mr Leach about what we'd seen.

問1② 問2① Later, we "dived into the ocean" and learnt about the diversity of marine creatures. We observed a coral reef via a live camera. Mr Leach asked us if we could count the number of creatures, but there were too many! Then he showed us an image of the ocean 10 years ago. The reef we'd seen on camera was dynamic, but in the photo it was even more full of life. It looked so different after only 10 years! Mr Leach told us human activity was affecting the ocean and it could be totally ruined if we didn't act now.

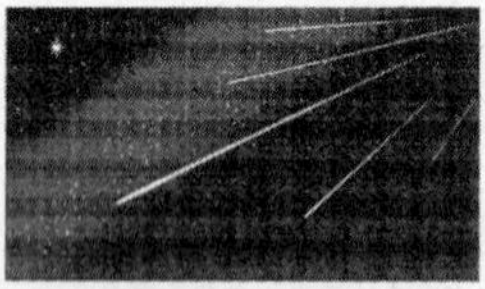

In the evening, we studied astronomy under a "perfect starry sky." 問1③ We put up tents in the gymnasium and 問1④ 問2② created a temporary planetarium on the ceiling using a projector. We were fascinated by the sky full of constellations, shooting stars, and the Milky Way. Someone pointed out one of the brightest lights and asked Mr Leach if it was Venus, a planet close to Earth. He nodded and 問1④ 問3(2) explained that humans have created so much artificial light that hardly anything is visible in our city's night sky.

On my way home after school, the weather had improved and the sky was now cloudless. 問3(1) I looked up at the moonless sky and realised what Mr Leach had told us was true.

l.4 virtual 形 バーチャルな，仮想の
l.6 tropical 形 熱帯の
l.13 diversity 名 多様性
l.14 observe 他 ～を観察する
l.14 coral reef　サンゴ礁
l.16 image 名 画像
l.18 affect 他 ～に影響を与える
l.19 ruin 他 ～を損なう
l.20 astronomy 名 天文学
l.22 gymnasium 名 体育館
l.24 fascinate 他 ～を魅了する
l.25 constellation 名 星座
l.25 shooting star　流れ星
l.26 point out　～を指す
l.27 nod 自 うなずく
l.28 artificial 形 人工の
l.28 visible 形 目に見える

◆全訳◆

B　あなたはイングリッシュ・デイに参加する予定です。準備のために，去年参加したユズが書いた学校新聞の記事を読んでいます。

南洋の島へのバーチャル遠足

今年，イングリッシュ・デイでバーチャルサイエンスツアーに参加しました。冬の天気が悪かったので，私たちはスクリーンに映し出される火山島の南国の風景を見て興奮しました。

最初に，島の地理について学ぶため，経路を見るため

のナビゲーションソフトを使って『ドライブ旅行』をしました。私たちは『車に乗り』，講師のリーチ先生は時々車を止めて，問1① 問2④ 窓から外を見て熱帯雨林をよりよく感じることができるようにしてくれました。その後，私たちは見たものについてリーチ先生に質問しました。

問1② 問2① その後，私たちは『海に潜り』，海洋生物の多様性について学びました。ライブカメラでサンゴ礁を観察しました。リーチ先生は生き物の数を数えられるかたずねましたが，多すぎました！ それから先生は，10年前の海の画像を見せてくれました。カメラで見たサンゴ礁はダイナミックでしたが，写真ではさらに多くの生き物であふれていました。たった10年でずいぶん変わったようでした！ リーチ先生は，人間の活動が海に影響を与えていて，今行動しなければ海が完全に損われてしまうかもしれないと教えてくれました。

夕方には，『完璧な星空』の下で天文学を学習しました。問1③ 体育館にテントを張り，問1④ 問2② プロジェクターを使って天井に一時的なプラネタリウムを作りました。私たちは星座，流れ星，天の川で満天の空に魅了されました。誰かが最も明るい光の1つを指して，リーチ先生にそれは地球に近い惑星である金星かとたずねました。先生はうなずき，問1④ 問3(2) 人間が人工的な光をとてもたくさん作り出したため，私たちの街の夜空にはほとんど何も見えないのだと説明しました。

学校が終わったあとの帰り道，天気は回復し，今や空に雲ひとつありませんでした。問3(1) 私は月のない空を見上げて，リーチ先生が話してくれたことが本当だと実感しました。

◆解説◆

問1 18 ❶ 19 ❷ 20 ❸ 21 ❹

「ユズの記事には，バーチャルツアーでの出来事を描写した学生のコメント（①～④）も含まれている。コメントを出来事が起こった順に並べなさい。」

18 → 19 → 20 → 21

❶「島はどれくらい危険なのだろうかと思った。ジャングルで美しい鳥や大きなヘビを見た。」 18

❷「以前はもっとたくさんの生き物がいたということがとてもショックだった。私たちの美しい海を守るべきだ！」 19

❸「体育館でキャンプ場を設営したのは少し奇妙だったが，とても楽しかった！ 虫に刺されなかったから，外より良かった！」 20

❹「宇宙ショーの間は言葉を失った。そして，そこにあるにもかかわらず気づいてないものが多いことがわかった。」 21

各選択肢のキーワードと同じ内容の表現を本文中で探す。本文・全訳の問1①，問1②，問1③，問1④参照。本文の rainforest（熱帯雨林）を❶では jungle（ジャングル），put up tents（テントを張る）を❸では setting up a camping site（キャンプ場を設営する）と言い換えている。また，❹の「そこにあるにもかかわらず気づいてないもの」は問1④の「人工的な光のために見えなくなった星」を指す。

問2 22 ❸

「このツアーで，ユズは南洋の島の 22 について学ばなかった。」

①「海の生態系」≫本文に一致する。

②「夜空の星」≫本文に一致する。

❸「季節ごとの天気」

④「木と植物」≫本文に一致する。

①②④は本文・全訳の問2①，問2②，問2④に一致する。季節ごとの天気については学んでいないので❸が正解。

問3 23 ❷

「帰り道で，ユズは夜空を見上げて，おそらく 23 を見ただろう。」

①「流れ星」≫プラネタリウムで見たが，帰り道では見ていない。

❷「ほんの少しの星」

③「満月」≫月がないと書かれている。

④「天の川」≫プラネタリウムで見たが，帰り道では見ていない。

ユズが見たものは具体的に書かれていない。本文・全訳の**問3(1)**に「空を見上げて，リーチ先生が話してくれたことが本当だと実感しました」とある。**問3(2)**で，リーチ先生は「私たちの街の夜空にはほとんど何も見えない」と言っているので，これに一致する❷が正解。

【設問・選択肢の語句・表現】

問1 ❸ weird 形 奇妙な

第4問

第4問 （配点 16）

Your college English club's room has several problems and you want to redesign it. Based on the following article and the results of a questionnaire given to members, you make a handout for a group discussion.

What Makes a Good Classroom?

Diana Bashworth, writer at *Trends in Education*

As many schools work to improve their classrooms, it is important to have some ideas for making design decisions. **問1** SIN, which stands for *Stimulation, Individualization*, and *Naturalness*, is a framework that might be helpful to consider when designing classrooms.

The first, Stimulation, has two aspects: color and complexity. This has to do with the ceiling, floor, walls, and interior furnishings. For example, a classroom that lacks colors might be uninteresting. On the other hand, a classroom should not be too colorful. A bright color could be used on one wall, on the floor, window coverings, or furniture. **問2** In addition, it can be visually distracting to have too many things displayed on walls. It is suggested that 20 to 30 percent of wall space remain free.

The next item in the framework is Individualization, which includes two considerations: ownership and flexibility. Ownership refers to whether the classroom feels personalized. Examples of this include having chairs and desks that are suitable for student sizes and ages, and providing storage space and areas for displaying student works or projects. Flexibility is about having a classroom that allows for different kinds of activities.

Naturalness relates to the quality and quantity of light, both natural and artificial, and the temperature of the classroom. **問3-A・C** Too much natural light may make screens and boards difficult to see; **問3-E** students may have difficulty reading or writing if there is a lack of light. **問3-B** In addition, hot summer classrooms do not promote effective study. Schools should install systems allowing for the adjustment of both light and temperature.

While Naturalness is more familiar to us, and therefore often considered the priority, the other components are equally important. Hopefully, these ideas can guide your project to a successful end.

【語句・表現】

- *l.* 3 handout 名 資料
- *l.* 7 stimulation 名 刺激
- *l.* 8 individualization 名 個別化
- *l.* 8 naturalness 名 自然さ
- *l.* 8 framework 名 枠組み
- *l.*10 aspect 名 側面
- *l.*10 complexity 名 複雑さ
- *l.*11 interior 形 室内の
- *l.*11 furnishings 備え付け家具
- *l.*14 visually 副 視覚的に
- *l.*15 distracting 形 気が散る
- *l.*18 consideration 名 検討事項
- *l.*18 ownership 名 所有権
- *l.*18 flexibility 名 柔軟性
- *l.*18 refer to ～ ～に言及する
- *l.*23 relate to ～ ～に関係する
- *l.*27 effective 形 効果的な
- *l.*28 adjustment 名 調節
- *l.*30 priority 名 優先事項
- *l.*30 component 名 要素

Results of the Questionnaire

Q1: Choose any items that match your use of the English club's room.

問5(1)
問4(1)

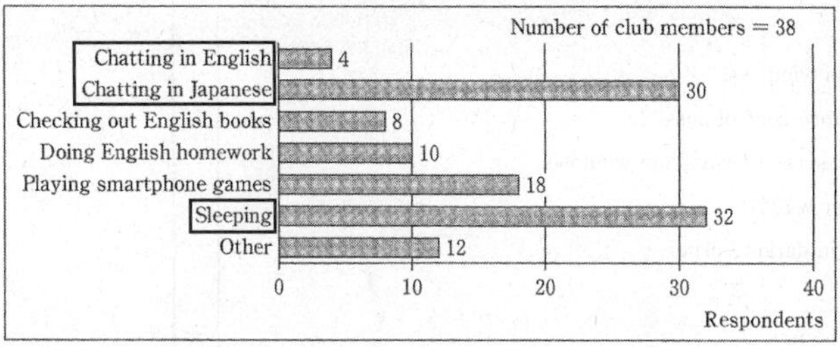

Q2: What do you think about the current English club's room?

Main comments:

Student 1 (S 1): I can't see the projector screen and whiteboard well on a sunny day. Also, there's no way to control the temperature.

S 2: By the windows, the sunlight makes it hard to read. The other side of the room doesn't get enough light. Also, the books are disorganized and the walls are covered with posters. It makes me feel uncomfortable.

問5(2)

S 3: The chairs don't really fit me and the desks are hard to move when we work in small groups. Also, lots of members speak Japanese, even though it's an English club.

問4(2)

S 4: The pictures of foreign countries on the walls make me want to speak English. Everyone likes the sofas — they are so comfortable that we often use the room for sleeping!

S 5: The room is so far away, so I hardly ever go there! Aren't there other rooms available?

S 6: There's so much gray in the room. I don't like it. But it's good that there are plenty of everyday English phrases on the walls!

グラフ中
respondent 图 回答者
l. 3 current 形 現在の

l. 8 disorganized 形 散らかった

Your discussion handout:

Room Improvement Project

■ **SIN Framework**

- What it is: 24
- SIN = Stimulation, Individualization, Naturalness

■ **Design Recommendations Based on SIN and Questionnaire Results**

- Stimulation:

  Cover the floor with a colorful rug and 25 .

資料内
recommendation 图 提案

- Individualization:
  Replace room furniture.
  (tables with wheels → easy to move around)

- Naturalness:
  26
  A. Install blinds on windows.
  B. Make temperature control possible.
  C. Move projector screen away from windows.
  D. Place sofas near walls.
  E. Put floor lamp in darker corner.

■ **Other Issues to Discuss**

- The majority of members 27 the room as 28 's comment mentioned. How can we solve this?
- Based on both the graph and 29 's comment, should we set a language rule in the room to motivate members to speak English more?
- S 5 doesn't like the location, but we can't change the room, so let's think about how to encourage members to visit more often.

資料内
majority 名 大多数

motivate ～ to *do*
～に…する意欲を起こさせる

◆全訳◆

あなたの大学の英語クラブの部室にはいくつかの問題があり，部室を改装したいと考えています。以下の記事と部員へのアンケートの結果に基づき，あなたはグループディスカッション用の資料を作成します。

何をしたら良い教室になるか？

ダイアナ・バシュワース，『教育のトレンド』誌の執筆者

多くの学校が教室の改善に取り組む中，デザインを決定するためのいくつかのアイディアを持つことは重要である。問1 SIN とは，Stimulation（刺激），Individualization（個別化），Naturalness（自然さ）を表すのだが，教室をデザインする際に考慮すると役立つであろう枠組みである。

最初の「刺激」には色と複雑さという２つの側面がある。これは天井，床，壁，室内の調度品に関係する。例えば，色のない教室はおもしろくないかもしれない。逆に，教室がカラフルすぎてもいけない。明るい色は壁の一面，床，窓の覆い，家具に使うことができるだろう。問2 さらに，壁にあまりにも多くのものが飾られていると，視覚的に気が散ってしまうこともある。壁面スペースの20～30％を空けておくことが推奨される。

枠組みの次の項目は「個別化」で，これは所有意識と柔軟性という２つの検討事項が含まれる。所有意識とは，教室が個人的なものになっていると感じられるかどうかを指す。例としては，学生の体格や年齢に合った椅子や机があること，収納スペースや学生の作品や研究課題を展示する場所を提供することなどがある。柔軟性とは，さまざまな活動ができる教室にすることである。

「自然さ」とは，自然なものと人工のもの両方の光の質と量，教室の温度に関するものである。問3-A・C 自然光が強すぎると，スクリーンや黒板が見づらくなるかもしれない。問3-E 光が不足すると，学生は読んだり書いたりするのが困難になるかもしれない。問3-B さらに，夏の暑い教室では効果的な学習が促進されない。学校は光と温度の両方を調節できるシステムを導入すべきである。

「自然さ」は私たちにより身近なものであるため，優先事項だとみなされがちだが，その他の要素も等しく重要である。これらのアイディアが，あなたのプロジェクトを最終的に成功に導くことを願う。

アンケート結果

Q1：英語クラブの部室の使い方にあてはまるものを選んでください。

（グラフ内）

部員数＝38人

問5(1) 英語でおしゃべり　4人

日本語でおしゃべり　30人

英語の本を借りる　8人

英語の宿題をする　10人

スマホゲームをする　18人

問4(1) 睡眠　32人

その他　12人

回答者

Q2：現在の英語クラブの部室についてどう思いますか。

主なコメント

学生1(S1)：晴れた日にはプロジェクターのスクリーンやホワイトボードがよく見えない。また，温度調節をする方法がない。

S2：窓際では日差しが強くて読みにくい。部屋の反対側は光が十分に入らない。また，本が散らかり，壁はポスターで覆われている。そのため居心地が悪く感じる。

S3：椅子があまり自分に合わないし，小グループで作業する時に机が動かしにくい。問5(2) また，英語クラブなのに部員の多くが日本語を話している。

S4：壁に貼ってある外国の写真を見ると，英語を話したくなる。みんなソファが好きで，とても快適なので 問4(2) よく部室を寝るために使っています！

S5：部室がとても遠いので，めったに行かない！他に使える部屋はないのですか。

S6：室内に灰色がとても多く，好きでない。しかし，壁に日常的な英語のフレーズがたくさんあるのが良い。

あなたのディスカッション資料：

部室改善プロジェクト

■SINの枠組み

- それは何か：24

- SIN＝刺激，個別化，自然さ

■SINとアンケート結果に基づくデザイン提案

- 刺激：

床をカラフルなラグで覆い，25。

- 個別化：

部室の家具を入れ替える。

（キャスター付きテーブル→移動させやすい）

- 自然さ：

26

A. 窓にブラインドをつける。

B. 温度調節を可能にする。

C. プロジェクターのスクリーンを窓から離れた場所に移す。

D. ソファを壁際に置く。

E. 暗いコーナーに床置き電気スタンドを置く。

■その他の議論する問題点

- 28 のコメントが言及しているように，大多数の部員が部室 27 。これをどう解決するか。

- グラフと 29 のコメントの両方に基づいて，部員にもっと英語を話す意欲を持たせるために，部室での言語ルールを設けるべきだろうか。

- S5は場所が気に入らないようだが，部屋を変えることはできない。だから部員がもっと頻繁に来るように励ます方法を考えよう。

◆解説◆

問1　24　❸

「24 に入れるのに最も適当な選択肢を選びなさい。」

① 「どの色が教室で使うのに適切かを示すガイド」 **≫色はSINの一部でしかない。**

② 「教室における学生と教師のニーズに優先順位をつける方法」 **≫本文にない。**

❸ 「教室の環境を計画する時に従うべき模範」

④ 「教室が学生の成果にどのような影響を与えるかを理解するためのシステム」 **≫成果をあげるための**

システムで，理解するものではない。

本文・全訳の **問1** に SIN が何か書かれている。「教室をデザインする際に考慮すると役立つであろう枠組み」だから，❸が正解。

問2 25 ❹

「25 に入れるのに最も適当な選択肢を選びなさい。」

①「スクリーンをより良い場所に動かす」≫「自然さ」に対応する内容。

②「それぞれの壁を異なる色で塗る」≫一面だけ明るい色にすることが推奨されている。

③「本を棚に並べる」≫本文の SIN の説明にない。

❹「展示物を減らす」

本文・全訳の **問2** で「壁面スペースの20～30％を空けておく」ことが推奨されているので，❹が正解。

問3 26 ❹

「あなたは資料をチェックしていて，『自然さ』の提案の誤りに気づいた。次のうちどれを取り除くべきか。」 26

①「A」≫本文に一致する。

②「B」≫本文に一致する。

③「C」≫本文に一致する。

❹「D」

⑤「E」≫本文に一致する。

A・B・C・Eは，それぞれ本文・全訳の **問3-A**，**問3-B**，**問3-C**，**問3-E** に書かれている問題点の対処方法である。本文中では，ソファの位置と明るさや室温の関係に言及していないので，❹が正解。

問4 27 ❺ 28 ❹

「27 と 28 に入れるのに最も適当な選択肢を選びなさい。」

27

①「で本を借りる」≫アンケートによると，本を借りるのは８人。

②「に簡単に行けない」≫簡単に行けないとコメントしたのは１人。

③「で日本語を使わない」≫アンケートによると，多くの部員が日本語を使っている。

④「で不安を感じる」≫アンケートにない。

❺「で仮眠をとる」

アンケート結果のグラフの **問4(1)** からわかるように，多くの部員が部室で睡眠をとっているので，❺が正解。

28

①「S1」

②「S2」

③「S3」

❹「S4」

⑤「S5」

⑥「S6」

本文・全訳の **問4(2)** に書かれているように，部室での睡眠に言及しているのはS4で，❹が正解。

問5 29 ❸

「29 に入れるのに最も適当な選択肢を選びなさい。」

①「S1」

②「S2」

❸「S3」

④「S4」

⑤「S5」

⑥「S6」

言語に関する項目をグラフで探すと，**問5(1)** から，英語を話す部員は少なく，日本語を話す部員が多いことがわかる。部員のコメントでこの点に言及しているのは，**問5(2)** の S3である。したがって❸が正解。

【設問・選択肢の語句・表現】

問1 ② prioritize 他 ～に優先順位をつける

問4 ❺ take a nap　仮眠をとる

第5問 (配点 15)

You are in an English discussion group, and it is your turn to introduce a story. You have found a story in an English language magazine in Japan. You are preparing notes for your presentation.

Maki's Kitchen

"*Irasshai-mase*," said Maki as two customers entered her restaurant, Maki's Kitchen. 問1④ Maki had joined her family business at the age of 19 when her father became ill. After he recovered, Maki decided to continue. Eventually, Maki's parents retired and she became the owner. Maki had many regular customers who came not only for the delicious food, but also to sit at the counter and talk to her. Although her business was doing very well, Maki occasionally daydreamed about doing something different.

"Can we sit at the counter?" she heard. It was her old friends, Takuya and Kasumi. 問1② A phone call a few weeks earlier from Kasumi to Takuya had given them the idea to visit Maki and surprise her.

◆◆◆◆◆

Takuya's phone vibrated, and he saw a familiar name, Kasumi.

"Kasumi!"

"Hi Takuya, I saw you in the newspaper. Congratulations!"

問2 "Thanks. Hey, you weren't at our 20th high school reunion last month."

"No, I couldn't make it. I can't believe it's been 20 years since we graduated. Actually, I was calling to ask if you've seen Maki recently."

◆◆◆◆◆

Takuya's family had moved to Kawanaka Town shortly before he started high school. He joined the drama club, where he met Maki and Kasumi. The three became inseparable. After graduation, Takuya left Kawanaka to become an actor, while Maki and Kasumi remained. Maki had decided she wanted to study at university and enrolled in a preparatory school. Kasumi, on the other hand, started her career. Takuya tried out for various acting roles but was constantly rejected; eventually, he quit.

問1④ Exactly one year after graduation, Takuya returned to Kawanaka with his dreams destroyed. He called Maki, who offered her sympathy. He was surprised to learn that Maki had abandoned her plan to attend university because she had to manage her family's restaurant. Her first day of work had been the day he called. For some reason, Takuya could not resist giving Maki some advice.

"Maki, I've always thought your family's restaurant should change the

【語句・表現】

l. 8 eventually 副 最終的には

*l.*11 occasionally 副 時々

*l.*15 vibrate 自 振動する

*l.*18 reunion 名 同窓会

*l.*23 inseparable 形 切っても切れない

*l.*25 enroll in ～ ～に入る

*l.*25 preparatory school 予備校

*l.*27 constantly 副 いつも

*l.*27 reject 他 ～を不合格にする

*l.*29 sympathy 名 同情

*l.*30 abandon 他 ～をあきらめる

*l.*32 resist *doing* …するのを我慢する

coffee it serves. I think people in Kawanaka want a bolder flavor. I'd be happy to recommend a different brand," he said.

"Takuya, you really know your coffee. Hey, I was walking by Café Kawanaka and saw a help-wanted sign. You should apply!" Maki replied.

問1⑤ Takuya was hired by Café Kawanaka and became fascinated by the science of coffee making. On the one-year anniversary of his employment, Takuya was talking to Maki at her restaurant.

"Maki," he said, "do you know what my dream is?"

"It must have something to do with coffee."

"That's right! It's to have my own coffee business."

"I can't imagine a better person for it. What are you waiting for?"

Maki's encouragement inspired Takuya. He quit his job, purchased a coffee bean roaster, and began roasting beans. 問3① Maki had a sign in her restaurant saying, "We proudly serve Takuya's Coffee," and this publicity helped the coffee gain popularity in Kawanaka. Takuya started making good money selling his beans. Eventually, he opened his own café and became a successful business owner.

◆◆◆◆◆

Kasumi was reading the newspaper when she saw the headline: *TAKUYA'S CAFÉ ATTRACTING TOURISTS TO KAWANAKA TOWN.* "Who would have thought that Takuya would be so successful?" Kasumi thought to herself as she reflected on her past.

In the high school drama club, Kasumi's duty was to put make-up on the actors. No one could do it better than her. Maki noticed this and saw that a cosmetics company called Beautella was advertising for salespeople. She encouraged Kasumi to apply, and, after graduation, she became an employee of Beautella.

The work was tough; Kasumi went door to door selling cosmetics. On bad days, she would call Maki, who would lift her spirits. 問3② One day, Maki had an idea, "Doesn't Beautella do make-up workshops? I think you are more suited for that. You can show people how to use the make-up. They'll love the way they look and buy lots of cosmetics!"

Kasumi's company agreed to let her do workshops, and they were a hit! Kasumi's sales were so good that eight months out of high school, she had been promoted, moving to the big city of Ishijima. Since then, she had steadily climbed her way up the company ladder until 問1① she had been named vice-president of Beautella this year.

問4(2) "I wouldn't be vice-president now without Maki," she thought, "she helped me when I was struggling, but I was too absorbed with my work in Ishijima to give her support when she had to quit her preparatory school." 問1② Glancing back to the article, she decided to call Takuya.

◆◆◆◆◆

"Maki wasn't at the reunion. I haven't seen her in ages," said Takuya.

"Same here. It's a pity. Where would we be without her?" asked Kasumi.

問4(1) The conversation became silent, as they wordlessly communicated their guilt. Then, Kasumi had an idea.

◆◆◆◆◆

- l.35 flavor 名 風味
- l.39 fascinate 他 ～を魅了する
- l.46 encouragement 名 励まし
- l.46 inspire 他 ～を奮い立たせる
- l.46 purchase 他 ～を購入する
- l.48 proudly 副 自信を持って
- l.48 publicity 名 宣伝
- l.49 popularity 名 人気
- l.55 reflect on ～ ～を回顧する
- l.58 advertise for ～ ～を募集する
- l.61 cosmetics 化粧品
- l.62 lift one's spirit ～を元気づける
- l.68 steadily 副 着実に
- l.71 vice-president 名 副社長
- l.72 struggle 自 悪戦苦闘する
- l.72 be absorbed with ～ ～に没頭する
- l.73 glance back 見返す
- l.76 It's a pity. 残念だ。
- l.78 guilt 名 罪悪感

The three friends were talking and laughing when Maki asked, "By the way, I'm really happy to see you two, but what brings you here?"

"Payback," said Takuya.

"Have I done something wrong?" asked Maki.

問5(2) "No. The opposite. You understand people incredibly well. You can identify others' strengths and show them how to make use of them. We're proof of this. You made us aware of our gifts," said Takuya.

問5(1) "The irony is that you couldn't do the same for yourself," added Kasumi.

"I think Ishijima University would be ideal for you. It offers a degree program in counseling that's designed for people with jobs," said Takuya.

"You'd have to go there a few times a month, but you could stay with me. Also, Takuya can help you find staff for your restaurant," said Kasumi.

Maki closed her eyes and imagined Kawanaka having both "Maki's Kitchen" and "Maki's Counseling." She liked that idea.

l.81 payback 名 お返し，報復

l.83 incredibly 副 信じられないほど

l.84 identify 他 ～を明らかにする

l.86 irony 名 皮肉

l.87 ideal 形 理想的な

Your notes:

Maki's Kitchen

Story outline

Maki, Takuya, and Kasumi graduate from high school.

↓ [30]

[31]

[32]

[33]

Maki begins to think about a second career.

メモ内 outline 名 あらすじ

About Maki

- Age: [34]
- Occupation: restaurant owner
- How she supported her friends:

  Provided Takuya with encouragement and [35].

  〃 Kasumi 〃 〃 and [36].

Interpretation of key moments

- Kasumi and Takuya experience an uncomfortable silence on the phone because they [37].
- In the final scene, Kasumi uses the word "irony" with Maki. The irony is that Maki does not [38].

メモ内 interpretation 名 解釈

あなたは英語のディスカッショングループにいて，物語を紹介する番です。あなたは日本の英語雑誌にある物語を見つけました。あなたは発表のためのメモを準備しています。

マキのキッチン

「いらっしゃいませ」，マキは２人の客が彼女のレストランであるマキのキッチンに入ると言いました。問1④ マキは19歳の時に，父親が病気になった際に家業に加わりました。父親が回復したあと，マキは続けることを決心しました。最終的に，マキの両親は引退し，彼女がオーナーになりました。マキには，おいしい料理のためだけではなく，カウンターに座ってマキと話をするために来ている常連客がたくさんいました。商売はとてもうまくいっていたけれど，マキは時々，何か違うことをしたいと夢想しました。

「カウンターに座ってもいいですか？」と聞こえました。それは旧友のタクヤとカスミでした。問1② 数週間前のカスミからタクヤへの電話がきっかけで，２人はマキを訪ねて驚かせようと考えたのでした。

◆◆◆◆◆

タクヤの携帯電話が振動し，カスミというよく知っている名前が目に入りました。

「カスミ！」

「こんにちは，タクヤ。あなたを新聞で見たよ。おめでとう！」

問2「ありがとう。そういえば，先月の20回目の高校同窓会には来ていなかったね。」

「うん，行けなかった。卒業してから20年も経つなんて信じられない。実は，最近マキに会ったかどうか聞きたくて電話したんだ。」

◆◆◆◆◆

タクヤの家族は，タクヤが高校に入学する少し前にカワナカ町に引っ越してきました。彼は演劇部に入り，そこでマキとカスミに出会いました。3人は切っても切れない仲になりました。卒業後，タクヤは俳優になるためにカワナカを離れ，マキとカスミは残りました。マキは大学で勉強したいと決心し，予備校に入りました。一方，カスミは就職しました。タクヤはさまざまな役柄を目指してオーディションを受けましたが，いつも不合格になり，ついに辞めました。

問1④ 卒業からちょうど１年後，タクヤは夢破れてカワナカに戻ってきました。彼はマキに電話をかけ，マキは同情の意を示しました。タクヤは，マキが家族のレストランを経営しなければならないので大学に入る計画をあきらめたことを知り，驚きました。彼女の初出勤の日が，彼が電話をした日でした。どういうわけか，タクヤはマキにアドバイスをせずにいられませんでした。

「マキ，僕はいつも思っていたんだけど，君の家族のレストランは出すコーヒーを変えるべきだ。カワナカの人はもっと強い風味を求めていると思うよ。喜んで別のブランドを推薦するよ。」と言いました。

「タクヤ，あなたは本当にコーヒーに詳しいね。ねえ，私はカフェ・カワナカのそばを歩いていて，求人広告の張り紙を見たんだ。あなたが応募するべきだよ！」とマキは答えました。

問1⑤ タクヤはカフェ・カワナカに雇われ，コーヒー作りの科学に魅了されました。雇用されて１周年の日に，タクヤはマキのレストランでマキに話しかけていました。

「マキ，僕の夢が何かわかる？」と言いました。

「何かコーヒーと関係があることに違いないね。」

「そうだよ！　独立してコーヒービジネスをすることなんだ。」

「これ以上の適任者は想像できないよ。何を躊躇して待っているの？」

マキの励ましがタクヤを奮い立たせました。タクヤは仕事を辞め，コーヒー豆の焙煎機を購入し，豆の焙煎を始めました。問3① マキは自分のレストランに「当店では，自信を持ってタクヤのコーヒーを提供します」という看板を掲げ，この宣伝がカワナカでそのコーヒーが人気を得るのに役立ちました。タクヤはコーヒー豆の販売で高収入を得始めて，やがて自分のカフェを開業し，事業主として成功しました。

◆◆◆◆◆

カスミは新聞を読んでいて，見出しを見ました：*『タクヤのカフェがカワナカ町に観光客を引き寄せている』*「タクヤがこんなに成功するなんて誰が思っていた？」カスミは自分の過去を思い出しながら心の中で思いました。

高校の演劇部では，カスミの役目は俳優にメイクを施すことでした。彼女ほど上手な人は他にはいませんでした。マキはそのことに気づき，ビューテラという化粧品会社が販売員を募集しているのを見つけました。マキはカスミに応募するよう促し，卒業後カスミはビューテラの社員になりました。

仕事はきつく，カスミは化粧品を一軒一軒売り歩きました。嫌なことがあった日は，カスミはマキに電話をして，マキは彼女を元気づけたものでした。問3② ある日，マキは思いつきました。「ビューテラは化粧品のワークショップをやらないの？　あなたはその方がもっと適任だと思う。人々に化粧品の使い方を教えることができる。みんな自分の見た目を気に入って，化粧品をたくさん買ってくれるよ！」

カスミの会社は彼女がワークショップをすることに同意し，大成功でした！カスミの売り上げはとても好調なので，高校を卒業して8ヵ月後には昇進し，大都市のイシジマに引っ越しました。それ以来，カスミは着実に昇進の階段を上り，問1① ついに今年ビューテラの副社長に任命されました。

「マキがいなければ，私は今，副社長になっていなかった」と彼女は思いました。問4(2)「私が悪戦苦闘している時にマキは私を助けてくれた。でも私はイシジマでの自分の仕事にとても没頭していたから，彼女が予備校をやめなければならない時に支援ができなかった。」問1② ちらっと記事を見返し，彼女はタクヤに電話しようと決心しました。

◆◆◆◆◆

「マキは同窓会にいなかった。何年も会っていないよ。」とタクヤは言いました。

「こちらも同じよ。残念ね。マキがいなかったら，私たちはどうなっていたんだろう？」とカスミがたずねました。

問4(1) 2人は沈黙しました。それはお互いの罪悪感を伝え合う沈黙でした。それから，カスミがあることを思いつきました。

◆◆◆◆◆

マキは友人と3人で談笑している時にたずねました。「ところで，あなたたち2人に会えてとてもうれしいけど，どうしてここに来たの？」

「お返しだよ。」とタクヤが言いました。

「私，何か間違ったことをした？」とマキがたずねました。

「いや，その反対だよ。問5(2) あなたは信じられないほどよく人のことを理解している。他人の長所を見分け，それを活用する方法を教えることができる。僕たちはその証拠だ。僕たちの才能に気づかせてくれた。」とタクヤが言いました。

問5(1)「皮肉なことに，あなたは自分に同じことができなかった。」とカスミがつけ加えました。

「イシジマ大学ならあなたに理想的だと思うよ。イシジマ大学は，仕事を持っている人向けのカウンセリングの学位プログラムを提供しているんだ。」とタクヤが言いました。

「月に数回通わなければならないけれど，私のところに泊まることができる。また，タクヤがレストランのスタッフ探しを手伝ってくれるよ。」とカスミが言いました。

マキは目を閉じて，カワナカに「マキのキッチン」と「マキのカウンセリング」の両方があることを想像しました。彼女はその考えが気に入りました。

あなたのメモ：

マキのキッチン

物語のあらすじ

マキ，タクヤ，カスミは高校を卒業する。

30

31

32

33

マキは第2のキャリアについて考え始める。

マキについて

・年齢：34
・職業：レストランオーナー
・友人たちをどのように支えたか：
　タクヤを励まし 35 。
　カスミを励まし 36 。

重要な瞬間の解釈

・37 から，カスミとタクヤは電話で居心地の悪い沈黙を経験する。
・最後のシーンで，カスミはマキに「皮肉」という言葉を使う。その皮肉とは，マキが 38 ないことだ。

◆解説◆

問1　30　❹　31　❺　32　❶
33　❷

「5つの出来事（①～⑤）から4つを選び，起こった順に並べなさい。」

30 → 31 → 32 → 33

❶「カスミが自分の会社の副社長になる。」 32

❷「カスミがタクヤと連絡をとる。」 33

③「マキが大学の学位を取る。」≫本文にない。

❹「マキが家族の事業で働き始める。」 30

❺「タクヤが自分の事業を始める気になる。」 31

物語は時系列に沿って書かれていないので，過去（高校卒業後数年以内）に起こった出来事と最近の出来事を区別しながら読もう。本文・全訳の**問1①**より，カスミが副社長になったのは今年のこと。**問1②**より，カスミがタクヤに連絡したのは副社長になったあと。**問1④**（2ヵ所）より，マキが家業を始めたのは高校を卒業した1年後。**問1⑤**より，タクヤが事業を始めたのはマキが家業のレストランで働き始めたあと。したがって❹→❺→❶→❷の順。

問2　34　❷

「 34 に入れるのに最も適当な選択肢を選びなさい。」

①「30代前半」

❷「30代後半」

③「40代前半」

④「40代後半」

本文・全訳の**問2**から，登場人物3人は高校を卒業して20年経つとわかるので，❷が正解。

問3　35　❶　36　❷

「 35 と 36 に入れるのに最も適当な選択肢を選びなさい。」

❶「その製品を人々に知ってもらった」 35

❷「成功するビジネスアイディアを提案した」 36

③「事業のための設備を購入した」≫マキが購入したのではない。

④「大都市への引越しを提案した」≫マキは提案していない。

⑤「成功に必要な技術を教えた」≫マキは技術を教えていない。

本文・全訳の**問3①**で，マキはタクヤが焙煎したコーヒー豆を宣伝したので 35 には❶が入る。**問3②**で，マキが提案したワークショップが成功したので 36 には❷が入る。

問4　37　❸

「 37 に入れるのに最も適当な選択肢を選びなさい。」

①「自分たちの成功について話したくない」

②「長い間話をしていない」

❸「友人にもっと感謝すればよかったと後悔している」

④「マキは自分たちの成功をうらやんでいたと思う」

本文・全訳の**問4(1)**から，沈黙の理由は罪悪感からだとわかるのでその理由を探す。**問4(2)**に書かれているカスミの「彼女が予備校をやめなければならない時に支援ができなかった」という自省から，❸が適当。3人が再会したあとのカスミとタクヤの提案も，その裏づけになる。

問5　38　❷

「 38 に入れるのに最も適当な選択肢を選びなさい。」

①「いろいろなことに挑戦するのが好きで」≫本文にない。

❷「自分の才能を理解してい」

③「自分に足りない能力を理解してい」≫本文にない。

④「自分の夢を追い求めたいと考えてい」≫「皮肉」の内容に合わない。

本文・全訳の**問5(1)**から，「皮肉」なのは「自分に同じことができなかった」ことである。「同じこと」の内容は**問5(2)**に書かれている「他人の長所を見分け，それを活用する方法を教えること」である。それが自分にできていないのだから，❷が正解。

【設問・選択肢の語句・表現】

問1 rearrange 他 ～を並べ換える

問1 ❷ get in touch with ～　～と連絡をとる

問1 ❺ inspire ～ to *do*　～を触発して…する気にさせる

問4 ❸ appreciate 他 ～に感謝する

問5 ④ pursue 他 ～を追い求める

第6問A

第6問 (配点 24)

A Your English teacher has assigned this article to you. You need to prepare notes to give a short talk.

Perceptions of Time

When you hear the word "time," it is probably hours, minutes, and seconds that immediately come to mind. In the late 19th century, however, philosopher 問1(1) Henri Bergson described how people usually do not experience time as it is measured by clocks (**clock time**). Humans do not have a known biological mechanism to measure clock time, so they use mental processes instead. This is called **psychological time**, which everyone perceives differently.

If you were asked how long it had taken to finish your homework, you probably would not know exactly. You would think back and make an estimate. In a 1975 experiment, participants were shown either simple or complex shapes for a fixed amount of time and asked to memorize them. 問3 Afterwards, they were asked how long they had looked at the shapes. To answer, they used a mental process called **retrospective timing**, which is estimating time based on the information retrieved from memory. Participants who were shown the complex shapes felt the time was longer, while the people who saw the simple shapes experienced the opposite.

問4 Another process to measure psychological time is called **prospective timing**. It is used when you are actively keeping track of time while doing something. Instead of using the amount of information recalled, the level of attention given to time while doing the activity is used. In several studies, the participants performed tasks while estimating the time needed to complete them. Time seemed shorter for the people doing more challenging mental activities which required them to place more focus on the task than on time. Time felt longer for the participants who did simpler tasks and the longest for those who were waiting or doing nothing.

問1(2) Your emotional state can influence your awareness of time, too. For example, you can be enjoying a concert so much that you forget about time. Afterwards, you are shocked that hours have passed by in what seemed to be the blink of an eye. To explain this, we often say, "Time flies when you're having fun." The opposite occurs when you are bored. Instead of being focused on an activity, you notice the time. It seems to go very slowly as you

【語句・表現】

l. 3 perception 名 認識

l. 4 second 名 秒

l. 5 philosopher 名 哲学者

l. 8 mental process 精神機能

*l.*13 a fixed amount of time 一定の時間

*l.*15 retrospective timing 遡及的時間計測

*l.*16 retrieve 他 ～を取り出す

*l.*19 prospective timing 予期時間計測

*l.*31 the blink of an eye 一瞬

cannot wait for your boredom to end. Fear also affects our perception of time. In a 2006 study, more than 60 people experienced skydiving for the first time. Participants with high levels of unpleasant emotions perceived the time spent skydiving to be much longer than it was in reality.

Psychological time also seems to move differently during life stages. Children constantly encounter new information and have new experiences, 問2(2) which makes each day memorable and seem longer when recalled. Also, time creeps by for them as they anticipate upcoming events such as birthdays and trips. For most adults, unknown information is rarely encountered and new experiences become less frequent, so less mental focus is required and each day becomes less memorable. However, this is not always the case. 問2(1) Daily routines are shaken up when drastic changes occur, such as changing jobs or relocating to a new city. In such cases, the passage of time for those people is similar to that for children. But generally speaking, time seems to accelerate as we mature.

Knowledge of psychological time can be helpful in our daily lives, as it may help us deal with boredom. Because time passes slowly when we are not mentally focused and thinking about time, changing to a more engaging activity, such as reading a book, will help ease our boredom and speed up the time. The next occasion that you hear "Time flies when you're having fun," you will be reminded of this.

l.34 boredom 名 退屈さ
l.41 creep by ゆっくり進む
l.41 anticipate 他 ～を楽しみに待つ
l.41 upcoming 形 もうすぐやってくる
l.45 drastic 形 劇的な
l.46 relocate 自 移動する
l.48 accelerate 自 加速する
l.51 engaging 形 魅力のある

Your notes:

Perceptions of Time

Outline by paragraph

1. [39]
2. *Retrospective timing*
3. *Prospective timing*
4. [40]
   ➤ *Skydiving*
5. *Effects of age*
   ➤ *Time speeds up as we mature, but a* [41].
6. *Practical tips*

My original examples to help the audience

A. *Retrospective timing*
   Example: [42]
B. *Prospective timing*
   Example: [43]

メモ内 practical 形 実用的な

◆全訳◆

A　英語の先生がこの記事をあなたに割り当てました。あなたは短い発表をするためにメモを準備する必要があります。

時間の認識

1.「時間」という言葉を聞くと，すぐに思い浮かぶのはおそらく時，分，秒だろう。しかし19世紀後半に哲学者のアンリ・ベルクソンは，問1(1) いかに人々が通常は時計によって計測される時間（**時計時間**）のように時間を体験していないかを説明した。人間には時計時間を計測する既知の生物学的メカニズムがないため，代わりに精神機能を利用するのである。これは**心理的時間**とよばれるもので，人によって認識が異なる。

2.　宿題を終えるまでにかかった時間を聞かれたら，おそらく正確にはわからず，思い返して見積もるだろう。1975年の実験では，被験者は単純な図形か複雑な図形のどちらかを一定時間見せられ，それを記憶するよう求められた。その後，どのくらいの時間その図形を見ていたかを質問された。問3 答えるのに，彼らは**遡及的時間計測（レトロスペクティブ・タイミング）**とよばれる精神的プロセスを用いた。これは記憶から取り出した情報に基づいて時間を見積もるものである。複雑な図形を見せられた被験者は時間をより長く感じたが，単純な図形を見た人はその逆を経験した。

3.　問4 心理的時間を計測するもう一つの過程は，**予期時間計測（プロスペクティブ・タイミング）**とよばれる。これは何かをしながら積極的に時間経過を追っている時に使われる。思い出した情報量を使う代わりに，活動中の時間に対する注意の度合いが使われる。いくつかの研究では，被験者は完了するのに必要な時間を見積もりながら課題を行った。時間よりも課題に集中が求められる，より困難な精神的活動を行なっている人たちには，時間がより短く感じられた。より単純な課題を行った被験者には時間がもっと長く感じられ，待機しているか何もしていない被験者には時間が最も長く感じられた。

4.　問1(2) あなたの感情の状態も時間の認識に影響を与え得る。例えば，コンサートを大いに楽しんで時間を忘れることがあり得る。終わったあと，一瞬と思えるうちに何時間も過ぎていたことに衝撃を受ける。このことを説明するために，私たちはよく「楽しい時は時間が過ぎるのが早い」と言う。退屈している時はその反対のことが生じる。活動に集中する代わりに，時間に気がつく。退屈が終わるのが待ちきれず，時間がとても遅く進むように感じる。恐怖もまた時間の認識に影響を与える。2006年の研究では，60人以上が初めてスカイダイビングを体験した。高レベルの不快な感情を持つ被験者は，スカイダイビングに費やした時間を実際よりもずっと長く感じた。

5.　心理的な時間は人生の段階によっても異なる動きをするようだ。子供たちは常に新しい情報に出会い，新しい経験をし，それが一日一日を忘れがたいものにし，思い出すと長く感じられる。また，誕生日や旅行などもうすぐやってくるイベントを楽しみに待つので，問2(2) 子供にとっては時間がゆっくりと過ぎる。ほとんどの大人にとって，未知の情報に出会うことはほとんどなく，新しい経験をすることも少なくなるため，精神的な集中があまり必要とされなくなり，一日一日が記憶に残りにくくなる。しかし，必ずしもそうとは限らない。問2(1) 転職や新しい街への引っ越しなど劇的な変化が起きると，日々の日課は揺らぐ。そのような場合，その人たちの時間の経過は子供のものと似る。しかし一般的には，大人になるにつれて時間は加速していくようだ。

6.　心理的な時間の知識は，退屈を解決するのに役立つかもしれないので，私たちの日々の生活で役に立つだろう。精神を集中させず時間について考えている時は，時間がゆっくりと過ぎる。だから，本を読むなど興味をそそる活動に変えることで，退屈を和らげ時間を早めることができる。次に「楽しいことをしていると時間が過ぎるのが早い」という言葉を聞く機会があれば，このことを思い出すだろう。

あなたのメモ：

時間の認識

段落ごとの概要

1.　39

2.　遡及的時間計測

3.　予期時間計測

4.　40

　⇒スカイダイビング

5.　年齢の影響

　⇒大人になるにつれて時間は加速するが，

41 。

6. 実践的なヒント

聴衆に役立つ私の独自の例

A. 遡及的時間計測

例：42

B. 予期時間計測

例：43

◆解説◆

問1 39 ❻ 40 ❷

「39 と 40 に入れるのに最も適当な選択肢を選びなさい。」

① 「生物学的メカニズム」≫第1段落の内容の一部でしかない。

❷ 「感情の影響」 40

③ 「記憶の種類」≫段落のポイントではない。

④ 「人生の段階」≫第5段落の内容。

⑤ 「継続中の研究」≫本文にない。

❻ 「時間の種類」 39

本文・全訳の**問1(1)**に書かれているように，第1段落では clock time（時計時間）と psychological time（心理的時間）という2種類の時間を紹介しているので，39 には❻が入る。**問1(2)**に書かれているように，第4段落には「感情の影響」がスカイダイビングの実験などの具体例をあげて書かれている。40 には❷が入る。

問2 41 ❶

「41 に入れるのに最も適当な選択肢を選びなさい。」

❶ 「何歳でも，大きなライフスタイルの変化は時間の流れを遅くすることがあり得る。」

② 「年齢に関係なく，大きなライフスタイルの変化は時間の流れを速くすることがあり得る。」≫本文に書かれていることと逆である。

③ 「大人にとっての小さなライフスタイルの変化は，時間の流れを遅くすることがあり得る。」≫小さな変化ではなく大きな変化が必要。

④ 「子供にとっての小さなライフスタイルの変化は，時間の流れを速くすることがあり得る。」≫本文にない。

本文・全訳の**問2(1)**に「(大人でも）劇的な変化が起きると，日々の日課は揺らぐ。そのような場合，その人たちの時間の経過は子供のものと似る。」とある。「子供のもの」が指す内容は，**問2(2)**に「時間がゆっくりと過ぎる」と書かれている。したがって，❶が正解。

問3 42 ❸

「42 に入れるのに最も適当な選択肢を選びなさい。」

① 「クラスメートからのメッセージを楽しみに待つ」≫すでに行った出来事ではない。

② 「母親の携帯電話番号を覚える」≫すでに行った出来事ではない。

❸ 「今日何時間働いたかを回顧する」

④ 「明日会議があることを覚えておく」≫すでに行った出来事ではない。

「遡及的時間計測」の説明は本文・全訳の**問3**に書かれている。「記憶から取り出した情報に基づいて時間を見積もるもの」とある。選択肢の中でこれにあてはまるのは❸である。

問4 43 ❶

「43 に入れるのに最も適当な選択肢を選びなさい。」

❶ 「今までのところどれくらいジョギングをし続けているかを推測する」

② 「バスケットボール部の夏合宿のスケジュールを立てる」≫現在継続中のことではない。

③ 「駅でテニスコーチに偶然会う」≫現在継続中のことではない。

④ 「この前の温泉への家族旅行のことを考える」≫現在継続中のことではない。

「予期時間計測」の説明は本文・全訳の**問4**に書かれている。「何かをしながら積極的に時間経過を追っている時に使われる」とある。選択肢の中で「何かをしながら」にあてはまるのは❶である。

【設問・選択肢の語句・表現】

問1 ⑤ ongoing 形 継続中の

問2 ❶ major 形 大きい

問2 ② regardless of ～　～に関係なく

問3 ❸ reflect on ～　～を回顧する

第6問B

B　You are preparing a presentation for your science club, using the following passage from a science website.

Chili Peppers: The Spice of Life

Tiny pieces of red spice in chili chicken add a nice touch of color, but biting into even a small piece can make a person's mouth burn as if it were on fire. While some people love this, others want to avoid the painful sensation. At the same time, though, they can eat sashimi with wasabi. This might lead one to wonder what spiciness actually is and to ask where the difference between chili and wasabi comes from.

Unlike sweetness, saltiness, and sourness, spiciness is not a taste. In fact, we do not actually taste heat, or spiciness, when we eat spicy foods. The bite we feel from eating chili peppers and wasabi is derived from different types of compounds. Chili peppers get their heat from a heavier, oil-like element called capsaicin. Capsaicin leaves a lingering, fire-like sensation in our mouths because it triggers a receptor called TRPV1. TRPV1 induces stress and tells us when something is burning our mouths. Interestingly, there is a wide range of heat across the different varieties of chili peppers, and the level depends on the amount of capsaicin they contain. This is measured using the Scoville Scale, which is also called Scoville Heat Units (SHU). SHUs range from the sweet and mild *shishito* pepper at 50-200 SHUs to the Carolina Reaper pepper, which can reach up to 2. 2 million.

Wasabi is considered a root, not a pepper, and does not contain capsaicin. Thus, wasabi is not ranked on the Scoville Scale. However, people have compared the level of spice in it to chilis with around 1, 000 SHUs, which is on the lower end of the scale. The reason some people cannot tolerate chili spice but can eat foods flavored with wasabi is that 問1 the spice compounds in it are low in density. The compounds in wasabi vaporize easily, delivering a blast of spiciness to our nose when we eat it.

問5 Consuming chili peppers can have positive effects on our health, and much research has been conducted into the benefits of capsaicin. 問2-D When capsaicin activates the TRPV1 receptor in a person's body, it is similar to what happens when they experience stress or pain from an injury. 問2-A Strangely, capsaicin can also make pain go away. Scientists found that TRPV1 ceases to be turned on after long-term exposure to chili peppers, temporarily easing painful sensations. Thus, skin creams containing capsaicin might be useful for people who experience muscle aches.

問2-C Another benefit of eating chili peppers is that they accelerate the metabolism. A group of researchers analyzed 90 studies on capsaicin and body weight and found that people had a reduced appetite when they ate spicy foods. 問2-B This is because spicy foods increase the heart rate, send more energy to the muscles, and convert fat into energy. Recently, scientists at the University of Wyoming have created a weight-loss drug with capsaicin as a

【語句・表現】

- *l*. 6 sensation 名 感覚
- *l*.12 be derived from ～ ～に由来する
- *l*.14 capsaicin 名 カプサイシン
- *l*.14 lingering 形（感覚などが）長く続く
- *l*.15 trigger 他 ～の反応を引き起こす
- *l*.15 receptor 名 受容体
- *l*.15 induce 他 ～を誘発する
- *l*.27 vaporize 自 気化する
- *l*.31 activate 他 ～を活性化する
- *l*.33 cease to *do* …するのをやめる，…しなくなる
- *l*.36 muscle 名 筋肉
- *l*.37 accelerate 他 ～（の進行）を速める
- *l*.38 metabolism 名 新陳代謝
- *l*.41 convert ～ into… ～を…に変換する

main ingredient.

It is also believed that chili peppers are connected with food safety, which might lead to a healthier life. When food is left outside of a refrigerated environment, microorganisms multiply on it, which may cause sickness if eaten. 問 2-E Studies have shown that capsaicin and other chemicals found in chili peppers have antibacterial properties that can slow down or even stop microorganism growth. As a result, food lasts longer and there are fewer food-borne illnesses. 問 4 This may explain why people in hot climates have a tendency to use more chili peppers, and therefore, be more tolerant of spicier foods due to repeated exposure. Also, in the past, before there were refrigerators, they were less likely to have food poisoning than people in cooler climates.

Chili peppers seem to have health benefits, but can they also be bad for our health? Peppers that are high on the Scoville Scale can cause physical discomfort when eaten in large quantities. 問 3 People who have eaten several of the world's hottest chilis in a short time have reported experiencing upset stomachs, diarrhea, numb hands, and symptoms similar to a heart attack. Ghost peppers, which contain one million SHUs, can even burn a person's skin if they are touched.

Luckily the discomfort some people feel after eating spicy foods tends to go away soon—usually within a few hours. Despite some negative side effects, spicy foods remain popular around the world and add a flavorful touch to the table. Remember, it is safe to consume spicy foods, but you might want to be careful about the amount of peppers you put in your dishes.

l.45 refrigerated 形 冷蔵保存された
l.46 microorganism 名 微生物
l.46 multiply 自 増殖する
l.51 tolerant 形 耐性がある
l.53 food poisoning 食中毒
l.56 physical 形 体の
l.57 discomfort 名 不快症状
l.59 symptom 名 症状

Presentation slides:

Slide 1

Chili Peppers:
The Spice of Life

1

Slide 2

Characteristics

chili peppers	wasabi
· oil-like elements	· 44
· triggering TRPV1	· changing to vapor
· persistent feeling	· spicy rush

2

Slide 3

Positive Effects

Capsaicin can... 45

A. reduce pain.
B. give you more energy.
C. speed up your metabolism.
D. make you feel less stress.
E. decrease food poisoning.

3

Slide 4

Negative Effects

When eating too many strong chili peppers in a short time,

· 46
· 47

4

スライド2
characteristic（通例複数形で）名 特徴
persistent 形 持続する
rush 名 爽快感

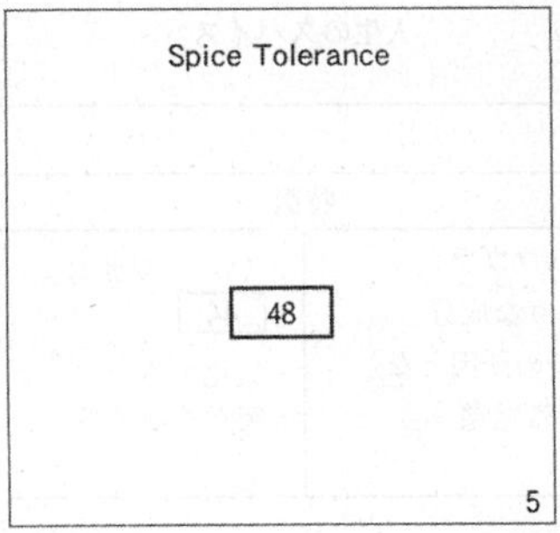

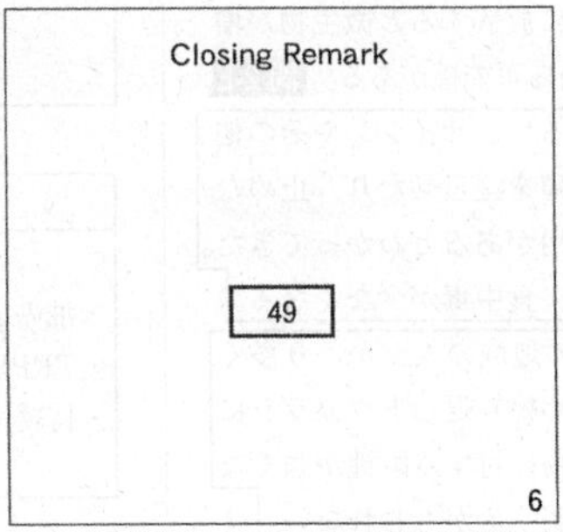

スライド5
tolerance 名 耐性

スライド6
closing remark
締めくくりの所見

◆全訳◆

B　あなたは科学のウェブサイトの以下の文章を使って，科学クラブのプレゼンテーションの準備をしています。

トウガラシ：人生のスパイス

チリチキンに入っている赤いスパイスの小さなかけらはきれいな彩りを添えるが，たとえ小さなかけらでも，かじると口の中に火がついたように熱くなることがある。これが大好きな人もいれば，この痛い感覚を避けたい人もいる。しかし同時に，彼らは刺身にワサビをつけて食べることができる。こうなると，辛さとは実のところ何だろうと不思議に思い，トウガラシとワサビの違いはどこから来るのだろうと問う人が出てくるかもしれない。

甘味，塩味，酸味とは異なり，辛さは味覚ではない。実際，私たちは香辛料の入った食べ物を食べてもヒリヒリ感や辛さを味として感じることはない。私たちがトウガラシやワサビを食べて感じる辛さは，異なる種類の化合物に由来する。トウガラシの辛さはカプサイシンとよばれる比較的重い，油のような成分からくる。カプサイシンは，TRPV1とよばれる受容体の反応を引き起こすため，口の中に長く続く火のような感覚を残す。TRPV1はストレスを引き起こし，何かが口の中でヒリヒリしている時にはそれを教えてくれる。興味深いことに，さまざまな品種のトウガラシの辛さには幅があり，そのレベルは含まれるカプサイシンの量による。これは，スコヴィル・ヒート・ユニット（SHU）ともよばれるスコヴィル・スケールを使って計測される。SHUは，甘くて刺激が少ないシシトウの50～200SHUから，220万SHUにも達することがあるキャロライナリーパートウガラシまで幅広い。

ワサビはカラシではなく根であるとみなされ，カプサイシンを含まない。したがって，ワサビはスコヴィル・スケールではランクづけされない。しかし，ワサビの辛さの度合いは約1,000SHUのトウガラシと比較されており，これはスケールの下位の方である。トウガラシの辛さには耐えられないが，ワサビ風味の食品なら食べられるという人がいるのは，問1 ワサビに含まれる香辛料化合物の濃度が低いからである。ワサビに含まれる化合物は気化しやすく，食べた時に鼻に強烈な辛さを一瞬もたらす。

問5 トウガラシを摂取することは健康に良い影響を与える可能性があり，カプサイシンの効能について多くの研究がなされている。問2-D カプサイシンが人の体内のTRPV1受容体を活性化する時，それはストレスやケガの痛みを経験する時に起こることと似ている。問2-A 奇妙なことに，カプサイシンは痛みを消すこともある。科学者たちは，トウガラシに長期間さらされるとTRPV1が活性化されなくなり，一時的に痛みを軽減することを発見した。したがって，カプサイシンを含む皮膚クリームは，筋肉痛を経験する人々に役立つかもしれない。

問2-C トウガラシを食べることのもう一つの利点は，新陳代謝を促進することである。研究者グループがカプサイシンと体重に関する90の研究を分析し，人は辛いものを食べると食欲が減退することがわかった。問2-B これは，辛い食べ物が心拍数を上げ，筋肉により多くのエネルギーを送り，脂肪をエネルギーに変えるからである。最近，ワイオミング大学の科学者たちは，カプサイジンを主成分とする減量薬を作った。

また，トウガラシは食品の安全性とも関係があり，より健康的な生活につながるだろうと信じられている。

食品を冷蔵保存されない環境に放置すると微生物が増殖し，食べると病気の原因になる可能性がある。問 2-E 研究で，トウガラシに見つかるカプサイシンやその他の化学物質には，微生物の繁殖を遅らせたり，止めたりすることさえできる抗菌作用があるとわかってきた。その結果，食べ物が長持ちし，食中毒が少なくなる。問 4 このことは，暑い気候の地域の人々がより多くのトウガラシを使い，そのため繰り返しトウガラシにさらされるのでより辛い食べ物に対する耐性が強くなる傾向があることの理由を説明するかもしれない。また，昔冷蔵庫ができる前は，彼らは涼しい気候の地域の人々よりも食中毒になりにくかった。

トウガラシは健康に良い点があるようだが，健康に悪い点もあるのだろうか。スコヴィル・スケールの高いトウガラシは大量に食べると体に不調をきたすことがある。問 3 世界一辛いトウガラシのいくつかを短時間に食べた人々は，胃の不調，下痢，手のしびれ，心臓発作に似た症状を経験したと報告している。ゴーストペッパーは，100万 SHU を含むものだが，触れると皮膚が火傷することさえある。

幸いなことに，辛いものを食べたあとに人々が感じる不快感は，すぐに，通常は数時間以内になくなる傾向がある。副作用があるにもかかわらず，辛い食べ物は世界中で人気があり続け，食卓に風味を添えている。辛いものを摂取するのは安全だが，料理に入れるトウガラシの量には注意した方がよいかもしれないことを覚えておこう。

プレゼンテーションスライド：

トウガラシ：

人生のスパイス

1

特徴

トウガラシ	ワサビ
・油のような成分 ・TRPV1の誘因となる ・持続する感覚	・ 44 ・気化する ・突然くる辛さ

2

良い影響

カプサイシンは 45 ことができる

A. 痛みを軽減する。
B. より多くのエネルギーを与える。
C. 新陳代謝を促進する。
D. ストレスを感じにくくする。
E. 食中毒の発生を減少させる。

3

悪影響

短時間に強いトウガラシを食べ過ぎた場合，

・ 46
・ 47

4

スパイス耐性

48

5

結びの所見

49

6

◆解説◆

問 1　44　❹

「スライド2のワサビの1つ目の特徴は何か。」 44

① 「辛くてヒリヒリする味」≫トウガラシの特徴。
② 「火のように熱い感覚」≫トウガラシの特徴。
③ 「持続する感覚」≫気化しやすいので長く続かない。
❹ **「軽い化合物」**

本文・全訳の 問 1 に「香辛料化合物の濃度が低い」とあるので❹が正解。

問 2　45　❹

「スライド3で見つけた誤りはどれか。」 45

① 「A」≫本文に一致する。
② 「B」≫本文に一致する。
③ 「C」≫本文に一致する。
❹ **「D」**
⑤ 「E」≫本文に一致する。

A・B・C・E は本文・全訳の 問 2-A，問 2-B，問 2-C，問 2-E の内容に一致する。問 2-D に書かれているように，トウガラシに含まれるカプサイシンが「人の体内のTRPV1受容体を活性化する時，それはストレスやケガの痛みを経験する時に起こることと似ている」ので，❹が正解。

問3 46 47 ❷，❸（順不同）

「スライド4に入れる選択肢を2つ選びなさい。（順不同。）」 46 47

①「有害な細菌を活性化させる可能性がある。」≫本文に書かれていることの逆。

❷「胃痛を感じるかもしれない。」 46

❸「手の感覚がなくなるかもしれない。」 47

④「指に火がついたような感じがするかもしれない。」≫ゴーストペッパーに触れた時の症状。

⑤「鼻が痛くなるかもしれない。」≫ワサビを食べた時の症状。

強いトウガラシの副作用は本文・全訳の**問3**に列挙されている。本文のupset stomachs（胃の不調）をstomach pain（胃痛）と言い換えた❷と，numb hands（手のしびれ）をlose feeling in your hands（手の感覚がなくなる）と言い換えた❸が正解。

問4 48 ❸

「スライド5で香辛料に対する耐性について推測できることは何か。」 48

①「トウガラシに耐性が高い人は，料理に使う香辛料に注意を払う。」≫本文にない。

②「ワサビに対する耐性が高い人は，トウガラシの悪影響を怖れる。」≫本文にない。

❸「トウガラシに対する耐性が低い人は，その辛さに慣れることができる。」

④「ワサビに対する耐性が低い人は，SHUレベルが高いものに耐えられない。」≫本文にない。

本文・全訳の**問4**に「繰り返しトウガラシにさらされることで辛い食べものに対する耐性が強くなる」とある。つまり，トウガラシを食べていれば慣れてくるので，正解は❸である。

問5 49 ❺

「スライド6に入れるのに最も適当な所見を選びなさい。」 49

①「怖がらないで。辛いものを食べると 自信が高まります。」≫本文にない。

②「次にチリチキンを食べる時は，その刺激が一瞬しか残らないことを思い出そう。」≫刺激がすぐになくなるのはワサビ。

③「辛さの好みは性格が大いに関わってくるので，気にしないこと。」≫本文にない。

④「残念ながら，ワサビ耐性の弱さは治療法がない。」≫本文にない。

❺「誰かが辛い食べ物を勧めてくれたら，それには効能があることを思い出そう。」

締めくくりの所見は肯定的で励ましを与えるものにするのがよい。本文・全訳の**問5**に「トウガラシを摂取することは健康に良い影響を与える可能性がある」と書かれており，第4～6段落にはカプサイシンの効能があげられている。したがって「辛い食べ物（＝トウガラシを含む食べ物）には効能がある」という内容の❺が適当である。

【設問・選択肢の語句・表現】

問3 ① bacteria 名 細菌

問4 infer 他 ～を推察する

問5 ① boost 他 ～を強化する

2023 本試　解答

第1問小計	第2問小計	第3問小計	第4問小計	第5問小計	第6問小計	合計点
						/100

問題番号(配点)	設問		解答番号	正解	配点	自己採点
第1問(10)	A	1	1	①	2	
		2	2	④	2	
	B	1	3	③	2	
		2	4	④	2	
		3	5	③	2	
第2問(20)	A	1	6	②	2	
		2	7	②	2	
		3	8	②	2	
		4	9	④	2	
		5	10	①	2	
	B	1	11	④	2	
		2	12	①	2	
		3	13	①	2	
		4	14	①	2	
		5	15	②	2	
第3問(15)	A	1	16	②	3	
		2	17	③	3	
	B	1	18	③	3※	
			19	④		
			20	②		
			21	①		
		2	22	③	3	
		3	23	②	3	

問題番号(配点)	設問		解答番号	正解	配点	自己採点
第4問(16)		1	24	①	3	
		2	25	①	3	
		3	26	②	2	
			27	⑤	2	
		4	28	①	3	
		5	29	②	3	
第5問(15)		1	30	④	3	
		2	31	③	3	
		3	32	②	3※	
			33	④		
			34	⑤		
			35	③		
		4	36	③	3	
		5	37 〜 38	①-⑤	3※	
第6問(24)	A	1	39	③	3	
		2	40	④	3	
		3	41 〜 42	④-⑥	3※	
		4	43	①	3	
	B	1	44	④	2	
		2	45 〜 46	①-⑤	3※	
		3	47	③	2	
		4	48	④	2	
		5	49	④	3	

(注)　1　※は，全部正解の場合のみ点を与える。
　　　2　-(ハイフン)でつながれた正解は，順序を問わない。

問●と囲み枠内…正解の根拠となる箇所

第１問Ａ

第１問 （配点 10）

A You are studying in the US, and as an afternoon activity you need to choose one of two performances to go and see. Your teacher gives you this handout.

Performances for Friday

Palace Theater	**Grand Theater**
Together Wherever	***The Guitar Queen***
A romantic play that will make you laugh and cry	A rock musical featuring colorful costumes
▸ From 2:00 p.m. (no breaks and a running time of one hour and 45 minutes)	▸ Starts at 1:00 p.m. (three hours long including two 15-minute breaks)
問２(1) ▸ Actors available to talk in the lobby after the performance	▸ Opportunity to greet the cast in their costumes before the show starts 問２(2)
▸ No food or drinks available	▸ Light refreshments (snacks & drinks), original T-shirts, and other goods sold in the lobby
▸ Free T-shirts for five lucky people	

問１ Instructions: Which performance would you like to attend? Fill in the form below and hand it in to your teacher today.

Choose (✔) one: *Together Wherever* ☐ *The Guitar Queen* ☐

Name: ____________________

【語句・表現】

l. 2 handout 图 プリント

*l.*17 feature 他 ～を呼び物にする

*l.*18 costume 图 衣装

*l.*25 refreshment 图 軽食

*l.*29 hand in ～ ～を提出する（代名詞の場合は hand と in の間に置く）

◆全訳◆

A あなたはアメリカで勉強中で，午後の活動として，２つの公演から見に行く１つを選ぶ必要があります。先生がこのプリントを渡しています。

金曜日の公演

パレスシアター	グランドシアター
『どこでもいっしょ』	『ギター・クイーン』
笑って泣けるロマンチックな劇	カラフルな衣装を呼び物にするロックミュージカル
▶午後２時から（休憩なし，上演時間１時間45分）	▶午後１時開演（15分休憩２回を含む３時間の公演）
問２(1) ▶公演のあと，ロビーにて俳優と話ができます	問２(2) ▶ショーが始まる前，衣装を着たキャストに挨拶する機会があります
▶飲食物は入手できません	▶ロビーにて軽食（スナックと飲み物），オリジナルＴシャツとその他のグッズを販売
▶ラッキーな５人にＴシャツを無料プレゼント	

問1 指示：どちらの公演に行きたいですか。以下のフォームに記入して，本日，先生に渡してください。

1つ選ぶ（✓）
どこでもいっしょ□　ギター・クイーン□
名前：＿＿＿＿＿＿＿＿

◆解説◆

問1　1　❶

「プリントを読んだあと，何をするように指示されているか。」 1

❶「下部のすべての項目に記入し，提出する。」
②「公演についてもっと調べる。」≫本文にない。
③「自分の決定を先生に話す。」≫話すのではなく用紙で提出する。
④「自分の名前を書いて，自分の選択を説明する。」
≫チェックマークを入れるだけで，説明する必要はない。

本文・全訳の**問1**から❶が正解。設問では the form below（以下のフォーム）を the bottom part（下部）と言い換えている。

問2　2　❹

「両公演について，正しいものはどれか。」 2

①「公演前に飲み物を購入できない。」≫「どこでもいっしょ」のみに該当。
②「いくつかのTシャツがプレゼントとしてもらえる。」≫「どこでもいっしょ」のみに該当。
③「同じ時刻に終わる。」≫「どこでもいっしょ」は午後3時45分，「ギター・クイーン」は午後4時に終了する。
❹「劇場で出演者に会うことができる。」

本文・全訳の**問2(1)**，**問2(2)**から❹が正解。どちらの公演も，出演者と会う機会が用意されている。

【設問・選択肢の語句・表現】
問1 ❶ complete 他 ～の全項目に記入する
問2 ① purchase 他 ～を購入する

第1問B

B　You are a senior high school student interested in improving your English during the summer vacation. You find a website for an intensive English summer camp run by an international school.

GIS

Intensive English Summer Camp

Galley International School (GIS) has provided intensive English summer camps for senior high school students in Japan since 1989. Spend two weeks in an all-English environment!

問2(1) **Dates**: August 1-14, 2023

Location: Lake Kawaguchi Youth Lodge, Yamanashi Prefecture

Cost: 120,000 yen, including food and accommodation (additional fees for optional activities such as kayaking and canoeing)

Courses Offered

◆**FOREST**: You'll master basic grammar structures, make short speeches on

【語句・表現】
l. 2　intensive 形 集中的な
*l.*10　accommodation 名 宿泊（施設）
*l.*10　additional 形 追加の
*l.*11　optional 形 任意〔オプション〕の
*l.*13　structure 名 構造

問 1(1) 問 2(2) simple topics, and get pronunciation tips. Your instructors have taught English for over 20 years in several countries. On the final day of the camp, you'll take part in a speech contest while all the other campers listen.

◆**MOUNTAIN**: You'll work in a group to write and perform a skit in English. 問 1(2) Instructors for this course have worked at theater schools in New York City, London, and Sydney. You'll perform your skit for all the campers to enjoy on August 14. 問 2(3)

問 1(3) ◆**SKY**: You'll learn debating skills and critical thinking in this course. Your instructors have been to many countries to coach debate teams and some 問 2(4) have published best-selling textbooks on the subject. You'll do a short debate in front of all the other campers on the last day. (Note: Only those with an advanced level of English will be accepted.)

▲**Application**

Step 1: Fill in the online application **HERE** by May 20, 2023.

問 3 **Step 2**: We'll contact you to set up an interview to assess your English ability and ask about your course preference.

Step 3: You'll be assigned to a course.

l.16 take part in ～ ～に参加する

l.17 skit 图 寸劇

l.21 debate 自 ディベート〔公開討論〕する

l.21 critical thinking クリティカル・シンキング，批判的思考法

l.28 assess 他 ～を評価する

l.29 preference 图 （選択の）好み

l.30 assign 他 ～を割り当てる

◆全訳◆

B あなたは，夏休みの間に英語を上達させることに関心がある高校生です。インターナショナルスクールが運営する集中英語サマーキャンプのウェブサイトを見つけました。

GIS 集中英語サマーキャンプ

ギャリー・インターナショナル・スクール（GIS）は1989年以来，日本の高校生のための集中英語サマーキャンプを提供しています。オールイングリッシュの環境で２週間を過ごしてみましょう！

問 2(1) 日程：2023年８月１日～14日

場所：山梨県 河口湖ユースロッジ

費用：12万円，食事・宿泊費用込み（カヤック・カヌーなどのオプションのアクティビティには追加費用が必要）

提供コース

◆**フォレスト**：基本的な文法構造を習得し，簡単なトピックで短いスピーチを行い，発音のコツを学びます。問 1(1) 講師たちは，数カ国で20年以上英語を教えた経験があります。問 2(2) キャンプの最終日には，他の全キャンプ参加者が聞いている中，スピーチコンテストに参加します。

◆**マウンテン**：英語で寸劇を作り演じるためにグループで学習します。問 1(2) このコースの講師たちはニューヨークシティ，ロンドン，シドニーの演劇学校で働いた経験があります。問 2(3) ８月14日には，全キャンプ参加者に楽しんでもらえるように寸劇を演じます。

◆**スカイ**：このコースではディベートの技術やクリティカル・シンキングを学びます。問 1(3) 講師たちは多くの国へディベートチームの指導に行った経験があり，中にはこの題材のベストセラーの教科書を出版した人もいます。問 2(4) 最終日に他の全キャンプ参加者の前で短いディベートを行います。（注：英語力が上級レベルの人のみ入れます。）

▲**申し込み**

ステップ１：2023年５月20日までに，**こちら**のオンライン申し込みに記入してください。

ステップ２：問 3 こちらからご連絡し，皆さんの英語能力を評価し，ご希望のコースについて伺うための面接を設定します。

ステップ３：コースに割り当てられます。

◆解説◆

問1　3　❸

「GISの講師は全員 3 。」

①「1989年から日本に滞在している」≫**GISはキャンプを1989年から行っているが，講師全員が当時からいるとは限らない。**

②「国際的なコンテストで優勝したことがある」≫**本文にない。**

❸「海外で働いたことがある」

④「人気書籍を執筆したことがある」≫**スカイコースの一部の講師のみ該当する。**

本文・全訳の **問1(1)**，**問1(2)**，**問1(3)** から❸が正解。各コースの講師は海外で英語や演劇，ディベートの指導をした経験がある。

問2　4　❹

「キャンプ最終日，キャンプ参加者は 4 。」

①「互いのパフォーマンスを評価し合う」≫**発表はするが，評価するとは書いていない。**

②「最優秀賞を得るために競う」≫**フォレストコースにはコンテストがあるが，他のコースでは賞のために競わない。**

③「将来についての発表をする」≫**発表するのは，将来についてではない。**

❹「キャンプで学んだことを発表する」

本文・全訳の **問2(1)**，**問2(2)**，**問2(3)**，**問2(4)** から❹が正解。最終日（＝8月14日）に，それぞれのコースで学習したことを，キャンプ参加者全員の前で発表すると書かれている。

問3　5　❸

「キャンプの申し込みを提出したあとで，何が起こりますか。」 5

①「英語講師に電話連絡する。」≫**本文にない。**

②「英語の筆記試験を受ける。」≫**筆記試験ではなく面接試験である。**

❸「英語レベルがチェックされる。」

④「英語スピーチのトピックが送られる。」≫**本文にない。**

本文・全訳の **問3** から❸が正解。面接による英語の能力テストがある。

【設問・選択肢の語句・表現】

問3 submit 他 ～を提出する

第2問A

第2問 (配点　20)

問2(1)

A You want to buy a good pair of shoes as you walk a long way to school and often get sore feet. You are searching on a UK website and find this advertisement.

Navi 55 presents the new *Smart Support* shoe line

Smart Support shoes are strong, long-lasting, and reasonably priced. They are available in three colours and styles.

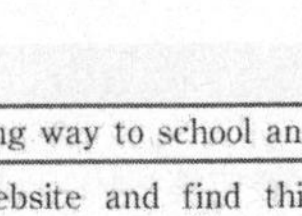

Special Features

問1 *Smart Support* shoes have a nano-chip which analyses the shape of your feet when connected to the *iSupport* application. Download the app onto your

【語句・表現】

l. 2 get sore feet 足が痛くなる

l. 6 reasonably 副 適切に

l. 9 analyse〈英〉他 ～を分析する

smartphone, PC, tablet, and/or smartwatch. Then, while wearing the shoes, let the chip collect the data about your feet. The inside of the shoe will automatically adjust to give correct, personalised foot support. As with other Navi 55 products, the shoes have our popular Route Memory function.

Advantages

問2(2) **Better Balance**: Adjusting how you stand, the personalised support helps keep feet, legs, and back free from pain.

Promotes Exercise: As they are so comfortable, you will be willing to walk regularly.

Route Memory: The chip records your daily route, distance, and pace as you walk.

問4(1) **Route Options**: View your live location on your device, have the directions play automatically in your earphones, or use your smartwatch to read directions.

Customers' Comments

問4(2)
- I like the choices for getting directions, and prefer using audio guidance to visual guidance.
- I lost 2 kg in a month! 問5
- I love my pair now, but it took me several days to get used to them.
- As they don't slip in the rain, I wear mine all year round.
- They are so light and comfortable I even wear them when cycling.
- Easy to get around! I don't need to worry about getting lost.

問3
- They look great. The app's basic features are easy to use, but I wouldn't pay for the optional advanced ones.

l.13 automatically 副 自動的に
l.13 adjust 自 調整される（*l*.16では 他 ～を調整する）
l.13 as with ～ ～と同様に
l.14 function 名 機能
l.17 free from ～ ～がない
l.18 promote 他 ～を促進する
l.18 *be* willing to *do* 進んで…する
l.22 device 名 機器
l.26 guidance 名 案内
l.27 visual 形 視覚の
l.29 get used to ～ ～に慣れる

◆全訳◆

A 問2(1) あなたは学校まで長距離を歩くとよく足が痛くなるので，良い靴を買いたいと思っています。英国のウェブサイトで探していて，この広告を見つけました。

ナビ55から新しいスマートサポートシューズの商品を発表

　スマートサポートシューズは，丈夫で長持ち，そしてお手頃な価格です。3つの色とスタイルで発売中です。　（イラスト：ナノチップ）

特別な機能

問1 スマートサポートシューズは，*i*サポートアプリケーションに接続されると，あなたの足の形状を分析するナノチップを搭載しています。スマートフォン，パソコン，タブレット，スマートウォッチにアプリをダウンロードしてください。そして，シューズを履いている間にチップに足のデータを収集させます。靴の内部が的確に個人に合った足のサポートをするために自動的に調整されます。ナビ55の他の商品同様に，この靴は我が社の人気があるルートメモリー機能を搭載しています。

長所

問2(2) **より良いバランス**：個人対応のサポートがあなたの立ち方を調整し，足，脚，腰の痛みから解放してくれます。

運動を促進する：とても快適なので，進んで定期的にウォーキングをするようになるでしょう。

ルートメモリー：日常のルート，距離，歩くペースを，あなたが歩く時チップが記録します。

問4(1) **ルートオプション**：機器であなたの現在地を見たり，イヤホンで道案内を自動再生したり，道案内を読むのにスマートウォッチを使ったりしてください。

お客様のコメント

問4(2) ●道案内の選択肢があるのが気に入っています。視覚的な案内よりもオーディオ案内を使う方が好きです。

●1カ月で2kgやせました！

●今は自分の靴をとても気に入っていますが，**問5** 靴に慣れるまで数日かかりました。

●雨でも滑らないので，1年中履いています。

●とても軽くて快適なので，サイクリングをする時でも履いています。

●あちこち移動するのに楽です！迷子になる心配がありません。

●見た目が素晴らしい。**問3** アプリの基本的な機能は使いやすいですが，オプションの高度な機能にはお金を払わないでしょう。

◆解説◆

問1　6　❷

「メーカーの発表によると，新しい靴を最も良く説明しているのはどれか。」 6

①「安い夏用の靴」≫**「夏用」と書かれていない。**

❷**「ハイテクな普段用の靴」**

③「軽い快適なスポーツシューズ」≫**「スポーツ用」と書かれていない。**

④「洗練されたカラフルなサイクリングシューズ」≫**メーカーの発表ではサイクリング用と書いていない。**

本文・全訳の**問1**に靴の機能が書かれているが，靴に搭載されたナノチップからアプリにデータを送るハイテクな靴である。したがって❷が正解。

問2　7　❷

「この靴が提供するどの利点があなたには最も魅力がありそうか。」 7

①「定期的な運動をもっとするようになる」≫**足の痛みという問題の解決にならない。**

❷**「個人対応の足のサポートをする」**

③「歩く速さを知る」≫**問題の解決にならない。**

④「履いているとかっこよく見える」≫**見た目が素晴らしいというコメントはあるが，問題の解決にならない。**

本文・全訳の**問2(1)**で挙げた「足の痛み」というあなたの問題の解決に役立つ利点は**問2(2)**なので，❷が正解。

問3　8　❷

「顧客が述べた<u>意見</u>は 8 である。」

①「アプリが早歩きを促す」≫**コメントにない。**

❷**「アプリの無料機能は使いやすい」**

③「靴は購入する価値がある」≫**コメントにない。**

④「靴が自転車をこぐスピードを上げる」≫**自転車に乗る時も靴を履くと言っているだけ。**

本文・全訳の**問3**から❷が正解。この顧客は有料機能を使っていないのだから，文中の「基本的な機能」＝「無料機能」と言える。

問4　9　❹

「ある顧客のコメントはオーディオ装置の使用について言及している。このコメントはどの利点に基づいているか。」 9

①「より良いバランス」

②「運動を促進する」

③「ルートメモリー」

❹**「ルートオプション」**

本文・全訳の**問4(2)**で，顧客が道案内にオーディオ案内を使うのが好きだとコメントしている。これに相当するのは，**問4(1)**のルートオプションの中のイヤホンで聞く道案内なので，❹が正解。

問5　10　❶

「顧客の意見によると， 10 が薦められている。」

❶**「靴を履き慣れるのに時間の余裕をみること」**

②「体重を減らすのに役立つウォッチを買うこと」≫**体重が減ったコメントはあるが，ウォッチに言及していない。**

③「靴を履く前にアプリに接続すること」≫**コメントにない。**

④「*i*サポートの高度な機能のためにお金を払うこと」≫ **「高度な機能は買わない」と言っている。**

本文・全訳の**問5**に書いている経験から，❶のアドバイスをしたと考える。get used to ～，get accustomed to ～はいずれも「～に慣れる」の意味。

【設問・選択肢の語句・表現】

問1 statement 名 発表

問2 appeal 自 魅力がある

問3 ❷ user-friendly 形 使いやすい

問3 ③ good value for money 購入する価値がある

問5 ❶ allow time to *do* …する時間の余裕をみる

第2問B

B You are a member of the student council. The members have been discussing a student project helping students to use their time efficiently. To get ideas, you are reading a report about a school challenge. It was written by an exchange student who studied in another school in Japan.

Commuting Challenge

Most students come to my school by bus or train. I often see a lot of students playing games on their phones or chatting. However, they could also **問1** use this time for reading or doing homework. We started this activity to help students use their commuting time more effectively. **問2(1)** Students had to complete a commuting activity chart from January 17th to February 17th. A total of 300 students participated. **問5(1)** More than two thirds of them were second-years; about **問2(2)** a quarter were third-years; only 15 first-years participated. How come so few first-years participated? Based on the feedback (given below), there seems to be an answer to this question:

Feedback from participants

問3-B HS: Thanks to this project, I got the highest score ever in an English vocabulary test. It was easy to set small goals to complete on my way.

問4 KF: My friend was sad because she couldn't participate. She lives nearby and walks to school. There should have been other ways to take part.

SS: My train is always crowded and I have to stand, so there is no space to open a book or a tablet. I only used audio materials, but there were not nearly enough. **問3-A**

JH: I kept a study log, which made me realise how I used my time. For some **問5(2)** reason most of my first-year classmates didn't seem to know about this challenge.

MN: I spent most of the time on the bus watching videos, and it helped me to understand classes better. I felt the time went very fast.

【語句・表現】

l. 1 student council 生徒会

l. 2 efficiently 副 効率的に

l. 5 commuting 名 通学

l. 9 effectively 副 有効に

*l.*10 chart 名 表

*l.*11 participate 自 参加する

*l.*12 how come なぜ

*l.*13 feedback 名 フィードバック，意見

*l.*21 not nearly enough 決して十分ではない

*l.*23 log 名 記録，日誌

◆全訳◆

B　あなたは生徒会のメンバーです。メンバーは，生徒が時間を効率的に使えるようにするための学生プロジェクトについて話し合っています。アイデアを得るために，あなたはある学校の挑戦に関するレポートを読んでいます。それは日本の他の学校で学習している交換留学生によって書かれたものです。

通学チャレンジ

私の学校には，ほとんどの生徒がバスや電車で通学します。多くの生徒がスマホでゲームをしたり，おしゃべりしたりしているのをよく見かけます。しかし，この時間を読書や宿題をするのに使うことも可能なはずです。問1 私たちは，生徒が通学時間をもっと有効に使うのに役立つように，この活動を始めました。1月17日から2月17日まで，生徒は通学時間の活動表を記入する必要がありました。問2(1) 合計300人の生徒が参加しました。3分の2以上が2年生，約4分の1が3年生で，問2(2) 1年生は15人だけが参加しました。問5(1) なぜ，1年生の参加がそんなに少ないのか？（以下に示した）意見に基づくと，この質問への答えがあるようです。

参加者からのフィードバック

HS：問3-B このプロジェクトのおかげで，英単語のテストで過去最高の点数を取りました。小さな目標を立てて，道中で達成するのは簡単でした。

KF：問4 友達が参加できなくて悲しんでいました。友達は近くに住んでいて，徒歩通学しています。他の参加方法があるべきだったと思います。

SS：私が乗る電車はいつも混んでいて，立たなければならないので，本やタブレットを開くスペースがありません。オーディオ教材だけを使いましたが，決して十分な量の教材はありませんでした。

JH：問3-A 学習記録をつけ，そのことがどのように自分が時間を使っているかを気づかせてくれました。どういうわけか，問5(2) ほとんどの1年生のクラスメイトはこのチャレンジについて知らなかったようです。

MN：私はバスの中でほとんどの時間はビデオを見て過ごし，それが授業をより理解するのに役立ちました。時間が経つのがとてもはやく感じました。

◆解説◆

問1　11　❹

「通学チャレンジの目的は，生徒が 11 のを助けることであった。」

① 「もっとはやく通学する」 ≫**本文にない。**

② 「テストの点数を上げる」 ≫**目的ではなく，ある生徒の結果である。**

③ 「英語の授業をもっとうまく運営する」 ≫**本文にない。**

❹「時間をよりよく使う」

本文・全訳の問1から❹が正解。文中の this activity は「通学チャレンジ」を指す。

問2　12　❶

「通学チャレンジに関する1つの事実は 12 ことである。」

❶「参加者のうち10%未満が1年生だった」

② 「冬の間に2カ月間行われた」 ≫**実施期間は1カ月。**

③ 「生徒はバスで携帯機器を使わなければならなかった」 ≫**本文にない。**

④ 「参加者の大多数が電車で行った」 ≫**参加者の交通手段の割合については本文にない。**

本文・全訳の問2(1) 問2(2)によると，参加者300人のうち15人が1年生なので，5%に相当するため，❶が正解。

問3　13　❶

「フィードバックによると， 13 は参加者に報告された活動である。」

A「学習記録をつけること」

B「言語を学習すること」

C「タブレットでメモを取ること」 ≫**本文にない。**

D「携帯電話で授業の記録を読むこと」 ≫**本文にない。**

❶「AとB」

② 「AとC」

③ 「AとD」

④ 「BとC」

⑤ 「BとD」

⑥ 「CとD」

本文・全訳の **問3-A** はAの内容に一致し，**問3-B** はBの内容に一致する。したがって，❶が正解。

問4　14　❶

「通学チャレンジについての参加者の意見の１つは 14 である。」

❶「徒歩で通学している生徒も含めることができただろう」

②「電車は本を読むのに良い場所だった」≫ SS が電車で本を読めなかったと書いている。

③「学習のためのオーディオ教材がたくさんあった」≫ SS がオーディオ教材は十分なかったと書いている。

④「娯楽のためのビデオを見ることは時間が速く過ぎるのを助けた」≫ MN が見ていたのは娯楽用ではなく，授業の理解に役立つもの。

本文・全訳の **問4** から❶が正解。本文中の〈should have＋過去分詞〉は「…するべきだったのに」，❶の〈could have＋過去分詞〉は「…できただろう」の意味。

問5　15　❷

「筆者の質問は 15 に答えられている。」

①「HS」

❷「JH」

③「KF」

④「MN」

⑤「SS」

筆者の質問は，本文・全訳の **問5 (1)** に書かれている。答えは **問5 (2)** にあるので，❷が正解。

【設問・選択肢の語句・表現】

問2 ③ portable 形 携帯用の

問2 ④ majority 名 大多数

第3問A

第3問　(配点　15)

A　You are studying at Camberford University, Sydney. You are going on a class camping trip and are reading the camping club's newsletter to prepare.

Going camping? Read me!!!

Hi, I'm Kaitlyn. I want to share two practical camping lessons from my recent club trip. The first thing is to divide your backpack into three main parts and put the heaviest items in the middle section to balance the backpack. Next, more frequently used daily necessities should be placed in the top section. **問1** That means putting your sleeping bag at the bottom; food, cookware and tent in the middle; and your clothes at the top. Most good backpacks come with a "brain" (an additional pouch) for small easy-to-reach items.

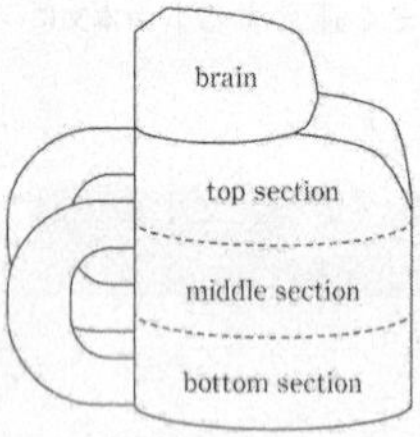

Last year, in the evening, we had fun cooking and eating outdoors. I had been sitting close to our campfire, but by the time I got back to the tent I was freezing. Although I put on extra layers of clothes before going to sleep, I was

【語句・表現】

l. 4　practical 形 実用的な

l. 7　balance 他 ～のバランスをとる

l. 8　necessity 名 必需品

l. 9　that means つまり

l.12　come with ～ ～が付いている

l.12　pouch 名 ポーチ

l.13　easy-to-reach 形 便利な，手が届きやすい

l.16　layer 名 重ね，層

問2 still cold. Then, my friend told me to take off my outer layers and stuff them into my sleeping bag to fill up some of the empty space. This stuffing method was new to me, and surprisingly kept me warm all night!

I hope my advice helps you stay warm and comfortable. Enjoy your camping trip!

l.17 outer 形 外側の

l.17 stuff A into B BにAを詰める

◆全訳◆

A　あなたはシドニーにあるキャンバーフォード大学で勉強しています。あなたはクラスのキャンプ旅行に行くことになり，準備のためにキャンプクラブの会報を読んでいます。

キャンプに行く？読んで!!!

こんにちは，ケイトリンです。最近のクラブ旅行から学んだ実用的なキャンプの知識を2つ共有したいと思います。1つ目は，バックパックを3つの主要な部分に分け，バックパックのバランスをとるために，いちばん重いものを真ん中の部分に入れることです。次に，より使用頻度の高い日用必需品は上の部分に置かなければなりません。**問1** つまり寝袋は底に，食料，調理器具，テントは真ん中に，そして衣類は一番上に入れるということです。ほとんどの良いバックパックには，小さな便利な物を入れるための「ブレイン」（追加のポーチ）が付いています。

ブレイン
上の部分
真ん中の部分
底の部分

昨年，夕方に野外で料理や食事を楽しみました。ずっとキャンプファイアの近くに座っていたのですが，テントに戻る時までには凍えていました。寝る前に追加で重ね着をしたけれども，まだ寒かったです。**問2** そこで友人が外側に着ているものを脱いで，寝袋の中に空いた空間をふさぐように詰めるよう教えてくれました。この詰め物をする方法は私にとって初めての体験で，驚くほど一晩中体を暖かくしてくれました！

私のアドバイスが，皆さんが暖かく快適に過ごすのに役に立てばいいなと思います。キャンプ旅行を楽しんでください！

◆解説◆

問1　16　❷

「ケイトリンのアドバイスを受け入れるなら，バックパックをどのように詰めるべきか。」16

①

救急セット，地図
食料，皿，カップ，テント
上着，シャツ，ズボン
寝袋

❷

救急セット，地図
上着，シャツ，ズボン
食料，皿，カップ，テント
寝袋

③

食料，皿，カップ，テント
救急セット，地図
上着，シャツ，ズボン
寝袋

④

上着，シャツ，ズボン
救急セット，地図
食料，皿，カップ，テント
寝袋

本文・全訳の**問1**から❷が正解。選択肢では，「調理器具」を「皿，カップ」，「衣類」を「上着，シャツ，ズボン」と具体的に書いている。また，救急セットと地図は，ブレインに入れる「小さな便利な物」と考える。

問2　17　❸

「ケイトリンによると，17 が一晩中暖かく過ごす最適な方法だ。」

①「テントから外に出るのを避けること」≫**本文にない。**

②「キャンプファイアの横で温かい食事をとること」≫**この方法を実行したが，凍えたと書いてある。**

❸「寝袋の隙間を埋めること」

④「余分な服を全部着ること」≫**この方法を実行したが，**

まだ寒かったと書いてある。

本文・全訳の問2から❸が正解。本文の empty space を❸では gap と言い換えている。

【設問・選択肢の語句・表現】

問1 first aid kit 救急セット

第3問B

B Your English club will make an "adventure room" for the school festival. To get some ideas, you are reading a blog about a room a British man created.

Create Your Own "Home Adventure"

問3(1) Last year, I took part in an "adventure room" experience. I really enjoyed it, so I created one for my children. Here are some tips on making your own.

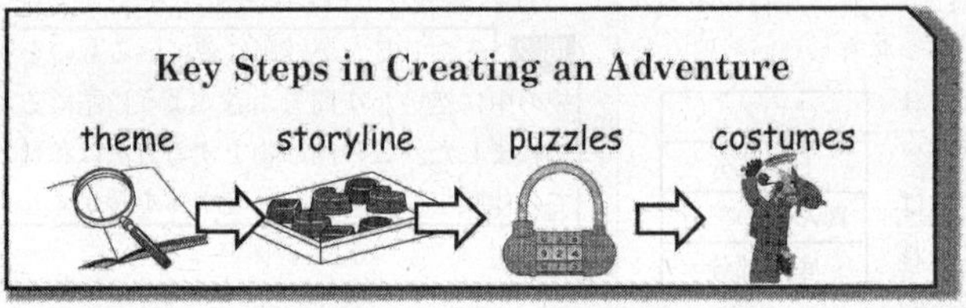

問1③ First, pick a theme. My sons are huge Sherlock Holmes fans, so I decided on a detective mystery. I rearranged the furniture in our family room, and added some old paintings and lamps I had to set the scene.

Next, create a storyline. Ours was *The Case of the Missing Chocolates*. My children would be "detectives" searching for clues to locate the missing sweets.

The third step is to design puzzles and challenges. A useful idea is to work backwards from the solution. If the task is to open a box locked with a three-digit padlock, think of ways to hide a three-digit code. Old books are fantastic for hiding messages in. I had tremendous fun underlining words on different pages to form mystery sentences. 問2 Remember that the puzzles should get progressively more difficult near the final goal. 問1④ To get into the spirit, I then had the children wear costumes. My eldest son was excited when I handed him a magnifying glass, and immediately began acting like Sherlock Holmes. 問1② After that, the children started to search for the first clue.

【語句・表現】

l. 5 tip 名 ヒント

図内 key step 重要段階

図内 storyline 名 ストーリー展開，筋

l. 7 detective 形 探偵の

l. 8 set the scene 場所を設定する

*l.*10 clue 名 手がかり

*l.*10 locate 他 ～を見つける

*l.*10 missing 形 行方不明の

*l.*13 backwards from ～ ～からさかのぼって

*l.*13 task 名 課題

*l.*14 digit 名 数字，桁

*l.*14 padlock 名 南京錠

*l.*14 code 名 暗号

*l.*15 tremendous 形 とてつもなく大きい

*l.*17 progressively 副 徐々に

*l.*17 get into the spirit 盛り上がる

*l.*19 magnifying glass 虫眼鏡

問3(2) This “adventure room” was designed specifically for my family, so I made some of the challenges personal. 問1① For the final task, I took a couple of small cups and put a plastic sticker in each one, then filled them with yogurt. The “detectives” had to eat their way to the bottom to reveal the clues. Neither of my kids would eat yogurt, so this truly was tough for them. During the adventure, my children were totally focused, and they enjoyed themselves so much that we will have another one next month.

*l.*23 sticker 名 シール
*l.*24 reveal 他 ～を明らかにする
*l.*25 tough 形 きつい
*l.*26 *be* focused 集中している

◆全訳◆

B　あなたの所属する英語クラブは，学園祭で「アドベンチャールーム」を作る予定です。アイデアを得るために，英国人の男性が作った部屋についてのブログを読んでいます。

自分の「ホームアドベンチャー」を作ろう

問3(1) 昨年，私は「アドベンチャールーム」体験に参加しました。とても楽しかったので，自分の子供たちにも作りました。ここに，あなたが自分のアドベンチャールームを作るヒントがあります。

アドベンチャーを作る重要段階
テーマ→ ストーリー展開→ 謎解き→衣装

最初にテーマを決めます。私の息子たちはシャーロック・ホームズの大ファンなので，私は探偵ミステリーに決めました。問1③ 私はファミリールームの家具の配置を変え，場面設定するために，持っていた古い絵画やランプを加えました。

次にストーリー展開を創作します。私たちの場合は「行方不明のチョコレート事件」でした。子供たちは行方不明になったお菓子を見つける手がかりを探している「探偵」になるのです。

3つ目の段階は，謎解きと課題を考案することです。役に立つ考えは，解決策から逆算して取り組むことです。もし課題が3桁の数字の南京錠がかかった箱を開けることなら，3桁の数字の暗号を隠す方法を考えなさい。古い本はメッセージを隠すのに素晴らしいです。ミステリーの文章を構成するために，さまざまなページの単語にアンダーラインを引くのは，とっても楽しかったです。問2 最終目標に近づくにつれて，謎解きが段階的に難しくなるべきなのを覚えておいてください。問1④ それから気分が盛り上がるように，子供たちに衣装を着せました。長男は虫眼鏡を渡すと興奮していて，すぐにシャーロック・ホームズのように振る舞い始めました。問1② その後，子供たちは最初の手がかりを探し始めました。

問3(2) この「アドベンチャールーム」は私の家族用に特別に計画されたものなので，いくつか個人的な課題をつくりました。問1① 最後の課題に，小さなカップを2つ用意し，それぞれの内側にプラスチックのシールを貼って，ヨーグルトで満たしました。「探偵」は手がかりを明らかにするために底まで食べなければなりませんでした。私の子供はどちらもヨーグルトを食べようとしなかったので，これは子供たちにとって本当に難しいことでした。アドベンチャーの間，子供たちは完全に集中し，とても楽しんでいたので，来月も別のアドベンチャールームを開催する予定です。

◆解説◆

問1　18　❸　19　❹　20　❷　21　❶

「次の出来事（①～④）を起こった順に並べなさい。」

18 → 19 → 20 → 21

❶「子供たちが好きではない食べ物を食べた。」 21

❷「子供たちはお菓子の捜索を始めた。」 20

❸「父親は家のリビングルームを飾り付けた。」 18

❹「父親は息子たちに着る服を与えた。」 19

本文・全訳の 問1① ～ 問1④ を参照。本文の family room を❸では living room，costumes を❹では some clothes to wear と言い換えている。また，問1① の内容を簡潔にまとめると，「課題解決のために，子供たちが好きではないヨーグルトを食べた」ということ。

問2 22 ❸

「あなたが自分の『アドベンチャールーム』をつくるためにこの父親のアドバイスに従うなら， 22 べきだ。」

①「３文字の単語に集中する」≫本文にない。

②「秘密のメッセージをランプの下に置く」≫メッセージを隠すのは古い本の中がよいと言っている。

❸「課題を徐々に難しくする」

④「シャーロック・ホームズのように振る舞う練習をする」≫本文にない。

本文・全訳の 問2 と同じ内容の❸が正解。

問3 23 ❷

「この話から，この父親が 23 と理解できる。」

①「お菓子を探すことに集中するようになった」
≫お菓子探しに集中したのは父ではなく子供たち。

❷「特別に子供たちのために体験を作った」

③「アドベンチャーゲームを準備するのに少し苦労した」≫楽しんだと書いているが，苦労したとはない。

④「部屋を飾りつけるのにたくさんお金をかけた」
≫持っている古い絵画やランプを使ったと書いてある。

本文・全訳の 問3(1)，問3(2) に書いてあるように，自分の子供のために特別なアドベンチャールームを作ったので，❷が正解。

【設問・選択肢の語句・表現】

問2 ❸ gradually 副 徐々に（≒ progressively）
問3 ③ have trouble *doing* …するのに苦労する

第4問

第4問 （配点 16）

Your teacher has asked you to read two articles about effective ways to study. You will discuss what you learned in your next class.

How to Study Effectively: Contextual Learning!

Tim Oxford

Science Teacher, Stone City Junior High School.

As a science teacher, I am always concerned about how to help students who struggle to learn. Recently, I found that their main way of learning was to study new information repeatedly until they could recall it all. For example, when they studied for a test, they would use a workbook like the example below and repeatedly say the terms that go in the blanks: “Obsidian is igneous, dark, and glassy. Obsidian is igneous, dark, and glassy. . . .” These students would feel as if they had learned the information, but would quickly forget it and get low scores on the test. 問1 Also, this sort of repetitive learning is dull and demotivating.

問4(1) To help them learn, I tried applying “contextual learning.” In this kind of learning, new knowledge is constructed through students’ own experiences. For my science class, students learned the properties of different kinds of rocks. Rather than having them memorize the terms from a workbook, I

【語句・表現】

l. 1 effective 形 効果的な
l. 3 contextual 形 文脈的な
l. 7 struggle 自 悪戦苦闘する
l. 8 recall 他 ～を思い出す
*l.*10 term 名 用語
*l.*10 obsidian 名 黒曜石
*l.*10 igneous 形 火成の
*l.*11 glassy 形 ガラス質の
*l.*12 feel as if SV（過去完了）S が…したように感じる
*l.*13 repetitive 形 反復的な
*l.*14 demotivating 形 やる気を失わせる
*l.*16 construct 他 ～を構築する

brought a big box of various rocks to the class. Students examined the rocks and identified their names based on the characteristics they observed.

Rock name	Obsidian
Rock type	igneous
Coloring	dark
Texture	glassy
Picture	

Thanks to this experience, I think these students will always be able to describe the properties of the rocks they studied. One issue, however, is that we don't always have the time to do contextual learning, so students will still study by doing drills. I don't think this is the best way. I'm still searching for ways to improve their learning.

How to Make Repetitive Learning Effective

Cheng Lee
Professor, Stone City University

問4(2) Mr. Oxford's thoughts on contextual learning were insightful. I agree that it can be beneficial. Repetition, though, can also work well. However, the 問3(1) repetitive learning strategy he discussed, which is called "massed learning," is not effective. There is another kind of repetitive learning called "spaced 問3(2) learning," in which students memorize new information and then review it over longer intervals.

The interval between studying is the key difference. In Mr. Oxford's example, his students probably used their workbooks to study over a short period of time. In this case, they might have paid less attention to the content as they continued to review it. The reason for this is that the content was no longer new and could easily be ignored. In contrast, when the intervals are longer, the students' memory of the content is weaker. Therefore, they pay more attention because they have to make a greater effort to recall what they had learned before. For example, if students study with their workbooks, wait three days, and then study again, they are likely to learn the material better.

問5 Previous research has provided evidence for the advantages of spaced learning. In one experiment, students in Groups A and B tried to memorize the names of 50 animals. Both groups studied four times, but Group A studied at one-day intervals while Group B 問2 studied at one-week intervals. As the figure to the right shows, 28 days after the last learning session, the average ratio of recalled names on a test was higher for the spaced learning group.

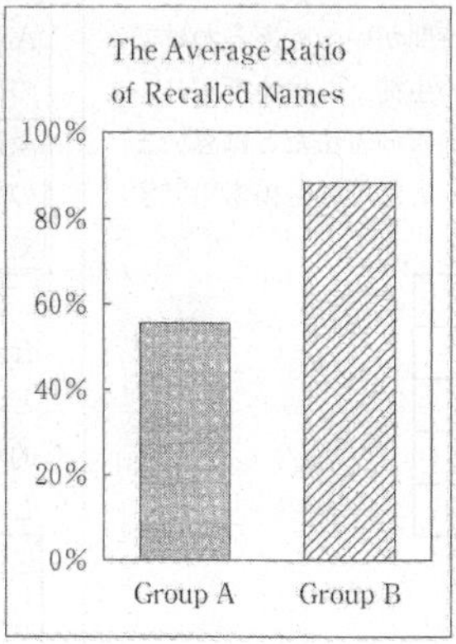

I understand that students often need to learn a lot of information in a short period of time, and long intervals between studying might not be practical. You should understand, though, that massed learning might not be good for long-term recall.

l.19 examine 他 ～を調べる
l.20 identify 他 ～を識別する
l.21 characteristic 名 特徴
l.21 observe 他 ～を観察する
l.24 property 名 性質
図内 texture 名 質感，手触り

l.4 insightful 形 洞察力に満ちた
l.5 beneficial 形 有益な
l.5 repetition 名 反復
l.6 strategy 名 方法
l.6 massed learning 集中学習
l.9 interval 名 間隔
l.12 content 名 内容
l.13 no longer もはや～ない
l.14 ignore 他 ～を無視する
l.14 in contrast 対照的に
l.18 *be* likely to *do* …する可能性が高い
l.19 evidence 名 証拠
l.32 practical 形 実用的な
l.35 recall 名 呼び戻し

◆全訳◆

先生があなたに，効果的な学習法に関する２つの記事を読むように勧めています。次の授業で，学んだことについて話し合うことになります。

効果的に学習する方法：文脈的学習！

ティム・オックスフォード

理科教師，ストーン市立中学校

理科教師として，私は勉強に悪戦苦闘する生徒を助ける方法にいつも関心があります。最近，彼らの主な学習方法は，新しい情報をすべて思い出せるようになるまで繰り返し勉強することだとわかりました。例えば，テスト勉強をする時，下記の例のようにワークブックを使い，空欄に入る用語を繰り返し言うでしょう。「黒曜石は火成岩で，暗くて，ガラス質である。 黒曜石は火成岩で，暗くて，ガラス質で…」このような生徒は，情報を覚えたような気になりますが，すぐに忘れて，テストでは低い点数を取るでしょう。問１ また，この種の反復学習は退屈で，やる気を失わせます。

問４(1) 彼らの学習を助けるために，私は「文脈的学習」を適用してみました。この種類の学習では，生徒自身の体験を通して新しい知識は構築されます。私の理科の授業では，生徒はさまざまな種類の岩石の性質を学びました。 ワークブックで用語を覚えさせるのではなく，さまざまな岩石が入った大きな箱を教室に持ち込みました。生徒たちは岩石を調べ，観察した特徴に基づいて名前を識別しました。

この体験のおかげで，生徒たちは，勉強した岩石の性質をいつでも説明できると思います。しかし１つ問題なのは，文脈的学習をする時間がいつもあるわけではないということで，そのため生徒たちはまだドリルで勉強するでしょう。これが最善の方法だとは思いません。彼らの学習を向上させる方法を今も模索中です。

岩石の名前	黒曜石
岩石のタイプ	火成岩
彩色	暗い
質感	ガラス質の
写真	

反復学習を効果的に行うには

チェン・リー

教授，ストーン市立大学

問４(2) オックスフォード氏の文脈的学習についての考え方は洞察に富んでいました。私もそれが有益でありうることに同意します。けれども，反復もうまく機能することがあります。問３(1) しかし，彼が考察した反復学習法は，「集中学習」と呼ばれるもので，効果的ではありません。問３(2) 「間隔学習」と呼ばれる，もう一種の反復学習があり，この方法では生徒は新しい情報を記憶したあと，比較的長い間隔をあけて復習します。

学習の間隔が重要な違いです。オックスフォード氏の例では，生徒たちは短期間の学習におそらくワークブックを使ったのでしょう。この場合，復習を続けるうちに，内容への注意が薄れてしまったかもしれません。その理由は，内容がもはや新しいものでなく，無視されやすくなったからです。対照的に，間隔が比較的長いと，生徒の内容の記憶は弱くなります。そのため，以前学習した内容を思い出すために，より大きな努力をしなければならないため，より多くの注意を払います。例えば，生徒がワークブックを使って勉強して，３日待ってからもう一度勉強すると，その教材をよりよく学習できる可能性が高いです。

問５ これまでの研究は，間隔学習の長所の証拠を提供しています。ある実験で，グループＡとグループＢの生徒が50匹の動物の名前を覚えようとしました。両グループとも４回学習しましたが，グループＡは１日の間隔をあけて，一方グループＢは１週間の間隔で学習しました。問２ 右の図が示すように，最後の学習時間から28日後，テストで思い出した名前の平均割合は，間隔学習のグループの方が高かったのです。

生徒は短期間に多くの情報を習得する必要がある場合が多く，長い学習間隔は実用的でないかもしれないということは理解できます。しかし，集中学習は長期的な記憶の呼び戻しには適していないかもしれないことを理解しておく必要があります。

思い出した名前の平均割合

（グラフ）

グループＡ　グループＢ

◆解説◆

問1 24 ❶

「オックスフォード氏は[24]と信じている。」

❶ **「連続した反復練習は退屈だ」**

② 「用語の説明を読むことが役立つ」 ≫**本文にない。**

③ 「生徒は理科に関心がない」 ≫**本文にない。**

④ 「ワークブックで学習することが成功につながる」 ≫**オックスフォード氏の考えと反対の内容である。**

選択肢❶の continuous drilling は本文の repetitive learning を指す。本文・全訳の**問1**を言い換えた❶が正解。

問2 25 ❶

「リー氏が考察した研究では，生徒が最後の学習時間の[25]後にテストを受けた。」

❶ **「4週間」**

② 「直」

③ 「1日」

④ 「1週間」

本文・全訳の**問2**に書かれている 28 days を four weeks と言い換えた❶が正解。

問3 26 ❷ 27 ❺

「リー氏は，[26]間隔をあけた学習を含む，間隔学習を紹介しているが，それはオックスフォード氏が考察した[27]学習のデメリットを克服するためである。(各空欄に選択肢①～⑥から最適なものを選びなさい。)」

① 「文脈的」

❷ **「長期の」** [26]

③ 「固定された」

④ 「不定期の」

❺ **「集中した」** [27]

⑥ 「実用的な」

リー氏は，本文・全訳の**問3(1)**で，オックスフォード氏がとりあげたのは，反復学習法の中でも効果的でない massed learning「集中学習」であると述べているので，[27]には❺の massed が入る。さらにリー氏は本文・全訳の**問3(2)**で，反復学習法には，復習の間隔を長くする「間隔学習」もあると述べている。したがって，[26]には❷の extended が入る。

問4 28 ❶

「両方の筆者は，[28]が新しい情報を覚えるのに役に立つと同意している。」

❶ **「体験学習」**

② 「適切な休憩をとること」 ≫**本文にない。**

③ 「長期間の注目」 ≫**本文にない。**

④ 「ワークブックを用いた学習」 ≫**オックスフォード氏は反対し，リー氏は適切な方法での使用に同意している。**

本文・全訳の**問4(1)**に書かれているように，オックスフォード氏は「文脈的学習」という言葉を使っているが，その内容は「体験に基づいた学習」である。また，**問4(2)**にあるように，リー氏もその効果を認めている。したがって，❶が正解。

問5 29 ❷

「どの追加情報が，リー氏の間隔学習に関する主張をさらに裏付けるのに最適か。」[29]

① 「科学の授業を魅力的にする主な要因」 ≫**これは体験学習に関するものである。**

❷ **「間隔学習の最も効果的な間隔の長さ」**

③ 「生徒のワークブックが視覚教材を含むかどうか」 ≫**本文にない。**

④ 「なぜオックスフォード氏の生徒が情報をうまく記憶できなかったか」 ≫**すでにリー氏の記事に書かれている。**

リー氏はなぜ間隔学習が効果的なのかを説明したあと，本文・全訳の**問5**に，実験で間隔を1週間あけたグループの方が，1日あけたグループよりも，より良い学習結果が出たと紹介している。最も効果的な間隔に関する追加情報は，間隔学習の効果性を述べるリー氏の主張を裏付けることができるので，❷が正解。

【設問・選択肢の語句・表現】

問1 ❶ continuous 形 連続した

問1 ❶ drill 自 何度も練習する，訓練する

問3 overcome 他 ～を克服する

問3 ❷ extended 形 長期の

問5 ① attractive 形 魅力的な

第5問

第5問 (配点 15)

Your English teacher has told everyone in your class to find an inspirational story and present it to a discussion group, using notes. You have found a story written by a high school student in the UK.

Lessons from Table Tennis

Ben Carter

The ball flew at lightning speed to my backhand. It was completely unexpected and I had no time to react. I lost the point and the match. Defeat... Again! This is how it was in the first few months when I started playing table tennis. It was frustrating, but I now know that the sport taught me more than simply how to be a better athlete.

In middle school, I loved football. 問1(1) I was one of the top scorers, but I didn't get along with my teammates. The coach often said that I should be more of a team player. I knew I should work on the problem, but communication was just not my strong point.

I had to leave the football club when my family moved to a new town. I wasn't upset as I had decided to stop playing football anyway. My new school had a table tennis club, coached by the PE teacher, Mr Trent, and I joined that. 問1(2) To be honest, I chose table tennis because I thought it would be easier for me to play individually.

At first, I lost more games than I won. I was frustrated and often went straight home after practice, not speaking to anyone. 問3② 問5①-1 One day, however, Mr Trent said to me, "You could be a good player, Ben, but you need to think more about your game. What do you think you need to do?" "I don't know," I replied, "focus on the ball more?" "Yes," Mr Trent continued, "but you also need to study your opponent's moves and adjust your play accordingly. Remember, your opponent is a person, not a ball." This made a deep impression on me.

問3④ I deliberately modified my style of play, paying closer attention to my opponent's moves. It was not easy, and took a lot of concentration. My efforts paid off, however, and my play improved. My confidence grew and I started staying behind more after practice. I was turning into a star player and my classmates tried to talk to me more than before. I thought that I was becoming popular, but our conversations seemed to end before they really got started. Although my play might have improved, my communication skills obviously hadn't.

【語句・表現】

- l. 1 inspirational 形 心を動かす
- l. 6 lightning 名 稲妻
- l. 7 react 自 反応する
- l. 9 frustrating 形 悔しい，イライラする
- l.11 middle school （英国の）中学校
- l.11 football 名 〈英〉サッカー
- l.12 get along with ～ ～と仲良くする
- l.14 strong point 名 長所，得意なこと
- l.16 upset 形 動揺して，腹を立てて
- l.19 individually 副 個々に
- l.24 focus on ～ ～に集中する
- l.25 opponent 名 対戦相手
- l.25 accordingly 副 それに応じて
- l.26 make an impression 感銘を与える
- l.28 deliberately 副 意図的に
- l.28 modify 他 ～を変更する
- l.30 pay off 報われる
- l.30 confidence 名 自信
- l.31 turn into ～ ～に変わる

My older brother Patrick was one of the few people I could communicate with well. One day, I tried to explain my problems with communication to him, but couldn't make him understand. We switched to talking about table tennis. 問3⑤ 問2(1) 問5①-2 問5⑤ "What do you actually enjoy about it?" he asked me curiously. I said I loved analysing my opponent's movements and making instant decisions about the next move. Patrick looked thoughtful. "That sounds like the kind of skill we use when we communicate," he said.

問3③ At that time, I didn't understand, but soon after our conversation, I won a silver medal in a table tennis tournament. My classmates seemed really pleased. One of them, George, came running over. "Hey, Ben!" he said, "Let's have a party to celebrate!" Without thinking, I replied, "I can't. I've got practice." He looked a bit hurt and walked off without saying anything else.

Why was he upset? I thought about this incident for a long time. Why did he suggest a party? Should I have said something different? A lot of questions 問4 came to my mind, but then I realised that he was just being kind. If I'd said, "Great idea. Thank you! Let me talk to Mr Trent and see if I can get some time off practice," then maybe the outcome would have been better. At that 問2(2) moment Patrick's words made sense. Without attempting to grasp someone's intention, I wouldn't know how to respond.

I'm still not the best communicator in the world, but I definitely feel more confident in my communication skills now than before. Next year, my friends and I are going to co-ordinate the table tennis league with other schools.

l.40 analyse（英）他 ～を分析する
l.40 instant 形 即時の
l.41 thoughtful 形 考え込んでいる
l.48 incident 名 出来事
l.51 see if ～ ～かどうか確かめる
l.52 off 前 ～を休んで
l.52 outcome 名 結果
l.53 make sense 意味がわかる
l.53 attempt to *do* …しようと努める
l.53 grasp 他 ～を把握する
l.54 intention 名 意図
l.54 respond 自 答える
l.57 co-ordinate 他 ～をコーディネートする

Your notes:

Lessons from Table Tennis

About the author (Ben Carter)

- Played football at middle school.
- Started playing table tennis at his new school because he [30].

Other important people

- Mr Trent: Ben's table tennis coach, who helped him improve his play.
- Patrick: Ben's brother, who [31].
- George: Ben's classmate, who wanted to celebrate his victory.

Influential events in Ben's journey to becoming a better communicator

Began playing table tennis → [32] → [33] → [34] → [35]

What Ben realised after the conversation with George

He should have [36].

メモ内 victory 名 勝利
メモ内 influential 形 影響力の大きい
メモ内 journey to becoming ～ ～になるための道筋

What we can learn from this story

・ 37

・ 38

◆全訳◆

あなたの英語の先生は，クラスの全員に，心を動かす話を見つけ，メモを使って討論グループで発表するように言いました。あなたは英国の高校生が書いた話を見つけました。

卓球からの教訓

ベン・カーター

ボールが稲妻のようなスピードで私のバックハンドに飛んできました。全く予想外のことで，反応する時間がありませんでした。私は点を失い，試合に負けました。敗北…またか！ 私が卓球を始めて最初の数カ月は，こんな感じでした。それは悔しかったけれども，そのスポーツは私に，単に強い運動選手になる方法以上のことを教えてくれたと，今は思っています。

中学校で，私はサッカーが大好きでした。問1(1) 私は得点王の１人でしたが，チームメイトとうまくやれませんでした。コーチはよく，私はもっとチームプレーヤーになるべきだと言いました。その問題に取り組むべきだとわかっていましたが，私はコミュニケーションが全く得意でなかったのです。

家族で新しい街に引っ越した時，私はサッカークラブをやめなければなりませんでした。どっちみちサッカーをやめると決めていたので，動揺しませんでした。新しい学校には，体育教師のトレント先生が指導する卓球クラブがあり，私は入部しました。問1(2) 正直なところ，１人でプレーする方が私には簡単だろうと思ったから卓球を選んだのです。

最初は，試合に勝つことよりも負けることの方が多かったです。イライラして，練習後に誰とも口をきかず，まっすぐ家に帰ることが多かったです。問3② 問5①-1 けれどもある日，トレント先生が「ベン，君は良い選手になれるかもしれないが，もっと試合について考える必要があるよ。何をする必要があると思う？」と言いました。「わかりません」と私は答えました。「もっとボールに集中することですか？」「そう」とトレント先生は続けました。「でも，対戦相手の動きを研究して，それに合わせて自分のプレーを調整することも必要だ。覚えていなさい，対戦相手は人間で，ボールではないと。」これは私に深い感銘を与えました。

問3④ 私は，対戦相手の動きに細心の注意を払い，自分のプレースタイルを意図的に変えました。それは簡単なことではないし，かなりの集中力が必要でした。しかし，努力は報われ，私のプレーは上達しました。自信がつき，もっと練習後に残り始めました。私はスター選手に変わっていき，クラスメイトは以前よりも私に話しかけようとしました。私は自分が人気者になっていると思いましたが，私たちの会話は本当に始まる前に終わっているように感じました。私のプレーは上達したかもしれないけれども，コミュニケーション能力は明らかに向上していませんでした。

兄のパトリックは，私がうまくコミュニケーションできる数少ない人の１人でした。ある日，自分のコミュニケーションの問題を兄に説明しようとしましたが，なかなか理解してもらえませんでした。問3⑤ 私たちは卓球の話に切り替えました。問2(1) 問5①-2 問5⑤「実のところ，卓球の何が楽しいの？」と彼は不思議そうにたずねました。私は，対戦相手の動きを分析し，次の動きを即時に決断するのが大好きだと言いました。パトリックは考え込んでいるようでした。「それはコミュニケーションをとる時に使うスキルに似ているようだね」と彼は言いました。

その時私はわからなかったのですが，この会話のあとすぐに，問3③ 私は卓球トーナメントで銀メダルをとりました。クラスメイトはとてもうれしそうでした。そのうちの１人のジョージが駆け寄ってきて，「おい，ベン！お祝いのパーティをしよう！」と言いました。何も考えないで，私は「だめなんだ。練習があるんだ。」と答えました。彼は少し傷ついた様子で，他に何も言わずに立ち去りました。

なぜ，彼は気落ちしたのだろう，私はこの出来事について長い間考えました。なぜ彼はパーティを提案したのだろう。私は何か違うことを言うべきだったのだろうか。たくさんの疑問が心に浮かびましたが，

問4 その時，彼は本当に優しいのだと気づいたのです。「いい考えだね，ありがとう！トレント先生に話して，練習を休めるかどうか確かめるよ。」と言っていたら，たぶん結果はもっとよかったでしょう。**問2(2)** その瞬間，パトリックの言葉の意味がわかったのです。相手の意図を把握しようと努めなければ，どう答えていいかわからないでしょう。

まだまだ世界一コミュニケーション能力が高いとは言えませんが，間違いなく，今は以前よりも自分のコミュニケーションスキルに自信が持てるようになりました。来年は友達と私で，他校との卓球リーグをコーディネートする予定です。

あなたのメモ

卓球からの教訓

筆者（ベン・カーター）について

・中学校でサッカーをしていた。

・彼は［30］ので，新しい学校で卓球を始めた。

その他の重要人物

・トレント先生：ベンの卓球のコーチで，彼のプレーを向上させた。

・パトリック：ベンの兄で，［31］。

・ジョージ：ベンのクラスメイトで，彼の勝利を祝いたかった。

ベンがコミュニケーション上手になるための道筋で影響を与えた出来事

卓球を始めた→［32］→［33］→［34］→［35］

ベンがジョージとの会話のあとで気づいたこと

彼は［36］べきであった。

この物語から学べること

・［37］

・［38］

◆解説◆

問1　30　❹

「［30］に最も適切な選択肢を選びなさい。」

①「コミュニケーションに役立つだろうと信じた」 **≫コミュニケーションが苦手だから卓球クラブに入った。**

②「学校で人気者になりたかった」 **≫人気が出たのは，入部の目的ではなく結果である。**

③「簡単に試合に勝てると考えた」 **≫本文にない。**

❹「チームスポーツをすることを避けたかった」

本文・全訳の **問1(1)** にあるように，ベンはチームスポーツが得意でなかった。だから，**問1(2)** にあるように，個人スポーツを選んだ。したがって，❹が正解。

問2　31　❸

「［31］に最も適切な選択肢を選びなさい。」

①「コミュニケーションについて何を楽しんでいるかたずねた」 **≫卓球の何が楽しいのかをたずねた。**

②「もっと自信を持つよう励ました」 **≫本文にない。**

❸「彼が必要とする社交術を学ぶよう助けた」

④「学校の友達に何と言うべきだったのか教えた」 **≫パトリックは教えていない。ベンが自分で考えた。**

本文・全訳の **問2(1)** に書かれているように，パトリックは卓球とコミュニケーションの共通点を教えている。ベンはすぐには理解できなかったが **問2(2)** でその意味がわかり，その後コミュニケーションが上達している。communication skills を social skills と言い換えた❸が正解。

問3　32　❷　33　❹　34　❺　35　❸

「5つの選択肢（①～⑤）から**4つ**を選び，起こった順に並べなさい。」［32］→［33］→［34］→［35］

①「卓球のチャンピオンになった」 **≫銀メダルをとったが，チャンピオンにはなっていない。**

❷「先生と上手にプレーする方法を話し合った」 ［32］

❸「彼を祝うパーティを断った」 ［35］

❹「対戦相手を研究し始めた」 ［33］

❺「卓球について兄と話した」 ［34］

ベンの文章では，起こったことが順に書かれている。❷～❺に該当する部分は本文・全訳の **問3②** から **問3⑤** である。

問4　36　❸

「［36］に最も適切な選択肢を選びなさい。」

①「友人の動機をもっと知るために質問する」 **≫質問するべきだったとは書いていない。**

② 「感謝の気持ちを表すために，トレント先生と他のクラスメイトをパーティに招待する」≫**本文にない。**

❸ 「適切に行動できるように，友人の考え方を理解しようとする」

④ 「上手なコミュニケーションのため，より良いチームプレーヤーになるよう懸命に練習する」≫**本文にない。**

ジョージとの会話のあとでベンが考え，その結果出た答えが本文・全訳の **問4** にある。やるべきことはジョージの気持ちを理解し，適切な行動を取る（練習を休めるか先生にたずねる）ことだったので，❸が正解。

問5　37　38　❶，❺（順不同）

「37 と 38 に最も適切な選択肢を選びなさい。（順不同）」

❶ 「周囲の人からのアドバイスは私たちが変わる助けになることができる。」

② 「上手なコミュニケーションができる人になるには，自信が重要だ。」≫**コミュニケーションができるようになってから自信がついたのであり，上手なコミュニケーションのために自信を持つのではない。**

③ 「友人に自分の意図を明確に伝えることが重要だ。」≫**自分の意図を明確に伝えることではなく，相手の意図を理解する事が大切だと書かれている。**

④ 「チームメイトがお互いに提供するサポートは役に立つ。」≫**本文にない。**

❺ 「１つのことから学んだことを別のことに当てはめることができる。」

本文・全訳の **問5①-1** のトレント先生のアドバイスがベンの卓球を上達させ，**問5①-2** = **問5⑤** のパトリックのアドバイスが，ベンのコミュニケーションスキルを上達させたので，❶が正解。また，パトリックのアドバイスは，相手の動きに合わせて自分のプレーを調整する卓球の技術をコミュニケーションに適用することであり，ベンは実体験を通じてこのことが理解できている。したがって，❺が正解。

【設問・選択肢の語句・表現】

問3 ❸ in *one's* honour ～を祝って
問4 ① motivation 名 動機
問4 ② appreciation 名 感謝の気持ち
問4 ❸ point of view 考え方
問4 ❸ appropriately 副 適切に
問5 ❺ apply 他 ～を適用する

第６問Ａ

第６問（配点　24）

A　You are in a discussion group in school. You have been asked to summarize the following article. You will speak about it, using only notes.

Collecting

Collecting has existed at all levels of society, across cultures and age groups since early times. Museums are proof that things have been collected, saved, and passed down for future generations. There are various reasons for starting a collection. For example, Ms. A enjoys going to yard sales every Saturday morning with her children. At yard sales, people sell unwanted things in front of their houses. One day, while looking for antique dishes, an unusual painting caught her eye and she bought it for only a few dollars. Over

【語句・表現】

l. 1 summarize 他 ～を要約する
l. 5 proof 名 証拠
l. 6 pass down ～ ～を伝える
*l.*10 catch *one's* eye ～の目に留まる
*l.*10 over time 徐々に

time, she found similar pieces that left an impression on her, and she now has a modest collection of artwork, some of which may be worth more than she paid. 問1 One person's trash can be another person's treasure. Regardless of how someone's collection was started, it is human nature to collect things.

In 1988, researchers Brenda Danet and Tamar Katriel analyzed 80 years of studies on children under the age of 10, and found that about 90% collected something. This shows us that people like to gather things from an early age. 問2 Even after becoming adults, people continue collecting stuff. Researchers in the field generally agree that approximately one third of adults maintain this behavior. Why is this? The primary explanation is related to emotions. 問3④ Some save greeting cards from friends and family, dried flowers from special events, seashells from a day at the beach, old photos, and so on. For others, their collection is a connection to their youth. They may have baseball cards, comic books, dolls, or miniature cars that they have kept since they were small. Others have an attachment to history; they seek and hold onto historical documents, signed letters and autographs from famous people, and so forth.

For some individuals there is a social reason. People collect things such as pins to share, show, and even trade, making new friends this way. Others, like some holders of Guinness World Records, appreciate the fame they achieve for their unique collection. Cards, stickers, stamps, coins, and toys have topped the "usual" collection list, but some collectors lean toward the more unexpected. In September 2014, Guinness World Records recognized Harry Sperl, of Germany, for having the largest hamburger-related collection in the world, with 3,724 items; from T-shirts to pillows to dog toys, Sperl's room is filled with all things "hamburger." Similarly, Liu Fuchang, of China, is a collector of playing cards. He has 11,087 different sets.

Perhaps the easiest motivation to understand is pleasure. Some people start collections for pure enjoyment. They may purchase and put up paintings just to gaze at frequently, or they may collect audio recordings and old-fashioned vinyl records to enjoy listening to their favorite music. This type of collector is unlikely to be very interested in the monetary value of their treasured music, 問3⑥ while others collect objects specifically as an investment. While it is possible to download certain classic games for free, having the same game unopened in its original packaging, in "mint condition," can make the game worth a lot. Owning various valuable "collector's items" could ensure some financial security.

This behavior of collecting things will definitely continue into the distant future. Although the reasons why people keep things will likely remain the

- *l*.11 leave an impression on ～ ～に印象を残す
- *l*.12 modest 形 ささやかな
- *l*.13 trash 名 がらくた
- *l*.13 treasure 名 宝物
- *l*.13 regardless of ～ ～に関係なく
- *l*.17 gather 他 ～を集める
- *l*.18 stuff 名 物
- *l*.19 maintain 他 ～を維持する
- *l*.20 primary 形 一番目の
- *l*.23 youth 名 青春時代
- *l*.25 attachment to ～ ～への愛着
- *l*.25 seek 他 ～を探し求める
- *l*.26 autograph 名 （有名人の）サイン
- *l*.29 appreciate 他 ～の真価を認める
- *l*.29 fame 名 名声
- *l*.35 similarly 副 同様に
- *l*.36 playing cards トランプ
- *l*.38 purchase 他 ～を購入する
- *l*.38 put up ～ ～を飾る
- *l*.39 gaze at ～ ～をじっと見る
- *l*.40 vinyl 名 ビニール
- *l*.41 monetary 形 金銭的な
- *l*.42 treasured 形 貴重な，秘蔵の
- *l*.42 specifically 副 明確に
- *l*.42 investment 名 投資
- *l*.44 in mint condition 新品同様で
- *l*.45 ensure 他 ～を保証する
- *l*.47 distant 形 遠い

問4 same, advances in technology will have an influence on collections. As technology can remove physical constraints, it is now possible for an individual to have vast digital libraries of music and art that would have been unimaginable 30 years ago. It is unclear, though, what other impacts technology will have on collections. Can you even imagine the form and scale that the next generation's collections will take?

l.49 advance 名 進歩
l.49 have an influence on ～ ～に影響を与える
l.50 physical constraint 物理的制約
l.51 vast 形 膨大な

Your notes:

Collecting

Introduction

◆ Collecting has long been part of the human experience.

◆ The yard sale story tells us that [39].

Facts

◆ [40]

◆ Guinness World Records

◇ Sperl: 3,724 hamburger-related items

◇ Liu: 11,087 sets of playing cards

Reasons for collecting

◆ Motivation for collecting can be emotional or social.

◆ Various reasons mentioned: [41], [42], interest in history, childhood excitement, becoming famous, sharing, etc.

Collections in the future

◆ [43]

◆全訳◆

A あなたは学校で討論グループに所属している。次の記事を要約するように頼まれている。あなたはその記事について，メモだけを見て話すことになっている。

収集

収集は，昔から文化や年齢の層を問わず，社会のあらゆる階層に存在してきた。博物館は，物が集められ，保存され，後世の人々に伝えられてきた証である。コレクションを始めるにはさまざまな理由がある。例えば，Aさんは毎週土曜日の朝，子供たちと一緒にヤードセールに行くのを楽しんでいる。ヤードセールでは，人々が自分の家の前で不要品を売る。ある日，アンティークの皿を探していると，珍しい絵が目に留まり，それをたった数ドルで彼女は購入した。徐々に，彼女は印象に残る似た作品を見つけ，今ではささやかな美術品のコレクションを持ち，そのうちのいくつかは支払った金額以上の価値があるかもしれない。問1 ある人のがらくたが，別の人の宝物になりうる。コレクションを始めたきっかけは関係なく，物を集めるのは人間の本性である。

1988年，研究者のブレンダ・ダネットとタマル・カトリエルは，10歳以下の子供についての80年間の研究

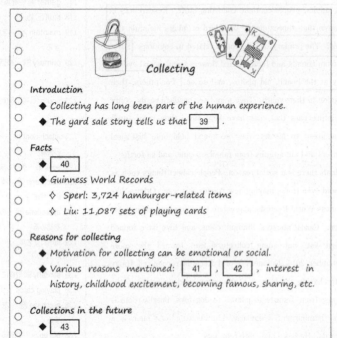

を分析し，約90％が何かを集めていることがわかった。このことから，人は幼い頃から物を集めるのが好きだということがわかる。**問2** 大人になってからでさえも，人は物を集め続ける。この分野の研究者は，成人の約3分の1がこの行動を継続しているということに総じて賛同している。なぜだろうか。その第一の説明は，感情に関連する。**問3④** 友人や家族からのグリーティングカード，特別な出来事のドライフラワー，海辺で過ごした日の貝殻，古い写真などを保存する人もいる。人によっては，コレクションは自分の青春時代とのつながりである。彼らは，小さい頃からとっている野球カード，漫画，人形，ミニチュアカーなどを持っているかもしれない。歴史に対して愛着があり，歴史的な資料や有名人の署名入りの手紙やサインなどを探して持ち続ける人もいる。

一部の人には社会的な理由がある。他の人と共有したり，見せたり，あるいは交換したりするためにピンバッジなどの物を集め，このようにして新しい友人を作る人がいる。また，ギネス世界記録保持者のように，ユニークなコレクションを達成したことへの名声に価値を見出す人もいる。カード，ステッカー，切手，コイン，玩具などが「よくある」コレクションリストの上位にあるが，もっと意外な物に傾倒するコレクターもいる。2014年9月にギネス世界記録は，ドイツのハリー・シュペールさんが，世界最大のハンバーガー関連コレクション3,724点を持っていると認定した。Tシャツから枕，犬のおもちゃまで，シュペールさんの部屋には「ハンバーガー」のあらゆる物があふれている。同様に，中国のリウ・フーチャンさんはトランプのコレクターだ。それぞれ異なる11,087セットを所有している。

最もわかりやすい動機は楽しみだろう。純粋に楽しみのためにコレクションを始める人もいる。単に頻繁に眺めるために絵画を買って飾るかもしれないし，お気に入りの音楽を聞いて楽しむために録音された物や古めかしいビニール盤のレコードを収集するかもしれない。このタイプのコレクターは，秘蔵の音楽の金銭的価値にはあまり興味がないようだが，**問3⑥** 一方で，明確に投資として物を集める人もいる。特定の古典的なゲームを無料でダウンロードできる一方，オリジナルのパッケージが未開封の状態で，つまり「新品同様で」同じゲームを持っていたら，そのゲームは大いに価値が出るかもしれない。様々な価値のある「コレクターズアイテム」を所有することは，ある程度の経済的な安定を保証するかもしれない。

このような物を集めるという行動は，間違いなく遠い未来まで続くだろう。人々が物を保持する理由は同じままであろうが，**問4** 科学技術の進化はコレクションに影響を与えるだろう。科学技術が物理的制約を取り除くことができるので，30年前には想像もできなかったような膨大な音楽や美術のデジタル・ライブラリーを個人で持つことが，今や可能になった。しかし，科学技術がコレクションに与える他の影響については不明だ。次世代のコレクションが持つだろう形態と規模を，そもそも想像することができるだろうか。

あなたのメモ

収集

序論

◆収集は長い間，人間の経験の一部であった。

◆ヤードセールの話は，私たちに 39 ということを教えてくれる。

事実

◆ 40

◆ギネス世界記録

◇シュペール氏：3,724個のハンバーガー関連品

◇リウ氏：11,087セットのトランプ

収集の理由

◆収集の動機には，感情的なものと社会的なものがある。

◆言及された様々な理由： 41 ， 42 ，歴史への興味，子供時代に興奮したこと，有名になること，共有など。

未来のコレクション

◆ 43

◆解説◆

問1 39 ❸

「 39 に最も適切な選択肢を選びなさい。」

① 「人々が物をコレクターに高額で物を売るのに絶好の場所はヤードセールだ」≫**本文にない。**

②「人々は品物を間違って評価し，がらくたに高いお金を払うことになる可能性がある」≫本文にない。

❸「ある人にとっては重要でない物でも，誰か他の人にとっては価値のある物かもしれない」

④「一度は収集して他の人の庭に捨てられた物が，他の人にとっては貴重かもしれない」≫「捨てられた物」ではなく「がらくた」が他人には貴重かもしれない。

本文・全訳の問1の trash と treasure を具体的な説明で言い換えた，❸が正解。

問2 40 ❹

「40 に最も適切な選択肢を選びなさい。」

①「子供の約 3 分の 2 は普通の物を集めない。」≫10歳以下の子供の90%は何かを集めている。

②「大人の約 3 分の 1 が楽しみのために収集を始める。」≫収集を続ける大人が約 3 分の 1。

③「子供のおよそ10%は友達とよく似たコレクションを持っている。」≫本文にない。

❹「大体30%の人が，大人になっても収集を続ける。」

本文・全訳の問2参照。「約 3 分の 1 」を「大体30%」と言い換えた❹が正解。

問3 41 42 ❹，❻（順不同）

「41 と 42 に最も適切な選択肢を選びなさい。（順不同）」

①「科学技術を進歩させるという願望」≫本文にない。

②「思いがけない機会を逃すことの不安」≫本文にない。

③「むなしさを満たすこと」≫本文にない。

❹「貴重な出来事を思い出させる物」

⑤「将来のための物の再使用」≫本文にない。

❻「ある種の利益追求」

本文・全訳の問3④にあげられた収集品は，家族や特別な出来事の思い出にまつわる物であり，これは❹に当てはまる。問3⑥には投資として金銭的価値が出そうな物を集めることが書かれており，❻に一致する。

問4 43 ❶

「43 に最も適切な選択肢を選びなさい。」

❶「コレクションは規模や形態が変化し続けると思われる。」

②「新品同様のゲームのコレクターは，より多くのデジタルコピーを所有することになるだろう。」≫本文にない。

③「収集への情熱を失った人が再開するだろう。」≫本文にない。

④「科学技術の進歩で，収集の理由が変わるだろう。」≫収集の理由は変わらないだろうと書かれている。

本文・全訳の問4参照。科学技術の進化によって，デジタル・ライブラリーのような，30年前は想像もできなかった新しいコレクションが可能になったように，将来のコレクションの「形態と規模」は，科学技術によって想像できないほど変化するだろうと書いてある。したがって❶が正解。

【設問・選択肢の語句・表現】

問1 ② evaluate 他 ～を評価する
問2 ❹ roughly 副 大体
問3 ① desire 名 願望
問3 ❹ reminder 名 思い出させる人・物
問3 ❹ precious 形 貴重な
問3 ❻ profit 名 利益

第6問B

B You are in a student group preparing for an international science presentation contest. You are using the following passage to create your part of the presentation on extraordinary creatures.

Ask someone to name the world's toughest animal, and they might say the Bactrian camel as it can survive in temperatures as high as 50℃, or the Arctic fox which can survive in temperatures lower than −58℃. However, both

【語句・表現】

l. 2 passage 名（文章の）一節
l. 3 extraordinary 形 驚異的な
l. 5 Bactrian camel フタコブラクダ
l. 5 survive 自 生き延びる

answers would be wrong as it is widely believed that the tardigrade is the toughest creature on earth.

Tardigrades, also known as water bears, are microscopic creatures, which 問4(1) are between 0.1 mm to 1.5 mm in length. They live almost everywhere, from 6,000-meter-high mountains to 4,600 meters below the ocean's surface. They can even be found under thick ice and in hot springs. Most live in water, but some tardigrades can be found in some of the driest places on earth. One researcher reported finding tardigrades living under rocks in a desert without any recorded rainfall for 25 years. All they need are a few drops or a thin 問2① layer of water to live in. When the water dries up, so do they. They lose all but three percent of their body's water and their metabolism slows down to 0.01% of its normal speed. The dried-out tardigrade is now in a state called "tun," a kind of deep sleep. It will continue in this state until it is once again soaked in water. Then, like a sponge, it absorbs the water and springs back to life again as if nothing had happened. Whether the tardigrade is in tun for 1 week or 10 years does not really matter. The moment it is surrounded by 問4(2) water, it comes alive again. When tardigrades are in a state of tun, they are so tough that they can survive in temperatures as low as −272℃ and as high as 151℃. Exactly how they achieve this is still not fully understood.

Perhaps even more amazing than their ability to survive on earth — they have been on earth for some 540 million years — is their ability to survive in 問4(3) space. In 2007, a team of European researchers sent a number of living tardigrades into space on the outside of a rocket for 10 days. On their return to earth, the researchers were surprised to see that 68% were still alive. This 問2⑤ means that for 10 days most were able to survive X-rays and ultraviolet radiation 1,000 times more intense than here on earth. Later, in 2019, an 問5 Israeli spacecraft crashed onto the moon and thousands of tardigrades in a state of tun were spilled onto its surface. Whether these are still alive or not is unknown as no one has gone to collect them — which is a pity.

問1① Tardigrades are shaped like a short cucumber. They have four short legs on each side of their bodies. Some species have sticky pads at the end of each leg, while others have claws. There are 16 known claw variations, which help 問1② identify those species with claws. All tardigrades have a place for eyes, but not all species have eyes. Their eyes are primitive, only having five cells in total — just one of which is light sensitive.

問1③ Basically, tardigrades can be divided into those that eat plant matter, and those that eat other creatures. Those that eat vegetation have a ventral mouth — a mouth located in the lower part of the head, like a shark. The type 問1⑤ that eats other creatures has a terminal mouth, which means the mouth is at 問3(1) the very front of the head, like a tuna. The mouths of tardigrades do not have

l. 5 Arctic fox 北極ギツネ
l. 7 tardigrade 名 クマムシ
l. 9 microscopic 形 微細な
l.16 layer 名 層
l.16 so do S　Sもそうである（doは直前の動詞を指す。）
l.16 all but ～を除いてすべて
l.17 metabolism 名 代謝
l.18 state 名 状態
l.20 soaked 形 びしょ濡れの
l.20 absorb 他 ～を吸収する
l.20 spring back to life 復活する，息を吹き返す
l.22 matter 自 大きな違いがある
l.31 ultraviolet radiation 紫外線放射
l.32 intense 形 強烈な
l.36 cucumber 名 キュウリ
l.38 claw 名（鳥・動物などの）爪
l.39 identify 他 ～を識別する
l.40 primitive 形 未発達の
l.40 cell 名 細胞
l.41 sensitive 形 感知できる
l.43 vegetation 名 植物
l.43 ventral 形 腹部の
l.45 terminal 形 末端の

teeth. They do, however, have two sharp needles, called stylets, that they use to pierce plant cells or the bodies of smaller creatures so the contents can be sucked out.

問3(2) Both types of tardigrade have rather simple digestive systems. The mouth leads to the pharynx (throat), where digestive juices and food are mixed. Located above the pharynx is a salivary gland. This produces the juices that flow into the mouth and help with digestion. After the pharynx, there is a tube which transports food toward the gut. This tube is called the esophagus. The middle gut, a simple stomach/intestine type of organ, digests the food and absorbs the nutrients. The leftovers then eventually move through to the anus.

Your presentation slides:

Tardigrades: Earth's Ultimate Survivors

1. Basic Information

- 0.1 mm to 1.5 mm in length
- shaped like a short cucumber
-
- 44
-

2. Habitats

- live almost everywhere
- extreme environments such as...
  - ✓ 6 km above sea level
  - ✓ 4.6 km below sea level
  - ✓ in deserts
  - ✓ −272℃ to 151℃
  - ✓ in space (possibly)

3. Secrets to Survival

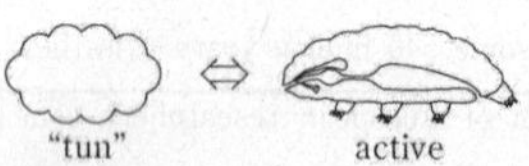

- 45
- 46

4. Digestive Systems 47

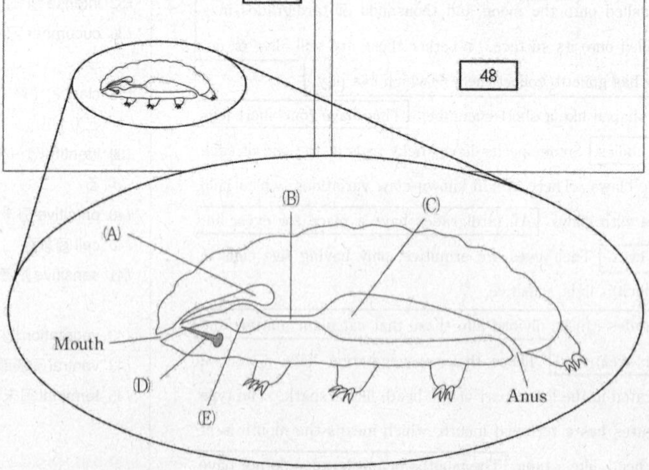

5. Final Statement

48

l.47 stylet 名 口針
l.49 suck out ～ ～を吸い出す
l.50 digestive system 消化器官
l.51 pharynx 名 咽頭
l.51 digestive juice 消化液
l.52 salivary gland 唾液腺
l.53 digestion 名 消化
l.54 gut 名 腸
l.54 esophagus 名 食道
l.55 middle gut 名 中腸
l.55 intestine 名 腸
l.55 organ 名 臓器
l.56 nutrient 名 栄養物
l.56 anus 名 肛門
スライド内 ultimate 形 最高の
スライド内 habitat 名 生息環境
スライド内 extreme 形 極端な
スライド内 statement 名 意見

◆全訳◆

B　あなたは，国際科学プレゼンテーションコンテストの準備をしている学生グループに所属している。あなたは，驚異的な〔非凡な〕生物に関するプレゼンテーションの自分の担当部分を作成するのに，次の一節を使用している。

誰かに世界最強の動物の名前を挙げるよう頼んでみなさい。すると50℃もの高温でも生き延びられるフタコブラクダか，－58℃以下の気温でも生き延びられるホッキョクギツネと答えるかもしれない。しかし，どちらの答えも間違っているだろう。クマムシが地球上で最も強い生物であると広く信じられているからだ。

クマムシは水中のクマとも知られているが，体長0.1mmから1.5mmほどの微細な生物だ。**問4 (1)** 標高6,000mの山から海面下4,600mまで，ほとんどどこにでも生息している。厚い氷の下や温泉の中でさえ見つけることができる。ほとんどのクマムシは水中に生息しているが，地球上で最も乾燥した場所で見つかるものもある。ある研究者は，25年間一度も降雨記録がない砂漠の岩の下にクマムシが生息しているのを発見したと報告した。クマムシが必要とするのは，生きるための数滴の水，あるいは薄い水の層だけである。**問2①** 水がすっかり乾くとクマムシも乾く。体内の水が3%を除いてすべてなくなると，クマムシの代謝は通常の速さの0.01%まで低下する。干からびたクマムシは今や「乾眠」と呼ばれる，一種の深い眠りの状態になる。再び水で十分濡れるまで，この状態であり続けるだろう。それから，スポンジのように水を吸収し，何事も起こらなかったかのように復活するのだ。クマムシが乾眠だったのが1週間でも10年でも大きな違いはない。水に囲まれた瞬間に生き返るのだ。**問4 (2)** 乾眠状態でいる時，クマムシはとても頑強なので，－272℃の低温から151℃の高温まで生き延びることができる。一体どうやってこのようなことを成し遂げるのかは，まだ完全には解明されていない。

おそらく，クマムシの地球で生存する能力（クマムシは約5億4千万年間ずっと地球上に生息し続けている）よりもさらに驚くべきことは，宇宙空間でも生存できるクマムシの能力である。**問4 (3)** 2007年，ヨーロッパの研究者チームは，たくさんの生きているクマムシをロケットの外側に搭載して10日間宇宙へ送った。地球に戻ってきた時，研究者たちは68%がまだ生きているのを見て驚いた。**問2⑤** つまり，ここ地球よりも1000倍も強いX線と紫外線放射に，10日間大多数が耐えることができたのだ。**問5** その後，2019年にイスラエルの宇宙船が月に衝突し，数千匹の乾眠状態のクマムシが月面にばらまかれた。これらがまだ生きているかどうかは，誰もまだ採集に行っていないので不明であり，残念なことだ。

クマムシは，短いキュウリのような形をしている。**問1①** 体の両側にそれぞれ4本の短い脚がある。それぞれの脚の先端に粘着性のパッドがある種もあれば，爪がある種もある。知られているもので16種類の爪があり，爪のある種を識別するのに役立つ。**問1②** すべてのクマムシに目のための場所があるが，すべての種に目があるわけではない。クマムシの目は未発達で，合計で5つの細胞しかなく，そのうち1つだけが光を感知できる。

問1③ 基本的にクマムシは，植物を食べる種と，他の生物を食べる種に分類できる。植物を食べる種は，サメのように頭部の下位に位置する口，腹部口を持っている。他の生物を食べる種は末端口を持っている。つまり，マグロのように頭の一番前に口がある。**問1⑤** **問3(1)** クマムシの口には歯がない。しかし実は口針と呼ばれる2本の鋭く尖ったものを持っており，植物細胞や比較的小さな生き物の体に穴を開けるために使うので，その中身を吸い出すことができる。

問3(2) どちらの種のクマムシもかなり単純な消化器官を持つ。口は咽頭（のど）に通じており，そこで消化液と食物が混ぜ合わされる。咽頭の上には，唾液腺がある。これは口の中に流れ込む液体を作り出し，消化を助ける。咽頭の先には，食べ物を腸へ運ぶ管がある。この管は食道と呼ばれる。中腸は，単純な胃と腸のような臓器で，食べ物を消化し栄養を吸収する。それから食べ残しは最終的に肛門へと進んでいく。

あなたの発表スライド

クマムシ：
地球最高の生存者

1. 基本情報

・全長0.1mm～1.5mm
・短いキュウリのような形をしている
・

·

· 44

·

2. 生息環境

· ほとんどどこにでも生息している

· 以下のような極端な環境

✓海抜 6 km

✓海面下4.6km

✓砂漠

✓ −272℃〜151℃

✓宇宙空間（可能性あり）

3. 生き残るための秘訣

「乾眠」⇔活発

· 45

· 46

4. 消化器官 47

（図中） 口　　肛門

5. 最終意見

48

◆解説◆

問1 44 ❹

「44 に含むべき**でない**のは次のうちどれか。」

①「８本の短い脚」≫**体の両側にそれぞれ4本の短い脚。**

②「目が見えないか見えるかのどちらか」≫**本文に当てはまる。**

③「植物を食べる，または生き物を食べる」≫**本文に当てはまる。**

❹**「16種類の異なる足のタイプ」**

⑤「歯ではなく２本の口針」≫**本文に当てはまる。**

本文・全訳の**問1①，②，③，⑤**によると，❹以外はすべて本文にある。したがって，含むべきでないのは❹。足のタイプは，粘着性パッドのある種と爪のある種の２種類。16種類なのは爪。

問2 45 46 ❶，❺（順不同）

「**生き残るための秘訣**のスライド用に，クマムシが生き残るために最も役立つ特徴を２つ選びなさい。（順不同）」 45 46

❶**「乾燥した環境では，代謝が通常の1%未満に落ちる。」**

②「乾眠状態のクマムシは151℃を超える温度でも生存できる。」≫**151℃まで生きることができると書いてあるが，それ以上についてはわからない。**

③「乾眠状態は，クマムシの体内の水分が0.01% を超えると終わる。」≫**体内の水分が3%以下で乾眠になると書いてある。**

④「サメのような口のおかげで，他の生物を食べやすくなる。」≫**サメのような口をしたクマムシは，植物を食べる。**

❺**「非常に厳しいレベルの放射に耐える能力がある。」**

本文・全訳の**問2①**に代謝は通常の0.01％まで低下するとあり，0.01％は１％未満に含まれるので❶が正解。**問2⑤**に一致するので❺も正解。1,000倍を❺では「非常に厳しい」と言い換えている。

問3 47 ❸

「**消化器官**のスライド用に，クマムシのイラストの抜けている名前を完成させなさい。」 47

①「(A) 食道　(B) 咽頭　(C) 中腸　(D) 口針　(E) 唾液腺」

②「(A) 咽頭　(B) 口針　(C) 唾液腺　(D) 食道　(E) 中腸」

❸**「(A) 唾液腺　(B) 食道　(C) 中腸　(D) 口針　(E) 咽頭」**

④「(A) 唾液腺　(B) 中腸　(C) 口針　(D) 食道　(E) 咽頭」

⑤「(A) 口針　(B) 唾液腺　(C) 咽頭　(D) 中腸　(E) 食道」

本文・全訳の**問3(1)**から，Dの尖ったものが口針だとわかる。**問3(2)**から，口からつながる咽頭はE，咽頭の上のAが唾液腺，咽頭の先の管（B）が食道，さらに食べ物は中腸（＝C）に届き，肛門に行くことがわかる。よって❸が正解。

問4 48 ❹

「最後のスライドに最適な意見はどれか。」

①「クマムシは何千年もの間，地上と宇宙で最も過

酷な環境を生き延びてきた。クマムシは人間よりも長生きするだろう。」≫地球に5億4千万年いる。宇宙に行ったのは2007年以降である。

② 「クマムシは宇宙から来て，ホッキョクギツネやフタコブラクダの限界を超えた気温でも生きられる。だからきっと人類よりも強いだろう。」≫宇宙から来たとは，本文に書かれていない。

③ 「クマムシは，疑いなく地球で最も強い生き物だ。山の頂上，海の底，温泉の湯で生きることができ，月でも繁栄できる。」≫月で繁栄できるかどうかは不明。

❹ 「クマムシは地球上で最も過酷な状況を生き抜いてきて，少なくとも一度は宇宙へ旅した。この注目に値する生物は人類より長生きするだろう。」

本文・全訳の 問4 (1)・問4 (2) に書かれているように，クマムシは地球の過酷な状況で生きている。また，問4 (3) にあるように，宇宙にも行っている。この2点に一致する❹が正解。文の後半部分は本文にないが，クマムシの強さから導かれるスライド作成者の意見である。

問5 49 ❹

「クマムシを宇宙に送ることについて，何が推察できるか。」 49

① 「クマムシが宇宙で生きていけるかどうかを解明することは，一度も重要だと考えられなかった。」
≫宇宙に送り，生存できるか実験をしている。

② 「クマムシは，数百万年間地球上にいる他の生物と同様に，X線や紫外線に耐えることができる。」≫他の生物ができるかどうかは記述がない。

③ 「イスラエルの研究者は，これほど多くのクマムシが過酷な宇宙の環境を生き抜くとは予期していなかった。」≫クマムシを宇宙に送って生存を確認して驚いたのはヨーロッパの研究者。

❹ 「クマムシが月面で生存できるかどうか誰も調べに行っていない理由が，筆者の関心を引いた。」

最初に，本文と一致している部分を確認する。本文・全訳の 問5 に，クマムシは事故で月に残されたが，誰も生存を調べるために採集に行っていないことが書かれ，筆者は「残念だ」と感じている。ここから筆者の「なぜ誰も調べに行っていないのか」と嘆く気持ちが推察できる。したがって❹が正解。

【設問・選択肢の語句・表現】

問1 ❺ A rather than B Bではなく〔よりむしろ〕A

問2 feature 名 特徴

問2 ② exceed 他 ～を超える

問2 ③ cease 自 終わる

問2 ❺ withstand 他 ～に耐える

問4 ③ thrive 自 繁栄する

問4 ❹ remarkable 形 注目に値する

問4 ❹ outlive 他 ～より長生きする

問5 infer 他 ～を推察する

2023 追試　解答

第1問小計	第2問小計	第3問小計	第4問小計	第5問小計	第6問小計	合計点
						／100

問題番号(配点)	設問		解答番号	正解	配点	自己採点
第1問(10)	A	1	1	①	2	
		2	2	②	2	
	B	1	3	①	2	
		2	4	①	2	
		3	5	①	2	
第2問(20)	A	1	6	④	2	
		2	7	①	2	
		3	8	②	2	
		4	9	②	2	
		5	10	②	2	
	B	1	11	①	2	
		2	12	②	2	
		3	13	①	2	
		4	14	②	2	
		5	15	④	2	
第3問(15)	A	1	16	③	3	
		2	17	④	3	
	B	1	18	②	3※	
			19	④		
			20	①		
			21	③		
		2	22	④	3	
		3	23	①	3	

問題番号(配点)	設問		解答番号	正解	配点	自己採点
第4問(16)	1		24	②	3	
	2		25	③	3	
	3		26	②	2	
			27	①	2	
	4		28	①	3	
	5		29	②	3	
第5問(15)	1		30	①	3	
	2		31	④	3※	
			32	⑤		
			33	①		
			34	③		
	3		35 〜 36	①-③	3※	
	4		37	④	3	
	5		38	①	3	
第6問(24)	A	1	39	③	3	
		2	40	⑤	3※	
			41	③		
		3	42	④	3	
		4	43	④	3	
	B	1	44	③	2	
		2	45	①	2	
		3	46 〜 47	①-④	3※	
		4	48	②	2	
		5	49	③	3	

(注)　1　※は，全部正解の場合のみ点を与える。
　　　2　-(ハイフン)でつながれた正解は，順序を問わない。

第1問A

第1問 （配点　10）

A　You are waiting in line for a walking tour of a castle and are asked to test a new device. You receive the following instructions from the staff.

Audio Guide Testing
for the Westville Castle Walking Tour

Thank you for helping us test our new audio guide. We hope you will enjoy your experience here at Westville Castle.

How to use

When you put the device on your ear, it will turn on. As you walk around the castle, detailed explanations will automatically play as you enter each room. If you want to pause an explanation, tap the button on the earpiece once. 問1 The device is programmed to answer questions about the rooms. If you want to ask a question, tap the button twice and whisper. The microphone will pick up your voice and you will hear the answer.

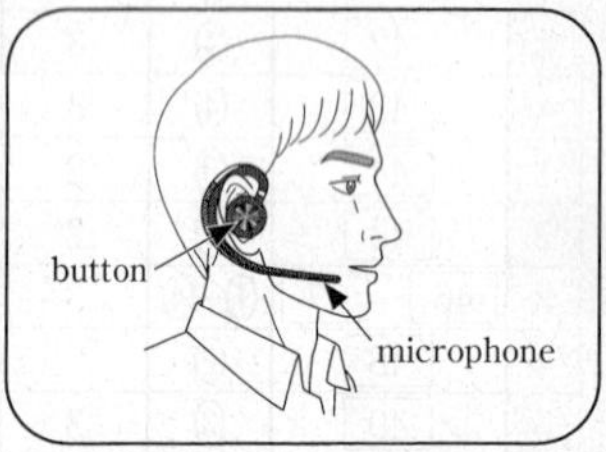

Before you leave

Drop the device off at the collection desk to the left of the exit, then 問2 fill in a brief questionnaire, and hand it to the staff. In return, you will receive a discount coupon to use at the castle's souvenir shop.

【語句・表現】

- *l*. 2 device 名 機器
- *l*. 9 detailed 形 詳しい
- *l*. 9 automatically 副 自動的に
- *l*.10 pause 他 ～を一時停止させる
- *l*.10 tap 他 ～をタップする〔軽くたたく〕
- *l*.12 whisper 自 ささやく
- *l*.15 drop ～ off ～を置いて行く
- *l*.17 questionnaire 名 アンケート
- *l*.18 in return 返礼として

◆全訳◆

A　あなたはある城の徒歩ツアーの列に並んで待っていて，新しい機器を試してみるよう頼まれます。あなたはスタッフから以下の説明書を受け取ります。

ウェストヴィル城徒歩ツアー用の
音声ガイドのテスト

新しい音声ガイドのテストにご協力いただき，ありがとうございます。ここウェストヴィル城での体験を楽しんでいただければ幸いです。

使用方法

耳に機器を装着すると，電源が入ります。城内を歩き回る間，詳しい説明が各部屋に入る時に自動的に流れます。説明を一時停止させたい場合は，イヤホンのボタンを1回軽くたたいてください。問1 機器は部屋に関する質問に答えるようにプログラムされています。質問したいなら，ボタンを2回軽くたたいて，ささやいてください。マイクがあなたの声を拾い，答えを聞くことができます。

ここを去る前に
出口左側にある回収デスクに機器を置いて，**問2** 簡単なアンケートに記入し，スタッフに渡してください。返礼として，城のみやげ店で使える割引券がもらえます。

（イラスト内）ボタン・マイク

◆解説◆

問1 1 ❶

「この機器は 1 についての質問に答えられる可能性が最も高い。」

❶「城の内装」

②「徒歩ツアーの長さ」≫**本文にない。**

③「機器の構造」≫**イラストや本文に情報はあるが，機器が回答する内容ではない。**

④「みやげ店の（物の）値段」≫**本文にない。**

本文・全訳の **問1** から❶が正解。機器が答えるようプログラムされている「（城内の）部屋」に関する質問に，「城の内装」は含まれる。

問2 2 ❷

「割引券を受け取るには， 2 なければならない。」

①「スタッフに機器について質問し」≫**本文にない。**

❷「機器について感想を伝え」

③「左側の出口から去ら」≫**本文にない。**

④「完成した音声ガイドテストを提出し」≫**簡単なアンケートに記入するだけでよい。**

本文・全訳の **問2** から❷が正解。新しい機器を試したあとの「アンケート」なので，内容は「機器を使った感想」を尋ねるものであると推測できる。

【設問・選択肢の語句・表現】

問1 ❶ interior 名 内装；室内の装飾

問1 ③ mechanism 名（機械の）構造

問2 ❷ give feedback about ～ ～についての感想を伝える

問2 ④ submit 他 ～を提出する

第1問B

B Your English teacher has given you a flyer for an international short film festival in your city. You want to attend the festival.

Star International Short Film Festival 2023

問2(1) February 10 (Fri.) -12 (Sun.)

We are pleased to present a total of 50 short films to celebrate the first decade of the festival. Below are the four films that were nominated for the Grand Prize. Enjoy a special talk by the film's director following the first screening of each finalist film. **問3**

Grand Prize Finalist Films

My Pet Pigs, USA (27 min.)
This drama tells a heart-warming

Chase to the Tower, France (28 min.)
A police chase ends with thrilling

【語句・表現】

l. 1 flyer 名 チラシ

l. 5 decade 名 10年間

l. 6 nominate 他 ～をノミネート〔候補に指名〕する

l. 7 following 前 ～のあとで，～に引き続いて

l. 7 screen 他 ～を上映する

*l.*20 chase 名 追跡

*l.*21 thrilling 形 スリル満点の

story about a family and their pets.	action at the Eiffel Tower.
▸ Fri. 7 p.m. and Sat. 2 p.m. ▸ At Cinema Paradise, Screen 2	▸ Fri. 5 p.m. and Sun. 7 p.m. 問1 ▸ At Cinema Paradise, Screen 1
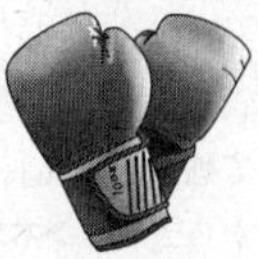 *Gold Medal Girl*, China (25 min.) This documentary highlights the life of an amazing athlete.	 *Inside the Cave*, Iran (18 min.) A group of hikers has a scary adventure in this horror film.
▸ Sat. and Sun. 3 p.m. ▸ At Movie House, Main Screen	▸ Fri. 3 p.m. and Sat. 8 p.m. ▸ At Movie House, Screen 1

Festival Passes	
Type	Price (yen)
3-day	4,000
2-day	3,000
1-day	2,000

▸ Festival Passes are available from each theater. The theaters will also sell single tickets for 500 yen before each screening. 問2(2)

▸ Festival Pass holders are invited to attend the special reception in the lobby of Cinema Paradise on February 12 (Sun.) at 8 p.m.

For the complete schedule of the short films showing during the festival, please visit our website.

l.33 holder 名 所持者
l.34 reception 名 祝賀会

◆全訳◆

B　英語の先生が，あなたの市の国際短編映画祭のチラシをくれました。あなたはその映画祭に参加したいと思っています。

スター国際短編映画祭2023

問2(1) 2月10日(金)～12日(日)

映画祭の最初の10年を記念して，合計50本の短編映画を上映できることをうれしく思います。問3 以下は，グランプリにノミネートされた４本の映画です。最終選考に残った各映画の初回上映のあとに，その映画の監督によるスペシャルトークをお楽しみください。

グランプリの最終選考映画

「私のペットのブタ」	「塔への追跡」
アメリカ（27分） このドラマは，ある家族とペットの心温まる物語を伝えます。	フランス（28分） 警察の追跡は，エッフェル塔でのスリル満点のアクションで終わります。
▶金曜日午後７時と土曜日午後２時 ▶シネマパラダイス，スクリーン２	▶金曜日午後５時と 問1 日曜日午後７時 ▶シネマパラダイス，スクリーン１

「金メダル少女」	「洞窟の中で」
中国（25分） このドキュメンタリーは，素晴らしいスポーツ選手の人生に焦点を当てます。	イラン（18分） このホラー映画では，ハイカーのグループが恐ろしい冒険をします。
▶土曜日と日曜日の午後３時 ▶ムービーハウス，メインスクリーン	▶金曜日午後３時と土曜日午後８時 ▶ムービーハウス，スクリーン1

映画祭パス	
タイプ	金額（円）
３日	4,000
２日	3,000
１日	2,000

▶映画祭パスは各劇場で購入できます。劇場では，各上映の前に500円で1回券も販売します。

問2(2) ▶映画祭パス所持者は，2月12日（日）午後８時にシネマパラダイスのロビーで行われる特別祝賀会に出席するよう招待されます。

映画祭期間中の，短編映画上映の全スケジュールは，ウェブサイトを見てください。

◆解説◆

問1 3 ❶

「もし日曜日の夕方に時間があるなら，どの最終選考映画を見ることができるか。」 3

❶ **「塔への追跡」**

② 「金メダル少女」

③ 「洞窟の中で」

④ 「私のペットのブタ」

本文・全訳の**問1**から❶が正解。該当する日時に上映している作品を探せばよい。

問2 4 ❶

「映画祭最終日の夜，シネマパラダイスでは何が起こるか。」 4

❶ **「映画祭を祝賀するイベントが行われる。」**

② 「グランプリへのノミネートがなされる。」 **≫ノミネート作品はすでに発表されている。**

③ 「監督の1人が『塔への追跡』について話す。」

≫監督のトークショーは初回上映後。

④ 「映画『私のペットのブタ』が上映される。」

≫上映は金曜 7 p.m. と土曜 2 p.m. で，映画祭最終日は日曜。

本文・全訳の**問2(1)**から，2月12日（日）が最終日とわかる。この日の夜の予定は**問2(2)**に書かれており，❶が正解とわかる。

問3 5 ❶

「短編映画祭について正しいものはどれか。」 5

❶ **「4回のトークが映画監督によって行われる。」**

② 「パスはウェブサイトを通じて購入できる。」

≫パスは各劇場で購入できる。

③ 「1回券には予約が必要である。」 **≫予約は不必要。**

④ 「最終選考映画は同じ日に見られる。」 **≫上映日が異なるものがある。**

本文・全訳の**問3**から，最終選考映画の4作品の各初回上映後に，監督によるトークショーがあることがわかる。よって❶が正解。

【設問・選択肢の語句・表現】

問2 ❶ take place 行われる

第2問A

第2問 （配点 20）

A You are a member of a school newspaper club and received a message from Paul, an exchange student from the US.

問1(1)

I have a suggestion for our next issue. The other day, I was looking for a new wallet for myself and found a website selling small slim wallets which are designed to hold cards and a few bills. Weighing only 60 g, they look stylish. As I mainly use electronic money, this type of wallet seemed useful. I shared the link with my friends and asked them what they thought. Here are their comments:

問3(1)

問1(2)

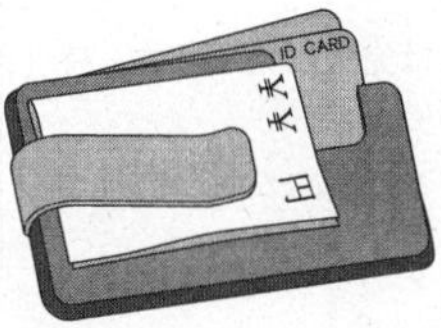

- I use a similar wallet now, and it holds cards securely.
- They look perfect for me as I walk a lot, and it would be easy to carry.
- I'd definitely use one if the store near my house accepted electronic money.
- Cards take up very little space. 問4 Cashless payments make it easier to collect points.

【語句・表現】

l. 3 issue 名（雑誌などの）号

l. 7 bill 名 紙幣

l. 7 weigh 自 ～の重さがある

*l.*11 securely 副 しっかりと

*l.*14 take up ～ ～を占める

*l.*14 payment 名 支払い

- I use both electronic money and cash. What would I do with my coins?
- Interesting! Up to 6 cards can fit in it, but for me that is a card-holder, not a wallet. 問2
- 問3(2) I like to keep things like receipts in my wallet. When I asked my brother, though, he told me he wanted one!
- They are so compact that I might not even notice if I lost mine.

When I talked with them, even those who don't like this type of wallet pointed out some merits of using cards and electronic money. 問5 This made me wonder why many students still use bills and coins, and I thought this might be a good topic for our newspaper. What do you think?

*l.*17 up to ～ ～まで

*l.*22 those who ～ ～する人々

*l.*22 point out ～を指摘する

*l.*23 merit 名 メリット

◆全訳◆

A　あなたは学校新聞部の部員で，アメリカからの交換留学生であるポールからのメッセージを受け取りました。

次号について提案があります。問1(1) 先日，自分用に新しい財布を探していて，問3(1) カードと数枚の紙幣を収納するようデザインされた，小さくスリムな財布を売っているウェブサイトを見つけました。重さはたった60gで，見た目も洗練されています。私は主に電子マネーを使うので，このタイプの財布が便利そうだと思いました。問1(2) 友人たちとリンクを共有し，感想を聞きました。これらがそのコメントです。

- 今，私は同じような財布を使っていますが，カードをしっかり収納できます。
- 歩くことが多いので，私には完璧に見えます。持ち歩きが楽そうです。
- 家の近くの店で電子マネーを使えるなら，絶対使います。
- カードはほとんど場所をとりません。問4 キャッシュレス決済ではポイントを集めるのがより簡単です。
- 私は電子マネーと現金の両方を使います。硬貨はどうすればよいのでしょう？
- おもしろい！問2 カードは6枚まで入りますが，私にとってこれはカード入れであって，財布ではありません。
- 問3(2) 私はレシートのようなものを財布に入れておきたいです。でも，弟に聞いたら，1つ欲しいと言っていました！
- とてもコンパクトなので，紛失しても気づかないかもしれません。

彼らと話してみると，このタイプの財布を好まない人でさえも，カードや電子マネーを使うことのメリットを指摘していました。問5 これを聞いて，なぜ多くの学生がまだ紙幣や硬貨を使うのだろうと不思議に思いました。そして，これは新聞の良い話題になるだろうと思いました。あなたはどう思いますか。

◆解説◆

問1　6　❹

「ポールはおそらく友達にどの質問をしたか？」 6

①「財布を持ち歩きますか。」≫本文にない。

②「電子マネーを使っていますか。」≫回答に含まれる情報だが，質問していない。

③「財布の中には何を入れていますか。」≫本文にない。

❹「この財布についてどう思いますか。」

本文・全訳の問1(1)から，新しい財布を探していたポールは，ある財布をウェブサイトで見つけたこと，問1(2)から，そのサイトのリンクを共有し，友人たちにその財布についての感想を聞いたことがわかる。よって，❹が正解。

問2　7　❶

「ポールの友人の1人が言及した，スリムな財布に関する<u>事実</u>は，その財布は 7 ということだ。」

❶ **「半ダースのカードを入れることができる」**

② 「ポケットから滑り落ちやすい」≫**本文にない。**

③ 「歩く人に理想的だ」≫**これは「事実」ではなく「感想」。**

④ 「80グラムよりも軽い」≫**友人ではなく，ポールが言及したこと。**

本文・全訳の**問2**から❶が正解。1 dozen（1ダース）は12だから，6 cards = half a dozen cards。

問3　8　❷

「ある返答は，ポールの友人の1人が 8 ということを示す。」

① 「スリムな財布はかっこいいと思うが，使いたいとは思わない」≫**本文にない。**

❷ **「通常の財布の収容能力の方を好む」**

③ 「スリムな財布は，将来あまり人気がなくなるだろうと考えている」≫**本文にない。**

④ 「硬貨用の別の財布と一緒にスリムな財布を使っている」≫**本文にない。**

本文・全訳の**問3(1)**によると，スリムな財布に入るのは紙幣数枚とカードである。**問3(2)**から，この友人はレシートが入る通常サイズの財布を好むことがわかる。よって，❷が正解。

問4　9　❷

「ポールの友人によると，電子マネーの入った財布を使うと， 9 ことが簡単になる。」

① 「安全に持ち歩く」≫**安全性の言及は本文にない。**

❷ **「特典を受ける」**

③ 「レシートを記録する」≫**本文にない。**

④ 「どの店でも使う」≫**電子マネーを使えない店もある。**

本文・全訳の**問4**から❷が正解。設問では，「キャッシュレス決済」を「電子マネー」，「ポイントを集める」を「特典を受ける」と言い換えている。

問5　10　❷

「ポールは 10 についてもっと知りたいと思っている。」

① 「さまざまな種類の電子マネー」≫**本文にない。**

❷ **「学生が現金を使う理由」**

③ 「若者にとっての，スリムな財布のメリット」≫**本文にない。**

④ 「小さい財布と大きい財布の違い」≫**本文にない。**

ポールは自分の疑問を新聞の話題にして，もっと意見を聞きたいと考えている。聞きたい内容は本文・全訳の**問5**にある。したがって，❷が正解。選択肢の cash（現金）は本文の bills and coins を指す。

【設問・選択肢の語句・表現】

問2 ③ ideal 形 理想的な

問3 response 名 返答

問3 ❷ capacity 名 収容能力

問4 ❷ benefit 名 恩恵

第2問B

B You are reading the following article as you are interested in studying overseas.

Summer in Britain

Chiaki Suzuki

November 2022

This year, I spent two weeks studying English. I chose to stay in a beautiful city, called Punton, and had a wonderful time there. There were many things to do, which was exciting. I was never bored. It can get expensive, but I liked getting student discounts when I showed my student card. **問2** Also, I liked window-shopping and using the local library. 問1 問5(1) I ate a variety of food from around the world, too, as 問3 there were many people from different cultural backgrounds living there. Most of the friends I made were from my English school, so 問5(2) I did not practice speaking English with the locals as much as I had expected. On the other hand, I came to have friends from many different countries. Lastly, I took public transport, which I found convenient and easy to use as it came frequently.

If I had stayed in the countryside, however, I would have seen a different side of life in Britain. My friend who stayed there had a lovely, relaxing experience. 問4 She said farmers sell their produce directly. Also, there are local theatres, bands, art and craft shows, restaurants, and some unusual activities like stream-jumping. However, getting around is not as easy, so it's harder to keep busy. You need to walk some distance to catch buses or trains, which do not come as often. In fact, she had to keep a copy of the timetables. If I had been in the countryside, I probably would have walked around and chatted with the local people.

問5(3) I had a rich cultural experience and I want to go back to Britain. However, next time I want to connect more with British people and eat more traditional British food.

【語句・表現】

- l.17 If S had *done*, S would have *done* もし…していたら～だっただろう（仮定法過去完了・過去の事実に反する仮定）
- l.19 produce 名 農作物
- l.21 stream 名 小川
- l.21 get around 歩き回る
- l.22 some distance ある程度の距離
- l.23 timetable 名 時刻表
- l.24 chat 自 おしゃべりする

◆全訳◆

B　あなたは外国で学習することに興味があるので，次の記事を読んでいます。

英国での夏

スズキチアキ

2022年11月

今年，私は２週間を英語の勉強に費やしました。プントンという美しい街に滞在することを選び，そこで素晴らしい時間を過ごしました。やることがたくさんあって，刺激的でした。退屈することはありませんでした。問2 本来は高額になるはずですが，学生証を見せると学生割引が受けられるのがうれしかったです。また，ウィンドウショッピングや地元の図書館を利用するのも好きでした。問3 そこには文化的背景の違う人たちがたくさん住んでいたので，問1 問5(1) 世界中のいろいろな食べ物も食べました。仲良くなった友達のほとんどが英語学校の人だったので，問5(2) 期待していたほどは地元の人と英語で話す練習ができませんでした。その一方で，多くのいろいろな国の友達を持つことになりました。最後に，私は公共交通機関を利用したのですが，頻繁に来るので便利で使いやすいと思いました。

けれども，もし田舎に滞在していたら，英国の生活における異なる面を見たことでしょう。田舎に滞在した友人は，素晴らしい，リラックスした経験をしました。問4 彼女は農家が直接農産物を売っていると言いました。また，地元の劇場やバンド，アート・クラフトショーやレストラン，ストリームジャンプのような珍しいアクティビティがあります。けれども，あちこち移動するのはそれほど簡単ではないので，忙しく過ごすのは比較的大変です。バスや電車に乗るのにある程度の距離を歩く必要があり，それもそんなに頻繁に来ません。実際に，彼女は時刻表のコピーを持っておかなければなりませんでした。もし私が田舎にいたなら，おそらく歩き回って地元の人とおしゃべりしていたでしょう。

問5(3) 豊かな文化的体験ができたので，また英国へ戻りたいです。でも，次回はもっと英国の人たちと親しくなったり，もっと伝統的な英国料理を食べたりしたいです。

◆解説◆

問1 11 ❶

「記事によると，チアキは 11 。」

❶ **「様々な国の料理を食べた」**

②「望んでいたように英語が上達した」≫本文にない。

③「文化体験に関するメモをした」≫本文にない。

④「地元の店で働いた」≫本文にない。

本文・全訳の**問1**から❶が正解。around the world を選択肢では different countries と言い換えている。

問2 12 ❷

「学生証を使って，チアキは 12 ことができた。」

①「地元の図書館に入る」≫図書館に学生証が必要とは書かれていない。

❷ **「割引価格にしてもらう」**

③「地元の学生バンドに参加する」≫本文にない。

④「無料で公共交通機関を使う」≫本文にない。

本文・全訳の**問2**から❷が正解。student card を student ID，discounts を reduced prices と言い換えている。

問3 13 ❶

「チアキは，プントンでは 13 と考える。」

❶ **「様々な文化を体験しやすい」**

②「地元の人たちと友達になりやすい」≫地元の人と期待していたほど話せなかった。

③「英国料理を出すレストランがたくさんある」≫本文にない。

④「たくさんの珍しい地元のイベントがある」≫プントンではなく，友人が滞在した場所のこと。

本文・全訳の**問3**から❶が正解。文化的な背景が異なる人々との交流で，様々な文化を体験できたと考える。

問4 14 ❷

「田舎に滞在することについて，チアキが聞いた1つの事実は 14 である。」

①「地元の人たちはバスの時刻表を持ち歩いている」≫友人は持ち歩いているが，地元の人については本文にない。

❷ **「人々は農園から食べ物を買う」**

③「娯楽の費用が高い」≫本文にない。

④「おもしろい活動が少ない」≫田舎で楽しめる活動が書かれており，少ないとは判断できない。

第2パラグラフが，田舎に滞在した友人から聞いた話。本文・全訳の**問4**にあてはまる❷が正解。

問5 15 ❹

「チアキの英国で過ごした時間の印象を最もよく言い表しているのはどれか。」 15

①「クラフトショーへの関心が大きくなった。」≫関心が増したとは述べていない。

②「多くの地元の友人を作ることを楽しんだ。」≫地元の人と期待していたほど話せなかった。

③「田舎が美しいと思った。」≫本文にない。

❹ **「経験のうちいくつかは，予期しないものだった。」**

チアキは留学体験について，本文・全訳の**問5(1)**で「世界中の料理を食べたこと」，**問5(2)**で「期待していたほど英国人と話せなかったが，いろいろな国の友達ができたこと」を述べ，それらを**問5(3)**で「豊かな体験をした」とまとめている一方，「次回はもっと英国人と交流し，英国料理を食べたい」と持ち越す課題を述べている。以上より，「英国滞在中，英国よりも他国の人々や文化に触れることが多くなるとは，チアキは予期していなかった」と言える。したがって，❹が正解。

【設問・選択肢の語句・表現】

問5 impression 名 印象

第3問A

第3問 (配点 15)

A The exchange student in your school is a koi keeper. You are reading an article he wrote for a magazine called *Young Fish-Keepers*.

My First Fish

Tom Pescatore

I joined the Newmans Koi Club when I was 13, and as part of my club's tradition, the president went with me to buy my first fish. I used money I received for my birthday and purchased a 15 cm baby ghost koi. She now lives with other members' fish in the clubhouse tank.

I love my fish, and still read everything I can about ghosts. Although not well known in Japan, they became widely owned by UK koi keepers in the 1980s. 問1 Ghosts are a hybrid type of fish. My ghost's father was a Japanese ogon koi, and her mother was a wild mirror carp. Ghosts grow quickly, and she was 85 cm and 12 kg within a couple of years. Ghosts are less likely to get sick and they can survive for more than 40 years. Mine is now a gorgeous, four-year-old, mature, platinum ghost koi.

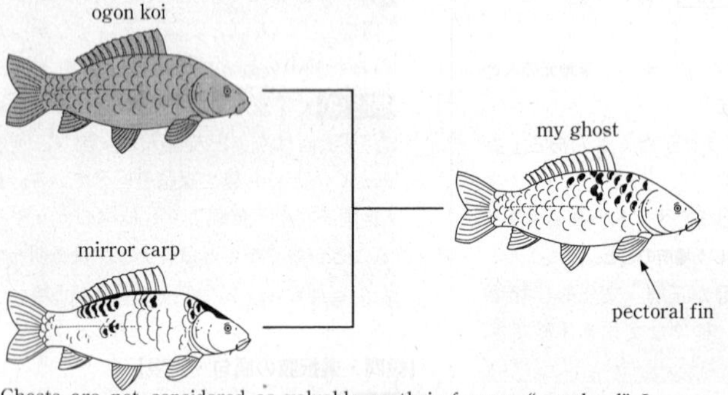

Ghosts are not considered as valuable as their famous "pure-bred" Japanese cousins, so usually don't cost much. This makes them affordable for a 13 year old with birthday present money. The most striking parts of my ghost are her metallic head and flashy pectoral fins that sparkle in the sunlight. 問2 As the name "ghost koi" suggests, these fish can fade in and out of sight while swimming. They are super-cool fish, so why not start with a ghost?

【語句・表現】

- *l*. 8 tank 名 水槽
- *l*.11 hybrid 形 交配種の
- *l*.14 survive 自 生き残る
- *l*.14 gorgeous 形 豪華な
- *l*.15 mature 形 成長した
- *l*.15 platinum 形 白金色の
- （イラスト）pectoral fin 胸ビレ
- *l*.16 pure-bred 形 純血種の
- *l*.17 affordable 形 お手頃価格の
- *l*.18 striking 形 目立つ
- *l*.19 metallic 形 メタリック〔金属製〕の
- *l*.19 flashy 形 派手な
- *l*.19 sparkle 自 きらめく
- *l*.20 fade in 次第にはっきりする
- *l*.20 sight 名 視界
- *l*.21 Why not *do*? …したらどうですか（提案）

◆全訳◆

A　あなたの学校の交換留学生はコイの飼い主です。彼が『魚の若い飼い主』という雑誌に書いた記事を読んでいます。

私の最初の魚

トム・ペスカトーレ

私は13歳の時にニューマンズ・コイクラブに入会しましたが，クラブの伝統の一環として，会長が一緒に私の最初の魚を買いに行ってくれました。私は誕生日にもらったお金を使い，15cm のゴーストコイの赤ちゃんを買いました。そのコイは今，クラブハウスの水槽で他のメンバーの魚と一緒に暮らしています。

私は自分の魚が大好きで，今でもゴーストに関して，読めるものはすべて読んでいます。日本ではあまり知られていませんが，ゴーストは1980年代にイギリスのコイ飼育者に広く飼われるようになりました。**問1** ゴーストは交配種の魚です。私のゴーストの父は日本の黄金コイ，母が野生のカガミゴイでした。ゴーストは成長が早く，私のゴーストは2，3年で85cm，12kg になりました。ゴーストは病気になりにくく，40年以上生存できます。今では，私のゴーストは豪華な4歳の成魚で，白金色のゴーストコイになっています。

（イラスト）　黄金コイ，カガミゴイ，私のゴースト，胸ビレ

ゴーストは，有名な「純血種の」日本の近縁関係にあるものほど価値があるとは考えられていないので，通常あまり高価でありません。そのため，13歳の子が誕生日プレゼントとしてもらったお金で買えるくらいお手頃な価格です。私のゴーストの最も目立つ部分は，メタリックな頭と，日の光できらめく派手な胸ビレです。**問2**『ゴーストコイ』という名前が示すとおり，この魚は泳いでいる間に，次第に見えてきたり，次第に視界から消えていったりすることがあります。とてもかっこいい魚なので，ゴーストから始めてみてはいかがでしょうか。

◆解説◆

問1　16　❸

「記事から，トムの魚が［ 16 ］はないとわかる。」

① 「大人で」≫4歳で成魚になっている。

② 「値段が安く」≫手頃な値段である。

❸ 「純血で」

④ 「丈夫で」≫病気になりにくい。

本文・全訳の**問1**にあるように，トムの魚は「交配種」であり「純血種」ではないので❸が正解。

問2　17　❹

「［ 17 ］から，その種は『ゴーストコイ』と名付けられた。」

① 「見た目がとても恐ろしい」≫本文にない。

② 「泳ぐ時に影の多いヒレが光る」≫光るのは派手な胸ビレで，他のヒレについての言及はない。

③ 「長期間隠れて生きることができる」≫隠れて生きるとは本文にない。

❹ 「水の中で不思議と消えるように見える」

本文・全訳の**問2**より，泳いでいる時に消えていくように見えることから，ゴースト（幽霊）と名付けられたことがわかる。したがって❹が正解。

【設問・選択肢の語句・表現】

問1 ④ tough 形 丈夫な

問2 species 名 種

問2 ① appearance 名 外見

問2 ② shadowy 形 影の多い

問2 ❹ mysteriously 副 不思議に

問2 ❹ vanish 自 消える

第3問B

B You have entered an English speech contest and you are reading an essay to improve your presentation skills.

Gaining Courage

Rick Halston

問1③ In my last semester in college, I received an award for my final research presentation. I wasn't always good at speaking in front of people; in fact, one of my biggest fears was of making speeches. Since my primary school days, my shy personality had never been ideal for public speaking. 問1② From my first day of college, I especially feared giving the monthly class presentations. I would practise for hours on end. That helped somewhat, but I still sounded nervous or confused.

問2 A significant change came before my most important presentation when I watched a music video from my favourite singer's newly released album. I noticed it sounded completely different from her previous work. She had switched from soft-rock to classical jazz, and her style of clothes had also changed. 問1④ I thought she was taking a huge professional risk, but she displayed such confidence with her new style that I was inspired. I would change my sound and my look, too. I worked tirelessly to make my voice both bolder and calmer. I wore a suit jacket over my shirt, and with each practice, I felt my confidence grow.

問1① When I started my final presentation, naturally, I was nervous, but gradually a 問3(1) sense of calm flowed through me. I was able to speak with clarity and answer the follow-up questions without tripping over my words. At that moment, I actually felt confident. Right then, I understood that we can either allow anxiety to control us or find new ways to overcome it. There is no single clear way to become a confident presenter, but 問3(2) thanks to that singer I realised that we need to uncover and develop our own courage.

【語句・表現】

- *l.* 3 courage 名 勇気
- *l.* 5 semester 名 学期
- *l.* 7 primary school （英国の）小学校
- *l.* 8 personality 名 性格
- *l.* 8 *be* ideal for ～ ～に適している
- *l.*10 would …したものだった（過去の習慣・反復的行動）
- *l.*10 on end 続けて
- *l.*10 somewhat 副 多少
- *l.*12 significant 形 大幅な
- *l.*17 confidence 名 自信
- *l.*17 inspire 他 ～を感激させる
- *l.*17 would （どうしても）…しようとした（過去時の行動意欲）
- *l.*21 gradually 副 次第に
- *l.*22 with clarity 明快に
- *l.*23 follow-up question 補足質問
- *l.*23 trip over a word 言葉に詰まる
- *l.*25 anxiety 名 不安
- *l.*26 overcome 他 ～を克服する

◆全訳◆

B　あなたは英語のスピーチコンテストに応募し，発表技術を高めるためにエッセイを読んでいます。

勇気を出すこと

リック・ハルストン

問1③ 大学の最終学期に，私は最終の研究発表で賞をとりました。私は人前で話すことが必ずしも得意だというわけではありませんでした。それどころか，スピーチをすることが最大の恐怖の1つでした。小学生の頃から，私の内気な性格は人前で話すのに適していませんでした。問1② 大学の初日から，毎月クラス発表をすることを特に恐れていました。私は何時間も続けて練習したものでした。それが多少役に立ちましたが，それでも緊張したり，困惑したりしているように聞こえました。

問2 最も重要な発表の前に，お気に入りの歌手が新発売したアルバムのミュージックビデオを見た時，大きな変化が起こりました。それは，彼女の以前の作品とはまったく違って聞こえることに私は気づきました。彼女は，ソフトロックからクラシックジャズに転換し，服のスタイルも変わっていました。**問1④** 彼女はプロとしての大きなリスクを冒していると私は思いましたが，彼女が自分の新しいスタイルに大きな自信を見せていたことに，私は感激しました。私も自分の声と外見を変えることにしました。声を力強く，そして落ち着いたものにしようと辛抱強く努力しました。シャツの上にスーツのジャケットを着て，練習するたびに自信がつくのを感じました。

問1① 最終発表を始めた時，もちろん緊張しましたが，次第に気持ちが落ち着いていきました。**問3(1)** 明快に話し，補足質問に言葉に詰まることなく答えることができました。その瞬間，本当に自信が湧いてきました。ちょうどその時，私たちは不安に自分を支配させるか，あるいは不安を克服する新たな方法を見つけることができるのだと理解しました。自信に満ちた発表者になるためのたった1つの明確な方法はありませんが，**問3(2)** あの歌手のおかげで，私たちは自分自身の勇気を発見し，伸ばす必要があるのだと気づきました。

◆解説◆

問1 18 ❷ 19 ❹ 20 ❶ 21 ❸

「次の出来事（①～④）を起こった順に並べなさい。」 18 → 19 → 20 → 21

❶「最終発表の始めは緊張した。」 20

❷「定期的に短い発表をした。」 18

❸「発表で賞をもらった。」 21

❹「リスクを負って，もっと自信があるように振る舞おうという気にさせられた。」 19

本文・全訳の**問1①**～**問1④**を参照。❸が最初の文に書かれているが，賞をとったのは❶に書かれた最終発表が終わったあとである。

問2 22 ❹

「リックはお気に入りの歌手に感動し， 22 。」

①「自分の内気な性格を受け入れた」≫**受け入れたのではなく，変えようとした。**

②「彼女の次のコンサートに行こうと決めた」≫**本文にない。**

③「授業に行く新しい方法を見つけた」≫**本文にない。**

❹「彼女の劇的な変化から学んだ」

本文・全訳の**問2**から❹が正解。歌手の変化に感動し，自分の発表の仕方を変えている。

問3 23 ❶

「エッセイから，リックが 23 と知った。」

❶「自分の不安を解決し始めた」

②「職業を変えることを決めた」≫**本文にない。**

③「質問をする技術を伸ばした」≫**質問に答えるのがうまくなった。**

④「歌う才能を発見した」≫**本文にない。**

本文・全訳の**問3(2)**からリックは不安を克服する方法を見つけ，**問3(1)**から最終発表を成功させたことがわかる。したがって，❶が正解。

【設問・選択肢の語句・表現】

問1 ❷ on regular basis 定期的に

問1 ❹ motivate 他 ～にやる気を起こさせる

問2 ❹ learnt（英）learn の過去・過去分詞形

問3 ❶ deal with ～ ～を解決しようとする

問3 ④ uncover 他 ～を発見する

第４問

第４問　(配点　16)

You and two friends have rented a section of a community garden for the first time. Your friends have written emails about their ideas for growing vegetables in the garden. Based on their ideas, you reply to finalize the garden plans.

March 23, 2023

Our Garden Plan

Hi! Daniel here! I scanned this great planting chart in a gardening book I got from the library. The black circles show when to plant seeds directly into the soil. The black squares show when to plant seedlings, which are like baby plants. The stars show when to harvest a vegetable.

Planting Schedule

	Mar.		Apr.		May		June		July		Aug.		Sept.		Oct.		Nov.	
beans			●	●	●				☆	☆								
cabbages		●	●						☆	☆		■	■			☆	☆	☆
carrots		●	●						☆	☆								
onions						☆	☆	☆					●	●				
potatoes	●	●					☆	☆			●						☆	☆
tomatoes			●	■	■					☆	☆	☆						

問1(1) 問2(1) It's already late March, so I think we should plant the potatoes now. We can harvest them in June, and then plant them again in August. 問1(2) 問2(2) Also, I'd like to plant the carrots at the same time as the potatoes, and the cabbages the next month. After harvesting them in July, we can put in cabbage seedlings at the same time as we plant the onions. We won't be able to eat our onions until next year! 問1(3) I have bought tomato seedlings and would like to give them more time to 問1(4) grow before planting them. Let's plant the beans toward the end of April, and 問2(3) the tomatoes the following month.

Let's discuss the garden layout. We will have a 6 × 6 meter area and it can be divided into two halves, north and south. 問3(4) Beans, cabbages, and tomatoes grow above the ground so let's grow them together. How about in the southern part? We can grow the carrots, potatoes, and onions together because they all grow underground. They will go in the northern part.

March 24, 2023

Re: Our Garden Plan

Thanks, Daniel!

Rachel here. Your schedule is great, but I'd like to make some changes to your garden layout. We have six vegetables, so why don't we divide the garden into six sections?

【語句・表現】

l. 1　community 名 地域

l. 3　finalize 他 ～を最終決定する

l. 6　scan 他 ～を詳しく調べる

l. 6　chart 名 表

l. 7　seed 名 種

l. 8　soil 名 土

l. 8　seedling 名 苗

l. 9　harvest 他 ～を収穫する

*l.*20　divide ～ into two halves ～を２等分する

*l.*21　southern 形 南の

*l.*23　northern 形 北の

*l.*28　layout 名 レイアウト；配置図

*l.*29　section 名 区画

We have to be careful about which vegetables we plant next to one another. I did a little research in a gardening book about the vegetables we'll grow. Some of our vegetables grow well together and they are called "friends." Others don't and they are "enemies." Our layout must consider this.

*l.*33 enemy 名 敵

問3(1) 問4(1)

First, the tomatoes should go in the southern part of the garden. Tomatoes and cabbages are enemies and should be separated. Let's plant the cabbages in the southwest corner. The onions can be put in the middle because they are friends of both tomatoes and cabbages.

*l.*36 southwest 形 南西の

問3(2) 問4(2)

Next, let's think about the northern part of the garden. Let's put the beans in the western corner because beans and cabbages are friends. Carrots are friends with tomatoes so planting them in the eastern corner would be better. Potatoes can go in the middle. They are friends with beans and neutral with onions.

*l.*41 neutral 形 中立の

Well, what do you think of the layout?

March 25, 2023

Re: Re: Our Garden Plan

Hi!

It's me! Thanks for your excellent ideas! Below is the planting schedule Daniel suggested two days ago.

問1(5)

First, we need to buy 24 kinds of seeds soon so we can plant them over the next two months!

*l.*47 so (that) S can *do* Sが…できるように

25

Mar.	Early Apr.	Late Apr.	May	Aug.	Sept.
-[A] -potatoes	-[B]	-[C]	-[D]	-potatoes	-onions -cabbages

問3(3)

I made this garden layout using Rachel's idea.

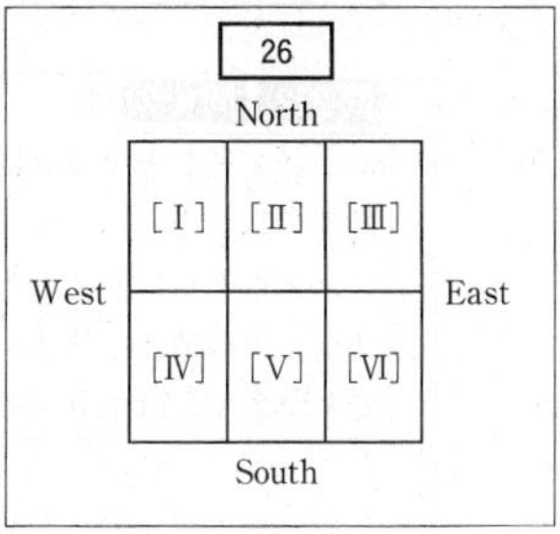

It is similar to Daniel's. The vegetables in the northern and southern halves are almost the same. Only the [27] are in different areas.

Rachel did a good job of considering friends and enemies. For our reference, I have made a chart.

[28]

l.52 reference 图 参考

問5 We have not yet discussed [29] , but I think we should.

◆全訳◆

あなたと２人の友人は，初めて地域菜園の一区画を借りました。友人たちは，その菜園で野菜を育てるためのアイデアについてメールで書いてきました。彼らのアイデアに基づいて，あなたは菜園の計画を最終的に決定するために返信します。

2023年3月23日

私たちの菜園計画

こんにちは！ダニエルです！図書館で借りた園芸の本に載っていた，この素晴らしい植え付け表を詳しく調べました。黒い丸は種を直接土に植える時期を表しています。黒い四角は苗を植える時期を表しています。苗は植物の赤ちゃんのようなものです。星は野菜を収穫する時期を示しています。

（植え付けスケジュール（表は省略））

問1(1) 問2(1) すでに３月下旬だから，すぐにジャガイモを植えるべきだと思います。ジャガイモは６月に収穫して，８月にまた植えることができます。問1(2) 問2(2) また，ジャガイモと同時にニンジンを，そして翌月にキャベツを植えたいです。７月にそれらを収穫したあとで，タマネギを植えるのと同時にキャベツの苗を植えることができます。タマネギは来年まで食べられません！問1(3) トマトの苗を買ってあるので，植える前に苗が成長する時間をもう少し与えたいと思います。問1(4) 問2(3) ４月末より少し前にマメを植え，翌月にトマトを植えましょう。

菜園のレイアウトについて話し合いましょう。私たちには６×６メートルの面積があるので，それを南北に２等分することができます。問3(4) マメ，キャベツ，トマトは地表で育つので，一緒に育てましょう。南側の部分に植えるのはどうでしょう？ニンジン，ジャガイモ，タマネギはどれも地中で育つので，一緒に育てられます。北側の部分に合うでしょう。

2023年３月24日

Re: 私たちの菜園計画

ダニエル，ありがとう！

レイチェルです。あなたのスケジュールは素晴らしいけれど，菜園のレイアウトを少し変えたいです。６種類の野菜があるので，菜園を６区画に分けたらどうでしょう？

お互いにどの野菜を隣り合わせに植えるか，気をつけなければなりません。育てる野菜について，園芸の本で少し調べてみました。野菜のうちいくつかは一緒によく育つので，『友達』と呼ばれています。そうでないものがあり，『敵』と呼ばれます。私たちのレイアウトは，これを考慮しなければなりません。

問3(1) 問4(1) まず，トマトは菜園の南側に置くべきです。トマトとキャベツは敵同士なので，分ける必要があります。キャベツは南西の角に植えましょう。タマネギはトマトともキャベツとも友達だから，真ん中に植えることができます。

問3(2) 問4(2) 次に，菜園の北側について考えましょう。マメとキャベツは友達なので，西の角にマメを置きましょう。ニンジンはトマトと友達だから，ニンジンを東の角に植えるのがよいでしょう。ジャガイモは真ん中に植えられます。ジャガイモはマメとは友達でタマネギとは中立です。

さて，このレイアウトをどう思いますか。

2023年３月25日

Re: Re: 私たちの菜園計画

こんにちは！

私です！ 素晴らしいアイデアをありがとう！下記が２日前にダニエルが提案した植え付けスケジュールです。**問1(5)** まず，私たちがこれから２ヵ月の間で植えることができるように，すぐに 24 種類の種を買う必要があります。

25

3月	4月初旬	4月下旬	5月	8月	9月
[A] ジャガイモ	[B]	[C]	[D]	ジャガイモ	タマネギ キャベツ

問3(3) この菜園のレイアウトを，レイチェルのアイデアで作りました。

26

北

	[Ⅰ]	[Ⅱ]	[Ⅲ]	
西	[Ⅳ]	[Ⅴ]	[Ⅵ]	東

南

ダニエルのものと似ています。北半分と南半分の野菜はほとんど同じです。 27 だけが違う場所にあります。

レイチェルは見事に友達と敵を考えてくれました。参考のために，表を作りました。

28

問5 私たちはまだ 29 について話し合っていませんが，そうすべきだと思います。

◆解説◆

問1 24 ❷

「 24 に最も適切な選択肢を選びなさい。」

①「3」 ❷「4」 ③「5」 ④「6」

問題の含まれる文（本文・全訳の**問1(5)**）の「これから２ヵ月」はメールを出した３月下旬から５月下旬までの２ヵ月を指す。本問は，この２ヵ月の間に植えるために購入する種は何種類かを答えるもの。植え付けスケジュールについては最初のダニエルのメールにある。**問1(1)(2)**から，３月中にジャガイモとニンジンを，４月にキャベツを植えることを，**問1(3)(4)**から，トマトの苗はすでに買っており，４月後半にマメを，５月にトマトの苗を植えることを計画していることがわかる。したがって，購入する種は，ジャガイモ・ニンジン・キャベツ・マメの４種類。❷が正解。

問2 25 ❸

「あなたのメールの植え付けスケジュールを完成させなさい。 25 に最も適切な選択肢を選びなさい。」

	[A]	[B]	[C]	[D]
①	「キャベツ	ニンジン	マメ	トマト」
②	「キャベツ	ニンジン	トマト	マメ」
❸	**「ニンジン**	**キャベツ**	**マメ**	**トマト」**
④	「ニンジン	トマト	キャベツ	マメ」

表はダニエルの案をまとめたものである。**問1**で確認した情報を当てはめると❸が正解。詳細は本文・全訳の**問2(1)**～**問2(3)**を参照。

問3 26 ❷ 27 ❶

「あなたのメールの菜園のレイアウト情報を完成させなさい。」

「 26 に最も適切な選択肢を選びなさい。」

[Ⅰ] [Ⅱ] [Ⅲ]
[Ⅳ] [Ⅴ] [Ⅵ]

①「マメ　タマネギ　トマト
キャベツ　ジャガイモ　ニンジン」

❷**「マメ　ジャガイモ　ニンジン
キャベツ　タマネギ　トマト」**

③「キャベツ　タマネギ　ニンジン
マメ　ジャガイモ　トマト」

④「キャベツ　ジャガイモ　トマト
マメ　タマネギ　ニンジン」

３つ目のメールの本文・全訳の**問3(3)**から，このレイアウトは，レイチェルのメールを読んで完成させればよいことがわかる。２つ目のメールの**問3(1)**に南側に植える野菜が書かれている。「トマトとキャベツは離す」「キャベツは南西の角に植える」より，[Ⅳ] がキャベツ，[Ⅵ] がトマトであることがわかる。そして「タマネギはその真ん中」だから [Ⅴ] がタマネギ。**問3(2)**に北側に植える野菜が書かれている。「マメを西の角に」より [Ⅰ] がマメ，「ニンジンを東の角に」より [Ⅲ] がニンジン，「ジャガイモは真ん中に」より [Ⅱ] がジャガイモであることがわかる。したがって❷が正解。

「 27 に最も適切な選択肢を選びなさい。」

❶「マメとタマネギ」

②「キャベツとジャガイモ」

③「ニンジンとトマト」

④「タマネギとジャガイモ」

レイアウトについて，レイチェルとダニエルの案の違う個所を見つける問題。1つ目のメールの本文・全訳の **問3(4)** から，ダニエルは「マメ，キャベツ，トマトを南側に，ニンジン，ジャガイモ，タマネギを北側に植える」ことを提案していることがわかる。この情報と 26 のレイチェルのレイアウトを比較すると，マメとタマネギの位置が異なることがわかる。したがって❶が正解。

問4　28　❶

「どの表が 28 に入るか。」（◎：友達，×：敵）

❶
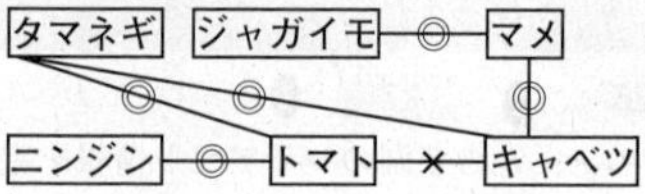

②
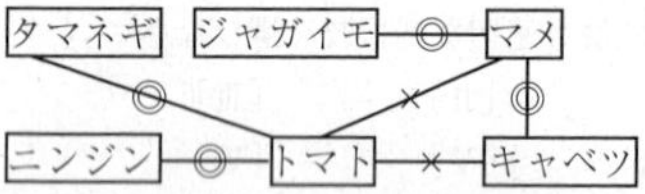

③
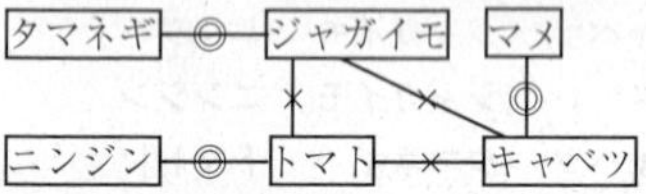

④
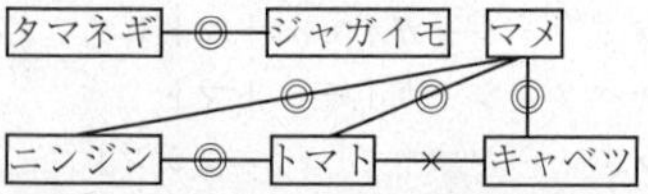

2つ目のメール本文・全訳の **問4(1)** に「トマトとキャベツは敵同士」とあるが，これはすべての選択肢に当てはまる。「タマネギはトマトともキャベツとも友達」に当てはまる選択肢は，❶だけある。念のために **問4(2)** も確認して行くと，「マメとキャベツは友達」「ニンジンはトマトと友達」「ジャガイモはマメとは友達でタマネギとは中立」のすべてに❶は当てはまる。したがって❶が正解。

問5　29　❷

「 29 に最も適切な選択肢を選びなさい。」

①「種と苗の違い」≫**ダニエルのメールにある。**

❷「菜園を世話する責任」

③「作物を集めるタイミング」≫**ダニエルのメールにある。**

④「一緒に植えるべき野菜」≫**レイチェルのメールにある。**

問題の含まれる文（本文・全訳の **問5**）から，選択肢の中からメールに出てこなかった話題を選べば良いと考える。したがって❷が正解。

【設問・選択肢の語句・表現】

問5 ❷ responsibility 名 責任

問5 ❷ caring 名 世話

第5問

第5問　（配点　15）

Your English teacher has told everyone in your class to choose a short story in English to read. You will introduce the following story to your classmates, using a worksheet.

Becoming an Artist

【語句・表現】

（次頁）

l. 5 anticipation 名 期待

l. 5 in a moment すぐに

l. 6 mayor 名 市長

l. 6 judge 名 審査員

l. 6 drawing contest 絵画コンテスト

l. 7 screech 自 キーッと鳴る

Lucy smiled in anticipation. In a moment she would walk onto the stage and receive her prize from the mayor and the judges of the drawing contest. The microphone screeched and then came the mayor's announcement. "And the winner of the drawing contest is... Robert McGinnis! Congratulations!"

Lucy stood up, still smiling. Then, her face blazing red with embarrassment, abruptly sat down again. What? There must be a mistake! But the boy named Robert McGinnis was already on the stage, shaking hands with the mayor and accepting the prize. 問4 She glanced at her parents, her eyes filled with tears of disappointment. They had expected her to do well, especially her father. "Oh Daddy, I'm sorry I didn't win," she whispered.

Lucy had enjoyed drawing since she was a little girl. 問2④ She did her first drawing of her father when she was in kindergarten. Although it was only a child's drawing, it really looked like him. He was delighted, and, from that day, Lucy spent many happy hours drawing pictures to give to Mommy and Daddy.

As she got older, her parents continued to encourage her. Her mother, a busy translator, was happy that her daughter was doing something creative. Her father bought her art books. 問1 He was no artist himself, but sometimes gave her advice, suggesting that she look very carefully at what she was drawing and copy as accurately as possible. Lucy tried hard, wanting to improve her technique and please her father.

問2⑤ It had been Lucy's idea to enter the town drawing contest. She thought that if she won, her artistic ability would be recognized. She practiced every evening after school. She also spent all her weekends working quietly on her drawings, copying her subjects as carefully as she could.

Her failure to do well came as a great shock. She had worked so hard and her parents had been so supportive. Her father, however, was puzzled. Why did Lucy apologize at the end of the contest? There was no need to do so. Later, Lucy asked him why she had failed to win the competition. He answered sympathetically, "To me, your drawing was perfect." Then he smiled, and added, "But perhaps you should talk to your mother. She understands art better than I do."

Her mother was thoughtful. She wanted to give Lucy advice without damaging her daughter's self-esteem. 問3③ 問5 "Your drawing was good," she told her, "but I think it lacked something. I think you only drew what you could see. When I translate a novel, I need to capture not only the meaning, but also the spirit of the original. To do that, I need to consider the meaning behind the words. Perhaps drawing is the same; you need to look under the surface."

問2① Lucy continued to draw, but her art left her feeling unsatisfied. She couldn't understand what her mother meant. What was wrong with drawing what she could see? What else could she do?

Around this time, Lucy became friends with a girl called Cathy. They

l. 7 announcement 名 アナウンス，発表
l. 9 blaze 自 燃え立つ
*l.*10 embarrassment 名 恥ずかしさ
*l.*10 abruptly 副 突然に
*l.*12 glance at ～ ～をちらっと見る
*l.*13 expect O to *do* Oが…することを期待する
*l.*16 kindergarten 名 幼稚園
*l.*17 *be* delighted 喜ぶ
*l.*21 translator 名 翻訳家
*l.*27 artistic 形 芸術の
*l.*29 subject 名 被写体
*l.*30 failure to *do* …できなかったこと
*l.*31 supportive 形 協力的な
*l.*34 sympathetically 副 同情〔共感〕して
*l.*37 thoughtful 形 思いやりのある
*l.*38 self-esteem 名 自尊心
*l.*39 lack 他 ～を欠いている
*l.*40 capture 他 ～をとらえる
*l.*41 spirit 名 魂；精神
*l.*42 surface 名 表面

became close friends and Lucy grew to appreciate her for her kindness and humorous personality. Cathy often made Lucy laugh, telling jokes, saying ridiculous things, and making funny faces. One afternoon, Cathy had such a funny expression on her face that Lucy felt she had to draw it. "Hold that pose!" she told Cathy, laughing. She drew quickly, enjoying her friend's expression so much that she didn't really think about what she was doing. 問3① 問2③

問3 When Lucy entered art college three years later, she still had that sketch. It had caught Cathy exactly, not only her odd expression but also her friend's kindness and her sense of humor — the things that are found under the surface.

l.47 grow to *do* …するようになる
l.47 appreciate 他 ～のよさがわかる
l.48 humorous 形 ユーモアのある
l.49 ridiculous 形 ばかげた
l.50 expression 名 表情
l.50 hold 他 ～を維持する
l.54 odd 形 奇妙な

Your worksheet:

1. Story title

"Becoming an Artist"

2. People in the story

Lucy: She loves to draw.

Lucy's father: He [30] *.*

Lucy's mother: She is a translator and supports Lucy.

Cathy: She becomes Lucy's close friend.

3. What the story is about

Lucy's growth as an artist:

[31]
↓
[32]
↓
[33]
↓
[34]

Her drawing improves thanks to [35] *and* [36] *.*

4. My favorite part of the story

When the result of the contest is announced, Lucy says, "Oh Daddy, I'm sorry I didn't win."

This shows that Lucy [37] *.*

5. Why I chose this story

Because I want to be a voice actor and this story taught me the importance of trying to [38] *to make the characters I play seem more real.*

ワークシート内 growth 名 成長

◆全訳◆

あなたの英語の先生はクラスの全員に，英語の短編小説を選んで読むように言いました。あなたは，ワークシートを使って，次の物語をクラスメートに紹介するつもりです。

芸術家になること

ルーシーは期待で微笑みました。間もなく彼女はステージに上がり，市長と絵画コンテストの審査員から賞を受け取るでしょう。マイクがキーッと鳴り，それから市長のアナウンスがありました。「そして，絵画コンテストの受賞者は…ロバート・マックギニスさんです！おめでとうございます！」

ルーシーは，まだ微笑みながら立ち上がりました。それから，恥ずかしさで彼女の顔は燃えるような赤色になり，突然また座りました。何？間違いに違いない！しかし，ロバート・マックギニスという名の少年はすでにステージにいて，市長と握手をして賞を受けていました。問4 ルーシーは目に失望の涙をためて，両親をちらっと見ました。両親は，特に父親は，彼女が好結果を出すものと期待していました。「ああお父さん，受賞できなくてごめんなさい」とルーシーはささやきました。

ルーシーは小さな女の子の頃からお絵描きを楽しんでいました。問2④ 幼稚園の時，初めてお父さんの絵を描きました。単なる子供の絵なのに，それはとてもお父さんに似ていました。お父さんは喜び，その日以来，ルーシーはママとパパにあげる絵を描いて，何時間も楽しく過ごしました。

ルーシーが年を重ねていく間，両親は彼女を励まし続けました。お母さんは忙しい翻訳家でしたが，娘が何か創造的なことをするのを喜んでいました。お父さんは画集を買ってくれました。問1 お父さん自身は画家ではなかったけれど，時々アドバイスをくれて，描いているものをもっと注意深く見ることと，できるだけ正確に模写することを提案しました。ルーシーは，技術をもっと向上させてお父さんを喜ばせたいと思い，懸命に努力しました。

問2⑤ 町の絵画コンテストに応募するのはルーシーの考えでした。もし受賞すれば，芸術的才能が認められるだろうと思いました。ルーシーは放課後，毎晩練習をしました。また，静かに絵を描くことに毎週末を使い，できる限り注意深く被写体を模写しました。

好結果が出せなかったことは，大きなショックでした。彼女はとても熱心に取り組み，両親もとても協力的でした。けれども，お父さんは困惑していました。ルーシーはなぜコンテストの終わりに謝ったのか。そんなことをする必要はありませんでした。あとで，ルーシーはお父さんに，なぜ自分はコンテストで勝てなかったのか尋ねました。お父さんは気持ちを察してくれて「私には，君の絵は完璧だった」と答えました。それから微笑んで「でも，たぶんお母さんと話すべきだよ。お母さんは私よりも芸術をよく理解しているからね。」と付け加えました。

お母さんは思いやりがありました。娘の自尊心を傷つけずに，アドバイスをしたいと思いました。問3③ 問5 お母さんはルーシーに，「あなたの絵はよかったわ」と言いました。「でも，何かが欠けていると思う。目に見えたものしか描かなかったと思うの。私が小説を翻訳する時，意味だけでなく，原作の魂もとらえなければならないの。そうするためには，言葉の裏にある意味を考える必要があるのよ。たぶん絵を描くことも同じで，表面の下にあるものも見る必要があるわ。」

問2① ルーシーは絵を描き続けましたが，彼女の絵は，彼女に不満の気持ちを残しました。お母さんが言ったことの意味を理解できませんでした。目に見えるものを描くことのどこが間違っていたのでしょうか。他に何ができたのでしょうか。

その頃，ルーシーはキャシーという女の子と友達になりました。２人は親友になり，ルーシーはキャシーの優しさとユーモアのある性格のよさがわかるようになりました。キャシーは冗談を言ったり，ばかなことを言ったり，おかしな顔をしたりして，よくルーシーを笑わせました。問3① ある日の午後，キャシーがとてもおかしな表情をしたので，ルーシーはそれを描かなければと思いました。「そのポーズのまま動かないで！」と笑いながらキャシーに言いました。問2③ ルーシーはすぐに絵を描きましたが，友人の表情をとても楽しんでいたので，自分がしていることについてあまり考えていませんでした。

問3 ３年後に芸術大学に入学した時，ルーシーはまだそのスケッチを持っていました。それはキャシーそのもの，つまりキャシーの奇妙な表情だけでなく，友達の優しさやユーモアのセンスといった，表面の下に見つかるものを，とらえていました。

あなたのワークシート：

1. 物語の題

「芸術家になること」

2. 登場人物

ルーシー：絵を描くのが大好き。

ルーシーの父：彼は［30］。

ルーシーの母：翻訳家で，ルーシーを応援する。

キャシー：ルーシーの親友になる。

3. 物語の内容

ルーシーの芸術家としての成長：

［31］
↓
［32］
↓
［33］
↓
［34］

［35］と［36］のおかげで絵が上達した。

4. 物語の中で私が一番好きな部分

コンテストの結果が発表された時，ルーシーが「ああお父さん，受賞できなくてごめんなさい」と言う。

このことは，ルーシーが［37］ことを示す。

5. この物語を選んだ理由

私は声優になりたいと思っていて，この物語は，自分が演じる登場人物をよりリアルにするために，［38］しようとすることの大切さを教えてくれたから。

◆解説◆

問1 30 ❶

「［30］に最も適切な選択肢を選びなさい。」

❶「ルーシーにいくつかの絵を描く助言をする」

②「ルーシーに自分の絵をたびたび描かせる」≫ルーシーが自発的に描いたのであって，描かせたのではない。

③「ルーシーと絵を描いて週末を過ごす」≫父親が絵を描くという記述はない。

④「ルーシーに芸術家として働いてほしいと思う」≫本文にない。

本文・全訳の**問1**から❶が正解。本文の advice を tip「(有益な) ヒント，助言」と言い換えている。

問2 31 ❹ 32 ❺ 33 ❶ 34 ❸

「5つの記述（①～⑤）から<u>4つ</u>を選び，起こった順に並べ換えなさい。」［31］→［32］→［33］→［34］

❶「自分の絵に不満を感じるようになる。」［33］

②「誰にも自分の絵を見せないと決める。」≫本文にない。

❸「目で見るのと同じくらい感情を込めて絵を描く。」［34］

❹「プレゼントとして絵を描くのを楽しむ。」［31］

❺「絵画の才能を証明するために努力する。」［32］

本文・全訳の**問2④**より❹は絵を描き始めた幼稚園の頃。**問2⑤**より❺はコンテストに応募する前。**問2①**より❶はコンテスト後のスランプ。**問2③**より❸はスランプを脱出するきっかけになった出来事。したがって❹→❺→❶→❸の順になる。

問3 35 36 ❶，❸（順不同）

「［35］と［36］に最も適切な2つの選択肢を選びなさい。（順不同）」

❶「スケッチしないではいられなかった友人」［35］

②「小説から得たメッセージ」≫本文にない。

❸「母から受けたアドバイス」［36］

④「友人を笑わせようとする試み」≫ルーシーが笑わせたのではない。

⑤「室内で絵を描いて週末を過ごすこと」≫これはコンテストの結果に挫折を感じる前のこと。

本文・全訳の**問3③**にお母さんのアドバイスがあるが，この時ルーシーは意味がわからず，**問3①**の出来事をきっかけに理解できた。これが絵の上達につながり，**問3**にあるように芸術の道に進んでいる。❶と❸が正解。

問4 37 ❹

「［37］に最も適切な選択肢を選びなさい。」

①「父親が期待したほど練習しなかった」≫本文にない。

②「父親がコンテストに応募することを望んでいな

いと知っていた」≫本文にない。

③「父親のアドバイスに従うべきだったと考えた」

≫父のアドバイスに従っていた。

❹「父親をがっかりさせたことに心を痛めた」

本文・全訳の**問4**から❹が正解。受賞すると期待していた父親にルーシーが謝っている。

問5 38 ❶

「 38 に最も適切な選択肢を選びなさい。」

❶「人々をよりよく理解」

②「自分の感情をもっと深く分析」≫本文にない。

③「自分の周りで起きていることを正確に描写」

≫これは父のアドバイスで，うまくいかなかった。

④「状況に応じて異なる技術を使用」≫本文にない。

本文・全訳の**問5**より，母親は，翻訳と絵を描く上で大切なのは「表面ではなく内面を見ること」であるとアドバイスしている。これを「声優で登場人物を演じる上で大切なこと」に当てはめて考えると，❶が正解。

【設問・選択肢の語句・表現】

問2 ❶ frustrated with ～に不満を感じて

問3 ❶ can't help *doing* …せざるをえない

問4 ③ should have *done* …するべきだったのに（実際はしなかった）

問5 ❶ achieve an understanding of ～を理解する

第6問A

第6問 （配点 24）

A You belong to an English discussion group. Each week, members read an article, create a summary, and make a challenging quiz question to share. For the next meeting, you read the following article.

Getting to Know Aquatic Species

The mysteries of the deep blue sea have fascinated ocean-watchers for millennia. Aquatic beings, however, cannot easily get to us. What if we go to them? Despite what you may expect, certain ocean animals will come right up to you. Dan McSweeney, a Hawaii-based underwater research photographer, 問4① tells a fascinating story. 問1(1) While he was studying whales underwater, one came charging at him. Whales are huge, so he was worried. The whale stopped, opened its mouth, and "passed" him some tuna. He accepted the gift. McSweeney believes that because of the air bubbles coming from his tank, the whale recognized him as a similar animal and offered the *sashimi*. Later, the whale came back, and McSweeney returned the food.

Friendly interactions with dolphins or whales are possible, but how about octopuses? Science fiction sometimes describes aliens as looking like octopuses, so this animal group "cephalopods," which means "head-feet," may be perceived as being distant from humans. Yet, if you learn more about them, you might be convinced there is the possibility of interaction. Octopuses have long tentacles (arms/legs) extending from soft round bodies. Besides

[語句・表現]

l. 2 summary 名 要約

l. 2 challenging 形 やりがいのある

l. 4 get to know ～と知り合いになる

l. 4 aquatic species 水生生物

l. 5 fascinate 他 ～を魅了する

l. 6 millennium 名 千年間（複数形はmillennia）

l. 6 aquatic beings 水生生物

l. 7 come right up to ～ ～にまっすぐ近づく

l.10 charge at ～ ～に突進する

l.15 interaction 名 交流

l.16 octopus 名 タコ

l.17 cephalopod 名 頭足類

l.18 perceive A as B AをBだと考える

l.18 distant 形 遠い

l.19 *be* convinced 確信する

touch and motion, each tentacle experiences smell and taste and has sucking disks, called *suckers*, that grab and manipulate things. Their eyes, like two independent cameras, can move 80° and focus on two different things at once. UC Berkeley researcher, Alexander Stubbs, confirms that while octopuses sense light and color differently from humans, they do recognize color changes. These features might indicate that they are intelligent enough to interact with us. In fact, an article in *Everyday Mysteries* begins: "Question. Can an octopus get to know you? Answer. Yes."

Octopuses are known to "return your gaze" when you look at them. They may even remember you. 問1(2) 問2⑤ This notion was tested by Roland C. Anderson and his colleagues, who conducted experiments with two similar-looking people wearing the same uniforms. 問4③ The friendly person, who had fed and socialized with them, got a completely different reaction from the cephalopods than the other person who had not.

When taken from their natural habitat, octopuses can be mischievous, so watch out. They can push the lids off their tanks, escape, and go for a walk. Scientists sometimes get surprise visits. 問1(3) 問2③ A paper from the Naples Zoological Station, written in 1959, talks about trying to teach three octopuses to pull a lever down for food. Two of them, Albert and Bertram, cooperated with the experiment, but Charles, a clever cephalopod, refused to do so. He shot water at the scientists and ended the experiment by breaking the equipment.

If you are interested in seeing their natural behavior and interactions, getting into the sea and having them come to you might work better. They may even raise a tentacle to motion you over. Around 2007, Peter Godfrey-Smith, a philosophy professor teaching at Harvard University, was home on vacation in Sydney, Australia. Exploring in the ocean, he came across a giant cephalopod. 問1(4) Godfrey-Smith was so impressed by the behavior he witnessed that he started developing philosophy theories based on his observations. Determined to find out what humans could learn from cephalopods, Godfrey-Smith let them guide him. 問4② On one ocean trip, another cephalopod took Godfrey-Smith's colleague by the hand on a 10-minute tour of the octopus's home, "as if he were being led across the sea floor by a very small, eight-legged child!"

問3 How can you get sea creatures to come to you if you don't swim? The Kahn family has solved this with "Coral World" in Eilat, Israel. The lowest floor of the building is actually constructed in the Red Sea, creating a "human display." Rather than the sea-life performances at many aquariums, you find yourself in a "people tank," where curious fish and sea creatures, swimming freely in the ocean, come to look at you. To make a good impression, you may want to wear nice clothes.

*l.*20 tentacle 名 触手
*l.*20 extend 自 伸びる
*l.*21 motion 名 運動
*l.*21 sucking disk 吸盤
*l.*22 manipulate 他 ～を操る
*l.*26 feature 名 特徴
*l.*26 indicate 他 ～を示す
*l.*27 interact with ～ ～と交流する
*l.*29 return *one's* gaze ～を見つめ返す
*l.*30 notion 名 見解
*l.*31 conduct 他 ～を実施する
*l.*32 socialize with ～ ～と社交的に交際する
*l.*35 habitat 名 生息環境
*l.*35 mischievous 形 いたずら好きな
*l.*39 cooperate with ～ ～に協力する
*l.*40 refuse 他 ～を断る
*l.*40 shoot 他 ～を噴き出す
*l.*42 behavior 名 行動
*l.*44 motion ～ over ～を手招きする
*l.*45 philosophy 名 哲学
*l.*46 come across ～ ～に遭遇する
*l.*47 impress 他 ～を感動させる
*l.*47 witness 他 ～を目撃する
*l.*48 observation 名 観察
*l.*49 determined to *do* …することを決意して（分詞構文）
*l.*56 Red Sea 紅海

Your summary:

Getting to Know Aquatic Species

General information

The author mainly wants to say that [39].

Human-octopus interaction

Anderson's experiment suggests octopuses can [40].

The Naples Zoological Station experiment suggests octopuses can [41].

Godfrey-Smith's story suggests octopuses can be friendly.

The Kahn family

Established Coral World with the idea of [42]

要約内 establish 他 ～を設立する

要約内 represent 他 ～を表す

Your quiz question:

Which of the following does not represent a story or episode from the article?

A

B

C

D

Answer [43]

◆全訳◆

A　あなたは英語の討論グループに所属しています。毎週，メンバーは記事を読み，要約を作成し，共有するために挑戦しがいのあるクイズ問題を作ります。次のミーティングのために，あなたは次の記事を読みます。

水生生物と知り合いになること

深く青い海の神秘は，何千年にもわたって海を見る人々を魅了してきた。しかし，水生生物は簡単に私たちのところへ来ることができない。もし私たちが彼らのもとへ行くとしたらどうだろうか。あなたが予想するかもしれないことをよそに，ある種の海洋動物はあなたのところまでまっすぐ近づいてくる。ハワイを拠点とする水中調査カメラマンのダン・マックスウィーニー氏は，興味深い話をしている。問1(1) 問4① 水中でクジラの調査をしていたところ，1頭が彼に向かって突進してきた。クジラは巨大なので，彼は心配になった。クジラは止まり，口を開けてマグロを「渡して」くれた。彼はその贈り物を受け取った。マックスウィーニー氏は，彼のタンクから出る気泡のために，

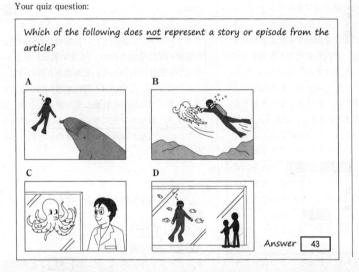

クジラは彼を同じような動物として認識し，さしみを提供してくれたのだと考えている。その後，クジラは戻ってきて，マックスウィーニー氏は食べ物を返した。

イルカやクジラとの友好的な交流は可能だが，タコはどうだろうか？SFでは時々宇宙人をタコのような見かけで表現するので，この動物群「頭足類」は，「頭－足」という意味だが，人間から遠く離れた生き物だと考えられているかもしれない。しかし，それらのことをよく知れば，交流の可能性があると確信するかもしれない。タコは，柔らかい丸い体から伸びる長い触手（腕／脚）を持つ。触覚と運動に加えて，それぞれの触手は匂いや味を感じ，「サッカー」と呼ばれる吸盤を持ち，それが物をつかんであやつる。目は独立した２つのカメラのように80度動き，同時に２つの異なるものに焦点を合わせることができる。カリフォルニア大学バークレー校の研究者アレキサンダー・スタッブス氏は，タコは光や色を人間とは異なったように感知するものの，色の変化を認識することを確認している。これらの特徴は，タコが私たちと交流するのに十分な知能を持っていることを示しているのかもしれない。実際，『エブリデイ ミステリー』の記事はこう始まっている。「質問です。タコはあなたと知り合いになれるだろうか？答えは，『はい』である。」

あなたがタコを見ていると，タコは「あなたを見つめ返す」ことが知られている。あなたのことを覚えてさえいるかもしれない。**問１(2)** **問２⑤** この見解はローランド・C・アンダーソン氏と同僚によってテストされた。彼らは，同じ制服を着た，見た目が似ている２人を使って実験を行った。**問４③** フレンドリーな人は餌を与えてタコと交流したが，そうしなかったもう１人とは，まったく異なった反応を頭足類から得た。

自然の生息環境から連れ去られると，タコはいたずら好きになることがあるので，気をつけなさい。水槽の蓋を押しのけて逃げ，散歩に出ることができる。科学者たちは時々不意の訪問を受ける。**問１(3)** **問２③** 1959年に書かれたナポリ動物学研究所の論文に，餌を得るためにレバーを引き下げるように３匹のタコに教えようとしたことが書かれている。そのうちの２匹，アルバートとバートラムは実験に協力したが，賢い頭足類であるチャールズはそれを拒否した。彼は科学者に向かって水を噴き出し，装置を壊して実験を終わらせた。

タコの自然な行動や交流を見ることに関心があるなら，あなたが海に入って，タコにあなたのところに来させればうまくいくだろう。タコは触手を上げて手招きしてくれるかもしれない。2007年頃，ハーバード大学で教えている哲学教授のピーター・ゴドフリー＝スミス氏は，休暇でオーストラリアのシドニーに戻っていた。海を探検していると，巨大な頭足類に遭遇した。ゴドフリー＝スミス氏は自分が目撃した行動にとても感動したので，観察に基づいて哲学理論を発展させ始めた。人間が頭足類から何を学ぶことができるか見つけようと固く決意し，**問１(4)** ゴドフリー＝スミス氏は頭足類に自分を案内させた。**問４②** ある海の旅では，別の頭足類がゴドフリー＝スミス氏の同僚の手を引いて，タコの家を10分ほど案内してくれた。「まるで彼は，とても小さな８本足の子供に海底を案内されているようだった！」

もし泳げなかったら，どうやって海の生き物をあなたのところへ来させることができるだろう？**問３** カーン一家はこれをイスラエルのエイラトにある「コーラルワールド」で解決した。建物の一番低い階は実際に紅海の中に建設されて，『人間の展示』をしている。多くの水族館で行われている海の生き物のパフォーマンスではなく，自分が『人間の水槽』にいることに気づく。そこでは好奇心旺盛な魚や海の生き物が海を自由に泳ぎ，あなたを見にやって来る。良い印象を与えるために，あなたは素敵な服を着たいと思うかもしれない。

あなたの要約：

水生生物と知り合いになること

概説

著者は主に［ 39 ］ということを言いたい。

人間とタコの交流

アンダーソンの実験は，タコが［ 40 ］ことができると示唆している。

ナポリ動物学研究所の実験は，タコが［ 41 ］ことがあり得ると示唆している。

ゴドフリー＝スミス氏の話は，タコが友好的になり得ることを示唆している。

カーン一家

［ 42 ］というアイデアでコーラルワールドを設立した。

あなたのクイズ問題：

次のうち，記事にある話やエピソードを表して<u>**いない**</u>のはどれ？（図は省略）

答え［ 43 ］

◆解説◆

問1 39 ❸

「39 に最も適切な選択肢を選びなさい。」

①「人々がタコと交流できる良い場所は海である」
≫自然な交流には海がよいが，実験室でも交流できる。

②「アイコンタクトは異種間の友情の重要な合図だ」≫タコとアイコンタクトできるとあるが，「重要だ」とは書かれていない。

❸「海の生き物との交流はどちらの側からでも始めることができる」

④「友達になるために，人々は海の生物を家で飼うべきだ」≫本文にない。

本文・全訳の**問1(1)**や**問1(4)**のエピソードでは海の生物から交流を始めている。一方，**問1(2)**や**問1(3)**では，実験のため人間から働きかけている。双方が交流を始めることがあるのだから，❸が正解。

問2 40 ❺ 41 ❸

「40 と 41 に最も適切な選択肢を選びなさい。」

①「哲学理論を考え出す良い源になる」≫哲学理論に発展させたのはアンダーソンではない人物。

②「泳いでいる人が家に近づくと怖がる」≫本文にない。

❸「実験室で人間に非協力的になる」 41

④「ごほうびをもらう機会があれば，他のタコと競争する」≫タコ同士の競争は本文にない。

❺「以前に会ったことがある人が親切だと認識する」 40

⑥「人間のように，触り，においをかぎ，味を感じ，光や色を感じる」≫アンダーソンではない人物の発見。

40

本文・全訳の**問2⑥**から❺が正解。タコが親切な人とそうでない人を区別している。

41

本文・全訳の**問2③**から❸が正解。実験に協力することを拒否したタコがいた。

問3 42 ❹

「42 に最も適切な選択肢を選びなさい。」

①「ユニークな水族館でもっと人を引き付ける」
≫コーラルワールドは水族館ではない。

②「海の生き物と一緒に泳ぐのに便利な場所を作る」≫泳げない人も海の生き物と交流できる場所である。

③「もっと知能が高く協力的なタコを育てる」≫本文にない。

❹「人と海の生き物の役割を逆転する」

本文・全訳の**問3**から，コーラルワールドでは人が海の生き物から見られるので，普通の水族館と役割が逆転していることがわかる。❹が正解。

問4 43 ❹

「クイズ問題の答えは 43 である。」

①「A」≫**問4①**に該当。　②「B」≫**問4②**に該当。

③「C」≫**問4③**に該当。　❹「D」

本文・全訳に示したように**問4①**〜**問4③**は該当するエピソードがある。該当部分がない❹が正解。

【設問・選択肢の語句・表現】

問2 ③ laboratory setting 実験室

問2 ④ treat 图（飼い主が与える）ごほうび

問3 ❹ reverse 他 〜を逆転する

第6問B

B　You are preparing a poster for an in-school presentation on a scientific discovery, using the following article.

As you are reading this, you probably have a pencil in your hand. In the center of every pencil is something called "lead." This dark gray material is

【語句・表現】

l. 4 lead 图 鉛

l. 5 substance 图 物質

l. 5 graphite 图 グラファイト，黒鉛

l. 6 layer 图 層

not actually lead (Pb), but a different substance, graphite. Graphite has been a major area of research for many years. It is made up of thin layers of carbon that can be easily separated. Indeed, it is this ease of separation that enables the pencil to write. **問5(1)** As the pencil rubs against the paper, thin layers of carbon are pulled off the pencil lead and left on the paper as lines or writing.

In 2004, two scientists, Andre Geim and Konstantin Novoselov, were investigating graphite at the University of Manchester, in the UK. They were trying to see if they could obtain a very thin slice of graphite to study. Their goal was to get a slice of carbon which was between 10 and 100 layers thick. **問1F** Even though their university laboratory had the latest scientific equipment, they made their incredible breakthrough — for what was later to become a Nobel Prize-winning discovery — with only a cheap roll of sticky tape.

In a BBC News interview, Professor Geim described their technique. He said that the first step was to put sticky tape on a piece of graphite. Then, when the tape is pulled off, a flake of graphite will come off on the tape. **問2C** Next, fold the tape in half, sticking the flake onto the other side of the tape. Then pull the tape apart to split the flake. You now have two flakes, roughly half as thick as before. **問2B** Fold the tape together once more in a slightly different position to avoid having the flakes touch each other. Pull it apart again, and you will now have four thinner flakes than before. **問2A** Repeat this procedure 10 or 20 times, and you're left with many very thin flakes attached to your tape. Finally, you dissolve the tape using chemicals so everything goes into a solution.

Geim and Novoselov then looked at the solution, and were surprised to see that the thin flakes were flat and not rolled up — and even more surprised that the flakes were as thin as only 10 layers of graphite. As graphite conducts electricity, it was only a matter of weeks before they were studying whether these thin sheets could be used in computer chips. By 2005, **問1B 問5(2)** they had succeeded in separating a single layer of graphite. **問1D** As this does not exist naturally, this new material was given a new name: graphene. Graphene is only one atom thick, and perhaps the thinnest material in the universe. **問1A** It is one of the few two-dimensional (2D) materials known, and forms a six-sided, honeycomb-patterned structure. In addition, it is possibly the lightest and strongest substance known on earth. It is also excellent at carrying electricity. **問3①** In fact, at laboratory temperatures (20-25℃), graphene conducts electricity faster than any known substance. This has led to manufacturers investing in further research because graphene-based batteries could last three times longer

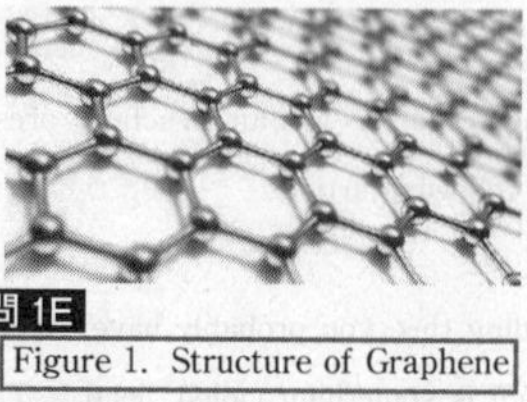

問1E Figure 1. Structure of Graphene

- *l.* 6 *be* made up of ～ ～でできている
- *l.* 7 carbon 名 炭素
- *l.* 7 ease 名 容易さ
- *l.* 7 separation 名 分離
- *l.* 8 rub against ～ ～と擦れる
- *l.*11 investigate 他 ～を研究する
- *l.*15 incredible 形 信じられないほど素晴らしい
- *l.*15 breakthrough 名 大発見
- *l.*21 pull ～ apart ～を引き離す
- *l.*21 split 他 ～を分ける
- *l.*21 roughly 副 おおよそ
- *l.*22 slightly 副 わずかに
- *l.*24 procedure 名 手順
- *l.*25 attach to ～ ～に付着する
- *l.*26 dissolve 他 ～を溶かす
- *l.*26 chemical 名 化学薬品
- *l.*27 solution 名 溶液
- *l.*30 conduct 他 ～を伝導する
- *l.*31 a matter of わずか～だけ
- *l.*34 graphene 名 グラフェン
- *l.*35 atom 名 原子
- *l.*36 two-dimensional 形 2次元の
- *l.*37 honeycomb-patterned 形 蜂の巣模様の
- *l.*37 in addition さらに
- *l.*38 substance 名 物質
- *l.*42 manufacturer 名 製造業者
- *l.*42 invest 自 投資する

and be charged five times faster than lithium-ion batteries.

Graphene has been called a super-material because of its amazing properties. It is 1,000 times lighter than paper and close to being totally transparent. 問3④ It allows 98% of light to pass through it while at the same time it is so dense that even one molecule of helium gas cannot pass through it. It 問4(1) can also convert light into electricity. It is 200 times stronger than steel by weight: So strong in fact, that if you could make a 1 m^2 sheet of graphene, it would weigh less than a human hair and be strong enough to hold the weight of a cat. 問4(2) Quite simply, this material found in pencil lead has the potential to revolutionize the development of computer chips, rechargeable batteries, and strong, light-weight materials.

l.45 lithium-ion リチウムイオン
l.47 property 名 特性，性質
l.48 transparent 形 透明な
l.49 dense 形 密度が高い
l.49 molecule 名 分子
l.49 helium gas ヘリウムガス
l.50 convert A into B AをBに変換する
l.50 steel 名 鋼鉄
l.53 quite simply（文頭で）簡単に言えば
l.54 revolutionize 他 ～を革命的に変化させる
l.56 draft 名 原稿

Your presentation poster draft:

Graphene

Basic information 44

Graphene. . .

A. is a 2D material.
B. is a separated layer of graphite.
C. is an extremely thin sheet of metal.
D. is not a naturally occurring substance.
E. looks like a sheet of wire mesh.
F. was isolated without advanced equipment.

How Geim and Novoselov separated graphite (5 steps)

Step 1. Press sticky tape on graphite and remove.
Step 2.
Step 3. } 45
Step 4.
Step 5. Dissolve tape in a chemical solution and collect the flakes.

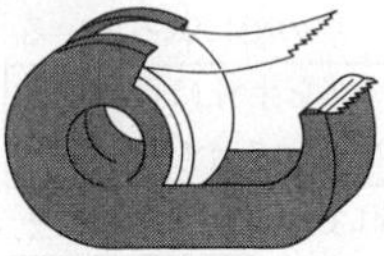

The properties of graphene

46

47

Future use

48

ポスター原稿内 occur 自 発生する
ポスター原稿内 isolate 他 ～を分離する

◆全訳◆

B　あなたは，科学的発見に関する校内発表会のポスターを，次の記事を使って作成しています。

これを読んでいる時，おそらくあなたは鉛筆を手に持っているだろう。すべての鉛筆の中心には『芯』と呼ばれるものがある。この濃い灰色の物質は，実は鉛（Pb）ではなく，グラファイト（黒鉛）という異なる物質だ。グラファイトは，長年にわたって主要な研究分野となっている。グラファイトは簡単に分離することができる炭素の薄い層でできている。実際に，鉛筆で書くことを可能にするのはこの分離の容易さによる。問5(1) 鉛筆が紙と擦れると，炭素の薄い層が鉛筆の芯からはがれ，線や文字として紙に残される。

2004年，英国のマンチェスター大学で，アンドレ・ガイムとコンスタンチン・ノボセロフという二人の科学者が，グラファイトについて研究していた。彼らは研究のためにグラファイトのとても薄い薄片を得ることができるか調べようとしていた。目標は，10層から100層の間の厚さの炭素の薄片を得ることだった。問1F 大学の実験室には最新の科学設備があったにもかかわらず，彼らは1巻きの安い粘着テープだけを使って，信じられないほど素晴らしい大発見，そののちにノーベル賞を受賞することになる発見をした。

BBCニュースのインタビューの中で，ガイム教授は彼らの技術について述べた。彼によると，第1段階は，一片のグラファイトに粘着テープを貼ることだった。そして，そのテープを引っ張って取ると，グラファイトの薄片が剥がれ落ちてテープの上に載っているだろう。問2C 次に，そのテープを半分に折って，薄片をテープの他の側に貼り付ける。それからテープを引き離して薄片を分ける。これでその前のおおよそ半分の厚さの薄片2枚になる。問2B 薄片同士が接触するのを避けるように，わずかに違う位置でもう一度テープを折りたたむ。再びテープをはがすと，先ほどより薄い薄片が4枚になる。問2A この手順を10回あるいは20回繰り返す。そうすれば，たくさんのとても薄い薄片がテープに付着した状態になる。最後に，全部が溶液に溶けるように，化学薬品を使ってテープを溶かす。

その時，ガイムとノボセロフはその溶液を見て，薄い薄片が平らで丸まっていないことがわかって驚いた。さらに驚いたことに，その薄片はわずか10層のグラファイトと同じくらい薄かった。グラファイトは電気を通すので，この薄いシートがコンピュータチップに使えるかどうか研究するまで，ほんの数週間のことだった。2005年までには，問1B 問5(2) 彼らはグラファイトの単層を分離することに成功した。問1D これは自然界に存在しないので，この新素材には「グラフェン」という新しい名前が付けられた。グラフェンはわずか原子1個分の厚さで，おそらく宇宙で最も薄い素材である。問1A グラフェンは知られている数少ない2次元（2D）の物質の1つで，6面体の蜂の巣模様の構造を形成している。さらに，おそらく地球上で知られている最も軽く，最も強い物質である。また，電気を通すことにも優れている。問3① 実際，実験室の温度（20～25℃）で，グラフェンは既知のどの物質よりも速く電気を通す。このことが，製造業者がさらなる研究へ投資することにつながった。グラフェンを使った電池は，リチウムイオン電池よりも3倍長持ちし，5倍速く充電できる可能性があったからである。　（問1E 図1．グラフェンの構造）

グラフェンは，その驚くべき特性のためにスーパーマテリアルと呼ばれている。紙より1,000倍軽く，完全に透明に近い。問3④ 光の98％を通し，一方でそれと同時に，とても密度が高いのでヘリウムガスの1つの分子さえ通さない。問4(1) また，グラフェンは光を電気に変換することもできる。同じ重さでグラフェンは鋼鉄の200倍強い。実際にとても強いので，もし1㎡のグラフェンのシートを作ることができれば，人の髪の毛1本より軽く，ネコの体重を支えることができるほど強くなるだろう。問4(2) 簡単に言えば，鉛筆の芯で見つかったこの素材が，コンピュータチップや充電式電池，そして強くて軽い素材の進歩に革命をもたらす可能性を秘めているのだ。

あなたの発表用ポスターの原稿

グラフェン

基本情報　44

グラフェンは…

A. 2次元の素材である。

B. グラファイトの分離した層である。

C. 極めて薄い金属のシートである。

D. 自然発生しない物質である。

E. 金網シートのように見える。

F. 高度な装置を使わずに分離された。

ガイムとノボセロフのグラファイト分離方法（5段階）

第1段階　粘着テープをグラファイトに押し付け，はがす。

第2段階
第3段階 } 45
第4段階

第5段階　テープを化学溶液で溶かし，薄片を集める。

グラフェンの特性

46

47

将来の活用

48

◆解説◆

問1　44　❸

「あなたは自分のポスターをチェックしている。基本情報の部分で間違いを見つけた。次のどれを取り除くべきか。」 44

① 「A」 ≫**問1A** に一致。

② 「B」 ≫**問1B** に一致。

❸ 「C」

④ 「D」 ≫**問1D** に一致。

⑤ 「E」 ≫**問1E** に一致。

⑥ 「F」 ≫**問1F** に一致。

本文・全訳の**問1A,B,D,E,F** から，「C」以外については記事に言及されていることがわかる。したがって❸を除くのが正解。

問2　45　❶

「あなたは，グラファイトの層を分離するために使用される5段階の工程を要約するつもりである。その工程を完成させるために最も適した段階の組み合わせを選びなさい。」 45

A.「この工程を何度も繰り返し行う。」≫**問2A** に一致。

B.「テープの別の部分がグラファイトに触れるように，テープをもう一度二つ折りにする。」≫**問2B** に一致。

C.「テープを二つ折りにして，はがす」≫**問2C** に一致。

D.「テープをより薄い薄片の上に置き，押さえる。」 ≫薄片をテープで押さえるという工程はない。

E.「グラファイトの薄片を粘着テープから引きはがす。」≫薄片を粘着テープからはがす工程はない。

❶ 「C → B → A」

② 「C → E → D」

③ 「D → C → B」

④ 「D → E → A」

⑤ 「E → C → A」

⑥ 「E → C → D」

工程は，本文・全訳の**問2A**・**問2B**・**問2C** に示した通り。これを順に並べると，❶が正解。Aは，本文では具体的な回数が書かれている。Bは「薄片同士が触れないように」を「テープの別の場所が触れるように」と言い換えている。

問3　46　47　❶，❹（順不同）

「グラフェンの特性を最も良く表すものを下記の一覧から2つ選びなさい。（順不同）」

46　47

❶ **「平均的な室温で，電気を送るのに世界で最も効率のよい物質である。」** 46

② 「グラムで比べると，グラフェンはより強く，電気に対してより抵抗がある。」≫電気抵抗についての言及はない。

③ 「グラフェンは1㎠あたりの重さがグラファイトよりもわずかに重い。」≫本文にない。

❹ **「ほとんどすべての光をその構造に通す。」** 47

⑤ 「6面体のハチの巣構造で，気体の粒子を一方の面から他方の面へ通すことができる。」≫ヘリウムガスの分子さえ通さない。

本文・全訳の**問3①**及び**問3④**から❶と❹が正解。具体的な数字を，❶では「室温」，❹では「ほとんどすべて」と言い換えている。

問4　48　❷

「この文章から，グラフェンは下記のどの用途に将来使われる可能性があるか。」 48

① 「大きなガスの分子から小さなガスの分子をろ過する素材」**≫気体の分子を通さない。**

❷ **「光に反応するチップの開発」**

③ 「耐電性素材」**≫電気を通すので適さない。**

④ 「電池の重さと強さを増すこと」**≫軽さと強さに優れているので，重さを増すことには適さないと考えられる。**

本文・全訳の **問4(2)** に「グラフェンが進歩に革命をもたらす可能性があるもの」の１つとして「コンピュータチップ」が挙げられており，光に反応するチップの開発には，**問4(1)** の「光を電気に変換する」という特性が活かせるので，❷が正解。

問5 49 ❸

「この文章から，筆者が 49 と推察できる。」

① 「ノーベル賞を受賞した多くの偉大な発見が低価格の装置で行われてきたと考えた」**≫グラフェンの発見以外でも低価格の装置を使ったという記述はない。**

② 「グラフェンが，充電式電池の製造コストと充電時間を削減する可能性を持つと知っていた」**≫充電時間については正しいが，製造コストについては書かれていいない。**

❸ **「ガイムとノボセロフによって明らかにされるまで，グラフェンとそのすべての特性が，あらゆる鉛筆でつけた跡に隠れていたという事実に感銘を受けた」**

④ 「グラフェンの薄いシートをコンピュータチップに使う可能性に気づくまで，ガイムとノボセロフがどれだけの時間を要したかに驚いた」**≫わずか数週間で気づいている。**

本文・全訳の **問5(1)** にあるように，鉛筆の跡として紙に残るのは，鉛筆の芯（＝グラファイト）からはがれた炭素の層である。そして，**問5(2)** にあるように，２人はグラファイトの層を分離し続け，単層にすることに成功した。これがグラフェンである。つまり，昔から身近にあった鉛筆から，その特性を活かしてグラフェンという新しい物質が発見されたことに，作者は感銘を受けたと考えられる。したがって❸が正解。

【設問・選択肢の語句・表現】

- **問2** summarize 他 ～を要約する
- **問2** combination 名 組み合わせ
- **問3** ② A for A　A を比べると
- **問4** ① filter 他 ～をろ過する
- **問4** ❷ light-sensitive 形 光に反応する
- **問5** infer 他 ～を推察する
- **問5** ❸ lie hidden 隠れている（lain は lie の過去分詞形）
- **問5** ❸ reveal 他（知られていなかったこと）を明らかにする

2022 本試　解答

合計点	/100

問題番号（配点）	設問		解答番号	正解	配点	自己採点
第1問（10）	A	1	1	①	2	
		2	2	③	2	
	B	1	3	②	2	
		2	4	②	2	
		3	5	①	2	
第2問（20）	A	1	6	⑤	2	
		2	7	③	2	
		3	8	①	2	
		4	9	③	2	
		5	10	①	2	
	B	1	11	②	2	
		2	12	④	2	
		3	13	②	2	
		4	14	④	2	
		5	15	②	2	
第3問（15）	A	1	16	①	3	
		2	17	①	3	
	B	1	18	①	3※	
			19	④		
			20	③		
			21	②		
		2	22	②	3	
		3	23	②	3	

問題番号（配点）	設問		解答番号	正解	配点	自己採点
第4問（16）	1		24	③	3	
	2		25	③	3	
	3		26	②	3	
	4		27	①	3	
	5		28	②	2	
			29	④	2	
第5問（15）	1		30	①	3	
	2		31 ～ 32	④-⑤	3※	
	3		33	②	3※	
			34	⑤		
			35	④		
			36	①		
	4		37	③	3	
	5		38	③	3	
第6問（24）	A	1	39	③	3	
		2	40	③	3	
		3	41	①	3	
		4	42	⑥	3※	
			43	③		
	B	1	44	②	3	
		2	45	②	3	
			46	①	3	
		3	47 ～ 48	③-④	3※	

（注）1　※は，全部正解の場合のみ点を与える。
2　-（ハイフン）でつながれた正解は，順序を問わない。

	出題内容	目安時間	難易度	
			大問別	全体
第1問A	料理本の読み取り	各6分	やや易	標準
第1問B	メモや告知の読み取り		やや易	
第2問A	身近な資料の読み取り	各7分	標準	
第2問B	学校内新聞記事の読み取り		標準	
第3問A	日常の出来事の読み取り	各8分	やや易	
第3問B	雑誌記事の読み取り		標準	
第4問	レポートや資料の読み取り	9分	やや難	
第5問	伝記や起源の読み取り	9分	標準	
第6問A	説明文の読み取り①	各10分	標準	
第6問B	説明文の読み取り②		やや難	

第1問

A

全訳　あなたは，高校の国際クラブでブラジルについて勉強しています。先生があなたにブラジルの食べ物について調査するように言いました。あなたはブラジルの料理の本を見つけ，デザートを作るのに使われる果物について読みます。

人気があるブラジルの果物	
クプアス	**ジャボチカバ**
・チョコレートのような香りと味がする ・ケーキのようなデザートに，また，ヨーグルトと食べるのに最適 ・ブラジル人はこの果物のチョコレート風味のジュースが大好き。	・ブドウのように見える ・甘い味を味わうなら収穫から3日以内に食べなさい。 ・酸味が出たあとは，ジャムやゼリー，ケーキ作りに利用しなさい。
ピタンガ	**ブリチ**
・赤と緑の2つの品種がある ・甘い赤い果実をケーキ作りに使いなさい。 ・酸味のある緑色の果実はジャムとゼリーのみに適している。	・中身はオレンジ色で，桃やマンゴーに似ている ・味はとても甘く，口の中で溶ける ・アイスクリーム，ケーキ，ジャムに最適

問1　1　①

「クプアスとブリチの両方は 1 を作るのに使えます。」

① **「ケーキ」**

②「チョコレート」

③「アイスクリーム」

④「ヨーグルト」

クプアスとブリチに共通する使われ方を表から探す。クプアスの説明の2つ目にGreat for desserts, such as cakes（ケーキのようなデザートに最適），ブリチの説明の3つ目にBest for ice cream, cakes, and jams（アイスクリーム，ケーキ，ジャムに最適）とある。どちらもケーキに最適なので①が正解。クプアスの説明に「チョコレートのような香りと味」「ヨーグルトと食べるのに最適」とあるが，材料としての使われ方ではないので②，④は不適当。またアイスクリームの材料に適しているのはブリチだけなので③も不適当。

問2　2　③

「酸味のあるケーキを作りたかったら，使うのに最適な果物は 2 です。」

①「ブリチ」

②「クプアス」

③ **「ジャボチカバ」**

④「ピタンガ」

果物の説明にsour（酸味がある）と書かれている箇所を探すと，ジャボチカバの説明の3つ目にAfter they get sour, use them for making jams, jellies, and cakes.（酸味が出たあとは，ジャムやゼリー，ケーキ作りに利用しなさい。），ピタンガの説明の3つ目にThe sour green one is only for jams and jellies.（酸味のある緑色の果実はジャムとゼリーのみに適している。）とある。酸味のあるケーキ作りに適しているのはジャボチカバであるから，③が正解。酸味のある緑色のピタンガはジャムとゼリーにしか使えないので④は不適当。①のブリチはとても甘く，②のクプアスはチョコレート風味なので，どちらも不適当。

【語句】

◇ come in ～ varieties「～個の品種がある」

◇ melt「溶ける」

B

全訳　あなたはカナダのトロントにある市立動物園のウェブサイトを見ていて，おもしろいコンテストの告知を見つけます。あなたはこのコンテストに参加しようと考えています。

コンテスト！ **赤ちゃんキリンに名前をつけて**
市立動物園にやってきた一番新しい動物を歓迎しましょう！
5月26日に市立動物園で元気な赤ちゃんキリンが生まれました。 赤ちゃんはもう歩いたり走り回ったりしています！ 体重は66kgで身長は180cmです。 あなたのミッションは両親のビリーとノエルを手伝い，赤ちゃんの名前を選ぶことです。

参加方法

◆名前の案を投稿するには，こちらのリンクをクリックし，指示に従ってください。**→ここから参加**

◆名前は6月1日午前0時から6月7日午後11時59分まで受け付けます。

◆アイディアを得るのに役立てるため，ライブウェブカメラで赤ちゃんキリンを見てください。**→ライブウェブカメラ**

◆1投稿につき5ドルです。すべてのお金は，成長する赤ちゃんキリンのえさ代に使われます。

コンテストのスケジュール

6月8日	全参加作品の中から，動物園スタッフが5つの最終候補を選出します。 これらの名前は午後5時までに動物園のウェブサイトに掲載されます。
6月9日	親キリンはどのように最優秀の名前を決めるのでしょうか？ それを見るには，午前11時から正午の間にライブ配信リンクをクリックしてください！**→ライブ配信** 最優秀の名前を見るには，正午以降にウェブサイトを確認してください。

賞品

5人のすべてのコンテスト最終候補者には，7月末まで有効な，無料の動物園1日入場券が贈られます。

最優秀の名前を投稿した人には，赤ちゃんキリンとその家族の特別な写真，そしてプライベートのナイトサファリツアーも贈られます！

問1　3　②

「あなたはこのコンテストに［ 3 ］の間に参加できます。」

①「5月26日から5月31日」

②「6月1日から6月7日」

③「6月8日から6月9日」

④「6月10日から7月31日」

How to Enter（参加方法）の1つ目からわかるように，このウェブサイトでは「コンテストに参加する」＝「赤ちゃんキリンの名前を投稿する」ことを意味する。参加方法の2つ目にNames are accepted starting at 12:00 a.m. on June 1 until 11:59 p.m. on June 7.（名前は6月1日午前0時から6月7日午後11時59分まで受け付けます。）と書かれているので，②が正解。

問2　4　②

「赤ちゃんキリンの名前の案を投稿する時，あなたは［ 4 ］ことをしなければなりません。」

①「1日入場券を買う」

②「投稿料を支払う」

③「市立動物園で5ドル使う」

④「ウェブサイトを通してキリンを見る」

参加方法の4つ目Each submission is $5.（1投稿につき5ドルです。）から，キリンの名前を投稿するには投稿料が必要であるとわかる。したがって②が正解。①と③についてはウェブサイトに書かれていないので不適当。参加方法の3つ目で「アイディアを得るのに役立てるため，ライブウェブカメラで赤ちゃんキリンを見てください。」と勧めているが，これは義務ではないので，④も不適当。

問3　5　①

「あなたが投稿した名前が5つの最終候補に含まれたら，あなたは［ 5 ］でしょう。」

①「動物園への1日無料入場許可を得る」

②「ライブウェブサイトに無料でアクセスする」

③「赤ちゃんキリンに会ってえさをやる」

④「キリンの家族と写真を撮る」

Prizes（賞品）の説明の1つ目にAll five contest finalists will receive free one-day zoo passes（5人のすべてのコンテスト最終候補者には無料の動物園1日入場券が贈られます）とある。free one-day zoo passをfree entry to the zoo for a dayと言い換えた①が正解。ライブウェブカメラには誰でもアクセスできるので②は不適当。③の内容は本文に書かれていないので不適当。赤ちゃんキリンとその家族の写真は，最優秀に選ばれればもらえるが，5人の最終候補者がもらえるものではないし，そもそもキリンと一緒に写真を撮るという賞品はないので，④は不適当。

【語句】

◇ mission「ミッション；使命」

◇ submit「〜を投稿する」

◇ 12:00 a.m.「午前0時（深夜の0時）」

◇ go toward 〜「（金が）〜に使われる」

◇ 12:00 p.m.「午後0時（正午）」

◇ valid until 〜「〜まで有効な」

第2問

A

全訳　あなたは「未来のリーダー」というサマープログラムに参加していて，それはイギリスにある大学のキャンパスで開催されています。あなたは学習課題ができるように図書館についての情報を読んでいます。

<table>
<tr><td colspan="2">アバーマウス大学図書館
開館時間：午前8時～午後9時
2022年配布資料</td></tr>
<tr><td colspan="2">図書館カード：学生証は図書館カードとコピーカードでもあります。ウェルカムパックの中に入っています。</td></tr>
<tr><td>本を借りること
1度に最大8冊の本を7日間借りることができます。本を借りるには，2階にあるインフォメーションデスクに行ってください。期限までに本が返却されない場合，本が返却された日から3日間，図書館の本を再び借りることは認められません。

コンピュータ使用
インターネット接続があるコンピュータは，2階の正面玄関横のコンピュータ・ワークステーションにあります。学生は自分のノートパソコンやタブレット端末を図書館に持ち込むことができますが，3階の学習エリアでのみ使用できます。学生は静かに取り組むこと，また友人のために席を確保しないことが求められます。

図書館オリエンテーション
毎週火曜日の午前10時に，4階の読書室で20分間の図書館オリエンテーションが開かれます。詳細については，インフォメーションデスクのスタッフに相談してください。</td>
<td>卒業生からのコメント
● 図書館オリエンテーションは本当によかったです。資料も素晴らしかったです！
● 学習エリアはとても混み合うことがあります。席を確保するためにはできるだけ早く行ってください！
● 図書館内のWi-Fiはかなり遅いけれど，隣のコーヒーショップのWi-Fiは申し分ありません。ちなみに，図書館には飲み物を一切持ち込めません。
● インフォメーションデスクのスタッフは私の質問にすべて答えてくれました。何か手助けが必要なら，そこへ行ってください！
● 1階には図書館のビデオを見るためのテレビが数台あります。ビデオを見る時は，自分のイヤホンかヘッドホンを使う必要があります。テレビの隣にコピー機があります。</td></tr>
</table>

問1　6　⑤

「 6 は，あなたが図書館でできる2つのことです。」

A「コーヒーショップからコーヒーを持ち込む」

B「学習エリアで他の人のために席をとる」

C「3階でコピー機を使う」

D「コピーをとるために学生証を使う」

E「学習エリアで自分のノートパソコンを使う」

①「AとB」

②「AとC」

③「BとE」

④「CとD」

⑤「DとE」

AからEの行動が図書館で許可されているか，資料を見ていく。**Comments from Past Students**の3つ目にyou cannot bring any drinks into the library（図書館には飲み物を一切持ち込めません）とあるので，Aは不可。**Using Computers**の最終文にStudents are asked ... not to reserve seats for friends（学生は…友人のために席を確保しないことが求められます）と書かれているのでBは不可。コピー機については，**Comments from Past Students**の最後の項目にOn the ground floor there are some TVs ... Next to the TVs there are photocopiers.（1階にテレビが数台あり…テレビの隣にコピー機があります）と書いてあるので，Cは階数が正しくない。**Library Card**の説明にYour student ID card is also your library card and photocopy card.（学生証は図書館カードとコピーカードでもあります）と書かれているので，Dは可。また，**Using Computers**の第2文にStudents may bring their own laptop computers and tablets into the library, but may use them only in the Study Area（学生は図書館に自分のノートパソコンやタブレット端末を持ち込むことができますが，学習エリアでのみ使用できま

す）とあるので，Eも可。したがって⑤が正解。

問2　7　③

「あなたは図書館の正面玄関にいて，オリエンテーションに行きたいと思っています。あなたは［ 7 ］必要があります。」

①「1つ下の階に下りる」

②「1つ上の階に上がる」

③「2つ上の階に上がる」

④「同じ階にとどまる」

本文中から正面玄関とオリエンテーションの場所に関する記述を探す。**Using Computers**の第1文にthe main entrance on the first floor（2階の正面玄関），**Library Orientations**の第1文にlibrary orientations are held in the Reading Room on the third floor（4階の読書室で図書館オリエンテーションが開かれます）と書かれているので，2階から4階まで上がればよいことがわかる。③が正解。

問3　8　①

「図書館の正面玄関の近くに［ 8 ］。」

①「コンピュータ・ワークステーションがある」

②「読書室がある」

③「学習エリアがある」

④「テレビがある」

Using Computers の第1文に the Computer Workstations by the main entrance（正面玄関横のコンピュータ・ワークステーション）という説明があるので，①が正解。また，問2で見たように，正面玄関は2階で，オリエンテーションを行う読書室は4階なので②は不適当。**Using Computers**の第2文the Study Area on the second floor（3階の学習エリア）から③も不適当，**Comments from Past Students**の最終コメントのOn the ground floor there are some TVs（1階にはテレビがあります）から④も不適当。

問4　9　③

「もしあなたが8月2日に本を3冊借りて，それらを8月10日に返却したら，あなたは［ 9 ］。」

①「8月10日にさらに8冊借りることができる」

②「8月10日にさらに7冊借りることができる」

③「8月13日までこれ以上本を借りることができない」

④「8月17日までこれ以上本を借りることができない」

まず，本の貸し出しルールを確認しよう。**Borrowing Books**の第1文にYou can borrow a maximum of eight books at one time for seven days.（1度に最大8冊の本を7日間借りることができます。）さらに第3文にはIf books are not returned by the due date, you will not be allowed to borrow library books again for three days from the day the books are returned.（期限までに本が返却されない場合，本が返却された日から3日間，本を再び借りることは認められません。）と書かれている。次に問題文の事例に戻ると，8月2日に本を借りたのだから，返却期限は8月9日であるが，8月10日に返却しているので，返却期限を過ぎていることがわかる。その場合，本を返却した8月10日から3日間は本を借りられないのだから，「8月13日までこれ以上本を借りることができない」の③が正解。「10日に本が借りられる」という①と②は不適当。また，貸し出し禁止期間に誤りがあるので④も不適当。

問5　10　①

「卒業生が述べた1つの**事実**は［ 10 ］ということです。」

①「ビデオを見る時，ヘッドホンまたはイヤホンが必要だ」

②「図書館は午後9時まで開いている」

③「図書館のオリエンテーション資料は素晴らしい」

④「学習エリアはたいてい空いている」

「事実」は何かを答える問題なので，個人の主観の入った「意見」を述べているものは不適当である。**Comments from Past Students**の最終コメント第2文にWhen watching videos, you need to use your own earphones or headphones.（ビデオを見る時は，自分のイヤホンかヘッドホンを使う必要があります。）という客観的事実が書かれている。これは，need to use～ を ～are necessaryと言い換えた①の内容と一致する。「図書館が午後9時まで開いている」ことは事実だが，これは卒業生のコメントではなく図書館の資料に書かれたことなので，②は不適当。卒業生の最初のコメントにThe materials were great, too!（資料も素晴らしかったです！）とあるが，これは個人の感想であり，客観的事実ではないので③も不適当。また，2つ目のコメントのThe Study Area can get really crowded.（学習エリアはとても混み合うことがあります。）は

④と正反対の内容なので，④も不適当。

【語句】

◇ イギリスでは建物の１階をground floorと呼び，その上の階からfirst floor（２階），second floor（３階）…と数えていく。

◇ handout「配布資料」

◇ check ～ out「～を借りる」

B

全訳 あなたは学校の英字新聞の編集者です。イギリスから来た交換留学生のデイビッドが新聞に記事を書きました。

あなたは動物が好きですか。イギリスは動物愛好家の国として知られており，５軒に２軒のイギリスの家庭がペットを飼っています。これはアメリカ合衆国よりも低い割合で，アメリカでは半数以上の家庭でペットを飼っています。しかし，オーストラリアがペットを飼っている家庭の割合が最も高いのです！

なぜこのようになるのでしょう。オーストラリアで行われた調査の結果が，その答えを教えてくれます。

> ペットを飼っている人は，次のようなペットと暮らすことのメリットを述べています。
>
> ▶ ペットが与えてくれる愛情，幸福感，友情（90％）；
>
> ▶ もう１人の家族を持つ感覚（犬や猫の飼い主の60％以上）；
>
> ▶ ペットがもたらす楽しい時間。ほとんどの飼い主は，毎日３～４時間「毛がふさふさの赤ちゃん」と過ごし，犬と猫の全飼い主の約半数は，ペットを一緒に寝かせています！
>
> デメリットは，飼い主が留守の間，ペットの世話をしてもらわなければならないことです。ペットの世話を手配するのは難しいかもしれません。飼い主の25％は，休暇や車での長旅にペットを連れて行きます。

これらの結果は，ペットを飼うことはよいことだと示唆しています。その一方で，日本に来て以来，スペースや時間，費用などの他の問題も目にしてきました。それでも，狭いアパートでペットと暮らすことに満足しているここの人たちを知っています。最近，日本では小ブタがペットとして人気が出ていると聞きました。ブタを散歩させている人もいて，それは楽しいにちがいありませんが，ブタを家の中で飼うのは易しいのだろうかと不思議に思います。

問１　11　②

「ペットがいる家庭の割合に関して，**最も高い国から最も低い国**への国の順位を表したものはどれですか。」 11

①「オーストラリア－イギリス－合衆国」

②**「オーストラリア－合衆国－イギリス」**

③「イギリス－オーストラリア－合衆国」

④「イギリス－合衆国－オーストラリア」

⑤「合衆国－オーストラリア－イギリス」

⑥「合衆国－イギリス－オーストラリア」

ペットを飼っている家庭の割合は，本文第１段落に書かれている。第１文：two in five UK homes have pets（イギリスで５軒に２軒の家庭がペットを飼っています），第２文：This is lower than in the US（これ（＝イギリスの割合）は合衆国よりも低い），第３文：Australia has the highest percentage of homes with pets（オーストラリアがペットを飼っている家庭の割合が最も高い）。以上の文から，ペットを飼育する家庭の割合が高いのはオーストラリア→合衆国→イギリスの順だとわかるので，②が正解。

問２　12　④

「デイビッドの記事によると，ペットを飼うことのメリットは 12 ということです。」

①「お金を節約することができる」

②「もっと長く眠ることができる」

③「人気者になる」

④**「生活がもっと楽しいものになり得る」**

デイビッドの記事第３段落にadvantages of living with pets（ペットと暮らすことのメリット）が３つ挙げられている。３つ目にThe happy times pets bring.（ペットがもたらす楽しい時間。）とある。つまり「ペットを飼うことで生活が楽しくなる」のだから，④が正解。費用は最終段落第２文に，日本でペットを飼うことの問題点として挙げられているので，①は不適当。第３段落の３つ目に「犬・猫の飼い主の半数がペットと寝る」とあるが，「もっと長く眠る」とは書いていないので②も不適当。「飼い主が人気者になる」という記述はないので③も不適当。

問3 13 ②

「調査からわかったことを最もよく示している発言は 13 です。」

① 「私は，猫と一緒にテレビを見ていると落ち着かない」

② 「私は毎日，約3時間ペットと一緒に過ごしている」

③ 「ほとんどのペットは車での旅行に行くのが好きだ」

④ 「ペットは自分専用の部屋が必要だ」

第3段落「ペットと暮らすメリット」の3つ目に，Most owners spend 3-4 hours with their ‘fur babies’ every day（ほとんどの飼い主は，毎日3～4時間「毛がふさふさの赤ちゃん」と過ごす）とある。この’fur babies’はペットのことを指す。したがって，3-4 hoursをabout three hoursと言い換えた②が正解。「猫とテレビを見る」という記述はないので①は不適当。第4段落第2文に「飼い主の25％は，休暇や車での長旅にペットを連れて行きます」とあるが，ペットが車の旅を好むとは書いていないので③も不適当。本文でペット専用の部屋についてふれていないので④も不適当。

問4 14 ④

「日本でペットを飼うことに関するデイビッドの意見を最もよく要約しているのはどれですか。」 14

① 「ペットを飼うことは困難ではない」

② 「人々はペットを飼うのをやめるかもしれない」

③ 「ペットの飼い主はより多くの家族がいる」

④ 「家の中でペットを飼うことを幸せだと感じている人々がいる」

デイビッドが，日本でペットを飼うことに言及している最終段落の概要は以下の通り。

・第1文：オーストラリアでの調査は，ペットを飼うのはよいことだと示している。

・第2文：日本でペットを飼う問題点はスペースや時間，費用である。

・第3文：それでも狭いアパートでペットと暮らすことに満足している日本の人々もいる。

・第4～5文：小ブタがペットとして人気が出てきた。

この段落を通してデイビッドが言いたいのは，「日本でペットを飼うには，スペースや時間，費用といった問題点はあるが，オーストラリアの調査結果と同様に，日本でも家でペットと暮らすことに満足している人々がいる」ということである。したがって，④が正解。①は第2文の内容に反するため不適当。ペットを飼うのをやめる人や家族の人数については言及していないので，②と③も不適当。

問5 15 ②

「この記事に最もふさわしいタイトルはどれですか。」 15

① 「ペットはあなたのベッドで寝ていますか？」

② 「ペットを飼うことは何を私たちに与えてくれるでしょうか？」

③ 「どんなペットを飼っていますか？」

④ 「ペットのブタを飼うのはいかが？」

記事の段落ごとの概要は以下の通り。

・第1段落：イギリス・合衆国・オーストラリアのペットを飼っている家庭の割合の中で，オーストラリアの割合が一番高い。

・第2段落：オーストラリアのペットオーナーの調査の紹介。

・第3段落：（調査結果より）ペットと暮らすメリット ―― ペットが与えてくれる愛情，幸福感，友情。もう1人の家族を持つ感覚。ペットがもたらす楽しい時間。

・第4段落：（調査結果より）ペットを飼うことのデメリット ―― 留守の間のペットの世話。

・第5段落：（デイビッドの意見）調査は，ペットを飼うのはよいことだと示している。日本でペットを飼うことには問題点もあるが，日本の人々はペットとの生活に満足している。

第1段落から第4段落で，ペットオーナーが多い国，オーストラリアの調査の紹介と，調査結果としてペットを飼うメリット・デメリットを，デイビッドは紹介している。第5段落第1文のThese results suggest that keeping pets is a good thing.（これら（＝オーストラリアの調査）の結果は，ペットを飼うことはよいことだと示唆しています。）が，デイビッドの出した結論。デイビッドは，ペットを飼うメリットの方が大きいと考えていることがわかる。したがって，タイトルとしてはペットを飼うメリットを読者に問いかける，②「ペットを飼うことはあなたに何を与えてくれるでしょうか？」が正解。本文に，ペットと寝ること，ペットの種類，ブタをペットにすることについての記述もあるが，記事全体を通しての主題ではないので，①，③，④は不適当。

【語句】

◇ editor「編集者」
◇ nation「国家」
◇ care for ～「～の世話をする」
◇ *be* content *doing*「…することに満足している」
◇ 問1　ratio「割合」
◇ 問3　statement「発言」
◇ 問3　reflect「～を示す」
◇ 問4 ①　troublesome「困難な」

第3問

A

全訳　あなたは日本の文化が，他の国でどのように説明されているかに興味があります。あなたはイギリスの若手ブロガーの記事を読んでいます。

エミリー・サンプソン
7月5日 月曜日 午後8時

毎年7月の第1，第2日曜日に，ウィンズフィールドで『日本の一面』という異文化交流イベントがあります。昨日，私はそこに行く機会がありました。これは間違いなく行く価値があります！たくさんの屋台と呼ばれる伝統的な食べ物の出店，体験型のアクティビティ，それからいくつかの素晴らしい公演もありました。屋台では，抹茶アイス，たこ焼き，焼き鳥を出していました。私は抹茶アイスとたこ焼きを食べてみました。たこ焼きが特においしかったです。あなたもぜひ食べてみてください！

私は3つの公演を見ました。そのうちの1つは英語で行われた落語というコメディでした。笑っている人もいましたが，どういうわけか私はおもしろいと思いませんでした。私が日本の文化をあまり知らないからかもしれません。私にとっては，残りの2つ，太鼓と琴がハイライトでした。太鼓は迫力があり，琴はリラックスした気分になるものでした。

私はワークショップと文化体験に参加しましたが，楽しかったです。ワークショップでは，おにぎりの作り方を習いました。私が作ったものは形が少し変でしたが，おいしかったです。流しそうめん体験は本当におもしろかったです！それには，竹で作った水が流れる滑り台を，ゆでた麺が滑り落ちてくるところを，箸でつかむ体験が含まれていました。麺をつかむのはとても難しかったです。

日本の一面を体験したかったら，このフェスティバルはぴったりです！チラシの写真を撮りました。見てくださいね。

日本の一面
ウィンズフィールド，文化公園
7月第1・第2日曜日（午前9時～午後4時）開催

食べ物屋台	体験型アクティビティ	伝統文化公演
抹茶アイスクリーム	流しそうめん（麺）体験	琴（ハープ）
たこ焼き（タコ入りおやつ）	おにぎり（握り飯）ワークショップ	太鼓（ドラム）
焼き鳥（鶏肉の串刺し）		落語（喜劇の語り）

問1　16　①

「エミリーのブログで，あなたはエミリーが 16 ということを読みました。」

①「日本の伝統的な音楽を楽しんだ」
②「日本のドラムの演奏方法を習った」
③「水が流れる滑り台を竹で作った」
④「すべての屋台の食べ物を試すことができた」

ブログの第2段落第5・6文で，エミリーはFor me, the other two, the *taiko* and the *koto*, were the highlights. The *taiko* were powerful, and the *koto* was relaxing.（私にとっては，残りの2つ，太鼓と琴がハイライトでした。太鼓は迫力があり，琴はリラックスした気分になるものでした。）と，太鼓と琴の演奏を楽しんだことを書いている。したがって，①が正解。太鼓の演奏を楽しんだが，演奏方法を習ったという記述はないので②は不適当。第3段落後半に流しそうめん体験について書いてあるが，水が流れる滑り台は作っていないので，③も不適当。屋台については第1段落第4文以降に書かれている。抹茶アイスクリーム，たこ焼き，焼き鳥のうち，エミリーはアイスクリームとたこ焼きしか食べていないので，「すべて食べた」という④は不適当。

問2　17　①

「エミリーは落語を聞いていた時に 17 可能性が

最も高いです。」

①「よくわからなかった」

②「納得した」

③「わくわくした」

④「リラックスした」

落語の感想は，第2段落第2～4文にOne of them was a *rakugo* comedy given in English. ... but somehow I didn't find it funny. It may be because I don't know much about Japanese culture.（そのうちの1つは英語で行われた落語でした。…どういうわけか私はおもしろいと思いませんでした。私が日本の文化をあまり知らないからかもしれません。）と書かれている。エミリーは落語のおもしろさがわからなかったのだから，①が正解で，その他の選択肢②，③，④は不適当。

【語句】

◇ represent「～を説明する」

◇ a slice of ～「～の一面」

◇ authentic「伝統的な；本物の」

◇ hands-on「実際に参加できる」

◇ Check it out.「これを見て。」

B

全訳 あなたはアウトドアスポーツを楽しんでいて，登山雑誌で興味深い記事を見つけました。

スリー・ピークス・チャレンジの試み

ジョン・ハイランド

昨年9月，登山家10名とミニバス運転手2名から成る私たち12名のチームは，スリー・ピークス・チャレンジに参加しました。それはイギリスの登山家の間でその難しさでよく知られているものです。目標は，スコットランドの最高峰（ベン・ネヴィス），イングランドの最高峰（スカーフェル・パイク），ウェールズの最高峰（スノードン）に，山と山との間の約10時間の車の移動も含めて，24時間以内に登ることです。準備のために，私たちは数ヵ月間断続的にトレーニングをし，慎重にルートを計画しました。私たちの挑戦は，ベン・ネヴィスの麓から始まり，スノードンの麓で終了する予定でした。

美しい秋の朝6時，私たちは最初の登山を開始しました。トレーニングのおかげで，3時間足らずで頂上に到着しました。しかし下山途中で，私は携帯電話を落としたことに気づきました。幸いにもチームの協力で見つけましたが，15分無駄にしてしまいました。

次の目的地であるスカーフェル・パイクには，その日の夕方に到着しました。ミニバスでの6時間の休息のあとで，私たちは元気よく2回目の登山を開始しました。しかし，暗くなるにつれ，ペースを落とさざるを得なくなりました。スカーフェル・パイク登山を完了するのに4時間半かかりました。ここでもまた計画したよりも時間がかかり，時間は残り少なくなってきていました。けれども，交通量が少なかったので，最後の登山を始めた時，ちょうど予定通りでした。その時，私たちは制限時間内にチャレンジを達成できると確信を強めました。

不運にも，最後の登山を始めてすぐに雨が激しく降り出し，再びペースダウンをせざるを得なくなりました。滑りやすく，前方を見るのがとても困難でした。午前4時30分に，もはや24時間ではゴールできないとわかりました。それにもかかわらず，私たちはまだ，最後の山を登る決心をしていました。雨はますます強くなり，チームのメンバー2人がミニバスに戻ると決めました。疲れきって，みじめで，私たち残りのメンバーも下山する準備をしていました。しかしその時，空が晴れ渡り，私たちは山頂のすぐ近くにいるとわかりました。突然私たちはもう疲れを感じなくなりました。私たちはタイムチャレンジには成功しなかったけれども，登山チャレンジには成功したのです。私たちはやり遂げたのです。何ともよい気持ちでした！

問1 18 ① 19 ④ 20 ③ 21 ②

「次の出来事（①～④）を起こった順に並べなさい。」

18 → 19 → 20 → 21

①「メンバー全員がスコットランドの最高峰の頂上に着いた。」

②「何人かのメンバーはスノードン登頂を断念した。」

③「グループはミニバスでウェールズへ移動した。」

④「チームのメンバーは，筆者の電話を見つけるのを手伝った。」

まず第1段落から，登山の計画を確認しておこう。最終文のOur challenge would start at the foot of Ben Nevis and finish at the foot of Snowdon.（私たちの挑戦は，ベン・ネヴィスの麓から始まり，スノードンの麓で終了する予定でした。）から，スコットランドの最高峰（ベン・ネヴィス）→イングランドの最高峰（スカーフェル・パイク）→ウェールズの最高峰（スノードン）の順に，ミニバスで移動しながら登るとわかる。登山の様子は第２段落以降に書かれている。第２段落第１文 We began our first climb（私たちは最初の登山を開始），第２文 we reached the summit（頂上に到着）から，最初の出来事は①「スコットランド最高峰の頂上に着いた」と判断する。下山中の出来事が，第３文・第４文に I had dropped my phone（私は携帯電話を落とした），I found it with the help of the team（チームの協力で見つけた）とあり，これは④の内容に一致する。第３段落前半にはイングランドのスカーフェル・パイクへミニバスで移動し登頂したことが書かれているが，この部分に関連する選択肢はない。第３段落第６文に because the traffic was light, we were right on schedule when we started our final climb（交通量が少なかったので，最後の登山を始めた時，ちょうど予定通りでした）とあり，最後の目的地ウェールズのスノードンにミニバスで移動したことがわかる。したがって，次の出来事は③「グループはミニバスでウェールズ（＝スノードン）へ移動した。」である。スノードン登山の記録は第４段落にあるが，第５文に two members of the team decided to return to the minibus（チームのメンバー２人がミニバスに戻ると決めました）と書かれている。これは「２人のメンバーがスノードン登頂を断念した」ということを意味するので，②と一致する。したがって，正解は①→④→③→②。

問２　22　②

「スカーフェル・パイクを踏破した時，予定よりも遅れていた理由は何ですか。」 22

①「ベン・ネヴィスの頂上に着くのに計画よりも時間がかかった。」

②「暗闇の中で順調に進むのが難しかった。」

③「登山家たちはエネルギーの消耗を防ぐために休息をとった。」

④「状況が良くなるまで，チームは待たなければならなかった。」

スカーフェル・パイク登頂の記録は第３段落にある。第５文に it took longer than planned（計画したよりも時間がかかった）とあるので，その理由を探すと，第３文に As it got darker, though, we had to slow down.（暗くなるにつれ，ペースを落とさざるを得なくなりました。）と書いてある。暗くなって順調に前に進むのが困難になったのだから，②が正解。第２段落で「ベン・ネヴィスの下山が予定より15分遅れた」とあるが，ベン・ネヴィスの頂上に着くのに予定より時間がかかったという記述がないので①は不適当。第３段落第２文に「ミニバスで休息をとった」とあるが，これは移動時間に体を休めることができたということで，予定より遅れた理由ではないので③も不適当。また，「状況が良くなるまで待った」という記述もないので④も不適当。

問３　23　②

「この話から，あなたは筆者が 23 ことがわかりました。」

①「達成感を感じなかった」

②「３つの山のすべての頂上に到達した」

③「タイムチャレンジを首尾よく達成した」

④「ミニバスの第２運転手だった」

スリー・ピークス・チャレンジについて，第２段落・第３段落で２つの山に登頂したことが書かれている。最終段落第５文に，最後の山，スノードンで２人が登頂を断念したと書かれているが，第８文 we were successful with the climb challenge（登山チャレンジには成功したのです）から，筆者は３つの山すべてに登頂したとわかる。したがって，②が正解。記事の最後に We had done it. What a feeling that was!（私たちはやり遂げたのです。何ともよい気持ちでした！）と書いていることから，筆者は達成感を感じていると考えられるので，①は不適当。最終段落第８文に we weren't successful with the time challenge（タイムチャレンジには成功しなかった）とあるので，③も不適当。第１段落第１文から，チームには登山家以外に２人のミニバスの運転手がいることがわかるが，筆者は登山家なので④も不適当。

【語句】

◇ attempt「～を試みる」

◇ participate in ～「～に参加する」

◇ on and off「断続的に」

◇ summit「頂上」

◇ slippery「滑りやすい」

◇ no longer ～「もはや～でない」

◇ nevertheless「それにもかかわらず」

◇ *be* determined to *do*「…しようと決心している」

◇ 問２②　make good progress「順調に進む」

◇ 問３①　sense of satisfaction「達成感」

◇問3 ③　successfully「首尾よく」

第4問

全訳　あなたはアメリカ合衆国のロビンソン大学の新入生です。あなたは自分のアパートで必要なものをどこで購入できるかを調べるために，2人の学生，レンとシンディのブログを読んでいます。

ロビンソン大学の新入生ですか？

投稿者：レン　2021年8月4日午後4時51分

大学入学の準備をしていますか？家庭用電化製品や電子機器が必要だけど，あまりお金をかけたくないのではないですか？大学の近くにセカンドハンドという素晴らしい店があります。テレビ，掃除機，電子レンジなどの中古品を売っています。多くの学生は，この店で買い物をしたり，自分のものを売ったりするのが好きです。ここに現在売り出し中の商品のいくつかを挙げます。ほとんどがとても手頃な価格ですが，在庫に限りがあるので，急いで！

<table>
<tr><th colspan="3"><u>セカンドハンド</u>　新入生向けセール</th></tr>
<tr><td>テレビ
250ドル</td><td rowspan="2">掃除機
30ドル</td><td>炊飯器
40ドル</td></tr>
<tr><td>電子レンジ
85ドル</td><td>湯沸かし
5ドル</td></tr>
</table>

https://secondhand.web（製造年，サイズ省略）

中古品を購入することは，環境に優しいです。さらに，セカンドハンドで購入することで，地元のビジネスを支えることになるのです。実はオーナーはロビンソン大学の卒業生です！

ロビンソン大学へようこそ！

投稿者：シンディ　2021年8月5日午前11時21分

まもなくロビンソン大学での学生生活を始めるところですか？新生活のために家電製品や電子機器を買う準備をしているところかもしれませんね。

ここには4年間いることになるのですから，新品を買いましょう！私は初年度に，新品より安かったから，大学の近くの中古品を売っている店ですべての家電を買いました。けれども，中にはたった1ヵ月で動かなくなったものもあり，保証が付いていませんでした。すぐに交換しなければならず，あちこちの店の商品を見て回ることができなかったので，大手チェーン店の1店舗だけで全部買いました。事前に2つ以上の店で値段を比較できればよかったのにと思います。

save4unistu.comというウェブサイトは，買い物に行く前にいろいろな店の商品の値段を比較するのにとても便利です。次の表は，3つの大型店の最も人気がある新商品の現在の価格を比較したものです。

商品	カットプライス	グレートバイ	バリューセイバー
炊飯器	115ドル	120ドル	125ドル
テレビ	300ドル	295ドル	305ドル
湯沸かし	15ドル	18ドル	20ドル
電子レンジ	88ドル	90ドル	95ドル
掃除機	33ドル	35ドル	38ドル

https://save4unistu.com（サイズ省略）

注目するべきことは，すべての商品に保証を付けられることです。だから，何かが動かなくなった場合に，それを交換することは簡単でしょう。バリューセイバーは，すべての家庭用品に1年間の保証を無料で提供します。300ドル以上の商品であれば，保証は4年延長されます。グレートバイは，すべての家庭用品に1年間の保証を提供し，学校の入学証明がある学生は，上の表に載っている価格から10%の割引を受けられます。カットプライスでは保証は無料で提供されません。5年保証には，1点につき10ドルを払わなければなりません。

商品はすぐに売り切れます。待っていたら買い損ねますよ！

問1　24　③

「 24 という理由で，レンは中古品を買うことを勧めています。」

①「大学の役に立つ」

②「ほとんどの商品が環境によい」

③「学生にとって手頃な価格だ」

④「必要なものを急いで見つけることができる」

レンの中古品購入を勧めるブログを読むと，第1段落第2文でdon't want to spend too much money?（あまりお金をかけたくないのではないですか？）と問いかけている。さらに中古品店の紹介をしたあと第1段落第7文でMost of them are priced very reasonably（ほとんどがとても手頃な価格です）と書いている。したがって，「学生にとって手頃な価格だ」という③が正解。reasonableとaffordableは価格に関して使う時は，どちらも「手頃な」という意味になる。第2段落第2文に「セカンドハンドで買うことは地元のビジネスを支えることになる」とあるが，支えるのは大学ではないので，①は不適当。第2段落第1文にPurchasing used goods is eco-friendly.（中古品を購入することは，環境に優しいです。）とあるが，「中古品を購入する」という行為が環境に優しいのであり，商品そのものが環境によいのではない。したがって，②も不適当。また，第1段落最終文に「在庫に限りがあるので，急いで！」とあるが，「急いで見つけることができる」とは書かれていないので，④も不適当。

問2　**25**　③

「シンディは 25 買うことを提案しています。」

①「時間の節約になるので，大きなチェーン店の1店舗から」

②「最適価格を提示しているので，ウェブサイトから」

③「交換のための保証が付いている新しい商品を」

④「新品よりもずっと安いので，中古商品を」

シンディのブログを読むと，第2段落第1文でbuy your goods new!（新品を買いましょう！）と提案している。続けて，「中古品を買ったら，短期間で動かなくなったが，保証が付いていなかったため，買い換えなければならなかった」という体験を書いている。また，価格比較のウェブサイトの紹介のあと，第4段落の最初にNote that warranties are available for all items. So, if anything stops working, replacing it will be straightforward.（注目するべきことは，すべての商品に保証を付けられることです。だから，何かが動かなくなったら，それを交換することは簡単でしょう。）と書いている。つまり「保証がついていて，故障したら交換してもらえる新品の購入を勧めている」のだから，③が正解。第2段落第4文に「大きなチェーン店の1店舗だけで買い換えた」と書いてあるが，「事前に2つ以上の店で値段を比較できればよかったのに」と，不満を述べているので①は不適当。紹介しているウェブサイトは，価格比較サイトであり，販売はしていないので②も不適当。また，シンディは新品を買うことを勧めているので④も不適当。

問3　**26**　②

「レンとシンディの両方は，あなたが 26 ことを勧めています。」

①「大学の近くの店から買う」

②「電化製品をできるだけ早く買う」

③「学生割引を提供する店を選ぶ」

④「保証がついている商品を選ぶ」

レンは第1段落最終文にstock is limited, so hurry!（在庫に限りがありますので，急いで！），シンディは最終段落の最後にThings go fast! Don't wait or you'll miss out!（商品はすぐに売り切れます。待っていたら買い損ねますよ！）と書いている。2人ともすぐに買いに行くことを勧めているので，②が正解。大学の近くの店（セカンドハンド）で買うことを勧めているのはレンだけなので，①は不適当。学生割引について紹介したのはシンディだけなので③も不適当。保証が付いている商品を買うことを勧めているのもシンディだけなので④も不適当。

問4　**27**　①

「新しい電化製品を最善の価格で買いたいなら，27 べきです。」

①「シンディの投稿のURLにアクセスする」

②「レンの投稿のURLにアクセスする」

③「大きなチェーン店の1店舗に問い合わせる」

④「キャンパスに近い店に問い合わせる」

問2で見たように，新品の電化製品の購入を勧めているのはシンディ。シンディは，自分の場合はすぐに壊れた電化製品を取り換える必要があり，購入前に複数の店の値段を比較できなかったが，そうできればよかったのにと述べ，この経験を踏まえて，新入生に価格比較サイトを紹介している。サイトについては，第3段落の最初にThe website called save4unistu.com is very useful for comparing the prices of items from different stores before you go shopping.（save4unistu.comというウェブサイトは，買い物に行く前にいろいろな店の商品の値段を比較するのにとても便利です。）とあり，新入生は買い物に行く前に，最安値で新品を買えるのはどの店かという情報をこのサイトから得ることができることがわかる。したがって①が正解。レンが紹介しているのは中古品のお店のサイトだから，②は不適当。大きなチェーン店やキャンパス近くの複数の店に問い合わせることに関するアドバイスは，どちらの投稿にもないので，③，④も不適当。

問5　28　②　29　④

「あなたは，最安値なので，電子レンジを 28 で買うことに決めました。あなたはまた，テレビを 29 で買うことに決めました。5年保証を付けた最安値だからです。（それぞれの空所に，①～④の選択肢から1つずつ選びなさい。）

①「カットプライス」

②「グレートバイ」

③「セカンドハンド」

④「バリューセイバー」

電子レンジについては，保証のことを考える必要はないので，レンとシンディの2人が掲載しているそれぞれの表の価格を比較する。一見したところセカンドハンドの85ドルが一番安いが，シンディの注意書きに注目。第4段落第5文にGreat Buy ... students with proof of enrollment at a school get 10% off the prices listed on the table above（グレートバイは…入学証明がある学生は，上の表の価格から10%の割引を受けられます）と書かれている。グレートバイの価格90ドルから10%引くと81ドルとなり，これが最安値なので，②が正解。

テレビには5年保証を付けるので，レンの表の価格は除外する。次に，シンディの表の3店舗のテレビの価格を，第4段落にある保証に関する情報とあわせて確認する。バリューセイバーの保証については，第3・4文にValue Saver provides one-year warranties on all household goods for free. If the item is over $300, the warranty is extended by four years.（バリューセイバーは，すべての家庭用品に1年間の保証を無料で提供します。300ドル以上の商品であれば，保証は4年延長されます。）とある。つまり，バリューセイバーの305ドルのテレビには無料で5年間の保証が付くことになる。グレートバイの保証については，第5文のGreat Buy provides one-year warranties on all household goods（グレートバイは，すべての家庭用品に1年間の保証を提供）から1年間の無料保証はあることはわかるが，5年保証についての記述はないので，5年保証は提供していないと考えられる。よってグレートバイは除外する。カットプライスの保証については，最終文にYou have to pay $10 per item for a five-year warranty.（5年保証には，1点につき10ドルを払わなければなりません。）とある。カットプライスで購入する場合，テレビ代金300ドルに10ドルを追加しなければならないので，310ドルとなり，バリューセイバーの305ドルより高くなる。したがって，5年保証を付けた最安値はバリューセイバーで，④が正解。

【語句】

◇ home appliance「家庭用電化製品」
◇ electronics「電子機器」
◇ cu.ft. = cubic feet「立方フィート」
◇ purchase「～を購入する」
◇ graduate「卒業生」
◇ brand-new「新品の」
◇ warranty「保証（書）」
◇ Note that ...「注目すべきは…である」
◇ straightforward「簡単な」
◇ extend「～を延長する」
◇ proof「証拠；証明」
◇ enrollment「入学」
◇ go fast「すぐに売り切れる」
◇ miss out「逃す」
◇ 問1 ③　affordable「手頃な（価格の）」

第5問

全訳　英語の授業で，あなたは偉大な発明家についてプレゼンテーションをすることになりました。あなたは以下の記事を見つけ，プレゼンテーションのためのメモを準備しました。

テレビを発明したのは誰ですか。それは簡単に答えられる質問ではありません。20世紀初頭，機械式テレビシステムと呼ばれるものがありましたが，成功は収めていませんでした。発明家たちはまた，電子式テレビシステムの開発をしようと競っており，そのシステムがのちに，私たちが今日持っているものの土台となりました。アメリカ合衆国では，電子式テレビシステムの特許を巡る争いがあり，それは1人の青年と巨大な企業の間のものであったので，人々の注目を集めました。この特許は，そのシステムを開発し，使用し，販売する唯一の人間であるという公的な権利をその発明者に与えるものでした。

フィロ・テイラー・ファーンズワースは，1906年，ユタ州の丸太小屋に生まれました。彼が12歳になるまで家庭には電気がありませんでした。だから新しい家に引っ越した時，彼は発電機 ―― 電気をつくる機械 ―― を見つけて興奮しました。彼は機械技術や電気技術にとても興味を持ち，その分野に関して自分が見つけることができるどんな情報でも読みました。彼はよく古い発電機を修理し，母親の手回し洗濯機を電動洗濯機に変えたことさえありました。

ある日，父親のジャガイモ畑で働いている時，後ろを振り返ると，自分が耕したまっすぐ平行に並んだ土の列がすべて見えました。突然，彼に，畑の畝と同じような平行な線を使って，スクリーン上に電子画像を作ることができるかもしれないという考えが浮かびました。1922年，高校１年の春学期の間に，化学の教師ジャスティン・トールマンにこの考えを提示し，自分の電子テレビシステムの構想についてアドバイスを求めました。黒板に描いたスケッチと図を用いて，彼がどうすればそれが完成するかもしれないかを先生に説明すると，トールマンはそのアイディアを発展させるように彼を励ましました。

1927年９月７日，ファーンズワースは最初の電子画像の送信に成功しました。その後数年，ライブ映像をうまく送信できるように，彼はさらにシステムを改良しました。1930年に，アメリカ政府は彼にこのシステムの特許を与えました。

しかし，このようなシステムを研究していたのは，ファーンズワースだけではありませんでした。巨大企業であるRCA社（ラジオ・コーポレーション・オブ・アメリカ）も，テレビに明るい未来を見ており，この機会を逃したくないと思っていたのです。彼らはウラジミール・ツヴォルキンを採用しましたが，彼はすでに電子テレビシステムに取り組み，早くも1923年に特許を取得していました。しかし，ファーンズワースのシステムの方がツヴォルキンのものより優れていたので，1931年に，特許を売ってくれるように，彼らはファーンズワースに多額のお金を申し出ました。彼はこの申し出を断り，そのためファーンズワースとRCA社の特許戦争が始まりました。

まだそのシステムを実際に使えるものにしたことはなかったけれども，ツヴォルキンの1923年の特許に優先権があると主張して，RCA社がファーンズワースに対して法的措置に出ました。ファーンズワースは，最初の２回の裁判で敗訴しました。しかし，最終の裁判では，ファーンズワースの黒板の図面を描き写した教師が，ツヴォルキンの特許が交付される少なくとも１年前には，ファーンズワースが電子テレビシステムの構想を得ていたことの証拠を出しました。1934年，高校時代の恩師トールマンの手書きのメモの力によって，ファーンズワースの特許請求を判事が承認しました。

ファーンズワースは，1971年に64歳で亡くなりました。ラジオやテレビを中心にアメリカと外国の約300の特許を持ち，1999年には『タイム』誌が「タイムの100人：今世紀の最重要人物」にファーンズワースを挙げました。彼の死後に行われたインタビューで，ファーンズワースの妻ペムは，ニール・アームストロングの月面着陸が放送されたことを思い出しました。一緒にテレビを見ながら，ファーンズワースは言いました。「ペム，これですべてが価値のあるものになったよ」と。ファーンズワースの物語は，空気を通して動く写真を送りたいというティーンエイジャーの頃の夢と，高校で黒板に描いた図面にいつも結びついているのです。

あなたのプレゼンテーションのメモ：

フィロ・テイラー・ファーンズワース（1906-1971）

30

子供時代
— 電気がない丸太小屋で生まれる
— 31
— 32

一連の重大な出来事
33
34
ファーンズワースは最初の画像を送ることに成功した。
35
36
RCA社がファーンズワースを告訴した。

結果
— ファーンズワースは 37 のおかげで，RCAとの特許争いに勝った。

功績と評価
— ファーンズワースは約300の特許を取った。
— タイム誌が今世紀の最も重要な人物の１人として，彼を挙げた。
— 38

問１ 30 ①

「あなたのプレゼンテーションに最もふさわしい副題はどれですか。」 30

①「巨大企業に立ち向かった若い発明家」

②「高校教師から成功した発明家へ」

③「発電への決して終わらない情熱」

④「電子テレビの未来」

記事の段落ごとの概要は以下の通り。

・第1段落：アメリカ合衆国では，1人の青年と巨大な企業の間で電子テレビシステムの特許を巡る争いがあった。

・第2段落：ファーンズワースは，少年時代に機械技術や電気技術にとても興味を持ち，機械の修理や改良をした。

・第3段落：彼は畑の畝から電子テレビシステムの着想を得て，その構想をスケッチや図を使って高校教師に話した。

・第4段落：1927年ファーンズワースは最初の電子画像の送信に成功し，1930年に電子テレビシステムの特許を取った。

・第5段落：巨大企業であるRCA社は，社員のツヴォルキンの電子テレビシステムより，ファーンズワースのシステムの方が優れていたので，特許買い取りの提案をファーンズワースにした。ファーンズワースが拒否したので，ファーンズワースとRCA社の特許戦争が始まった。

・第6段落：最初の2回の裁判では，ファーンズワースは敗訴した。しかし最終の裁判では，高校の恩師の証言でファーンズワースが勝訴した。

・第7段落：ファーンズワースは，亡くなるまでにラジオやテレビを中心に約300の特許を持ち，「タイムの100人」にも選ばれた。

全体を通して書かれているのは，ファーンズワースが電子テレビシステムの発明に取り組んだことと，その特許について大企業のRCA社と争ったことである。したがって，①が正解。ファーンズワースは高校教師ではないので②は不適当。また，発電に関しては，発電機が子供時代に機械や電気技術に興味を持つきっかけとなったエピソードに出てくるだけなので，③も不適当。記事の中心はファーンズワースであり，テレビの未来ではないので④も不適当。

問2　31　32　④，⑤　(順不同)

「『子供時代』を完成させるのに最も合う2つの選択肢を選びなさい。(順不同。)」 31 32

①「家族に電気を供給するために発電機を購入した」

②「父親の助けを借りて，電気の通った丸太小屋を建てた」

③「学校では，あらゆる教科の本を読むのを楽しんだ」

④「家族のために，家庭用機器の修理や改良をした」

⑤「畑仕事中に電子テレビシステムの着想を得た」

子供時代のエピソードは第2・3段落に書かれている。第2段落最終文にHe would often repair the old generator and even changed his mother's hand-powered washing machine into an electricity-powered one.（彼はよく古い発電機を修理し，母親の手回し洗濯機を電動洗濯機に変えたことさえあった。）とある。generator や washing machine を household equipmentと言い換えた④が正解。また，第3段落第1・2文One day, while working in his father's potato field, ... it occurred to him that it might be possible to create an electronic image on a screen using parallel lines, just like the rows in the field.（父親のジャガイモ畑で働いている時…畑の畝と同じような平行な線を使って，スクリーン上に電子画像を作ることができるかもしれないと思いついた。）の内容を簡潔にまとめた⑤も正解。「発電機」は買ったのではなく，引っ越し先の新しい家にあった（第2段落第2文）ので①は不適当。「丸太小屋」を建てたのではなく，「丸太小屋」で生まれた（第2段落第1文）ので②も不適当。「あらゆる教科の本を読んだ」のではなく，「機械技術や電気技術の分野に関してどんな情報でも読んだ」（第2段落第3文）ので③も不適当。

問3　33　②　34　⑤　35　④　36　①

「『一連の重大な出来事』を起こった順番に完成させるために，5つの出来事（①～⑤）から4つを選びなさい。」 33 → 34 → 35 → 36

①「ファーンズワースがRCA社の申し出を拒絶した。」

②「ファーンズワースが自分の着想を高校教師と共有した。」

③「RCA社が最初の段階の訴訟に勝った。」

④「アメリカ合衆国政府がファーンズワースに特許を与えた。」

⑤「ツヴォルキンがテレビシステムの特許を与えられた。」

まずメモを見ると，36 のあとに「RCA社がファーンズワースを告訴した。」とあるので，それよりもあとの出来事，選択肢③の「RCA社が最初の段階の訴訟に勝った」は除外できる。残りの選択肢の出来事が起こった年を本文中から探すと以下のようになる。

①：第5段落第4・5文 in 1931, they (=RCA) offered Farnsworth a large sum of money to sell them his patent ... He (=Farnsworth) refused this offer（1931年に，RCAは特許を売ってくれるように，ファーンズワースに多額のお金を申し出た …ファーンズワースはこの申し出を断った）

②：第3段落第3文 In 1922 ... at high school, he (=Farnsworth) presented this idea to his chemistry teacher（1922年，高校でファーンズワースは化学の教師にこの考えを提示した）

④：第4段落第3文 The US government gave him（= Farnsworth）a patent for this system in 1930（1930年に，アメリカ政府はファーンズワースにこのシステムの特許を与えた）

⑤：第5段落第3文 Vladimir Zworykin, who had already worked on an electronic television system and had earned a patent as early as 1923（ウラジミール・ツヴォルキンはすでに電子テレビシステムに取り組み，早くも1923年に特許を取得していた）

したがって，正解は②→⑤→④→①。

問4 37 ③

「『結果』を完成させるのに最も合う選択肢を選びなさい。」 37

①「ライバルの技術が劣っていることを認めたこと」

②「トールマンによって提供された経済的援助」

③ **「教師が長年保存していたスケッチ」**

④「RCA社の訴訟からの撤退」

空所 37 には，ファーンズワースがRCA社との裁判に勝った要因が入る。ファーンズワースの勝訴について，第6段落第3・4文にin the final round, the teacher who had copied Farnsworth's blackboard drawings gave evidence that Farnsworth did have the idea of an electronic television system at least a year before Zworykin's patent was issued. In 1934, a judge approved Farnsworth's patent claim on the strength of handwritten notes made by his old high school teacher, Tolman.（最終の裁判では，ファーンズワースの黒板の図面を描き写した教師が，ツヴォルキンの特許が交付される少なくとも1年前には，ファーンズワースが電子テレビシステムの構想を得ていたことの証拠を出しました。1934年，高校時代の恩師トールマンの手書きのメモの力によって，ファーンズワースの特許請求を判事が承認しました。）と書かれている。勝訴の決め手は，高校時代の教師が長年保存していた黒板の図面のスケッチなのだから，③が正解。技術力が特許裁判の決め手になったという記述はないので①は不適当。教師のトールマンが経済的援助をしたという記述はないので②も不適当。また，RCA社は負けるまで訴訟を続けたので④も不適当。

問5 38 ③

「『功績と評価』を完成させるのに最も合う選択肢を選びなさい。」 38

①「RCA社での功績が認められ，夫妻で表彰された。」

②「アームストロングの最初の月面着陸が放送された時，テレビに出演した。」

③ **「彼の発明のおかげで，私たちは歴史的な出来事を生放送で見ることができるようになった。」**

④「多くのティーンエイジャーが，彼をテレビで見てから，夢を追いかけてきた。」

ファーンズワースの功績と評価は，第7段落に書かれており，第2文の内容をまとめたのが『功績と正しい評価』の1つ目と2つ目である。続く第3・4文に Farnsworth's wife Pem recalled Neil Armstrong's moon landing being broadcast. Watching the television with her, Farnsworth had said, "Pem, this has made it all worthwhile."（ファーンズワースの妻ペムは，ニール・アームストロングの月面着陸が放送されたことを思い出しました。一緒にテレビを見ながら，ファーンズワースは言いました。「ペム，これですべてが価値のあるものになったよ」と。）とある。つまり，ファーンズワースは「月面着陸」という「歴史的な出来事」を自分が発明したテレビで見て，報われたと感じたのである。そしてそれは，ファーンズワースの発明のおかげで，今私たちは「歴史的な出来事」をテレビの生放送で見ることができるようになったと言える。したがって，③が正解。ファーンズワースはRCA社で働いていないし，夫妻で表彰されたという記述もないので①は不適当。「アームストロングの月面着陸をテレビで見た」とは書かれているが，テレビ出演をしたとは書いていないので②も不適当。ティーンエイジャーへの影響についての記述もないので④も不適当。

【語句】

◇ inventor「発明家」
◇ mechanical「機械によって動く」
◇ compete「競争する」
◇ patent「特許」
◇ attract attention「注目を集める」
◇ corporation「（民間）企業」
◇ generator「発電機」
◇ parallel「平行な」
◇ it occurs to *A* that ...「Aに…という考えが思い浮かぶ」
◇ accomplish「～を完成させる」
◇ broadcast「～を送信する；～を放送する」
◇ recruit「～を採用する」
◇ *be* superior to ～「～より優れている」
◇ legal action「法的措置，訴訟」
◇ claim「～を主張する」
◇ priority「優先権」
◇ court case「裁判；訴訟」
◇ evidence「証拠；証言」
◇ on the strength of ～「～の力によって」
◇ recall「～を思い出す」
◇ worthwhile「価値のある」
◇ sequence of ～「一連の～」
◇ take ～ to court「～を告訴する」
◇ outcome「結果」
◇ recognition「評価；真価を認めること」
◇問1　subtitle「副題」
◇問1　③　passion「情熱」
◇問2　①　provide *A* with *B*「AにBを供給する」
◇問2　④　household equipment「家庭用機器」
◇問3　①　reject「～を拒絶する」
◇問3　⑤　grant「～を与える」
◇問4　①　acceptance「受け入れ」
◇問4　①　inferiority「劣っていること」
◇問4　④　withdrawal「撤退」

第6問

A

全訳　あなたの研究グループは，「時間帯が人々にどのような影響を与えるか」について学んでいます。あなたは共有したい記事を見つけました。次回のミーティングのために要約メモを完成させなさい。

あなたにとって１日の始まりはいつですか？

「あなたは朝型の人ですか。」と質問された時，「いいえ，夜のフクロウ（夜型）です」と答える人がいる。そういう人は，夜に集中し，新しいものを創造することができる。その時計の対極に，「早起きの鳥は虫を捕まえる（早起きは三文の徳）」という有名なことわざがある。これは，早起きすることは，食料を手に入れたり，賞品を獲得したり，目標に到達する方法だという意味である。ヒバリは朝にさえずる鳥なので，*フクロウ*の反対の早起きの鳥とは*ヒバリ*のことである。昼間に活発な生物は「昼行性」，夜に現れる生物は「夜行性」である。

さらに別のことわざは「早寝早起きは，人を健康に，裕福に，そして賢明にする」という。*ヒバリ*はベッドから飛び起き，たっぷりの朝食で朝を迎えるかもしれないが，一方で*フクロウ*は，スヌーズボタンを押し，ギリギリになってから支度をし，たいてい朝食抜きである。彼らは食事の回数が少ないかもしれないが，１日の遅い時間に食事をする。食後に運動しないと体重が増加しかねない。おそらく*ヒバリ*の方が健康だろう。*フクロウ*は*ヒバリ*のスケジュールで仕事をしたり，勉強したりしなければならない。ほとんどの学校教育は午後４時以前にあるので，若い*ヒバリ*はある種の課題をよりうまくこなすかもしれない。１日の早い時間帯に行われる商売上の取引は，*ヒバリ*たちをより裕福にするかもしれない。

ある人を*ヒバリ*にし，別の人を*フクロウ*にする原因は何だろうか。ある学説は，昼か夜かの好みは出生時刻と関係があると示唆する。2010年，クリーブランド州立大学の研究者たちは，人の体内時計は誕生の瞬間に始まるだけでなく，夜に生まれた人は，昼間の時間に行動することが生涯にわたって困難である可能性がある証拠を発見した。通常，彼らのこの世界の体験は暗闇と始まるのだ。従来の勉強時間や勤務時間がたまたま昼間にあるので，私たちは朝に１日が始まると思いこんでいる。寝ている人は一番乗りではないので，チャンスを逃すかもしれない。

すべての人が，朝に1日が始まるシステムに従っているのだろうか。約6000年の歴史を持つ宗教団体であるユダヤ教徒は，1日は日没から翌日の日没まで，つまり夕方から夕方までで分けられていると信じている。キリスト教徒はクリスマスイブに関してこの伝統を続けている。中国では，十二支（12の動物）の仕組みを，年を示すだけでなく，1日を2時間ごとに区切るためにも使う。最初の時間であるネズミの時間は午後11時から午前1時までだ。中国の文化も1日を夜に始める。つまり，*フクロウ*の時間のとらえ方を古代の習慣が支持しているのだ。

研究によると，*フクロウ*はより賢く，より創造的であることが示されている。だからおそらく，*ヒバリ*の方が必ずしも賢いとは限らないのだ！つまり，*ヒバリ*は「健康」と，時には「富」で勝つが，「賢さ」では負けるかもしれない。初期の報告では，リチャード・D・ロバーツとパトリック・C・カイロネンが*フクロウ*はより知的である傾向があると述べている。その後の，ロバーツも共同執筆者の1人として参加した，フランツ・プレッケルによる総合的な研究は，同じ結論に至った。しかし，それは*フクロウ*にとって良いニュースばかりではない。学業が大変なだけでなく，彼らは昼間の仕事のチャンスを逃したり，*ヒバリ*が寝ている夜に遊ぶ「夜遊び」という悪い習慣を楽しんだりする可能性がより高いのだ。夜遊びはお金がかかる傾向がある。バルセロナ大学の研究によると，*ヒバリ*は几帳面で，完璧を求め，ストレスをあまり感じないと言う。*フクロウ*は新しい冒険や刺激的な余暇活動を求めるが，リラックスするのに苦労することが多い。

人は変わることができるのか？まだすべての結果が出たわけではないが，若者を対象とした研究の結果によると，答えはいいえで，私たちは変化しにくいようだ。だから，若者が成長し，より多くの自由を手に入れると，結局は*ヒバリ*や*フクロウ*の性質に戻るのだ。しかし，この分類がすべての人に当てはまらないかもしれないという懸念が生じる。「ネイチャー・コミュニケーション」誌に掲載された報告は，出生時刻がその兆候になる可能性に加えて，DNAも時間に関する習慣に影響を与えているかもしれないと示唆している。別の研究は，加齢や病気によって人々に生じている変化を重視している。この分野では，常に新しい研究が現れている。ロシアの大学生の研究では，6つのタイプがあることが示唆されている，だから周囲にいる鳥は*フクロウ*と*ヒバリ*だけではないのかもしれない！

あなたの要約メモ：

あなたにとって1日の始まりはいつですか？

語彙

昼行性の定義：[39]

⇔反対語：夜行性

主なポイント

・私たち皆が，一般的な日中のスケジュールに容易に適応するわけではないが，特に子供の頃は，それに従うことを強いられている。
・いくつかの研究は，私たちそれぞれにとって最も活動的な時間帯は，私たちの生来の性質の一部であることを示している。
・基本的に[40]。
・新しい研究によって，見方は変化し続けている。

興味深い点

・[41]ために，中国の時間区分と同様に，ユダヤ教とキリスト教が記事で言及されている。
・いくつかの研究によると，[42]は人の体内時計を設定する可能性があり，知性と[43]の違いの説明になるかもしれない。

問1　39　③

「[39]に最も適する選択肢を選びなさい。」

①「素早く目的を達成する」

②「ペットの鳥を飼うことを好む」

③「昼間に元気な」

④「食料を入手することに熟練している」

[39]にはdiurnal（昼行性）という語の定義が入る。本文第1段落最終文に，Creatures active during the day are “diurnal”（昼間に活発な生物は「昼行性」である）と書かれている。activeをlivelyに，during the dayをin the daytimeに言い換えた③が正解。①，②，④の内容は，「昼行性」という言葉の説明として書かれていないので，不適当。

問2　40　③

「[40]に最も適する選択肢を選びなさい。」

①「将来は，より柔軟な時間や仕事のスケジュールが開発されるだろう」

②「年齢を重ねることに，午前中に社会活動を楽し

むことがより重要になる」

③「1日の中で最も能力を発揮できる時間帯を変えるのは難しいかもしれない」

④「*フクロウ*のスケジュールで生活することは，やがて社会的，経済的な利益につながるだろう」

40 は，メモのThe Main Pointsの3つ目。1つ目には，「特に子供の頃は，皆が昼型のスケジュールに合わせることを強いられる」（第2段落後半の内容），2つ目には「それぞれの活動的な時間帯は私たちの生来の性質の一部である」とある。この2つ目のポイントは，第3段落の「昼型か夜型かは出生時刻に関係している」「夜に生まれた人は昼間に行動することが一生苦手である」といった内容をまとめたものである。4つ目のポイントは「新しい研究」についてで，これは第6段落後半の内容。これ以外の主なポイントを探す。「より柔軟な時間や仕事のスケジュールが開発される」という記述は本文中にないので①は不適当。「午前中に社会活動を楽しむことが重要」なのは，学校教育において始まることで，年齢が上がるにつれて重要性が増すといったことは言及されていないので，②も不適当。③については，本文第6段落第1文でCan people change?（人は（昼型，夜型を）変わることができるのか？）と問いかけ，次の文でno, we are hard-wired.（答えはいいえで，私たちは変化しにくいようだ。）と答えている。hard-wired は「(生まれつき備わっているものは）変化しにくい」という意味だが，知らなくても次の文を読めば理解できる。次の第6段落第3文にSo, as young people grow and acquire more freedom, they end up returning to their *lark* or *owl* nature.（だから若者が成長し，より多くの自由を手に入れると，結局は*ヒバリ*や*フクロウ*の性質に戻るのだ。）とある。つまり，「人は昼型か夜型かを変えることはできない。それは生まれつき備わっているもので，無理やり変えようとしても生まれ持った時間帯の型に戻る」ということだから，③が正解。④については，第2段落最終文にBusiness deals made early in the day may make some *larks* wealthier.（1日の早い時間帯に行われる商売上の取引は，*ヒバリ*たちをより裕福にするかもしれない。）とあるように，「経済的な利益を得る」可能性が高いのは，*ヒバリ*のスケジュールで生活している人だから，④も不適当。

問3　41　①

「41 に最も適する選択肢を選びなさい。」

①「特定の社会は，1日は夜に始まると長く信じてきたと説明する」

②「夜型の人々は，昔はより信仰心が強かったことを示す」

③「朝に怠惰なせいでチャンスを逃すと，人々は長く考えてきたと言う」

④「*フクロウ*は*ヒバリ*のスケジュールで仕事や学校に行かなければならないという考えを支持する」

中国，ユダヤ教，キリスト教の時間区分が，記事で言及されている理由を答える問題。関連する記述は第4段落にある。それぞれの時間の概念を見ると，第2文にThe Jewish people ... believe a day is measured from sundown until the following sundown（ユダヤ教徒は，1日は日没から翌日の日没までで分けられていると信じている），第3文にChristians continue this tradition with Christmas Eve.（キリスト教徒はクリスマスイブに関してこの伝統を続けている。），第6文にChinese culture also begins the day at night.（中国の文化も1日を夜に始める。）と書いてある。この長い歴史を持つ3つの社会に共通するのは「1日は夜に始まると長く信じてきた」ということだから，①が正解。夜型の人々と信仰心の強さの関係については書かれていないので②は不適当。「朝に怠惰なせいでチャンスを逃すかもしれない」は第3段落最終文，「*フクロウ*が*ヒバリ*のスケジュールで仕事をしたり，勉強したりしなければならない」は第2段落第6文に書かれているが，いずれも，3つの宗教が記事で言及されている理由とは関係ないので，③と④も不適当。

問4　42　⑥　43　③

「42 と 43 に最も適する選択肢を選びなさい。」

①「睡眠の量」

②「外見」

③「行動」

④「文化的背景」

⑤「宗教的信念」

⑥「出生時刻」

空所を含む文の意味は「いくつかの研究によると 42 は人の体内時計を設定する可能性があり，知性と 43 の違いの説明になるかもしれない。」

「体内時計」に関する記述を探すと，第3段落第2・3文にOne theory suggests preference for day or night has to do with time of birth. ... researchers found evidence that not only does a person's internal clock start at the moment of birth ...（ある学説は，昼か夜かの好みは出生時刻と関係があると示唆する…研究者たちは，人の体内時計は誕生の瞬間に始まるだけでなく…証処を発見した）とある。つまり，出生時に体内時計が設定されるのだから，42 には⑥「出生時刻」を入れる。

43 には，体内時計，つまり昼型か夜型かによってもたらされる違いが入る。昼型，夜型は，この記事の中では *larks*（ヒバリ），*owls*（フクロウ）で表されている。（*larks*, *owls* とイタリック体（斜体）になっているのは，そこに昼型，夜型という意味を込めているため。）違いの１つとして intelligence（知性）はすでに挙げてあるので，それ以外の違いを探す。第５段落第７文に they（= *owls*）... are more likely to enjoy the bad habits of "nightlife," playing at night while *larks* sleep（*ヒバリ*が寝ている間に，*フクロウ*は夜に遊ぶ「夜遊び」の悪い習慣を楽しんだりする可能性が高い）と書かれている。また，同段落第９・10文に ... *larks* are precise, seek perfection, and feel little stress. *Owls* seek new adventures and exciting leisure activities, yet they often have trouble relaxing.（*ヒバリ*は几帳面で，完璧を求め，ストレスをあまり感じない。*フクロウ*は新しい冒険や刺激的な余暇活動を求めるが，リラックスするのに苦労することが多い。）と書かれている。このように，昼型と夜型には行動の違いがみられるので，③「行動」が正解。

「睡眠の量」「外見」については本文に書かれていないので，①と②は不適当。また，「文化的背景」「宗教的信念」も，体内時計と関連するとは書かれていないので，④と⑤も不適当。

【語句】

◇ affect「～に影響を与える」
◇ night owl「夜型（人間）」（owl は「フクロウ」）
◇ proverb「ことわざ」
◇ lark「ヒバリ」（この文章では *lark*（イタリック体で）「昼型の人」を表す）
◇ emerge「現れる」
◇ at the last minute「ギリギリになってから」
◇ schooling「学校教育」
◇ occur「生じる」
◇ task「課題」
◇ business deal「商売上の取引」
◇ theory「学説」
◇ preference「好み」
◇ have to do with ～「～と関係がある」
◇ internal clock「体内時計」
◇ lifelong「一生の」
◇ assume「～と思いこむ」
◇ religious「宗教の」
◇ measure「～を測って分ける」
◇ tradition「伝統」
◇ indicate「～ということを示す」
◇ comprehensive「総合的な」
◇ precise「きちんとした」
◇ have trouble *doing*「…するのに苦労する」
◇ hard-wired「変化しにくい；生まれつき備わっている」
◇ end up ～「結局～になる」
◇ concern「懸念（事項）」
◇ arise「生じる」
◇ in addition to ～「～に加えて」
◇ indication「兆候」
◇ focus on ～「～を重視する」
◇ definition「定義」
◇ force *A* to *do*「A に…することを強いる」
◇ perspective「見方」
◇ division「（分割された）区分」
◇ 問２ ① flexible「柔軟な」
◇ 問２ ④ eventually「やがて」

B

全訳 あなたは，『環境を守るために知っておくべきこと』というテーマで，科学プレゼンテーションコンテストのためのポスターを準備している学生グループに所属しています。あなたは，ポスターを作るために次の抜粋を使っています。

プラスチックのリサイクル
― 知っておく必要があること ―

世界はさまざまな種類のプラスチックで満ちている。周りを見回すと，多数のプラスチック製品が見えるだろう。もっと近づいて見なさい。そうすればリサイクルマークがついていることに気づくだろう。日本では，下の図１の１つ目のマークを見たことがあるかもしれないが，アメリカ合衆国やヨーロッパにはもっと詳細な分類がある。これらのリサイクルマークには，矢印を追いかける三角形のようなものや，時には単純な三角形で，１から７までの数字が中に書かれているものがある。このシステムは1988年に合衆国のプラスチック産業会によって始められたが，2008年以降は国際標準化団体であるASTM（アメリカ材料試験協会）インターナショナルによって運営されている。リサイクルマークは，使用されているプラスチックの化学成分とリサイクル性に関する重要なデータを提供する。しかし，物に表示されているプラスチックリサイクルマークは，必ずしもその製品がリサイクルできることを意味しているとは限らない。それがどのような種類のプラスチックから作られているか，そしてリサイクルできる可能性があるかもしれないことを示しているに過ぎない。

(図1　プラスチックリサイクルマーク　省略)

　では，これらの数字は何を意味するのだろうか。一つのグループ（２番，４番，５番）は人体に安全だとみなされる一方，もう一方のグループ（１番，３番，６番，７番）は，ある特定の状況では問題のある恐れがある。まず，安全性の高いグループを見ていこう。

　高密度ポリエチレンは，リサイクルタイプ２のプラスチックで，通常HDPEと呼ばれている。無毒で，心臓弁や人工関節など人体に使われることもある。強度があり，－40℃の低温から100℃の高温で使用できる。HDPEは害なく再利用でき，ビール瓶のケース，牛乳用の容器，椅子，玩具などにも適している。タイプ２の製品は数回のリサイクルができる。タイプ４の製品は，低密度ポリエチレン（LDPE）から作られている。安全に使用でき，柔軟性がある。LDPEは，絞り出し式のボトルやパンの包装に使われている。現在，タイプ４のプラスチックはほとんどリサイクルされていない。ポリプロピレン（PP）はタイプ５の素材で，世界で２番目に広範囲に渡って生産されているプラスチックだ。軽くて伸びず，衝撃・熱・凍結に高い耐性を持つ。家具や食品容器，オーストラリアドルのようなポリマー紙幣に適している。タイプ５のわずか３％しかリサイクルされていない。

　今度は２つ目のグループ，タイプ１，３，６，７を見よう。これらは，含有する化学物質やリサイクルの難しさから，難易度が高い。リサイクルタイプ１のプラスチックは，一般的にPETE（ポリエチレンテレフタレート）として知られ，主に食品や飲料の容器に使用されている。PETE容器は，日本ではたいていPETと書かれるものだが，完全に洗浄するのが難しいため，使用は１回だけにすべきだ。また，熱は容器が軟化し変形する原因になることがあるので，70℃以上に加熱してはいけない。汚染されていないPETEはリサイクルしやすく，新しい容器や衣類，カーペットに作り替えることができる。しかし，PETEにポリ塩化ビニル（PVC）が混入して汚染されると，そのせいでリサイクルできなくなることがある。タイプ３のPVCは，知られている中で最もリサイクル性の低いプラスチックの１つと考えられている。廃棄は専門家だけが行うべきで，家庭や庭で火をつけてはいけない。タイプ３のプラスチックは，シャワーカーテン，パイプ，床材に見られる。タイプ６のポリスチレン（PS）はしばしば発泡スチロールと呼ばれるものだが，リサイクルするのが難しく，引火しやすい。しかし，製造コストが安く，軽い。使い捨ての飲料用カップやインスタント麺の容器や，その他の食品包装に使われている。タイプ７のプラスチック（アクリル，ナイロン，ポリカーボネート）はリサイクルするのが難しい。タイプ７のプラスチックは，シート，ダッシュボード，バンパーのような自動車部品の製造によく使用されている。

　現在，プラスチックは約20％しかリサイクルされておらず，約55％が最後には埋め立てゴミ処理地に行き着く。そのため，さまざまな種類のプラスチックについての知識が，ゴミを減らすことに役立ち，環境に対する意識を高めることに貢献できるだろう。

あなたのプレゼンテーションポスターの下書き：

プラスチックリサイクルマークを知っていますか？

プラスチックリサイクルマークとは何？

44

プラスチックのタイプとリサイクル情報

タイプ	マーク	説明	製品
1		このタイプのプラスチックは一般的で，通常リサイクルしやすい。	飲料の瓶，食品容器など。

2		このタイプのプラスチックはリサイクルしやすく， 45 。	心臓弁，人工関節，椅子，玩具など。
3		このタイプのプラスチックは 46 。	シャワーカーテン，パイプ，床材など。
4			

共通の性質を持つプラスチック

47

48

問1 44 ②

「最初のポスターの見出しの下で，あなたのグループは抜粋部分で説明されたように，プラスチックリサイクルマークを紹介したいと考えています。以下のうちどれが最も適切ですか。」 44

①「それらはプラスチックのリサイクル性とその他の関連する問題に順位を付けたマークだ。」

②「それらはプラスチックの化学組成やリサイクルの選択肢に関する情報を提供する。」

③「それらはどの標準化団体が一般的使用を認証したのかを使用者に教える。」

④「それらはASTMによって導入され，プラスチック産業会によって発展させられた。」

44 の上には「プラスチックリサイクルマークとは何？」と書かれているので， 44 にはプラスチックリサイクルマークの持つ意味が入ると考えられる。本文第1段落第7文にRecycling symbols provide important data about the chemical composition of plastic used and its recyclability.（リサイクルマークは，使用されているプラスチックの化学成分とリサイクル性に関する重要なデータを提供する。）と書かれている。文中のchemical composition を chemical make-up，recyclability を recycling optionsと言い換えた②が正解。リサイクルマークの中に数字があるが，リサイクル性の順位ではないので①は不適当。マークから認証団体がわかるという記述はないので③は不適当。また，第1段落第6文によると，リサイクルマークを導入したのがプラスチック産業会で，発展させたのはASTMであるから，④に書かれている内容は逆である。

問2 45 ② 46 ①

「あなたはタイプ2とタイプ3のプラスチックの説明を書くように頼まれています。 45 と 46 に最も適する選択肢を選びなさい。」

タイプ2 45

①「そして，一般に使い捨てのプラスチックとして知られている」

②「そして，広い温度範囲で使用される」

③「しかし，人間に有害である」

④「しかし，飲料容器には不適当である」

タイプ2のプラスチック（HDPE）の説明は第3段落前半にある。第3文のIt is strong and can be used at temperatures as low as −40℃ and as high as 100℃。（強度があり，−40℃の低温から100℃の高温まで使用できる。）をused at a wide range of temperatures（広い温度範囲で使用される）と言い換えた②が正解。第2文にnon-toxic and can be used in the human body（無毒で，人体で使われることもある）とあるので，③は不適当。第4文にHDPE can be reused without any harm and is also suitable for beer-bottle cases, milk jugs（HDPEは害なく再利用でき，ビール瓶のケース，牛乳用の容器にも適している）とあるので，①，④も不適当。

タイプ3 46

①「リサイクルが難しく，庭で燃やしてはいけない」

②「可燃性だが，柔らかくて製造コストが安い」

③「毒性がない製品として知られている」

④「リサイクルしやすいことでよく知られている」

タイプ3（PVC）の説明は第4段落第7～9文にある。第7・8文のPVC, Type 3, is thought to be one of the least recyclable plastics known. It (=PVC) should ... never (be) set fire to at home or in the garden.（タイプ3のPVCは，知られている中で最もリサイクル性の低いプラスチックの1つと考えられている。PVCは家庭や庭で火をつけてはいけない。）に一致する①が正解。④はこの内容と反対のことなので不適当。また，タイプ3の特徴として「柔らかくて製造コストが安い」「毒性がない」は書かれていないので，②と③も不適当。

問3 47 48 ③，④（順不同）

「あなたは，共通の性質を持ついくつかのプラスチックについて発表をすることになっています。記事によると，次のうち適切なもの2つはどれですか。(順不同。)」 47 48

①「沸騰したお湯（100℃）をタイプ1とタイプ6のプラスチック容器に入れて出すことができる。」

②「タイプ1，2，3のロゴがある製品は，リサイクルしやすい。」

③「1，2，4，5，6のマークがある製品は，食品や飲料の容器に適している。」

④「タイプ5，タイプ6の表示がある製品は軽量である。」

⑤「タイプ4と5のプラスチックは耐熱性があり，広くリサイクルされている。」

⑥「タイプ6と7のプラスチックはリサイクルしやすく，環境に優しい。」

選択肢の内容が本文に一致するか見ていこう。タイプ1のPETEについて，第4段落第5文にthey (=PETE containers) should not be heated above 70℃（PETE容器は70℃以上に加熱してはいけない）とあるので①は不適当。問2で見たように，タイプ3（PVC）の製品はリサイクルが難しいので②も不適当。

③については，第4段落第3文Recycle-type 1 plastic ... is used mainly in food and beverage containers.（リサイクルタイプ1のプラスチックは…主に食品や飲料の容器に使用されている。），第3段落第4文HDPE ... is also suitable for beer-bottle cases, milk jugs（HDPE（＝タイプ2）はビール瓶のケース，牛乳用の容器などにも適している），第3段落第8文LDPE is used for squeezable bottles, and bread wrapping.（LDPE（＝タイプ4）は，絞り出し式のボトルやパンの包装に使われている。），第3段落第12文It (=Type 5) is suitable for furniture, food containers, ...（タイプ5は家具や食品容器に適している），第4段落第12文It (=Type 6) is used for disposable drinking cups, instant noodle containers, and other food packaging.（タイプ6は使い捨ての飲料用カップやインスタント麺の容器や，その他の食品包装に使われている。）と，タイプ1，2，4，5，6のすべてが飲料や食品の容器に使われていると書かれており，③は正解。

④については，第3段落第11文にIt (=a Type 5 material) is light（タイプ5の素材は軽い），第4段落第11文にit (=Type 6) is cheap to produce and lightweight（タイプ6は製造コストが安く，軽い）と書かれており，④も正解。

⑤については，タイプ5は耐熱性があるということは、第3段落第11文にIt (=Type 5) ... has a high resistance to impact, heat, and freezing（タイプ5は，衝撃・熱・凍結に高い耐性を持つ）と書いてあるが，タイプ4の耐熱性に関する記述はない。リサイクルについては，第3段落第9文にvery little Type 4 plastic is recycled（タイプ4のプラスチックはほとんどリサイクルされていない），第3段落最終文にOnly 3% of Type 5 is recycled.（タイプ5のわずか3％しかリサイクルされていない。）とあるので⑤は不適当。

⑥については，第4段落第10文にType 6 ... is hard to recycle（タイプ6はリサイクルするのが難しい），同段落第13文にType 7 plastics ... are difficult to recycle.（タイプ7のプラスチックはリサイクルするのが難しい。）とあるので，⑥も不適当。したがって③と④が正解。

【語句】

◇ theme「テーマ」
◇ passage「抜粋；一節」
◇ dozens of ～「多数の～」
◇ detailed「詳細な」
◇ classification「分類；区分」
◇ administer「～を管理〔運営〕する」
◇ chemical composition「化学成分」
◇ recyclability「リサイクル（可能）性」
◇ problematic「問題のある」
◇ high-density「高密度の」
◇ non-toxic「無毒な；毒のない」
◇ artificial joint「人工関節」
◇ low-density「低密度の」
◇ resistance「耐性；抗力」
◇ impact「衝撃」
◇ container「容器」
◇ banknote「紙幣」
◇ thoroughly「完全に」
◇ cause *A* to *do*「Aに…させる原因となる」
◇ uncontaminated「汚染されていない」
◇ *be* contaminated with ～「～で汚染される」
◇ landfill「埋め立てゴミ処理地」
◇ property「特性；性質」
◇ 問1　heading「見出し」
◇ 問1　appropriate「適切な」
◇ 問1 ②　chemical make-up「化学組成」
◇ 問2 ②　a wide range of ～「広範囲の～」

2022 追試　解答

合計点	/100

問題番号(配点)	設問		解答番号	正解	配点	自己採点
第1問 (10)	A	1	1	①	2	
		2	2	③	2	
	B	1	3	③	2	
		2	4	②	2	
		3	5	②	2	
第2問 (20)	A	1	6	③	2	
		2	7	②	2	
		3	8	①	2	
		4	9	②	2	
		5	10	④	2	
	B	1	11	④	2	
		2	12	③	2	
		3	13	②	2	
		4	14	③	2	
		5	15	①	2	
第3問 (15)	A	1	16	④	3	
		2	17	③	3	
	B	1	18	①	3※	
			19	②		
			20	④		
			21	③		
		2	22	①	3	
		3	23	④	3	

問題番号(配点)	設問		解答番号	正解	配点	自己採点
第4問 (16)		1	24	③	3	
		2	25	④	3	
		3	26	②	3	
		4	27 ～ 28	①-④	4 (各2)	
		5	29	②	3	
第5問 (15)		1	30	④	3	
		2	31	②	3	
		3	32	②	3※	
			33	⑤		
			34	①		
			35	④		
		4	36	④	3	
		5	37 ～ 38	②-④	3※	
第6問 (24)	A	1	39	②	3	
		2	40	④	3	
		3	41 ～ 42	③-⑤	3※	
		4	43	③	3	
	B	1	44	③	3	
		2	45 ～ 46	②-⑤	3※	
		3	47	②	3	
		4	48	①	3	

(注)　1　※は，全部正解の場合のみ点を与える。
　　　2　-(ハイフン)でつながれた正解は，順序を問わない。

	出題内容	目安時間	難易度 大問別	難易度 全体
第1問A	ショートメッセージのやり取りの読み取り	各6分	やや易	標準
第1問B	メモや告知の読み取り		やや易	
第2問A	身近な資料の読み取り	各7分	標準	
第2問B	ディベート用の資料の読み取り		標準	
第3問A	日常の出来事の読み取り	各8分	やや易	
第3問B	記事の読み取り		標準	
第4問	Eメールと図表の読み取り	9分	やや難	
第5問	伝記や起源の読み取り	9分	標準	
第6問A	説明文の読み取り①	各10分	標準	
第6問B	説明文の読み取り②		やや難	

第1問

A

全訳 あなたはカナダのアルバータにある高校で勉強しています。クラスメートのボブが今学期の放課後の活動についてメッセージを送ってきました。

「やあ！元気？」

　　「やあ，ボブ，元気だよ！」

「これってもう聞いた？ 今学期の放課後の活動を選ばなきゃならないんだって。」

　　「聞いたよ！僕はボランティア・プログラムに参加して小学校で教えるつもりだよ。」

「何を教えるつもり？」

　　「学校ではいろいろな学年や教科を教える人が必要なんだ。僕は小学生が日本語を学ぶのを手伝いたいな。君は？ このプログラムに申し込むつもり？」

「うん。僕もボランティア・プログラムにとても興味があるんだ。」

　　「君は地理と歴史が得意だよね。高校1年生を教えるのはどう？」

「高校では教えたくないな。僕は小学校か幼稚園でボランティアすることを考えていたんだけど，中学校でボランティアをする生徒は多くないんだ。だから僕はそこで教えようと思っているよ。」

　　「本当？ 中学校で教えるのは難しそうだな。そこで何を教えたいの？」

「中学生の時は，僕にとって数学は本当に難しかったんだ。数学は生徒たちにとって難しいと思うから，僕は数学を教えたいな。」

　　「 2 」

問1　1　①

「ボブはボランティアとしてどこで手伝いをする予定ですか。」 1

① **「中学校で」**

② 「幼稚園で」

③ 「高校で」

④ 「小学校で」

ボランティアをしたい場所についてボブは5番目のメッセージで述べている。I don't want to tutor at a senior high school. I was thinking of volunteering at an elementary school or a kindergarten, but not many students have volunteered at junior high schools. So, I think I'll tutor there.（高校では教えたくないな。僕は小学校か幼稚園でボランティアすることを考えていたんだけど，中学校でボランティアをする生徒は多くないんだ。だから僕はそこで教えようと思っているよ。）より，まず，教えたくないと言っている③の「高校で」は不適当。小学校と幼稚園については，was thinking（考えていた）と過去形であることに注意。逆接の接続詞 but のあと，「中学校ではボランティアの生徒が多くはないから，そこで教えるつもりだ。」と今の考えを言っているのだから，①の「中学校で」が正解で，②「幼稚園で」と④「小学校で」は不適当。

問2　2　③

「ボブの最後のメッセージに対する最も適切な返答は何ですか。」 2

① 「僕が好きな教科も数学だったよ。」

② 「じゃあ僕たちは同じ学校で教えるんだね。」

③ **「わあ，それは素敵な考えだね！」**

④ 「わあ，君は本当に日本語が大好きだね！」

ボブは最後のメッセージで，When I was in junior high school, math was really hard for me. I'd like to tutor math because I think it's difficult for students.（中学生の時は，僕にとって数学は本当に難しかったんだ。数学は生徒たちにとって難しいと思うから，僕は数学を教えたい。）と述べている。この「自分が数学で苦労したからこそ，同じ思いをしている生徒たちを助けてあげたい」というボブの考えに対しては，③の「わあ，それは素敵な考えだね！」とボブの考えを支持する感想が適切である。よって③が正解。ボブは数学が苦手だったと言っていて，数学が好きだったとは言っていないので①は不適当。問1で見たようにボブは中学校で教えるつもりであり，あなたは2番目のメッセージで an elementary school（小学校）で教えるつもりだと言っているから，②も不適当。日本語を教えるのはあなたであり，ボブは日本語については何もふれていないので④も不適当。

【語句】

◇ have got to *do* = have to *do*

◇ tutor「動（個人的に）教える；個別指導する，名個別指導員」

◇ sign up for ～「～に申し込む〔参加する〕」

◇ kindergarten「幼稚園」

◇ 問2　appropriate「適切な」

B

全訳 あなたは高校生で，留学について考えています。あなたは，アメリカで勉強したり働いたりすることについて学べるオンラインイベントの広告を見つけます。

留学とキャリア情報オンライン説明会2022

アメリカ学生ネットワークは３つのバーチャル説明会を計画しています。

説明会日時*	詳細
学ぶ：高校（中学生・高校生向け）	
バーチャル説明会 1 ７月31日 午後３時－午後５時	アメリカの高校で学ぶってどんなこと？ ＞ 授業，宿題，成績 ＞ 放課後の活動とスポーツ ☆ 全米の学生から話を聞きます。質問するチャンス！
学ぶ：大学（高校生向け）	
バーチャル説明会 2 ８月８日 午前９時－午後０時	アメリカの大学で学ぶ間に，期待できることは何？ ＞ 授業で成功するためのアドバイス ＞ 大学生活と学生協会 ☆ 有名教授のライブトークを聞こう。質問はご遠慮なく！
働く：職業（高校生・大学生向け）	
バーチャル説明会 3 ８月12日 午後１時－午後４時	アメリカで仕事を見つけるには？ ＞ 求職活動と履歴書の書き方 ＞ フライトアテンダント，シェフ，俳優，その他多数の，幅広い職業人に会おう！ ☆ 仕事や就労ビザについて質問しよう。

*中部標準時(CST)

登録は2022年7月29日までにここをクリック

→説明会登録

あなたの氏名，誕生日，メールアドレス，学校名を入力し，興味のあるバーチャル説明会を示してください。

問1 3 ③

「どの日に講演を聞くことができますか。 3 」

①「７月29日」

②「７月31日」

③「８月８日」

④「８月12日」

表内にはlecture（講演）という単語は見当たらないので，同様の意味を表す語句を探す。バーチャル説明会２の☆印にあるa famous professor's live talk（有名教授のライブトーク）がこれにあたると考えられる。バーチャル説明会２は８月８日だから③が正解。①の７月29日は表の下にある登録の締め切り日。②の７月31日はバーチャル説明会１の日。表の☆印の説明によると，全米の学生からアメリカでの高校生活について話を聞こうとあるが，講演については説明がない。④の８月12日はバーチャル説明会３の日。こちらはアメリカでの就職に関する内容で，いろいろな職業の人と話ができるが，ここにも講演は見当たらない。したがって，①，②，④は不適当。

問2 4 ②

「 4 するためには説明会１と２に参加するべきです。」

①「申し込み手続きについて知る」

②「アメリカで勉強することについての情報を得る」

③「あなたの留学経験を共有する」

④「さまざまな職業の人々と話す」

表のバーチャル説明会１，２の詳細に注目する。説明会１はアメリカの高校について，説明会２はアメリカの大学についてで，どちらもアメリカで学ぶことに関する説明会である。よって②が正解。説明会への申し込みについては，表の下に記述がある。登録ボタンがあり，興味のあるバーチャル説明会を選んで，オンラインで申し込んだ後に説明会に参加するのだから，①は不適当。説明会１で，留学の情報を得るために，全米の学生から話を聞くことはできるが，あなたはこれから留学することを考えているので，説明会で自分の留学経験を共有することはないと考えられる。よって③も不適当。職に関しては説明会３の内容だから④も不適当。

問3 5 ②

「これらのバーチャル説明会のいずれかに登録するには， 5 を提供する必要があります。」

①「自分が抱いている質問」

②「誕生日」

③「職業の選択」

④「家の住所」

登録についての説明は表の下にあり，登録する時に提供しなければならない項目はPlease provideのあとに列挙されている。your full name, date of birth, email address, name of your school, and indicate the virtual session(s) you're interested in（氏名，誕生日，メールアドレス，学校名，自分が興味のある説明会）である。選択肢と一致するのは「誕生日」だから②が正解。表内ではどの説明会でもask questionsとあり，質問することを勧めているが，登録の時には要求されていない。職業の選択についても求められていない。メールアドレスは提供する必要があるが，home address は記述がない。①，③，④は不適当。

【語句】

◇ association「協会；組合」
◇ résumé「履歴書」
◇ provide「～を提供する」
◇ indicate「～を示す」
◇ 問２ ① application「申し込み」
◇ 問２ ① procedure「手続き；手順」

第２問

A

全訳　あなたは英国に滞在中の交換留学生です。ホストファミリーが週末にあなたをハンバリーに連れて行ってくれて文化体験をすることになっています。あなたはホテルの近くでできることについての情報と，泊まる予定のホテルのレビューを見ています。

ハンバリー広場にある
ホワイトホースホテル

ホテル周辺でするべきことと見るべきもの：

◆ ハンバリー教会：徒歩わずか10分。
◆ ファーマーズマーケット：毎月第１週と第３週の週末に広場で行われます。
◆ キングスアームズ：ハンバリーで最も古い建物でのランチをどうぞ（ホテルの真向かい）。
◆ イースト通り：そこでどんなお土産でも購入できます（ホテルから徒歩15分）。
◆ スチームハウス：駅のそばにあるハンバリー鉄道博物館の隣。
◆ ウォーキングツアー（90分）：毎週火曜日・土曜日午前11時に広場を出発します。
◆ ストーンサークル：毎週火曜日のランチタイムに生演奏あり（教会のすぐ裏）。
◆ 古城（入場料：５ポンド）：毎週土曜夜の劇「ロミオとジュリエット」をご覧ください。（駅向かいの城門でチケットをお求めください。15ポンドです。）

ホワイトホースホテルの会員＊になって，以下のものを手に入れよう：

◆ 鉄道博物館の無料券
◆ 劇のチケットがお１人あたりわずか９ポンド
◆ メモリー写真館の割引券（伝統的なビクトリア朝の衣装を着たあなたの写真を撮ろう）。営業時間は毎日午前９時から午後５時半。

＊御宿泊のお客様の会費は無料です。

最も人気のレビュー：

また来ます
町の中央にある，素晴らしい朝食付きの良いホテルです。お店は限られていますが，町は素敵で，歩いて美しい教会に行くのにわずか５分しかかかりませんでした。スチームハウスのお茶とケーキは外せません。サリー

魅力的な町
泊まった部屋は快適で，スタッフは親切でした。オーストラリアから訪れましたが，お城での劇が素晴らしいと思いました。ウォーキングツアーもとてもおもしろかったです。ストーンサークルもお勧めです（丘を10分歩いて登るのが構わないなら）。ベン

問１　6　③

「 6 が最もホワイトホースホテルに近い。」

①「イースト通り」
②「ハンバリー教会」
③ **「キングスアームズ」**
④「ストーンサークル」

Things to do & see near the hotelの下に列挙されているそれぞれの場所の説明に注目。ホテルからの所要時間を比較する。イースト通りは「ホテルから徒歩15分」。ハンバリー教会は「徒歩わずか10分」。キングスアームズは「ホテルの真向かい」。ストーンサークルは「教会のすぐ裏」で，教会は徒歩10分だから，ストーンサークルも教会とほぼ同じ所要時間と考えられる。以上よりホテルに最も近いのはホ

テル真向かいのキングスアームズである。③が正解。

問2 [7] ②

「[7]は，月の第3土曜日にハンバリーを訪れるとすると，あなたができる活動の組み合わせの1つです。」

A：ウォーキングツアーに行く
B：写真を撮ってもらう
C：生演奏を聴く
D：ファーマーズマーケットで買い物をする

①「AとBとC」
②「AとBとD」
③「AとCとD」
④「BとCとD」

表で，それぞれの活動が第3土曜日に行われるかどうかを確認する。ウォーキングツアーは毎週火曜日と土曜日にあるから，土曜日に参加できる。写真についてはホテルの会員特典の最後に記述がある。メモリー写真館ではビクトリア朝の衣装を着た自分の写真を撮ってもらうことができ，その写真館は毎日営業しているから土曜日も可能。生演奏はストーンサークルの説明の中でふれられている。毎週火曜日のランチタイムだから土曜日には体験できない。ファーマーズマーケットは毎月第1，第3の週末に開催される。条件は第3土曜日だからこれも参加できる。以上より，第3土曜日に参加できる活動は，ウォーキングツアー(A)，写真を撮ってもらう(B)，ファーマーズマーケットで買い物(D)の3つである。よって②が正解。

問3 [8] ①

「あなたは『ロミオとジュリエット』の格安チケットを入手したいと思っています。あなたは[8]でしょう。」

①「ホテルの会員になる」
②「お城でチケットを購入する」
③「ホテルから無料券をもらう」
④「伝統的なビクトリア朝の衣装を着る」

「ロミオとジュリエット」のチケットについては，The old castle（古城）の項目に，Get your tickets ... for £15.「15ポンドでチケットを手に入れる」とある。他にチケット代金についてふれている所を探すと，後半のホテルの会員特典が3つ書かれているうちの2つ目に，tickets to the play for only £9 per person「劇のチケットが1人あたりたったの9ポンド」とある。表の中で劇について述べているのは，「ロミオとジュリエット」だけなので，このthe playは「ロミオとジュリエット」の劇を指していることになる。ホテルの会員になれば，9ポンドでチケットを購入でき，＊印の注意書きに宿泊者は無料で会員になれるとあるので，追加料金もかからない。したがって，「ロミオとジュリエット」のチケットを安く手に入れるには，ホテルの会員になればよい。①が正解である。②のお城でチケットを買うのは正規の買い方だから15ポンドであり，格安ではない。よって②は不適当。会員特典の1つ目にあるfree ticket（無料券）は鉄道博物館のチケットであり，劇のチケットではないから③も不適当。ビクトリア朝の衣装は写真館で写真を撮る時に着るもので，劇のチケットの値段とは関係がない。④も不適当である。

問4 [9] ②

「レビューが言及していないホテルの良い点は，[9]です。」

①「快適さ」
②「割引」
③「食べ物」
④「サービス」

「レビュー」で好意的に取り上げられている内容の選択肢を除外して，残ったものを選べばよい。左側のレビューで，サリーはホテルの朝食をgreatと言っているから③は除外する。右側のレビューで，ベンは部屋がとても快適でスタッフは親切だったと言っているから①と④も除外する。残った割引については，どちらのレビューでもふれられていない。よって②が正解。

問5 [10] ④

「レビューをした人の意見を最もよく反映しているのはどれですか。」[10]

①「アクティビティは楽しく，店は良かった。」
②「ホテルの部屋はきれいで，写真館は素晴らしかった。」
③「音楽は良く，アクティビティはおもしろかった。」
④「観光は刺激的で，ホテルは便利な場所にあった。」

本問も，レビューで述べられていることと矛盾する選択肢を除外していこう。サリーはthe shops are limited（お店は限られている）と言っていて，他に店についての感想はないので，①のshops (were) goodは正しくない。写真館と音楽については2人ともふれていないので②と③は不適当。観光については，サリーが教会やスチームハウスの観光を楽しんだことがうかがえる。またベンは，ウォーキングツアーはとてもおもしろかった，ストーンサークルもお勧めすると言っているので，両者とも観光に刺激を受けたと言える。ホテルの立地についてはサリーが冒頭でa nice hotel in the centre of the town（町の中心にある素敵なホテル）と言っているから，④の「便利な場所」と一致する。よって④が正解である。

【語句】

◇ admission「入場料」

◇ must「必見；必読；不可欠のもの」

◇ 問5　reflect「～を反映する」

B

全訳　あなたの英語の先生が，授業のディベートの準備のために読むように，この記事をあなたに与えました。

小学生だった頃，学校で私の好きな時間は昼食後の長い休憩，昼休みに友達とおしゃべりしたり，駆け回ったりする時間でした。最近，私は米国のいくつかの小学校では昼休みのタイミングを昼食の前に変えていると知りました。2001年には，昼食前に昼休みがある小学校は5％以下でした。2012年までには，3分の1以上の学校がこの新しい方式に変わっていました。この変化についてさらに調べるために調査が行われました。以下が結果です。

昼食前に昼休みがあるとよい理由：

・生徒はよりお腹が空き，食欲がわく。
・生徒は昼食後に外で遊ぶために食事を急がない。
・午後，生徒はより落ち着いて，より集中する。
・むだにする食料が減る。
・頭痛や腹痛をうったえる生徒が減る。
・保健室を訪ねる生徒が減る。

しかし，昼食前に昼休みをとることには課題もある：

・生徒は食事前の手洗いを忘れるかもしれない。
・昼食の時間が遅くなるので，生徒はお腹が空きすぎるかもしれない。
・学校は時間割を変更する必要があるだろう。
・教師や職員はスケジュールを変えなければならないだろう。

これは興味深い考えで，もっと多くの学校が検討する必要があります。子供の時，私は昼食前にとても空腹だったことを覚えています。昼食を遅い時間にとるのは現実的ではないとあなたは言うかもしれません。けれども，少量の健康的な朝の軽食を学校が提供できると言う人もいます。食事の回数を増やすことは生徒の健康にもよいのです。手洗いについてはどうでしょう。それをスケジュールの中に組み込むのはどうでしょうか。

問1　11　④

「あなたがディベートするのはどの問題ですか。学校では 11 べきでしょうか。」

①「休憩時間を短くする」
②「食料のむだを減らす」
③「昼食をもっと健康的にする」
④「昼休みのスケジュールを変える」

記事を要約すると，第1段落は「米国の小学校では昼休みを昼食の後から前に変えている学校があり，その数は増えている。それについてさらに調べるために調査が行われた。」というトピックの提示である。そのあとに，「昼休みを昼食前にするのがよい理由」と「課題」が列挙されている。最後の段落では，「昼休みを昼食前にすることに関する筆者の意見や提案」が述べられている。つまりこの記事のテーマは，「昼休みを昼食の前に変えることの是非」についてである。したがって④がディベートの問題として妥当である。休み時間を短くすることは話題に出てこないので①は不適当。食料のむだについては，昼休みを昼食前にするとよい理由の中に取り上げられているだけで，記事の中心的な内容ではない。②も不適当。最後の段落で，学校で軽い健康的な朝食を出すことについてふれているが，昼食をより健康的なものにすることは記事に出てこない。③も不適当。

問2　12　③

「昼休みを昼食の前にする利点の1つは生徒が 12 ということです。」

①「朝の軽食を必要としない」
②「休み時間を長くとれる」
③「より落ち着いて勉強する」
④「よりしっかり手を洗う」

昼食前に昼休みをとるのがよい理由は第２段落に列挙されている。３つ目のStudents are calmer and focus better in the afternoon.（生徒は午後，より落ち着いてより集中する）と同じ内容の③が正解。朝の軽食については，最終段落でふれられているが，これは昼食の時間が遅くなることで生徒のお腹が空きすぎるという課題への対策なので，①は不適当。休み時間の長さについては記述がないので②も不適当。手洗いについては，課題として挙げられており，利点ではない。よって④も不適当。

問３　13　②

「昼食の前に昼休みをとる懸念の１つは［13］ということです。」

①「学校に，より多くの保健師が必要となるかもしれない」

②「学校は新しいスケジュールを作る必要があるかもしれない」

③「生徒が室内で過ごす時間が長くなるかもしれない」

④「生徒がむだにする食べ物が増えるかもしれない」

設問のconcern（懸念）は第３段落のchallenges（課題）と同じ意味で使われている。課題の３つ目のSchools will have to change their timetables.（学校は時間割を変更する必要があるだろう）が②と同じ内容である。よって②が正解。保健師の数については，第２段落の利点の６つ目に「学校の保健室を訪れる生徒が減る」とあるので，これと逆の内容である①は不適当。生徒が過ごす場所と時間の変化については言及がないので，③も不適当。食料のむだに関しては，利点の４つ目に「むだになる食べ物が減る」とあり，逆の内容である④は不適当。

問４　14　③

「筆者の提案により，次のどの問題が解決される可能性がありますか。」［14］

①「学校の時間割を変える必要があるだろう。」

②「学校の職員は食べる時間を遅くする必要があるだろう。」

③「生徒が手を洗う可能性が低くなるだろう。」

④「生徒は昼食を食べないままにしておくだろう。」

昼休みを昼食前にすることに関する筆者の考えや提案は最終段落で述べられている。最後から２文目にWhat about washing hands?（手を洗うことについてはどうだろう？）とあり，これは第３段落で挙げられている課題の１つ目「生徒は食べる前に手を洗うことを忘れてしまうかもしれない。」を指している。それに対して筆者は最終文でwhy not make it part of the schedule?「それ（＝手洗い）を時間割の一部にしてはどうだろう？」と提案している。したがって，筆者の提案によって解決される可能性がある問題は③である。③が正解。時間割の変更については，課題として挙げられているが，筆者はそれに対する解決策は提案していないので，①は不適当。②と④の内容は課題として挙げられておらず，それに対する提案もないので，②と④も不適当。

問５　15　①

「筆者の意見では，より多くの学校は生徒が［15］ことを手助けするべきです。」

①「よりよい食習慣を身につける」

②「もっと早い時間に昼食を食べることを楽しむ」

③「学校の保健師を訪ねない」

④「時間割の変更を気にしない」

筆者は，最終段落第１文で「これ（＝昼食前の昼休み）は興味深い考えで，より多くの学校がそれを検討する必要がある。」という意見を述べているので，「昼食前に昼休みをとる」ことについて賛成の立場である。筆者は「昼休みを昼食前にすると，生徒はお腹が空きすぎる」という課題に対して，同段落第４・５文でsome say schools can offer a small healthy morning snack. Having food more often is better for students' health, too.「少量の健康的な朝の軽食を学校が提供できると言う人もいる。食事の回数を増やすことは生徒の健康にもよい。」と解決策を挙げている。つまり「お腹の空きすぎを防ぐために，学校は生徒に朝の軽食を提供するべきであり，そのことは生徒の食事の回数を増やすことになり，生徒の健康にもよい」という考えなので，「食事の回数を増やす」ことを「よりよい食習慣を身につける」と言い換えた①が正解。昼食の前に昼休みを入れることは，昼食の時間が遅くなることなので②は矛盾する。また，③や④に関する意見は述べていないので，これらの選択肢は不適当。

【語句】

◇ recess「（学校などの）休み時間」
　※記事では「昼休み」の意。

◇ survey「調査」

◇ conduct「（調査など）を行う」

◇ rush「～を急いでやる」

◇ alter「〜を変える」

◇ practical「現実的な；実践的な」

第3問

A

全訳 英国出身のあなたの英語の先生は生徒のためにブログを書いています。彼女はあなたの街で開催中の博覧会について書いたばかりで，あなたはそれに興味を持っています。

トレイシー・パン

8月10日（月）午後11時58分

先週，私はコンベンション・センターで開催されている国際地球保護博覧会に行きました。私たちが家庭で試せる創造的なアイディアがたくさんありました。大勢の人が参加していたのも不思議ではありません。

家庭用品をリメイクする展示が特に刺激的でした。どうすれば，ふだん捨てているものが便利でおしゃれなものにリメイクできるのかを見て，驚きました。それらはもとの製品とはまったく違って見えました。ワークショップも素晴らしいものでした。英語で行われたセッションもあり，私にピッタリでした（あなたたちにもね）！ 私はそのうちの1つに参加し，卵パックから宝石箱を作りました。初めにベースカラーを選び，それから飾り用の材料を決めました。何か使えるものを作る自信はまったくありませんでしたが，それは素敵なものになりました。

もし興味があるなら，博覧会は8月22日まで開催中です。でも，週末の混雑を避けるよう強くお勧めします。下のカレンダーは博覧会とワークショップの日程を表しています。

国際地球保護博覧会（8月4日－22日）

日	月	火	水	木	金	土
						1
2	3	4	5W★	6	7	8W★
9W	10W★	11	12W	13	14	15W
16W	17W	18	19W★	20	21	22W★
23	24	25	26	27	28	29
30	31					

W＝ワークショップ（★英語）

問1 16 ④

「トレイシーは 16 を学ぶためのワークショップに参加しました。」

①「色を創造的に組み合わせること」

②「家庭の食品のむだを減らすこと」

③「家の部屋を飾り直すこと」

④「日用品を変化させること」

第2段落にトレイシーが博覧会で見たこと，体験したことが書かれている。第2段落の初めにThe exhibition on remaking household items was particularly inspiring.「家庭用品をリメイクする展示が特に刺激的でした。」とあるので，博覧会では，環境問題の取り組みとして，捨ててしまう家庭用品をリメイクして使い続ける方法を紹介していることがわかる。トレイシーがワークショップに参加したことは第2段落第6文に書かれている。I joined one of them and made a jewellery box from an egg carton.（私はそれら（＝ワークショップのセッション）の1つに参加し，卵パックから宝石箱を作りました。）とあり，ワークショップは日用品のリメイクを実際に体験するものであることがわかる。したがって，正解は④。色については卵パックをリメイクする際にベースカラーを選んだとあるだけで，「創造的に組み合わせる」ことはしていないので①は不適当。本文中にfood wasteの話題は出ていないので②も不適当。第2段落最後から2文目の最後にthe materials for decoration（飾り用の材料）とあるが，これは卵パックを飾るためであり，部屋の飾り直しとは関係がない。よって③も不適当。

問2 17 ③

「トレイシーの助言をもとに，あなたが英語のワークショップに参加するのに最適な日は 17 です。」

①「8月12日」

②「8月16日」

③「8月19日」

④「8月22日」

カレンダー下の注から，英語のワークショップがあるのは「W★」がついている日であることがわかる。8月12日，8月16日には★がついていないので，①と②は不適当。第3段落第2文にI strongly suggest that you avoid the weekend crowds（週末の混雑を避けることを強く勧める）とあるので，残る選択肢のうち土・日は除く。④の8月22日には「W★」がついているが土曜日なので，④も不適当。

③の８月19日は「W★」がついており，週末でもないので，この日が最適。③が正解。

【語句】

◇ expo = exposition「博覧会」

◇ no wonder (that ～)「～は少しも不思議ではない；当然だ」

◇ remake「～を作り直す〔改造する〕」

◇ household item「家庭用品」

◇ inspiring「触発する；鼓舞する」

◇ confidence「自信」

◇ usable「使用できる」

◇ 問１ ① creatively「創造的に」

◇ 問１ ④ transform「～を変形させる」

◇ 問２ recommendation「助言；勧め」

B

全訳 英国人の友人が，英国の犬に関するおもしろい記事をあなたに見せてくれます。

犬好きの楽園

もし，あなたの考える犬のシェルターが，犬たちがたいてい密な状態に置かれている場所だとしたら，グリーンフィールズにあるロバート・グレイの犬の救済シェルターへの訪問はあなたを驚かせることでしょう。昨年夏，この雑誌用の写真を撮るためにそこを訪れるよう依頼された時，私はそのチャンスに飛びつきました。たくさんの元気で幸せな犬が，野原を自由に駆け回っているのを見ることがどんなに素晴らしかったか，私は決して忘れないでしょう。

私が訪れた時は，約70匹の犬がそこで暮らしていました。それ以来，その数は100匹以上に増えています。これらの犬にとってこのシェルターは，放置されていたかつての暮らしとは異なる安全な場所です。オーナーのロバート・グレイは2008年にメルチェスターの通りからすみかのない犬たちを引き取り始めました。その頃，街なかで野生化する犬たちは，深刻化している問題でした。ロバートは裏庭でシェルターを始めましたが，日に日に保護した犬の数は増え続け，すぐに20匹に達しました。そのため2009年の夏に，彼はシェルターをグリーンフィールズのおじの農園に移しました。

私がグリーンフィールズで見たものは，犬たちにとって楽園のようでしたが，シェルターを運営するにあたって多くの困難に直面してきたとロバートは私に語りました。メルチェスターで始めたばかりの頃から，犬たちに食料や医療を与える費用がずっと問題でした。もう１つの問題は犬たちの行動に関するものです。近隣の農家の中には，彼らの土地を犬がうろついたり大きな声で吠えたりするのを好ましく思わない人もいます。そういった行動は彼らの農場の動物を怖がらせるからです。でもほとんどの犬は実際はとても人なつっこいです。

犬の数は増え続け，ロバートは訪問者が自分の好きな犬を見つけ，その犬にずっとすめる家を与えてくれることを望んでいます。マトリーと名付けられた愛らしい犬が，私の後をどこへでもついてきました。大好きになりました！私はマトリーに，家へ連れて帰るためにすぐに戻って来ると約束しました。

マイク・デイビス（2022年1月）

問１ 18 ① 19 ② 20 ④ 21 ③

「次の出来事を起こった順に並べなさい。」

18 → 19 → 20 → 21

①「犬のシェルターは金銭的な問題を抱え始めた。」

②「犬のシェルターは新しい場所に引っ越した。」

③「犬の数が100匹に達した。」

④「筆者はグリーンフィールズの犬のシェルターを訪れた。」

本文に出てくる順番と出来事が起こった順番が一致していないので注意が必要である。第１段落第２文にI was asked to visit there last summer（昨年夏，そこを訪れるよう依頼された）とあり，thereは前文のRobert Gray's dog rescue shelter in Greenfieldsを指すから，④が起こったのは昨年夏である。第２段落第１，２文を見ると，筆者が訪れた時の犬の数は約70匹で，Since then, the number has grown to over 100.（それ以来，その数は100匹以上に増えている。）とあるので，③は④より後ということになる。同じ段落の第４文にThe owner, Robert Gray, began taking in homeless dogs from the streets of Melchester in 2008（オーナーのロバート・グレイは2008年にメルチェスターの通りからすみかのない犬を引き取り始めた）とあり，メルチェスターでシェルターを始めたのが2008年であることがわかる。また，同段落最終文にはin the summer of 2009, he moved the shelter to his uncle's farm in Greenfields（2009年夏に彼はグリーンフィールズのおじの農場にシェルターを移した）とある。筆者が訪れたのは，移動したあとのグリーンフィールズだから，②は④よりも前の出来事である。残る①については，第３段落第２文にSince the very early days in Melchester, the cost ... has been a problem（メルチェスターで始めたばかりの頃から…費用が問題だった）とある。先ほど見たように，メルチェスターは最初にロバートがシェルターを作った場所で，その当時から金銭的な問題があったと言うことだから，①は②よりも前になる。したがって，正解は①→②→④→③となる。

問２　22　①

「犬のシェルターが始められたのは， 22 からである。」

①**「メルチェスターには，飼い主のいない犬がたくさんいた」**

②「人々は犬が通りを自由に走るのを見たかった」

③「グリーンフィールズの農家は自分たちの犬を心配していた」

④「人々が飼う犬をもらえる場所が必要だった」

第２段落第４文にThe owner, Robert Gray, began taking in homeless dogs from the streets of Melchester in 2008, when dogs running wild in the city were a growing problem.（オーナーのロバート・グレイは2008年にメルチェスターの通りからすみかのない犬たちを引き取り始めた。その頃，街なかで野生化する犬たちは，深刻化している問題だった。）とある。つまりメルチェスターで野良犬が増えている問題を解決するために，ロバートはシェルターを始めたのだから，①が正解。通りの野生化する犬が問題になっていたのだから②は不適当。グリーンフィールズの農家が心配しているのは，シェルターの犬が農場の動物たちを驚かせること（第３段落第４文）であり，自分たちの犬を心配しているわけではないから③も不適当。シェルターの訪問者が自分の好きな犬を見つけ，その犬を引き取ってくれることを，ロバートが望んでいることは，第４段落第１文から読み取れるが，これは最初にシェルターを始めた直接の理由ではないので，④も不適当。

問３　23　④

「この記事から，あなたは 23 ということを知った。」

①「ロバートのおじは2008年に犬を助けることを始めた」

②「その犬たちは静かで行儀がよい」

③「シェルターはこれ以上犬を受け入れるのを停止している」

④**「筆者は犬を引き取ることを考えている」**

最終文にI promised Muttley that I would return soon to take him home with me.（私はマトリーに家に連れて帰るためにすぐに戻って来ると約束した。）とあり，筆者はこの犬を引き取るつもりであることがわかる。マトリーは筆者がシェルターで出会った犬。④が正解。シェルターを始めたのはロバートのおじではなくロバート自身だから①は不適当。第３段落の最後に犬たちのほとんどがvery friendly（とても人なつっこい）とあるが，おとなしく行儀がよいという記述はない。②も不適当。第４段落に，シェルターの犬の数は増え続けており，ロバートは訪問者が犬を引き取ってくれることを望んでいることは書かれているが，犬の受け入れをやめたとは書かれていない。③も不適当。

【語句】

◇ neglect「放っておかれること；放置」

◇ run wild「(動物が) 野生化する」

◇ bark「吠える」

◇ frighten「～をぎょっとさせる」

◇ adorable「とてもかわいい」

◇ 問２　④　adopt「～を養子にする」

◇ 問３　learnt（英）＝learned（米）

◇ 問３　②　well behaved「行儀がよい」

第４問

全訳　あなたの家にホームステイに来るトムのスケジュールを組むために，あなたは家族とトムとの間で交わされたメールを読んでいます。

こんにちは，トム

あなたの到着が間近にせまっているので，いくつか詳細を確認するためにメールを書いています。まず，あなたは何時にアスカ国際空港に到着する予定ですか。到着エリアであなたをお迎えしたいと思っています。

あなたが我が家に滞在する間，私たちは一緒に食事をするつもりです。平日はふだん朝食を午前７時半に，夕食を午後７時に食べます。それで大丈夫ですか，それとも別の時間の方が，都合がいいですか？

私たちはあなたにアスカを案内したいと思っています。あなたが到着した翌日の，正午から午後４時まで，地域のお祭りがあります。あなたは神輿と呼ばれる，持ち運びできる神社を運ぶ集団の１つに，参加することができます。お祭りのあと，午後８時に川のそばで花火があり，午後９時までです。

それから，夜に一度あなたをレストランに連れて行きたいと思っています。添付したのは，私たちが好きな場所についての情報です。あなたが好きなものがわからないので，どれが一番良さそうか教えてください。

レストラン	コメント	注
アスカステーキ	地元で肉好きに人気の店	火曜休み
カグララーメン	チキンラーメンで有名	無休
寿司ほんばん	新鮮でおいしいシーフード	月曜休み
天ぷらいろは	とってもおいしい！	水曜休み

最後に，あなたのプロフィールによると，あなたは侍のフィギュアを集めているんですね。私たちの町の大通りである中央通りには，それらを売っている店がたくさんあります。食べ物，洋服，コンピュータゲーム，文房具などの店もあります。そこでとてもいい時間を過ごせると思います。どう思いますか。そこへ行ってみたいですか。
ではまたすぐに。
ホストファミリーより

次のメールはあなたの家族へのトムの返信です。

ホストファミリーの皆さん
　メールをありがとうございます。日本へ行くことをとても楽しみにしています。空港へ来ていただく必要はありません。ヒノデ大学が我々の大学キャンパスまでの移動を手配してくれています。メモリアルホールで午後７時まで歓迎会があります。歓迎会後，その建物の入り口で皆さんをお待ちします。それでいいでしょうか。

フライトの疲れから回復するのに半日は必要だと思います。ですから，翌日はゆっくり起きて，午後はただのんびりしたいかもしれません。夜の花火はおもしろそうですね。

月曜日から始まる私の語学の授業は，午前８時からなので，朝食をもう30分早く食べることはできますか？　午後の活動は５時に終わります。夕食は７時で完璧です。

コメント付きのレストラン一覧をありがとうございます。実を言うと，私はシーフードがあまり好きではなく，赤身の肉は食べません。10日は午後の活動がないので，その日に外食できないでしょうか。

買い物については，中央通りは素晴らしい場所のようですね。そこにいる間に，家族のために日本のお菓子も買いたいです。12日は語学の授業が正午に終わるので，その日の午後に買い物にいくのはどうでしょうか。

お目にかかるのが待ち切れません！
トム

トムのスケジュールのためのメモ

日付	家族と	学校
6（土）	到着，24でお迎え	歓迎会
7（日）	25	
8（月）		・語学の授業 午前８時－午後３時（金曜は昼まで） ・午後の活動は５時まで（水・金を除く）
9（火）		
10（水）	26で夕食	
11（木）		
12（金）	27と28の買い物	
13（土）	出発	
*月－金　朝食 29　夕食 午後7時		

問１　24　③

「あなたの家族はどこでトムに会いますか。」24

①「アスカ国際空港」

②「宴会場」

③ **「メモリアルホールの入り口」**

④「ヒノデ大学の正門」

あなたの家族はトムあてのメール第１段落で，アスカ国際空港への到着時間をたずね，We'd like to meet you in the arrivals area.（到着エリアであなたをお迎えしたいと思っている。）と書いている。それに対しトムは，返信メール第１段落第３文でYou don't have to come to the airport.（空港に来てもらう必要はない。）と書いているので，会うのは空港ではない。トムは第1段落第6文にI will wait for you at the entrance to the building（私はその建物の入り口で待っています）と書いており，the building は直前の文にあるMemorial Hallを指している。つまりトムが待っている場所は「メモリアルホールの入り口」である。③が正解。

問2　25　④

「トムが日曜日に行うことを選びなさい。」 25

①「歓迎会に参加する」

②「持ち運べる神社を運ぶ」

③「お祭りに行く」

④「花火を見る」

まず「日曜日」がいつにあたるのかを，最後のトムのスケジュールメモで確認する。トムの滞在中の日曜日は，到着翌日の7日だけである。トムあてのメールの中に到着翌日のことを探すと，第3段落第2文にThere will be a neighborhood festival on the day after you arrive from noon to 4 p.m.（あなたが到着した翌日の正午から午後4時まで地域のお祭りがあります。）とあり，次文でcarrying a portable shrine, called a *mikoshi*（神輿と呼ばれる持ち運びできる神社を運ぶこと）に参加できると言っている。さらにAfter the festival, at 8 p.m., there will be a fireworks display（お祭りのあと，午後8時に花火があります）と言っている。それに対してトムは，返信メールの第2段落第1・2文で，I might like to get up late and just relax in the afternoon the next day. The fireworks at night sound exciting.（翌日はゆっくり起きて，午後はのんびりしたいかもしれません。夜の花火はおもしろそうです。）と書いている。よってトムは，到着翌日の午後のお祭りや神輿への参加を断っているが，夜の花火については参加するつもりであることがわかる。以上より④が正解で，②と③は不適当。①の歓迎会への参加はトムの返信メールの第1段落によると到着当日の予定であり，到着は6日土曜日だから日曜日の予定ではない。よって①は不適当。

問3　26　②

「あなたの家族がトムを連れて行くレストランを選びなさい。」 26

①「アスカステーキ」

②「カグララーメン」

③「寿司ほんばん」

④「天ぷらいろは」

レストランの希望については，トムの返信メールの第4段落を参照する。第2文でI'm not fond of seafood, and I don't eat red meat（私はシーフードがあまり好きではなく，赤身の肉は食べない）と言っているので，肉好きに人気の「アスカステーキ」とシーフードがおいしい「寿司ほんばん」は除外する。第3文で，レストランに行く日は10th（10日）を提案しており，その日をスケジュール表で確認すると水曜日である。レストラン一覧では，「天ぷらいろは」は水曜日が休みなのでここには行くことができない。残りの②「カグララーメン」は，チキンラーメンが有名とあり，赤身の肉を食べないトムも食べられることがわかる。よって②が正解。

問4　27　28　①，④　（順不同。）

「トムが買いに行くものを選びなさい。」

27 · 28

①「アクションフィギュア」

②「洋服」

③「コンピュータゲーム」

④「食べ物」

⑤「文房具」

買い物については，トムあてのメールの最終段落の第2文で，あなたの家族は，トムの集めている侍のフィギュアが買える場所として，中央通りを挙げている。Chuo Dori ... has many shops that sell them (=samurai figures). There are also shops selling food, clothes, computer games, stationery, etc.（中央通りには，侍のフィギュアを売っている店がたくさんあります。食べもの，洋服，コンピュータゲーム，文房具などの店もあります。）と中央通りに買い物に行くことをトムに提案している。それに対してトムは，返信メールの最終段落の最初にAs for shopping, Chuo Dori sounds like a great place. While we're there I'd like to buy some Japanese snacks for my family, too.（買い物については，中央通りは素晴らしい場所のようですね。そこにいる間に，私は家族のために日本のお菓子も買いたい。）と書いている。したがって，トムは中央通りで，自分のために侍のフィギュアを買い，家族のためにお菓子も買うつもりであることがわかる。よってsamurai figuresをaction figuresと言い換えた①，Japanese snacksをfoodと言い換えた④が正解。その他の「洋服」，「コンピュータゲーム」，「文房具」は中央通りのお店で買えるものとして紹介しているが，トムはこれらには特にふれていないので，その他の選択肢は不適当。

問5 29 ②

「あなたたちはトムと朝食を 29 に食べるでしょう。」

①「午前6時30分」

②「午前7時」

③「午前7時30分」

④「午前8時」

朝食の時間については，あなたの家族はトムあてのメールの第2段落第2・3文で，We usually have breakfast at 7:30 a.m. ... Do you think that will work, or would another time suit you better?（私たちはふだん朝食を午前7時30分に食べます。それで大丈夫ですか，それとも別の時間の方が都合がいいですか？）とトムの都合をたずねており，トムはそれに対して，返信メールの第3段落の最初でmy language lessons are from 8 a.m., so could we eat breakfast 30 minutes earlier?（私の語学の授業は午前8時からなので，30分早く朝食を食べることはできますか。）とたずねている。トムは7時30分よりも30分早い時刻，つまり7時を希望しているので，②が正解。

【語句】

◇ just around the corner「もう間もなく」

◇ portable「持ち運びできる；携帯用の」

◇ attached「添付の」

◇ profile「紹介；プロフィール」

◇ stationery「文房具」

◇ banquet「宴会；晩餐会；祝宴」

◇ to tell (you) the truth「実を言えば」

◇ as for ～「～について言えば」

第5問

全訳 あなたは国際的な夏期講習に参加するための奨学金に応募するところです。応募過程の一部として，別の国の有名人に関するプレゼンテーションをしなければなりません。以下の記事をもとにしたプレゼンテーション用スライドを完成させなさい。

87年間の生涯で，ジャック・クストーは波の上でも下でも多くの偉大なことを行った。彼はフランス海軍の将校で，探検家で，環境活動家で，映画製作者で，科学者で，作家で，あらゆる種類の水中生物を研究する研究者であった。

1910年にフランスで生まれてパリの学校へ行き，その後1930年にフランス海軍兵学校に入学した。1933年に卒業したあと，パイロットになる訓練をしていたが，交通事故に巻き込まれて，ひどい怪我を負った。これが彼の飛行士のキャリアを終わらせた。怪我からの回復を促進するために，クストーは地中海で泳ぎ始め，それにより彼の水中生物への関心は高まった。この頃，彼は初めの水中調査を行った。もはやパイロットになるという夢を追いかけることはできなかったが，クストーは1949年まで海軍に残っていた。

1940年代，クストーは同じ村に住んでいたマルセル・イシャックと友達になった。2人は未知の到達困難な場所を探検したいという願望を分かち合っていた。イシャックにとって，それは山頂であり，クストーにとっては，海面下の神秘的な世界だった。1943年，この2人の隣人はフランス初の水中ドキュメンタリーで賞を取り，広く認められるようになった。

彼らのドキュメンタリー「水深18メートル」は，その前年に呼吸装置なしで撮影されたものだった。この成功に続いて，アクアラングとして知られる，非常に初期の水中呼吸装置を使用して，別の映画「難波船」を作った。「難破船」を撮影中，クストーは水中で呼吸できる時間の長さに満足せず，装置のデザインを改良した。彼が改良した装置のおかげで，1948年に彼はローマの難破船「マディア号」を探検することができた。

クストーは，初めて泳ぎ方を覚えたわずか4歳の頃から，いつも海を観察していた。1953年に出版された彼の本「沈黙の世界」の中で，彼は自分のボートの後をついてきたイルカの群れのことを書いている。イルカは音波探知（音波を使った航行）を使っているのではないかと，彼はずっと考えていたので，実験をしてみることにした。クストーはボートが水中地図による最適な進路には従わないように，方角を数度変更した。イルカは数分間は後についてきたが，やがて自分たちのもとの進路に戻っていった。これを見て，クストーは人類の音波探知の利用はまだ比較的新しかったにもかかわらず，イルカの能力に関する自分の予測に確信を持った。

生涯を通して，クストーの仕事は国際的に認められ続けた。彼はカメラで海面下の世界の美しさをとらえる能力を持っており，多くの出版物を通して一般の人々と画像を共有した。このことで，彼は1961年にナショナルジオグラフィックから特別金メダルを贈られた。後に，彼の生涯に渡る環境保護活動への情熱は，海や水生生物を守る必要性を人々に教育する助けとなった。このことで，彼は1977年に国連国際環境賞を受賞した。

ジャック・クストーの人生は，作家や映画製作者，音楽家にまで刺激を与えた。2010年，ブラッド・マトソンが「ジャック・クストー：海の王」を出版した。そのあと2016年には，彼が調査船カリプソ号の船長だった頃を描いた映画「オデッセイ」が続いた。クストーのキャリアの最盛期には，アメリカの音楽家ジョン・デンバーが，自分のアルバム「ウィンドソング」の中の１曲のタイトルとして，その調査船の名前を使った。

クストー自身も50冊以上の本と120作以上のテレビドキュメンタリーを生み出した。彼の最初のドキュメンタリーシリーズである「ジャック・クストーの海底世界」は10年続いた。彼の表現スタイルはこれらの番組をとても人気のあるものにし，２番目のドキュメンタリーシリーズである「クストーのオデッセイ」はさらに５年間放映された。ジャック・クストーの人生と仕事のおかげで，私たちは波の下で何が起こっているのかをより理解することができる。

あなたのプレゼンテーションのスライド：

ジャック・クストー

— 30 —

国際夏期研修用

プレゼンテーション

1

初期の経歴（1940年以前）

・海軍兵学校を卒業した

・ 31

・海中の調査を始めた

・海軍で働き続けた

2

1940年代

水中の世界を明らかにしたいと熱望した

↓

32

↓

33

↓

34

↓

35

3

主な作品

タイトル	説明
「水深18メートル」	初期の受賞ドキュメンタリー
36	(A) 科学的実験を書いた本 (B) 10年続いたドキュメンタリーシリーズ

4

貢献

・ダイビングの装置を開発した

・イルカが音波探知を使っていることを確認した

・水生生物についての魅力的なドキュメンタリーを制作した

・ 37

・ 38

5

問1 30 ④

「あなたのプレゼンテーションに最適なサブタイトルはどれですか。」 30

①「自然の美しさを写真でとらえる」

②「知的生物の神秘を発見する」

③「世界の頂上と底を探検する」

④「知られざる海中世界を知らせる」

記事の段落ごとの概要は以下の通り。

・第１段落：ジャック・クストーの紹介。波の上と下で多くの偉大な仕事をした。

・第２段落：初期の経歴。フランス海軍でパイロットを目指すも怪我で断念し，リハビリで泳いだことをきっかけに水中生物に興味を持ち，研究を始める。

・第３段落：1940年代，友人となったマルセル・イシャックは山頂，クストーは海中という到達困難な未知の場所を探検した。２人は水中ドキュメンタリー

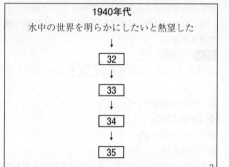

で賞をとり，有名になった。

・第４段落：最初のドキュメンタリーの成功を受け，水中呼吸装置を使った別のドキュメンタリーを作ったり，改良した呼吸装置を使って難破船の探検を行ったりした。

・第５段落：実験からイルカが音波探知の能力を持っていることを確信し，「沈黙の世界」という本で紹介した。

・第６段落：クストーは海中世界の美しさをカメラに収める能力があり，多くの出版物を通してその画像を世間に広めたことで，ナショナルジオグラフィックから賞を受けた。環境保護活動により国連からも賞を受けた。

・第７段落：クストーの人生は作家や映画製作者，音楽家にも影響を与え，本や映画，曲が作られた。

・第８段落：クストー自身も多数の本やテレビドキュメンタリーを制作し，ドキュメンタリー番組は長年続いた。

　以上より，クストーは生涯に渡って海中の世界を探求し，その成果を本や映像として公開してきたことがわかる。タイトルとしてふさわしいのは④である。①は第６段落の内容と合っているが，クストーの業績は写真だけではないので，副題としては不適当。②の intelligent creatures（知的生物）には第５段落のイルカが該当するが，イルカの実験もクストーの業績の一部でしかない。第３段落から，未知の場所として山頂を目指したのは友人のイシャックであることがわかる。よって③は top (of the world) がクストーに当てはまらない。以上より④が正解。

問２　31　②

「『初期の経歴（1940年以前）』のスライドを完成させるのに最もよい選択肢を選びなさい。」 31

①「水中の呼吸装置を開発した」

②「パイロットになるという夢をあきらめざるをえなくなった」

③「興味の中心を海から空へ変えた」

④「水中にいる時に大怪我を負った」

　1940年以前の経歴は，第２段落で説明されている。第２文に1933年に卒業したあと，パイロットになる訓練していた時に，交通事故でひどい怪我をしたとあり，第３文には This put an end to his flying career.（このことが彼の飛行士のキャリアを終わらせた。）とある。これに該当するのは②である。呼吸装置の開発については第４段落第３文の後半に made improvements to its design（その（＝呼吸装置の）デザインを改良した）とあるが，これは1940年以前のことではないので，①は不適当。第２段落第４文の後半で，怪我の回復を助けるために海で泳いだことが increased his interest in life underwater（水中生物への関心を高めた）とあり，それまで目指していたパイロットから海へと興味が移っているので，③は海と空が逆である。先述の通り，交通事故で怪我をしたので，水中にいる時ではない。④も不適当。

問３　32　②　33　⑤　34　①　35　④

「『1940年代』のスライドを完成させるために，５つの出来事のうち４つを選び，出来事が起こった順に並べなさい。」

32 → 33 → 34 → 35

①「改良した装置を使ってマディア号まで潜った。」

②「呼吸装置なしでドキュメンタリーを撮影した。」

③「隣人の１人が高所を探検するのを手伝った。」

④「フランス海軍を去った。」

⑤「賞を取り有名になった。」

　記事から選択肢に該当箇所する箇所を抜き出す。

・第２段落最終文：Cousteau remained in the navy until 1949（クストーは1949年まで海軍に残った）つまり，「フランス海軍を去った。」のは1949年…④

・第３段落最終文：In 1943, these two neighbors became widely recognized when they won a prize for the first French underwater documentary.（1943年にこの２人の隣人はフランスで最初の水中ドキュメンタリーで賞を取り，広く認知されるようになった。）…⑤

・第４段落第１文：Their documentary, *18 Meters Deep*, had been filmed the previous year without breathing equipment.（彼らのドキュメンタリー『水深18メートル』はその前年に呼吸装置なしで撮影されていた。）had been filmed と過去完了形になっていることに注目する。つまり，前文（第３段落最終文）の賞を取った1943年を基準に考え，ドキュメンタリーの撮影は，1943年の前年には完了していたということを，過去完了形で表している。したがって，「呼吸装置なしでドキュメンタリーを撮影した」のは1942年。…②

・第４段落最終文：His improved equipment enabled him to explore the wreck of the Roman ship, the

Mahdia, in 1948.（彼が改良した装置のおかげで，1948年に彼はローマの難破船「マディア号」を探検できた。）…①

時系列と本文の順番がバラバラなので注意すること。まとめると②（1942年）→⑤（1943年）→①（1948年）→④（1949年）である。

③に関しては，第3段落第1，3文に，「同じ村に住むイシャックとクストーは，2人とも未知の到達困難な場所を探検したいという願望を分かち合っており，イシャックにとってそれは山頂だった」と記されているが，クストーがイシャックの探検を手伝ったという記述はない。よって③はクストーの経歴には含まれない。

問4　36　④

「『主な作品』のスライドを完成させるのに最適な組み合わせを選びなさい。」 36

① (A)「難破船」 (B)「クストーのオデッセイ」
② (A)「難破船」 (B)「ジャック・クストーの海底世界」
③ (A)「沈黙の世界」 (B)「クストーのオデッセイ」
④ (A)「沈黙の世界」 (B)「ジャック・クストーの海底世界」

スライドの説明から，(A)には科学的実験を書いた本のタイトルが，(B)には10年続いたドキュメンタリーシリーズのタイトルが入ることがわかる。選択肢にある作品を(A)から確認しよう。*Shipwrecks*（難破船）は，第4段落第2文によると，*18 Meters Deep*の成功を受けて作成された，ごく初期の呼吸装置を使って撮影された映画である。よって*Shipwrecks*は不適当。*The Silent World*（沈黙の世界）は第5段落第2文によると，1953年に出版された本のタイトルで，ボートの後をついてきたイルカの群れのことを書いているとある。さらに第3文にHe had long suspected that dolphins used echolocation (navigating with sound waves), so he decided to try an experiment.（彼はイルカは音波探知（音波を使った航行）を使っているのではないかとずっと思っていたので，実験をしてみることにした。）とあり，この本にはこのイルカに関する実験が書いてあることがわかる。これは(A)の説明と一致するので，(A)は*The Silent World*が正解。

次に(B)を見ていく。ドキュメンタリーシリーズについては，第8段落に記述がある。第2文にHis first documentary series, *The Undersea World of Jacques Cousteau*, ran for ten years.（彼の最初のドキュメンタリーシリーズである「ジャック・クストーの海底世界」は10年間放送された。）とある。これは(B)の説明と一致するので，(B)は*The Undersea World of Jacques Cousteau*が正解。*The Cousteau Odyssey*（クストーのオデッセイ）については，第3文にa second documentary series, *The Cousteau Odyssey*, was aired for another five years（2つ目のドキュメンタリーシリーズである「クストーのオデッセイ」はさらに5年放送された）とある。*The Cousteau Odyssey*はドキュメンタリーシリーズではあるが，10年は続いていないので，不適当。したがって，(A)は*The Silent World*，(B)は*The Undersea World of Jacques Cousteau*だから，正解は④の組み合わせ。

問5　37　38　②，④（順不同。）

「『貢献』のスライドを完成するために，業績を2つ選びなさい。」 37 · 38

①「海洋生物についてのドキュメンタリーを放送するためにテレビ局を作った」
②「人々が海の環境を守るよう促した」
③「革新的な水中映画の制作をたたえる賞を設けた」
④「水中世界の美しい画像を多く作り出した」
⑤「フランス海軍でパイロットと研究者を訓練した」

第6段落第4文に，Later, his lifelong passion for environmental work would help educate people on the necessity of protecting the ocean and aquatic life.（後に，彼の生涯に渡る環境保護活動への情熱は，海や水生生物を守る必要性を人々に教育する助けとなった。）とあり，これは②の内容と一致する。また，同じ段落第2文に，He had the ability to capture the beauty of the world below the surface of the ocean with cameras, and he shared the images with ordinary people through his many publications.（彼はカメラで海面下の世界の美しさをとらえる能力を持っており，多くの出版物を通して一般の人々と画像を共有した。）とあり，④の内容と一致する。よって②と④が正解。

第8段落第1文にテレビドキュメンタリーを120本以上作ったと書かれているが，テレビ局を作ったという記述はない。①は不適当。クストーが受賞したことは第3段落，第6段落で紹介されているが，クストー自身が賞を設立したという記述はない。③も不適当。フランス海軍時代のことは第２段落に書かれており，パイロットの訓練を受けていたとあるが，クストーがパイロットや研究者を訓練していたわけではないので，⑤も不適当。

【語句】

◇ scholarship「奨学金」
◇ navy「海軍」
◇ explorer「探検家」
◇ environmentalist「環境活動家」
◇ filmmaker「映画製作者」
◇ put an end to ～「～を終わらせる」
◇ Mediterranean「地中海」
◇ carry out「(実験など) を行う」
◇ desire「願望」
◇ shipwreck「難波（船)」
◇ enable O to *do*「Oが…することを可能にする」
◇ suspect「～ではないかと思う」
◇ echolocation「音波探知」
◇ navigate「航行する」
◇ relatively「比較的」
◇ capture「～をとらえる」
◇ publication「出版物」
◇ passion「情熱」
◇ necessity「必要性」
◇ aquatic「水生の；水中に住む」
◇ honor「～に栄誉を授ける」
◇ air「(テレビなどで) ～を放送する」
◇ スライド３　reveal「～を明らかにする」
◇ スライド４　decade「10年間」
◇ スライド５　contribution「貢献」
◇ 問５ ①　broadcast「～を放送する」
◇ 問５ ③　establish「～を設立する」
◇ 問５ ③　innovative「革新的な」

第６問

A

全訳　あなたの学習グループは「虚偽記憶」について勉強しています。メンバーの１人が部分的なメモを作りました。この記事を読み，次の勉強会用のメモを完成させなさい。

虚偽記憶

記憶とは何だろう。ほとんどの人は，記憶とは，心の中にある，出来事のビデオ録画のようなものだと思っている。それが大事にしている愛の記憶であろうと恐れている失敗のようなものであろうと，私たちの多くは，自分の記憶は起こったことの永久的な記録だと信じている。時が経つにつれて記憶は思い出すのが難しくなるということは認めるかもしれないが，私たちは真実を覚えていると思っている。心理学者は，今ではこれは事実と異なると言っている。我々の記憶は変わる可能性があるし，変えられる可能性すらある。我々の記憶は，わずかに不正確な状態から完全な誤りまでどこへでも，変わりうるのだ！有名な研究者のエリザベス・ロフタスによると，完璧で正しく不変の記録というより，むしろ「記憶はいくらかウィキペディアのページのように機能する」ということだ。もとの著者も含めて，誰でも情報を編集することができる。

※著作権の都合で，全訳の一部を非掲載としています。

「現代心理学の父」と呼ばれるジークムント・フロイトの時代から，精神療法では問題を理解するために，人々に子供時代を思い出すよう求めてきた。20世紀後半には，人々は古い記憶を思い起こすことは心を癒やすのに良い方法だと信じていたため，患者にさまざまな昔の家族の状況を想像するよう促す実習や面接の技術があった。我々の記憶は多くの要因に影響されるため，今ではそのような活動は，偽の記憶につながるかもしれないことがわかっている。それは，何を思い出すかだけでなく，いつ思い出すか，思い出す時にどこにいるか，誰がたずねているか，どのようにたずねているかといったことだ。その結果，私たちは自分の想像から来たものを，本当の真実だと信じているのかもしれない。おそらく専門家は，「本当の記憶」のようなものがあるかどうかの研究を始めるべきなのだ。

要約メモ：

虚偽記憶

序論

・エリザベス・ロフタスが「記憶はいくらかウィキペディアのページのように機能する」と言う時，それは記憶が 39 という意味である。

ハイマンとビリングスの研究

・1回目の面接は学生が 40 ことを示す。

・彼らの研究の結果は 41 と 42 ということを示唆している。

結論

人々は記憶を確かなものと信じているが，我々の記憶は多くの物事に影響を受ける。昔の出来事に注意を集中することは，心を癒やすのに適した技術だったが，私たちは 43 ということを考えなければならない。

問1 39 ②

「39 の記述を完成させるのに最も適する選択肢を選びなさい。」

①「その人の本当の体験の報告である」

②「本人や他人によって変更される可能性がある」

③「時が経つにつれて思い出すのが難しくなるかもしれない」

④「他の人と自由に共有されるべきである」

39 には，「記憶はウィキペディアのページのように機能する」というロフタスの言葉の意味を説明する文で，「記憶は」に続く部分が入る。ロフタスのこの言葉は，本文の第１段落第８文にあり，次の文にAnyone, including the original author, can edit the information.（もとの著者も含めて，誰でも情報を編集することができる。）とある。これがウィキペディアの特徴である。ロフタスはこれが記憶の特徴に当てはまると言っているのである。②が正解。その他の選択肢は，ロフタスが挙げているウィキペディアの特徴とは関係がないので不適当。

問２　40　④

「40 の記述を完成させるのに最も適する選択肢を選びなさい。」

①「面接官に結婚式の詳細をすべて説明した」

②「子供時代の結婚式でのアクシデントを知っていた」

③「結婚式について偽の話を作り出すよう頼まれた」

④「面接官が言ったことについて確信がなかった」

40 には，１回目の面接が示している内容で「学生は」に続く部分が入る。１回目の面接では，面接官から５歳の頃の結婚式の話をされて，学生は最初の発言でI don't remember ... that's pretty funny ...（覚えていません…おかしいな…）と答えている。そのあとも「誰の結婚式だろう」など，面接官の言うことに対して確信が持てない様子が見える。よって④が正解。１回目の面接では，学生は，結婚式について覚えておらず，すべてを話したとは言えないので，①と②は不適当。１回目の面接の最後にある著者コメントに，「学生は次の面接の前に，今回の会話をよく考えるよう求められる」とあるが，偽の話を作り出すようには言われていないので，③も不適当。

問３　41　42　③，⑤（順不同。）

「41 と 42 に最も適する記述を２つ選びなさい。」

①「偽の出来事は幼い子供の記憶に容易に植え付けることができる」

②「我々の自信の度合いは記憶の真実性と関連があるに違いない」

③「人々は時に自分には一度も起こっていないことを思い出すようだ」

④「虚偽記憶を植え付けることは，研究者にたびたび批判されている」

⑤「記憶についてたずねるために使われる語句はその人の反応に影響を与える」

⑥「子供が大きな出来事が起きた状況を経験すると，それは安定した記憶を形作る」

41 と 42 には，ハイマンとビリングスの研究結果から示唆されることが入る。研究結果からわかることは，２回目の面接の次の段落で述べられている。第１文にThe students participating in this experiment came to believe that the false experiences the interviewers planted were absolutely true.（この実験に参加した学生は，面接官が植え付けた偽の経験が完全に本当だと信じるようになった。）とあり，これは実際には経験していないことを自分の記憶として考えるようになったということだから，③の内容と一致する。また，第３文には when talking about memories, word choice makes a big difference in responses（記憶について話す時，言葉の選択は反応に大きな違いをもたらす）とある。これは，⑤の内容と一致する。問われているのはハイマンとビリングスの研究結果から示唆されることであり，彼らの実験の対象は大学生であり，幼い子供に偽の出来事を植え付けようとしたわけではないから①は不適当。自信のレベルについては面接でもそのあとの分析でも言及がないので，②も不適当。虚偽記憶を植え付けるハイマンとビリングスの実験の手法が批判されているという記述はないので④も不適当。⑥についても，実験では大きな出来事が起きた状況と記憶の強さの関係を検証してはいないので不適当。以上より，③と⑤が正解。

問４　43　③

「『結論』を完成させるために 43 に最も適する選択肢を選びなさい。」

①「記憶についてたずねることは，よりはっきりと思い出すことに役立つ」

②「その技術は，誰が，何を，いつ，どこで，どのように，ということに焦点を当てる」

③「この精神療法の手法は我々が考えるほどは役に立たないのかもしれない」

④「出来事をより正確に思い出す能力に取り組まなければならない」

空所を含む文の前半の内容「昔の出来事に注意を集中することは心を癒やすのに適した技術だった（けれども）」は，記事の最終段落第２文のIn the late 20th century, people believed that recalling old memories was a good way to heal the mind（20世紀後半には，人々は古い記憶を思い起こすことは心を癒やすのに良い方法だと信じていた）に相当する。記事では続けてNow, we realize that such activities may lead to false memories（今では，そのような活動は偽の記憶につながるかもしれないとわかっている）と述べている。つまり「心を癒やすために古い記憶を思い出す方法は，昔は良いと思われていたが，虚偽記憶をもたらす可能性があるという点で，良い方法ではないかもしれないことが，今ではわかっている」ということなので，この内容と一致する③が正解。記憶をたずねることは，虚偽記憶を植え付けることにつながることが示されていたので，①の「よりはっきりと思い出すことに役立つ」は不適当。②に含まれるwho，what，when，where，howは最終段落の第4文に出てくるが，これは記憶に影響する要因の具体例として挙げられているもので，心を癒やすための技術とは関係がない。②も不適当。「出来事を正確に思い出す能力」については記事内に言及はないので④も不適当。

【語句】

◇ treasure「～を大事にする」
◇ psychologist「心理学者」
◇ *be* not the case「本当〔事実〕ではない」
◇ slightly「わずかに」
◇ investigate「～を調査する」
◇ scholar「学者」
◇ eventful「大きな出来事がある；波乱に富む」
◇ made-up「でっちあげた」
◇ refer to ～「～に言及する；～を参照する」
◇ bride「花嫁」
◇ bump (into) ～「～にぶつかる」
◇ recall「～を思い出す」
◇ mental therapy「精神療法」
◇ heal「～を治す〔癒やす〕」
◇ affect「～に影響を与える」
◇ factor「要因」
◇ while「…だけれども」
◇ adapted「～に適した」
◇ 問1 ② modify「～を修正する」
◇ 問3 ② confidence「自信；信頼」
◇ 問3 ② *be* related to ～「～と関連がある」
◇ 問3 ② truthfulness「真実；誠実」
◇ 問3 ④ criticize「～を批判する」
◇ 問3 ⑥ stable「安定した」
◇ 問4 ④ work on ～「～に取り組む」
◇ 問4 ④ precisely「正確に；厳密に」

B

全訳 あなたは，プレゼンテーションコンテストに向けて，ポスターを準備している学生グループの一員です。ポスターを作るために，以下の文章を使っています。

長さの単位の略史

古代から，人々は物を測定してきた。測定することは，人々が何かの長さや距離，大きさ，重さを，ある種の正確さで言うのに役立つ。重さや容積が食料の交換に重要である一方，最も有用な測定の1つは長さだと言えるだろう。なぜなら長さは面積を計算するのに必要であり，面積を計算することは，土地の交換や保護，課税において役立つからだ。

測定法は人体を基にしたり，人体に関連したりしていることが多かった。測定法として知られる最古のものの1つはcubit（キュービット）であり，これは紀元前約3千年紀のエジプトとメソポタミアで作られた。1 cubitは人のひじから中指の先端までの前腕の長さで，ある王室標準によると524 mmだった。加えて，古代ローマのフィート（296 mm）は，おそらくエジプト人が起源で，人間の足を基にしていた。

ヤードとして知られる測定単位は，おそらくローマ帝国侵略後の英国に由来し，cubitの2倍が基になっていると言われている。起源が何であれ，英国ではさまざまな異なるヤードが使われていた。12世紀に，ヘンリー1世の鼻から広げた腕の親指までの長さとして，ヤードが標準化されるまで，それぞれのヤードは異なる長さだった。しかし，14世紀になって初めて，公式な文書がヤードを3つの等しい部分 ―― 3つのフィート ―― 1フィートは12インチから成る ― に分けられるものとして記述した。この記述は，インチとフィートを標準化するのに役立ったが，ヘンリー7世がフィートとヤードの正式な金属見本を配布した，15世紀後半になって初めて，人々はフィートとヤードの本当の長さを確かに知るようになった。長年に渡り，数々の微調整が行われたが，1959年の国際ヤード・ポンド協定が，ついに標準のインチ，フィート，ヤードをそれぞれ25.4 mm，304.8 mm，914.4 mmと定義した。

測定法を開発するのに，基準として人体を用いるのは，西洋文化に特有なものではなかった。chi（尺）と呼ばれる中国の伝統的な長さの単位は，今では，1mの3分の1だが，もともとは親指の先から広げた中指の先までの長さとして定義され，約200 mmだった。けれども，年月を経てその長さは長くなり，中国のフィートとして知られるようになった。興味深いことに，日本のshaku（尺）はchiを基にしており，標準的な1フィートとほぼ同じである。ほんの1.8 mm短いだけである。

人体と測定法との関係は，航海術でも見られる。fathom（ファゾム：6フィート）は英語圏で水深を測るための最もよく知られた単位で，歴史的には古代ギリシャの測定単位だった。これは水夫が広げた腕と腕の間に伸ばすことができるロープの長さを基にしていたので，あまり正確な測定法ではなかった。他の多くの英国やアメリカの単位と同じように，それも1959年に標準化された。

メートル法は，1668年に最初に記述され，公式には1799年にフランス政府によって採用され，今では世界中で主要な測定法となっている。メートル法は多くの国でその国の標準的な測定法として，またはその国の伝統的な測定法に代わるものとして，徐々に採用されてきている。メートル法は，科学，医療，産業の専門職で主に使われている一方，伝統的な商業活動では，今でも地域の伝統的な測定法が使われ続けている。例えば日本では窓の幅はken（間：6尺）で測られる。

かつては，異なる測定単位間の関係についての理解は，商人や税務署員が知っていればよいだけのものだった。けれども，今や国際的なオンラインショッピングが世界中に広がっているので，私たちは皆，自分が買おうとしているものが，どのくらい多いのか，あるいは少ないのかを知るために，他国の測定法について少しは知っておく必要がある。

あなたのプレゼンテーションのポスターの下書き：

さまざまな文化，さまざまな測定法

1. 共通単位の目的

標準単位は以下のために使われる：

A. 人々がいくら税金を払うべきか計算する
B. 商業的な目的
C. 人体の部位を比較する
D. 食料の量を測る
E. 個人の土地を守る

2. 長さの単位の起源と歴史

45

46

3. 長さの単位の比較

図1．主な長さの単位の比較

47

4. 現代の単位

48

問1　44　③

「あなたがポスターの最初の見出しの下の記述を確認していた時，提案の1つが当てはまらないことにグループの皆が賛成しました。次のうち含むべきでは**ない**ものはどれですか。」 44

①「A（人々が税金をいくら払うべきか計算する)」
②「B（商業的な目的)」
③「C（人体の部位を比較する)」
④「D（食料の量を測る)」
⑤「E（個人の土地を守る)」

ポスターの1つ目の見出しの下の，AからEの5つの記述の中から，共通単位が使われる目的としては当てはまらない1つを答える問題。第1段落第3文にweight and volume are important for the exchange of food（重さと容量は食料の交換に重要である）とあり，Dの「食料の量を測ること」は共通の単位を使う目的の1つである。また第1段落の最終文では，one of the most useful measurements is length because it is needed to calculate area, which helps in the exchange, protection, and taxation of property（最も有用な測定の1つは長さだ。なぜなら長さは面積を計算するのに必要であり，それは土地の交換や保護，課税に役立つ）と述べているから，Aの「人々が税金をいくら払うべきかを計算すること」とEの「個人の土地を守る」も共通単位が使われる目的と言える。さらに，その食料や土地の交換は，Bの「商業的な目的」に通じると考えられる。人体の部位については，第2段落第1文に，Measuring systems would often be based on or related to the human body.（測定法は人体を基にしたり，人体に関連していることが多い。）とあるが，「人体の部位を比較する」ために共通単位を使うという記述はない。したがってCがリストの中から除外されるべき項目であり，正解は③。

問2 45 46 ②，⑤（順不同。）

「ポスターの２番目の見出しの下に，あなたは長さの単位に関する文を書かなければなりません。以下の中から最も的確なものを２つ選びなさい。（順不同。）」 45 · 46

① 「インチとメートルは1959年の国際ヤード・ポンド協定によって定義された。」

② 「手に関連した単位として始まった『チ』は，時が経つにつれて徐々に長くなった。」

③ 「キュービットは人の足の長さを基にした最古の単位の１つである。」

④ 「現在の標準ヤードの長さはヘンリー７世によって規格化された。」

⑤ 「ファゾムの起源は人が広げた腕の間の距離に由来する。」

⑥ 「ローマのフィートの起源は英国にさかのぼることができる。」

選択肢の順に関連個所を確認する。

① 1959年の国際ヤード・ポンド協定については，第３段落最終文にあり，そこで定義されたのはthe standard inch, foot, and yard（標準のインチ，フィート，ヤード）である。meterについては第６段落第１文にThe metric system, first described in 1668 and officially adopted by the French government in 1799（メートル法は，1668年に最初に記述され，公式には1799年にフランス政府によって採用された）とあるから，メートルは1959年の国際ヤード・ポンド協定によって定義されたのではない。①は不適当。

② chiについては，第４段落第２文に*chi* ... was originally defined as the length from the tip of the thumb to the outstretched tip of the middle finger（「チ」はもともとは親指の先から広げた中指の先までの長さとして定義された）とあるから，②の前半の「手に関連した単位」という説明は正しい。続く第３文ではover the years it (=chi) increased in length（年月を経てそれ（＝チ）は長さが長くなった）とあるから②の後半も正しい。②は正解。

③ cubitについては，第２段落第２文のOne of the earliest known measuring systems was the cubit（測定法として知られる最古のものの１つがcubitである）という部分が③と一致するが，続く第３文にOne cubit was the length of a man's forearm from the elbow to the tip of the middle finger（1 cubitは人のひじから中指の先端までの前腕の長さ）とあり，足の長さではないので，③はman's footが不適当。

④ 第３段落第５文の後半にKing Henry Ⅶ distributed official metal samples of feet and yards（ヘンリー７世がフィートとヤードの公式な金属見本を配布した）とあるが，これは15世紀後半のことで，続く第６文から，現在の標準のインチ，フィート，ヤードを定義したのは，1959年の国際ヤード・ポンド協定であることがわかるから，④は「ヘンリー７世によって」ではない。よって④は不適当。

⑤ fathomについては，第５段落第３文にit (=the fathom) was based on the length of rope a sailor could extend from open arm to open arm（fathomは水夫が広げた腕と腕の間に伸ばすことができるロープの長さを基にしていた）とあるので，⑤は正解。

⑥ Roman footについては，第２段落最後にthe old Roman foot ... probably came from the Egyptians（古代ローマのフィートは，おそらくエジプト人が起源である）とある。起源はGreat BritainではなくEgyptiansなので，⑥は不適当。以上より，正解は②と⑤である。

問3 47 ②

「ポスターの３番目の見出しの下に，あなたは文章内の単位のうちいくつかを視覚化するためのグラフが欲しいと思っています。短い単位（上部）から長い単位（下部）まで長さの違いを最もよく表しているグラフはどれですか。」 47

（グラフ省略）

本文に出てくる順にグラフ内で取り上げられている各単位の長さを確認していく。第２段落最終文にthe old Roman foot (296 mm)とある。yardの長さについては，第３段落第１文にcubitの倍の長さとあるが，これはまだ標準化されていないyardである。第３段落の最後文を見ると，1959年の 国際ヤード・ポンド協定で最終的に定義された長さは，standard footが 304.8 mm，standard yardは 914.4 mmである。shakuは第４段落最後の２文にthe Japanese *shaku* ... is almost the same as one standard foot. It is only 1.8 mm shorter.（日本の尺は標準のフィートとほぼ同じで，1.8 mm短いだけである）とあり，標準のフィートは 304.8 mmだからshakuは 304.8－1.8＝303 mmということになる。fathomは第５段落第２文によると６feetである。

1 footは 304.8 mmだから6倍すると1 fathomは1828.8 mmである。kenは第6段落最後に*ken* (6 *shaku*) とあるから，303×6＝1818 mm。以上より短い順に単位を並べると，Roman foot（296 mm），shaku（303 mm），standard foot（304.8 mm），standard yard（914.4 mm），ken（1818 mm），fathom（1828.8 mm）となる。グラフ②は上からこの順序に並んでおり，各棒グラフの長さから読み取れる数値も一致するからこれが正解。なお解説では，shaku，kenやfathomの数値を細かく計算したが，ken，fathomは，それぞれshaku，standard footの6倍だから，shaku＜standard footならken＜fathomであるとわかれば，数値まで計算する必要はない。

問4 48 ①

「ポスターの最後の見出しの下に，あなたのグループは本文を基にした，現代の単位についての文を加えたいと思っています。最も適切なものは次のうちどれですか。」 48

① **「メートル法が世界的に主要になったが，伝統的な測定法は地域の事柄では一定の役割を果たし続けている。」**

② 「広く行き渡っている標準化された測定法が受け入れられているのにもかかわらず，科学と医療は一貫性を保つために今も伝統的な単位を使っている。」

③ 「国境を越えたオンラインショッピングの増加がメートル法を世界標準にした。」

④ 「インチ，フィート，ヤードなどの現在の単位は，起源が人体の部位と関連しているchiを基にしている。」

メートル法については第6段落で説明されており，第2文にThis system (=The metric system) has slowly been adopted by many countries（メートル法は徐々に多くの国で採用されてきている）とある。続く第3文ではWhile the metric system is mainly used by the scientific, medical, and industrial professions, traditional commercial activities still continue to use local traditional measuring systems.（メートル法は科学や医療，産業の専門職で主に使われている一方，伝統的な商業活動では地域の伝統的な測定法が今でも使われ続けている。）と述べられている。これは①の内容と一致するので，①が正解。今見た通り，科学や医療ではメートル法が主に使われているのだから，②は不適当。メートル法の世界標準化については，第6段落第1・2文にメートル法は1799年にフランス政府によって正式に採用され，その後徐々に採用されるようになってきたとある。オンラインショッピングが増加したためにメートル法が標準化されたわけではないので，③は不適当。現在のインチ，フィート，ヤードについては，第3段落最終文にあるように，1959年のヤード・ポンド協定で定義されたものであり，その起源としては，第2段落，第3段落にRoman footやローマ侵略後の英国のyardが挙げてある。chiは第4段落で説明されている通り，中国の伝統的な単位であり，現在のインチやフィート，ヤードの起源ではない。よって④も不適当。

【語句】

◇ measure「動 ～を測る，名 測定単位」
◇ accuracy「正確さ；精度」
◇ argue that「…だと主張する」
◇ measurement「測定」
◇ calculate「～を計算する」
◇ taxation「課税」
◇ property「不動産；土地；財産」
◇ *be* based on ～「～に基づいている」
◇ millennium「1000年間」
◇ forearm「前腕（ひじから手首または指先まで）」
◇ in addition「その上；さらに」
◇ originate in ～「～に由来する；～に始まる」
◇ origin「起源；由来」
◇ standardize「～を規格化する；～を標準化する」
◇ outstretched「（腕などが）いっぱいに広げられた」
◇ distribute「～を分配〔配布〕する」
◇ for certain「確かに；はっきりと」
◇ adjustment「調整；調節」
◇ agreement「協定；合意」
◇ define「～を定義する」
◇ respectively「それぞれ；めいめいに」
◇ metric system「メートル法」
◇ adopt「～を採用する」
◇ dominant「主要な；支配的な」
◇ alternative「代わるもの」
◇ medical「医学の；医療の」
◇ industrial「産業の」
◇ commercial「商業の」

◇ width「幅」
◇ trader「商人；貿易業者」
◇ now that ...「(今や) …だから」
◇ 問1　heading「表題；見出し」
◇ 問2 ②　gradually「徐々に」
◇ 問2 ⑥　trace back to ～「～にさかのぼる」
◇ 問3　graphic「グラフ；図」
◇ 問3　visualize「～を視覚化する」
◇ 問3　represent「～を表す」
◇ 問4 ①　affair「事柄；出来事；事態」
◇ 問4 ②　consistency「一貫性」
◇ 問4 ②　acceptance「受け入れ；受容」
◇ 問4 ②　widespread「広く行き渡った」
◇ 問4 ③　cross-border「国境を越えた」

英語リスニング
解答・解説

～ CONTENTS ～

リスニング音声は，右の二次元コードを読み込むか，
下記URLから2026年3月末まで聞くことができます。

https://service.zkai.co.jp/books/zbooks_data/dlstream?c=3284

※リスニング音声は共通テストで実際に使われた音声となっています。そのため，本書のページ番号と音声内のアナウンスに一部異なる箇所があります。

試作問題　解答

合計点	/15

<table>
<tr><th>問題番号（配点）</th><th>設問</th><th>解答番号</th><th>正解</th><th>配点</th><th>自己採点</th></tr>
<tr><td rowspan="7">第C問
（15）</td><td>27</td><td>27</td><td>②</td><td>3</td><td></td></tr>
<tr><td>28</td><td>28</td><td>①</td><td rowspan="2">2※</td><td rowspan="2"></td></tr>
<tr><td>29</td><td>29</td><td>②</td></tr>
<tr><td>30</td><td>30</td><td>⑤</td><td rowspan="2">2※</td><td rowspan="2"></td></tr>
<tr><td>31</td><td>31</td><td>④</td></tr>
<tr><td>32</td><td>32</td><td>③</td><td>4</td><td></td></tr>
<tr><td>33</td><td>33</td><td>①</td><td>4</td><td></td></tr>
<tr><td colspan="6">（注）　※は，全部正解の場合のみ点を与える。</td></tr>
</table>

第C問

スクリプト

What is happiness? Can we be happy and promote sustainable development? Since 2012, the *World Happiness Report* has been issued by a United Nations organization to develop new approaches to economic sustainability for the sake of happiness and well-being. The reports show that Scandinavian countries are consistently ranked as the happiest societies on earth. But what makes them so happy? In Denmark, for example, leisure time is often spent with others. That kind of environment makes Danish people happy thanks to a tradition called "hygge," spelled H-Y-G-G-E. Hygge means coziness or comfort and describes the feeling of being loved.

This word became well-known worldwide in 2016 as an interpretation of mindfulness or wellness. Now, hygge is at risk of being commercialized. But hygge is not about the material things we see in popular images like candlelit rooms and cozy bedrooms with hand-knit blankets. Real hygge happens anywhere — in public or in private, indoors or outdoors, with or without candles. The main point of hygge is to live a life connected with loved ones while making ordinary essential tasks meaningful and joyful.

Perhaps Danish people are better at appreciating the small, "hygge" things in life because they have no worries about basic necessities. Danish people willingly pay from 30 to 50 percent of their income in tax. These high taxes pay for a good welfare system that provides free healthcare and education. Once basic needs are met, more money doesn't guarantee more happiness. While money and material goods seem to be highly valued in some countries like the US, people in Denmark place more value on socializing. Nevertheless, Denmark has above-average productivity according to the OECD.

和訳

幸福とは何だろうか。幸福でありながら持続可能な開発を促進することはできるだろうか。2012年以来，幸福と福祉を目的とした経済的持続性への新しいアプローチを開発するために，世界幸福度報告書が国連内の組織によって発表されている。報告書によれば，北欧諸国が世界で最も幸福な社会として絶えず上位に位置している。しかし，なぜ彼らはそれほど幸福なのだろうか。例えば，デンマークでは余暇の時間を他の人たちと共に過ごすことが多い。そのような環境がデンマークの人々を幸せにしているのは，H-Y-G-G-Eと綴る，“ヒュッゲ”と呼ばれる伝統のおかげである。ヒュッゲは居心地のよさや快適という意味で，愛されているという感覚を表している。

この単語は，マインドフルネスと心身の健康の解釈として2016年に世界的に知られるようになった。現在，ヒュッゲは商業化される危機に瀕している。しかし，ヒュッゲはろうそくの灯った部屋や手編みの毛布のある心地よい寝室といった一般的なイメージに見られる物質的なものに関するものではない。本当のヒュッゲはどこにでも生じる。公の場でも私的な場でも，室内でも屋外でも，ろうそくがあってもなくても。ヒュッゲの趣旨は，平凡で欠かせない仕事を有意義で楽しいものにしながら，愛する人たちとつながりのある生活を送ることだ。

おそらく，デンマークの人々は基本的な生活に必要なものの心配をする必要がないため，生活の中の小さく“ヒュッゲな”物事の価値を理解するのに長けているのだ。デンマークの人々は収入の30%から50%の税金を進んで納めている。これらの高い税金は無料の医療や教育を提供する，素晴らしい福祉制度を賄っている。基本的欲求が満たされれば，お金が増えるほどさらに幸福になるという保証はない。アメリカのようないくつかの国では，お金や形あるものに高い価値があると思われているが，デンマークの人々は人との交流にもっと重きを置いている。それにもかかわらず，OECDによるとデンマークの生産性は平均以上である。

ワークシート

○**世界幸福度報告書**
・目的：幸福度と福祉 27 を促進すること
・北欧諸国：(2012年以来) 一貫して世界で最も幸せである
なぜか？ ⇒ デンマークの“**ヒュッゲ**”という生活様式
⬇ 2016年に世界中に広がる

○**ヒュッゲの解釈**

	ヒュッゲの一般的なイメージ	デンマークの本当のヒュッゲ
何を	28	29
どこで	30	31
どのように	特別	日常

問27　27　②

① a sustainable development goal beyond（を超えた持続可能な開発目標）
② **a sustainable economy supporting（を支える持続可能な経済）**
③ a sustainable natural environment for（のための持続可能な自然環境）
④ a sustainable society challenging（に異議を唱える持続可能な社会）

素早くワークシートのメモに目を通し，該当箇所を聞き逃さないようにする。メモに目を通せば，本問では世界幸福度報告書の目的を完成させればよいことがわかる。報告書の目的については，講義の初めの方（第１段落第３文）でthe *World Happiness Report* has been issued ... **to develop new approaches to economic sustainability for the sake of happiness and well-being**「世界幸福度報告書が発表されているのは ... **幸福と福祉を目的とした経済的持続性への新しいアプローチを開発する**ため」と述べられている。同じ意味になるのは②。講義のeconomic sustainability「経済的な持続可能性」が②ではsustainable economy「持続可能な経済」と言い換えられている。

問28　28　①　　問29　29　②　　問30　30　⑤　　問31　31　④

① goods（物）　② relationships（関係）　③ tasks（仕事）
④ everywhere（どこでも）　⑤ indoors（室内で）　⑥ outdoors（屋外で）

表の空所と選択肢から，聞き取るポイントを事前に押さえておくこと。**ヒュッゲの一般的なイメージとデンマークにおける本物のヒュッゲを対比**する。 28 と 29 にはWhatに該当する答えが入るから，選択肢の①から③の中から選び， 30 と 31 にはWhereに該当する答えが入るから，④から⑥の中から選ぶ。

講義で，ヒュッゲの一般的なイメージについては，**hygge is not about the material things** we see in **popular images like candlelit rooms and cozy bedrooms** with hand-knit blankets「ヒュッゲは**一般的なイメージ**に見られるような**物質的な物ではない。ろうそくの灯った部屋**や手編みの毛布のある**心地よい寝室**といったような。」（第２段落第３文）と述べている。よって 28 には**material things**を**goodsと言い換えた**①が入る。**candlelit roomsやcozy bedroomsは室内だから**， 30 にはindoors（⑤）が入る。

本当のヒュッゲについては，**Real hygge happens anywhere** .... The main point of hygge is to live **a life connected with loved ones** while making ordinary essential tasks meaningful and joyful.「**本当のヒュッゲはどこにでも生じる。**ヒュッゲの趣旨は，平凡で欠かせない仕事を有意義で楽しいものにし

ながら，**愛する人たちとつながりのある生活**を送ることだ。」（第２段落第４～５文）と述べている。よって，31 にはeverywhere（④）が入る。29 には a life connected with loved ones「愛する人たちとつながりのある生活」をrelationshipsと言い換えた②が適切。

語句

◇ sustainable「持続可能な；環境に優しい」
◇ for the sake of ～「～のために；～の目的で」
◇ consistently「絶えず；一貫して」
◇ interpretation「解釈」
◇ mindfulness「マインドフルネス」（今この瞬間に意識を向けること。過去や未来ではなく，今自分の周りで起こっていることに注意を集めること。）
◇ wellness「心身の健康」
◇ at risk of ～「～の危険にさらされている」
◇ commercialize「～を商業化する，営利化する」
◇ material「物質的な」
◇ essential「不可欠の；根本的な」
◇ be better at ～「～がとても上手である；～に長けている」（< be good at ～）
◇ appreciate「～の価値を認める；～を正しく評価する」
◇ necessity「必需品」
◇ willingly「進んで；喜んで」
◇ meet「（要求・期待など）を満たす」
◇ guarantee「～を保証する」
◇ socialize「社交的に交際する」
◇ productivity「生産性」
◇ 問27 ④ challenge「～に異議を唱える」

問32 32 ③

スクリプト	和訳
Student A : Danish people accept high taxes which provide basic needs. Student B : Danish people value spending time with friends more than pursuing money.	生徒A：デンマークの人々は基本的なニーズを満たす高い税金を受け容れているね。 生徒B：デンマークの人たちはお金を追い求めるより，友だちと時間を過ごすことに価値を認めているんだよ。

① Aの発言のみ一致する
② Bの発言のみ一致する
③ **どちらの発言も一致する**
④ どちらの発言も一致しない

講義では，**Danish people willingly pay from 30 to 50 percent of their income in tax.「デンマークの人々は収入の30%から50%の税金を進んで**（willingly）**納めている。**」（第３段落第２文）と言っているので，生徒Aの発言は講義内容と一致する。また，第３段落第５文後半では…, **people in Denmark place more value on socializing「デンマークの人々は人との交流にもっと重きを置いている」**とあり，これはお金などに価値を置いているアメリカなど他国と比較しての記述である。これは生徒Bの発言と一致する。以上より③が正解。

語句

◇ pursue「～を追求する」

問33 **33** ①

スクリプト	和訳
Joe: Look at this graph, May. People in Denmark value private life over work. How can they be so productive?	ジョー：このグラフを見て，メイ。デンマークの人々は仕事よりプライベートを重んじているね。どうして彼らはそんなに生産性が高いんだろう。
May: Well, based on my research, studies show that working too much overtime leads to lower productivity.	メイ：そうね，私が調べたところでは，残業が多すぎると生産性の低下につながると示す研究があるよ。
Joe: So, working too long isn't efficient. That's interesting.	ジョー：じゃあ，長時間働きすぎるのは効率的じゃないってことだね。興味深いな。

（グラフタイトル：ワークライフ・バランス（仕事と生活のバランス））

（項目：デンマーク／アメリカ／OECD平均）

（残業時間（1週あたり）／余暇および身の回りの手入れ（1日あたり））

① **People in Denmark do less overtime work while maintaining their productivity.**
（デンマークの人々は生産性を維持しつつ，残業が少ない。）

② People in Denmark enjoy working more, even though their income is guaranteed.
（デンマークの人々は収入が保証されているにもかかわらず，仕事をより楽しんでいる。）

③ People in OECD countries are more productive because they work more overtime.
（OECD各国の人々は残業が多いので，生産性がより高い。）

④ People in the US have an expensive lifestyle but the most time for leisure.
（アメリカの人々はお金のかかる生活をしているが，余暇の時間が最も多い。）

講義の最終文に **Denmark has above-average productivity** according to the OECD「OECDによると，**デンマークの生産性は平均以上である**」とあり，グラフから残業は最も少ないことがわかる。①はこれと合致する。②の「収入が保証されている」および「仕事を楽しんでいる」は講義からも2人のディスカッションやグラフからも読み取れない。グラフからOECD 平均の残業時間は長いが，その生産性については述べられていないし，メイの発言から残業時間が長いと生産性の低下につながるとする研究があることがわかる。したがって③は不適当。グラフから余暇時間はアメリカよりデンマークの方が多く，④とは矛盾する。以上より①が正解。

語句

◇ ① maintain「～を維持する」

2024 本試　解答

第1問 小計	第2問 小計	第3問 小計	第4問 小計	第5問 小計	第6問 小計	合計点
						／100

問題番号（配点）	設問		解答番号	正解	配点	自己採点
第 1 問（25）	A	1	1	③	4	
		2	2	③	4	
		3	3	④	4	
		4	4	①	4	
	B	5	5	②	3	
		6	6	③	3	
		7	7	④	3	
第 2 問（16）		8	8	②	4	
		9	9	④	4	
		10	10	①	4	
		11	11	④	4	
第 3 問（18）		12	12	②	3	
		13	13	②	3	
		14	14	②	3	
		15	15	④	3	
		16	16	③	3	
		17	17	①	3	
第 4 問（12）	A	18	18	②	4※	
		19	19	①		
		20	20	④		
		21	21	③		
		22	22	⑤	1	
		23	23	⑥	1	
		24	24	④	1	
		25	25	②	1	
	B	26	26	①	4	
第 5 問（15）		27	27	④	3	
		28	28	③	2※	
		29	29	⑥		
		30	30	①	2※	
		31	31	④		
		32	32	①	4	
		33	33	④	4	
第 6 問（14）	A	34	34	②	3	
		35	35	④	3	
	B	36	36	①	4	
		37	37	②	4	

（注）　※は，全部正解の場合のみ点を与える。

第１問

A

問１　1　③

スクリプト	和訳
I have my notebook, but I forgot my pencil. Can I borrow yours?	私はノートを持っていますが，鉛筆を忘れました。あなたのものを借りてもいいですか。

① The speaker brought her pencil.（話者は鉛筆を持ってきた。）
② The speaker forgot her notebook.（話者はノートを忘れた。）
③ **The speaker needs a pencil.（話者には鉛筆が必要だ。）**
④ The speaker wants a notebook.（話者はノートが欲しい。）

鉛筆を忘れたと言ったあと，**Can I borrow yours?と言い足している**ことから，話者は相手の鉛筆を借りて使いたいと考えられるため，正解は③で，①は不正解。話者はノートを持っているので，②と④も不正解。

問２　2　③

スクリプト	和訳
You bought me lunch yesterday, Ken. So, shall I buy our movie tickets tonight?	昨日は私に昼食を買ってくれましたよね，ケン。だから私が今夜の映画のチケットを買いましょうか。

① Ken is offering to buy their lunch.（ケンは昼食を買うことを申し出ている。）
② Ken paid for the tickets already.（ケンはもうチケット代を支払った。）
③ **The speaker is offering to buy the tickets.（話者はチケットを買うことを申し出ている。）**
④ The speaker paid for their lunch yesterday.（話者は昨日の昼食代を支払った。）

話者が**shall I buy our movie tickets tonight?**と今夜の**映画のチケットを買うことを申し出ている**ので，③が正解で，②は不正解。また，ケンに「昨日の昼食を買ってくれました」と言っているので，①と④も不正解。

語句
◇ ① offer to *do*「…しようと申し出る」

問３　3　④

スクリプト	和訳
Do you know how to get to the new city hall? I've only been to the old one.	新市役所への行き方を知っていますか。私は旧市役所へしか行ったことがありません。

① The speaker doesn't know where the old city hall is.（話者は旧市役所がどこにあるのか知らない。）
② The speaker has been to the new city hall just one time.（話者は新市役所に一度だけ行ったことがある。）
③ The speaker hasn't been to the old city hall before.（話者は以前に旧市役所に行ったことがない。）
④ **The speaker wants to know the way to the new city hall.（話者は新市役所への行き方を知りたい。）**

話者は**Do you know how to get to the new city hall?**と**新市役所への行き方をたずねている**ので，④が正解。話者は「旧市役所へしか行ったことがありません」と言っているので，①と②と③は不正解。

問4　4　①

スクリプト	和訳
This pasta I made isn't enough for five people. So, I'll make sandwiches and salad, too.	私が作ったこのパスタは5人分には足りません。だから，サンドイッチとサラダも作ります。

① **The speaker didn't cook enough food.（話者は十分な食べ物を作らなかった。）**
② The speaker made enough sandwiches.（話者はサンドイッチを十分に作った。）
③ The speaker will serve more pasta.（話者はもっとパスタを出す。）
④ The speaker won't prepare more dishes.（話者は料理をこれ以上は作らない。）

話者は**「私が作ったこのパスタは5人分には足りません」**と言っているので，①が正解。続けて「サンドイッチとサラダも作ります」と言っているので，④は不正解。サンドイッチはこれから作るので，②も不正解。パスタはこれ以上は作らないので，③も不正解。

語句
◇ ④ prepare「（料理など）を作る」

B

問5　5　②

スクリプト	和訳
The season's changing. See, the leaves are falling.	季節は変わりつつあります。ほら，葉が落ちているところです。

選択肢にイラストが含まれる問題では，放送が流れる前に各イラストの差異を確認しておくのがポイント。**the leaves are falling と現在進行形**が用いられているので，**葉が落ちている最中である**②が正解で，葉が完全に落ちきった③は不正解。リンゴや雪については述べていないので，①と④は不正解。

問6　6　③

スクリプト	和訳
Our dog always sleeps by my brother while he plays video games. It's so cute.	うちの犬はいつも，弟がテレビゲームをしている間，彼のそばで寝ています。とてもかわいいです。

消去法で考えよう。**Our dog always sleeps by my brother** とあるので，犬が起きている①と④がまず外れる。さらに **while he(=my brother) plays video games** とあるので，弟が寝ている②も外れる。残った③が正解。

問7　7　④

スクリプト	和訳
The white fan is the slimmest, but the black one is the cheapest. Hmm .... Which to choose?	白い扇風機が最も細いけど，黒い扇風機が最も安い。うーん…。どれを選ぶべきか。

The white fan is the slimmest「白い扇風機が最も細い」とあるので，正解は①または④に絞られる。続けて **the black one is the cheapest「黒い扇風機が最も安い」**とあるので，正解は④。

第２問

問８　**8**　②

スクリプト	和訳
W：So, what does your cat look like?	女：それで，あなたのネコはどんな見た目ですか？
M：He's gray with black stripes.	男：彼はグレーで黒いしま模様があります。
W：Could you describe him in more detail?	女：彼のことをもっと詳しく説明してもらえますか？
M：He has a long tail. Oh, and its tip is white.	男：彼はしっぽが長いです。ああ，その先端は白いです。

問　Which is the man's cat?（男性のネコはどれか。）

イラストを見ながら話の流れを追っていけば，正解にたどり着ける。男性の**「グレーで黒いしま模様があります」**というネコについての説明から②か④が候補になる。さらに詳しい情報が追加され，**「しっぽが長い」「その先端は白い」**から②とわかる。

語句

◇ stripe「しま模様」

◇ tip「先端」

問９　**9**　④

スクリプト	和訳
M：The girl holding the book looks like you.	男：本を持っている女の子は君に似ているね。
W：Actually, that's my best friend. I'm in the front.	女：実は，それは私の親友なの。私は前列にいるわ。
M：Ah, you're the one with the hat!	男：ああ，帽子をかぶっているのが君だね！
W：That's right!	女：その通り！

問　Which girl in the photo is the woman?（写真のどの少女がその女性か。）

女性の１つ目の発言**I'm in the front.から正解は前列にいる③または④**に絞られる。続く男性の**you're the one with the hat! から，帽子をかぶっている④**が正解。なお，女性の１つ目の発言that's my best friendのthatは直前の男性の発言中のThe girl holding the book「本を持っている少女」を指す。

問10　**10**　①

スクリプト	和訳
W：Can you look on my desk for a white envelope?	女：私の机の上に白い封筒がないか探してくれる？
M：Is it the large one?	男：大きいの？
W：No, it's smaller. Can you check under the computer?	女：いえ，小さい方よ。パソコンの下を確認してくれる？
M：Yes, here it is.	男：うん，そこにあるよ。

問　Which envelope does the woman want?（女性はどの封筒が欲しいか。）

消去法で考えよう。女性は**「私の机の上に白い封筒がないか探してくれる？」**と言っているので，黒い封筒である③と，机の下にある封筒である④がまず外れる。さらに女性は**「小さい方」「パソコンの下」**と言っていることから，正解は①。

語句

◇ envelope「封筒」

問11　11　④

スクリプト	和訳
W：Can I reserve a private room for six people tonight?	女：今夜６人用の個室を予約できますか？
M：Sorry, it's already booked. But we do have two tables available in the main dining room.	男：申し訳ありませんが，もう予約が入っています。でもメインダイニングルームにはご利用いただけるテーブルが２つございます。
W：Do you have a window table?	女：窓際のテーブルはありますか？
M：We sure do.	男：ございます。

問　Which table will the woman probably reserve?（女性はおそらくどのテーブルを予約するか。）

最初に女性は**「６人用の個室」を予約したいと伝えるが，男性に断られている**ので，③は不正解。女性が予約したいのは**６人用のテーブル**であることがわかり，続けて男性が**「メインダイニングルームには**ご利用いただけるテーブルが２つございます」と述べていることから，正解は②または④に絞られる。女性が**「窓際のテーブルはありますか？」**とたずねていることから，窓際の６人用テーブルである④が正解。

語句

◇ private room「個室」

◇ available「利用可能な」

第３問

問12　12　②

スクリプト	和訳
M：I'll have a large cup of hot tea.	男：ホットティーのラージを１つください。
W：Certainly. That'll be ¥400, but you can get a ¥30 discount if you have your own cup.	女：かしこまりました。それは400円ですが，マイカップ持参なら30円引きになります。
M：Really? I didn't know that! I don't have one today, but I'll bring one next time.	男：本当に？ それは知らなかった！ 今日はマイカップを持っていないけど，次回は持ってきます。
W：OK, great. Anything else?	女：わかりました，いいですね。 他に何かございますか？
M：No, thank you.	男：いや，ないです。ありがとうございます。

問　What will the man do this time?（今回，男性はどうするか。）

① Ask for a discount（値引きを求める）

② **Pay the full price（正規料金を支払う）**

③ Purchase a new cup（新しいカップを購入する）

④ Use his personal cup（マイカップを使う）

客である男性が，店員である女性にホットティーを注文している場面。女性は**「それは400円ですが，マイカップ持参なら30円引きになります」**と伝えるが，男性は**「今日はマイカップを持っていない」**と言っている。したがって，男性は正規料金の400円を支払う必要があるので，②が正解で，①と④は不正解。マイカップについて男性は「次回は持ってきます」と述べるのみで，新たにマイカップを購入するとは言っていない。したがって，③も不正解。

語句

◇ ② full price「正規料金」

◇ ③ purchase「～を購入する」

問13　13　②

スクリプト	和訳
M：I'm thinking about buying a piano. I've really been enjoying my piano lessons.	男：僕はピアノの購入を考えているんだ。ピアノのレッスンを本当に楽しんでいるよ。
W：That's great!	女：それはすごいね！
M：But I don't want to disturb my neighbors when I practice at home.	男：でも家で練習する時に近所に迷惑をかけたくないんだよ。
W：How about getting an electronic keyboard? You can control the volume of the music or even use headphones.	女：電子キーボードを買うのはどう？ 音楽の音量を制御したり，ヘッドフォンを使用したりすることもできるよ。
M：That's a good idea! I'll get that instead!	男：それはいい考えだ！ 代わりにそれを買うよ！

問　What is the man going to do?（男性は何をするつもりか。）

① Begin taking piano lessons（ピアノのレッスンを受け始める）

② Buy an electronic keyboard（電子キーボードを買う）

③ Consider getting another piano（別のピアノの購入を検討する）

④ Replace the headphones for his keyboard（キーボードのヘッドフォンを取り替える）

男性が最後に言ったI'll get that instead! のthatが何を指すかがポイント。その前の女性の発言にHow about getting **an electronic keyboard**? とあり，続けて電子キーボードの利点を聞いて，男性が「それはいい考えだ！」と賛同している。したがって，thatはan electronic keyboardを指しており，男性は**「(ピアノの）代わりにそれ（＝電子キーボード）を買うよ！」**と述べているので，②が正解で，③は不正解。男性の最初の発言に「ピアノのレッスンを本当に楽しんでいる」とあるので，①は不正解。ヘッドフォンについては，女性が電子キーボードの説明の一環として触れているのみで，男性は何も述べていない。したがって，④も不正解。

語句

◇ disturb「～を騒がす；～に迷惑をかける」

◇ instead「代わりに」

◇ ④ replace「～を取り替える」

問14　14　②

スクリプト	和訳
W：I'd like to buy a jacket this afternoon.	女：今日の午後，ジャケットを買いたいんだ。

M：Have you ever been to a second-hand shop?	男：君は古着屋に行ったことはある？
W：No ...	女：ない…
M：I went to one last week. You have to look around, but you can find some good bargains.	男：僕は先週古着屋に行ったんだ。見て回る必要があるけど，いい掘り出し物が見つけられるよ。
W：That sounds like an adventure! Can you take me now?	女：冒険みたいね！ 今から連れて行ってくれる？
M：Sure, let's go!	男：うん，行こう！

問　What will the woman do?（女性は何をするか。）

① Buy a jacket at her favorite store（お気に入りの店でジャケットを買う）

② Go to a used-clothing store today（今日，古着屋に行く）

③ Shop for second-hand clothes next week（来週，古着を買いに行く）

④ Take her friend to a bargain sale（友達をバーゲンセールに連れて行く）

会話の流れを見ていこう。「ジャケットを買いたい」と言う女性に対し，男性が古着屋では「いい掘り出し物が見つけられるよ」と教えると，女性が興味を示し，**「今から連れて行ってくれる？」**と頼む。それを受け，男性が**Sure, let's go!**と応じている。以上から，男性が女性を**今から古着屋に連れて行く**ことがわかる。したがって②が正解。古着を買いに行くのは来週ではなく，今からなので，③は不正解。女性のお気に入りの店やバーゲンセールに行くのではないので，①と④も不正解。

語句

◇ second-hand shop「古着屋；中古屋」 *cf.* ② used-clothing store「古着屋」

◇ bargain「掘り出し物」

◇ adventure「冒険」

問15　15　④

スクリプト	**和訳**
W：The moving company is coming soon.	女：もうすぐ引っ越し業者が来るよ。
M：I thought that was later this afternoon.	男：それは今日の午後遅くだと思ったんだけど。
W：No, they'll be here in an hour. I'm putting everything here in the living room into boxes. Can you help me?	女：ううん，あと1時間で来るの。私はこのリビングにあるものをすべて箱に入れているところなの。手伝ってくれる？
M：OK, I'll just finish packing up the bedroom first.	男：わかった，まずは寝室の荷造りを終わらせるよ。
W：All right, I'll keep working in here then.	女：わかった，じゃあ私はここでやり続けるね。

問　What is the woman doing now?（女性は今，何をしているか。）

① Getting things ready in the bedroom（寝室でものを準備している）

② Helping the man finish in the bedroom（寝室で男性が終えるのを手伝っている）

③ Moving everything into the living room（すべてのものをリビングに移動している）

④ Packing all the items in the living room（リビングにあるものをすべて詰めている）

女性の２つ目の発言に，**現在進行形**を用いた**I'm putting everything here in the living room into boxes.「私はこのリビングにあるものをすべて箱に入れているところなの」**があるので，正解は④。ものをリビングに移動させているのではないので，③は不正解。最後のやり取りで，男性の「まずは寝室の荷造りを終わらせるよ」を受け，女性は「じゃあ私はここ（＝リビングルーム）で（ものをすべて箱に入れることを）やり続けるね」と言っている。つまり女性は寝室で荷造りをしていないので，①も不正解。女性は男性を手伝うとは言っていないので，②も不正解。

語句

◇ moving company「引っ越し業者」
◇ pack up ～「～の荷造りをする」
◇ keep *doing*「…し続ける」
◇ ① get ～ ready「～を準備する」
◇ ② help O *do*「Oが…するのを手伝う」

問16　16　③

スクリプト	和訳
M：What will you do tomorrow?	男：明日は何をするの？
W：I'll visit my grandfather's horse farm. I'll go riding and then take a hike. Would you like to come?	女：祖父の馬牧場を訪ねるの。乗馬してからハイキングに行くんだ。あなたも行かない？
M：Sure, but I'll just take photos of you riding. I'm afraid of horses.	男：もちろん，でも僕は君が乗馬している写真を撮るだけにするよ。馬が怖いんだ。
W：Well, OK. After that, we can go hiking together.	女：ふうん，わかった。そのあと，一緒にハイキングに行けるよ。
M：That sounds nice!	男：それはいいね！

問　What will the man do tomorrow?（男性は明日，何をするか。）

① Learn to ride a farm horse（農耕馬の乗り方を学ぶ）
② Ride horses with his friend（友達と馬に乗る）
③ **Take pictures of his friend（友達の写真を撮る）**
④ Visit his grandfather's farm（彼の祖父の牧場を訪れる）

会話の流れを見ていこう。男性の「明日何をするか」という質問に，女性は「祖父の馬牧場を訪ねるの」と答え，男性を誘う。男性は牧場に行くことはOKするが，**I'll just take photos of you riding.「僕は君が乗馬している写真を撮るだけにするよ」**と言う。したがって，③が正解で，①と②は不正解。牧場の持ち主は男性の祖父ではなく，女性の祖父なので，④も不正解。

語句

◇ Would you like to *do*?「（あなたは）…してはどうですか。」

問17　17　①

スクリプト	和訳
W：Did you finish your homework?	女：宿題は終わった？
M：Yes. It took so long.	男：うん。とても時間がかかったよ。
W：Why? We just had to read two pages from the textbook.	女：どうして？　私たちは教科書を２ページ読まなければいけないだけだったよ。
M：What? I thought the assignment was to write a report on our experiments.	男：えっ？　宿題は実験のレポートを書くことだと思っていたよ。
W：No, we were only told to read those pages for homework.	女：ううん，それらのページを宿題として読むように言われただけだよ。

M：Oh, I didn't do that.	男：えっ，そんなことしなかったよ。

問　What did the boy do?（少年は何をしたか。）

①　He finished writing a science report.（彼は理科のレポートを書き終えた。）

②　He put off writing a science report.（彼は理科のレポートを書くのを先延ばしにした。）

③　He read two pages from the textbook.（彼は教科書を２ページ読んだ。）

④　He spent a long time reading the textbook.（彼は長時間かけて教科書を読んだ。）

男性は最初の発言で宿題は終わったが，「とても時間がかかったよ」と言っており，２つ目の発言では**「宿題は実験のレポートを書くことだと思っていたよ」**と述べている。つまり，男性は，**理科のレポートを宿題だと勘違いして書き終えた**ことがわかるので，①が正解で，②は不正解。女性から宿題は「教科書を２ページ読まなければいけないだけだった」と聞き，男性は最後の発言でI didn't do that.と言っている。つまり男性は教科書を読まなかったので，③と④も不正解。

語句

◇ assignment「課題；宿題」

◇ experiment「実験」

◇ ② put off ～「～を先延ばしにする；～を延期する」

第４問

A

問18　18　②　　**問19**　19　①　　**問20**　20　④　　**問21**　21　③

スクリプト	**和訳**
We went to Midori Mountain Amusement Park yesterday. To start off, we purchased some limited-edition souvenirs and put them into lockers. Then we dashed to the recently reopened roller coaster, but the line was too long so we decided to eat lunch instead. After lunch, we saw a parade marching by, and we enjoyed watching that. Finally, we rode the roller coaster before we left the park.	僕たちは昨日みどり山遊園地に行きました。まずは，限定版のおみやげを買い，ロッカーに預けました。それから僕たちは最近再オープンしたジェットコースターに急いで行きましたが，行列が長すぎたので，代わりに昼食を食べることにしました。昼食後，僕たちはパレードが行進していくのを見かけ，それを見て楽しみました。最後に，遊園地を出る前に僕たちはジェットコースターに乗りました。

エピソードが時系列で語られるので，話に出てきた順にイラストを選べばよい。**「限定版のおみやげを買い，ロッカーに預けました（②）」→「昼食を食べることにしました（①）」→「それ（パレード）を見て楽しみました（④）」→「ジェットコースターに乗りました（③）」**という順である。「（ロッカーに預けてから，）ジェットコースターに急いで行きましたが，行列が長すぎたので，代わりに昼食を食べることにしました」を聞き逃して，②→③→①→④としないこと。

語句

◇ to start off「まずは；始めに」

◇ limited- edition「限定版」

◇ souvenir「おみやげ」

◇ dash「急いで行く」

◇ roller coaster「ジェットコースター」

問22 22 ⑤ **問23** 23 ⑥ **問24** 24 ④ **問25** 25 ②

スクリプト	和訳
Here's your schedule for this year's summer classes. Monday and Thursday will begin with Social Welfare classes. Immediately after the Monday Social Welfare class, you'll have Math class. On Tuesday and Friday, you'll hear lectures about ancient Egypt and the Roman Empire during first period. These lectures will be followed by Business Studies on both days. On Wednesday, you'll have Biology first period, and second period will be Environmental Studies. Finally, after Social Welfare on Thursday, you'll have your French or Spanish class.	これが今年の夏季講座のスケジュールです。月曜日と木曜日は社会福祉学の授業から始まります。月曜日の社会福祉学の授業の直後に，数学の授業があります。火曜日と金曜日，1時間目は古代エジプトとローマ帝国についての講義を聞きます。両日とも，これらの講義に経営学が続きます。水曜日は1時間目に生物学，2時間目は環境学があります。最後に，木曜日の社会福祉学の授業のあとにはフランス語またはスペイン語の授業があります。

それぞれの曜日の1時間目と2時間目に何の授業があるかが問われている。まず**「月曜日と木曜日は社会福祉学の授業から始まります」**と**「月曜日の社会福祉学の授業の直後に，数学の授業があります」**から，22 は「数学（⑤）」。**「火曜日と金曜日，1時間目は古代エジプトとローマ帝国についての講義を聞きます」**とある。古代エジプトとローマ帝国についての講義とは世界史のことなので，23 は「世界史（⑥）」。**「両日（＝火曜日と金曜日）とも，これらの講義に経営学が続きます」**から，25 は「経営学（②）」。**「木曜日の社会福祉学の授業のあとにはフランス語またはスペイン語の授業があります」**から，24 は「語学（④）」。

語句

◇ Social Welfare「社会福祉学」
◇ immediately「すぐに」
◇ lecture「講義」
◇ Roman Empire「ローマ帝国」
◇ Business Studies「経営学」
◇ Biology「生物学」
◇ Environmental Studies「環境学」

B

問26 26 ①

スクリプト	和訳
1. It would be fun to have a bowling game as our group's activity. Everybody loves bowling, and we can prepare the game using free recycled materials! We'll only need 8 people working at one time, and games can finish within 15 minutes!	1. 私たちのグループの活動としてボウリングゲームをするのは楽しいでしょう。誰もがボウリングが大好きですし，無料のリサイクル素材を使用してゲームを準備できます！　一度に必要な運営者はたった8人で，ゲームは15分以内に終了できます！
2. How about doing a face painting activity this year? I think we can finish painting each person's face in about 30 minutes, and the	2. 今年はフェイスペインティング活動をしてみませんか？　1人あたりの顔のペイントは約30分で終わると思いますし，演劇部にはすでに私たちが使

theater club already has face paint we can use. It will take all 20 of us to run the whole event.

3. Let's have a fashion show for our activity! We can do it for free by using our own clothes to create matching looks for couples. Visitors can be the models and 12 of us will work during the show. The show will be less than 20 minutes.

4. I think having visitors experience a tea ceremony would be fun. Each ceremony will take about 10 to 15 minutes and we only need 7 people to work each shift. We will just need to buy the tea and Japanese sweets.

えるフェイスペイント用絵の具があります。イベント全体を運営するには私たち20人全員が必要です。

3. 私たちの活動でファッションショーをしましょう！ カップル用のペアルック製作に手持ちの服を使うことで，それを費用をかけずにできます。来場者がモデルになることができ，ショーの間は私たちのうちの12人が運営します。ショーは20分未満となります。

4. 来場者に茶道を体験してもらうのは楽しいと思います。一度の点前につき約10～15分かかり，運営に必要な人数は点前ごとにたった７人です。私たちはただお茶と和菓子を購入するだけです。

問 “ 26 ”があなたが選ぶ可能性が最も高いだろう。

① Bowling game（ボウリングゲーム）
② Face painting（フェイスペインティング）
③ Fashion show（ファッションショー）
④ Tea ceremony（茶道）

各出し物についての説明を聞きながら，３つの条件「A. 参加者が20分以内で体験」「B. 一度に10人以下で運営」「C. 費用が全くかからない」について表にメモを書き込んでいくことで，正解を導くことができる。①の Bowling game は**15分以内に終了でき，一度に必要な運営者はたった８人で，無料のリサイクル素材を使用して準備でき，３つの条件をすべて満たしている**ので①が正解。②の Face painting は一人あたりの顔のペイントは約30分，イベント全体の運営には20人が必要，演劇部にフェイスペイント用絵の具があるとあり，条件Ａと条件Ｂを満たしていない。③の Fashion show はショーは20分未満で，ショーの間は12人が運営し，カップル用のペアルック製作に手持ちの服を使って費用をかけずにできるとあり，条件Ｂを満たしていない。④の Tea ceremony は一度の点前につき約10～15分かかり，点前ごとに７人必要で，お茶と和菓子を購入するとあり，条件Ｃを満たしていない。

アイデア	条件Ａ **（参加者が20分以内で体験）**	条件Ｂ **（一度に10人以下で運営）**	条件Ｃ **（費用が全くかからない）**
① ボウリングゲーム	**○ 15分以内**	**○ ８人**	**○ 無料リサイクル素材**
② フェイスペインティング	× 約30分	× 20人	○ 演劇部の絵の具で無料
③ ファッションショー	○ 20分未満	× 12人	○ 手持ちの服で無料
④ 茶道	○ 約10～15分	○ ７人	× お茶と和菓子を購入

語句
◇ recycled material「リサイクル素材」

◇ theater club「演劇部」
◇ paint「絵の具」
◇ run「～を運営する」
◇ matching looks「ペアルック」
◇ less than ～「～より少ない」
◇ tea ceremony「茶道」

第5問

スクリプト

This afternoon, we're going to talk about the unique characteristics of glass and recent innovations in glass technology. Glass does not release any dangerous chemicals and bacteria cannot pass through it, which makes it suitable for storing food, drinks, and medicine. Glass can also be cleaned easily, reused many times, and recycled repeatedly, making it friendly to the environment. A surprising characteristic of glass is that it doesn't break down in nature. This is why we can still see many examples of ancient glass work at museums.

Glass-making began in Mesopotamia roughly 4,500 years ago. Beads and bottles were some of the first glass items made by hand. As glass-making became more common, different ways of shaping glass developed. One ancient technique uses a long metal tube to blow air into hot glass. This technique allows the glassblower to form round shapes which are used for drinking glasses or flower vases. Spreading hot glass onto a sheet of hot metal is the technique used to produce large flat pieces of window glass.

Today, new technology allows glass to be used in exciting ways. 3D printers that can make lenses for eyeglasses have been developed. Smart glass can be used to adjust the amount of light that passes through airplane windows. Other types of glass can help control sound levels in recording studios or homes. Moreover, tiny pieces of glass in road paint reflect light, making it easier to see the road at night.

Due to these characteristics, glass can be found

和訳

本日の午後は，ガラスの独特な特性とガラステクノロジーの最近の革新についてお話しします。ガラスは危険な化学物質を放出せず，細菌がそれを通過できず，そのために食品，飲料，薬の保管に適しています。またガラスは簡単にきれいにすることができ，何度も再利用でき，繰り返しリサイクルできるので環境に優しい素材です。ガラスの驚くべき特性は，自然界で分解しないことです。これが博物館で古代のガラス作品の標本を今でも多く見ることができる理由です。

ガラス製造は約4,500年前にメソポタミアで始まりました。ビーズや瓶は手作りされた最初のガラス製品の一部です。ガラス製造がより一般的になるにつれて，ガラスを成形するさまざまな方法が開発されました。ある古代の技術では，長い金属管を使って熱いガラスに空気を吹き込みます。この技術により，吹きガラス職人はグラスや花瓶に使用される丸い形状を成形することができます。熱い金属のシート上に熱いガラスを広げることは，大きくて平らな窓ガラスを製造するために使用される技術です。

現在，新しいテクノロジーにより，ガラスはわくわくするような方法で使用できるようになりました。メガネのレンズを作れる3Dプリンターが開発されました。スマートガラスは飛行機の窓を通過する光の量を調整するために使用されます。レコーディングスタジオや自宅の騒音レベルの制御に役立つ他の種類のガラスもあります。さらに，道路塗装に含まれる小さなガラス片が光を反射し，夜間の道路を見やすくしています。

このような特性により，私たちはどこに行っても

everywhere we go. Our first group investigated the use of glass in some European countries. Group 1, go ahead.	ガラスを目にすることができます。最初のグループはヨーロッパのいくつかの国でのガラスの使用について調査しました。グループ1，どうぞ。

ワークシート

ガラス：素晴らしい素材

●ガラスは…ことが**ない。**

◆危険な化学物質を放出する

◆ 27

◆自然界で分解する

●ガラス：

製造	形 28	窓 29
現在のテクノロジーの使用	部屋 30	道路 31

問27　27　④

① allow for repeated recycling（リサイクルの繰り返しを可能にする）

② have unique recycling qualities（独特のリサイクル性を有する）

③ keep bacteria out of medicine（薬に細菌が入らないようにする）

④ **permit bacteria to go through（細菌の通過を許可する）**

ガラスの特性については第1段落で述べられている。第2文に**bacteria cannot pass through it(=glass)「細菌がそれ（＝ガラス）を通過できず」**とあるので，④が正解。また非制限用法の関係代名詞whichを用いて，「その（細菌がガラスを通過できない）ため，（ガラスは）食品，飲料，薬の保管に適しています」とあり，それと反対のことを述べている③は不正解。第3文にGlass can also be ... recycled repeatedly, making it friendly to the environment.「またガラスは…繰り返しリサイクルできるので環境に優しい素材です。」とあり，それと反対のことを述べている①と②も不正解。

問28　28　③　　問29　29　⑥　　問30　30　①　　問31　31　④

① Adjusts sound in（～の音を調整する）

② Arranged in（～に配置される）

③ Blown into（～に吹き込まれる）

④ Improves safety of（～の安全性を向上させる）

⑤ Reflects views of（～の景色を反射する）

⑥ Spread into（～に広げられる）

ガラスの製造については第2段落，現在のテクノロジーの使用については第3段落で述べられている。第2段落第4～5文の**One ancient technique uses a long metal tube to blow air into hot glass. This technique allows the glassblower to form round shapes which are used for drinking glasses or flower vases.「ある古代の技術では，長い金属管を使って熱いガラスに空気を吹き込みます。この技術により，吹きガラス職人はグラスや花瓶に使用される丸い形状を成形することができます。」**から，28 には③を入れて「形に吹き込まれる」とすればよい。第2段落第6文の**Spreading hot glass onto a sheet of hot metal is the technique used to produce large flat pieces of window glass.「熱い金属のシート上に熱いガラスを広げることは，大きくて平らな窓ガラスを製造するために使用される技術です。」**から，29 には⑥を入れて「窓ガラスに広げられる」とすればよい。第3段落第4文の**Other types of glass can help control sound levels in recording studios or homes.「レコーディングスタジ**

オや自宅の騒音レベルの制御に役立つ他の種類のガラスもあります。」から，[30]には①を入れて「部屋の音を調整する」とすればよい。第3段落第5文の**tiny pieces of glass in road paint reflect light, making it easier to see the road at night「道路塗装に含まれる小さなガラス片が光を反射し，夜間の道路を見やすくしています」**から，[31]には④を入れて「道路の安全性を向上させる」とすればよい。

問32 32 ①

① **Glass has been improved in many ways by technology for modern life.**
(ガラスは現代の生活に合わせてテクノロジーによってさまざまな用途に改良されてきた。)

② Glass has been replaced in buildings by inexpensive new materials.
(建物のガラスは安価な新素材に置き換えられてきている。)

③ Glass is a material limited in use by its weight, fragility, and expense.
(ガラスは重さ，もろさ，費用の点で用途が制限される素材である。)

④ Glass is a modern invention necessary in many aspects of our daily life.
(ガラスは日常生活のさまざまな場面で必要な近代の発明である。)

第1段落では危険な化学物質を放出しない，細菌を通さない，自然界で分解しないといった**ガラスの特性**，第2段落では**約4,500年前にメソポタミアで始まったガラス製造とその技法**，第3段落では**現在のテクノロジーを使ったガラス**について述べ，最終段落で**「このような特性により，私たちはどこに行ってもガラスを目にすることができます」**と結論づけている。これらを端的にまとめた内容である①が正解。用途が制限されていることは本文には述べられていないので，③は不正解。ガラスは日常生活のさまざまな場面で使われているが，近代の発明ではないので，④も不正解。②についてはそのような内容は述べられていないので，これも不正解。

語句

◇ innovation「革新」
◇ chemical「化学物質」
◇ bacteria「細菌」
◇ suitable for ～「～に適する」
◇ break down「分解する」
◇ Mesopotamia「メソポタミア」
◇ glassblower「吹きガラス職人」
◇ 3D printer「3Dプリンター」
◇ due to ～「～のおかげで」
◇ investigate「～を調査する」
◇ 問32 ③ fragility「もろさ」

問33 33 ④

スクリプト

Given a choice of buying a product in a glass container or a different kind of container, approximately 40% of Europeans choose glass. Our group researched why: reasons include food safety, ease of recycling, and availability of products. We

和訳

ガラス容器または別の種類の容器に入った商品を購入するという選択肢があるとすると，ヨーロッパ人の約40%はガラスを選択します。私たちのグループはその理由を調査しました。その理由としては，食品の安全性，リサイクルのしやすさ，商品の入手

focused on the following three countries: Croatia, the Czech Republic, and France. Let's look at the information in detail.	可能性などが挙げられます。私たちは次の３ヵ国，すなわちクロアチア，チェコ共和国，フランスに焦点を当てました。情報を詳しく見てみましょう。

① Glass can be recycled repeatedly, but "ease of recycling" is the least common reason in the Czech Republic and Croatia.
（ガラスは繰り返しリサイクルできるが，チェコ共和国とクロアチアでは「リサイクルのしやすさ」が最も少ない理由となっている。）

② Glass is harmful to the environment, but "food safety" is the most common reason in the Czech Republic and Croatia.
（ガラスは環境にとって有害だが，チェコ共和国とクロアチアでは「食品の安全性」が最も多い理由である。）

③ Glass products are preferred by half of Europeans, and "ease of recycling" is the most common reason in France and Croatia.
（ガラス製品はヨーロッパ人の半数が好んでおり，フランスとクロアチアでは「リサイクルのしやすさ」が最も多い理由となっている。）

④ Glass products can be made using ancient techniques, and "availability of products" is the least common reason in France and Croatia.
（ガラス製品は古代の技術を使って作ることができ，フランスとクロアチアでは「商品の入手可能性」が最も少ない理由となっている。）

グラフのタイトルは**「消費者がガラス容器入りの商品を選ぶ理由」**で，クロアチア，チェコ共和国，フランスの３ヵ国において，**「食品の安全性」「リサイクルのしやすさ」「商品の入手可能性」のそれぞれの理由が占める割合**を表している。講義本体の第２段落に，**ガラス製品は古代の技術を使って作ることができる**ことが述べられており，さらにグラフから**「商品の入手可能性」がフランスでは９%，クロアチアでは７%で最も低い理由になっている**。したがって，④が正解。「リサイクルのしやすさ」はチェコ共和国では７%で最も低いが，クロアチアでは24%で２番目に低い理由なので，①は不正解。「食品の安全性」はチェコ共和国では32%，クロアチアでは42%とともに最も多い理由だが，講義本体の第１段落で，ガラスは環境に優しい素材だと述べられている。したがって，②も不正解。ガラス製品をヨーロッパ人の半数が好んでいるかどうかについてはどこにも述べられておらず，また「リサイクルのしやすさ」はフランスでは33%と最も多いが，クロアチアでは24%と一番多い理由ではないので，③も不正解。

語句

◇ given ～「～があるとすると；～を考慮すると」(分詞構文)
◇ approximately「約；およそ」
◇ Croatia「クロアチア」
◇ Czech Republic「チェコ共和国」
◇ ② harmful「有害な」

第6問

A

スクリプト	和訳
Michelle：Jack, did you know that there's a ferry from England to France? I've always wanted to see the English coast from the ferry. I imagine it would be so beautiful.	ミシェル：ジャック，イングランドからフランスへのフェリーがあることを知ってた？ フェリーからイングランドの海岸を見てみたいとずっと思っていたの。とても美しいだろうと思うんだ。
Jack：Hmm, but I thought we should go by train. It'd be much easier.	ジャック：うーん，でも僕は列車で行くべきだと思ったよ。その方がずっと簡単だよ。
Michelle：Come on. We can also smell the sea air and feel the wind.	ミシェル：ちょっと。海の香りをかいだり，風を感じたりもできるんだよ。
Jack：That's true. But actually, I get seasick whenever I travel by boat.	ジャック：その通り。でも実は，僕は船で旅行するといつも船酔いするんだ。
Michelle：Oh, I didn't know that. Have you tried taking medicine for it?	ミシェル：まあ，それは知らなかった。船酔いの薬を飲んでみたことはある？
Jack：Yeah, I've tried, but it never works for me. I know you want to take the ferry, but ...	ジャック：うん，やってみたことはあるけど，僕には全然効かないんだ。君がフェリーに乗りたいのはわかるけど…
Michelle: It's OK. I understand. Well, I suppose it is faster to take the train, isn't it?	ミシェル：大丈夫だよ。わかった。そうだね，列車に乗った方が早いよね。
Jack：Yes. And it's much more convenient because the train takes us directly to the center of the city. Also, the station is close to the hotel we've booked.	ジャック：うん。列車を使えば街の中心部まで直接行けるので，もっとずっと便利だよ。それに，駅は予約したホテルの近くにあるんだ。
Michelle：I see. It does sound like the better option.	ミシェル：なるほど。それはよりよい選択みたいだね。
Jack：Great. Let's check the schedule.	ジャック：素晴らしい。時刻表を確認しようよ。

問34　34　②

問　Which opinion did Michelle express during the conversation?
（ミシェルは会話中にどんな意見を表明したか。）

① Booking a hotel room with a view would be reasonable.
（眺めのいいホテルの部屋を予約するのが妥当だろう。）

② Looking at the scenery from the ferry would be great.
（フェリーから景色を眺めるのは素晴らしいだろう。）

③ Smelling the sea air on the ferry would be unpleasant.（フェリーで海の香りをかぐと不快になるだろう。）

④ Taking the ferry would be faster than taking the train.
（列車に乗るよりフェリーに乗った方が早いだろう。）

ミシェルは最初の発言で**I've always wanted to see the English coast from the ferry. I imagine it would be so beautiful.「フェリーからイングランドの海岸を見てみたいとずっと思っていたの。とても美しいだろうと思うんだ。」**と言っているので，②が正解。続けて2つ目の発言ではフェリーを推す理由の1つとしてWe can also smell the sea air「海の香りをかぐことができる」ことをよいこととして挙げているので，③は不正解。また4つ目の発言ではI suppose it is faster to take the train, isn't it?「（フェリーに乗るよりも）列車に乗った方が早いよね。」と言っているので，④も不正解。①については まったく述べていないので，これも不正解。

問35　35　④

問　What did they decide to do by the end of the conversation?
（彼らは会話の終わりまでに何をすることに決めたか?）

① Buy some medicine（薬を買う）
② Change their hotel rooms（ホテルの部屋を変える）
③ Check the ferry schedule（フェリーの時刻表を確認する）
④ **Take the train to France（フランス行きの列車に乗る）**

ミシェルの最後の発言のIt does sound like the better option.「それはよりよい選択みたいだね。」のItが指すことがポイント。この発言は直前のジャックの「列車を使えば街の中心部まで直接行けるので，もっとずっと便利だよ。それに，駅は予約したホテルの近くにあるんだ。」に賛同するものなので，Itは「列車に乗ること」を指している。つまり**ミシェルは「列車に乗ることはよりよい選択みたいだね。」と言い，ジャックはそれを受けてGreat. Let's check the schedule.「素晴らしい。時刻表を確認しようよ。」**とミシェルを誘っている。彼らはイングランドからフランスへの旅行について話しているので，彼らが乗るのは**フランス行きの列車**。したがって，④が正解。2人はフェリーではなく列車の時刻表を確認するので，③は不正解。薬については，ジャックが船酔いの薬について，「僕には全然効かないんだ」と述べているのみなので，①も不正解。ホテルについては，ジャックが「駅は予約したホテルの近くにあるんだ」と述べているのみなので，②も不正解。

語句
◇ seasick「船酔いした」
◇ whenever「…する時はいつも」
◇ suppose「～だと思う」
◇ the center of ～「～の中心」
◇ 問34　① reasonable「妥当な；適当な」
◇ 問34　③ unpleasant「不快な」

B

スクリプト

Chris：For my new year's resolution, I've decided to start doing something healthy. Do you have any good suggestions, Amy?

Amy：Good for you, Chris! It's important to find something that you won't give up easily. I also want to do something, like walking, for instance. Chris, why don't we walk in the morning together?

Chris：That sounds good. Haruki, do you want to join us?

Haruki：Sorry. I started running last year. It's

和訳

クリス：新年の抱負として，僕は何か健康的なことを始めようと決めたんだ。何かいい提案はあるかな，エイミー。

エイミー：あなたにはいいことね，クリス！ 簡単にはやめないだろうことを見つけることが大切だよ。私も何かしてみたいな，例えば，ウォーキングとか。クリス，朝一緒に散歩しない？

クリス：それはよさそうだね。ハルキ，僕たちと一緒にやらない？

ハルキ：ごめん。僕は昨年ランニングを始めたんだ。

tough, but refreshing. Linda, you exercise a lot, don't you?	大変だけど，爽快だよ。リンダ，君はよく運動しているよね？
Linda：Yeah, recently I've been trying "super-short workouts." One workout takes only 10 minutes.	リンダ：うん，最近は「超短時間トレーニング」に挑戦しているの。1回のトレーニングにかかる時間はわずか10分だよ。
Haruki：Ten minutes? Linda, is that enough? I need at least an hour to feel satisfied.	ハルキ：10分？ リンダ，それで十分なの？ 満足するには，僕は少なくとも1時間は必要だよ。
Linda：Yes. Super-short workouts are really efficient. You just need to push yourself extremely hard for a short time. Why don't you try them too, Chris?	リンダ：うん。超短時間トレーニングはとても効率的なんだ。必要なのは，短時間に極端にハードに自分を追い込むことだけなの。クリス，あなたもやってみない？
Chris：Yeah, now that I think about it, walking takes too long. But I could easily spare 10 minutes for a workout. That way, I'm definitely not going to quit. Amy, would you like to try the super-short workouts, too?	クリス：そうだね，今考えてみると，ウォーキングは時間がかかりすぎる。でもトレーニングのための10分は簡単に確保できるだろう。そうすれば，絶対に止めないだろう。エイミー，君も超短時間トレーニングをやってみない？
Amy：It sounds interesting, but I prefer more moderate exercise. So, I'm going to start walking to the station every day. It's only about 30 minutes, which is fine for me.	エイミー：おもしろそうだけど，私はもっと適度な運動の方が好きなんだ。だから，私は毎日駅まで歩くことを始めるつもり。たった30分くらいなので，私にはちょうどいいよ。
Chris：OK. So Linda, can we work out together?	クリス：わかった。それでリンダ，一緒にトレーニングしない？
Linda：Sure. How about this Saturday? It'll be fun!	リンダ：もちろん。この土曜日はどう？ 楽しくなりそう！

問36　36　①

エイミーは１つ目の発言で「私も何かしてみたいな，例えば，ウォーキングとか」と言っており，最後の発言でも「私は毎日駅まで歩くことを始めるつもり」と述べ，**ウォーキングをすると決めている。**ハルキは１つ目の発言で「昨年ランニングを始めた」という理由でクリスからの**ウォーキングへの誘いを断っている。**リンダは１つ目の発言で「超短時間トレーニングに挑戦しているの」と言い，その後の発言でも一貫して超短時間トレーニングのメリットを述べており，**最後までウォーキングをするとは一言も述べていない。**クリスはエイミーからウォーキングに誘われ，２つ目の発言で「それはよさそうだね」といったんはウォーキングに興味を示したが，３つ目の発言では「ウォーキングは時間がかかりすぎる」という理由で，超短時間トレーニングの方に興味が移っている。そして最後の発言では「リンダ，一緒にトレーニングしない？」とリンダを誘っているので，**超短時間トレーニングをすることに決めたとわかる。**したがって，ウォーキングをすることに決めたのはエイミーだけなので，正解は①。

問37　37　②

① （図表）運動はあなたを手助けする
② （図表）フィットネスの効果
③ （図表）運動と病気の関係
④ （図表）人はいつ運動するか

リンダは超短時間トレーニングについて最初の発言では**「1回のトレーニングにかかる時間はわずか10分」**，さらに2つ目の発言では**「とても効率的なんだ。必要なのは，短時間に極端にハードに自分を追い込むことだけなの」**と説明している。したがって，「フィットネスの効果」というタイトルで，**「10分間の激しい運動（超短時間トレーニング）」と「45分間の適度な運動（標準的トレーニング）」が同じ効果であることを示している**②が正解。①のような運動することによる効果，③のような運動と病気の関係，④のような運動する時間については，リンダはまったく述べていないので，すべて不正解となる。

語句

◇ new year's resolution「新年の抱負」
◇ for instance「例えば」
◇ refreshing「爽快な；爽やかな」
◇ efficient「効率的な」
◇ push「～を追い込む」
◇ extremely「極端に」
◇ moderate「適度な」
◇ 問37　② intense「激しい」

2023 本試　解答

第1問 小計	第2問 小計	第3問 小計	第4問 小計	第5問 小計	第6問 小計	合計点
						/100

問題番号(配点)	設問		解答番号	正解	配点	自己採点
第1問 (25)	A	1	1	①	4	
		2	2	①	4	
		3	3	①	4	
		4	4	④	4	
	B	5	5	③	3	
		6	6	①	3	
		7	7	②	3	
第2問 (16)	8		8	④	4	
	9		9	④	4	
	10		10	③	4	
	11		11	②	4	
第3問 (18)	12		12	②	3	
	13		13	④	3	
	14		14	④	3	
	15		15	④	3	
	16		16	①	3	
	17		17	①	3	

(注)　※は，全部正解の場合のみ点を与える。

問題番号(配点)	設問		解答番号	正解	配点	自己採点
第4問 (12)	A	18	18	①	4※	
		19	19	④		
		20	20	③		
		21	21	②		
		22	22	①	1	
		23	23	⑥	1	
		24	24	②	1	
		25	25	①	1	
	B	26	26	④	4	
第5問 (15)	27		27	②	3	
	28		28	②	2※	
	29		29	⑥		
	30		30	⑤	2※	
	31		31	③		
	32		32	③	4	
	33		33	④	4	
第6問 (14)	A	34	34	③	3	
		35	35	①	3	
	B	36	36	①	4	
		37	37	②	4	

第1問

A

問1 1 ①

スクリプト	和訳
Sam, the TV is too loud. I'm working. Can you close the door?	サム，テレビがうるさすぎます。私は働いているのです。ドアを閉めてもらえませんか。

① **The speaker is asking Sam to shut the door.（話者はサムにドアを閉めるように頼んでいる。）**

② The speaker is asking Sam to turn on the TV.（話者はサムにテレビをつけるように頼んでいる。）

③ The speaker is going to open the door right now.（話者は今ドアを開けるつもりだ。）

④ The speaker is going to watch TV while working.（話者は仕事中にテレビを見るつもりだ。）

話者はサムに Can you close the door?「ドアを閉めてもらえませんか。」と頼んでいることから，正解は①で，「話者がドアを開けるつもり」という③は不適当。「テレビがうるさすぎる」と言っていることから，現在テレビはついていることがわかるので，②は不適当。仕事中の話者がテレビの音をうるさがっているので，④も不適当。

問2 2 ①

スクリプト	和訳
I've already washed the bowl, but I haven't started cleaning the pan.	私はボウルをもう洗ってしまいましたが，鍋はまだ洗い始めていません。

① **The speaker finished cleaning the bowl.（話者はボウルを洗い終えた。）**

② The speaker finished washing the pan.（話者は鍋を洗い終えた。）

③ The speaker is cleaning the pan now.（話者は今鍋を洗っている。）

④ The speaker is washing the bowl now.（話者は今ボウルを洗っている。）

完了形が聞き取れるかどうかが鍵。話者はI've already washed the bowl「ボウルをもう洗ってしまった」（完了）と言っているので，finished cleaning the bowl「ボウルを洗い終えた」と言い変えている①が正解で，現在進行形の④は不適当。またI haven't started cleaning the pan「鍋はまだ洗い始めていない」と言っているので，②と③も不適当。

問3 3 ①

スクリプト	和訳
Look at this postcard my uncle sent me from Canada.	おじがカナダから私に送ってくれたこのハガキを見てください。

① **The speaker received a postcard from her uncle.（話者はおじからハガキを受け取った。）**

② The speaker sent the postcard to her uncle in Canada.（話者はカナダにいるおじにハガキを送った。）

③ The speaker's uncle forgot to send the postcard.（話者のおじはハガキを送ることを忘れた。）

④ The speaker's uncle got a postcard from Canada.（話者のおじはカナダからのハガキを受け取った。）

話者はpostcard (that) my uncle sent me from Canada「おじがカナダから私（＝話者）に送ったハガキ」を誰かに見せているので，送り主はおじで，受取人は話者。したがって①が正解。②は送り主と受取人が逆になっているので不適当。おじはハガキを送ったので，③も不適当。カナダからのハガキを受け取ったのはおじではなく話者なので，④も不適当。

語句

◇ ③ forget to *do*「…することを忘れる」*cf.* forget *doing*「…したことを忘れる」

問4　4　④

スクリプト	和訳
There are twenty students in the classroom, and two more will come after lunch.	教室には20人の生徒がいて，昼食後にもう２人来るだろう。

① There are fewer than 20 students in the classroom right now.（現在20人未満の生徒が教室にいる。）

② There are 22 students in the classroom right now.（現在22人の生徒が教室にいる。）

③ There will be just 18 students in the classroom later.
（後に教室には18 人だけ生徒がいることになるだろう。）

④ **There will be more than 20 students in the classroom later.**
（後に教室には20人を超える生徒がいることになるだろう。）

教室には，現在はThere are twenty students「20人の生徒がいる」，そして昼食後はtwo more will come「もう２人来るだろう」，つまり後に22人の生徒がいることになる。したがって，22人を「20人を超える」と言い換えている④が正解。現在は20人の生徒がいるのだから，①と②は不適当。昼食後には生徒が22人になるのだから，③も不適当。

B

問5　5　③

スクリプト	和訳
There's not much tea left in the bottle.	ボトルにはお茶はあまり残っていません。

この手の問題では，放送が流れる前に各イラストの差異を確認しておくのがポイント。本問ではお茶の残量に注目する。There's not much tea「お茶はあまりない」と言っているので，ボトルに少量お茶が残っている③が正解。②は残量が多すぎるので不適当。ボトルいっぱいにお茶がある①と，ボトルが空の④も不適当。

問6　6　①

スクリプト	和訳
I can't see any cows.　Oh, I see one behind the fence.	私には１頭も牛が見えません。おや，柵の後ろに１頭見えます。

まずI can't see any cows. と言っているが，続けてOh, I see one（=a cow）behind the fence. と言っているので，最初は牛が１頭もいないと思ったが，柵の背後に牛が１頭いるのに気づいたという状況であることがわかる。したがって①が正解。

問7　7　②

スクリプト	和訳
I'm over here. I'm wearing black pants and holding a skateboard.	私はここにいます。私は黒いパンツをはいてスケートボードを持っています。

I'm wearing black pants and holding a skateboard.「私は黒いパンツをはいてスケートボードを持っています。」と言っているので，②が正解。白いパンツを着用しているので，①と③は不適当。黒いパンツを着用しているがスケートボードを手に持っていないので，④も不適当。

第2問

問8　8　④

スクリプト	和訳
M：This avatar with the glasses must be you!	男：この眼鏡をかけているプロフィール画像は君に違いない！
W：Why, because I'm holding my favorite drink?	女：なぜ？　大好きな飲み物を持っているから？
M：Of course! And you always have your computer with you.	男：もちろん！ そして君はいつもコンピューターを持っている。
W：You're right!	女：その通りよ！

問　**Which avatar is the woman's?（どのプロフィール画像が女性のものか。）**

イラストを見ながら話の流れを追っていけば，消去法で正解にたどり着ける。with the glasses「眼鏡をかけている」から，②がまず外れる。I'm holding my favorite drink「大好きな飲み物を持っている」で③が外れ，you always have your computer with you「君はいつもコンピューターを持っている」で④が正解だとわかる。①はコンピューターを持っていないので，不適当。

問9　9　④

スクリプト	和訳
M：Plastic bottles go in here, and paper cups here.	男：ペットボトルはここに，紙コップはここに入れて。
W：How about this, then? Should I put this in here?	女：では，これはどう？ これをここに入れるべき？
M：No, that one is for glass. Put it over here.	男:いや，そのゴミ箱はガラス用だ。ここに入れて。
W：OK.	女：わかった。

問　**Which item is the woman holding?（女性が持っている物はどれか。）**

男性がゴミ箱を指して，plastic bottles「ペットボトル」用とpaper cups「紙コップ」用と示した後に，女性は自分が持っている物を入れるゴミ箱について，Should I put this in here?「これをここに入れるべき？」と聞いているので，女性が持っている物は，ペットボトルでも紙コップでもない。よって①と②が外れる。女性の指したゴミ箱について，男性がNo, that one is for glass.「いや，そのゴミ箱はガラス用だ。」と答えているので，③のガラスびんも外れる。したがって，最後に残った④の缶が正解。

問10　**10**　③

スクリプト	和訳
W：How about this pair?	女：この靴はいかがですか？
M：No, tying shoelaces takes too much time.	男：いいえ，靴ひもを結ぶのに時間がかかりすぎます。
W：Well, this other style is popular. These are 50% off, too.	女：ええと，この別のスタイルは人気です。こちらも半額です。
M：Nice! I'll take them.	男：素敵ですね！ それをいただきます。

問　**Which pair of shoes will the man buy?（男性はどの靴を買うか。）**

女性の勧めた靴を男性は断り，その理由をtying shoelaces takes too much time「靴ひもを結ぶのに時間がかかりすぎる」と述べていることから，靴ひものある①と②がまず外れる。次に女性が別の靴をThese are 50% off, too.「こちらも半額です。」と勧め，男性がI'll take them.「それをいただきます。」と言っていることから，男性が購入したのは半額の靴である。残り２足のうち，60ドルが30ドルと半額になっている③が正解。④は定価なので不適当。

語句

◇ tie「～を結ぶ」

◇ shoelace「靴ひも」

問11　**11**　②

スクリプト	和訳
W：Where shall we meet?	女：どこで会おうか？
M：Well, I want to get some food before the game.	男：うーん，僕は試合前に食べ物を買いたいな。
W：And I need to use a locker.	女：そして私はロッカーを使う必要があるの。
M：Then, let's meet there.	男：では，そこで会おう。

問　**Where will they meet up before the game?（彼らは試合前にどこで待ち合わせをするだろうか。）**

男性はI want to get some food「食べ物を買いたい」，女性はI need to use a locker「私はロッカーを使う必要がある」と言っているので，売店とロッカーのピクトグラムがある②が正解。②以外については，①はロッカーはあるが売店はなく，③は売店はあるがロッカーはなく，④は両方ともないので，すべて不適当。

語句

◇ Shall we ...?「（私たちは）…しましょうか。」

第３問

問12　**12**　②

スクリプト	和訳
M：Excuse me. I'd like to go to Central Station. What's the best way to get there?	男：すみません。セントラル駅に行きたいのです。そこに行くいちばんいい方法は何ですか？
W：After you take the Green Line, just transfer to the Blue Line or the Yellow Line at Riverside Station.	女：グリーン線に乗ったあと，リバーサイド駅でブルー線またはイエロー線に乗り換えるだけですよ。

M：Can I also take the Red Line first?	男：最初にレッド線に乗ることもできますか？
W：Usually that's faster, but it's closed for maintenance.	女：普段はその方が早いですが，レッド線はメンテナンスのため閉鎖中です。

問　Which subway line will the man use first?（男性が最初に利用する地下鉄路線はどれか。）

① The Blue Line（ブルー線）

② The Green Line（グリーン線）

③ The Red Line（レッド線）

④ The Yellow Line（イエロー線）

女性は1つ目の発言でAfter you take the Green Line, just transfer to the Blue Line or the Yellow Line at Riverside Station.「グリーン線に乗ったあと，リバーサイド駅でブルー線またはイエロー線に乗り換えるだけですよ。」と，最初にグリーン線に乗るよう指示している。続けて男性がCan I also take the Red Line first?「最初にレッド線に乗ることもできますか？」と質問するが，女性はit's closed for maintenance「それ（＝レッド線）はメンテナンスのため閉鎖中です」と答えていることから，男性はやはり最初にグリーン線に乗らなければならないことがわかるので，正解は②。

語句

◇ transfer to ～「～に乗り換える」

◇ maintenance「メンテナンス；保守（管理）」

問13　13　④

スクリプト	和訳
M：Would you like to go out for dinner?	男：夕食を外に食べに行かない？
W：Well, I'm not sure.	女：うーん，どうかなあ。
M：What about an Indian restaurant?	男：インド料理店はどう？
W：You know, I like Indian food, but we shouldn't spend too much money this week.	女：あのね，私はインド料理が好きだけど，今週はあまりお金を使わないほうがいいわよ。
M：Then, why don't we just cook it ourselves, instead?	男：じゃあ，代わりに自分たちでインド料理を作らない？
W：That's a better idea!	女：それはいい考えね！

問　What will they do?（彼らは何をするだろうか。）

① Choose a cheaper restaurant（より安いレストランを選ぶ）

② Eat together at a restaurant（レストランで一緒に食べる）

③ Have Indian food delivered（インド料理をデリバリーしてもらう）

④ Prepare Indian food at home（家でインド料理を作る）

男性は「夕食を外に食べに行かない？」「インド料理店はどう？」と外食に積極的だが，女性は「あまりお金を使わないほうがいい」と外食を否定しているので，まず②が外れる。続けて男性がwhy don't we just cook it ourselves, instead?「代わりに自分たちでそれ（＝インド料理）を作らない？」と提案し，女性がそれに賛同しているので，④が正解。より安いレストランを選んだり，フードデリバリーを依頼するといった話はしていないので，①と③は不適当。

語句

◇ instead「代わりに」

◇ ③ have＋O＋過去分詞「Oを…してもらう」

◇ ④ prepare「～を料理する」

問14 14 ④

スクリプト	和訳
M：I can't find my dictionary!	男：僕の辞書が見つからないよ！
W：When did you use it last? In class?	女：最後に辞書を使ったのはいつ？　授業中？
M：No, but I took it out of my backpack this morning in the bus to check my homework.	男：いや，でも今朝，宿題を確認するためにバスの中でバックパックから辞書を取り出したよ。
W：You must have left it there. The driver will take it to the office.	女：バスに置き忘れたに違いないわ。運転手さんが事務所にあなたの辞書を持って行ってくれるわ。
M：Oh, I'll call the office, then.	男：ああ，それなら，僕は事務所に電話するよ。

問　What did the boy do?（少年は何をしたか。）

① He checked his dictionary in class.（彼は授業中に辞書で調べた。）

② He left his backpack at his home.（彼はバックパックを家に置き忘れた。）

③ He took his backpack to the office.（彼はバックパックを事務所に持っていった。）

④ He used his dictionary on the bus.（彼はバスの中で辞書を使った。）

男性は2つ目の発言でI took it out of my backpack this morning in the bus to check my homework「今朝，宿題を確認するためにバスの中でバックパックからそれ（＝辞書）を取り出した」と言っているので，正解は④。バスの中にバックパックを持って行っていることから，家に置き忘れていないことが分かるので，②は不適当。女性が1つ目の発言で「最後に辞書を使ったのは授業中か？」と質問したのに対し，男性はNoと答えているので，①も不適当。男性は最後の発言でI'll call the office「僕は事務所に電話する」と言っているだけで，バックパックを事務所に持っていったわけではないので，③も不適当。

語句

◇ take O out of ～「～からOを取り出す」

◇ must have＋過去分詞「…したにちがいない」（過去のことに対しての確信が強い推量を表す。）

問15 15 ④

スクリプト	和訳
W：How was your first week of classes?	女：授業の最初の週はどうだった？
M：Good! I'm enjoying university here.	男：良かったです！ 僕はここでの大学生活を楽しんでいます。
W：So, are you originally from here? I mean, London?	女：それで，あなたの生まれはここ？　つまり，ロンドンなの？
M：Yes, but my family moved to Germany after I was born.	男：はい，でも僕が生まれたあと，家族でドイツに引っ越しました。
W：Then, you must be fluent in German.	女：じゃあ，あなたはドイツ語が堪能に違いないわね。
M：Yes. That's right.	男：はい。その通りです。

問　What is true about the new student?（新入生について正しいのはどれか。）

① He grew up in England.（彼はイギリスで育った。）

② He is just visiting London.（彼はただロンドンを訪れているだけだ。）

③ He is studying in Germany.（彼はドイツで勉強しているところだ。）

④ **He was born in the UK.（彼はイギリスで生まれた。）**

女性の２つ目の発言の「あなたはロンドン生まれなのか？」という質問に，男性はYes, but my family moved to Germany after I was born.「はい，でも僕が生まれたあと，家族でドイツに引っ越しました。」と答えているので，男性はロンドン生まれのドイツ育ちであることがわかる。したがって，④が正解で，①は不適当。男性は１つ目の発言でI'm enjoying university here.「僕はここ（＝ロンドン）での大学生活を楽しんでいます。」と述べているので，②と③も不適当。

語句

◇ originally「生まれは；もともとは」

◇ be fluent in ～「～が堪能である；～が流暢である」

問16 16 ①

スクリプト	和訳
W：How are you?	女：元気？
M：Well, I have a runny nose. I always suffer from allergies in the spring.	男：うーん，鼻水が出る。春はいつもアレルギーで苦しむよ。
W：Do you have some medicine?	女：薬は持っているの？
M：No, but I'll drop by the drugstore on my way home to get my regular allergy pills.	男：いや，でもいつものアレルギーの薬を買うために帰宅途中に薬局へ立ち寄るつもりだよ。
W：You should leave the office early.	女：あなたは早く退社すべきね。
M：Yes, I think I'll leave now.	男：うん，今退社しようと思う。

問 **What will the man do?（男性は何をするだろうか。）**

① **Buy some medicine at the drugstore（薬局で薬を買う）**

② Drop by the clinic on his way home（帰宅途中に診療所に立ち寄る）

③ Keep working and take some medicine（仕事を続けて薬を飲む）

④ Take the allergy pills he already has（すでに持っているアレルギーの薬を飲む）

男性は２つ目の発言でI'll drop by the drugstore on my way home to get my regular allergy pills「いつものアレルギーの薬を買うために帰宅途中に薬局へ立ち寄るつもりだ」と言っているので，①が正解。帰宅途中に立ち寄るのは診療所ではなく薬局なので，②は不適当。女性の２つ目の発言の「薬は持っているの？」という質問に，男性はNoと答えているので，④も不適当。男性は最後の発言でI think I'll leave now「今退社しようと思う」と言っているので，③も不適当。

語句

◇ have a runny nose「鼻水が出る」

◇ suffer from ～「～に苦しむ」

◇ allergy「アレルギー」

◇ drop by ～「～に立ち寄る」

◇ pill「錠剤」

◇ ② clinic「診療所」

問17 17 ①

スクリプト

M：What a cute dog!

W：Thanks. Do you have a pet?

M：I'm planning to get a cat.

W：Do you want to adopt or buy one?

M：What do you mean by 'adopt'?

W：Instead of buying one at a petshop, you could give a new home to a rescued pet.

M：That's a good idea. I'll do that!

和訳

男：なんてかわいいイヌなんだ！

女：ありがとう。あなたはペットを飼っている？

男：僕はネコを手に入れるつもりだよ。

女：ネコを引き取りたい？　それとも買いたい？

男：「引き取る」ってどういう意味？

女：ペットショップでペットを買う代わりに，保護されたペットに新しい家を与えることができるのよ。

男：それはいい考えだね。そうしよう！

問　**What is the man going to do?（男性は何をするだろうか。）**

① **Adopt a cat（ネコを引き取る）**

② Adopt a dog（イヌを引き取る）

③ Buy a cat（ネコを買う）

④ Buy a dog（イヌを買う）

男性は２つ目の発言でI'm planning to get a cat.「僕はネコを手に入れるつもりだよ。」と言っているので，まず②と④は外れる。最後のやり取りでは，女性が 'adopt' について「ペットショップでペットを買う代わりに，保護されたペットに新しい家を与えることができる」と説明し，それを聞いた男性がI'll do that!「そうしよう！」と言っている。つまり男性はネコを引き取るつもりなので，①が正解で，③は不適当。

語句

◇ adopt「～を引き取る」

◇ instead of ～「～ではなく；～の代わりに」

第４問

A

問18 18 ①　**問19** 19 ④　**問20** 20 ③　**問21** 21 ②

スクリプト

Each year we survey our graduating students on why they chose their future jobs. We compared the results for 2011 and 2021. The four most popular factors were "content of work," "income," "location," and "working hours." The graph shows that "content of work" increased the most. "Income" decreased a little in 2021 compared with 2011. Although "location" was the second most chosen answer in 2011, it dropped significantly in 2021. Finally, "working hours" was chosen slightly more by graduates in 2021.

和訳

毎年，卒業生を対象に将来の仕事を選んだ理由について調査を行っています。2011年と2021年の結果を比較しました。最も多かった要因は「仕事内容」「収入」「勤務地」「勤務時間」の４つでした。グラフは「仕事内容」が最も増えたことを示しています。「収入」は2011 年に比べて2021 年はわずかに減少しました。「勤務地」は 2011 年に２番目に多かった回答でしたが，2021 年には大幅に減少しました。最後に，「労働時間」は2021 年の卒業生によってわずかにより多く選択されました。

グラフのタイトルは「仕事を選ぶ際に最も多かった4つの要因」で，各棒グラフが表す要因を答える問題。第4文に“content of work” increased the most「『仕事内容』が最も増えた」とあるので，2011年から2021年の増加率が最も高い 18 に『仕事内容（①）』を入れる。第5文に“Income” decreased a little in 2021 compared with 2011.「『収入』は2011年に比べて2021年はわずかに減少しました。」とあるので， 21 に『収入（②）』を入れる。第6文にAlthough “location” was the second most chosen answer in 2011, it dropped significantly in 2021.「『勤務地』は2011年に2番目に多かった回答でしたが，2021年には大幅に減少しました。」とあるので， 20 に『勤務地（③）』を入れる。最終文に“working hours” was chosen slightly more by graduates in 2021「『労働時間』は2021年の卒業生によってわずかにより多く選択されました」とあるので，2011年より2021年にわずかに増えた 19 に『労働時間（④）』を入れる。

語句

◇ survey「～を調査する」

◇ graduating student「卒業生」（= graduate「卒業生」）

◇ compare「～を比較する」

◇ content「内容」

◇ income「収入」

◇ location「立地」（本問では「勤務地」の意）

◇ increase「増える」⇔decrease「減る」

◇ compared with～「～に比べて」

◇ significantly「大幅に」⇔slightly「わずかに」

問22 22 ①　**問23** 23 ⑥　**問24** 24 ②　**問25** 25 ①

スクリプト

We are delighted to announce the prizes! Please look at the summary of the results on your screen. First, the top team in Stage A will be awarded medals. The top team in Stage B will also receive medals. Next, the team that got the highest final rank will win the champion's trophies. Team members not winning any medals or trophies will receive a game from our online store. The prizes will be sent to everyone next week.

和訳

賞品を発表できることをうれしく思います！ 画面上の結果のまとめを見てください。まず，ステージAの1位のチームにメダルが授与されます。ステージBの1位のチームもメダルを受け取ります。次に，最終ランクで最高位を獲得したチームがチャンピオンのトロフィーを獲得します。メダルやトロフィーを獲得していないチームメンバーは当店のオンラインストアからゲームを受け取ります。賞品は来週全員に送付されます。

まず，問題文と表を読む時間が与えられるので，表から，ゲーム大会の参加チームは4チームで，ステージA，ステージB，最終ランクの各チームの順位があり，空欄になっているのは各チームの獲得賞品であることを読み取る。次に音声を聞きながら，表の順位と獲得賞品を確認していく。音声のthe top team in Stage A will be awarded medals（第3文）から，ステージAで1位のElegant Eaglesはメダルを獲得することがわかる。続くThe top team in Stage B will also receive medals（第4文）から，ステージBで1位のShocking Sharksもメダルを獲得することがわかる。さらにthe team that got the highest final rank will win the champion's trophies（第5文）から，最終ランクが1位のElegant Eaglesはメダルに加えてトロフィーも獲得すること，Team members not winning any medals or trophies will receive a game（第6文）から，まだメダルもトロフィーも獲得していない残りのチーム（Dark DragonsとWarrior Wolves）はゲームを獲得することがわかる。以上をまとめると，

22 には「ゲーム（①）」，23 には「メダル，トロフィー（⑥）」，24 には「メダル（②）」，25 には「ゲーム（①）」が入る。

語句

◇ be delighted to *do*「…できてうれしく思う」

◇ summary「まとめ，要約」

B

問26　26　④

スクリプト

1. Hi there! Charlie, here. I'll work to increase the opening hours of the computer room. Also, there should be more events for all students. Finally, our student athletes need energy! So I'll push for more meat options in the cafeteria.

2. Hello! I'm Jun. I think school meals would be healthier if our cafeteria increased vegetarian choices. The computer lab should also be open longer, especially in the afternoons. Finally, our school should have fewer events. We should concentrate on homework and club activities!

3. Hi guys! I'm Nancy. I support the school giving all students computers; then we wouldn't need the lab! I also think the cafeteria should bring back our favorite fried chicken. And school events need expanding. It's important for all students to get together!

4. Hey everybody! I'm Philip. First, I don't think there are enough events for students. We should do more together! Next, we should be able to use the computer lab at the weekends, too. Also, vegans like me need more vegetable-only meals in our cafeteria.

和訳

1. やあ，みなさん！ チャーリーです。僕はコンピューター室の開室時間を増やすために働きます。また，全校生徒のための行事はもっとあるべきだと思います。最後に，運動をする生徒はエネルギーが必要です！ だから僕は学校の食堂に肉料理のメニューを増やすことを要求します。

2. こんにちは！ 私はジュンです。学校の食堂にベジタリアン向けのメニューが増えたら，学校給食はもっと健康的になると思います。コンピューター室も，特に午後はもっと長く開いているべきです。最後に，私たちの学校は行事を減らすべきです。私たちは宿題と部活動に集中すべきです！

3. こんにちは，みなさん！ 私はナンシーです。学校が全校生徒にコンピューターを供与することを私は支持します。そうすればコンピューター室は必要なくなるでしょう！ また，食堂は私たちが大好きなフライドチキンを復活させるべきだと思います。そして，学校行事は増やす必要があります。全校生徒にとっては集まることが大切なのです！

4. やあ，みなさん！ 僕はフィリップです。まず，生徒向けの行事が十分ではないと思います。我々はもっと多くのことを一緒にすべきです！ 次に，我々が週末もコンピューター室を利用できるようにすべきです。また，僕のようなヴィーガンは食堂で野菜のみの食事をもっと必要としています。

問　**26 があなたが選ぶ可能性の最も高い候補者です。**

① チャーリー

② ジュン

③ ナンシー

④ **フィリップ**

各候補者が話すので，各条件について，聞きながら表にメモを書き込んでいこう。まとめると以下のようになる。フィリップの発言のI don't think there are enough events for students. **We should do** more together!「生徒向けの行事が十分ではないと思います。我々はもっと多くのことを一緒にすべきです！」, we should be able to use the computer lab at the weekends, too「我々が週末もコンピューター室を利用できるようにすべきです」, vegans like me need more vegetable-only meals in our cafeteria「僕のようなヴィーガンは学校食堂で野菜のみの食事をもっと必要としています」から，3つの条件をすべて満たす④が正解。

候補者	条件A (全校生徒のための行事を増やす)	条件B (ベジタリアン向けのメニューを増やす)	条件C (コンピューター室の使用時間を増やす)
① チャーリー	○ 増やす	× 肉料理のメニューを増やす	○ 開室時間を増やす
② ジュン	× 減らす	○ ベジタリアン向けのメニューを増やす	○ 午後の開室時間をもっと長くすべき
③ ナンシー	○ 増やす	× フライドチキンを復活させる	× コンピューター室は不要になる
④ フィリップ	○ 増やす	○ 野菜のみの食事がもっと必要	○ 週末も利用できるようにすべき

語句

◇ push for ～「～を要求する」
◇ concentrate on ～「～に集中する」
◇ bring back ～「～を復活させる」
◇ expand「拡大する」
◇ vegan「ヴィーガン：完全菜食主義者」(動物を食べることを避け，卵・乳製品などの動物由来の食品の摂取も避ける人。場合によっては，動物を利用した皮革製品などの使用も避ける。)

第5問

スクリプト

Today, our topic is the Asian elephant, the largest land animal in Asia. They are found across South and Southeast Asia. Asian elephants are sociable animals that usually live in groups and are known for helping each other. They are also intelligent and have the ability to use tools.

The Asian elephant's population has dropped greatly over the last 75 years, even though this animal is listed as endangered. Why has this happened? One reason for this decline is illegal

和訳

本日のトピックは，アジア最大の陸生動物であるアジアゾウです。それらは南および東南アジア全体で見られます。アジアゾウは通常，グループで生活し，互いに助け合うことで知られている，社交的な動物です。彼らは知的で，道具を使う能力も持っています。

アジアゾウは絶滅危惧種に指定されているのですが，この動物の個体数は過去75年間で大幅に減少しました。なぜこんなことが起こったのでしょうか。この減少の理由の1つは，違法な人間の活動です。

human activities. Wild elephants have long been killed for ivory. But now, there is a developing market for other body parts, including skin and tail hair. These body parts are used for accessories, skin care products, and even medicine. Also, the number of wild elephants caught illegally is increasing because performing elephants are popular as tourist attractions.

Housing developments and farming create other problems for elephants. Asian elephants need large areas to live in, but these human activities have reduced their natural habitats and created barriers between elephant groups. As a result, there is less contact between elephant groups and their numbers are declining. Also, many elephants are forced to live close to humans, resulting in deadly incidents for both humans and elephants.

What actions have been taken to improve the Asian elephant's future? People are forming patrol units and other groups that watch for illegal activities. People are also making new routes to connect elephant habitats, and are constructing fences around local living areas to protect both people and elephants.

Next, let's look at the current situation for elephants in different Asian countries. Each group will give its report to the class.

野生のゾウは長い間，象牙のために殺されてきました。しかし現在は，皮膚や尻尾の毛などを含む体の他の部位の市場が広がりつつあるのです。これらの体の部位はアクセサリーやスキンケア製品，さらには薬に使用されます。また，芸をするゾウは観光アトラクションとして人気があるため，違法に捕獲される野生のゾウの数が増加しているのです。

住宅開発と農業がゾウにとって別の問題を引き起こしています。アジアゾウが住むには広大な面積が必要ですが，これらの人間の活動は，ゾウの自然の生息地を減少させ，ゾウの群れの間に障壁を作ってきたのです。その結果，ゾウの群れ同士の接触が減り，ゾウの数が減少しています。また，多くのゾウが人間の近くで生活することを余儀なくされ，人間とゾウの両方に致命的な事故を引き起こしているのです。

アジアゾウの将来を改善するためにどのような行動が取られてきたのでしょうか。人々は，違法行為を監視するパトロール隊やその他のグループを編成しています。人々はまた，ゾウの生息地をつなぐ新しいルートを作り，人々とゾウの両方を保護するために，地元の居住地域の周りに柵を建設しています。

次に，アジア各国のゾウの現状を見ていきましょう。各グループが授業でレポートを発表します。

ワークシート

アジアゾウ

◇**一般情報**

◆大きさ：アジア最大の陸生動物

◆生息地：南および東南アジア

◆特徴：[27]

◇**ゾウへの脅威**

脅威１：違法な商業活動

◆象の体の部位をアクセサリー，[28]，薬に使用

◆[29]のために生きたゾウを捕獲

脅威２：土地開発による生息地の喪失

◆ゾウの[30]の交流の減少

◆人間とゾウの[31]の増加

問27 27 ②

① Aggressive and strong（攻撃的で強い）

② **Cooperative and smart（協力的で賢い）**

③ Friendly and calm（親しみやすくて穏やか）

④ Independent and intelligent（独立心が強く知的な）

アジアゾウの特徴を述べているものを選ぶ。第1段落第3～4文にAsian elephants are sociable animals that usually live in groups and are known for helping each other. They are also intelligent and have the ability to use tools.「アジアゾウは通常，グループで生活し，互いに助け合うことで知られている社交的な動物です。彼らは知的で，道具を使う能力も持っています。」とある。これらを言い換えると「協力的で賢い」と言えるので，②が正解。④はintelligent「知的な」は正しいが，「独立心が強い」は間違いなので，不適当。①や③に相当することは述べられていないので，不適当。

問28 28 ②　**問29** 29 ⑥　**問30** 30 ⑤　**問31** 31 ③

① clothing（衣類）　② cosmetics（化粧品）　③ deaths（死亡）

④ friendship（友情）　⑤ group（群れ）　⑥ performances（芸当）

28 と 29 は違法な商業活動によるゾウへの脅威についてまとめた部分を完成する問題。これについては第2段落で述べられている。第6文にThese body parts are used for accessories, skin care products, and even medicine.「これらの体の部位はアクセサリーやスキンケア製品，さらには薬に使用されます。」とある。アクセサリーと薬はすでに挙がっているので，28 にはcosmetics「化粧品（②）」が入る。第7文にthe number of wild elephants caught illegally is increasing because performing elephants are popular as tourist attractions「芸をするゾウは観光アトラクションとして人気があるため，違法に捕獲される野生のゾウの数が増加しているのです」とあるので，29 にはperformances「芸当（⑥）」が入る。30 と 31 は土地開発による生息地の喪失がゾウへの脅威になっているとする部分を完成する問題。これについては第3段落で述べられている。第3文にthere is less contact between elephant groups「ゾウの群れ同士の接触が減る」とあるので，30 にはgroup「群れ（⑤）」が入る。第4文にmany elephants are forced to live close to humans, resulting in deadly incidents for both humans and elephants「多くのゾウが人間の近くで生活することを余儀なくされ，人間とゾウの両方に致命的な事故を引き起こしているのです」とあるので，31 にはdeaths「死亡（③）」が入る。

問32 32 ③

① Efforts to stop illegal activities are effective in allowing humans to expand their housing projects.
（違法行為を阻止する努力は人間が住宅事業を拡大できるようにするのに効果的だ。）

② Encounters between different elephant groups are responsible for the decrease in agricultural development.
（異なるゾウの群れの遭遇に農業開発減少の原因がある。）

③ **Helping humans and Asian elephants live together is a key to preserving elephants' lives and habitats.**
（人間とアジアゾウの共生を手助けすることがゾウの生命と生息地を守るために重要である。）

④ Listing the Asian elephant as an endangered species is a way to solve environmental problems.
（アジアゾウを絶滅危惧種に指定することが環境問題を解決する方法である。）

第4段落第1文にWhat actions have been taken to improve the Asian elephant's future?「アジアゾウの将来を改善するためにどのような行動が取られてきたのでしょうか。」とあり，その答えとして続く2つの文にPeople are forming patrol units and other groups that watch for illegal activities. People are also making new routes to connect elephant habitats, and are constructing fences around local living areas to protect both people and elephants.「人々は，違法行為を監視するパトロール隊やその他のグループを編成しています。人々はまた，ゾウの生息地をつなぐ新しいルートを作り，人々とゾウの両方を保護するために，地元の居住地域の周りに柵を建設しています。」とある。これらを短く要約した内容である③が正解。また，違法行為を阻止する努力は，住宅事業を拡大するのに効果的なのではなく，ゾウの将来を改善するのに効果的なので，①は不適当。第3段落第2，3文に...these human activities（= housing developments and farming）have reduced their natural habitats and created barriers between elephant groups. As a result, there is less contact between elephant groups and their numbers are declining.「これらの人間の活動（＝住宅開発と農業）は，ゾウの自然の生息地を減少させ，ゾウの群れの間に障壁を作ってきたのです。その結果，ゾウの群れ同士の接触が減り，ゾウの数が減少しています。」とあり，つまり，ゾウの群れ同士が遭遇しなくなっており，その原因は農業開発にあるということだから，②も不適当。第2段落第1文にThe Asian elephant's population has dropped greatly over the last 75 years, even though this animal is listed as endangered.「アジアゾウは絶滅危惧種に指定されているのですが，この動物の個体数は過去75年間で大幅に減少しました。」とあるので，④も不適当。

語句

◇ sociable「社交的な」
◇ intelligent「知的な」
◇ population「生息数；人口」
◇ endangered「絶滅の危機にひんした」
◇ ivory「象牙」
◇ habitat「生息地」
◇ as a result「結果として」
◇ result in ～「(結果的に) ～をもたらす」
◇ incident「事故；事件」
◇ construct「～を建設する」
◇ワークシート　characteristic「特徴；特質」
◇ワークシート　threat「脅威」
◇ワークシート　capture「捕獲する；捕える」
◇ワークシート　interaction「交流」
◇ 問27　①　aggressive「攻撃的な」
◇ 問27　②　cooperative「協力的な」
◇ 問27　③　calm「穏やかな」
◇ 問27　④　independent「独立心が強い」
◇ 問32　①　allow O to *do*「Oに…するのを許す」
◇ 問32　②　encounter「遭遇；接触」
◇ 問32　②　be responsible for ～「～に対して責任がある；～の原因となる」
◇ 問32　③　preserve「～を保護する」

問33 33 ④

スクリプト

Our group studied deadly encounters between humans and elephants in Sri Lanka. In other countries, like India, many more people than elephants die in these encounters. By contrast, similar efforts in Sri Lanka show a different trend. Let's take a look at the graph and the data we found.

和訳

私たちのグループは，スリランカでの人間とゾウの致命的な遭遇について調査しました。インドのような他の国では，ゾウよりもはるかに多くの人間がこれらの遭遇で死亡しています。対照的に，スリランカでの同様の取り組みは，異なる傾向を示しています。私たちが見つけたグラフとデータを見てみましょう。

① Efforts to protect endangered animals have increased the number of elephants in Sri Lanka.
（絶滅の危機に瀕している動物を保護するための努力により，スリランカではゾウの数が増加している。）

② Monitoring illegal activities in Sri Lanka has been effective in eliminating elephant deaths.
（スリランカにおける違法行為の監視は，ゾウの死亡をなくすのに効果的であった。）

③ Sri Lanka has not seen an increase in the number of elephants that have died due to human-elephant encounters.
（スリランカでは人間とゾウの遭遇によって死亡したゾウの数の増加が見られない。）

④ Steps taken to protect elephants have not produced the desired results in Sri Lanka yet.
（ゾウを保護するために講じられた措置は，スリランカではまだ望ましい結果をもたらしていない。）

グラフのタイトルは「スリランカにおける人間とゾウの遭遇による死亡数」で，グループの発表の概要は「ゾウを保護する取り組みにより，ほかの国では人間とゾウの遭遇によってゾウより人間の方がより多く死亡しているが，スリランカでは人間よりゾウの方がより多く死亡している。」ということである。グラフから人間よりもゾウの死亡数が多く，しかもゾウの死亡数は増加傾向にあるので，保護活動が結果を出していないと言える。したがって，④が正解。また講義の第4段落第2文によると，ここで言う結果の出ていない保護活動には違法行為の監視も含まれることがわかるので，②は不適当。グラフによると，人間とゾウの遭遇により死亡したゾウの数の増加が見られるので，③も不適当。講義の第2段落第1文によると，アジアゾウの生息数が激減していることがわかるが，スリランカのゾウの生息数の増減については講義，発表，グラフのどこからも読み取れないので，①も不適当。

語句

◇ by contrast「対照的に」
◇ trend「傾向」
◇ ② monitor「～を監視する」
◇ ② eliminate「～をなくす」
◇ ④ desired「望ましい；期待どおりの」

第6問

A

スクリプト

David: Hey, Mom! Let's go to Mt. Taka tomorrow. We've always wanted to go there.

Sue: Well, I'm tired from work. I want to stay home tomorrow.

和訳

デイビッド：ねえ，お母さん！ 明日はタカ山に行こうよ。ずっと行きたいと思っていたじゃない。

スー：ええと，私は仕事で疲れているのよ。明日は家にいたいわ。

David: Oh, too bad. Can I go by myself, then?	デイビッド：ああ，残念。じゃあ1人で行ってもいい？
Sue: What? People always say you should never go hiking alone. What if you get lost?	スー：何ですって？ 1人でハイキングに行くべきではないと人は皆言うわ。迷子になったらどうするの？
David: Yeah, I thought that way too, until I read a magazine article on solo hiking.	デイビッド：うん，ソロハイキングに関する雑誌の記事を読むまでは，僕もそう思っていたよ。
Sue: Huh. What does the article say about it?	スー：ふうん。記事にはそれについて何て書いてあるの？
David: It says it takes more time and effort to prepare for solo hiking than group hiking.	デイビッド：グループハイキングよりもソロハイキングの準備の方が時間と労力がかかると書いてあるよ。
Sue: OK.	スー：そうなのね。
David: But you can select a date that's convenient for you and walk at your own pace. And imagine the sense of achievement once you're done, Mom!	デイビッド：でも自分にとって都合の良い日付を選んで，自分のペースで歩くことができる。それにやり終えたあとの達成感を想像してみてよ，お母さん！
Sue: That's a good point.	スー：それも一理あるわね。
David: So, can I hike up Mt. Taka by myself tomorrow?	デイビッド：じゃあ，明日は1人でタカ山に登ってもいい？
Sue: David, do you really have time to prepare for it?	スー：デイビッド，準備する時間は本当にあるの？
David: Well, I guess not.	デイビッド：ええと，たぶんないかな。
Sue: Why not wait until next weekend when you're ready? Then you can go on your own.	スー：準備が整う来週末まで待ってみたら？そうしたらあなたは1人で行ってもいいわよ。
David: OK, Mom.	デイビッド：わかったよ，お母さん。

問34　**34**　③

問　**Which statement would David agree with the most?（デイビッドが最も同意する意見はどれか。）**

① Enjoyable hiking requires walking a long distance.
（楽しいハイキングのためには長い距離を歩く必要がある。）

② Going on a group hike gives you a sense of achievement.（グループハイキングには達成感がある。）

③ **Hiking alone is convenient because you can choose when to go.**
（1人でのハイキングはいつ行くべきかを選べるので便利だ。）

④ Hiking is often difficult because nobody helps you.
（誰も助けてくれないので，ハイキングはしばしば難しい。）

デイビッドは5つ目の発言第1文でソロハイキングについて**you can select a date that's convenient for you「自分にとって都合の良い日付を選べる」**と言っているので，③が正解。デイビッドは続けてyou can ... walk at your own pace.「自分のペースで歩くことができる」と言っているが，長い距離を歩かなければならないとは言っていないので，①は不適当。デイビッドは5つ目の発言第2文でimagine the sense of achievement once you're done「やり終えたあとの達成感を想像してみて」と言っているが，これはグループハイキングについてではなく，ソロハイキングについて言っているので，②も不適当。What if you get lost?「（1人で行って）迷子になったらどうするの？」と心配しているのは母親のスーであり，デイビッドはこのようなことは言及していないので，④も不適当。

問35 35 ①

問 **Which statement best describes Sue's opinion about hiking alone by the end of the conversation?**
(会話の終わりまでの，1人でハイキングすることについてのスーの意見を最もよく表しているのはどれか。)

① **It is acceptable.（それは許容できる。）**

② It is creative.（それは独創的だ。）

③ It is fantastic.（それはすばらしい。）

④ It is ridiculous.（それはばかげている。）

デイビッドから「1人でハイキングに行ってもいいか？」とたずねられたスーは，「迷子になったらどうするの？」と当初はソロハイキングに否定的であったが，雑誌の記事を読んだデイビッドから，「自分にとって都合の良い日付を選んで，自分のペースで歩くことができる。」「やり終えたあとには達成感がある。」とソロハイキングの利点を聞いたあと，That's a good point.「それも一理あるわね。」と発言している。(That's a) good point.はよく使う表現で，相手の論点が的を射ていることを認める表現。その後，明日ソロハイキングに行っていいかと尋ねるデイビッドに，スーは「来週末まで時間をかけて準備をしたら」という条件付きで，you can go on your own「あなたは1人で行ってもいいわよ」とソロハイキングを許可している。したがって，①の「許容できる」という意味のacceptableが正解。1人でのキャンプはすでに雑誌の記事で紹介されており，デイビッドが考案したものではないことをスーも知っているので，②は不適当。スーはfantasticというほど，無条件にソロハイキングを賞賛しているわけではなく，またridiculousというように否定しているわけではないので，③と④も不適当。

語句

◇ by oneself「1人で；自力で」
◇ What if ...?「もし…だったらどうなるか。；もし…としたらどうなるだろうか。」
◇ get lost「迷子になる」
◇ article「記事」
◇ effort「努力」
◇ convenient「都合の良い；便利な」
◇ achievement「達成」
◇ on one's own「1人で，自力で」
◇ 問34 ① enjoyable「楽しめる」
◇ 問35 ① acceptable「許容できる」
◇ 問35 ② creative「独創的な」
◇ 問35 ③ fantastic「すばらしい」
◇ 問35 ④ ridiculous「ばかげている」

B

スクリプト	和訳
Mary: Yay! We all got jobs downtown! I'm so relieved and excited.	メアリー：やった！ 私たち全員が街の中心部での仕事が決まったわ！ 私はとても安心して興奮しているわ。
Jimmy: You said it, Mary! So, are you going to get a place near your office or in the suburbs?	ジミー：そうだね，メアリー！ それで，君は事務所の近くと郊外のどちらに住むつもり？
Mary: Oh, definitely close to the company. I'm not a morning person, so I need to be near the office. You should live near me, Lisa!	メアリー：あら，絶対に会社の近くよ。私は朝型人間じゃないから，事務所の近くに住む必要があるわ。あなたは私の近所に住む方がいいわよ，リサ！

Lisa: Sorry, Mary. The rent is too expensive. I want to save money. How about you, Kota?	リサ：ごめんなさい，メアリー。家賃が高すぎるわ。私はお金を節約したいの。コウタはどう？
Kota: I'm with you, Lisa. I don't mind waking up early and commuting to work by train. You know, while commuting I can listen to music.	コウタ：君と同じだよ，リサ。僕は早起きして電車で通勤するのは構わないんだ。ほら，通勤中に音楽を聞くことができるだろ。
Jimmy: Oh, come on, you guys. We should enjoy the city life while we're young. There are so many things to do downtown.	ジミー：ああ，ちょっと待ってよ，君たち。僕らは若いうちに都会暮らしを楽しむべきだ。街の中心部にはやることがたくさんあるよ。
Mary: Jimmy's right. Also, I want to get a dog. If I live near the office, I can get home earlier and take it for longer walks.	メアリー：ジミーが正しいわ。それに，私はイヌを飼いたいの。私が事務所付近に住めば，早く家に帰って長い散歩に出かけることができるわ。
Lisa: Mary, don't you think your dog would be happier in the suburbs, where there's a lot more space?	リサ：メアリー，あなたのイヌはもっと広いスペースのある郊外のほうが幸せだと思わない？
Mary: Yeah, you may be right, Lisa. Hmm, now I have to think again.	メアリー：ええ，その通りかもしれないわ，リサ。うーん，それじゃあ私はもう一度考えなければならないわね。
Kota: Well, I want space for my training equipment. I wouldn't have that space in a tiny downtown apartment.	コウタ：ええと，僕はトレーニング器具を置くスペースが欲しいな。街の中心部の狭いアパートにそのスペースはないだろうな。
Jimmy: That might be true for you, Kota. For me, a small apartment downtown is just fine. In fact, I've already found a good one.	ジミー：君の場合はそうかもしれないね，コウタ。僕には街の中心部の狭いアパートがちょうどいい。実は，僕はもう良いアパートを見つけたんだ。
Lisa: Great! When can we come over?	リサ：すごい！ 私たちはいつ遊びに行けるの？

問36 36 ①

ジミーは2つ目の発言で「若いうちに都会暮らしを楽しむべきで，街の中心部にはやることがたくさんある。」と述べ，さらに3つ目の発言で「自分には街の中心部の狭いアパートがちょうどよく，すでに良いアパートを見つけた。」と言っており，ジミーはすでに街の中心部に住むことを決めている。リサは1つ目の発言で「(街の中心部は) 家賃が高すぎる。」という理由で，メアリーの街の中心部に住んだ方がよいという助言を断っている。コウタは1つ目の発言で，街の中心部には住まないというリサに賛同し，さらに2つ目の発言で「トレーニング器具を置くスペースが欲しいが，街の中心部の狭いアパートにそのスペースはない。」と述べており，一貫して街の中心部に住むことを否定している。メアリーは2つ目の発言で「朝型人間ではないので，絶対に (街の中心部の) 会社の近くに住む。」と言い，3つ目の発言では「若いうちに都会暮らしを楽しむべきだ。」というジミーの意見に賛同し，さらに「(街の中心部の) 事務所付近に住めば，早く帰宅して，イヌと長い散歩ができる。」と述べ，ここまでは街の中心部に住むことに積極的だったが，この直後，リサに「イヌはもっと広いスペースのある郊外のほうが幸せなのではないか？」と指摘され，メアリーは「その通りかもしれない。もう一度考えなければならない。」と意見を翻し，街の中心部に住むかどうか迷い始めている。したがって，街の中心部に住むことを決めたのはジミー1人だけなので，①が正解。

問37　37　②

①　（図表）１か月あたりのペットに費やすお金

②　**（図表）平均月額賃料**

③　（図表）通勤中の人気アクティビティ３選

④　（図表）住む場所を選ぶ理由

メアリーの「（街の中心部に住む）私の近所に住む方が良い」という助言に，リサは「ごめんなさい。**（街の中心部は）家賃が高すぎる。私は（郊外に住んで）お金を節約したい。**」と答えている。この考えの根拠となり得るのは，「**平均月額賃料**」というタイトルで，**街の中心部の家賃より郊外の家賃の方がはるかに安い**ことを示す②のグラフなので，これが正解。また，「住む場所を選ぶ理由」というタイトルだが，「家賃」という項目がない④のグラフは，リサの考えには合っていないので不適当。イヌを飼いたいと言っているのはメアリーだし，ペットにかかるお金の話題は会話に出てこないので，「１か月あたりのペットに費やすお金」というタイトルのグラフである①も不適当。通勤中に音楽が聞けると言って，通勤中のアクティビティに言及しているのはコウタだけで，他にこの話題は会話に出てこないので，「通勤中の人気アクティビティ３選」というタイトルの表である③も不適当。

語句

◇ relieved「安心した」
◇ suburb「郊外」⇔downtown「街の中心部」
◇ definitely「絶対に；間違いなく」
◇ morning person「朝型人間」⇔*cf.* night person「夜型人間」
◇ rent「家賃」
◇ be with O「Oと同意見だ；Oに賛成だ」
◇ commute「通勤する」
◇ equipment「道具；装置」
◇ come over「（話し相手の）自宅にやってくる；立ち寄る」
◇ 問37　①　per「～につき」
◇ 問37　③　physical exercise「運動；体操」
◇ 問37　④　security「治安」

2023 追試　解答

第1問小計	第2問小計	第3問小計	第4問小計	第5問小計	第6問小計	合計点
						／100

問題番号(配点)	設問		解答番号	正解	配点	自己採点
第1問 (25)	A	1	1	①	4	
		2	2	④	4	
		3	3	②	4	
		4	4	④	4	
	B	5	5	④	3	
		6	6	①	3	
		7	7	③	3	
第2問 (16)	8		8	③	4	
	9		9	①	4	
	10		10	②	4	
	11		11	③	4	
第3問 (18)	12		12	①	3	
	13		13	③	3	
	14		14	①	3	
	15		15	③	3	
	16		16	②	3	
	17		17	②	3	
第4問 (12)	A	18	18	③	4※	
		19	19	④		
		20	20	①		
		21	21	②		
		22	22	⑤	1	
		23	23	⑥	1	
		24	24	①	1	
		25	25	②	1	
	B	26	26	③	4	
第5問 (15)	27		27	①	3	
	28		28	⑥	2※	
	29		29	④		
	30		30	③	2※	
	31		31	②		
	32		32	②	4	
	33		33	②	4	
第6問 (14)	A	34	34	①	3	
		35	35	③	3	
	B	36	36	①	4	
		37	37	②	4	

(注)　※は，全部正解の場合のみ点を与える。

第 1 問

A

問 1　1　①

スクリプト	和訳
What a beautiful sweater! It looks really nice on you, Jennifer.	なんて美しいセーターなんだ！ とても似合っているよ，ジェニファー。

① **The speaker admires Jennifer's sweater.（話者はジェニファーのセーターを称賛している。）**
② The speaker is asking about the sweater.（話者はセーターについてたずねている。）
③ The speaker is looking for a sweater.（話者はセーターを探している。）
④ The speaker wants to see Jennifer's sweater.（話者はジェニファーのセーターを見たがっている。）

話者は第 1 文で，What a beautiful sweater!「なんて美しいセーターなんだ！」とジェニファーのセーターを称賛しているので，正解は①。〈What＋a〔an〕＋形容詞＋名詞（＋主語＋動詞）！〉の形は「なんて～だろう！」という意味を表す感嘆文。「何」をたずねる疑問文ではないので，②は不適当。続く第 2 文に，It looks really nice on you「あなたにとても似合っています」とあることから，話者はセーターを着たジェニファーを見ていることがわかるので，④も不適当。〈look＋形容詞〉は「～に見える」の意味。look for ～は「～を探す」なので，③も不適当。

語句
◇ look nice on ～「～に似合っている」

問 2　2　④

スクリプト	和訳
Bowling is more fun than badminton, but tennis is the best. Let's play that.	ボウリングはバドミントンより楽しいですが，テニスが最高です。それをプレーしましょう。

① The speaker doesn't enjoy playing tennis.（話者はテニスをするのを楽しんでいない。）
② The speaker doesn't want to play any sports now.（話者は今，何のスポーツもしたくない。）
③ The speaker thinks badminton is the most fun.（話者はバドミントンが最も楽しいと思っている。）
④ **The speaker thinks tennis is better than bowling.**
（話者はボウリングよりもテニスのほうがいいと思っている。）

第 1 文の Bowling is more fun than badminton, but tennis is the best.「ボウリングはバドミントンより楽しいですが，テニスが最高です。」から，作者が楽しいと思うスポーツの順位は，1 位テニス，2 位ボウリング，3 位バドミントンということになる。したがって，④が正解で，①と③は不適当。また第 2 文に，Let's play that (= tennis).「それ（＝テニス）をプレーしましょう。」とあるので，②も不適当。

問 3　3　②

スクリプト	和訳
We should go somewhere to eat dinner. How about a steak restaurant?	私たちは夕食を食べにどこかに行くべきです。ステーキレストランはいかがですか？

① The speaker doesn't want to eat steak.（話者はステーキを食べたくない。）

② **The speaker hasn't eaten dinner yet.（話者はまだ夕食を食べていない。）**

③ The speaker is eating steak now.（話者は今，ステーキを食べている。）

④ The speaker wants to eat dinner alone.（話者は１人で夕食を食べたがっている。）

話者は，should「…すべきである」という義務を表す助動詞を用いて「夕食を食べにどこかに行くべきだ」と述べ，続けてHow about ～?「～はいかがですか。」という表現を用いて「ステーキレストランはいかがですか。」と提案している。つまり，夕食はこれから食べることがわかる。したがって，②が正解で，③は不適当。話者はステーキレストランに行くことを提案しているのだから，ステーキが食べたいはず。したがって，①も不適当。We should ～. と主語にweを用い，How about ～?と相手に提案しているので，話者は誰かと一緒に夕食を食べたがっている。したがって，④も不適当。

問4　4　④

スクリプト	和訳
Diana, do you know what time the dentist will open? My tooth really hurts.	ダイアナ，歯医者が何時に開くか知っていますか？歯がすごく痛いんです。

① The speaker is talking to the dentist.（話者は歯医者に話しかけている。）

② The speaker is telling Diana the time.（話者はダイアナに時間を伝えている。）

③ The speaker wants to call Diana.（話者はダイアナに電話したい。）

④ **The speaker wants to go to the dentist.（話者は歯医者に行きたがっている。）**

ダイアナに「歯医者が何時に開くか知っているか」とたずね，続けて「歯がすごく痛い」と言っていることから，話者は歯医者に行きたいと思っていることがわかる。したがって，④が正解。話者はダイアナに時間を伝えているのではなく，歯医者の開院時間を質問しているので，②は不適当。話者は最初にDiana, と呼びかけているので，今ダイアナと話していることがわかる。したがって，①と③も不適当。

語句

◇ dentist「歯医者」

◇ tooth「歯」

B

問5　5　④

スクリプト	和訳
The guitar is inside the case under the table.	ギターはテーブル下のケースに入っています。

選択肢にイラストが含まれる問題では，放送が流れる前に各イラストの差異を確認しておくのがポイント。消去法で考えよう。ギターはinside the case「ケースの中」にあるので，①と③は外れる。さらにそのケースはunder the table「テーブルの下」にあるので，④が正解で，②は不適当。

問6　6　①

スクリプト	和訳
These spoons are dirty, but there's another in the drawer.	これらのスプーンは汚れていますが，引き出しに別のスプーンがあります。

These spoons are dirty「これらのスプーンは汚れています」と主語が複数なので，流し台に汚れたスプーンが1本しかない③と④がまず外れる。続けてthere's another in the drawer「引き出しに別のスプーンがあります」と言っているが，anotherは1語で「別のもの」という代名詞であり，ここでは前の文を受けて「別のスプーン」を意味している。したがって，引き出しの中にスプーンが入っている①が正解で，②は不適当。

語句

◇ drawer「引き出し」

問7 7 ③

スクリプト	和訳
Turn left at the tree and go straight. The apartment building will be on the right.	木のところを左折してそれからまっすぐ進んでください。アパートは右側にあります。

Turn left at the tree and go straight「木のところを左折してまっすぐ進んで」とあるので，左折した後の道がほとんど描かれておらず，それ以上進んでいけない②と④がまず外れる。左折後まっすぐ進むと，アパートはon the right「右側に」あるということなので，③が正解で，①は不適当。

第2問

問8 8 ③

スクリプト	和訳
W：Fireflies hatch from eggs. And in the next stage, they live underwater.	女：ホタルは卵からふ化する。そして次の段階は，水中で暮らすのよ。
M：I know that. But then, they continue developing underground?	男：それは知っているよ。でもその後，それらは土の中で育ち続けるの？
W：Yes. Didn't you know that?	女：そうよ。あなたはそれを知らなかったの？
M：No. Aren't fireflies amazing?	男：うん。ホタルってすごいね。

問 Which stage has the man just learned about?（男性が学んだばかりの段階はどれか。）

イラストを見ながら話の流れを追っていけば，消去法で正解にたどり着ける。女性は1つ目の発言で「ホタルは卵からふ化する（①）」「次の段階では水中で暮らす（②）」と説明し，それについて男性がI know that.「それは知っているよ。」と言っていることから，①と②はまず外れる。続けて男性が，then, they continue developing underground?「その後，それらは土の中で育ち続けるの？（③）」と質問すると，女性がYes. Didn't you know that?「そうよ，あなたはそれを知らなかったの？」と尋ね，男性がNo (, I didn't know it).「うん（知らなかった)。」と言っている。したがって，土の中のサナギ（③）が正解で，大空を飛んでいる成虫（④）は不適当。

語句

◇ firefly「ホタル」

◇ hatch「ふ化する」

◇ underwater「水中で」 *cf.* underground「地下で；土の中で」

問9　**9**　①

スクリプト	和訳
M：We need to make twenty eco-friendly bags, so a simple design is best.	男：僕たちはエコバッグを20個作る必要があるから，シンプルなデザインがベストだよ。
W：Is a pocket necessary?	女：ポケットは必要かしら？
M：Definitely, but we don't have enough time to add buttons.	男：もちろん，でもボタンを付けるのに十分な時間はないよね。
W：So, this design!	女：では，このデザインね！

問　**Which eco-friendly bag will they make?（どのエコバッグを彼らは作るか。）**

女性の1つ目の発言Is a pocket necessary?「ポケットは必要かしら？」に対し，男性がDefinitely, but we don't have enough time to add buttons.「もちろん，でもボタンを付けるのに十分な時間はないよね。」と答えている。したがって，ポケットあり，ボタンなしのデザインである①が正解。definitelyは，「もちろん」とyesを強調する表現。

語句

◇ eco-friendly「環境にやさしい」

問10　**10**　②

スクリプト	和訳
W：I'm here. Wow, there are so many different tents. Which one's yours?	女：着いたわよ。うわー，たくさんのいろいろなテントがあるわね。どれがあなたのテント？
M：Mine's round. Can't you see it?	男：僕のは円形だよ。見つからない？
W：No. Where is it?	女：見つからないわ。どこ？
M：It's between the trees.	男：木と木の間にあるよ。

問　**Which one is the brother's tent?（どれが兄のテントか。）**

男性が1つ目の発言でMine's round.「僕のは円形だよ。」と言っているので，③と④がまず外れる。男性は最後の発言でIt's between the trees.「木と木の間にあるよ。」と言っているので，2本の木の間にある②が正解で，そばに木が1本しかない①は不適当。

語句

◇ round「円形の」

問11　**11**　③

スクリプト	和訳
M：We can take the ferry to the garden, then the aquarium.	男：僕たちはフェリーで庭園に行って，それから水族館に行くことができるよ。
W：I want to visit the shrine, too.	女：私は神社も行きたいわ。
M：But, don't forget, dinner is at six.	男：でも忘れないでね，夕食は6時だよ。
W：OK. Let's go there tomorrow.	女：わかったわ。明日そこに行きましょう。

問　**Which route will they take today?（彼らは今日どのルートを取るか。）**

男性の1つ目の発言にWe can take the ferry to the garden, then the aquarium.「僕たちはフェリーで庭園に行って，それから水族館に行くことができるよ。」とあるので，フェリーのマークの後に，水族館のマークがある①と②がまず外れる。その後，女性が「神社も行きたい」と言うが，男性に「夕食は6

時だ」と言われて，「明日そこ（＝神社）に行きましょう。」と提案している。したがって，今日の観光予定に神社が入っている④も外れ，③が正解とわかる。

語句

◇ aquarium「水族館」

◇ shrine「神社」

第3問

問12　12　①

スクリプト	和訳
W：Are you going somewhere this summer?	女：今年の夏はどこかに行くの？
M：Yes, I'm going to drive to the coast.	男：うん，海岸までドライブする予定だよ。
W：That's quite far. Why don't you take the train, instead?	女：それはかなり遠いわ。代わりに，電車で行くのはどう？
M：If I drive, I can park and go sightseeing anywhere along the way.	男：自分で運転すれば，途中どこにでも駐車して，観光に行けるよ。
W：Isn't driving more expensive?	女：ドライブの方がお金がかからない？
M：Well, maybe, but I like the flexibility.	男：うーん，そうかもしれないけど，僕は融通がきくのが好きなんだ。

問　**Why does the man want to drive?（なぜ男性はドライブしたいのか。）**

①　**He prefers to stop wherever he likes.（彼はどこでも好きなところで止まるのを好む。）**

②　He wants to go directly to the coast.（彼は海岸に直接行きたいと思っている。）

③　The train goes just part of the way.（電車は途中までだけ行く。）

④　The train is much more flexible.（電車ははるかに融通がきく。）

男性はドライブしたい理由を，2つ目の発言で「自分で運転すれば，途中どこにでも駐車して，観光に行ける」，3つ目の発言で「僕は融通がきくのが好きだ」と説明しているので，①が正解。つまり，男性は海岸に直接行きたいのではなく，寄り道しながら行きたいと考えていることがわかるので，②は不適当。電車で海岸に直接行けるかどうかは会話に出てこないので，③も不適当。融通がきくのは電車ではなく車なので，④も不適当。

語句

◇ instead「代わりに」

◇ flexibility「融通がきくこと；柔軟性」（名詞）　*cf.* ④　flexible「融通がきいた；柔軟な」（形容詞）

問13　13　③

スクリプト	和訳
W：How much does it cost to send this letter to London?	女：この手紙をロンドンまで送るのにいくらかかりますか？
M：Hmm. Let me check. That's about £2 for standard delivery, or about £8 for special delivery. Which do you prefer?	男：うーん。確認しますね。通常配達で約2ポンド，速達で約8ポンドです。どっちがいいですか？
W：I really want it to arrive by Friday.	女：本当に手紙が金曜日までに着いて欲しいのです。

M：With special delivery, it will.	男：速達でなら，着きますよ。
W：I'll do that then.	女：それならそうします。

問　**What will the woman do?（女性はどうするか。）**

① Buy the less expensive postage（安い方の郵便料金を支払う）

② Mail the letter on Friday or later（金曜日以降に手紙を投函する）

③ **Pay the higher price for postage（高い方の郵便料金を支払う）**

④ Send the letter by standard delivery（通常配達で手紙を送る）

女性の２つ目の，I really want it (= the letter) to arrive by Friday.「本当にそれ（＝手紙）が金曜日までに着いて欲しい」という発言に対して，男性は「速達でなら，（金曜日までに）着きます。」と答えている。それを聞いて女性は，「それならそう（＝速達で送ることに）します。」と言っているので，女性は速達で手紙を送ることがわかる。料金については，男性の１つ目の発言に，通常配達はabout £2「約２ポンド」，速達はabout £8「約８ポンド」とある。したがって，正解は③で，①と④は不適当。金曜以降に投函するのでは，金曜までには着かないので，②も不適当。

語句

◇ £（pound）「ポンド」（イギリスの通貨単位）

◇ standard delivery「通常配達」 *cf.* special delivery「速達」

◇ want A to *do*「Aに…して欲しいと思う」

◇ ① postage「郵便料金」

◇ ② ～ or later「～以降」

問14　14　①

スクリプト	**和訳**
M：Would you like to see a movie next week?	男：来週映画を見ない？
W：Sure, but what kind of movie?	女：いいけど，どんな映画？
M：I'd like to watch a horror movie.	男：僕はホラー映画を見たいな。
W：Well, I don't see one scheduled, but there's a comedy currently showing.	女：えーと，ホラー映画で上演が予定されているのは見当たらなくて，今はコメディが上映されているわ。
M：I really don't like comedies. Maybe we can check the schedule again next week.	男：僕はあまりコメディが好きじゃないんだ。来週，もう一度スケジュールを確認するのはどうかな。
W：Sure, let's do that.	女：ええ，そうしましょう。

問　**What did they decide to do?（彼らはどうすることにしたか。）**

① **Choose a movie next week（来週映画を選ぶ）**

② Go to a comedy movie today（今日コメディ映画を見に行く）

③ Select a movie this week（今週映画を選ぶ）

④ Watch a horror movie tonight（今夜ホラー映画を見る）

最初に，男性がWould you like to see a movie next week?「来週映画を見ない？」と言い，女性がSureと応じている。つまり２人が映画を見に行くのは来週なので，②と④はまず外れる。男性の見たいホラー映画が上映スケジュールに見当たらないという女性の発言の後，男性は３つ目の発言で，Maybe we can check the schedule again next week.「来週，もう一度スケジュールを確認するのはどうかな。」と言っている。maybeは表現をやわらげるのに用いられ，maybe we canで「…するのはどうですか」という控えめな提案。それに対し女性は，Sure, let's do that.「ええ，そうしましょう。」と賛同しているので，①が正解で，③は不適当。

語句

◇ currently「今は；現在は」

◇ maybe we can「…するのはどうですか（控えめな提案・依頼）」

問15　**15**　③

スクリプト	和訳
M：What did you do last weekend?	男：先週末は何をしたの？
W：I took all my nieces and nephews to lunch.	女：姪と甥を全員ランチに連れて行ったわ。
M：Really? How many do you have?	男：本当に？ 何人いるの？
W：Well, my sister has two boys, and my brother has three girls.	女：ええと，姉には男の子が２人いて，兄には女の子が３人いるわ。
M：That sounds like a nice family gathering.	男：素敵な家族の集まりみたいだね。
W：Yes, we had a really good time together.	女：ええ，とても楽しい時間を一緒に過ごしたわ。

問　**Who did she eat lunch with?（彼女は誰と昼食を食べたか。）**

① Both her brother and sister（彼女の兄と姉の両方）

② Everyone in her family（彼女の家族全員）

③ **Her brother's and sister's children（彼女の兄と姉の子供たち）**

④ Her two nieces and two nephews（２人の姪と２人の甥）

女性は１つ目の発言でI took all my nieces and nephews to lunch.「姪と甥を全員ランチに連れて行ったわ。」と言っているので，①と②はまず外れる。続けて女性は２つ目の発言でmy sister has two boys, and my brother has three girls「姉には男の子が２人いて，兄には女の子が３人いる」と言っている。つまり，彼女は甥２人，姪３人と昼食を食べたことがわかるので，③が正解で，④は不適当。

語句

◇ niece「姪」⇔nephew「甥」

問16　**16**　②

スクリプト	和訳
M：I think I'll have the pasta.	男：僕はパスタにしようと思う。
W：The fish looks nice. I'll order that.	女：魚が美味しそうね。私はそれを注文するわ。
M：What about for dessert?	男：デザートはどうする？
W：Both the pie and the cake look delicious.	女：パイもケーキも美味しそう。
M：Well, why don't we each order different ones? Then we can share.	男：じゃあ，それぞれ違うものを注文しない？ そしたらシェアできるよ。
W：OK, I'll order the pie and you can order the cake.	女：いいわよ，私がパイを注文するから，あなたはケーキを注文してね。
M：Sure, that's fine.	男：わかった，それがいいね。

問　**What is true according to the conversation?（会話によると何が正しいか。）**

① The man will order fish and pie.（男性は魚とパイを注文する。）

② **The man will order pasta and cake.（男性はパスタとケーキを注文する。）**

③ The woman will order fish and cake.（女性は魚とケーキを注文する。）

④ The woman will order pasta and pie.（女性はパスタとパイを注文する。）

男性と女性がそれぞれ何を注文するのかを整理しよう。まず料理について，男性は１つ目の発言でI think I'll have the pasta.「僕はパスタにしようと思う。」，女性は１つ目の発言でI'll order that(=fish).「私はそれ（＝魚）を注文するわ。」と言っている。デザートについては，女性が３つ目の発言でI'll order the pie and you can order the cake「私がパイを注文するから，あなたはケーキを注文してね」と言い，男性が賛同している。これらをまとめると，**男性はパスタとケーキ，女性は魚とパイを注文する**ことがわかる。したがって，②が正解。

語句

◇ share「シェアする；共有する」

問17　17　②

スクリプト	和訳
M：Hi, Monica, would you like some help?	男：やあ，モニカ，助けが要る？
W：Ah, thank you. Could you take one of these bags?	女：ああ，ありがとう。これらのバッグのうちの１つを持ってもらえる？
M：Sure, are you going to the subway?	男：いいよ，君は地下鉄に行くところなの？
W：No, I'm going to take them home in my car. I've parked just around the corner.	女：いいえ，私はそれらを車で家に持って帰るわ。すぐそこの角に駐車しているの。
M：That's fine. Actually, it's on my way. That's just before my bus stop.	男：それはいいね。実は，それは僕が向かう方向だよ。ちょうど僕のバス停の手前だ。

問　**What will the man do?（男性は何をするか。）**

① Go to the subway with the woman（女性と一緒に地下鉄に行く）

② **Help the woman with one of the bags（女性のバッグのうちの１つを手助けする）**

③ Take the bags home for the woman（女性のためにバッグを家に持ち帰る）

④ Walk with the woman to the bus stop（女性と一緒にバス停まで歩く）

男性の「助けが要る？」という問いかけに，女性はCould you take one of these bags?「これらのバッグのうちの１つを持ってもらえる？」と依頼し，男性はSureと応じている。さらに女性は２つ目の発言で，I'm going to take them (=bags) home in my car. I've parked just around the corner.「私はそれらを車で家に持って帰るわ。すぐそこの角に駐車しているの。」と説明しているので，**女性は，男性に（複数ある）バッグのうち１つを車の所まで持っていくのを助けてもらい，その後自分の車で家まで（すべての）バッグを持ち帰ろうと考えている**ことがわかる。したがって，②が正解。男性の最後の発言から，女性が車を停めているのは男性が使うバス停の手前であることがわかる。男性と女性は女性の車まで一緒に歩くのであって，その後バス停まで歩くのは男性だけなので，④も不適当。

語句

◇ subway「地下鉄」

◇ corner「角」

第4問

A

問18 18 ③　問19 19 ④　問20 20 ①　問21 21 ②

スクリプト

To understand our campus services, we researched the number of students who used the cafeteria, computer room, library, and student lounge over the last semester. As you can see, the student lounge had a continuous rise in users over all four months. The use of the computer room, however, was the least consistent, with some increase and some decrease. Library usage dropped in May but grew each month after that. Finally, cafeteria use rose in May, and then the numbers became stable.

和訳

キャンパスサービスを理解するために，前の学期に学校食堂，コンピューター室，図書館，学生ラウンジを利用した学生の数を調査しました。ご覧のとおり，学生ラウンジの利用者は4か月間連続して増加しました。しかし，コンピューター室の使用は多少の増加と減少があり，最も一貫性がありませんでした。図書館の利用は5月に減少しましたが，その後毎月増加しました。最後に，学校食堂の利用は5月に増加し，その後は数値が安定しました。

グラフのタイトルは「キャンパス共用エリアの学生利用」であり，各折れ線グラフがどの共有エリアの4月から7月の利用者数推移を表しているのかを答える問題。第2文のthe student lounge had a continuous rise in users over all four months「学生ラウンジの利用者は4か月間連続して増加しました」から，常に右肩上がりの 19 がStudent Lounge（④）。第3文のThe use of the computer room, however, was the least consistent, with some increase and some decrease.「しかし，コンピューター室の使用は多少の増加と減少があり，最も一貫性がありませんでした。」から，上がったり下がったりしている 21 がComputer Room（②）。第4文のLibrary usage dropped in May but grew each month after that.「図書館の利用は5月に減少しましたが，その後毎月増加しました。」から，4月から5月で下がった後は上がっている 18 がLibrary（③）。第5文のcafeteria use rose in May, and then the numbers became stable「5月に学校食堂利用は増加し，その後は数値が安定しました」から，4月から5月で上がった後は変化がない 20 がCafeteria（①）。

語句

◇ semester「学期」
◇ continuous「連続して」
◇ consistent「一貫性のある」
◇ stable「安定した」

問22 22 ⑤　問23 23 ⑥　問24 24 ①　問25 25 ②

スクリプト

Let me explain our monthly membership plans. A regular membership with 24-hour access to all areas is ¥8,000. Daytime members can access all areas for ¥5,000. Students with a valid ID get half-off our regular membership fee. We also offer pool-only options for ¥2,000 off the price of our regular, daytime, and student memberships.

和訳

月額会員プランについてご説明します。全エリア24時間利用可能の一般会員は8,000円です。デイタイム会員は5,000円で全エリアをご利用いただけます。有効な身分証明書をお持ちの学生は，一般会員の会費の半額になります。また，一般会員，デイタイム会員，学生会員の価格より2,000円引きのプールのみのオプションもご用意しております。また，タオル

Oh, and our towel service is included in our regular membership with no extra charge but is available to daytime and student members for an additional ¥1,000.	サービスについては，一般会員は会費に含まれており，追加料金はありませんが，デイタイム会員と学生会員は1,000円追加でご利用いただけます。

表のタイトルは「クラブ会員プランと月額料金」で，各会員プランの料金が問われている。第２文の A regular membership with 24-hour access to all areas is ¥8,000.「全エリア24時間利用可能の一般会員は8,000円です。」と，第４文の Students ... get half-off our regular membership fee.「…学生は，一般会員の会費の半額になります。」から，[22] のStudent会員のAll areas料金は8,000円÷2=4,000円（⑤）。第５文のWe also offer pool-only options for ¥2,000 off the price of our regular ... memberships.「また，一般会員…の価格より2,000円引きのプールのみのオプションもご用意しております。」から，[23] のRegular会員のPool only料金は8,000円－2,000円=6,000円（⑥）。最終文のour towel service is included in our regular membership with no extra charge but is available to daytime ... members for an additional ¥1,000「タオルサービスについては，一般会員は会費に含まれており，追加料金はありませんが，デイタイム会員…は1,000円追加でご利用いただけます」から，[24] のRegular会員のTowel service料金は０円（⓪），[25] のDaytime会員のTowel service料金は1,000円（②）。

語句

◇ access to ～「～を利用できること；～に入る権利」
◇ valid「（証書・定期券・チケットなどが）期限切れでない；有効な」
◇ ID（=identificationの略）「身分証明書」
◇ include「（全体の一部として）～を含める」
◇ extra charge「追加料金」 *cf.* additional「追加の」
◇ be available to ～「（主語を）～が利用〔入手〕できる」

B

問26 26 ③

スクリプト	和訳
1. I suggest the Ashford Center. It has twenty rooms we can use for sessions that hold up to forty people each and a conference room for meetings. It's recently been updated with Wi-Fi available everywhere, and it has an excellent food court.	1. 私はアシュフォード・センターをお勧めします。それぞれ最大40人収容可能な総会に使用できる20の部屋と，会議用の会議室が１室あります。最近改修され，どこでもWi-Fiが利用できるようになり，素晴らしいフードコートがあります。
2. I recommend the Founders' Hotel. It's modern with Wi-Fi in all rooms, and many great restaurants are available just a five-minute walk from the building. They have plenty of space for lectures with eight large rooms that accommodate seventy people each.	2. 私はファウンダーズ・ホテルをお勧めします。全室Wi-Fi完備のモダンな造りで，徒歩たった５分圏内に美味しいレストランがたくさんあります。それぞれ70人収容の大部屋が８室あり，講義のためのスペースも十分にあります。
3. I like Mountain Terrace. Of course, there are several restaurants inside for people to choose from, and Wi-Fi is available throughout the	3. 私はマウンテン・テラスが好きです。もちろん，ホテル内には人々が選択できるレストランがいくつかあり，ホテル全体でWi-Fiを利用できます。

hotel. They have ten rooms that can hold sixty people each, but unfortunately they don't have a printing service.

4. Valley Hall is great! They have lots of space with five huge rooms that fit up to 200 people each. There's a restaurant on the top floor with a fantastic view of the mountains. If you need Wi-Fi, it's available in the lobby.

それぞれ60人収容可能な部屋が10室ありますが，残念ながら印刷サービスはありません。

4. バレー・ホールが素晴らしい！ それぞれ最大200人まで収容できる大きな部屋を５室備えた広々としたスペースがあります。最上階には山々の素晴らしい景色を望むレストランがあります。Wi-Fiが必要な場合は，ロビーでご利用いただけます。

問 [26] があなたが選択する可能性が最も高い場所です。

① アシュフォード・センター
② ファウンダーズ・ホテル
③ **マウンテン・テラス**
④ バレー・ホール

各会場の説明を聞きながら，３つの条件「A. 50人以上収容可能な部屋が８室以上」「B. 施設内全体でWi-Fi利用可能」「C. 施設内で食事可能」について表にメモを書き込んでいくことで，正解を導くことができる。①のAshford Centerは最大40人収容可能な20室と，会議室１室しかないので，条件Aを満たしていない。②のFounders' Hotelは全室Wi-Fi完備だが，ロビーなどを含む全施設内で使用できるとは書いていないし，徒歩５分圏内にレストランがたくさんあるが，施設内で食事ができないので，条件BとCを満たしていない。③のMountain Terraceは60人収容可能な部屋が10室あり，ホテル全体でWi-Fiを利用でき，ホテル内にいくつかのレストランがあるので，３つの条件をすべて満たしている。よって③が正解。④のValley Hallは最大200人収容可能な部屋が５室しかなく，Wi-Fiはロビーでのみ利用可能で，条件AとBを満たしていない。

場所	条件A (50人以上収容可能な部屋が8室以上)	条件B (施設内全体でWi-Fi)	条件C (施設内で食事)
① Ashford Center	× 最大40人収容可能な20室，会議室１室	○ どこでも利用可能	○ 施設内にフードコート
② Founders' Hotel	○ 70人収容の大部屋８室	× 全室完備	× 徒歩５分圏内にたくさんのレストラン
③ Mountain Terrace	○ 60人収容可能な10室	○ ホテル全体で利用可能	○ 施設内にいくつかのレストラン
④ Valley Hall	× 最大200人収容可能な５室	× ロビーで利用可能	○ 施設の最上階にレストラン

語句

◇ session「総会」
◇ up to ～「最大〔最高〕で～まで」

◇ conference「会議」 *cf.* meeting「会議」
◇ update「～を改修する；～を最新の状態にする」
◇ plenty of ～「たくさんの～」
◇ lecture「講義：講演」
◇ accommodate「～を収容できる」 *cf.* hold, fit「～を収容できる」

第５問

スクリプト

Today, we're going to focus on art in the digital age. With advances in technology, how people view art is changing. In recent years, some art collections have been put online to create "digital art museums." Why are art museums moving to digital spaces?

One reason has to do with visitor access. In digital museums, visitors can experience art without the limitation of physical spaces. If museums are online, more people can make virtual visits to them. Also, as online museums never close, visitors can stay for as long as they like! Another reason is related to how collections are displayed. Online exhibits enable visitors to watch videos, see the artwork from various angles, and use interactive features. This gives visitors much more specific information about each collection.

Putting collections online takes extra effort, time, and money. First, museum directors must be eager to try this new format. Then, they have to take the time to hire specialists and raise the money to buy the necessary technology. Of course, many people might still want to see the actual pieces themselves. These factors are some reasons why not all museums are adding an online format.

Many art museums have been offering digital versions of their museums for free, but this system might change in the future. Museums will probably need to depend on income from a hybrid style of both in-person and online visitors. This kind of income could enable them to remain financially

和訳

今日は，デジタル時代のアートに焦点を当てます。技術の進歩により，人々のアートに対する見方が変化しています。近年，一部のアートコレクションはオンライン公開され，「デジタル美術館」を作っています。美術館はなぜデジタル空間に移行しているのでしょうか？

１つの理由は，訪問者のアクセスに関係しています。デジタル美術館では，訪問者は物理的な空間に制限されることなくアートを体験できます。美術館がオンラインにあれば，より多くの人がバーチャルで美術館を訪れることができます。また，オンライン美術館は休館しないため，訪問者は好きなだけ滞在できます！　もう１つの理由はコレクションの展示方法に関連しています。オンライン展示では，訪問者はビデオを見たり，さまざまな角度からアート作品を見たり，インタラクティブな機能を使用したりできます。これにより，訪問者は各コレクションに関するより詳細な情報を得ることができます。

コレクションをオンライン化するには，さらなる労力，時間，お金がかかります。まず，美術館の館長はこの新しい形式を試みることに意欲的でなければなりません。次に，美術館は時間をかけて専門家を雇い，必要な技術を購入するための資金を調達する必要があります。もちろん，多くの人々が今でも実物を見たがっている可能性もあります。これらの要因が，すべての美術館がオンライン形式を追加しているわけではない，いくつかの理由です。

多くの美術館は美術館のデジタル版を無料で提供していますが，このシステムは将来変更される可能性があります。美術館はおそらく，実際の訪問者とオンライン訪問者の両方のハイブリッド・スタイルからの収入に頼る必要があります。この種の収入により，美術館は将来の世代のために財政的に持続可

sustainable for future generations. Now, let's do our presentations. Group 1, start when you are ready.	能であり続けることができるかもしれません。では，プレゼンテーションをしましょう。グループ１のみなさん，準備ができたら，始めてください。

ワークシート

デジタル時代のアート

○デジタル技術が美術館に与える影響

デジタル美術館は，人々がアートと交流する方法を変えている。なぜなら美術館は 27 からである。

○デジタル美術館のはっきりと異なる特徴

美術館にとってのメリット	訪問者にとってのメリット
◆訪問者数の増加の可能性	◆アクセスが容易 ◆柔軟性のある 28 ◆詳細な 29

美術館の課題
～の必要性： ◆熱心な 30 ◆デジタルの専門家 ◆ 31 の増加

問27　27　①

① **are no longer restricted to physical locations（もはや物理的な場所に制限されない）**
② can now buy new pieces of artwork online（今，新しいアート作品をオンラインで購入できる）
③ do not have to limit the types of art created（作成されるアートの種類を制限する必要がない）
④ need to shift their focus to exhibitions in buildings（建物内の展示に焦点を移す必要がある）

デジタル美術館が人々とアートの関わりをどのように変えたかについては，第２段落第２文にIn digital museums, visitors can experience art without the limitation of physical spaces.「デジタル美術館では，訪問者は物理的な空間に制限されることなくアートを体験できます。」とあるので，①が正解。その他の選択肢については本文中で述べられていないので，すべて不適当。

問28　28　⑥　　問29　29　④　　問30　30　③　　問31　31　②

① artists（芸術家）　② budget（予算）　③ directors（館長）
④ information（情報）　⑤ physical paintings（物理的な絵画）　⑥ visiting time（訪問時間）

28 と 29 はデジタル美術館の訪問者にとってのメリットを完成すればよい。これらは第２段落に述べられている。第４文にas online museums never close, visitors can stay for as long as they like「オンライン美術館は休館しないため，訪問者は好きなだけ滞在できます」とあり，これは「柔軟性のある訪問時間」に相当するので，28 には⑥が入る。第６～７文にOnline exhibits enable visitors to watch videos, see the artwork from various angles, and use interactive features. This gives visitors much more specific information about each collection.「オンライン展示では，訪問者はビデオを見たり，さまざまな角度からアート作品を見たり，インタラクティブな機能を使用したりできます。これにより，訪問者は各コレクションに関するより詳細な情報を得ることができます。」とあり，specific informationはdetailed informationと言い換えられるので，29 には④が入る。30 と 31 は，デジタル化するにあたっての美術館側の課題を完成すればよい。これらは第3段落に述べられている。第2文に museum directors must be eager to try this new format「美術館の館長はこの新しい形式を試みることに意欲的でなければなりません」とあり，これは「熱心な館長」に相当するので，30 には③が入る。第3文に they have to take the time to ... raise the money to buy the necessary technology「時間をかけて…必要な技術を購入するための資金を調達する必要があります」とあり，これは「予算の増加」に相当するので，31 には②が入る。

問32 32 ②

① More art museums are planning to offer free services on site for visitors with seasonal passes.
（より多くの美術館が季節パスを持っている訪問者にサイト内で無料サービスを提供することを計画している。）

② Museums may need to maintain both traditional and online spaces to be successful in the future.
（美術館が将来的に成功するために，従来のスペースとオンラインスペースの両方を維持する必要があるかもしれない。）

③ One objective for art museums is to get younger generations interested in seeing exhibits in person.
（美術館の目的の１つは，若い世代に展示品を直接見ることに興味を持ってもらうことだ。）

④ The production of sustainable art pieces will provide the motivation for expanding digital art museums.
（持続可能なアート作品の制作は，デジタル美術館を拡大する動機を提供するだろう。）

第4段落第2～3文に Museums will probably need to depend on income from a hybrid style of both in-person and online visitors. This kind of income could enable them to remain financially sustainable for future generations.「美術館はおそらく，実際の訪問者とオンライン訪問者の両方のハイブリッド・スタイルからの収入に頼る必要があります。この種の収入により，美術館は将来の世代のために財政的に持続可能であり続けることができます。」と述べている。これを要約した内容である②が正解。この sustainable や future generations に惑わされて，本文に出てこない③や④を選ばないようにする。第4段落第1文に Many art museums have been offering digital versions of their museums for free「多くの美術館は美術館のデジタル版を無料で提供しています」とあるが，季節パスを持っている訪問者限定とは言っていないので，①も不適当。

語句

◇ advance「進歩」
◇ limitation「制限」 *cf.* 問27 ① be restricted to ～「～に制限される」
◇ physical「物理的な」
◇ be related to ～「～に関連がある」
◇ enable O to *do*「Oが…するのを可能にする」
◇ interactive「インタラクティブな；双方向の」
◇ specific「詳細な；具体的な」 *cf.* ワークシート detailed「詳細な」
◇ be eager to *do*「しきりに…したがっている；…することに意欲的である」
◇ raise money「資金を調達する」
◇ actual「実在の；現実の」 *cf.* in person「じかに；生で」
◇ depend on ～「～に依存する；～に頼る」
◇ hybrid「ハイブリッドの；混合の」
◇ financially「財政的に；金融的に」
◇ sustainable「持続可能な」

◇ ワークシート　enthusiastic「熱心な」
◇ 問32　②　maintain「～を維持する」
◇ 問32　③　objective「目的」
◇ 問32　④　motivation「動機」

問33　33　②

スクリプト	和訳
Our group looked at a survey of 56 art museums conducted in the fall of 2020. Many art museums are currently thinking about how to go digital. This survey specifically asked if art museums were putting their exhibition videos on the internet. Here are those survey results.	私たちのグループは，2020 年秋に行われた56館の美術館の調査に注目しました。現在，多くの美術館がデジタルへの移行方法を検討しています。この調査では，美術館が展示動画をインターネットに公開しているかどうかを具体的に尋ねました。こちらがその調査結果です。

① As visitors want to see art in person, 14 museums decided that putting exhibition videos online is unnecessary.
(来場者はアートを直接見たいと考えているため，14館の美術館が展示動画をオンラインに公開する必要はないと判断した。)

② Despite problems in finding money and staff, more than 10 museums have already put their exhibition videos online.
(お金とスタッフを見つけるのに問題があるにもかかわらず，すでに10館以上の美術館が展示動画をオンラインに公開している。)

③ Eight museums are putting exhibition videos online, and they will put their physical collections in storage.
(８館の美術館が展示動画をオンラインで公開しており，実物のコレクションを倉庫に片づける予定だ。)

④ Most of the 56 museums want to have exhibition videos online because it takes very little effort and the cost is low.
(労力がほとんどかからずコストも低いため，56館の美術館のほとんどが，オンラインでの展示動画の公開を希望している。)

グラフのタイトルは「あなたの美術館はオンラインで展示動画を公開する予定ですか。」。グラフより「すでに公開中」の美術館が14館，「検討中」の美術館が34館，「不必要」の美術館が８館であることが読み取れる。よって，すでに展示動画をオンラインで公開している美術館は10館以上であり，なおかつ，デジタル化するにあたっての美術館の課題として，講義本体の第３段落第３文にthey have to take the time to hire specialists and raise the money「美術館は時間をかけて専門家を雇い，資金を調達する必要があります」とあることから，正解は②。このようにデジタル化は労力とコストがかかるため，グラフで一番多い答えは検討中なので、④は不適当。グラフからオンライン公開が不必要と答えた美術館は14館ではなくて８館なので，①は不適当。グラフから，すでにオンライン展示を公開中の美術館は８館ではなく14館であり，また講義でも，倉庫にコレクションを片付けるといったことは言及されていないので，③は不適当。

語句
◇ survey「調査」
◇ conduct「～を実施する」
◇ specifically「詳細に」
◇ ③　put ～ in storage「～を倉庫に片づける」

第６問

A

スクリプト

Raymond：Our trip is getting close, Mana!

Mana：Yes, I need to buy a new bag to protect my camera and lenses.

Raymond：Aren't they heavy? I'm just going to use my smartphone to take pictures. With smartphone software you can edit your photos quickly and easily.

Mana：Yeah, I guess so.

Raymond：Then, why do you want to bring your camera and lenses?

Mana：Because I'm planning to take pictures at the wildlife park. I want my equipment to capture detailed images of the animals there.

Raymond：I see. Then, I'll take pictures of us having a good time, and you photograph the animals.

Mana：Sure! I have three lenses for different purposes.

Raymond：That's going to be a lot of stuff. I hate carrying heavy luggage.

Mana：I do, too, but since I need my camera and lenses, I have no choice. I think it'll be worth it, though.

Raymond：I'm sure it will. I'm looking forward to seeing your pictures!

Mana：Thanks.

和訳

レイモンド：僕たちの旅行が近づいてきたね，マナ！

マナ：ええ，私はカメラとレンズを守るための新しいバッグを買わなくちゃ。

レイモンド：重いんじゃない？ 僕は写真を撮るのにスマートフォンだけ使うつもりだよ。スマートフォンのソフトウェアを使えば，写真をすばやく簡単に編集できるよ。

マナ：ええ，そうだと思うわ。

レイモンド：じゃあ，どうしてカメラとレンズを持っていきたいの？

マナ：野生動物公園で写真を撮るつもりだからよ。私は私の機材でそこにいる動物の詳細な写真を撮影したいのよ。

レイモンド：なるほど。じゃあ，僕らが楽しんでいる写真を僕が撮るから，君は動物の写真を撮ってよ。

マナ：いいわよ！　私は目的別のレンズを３本持っているの。

レイモンド：それなら荷物が多くなるね。僕は重い手荷物を持ち運ぶのが嫌いなんだ。

マナ：私も嫌いだけど，カメラとレンズが必要だから，仕方ないわ。でも，それだけの価値はあると思うわ。

レイモンド：きっとそうだと思うよ。君の写真を見るのを楽しみにしているよ！

マナ：ありがとう。

問34　34　①

問　**Which statement best describes Mana's opinion?（どの説明がマナの意見を最もよく表しているか。）**

① **Bringing a camera and lenses on a trip is necessary.（旅行にはカメラとレンズを持参する必要がある。）**

② Getting the latest smartphone is advantageous.（最新のスマートフォンを入手することは有益だ。）

③ Packing for an international trip is time-consuming.（海外旅行の荷造りは時間がかかる。）

④ Updating software on the phone is annoying.（電話でソフトウェアを更新するのはやっかいだ。）

レイモンドの１つ目の発言から，２人は近々旅行に行くことがわかる。マナは１つ目の発言で「**カメラとレンズを守るための新しいバッグを買う必要がある**」と言っており，旅行にカメラとレンズを持参するつもりであることがわかる。レイモンドは２つ目の発言で，「重いカメラとレンズを持って行く代わりにスマートフォンを使うこと」を提案しているが，マナは３つ目の発言で，「**自分の機材（equipment）で動物の詳細な写真を撮影したい**」と答えている。equipmentは集合名詞でカメラとレンズを指す。またマナは５つ目の発言でも，I need my camera and lenses「**カメラとレンズが必要**

だ」と言っており，旅行にカメラとレンズを持って行く姿勢に終始変わりはないので，①が正解。写真撮影にスマートフォンを使うのはレイモンドの意見なので，②は不適当。③や④のような内容は，2人とも言っていないので，③と④も不適当。

問35　35　③

問　**Which of the following statements would both speakers agree with?**
（2人の話者が同意するのは次の説明のうちのどれか。）

① It's expensive to repair broken smartphones.（壊れたスマートフォンを修理するには費用がかかる。）
② It's impossible to take photos of running animals.（走っている動物の写真を撮ることは不可能だ。）
③ **It's unpleasant to carry around heavy luggage.（重い荷物を持ち歩くのは不愉快だ。）**
④ It's vital for both of them to buy a camera and lenses.
（2人ともにとってカメラとレンズを買うことが極めて重要だ。）

問34で見たように，レイモンドは，旅行中の写真撮影に重いカメラではなく，スマートフォンを使うという意見である。それに対してマナは，旅行にカメラとレンズを持参する必要があるという意見であり，この点で2人の意見は異なる。2人が同意している箇所は，レイモンドの5つ目の発言のI hate carrying heavy luggage.「僕は重い荷物を運ぶのが嫌いだ。」を受け，マナもI do (=hate), too「私も嫌いだ」と賛同しているところである。したがって，③が正解。マナの5つ目の発言から，「重いのは嫌いだけれども，カメラとレンズは必要で持って行く価値がある」と考えていることを理解することが大切。残りの選択肢については，会話に出てこないので不適当。

語句

◇ edit「～を編集する」
◇ equipment「機材；道具」
◇ capture「～をとらえる；～を撮影する」
◇ luggage「荷物」
◇ 問34　describe「～を述べる」
◇ 問34　②　advantageous「有益な；好都合な」
◇ 問34　③　time-consuming「時間のかかる」
◇ 問34　④　annoying「イライラさせる；やっかいな」
◇ 問35　③　unpleasant「不愉快な」
◇ 問35　④　vital「極めて重要な」

B

スクリプト	和訳
Jeff : So, Sally, we have to start thinking about graduation research.	ジェフ：さて，サリー，僕たちは卒業研究について考え始めないと。
Sally : I know, Jeff.	サリー：わかっているわ，ジェフ。
Jeff : And we can choose to work together as a group or do it individually. I'm leaning towards the group project. What do you think, Matt?	ジェフ：そして，僕たちはグループで一緒にやるか，個人でやるかを選ぶことができる。僕はグループプロジェクトに傾いているけど。どう思う，マット？
Matt : Well, Jeff, I'm attracted to the idea of doing it on my own. I've never attempted anything	マット：えーと，ジェフ，僕は1人でやるという考えに引かれているよ。僕はこれまでそんなこと

like that before. I want to try it. How about you, Sally?	をしたことがなかったよ。挑戦してみたいな。君はどう，サリー？
Sally : Same for me, Matt. I want to really deepen my understanding of the research topic. Besides, I can get one-on-one help from a professor. Which do you prefer, Aki?	サリー：私も同じよ，マット。自分の研究テーマの理解を本当に深めたいわ。それに，教授から１対１のサポートを受けられるし。あなたはどっちがいい，アキ？
Aki : I prefer group work because I'd like to develop my communication skills in order to be a good leader in the future.	アキ：私は，将来，良いリーダーになるためにコミュニケーションスキルを伸ばしたいから，グループワークの方がいいわ。
Jeff : Cool. Coming from Japan, you can bring a great perspective to a group project. I'd love to work with you, Aki. Matt, don't you think it'd be better to collaborate?	ジェフ：かっこいいね。日本出身だから，君はグループプロジェクトに素晴らしい視点をもたらすことができるよ。僕は君と一緒にやりたいな，アキ。マット，共同で取り組む方がいいと思わない？
Matt : Yes, it does sound fun, Jeff. Come to think of it, I can learn from other students if I'm in a group. We can work on it together. Would you like to join us, Sally?	マット：うん，楽しそうだね，ジェフ。考えてみると，グループに入ればほかの学生から学ぶことができるよね。僕たちは一緒に取り組もうよ。僕たちに加わらない，サリー？
Sally : Sorry. It's better if I do my own research because I'm interested in graduate school.	サリー：ごめんなさい。私は大学院に興味があるから，独自に研究する方がいいわ。
Aki : Oh, too bad. Well, for our group project, what shall we do first?	アキ：あら，残念。じゃあ，私たちのグループプロジェクトでは，まず何をしようか？
Jeff : Let's choose the group leader. Any volunteers?	ジェフ：グループリーダーを選ぼうよ。希望者はいる？
Aki : I'll do it!	アキ：私がやるわ！
Matt : Fantastic, Aki!	マット：素晴らしいね，アキ！

問36 36 ①

ジェフは２つ目の発言で「グループプロジェクトに傾いている」と述べ，その後も３つ目の発言でアキに「君と一緒にやりたい」と言い，マットには「共同で取り組む方がいいと思わない？」とグループ研究を勧めている。また最後の発言で「グループリーダーを選ぼう」と述べており，ジェフは一貫してグループ研究に積極的である。アキも最初の発言で「コミュニケーションスキルを伸ばしたいから，グループワークの方がよい」と述べ，最後の発言で「自分がグループリーダーをやる」と述べているので，アキもグループ研究に積極的である。マットは最初の発言で，「１人でやることに引かれている」と単独での研究に傾いていたが，ジェフとアキの考えを聞き，２つ目の発言で「グループに入ればほかの学生から学べるので，一緒に取り組もう」と考えを変え，さらに「僕たちに加わらない？」とサリーにグループ研究を勧めている。よって，マットもグループ研究を選択している。サリーは２つ目の発言で「自分の研究テーマの理解を本当に深めたいし，教授から１対１のサポートを受けられる」と単独での研究の利点を述べている。また最後の発言で「大学院に興味があるから，独自に研究する方がいい」と述べており，サリーは一貫して単独での研究に積極的である。したがって，会話終了時に単独での研究を選択しているのはサリーだけなので，正解は①。

問37　37　②

① （図表）グループで作業するときの問題

② **（図表）上位３つの重要なリーダーシップ技術**

③ （図表）効果的なグループ作業の手順

④ （図表）大学院に進学する大学生

アキは１つ目の発言で，I'd like to develop my communication skills in order to be a good leader in the future「私は，将来，良いリーダーになるためにコミュニケーションスキルを伸ばしたい」と述べているので，「上位３つの重要なリーダーシップスキル」というタイトルで，「コミュニケーション」が２位に入っているグラフは，アキの考えの根拠となる。よって②が正解。アキはグループ研究に積極的なので，「グループで作業するときの問題」というタイトルのグラフ（①）は，アキの考えの根拠とならないので不適切。大学院への進学を考えているのは，アキではなくサリーなので，「大学院に進学する大学生」というタイトルのグラフ（④）も不適当。グループ研究を始めるにあたって，まずグループリーダーを選ぶことを提案したのは，アキではなくジェフなので，「効果的なグループ作業の手順」というタイトルで，最初の工程が「グループリーダーの選出」となっている表（③）も不適切。

語句

◇ individually「個人的に」
◇ lean towards 〜「（気持ちなどが）〜に傾く」
◇ be attracted to 〜「〜に引きつけられる」
◇ attempt「〜を試みる」
◇ deepen「〜を深める」
◇ besides「その上；さらに」
◇ one-on-one「１対１の」
◇ in order to *do*「…するために」
◇ Coming from Japan（＝Because you come from Japan）「あなたは日本出身だから」理由を表す分詞構文
◇ perspective「視点；見解」
◇ collaborate「協力する」
◇ graduate school「大学院」
◇ 図表１ attendance「出席」
◇ 図表２ problem solving「問題解決」
◇ 図表２ coaching「コーチング」
◇ 図表３ establish「〜を定める」

2022 本試　解答

合計点	/100

問題番号（配点）	設問		解答番号	正解	配点	自己採点
第1問（25）	A	1	1	③	4	
		2	2	②	4	
		3	3	②	4	
		4	4	①	4	
	B	5	5	④	3	
		6	6	④	3	
		7	7	①	3	
第2問（16）	8		8	③	4	
	9		9	②	4	
	10		10	④	4	
	11		11	③	4	
第3問（18）	12		12	①	3	
	13		13	③	3	
	14		14	④	3	
	15		15	①	3	
	16		16	④	3	
	17		17	①	3	

問題番号（配点）	設問		解答番号	正解	配点	自己採点
第4問（12）	A	18	18	②	4※	
		19	19	④		
		20	20	①		
		21	21	③		
		22	22	②	1	
		23	23	⑤	1	
		24	24	②	1	
		25	25	③	1	
	B	26	26	②	4	
第5問（15）	27		27	③	3	
	28		28	③	2※	
	29		29	②		
	30		30	⑤	2※	
	31		31	④		
	32		32	④	4	
	33		33	④	4	
第6問（14）	A	34	34	②	3	
		35	35	④	3	
	B	36	36	②	4	
		37	37	②	4	

（注）　※は，全部正解の場合のみ点を与える。

	出題内容	難易度 大問別	難易度 全体
第1問A	短い発話の聞き取り（英文のみ）	やや易	標準
第1問B	短い発話の聞き取り（イラスト選択）	やや易	
第2問	短い対話の聞き取り（イラスト選択）	やや易	
第3問	短い対話の聞き取り（英文のみ）	標準	
第4問A	指示・説明の聞き取り（イラスト並べ替え・図表の穴埋め）	やや易	
第4問B	複数の説明の聞き取り（読書会で読む本を決める）	標準	
第5問	講義の聞き取り（ギグワークについて）	標準	
第6問A	対話の聞き取り（料理の仕方についての対話）	標準	
第6問B	議論の聞き取り（エコツーリズムに関する学生4名の議論）	標準	

第1問

A

問1 1 ③

スクリプト	和訳
There weren't very many people on the bus, so I sat down.	バスにはあまり人が乗っていなかったので，私は座りました。

① The speaker couldn't find a seat on the bus.（話者はバスの座席を見つけることができなかった。）
② The speaker didn't see anybody on the bus.（話者はバスの中で誰も見かけなかった。）
③ **The speaker got a seat on the bus.（話者はバスの中で席に着いた。）**
④ The speaker saw many people on the bus.（話者はバスの中でたくさんの人を見た。）

話者は I sat down「私は座りました」と言っている。したがって③が正解で，「座席を見つけることができなかった」と言っている①は不適当。また，「バスにはあまり人が乗っていなかった」とあるので，②と④も不適当。

語句

◇ not very ～「あまり～でない」

問2 2 ②

スクリプト	和訳
Susan, I left my phone at home. Wait here. I'll be back.	スーザン，私は電話を家に置いてきてしまいました。ここで待っていて。すぐに戻ります。

① The speaker will ask Susan to go back.（話者はスーザンに戻るように頼むだろう。）
② **The speaker will go and get his phone.（話者は電話を取りに行くだろう。）**
③ The speaker will leave his phone.（話者は電話を置いていくだろう。）
④ The speaker will wait for Susan.（話者はスーザンを待つだろう。）

話者が家に電話を忘れ，それを取りに帰るため，その間待っているようにスーザンに頼んでいる場面。話者が電話を取りに行く②が正解。I'll be back.「すぐに戻ります。」と言っているのは話者なので，①は不適当。話者はすでに電話を自宅に置いてきたので，③も不適当。スーザンが話者を待つのだから，④も不適当。

問3 3 ②

スクリプト	和訳
I didn't lose my map of London. I've just found it in my suitcase.	私はロンドンの地図をなくしていませんでした。ちょうど自分のスーツケースの中で見つけたところです。

① The speaker found his suitcase in London.（話者はロンドンで自分のスーツケースを見つけた。）
② **The speaker has a map of London.（話者はロンドンの地図を持っている。）**
③ The speaker lost his suitcase in London.（話者はロンドンで自分のスーツケースをなくした。）
④ The speaker needs to buy a map of London.（話者はロンドンの地図を買う必要がある。）

話者は「なくしたと思っていたロンドンの地図を自分のスーツケースの中で見つけたところだ」と言っているので，話者の手元には今，ロンドンの地図がある。したがって②が正解。つまりロンドンの地図を新たに買う必要もないわけで，④は不適当。また，ロンドンでスーツケースをなくしたわけでも見つけたわけでもないので，①と③も不適当。

問4　4　①

スクリプト	和訳
Claire usually meets Thomas for lunch on Fridays, but she's too busy this week.	クレアは普通，毎週金曜日は昼食をとるためにトーマスと会いますが，今週は忙しすぎます。

① **Claire cannot meet Thomas for lunch this Friday.**
（クレアは今週の金曜日，昼食をとるためにトーマスに会うことはできない。）
② Claire hardly ever has lunch with Thomas on Fridays.
（クレアは毎週金曜日にトーマスと昼食をとることはほとんどない。）
③ Claire usually doesn't see Thomas on Fridays.（クレアは普通，毎週金曜日にはトーマスに会わない。）
④ Claire will eat lunch with Thomas this Friday.
（クレアは今週の金曜日にトーマスと一緒に昼食をとるだろう。）

文の後半に省略されている意味を補うと，she's too busy (to meet Thomas for lunch on Friday) this week「彼女は今週は忙しすぎて（金曜日に昼食をとるためにトーマスに会うことができない）」ということ。つまり①が正解で，④は不適当。文の前半から，クレアは普通，毎週金曜日にトーマスと昼食をとることがわかるので，②と③も不適当。

語句
◇ ② hardly ever「めったに〔ほとんど〕～ない」

B

問5　5　④

スクリプト	和訳
Kathy ate two pieces, and Jon ate everything else. So, nothing's left.	キャシーは２切れ食べ，ジョンは残りすべてを食べた。だから，何も残っていない。

この手の問題では，放送が流れる前に各イラストの差異を確認しておくのがポイント。本問ではピザの枚数に注目する。最後にnothing's left「何も残っていない」と言っているので，ピザがまったく残っていない④が正解。two pieces「２切れ」はキャシーが食べた枚数なので，③は不適当。数切れ残っている①と②も不適当。

問6　6　④

スクリプト	和訳
Look at that bird on the lake. It's under the tree.	湖の上のあの鳥を見て。それは木の下にいる。

消去法で考えよう。第１文より，鳥はon the lake「湖の上に」いることがわかるので，①と③は除外される。さらに第２文でunder the tree「木の下に」と言っているので，木から離れたところにいる②は不適当で，木の下にいる④が正解。

問7 7 ①

スクリプト	和訳
I prefer this one. There's no belt, and it's longer.	僕はこれが好きだ。ベルトはなく，より長い。

第２文で no belt「ベルトがない」，longer「より長い」と言っているので，正解は①。②はベルトがあり，③は短い，④はベルトありで短い。これらはすべて条件を満たしていないため，不適当。

第２問

問8 8 ③

スクリプト	和訳
W：Oh, I forgot. Where should these towels go?	女：ああ，忘れた。これらのタオルはどこに入れるの？
M：In the basket on the bottom shelf.	男：下の棚のかごの中だよ。
W：The one beside the bottles?	女：ボトルの横のかご？
M：No, the other one.	男：いいや，もう１つの方だよ。

問　Where should the woman put the towels?（女性はどこにタオルを置くべきか。）

タオルの収納場所についての会話。女性の Where should these towels go?「これらのタオルはどこに入れるの？」という問いに，男性が In the basket on the bottom shelf.「下の棚のかごの中」と答えていることから，正解は③または④にしぼられる。さらに最後の男女のやり取りから，beside the bottles「ボトルの横」ではない方のかごに入れればよいことがわかるので，正解は③。

語句

◇ beside「～のそばに」

問9 9 ②

スクリプト	和訳
W：Are you ready to order, sir?	女：お客様，ご注文はお決まりですか？
M：Yes, I'd like the fried noodle set.	男：はい，焼きそばセットをお願いします。
W：Certainly. Would you like rice with that?	女：かしこまりました。ご一緒にライスはいかがですか？
M：Well.... It comes with two side dishes, so that's enough.	男：うーん…。おかずが２つ付いてくるので，それで十分です。

問　What did the man order?（男性は何を注文したか。）

レストランでの女性店員と男性客の会話。まず女性が注文を聞き，男性は fried noodle set「焼きそばセット」を注文している。すべての選択肢に焼きそばが含まれているので，ここでは選択肢を絞り込むことはできない。続けて女性は rice with that (=fried noodle set)「（焼きそばセットと）一緒にライス」はどうかとたずね，男性が It (=fried noodle set) comes with two side dishes, so that's enough.「（焼きそばセットには）おかずが２品付いてくるので，それで十分です。」と答えている。つまり，男性が注文したものは「焼きそば」「おかず２品」「ライスなし」だから②が正解。

語句

◇ fried noodle「焼きそば」

◇ Certainly.「かしこまりました。」(店員が客に対して丁寧に言っている。)

◇ side dish「付け合わせ料理（の小皿）」

◇ come with ～「～が付いてくる」

問10　10　④

スクリプト

M：Can I put this shirt in the dryer?

W：No, look at the square symbol. It's crossed out.

M：Do I have to iron it?

W：Well, this symbol shows that you can.

和訳

男：このシャツを乾燥機に入れてもいい？

女：だめよ，正方形のマークを見て。バツがついているわ。

男：アイロンをかけないといけない？

女：ええと，このマークがアイロンをかけていいことを示しているわ。

問　**Which picture shows what they are looking at?（どの絵が，彼らが見ているものを示しているか。）**

シャツの取り扱い表示を見ながらの会話。まず男性がシャツを乾燥機にかけてよいかとたずね，女性がIt's (=The square symbol is) crossed out.「(正方形のマークに) バツ印がつけられている。」と答えているので，正方形のマークに×がついている①か④にしぼられる。続けて男性がアイロンをかけてよいかとたずね，女性が this symbol shows that you can (iron)「このマークがアイロンをかけていいことを示しているわ」と答えているので，アイロンマークに×がついていない④が正解。

語句

◇ cross out「～をバツ印を付けて消す」

◇ iron「～にアイロンをかける」

問11　11　③

スクリプト

W：I'd rather not sit near the exit.

M：But not too near the screen, either.

W：Isn't the sound better at the back?

M：Do you think so? Let's sit there, then.

和訳

女：出口の近くには座りたくないわ。

男：でも，スクリーンに近すぎるのも嫌だよね。

女：後ろの方が音がいいんじゃない？

男：そう思う？ じゃあ，そこに座ろう。

問　**Which seats will the speakers choose?（話者たちはどの席を選ぶだろうか。）**

映画館でどの席に座るかという会話。消去法で考える。まず女性が I'd rather not sit near the exit.「出入口の近くには座りたくないわ。」と言っているので，④は除外。次に男性が (I'd rather) not too near the screen「スクリーンには近すぎるのは嫌だ」と言っているので，①も除外。続けて，女性の the sound better at the back「後ろの方が音がいい」という意見を受け，男性が Let's sit there (=at the back)「そこ（後ろの方）に座ろう」と言っているので，すべての条件を満たす③が正解。

語句

◇ would rather *do*「どちらかといえば…したい；(～よりは) むしろ…したい」

◇ either「〔否定文で〕～も（…ない）」

第3問

問12 12 ①

スクリプト	和訳
W：It's just about to rain.	女：今にも雨が降り出しそうね。
M：Then I'm leaving right now, so I won't get wet.	男：じゃあ，今すぐに出発するから，濡れないな。
W：You can't get to the train station before it starts raining.	女：あなたは，雨が降り始める前に駅に着くことはできないわよ。
M：I think I can.	男：できると思うよ。
W：Well, the rain won't last long anyway. I'm waiting here.	女：ええと，とにかく，雨は長くは続かないでしょう。私はここで待っているわ。
M：Once it starts, I don't think it'll stop that soon.	男：いったん降り始めたら，すぐにはやまないと思うよ。

問　**What is the boy likely to do?（少年はおそらく何をするだろうか。）**

① **Hurry to the train station（駅まで急ぐ）**

② Stay at school with the girl（少女と一緒に学校にいる）

③ Tell the girl to wait for him（少女に自分を待つように言う）

④ Wait for the rain to stop（雨がやむのを待つ）

少女の１つ目の発言の *be* just about to *do* は「（今にも）…しそうだ」という意味。「今にも雨が降り出しそうね」と言っているのを受け，少年は I'm leaving right now, so I won't get wet「今すぐに出発するから，濡れないな」と言っており，続く少女の発言中の the train station「（電車の）駅」から，少年の行き先は駅だとわかる。少女は「雨が降り始める前に駅に着くのはできない」と言うが，少年は I think I can (get to the train station before it starts raining).「できると思うよ。」と言っている。したがって，①が正解。学校で雨が止むのを待つのは少女のみなので，②，③，④は不適当。

語句

◇ *be* just about to *do*「（今にも）…しそうだ」

◇ 問 *be* likely to *do*「おそらく…するであろう」

問13 13 ③

スクリプト	和訳
M：The doctor says I need to come back in two weeks.	男：医師に２週間後にまた来る必要があると言われました。
W：The first available appointment is March 2nd at 5. How's that?	女：一番早く取れる予約は３月２日の５時です。いかがですか？
M：I'm afraid that's no good. How about the next day?	男：すみませんが，だめだと思います。次の日はどうですか？
W：There are openings at 11:30 and 4. Which is better?	女：11時30分と４時が空いています。どちらがよろしいでしょうか？
M：Hmm, I guess I'll come in the morning.	男：うーん，午前中に来ようと思います。

問　**On which date will the man go to the doctor?（男性はどの日に医者に診てもらうか。）**

① March 1st（３月１日）

② March 2nd（3月2日）

③ **March 3rd（3月3日）**

④ March 4th（3月4日）

女性の1つ目の発言で，一番早く取れる予約としてMarch 2nd at 5「3月2日の5時」を提案されたが，男性は断っているので，①と②は不適当。続けて男性はHow about the next day (=March 3rd)?「次の日（＝3月3日）はどうですか？」と希望を述べている。それを受けて女性は「11時30分と4時が空いている」と伝え，男性が午前中を予約している。つまり，男性の次回の予約は3月3日11時30分である。したがって③が正解。

語句

◇ no good「（くだけて）だめな」

◇ opening「空き」

問14　14　④

スクリプト	和訳
M：That's a nice handbag! Where did you get it?	男：すてきなハンドバッグだね！ どこで買ったの？
W：At the new department store.	女：新しいデパートよ。
M：I want to buy one just like that for my mother's birthday.	男：母の誕生日にそれと同じようなものを買いたいな。
W：Actually, I'm going there with my sister tomorrow to find a shoulder bag for my aunt.	女：実は，明日は妹と，おばのショルダーバッグを見つけにそこへ行くつもりなの。
M：Can I go with you?	男：君たちと一緒に行ってもいい？
W：Of course.	女：もちろん。

問　**What is the man likely to do?（男性はおそらく何をするだろうか。）**

① Buy a shoulder bag with his sister（妹とショルダーバッグを買う）

② Choose a birthday gift for his aunt（おばの誕生日プレゼントを選ぶ）

③ Find a store with his mother（母と店を見つける）

④ **Get a handbag for his mother（母のハンドバッグを買う）**

男性は最初の発言で，That's a nice handbag!と女性の持っているハンドバッグをほめて，どこで買ったのかをたずねた後，2つ目の発言でI want to buy one just like that for my mother's birthday.「母の誕生日にそれと同じようなものを買いたいな。」と言っている。続けて女性がI'm going there (=to the new department store) with my sister tomorrow to find a shoulder bag for my aunt.「明日は妹と，おばのショルダーバッグを見つけにそこ（＝新しいデパート）へ行くつもりなの。」と述べ，それに対して一緒に行っていいか男性がたずね，女性が快諾している。したがって，男性は母のハンドバッグを買いにデパートへ行くと考えられるので，④が正解。妹と一緒におばのショルダーバッグを買いに行くのは女性なので，①，②は不適当。③のようなことは会話に出てこないので，これも不適当。

問15　15　①

スクリプト	和訳
W：How do I get to the museum?	女：美術館へはどう行けばいいですか？
M：You mean the new city museum?	男：新しい市立美術館のことですか？
W：Yeah, the one featuring American art.	女：ええ，アメリカの美術品を呼び物にしている美術館です。

M：That museum displays works from Asia, not from America.	男：あの美術館はアメリカではなくアジアの作品を展示していますよ。
W：Really? I saw American art on their website once.	女：本当ですか？前にウェブサイトでアメリカの美術品を見たのですが。
M：That was a temporary exhibit, on loan from another museum.	男：それは別の美術館から貸し出された期間限定の展示だったのですよ。
W：Too bad.	女：とても残念です。

問　**Why is the woman disappointed?（なぜ女性はがっかりしているのか。）**

① **American art is not on display.（アメリカの美術品が展示されていない。）**

② Asian art is not exhibited today.（今日，アジアの美術品は展示されていない。）

③ The museum is now closed permanently.（美術館は現在永久に閉館している。）

④ The website is temporarily not working.（ウェブサイトが一時的に機能していない。）

行きたい美術館をたずねられて，女性は２つ目の発言で the one (=museum) featuring American art「アメリカの美術品を呼び物にしている美術館」と答えているから，女性の美術館訪問の目的はアメリカの美術品を見ることである。しかし男性は最後の発言で，That (=American art) was a temporary exhibit「アメリカの美術品は期間限定の展示だった」と告げ，それを聞いた女性が Too bad.「とても残念です。」とがっかりしていることから，①が正解。男性の２つ目の発言からその美術館はアジアの作品を展示していることがわかるので，②は不適当。美術館は開館しているので，③も不適当。女性は３つ目の発言で，過去に美術館のウェブサイトを閲覧したと言っているが，現在利用できないとは言っていないので，④も不適当。

語句

◇ feature「～を呼び物にする」
◇ temporary「一時的な」
◇ on loan「貸し出されて」
◇ ③ permanently「永久に」

問16　16　④

スクリプト	和訳
M：Hey, I can't log in.	男：ねえ，ログインできないよ。
W：Did you put in the right password?	女：正しいパスワードを入力したの？
M：Yes, I did. I retyped it several times.	男：したよ。何度も再入力したよ。
W：And is your username correct?	女：じゃあユーザーネームは正しい？
M：I think so.... It's my student number, isn't it?	男：そう思う…。それは学生番号だよね？
W：Yes. But is that your student number?	女：そうよ。でもそれがあなたの学生番号なの？
M：Uh-oh, I entered two zeros instead of one.	男：ああ，ゼロを１つでなく，２つ入力していたよ。

問　**Why is the boy having a problem?（なぜ少年は問題を抱えているのか。）**

① He didn't enter a username.（彼はユーザーネームを入力しなかった。）

② He didn't use the right password.（彼は正しいパスワードを使用しなかった。）

③ He forgot his password.（彼はパスワードを忘れた。）

④ **He mistyped his username.（彼は自分のユーザーネームを間違って入力した。）**

少年がログインできない理由を少女と探っている会話。まず，passwordは正しく入力したと言っているので，❷と❸は不適当。次に，少女がusernameを正しく入れたかたずねると，少年はIt's (=My username is) my student number, isn't it?と確認しているので，**ユーザーネームは学生番号であるとがわかる**。少女に学生番号を正しく入力したか聞かれた少年は，最後の発言で I entered two zeros instead of one「**ゼロを1つでなく，2つ入力していたよ**」と答えていることから，**ユーザーネームである学生番号を間違って入力していたことがわかる**。したがって❹が正解。ユーザーネームを入力しなかったわけではないので，❶は不適当

語句

◇ retype「～を再入力する」(type は「～を入力する」という意味)

◇ instead of ～「～の代わりに」

◇ ④ mistype「～を誤入力する」

問17　17　①

スクリプト

W：How was the concert yesterday?

M：Well, I enjoyed the performance a lot, but the concert only lasted an hour.

W：Oh, that's kind of short. How much did you pay?

M：About 10,000 yen.

W：Wow, that's a lot! Do you think it was worth that much?

M：No, not really.

和訳

女：昨日のコンサートはどうだったの？

男：ええと，パフォーマンスはとても楽しかったけれど，コンサートは1時間だけだったよ。

女：まあ，それはちょっと短いわ。いくら払ったの？

男：1万円くらいだよ。

女：うわー，それは高いわね！ それだけの価値があったと思う？

男：いや，そうは思わないな。

問　What does the man think about the concert? (男性はコンサートについてどう思っているか。)

① **It should have lasted longer.（それはもっと長く続くべきだった。）**

② It was as long as he expected.（それは予想通りの長さだった。）

③ The performance was rather poor.（パフォーマンスはかなりひどかった。）

④ The price could have been higher.（値段はもっと高いことだってあり得た。）

男性は1つ目の発言で I enjoyed the performance a lot, but the concert only lasted an hour.「パフォーマンスはとても楽しかったけれど，コンサートは1時間だけだったよ」と，コンサートの感想を述べている。**コンサートが短かったと不満を述べているので，❶が正解で**，❷は不適当。パフォーマンスには満足しているので，❸も不適当。続けて女性にコンサートの値段を問われ，男性は「1万円くらい」と答える。さらに女性の「そのコンサートには1万円の価値があったか？」という問いに，男性は「そう思わない」と答えているので，値段はもっと安くてもよかったと考えていることがわかる。したがって❹も不適当。

語句

◇ ③ rather「かなり」

◇ ④ could have ＋ 過去分詞「(実際には起きなかったことが) 起きていた〔していた〕可能性がある」)

第4問

A

問18 18 ②　**問19** 19 ④　**問20** 20 ①　**問21** 21 ③

スクリプト

I always enjoy the holidays. One of my happiest memories is about a snowy night just before Christmas. As the hall clock struck nine, there was a loud knock at the door. "Who could it be?" we wondered. My father went to the door, and in a surprised voice we heard, "Oh, my... look who's here!" We all ran to the hall, and there was my favorite uncle with his arms full of gifts. He surprised us with a visit. Then, he helped us decorate our Christmas tree. We had so much fun.

和訳

私はいつも休暇を楽しみます。私の最も幸せな思い出の1つは，クリスマス直前の雪の降る夜のことです。玄関ホールの時計が9時を打った時，ドアをノックする大きな音が聞こえました。「誰だろう？」と私たちは思いました。父がドアに向かい，「おやまあ…，誰かと思ったら！」という驚いた声が聞こえました。私たちがみんな玄関ホールに駆け寄ると，贈り物を両腕いっぱいに抱えた大好きなおじがいました。彼は私たちを訪問して驚かせたのです。それから，彼は私たちがクリスマスツリーを飾るのを手伝ってくれました。とても楽しかったです。

思い出が時系列で述べられている。3文目 the hall clock struck nine「玄関ホールの時計が9時を打った」（②）→5文目 My father went to the door「父がドアに向かい」（④）→6文目 there was my favorite uncle with his arms full of gifts「贈り物を両腕いっぱいに抱えた大好きなおじがいました」（①）→8文目 he (=my uncle) helped us decorate our Christmas tree「彼（＝私のおじ）は私たちがクリスマスツリーを飾るのを手伝ってくれました」（③）。したがって，18 は②，19 は④，20 は①，21 は③。

語句

◇ as「…している時」（接続詞）

◇ struck（＜ strike）「（～を）打つ；〔時計が時刻を〕音で知らせる」

◇ help O (to) *do*「Oが…するのを手伝う」（helpをこの形で用いる場合，後の動詞は原形不定詞またはto不定詞を用いる。）

問22 22 ②　**問23** 23 ⑤　**問24** 24 ②　**問25** 25 ③

スクリプト

Here are all the items that were donated last week. Please help me sort them into the proper boxes. First, summer clothes go into Box 1, whether they are for men or for women. In the same way, all winter clothes for men and women go into Box 2. Box 3 is for children's clothes, regardless of the season they're worn in. Shoes and bags should be put into Box 4. All other items go into Box 5.

和訳

こちらはすべて先週寄付された品物です。これらの品物を分類して正しい箱に入れるのを手伝ってください。まず，夏服は男性用か女性用かにかかわらず，1番の箱に入れてください。同様に，男性用と女性用のすべての冬服は2番の箱に入れます。3番の箱は着る季節にかかわりなく子供服用です。靴とバッグは4番の箱に入れてください。その他のすべての品物は5番の箱に入れます。

情報の聞き取りと，それを基にした情報処理は別々に行う方がよいだろう。リスニング中は選択肢の横などに条件を書き込み，聞き終わってからその条件と，表内の「カテゴリー」「品物」の内容を照らし合わせるとよい。1つの選択肢を2回以上使用できることにも注意すること。分類条件は以下の通り。

・3文目：summer clothes ... whether they are for men or for women
「夏服は男性用か女性用かにかかわらず（＝大人の夏服）」→Box 1

・4文目：all winter clothes for men and women「男性用と女性用のすべての冬服（＝大人の冬服）」→Box 2

・5文目：children's clothes, regardless of the season
「季節にかかわりなく子供服（＝子供服すべて）」→Box 3

・6文目：Shoes and bags「靴とバッグ」→Box 4

・7文目：All other items「その他」→Box 5

22 は「男性用ダウンジャケット」→「大人の冬服」なので2番の箱（②）。 23 は「男性用ベルト」→「その他」なので5番の箱（⑤）。 24 は「女性用スキーウェア」→「大人の冬服」なので2番の箱（②）。 25 は「男の子用スキーウェア」→「子供服」なので3番の箱（③）。

語句

◇ donate「～を寄付する」
◇ sort ～ into ...「～を分類して…に入れる」
◇ proper「正しい，適切な」
◇ whether *A* or *B*「*A*であろうと*B*であろうと」
◇ in the same way「同様に」
◇ regardless of ～「～にかかわらず：～に関係なく」

B

問26 26 ②

スクリプト

1. There are so many books to choose from, but one I think would be good is a science fiction novel, *Exploring Space and Beyond*, that was published last month. It can be read in one sitting because it's just 150 pages long.
2. I read a review online about a book that was published earlier this year, titled *Farming as a Family*. It's a true story about a man who decided to move with his family to the countryside to farm. It's an easy read ... around 200 pages.
3. I know a really good autobiography called *My Life as a Pop Star*. It's 300 pages in length. I think it would be an interesting discussion topic for our group. I learned a lot when I read it several years ago.
4. I heard about a new book, *Winning at the*

和訳

1. 本の選択肢はたくさんありますが，私がよさそうだと思うのは，先月出版されたSF小説の『宇宙とその彼方への探検』です。たった150ページの長さなので，一気に読むことができます。
2. 今年初めに出版された『家族で農業をする』というタイトルの本についてのレビューを，オンラインで読みました。それは農業をするために家族と一緒に田舎に引っ越す決心をした，ある男性についての実話です。読みやすくて…200ページ程度です。
3. 私は『ポップスターとしての私の人生』という，本当に良い自伝を知っています。長さは300ページです。それは私たちのグループにとって，興味深い議論のテーマになると思います。私は数年前に読んで，たくさんのことを学びました。
4. 私は『オリンピックで勝つということ』という新

Olympics. It features Olympic athletes who won medals. It has so many interesting photographs and some really amazing true-life stories. It's 275 pages long.

刊について耳にしました。メダルを獲得したオリンピック選手たちについて書かれています。非常に多くの興味深い写真といくつかの本当に驚くべき実話が載っています。長さは275ページです。

問 **[26] is the book you are most likely to choose.（[26] が，あなたが選ぶ可能性の最も高い本です。）**

各本について説明されるので，各条件について，聞きながら表にメモを書き込んでいこう。まとめると以下のようになる。2人目の発表のa book that was published earlier this year「今年初めに出版された本」，It's a true story about a man「それはある男性についての実話です」，around 200 pages「200ページ程度です」から，3つの条件すべてを満たす❷が正解。

	条件A（250ページ以内）	条件B（1年以内に出版）	条件C（ノンフィクションで実在の人物について）
①	○ 150ページ	○ 先月に出版	× SF小説
②	○ 200ページ程度	○ 今年初めに出版	○ 就農した男性の実話
③	× 300ページ	× 数年前に読んだ	○ ポップスターの自伝
④	× 275ページ	○ 新刊	○ 五輪選手の写真と実話

語句

◇ science fiction「空想科学（小説）：SF」

◇ publish「～を出版する」

◇ read ～ in one sitting 「～を一気に読む」

◇ autobiography「自伝」

◇ in length 「長さで」

第5問

スクリプト

Today I'll introduce a recent work model based on "gig work." Do you know this term? This model utilizes the spread of smartphones and the internet. It enables businesses to connect with and hire freelance workers through digital platforms. These workers are called gig workers, who do individual jobs, or gigs, on short-term contracts.

Let's look at some benefits of the gig work model. This model is attractive to companies because they can save on operating costs, and they

和訳

今日は，「ギグワーク」に基づく最近のワークモデルをご紹介します。この用語をご存知ですか？このモデルは，スマートフォンとインターネットの普及を利用するものです。これにより企業は，デジタルプラットフォームを介して，フリーランスの労働者とつながり，雇用することができるのです。このような労働者はギグワーカーと呼ばれ，短期契約で個別の仕事，つまりギグを行っています。

ギグワークモデルのいくつかの利点を見てみましょう。このモデルは運用コストを節約でき，デジタルプラットフォームを介して，より熟練した労働者を

can easily hire a more skilled workforce through digital platforms. The workers have the opportunity to control the numbers and types of projects according to their preferences, with the freedom to choose their schedule and workload. However, their income can be unstable because it is based on individual payments instead of a regular salary.

The gig work model is expanding to include various types of work. It has become common for local service jobs such as taxi and delivery drivers. There is now increasing demand for highly specialized project work, not only domestically but also internationally. For example, a company that needs help with its advertising can hire international consultants who work remotely in different countries. In fact, a large number of U.S. companies are already taking advantage of digital platforms to employ an international workforce.

The gig work model is challenging us to rethink the concepts of permanent employment, and full-time and part-time work. Working on a contract basis for multiple companies may give gig workers additional income while maintaining their work-life balance. As more and more people enter the gig job market, this work model will undoubtedly expand as a work model for future generations.

たやすく雇用できるため，企業にとって魅力的です。労働者は，自分の好みに応じてプロジェクトの件数や種類を調整する機会が得られ，スケジュールや仕事量も自由に選択できます。しかし，定期的な給与ではなく，個別の支払いに基づいているため，収入が不安定になる可能性があります。

ギグワークモデルはさまざまな業種に拡大しています。それは，タクシーや配達ドライバーなどの地域密着型のサービス業では一般的になっています。現在，国内だけでなく，国際的にも，高度に専門化されたプロジェクト業務に対する需要が高まっています。例えば，宣伝活動のサポートを必要とする企業は，さまざまな国でリモートワークをしている国際コンサルタントを雇うことができます。実際，多くのアメリカ企業はすでに，国際的な労働力を雇用するために，デジタルプラットフォームを利用しています。

ギグワークモデルにより，私たちは終身雇用，正社員およびアルバイトという仕事の概念を考え直すことを求められています。複数の企業と契約ベースで働くことで，ギグワーカーは仕事と生活のバランスを維持しながら，追加収入を得ることができるかもしれません。ますます多くの人々がギグワーク求人市場に参入しているので，次世代向けのワークモデルとして，このワークモデルは間違いなく拡大するでしょう。

ワークシート

ギグワークモデル：21世紀のワークモデル

○「ギグワーク」とは何か？

企業 ⇄ デジタルプラットフォーム ⇄ フリーランス労働者

・ギグワークモデルには 27 という特徴がある。

○ギグワークの利点

企業にとって	28	熟練した労働者
労働者にとって	仕事の選択肢	29

○ギグワークの拡大

地域密着型の 30 ≫≫ 専門化された 31 ≫≫

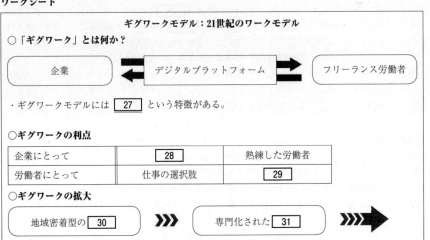

問27　27　③

① individual tasks that must be completed for a regular salary（定期的な給与で行われるべき個別の仕事）

② job opportunities that are open for digital platform developers
（デジタルプラットフォームの開発者に開かれた雇用機会）

③ **temporary work that is done by independent workers（独立した労働者によって行われる一時的な仕事）**

④ work styles that are not determined by the period of contract（契約期間では決まらない働き方）

素早くワークシートのメモに目を通し，該当箇所を聞き逃さないようにする。該当箇所は「ギグワークモデルには［27］という特徴がある。」なので，ギグワークの定義を表す文にすればよい。第1段落第4～5文 It enables businesses to connect with and hire freelance workers through digital platforms. These workers ... do individual jobs, or gigs, on short-term contracts.「これにより企業はデジタルプラットフォームを介してフリーランスの労働者とつながり，雇用することができるのです。このような労働者は…短期契約で個別の仕事，つまりギグを行っています。」より，これを短くまとめた③が正解。ギグワークは個別の仕事だが定期的な給与制ではないので，①は不適当。デジタルプラットフォームを介して企業とギグワーカーが結びついていると言っているが，ギグワークがその開発者のための雇用機会だとは言っていないので，②も不適当。短期契約による働き方なので，④も不適当。

問28　28　③　**問29**　29　②　**問30**　30　⑤　**問31**　31　④

① advertising（宣伝活動）　② flexible hours（フレックスタイム制）　③ lower expenses（低コスト）
④ project work（プロジェクト業務）　⑤ service jobs（サービス業）　⑥ stable income（安定した収入）

表の空所と選択肢から，聞き取るポイントを事前に押さえておくこと。［28］と［29］はギグワークの利点についてのもので，第2段落で述べられている。企業側の利点は第2段落第2文で This model is attractive to companies because they can save on operating costs, and they can easily hire a more skilled workforce「このモデルは運用コストを節約でき，より熟練した労働者をたやすく雇用できるため，企業にとって魅力的です。」と述べている。「熟練した労働者」はすでに表中に挙げられているので，［28］にはもう1つの利点「低コスト」（③）が入る。労働者側の利点は第2段落第3文で The workers have the opportunity to control the numbers and types of projects according to their preferences, with the freedom to choose their schedule and workload.「労働者は，自分の好みに応じてプロジェクトの件数や種類を調整する機会が得られ，スケジュールや仕事量も自由に選択できます。」と述べている。「仕事の選択肢が得られる」はすでに表中に挙げられているので，［29］にはもう1つの利点「フレックスタイム制（＝スケジュールが自由）」（②）が入る。［30］と［31］はギグワークの拡大についてで，第3段落で述べられている。第3段落第2文で It (=The gig work) has become common for local service jobs「それ（＝ギグワーク）は地域密着型のサービス業では一般的になっています」と述べているので，［30］には「サービス業」（⑤）が入る。第3段落第3文で There is now increasing demand for highly specialized project work「現在，高度に専門化されたプロジェクト業務に対する需要が高まっています」と述べているので，［31］には「プロジェクト業務」（④）が入る。

問32　32　④

① Companies can develop more skilled workers through permanent employment.
（企業は終身雇用を通して，より熟練した労働者を育成することができる。）

② Gig workers sacrifice their work-life balance to guarantee additional income.
（ギグワーカーは，追加収入を確保するために仕事と生活のバランスを犠牲にしている。）

③ Lack of contracts is the main obstacle in connecting companies and workers.
（契約の欠如は，企業と労働者を結び付ける時の主な障害だ。）

④ **The gig work model is driving new discussion on how society views jobs.**
（ギグワークモデルは，社会がどのように仕事をとらえるかについて新たな議論を促している。）

第4段落第1文でThe gig work model is **challenging us to rethink the concepts** of permanent employment, and full-time and part-time work.「ギグワークモデルにより，私たちは終身雇用，正社員およびアルバイトという**仕事の概念を考え直すことを求められています。**」と述べているので，これと同じ内容の④が正解。熟練した労働者については，第2段落第2文でthey (=companies) can easily hire a more skilled workforce through digital platforms「企業はデジタルプラットフォームを介してより熟練した労働者をたやすく雇用できる」と述べており，「企業が終身雇用を通して育成する」とは述べていないので，①は不適当。第4段落第2文でWorking on a contract basis for multiple companies may give gig workers additional income while maintaining their work-life balance.「複数の企業と契約ベースで働くことで，ギグワーカーは仕事と生活のバランスを維持しながら，追加収入を得ることができるかもしれません。」と述べており，これとは相反する内容である②も不適当。また，最初の問題で見たように，ギグワークとは短期契約で企業の個別の仕事をすることであり，契約の欠如については述べていないので，③も不適当。

語句

◇ based on ～「～に基づく」
◇ utilize「～を利用する」≒ take advantage of ～「～を利用する」
◇ enable ～ to *do*「～が…できるようにする」
◇ digital platform「デジタルプラットフォーム」（インターネットなどの情報通信技術や，ビッグデータを用いて，特定のニーズを持った人同士のマッチングを行う「場」のこと。）
◇ individual「個別の」
◇ contract「契約」
◇ benefit「利点」
◇ operating cost「運用コスト」
◇ workforce「労働力」
◇ workload「仕事量」
◇ unstable「不安定な」⇔ stable「安定した」
◇ domestically「国内的に」⇔ internationally「国際的に」
◇ challenge ～ to *do*「（人）に…するように挑む〔言う〕」
◇ concept「概念」
◇ permanent employment「終身雇用」
◇ full-time「常勤の」⇔ part-time「非常勤の」
◇ basis「土台」
◇ multiple「複数の」⇔ single「単数の」
◇ undoubtedly「疑う余地もなく」
◇ 問27 ③ independent「独立した」⇔ dependent「従属した」
◇ 問27 ④ determine「～を決める」
◇ 問28～31 ② flexible「融通の利く」
◇ 問28～31 ③ expense「費用：経費」
◇ 問32 ② sacrifice「～を犠牲にする」

◇ 問32 ③ lack of ～「～の欠如」
◇ 問32 ③ obstacle「障害（物）」

問33 33 ④

スクリプト

The growing effects of gig work on employment and markets differ regionally. Look at the two graphs containing data from the major English-language online labor platforms. They show the top five countries in terms of percentages of all gig employers and gig employees. What trend can we see here?

和訳

ギグワークが雇用と市場に与える影響の高まりは，地域によって異なります。主要な英語圏のオンライン労働プラットフォームのデータを含む２つのグラフを見てください。それらは，すべてのギグ雇用者とギグ被雇用者の割合の上位５カ国を示しています。ここではどのような傾向が見られますか。

① A majority of gig workers in South Asian countries are highly specialized.
（南アジアの国々のギグワーカーの大多数は，とても専門性が高い。）

② Canada and the United States are competing for online platform services.
（カナダとアメリカは，オンラインプラットフォームサービスをめぐって競い合っている。）

③ Global demand for gig work is greater than the number of employees available.
（ギグワークに対する世界的な需要は，就業可能な労働者数よりも大きい。）

④ The ease of hiring workers across international borders is a benefit of gig work.
（国境を越えて労働者を雇うことの容易さが，ギグワークの利点である。）

グラフはそれぞれ「ギグ雇用者の割合の上位５ヵ国」「ギグワーカーの割合の上位５ヵ国」を示したもので，雇用者（企業）は１位がアメリカで，続いてイギリス，カナダといった欧米が多い一方，ギグワーカーはインド，パキスタン，バングラデシュといった南アジアが多い。このことから企業は国際的にギグワーカーを雇用していることが推察できる。また，先の講義の第３段落第３文では，ギグワーカーに対するdemand「需要」がincreasing ... not only domestically but also internationally「国内だけでなく，国際的にも高まっている」ということが述べられていた。続く文では「企業は宣伝の専門家としてリモートワークをしている国際コンサルタントを雇うことができる」という例が挙げられ，さらに次の文では，In fact, a large number of U.S. companies are already taking advantage of digital platforms to employ an international workforce,「実際，多くのアメリカ企業はすでに国際的な労働力を雇用するためにデジタルプラットフォームを利用しています。」と述べられていた。これはグラフから推察したこととも一致する。これらをまとめると，ギグワークは国境を越えて行われていると言えるので，④が正解。グラフからギグワーカーは南アジアの国々に多いことが読み取れるが，彼らの大多数の専門性が高いかどうかは不明なので，①は不適当。グラフから雇用者は１位のアメリカがずば抜けて多く，３位のカナダと競っているとは言えないので，②も不適当。グラフは両方とも雇用者・被雇用者の「割合」を示したもので，それぞれの「実数」は示されていないため，需要と供給のバランスはグラフからは読み取れない。したがって③も不適当。

語句

◇ regionally「地域的に」
◇ employer「雇用者」⇔ employee「被雇用者」
◇ ② compete「競い合う」
◇ ④ ease「容易さ」
◇ ④ international border「国境」

第6問

A

スクリプト	和訳
Julia : Oh, no. I'm out of butter.	ジュリア：あら，嫌だ。バターが切れているわ。
Tom : What are you making, Julia?	トム：何を作ってるんだい，ジュリア？
Julia : I was going to make an omelet.	ジュリア：オムレツを作るつもりだったの。
Tom : How about using olive oil instead?	トム：代わりにオリーブオイルを使ってみたら？
Julia : But, Tom, the recipe says to use butter.	ジュリア：でもトム，レシピにはバターを使うと書いてあるわ。
Tom : Why don't you just change the recipe?	トム：レシピをちょっと変えたらいいじゃないか。
Julia : I don't like cooking that way.	ジュリア：そんな風に料理するのは好きじゃないわ。
Tom : I just throw together whatever is in the refrigerator. For me, cooking is a creative act.	トム：僕は冷蔵庫にあるもので間に合わせて手早く作るよ。僕にとって，料理は創作活動なんだ。
Julia : Not for me. I need to follow a recipe.	ジュリア：私はそうじゃない。レシピに従う必要があるわ。
Tom : I like to think about how the ingredients will combine.	トム：僕は材料がどんな風に組み合わさるかを考えるのが好きなんだ。
Julia : I don't have to think about it if I follow a recipe precisely. I use measuring spoons, a measuring cup, and a step-by-step recipe. You like my food, don't you?	ジュリア：レシピに正確に従えば，そんなこと考える必要はないのよ。私は計量スプーンや計量カップを使って，手順を踏んだレシピを使うのよ。あなたは私の料理が好きよね？
Tom : Absolutely. Your beef stew is especially delicious.	トム：もちろん。きみのビーフシチューは特に美味しいよ。
Julia : See? There is something to be said for sticking to a plan. And without butter I cannot make an omelet.	ジュリア：わかった？　計画にきっちり従うことに意義があるのよ。だからバターなしでは，私はオムレツが作れないの。
Tom : OK. So, what are you going to do with those eggs?	トム：わかったよ。じゃあ，君はそれらの卵をどうするつもり？
Julia : How about boiled eggs? Where's the recipe?	ジュリア：ゆで卵はどう？ レシピはどこかな？

問34　34　②

問　What is Tom's main point?（トムの発言の要点は何か。）

① Certain dishes are difficult to make.（ある分野の料理は作るのが難しい。）

② Imagination is an important part of cooking.（想像力は料理の重要な部分を占めている。）

③ Some ingredients are essential for flavor.（風味を出すのに不可欠な食材もある。）

④ Successful recipes include many steps.（おいしい料理のレシピは多くの手順を踏んでいる。）

トムは4つ目の発言で For me, cooking is a creative act.「僕にとって料理は創作活動なんだ。」，5つ目の発言で I like to think about how the ingredients will combine.「僕は材料がどんな風に組み合わさるかを考えるのが好きなんだ。」と言っているので，これらを短くまとめた内容である②が正解。ジュリアが6つ目の発言で I use ... a step-by-step recipe.「私は…手順を踏んだレシピを使うのよ。」と言っているが，トムはレシピを使うとは言っていないので，④は不適当。①や③のようなことは会話に出てこないので，これらも不適当。

問35 35 ④

問　**What does Julia think about cooking?（ジュリアは料理についてどう考えているか。）**

① Cooking creatively is more fun than following a recipe.
（創造的に料理することはレシピに従うよりも楽しい。）

② Cooking with feeling is the highest priority.（気持を込めて料理することが最優先である。）

③ It is easy to make a mistake with measurements.（計量は間違いを犯しやすい。）

④ **Preparing food requires clear directions.（食事の準備には明確な手順が必要である。）**

トムの４つ目の発言の「料理は自分にとって創作活動だ」という意見に対し，ジュリアは I need to follow a recipe.「レシピに従う必要があるわ。」と反論している。さらにジュリアは６つ目の発言で I use measuring spoons, a measuring cup, and a **step-by-step recipe**.「私は計量スプーンや計量カップを使って，手順を踏んだレシピを使うのよ。」と述べている。これらを短くまとめた④が正解。また，ジュリアは計量スプーンや計量カップを使うと言っているだけで，計量は間違いを犯しやすいとは言っていないので，③は不適当。創造的に料理することはレシピに従うよりも楽しいというのは，ジュリアではなくトムの考えなので，①も不適当。気持ちを込めて料理をすることに関しては会話にまったく出てこないので，②も不適当。

語句

◇ *be* out of ～「～を切らしている」
◇ throw together「間に合わせで手早く作る」
◇ whatever「…するものは何でも」
◇ ingredient「材料」
◇ combine「結びつく」
◇ precisely「正確に」
◇ measuring「計量用の」（*cf.* measurement「計量」）
◇ step-by-step「段階的な」
◇ stick to ～「～に忠実である」
◇ 問34 ② imagination「想像力」
◇ 問35 ① creatively「創造的に」
◇ 問35 ② priority「優先事項」

B

スクリプト	和訳
Anne : Hey, Brian. Look at that beautiful red coral necklace. Ooh... expensive.	アン：ねえ，ブライアン。そのきれいな赤珊瑚のネックレスを見て。ああ…高い。
Brian : Anne, red coral is endangered. They shouldn't be selling that.	ブライアン：アン，赤珊瑚は絶滅の危機に瀕しているんだ。彼らは売るべきではないよ。
Anne : So, how are they going to make money?	アン：じゃあ，彼らはどうやってお金を稼ぐの？
Brian : There're lots of ways to do that if we consider ecotourism.	ブライアン：エコツーリズムを考えれば，お金を稼ぐ方法はたくさんあるよ。
Anne : Yeah... ecotourism.... What do you think, Donna?	アン：ええ…エコツーリズム…。ドナ，どう思う？
Donna : Well, Anne, ecotourism supports the local economy in a good way while protecting the environment.	ドナ：そうね，アン，エコツーリズムは環境を保護しながら，地域経済をよい方法で支えるわ。

Brian : Right. So, we shouldn't buy coral; it'll become extinct.	ブライアン：そうだよ。だから珊瑚を買うべきじゃない。珊瑚が絶滅してしまうよ。
Anne : Oh, come on, Brian. How about the people relying on the coral reefs?	アン：あら，ちょっと待って，ブライアン。珊瑚礁に頼って生活している人たちはどうなの？
Brian : But, Anne, those coral reefs take millions of years to regrow. We should support more sustainable ways to make money.	ブライアン：でも，アン，珊瑚礁は再び成長するのに何百万年もかかるんだ。僕たちはより持続的にお金を稼ぐ方法を支援すべきだよ。
Donna : Hey Hiro, didn't you buy some photos of coral reefs?	ドナ：ねえヒロ，あなたは珊瑚礁の写真を何枚か買ってなかった？
Hiro : Yeah, taken by a local photographer. They are beautiful.	ヒロ：うん，地元の写真家が撮ったものだよ。きれいだよ。
Donna: That's ecotourism. We shouldn't impact the environment so much.	ドナ：それがエコツーリズムよ。私たちは環境にあまり影響を与えるべきではないわ。
Hiro : But that's not enough to support people relying on coral reefs for income.	ヒロ：でも，収入を珊瑚礁に頼っている人たちを支えるには，それだけでは十分ではないよ。
Brian : Hiro has a point. They should find other ways to make money while still preserving the reefs.	ブライアン：ヒロの意見はもっともだ。彼らは珊瑚礁を保護しながら，お金を稼ぐ別の方法を見つけるべきだ。
Anne : I'm not sure if we are in a position to tell them how they should make their money.	アン：私たちが彼らにどうやってお金を稼ぐべきかを指示する立場にあるかどうかは，私にはわからないわ。
Hiro : Anne's right. Selling coral is their local tradition. We should respect that.	ヒロ：アンの言う通りだ。珊瑚を売ることは，彼らの地元の伝統なんだよ。僕たちはそれを尊重すべきだ。
Donna : But, at the expense of the environment, Hiro?	ドナ：でも，ヒロ，環境を犠牲にしてまで？
Hiro: The environment is important, but if we protect it, I don't think the economy is supported.	ヒロ：環境は大切だけれど，それを守れば，経済は支えられないと思うよ。
Brian : Anyway, we're on vacation. It's a nice day.	ブライアン：とにかく，僕たちは休暇中なんだ。いい天気だね。
Donna : Let's hit the beach!	ドナ：ビーチに行きましょう！

問36　36　②

エコツーリズムとは何か，そして４人はエコツーリズムに賛成かどうかを考えながら会話を聞く。エコツーリズムが何かは，ドナの１つ目の発言 ecotourism supports the local economy in a good way while protecting the environment から，「環境を保護しながら地域経済も支える方法」のことをエコツーリズムと言うことがわかる。そして，４人のエコツーリズムに対する考え方であるが，ブライアンは２つ目の発言で There're lots of ways to do (=make money) that if we consider ecotourism.「エコツーリズムを考えれば，お金を稼ぐ方法はたくさんある。」と言っているので，ブライアンは賛成派。ドナは３つ目の発言で We shouldn't impact the environment so much.「私たちは環境にあまり影響を与えるべきではない。」と言っている。さらに，ヒロの「珊瑚を売るという地元の伝統（的経済活動）を尊重すべきだ」という発言に対して，ドナは４つ目の発言で But, at the expense of the environment,

Hiro?「でも，ヒロ，環境を犠牲にしてまで？」と言っていることから，ドナは「環境を犠牲にすることなく地元経済を支えるべきだ」と考えていると言える。よってドナもエコツーリズム賛成派。ヒロは２つ目の発言で that's (=ecotourism is) not enough to support people relying on coral reefs for income「収入を珊瑚礁に頼っている人たちを支えるにはエコツーリズムだけでは十分ではない」，さらに４つ目の発言で if we protect it (=the environment), I don't think the economy is supported「環境を守れば，経済は支えられないと思う」と述べていることから，「エコツーリズムでは地元経済を支えられない」という考えであると言える。よってエコツーリズムにヒロは賛成していない。アンは４つ目の発言で How about the people relying on the coral reefs?「珊瑚礁に頼って生活している人たちはどうなの？」，５つ目の発言で I'm not sure if we are in a position to tell them how they should make their money.「私たちが彼らにどうやってお金を稼ぐべきかを指示する立場にあるかどうかは，私にはわからない。」と述べており，エコツーリズムにアンは賛成とは言えない。したがって，エコツーリズムに賛成なのはブライアンとドナの２人であり，正解は②。

問37　37　②

① （グラフ）珊瑚礁からの経済的恩恵
② **（グラフ）何の行動も起こさなかった場合に推測される珊瑚礁の生存率**
③ （グラフ）赤珊瑚の値段
④ （グラフ）環境保護活動に参加している旅行代理店

ブライアンは１つめの発言で「赤珊瑚は絶滅の危機に瀕しているので地元の人は売るべきではない」，２つ目の発言で「珊瑚を売らなくても，エコツーリズムでお金を稼げる」，４つ目の発言で「珊瑚礁は再び成長するのに何百万年もかかるので，我々は持続的にお金の稼ぐ方法を支援すべきだ」，５つ目の発言で「珊瑚礁で稼いでいる人々は，珊瑚礁を保護しながら別の稼ぐ手段を見つけるべきだ」と述べている。これらをまとめると，彼は「珊瑚は絶滅の危機に瀕しているので，地元の人は珊瑚礁を保護しながら，持続的な別の方法でお金を稼ぐべきだ」という考えだと言えるので，その根拠となるグラフとしては，珊瑚礁の生存率が年々減っていることを示している②が正解。ブライアンは珊瑚礁に頼ってお金を稼ぐべきではないと考えており，「珊瑚礁からの経済的恩恵」の割合を示したグラフは考えに合わないので，①は不適当。旅行代理店のことは会話に登場していないので，④も不適当。赤珊瑚の値段については，アンが１つ目の発言で「高い」と言っているだけなので，③も不適当。

語句

◇ coral「珊瑚（さんご）」
◇ endangered「絶滅の危機に瀕した」
◇ protect「～を保護する」（≒ preserve「～を保護する」）
◇ extinct「絶滅した」
◇ regrow「〔衰弱したものが〕再成長する」（*cf.* grow「成長する」）
◇ sustainable「持続可能な；持続的な」
◇ impact「～に影響を与える」
◇ have a point「もっともである；一理ある」
◇ at the expense of ～「～を犠牲にして」
◇ 問37 ① real estate「不動産業」
◇ 問37 ② estimated「推測される」
◇ 問37 ④ preservation「保護」

2022 追試　解答

合計点	/100

問題番号（配点）	設問		解答番号	正解	配点	自己採点
第１問（25）	A	1	1	②	4	
		2	2	④	4	
		3	3	④	4	
		4	4	④	4	
	B	5	5	②	3	
		6	6	③	3	
		7	7	①	3	
第２問（16）	8		8	④	4	
	9		9	②	4	
	10		10	③	4	
	11		11	③	4	
第３問（18）	12		12	③	3	
	13		13	③	3	
	14		14	③	3	
	15		15	②	3	
	16		16	②	3	
	17		17	①	3	

問題番号（配点）	設問		解答番号	正解	配点	自己採点
第４問（12）	A	18	18	③	4※	
		19	19	②		
		20	20	④		
		21	21	①		
		22	22	③	1	
		23	23	⑥	1	
		24	24	②	1	
		25	25	⑤	1	
	B	26	26	②	4	
第５問（15）	27		27	④	3	
	28		28	①	2※	
	29		29	⑥		
	30		30	②	2※	
	31		31	⑤		
	32		32	③	4	
	33		33	④	4	
第６問（14）	A	34	34	①	3	
		35	35	②	3	
	B	36	36	②	4	
		37	37	③	4	

（注）　※は，全部正解の場合のみ点を与える。

	出題内容	難易度 大問別	難易度 全体
第１問Ａ	短い発話の聞き取り（英文のみ）	やや易	標準
第１問Ｂ	短い発話の聞き取り（イラスト選択）	やや易	
第２問	短い対話の聞き取り（イラスト選択）	やや易	
第３問	短い対話の聞き取り（英文のみ）	標準	
第４問Ａ	指示・説明の聞き取り（イラスト並べ替え・メモの穴埋め）	標準	
第４問Ｂ	複数の説明の聞き取り（美術館の館内ツアーを決める）	やや易	
第５問	講義の聞き取り（ミツバチについて）	やや難	
第６問Ａ	対話の聞き取り（息子の誕生日プレゼントについての対話）	標準	
第６問Ｂ	議論の聞き取り（電子書籍に関する学生４名の議論）	標準	

第1問

A

問1 1 ②

スクリプト	和訳
Have you finished your homework? I've already done mine.	宿題は終わりましたか。僕はもうやりました。

① The speaker forgot to do his homework.（話者は自分の宿題をするのを忘れた。）

② The speaker has finished his homework.（話者は自分の宿題を終えた。）

③ The speaker is doing his homework now.（話者は今，宿題をしている。）

④ The speaker will do his homework later.（話者はあとで宿題をするだろう。）

> 2文目のI've already done mine.のmineは，所有代名詞で，my homeworkの代用。また，動詞の時制に注意。「完了」を表す現在完了（have already＋過去分詞）の文で「(宿題を）もうやり終えた」と言っているので，②が正解。

問2 2 ④

スクリプト	和訳
I'm tired, Meg. Do you mind if I go home?	メグ，僕は疲れました。家に帰ってもいいですか。

① The speaker doesn't want Meg to go home.（話者は，メグに帰宅してほしくない。）

② The speaker doesn't want to go home.（話者は家に帰りたくない。）

③ The speaker wants Meg to go home.（話者は，メグに帰宅してほしい。）

④ The speaker wants to go home.（話者は家に帰りたい。）

> Do you mind if I ～? は「私が～してもかまいませんか。」と丁寧に許可を求める表現。話者が帰宅する許可を求めていることから，「家に帰りたい」と考えていると判断できる。正解は④。

問3 3 ④

スクリプト	和訳
Hello? Oh, Jill. Can I call you back? I have to get on the train right now.	もしもし。ああ，ジルですか。かけ直してもいいですか。今すぐ電車に乗らないといけないのです。

① The speaker is far away from the station now.（話者は今，駅から遠く離れたところにいる。）

② The speaker is with Jill on the train now.（話者は今，ジルと一緒に電車に乗っている。）

③ The speaker will leave Jill a message.（話者はジルに伝言を残すだろう。）

④ The speaker will stop talking on the phone.（話者は電話で話すのをやめるだろう。）

> ジルからの電話への応答。Can I call you back?「かけ直してもいいですか。」という発言から，話者はいったん電話を切ろうとしていると判断できるので，④が正解。I have to get on the train right now.「今すぐ電車に乗らないといけない」から，話者は今駅にいて，これから電車に乗るところだとわかる。したがって，①と②は不適当。また,「かけ直していいですか」と言っているので③も不適当。

問4　4　④

スクリプト	和訳
We have some bread and milk, but there aren't any eggs. I'll go and buy some.	パンと牛乳はあるけれど，卵が１つもありません。いくつか買いに行ってきます。

① The speaker doesn't have any bread or milk.（話者はパンも牛乳もまったく持っていない。）
② The speaker doesn't want any eggs.（話者は卵を１つも欲しくない。）
③ The speaker will buy some bread and milk.（話者はパンと牛乳を買うだろう。）
④ The speaker will get some eggs.（話者は卵を買うだろう。）

最初に，話者が持っているものと持っていないものを把握する。We have some bread and milk, but there aren't any eggs.「パンと牛乳はあるが，卵が１つもない」と言っている。したがって①は不適当。次にI'll go and buy some.「いくつか買いに行く」と言っているが，someのあとには直前の文に出てきたeggsが省略されている。したがって，「卵を買うだろう」という④が正解で，②と③は不適当。

B

問5　5　②

スクリプト	和訳
The books are next to the flowers, below the clock.	本は花の横，時計の下です。

この手の問題では，放送が流れる前に各イラストの差異を確認しておくのがポイント。本問では本，花，時計の位置関係に注目。the books（本）を主語にして，next to the flowers（花の隣），below the clock（本の下）にあると言っているので，②が正解。

問6　6　③

スクリプト	和訳
The hotel is taller than the hospital, but the tree is the tallest.	ホテルは病院よりも高いですが，木が最も高いです。

注目するポイントは建物と木の高さ。比較表現を聞き取ろう。The hotel is taller than the hospital「ホテルは病院より高い」から，①は不適当とわかる。the tree is the tallest「木が最も高い」と続けているので③が正解。

問7　7　①

スクリプト	和訳
Oh, we can't get a table. They're full.	ああ，席を確保できません。満席です。

レストランの状況が聞き取りのポイント。get a tableは「席を確保する」の意味で，話者が「席を確保できない」と言っているので，③と④は除外できる。理由はThey're full.「満席です。」なので，①が正解で，②は不適当。

第2問

問8 8 ④

スクリプト	和訳
W：Well, the glove I lost is white.	女：えーと，私が失くした手袋は白色です。
M：Can you describe it more?	男：もっと詳しく説明してくれませんか。
W：There's a heart, oh... no, three of them, and a button.	女：ハートが1つ，あー，ちがった，ハートが3つとボタンが1つあります。
M：It's here. Please come and get it.	男：ここにありますよ。取りにきて下さい。

問　**Which one is her lost glove?（彼女が失くした手袋はどれか。）**

イラストから，手袋の特徴が聞き取りのポイントと予測できる。女性の2つ目の発言でThere's a heart, oh ... no, **three of them**, and a button.「ハートが1つ，あー，ちがった，**ハートが3つとボタンが1つ**あります。」と言っている。最初のa heartを取り消してthree of themと言い直していることに注意しよう。ハートが3つとボタンが1つついた④が正解。

問9 9 ②

スクリプト	和訳
M：Will you just use it in your room?	男：それを部屋の中でだけ使うのですか。
W：No, sometimes I'll take it outside.	女：いいえ，時々外に持っていきます。
M：So, how about this square one?	男：では，この四角いものはどうですか。
W：Cool. And it tells the time, too.	女：かっこいいですね。それに，時間も教えてくれますね。

問　**Which one will the woman buy?（女性はどれを買うか。）**

スピーカーの特徴が聞き取りのポイント。女性が1つ目の発言でsometimes I'll take it outside「時々外に持っていく」と言っているので，③は不適当。男性の2つ目の発言how about this **square** one?「この四角いものはどうですか。」に，女性がCool.と同意しているので，①と②にしぼる。さらに女性がAnd it tells the time, too.「それに，時間も教えてくれる。」と続けているので，時計がついている②が正解。

問10 10 ③

スクリプト	和訳
M：Nice coat.	男：素敵なコートだね。
W：Thanks. It's new and goes well with these boots.	女：ありがとう。新しくて，このブーツによく合うのよ。
M：But it's so warm today.	男：でも，今日はとても暖かいよ。
W：OK, I'll wear these instead. But I'll keep this on. Bye.	女：わかったわ，代わりにこれらを履くわ。でも，これは着たままにする。じゃあね。

問　**How is the sister dressed when she goes out?（姉は外出する時，どのような服装をしているか。）**

姉の外出時の服装を聞き取る問題。Nice coat.とコートをほめられた姉は，It's new and goes well with these boots.「新しくて，このブーツによく合う。」と言っており，最初はコートとブーツを着用していたとわかる。今日は暖かいと言われた姉は，I'll wear these instead. But I'll keep this on.「代わりにこれらを履くわ。でも，これは着たままにする。」と言っている。この発言の「取り替えるthese（これら）」と「身に付けたままにするthis（これ）」が何を指すのかがポイント。theseは複数形なのでbootsから履き替えた履き物，thisは単数形なのでcoatを指す。したがって，ブーツの代わりに，他の履き物を履いていて，コートを着たままの③が正解。

語句

◇go well with～「～によく合う」

問11 11 ③

スクリプト	和訳
M：Didn't we park the car on Level 6?	男：車は6階に停めなかった？
W：Not 7? No! You're right.	女：7階ではなくて？　ちがう！　あなたの言う通りよ。
M：It was next to Elevator A.	男：エレベーターAの隣だったよね。
W：Yeah, we walked directly across the bridge into the store.	女：ええ，まっすぐ橋を渡って店に入ったわ。

問 **Where did they park their car?（彼らはどこに車を停めたか。）**

車の停車位置を聞き取る。男性のDidn't we park the car on Level 6?「車は6階に停めなかった？」という質問に，女性がいったん Not 7?と言ったあとで No! You're right.「ちがう！　あなたの言う通りよ。」と言い直していることに注目。また，男性のIt was next to Elevator A.「エレベーターAの隣だったよね。」に，女性が同意していることにも注目。したがって，6階でエレベーターAに近い，③が正解。

第3問

問12 12 ③

スクリプト	和訳
M：Excuse me. Do you have time for a short interview?	男：すみません。簡単なインタビューのお時間はありますか。
W：What's it about?	女：何についてですか。
M：We're doing research on how people deal with stress.	男：私たちは，人々がストレスにどう対処するかについて研究しています。
W：That's interesting! I'm really busy, but I can spare a couple of minutes. How long will it take?	女：それは興味深いですね！　とても忙しいけれど，2，3 分なら時間が取れます。どのくらい時間がかかりますか。
M：It should take about 10 minutes.	男：10分くらいかかるはずです。
W：Oh, sorry.	女：ああ，ごめんなさい。

問 **Which is true according to the conversation?（会話によると，正しいのはどれか。）**

① The man doesn't have a good research topic.（男性はよい研究テーマを持っていない。）

② The man wants to get rid of his stress.（男性は自分のストレスを取り除きたい。）

③ **The woman doesn't have time for the interview.（女性はインタビューに答える時間がない。）**

④ The woman thinks the man is very busy.（女性は，男性がとても忙しいと考えている。）

インタビューを頼まれた女性は，２つ目の発言ではI'm really busy, but I can spare a couple of minutes「とても忙しいけれど，2，３分なら時間が取れます」と答えている。しかし，インタビューに10分程度かかると聞き，最後の発言でOh, sorry.と断っている。したがって，「女性はインタビューに答える時間がない。」という③が正解。男性には「ストレスの対処法」という研究テーマがあるので①は不適当。男性が「ストレスを取り除きたい」という内容は会話にないので②は不適当。「忙しい」のは，男性ではなく女性なので，④も不適当。

語句

◇ *do* research on ～「～に関する研究を行う」

◇ deal with ～「～に対処する」

◇ ② get rid of ～「～を取り除く」

問13 13 ③

スクリプト	和訳
W：Let's all get together next weekend.	女：来週末に皆で集まろうよ。
M：Sure! I'm busy on Saturday, but Sunday would be fine. How about Mom and Dad?	男：もちろんいいよ！　土曜日は忙しいけど，日曜日ならいいよ。ママとパパはどう？
W：Mom says either day is OK, but Dad is only free on Saturday.	女：ママはどちらの日でもいいって言うけど，パパは土曜日しか空いてないのよ。
M：I see.... Why don't you go ahead without me? I'll come next time!	男：なるほど…。気にしないで僕抜きでしたらどう？僕は次回に行くよ！
W：Oh well, OK.	女：まあ，いいか，わかったわ。

問　**What will the woman probably do next weekend?（次の週末に，女性はおそらく何をするだろうか。）**

① Meet her brother and father on Saturday（土曜日に弟と父に会う）

② Meet her brother and mother on Sunday（日曜日に弟と母に会う）

③ **Meet her mother and father on Saturday（土曜日に母と父に会う）**

④ Meet her mother and father on Sunday（日曜日に母と父に会う）

選択肢から，誰に・いつ会うかが聞き取りのポイントと判断できる。最初に，姉が弟に家族で集まることを提案する。しかし，弟の最初の発言I'm busy on Saturday, but Sunday would be fine.「土曜日は忙しいけど，日曜日ならいい」，姉の２つ目の発言Mom says either day is OK, but Dad is only free on Saturday.「母はどちらの日でもいいが，父は土曜日しか空いていない」から，弟と父の日程が合わないとわかる。弟が２つ目の発言でWhy don't you go ahead without me?「気にしないで僕抜きでしたらどう？」と提案し，姉は了承している。つまり，父と母の都合がよい土曜日に，女性が父と母に会うのだから，③が正解。

語句

◇ get together「集まる」

◇ go ahead「（遠慮なく）…する」

問14 14 ③

スクリプト	和訳
M：I didn't know you were working at the convenience store.	男：君がコンビニで働いているとは知らなかったよ。

W：Yes, I used to work there every day, but now just three times a week, on weekdays.	女：ええ，以前は毎日働いていたけれど，今は平日に週３回だけよ。
M：Are you working anywhere else besides that?	男：その他にどこかで働いているの？
W：Yes, at the café near the station, two days, every weekend.	女：ええ，駅の近くのカフェで，毎週末２日間よ。
M：Wow! You're working a lot!	男：わあ！　たくさん働いているんだね！

問　**How many days does the woman work in a week?（女性は週に何日働いているか。）**

① 2 days（２日）

② 3 days（３日）

③ 5 days（５日）

④ 7 days（７日）

日数を聞き取る問題。コンビニの仕事について，女性は最初の発言でI used to work there every day, but now just **three times a week, on weekdays**「以前は毎日働いていたけれど，今は平日に，週３回だけ働いている」と言っている。また，女性は２つ目の発言でat the café near the station, **two days, every weekend**「駅の近くのカフェで毎週末２日間働いている」と言っている。平日の３日と週末の２日を足した日数である，③の「５日」が正解。①と②はどちらか一方の勤務日数のため不適当。毎日コンビニで働いていたのは過去のことなので，④も不適当。

語句

◇ convenience store「コンビニ（エンスストア）」

◇ used to *do*「以前は…した」

問15　15　②

スクリプト	和訳
W：What happened? Where did you go?	女：何があったの？　どこに行っていたの？
M：I got lost and ended up in the rose garden.	男：迷子になって，バラ園に行き着いたんだ。
W：So, you decided to come straight home then?	女：それで，その時まっすぐ家に帰ることにしたの？
M：Well, no. First, I tried to find you.	男：ええと，違うよ。まず，お姉ちゃんを見つけようとしたんだ。
W：Why didn't you call me?	女：どうして電話をかけてこなかったの？
M：I didn't have my phone. But I was OK. The flowers were nice.	男：電話を持っていなかったんだ。でも，大丈夫だったよ。花が素敵だった。

問　**What did the boy do?（少年は何をしたか。）**

① He left the park immediately.（すぐに公園を去った。）

② He looked for his sister in the park.（公園で姉を探した。）

③ He talked to his sister on the phone.（電話で姉と話した。）

④ He went home with his sister.（姉と一緒に帰宅した。）

何があったのかたずねる姉に，少年はI got lost and ended up in the rose garden.「迷子になって，バラ園に行き着いた。」と答えている。それに対して姉はSo, you decided to come straight home then?「それでまっすぐ家に帰ることにしたの？」と問いかけているので，二人は別々に帰宅したことがわかる。よって④は不適当。迷子になった後，少年は**First, I tried to find you.**「まず，お姉ちゃんを見つけようとした。」と言っているので，「公園で姉を探した。」という②が正解で，「すぐに公園を去った」

という①は不適当。さらに少年のは3つ目の発言でI didn't have my phone.「電話を持っていなかった。」と言っているので「電話で姉と話した」という③も不適当。

語句

◇ end up in ～「最後には～に行き着く」

問16　16　②

スクリプト	和訳
M：Do you want to eat dinner after work?	男：仕事の後で夕食を食べない？
W：I guess so, but where? The sushi place across from the office?	女：そうね，でもどこで？　会社の向かいのすし屋は？
M：Not there again! Let's get away from the office.	男：またそこか！　会社から離れよう。
W：OK... what about the Italian restaurant near the station, then?	女：わかったわ…じゃあ，駅の近くのイタリアンレストランはどう？
M：That's far!	男：それは遠いよ！
W：Is it? It's on your way home!	女：そう？　帰り道でしょう！
M：Yeah, OK.	男：そうだね，いいよ。

問　**What do the man and the woman decide to do?（男性と女性はどうすることに決めるか。）**

① Get away from the station（駅から離れる）

② **Go out for Italian food（イタリア料理を食べに出かける）**

③ Have Japanese food nearby（近所で和食を食べる）

④ Stay close to the office（会社の近くにとどまる）

この会話のDo you want to *do*?は「…しない？」と勧誘するカジュアルな表現で，I guess so.は同意を表す，くだけた表現である。女性は夕食の誘いに同意し，The sushi place across from the office?「会社の向かいのすし屋は？」と提案するが，男性は，Let's get away from the office.「会社から離れよう。」と言っている。したがって，「近所で和食を食べる」という③と「会社の近くにとどまる」という④は不適当。次に女性は2つ目の発言でwhat about the Italian restaurant near the station, then?「じゃあ，駅の近くのイタリアンレストランはどう？」と提案し，最終的には男性もOK.と賛成している。したがって「イタリア料理を食べに出かける」という②が正解。レストランは駅に近いので「駅から離れる」という①も不適当。

語句

◇ Not ～ again.「また～かよ。」

◇ get away from ～「～から離れる」

問17　17　①

スクリプト	和訳
W：You took the 7:30 train this morning, right?	女：今朝は7時30分の電車に乗ったでしょう？
M：Yes. Did you see me at the station?	男：そうだよ。駅で僕を見た？
W：No, I saw you on the train. I took that train, too.	女：いいえ，電車で見たわ。私もその電車に乗っていたの。
M：Why didn't you say hello?	男：どうして声をかけかったの？
W：Weren't you talking with somebody?	女：あなたは誰かと話していなかった？

M：No, I was alone.	男：いいや，ひとりだったよ。
W：Really?　That must've been someone else, then.	女：そうなの？　それなら誰か他の人だったに違いないわ。

問　Which is true about the girl?（その少女について正しいのはどれか。）

①　She rode the same train as the boy.（少年と同じ電車に乗った。）

②　She saw the boy alone at the station.（駅で少年がひとりでいるのを見た。）

③　She talked to the boy on the train.（電車で少年に話しかけた。）

④　She took the boy to the station.（少年を駅へ連れて行った。）

少女の最初の発言You took the 7:30 train this morning, right?（今朝は7時30分の電車に乗ったでしょう？）に少年がYes.と答えている。また，Did you see me at the station?「駅で僕を見た？」という少年の質問に，少女はNo, I saw you on the train. I took that train, too.「いいえ，電車で見たわ。私もその電車に乗っていたの。」と答えている。したがって，「少女は少年と同じ電車に乗った」という①が正解で，「少年を駅で見た」という②は不適当。さらに少年がWhy didn't you say hello?「どうして声をかけなかったの？」とたずねているので，「電車で少年に話しかけた」という③は不適当。「少年を駅へ連れて行った」という話題は出てこないので④も不適当。なお，会話の後半の内容から，少女が言ったI saw you on the train.は人違いの可能性もあるが，２人が「７時30分の電車に乗った」という事実に変わりはない。

第４問

A

問18　18　③　　**問19**　19　②　　**問20**　20　④　　**問21**　21　①

スクリプト	和訳
Let's review the schedule for Parents' Day. The event will open with a performance by the chorus club. Next, we had originally planned for the school principal to make a welcome speech. But he prefers that the president of the student council make the speech, so she will do that. Instead, the principal will make the closing address just after the live performance by the dance team. Finally, a small welcome reception for parents will be held following the closing address. I think we're all set for the big day.	参観日のスケジュールを復習しましょう。イベントはコーラス部の合唱で始まります。次は，もともとは校長先生が歓迎のスピーチをする予定でした。けれども，校長先生はむしろ生徒会長がスピーチをする方がよいと考えているので，生徒会長がそうします。その代わり，ダンスチームによるライブ・パフォーマンスのすぐ後に，校長先生が閉会の辞を述べます。最後に，閉会の辞に続いて，保護者のためにささやかな歓迎会を開きます。重要な日の準備がすっかりできていると思います。

スケジュールの聞き取りでは，next（次に），after（～のあとで），finally（最後に），following（～に続いて）など，順番を表す語句に注意しよう。先生はまずThe event will open with a performance by the chorus club.「コーラス部の合唱で始まります」と言っているので，［18］は③。次にwe had originally planned「もともとは…する予定でした」と始めている。予定変更があったことをしっかり聞き取ろう。実際に行われるのは，But he(=the principal) prefers that the president of the student council make the speech, so she will do that.「けれども，校長先生はむしろ生徒会長がスピーチをする方がよいと考えているので，生徒会長がそうします。」から，［19］は②を入れる。the principal will make the closing address just after the live performance by the dance team「ダンスチームによるライブ・パフォーマンスのすぐ後に，校長先生が閉会の辞を述べます」から，ダンス→校長先生の閉会の辞という順番がわかる。したがって，[20] は④，[21] は①が入る。

語句

◇ originally「もともとは，当初は」
◇ prefer that S＋動詞の原形〜「Sが〜することがよいと思う」(仮定法現在)
◇ student council「生徒会」
◇ closing address「閉会の辞」
◇ *be* all set for 〜「〜の準備がすっかりできている」

問22 [22] ③　**問23** [23] ⑥　**問24** [24] ②　**問25** [25] ⑤

スクリプト

The receptionist said the products are grouped by the type of food, like a supermarket. Sweets are available in Section C. Dairy or milk-based products are in Section E. We can get noodles in Section B. That's next to Section A, where the fruits are located. Drinks are sold in Section D. Oh, and Section F features a different country each day. Today, items from Greece are there as well as in their usual sections.

和訳

受付係によると，スーパーマーケットのように，食品の種類ごとに商品はまとめられているとのことでした。お菓子はC売場で手に入ります。乳製品や牛乳由来の製品はE売場にあります。麺類はB売場で買えます。それはA売場の隣で，A売場には果物が置かれています。飲み物はD売場で売られています。ああ，F売場では日替わりで異なる国を特集します。今日はギリシャの商品が，通常の売場だけでなく，F売場にも置いてあります。

リスニング中は情報の聞き取りに集中して，買い物メモの横に売場名を書いておき，聞き終わってから選択肢と照らし合わせるとよい。Sweets are available in Section C.「お菓子はC売場で手に入ります。」からCanadian maple candy（カナダのメープルキャンディ）はC。Dairy or milk-based products are in Section E.「乳製品や牛乳由来の製品はE売場にあります。」からGreek cheese（ギリシャチーズ）はE。We can get noodles in Section B.「麺類はB売場で買えます。」からIndonesian instant ramen（インドネシアのインスタントラーメン）はB。Drinks are sold in Section D.「飲み物はD売場で売られています。」からKenyan bottled coffee（ケニヤのボトル入りコーヒー）はD。さらに最後の補足情報に注意が必要である。Section F features a different country each day. Today, items from Greece are there as well as in their usual sections.「F売場では日替わりで異なる国を特集します。今日はギリシャの商品が，通常の売場だけでなく，F売場にも置いてあります。」から，この日はGreek cheeseがE売場とF売場の2箇所にあるとわかる。したがって，[22] は③，[23] は⑥，[24] は②，[25] は⑤が正解。

語句

◇ dairy「乳製品の」
◇ locate「〜を置く」
◇ feature「〜を特集する」
◇ *A* as well as *B*「*B*だけでなく*A*も；*B*はもちろん*A*も」

B

問26 26 ②

スクリプト

1. Tour No. 1 allows you to experience a variety of contemporary works that well-known artists have produced between the years 2010 and 2020. It includes both sculptures and paintings. It's self-guided, so you can go along at your own pace, using a detailed guidebook.
2. Tour No. 2, which is available only this week, focuses on great works of art of the 21st century. The tour guide, who is an art professor at a local university, will personally guide you through the painting and sculpture exhibits.
3. Tour No. 3 allows you to use a smartphone to listen to a recorded explanation by an art expert. The guide will first cover the painting galleries and then, later, proceed to the ancient sculpture exhibit outdoors. This is great for the independent tourist.
4. In Tour No. 4, the guide, who is a local volunteer, will accompany you through a series of exhibits that focus on paintings from various art periods. It covers works from the 17th century to contemporary times. The sculpture exhibits are not included in this tour.

和訳

1. ツアー1では，2010年から2020年の間に，著名なアーティストが制作したさまざまな現代作品を体験することができます。彫刻と絵画の両方が含まれます。ガイドが付かないので，詳しいガイドブックを使いながら，自分のペースで回ることができます。
2. 今週だけ利用できるツアー2は，21世紀の偉大な芸術作品に焦点を当てたものです。ツアーガイドは地元大学の美術の教授で，対面で絵画や彫刻の展示を案内してまわります。
3. ツアー3では，スマートフォンを使って，美術の専門家による録音された解説を聞くことができます。ガイドは最初に絵画ギャラリーを取り上げ，その後，屋外の古代彫刻の展示に進みます。これは個人旅行者に最適です。
4. ツアー4では，ガイドは地元ボランティアですが，さまざまな芸術期の絵画に焦点を当てた一連の展示物へ同行します。17世紀から現代までの作品を網羅しています。彫刻の展示はこのツアーには含まれません。

4つのツアーの内容について説明されるので，それぞれの条件について，表にメモを書き込んでいこう。No. 1にself-guidedという語が出てくるが，「自分でガイドする＝ガイドなし」であることに注意しよう。No. 2のpersonallyは，ここでは「直接，面と向かって」という意味なので，personally guideで「対面でガイドする」ということ。また，No. 3のガイドは対面ではなく録音したものである。まとめると以下のようになる。3つの条件すべてを満たすのは②である。

ツアー	条件A（現代美術）	条件B（絵画と彫刻）	条件C（対面のガイド）
①ツアー1	○ 現代作品を体験	○ 彫刻と絵画の両方	ガイドなし
②ツアー2	○ 21世紀の偉大な作品	○ 絵画や彫刻の展示	○ 対面でガイド
③ツアー3	× 絵画の年代：説明なし 古代の彫刻	○ 絵画と古代の彫刻	× 録音された解説を聞く
④ツアー4	○ 17世紀から現代の作品	× 彫刻展示は含まれない	○ ガイドが同行

語句

◇ a variety of ～「さまざまな～」
◇ contemporary「現代の」
◇ self-guided「ガイドの付かない」
◇ detailed「詳しい」
◇ focus on ～「～に焦点を当てる」
◇ exhibit「展示品」
◇ independent tourist「個人旅行者」
◇ accompany「～に同行する」

第5問

スクリプト

Our focus today is on a tiny animal, the honeybee. Have you ever thought about how important they are? By flying from one plant to another, honeybees pollinate flowers and plants, which is an essential part of agricultural crop production worldwide. In fact, almost 35% of our global food production relies on honeybees, both wild and domesticated. To emphasize the importance of bees, in 2020, the United Nations designated May 20th as "World Bee Day." Although honeybees are necessary for human life, they are facing serious challenges.

Wild honeybees have been at increasing risk of extinction. These honeybees and native flowering plants depend on each other for survival, but the natural habitats of wild honeybees are being destroyed. Factors such as climate change and land development are responsible for this loss, leaving these wild honeybees without their natural environments.

Domesticated honeybees are kept and managed by farmers called beekeepers for the production of honey. In recent years, the number of domesticated honeybees has been on the decline in many countries. Issues including infectious diseases and natural enemies are making it very difficult to sustain beekeeping. How to deal with these issues has been a concern for beekeepers around the world.

What can be done to maintain these honeybee

和訳

今日は，小さな動物，ミツバチに焦点を当てる。あなたは，ミツバチがどれほど重要か考えたことがあるだろうか。ミツバチは植物から植物へと飛ぶことで，花や植物に授粉するが，それは世界中の農作物の生産に必要不可欠な部分だ。実際，世界の食料生産の35％近くが，野生のミツバチと飼育されているミツバチの両方に頼っている。ミツバチの重要性を強調するため，2020年に国連は，5月20日を「世界蜂の日」と定めた。ミツバチは人間の生活にとって必要だが，深刻な課題に直面している。

野生のミツバチは，絶滅の危機が増大している。野生のミツバチと自然の草花は互いに生存のために依存しているが，野生のミツバチの自然の生息地が破壊されつつある。気候変動や土地開発などの要因がこの喪失の原因であり，野生のミツバチをミツバチの自然環境がない状態に置いている。

飼育されているミツバチは，はちみつの生産のために，養蜂家と呼ばれる農家によって飼育・管理されている。近年，多くの国で飼育されているミツバチの数は減少傾向にある。感染症や自然界の天敵などの問題のため，養蜂を継続することが非常に困難になっている。これらの問題にどう対処していくかは，世界中の養蜂家の懸念事項となっている。

こうしたミツバチの個体数を維持するために何が

populations? For wild honeybees, we can grow a variety of bee-friendly plants that bloom in different seasons in order to provide them with healthy habitats. For domesticated honeybees, beekeepers can make use of technological advances to create safer environments that will protect their bees. By improving natural habitats and managing honeybees properly, we can ensure the survival of not only our important friend, the honeybee, but ourselves as well.

できるだろうか。野生のミツバチに対しては，私たちは健全な生息環境を提供するために，季節ごとに花を咲かせる，ミツバチに優しいさまざまな植物を育てることができる。飼育されているミツバチに対しては，養蜂家が科学技術の進歩を，ミツバチを守るためのより安全な環境を作るために利用できる。自然の生息環境を改善し，ミツバチを適切に管理することで，私たちの大切な友人であるミツバチだけでなく，私たち自身の生存も守ることができる。

ワークシート

ミツバチの重要性

○ミツバチが果たす主な役割：

27 こと。

○ミツバチの個体数に何が起こっているか：

	野生のミツバチ	飼育されているミツバチ
問題	28	ミツバチの不足
原因	自然の生息地の喪失	29

○何ができるか：

	野生のミツバチ	飼育されているミツバチ
解決策	30	31 、

問27　27　④

① contribute to the emphasis on tiny animals（小さい動物への注目に貢献する）
② help humans simplify agricultural practices（人が農作業を単純化するのに役立つ）
③ overcome serious challenges facing wild plants（野生植物にふりかかる深刻な課題を克服する）
④ **provide us with a vital part of our food supply（私たちの食料供給にきわめて重要な役割をする）**

ワークシートを見ると，空所には「ミツバチが果たす主な役割」が入る。講義の最初の部分でHave you ever thought about how important they are?「ミツバチがどれほど重要か考えたことがあるだろうか。」と問いかけており，その答えの部分が「ミツバチが果たす主な役割」と言える。続く文でBy flying from one plant to another, honeybees pollinate flowers and plants, which is an essential part of agricultural crop production worldwide.「ミツバチは植物から植物へと飛ぶことで，花や植物に授粉し，それは世界中の農作物生産に必要不可欠な部分だ。」と説明している。この文のagricultural crop production（農産物生産）をfood supply（食料供給），essential（必要不可欠な）をvital（きわめて重要な）と言い換えて，内容を簡潔にまとめた④が正解。ミツバチが小動物への注目を集めているわけではないので①は不適当。ミツバチが農作業の単純化に役立つという記述もないので②も不適当。また，野生植物の課題について書かれていないので③も不適当。

問28　28　①　問29　29　⑥　問30　30　②　問31　31　⑤

① Decline in population（個体数の減少）
② Diversity of plants（植物の多様性）
③ Increase in honey production（はちみつ生産の増加）
④ Lack of land development（土地開発の不足）
⑤ New technology（新しい科学技術）
⑥ Threats to health（健康への脅威）

表の空所と選択肢から，聞き取るポイントを事前に押さえておくこと。**野生のミツバチと飼育されているミツバチの個体数に関する問題と原因，その解決方法をまとめた表である。**野生のミツバチの個体数について，第2段落第1文でWild honeybees have been at increasing risk of extinction.「**野生のミツバチは，絶滅の危機が増大している。**」と言っている。「絶滅の危機にある」ということは「個体数が減少している」のだから，28 には①を入れる。飼育されているミツバチが減少傾向にあることは，第3段落で話されている。その原因は第3文でIssues including infectious diseases and natural enemies are making it very difficult to sustain beekeeping.「**感染症や自然界の天敵などの問題のため，養蜂を継続することが非常に困難になっている。**」と説明されている。29 には，「感染症」を「健康への脅威」と言い換えた⑥が入る。ミツバチの減少に対する解決策は，第4段落で説明されている。野生のミツバチに関しては，第2文にwe can grow a variety of bee-friendly plants that bloom in different seasons「**季節ごとに花を咲かせる，ミツバチに優しいさまざまな植物を育てることができる**」という案がある。この内容を「植物の多様性」と簡潔にまとめた②を 30 に入れる。飼育されているミツバチに関しては，第3文でbeekeepers can make use of technological advances to create safer environments「**より安全な環境を作るために，養蜂家が科学技術の進歩を利用できる**」と話されている。よって 31 には⑤「新しい科学技術」を入れる。

問32　32　③

① Allowing beekeepers access to natural environments helps to ensure sufficient honey production.
（養蜂家が自然環境を利用できるようにすることは，十分なはちみつの生産を保証するのに役立つ。）

② Developing the global food supply has been the primary focus of beekeepers in recent years.
（世界的な食料供給を発展させることが，近年の養蜂家の最も大きな関心事だ。）

③ **Improving conditions for honeybees will be of benefit to humans as well as honeybees.**
（ミツバチの状況を改善することは，ミツバチのためだけでなく人間のためにもなる。）

④ Increasing the wild honeybee population will reduce the number of domesticated honeybees.
（野生のミツバチの個体数を増やすことは，飼育されているミツバチの数を減らすことになる。）

講義の内容を振り返ると，最初の段落ではミツバチによる授粉が農作物の生産に欠かせないことが，第2段落では野生のミツバチの個体数の減少とその原因，第3段落では養蜂が困難になっていることが語られている。最終段落では，ミツバチの数を維持するための解決法を説明したあとで，最後はBy improving natural habitats and managing honeybees properly, we can ensure the survival of not only our important friend, the honeybee, but ourselves as well.「**自然の生息環境を改善し，ミツバチを適切に管理することで，私たちの大切な友人であるミツバチだけでなく，私たち自身の生存も守ることができる。**」としめくくっている。この内容を簡潔にまとめた③が正解。養蜂家が科学技術を利用することは提案されているが，自然環境を利用するという案は言及されていないので①は不適当。近年の養蜂家の関心事は飼育しているミツバチの数の減少問題を解決することで，食料供給の発展ではないので②も不適当。野生のミツバチと飼育されているミツバチの個体数の関連性についての説明もないので④も不適当。

語句

◇ focus「焦点」
◇ honeybee「ミツバチ」
◇ pollinate「～に授粉する」
◇ production「生産」
◇ worldwide「世界中で」
◇ global「全世界の」

◇ domesticated「家畜の；飼い慣らされた」
◇ emphasize「～を強調する」
◇ at risk「危機にさらされて」
◇ extinction「絶滅」
◇ survival「生存」
◇ habitat「生息地」
◇ factor「要因」
◇ *be* responsible for ～「～の原因である；～に責任がある」
◇ on the decline「低下している；低下傾向にある」
◇ infectious disease「感染症」
◇ sustain「～を持続する」
◇ deal with ～「～に対処する」
◇ concern「懸念事項」
◇ maintain「～を維持する」
◇ make use of ～「～を利用する」
◇ technological「科学技術の」
◇ advance「進歩」
◇ ensure「～を守る；～を保証する」
◇ 問27 ① contribute to ～「～に貢献する；～に役立つ」
◇ 問27 ① emphasis「注目；強調」
◇ 問27 ② simplify「～を単純化する」
◇ 問27 ③ overcome「～を克服する」
◇ 問27 ④ vital「極めて重要な」
◇ 問28~31 ① decline「減少」
◇ 問28~31 ② diversity「多様性」
◇ 問28~31 ⑥ threat「脅威」
◇ 問32 ① sufficient「十分な」
◇ 問32 ② primary「(重要度が) 最上位の」
◇ 問32 ③ *be* of benefit to ～「～のためになる」

問33　33　④

スクリプト	和訳
Now let's focus on honey production. The demand for honey has been growing worldwide, and the United States is one example. Please take a look at the graph that shows the top five countries with the highest honey imports between 2008 and 2019. What does this imply?	さて，はちみつの生産に注目しよう。はちみつの需要は世界的に高まっており，米国がその一例である。2008年から2019年の間で，はちみつの輸入量が多い上位５ヵ国を示したグラフを見なさい。これは何を意味しているか。

① The growing risk of wild honeybees becoming extinct has limited the amount of honey imports to the U.S. over the last decade.
(野生のミツバチが絶滅する危険性の増大が，この10年間の米国へのはちみつ輸入の量を制限してきた。)

② The high demand for honey in the U.S. since 2009 has resulted in the growth in imports to the top five countries.
(2009年以降の米国におけるはちみつ需要の高まりが，上位５ヵ国への輸入増加につながっている。)

③ The increase of honey imports to the U.S. is due to the efforts of beekeepers to grow a variety of plants all year around.
(米国へのはちみつ輸入の増加は，一年中さまざまな種類の植物を育てる養蜂家の努力によるものである。)

④ The U.S. successfully imports honey from other countries, despite the global decrease in domesticated honeybee populations.
(米国は，飼育されているミツバチの個体数の世界的な減少にもかかわらず，他国からはちみつを輸入することに成功している。)

グラフのタイトルは「はちみつ輸入上位５ヵ国」である。折れ線グラフは上から順に，米国，ドイツ，英国，日本，フランスの年ごとの輸入量（単位はトン）を表す。グラフからは，まず，**米国の10年間の輸入量は，年によって多少の増減はあるものの，全体として右上がりを示していて，増加し続けてきたことがわかる。輸入量が増加しているのだから，**①の「この10年間の米国へのはちみつ輸入の量を制限してきた」は不適当であるが，**④の前半The U.S. successfully imports honey from other countries（米国は他国からはちみつを輸入することに成功している）と一致していると言える。さらに④の後半the global decrease in domesticated honeybee populations（飼育されているミツバチの個体数の世界的な減少）は，講義の第３段落の内容に一致する。したがって，④が正解。**米国以外の４ヵ国の輸入量については，グラフからこの10年間にほとんど変化がないことがわかる。よって②「上位５ヵ国への輸入増加」は不適当。③には「養蜂家の一年中さまざまな種類の植物を育てる努力によるもの」と書かれているが，これは講義の第４段落で語られたように今後取り組むべきことである。よって③も不適当。

語句
◇ imply「～を意味する」
◇ ① decade「10年間」
◇ ② result in ～「～につながる」
◇ ④ successfully「成功裏に」

第 6 問

A

スクリプト

Mike：How about getting Timmy a violin for his birthday?

Pam：Oh, do you want him to play in an orchestra?

Mike：I hope he does, eventually.

Pam：Hmm... how about a saxophone? It's more fun than the violin.

Mike：But I want to get him a violin while he's still young.

Pam：Of course age is important for both instruments. Still, I was hoping that Timmy could play jazz someday. But with the violin, he's stuck with classical music.

Mike：What's wrong with classical music?

Pam：Nothing. But what's better about jazz is that you can change the melody as you play. There's more freedom. It's more fun.

Mike：More freedom is all very good, but you need to learn to read music first. And classical music is the best for that.

Pam：Well, Timmy can learn to read music while playing jazz on the saxophone.

Mike：Couldn't he learn the saxophone later if he wants?

Pam：Why don't we let him choose? What's important is that he enjoy it.

和訳

マイク：ティミーの誕生日にバイオリンを買ってやるのはどうだろう？

パム：まあ，彼にオーケストラで演奏させたいの？

マイク：いつかはそうなってほしいね。

パム：うーん，サクソフォンはどう？　バイオリンより楽しいわよ。

マイク：でも，まだ幼いうちにバイオリンを買ってやりたいんだ。

パム：もちろん，どちらの楽器にも年齢は重要よ。でも，私はティミーにはいつかジャズを演奏できるようになってほしいと思っていたの。でも，バイオリンだとクラシック音楽に縛られるわ。

マイク：クラシック音楽の何が問題なんだ？

パム：何も。でも，ジャズの方がよいことは，演奏しながらメロディーを変えられるところよ。より自由度が高くて，もっと楽しいわ。

マイク：自由度が高いのは大変結構なことだけど，まずは楽譜を読めるようになる必要があるよ。そのためにはクラシック音楽が最適だよ。

パム：うーん，ティミーはサクソフォンでジャズを演奏しながら，楽譜を読むのを学ぶことができるわ。

マイク：もし彼が望むなら，後でサクソフォンを習うことができるんじゃない？

パム：彼に選ばせたらどう？　大事なのは，彼が楽しめることよ。

問34　34　①

問　**What is Pam's main reason for recommending the saxophone?**
(パムがサクソフォンを勧める主な理由は何か。)

① **Jazz is more enjoyable than classical music.（ジャズはクラシック音楽よりも楽しい。）**

② Playing ad lib is as exciting as reading music.
（アドリブで演奏することは，楽譜を読むのと同じくらいわくわくする。）

③ Playing the saxophone in an orchestra is rewarding.
（オーケストラでサクソフォンを演奏することはやりがいがある。）

④ The saxophone is easier to play than the violin.（サクソフォンはバイオリンよりも演奏しやすい。）

ティミーの誕生日プレゼントに，マイクはバイオリンを，パムはサクソフォンを買ってやりたいと考えている。パムは3つ目の発言でI was hoping that Timmy could play jazz someday. But with the violin, he's stuck with classical music.「ティミーにはいつかジャズを演奏できるようになってほしいと思っていたの。でも，バイオリンだとクラシック音楽に縛られるわ。」と言っている。マイクに「クラシック音楽の何が問題なんだ？」と聞かれたパムは，さらに4つ目の発言でジャズについて，There's more freedom. It's more fun.「（ジャズはクラシック音楽よりも）より自由度が高くて，もっと楽しいわ。」と言っている。つまりパムは，クラシック音楽よりもジャズのほうが楽しいと考えていて，クラシック音楽に限定されるバイオリンよりもサクソフォンを勧めていることがわかる。したがって①が正解。パムは「ジャズは自由度が高くて楽しい」と考えているが，「楽譜を読むのが楽しい」とは言っていないので②は不適当。「オーケストラでサクソフォンを演奏する」「サクソフォンはバイオリンよりも演奏しやすい。」という発言はないので③と④も不適当。

問35　35　②

問　**Which of the following statements would Mike agree with?**
(以下のどの意見にマイクは賛成するだろうか。)

① Jazz musicians study longer than classical musicians.
(ジャズ演奏家はクラシック音楽演奏家よりも長く勉強する。)

② **Learning the violin offers a good opportunity to play classical music.**
(バイオリンを習うことは，クラシック音楽を演奏するよい機会を提供する。)

③ The violin can be played in many more ways than the saxophone.
(サクソフォンよりもバイオリンの方がより多くの方法で演奏される。)

④ Younger learners are not as talented as older learners.（若い学習者は年上の学習者ほど才能がない。）

息子にバイオリンを買いたいと言うマイクに，パムがdo you want him to play in an orchestra?「彼にオーケストラで演奏させたいの？」とたずね，マイクはI hope he does, eventually.「いつかはそうなってほしいね。」と返事をしている。また，パムの3つ目の発言But with the violin, he's stuck with classical music.「でも，バイオリンだとクラシック音楽に縛られるわ。」に対して，What's wrong with classical music?「クラシック音楽の何が問題なんだ？」と反論している。つまり，マイクは息子にバイオリンを習うことでクラシック音楽を演奏するようになってほしいと考えていると推察できる。よって，②の「バイオリンを習うことは，クラシック音楽を演奏するよい機会を提供する。」という意見がマイクの考えに近いと判断できる。楽譜の読み方を学ぶことについての言及はあるものの，それぞれの分野の演奏家の勉強時間については言及がないので，①は不適当。パムは「ジャズの方が自由度が高い」と言っているが，マイクはバイオリンの演奏方法については言及していないので，③も不適当。また，幼いうちに楽器を始めさせたいと言っていることから，④も不適当。

語句

◇ eventually「いつかは，最終的には」
◇ *be* stuck with ～「～に縛られる」
◇ classical music「クラシック音楽」
◇ What's wrong with ～？「～の何が問題なのか。」
◇ What is important is that S ＋動詞の原形～.「大事なのはSが～することである。」(仮定法現在)
◇ 問35 statement「意見」

B

スクリプト

Joe：Wow, Saki. Look at all your books.

Saki：Yeah, maybe too many, Joe. I bet you read a lot.

Joe：Yeah, but I only read ebooks. They're more portable.

Saki：Portable?

Joe：Well, for example, on long trips, you don't have to carry a bunch of books with you, right, Keith?

Keith：That's right, Joe. And not only that, but ebooks are usually a lot cheaper than paper books.

Saki：Hmm... ebooks do sound appealing, but... what do you think, Beth? Do you read ebooks?

Beth：No. I like looking at the books I collect on my shelf.

Keith：Yeah, Saki's bookcase does look pretty cool. Those books must've cost a lot, though. I save money by buying ebooks.

Beth：That's so economical, Keith.

Joe：So, how many books do you actually have, Saki?

Saki：Too many. Storage is an issue for me.

Joe：Not for me. I've got thousands in my tablet, and it's still not full.

Keith：I know, Joe. And they probably didn't cost very much, right?

Joe：No, they didn't.

Saki：Even with my storage problem, I still prefer paper books because of the way they feel.

Beth：Me, too. Besides, they're easier to study with.

Keith：In what way, Beth?

Beth：I feel like I remember more with paperbooks.

Joe: And I remember that we have a test tomorrow. I'd better charge up my tablet.

和訳

ジョー：わあ，サキ。すごくたくさんの本だね。

サキ：ええ，多すぎるかもしれないね，ジョー。きっとあなたはたくさん本を読むわね。

ジョー：うん，でも僕は電子書籍しか読まないよ。電子書籍の方が携帯しやすいから。

サキ：携帯しやすい？

ジョー：そうだね，例えば長期の旅行の時，たくさんの本を持ち運ばなくてもいいんだよ。そうだよね，キース。

キース：その通りだよ，ジョー。それだけでなく，たいてい電子書籍は紙の本よりずっと安いんだ。

サキ：うーん，電子書籍は魅力的だけど…。ベス，どう思う？　あなたは電子書籍を読む？

ベス：いいえ，私は本棚にある自分が集めた本を眺めるのが好きなの。

キース：そうだね，サキの本棚はかなりカッコよく見えるね。あれらの本はかなり費用が掛かったに違いないけど。僕は電子書籍を買って節約しているよ。

ベス：それはとても経済的ね，キース。

ジョー：サキ，それで，実際に何冊の本を持っているの？

サキ：多すぎね。私にとって保管場所が問題なの。

ジョー：僕は問題ないよ。僕のタブレットには何千冊も入っているけれど，まだいっぱいではないよ。

キース：わかるよ，ジョー。それに，たぶんあまり費用がかかっていないんだろ？

ジョー：そうだよ。

サキ：収納の問題があっても，本の感触が好きだから，やっぱり紙の本がいいわ。

ベス：私もよ。それに，勉強に使いやすいし。

キース：どんなふうに，ベス？

ベス：紙の本を使った方がよく覚えているような気がするわ。

ジョー：そして僕は明日はテストがあることを思い出したよ。タブレットを充電しておかないと。

問36 36 ②

会話には４人の学生が出てくる。それぞれが電子書籍と紙の本のどちらを好むか，表にメモをしながら会話を聞こう。ジョーは２つ目の発言でI only read ebooks. They're more portable.「電子書籍しか読まない。電子書籍の方が携帯しやすいから。」と言い，意見を最後まで変えていないので，ジョーは電子書籍を支持している。キースはジョーが２つ目の発言で述べた「電子書籍は持ち運びが便利」という意見を支持した上で，ebooks are usually a lot cheaper than paper books「たいてい電子書籍は紙の本よりずっと安い」と電子書籍の経済的メリットもあげている。よって，キースも電子書籍を支持している。一方，紙の本をたくさん持っているサキは，サキの最後の発言でEven with my storage problem, I still prefer paper books because of the way they feel.「収納の問題があっても，本の感触が好きだから，やっぱり紙の本がいい」と言っているので，サキは紙の本を支持している。ベスは，そのサキの意見にMe, too.「私もよ。」と賛同しており，さらにI feel like I remember more with paper books.「紙の本を使った方がよく覚えているような気がする。」と紙の本のメリットを追加しているので，ベスは紙の本を支持している。電子書籍を支持したのは，ジョーとキースの2人なので，②が正解。

問37 37 ③

① （グラフ）電子書籍を読んだことがありますか
② （グラフ）異なる体裁の典型的な本の値段
③ （グラフ）保管容量
④ （グラフ）紙の本を選ぶ理由の上位３つ

ジョーの発言に特に注意して聞き取ること。ジョーは２つ目の発言でI only read ebooks. They're more portable.「僕は電子書籍しか読まないよ。電子書籍の方が携帯しやすいから。」と言っている。また，紙の本を好むサキの４つ目の発言Storage is an issue for me.「私にとって保管場所が問題なの。」に対して，ジョーは５つ目の発言でNot for me. I've got thousands in my tablet, and it's still not full.「僕は問題ないね。僕のタブレットには何千冊も入っているけれど，まだいっぱいではないよ。」と言っている。ジョーの考える電子書籍のメリットは，携帯しやすいことと，タブレットにたくさん本を入れられることで，これを裏付けるグラフは，本棚とタブレットの保管冊数を比較した③の「保管容量」のグラフである。４人の会話は電子書籍と紙の本のどちらを好むかについてで，電子書籍を読んだことがあるかどうかについてではないので①は不適当。「電子書籍の方が安い」と考えるのはキースだから②は不適当。ジョーは紙の本を支持していないので，④も不適当。

語句

◇ bet「～に違いない；～だと確信している」
◇ portable「携帯用の」
◇ a bunch of ～「たくさんの～」
◇ appealing「魅力的な」
◇ economical「経済的な」
◇ charge up ～「～を充電する」
◇ グラフ３ storage capacity「保管容量」
◇ グラフ４ physical sensation「身体的感覚」
◇ グラフ４ physical bookshelf「（電子書籍を保管するタブレットと区別して）物質的な本棚；実際の本棚」
◇ グラフ４ satisfaction「満足感」

数学Ⅰ・A
解答・解説

～ CONTENTS ～

試作問題

解　答

問題番号(配点)	解答記号	正　解	配点	自己採点
第1問(30)	$(\boxed{\text{ア}}x+\boxed{\text{イ}})(x-\boxed{\text{ウ}})$	$(2x+5)(x-2)$	2	
	$x=\dfrac{-\boxed{\text{エ}}\pm\sqrt{\boxed{\text{オカ}}}}{\boxed{\text{キ}}}$	$x=\dfrac{-5\pm\sqrt{65}}{4}$	2	
	$\dfrac{5}{\alpha}=\dfrac{\boxed{\text{ク}}+\sqrt{\boxed{\text{ケコ}}}}{\boxed{\text{サ}}}$	$\dfrac{5}{\alpha}=\dfrac{5+\sqrt{65}}{2}$	2	
	$\boxed{\text{シ}}$	6	2	
	$\boxed{\text{ス}}$ 個	3 個	2	
	$\sin A=\dfrac{\boxed{\text{セ}}}{\boxed{\text{ソ}}}$	$\sin A=\dfrac{4}{5}$	2	
	$\boxed{\text{タチ}}$	12	2	
	$\boxed{\text{ツテ}}$	12	2	
	$\boxed{\text{ト}}$	②	1	
	$\boxed{\text{ナ}}$	⓪	1	
	$\boxed{\text{ニ}}$	①	1	
	$\boxed{\text{ヌ}}$	③	3	
	$\boxed{\text{ネ}}$	②	2	
	$\boxed{\text{ノ}}$	②	2	
	$\boxed{\text{ハ}}$	⓪	2	
	$\boxed{\text{ヒ}}$	③	2	
第2問(30)	$\boxed{\text{ア}}$	②	3	
	$z=\boxed{\text{イウ}}x+\dfrac{\boxed{\text{エオ}}}{5}$	$z=-2x+\dfrac{44}{5}$	3	
	$\boxed{\text{カ}}.\boxed{\text{キク}}\leqq x\leqq 2.40$	$2.00\leqq x\leqq 2.40$	2	
	$x=\boxed{\text{ケ}}.\boxed{\text{コサ}}$	$x=2.20$	3	
	$\boxed{\text{シ}}.\boxed{\text{スセ}}$	4.40	2	
	$\boxed{\text{ソ}}$	③	2	
	$\boxed{\text{タチ}}$	12	2	
	$\boxed{\text{ツ}}$	3	2	
	$\boxed{\text{テ}}$	②	2	
	$\boxed{\text{ト}}$ と $\boxed{\text{ナ}}$	⓪ と ①※	2	
	$\boxed{\text{ニ}}$	⑥	3	
	$\boxed{\text{ヌ}}.\boxed{\text{ネ}}$%, $\boxed{\text{ノ}}$, $\boxed{\text{ハ}}$	5.8%, ①, ①	4	

問題番号（配点）	解答記号	正解	配点	自己採点
第3問（20）	$\mathrm{BD}=\dfrac{\boxed{\text{ア}}}{\boxed{\text{イ}}}$	$\mathrm{BD}=\dfrac{3}{2}$	2	
	$\mathrm{AD}=\dfrac{\boxed{\text{ウ}}\sqrt{\boxed{\text{エ}}}}{\boxed{\text{オ}}}$	$\mathrm{AD}=\dfrac{3\sqrt{5}}{2}$	2	
	$\mathrm{AE}=\boxed{\text{カ}}\sqrt{\boxed{\text{キ}}}$	$\mathrm{AE}=2\sqrt{5}$	2	
	$\mathrm{AP}=\sqrt{\boxed{\text{ク}}}\,r$	$\mathrm{AP}=\sqrt{5}r$	2	
	$\mathrm{PG}=\boxed{\text{ケ}}-r$	$\mathrm{PG}=5-r$	2	
	$r=\dfrac{\boxed{\text{コ}}}{\boxed{\text{サ}}}$	$r=\dfrac{5}{4}$	2	
	$\boxed{\text{シ}}$	1	2	
	$\mathrm{AQ}=\sqrt{\boxed{\text{ス}}}$	$\mathrm{AQ}=\sqrt{5}$	2	
	$\mathrm{AH}=\dfrac{\boxed{\text{セ}}}{\boxed{\text{ソ}}}$	$\mathrm{AH}=\dfrac{5}{2}$	2	
	$\boxed{\boxed{\text{タ}}}$	①	2	
第4問（20）	$\dfrac{\boxed{\text{ア}}}{\boxed{\text{イ}}}$	$\dfrac{3}{8}$	2	
	$\dfrac{\boxed{\text{ウ}}}{\boxed{\text{エ}}}$	$\dfrac{4}{9}$	2	
	$\dfrac{\boxed{\text{オ}}}{\boxed{\text{カ}}}$	$\dfrac{3}{2}$	2	
	$\boxed{\text{キ}}$	1	2	
	$\dfrac{\boxed{\text{クケ}}}{\boxed{\text{コサ}}}$	$\dfrac{27}{59}$	2	
	$\boxed{\boxed{\text{シ}}}$	③	3	
	$\boxed{\boxed{\text{ス}}}\times\dfrac{\boxed{\text{オ}}}{\boxed{\text{カ}}}+\boxed{\boxed{\text{セ}}}\times\boxed{\text{キ}}$	② $\times\dfrac{3}{2}+$ ③ $\times 1$	4	
	$\dfrac{\boxed{\text{ソタ}}}{\boxed{\text{チツ}}}$，$\boxed{\boxed{\text{テ}}}$	$\dfrac{75}{59}$，①	3	

（注）第1問～第4問はすべて必答で，計4問を解答。
なお，上記以外のものについても得点を与えることがある。正解欄に※があるものは，解答の順序は問わない。

第1問小計		第2問小計		第3問小計		第4問小計		合計点	/100

第1問

〔1〕

$$2x^2+(4c-3)x+2c^2-c-11=0 \quad \cdots\cdots\cdots\cdots ①$$

(1)　$c=1$ のとき，①の左辺を因数分解すると

$$2x^2+(4\cdot1-3)x+2\cdot1^2-1-11=2x^2+x-10$$
$$=\boldsymbol{(2x+5)(x-2)}$$

よって，①の解は

$$x=-\frac{5}{2},\ 2$$

(2)　$c=2$ のとき，①は

$$2x^2+(4\cdot2-3)x+2\cdot2^2-2-11=0$$
$$2x^2+5x-5=0$$

よって，①の解は，解の公式より

$$\boldsymbol{x}=\frac{-5\pm\sqrt{5^2-4\cdot2\cdot(-5)}}{2\cdot2}=\boldsymbol{\frac{-5\pm\sqrt{65}}{4}}$$

これより，大きい方の解は

$$\alpha=\frac{\sqrt{65}-5}{4}$$

よって

$$\boldsymbol{\frac{5}{\alpha}}=5\cdot\frac{4}{\sqrt{65}-5}=\frac{20(\sqrt{65}+5)}{(\sqrt{65}-5)(\sqrt{65}+5)}$$
$$=\frac{20(\sqrt{65}+5)}{65-25}$$
$$=\boldsymbol{\frac{5+\sqrt{65}}{2}}$$

ここで，$\sqrt{64}<\sqrt{65}<\sqrt{81}$ より

$$8<\sqrt{65}<9$$
$$\frac{8+5}{2}<\frac{\sqrt{65}+5}{2}<\frac{9+5}{2}$$
$$(6<)\ 6.5<\frac{5}{\alpha}=\frac{5+\sqrt{65}}{2}<7$$

◀辺々に 5 を加えて 2 で割った。

よって，$m<\dfrac{5}{\alpha}<m+1$ を満たす整数 m は **6** である。

(3)　①の解は，解の公式より

$$x=\frac{-(4c-3)\pm\sqrt{(4c-3)^2-4\cdot2(2c^2-c-11)}}{2\cdot2}$$
$$=\frac{-4c+3\pm\sqrt{-16c+97}}{4}$$

ここで，$D=-16c+97$ とおくと，①の解が異なる二つの有理数であるのは，D が正の平方数となるときである。$D>0$ より

$$-16c+97>0$$
$$c<\frac{97}{16}=6+\frac{1}{16}$$

c は正の整数なので

$$c=1,\ 2,\ 3,\ 4,\ 5,\ 6$$

である。この c の値それぞれに対して

$$D=81(=9^2),\ 65,\ 49(=7^2),\ 33,\ 17,\ 1(=1^2)$$

であるから，①の解が異なる二つの有理数であるような正の整数 c は，1，3，6 の **3 個** である。

〔2〕

(1)　$0^\circ < A < 180^\circ$，$\cos A = \frac{3}{5}$ より

$$\mathbf{\sin A} = \sqrt{1-\cos^2 A} = \sqrt{1-\left(\frac{3}{5}\right)^2} = \mathbf{\frac{4}{5}}$$

◀　$\sin A > 0$

よって

$$\triangle\mathbf{ABC} = \frac{1}{2}bc\sin A = \frac{1}{2}\cdot 6\cdot 5\cdot \frac{4}{5} = \mathbf{12}$$

次に

$$\angle \mathrm{IAD} = 360^\circ - (90^\circ + 90^\circ + A) = 180^\circ - A$$

より，$\sin\angle\mathrm{IAD} = \sin(180^\circ - A) = \sin A$ であり，$\mathrm{AI} = \mathrm{AC} = b$，$\mathrm{AD} = \mathrm{AB} = c$ であるから

$$\triangle\mathbf{AID} = \frac{1}{2}\mathrm{AI}\cdot\mathrm{AD}\sin\angle\mathrm{IAD} = \frac{1}{2}bc\sin A = \triangle\mathrm{ABC} = \mathbf{12}$$

(2)

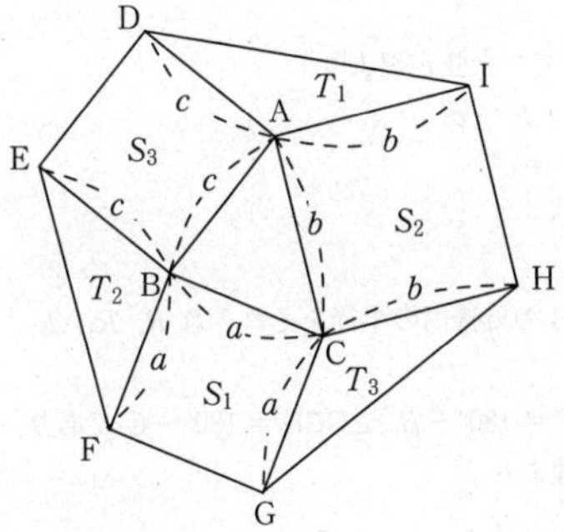

$S_1 = a^2$，$S_2 = b^2$，$S_3 = c^2$ より

$$S_1 - S_2 - S_3 = a^2 - b^2 - c^2$$

また，△ABC において，余弦定理より

$$a^2 = b^2 + c^2 - 2bc\cos A$$
$$a^2 - b^2 - c^2 = -2bc\cos A$$

(i)　$0^\circ < A < 90^\circ$ のとき，$\cos A > 0$ であり，$b > 0$，$c > 0$ より

$$-2bc\cos A < 0$$

したがって

$$a^2 - b^2 - c^2 = -2bc\cos A < 0$$

よって

$$S_1 - S_2 - S_3 < 0$$　⇨ ②

(ii)　$A = 90^\circ$ のとき，$\cos A = 0$ より

$$a^2 - b^2 - c^2 = 0$$

よって

$$S_1 - S_2 - S_3 = 0$$　⇨ ⓪

(iii)　$90^\circ < A < 180^\circ$ のとき，$\cos A < 0$ より，$-2bc\cos A > 0$ であるから

$$a^2 - b^2 - c^2 > 0$$

よって

$$S_1 - S_2 - S_3 > 0$$　⇨ ①

(3)　$\triangle\mathrm{ABC} = \frac{1}{2}bc\sin A = \frac{1}{2}ca\sin B = \frac{1}{2}ab\sin C$ であるから，(1)と同様に

考えて

$$T_1 = \triangle \mathrm{AID} = \triangle \mathrm{ABC}$$

$$T_2 = \triangle \mathrm{BEF} = \frac{1}{2}\mathrm{BE}\cdot\mathrm{BF}\sin\angle\mathrm{EBF}$$

$$= \frac{1}{2}ca\sin B$$

$$= \triangle \mathrm{ABC}$$

$$T_3 = \triangle \mathrm{CGH} = \frac{1}{2}\mathrm{CG}\cdot\mathrm{CH}\sin\angle\mathrm{GCH}$$

$$= \frac{1}{2}ab\sin C$$

$$= \triangle \mathrm{ABC}$$

よって，a，b，c の値に関係なく，$T_1 = T_2 = T_3$ ⇨ ③

◀ $\angle\mathrm{EBF} = 360^\circ - (90^\circ + 90^\circ - B) = 180^\circ - B$
より
$\sin\angle\mathrm{EBF} = \sin(180^\circ - B) = \sin B$

◀ $\angle\mathrm{GCH} = 360^\circ - (90^\circ + 90^\circ - C) = 180^\circ - C$
より
$\sin\angle\mathrm{GCH} = \sin(180^\circ - C) = \sin C$

(4) $0^\circ < A < 90^\circ$ のとき，$\angle\mathrm{IAD} = 180^\circ - A$ より，$90^\circ < \angle\mathrm{IAD} < 180^\circ$ であるから

$$\cos A > 0,\ \cos\angle\mathrm{IAD} < 0$$

したがって，△AID と △ABC において，余弦定理より

$$\mathrm{ID}^2 = b^2 + c^2 - 2bc\cos\angle\mathrm{IAD} > b^2 + c^2$$

$$\mathrm{BC}^2 = b^2 + c^2 - 2bc\cos A < b^2 + c^2$$

よって，$\mathrm{ID}^2 > \mathrm{BC}^2$ であるから

ID > BC ⇨ ②

次に，△ABC，△AID，△BEF，△CGH の外接円の半径をそれぞれ R，R_1，R_2，R_3 とする。

$\angle\mathrm{IAD} = 180^\circ - A$ と同様に，$\angle\mathrm{EBF} = 180^\circ - B$，$\angle\mathrm{GCH} = 180^\circ - C$ であり，それぞれの三角形において，正弦定理より

$$2R = \frac{\mathrm{BC}}{\sin A} = \frac{\mathrm{CA}}{\sin B} = \frac{\mathrm{AB}}{\sin C}$$

$$2R_1 = \frac{\mathrm{ID}}{\sin\angle\mathrm{IAD}} = \frac{\mathrm{ID}}{\sin A}$$

$$2R_2 = \frac{\mathrm{EF}}{\sin\angle\mathrm{EBF}} = \frac{\mathrm{EF}}{\sin B}$$

$$2R_3 = \frac{\mathrm{GH}}{\sin\angle\mathrm{GCH}} = \frac{\mathrm{GH}}{\sin C}$$

ここで，$0^\circ < A < B < C < 90^\circ$ のとき，ID > BC と同様に考えると，EF > CA，GH > AB であるから，正弦定理の式より

$$R_1 > R,\ R_2 > R,\ R_3 > R$$

よって，$0^\circ < A < 90^\circ$ のとき

(△AID の外接円の半径) > (△ABC の外接円の半径) ⇨ ②

であり，$0^\circ < A < B < C < 90^\circ$ のとき，外接円の半径が最も小さい三角形は **△ABC** である。 ⇨ ⓪

◀ R_1，R について
$\mathrm{ID} = 2\sin A\cdot R_1$
$\mathrm{BC} = 2\sin A\cdot R_1$
ID > BC，$\sin A > 0$ より
$R_1 > R$
R_2，R について
$\mathrm{EF} = 2\sin B\cdot R_2$
$\mathrm{CA} = 2\sin B\cdot R_2$
EF > CA，$\sin B > 0$ より
$R_2 > R$
R_3，R について
$\mathrm{GH} = 2\sin C\cdot R_3$
$\mathrm{AB} = 2\sin C\cdot R_3$
GH > AB，$\sin C > 0$ より
$R_3 > R$

$0^\circ < A < B < 90^\circ < C$ のとき，$0^\circ < A < B < 90^\circ$ より

$$R_1 > R,\ R_2 > R$$

$\angle\mathrm{GCH} = 180^\circ - C$ より，$90^\circ < C < 180^\circ$ のとき

$$0^\circ < \angle\mathrm{GCH} = 180^\circ - C < 90^\circ$$

であるから

$$\cos C < 0,\ \cos\angle\mathrm{GCH} > 0$$

したがって，ID > BC を求めたときと同様に考えて

$$\mathrm{GH}^2 = a^2 + b^2 - 2ab\cos\angle\mathrm{GCH} < a^2 + b^2$$

$$\mathrm{AB}^2 = a^2 + b^2 - 2ab\cos C > a^2 + b^2$$

であるから

$\mathrm{GH} < \mathrm{AB}$

これと，正弦定理の式より

$R_3 < R$

よって，$0^\circ < A < B < 90^\circ < C$ のとき，外接円の半径が最も小さい三角形は $\triangle$**CGH** である。 ⇨ ③

第2問

〔1〕

(1) 1秒あたりの進む距離，すなわち平均速度は

(1歩あたりの進む距離)×(1秒あたりの歩数)

＝(ストライド)×(ピッチ)

$= \boldsymbol{xz}$ (m/秒) ⇨ ②

よって

$(\text{タイム}) = \dfrac{100}{xz}$ (秒)

(2) ストライド x が 0.05 大きくなるごとに，ピッチ z は 0.1 ずつ小さくなっているから，z は x の1次関数と考えられる。

よって，$x = 2.05$ のとき，$z = 4.70$ であり，$x = 2.10$ のとき，$z = 4.60$ であるから

$$\begin{aligned} z &= \frac{4.60-4.70}{2.10-2.05}(x-2.10)+4.60 \\ &= \frac{-0.10}{0.05}(x-2.10)+4.60 \\ &= -2(x-2.10)+4.60 \\ &= -2x+8.80 \\ &= \boldsymbol{-2x+\frac{44}{5}} \quad \cdots\cdots ② \end{aligned}$$

ピッチ z の最大値が 4.80 より

$z \leqq 4.80$

②より

$-2x + 8.8 \leqq 4.80$

$x \geqq 2.00$

ストライド x の最大値が 2.40 より

$x \leqq 2.40$

よって

$\boldsymbol{2.00 \leqq x \leqq 2.40}$

ここで，$y = xz$ とおくと，②より

$$y = x\left(-2x+\frac{44}{5}\right) = -2x^2+\frac{44}{5}x = -2\left(x-\frac{11}{5}\right)^2+\frac{242}{25}$$

である。

よって，$2.00 \leqq \dfrac{11}{5} \leqq 2.40$ より，y は $\boldsymbol{x = 2.20}$ のとき，最大値 $\dfrac{242}{25}$ をとる。

◀ $\dfrac{11}{5} = 2.20$

このとき，ピッチ z は②より

$$z = -2\cdot\frac{11}{5}+\frac{44}{5} = \frac{22}{5} = \boldsymbol{4.40}$$

また，このときのタイムは

$$\frac{100}{xz} = \frac{100}{y} = \frac{100}{\frac{242}{25}} = \frac{1250}{121} \fallingdotseq \boldsymbol{10.331}$$ ⇨ ③

〔2〕

(1)　データの大きさが 40 であるから，第 1 四分位数は小さい方から 10 番目と 11 番目の値の平均値であり

$$\frac{13+13}{2}=13$$

第 3 四分位数は小さい方から 30 番目と 31 番目の値の平均値であり

$$\frac{25+25}{2}=25$$

よって，四分位範囲は

$$25-13=\mathbf{12}$$

また

$$(\text{第 1 四分位数})-1.5\times(\text{四分位範囲})=13-1.5\times12=-5$$

$$(\text{第 3 四分位数})+1.5\times(\text{四分位範囲})=25+1.5\times12=43$$

より，外れ値は 43 km 以上のすべての値である。

◀データに含まれる値は正の値のみであるから，−5 以下の値は存在しない。

よって，外れ値の個数は **3** である。

◀「47」「48」「56」が外れ値である。

(2)(i)　1 km あたりの所要時間は，図 1 において各点と原点を結ぶ直線の傾きによって求められる。

◀（傾き）$=\dfrac{\text{所要時間（分）}}{\text{移動距離（km）}}$

よって，1 km あたりの所要時間が最も小さい点は D であり，その大きさはおよそ

$$\frac{10}{15}\fallingdotseq 0.67$$

この条件を満たすのは ⓪，② である。

さらに，1 km あたりの所要時間が最も大きい点は B であり，その大きさはおよそ

$$\frac{36}{6}=6$$

この条件を満たすのは ①，②，④ である。

以上より，条件を満たす箱ひげ図は ② である。　⇨ ②

次に，箱ひげ図 ② において，外れ値は上位 2 個の値であるから，**A** と **B** である。　⇨ ⓪，①

◀A～H のうち，それぞれの点と原点を通る直線の傾きが大きい点を考える。

(ii)　新空港の移動距離，所要時間，費用はすべて，40 の国際空港の平均値と等しい。

(I)について，図 2 より，日本の四つの空港の中には，費用が 950 よりも高いものも，所要時間が 38 よりも短いものもある。したがって，誤り。

(II)について，40 の国際空港の移動距離のデータを

$$x_1,\ x_2,\ x_3,\ \cdots,\ x_{40}$$

とし，このデータの分散を σ^2 とすると

$$\sigma^2=\frac{(x_1-22)^2+(x_2-22)^2+\cdots+(x_{40}-22)^2}{40}$$

一方，新空港を加えたあとの 41 個の値からなるデータの平均は

$$\frac{x_1+x_2+\cdots+x_{40}+22}{41}=\frac{22\cdot40+22}{41}=22$$

◀新空港を除く 40 の国際空港の移動距離の平均値は 22 であるから

$$\frac{x_1+x_2+\cdots+x_{40}}{40}=22$$

より

$$x_1+x_2+\cdots+x_{40}=22\cdot40$$

であるから，新空港を加えたあとの 41 個の値からなるデータの分散は

$$\frac{(x_1-22)^2+(x_2-22)^2+\cdots+(x_{40}-22)^2+(22-22)^2}{41}$$

$$=\frac{40\sigma^2+(22-22)^2}{41}=\frac{40}{41}\sigma^2$$

より，σ^2 と異なる。すなわち，新空港を加える前後で移動距離の標準偏差は変化する。したがって，誤り。

◀標準偏差は，分散の正の平方根である。

(Ⅲ)について，(Ⅱ)における分散の計算と同様にすると，新空港を加えたあとの移動距離，所要時間，費用の分散は，どれも新空港を加える前の $\frac{40}{41}$ 倍になる。よって，それぞれの標準偏差は，どれも新空港を加える前の $\sqrt{\frac{40}{41}}$ 倍になる。

また，40 の国際空港の所要時間のデータを

$y_1,\ y_2,\ y_3,\ \cdots,\ y_{40}$

とし，40 の国際空港の移動距離と所要時間の共分散を s_{xy} とすると

$$s_{xy}=\frac{(x_1-22)(y_1-38)+(x_2-22)(y_2-38)+\cdots+(x_{40}-22)(y_{40}-38)}{40}$$

であり，新空港を加えたあとの移動距離と所要時間の共分散は

$$\frac{(x_1-22)(y_1-38)+(x_2-22)(y_2-38)+\cdots+(x_{40}-22)(y_{40}-38)+(22-22)(38-38)}{41}$$

◀移動距離と同様に，所要時間の平均も新空港を加える前後で変化しない。

$$=\frac{40s_{xy}+(22-22)(38-38)}{41}$$

$$=\frac{40}{41}s_{xy}$$

同様に，移動距離と費用，所要時間と費用の共分散も，新空港を加えることによって $\frac{40}{41}$ 倍になる。

よって，移動距離，所要時間，費用のうち，どの二つについての相関係数も，新空港を加えることによって

$$\frac{\frac{40}{41}}{\sqrt{\frac{40}{41}}\cdot\sqrt{\frac{40}{41}}}=1\text{（倍）}$$

◀二つの変量 x, y について，x の標準偏差を s_x，y の標準偏差を s_y，x と y の共分散を s_{xy} とすると，x と y の相関係数は

$$\frac{s_{xy}}{s_x\cdot s_y}$$

になる。したがって，正しい。

以上より，正誤の組合せとして正しいものは ⑥ である。　⇨ ⑥

(3) **実験結果**より，30 枚の硬貨のうち 20 枚以上が表となった割合は

$$3.2+1.4+1.0+0.0+0.1+0.0+0.1+0.0+0.0+0.0+0.0=\mathbf{5.8\ (\%)}$$

である。これを，30 人のうち 20 人以上が「便利だと思う」と回答する確率とみなすと，この確率が 5% 以上であるから，**方針**に従うと，仮説は**誤っているとは判断されず**，したがって，P 空港は便利だと思う人の方が**多いとはいえない**。　⇨ ①，①

◀仮説は“「便利だと思う」人と「便利だと思わない」人の割合が等しい”である。

第3問

AD は ∠BAC の二等分線だから，三角形の内角の二等分線と比の定理より

$$\mathrm{BD}:\mathrm{DC}=\mathrm{AB}:\mathrm{AC}=3:5$$

よって

$$\mathbf{BD}=\frac{3}{3+5}\mathrm{BC}=\frac{3}{8}\cdot 4=\mathbf{\frac{3}{2}}$$

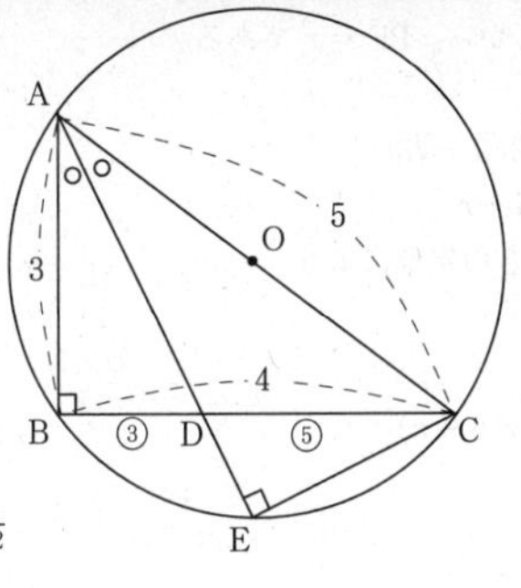

ここで，$3^2+4^2=5^2$ より，$\mathrm{AB}^2+\mathrm{BC}^2=\mathrm{AC}^2$ が成立するので，△ABC は ∠B $=90^\circ$ の直角三角形である。

よって，△ABD において，三平方の定理より

$$\mathbf{AD}=\sqrt{\mathrm{AB}^2+\mathrm{BD}^2}=\sqrt{3^2+\left(\frac{3}{2}\right)^2}$$

$$=\mathbf{\frac{3\sqrt{5}}{2}}$$

次に，△ABC の斜辺 AC は，外接円 O の直径だから，直径と円周角の関係より

$$\angle \mathrm{AEC}=90^\circ$$

△AEC と △ABD において

$$\angle \mathrm{AEC}=\angle \mathrm{ABD}(=90^\circ)$$

AE は ∠BAC の二等分線であるから

$$\angle \mathrm{EAC}=\angle \mathrm{BAD}$$

したがって，2 組の角がそれぞれ等しいので

$$\triangle \mathrm{AEC} \backsim \triangle \mathrm{ABD}$$

△ABD の 3 辺の比は

$$\mathrm{AB}:\mathrm{BD}:\mathrm{AD}=3:\frac{3}{2}:\frac{3\sqrt{5}}{2}=2:1:\sqrt{5}$$

であるから，△AEC の 3 辺の比は

$$\mathrm{AE}:\mathrm{EC}:\mathrm{AC}=2:1:\sqrt{5}$$

よって

$$\mathbf{AE}=\frac{2}{\sqrt{5}}\mathrm{AC}=\frac{2}{\sqrt{5}}\cdot 5=\mathbf{2\sqrt{5}}$$

また，円 P と辺 AB の接点が H であるから，PH の長さは円 P の半径 $\boldsymbol{r}$ である。

△AHP と △ABD において

$$\angle \mathrm{AHP}=\angle \mathrm{ABD}(=90^\circ)$$
$$\angle \mathrm{HAP}=\angle \mathrm{BAD}$$

したがって，2 組の角がそれぞれ等しいので

$$\triangle \mathrm{AHP} \backsim \triangle \mathrm{ABD}$$

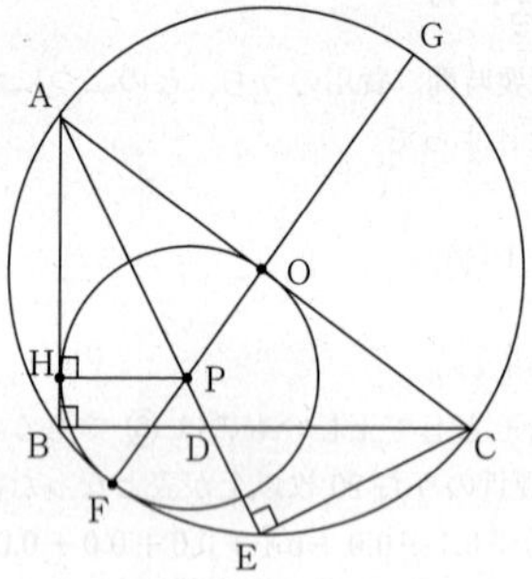

△ABD の 3 辺の比は

$$\mathrm{AB}:\mathrm{BD}:\mathrm{AD}=2:1:\sqrt{5}$$

であるから，△AHP の 3 辺の比は

$$\mathrm{AH}:\mathrm{HP}:\mathrm{AP}=2:1:\sqrt{5}$$

よって

$$\mathrm{AH}=\frac{2}{1}\mathrm{HP}=2r$$
$$\mathbf{AP}=\frac{\sqrt{5}}{1}\mathrm{HP}=\boldsymbol{\sqrt{5}r}$$

点 F における円 O の接線と円 P の接線は一致し，点 P を通りこの接線に垂直な直線は円 O と円 P の中心を通る。よって，O，P，F，G は同一直線上にあり，FG は円 O の直径になる。したがって

◀円 P と円 O の共通接線を ℓ とすると，直線 FP と直線 FO は，どちらも点 F を通り ℓ に垂直な直線であるから，一致する。

$$\mathrm{FG}=\mathrm{AC}=5$$

また，PF は円 P の半径であるから，PF $=r$ である。

よって

$$\mathrm{PE}=\mathrm{AE}-\mathrm{AP}=2\sqrt{5}-\sqrt{5}r$$
$$\mathbf{PG}=\mathrm{FG}-\mathrm{PF}=\mathbf{5-\boldsymbol{r}}$$

ここで，円 O において，方べきの定理により

$$\mathrm{PA}\cdot\mathrm{PE}=\mathrm{PF}\cdot\mathrm{PG}$$

したがって

$$\sqrt{5}r\left(2\sqrt{5}-\sqrt{5}r\right)=r(5-r)$$

$r \neq 0$ より

$$\sqrt{5}\left(2\sqrt{5}-\sqrt{5}r\right)=5-r$$
$$10-5r=5-r$$
$$\boldsymbol{r}=\mathbf{\frac{5}{4}}$$

よって

$$\mathbf{AH} = 2r = 2\cdot\frac{5}{4} = \boldsymbol{\frac{5}{2}}$$

△ABC の内接円 Q の半径を x とすると

$$(\triangle\text{ABC の面積}) = \frac{1}{2}\text{AB}\cdot x + \frac{1}{2}\text{BC}\cdot x + \frac{1}{2}\text{CA}\cdot x$$
$$= \frac{1}{2}(\text{AB} + \text{BC} + \text{CA})x$$

であるから

$$\frac{1}{2}\cdot 3\cdot 4 = \frac{x}{2}(3 + 4 + 5)$$
$$\boldsymbol{x = 1}$$

円 Q と辺 AB の接点を K とする。KQ は内接円 Q の半径なので，KQ = 1 である。また，AD は ∠A の二等分線であり，内心は三角形の内角の二等分線の交点であるから，△ABC の内心 Q は辺 AD 上にある。

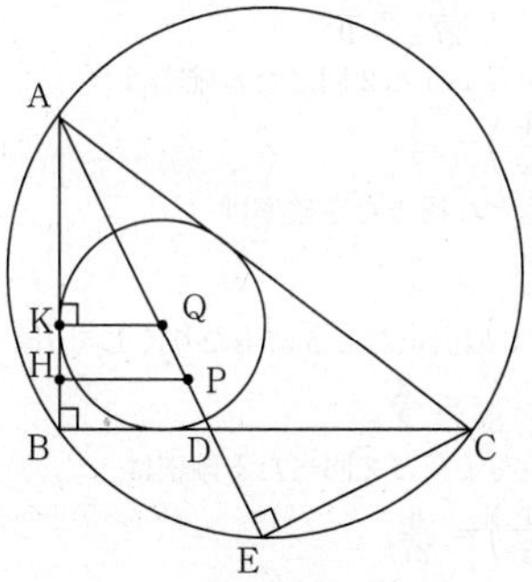

△AKQ と △ABD において

$$\angle\text{AKQ} = \angle\text{ABD}(= 90^\circ)$$
$$\angle\text{KAQ} = \angle\text{BAD}$$

したがって，2 組の角がそれぞれ等しいので

$$\triangle\text{AKQ} \backsim \triangle\text{ABD}$$

△ABD の 3 辺の比は，$\text{AB} : \text{BD} : \text{AD} = 2 : 1 : \sqrt{5}$ だから，△AKQ の 3 辺の比は

$$\text{AK} : \text{KQ} : \text{AQ} = 2 : 1 : \sqrt{5}$$

よって

$$\mathbf{AQ} = \frac{\sqrt{5}}{1}\text{KQ} = \sqrt{5}\cdot 1 = \boldsymbol{\sqrt{5}}$$

ここで

◀H，B，D，Q が同一円周上にあるかを判断する。AH，AB，AD，AQ が求められているので，方べきの定理の逆を使う方針で考える。

$$\text{AH}\cdot\text{AB} = \frac{5}{2}\cdot 3 = \frac{15}{2}$$
$$\text{AQ}\cdot\text{AD} = \sqrt{5}\cdot\frac{3\sqrt{5}}{2} = \frac{15}{2}$$

より

$$\text{AH}\cdot\text{AB} = \text{AQ}\cdot\text{AD}$$

したがって，方べきの定理の逆により，4 点 H，B，D，Q は同一円周上にある。

また

$$\text{AH}\cdot\text{AB} = \frac{15}{2}$$
$$\text{AQ}\cdot\text{AE} = \sqrt{5}\cdot 2\sqrt{5} = 10$$

より

$$\text{AH}\cdot\text{AB} \neq \text{AQ}\cdot\text{AE}$$

したがって，4 点 H，B，E，Q は同一円周上にはない。

よって，(a) は正しく，(b) は誤りである。　⇨ ①

第４問

(1)　箱Ａにおいて，３回中ちょうど１回当たる確率は，当たりくじを引くのが何回目であるかが ${}_3C_1$ 通りあり，そのそれぞれについて確率は

$$\frac{1}{2}\cdot\left(1-\frac{1}{2}\right)^2=\frac{1}{8}$$

であるから

$${}_3C_1\cdot\frac{1}{8}=\mathbf{\frac{3}{8}}$$

箱Ｂにおいて，３回中ちょうど１回当たる確率も同様に

$${}_3C_1\cdot\frac{1}{3}\cdot\left(1-\frac{1}{3}\right)^2=\frac{12}{27}=\mathbf{\frac{4}{9}}$$

次に，箱Ａにおいて，３回中ちょうど２回当たる確率は

$${}_3C_2\cdot\left(\frac{1}{2}\right)^2\cdot\left(1-\frac{1}{2}\right)=\frac{3}{8}$$

箱Ａにおいて，３回中ちょうど３回当たる確率は

$${}_3C_3\cdot\left(\frac{1}{2}\right)^3=\frac{1}{8}$$

であるから，箱Ａにおいて，３回引いたときに当たりくじを引く回数の期待値は

$$1\cdot\frac{3}{8}+2\cdot\frac{3}{8}+3\cdot\frac{1}{8}=\mathbf{\frac{3}{2}}$$

◀当たりくじを引く回数を X とすると

X	0	1	2	3	計
確率	$\frac{1}{8}$	$\frac{3}{8}$	$\frac{3}{8}$	$\frac{1}{8}$	1

となる。X は０となる場合もあるが，期待値を求める際には考えなくてよい。

また，箱Ｂにおいて，３回中ちょうど２回当たる確率は

$${}_3C_2\cdot\left(\frac{1}{3}\right)^2\cdot\left(1-\frac{1}{3}\right)=\frac{6}{27}$$

箱Ｂにおいて，３回中ちょうど３回当たる確率は

$${}_3C_3\cdot\left(\frac{1}{3}\right)^3=\frac{1}{27}$$

であるから，箱Ｂにおいて，３回引いたときに当たりくじを引く回数の期待値は

$$1\cdot\frac{12}{27}+2\cdot\frac{6}{27}+3\cdot\frac{1}{27}=\mathbf{1}$$

◀当たりくじを引く回数を Y とすると

Y	0	1	2	3	計
確率	$\frac{8}{27}$	$\frac{12}{27}$	$\frac{6}{27}$	$\frac{1}{27}$	1

別解

　箱Ａ，箱Ｂからくじを１回引くとき，当たりくじを引く回数の期待値はそれぞれ $\frac{1}{2}$，$\frac{1}{3}$ である。この試行を３回行うとき，それぞれの試行は独立であるから，箱Ａにおいて，３回引いたときに当たりくじを引く回数の期待値は

◀数学Ｂで学習する「二項分布の平均」の考え方。

$$3\cdot\frac{1}{2}=\frac{3}{2}$$

箱Ｂにおいて，３回引いたときに当たりくじを引く回数の期待値は

$$3\cdot\frac{1}{3}=1$$

のように求めることもできる。

(2)　(1)より

$$P(A\cap W)=\frac{1}{2}\cdot\frac{3}{8}=\frac{3}{16}$$

$$P(B\cap W)=\frac{1}{2}\cdot\frac{4}{9}=\frac{2}{9}$$

であるから

$$P(W)=P(A\cap W)+P(B\cap W)$$
$$=\frac{3}{16}+\frac{2}{9}=\frac{59}{144}$$

◀W が起こるとき，A と B は必ずどちらか一方のみが起こる。

よって，３回中ちょうど１回当たったとき，選んだ箱がＡである条件付き確率 $P_W(A)$ は

$$P_W(A)=\frac{P(A\cap W)}{P(W)}=\frac{\frac{3}{16}}{\frac{59}{144}}=\mathbf{\frac{27}{59}}$$

また，3 回中ちょうど 1 回当たったとき，選んだ箱が B である条件付き確率 $P_W(B)$ は

$$P_W(B)=1-P_W(A)$$
$$=1-\frac{27}{59}$$
$$=\frac{32}{59}$$

◀ $P(W)=P(A\cap W)+P(B\cap W)$ より
$$1=\frac{P(A\cap W)}{P(W)}+\frac{P(B\cap W)}{P(W)}$$
$$=P_W(A)+P_W(B)$$

(X) の場合について，花子さんが選んだ箱が B であるとき，太郎さんが選んだ箱も B であるから，花子さんが選んだ箱が B で，かつ，花子さんが 3 回引いてちょうど 1 回当たる事象の起こる確率は

$$\boldsymbol{P_W(B)\times P(B_1)}$$ ⇨③

と表せる。

箱 A において 3 回引いてちょうど 2 回当たる事象を A_2，3 回とも当たる事象を A_3 と表し，箱 B において 3 回引いてちょうど 2 回当たる事象を B_2，3 回とも当たる事象を B_3 と表す。

このとき，(X) の場合の当たりくじを引く回数の期待値を計算する式は

$$1\cdot P_W(A)\cdot P(A_1)+1\cdot P_W(B)\cdot P(B_1)$$
$$+2\cdot P_W(A)\cdot P(A_2)+2\cdot P_W(B)\cdot P(B_2)$$
$$+3\cdot P_W(A)\cdot P(A_3)+3\cdot P_W(B)\cdot P(B_3)$$
$$=P_W(A)\{1\cdot P(A_1)+2\cdot P(A_2)+3\cdot P(A_3)\}$$
$$+P_W(B)\{1\cdot P(B_1)+2\cdot P(B_2)+3\cdot P(B_3)\}$$
$$=\boldsymbol{P_W(A)\times\frac{3}{2}+P_W(B)\times 1}$$ ⇨②，③
$$=\frac{27}{59}\cdot\frac{3}{2}+\frac{32}{59}\cdot 1$$
$$=\frac{145}{118}$$

◀ $1\cdot P(A_1)+2\cdot P(A_2)+3\cdot P(A_3)$
$1\cdot P(B_1)+2\cdot P(B_2)+3\cdot P(B_3)$
は，それぞれ箱 A，B において，3 回引いたときに当たりくじを引く回数の期待値であるから，(1)で求めた値を利用できる。

(Y) の場合についても同様に考えると，当たりくじを引く回数の期待値を計算する式は

$$1\cdot P_W(B)\cdot P(A_1)+1\cdot P_W(A)\cdot P(B_1)$$
$$+2\cdot P_W(B)\cdot P(A_2)+2\cdot P_W(A)\cdot P(B_2)$$
$$+3\cdot P_W(B)\cdot P(A_3)+3\cdot P_W(A)\cdot P(B_3)$$
$$=P_W(B)\{1\cdot P(A_1)+2\cdot P(A_2)+3\cdot P(A_3)\}$$
$$+P_W(A)\{1\cdot P(B_1)+2\cdot P(B_2)+3\cdot P(B_3)\}$$
$$=\frac{32}{59}\cdot\frac{3}{2}+\frac{27}{59}\cdot 1$$
$$=\boldsymbol{\frac{75}{59}}$$

◀花子さんが選んだ箱が A であるとき太郎さんが選んだ箱は B であり，花子さんが選んだ箱が B であるとき太郎さんが選んだ箱は A である。

よって，(Y) の場合の当たりくじを引く回数の期待値の方が大きいから，当たりくじを引く回数の期待値が大きい方の箱を選ぶという方針に基づくと，花子さんは，太郎さんが選んだ箱と**異なる箱を選ぶ方がよい**。 ⇨①

◀ $\frac{75}{59}=\frac{150}{118}>\frac{145}{118}$

2024 本試

解　答

問題番号(配点)	解答記号	正解	配点	自己採点
第1問(30)	$\boxed{ア}$	7	2	
	$b=\dfrac{\boxed{イ}+2\sqrt{13}}{\boxed{ウ}}$	$b=\dfrac{7+2\sqrt{13}}{3}$	2	
	$\boxed{エオカ}\sqrt{13}$	$-56\sqrt{13}$	2	
	$\boxed{キク}$	14	2	
	$\boxed{ケ}$, $\boxed{コ}$, $\boxed{サ}$	3, 6, 0	2	
	$\boxed{シ}$	4	4	
	BE = $\boxed{ス}\times\boxed{セ}$ m	BE = 4 × ⓪ m	4	
	DE = $\left(\boxed{ソ}+\boxed{タ}\times\boxed{チ}\right)$ m	DE = (7 + 4 × ②) m	4	
	$\boxed{ツ}$	③	4	
	CD = $\dfrac{\text{AB}-\boxed{テ}\times\boxed{ト}}{\boxed{ナ}+\boxed{ニ}\times\boxed{ト}}$ m	CD = $\dfrac{\text{AB}-7\times⑤}{⓪+①\times⑤}$ m	4	
第2問(30)	$\boxed{ア}$	9	3	
	$\boxed{イ}$	8	3	
	$\boxed{ウエ}$	12	2	
	$\boxed{オ}$	8	1	
	$\boxed{カキ}$	13	2	
	$\left(\boxed{ク}-\sqrt{\boxed{ケ}}+\sqrt{\boxed{コ}}\right)$ 秒間	$(3-\sqrt{3}+\sqrt{2})$ 秒間	4	
	$\boxed{サ}$	⑧	2	
	$\boxed{シ}$	⑥	2	
	$\boxed{ス}$	④	2	
	$\boxed{セ}$	⓪	2	
	$z=-\boxed{ソ}.\boxed{タチ}$	$z=-3.51$	2	
	$\boxed{ツ}$	①	2	
	$\boxed{テ}$	①	3	

問題番号(配点)	解答記号	正解	配点	自己採点
第3問 (20)	$\frac{\text{ア}}{\text{イ}}$	$\frac{1}{2}$	2	
	ウ 通り	6 通り	2	
	エオ 通り	14 通り	2	
	$\frac{\text{カ}}{\text{キ}}$	$\frac{7}{8}$	2	
	ク 通り	6 通り	2	
	$\frac{\text{ケ}}{\text{コ}}$	$\frac{2}{9}$	2	
	サシ 通り	42 通り	2	
	スセ 通り	54 通り	2	
	ソタ 通り	54 通り	2	
	$\frac{\text{チツ}}{\text{テトナ}}$	$\frac{75}{512}$	2	
第4問 (20)	アイウ	104	2	
	エオカ	103	3	
	キク 秒後	64 秒後	2	
	ケコサシ 秒後	1728 秒後	3	
	スセ で割った余りが ソ	64 で割った余りが 6	3	
	タチツ	518	4	
	テ	③	3	
第5問 (20)	ア	⓪	2	
	QR : RD = イ : ウ	QR : RD = 1 : 4	3	
	QB : BD = エ : オ	QB : BD = 3 : 8	2	
	AT = $\sqrt{\text{カ}}$	AT = $\sqrt{5}$	3	
	キク, ケ	45, ⓪	3	
	コ, サ, シ	①, ⓪, ②	4	
	ス, セ	②, ②	3	

(注) 第 1 問，第 2 問は必答。第 3 問～第 5 問のうちから 2 問選択。計 4 問を解答。
なお，上記以外のものについても得点を与えることがある。正解欄に※があるものは，解答の順序は問わない。

第1問小計		第2問小計		第3問小計		第4問小計		第5問小計		合計点	/100

第１問

〔1〕

$$n < 2\sqrt{13} < n+1 \quad \cdots\cdots ①$$

$2\sqrt{13} = \sqrt{52}$ であるから

$$7 < 2\sqrt{13} < 8$$

◀ $\sqrt{49} < \sqrt{52} < \sqrt{64}$

よって，①を満たす整数 n は **7** である。実数 a，b を

$$a = 2\sqrt{13} - 7 \quad \cdots\cdots ②$$

$$b = \frac{1}{a} \quad \cdots\cdots ③$$

で定めると

$$\boldsymbol{b} = \frac{1}{2\sqrt{13}-7} = \frac{2\sqrt{13}+7}{(2\sqrt{13}-7)(2\sqrt{13}+7)} = \boldsymbol{\frac{7+2\sqrt{13}}{3}} \quad \cdots\cdots ④$$

である。また

$$\begin{aligned} \boldsymbol{a^2 - 9b^2} &= (a+3b)(a-3b) \\ &= \{(2\sqrt{13}-7)+(2\sqrt{13}+7)\}\{(2\sqrt{13}-7)-(2\sqrt{13}+7)\} \\ &= 4\sqrt{13}\cdot(-14) \\ &= \boldsymbol{-56\sqrt{13}} \end{aligned}$$

◀$a^2 - 9b^2$ に a，b の値をそのまま代入してもよいが，$3b = 7 + 2\sqrt{13}$ に着目し，$(a+3b)(a-3b)$ と因数分解してから代入した。

$7 < 2\sqrt{13} < 8$ より

$$14 < 7 + 2\sqrt{13} < 15$$

$$\frac{14}{3} < \frac{7+2\sqrt{13}}{3} < \frac{15}{3}$$

④より，$b = \dfrac{7+2\sqrt{13}}{3}$ であるから，$\dfrac{m}{3} < b < \dfrac{m+1}{3}$ を満たす整数 m は **14** である。よって，③より $\dfrac{3}{15} < a < \dfrac{3}{14}$ であるから，これに②を代入して

$$\frac{1}{5} < 2\sqrt{13} - 7 < \frac{3}{14}$$

$$\frac{36}{5} < 2\sqrt{13} < \frac{101}{14}$$

$$\frac{18}{5} < \sqrt{13} < \frac{101}{28}$$

$\dfrac{18}{5} = 3.6$，$\dfrac{101}{28} = 3.607\cdots$ より，$\sqrt{13}$ の整数部分は **3** であり，小数第１位の数字は **6**，小数第２位の数字は **0** であることがわかる。

◀ $3.600 < \sqrt{13} < 3.607\cdots$ より，$\sqrt{13} = 3.60\cdots$ である。

〔2〕

坂の傾斜が７％のとき，100m の水平距離に対して 7m の割合で高くなるから

$$\tan\angle\mathrm{DCP} = \frac{7}{100} = 0.07$$

三角比の表より，$\tan 4° = 0.0699$，$\tan 5° = 0.0875$ であるから

$$\tan 4° < \tan\angle\mathrm{DCP} < \tan 5°$$

$$4° < \angle\mathrm{DCP} < 5°$$

よって，$n° < \angle\mathrm{DCP} < n° + 1°$ を満たす１以上９以下の整数 n の値は，**4** である。

◀θ_1，θ_2 が鋭角で $\tan\theta_1 < \tan\theta_2$ のとき $\theta_1 < \theta_2$

以下，$\angle\mathrm{DCP} = 4°$ とする。点 D から直線 BP に垂直な直線を引き，直線 BP との交点を F とする。

$\mathrm{BC} = 7$，$\mathrm{CD} = 4$，$\angle\mathrm{APB} = 45°$ のとき，直角三角形 DCF において，三角比の定義より

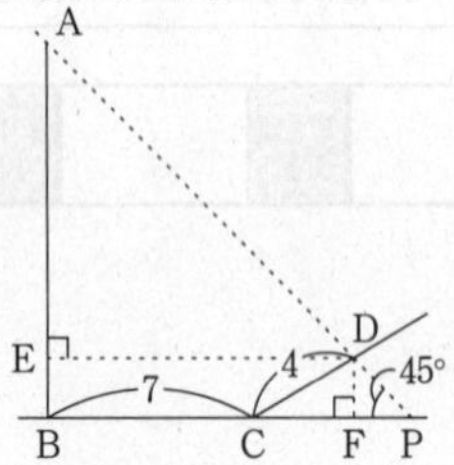

$$\sin\angle\mathrm{DCF} = \frac{\mathrm{DF}}{\mathrm{CD}} = \frac{\mathrm{BE}}{4}$$

◀四角形 BFDE は長方形であるから $\mathrm{BE} = \mathrm{DF}$

◀ $\angle\mathrm{DCF} = \angle\mathrm{DCP}$

よって

$$\mathbf{BE = 4 \times \sin\angle DCP} \qquad ⇨ ⓪$$

同様に，直角三角形 DCF において，三角比の定義より

$$\cos\angle DCF = \frac{CF}{CD} = \frac{CF}{4}$$

よって

$$CF = 4\times\cos\angle DCP$$

となるから

$$\mathbf{DE} = BC + CF = \mathbf{(7 + 4\times\cos\angle DCP)}\ \mathrm{m}$$ ⇨ ②

◀四角形 BFDE は長方形であるから
$DE = BF$

また，$\angle ADE = 45^\circ$，$\angle AED = 90^\circ$ であるから，$\triangle ADE$ は $AE = DE$ の直角二等辺三角形である。したがって

$$\begin{aligned} AB &= AE + EB = DE + BE \\ &= 7 + 4\cos\angle DCP + 4\sin\angle DCP \\ &= 7 + 4\cos 4^\circ + 4\sin 4^\circ \\ &= 7 + 4(\cos 4^\circ + \sin 4^\circ) \end{aligned}$$

三角比の表より，$\sin 4^\circ = 0.0698$，$\cos 4^\circ = 0.9976$ であるから

$$AB = 7 + 4(0.9976 + 0.0698) = 11.2696$$

よって，電柱の高さは，小数第 2 位で四捨五入すると **11.3** m である。 ⇨ ③

次に，$\angle APB = 42^\circ$ のとき，直角三角形 CDF において，三角比の定義より

$$\sin\angle DCF = \frac{DF}{CD}$$

$$DF = CD\sin\angle DCP \quad \cdots\cdots ①$$

また

$$\cos\angle DCF = \frac{CF}{CD}$$

$$CF = CD\cos\angle DCP \quad \cdots\cdots ②$$

$\angle ADE = 42^\circ$ であるから，直角三角形 AED において，三角比の定義より

$$\frac{AE}{DE} = \tan\angle ADE = \tan 42^\circ$$

よって

$$AE = DE\tan 42^\circ$$

ここで，②より

$$DE = BC + CF = 7 + CD\cos\angle DCP$$

◀$\angle APB$ の大きさが変化しても，この関係は変わらない。

であるから

$$\begin{aligned} AE &= (7 + CD\cos\angle DCP)\times\tan 42^\circ \\ &= 7\times\tan 42^\circ + CD\times\cos\angle DCP\times\tan 42^\circ \quad \cdots\cdots ③ \end{aligned}$$

また，$BE = DF$ で，①より

$$BE = DF = CD\times\sin\angle DCP \quad \cdots\cdots ④$$

したがって，③，④より

$$\begin{aligned} AB &= AE + BE \\ &= 7\times\tan 42^\circ + CD\times\cos\angle DCP\times\tan 42^\circ + CD\times\sin\angle DCP \\ &= 7\times\tan 42^\circ + CD\times(\cos\angle DCP\times\tan 42^\circ + \sin\angle DCP) \end{aligned}$$

よって

$$CD\times(\cos\angle DCP\times\tan 42^\circ + \sin\angle DCP) = AB - 7\times\tan 42^\circ$$

$$\mathbf{CD} = \frac{\mathbf{AB - 7\times\tan 42^\circ}}{\mathbf{\sin\angle DCP + \cos\angle DCP\times\tan 42^\circ}}\ \mathrm{m}$$ ⇨ ⑤，⓪，①

第２問

〔1〕

(1)　開始時刻から１秒後の点 P，Q の位置は，次の図のようになる。

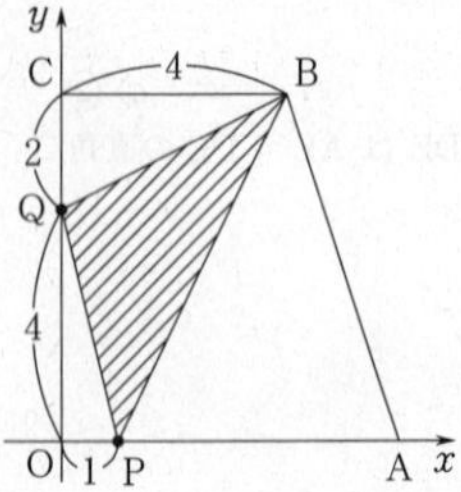

よって

$\triangle\mathbf{PBQ} = (\text{四角形 OPBC}) - \triangle\text{OPQ} - \triangle\text{BCQ}$

$= \frac{1}{2}\cdot 6\cdot(1+4) - \frac{1}{2}\cdot 1\cdot 4 - \frac{1}{2}\cdot 4\cdot 2$

$= 15 - 2 - 4 = \mathbf{9}$

(2)　$0 \leqq t \leqq 3$ のとき，開始時刻から t 秒後の点 P，Q の位置は，次の図のようになる。

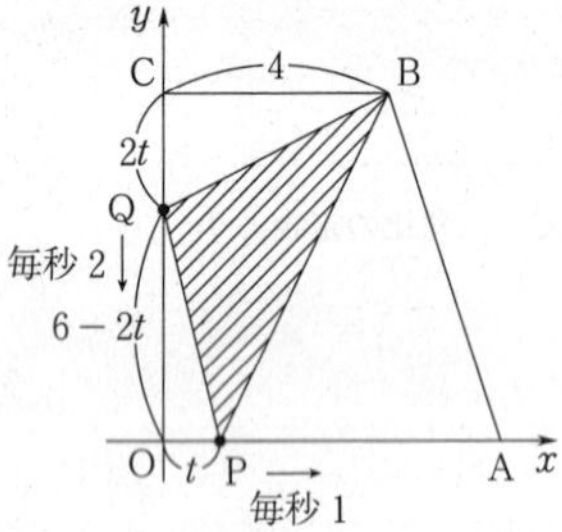

よって，(1)と同様に

$\triangle\text{PBQ} = \frac{1}{2}\cdot 6\cdot(t+4) - \frac{1}{2}\cdot t\cdot(6-2t) - \frac{1}{2}\cdot 4\cdot 2t$

$= 3t + 12 - 3t + t^2 - 4t$

$= t^2 - 4t + 12 = (t-2)^2 + 8$

したがって，△PBQ の面積は，$t = 2$ で最小値 **8** をとり，$t = 0$ で最大値 **12** をとる。

◀$Y = (t-2)^2 + 8$ の $0 \leqq t \leqq 3$ におけるグラフは次のようになる。

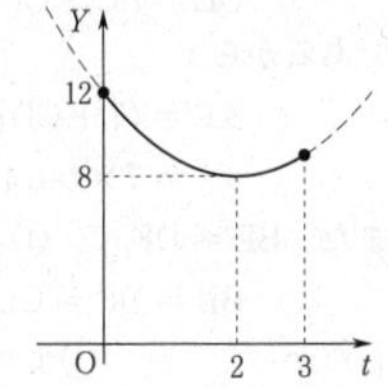

(3)　$3 < t \leqq 6$ のとき，開始時刻から t 秒後の点 P，Q の位置は，次の図のようになる。

◀終了時刻は $t = 6$ のときであり，(2)で $0 \leqq t \leqq 3$ のときを考えているので，残りの時刻での △PBQ の面積を調べる。

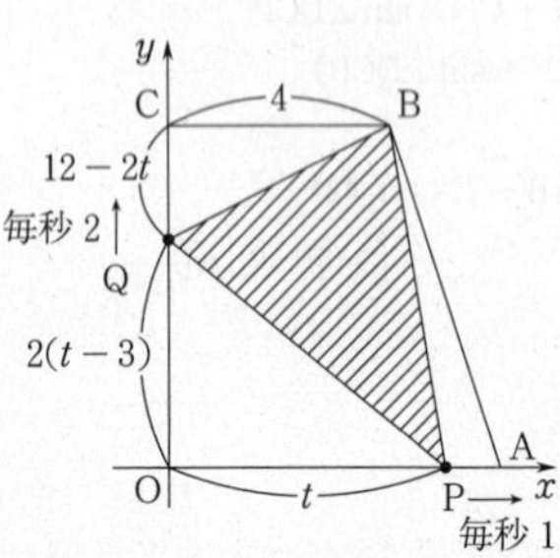

◀　$\text{CQ} = \text{CO} - \text{QO}$
$= 6 - 2(t-3)$
$= 12 - 2t$

よって，(1)，(2)と同様に

$$\triangle \mathrm{PBQ}=\frac{1}{2}\cdot 6\cdot(t+4)-\frac{1}{2}\cdot t\cdot 2(t-3)-\frac{1}{2}\cdot 4\cdot(12-2t)$$

$$=3t+12-t^2+3t-24+4t$$

$$=-t^2+10t-12=-(t-5)^2+13$$

(2)の結果と合わせると，開始時刻から終了時刻までの △PBQ の面積は，$t=2$ で最小値 **8** をとり，$t=5$ で，最大値 **13** をとる。

◀△PBQ の面積を Y とすると $Y=\begin{cases} t^2-4t+12 & (0\leqq t\leqq 3)\\ -t^2+10t-12 & (3<t\leqq 6)\end{cases}$ であり，$0\leqq t\leqq 6$ におけるグラフは次のようになる。

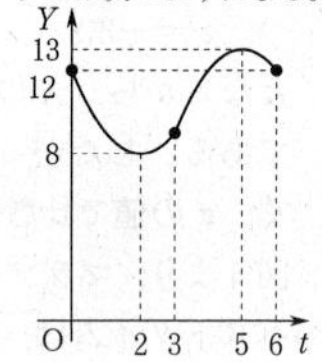

(4)　△PBQ の面積が 10 以下となるときを考える。

(i)　$0\leqq t\leqq 3$ のとき

$(t-2)^2+8\leqq 10$

$(t-2)^2\leqq 2$

$2-\sqrt{2}\leqq t\leqq 2+\sqrt{2}$

$0\leqq t\leqq 3$ との共通部分を考えて

$2-\sqrt{2}\leqq t\leqq 3$

◀

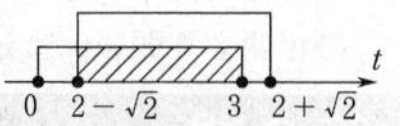

(ii)　$3<t\leqq 6$ のとき

$-(t-5)^2+13\leqq 10$

$(t-5)^2\geqq 3$

$t\leqq 5-\sqrt{3},\ 5+\sqrt{3}\leqq t$

$3<t\leqq 6$ との共通部分を考えて

$3<t\leqq 5-\sqrt{3}$

◀

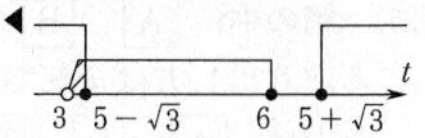

(i)，(ii)より，△PBQ の面積が 10 以下となるのは

$2-\sqrt{2}\leqq t\leqq 5-\sqrt{3}$

のときであるから，その時間は

$(5-\sqrt{3})-(2-\sqrt{2})=\mathbf{3-\sqrt{3}+\sqrt{2}}$（秒間）

〔2〕

(1)(i)　ヒストグラムにおける最頻値は，度数が最も大きい階級の階級値であるから，図 1 から A の最頻値は階級 **510 以上 540 未満**の階級値である。⇨ ⑧

さらに，B のヒストグラムから度数分布表を作成すると，次のようになる。

階級（以上～未満）	270～300	300～330	330～360	360～390	390～420	420～450	450～480	480～510	510～540
度数	1	1	0	2	5	10	16	14	1
累積度数	1	2	2	4	9	19	35	49	50

小さい方から 25 番目と 26 番目の値は，どちらも 450 以上 480 未満の階級に含まれるため，B の中央値が含まれる階級は **450 以上 480 未満**である。

⇨ ⑥

◀データの大きさが 50 であるから，中央値は小さい方から 25 番目と 26 番目の値の平均値である。

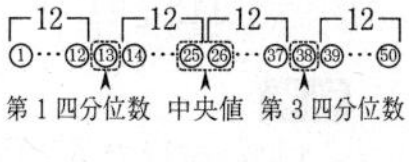

(ii)　A，B それぞれのデータの値を小さい順に並べたとき，速い方から 13 番目のデータは第 1 四分位数である。図 3 の箱ひげ図より

A の速い方から 13 番目のベストタイム：約 480 秒

B の速い方から 13 番目のベストタイム：約 435 秒

よって，およそ **45** 秒速い。⇨ ④

A の第 1 四分位数は約 480 秒，第 3 四分位数は約 535 秒であるから，四分位範囲はおよそ

$535-480=55$（秒）

B の第 1 四分位数は約 435 秒，第 3 四分位数は約 490 秒であるから，四分

位範囲はおよそ

$$490 - 435 = 55 \text{（秒）}$$

よって，その差の絶対値は約 0 であるから，**0 以上 20 未満**である。⇨ ⓪

(iii) B の 1 位の選手について，式と表 1 より

$$296 = 454 + 45z$$

$$z = -\frac{158}{45} = -3.5111\cdots$$

となるから，B の 1 位の選手のベストタイムに対する z の値は，およそ $\boldsymbol{z = -3.51}$ である。同様に，A の 1 位の選手について，式と表 1 より

$$376 = 504 + 40z$$

$$z = -3.2$$

となるから，A の 1 位の選手のベストタイムに対する z の値は，$\boldsymbol{z = -3.2}$ である。したがって，**ベストタイムで比較するとBの1位の選手の方が速く，$\boldsymbol{z}$ の値で比較するとBの1位の選手の方が優れている。** ⇨ ①

(2) 図 4 より，マラソンのベストタイムの速い方から 3 番目までの選手の 10000m のベストタイムは，3 選手とも 1670 秒未満である。よって，(a)は正しい。

図 4 と図 5 より，マラソンと 10000m の間の相関は，5000m と 10000m の間の相関より弱い。よって，(b)は誤りである。 ⇨ ①

第3問

(1)(i) 箱の中に $\boxed{\mathrm{A}}$，$\boxed{\mathrm{B}}$ のカードが 1 枚ずつ入っているとき，2 回の試行における取り出し方は全部で $2^2 = 4$ 通りあり，2 回の試行で A，B がそろう取り出し方は，$\boxed{\mathrm{A}}-\boxed{\mathrm{B}}$，$\boxed{\mathrm{B}}-\boxed{\mathrm{A}}$ の 2 通りである。

◀1 回目の試行で $\boxed{\mathrm{A}}$，2 回目の試行で $\boxed{\mathrm{B}}$ を取り出す事象を $\boxed{\mathrm{A}}-\boxed{\mathrm{B}}$ と表した。

よって，求める確率は

$$\frac{2}{4} = \boldsymbol{\frac{1}{2}}$$

(ii) 3 回の試行のうち，$\boxed{\mathrm{A}}$ を 1 回，$\boxed{\mathrm{B}}$ を 2 回取り出す取り出し方は，表より 3 通りである。同様に，$\boxed{\mathrm{A}}$ を 2 回，$\boxed{\mathrm{B}}$ を 1 回取り出す取り出し方も 3 通りであるから，3 回の試行で A，B がそろっている取り出し方は

◀表の $\boxed{\mathrm{A}}$ と $\boxed{\mathrm{B}}$ を入れ換えて考えればよい。

$$3 + 3 = \boldsymbol{6} \text{（通り）}$$

よって，3 回の試行で A，B がそろっている確率は $\dfrac{6}{2^3}$ である。

(iii) 4 回の試行で A，B がそろっているのは

「$\boxed{\mathrm{A}}$ を 1 回，$\boxed{\mathrm{B}}$ を 3 回」または「$\boxed{\mathrm{A}}$ を 2 回，$\boxed{\mathrm{B}}$ を 2 回」

または「$\boxed{\mathrm{A}}$ を 3 回，$\boxed{\mathrm{B}}$ を 1 回」

取り出す取り出し方の総数である。これらは，それぞれ 4 枚のカードを 1 列に並べる並べ方であるから

$$\frac{4!}{3!} + \frac{4!}{2!2!} + \frac{4!}{3!} = 4 + 6 + 4 = \boldsymbol{14} \text{（通り）}$$

◀p 個ある同じものと，q 個ある別の同じものを 1 列に並べる順列の総数は $\dfrac{(p+q)!}{p!q!}$

よって，4 回の試行で A，B がそろっている確率は

$$\frac{14}{2^4} = \boldsymbol{\frac{7}{8}}$$

別解

4 回の試行で A，B がそろっているのは

「4 回とも $\boxed{\mathrm{A}}$ を取り出す場合」または「4 回とも $\boxed{\mathrm{B}}$ を取り出す場合」の余事象であると考えてもよい。

これらの取り出し方は，それぞれ 1 通りであり，4 回の試行における取り出し方が全部で 16 通りあることから

◀ $2^4 = 16$（通り）

16 − 2 = 14 (通り)

(2)(i)　箱の中に $\boxed{\text{A}}$，$\boxed{\text{B}}$，$\boxed{\text{C}}$ のカードが 1 枚ずつ入っているとき，3 回目の試行で初めて A，B，C がそろう取り出し方は，3 枚のカードを 1 列に並べる並べ方であるから

3! = **6** (通り)

よって，3 回目の試行で初めて A，B，C がそろう確率は $\frac{6}{3^3}$ である。

(ii)　4 回目の試行で初めて A，B，C がそろうのは，3 回目の試行までに $\boxed{\text{A}}$，$\boxed{\text{B}}$，$\boxed{\text{C}}$ のうち 2 種類を取り出した後，4 回目に残りの 1 種類を初めて取り出すときである。

A，B，C のうち，2 種類を選ぶときの選び方は 3 通りあり，(1)(ii)より，3 回目の試行までにその 2 種類がそろっている取り出し方は 6 通りある。

よって，4 回目の試行で初めて A，B，C がそろう取り出し方は

3×6 = **18** (通り)

ある。したがって，4 回目の試行で初めて A，B，C がそろう確率は

$$\frac{18}{3^4} = \mathbf{\frac{2}{9}}$$

◀4 回目の試行は残りの 1 種類を取り出せばよいから，その取り出し方は 1 通りのみである。

(iii)　5 回目の試行で初めて A，B，C をそろえるには，4 回目の試行までに $\boxed{\text{A}}$，$\boxed{\text{B}}$，$\boxed{\text{C}}$ のうち 2 種類を取り出した後，5 回目に残りの 1 種類を初めて取り出せばよい。

(1)(iii)より，4 回目の試行までに 2 種類がそろっている取り出し方は 14 通りあるから

3×14 = **42** (通り)

あり，5 回目の試行で初めて A，B，C がそろう確率は $\frac{42}{3^5}$ である。

◀A，B，C のうち，2 種類を選ぶときの選び方が 3 通りあることや，最後の試行で残りの 1 種類を取り出せばよいことは，(2)(ii)と同様である。

(3)　箱の中に $\boxed{\text{A}}$，$\boxed{\text{B}}$，$\boxed{\text{C}}$，$\boxed{\text{D}}$ のカードが 1 枚ずつ入っている場合を考える。

3 回目の試行で初めて A，B，C だけがそろう取り出し方は，(2)(i)より，6 通りある。その後，6 回目の試行で初めて $\boxed{\text{D}}$ を取り出すのは，4 回目と 5 回目の試行でも $\boxed{\text{A}}$，$\boxed{\text{B}}$，$\boxed{\text{C}}$ のいずれかを取り出すときである。

よって，「6 回の試行のうち 3 回目の試行で初めて A，B，C だけがそろい，かつ 6 回目の試行で初めて $\boxed{\text{D}}$ が取り出される」取り出し方は

6×3×3 = **54** (通り)　…………………………………………①

あることがわかる。

同様に，4 回目の試行で初めて A，B，C だけがそろう取り出し方は，(2)(ii)より，18 通りある。その後，6 回目の試行で初めて $\boxed{\text{D}}$ を取り出すのは，5 回目の試行でも $\boxed{\text{A}}$，$\boxed{\text{B}}$，$\boxed{\text{C}}$ のいずれかのカードを取り出すときである。

よって，「6 回の試行のうち 4 回目の試行で初めて A，B，C だけがそろい，かつ 6 回目の試行で初めて $\boxed{\text{D}}$ が取り出される」取り出し方は

18×3 = **54** (通り)　……………………………………………②

あることもわかる。

同様に，5 回目の試行で初めて A，B，C だけがそろう取り出し方は，(2)(iii)より，42 通りある。

よって，「6 回の試行のうち 5 回目の試行で初めて A, B, C だけがそろい，かつ 6 回目の試行で初めて $\boxed{\text{D}}$ が取り出される」取り出し方は 42 通りある。 …③

①〜③より，「6 回目の試行で初めて $\boxed{\text{D}}$ が取り出されて，A，B，C，D がそろう」取り出し方は

$54+54+42=150$ (通り)

ある。6 回目の試行で初めて取り出されるカードが A，B，C の場合も同様であるから，6 回目の試行で初めて A，B，C，D がそろう取り出し方は

$150\times4=600$ (通り)

ある。よって，6 回目の試行で初めて A，B，C，D がそろう確率は

$$\frac{600}{4^6}=\frac{\mathbf{75}}{\mathbf{512}}$$

第 4 問

(1)　40 を 6 進数で表すと

$$40=1\times6^2+0\times6+4=104_{(6)}$$

$$\begin{array}{r|rl} 6 & 40 & \text{(余り)} \\ \hline 6 & 6 & \cdots\ 4 \\ \hline & 1 & \cdots\ 0 \end{array}$$

であるから，T6 はスタートしてから 40 秒後に **104** と表示される。

$10011_{(2)}$ を 10 進数で表すと

$$10011_{(2)}=1\times2^4+0\times2^3+0\times2^2+1\times2+1=19$$

◀「別解」参照。

19 を 4 進数で表すと

$$19=1\times4^2+0\times4+3=103_{(4)}$$

$$\begin{array}{r|rl} 4 & 19 & \text{(余り)} \\ \hline 4 & 4 & \cdots\ 3 \\ \hline & 1 & \cdots\ 0 \end{array}$$

より，T4 はスタートしてから $10011_{(2)}$ 秒後に **103** と表示される。

別解

$$\begin{aligned} 10011_{(2)} &= 1\times2^4+0\times2^3+0\times2^2+1\times2+1 \\ &= 1\times4^2+(0\times2+0)\times4+(1\times2+1) \\ &= 1\times4^2+0\times4+3 \\ &= 103_{(4)} \end{aligned}$$

(2)　T4 で表示できる最大の数は 333 であり，その 1 秒後である $1000_{(4)}$ 秒後に表示が 000 に戻る。$1000_{(4)}$ を 10 進数で表すと

◀T4 に表示される数は 4 進数であることに注意する。

$$1000_{(4)}=1\times4^3+0\times4^2+0\times4+0=64$$

であるから，T4 をスタートさせた後，初めて表示が 000 に戻るのは **64** 秒後であり，その後も 64 秒ごとに表示が 000 に戻る。

同様に，T6 で表示できる最大の数は 555 であり，その 1 秒後である $1000_{(6)}$ 秒後に表示が 000 に戻る。$1000_{(6)}$ を 10 進数で表すと

◀T6 に表示される数は 6 進数であることに注意する。

$$1000_{(6)}=1\times6^3+0\times6^2+0\times6+0=216$$

であるから，T6 をスタートさせた後，初めて表示が 000 に戻るのは 216 秒後であり，その後も 216 秒ごとに表示が 000 に戻る。

したがって，T4 と T6 を同時にスタートさせた後，初めて両方の表示が同時に 000 に戻るのは

◀64 と 216 の最小公倍数。

$$64=2^6$$

$$216=2^3\times3^3$$

より

$$2^6\times3^3=\mathbf{1728}\ \text{(秒後)}$$

(3)　T4 をスタートさせた後，初めて表示が 012 となるのは

$$12_{(4)}=1\times4+2=6\ \text{(秒後)}$$

である。その後，(2)より，64 秒ごとに 012 と表示される。よって，0 以上の整数 ℓ に対して，T4 をスタートさせた ℓ 秒後に T4 が 012 と表示されることと

ℓ を **64** で割った余りが **6** であること

は同値であるから，x を 0 以上の整数として

$$\ell = 64x + 6$$

と表すことができる。

さらに，T3をスタートさせた後，初めて表示が012となるのは

$$12_{(3)} = 1\times3+2 = 5\ (\text{秒後})$$

である。$1000_{(3)} = 27$ より，T4と同様に考えると，T3が012と表示されるのは，y を0以上の整数として $27y+5$ (秒後) であることがわかる。

◀T3は27秒ごとに表示が000に戻るから，27で割った余りが5である時間を考えればよい。

したがって，T3とT4を同時にスタートさせてから，同時に012と表示されるのは

$$64x+6 = 27y+5$$

のときである。このとき

$$64x - 27y = -1 \quad \cdots\cdots ①$$

であり，64と27についてユークリッドの互除法を用いると

$$64 = 27\times2+10$$
$$27 = 10\times2+7$$
$$10 = 7\times1+3$$
$$7 = 3\times2+1$$

であるから

$$\begin{aligned}1 &= 7-3\times2\\ &= 7-(10-7\times1)\times2 = 7\times3-10\times2\\ &= (27-10\times2)\times3-10\times2 = 27\times3-10\times8\\ &= 27\times3-(64-27\times2)\times8 = -64\times8+27\times19\end{aligned}$$

すなわち

$$64\times8-27\times19 = -1 \quad \cdots\cdots ②$$

となる。よって，①－②より

$$64(x-8)-27(y-19) = 0$$
$$64(x-8) = 27(y-19)$$

64と27は互いに素であるから，$x-8$ は27の倍数であり，整数 k を用いて

$$x-8 = 27k$$
$$x = 27k+8$$

と表すことができる。このとき

$$64x+6 = 64(27k+8)+6 = 64\times27k+518$$

である。T3とT4を同時にスタートさせてから，初めて同時に012と表示されるまでの時間が m 秒であるから，m は

$$m = 64\times27k+518$$

を満たす0以上の最小の整数である。よって，$k=0$ のとき

$$\boldsymbol{m = 518}$$

◀$64x+6$ が0以上の最小の整数となるような k の値を考える。

T6が012と表示されるのは，z を0以上の整数として $216z+8$ (秒後) であるから，T4とT6を同時にスタートさせてから，同時に012と表示されるのは

◀T6をスタートさせた後，初めて表示が012となるのは

$$12_{(6)} = 1\times6+2 = 8\ (\text{秒後})$$

であり，(2)の考察より，T6は216秒ごとに表示が000に戻るから，216で割った余りが8である時間を考えればよい。

$$64x+6 = 216z+8$$

のときである。このとき

$$64x-216z = 2$$
$$32x-108z = 1$$
$$2(16x-54z) = 1 \quad \cdots\cdots ③$$

であり，③を満たす整数 x，z は存在しない。したがって，**T4とT6を同時にスタートさせてから，両方が同時に012と表示されることはない。** ⇨ ③

◀x，z が整数のとき，$16x-54z$ も整数であるから，③の左辺は偶数，右辺は奇数となる。

第5問

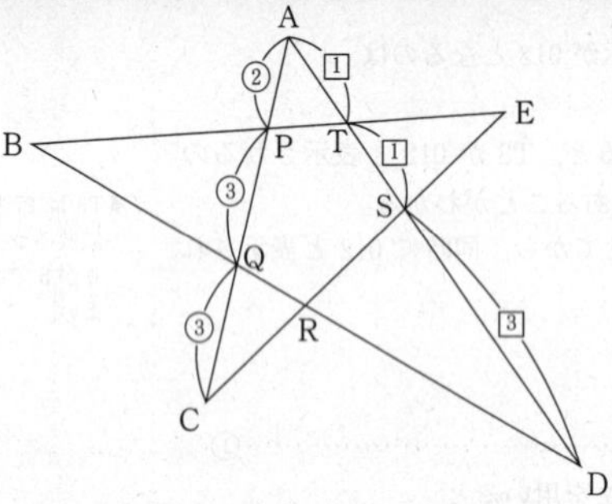

(1)　△AQD と直線 CE において，メネラウスの定理より

$$\frac{\mathbf{QR}}{\mathbf{RD}}\cdot\frac{\mathbf{DS}}{\mathbf{SA}}\cdot\frac{\mathbf{AC}}{\mathbf{CQ}}=\mathbf{1}$$ ⇨ ⓪

◀

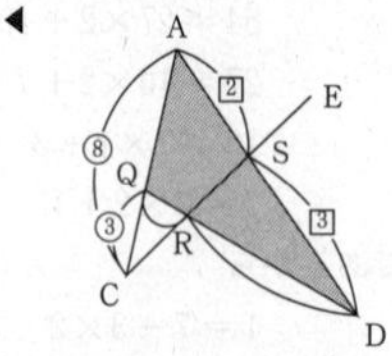

が成り立つ。DS : SA = 3 : 2，AC : CQ = 8 : 3 であるから

$$\frac{QR}{RD}\cdot\frac{3}{2}\cdot\frac{8}{3}=1$$

$$\frac{QR}{RD}=\frac{1}{4}$$

よって

$$\mathbf{QR : RD = 1 : 4}$$

また，△AQD と直線 BE において，メネラウスの定理より

$$\frac{QB}{BD}\cdot\frac{DT}{TA}\cdot\frac{AP}{PQ}=1$$

◀

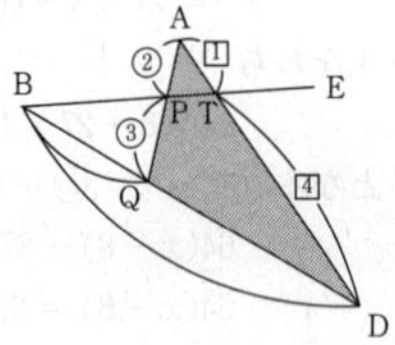

が成り立つ。DT : TA = 4 : 1，AP : PQ = 2 : 3 であるから

$$\frac{QB}{BD}\cdot\frac{4}{1}\cdot\frac{2}{3}=1$$

$$\frac{QB}{BD}=\frac{3}{8}$$

よって

$$\mathbf{QB : BD = 3 : 8}$$

したがって

$$BQ : QR : RD = 3 : 1 : 4$$

となることがわかる。

(2)(i)　AP : PQ : QC = 2 : 3 : 3 より AP = 2，AQ = 5 であり，AT : TS = 1 : 1 より AS = 2AT である。よって，方べきの定理より

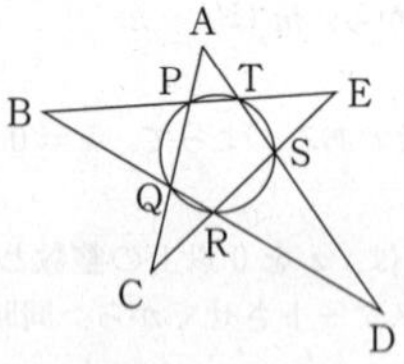

$$AT\cdot AS = AP\cdot AQ$$

$$AT\cdot 2AT = 2\cdot 5$$

$$AT^2 = 5$$

◀5 点 A，T，S，P，Q に着目した。

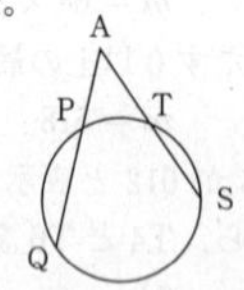

AT > 0 より

$$\mathbf{AT=\sqrt{5}}$$

さらに，DR : RQ = 4 : 1 より，DR = 4RQ，DQ = 5RQ である。よって，方べきの定理より

◀5 点 D，R，Q，S，T に着目した。

$$DR\cdot DQ = DS\cdot DT$$

$$4RQ\cdot 5RQ = 3\sqrt{5}\cdot 4\sqrt{5}$$

$$RQ^2 = 3$$

◀$AT=\sqrt{5}$，AT : TS : SD = 1 : 1 : 3 より
$DS = 3AT = 3\sqrt{5}$
$DT = 4AT = 4\sqrt{5}$

RQ > 0 より $RQ=\sqrt{3}$ であるから，$DR=4\sqrt{3}$ である。

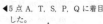

(ii)　$BQ:QR:RD=3:1:4$ で，$DR=4\sqrt{3}$ より $BQ=3\sqrt{3}$，$DQ=5\sqrt{3}$ である。
よって，$AQ\cdot CQ=5\cdot 3=15$ かつ $\mathbf{BQ\cdot DQ}=3\sqrt{3}\cdot 5\sqrt{3}=\mathbf{45}$ であるから

◀$AC=8$，$AQ=5$ より $CQ=3$

$$\mathbf{AQ\cdot CQ<BQ\cdot DQ} \quad\cdots\cdots\cdots\cdots①$$ ⇨ ⓪

が成り立つ。また，3 点 A，B，C を通る円と直線 BD との交点のうち，B と異なる点を X とすると，方べきの定理より

◀5 点 Q，A，C，B，X に着目した。

$$\mathbf{AQ\cdot CQ=BQ\cdot XQ} \quad\cdots\cdots\cdots\cdots②$$ ⇨ ①

①，②より

$$BQ\cdot XQ<BQ\cdot DQ$$

$BQ>0$ より

$$\mathbf{XQ<DQ}$$ ⇨ ⓪

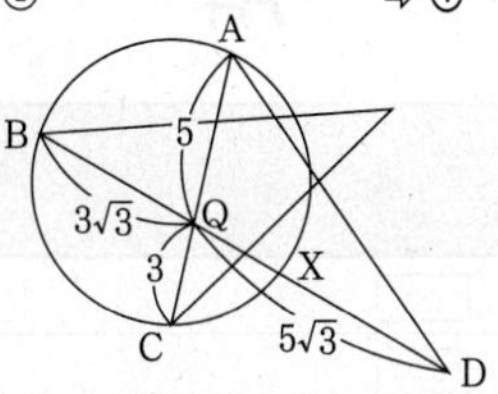

であるから，点 D は 3 点 A，B，C を通る円の**外部**にある。 ⇨ ②

(iii)　$CR=RS=SE=3$ のとき，3 点 C，D，E を通る円と直線 AD との交点のうち，D と異なる点を Y とすると，方べきの定理より

◀(ii)と同様に考えて，YS と AS を比較する。

$$YS\cdot DS=CS\cdot ES=6\cdot 3=18$$

また

$$AS\cdot DS=2\sqrt{5}\cdot 3\sqrt{5}=30$$

◀　$AS=2AT$

であるから

$$YS\cdot DS<AS\cdot DS$$

$DS>0$ より

$$YS<AS$$

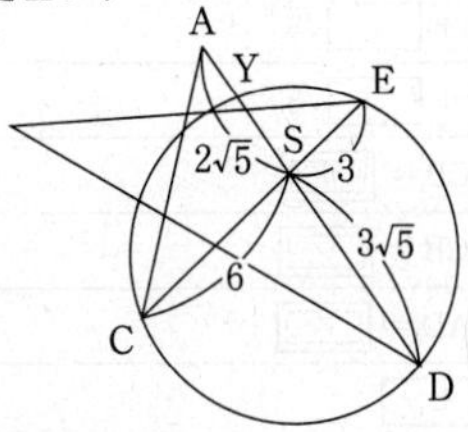

であるから，点 A は 3 点 C，D，E を通る円の**外部**にある。 ⇨ ②

3 点 C，D，E を通る円と直線 BD との交点のうち，D と異なる点を Z とすると，方べきの定理より

◀(ii)と同様に考えて，ZR と BR を比較する。

$$ZR\cdot DR=CR\cdot ER=3\cdot 6=18$$

また

$$BR\cdot DR=4\sqrt{3}\cdot 4\sqrt{3}=48$$

◀$BQ:QR:RD=3:1:4$ より $BR:DR=1:1$

であるから

$$ZR\cdot DR<BR\cdot DR$$

$DR>0$ より

$$ZR<BR$$

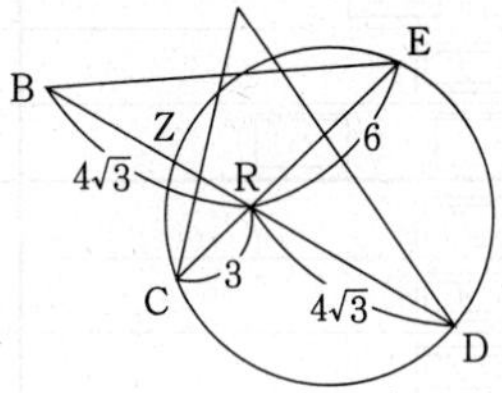

であるから，点 B は 3 点 C，D，E を通る円の**外部**にある。 ⇨ ②

2023 本試

解　答

問題番号(配点)	解答記号	正解	配点	自己採点
第1問(30)	アイ	-8	2	
	ウエ	-4	1	
	オ $+$ カ $\sqrt{3}$	$2+2\sqrt{3}$	2	
	キ $+$ ク $\sqrt{3}$	$4+4\sqrt{3}$	2	
	ケ $+$ コ $\sqrt{3}$	$7+3\sqrt{3}$	3	
	$\sin\angle \mathrm{ACB}=$ サ	$\sin\angle \mathrm{ACB}=$ ⓪	3	
	$\cos\angle \mathrm{ACB}=$ シ	$\cos\angle \mathrm{ACB}=$ ⑦	3	
	$\tan\angle \mathrm{OAD}=$ ス	$\tan\angle \mathrm{OAD}=$ ④	2	
	セソ	27	2	
	$\cos\angle \mathrm{QPR}=\dfrac{\text{タ}}{\text{チ}}$	$\cos\angle \mathrm{QPR}=\dfrac{5}{6}$	2	
	ツ $\sqrt{\text{テト}}$	$6\sqrt{11}$	3	
	ナ	⑥	2	
	ニヌ $\left(\sqrt{\text{ネノ}}+\sqrt{\text{ハ}}\right)$	$10\left(\sqrt{11}+\sqrt{2}\right)$	3	
第2問(30)	ア	②	2	
	イ	⑤	2	
	ウ	①	2	
	エ	②	3	
	オ	②	3	
	カ	⑦	3	
	$y=ax^2-$ キ $ax+$ ク	$y=ax^2-4ax+3$	3	
	$-$ ケ $a+$ コ	$-4a+3$	3	
	サ	②	3	
	$y=-\dfrac{\text{シ}\sqrt{\text{ス}}}{\text{セソ}}\left(x^2-\text{キ}\,x\right)+\text{ク}$	$y=-\dfrac{5\sqrt{3}}{57}\left(x^2-4x\right)+3$	3	
	タ，チ	⓪，⓪	3	

問題番号(配点)	解答記号	正解	配点	自己採点
第3問(20)	アイウ 通り	320 通り	3	
	エオ 通り	60 通り	3	
	カキ 通り	32 通り	3	
	クケ 通り	30 通り	3	
	コ	②	3	
	サシス 通り	260 通り	2	
	セソタチ 通り	1020 通り	3	
第4問(20)	アイ	11	2	
	ウエオカ	2310	3	
	キク	22	3	
	ケコサシ	1848	3	
	スセソ	770	2	
	タチ	33	2	
	ツテトナ	2310	2	
	ニヌネノ	6930	3	
第5問(20)	∠OEH = アイ°	∠OEH = 90°	2	
	4点C, G, H, ウ	4点C, G, H, ③	2	
	∠CHG = エ	∠CHG = ④	3	
	エ = オ	∠FOG = ③	3	
	4点C, G, H, カ	4点C, G, H, ②	2	
	∠PTS = キ	∠PTS = ③	3	
	$\frac{ク\sqrt{ケ}}{コ}$	$\frac{3\sqrt{6}}{2}$	3	
	RT = サ	RT = 7	2	

(注) 第1問，第2問は必答。第3問～第5問のうちから2問選択。計4問を解答。
なお，上記以外のものについても得点を与えることがある。正解欄に※があるものは，解答の順序は問わない。

第1問小計		第2問小計		第3問小計		第4問小計		第5問小計		合計点	/100

第1問

〔1〕

$$|x+6| \leqq 2 \quad \cdots\cdots\cdots\cdots\cdots\cdots\cdots\cdots\cdots \ (*)$$

$(*)$ の絶対値をはずすと

$$-2 \leqq x+6 \leqq 2$$

よって

$$\boldsymbol{-8 \leqq x \leqq -4}$$

a, b, c, d が実数のとき $(1-\sqrt{3})(a-b)(c-d)$ も実数である。不等式

$$\left|(1-\sqrt{3})(a-b)(c-d)+6\right| \leqq 2$$

は，$(*)$ において $x=(1-\sqrt{3})(a-b)(c-d)$ としたものであるから

$$-8 \leqq (1-\sqrt{3})(a-b)(c-d) \leqq -4$$

$1-\sqrt{3}<0$ より

$$\frac{-8}{1-\sqrt{3}} \geqq (a-b)(c-d) \geqq \frac{-4}{1-\sqrt{3}}$$

$$\frac{4}{\sqrt{3}-1} \leqq (a-b)(c-d) \leqq \frac{8}{\sqrt{3}-1}$$

$$\frac{4(\sqrt{3}+1)}{(\sqrt{3}-1)(\sqrt{3}+1)} \leqq (a-b)(c-d) \leqq \frac{8(\sqrt{3}+1)}{(\sqrt{3}-1)(\sqrt{3}+1)}$$

$$\boldsymbol{2+2\sqrt{3} \leqq (a-b)(c-d) \leqq 4+4\sqrt{3}}$$

である。特に

$$(a-b)(c-d)=4+4\sqrt{3} \quad \cdots\cdots ①$$

であるとき，さらに

$$(a-c)(b-d)=-3+\sqrt{3} \quad \cdots\cdots ②$$

が成り立つならば，①，②の左辺をそれぞれ展開して

$$ac-ad-bc+bd=4+4\sqrt{3} \quad \cdots\cdots ①'$$
$$ab-ad-bc+cd=-3+\sqrt{3} \quad \cdots ②'$$

ここで，③の左辺を展開すると

$$(a-d)(c-b)=ac-ab-cd+bd$$

となるので，①′－②′ より

$$ac-ab-cd+bd=7+3\sqrt{3}$$

よって

$$\boldsymbol{(a-d)(c-b)=7+3\sqrt{3}}$$

〔2〕

(1)

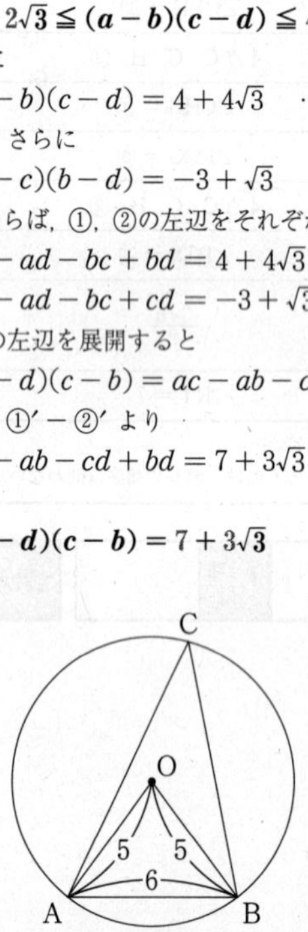

(i)　△ABC の外接円は円 O であり，その半径は 5 であるから，△ABC において，正弦定理より

$$\frac{\mathrm{AB}}{\sin\angle\mathrm{ACB}}=2\cdot 5$$

AB＝6 より

$$\boldsymbol{\sin\angle\mathrm{ACB}=\frac{6}{2\cdot 5}=\frac{3}{5}} \quad \cdots\cdots\cdots ①$$

⇨ ⓪

点 C が円 O の円周上のどこにあっても，AB，OA の値は変わらないため，①は ∠ACB が鋭角，鈍角のどちらであっても成り立つ。

よって，∠ACB が鈍角のとき，$\cos\angle\mathrm{ACB}<0$ より

$$\boldsymbol{\cos\angle\mathrm{ACB}}=-\sqrt{1-\sin^2\angle\mathrm{ACB}}$$
$$=-\sqrt{1-\left(\frac{3}{5}\right)^2}$$
$$=\boldsymbol{-\frac{4}{5}}$$

⇨ ⑦

(ii)　△ABC の面積が最大となるのは，底辺 AB＝6 に対して，高さ CD が最大となるように点 C をとるときである。すなわち，次の図のように線分 CD が中心 O を通るときである。

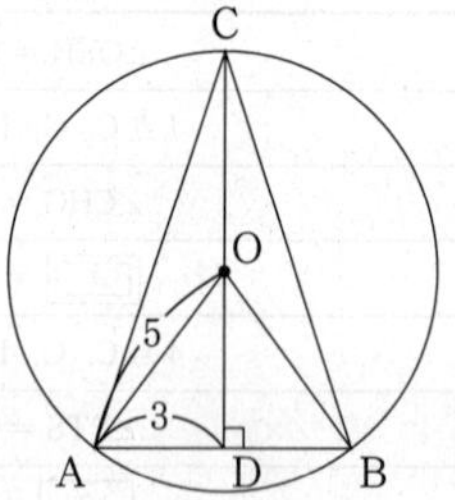

このとき，点 D は辺 AB の中点であるから，AD ＝ 3 である。したがって，△OAD は ∠ODA＝90° の直角三角形であるから，三平方の定理より

$$\mathrm{OD}=\sqrt{\mathrm{OA}^2-\mathrm{AD}^2}=\sqrt{5^2-3^2}=4$$

よって

$$\boldsymbol{\tan\angle\mathrm{OAD}=\frac{\mathrm{OD}}{\mathrm{AD}}=\frac{4}{3}}$$

⇨ ④

また，△ABC の面積は

$$\frac{1}{2}\cdot\mathrm{AB}\cdot\mathrm{CD}=\frac{1}{2}\cdot\mathrm{AB}\cdot(\mathrm{OC}+\mathrm{OD})$$
$$=\frac{1}{2}\cdot 6\cdot(5+4)$$
$$=\boldsymbol{27}$$

(2)　まず，平面 α 上の △PQR について考える。

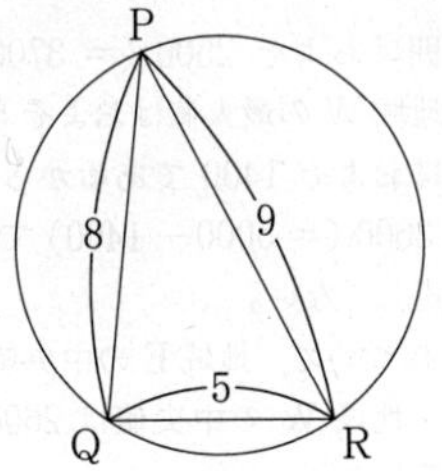

$\triangle$PQR において，余弦定理より

$$\mathbf{cos\angle QPR}=\frac{\mathrm{PQ}^2+\mathrm{PR}^2-\mathrm{QR}^2}{2\cdot\mathrm{PQ}\cdot\mathrm{PR}}$$
$$=\frac{8^2+9^2-5^2}{2\cdot8\cdot9}=\frac{5}{6}$$

また，$\sin\angle\mathrm{QPR}>0$ であるから

$$\sin\angle\mathrm{QPR}=\sqrt{1-\cos^2\angle\mathrm{QPR}}$$
$$=\sqrt{1-\left(\frac{5}{6}\right)^2}=\frac{\sqrt{11}}{6}$$

よって，$\triangle$PQR の面積は

$$\frac{1}{2}\cdot\mathrm{PQ}\cdot\mathrm{PR}\cdot\sin\angle\mathrm{QPR}$$
$$=\frac{1}{2}\cdot8\cdot9\cdot\frac{\sqrt{11}}{6}=6\sqrt{11}$$

次に，三角錐 TPQR の体積が最大となるのは，底面の $\triangle$PQR に対して，高さ TH が最大となるように点 T をとるとき，すなわち，次の図のように線分 TH が球の中心 S を通るときである。

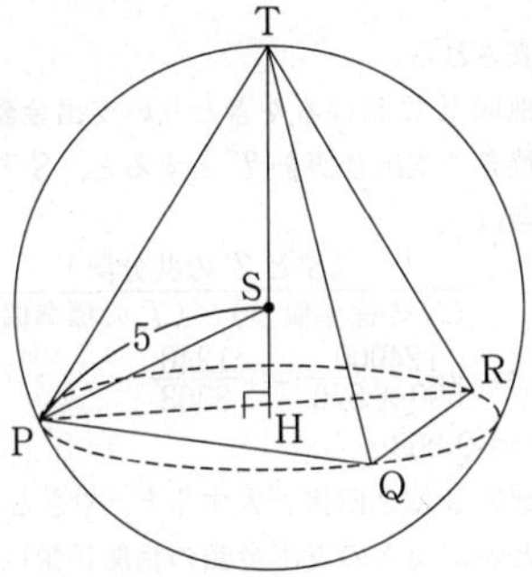

このとき，平面 α は直線 SH に垂直な平面となる。したがって，$\triangle$PQR の外接円の中心が点 H となるから

PH ＝ QH ＝ RH ⇨ ⑥

また，PH，QH，RH は $\triangle$PQR の外接円の半径であるから，$\triangle$PQR において，正弦定理より

$$\frac{\mathrm{QR}}{\sin\angle\mathrm{QPR}}=2\mathrm{PH}$$

よって

$$\mathrm{PH}=\frac{1}{2}\cdot\frac{\mathrm{QR}}{\sin\angle\mathrm{QPR}}$$
$$=\frac{1}{2}\cdot\frac{5}{\frac{\sqrt{11}}{6}}=\frac{15}{\sqrt{11}}$$

直角三角形 SPH において，三平方の定理より

$$\mathrm{SH}=\sqrt{\mathrm{SP}^2-\mathrm{PH}^2}$$
$$=\sqrt{5^2-\left(\frac{15}{\sqrt{11}}\right)^2}$$
$$=\sqrt{5^2\left(1-\frac{3^2}{11}\right)}$$
$$=5\sqrt{\frac{2}{11}}=\frac{5\sqrt{22}}{11}$$

したがって，三角錐 TPQR の体積は

$$\frac{1}{3}\cdot\triangle\mathrm{PQR}\cdot\mathrm{TH}$$
$$=\frac{1}{3}\cdot\triangle\mathrm{PQR}\cdot(\mathrm{TS}+\mathrm{SH})$$
$$=\frac{1}{3}\cdot6\sqrt{11}\cdot\left(5+\frac{5\sqrt{22}}{11}\right)$$
$$=10\sqrt{11}+10\sqrt{2}$$
$$=\mathbf{10(\sqrt{11}+\sqrt{2})}$$

別解

PH，QH，RH の長さについては，次のように考えることもできる。

SP，SQ，SR は，球 S の半径で互いに等しく，辺 SH は共通である。よって，直角三角形の斜辺と他の一辺が等しいから

$$\triangle\mathrm{SPH}\equiv\triangle\mathrm{SQH}\equiv\triangle\mathrm{SRH}$$

これより，PH ＝ QH ＝ RH である。

第２問

〔1〕

(1) 52 市のデータを小さい順に並べたとき

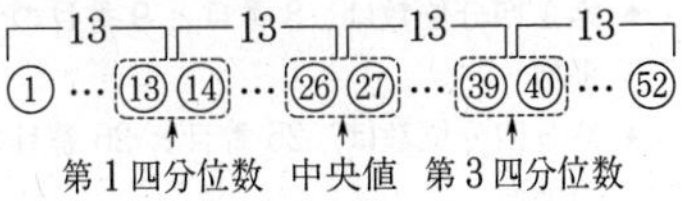

- 中央値は，26 番目と 27 番目のデータの平均
- 第１四分位数は，13 番目と 14 番目のデータの平均
- 第３四分位数は，39 番目と 40 番目のデータの平均

である。

ここで，図１のヒストグラムを度数分布表に整理すると，次のようになる。

階級	1000~1400	1400~1800	1800~2200	2200~2600	2600~3000	3000~3400	3400~3800	3800~4200	4200~4600	4600~5000
度数	2	7	11	7	10	8	5	0	1	1
累積度数	2	9	20	27	37	45	50	50	51	52

よって

- 第 1 四分位数が含まれる階級は，**1800 以上 2200 未満** である。 ⇨ ②
- 第 3 四分位数が含まれる階級は，**3000 以上 3400 未満** である。 ⇨ ⑤
- 四分位範囲は

　　最大で $3400-1800=1600$

　　最小で $3000-2200=800$

　より，**800 より大きく 1600 より小さい。**

⇨ ①

である。

(2) 地域 E の 19 個のデータを小さい順に並べたとき

┌─4─┐ ┌─4─┐ ┌─4─┐ ┌─4─┐
① ⋯ ④ ⑤ ⑥ ⋯ ⑨ ⑩ ⑪ ⋯ ⑭ ⑮ ⑯ ⋯ ⑲

第 1 四分位数　中央値　第 3 四分位数

- 中央値は，10 番目のデータ
- 第 1 四分位数は，5 番目のデータ
- 第 3 四分位数は，15 番目のデータ

である。

地域 W の 33 個のデータを小さい順に並べたとき

┌─8─┐ ┌─8─┐ ┌─8─┐ ┌─8─┐
① ⋯ ⑧ ⑨ ⋯ ⑯ ⑰ ⑱ ⋯ ㉕ ㉖ ⋯ ㉝

第 1 四分位数　中央値　第 3 四分位数

- 中央値は，17 番目のデータ
- 第 1 四分位数は，8 番目と 9 番目のデータの平均
- 第 3 四分位数は，25 番目と 26 番目のデータの平均

である。

(i) 図 2 および図 3 から読み取れることとして，各選択肢について考察する。

⓪ について，地域 E の第 1 四分位数は 2000 よりも大きく，これは小さい方から 5 番目のデータであるため，正しくない。

① について，地域 E の最大値はおよそ 3700 であり，最小値はおよそ 1200 であるから，その範囲はおよそ 2500（$=3700-1200$）である。地域 W の最大値はおよそ 5000 であり，最小値はおよそ 1400 であるから，その範囲はおよそ 3600（$=5000-1400$）である。したがって，正しくない。

② について，地域 E の中央値は 2400 以下であり，地域 W の中央値は 2600 以上であるから，正しい。

③ について，地域 E の中央値は 2600 より小さいため，2600 未満の地域の割合は 0.5 より大きい。地域 W の中央値は 2600 より大きいため，2600 未満の地域の割合は 0.5 より小さい。したがって，正しくない。

以上より，正しいものは ② である。

(ii) 分散の定義は，「偏差の 2 乗」の平均であるから，**偏差の 2 乗を合計して地域 E の市の数で割った値である。** ⇨ ②

研究

データ $x_1,\ x_2,\ \cdots,\ x_n$ の平均を $\overline{x}$ とすると，それぞれの偏差，すなわち平均との差は

$$x_1-\overline{x},\ x_2-\overline{x},\ \cdots,\ x_n-\overline{x}$$

と表され，分散は

$$s^2=\frac{1}{n}\{(x_1-\overline{x})^2+(x_2-\overline{x})^2+\cdots+(x_n-\overline{x})^2\}$$

と表される。

(3) 地域 E におけるやきとりの支出金額を S，かば焼きの支出金額を T とすると，S と T の相関係数は

$$\frac{(S\text{と}T\text{の共分散})}{(S\text{の標準偏差})\times(T\text{の標準偏差})}$$
$$=\frac{124000}{590\times570}=\frac{1240}{3363}$$
$$=0.368\cdots$$

小数第 3 位を四捨五入すると，やきとりの支出金額とかば焼きの支出金額の相関係数は **0.37** である。 ⇨ ⑦

〔2〕

(1) 放物線 C_1 の方程式を

$$y=ax^2+bx+c \quad \cdots\cdots\cdots\cdots\text{①}$$

とおくと，①は点 $P_0(0,\ 3)$，$M(4,\ 3)$ を通るから

$$3=c,\ 3=16a+4b+c$$

したがって

$$b=-4a,\ c=3$$

①に代入して

$$\boldsymbol{y = ax^2 - 4ax + 3}$$

これを平方完成すると

$$y = a(x-2)^2 - 4a + 3 \quad \cdots\cdots\cdots\cdots ②$$

となるから，放物線 C_1 の頂点は 点 $(2,\ -4a+3)$ である。仮定よりプロ選手の「シュートの高さ」は C_1 の頂点の y 座標のことであるから

$$\boldsymbol{-4a+3}$$

放物線 C_2 の方程式は

$$y = p\left\{x-\left(2-\frac{1}{8p}\right)\right\}^2 - \frac{(16p-1)^2}{64p} + 2$$

より，頂点は点 $\left(2-\dfrac{1}{8p},\ -\dfrac{(16p-1)^2}{64p}+2\right)$ である。よって，「ボールが最も高くなるときの地上の位置」は，それぞれ C_1，C_2 の頂点の x 座標であるから

プロ選手: 2

花子さん: $2-\dfrac{1}{8p}$

となる。仮定より，C_2 の頂点の x 座標は 4 よりも小さく，C_2 は上に凸の放物線であるから，$p<0$ より $-\dfrac{1}{8p}>0$ であり

$$2 < 2-\frac{1}{8p} < 4$$

よって，**花子さんの「ボールが最も高くなるときの地上の位置」の方が，つねに M の $\boldsymbol{x}$ 座標に近い。**

⇨ ②

別解

放物線 C_1 は $P_0(0,\ 3)$，$M(4,\ 3)$ を通るので，放物線の対称性より C_1 の頂点の x 座標は 2 であることがわかる。よって，C_1 の方程式は実数 d を用いて

$$y = a(x-2)^2 + d$$

と表される。C_1 は $(0,\ 3)$ を通るので

$$3 = 4a + d$$

$$d = -4a + 3$$

となることから

$$y = ax^2 - 4ax + 3$$

を求めることができる。

(2)

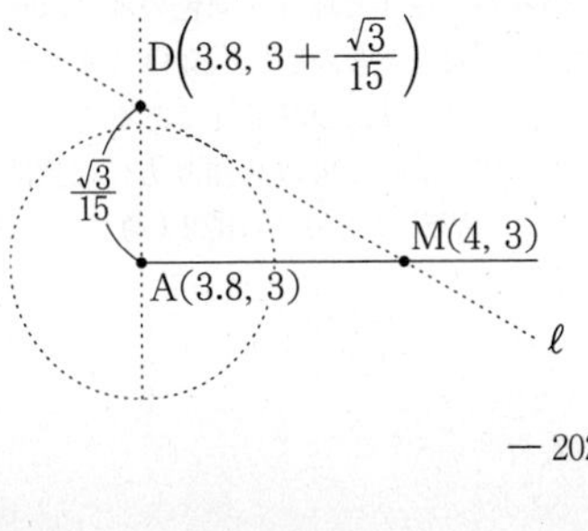

$AD = \dfrac{\sqrt{3}}{15}$ より，点 D の座標は $\left(3.8,\ 3+\dfrac{\sqrt{3}}{15}\right)$ であるから，放物線 C_1 が点 D を通るとき，②より

$$3+\frac{\sqrt{3}}{15} = a\cdot(3.8-2)^2 - 4a + 3$$

$$\frac{\sqrt{3}}{15} = a\cdot\left(\frac{9}{5}\right)^2 - 4a$$

$$-\frac{19}{25}a = \frac{\sqrt{3}}{15}$$

$$a = -\frac{5\sqrt{3}}{57}$$

C_1 の方程式は

$$y = ax^2 - 4ax + 3$$
$$= a(x^2 - 4x) + 3$$

であるから

$$\boldsymbol{y = -\frac{5\sqrt{3}}{57}(x^2 - 4x) + 3}$$

となる。よって，プロ選手の「シュートの高さ」は

$$-4a+3 = -4\cdot\left(-\frac{5\sqrt{3}}{57}\right)+3$$
$$= \frac{20\sqrt{3}}{57} + 3$$
$$\fallingdotseq \frac{20\times 1.73}{57} + 3$$
$$\fallingdotseq 3.6$$

である。花子さんの「シュートの高さ」が約 3.4 であるから，**プロ選手** の「シュートの高さ」の方が大きい。

⇨ ⓪

また，その差は約 0.2 であるから，ボール**約 1 個分** である。

⇨ ⓪

第3問

(1)

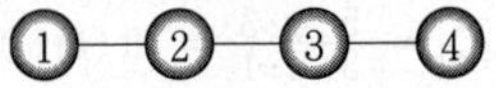

図 B

図 B において，球 1 の塗り方は 5 通りあり，それ以外の色で球 2 を塗るから，球 2 の塗り方は 4 通りである。同様にして，球 3，球 4 の塗り方もそれぞれ 4 通りであるから

$$5\times 4\times 4\times 4 = \boldsymbol{320}\ (\text{通り})$$

(2)

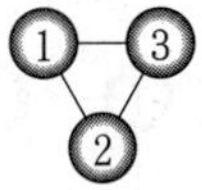

図 C

図Cにおいて，球1の塗り方は5通りあり，球2の塗り方は4通りある。球3は球1，球2の色以外の色で塗るので，その塗り方は3通りあるから

$$5\times4\times3=60\ (通り)$$

(3)

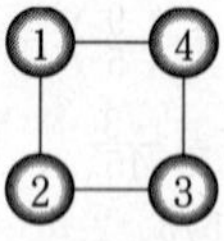

図D

図Dにおいて，赤をちょうど2回使う場合

- 球1と球3を赤で塗る
- 球2と球4を赤で塗る

の2通りの塗り方がある。どちらの場合でも，赤で塗らなかった球は，赤以外の4色からそれぞれ1色選んで塗ればよいから

$$2\times4\times4=32\ (通り)$$

(4)

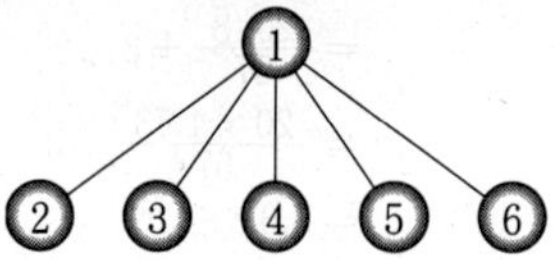

図E

図Eにおいて，赤をちょうど3回使い，かつ青をちょうど2回使う場合，ひもでつながれた球の色は異なるから，全ての球とひもでつながれた球1には赤と青を塗ることができない。よって，球1の塗り方は赤，青以外の3通りある。あとは，球2～球6のうち三つを赤で塗り，残った二つを青で塗ればよい。赤で塗る球の選び方は

$$_5C_3=\frac{5\cdot4\cdot3}{3\cdot2\cdot1}=10\ (通り)$$

であるから，塗り方の総数は

$$3\times10=30\ (通り)$$

(5) 図Fにおいて，塗り方の総数は図Bと同じになるため，320通りである。

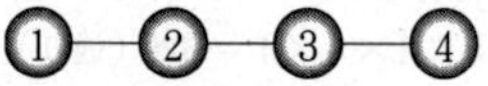

図B

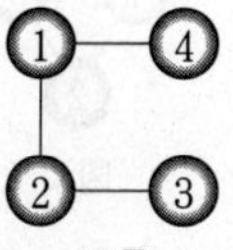

図F

そのうち，球3と球4が同色になる塗り方は

「球3と球4が同色であり，球1と球2がそれぞれ球3(球4)と異なる色で，かつ球1と球2が異なる色」

であればよい。

よって，その塗り方の総数は，球1，球2，球3が同色でない場合の数であり，塗り方の総数が一致する図は，球1と球2，球2と球3，球3と球1がそれぞれひもでつながれたものである。 ⇨②

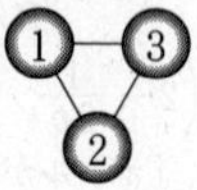

図C

したがって，球3と球4が同色になる塗り方は，図Cと同様であるから，(2)より60通りである。

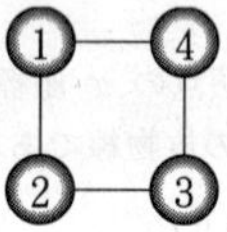

図D

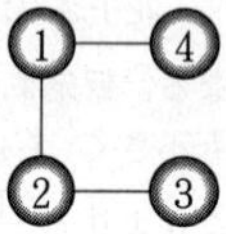

図F

図Dの塗り方の総数は，図Fの塗り方の総数から球3と球4が同色になる場合を除いたものであるから

$$320-60=260\ (通り)$$

(6) (5)と同様に，図Gの塗り方の総数を，球4と球5のつながりを無くした図Hと比較して考える。

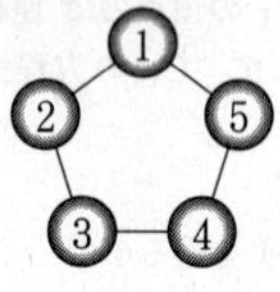

図G

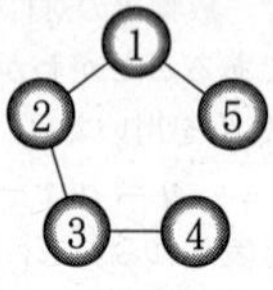

図H

図Hにおける塗り方の総数は，五つの球が一直線につながれていると考えればよいから，(1)と同様に考えて

$$5\times4\times4\times4\times4=1280\ (通り)$$

このうち，球4と球5が同色の場合の塗り方の総数は，(5)と同様に考えると，図Dの塗り方の総数と等しく，その総数は260通りである。

よって，求める図Gの塗り方の総数は

$$1280-260=1020\ (通り)$$

第４問

(1)　462 と 110 をそれぞれ素因数分解すると

$$462=2\cdot 3\quad\ \cdot 7\cdot 11$$
$$110=2\quad\ \cdot 5\quad\ \cdot 11$$

であるから，両方を割り切る素数のうち最大のものは 11 である。

赤い長方形を並べて作ることができる正方形の一辺の長さは，462 と 110 の公倍数である。よって，辺の長さが最小となるときの辺の長さは 462 と 110 の最小公倍数であるから

$$2\cdot 3\cdot 5\cdot 7\cdot 11=\mathbf{2310}$$

赤い長方形を並べて正方形ではない長方形を作るとき，赤い長方形を横に m 枚，縦に n 枚並べると，次の図のようになる。

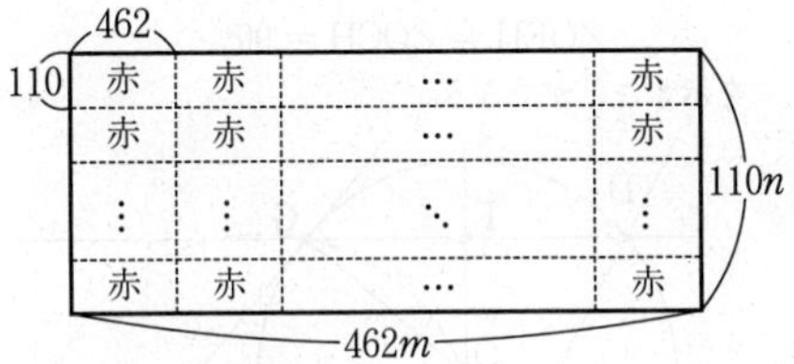

横の長さと縦の長さの差の絶対値は

$$|462m-110n|=22|21m-5n| \quad \cdots\cdots ①$$

である。正方形でないことから $21m-5n\neq 0$ であり，m，n は自然数であるから，①が最小となるのは $|21m-5n|=1$ の場合が考えられる。

このとき，$m=1$，$n=4$ とすると

$$21m-5n=21\cdot 1-5\cdot 4=1$$

であるから，①の最小値は

$$|462m-110n|=22\cdot 1=\mathbf{22}$$

縦の長さが横の長さより 22 だけ長いとき

$$110n-462m=22$$

両辺を 22 で割って

$$5n-21m=1 \quad \cdots\cdots ②$$

ここで，$21\cdot 1-5\cdot 4=1$ より

$$5\cdot(-4)-21\cdot(-1)=1 \quad \cdots\cdots ③$$

②－③ より

$$5(n+4)=21(m+1) \quad \cdots\cdots ④$$

5 と 21 は互いに素であるから，$m+1$ は 5 の倍数である。よって，ℓ を整数とすると

$$m+1=5\ell$$

と表すことができる。このとき

$$m=5\ell-1$$

であるから，これを④に代入して

$$5(n+4)=21\cdot 5\ell$$
$$n=21\ell-4$$

よって，自然数 m，n について，横の長さ $462m$ が最小となるのは，$\ell=1$ のときである。このとき

$$m=4,\ n=17$$

であり，長方形の横の長さは

$$462m=462\cdot 4=\mathbf{1848}$$

(2)　赤い長方形を並べてできる長方形の縦の長さと，青い長方形を並べてできる長方形の縦の長さが等しいとき，縦の長さは 110 と 154 の公倍数となる。

110 と 154 を素因数分解すると

$$110=2\cdot 5\cdot\quad 11$$
$$154=2\cdot\quad 7\cdot 11$$

より，110 と 154 の最小公倍数は

$$2\cdot 5\cdot 7\cdot 11=770 \quad \cdots\cdots ⑤$$

であるから，縦の長さの最小値は **770** であり，図２のような長方形は縦の長さが 770 の倍数である。

462 と 363 を素因数分解すると

$$462=2\cdot 3\cdot 7\cdot 11$$
$$363=\quad\ 3\cdot\quad 11\cdot 11$$

より，462 と 363 の最大公約数は

$$3\cdot 11=\mathbf{33} \quad \cdots\cdots ⑥$$

であり，33 の倍数のうちで 770 の倍数でもある最小の正の整数，すなわち，33 と 770 の最小公倍数は，⑤，⑥より

$$2\cdot 3\cdot 5\cdot 7\cdot 11=\mathbf{2310}$$

したがって，図２のような正方形の横の長さは，2310 の倍数である。このとき，赤い長方形を m' 枚，青い長方形を n' 枚，横に並べると，次の図のようになる。

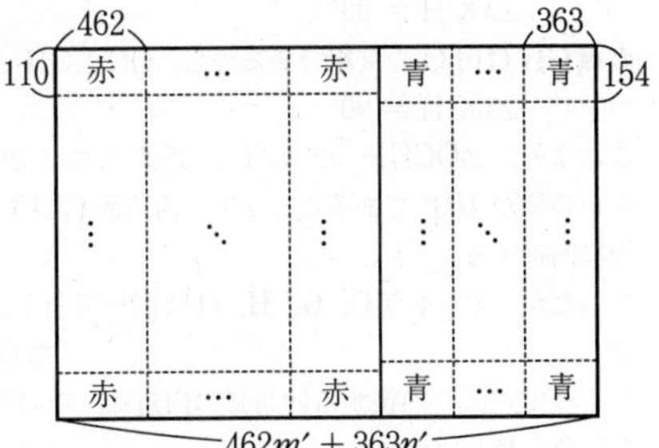

k を自然数とすると

$$462m'+363n'=2310k$$
$$2\cdot 3\cdot 7\cdot 11m'+3\cdot 11\cdot 11n'$$
$$=2\cdot 3\cdot 5\cdot 7\cdot 11k$$

であるから，両辺を $3\cdot 11$ で割って

$$2\cdot 7m' + 11n' = 2\cdot 5\cdot 7k$$

これを満たす自然数 k, m', n' を考えると

$$11n' = 2\cdot 7(5k - m')$$

11 と $2\cdot 7$ は互いに素であるから，$5k-m'$ は 11 の倍数である。k, m', n' は自然数であり，$k=1$, 2 のとき，条件を満たす自然数 m' は存在しない。$k=3$ のとき，$m'=4$ とすれば，$5k-m'=11$ となる。

よって，図 2 のような正方形のうち，辺の長さが最小となるのは $k=3$ のときで，そのときの一辺の長さは

$$2310\times 3 = \mathbf{6930}$$

第 5 問

(1) 手順 1 に従って図をかくと，次のようになる。

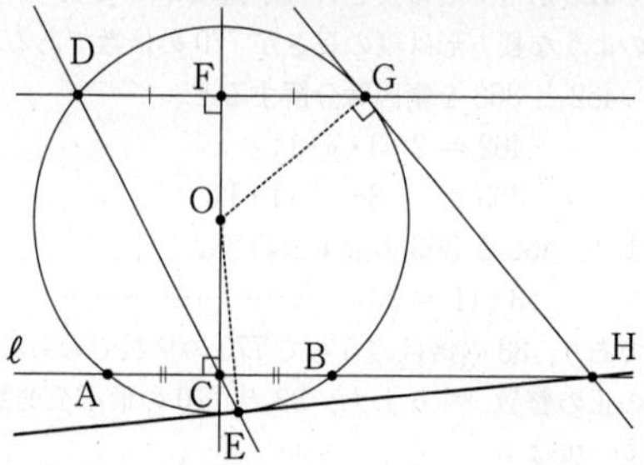

直線 EH が円 O の接線であることを証明するには，OE と EH が垂直に交わる，すなわち

$$\boldsymbol{\angle \mathrm{OEH} = 90^\circ}$$

であることを示せばよい。

円の弦の垂直二等分線は，その円の中心を通るので

$$\angle \mathrm{OCH} = 90^\circ$$

直線 GH は円 O の接線であるから，$\mathrm{OG}\perp\mathrm{GH}$ より

$$\angle \mathrm{OGH} = 90^\circ$$

これより，$\angle \mathrm{OCH} + \angle \mathrm{OGH} = 180^\circ$ となるから，対角の和が 180° であることより，四角形 OCHG は円に内接する。

したがって，4 点 **C**, **G**, **H**, **O** は同一円周上にある。 ⇨ ③

よって，円に内接する四角形の内角は，その対角の外角と等しいから

$$\boldsymbol{\angle \mathrm{CHG} = \angle \mathrm{FOG}}$$ ⇨ ④

$\mathrm{OF}\perp\mathrm{DG}$, $\mathrm{DF}=\mathrm{FG}$, OF は共通より，2 組の辺とその間の角がそれぞれ等しいので

$$\triangle \mathrm{ODF} \equiv \triangle \mathrm{OGF}$$

よって

$$\angle \mathrm{FOG} = \angle \mathrm{FOD} = \frac{1}{2}\times\angle \mathrm{DOG}$$ ……………………①

また，弧 DG に対する円周角と中心角の関係より

$$\angle \mathrm{DEG} = \frac{1}{2}\times\angle \mathrm{DOG}$$ …………②

①，②より

$$\boldsymbol{\angle \mathrm{FOG} = \angle \mathrm{DEG}}$$ ⇨ ③

以上より，$\angle \mathrm{CHG} = \angle \mathrm{DEG}$，すなわち

$$\angle \mathrm{CHG} = \angle \mathrm{CEG}$$

が成り立つから，円周角の定理の逆より，4 点 **C**, **G**, **H**, **E** は同一円周上にある。 ⇨ ②

この円も，4 点 C, G, H, O を通る円も $\triangle \mathrm{CGH}$ の外接円である。よって，この円は点 O を通るので，弧 OH に対する円周角より

$$\angle \mathrm{OEH} = \angle \mathrm{OCH} = 90^\circ$$

を示すことができる。

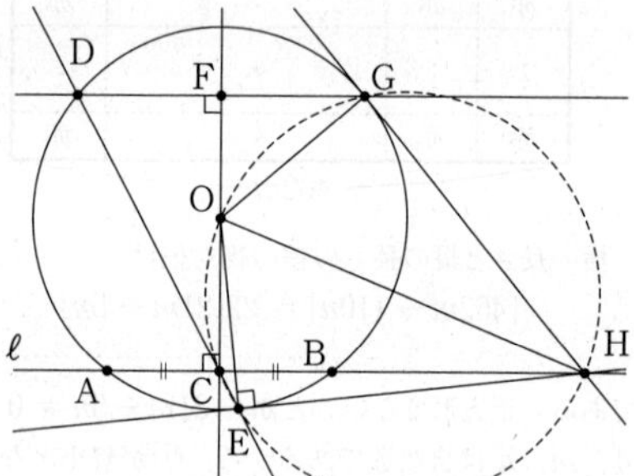

(2) 手順 2 に従って図をかくと，次のようになる。

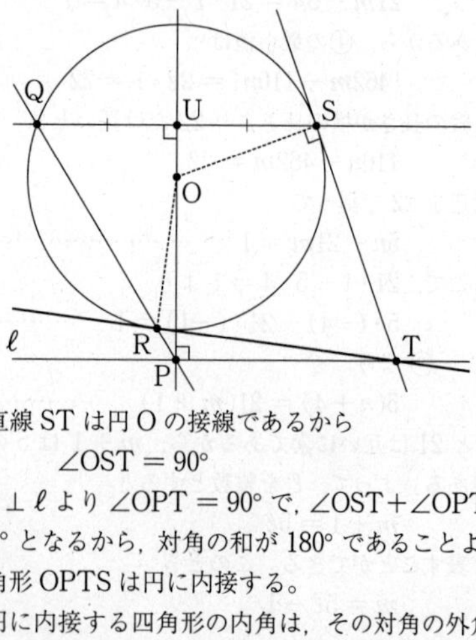

直線 ST は円 O の接線であるから

$$\angle \mathrm{OST} = 90^\circ$$

$\mathrm{OP}\perp\ell$ より $\angle \mathrm{OPT} = 90^\circ$ で，$\angle \mathrm{OST} + \angle \mathrm{OPT} = 180^\circ$ となるから，対角の和が 180° であることより，四角形 OPTS は円に内接する。

円に内接する四角形の内角は，その対角の外角と

等しいから，線分 SQ の中点を U とすると

$$\angle \mathrm{PTS} = \angle \mathrm{UOS} \quad \cdots\cdots\cdots\cdots\cdots\cdots ③$$

また，QU = SU，UO は共通より，2 組の辺とその間の角がそれぞれ等しいので

$$\triangle \mathrm{OUQ} \equiv \triangle \mathrm{OUS}$$

であるから

$$\angle \mathrm{UOS} = \angle \mathrm{UOQ} = \frac{1}{2} \times \angle \mathrm{SOQ}$$

さらに，弧 SQ に対する円周角と中心角の関係より

$$\angle \mathrm{QRS} = \frac{1}{2} \times \angle \mathrm{SOQ}$$
$$= \angle \mathrm{UOS} \quad \cdots\cdots\cdots\cdots\cdots\cdots ④$$

③，④より

$$\boldsymbol{\angle \mathrm{PTS} = \angle \mathrm{QRS}} \qquad ⇨ ③$$

したがって，四角形 RPTS において，一つの内角とその対角の外角が等しいから，四角形 RPTS は円に内接する。このとき，四角形 OPTS も円に内接するから，3 点 P，T，S を通る円周上に点 O，R もあることがわかる。すなわち，5 点 O，R，P，T，S は同一円周上にある。

この 5 点を通る円を O′ とおく。

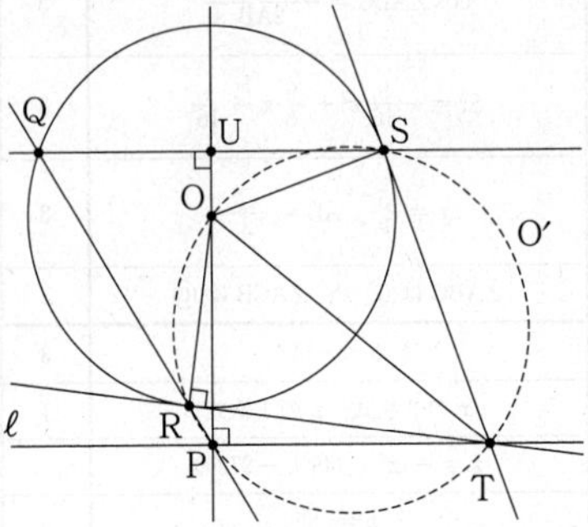

円 O の半径が $\sqrt{5}$，$\mathrm{OT} = 3\sqrt{6}$ のとき，$\angle \mathrm{OPT} = 90°$ より，円 O′ の直径が OT となるから，円 O′ の半径 r は

$$r = \frac{\mathrm{OT}}{2} = \frac{3\sqrt{6}}{2}$$

円 O′ において，半円の弧に対する円周角であるから

$$\angle \mathrm{ORT} = 90°$$

したがって，直角三角形 ORT において，三平方の定理より

$$\mathrm{OR}^2 + \mathrm{RT}^2 = \mathrm{OT}^2$$

であり，OR は円 O の半径なので

$$\mathbf{RT} = \sqrt{\mathrm{OT}^2 - \mathrm{OR}^2}$$
$$= \sqrt{(3\sqrt{6})^2 - (\sqrt{5})^2}$$
$$= \mathbf{7}$$

2023 追試

解　答

問題番号(配点)	解答記号	正解	配点	自己採点
第1問 (30)	$x>\dfrac{k-\boxed{\text{ア}}}{\boxed{\text{イ}}}$, $x<\dfrac{\boxed{\text{ウエ}}+\sqrt{5}}{\boxed{\text{オ}}}k$	$x>\dfrac{k-1}{3}$, $x<\dfrac{-1+\sqrt{5}}{4}k$	各2	
	$k<\boxed{\text{カ}}+\boxed{\text{キ}}\sqrt{5}$	$k<7+3\sqrt{5}$	3	
	$k<\boxed{\text{クケ}}-\boxed{\text{コ}}\sqrt{5}$	$k<-8-4\sqrt{5}$	3	
	$\cos\angle ABC=\pm\dfrac{\boxed{\text{サ}}}{\boxed{\text{シ}}}$	$\cos\angle ABC=\pm\dfrac{1}{4}$	2	
	$AC=\boxed{\text{ス}}AB$	$AC=2AB$	3	
	$AB=\dfrac{\boxed{\text{セ}}}{\boxed{\text{ソ}}}$	$AB=\dfrac{2}{3}$	3	
	$\cos\angle ABC=\dfrac{\boxed{\text{タ}}-\boxed{\text{チ}}AB^2}{2AB}$	$\cos\angle ABC=\dfrac{1-3AB^2}{2AB}$	3	
	$S^2=-\dfrac{\boxed{\text{ツ}}}{\boxed{\text{テト}}}x^2+\dfrac{\boxed{\text{ナ}}}{\boxed{\text{ニ}}}x-\dfrac{1}{16}$	$S^2=-\dfrac{9}{16}x^2+\dfrac{5}{8}x-\dfrac{1}{16}$	3	
	$x=\dfrac{\boxed{\text{ヌ}}}{\boxed{\text{ネ}}}$, $AB=\dfrac{\sqrt{\boxed{\text{ノ}}}}{\boxed{\text{ハ}}}$	$x=\dfrac{5}{9}$, $AB=\dfrac{\sqrt{5}}{3}$	3	
	∠ABC は $\boxed{\text{ヒ}}$ で，∠ACB は $\boxed{\text{フ}}$	∠ABC は ② で，∠ACB は ⓪	3	
第2問 (30)	$b=\boxed{\text{アイウ}}$	$b=-14$	3	
	x の $\boxed{\text{エ}}$ 次式，x の $\boxed{\text{オ}}$ 次式	x の 3 次式，x の 1 次式	1	
	$z=-\boxed{\text{カ}}x^2+\boxed{\text{キクケコ}}x-97800$	$z=-4x^2+1480x-97800$	2	
	$p=\boxed{\text{サシス}}$	$p=185$	3	
	$\boxed{\text{セ}}$，$\boxed{\text{ソ}}$	③，④ ※	各2	
	$\boxed{\text{タ}}$	②	2	
	$\boxed{\text{チ}}$，$\boxed{\text{ツ}}$	⓪，③	2	
	$\boxed{\text{テ}}\left(1-\dfrac{m}{n}\right)^2+\boxed{\text{ト}}\left(0-\dfrac{m}{n}\right)^2$	①$\left(1-\dfrac{m}{n}\right)^2$＋②$\left(1-\dfrac{m}{n}\right)^2$	2	
	$\boxed{\text{ナ}}$	②	2	
	$\boxed{\text{ニ}}$	③	2	
	$\boxed{\text{ヌ}}$	⓪	3	
	$\boxed{\text{ネ}}$	②	2	
	$\boxed{\text{ノ}}$	③	2	

問題番号(配点)	解答記号	正解	配点	自己採点
第3問 (20)	$\boxed{\text{ア}}$ 通り, $\boxed{\text{イ}}$ 通り, $\boxed{\text{ウ}}$ 通り	1 通り, 3 通り, 2 通り	各 1	
	$\dfrac{\boxed{\text{エ}}}{\boxed{\text{オ}}}$	$\dfrac{3}{8}$	3	
	$\dfrac{\boxed{\text{カ}}}{\boxed{\text{キ}}}$	$\dfrac{1}{4}$	3	
	$\dfrac{\boxed{\text{ク}}}{\boxed{\text{ケ}}}$	$\dfrac{2}{3}$	2	
	$\boxed{\text{コ}}$ 回	3 回	1	
	$\dfrac{\boxed{\text{サシ}}}{\boxed{\text{スセソ}}}$	$\dfrac{28}{729}$	2	
	$\dfrac{\boxed{\text{タチ}}}{\boxed{\text{ツテトナ}}}$	$\dfrac{32}{2187}$	3	
	$\dfrac{\boxed{\text{ニ}}}{\boxed{\text{ヌ}}}$	$\dfrac{3}{4}$	3	
第4問 (20)	$\boxed{\text{アイ}}\,y+\boxed{\text{ウエ}}\,z=3$	$26y+51z=3$	2	
	$y=\boxed{\text{オ}}$, $z=\boxed{\text{カキ}}$	$y=6$, $z=-3$	2	
	$y=\boxed{\text{オ}}-\boxed{\text{クケ}}\,k$, $z=\boxed{\text{カキ}}+\boxed{\text{コサ}}\,k$	$y=6-51k$, $z=-3+26k$	2	
	$\dfrac{\boxed{\text{シ}}\,k+2}{7}$	$\dfrac{4k+2}{7}$	2	
	$\boxed{\text{ス}}$	3	2	
	$\boxed{\text{セ}}$, $\boxed{\text{ソ}}$	7, 4	3	
	$\boxed{\text{タ}}$ または $\boxed{\text{チ}}$	0 または 2	3	
	$\boxed{\text{ツテ}}$, $\boxed{\text{ト}}$ または $\boxed{\text{ナニ}}$	※15, 3 または 13	4	
第5問 (20)	$\boxed{\text{ア}}:\boxed{\text{イ}}$	3 : 4	2	
	AQ $=\boxed{\text{ウ}}$	AQ = 2	2	
	BC $=\boxed{\text{エ}}$	BC = 7	3	
	$\boxed{\text{オ}}$	②	3	
	$\boxed{\text{カキ}}:\boxed{\text{ク}}$	15 : 8	2	
	$\boxed{\text{ケコ}}:\boxed{\text{サ}}$	20 : 3	2	
	$\dfrac{\triangle\text{CQR の面積}}{\triangle\text{BPR の面積}}=\dfrac{\boxed{\text{シス}}}{\boxed{\text{セ}}}$	$\dfrac{\triangle\text{CQR の面積}}{\triangle\text{BPR の面積}}=\dfrac{32}{9}$	3	
	$\boxed{\text{ソ}}:\boxed{\text{タ}}$	5 : 3	3	

(注) 第 1 問, 第 2 問は必答。第 3 問～第 5 問のうちから 2 問選択。計 4 問を解答。
なお, 上記以外のものについても得点を与えることがある。正解欄に※があるものは, 解答の順序は問わない。

第1問小計		第2問小計		第3問小計		第4問小計		第5問小計		合計点	/100

第1問

〔1〕

$$\sqrt{5}x < k - x < 2x + 1 \quad \cdots\cdots\cdots\cdots ①$$

(1)　不等式 $k - x < 2x + 1$ を解くと

$$-3x < 1 - k$$

$$\boldsymbol{x > \frac{k-1}{3}} \quad \cdots\cdots\cdots\cdots\cdots\cdots\cdots\cdots (*)$$

であり，不等式 $\sqrt{5}x < k - x$ を解くと

$$(\sqrt{5}+1)x < k$$

$\sqrt{5}+1>0$ より，両辺を $\sqrt{5}+1$ で割ると

$$x < \frac{k}{\sqrt{5}+1}$$

ここで

$$\frac{k}{\sqrt{5}+1} = \frac{k(\sqrt{5}-1)}{(\sqrt{5}+1)(\sqrt{5}-1)} = \frac{k(\sqrt{5}-1)}{4}$$

よって

$$\boldsymbol{x < \frac{-1+\sqrt{5}}{4}k} \quad \cdots\cdots\cdots\cdots\cdots\cdots (**)$$

不等式①の解は，(*) と (**) の共通部分であるから，不等式①を満たす x が存在するのは，(*) と (**) の共通部分が存在するときである。

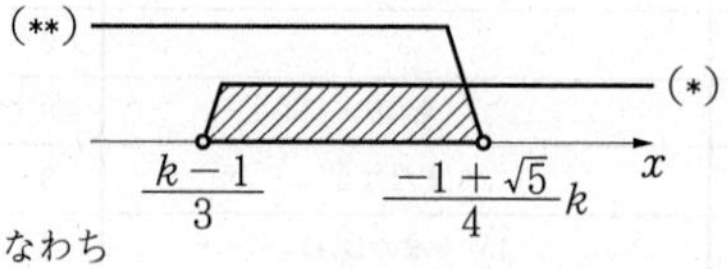

すなわち

$$\frac{k-1}{3} < \frac{-1+\sqrt{5}}{4}k$$

$$4(k-1) < 3(-1+\sqrt{5})k$$

$$(7-3\sqrt{5})k < 4$$

$3\sqrt{5} = \sqrt{45}$，$7 = \sqrt{49}$ より $7 - 3\sqrt{5} > 0$ であるから，両辺を $7 - 3\sqrt{5}$ で割ると

$$k < \frac{4}{7-3\sqrt{5}}$$

ここで

$$\frac{4}{7-3\sqrt{5}} = \frac{4(7+3\sqrt{5})}{(7-3\sqrt{5})(7+3\sqrt{5})} = \frac{4(7+3\sqrt{5})}{49-45} = 7+3\sqrt{5}$$

よって

$$\boldsymbol{k < 7+3\sqrt{5}} \quad \cdots\cdots\cdots\cdots\cdots\cdots\cdots\cdots ②$$

(2)　②が成り立つとき，不等式①を満たす x の値の範囲は，(*)，(**) より

$$\frac{k-1}{3} < x < \frac{-1+\sqrt{5}}{4}k$$

したがって，その範囲の幅は

$$\frac{-1+\sqrt{5}}{4}k - \frac{k-1}{3} = \frac{3(-1+\sqrt{5})k - 4(k-1)}{12} = \frac{(3\sqrt{5}-7)k+4}{12}$$

これが $\frac{\sqrt{5}}{3}$ より大きくなるとき

$$\frac{(3\sqrt{5}-7)k+4}{12} > \frac{\sqrt{5}}{3}$$

$$(3\sqrt{5}-7)k > 4\sqrt{5}-4$$

$3\sqrt{5} - 7 < 0$ より，両辺を $3\sqrt{5} - 7$ で割ると

$$k < \frac{4\sqrt{5}-4}{3\sqrt{5}-7}$$

ここで

$$\frac{4\sqrt{5}-4}{3\sqrt{5}-7} = \frac{(4\sqrt{5}-4)(3\sqrt{5}+7)}{(3\sqrt{5}-7)(3\sqrt{5}+7)} = \frac{32+16\sqrt{5}}{45-49} = -8-4\sqrt{5}$$

よって

$$\boldsymbol{k < -8-4\sqrt{5}}$$

〔2〕

(1)　$\sin^2\angle\mathrm{ABC} + \cos^2\angle\mathrm{ABC} = 1$ であるから，$\sin\angle\mathrm{ABC} = \frac{\sqrt{15}}{4}$ のとき

$$\boldsymbol{\cos\angle\mathrm{ABC}} = \pm\sqrt{1-\sin^2\angle\mathrm{ABC}} = \pm\sqrt{1-\left(\frac{\sqrt{15}}{4}\right)^2} = \pm\sqrt{\frac{1}{16}} = \boldsymbol{\pm\frac{1}{4}}$$

(2)　$\sin\angle\mathrm{ABC} = \frac{\sqrt{15}}{4}$，$\sin\angle\mathrm{ACB} = \frac{\sqrt{15}}{8}$ であるとする。

(i)　$\triangle\mathrm{ABC}$ において，正弦定理より

$$\frac{\mathrm{AC}}{\sin\angle\mathrm{ABC}} = \frac{\mathrm{AB}}{\sin\angle\mathrm{ACB}}$$

$$\mathrm{AC}\sin\angle\mathrm{ACB} = \mathrm{AB}\sin\angle\mathrm{ABC}$$

$$\frac{\sqrt{15}}{8}\mathrm{AC} = \frac{\sqrt{15}}{4}\mathrm{AB}$$

よって

$$\boldsymbol{\mathrm{AC} = 2\mathrm{AB}}$$

別解

三角比の定義から求めてもよい。$\triangle\mathrm{ABC}$ において，点 A から直線 BC に向かって引いた垂線と直線 BC との交点を H とする。

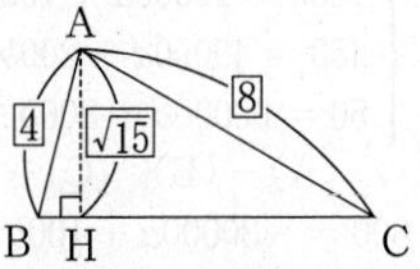

∠ABC が鋭角の場合

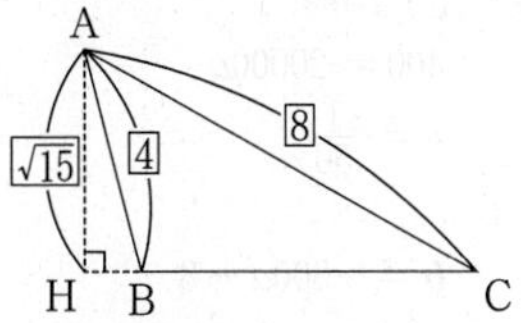

∠ABC が鈍角の場合

このとき，$\sin\angle ABC=\dfrac{\sqrt{15}}{4}$ より

$$\frac{AH}{AB}=\frac{\sqrt{15}}{4}$$

$$AB=\frac{4}{\sqrt{15}}AH$$

また，$\sin\angle ACB=\dfrac{\sqrt{15}}{8}$ より

$$\frac{AH}{AC}=\frac{\sqrt{15}}{8}$$

$$AC=\frac{8}{\sqrt{15}}AH=2\cdot\frac{4}{\sqrt{15}}AH=2AB$$

(ii) 条件を満たす △ABC は，(1)より

$$\cos\angle ABC=\frac{1}{4}$$

$$\text{または}\ \cos\angle ABC=-\frac{1}{4}$$

となる三角形である。

△ABC において，余弦定理より

$$AC^2=AB^2+BC^2-2AB\cdot BC\cos\angle ABC$$

$\cos\angle ABC=\dfrac{1}{4}$ のとき

$$(2AB)^2=AB^2+1^2-2AB\cdot1\cdot\frac{1}{4}$$

$$6AB^2+AB-2=0$$

$$(3AB+2)(2AB-1)=0$$

$AB>0$ より

$$AB=\frac{1}{2}$$

$\cos\angle ABC=-\dfrac{1}{4}$ のとき

$$(2AB)^2=AB^2+1^2-2AB\cdot1\cdot\left(-\frac{1}{4}\right)$$

$$6AB^2-AB-2=0$$

$$(3AB-2)(2AB+1)=0$$

$AB>0$ より

$$AB=\frac{2}{3}$$

ここで，△ABC の面積を S とすると

$$S=\frac{1}{2}AB\cdot BC\cdot\sin\angle ABC$$

$$=\frac{1}{2}\cdot AB\cdot1\cdot\frac{\sqrt{15}}{4}=\frac{\sqrt{15}}{8}AB$$

より，AB が大きい方が S も大きくなる。よって，面積が大きい方の △ABC においては

$$\mathbf{AB=\frac{2}{3}}$$

研究

条件を満たす △ABC において，

$\cos\angle ABC=\dfrac{1}{4}$ のとき ∠ABC は鋭角であり，$\cos\angle ABC=-\dfrac{1}{4}$ のとき ∠ABC は鈍角である。$BC=1$ であることに注意すると，∠ABC が鋭角，鈍角のときの △ABC は次の図のようになる。

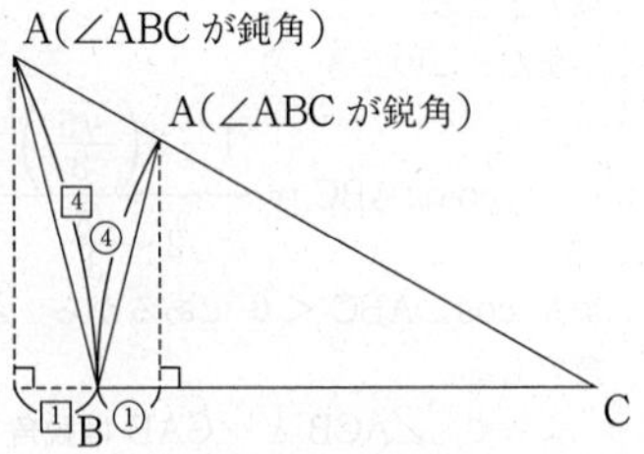

このことから，面積が大きい方の △ABC は，∠ABC が鈍角，つまり $\cos\angle ABC=-\dfrac{1}{4}$ のときのものであることがわかる。

(3) $\sin\angle ABC=2\sin\angle ACB$ のとき，(2)と同様にして，正弦定理より $AC=2AB$ が成り立つ。$BC=1$ であるから，△ABC において，余弦定理より

$$\mathbf{\cos\angle ABC}=\frac{AB^2+BC^2-AC^2}{2AB\cdot BC}$$

$$=\frac{AB^2+1^2-(2AB)^2}{2AB\cdot1}$$

$$=\mathbf{\frac{1-3AB^2}{2AB}}$$

ここで

$$S^2=\left(\frac{1}{2}AB\cdot BC\cdot\sin\angle ABC\right)^2$$

$$=\frac{1}{4}AB^2\cdot1\cdot(1-\cos^2\angle ABC)$$

$$=\frac{1}{4}AB^2\left\{1-\left(\frac{1-3AB^2}{2AB}\right)^2\right\}$$

$$=\frac{1}{4}AB^2\cdot\frac{4AB^2-(1-6AB^2+9AB^4)}{4AB^2}$$

$$=\frac{1}{16}(-9AB^4+10AB^2-1)$$

$AB^2 = x$ とおくと

$$\boldsymbol{S^2} = \frac{1}{16}(-9x^2 + 10x - 1)$$
$$= -\frac{\boldsymbol{9}}{\boldsymbol{16}}\boldsymbol{x^2} + \frac{\boldsymbol{5}}{\boldsymbol{8}}\boldsymbol{x} - \frac{\boldsymbol{1}}{\boldsymbol{16}}$$

この式を平方完成すると

$$S^2 = -\frac{9}{16}\left(x^2 - \frac{10}{9}x\right) - \frac{1}{16}$$
$$= -\frac{9}{16}\left\{\left(x - \frac{5}{9}\right)^2 - \left(\frac{5}{9}\right)^2\right\} - \frac{1}{16}$$
$$= -\frac{9}{16}\left(x - \frac{5}{9}\right)^2 + \frac{9}{16}\cdot\left(\frac{5}{9}\right)^2 - \frac{1}{16}$$

$x = AB^2 > 0$ より，S^2 が最大となるのは，

$\boldsymbol{x} = \frac{\boldsymbol{5}}{\boldsymbol{9}}$ のときであり，$AB > 0$ より

$$\mathbf{AB} = \sqrt{x} = \sqrt{\frac{5}{9}} = \frac{\sqrt{5}}{3}$$

のときである。$S > 0$ より，このときに面積 S も最大となる。

また，このとき

$$\cos\angle ABC = \frac{1 - 3\left(\frac{\sqrt{5}}{3}\right)^2}{2\cdot\frac{\sqrt{5}}{3}} = -\frac{1}{\sqrt{5}}$$

より $\cos\angle ABC < 0$ であるから，$\angle ABC$ は鈍角である。 ⇨ ②

よって，$\angle ACB$ と $\angle CAB$ は鋭角である。

⇨ ⓪

別解

辺と角の大きさの関係を用いて考えてもよい。

$AC = 2AB = \frac{2\sqrt{5}}{3}$，$BC = 1$ であるから，

$\frac{2\sqrt{5}}{3} > 1 > \frac{\sqrt{5}}{3}$ より，$\triangle ABC$ における最大の辺は AC である。したがって，最大の角は $\angle ABC$ である。ここで

$$AC^2 = \left(\frac{2\sqrt{5}}{3}\right)^2 = \frac{20}{9}$$
$$AB^2 + BC^2 = \left(\frac{\sqrt{5}}{3}\right)^2 + 1^2 = \frac{14}{9}$$

であるから，$AC^2 > AB^2 + BC^2$ より，$\angle ABC$ は鈍角であり，$\angle ACB$ と $\angle CAB$ は鋭角である。

第２問

〔1〕

2 次関数

$$y = ax^2 + bx + c \quad \cdots\cdots\cdots\cdots\cdots\cdots ①$$

のグラフが，3 点 (100, 1250)，(200, 450)，(300, 50) を通るとき

$$\begin{cases} 1250 = 10000a + 100b + c & \cdots\cdots (A) \\ 450 = 40000a + 200b + c & \cdots\cdots (B) \\ 50 = 90000a + 300b + c & \cdots\cdots\cdots (C) \end{cases}$$

が成り立つ。(A) − (B)，(C) − (B) より

$$800 = -30000a - 100b \quad \cdots\cdots\cdots\cdots (D)$$
$$-400 = 50000a + 100b \quad \cdots\cdots\cdots\cdots (E)$$

(D) + (E) より

$$400 = 20000a$$
$$a = \frac{1}{50}$$

(D) より

$$\boldsymbol{b} = -300a - 8$$
$$= -300\cdot\frac{1}{50} - 8$$
$$= \boldsymbol{-14}$$

次に，売り上げ数を $f(x)$ とすると，利益は

$$(x - 80)f(x) - 5000$$

すなわち

$$xf(x) - 80f(x) - 5000$$

となり，この式の次数は，最高次の項 $xf(x)$ の次数となる。

売り上げ数を①の右辺，つまり $f(x) = ax^2 + bx + c$ とすると

$$xf(x) = x(ax^2 + bx + c)$$
$$= ax^3 + bx^2 + cx$$

より，最高次の項の次数は 3 になるから，利益は x の **3 次式**となる。一方で，利益が x の 2 次式となるのは，$(x - 80)f(x)$ が 2 次式となるときだから，$f(x)$ が **1 次式**のときである。

1 次関数

$$y = -4x + 1160 \quad \cdots\cdots\cdots\cdots\cdots\cdots ②$$

を考える。$f(x)$ を②の右辺としたときの利益 z は

$$\boldsymbol{z} = (x - 80)(-4x + 1160) - 5000$$
$$= \boldsymbol{-4x^2 + 1480x - 97800}$$

この式を平方完成すると

$$z = -4(x^2 - 370x) - 97800$$
$$= -4\{(x - 185)^2 - 185^2\} - 97800$$
$$= -4(x - 185)^2 + 4\cdot 185^2 - 97800$$
$$= -4(x - 185)^2 + 39100$$

よって，z が最大となる x を p とおくと，$\boldsymbol{p = 185}$ であり，z の最大値は 39100 である。……… (*)

1 次関数

$$y = -8x + 1968 \quad \cdots\cdots\cdots\cdots\cdots\cdots ③$$

を考える。$f(x)$ を③の右辺としたときの利益は $x = 163$ のときに最大となり，最大値は 50112 となる。…………………………………………… (**)

$f(x)$ を①の右辺とする。$100 \leqq x \leqq 300$ を満たすすべての x の値に対して，図 3 より，①のグラフは③のグラフよりも上側にあるので

$$f(x) > -8x + 1968$$

$100 \leqq x \leqq 300$ のとき，$x - 80 > 0$ であるから

$$(x-80)f(x) > (x-80)(-8x+1968)$$

よって，$x = 163$ としたときの利益を z_1 とすると，(**) より

$$z_1 = (163-80)f(163) - 5000 > 50112$$

となるので，**$x = 163$ とすれば，利益は少なくとも 50112 以上となる。** ⇨ ③

②のグラフについても同様に考える。$100 \leqq x \leqq 300$ を満たすすべての x の値に対して，図 3 より，①のグラフは②のグラフよりも上側にあるので

$$f(x) > -4x + 1160$$

$100 \leqq x \leqq 300$ のとき，$x - 80 > 0$ であるから

$$(x-80)f(x) > (x-80)(-4x+1160)$$

よって，$x = p = 185$ としたときの利益を z_2 とすると，(*) より

$$z_2 = (185-80)f(185) - 5000 > 39100$$

となるので，**$x = p$ とすれば，利益は少なくとも 39100 以上となる。** ⇨ ④

1 次関数

$$y = -6x + 1860 \quad \cdots\cdots\cdots\cdots\cdots\cdots\cdots\cdots ④$$

を考える。$100 \leqq x \leqq 300$ において，$f(x)$ を④の右辺としたときの利益は $x = 195$ のとき最大となり，最大値は 74350 となる。

$f(x)$ を①の右辺としたときの利益の最大値を M とする。前問の考察より

$$M \geqq z_1 > 50112$$

であるから，M は 50112 より大きい。

また，$100 \leqq x \leqq 300$ を満たすすべての x の値に対して，図 4 より，①のグラフは④のグラフよりも下側にあるので

$$f(x) < -6x + 1860$$

$100 \leqq x \leqq 300$ のとき，$x - 80 > 0$ であるから

$$(x-80)f(x) < (x-80)(-6x+1860)$$

よって，$100 \leqq x \leqq 300$ である x について

$$(x-80)f(x) - 5000 < 74350$$

が成り立つので，M は 74350 より小さい。

以上より，利益の最大値 M は **50112 より大きく 74350 より小さい。** ⇨ ②

研究

図 4 では，$x = 100$，300 で①のグラフと④のグラフが交わっているようにもみえるが，$f(x)$ を①の右辺とすると

$$f(100) = 1250,\ f(300) = 50$$

であり，それぞれ④の右辺に $x = 100$，300 を代入した値よりも小さいことから，$100 \leqq x \leqq 300$ を満たすすべての x の値に対して，①のグラフは④のグラフよりも下側にあることがわかる。

〔2〕

(1) 賛成ならば 1，反対ならば 0 であるから，$x_1 + x_2 + \cdots + x_n$ は，賛成の人の数だけ 1 を足した数になる。よって，データの値の総和は，**賛成の人の数**に一致する。 ⇨ ⓪

したがって，平均値 $\overline{x} = \dfrac{x_1 + x_2 + \cdots + x_n}{n}$ は，**n 人中における賛成の人の割合**である。 ⇨ ③

(2) $m = x_1 + x_2 + \cdots + x_n$ とおくと，(1)より，m は賛成の人の数である。平均値は $\dfrac{m}{n}$ であり，分散 s^2 は

$$s^2 = \frac{1}{n}\left\{\left(x_1 - \frac{m}{n}\right)^2 + \left(x_2 - \frac{m}{n}\right)^2 + \cdots + \left(x_n - \frac{m}{n}\right)^2\right\}$$

であるが，x_1，x_2，…，x_n のうち，1 であるものは m 個あり，他の $(n-m)$ 個は 0 であるから

$$\boldsymbol{s^2 = \frac{1}{n}\left\{m\left(1 - \frac{m}{n}\right)^2 + (n-m)\left(0 - \frac{m}{n}\right)^2\right\}}$$

⇨ ①，②

よって

$$\begin{aligned} \boldsymbol{s^2} &= \frac{1}{n}\left\{m\left(\frac{n-m}{n}\right)^2 + (n-m)\left(-\frac{m}{n}\right)^2\right\} \\ &= \frac{1}{n}\left\{\frac{m(n-m)^2}{n^2} + \frac{m^2(n-m)}{n^2}\right\} \\ &= \frac{1}{n}\cdot\frac{m(n-m)\{(n-m)+m\}}{n^2} \\ &= \boldsymbol{\frac{m(n-m)}{n^2}} \end{aligned}$$

⇨ ②

研究

本問では，0 と 1 の個数に着目して s^2 を式で表したが，$1^2 = 1$，$0^2 = 0$ より

$$\begin{aligned} {x_1}^2 + {x_2}^2 + \cdots + {x_n}^2 &= x_1 + x_2 + \cdots + x_n \\ &= m \end{aligned}$$

であることを利用する考え方もある。

$$\begin{aligned} s^2 &= (2\text{乗したデータの平均}) - (\text{データの平均})^2 \\ &= \frac{{x_1}^2 + {x_2}^2 + \cdots + {x_n}^2}{n} - \overline{x}^2 \\ &= \frac{m}{n} - \left(\frac{m}{n}\right)^2 \\ &= \frac{m(n-m)}{n^2} \end{aligned}$$

〔3〕

変量 x, y の組 $(-1,\ -1)$, $(-1,\ 1)$, $(1,\ -1)$, $(1,\ 1)$ をデータ W とし，ここに $(5a,\ 5a)$ を加えたデータを W' とする。W' の x の平均値 $\overline{x}$ は

$$\boldsymbol{\overline{x}} = \frac{-1-1+1+1+5a}{5}$$
$$= \frac{5a}{5}$$
$$= \boldsymbol{a} \qquad ⇨ ③$$

W' の y の平均値 $\overline{y}$ についても同様に $\overline{y} = a$ である。これより，表 1 の計算表は次のようになる。

x	y	$x-\overline{x}$	$y-\overline{y}$	$(x-\overline{x})(y-\overline{y})$
-1	-1	$-1-a$	$-1-a$	a^2+2a+1
-1	1	$-1-a$	$1-a$	a^2-1
1	-1	$1-a$	$-1-a$	a^2-1
1	1	$1-a$	$1-a$	a^2-2a+1
$5a$	$5a$	$4a$	$4a$	$16a^2$

よって，$(x-\overline{x})(y-\overline{y})$ の和は $20a^2$ となるので，共分散 s_{xy} は

$$\boldsymbol{s_{xy}} = \frac{1}{5}\cdot 20a^2 = \boldsymbol{4a^2} \qquad ⇨ ⓪$$

計算表より，x の標準偏差 s_x について

$$s_x{}^2 = \frac{1}{5}\{2(-1-a)^2 + 2(1-a)^2 + (4a)^2\}$$
$$= \frac{1}{5}(20a^2+4)$$
$$= 4a^2 + \frac{4}{5}$$

ここで計算表より，$x-\overline{x}$ の五つの値と $y-\overline{y}$ の五つの値は同じであるため，x と y の標準偏差 s_x と s_y について，$s_x = s_y$ が成り立つ。よって

$$\boldsymbol{s_x s_y} = s_x{}^2 = \boldsymbol{4a^2 + \frac{4}{5}} \qquad ⇨ ②$$

相関係数が 0.95 以上となるのは

$$\frac{s_{xy}}{s_x s_y} \geqq 0.95$$
$$s_{xy} \geqq 0.95 s_x s_y$$
$$4a^2 \geqq \frac{19}{20}\left(4a^2 + \frac{4}{5}\right)$$
$$4\left(1-\frac{19}{20}\right)a^2 \geqq \frac{19}{25}$$
$$\frac{1}{5}a^2 \geqq \frac{19}{25}$$
$$a^2 \geqq \frac{19}{5}$$

のときであるから

$$a \leqq -\frac{\sqrt{19}}{\sqrt{5}},\ \frac{\sqrt{19}}{\sqrt{5}} \leqq a$$
$$\boldsymbol{a \leqq -\frac{\sqrt{95}}{5},\ \frac{\sqrt{95}}{5} \leqq a} \qquad ⇨ ③$$

第3問

(1)(i)　硬貨を 3 回投げ終えたとき，点 P が条件

$$y_1 \geqq -1 \text{ かつ } y_2 \geqq -1 \text{ かつ } y_3 \geqq -1 \quad \cdots\cdots(*)$$

を満たす移動の仕方を，図を用いて考える。

ある点における「移動の仕方の総数」は，矢印の前の点にある「移動の仕方の総数」の和となるので，条件 $(*)$ を満たす点 P の移動の仕方は，図 A のようになる。

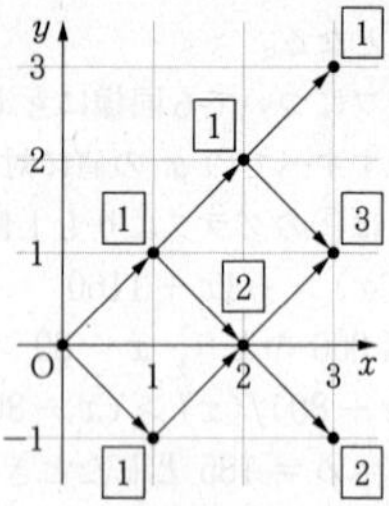

図 A

図 A より，点 $(3,\ 3)$ に至る移動の仕方は 1 通りあり，点 $(3,\ 1)$ に至る移動の仕方は 3 通りあり，点 $(3,\ -1)$ に至る移動の仕方は 2 通りある。

したがって，点 P の移動の仕方が条件 $(*)$ を満たすような硬貨の表裏の出方の総数は

$$1+3+2=6\ (\text{通り})$$

である。よって，点 P の移動の仕方が条件 $(*)$ を満たす確率は

$$\frac{6}{2^3} = \frac{3}{4}$$

として求めることができる。

(ii)　硬貨を 4 回投げるとき，(i)と同様に図を用いて考えると，$y_1 \geqq 0$ かつ $y_2 \geqq 0$ かつ $y_3 \geqq 0$ かつ $y_4 \geqq 0$ を満たす点 P の移動の仕方は，図 B のようになる。

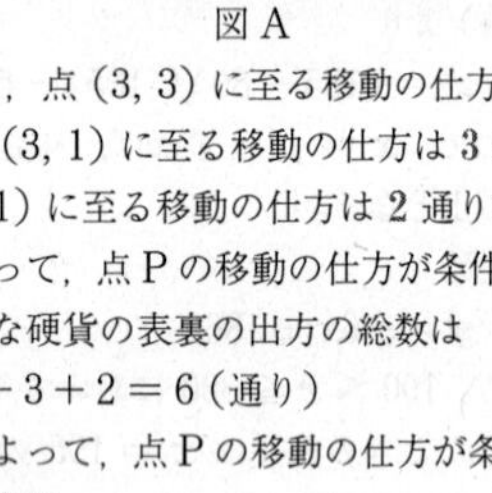

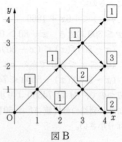

図 B

よって，その移動の仕方は

$$1+3+2=6\ (\text{通り})$$

であるから，その確率は

$$\frac{\mathbf{6}}{\mathbf{2^4}}=\frac{\mathbf{3}}{\mathbf{8}}$$

となる。

また，図Bより $y_1 \geqq 0$ かつ $y_2 \geqq 0$ かつ $y_3 = 1$ となる点Pの移動の仕方は2通りであり，そこから硬貨が表であっても裏であっても $y_4 \geqq 0$ を満たす。よって，$y_1 \geqq 0$ かつ $y_2 \geqq 0$ かつ $y_3 = 1$ かつ $y_4 \geqq 0$ である確率は

「硬貨を3回投げて，$y_1 \geqq 0$ かつ $y_2 \geqq 0$ かつ $y_3 = 1$ となる確率」

と等しくなるので

$$\frac{2}{2^3}=\frac{\mathbf{1}}{\mathbf{4}}$$

さらに，$y_1 \geqq 0$ かつ $y_2 \geqq 0$ かつ $y_3 \geqq 0$ かつ $y_4 \geqq 0$ である事象を W，$y_3 = 1$ である事象を X とする。このとき，前問の結果より

$$P(W)=\frac{3}{8},\ P(W\cap X)=\frac{1}{4}=\frac{2}{8}$$

であるから，$y_1 \geqq 0$ かつ $y_2 \geqq 0$ かつ $y_3 \geqq 0$ かつ $y_4 \geqq 0$ であったとき，$y_3 = 1$ である条件付き確率 $P_W(X)$ は

$$\boldsymbol{P_W(X)}=\frac{P(W\cap X)}{P(W)}=\frac{\mathbf{2}}{\mathbf{3}}$$

(iii) 硬貨を1回投げると，硬貨の表裏によらず x 座標は1増加するから，y 座標だけを考える。

硬貨を4回投げ終えた時点で表が出た回数を m 回とおくと，裏が出た回数は $(4-m)$ 回である。点Pの座標が $(4, 2)$ であるとき，$y_4 = 2$ より

$$1\cdot m+(-1)\cdot(4-m)=2$$
$$m=3$$

よって，表の出る回数は **3** 回であり，裏の出る回数は $(4-3)$ 回，すなわち **1** 回である。

(2)(i) さいころを7回投げて，3の倍数が出る回数を n 回とすると，それ以外の目が出る回数は $(7-n)$ 回であるから，点Qの座標が3になるとき

$$1\cdot n+(-1)\cdot(7-n)=3$$
$$n=5$$

3の倍数が出る確率は $\frac{2}{6}=\frac{1}{3}$ であるから，求める確率は

$${}_7\mathrm{C}_5\left(\frac{1}{3}\right)^5\left(\frac{2}{3}\right)^2=\frac{7\cdot 6}{2\cdot 1}\cdot\frac{2^2}{3^7}$$
$$=\frac{\mathbf{28}}{\mathbf{729}}$$

(ii) 点Q′を，最初は xy 平面上の原点にあり，さいころを1回投げるごとに x 座標が1増加し，3の倍数の目が出るごとに y 座標が1増加，それ以外の目が出るごとに y 座標が1減少する点と考える。

点Qの座標は点Q′の y 座標と一致するので，(1)と同様にさいころを k 回投げ終えた時点での点Q′の座標を (k, y_k) とおくと，点Qが条件を満たすことは，点Q′が

$$0 \leqq y_k \leqq 3 \text{ かつ } y_7 = 3 \quad \cdots\cdots\cdots\cdots(**)$$

を満たすことと同値である。

(1)と同様に図を用いて考えると，(**) を満たす点Q′の移動の仕方は図Cのようになる。

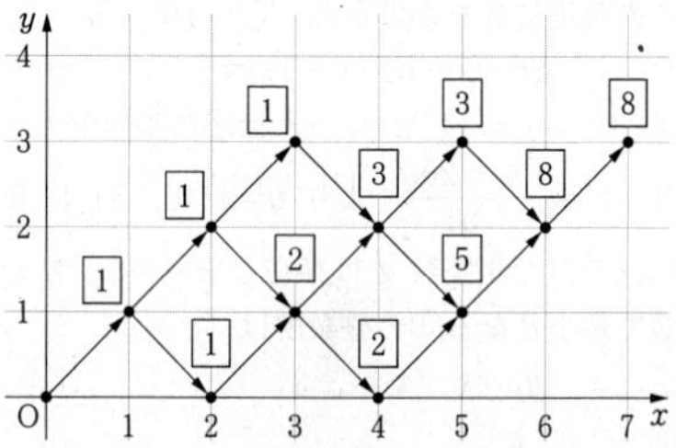

図C

(i)より，点Qの座標が3であるとき，3の倍数の目は5回出ている。図Cより，$y_7 = 3$ となる移動の仕方は8通りであるから，求める確率は

$$8\cdot\left(\frac{1}{3}\right)^5\left(\frac{2}{3}\right)^2=\frac{\mathbf{32}}{\mathbf{2187}}$$

(iii) (ii)の点Q′について，さいころを7回投げる間，$0 \leqq y_k \leqq 3$ である事象を Y，$y_3 = 1$ である事象を Z とおく。点Q′の移動の仕方のうち，$Y\cap Z$ を満たすもののみを考えると，図Dのようになる。

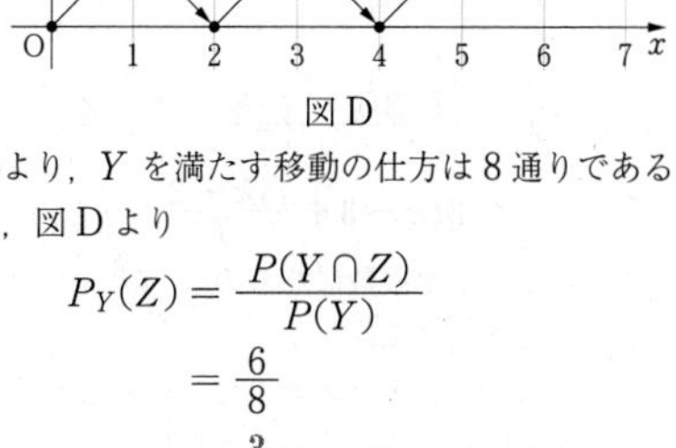

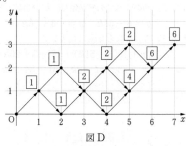

図D

(ii)より，Y を満たす移動の仕方は8通りであるから，図Dより

$$P_Y(Z)=\frac{P(Y\cap Z)}{P(Y)}$$
$$=\frac{6}{8}$$
$$=\frac{\mathbf{3}}{\mathbf{4}}$$

第4問

(1)　$7x+13y+17z=8$ ……………①

$35x+39y+34z=37$ ……………②

①×5－② より

$\boldsymbol{26y+51z=3}$ ……………③

ここで

$26y+51z=1$

とすると，解の一つが $y=2$，$z=-1$ であるから

$26\cdot 2+51\cdot(-1)=1$

この両辺に3をかけると

$26\cdot 6+51\cdot(-3)=3$ …………③′

よって，$y=6$，$z=-3$ は③の整数解の一つであり，$z=\dfrac{3-26y}{51}$ より $y=1,\ 2,\ 3,\ 4,\ 5$ のときは③を満たす整数 z は存在しないから，y が正の整数で最小となる③の整数解は

$\boldsymbol{y=6,\ z=-3}$

③－③′ より

$26(y-6)+51(z+3)=0$

$26(y-6)=-51(z+3)$

26 と 51 は互いに素であるから，$z+3$ は 26 の倍数である。よって，k を整数とすると

$z+3=26k$

と表すことができる。このとき

$z=-3+26k$

である。また，これを③に代入して

$26(y-6)=-51\cdot 26k$

$y=6-51k$

よって，③のすべての整数解は，k を整数として

$\boldsymbol{y=6-51k,\ z=-3+26k}$

と表される。これらを①に代入して

$7x+13(6-51k)+17(-3+26k)=8$

$7x+78-51\cdot 13k-51+34\cdot 13k=8$

$7x=17\cdot 13k-19$

$x=\dfrac{221k-19}{7}$

よって

$$\boldsymbol{x=\frac{7\cdot 31k-7\cdot 3+4k+2}{7}}$$

$$\boldsymbol{=31k-3+\frac{4k+2}{7}}$$

となるので，x が整数になるのは，$4k+2$ が 7 の倍数となるときである。

k を 7 で割ったときの余りと，$4k+2$ を 7 で割ったときの余りは，次の表のようになる。

k	0	1	2	3	4	5	6
$4k+2$	2	6	3	0	4	1	5

よって，x が整数となるのは，k を 7 で割ったときの余りが **3** のときである。

(2)　a を整数として

$2x+5y+7z=a$ ……………④

$3x+25y+21z=-1$ ……………⑤

の場合を考える。⑤－④ より

$x=-20y-14z-1-a$ ………⑥

⑤×2－④×3 より

$35y+21z=-2-3a$ ……………⑦

$7(5y+3z)=-(3a+2)$

$5y+3z=-\dfrac{3a+2}{7}$

5 と 3 は互いに素であるから，⑦を満たす整数 y，z が存在するとき，$3a+2$ は 7 の倍数である。a を 7 で割ったときの余りと，$3a+2$ を 7 で割ったときの余りは，次の表のようになる。

a	0	1	2	3	4	5	6
$3a+2$	2	5	1	4	0	3	6

したがって

a を 7 で割ったときの余りが 4 である

ことは，⑦を満たす整数 y，z が存在するための必要十分条件であることがわかる。

このときの整数 y，z を⑥に代入すると，x も整数となり，④と⑤をともに満たす。

以上より，a の値によって，④と⑤を満たす整数 x，y，z が存在する場合としない場合があることがわかる。

(3)　b を整数として

$x+2y+bz=1$ ……………⑧

$5x+6y+3z=5+b$ ……………⑨

の場合を考える。⑨－⑧×5 より

$-4y+(3-5b)z=b$ ……………⑩

b を 4 で割ったときの余りと，$3-5b$ を 4 で割ったときの余りは，次の表のようになる。

b	0	1	2	3
$3-5b$	3	2	1	0

$-4y$ は 4 の倍数であるから，⑩の左辺を 4 で割ったときの余りは $(3-5b)z$ を 4 で割ったときの余りと等しい。右辺は b であるから，b を 4 で割ったときの余りで場合を分けて，左辺と右辺が等しくなる条件を考える。

(i)　余りが 0 のとき

$3-5b$ を 4 で割ったときの余りは 3 であるから，z を 4 の倍数とすれば，左辺，右辺ともに 4 で割ったときの余りが 0 となり**成り立つ**。

(ii)　余りが 1 のとき

$3-5b$ を 4 で割ったときの余りは 2 であるから，左辺は偶数，右辺は奇数となり，成り立たない。

(iii)　余りが 2 のとき

$3-5b$ を 4 で割ったときの余りは 1 であるから，z を 4 で割ったときの余りが 2 になる数とすれば**成り立つ**。

(iv)　余りが 3 のとき

$3-5b$ を 4 で割ったときの余りは 0 であるから，左辺は 4 の倍数，右辺は 4 で割ったときの余りが 3 となり，成り立たない。

以上より

b を 4 で割ったときの余りが 0 または 2 である

ことは，⑩を満たす整数 y，z が存在するための必要十分条件であることがわかる。

(4)　c を整数として

$$x+3y+5z=1 \quad \cdots\cdots ⑪$$

$$cx+3(c+5)y+10z=3 \quad \cdots\cdots ⑫$$

⑫－⑪×c より

$$15y+5(2-c)z=3-c \quad \cdots\cdots ⑬$$

左辺は 5 の倍数であるから，右辺も 5 の倍数である。よって，$3-c$ を 15 で割ったときの余りは，0，5，10 のいずれかである。すなわち，c を 15 で割ったときの余りは，3，8，13 のいずれかとなる。c，$2-c$，$3-c$ を 15 で割ったときの余りは，次の表のようになる。

c	3	8	13
$5(2-c)$	10	0	5
$3-c$	0	10	5

$15y$ は 15 の倍数であるから，⑬の左辺を 15 で割ったときの余りは $5(2-c)z$ を 15 で割ったときの余りと等しい。c を 15 で割ったときの余りによって場合を分けて，左辺と右辺が等しくなる条件を考える。

(i)　余りが 3 のとき

$5(2-c)$ を 15 で割ったときの余りは 10，$3-c$ を 15 で割ったときの余りは 0 であるから，z を 3 の倍数とすれば左辺も右辺もともに 15 の倍数となり，**成り立つ**。

(ii)　余りが 8 のとき

$5(2-c)$ を 15 で割ったときの余りは 0，$3-c$ を 15 で割ったときの余りは 10 であるから，左辺は 15 の倍数となるが，右辺は 15 で割ったときの余りが 10 となり，成り立たない。

(iii)　余りが 13 のとき

$5(2-c)$ を 15 で割ったときの余りは 5，$3-c$ を 15 で割ったときの余りも 5 であるから，**成り立つ**。

以上より

c を 15 で割ったときの余りが 3 または 13 である

ことは，⑪と⑫を満たす整数 x，y，z が存在するための必要十分条件であることがわかる。

第 5 問

(1)

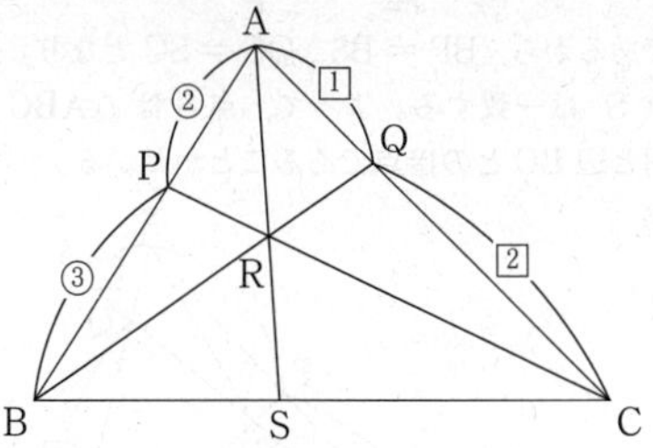

△ABC において，チェバの定理より

$$\frac{AP}{PB}\cdot\frac{BS}{SC}\cdot\frac{CQ}{QA}=1$$

$$\frac{2}{3}\cdot\frac{BS}{SC}\cdot\frac{2}{1}=1$$

$$\frac{BS}{SC}=\frac{3}{4}$$

よって

$$BS:SC=3:4$$

より，点 S は辺 BC を **3：4** に内分する点である。

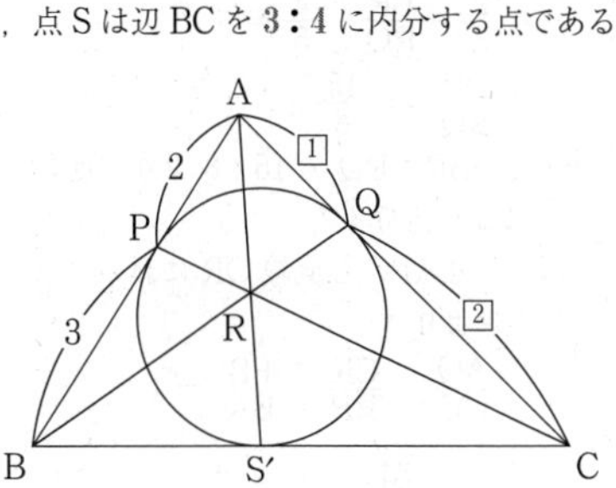

AB = 5 のとき

$$\mathrm{AP}=\frac{2}{5}\mathrm{AB}=\frac{2}{5}\cdot 5=2$$

$$\mathrm{PB}=\frac{3}{5}\mathrm{AB}=\frac{3}{5}\cdot 5=3$$

△ABC の内接円が辺 AB，AC とそれぞれ点 P，Q で接しているので，点 A から接点までの長さは等しく

$$\mathbf{AQ}=\mathrm{AP}=\mathbf{2}$$

AQ : QC = 1 : 2 より

$$\mathrm{QC}=2\mathrm{AQ}=2\cdot 2=4$$

内接円と辺 BC との接点を S′ とすると

$$\mathrm{BP}=\mathrm{BS'},\ \mathrm{QC}=\mathrm{S'C}$$

であるから

$$\mathbf{BC}=\mathrm{BS'}+\mathrm{S'C}=\mathrm{BP}+\mathrm{QC}$$
$$=3+4=\mathbf{7}$$

となる。したがって

$$\mathrm{BS}=\frac{3}{7}\mathrm{BC}=\frac{3}{7}\cdot 7=3$$

$$\mathrm{SC}=\frac{4}{7}\mathrm{BC}=\frac{4}{7}\cdot 7=4$$

であるから，BP = BS，QC = SC となり，点 S と点 S′ は一致する。よって，**点 S は △ABC の内接円と辺 BC との接点**であることがわかる。 ⇨ ②

(2)(i)

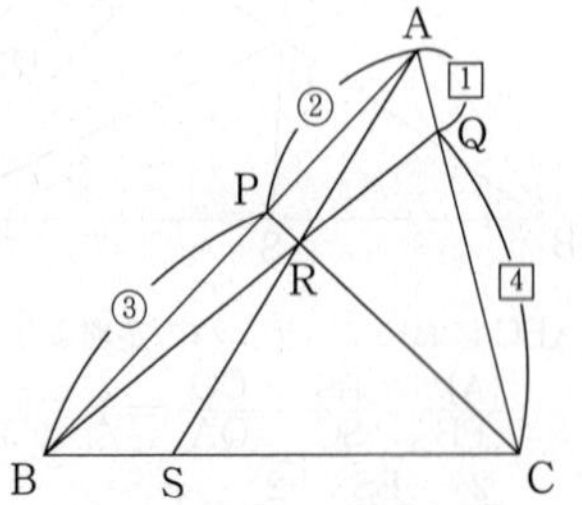

△ABQ と直線 PR において，メネラウスの定理より

$$\frac{\mathrm{AP}}{\mathrm{PB}}\cdot\frac{\mathrm{BR}}{\mathrm{RQ}}\cdot\frac{\mathrm{QC}}{\mathrm{CA}}=1$$

$$\frac{2}{3}\cdot\frac{\mathrm{BR}}{\mathrm{RQ}}\cdot\frac{4}{5}=1$$

$$\frac{\mathrm{BR}}{\mathrm{RQ}}=\frac{15}{8}$$

よって，BR : RQ = 15 : 8 より，点 R は辺 BQ を **15 : 8** に内分する。

次に，△APC と直線 QR において，メネラウスの定理より

$$\frac{\mathrm{AQ}}{\mathrm{QC}}\cdot\frac{\mathrm{CR}}{\mathrm{RP}}\cdot\frac{\mathrm{PB}}{\mathrm{BA}}=1$$

$$\frac{1}{4}\cdot\frac{\mathrm{CR}}{\mathrm{RP}}\cdot\frac{3}{5}=1$$

$$\frac{\mathrm{CR}}{\mathrm{RP}}=\frac{20}{3}$$

よって，CR : RP = 20 : 3 より，点 R は辺 CP を **20 : 3** に内分する。

ここで，辺 BC が共通なので

$$\triangle\mathrm{ABC}:\triangle\mathrm{BPC}=\mathrm{AB}:\mathrm{PB}$$
$$=5:3$$

より

$$\triangle\mathrm{BPC}=\frac{3}{5}\triangle\mathrm{ABC}$$

となる。同様に，辺 BP が共通なので

$$\triangle\mathrm{BPC}:\triangle\mathrm{BPR}=\mathrm{PC}:\mathrm{PR}$$
$$=(20+3):3$$

より

$$\triangle\mathrm{BPR}=\frac{3}{23}\triangle\mathrm{BPC}=\frac{3}{23}\cdot\frac{3}{5}\triangle\mathrm{ABC}$$
$$=\frac{9}{115}\triangle\mathrm{ABC}\quad\cdots\cdots\cdots\cdots\text{①}$$

となる。また，辺 BC が共通なので

$$\triangle\mathrm{ABC}:\triangle\mathrm{QBC}=\mathrm{AC}:\mathrm{QC}$$
$$=5:4$$

より

$$\triangle\mathrm{QBC}=\frac{4}{5}\triangle\mathrm{ABC}$$

となる。同様に，辺 QC が共通なので

$$\triangle\mathrm{QBC}:\triangle\mathrm{CQR}=\mathrm{QB}:\mathrm{QR}$$
$$=(15+8):8$$

より

$$\triangle\mathrm{CQR}=\frac{8}{23}\triangle\mathrm{QBC}=\frac{8}{23}\cdot\frac{4}{5}\triangle\mathrm{ABC}$$
$$=\frac{32}{115}\triangle\mathrm{ABC}\quad\cdots\cdots\cdots\cdots\text{②}$$

よって，①，②より

$$\frac{\triangle\mathbf{CQR}\text{ の面積}}{\triangle\mathbf{BPR}\text{ の面積}}=\frac{\mathbf{32}}{\mathbf{9}}$$

(ii) $0<t<1$ である実数 t を用いて，点 Q が辺 AC を $t:(1-t)$ に内分する，すなわち

$$\mathrm{AQ}:\mathrm{QC}=t:(1-t)$$

とおく。

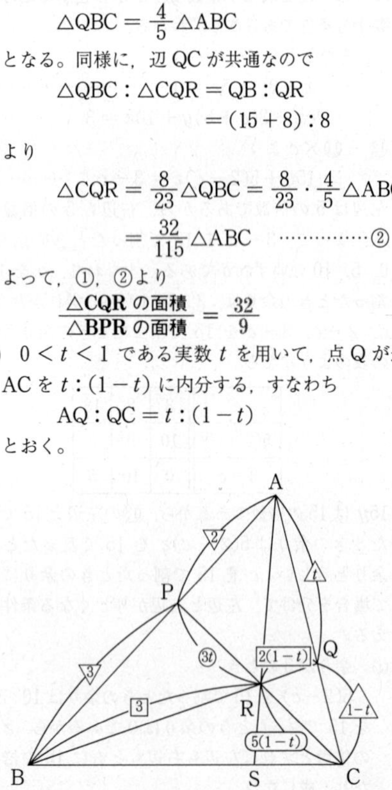

(i)と同様に，△ABQ と直線 PR において，メネラウスの定理より

$$\frac{AP}{PB}\cdot\frac{BR}{RQ}\cdot\frac{QC}{CA}=1$$

$$\frac{2}{3}\cdot\frac{BR}{RQ}\cdot\frac{1-t}{1}=1$$

$$\frac{BR}{RQ}=\frac{3}{2(1-t)}\quad\cdots\cdots③$$

△APC と直線 QR において，メネラウスの定理より

$$\frac{AQ}{QC}\cdot\frac{CR}{RP}\cdot\frac{PB}{BA}=1$$

$$\frac{t}{1-t}\cdot\frac{CR}{RP}\cdot\frac{3}{5}=1$$

$$\frac{CR}{RP}=\frac{5(1-t)}{3t}\quad\cdots\cdots④$$

よって，③，④より

$$BR:RQ=3:2(1-t)$$

$$CR:RP=5(1-t):3t$$

ここで，辺 BC が共通なので

$$\triangle ABC:\triangle BPC=AB:PB=5:3$$

より

$$\triangle BPC=\frac{3}{5}\triangle ABC$$

となる。同様に，辺 BP が共通なので

$$\triangle BPC:\triangle BPR=PC:PR=\{5(1-t)+3t\}:3t=(5-2t):3t$$

より

$$\triangle BPR=\frac{3t}{5-2t}\triangle BPC=\frac{3t}{5-2t}\cdot\frac{3}{5}\triangle ABC\quad\cdots⑤$$

となる。また，辺 BC が共通なので

$$\triangle ABC:\triangle QBC=AC:QC=1:(1-t)$$

より

$$\triangle QBC=(1-t)\triangle ABC$$

となる。同様に，辺 QC が共通なので

$$\triangle QBC:\triangle CQR=QB:QR=\{3+2(1-t)\}:2(1-t)=(5-2t):2(1-t)$$

より

$$\triangle CQR=\frac{2(1-t)}{5-2t}\triangle QBC=\frac{2(1-t)}{5-2t}\cdot(1-t)\triangle ABC=\frac{2(1-t)^2}{5-2t}\triangle ABC\quad\cdots\cdots⑥$$

となる。したがって，⑤，⑥より

$$\frac{\triangle CQR}{\triangle BPR}=\frac{2(1-t)^2}{5-2t}\cdot\frac{5(5-2t)}{9t}=\frac{10(1-t)^2}{9t}$$

であるから，$\dfrac{\triangle CQR}{\triangle BPR}=\dfrac{1}{4}$ のとき

$$\frac{10(1-t)^2}{9t}=\frac{1}{4}$$

$$40(1-t)^2=9t$$

$$40t^2-89t+40=0$$

$$(8t-5)(5t-8)=0$$

$0<t<1$ より

$$t=\frac{5}{8}$$

よって

$$AQ:QC=\frac{5}{8}:\frac{3}{8}=5:3$$

であるから，点 Q は辺 AC を **5：3** に内分する点である。

2022 本試

解　　答

問題番号（配点）	解答記号	正解	配点	自己採点
第1問（30）	アイ	-6	2	
	ウエ	38	2	
	オカ $\sqrt{5}$	$-2\sqrt{5}$	2	
	キク	18	2	
	ケ $\sqrt{5}$	$2\sqrt{5}$	2	
	コ . サシス	0.072	3	
	セ	②	3	
	$\sin\angle ABC = \dfrac{ソ}{タ}$	$\sin\angle ABC = \dfrac{2}{3}$	3	
	$AD = \dfrac{チツ}{テ}$	$AD = \dfrac{10}{3}$	2	
	ト $\leqq AB \leqq$ ナ	$4 \leqq AB \leqq 6$	3	
	$AD = \dfrac{ニヌ}{ネ}AB^2 + \dfrac{ノ}{ハ}AB$	$AD = \dfrac{-1}{3}AB^2 + \dfrac{7}{3}AB$	3	
	ヒ	4	3	
第2問（30）	$n =$ ア	$n = 3$	2	
	$n =$ イ	$n = 2$	2	
	ウ	5	3	
	エ	9	2	
	オ	⑥	1	
	カ	①	2	
	キ , ク	③, ①	3	
	ケ , コ , サ	②, ②, ⓪	3	
	シ , ス	⓪, ③	2	
	セ	②	4	
	ソ . タチ	0.63	3	
	ツ	③	3	

問題番号(配点)	解答記号	正解	配点	自己採点
第3問 (20)	ア 通り，$\dfrac{\text{イ}}{\text{ウ}}$	1 通り，$\dfrac{1}{2}$	各1	
	エ 通り	2 通り	2	
	$\dfrac{\text{オ}}{\text{カ}}$	$\dfrac{1}{3}$	1	
	$\dfrac{\text{キク}}{\text{ケコ}}$	$\dfrac{65}{81}$	2	
	サ 通り，シ 通り	8 通り，6 通り	各2	
	スセ	15	1	
	$\dfrac{\text{ソ}}{\text{タ}}$	$\dfrac{3}{8}$	2	
	$\dfrac{\text{チツ}}{\text{テト}}$，$\dfrac{\text{ナニ}}{\text{ヌネ}}$	$\dfrac{11}{30}$，$\dfrac{44}{53}$	各3	
第4問 (20)	$x=$ ア，$y=$ イウ	$x=1$，$y=39$	3	
	$x=$ エオ，$y=$ カキク	$x=17$，$y=664$	各2	
	ケ，コ	8，5	2	
	$x=$ サシス，$y=$ セソタチツ	$x=125$，$y=12207$	各3	
	$x=$ テト	$x=19$	3	
	$y=$ ナニヌネノ	$y=95624$	2	
第5問 (20)	$\dfrac{\text{AD}}{\text{DE}}=\dfrac{\text{ア}}{\text{イ}}$	$\dfrac{\text{AD}}{\text{DE}}=\dfrac{1}{2}$	2	
	$\dfrac{\text{BP}}{\text{AP}}=$ ウ $\times\dfrac{\text{エ}}{\text{オ}}$	$\dfrac{\text{BP}}{\text{AP}}=2\times\dfrac{①}{③}$	2	
	$\dfrac{\text{CQ}}{\text{AQ}}=$ カ $\times\dfrac{\text{キ}}{\text{ク}}$	$\dfrac{\text{CQ}}{\text{AQ}}=2\times\dfrac{②}{③}$	2	
	$\dfrac{\text{BP}}{\text{AP}}+\dfrac{\text{CQ}}{\text{AQ}}=$ ケ，$\text{AQ}=\dfrac{\text{コ}}{\text{サ}}\text{AP}$	$\dfrac{\text{BP}}{\text{AP}}+\dfrac{\text{CQ}}{\text{AQ}}=4$，$\text{AQ}=\dfrac{3}{2}\text{AP}$	各2	
	$\text{AP}=\dfrac{\text{シス}}{\text{セ}}$，$\text{AQ}=\dfrac{\text{ソタ}}{\text{チ}}$	$\text{AP}=\dfrac{13}{6}$，$\text{AQ}=\dfrac{13}{4}$	各2	
	$\text{CF}=\dfrac{\text{ツテ}}{\text{トナ}}$，$\dfrac{\text{AD}}{\text{DG}}=\dfrac{\text{ニ}}{\text{ヌ}}$	$\text{CF}=\dfrac{44}{15}$，$\dfrac{\text{AD}}{\text{DG}}=\dfrac{1}{3}$	各3	

(注) 第1問，第2問は必答。第3問～第5問のうちから2問選択。計4問を解答。
なお，上記以外のものについても得点を与えることがある。正解欄に※があるものは，解答の順序は問わない。

合計点	/100

第１問

〔1〕

$a+b+c=1$ ……………………… ①

$a^2+b^2+c^2=13$ ……………………… ②

(1)　$(a+b+c)^2$ を展開すると

$$(a+b+c)^2=a^2+b^2+c^2+2(ab+bc+ca)$$

①，②を代入して

$$1^2=13+2(ab+bc+ca)$$

よって

$$\boldsymbol{ab+bc+ca=-6}$$

これと②より

$$\boldsymbol{(a-b)^2+(b-c)^2+(c-a)^2}$$
$$=(a^2-2ab+b^2)+(b^2-2bc+c^2)+(c^2-2ca+a^2)$$
$$=2(a^2+b^2+c^2)-2(ab+bc+ca)$$
$$=2\cdot 13-2\cdot(-6)=38$$

(2)　$b-c=x$，$c-a=y$ より

$$x+y=(b-c)+(c-a)=-(a-b)$$

$a-b=2\sqrt{5}$ より

$$\boldsymbol{x+y=-2\sqrt{5}}$$

(1)より

$$(a-b)^2+(b-c)^2+(c-a)^2=38$$

であるから

$$\left(2\sqrt{5}\right)^2+x^2+y^2=38$$

よって

$$\boldsymbol{x^2+y^2=18}$$

また

$$(a-b)(b-c)(c-a)=2\sqrt{5}\cdot x\cdot y$$

ここで，$x^2+y^2=(x+y)^2-2xy$ より

$$18=\left(-2\sqrt{5}\right)^2-2xy$$
$$xy=1$$

よって

$$\boldsymbol{(a-b)(b-c)(c-a)=2\sqrt{5}\cdot 1=2\sqrt{5}}$$

〔2〕

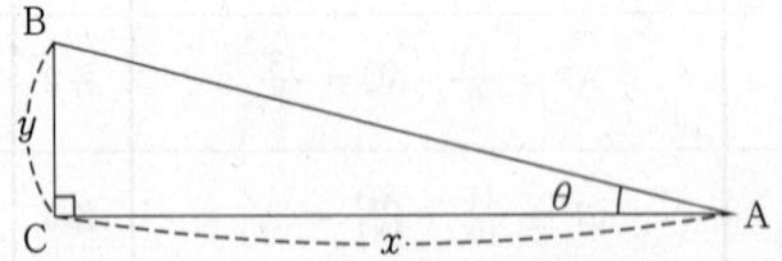

（図 1）

図 1 の直角三角形 ABC において，$\mathrm{AC}=x$，$\mathrm{BC}=y$ とおくと，三角比の定義より

$$\tan\theta=\frac{\mathrm{BC}}{\mathrm{AC}}=\frac{y}{x}$$

$\theta=16^\circ$ のとき，三角比の表より，$\tan 16^\circ=0.2867$ であるから

$$\frac{y}{x}=\tan 16^\circ=0.2867$$

縮尺は水平方向が $\dfrac{1}{100000}$，鉛直方向が $\dfrac{1}{25000}$ であるから，実際の長さは $\mathrm{AC}=100000x$，$\mathrm{BC}=25000y$ であり，実際の ∠BAC の正接（tan）は

$$\tan\angle\mathrm{BAC}=\frac{\mathrm{BC}}{\mathrm{AC}}=\frac{25000y}{100000x}=\frac{1}{4}\cdot\frac{y}{x}$$
$$=\frac{1}{4}\cdot 0.2867=0.071675$$

小数第 4 位を四捨五入して，**tan∠BAC は 0.072** となる。

また，三角比の表より，$\tan 4^\circ=0.0699$，$\tan 5^\circ=0.0875$ であるから

$$0.0699<0.072<0.0875$$

したがって

$$\tan 4^\circ<\tan\angle\mathrm{BAC}<\tan 5^\circ$$

$0^\circ<\angle\mathrm{BAC}<90^\circ$ より

$$4^\circ<\angle\mathrm{BAC}<5^\circ$$

よって，∠BAC の大きさは，**4° より大きく 5° より小さい。** ⇨ ②

〔3〕

(1)　△ABC の外接円の半径を R とすると，$R=3$，$\mathrm{AC}=4$ であり，△ABC において，正弦定理より

$$\frac{\mathrm{AC}}{\sin\angle\mathrm{ABC}}=2R$$

よって

$$\boldsymbol{\sin\angle\mathrm{ABC}}=\frac{\mathrm{AC}}{2R}=\frac{4}{2\cdot 3}=\boldsymbol{\frac{2}{3}}$$

次に，直角三角形 ABD で，三角比の定義より

$$\sin\angle\mathrm{ABD}=\frac{\mathrm{AD}}{\mathrm{AB}}$$
$$\mathrm{AD}=\mathrm{AB}\cdot\sin\angle\mathrm{ABD}$$

よって，$\sin\angle\mathrm{ABD}=\sin\angle\mathrm{ABC}=\dfrac{2}{3}$，$\mathrm{AB}=5$ より

$$\boldsymbol{\mathrm{AD}}=5\cdot\frac{2}{3}=\boldsymbol{\frac{10}{3}}$$

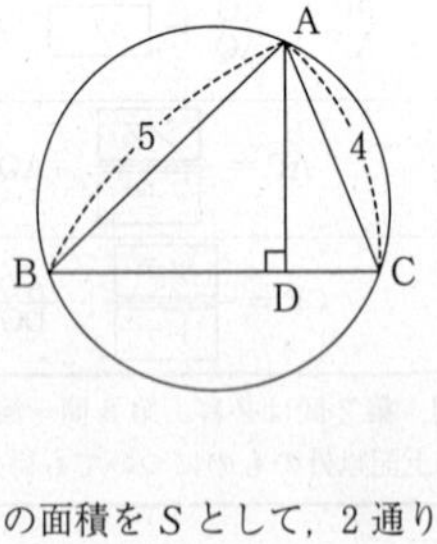

別解

△ABC の面積を S として，2 通りに表すと

$$S=\frac{1}{2}\mathrm{AB}\cdot\mathrm{BC}\cdot\sin\angle\mathrm{ABC}$$
$$S=\frac{1}{2}\mathrm{BC}\cdot\mathrm{AD}$$

これらは等しいので，$AB=5$，$\sin\angle ABC=\frac{2}{3}$ より

$$\frac{1}{2}\cdot 5\cdot BC\cdot\frac{2}{3}=\frac{1}{2}\cdot BC\cdot AD$$

よって

$$AD=\frac{10}{3}$$

(2) $2AB+AC=14$ より

$$AC=14-2AB$$

$\triangle ABC$ は，直径 6 の円に内接しているから，各辺の長さの最大値は 6 である。したがって

$$0<AB\leqq 6,\ 0<AC\leqq 6$$

$0<AC\leqq 6$ より

$$0<14-2AB\leqq 6$$

$$4\leqq AB<7$$

よって，$0<AB\leqq 6$ かつ $4\leqq AB<7$ であるから

$$\mathbf{4\leqq AB\leqq 6}$$

(1)と同様に，$\triangle ABC$ において，正弦定理より

$$\sin\angle ABC=\frac{AC}{2R}$$

$$=\frac{14-2AB}{2\cdot 3}=\frac{7-AB}{3}$$

直角三角形 ABD において，三角比の定義より

$$\sin\angle ABD=\frac{AD}{AB}$$

よって

$$\mathbf{AD}=AB\cdot\sin\angle ABD=AB\cdot\sin\angle ABC$$

$$=AB\cdot\frac{7-AB}{3}$$

$$=\frac{\mathbf{-1}}{\mathbf{3}}\mathbf{AB^2}+\frac{\mathbf{7}}{\mathbf{3}}\mathbf{AB}$$

$AB=x$ とおくと

$$AD=-\frac{1}{3}x^2+\frac{7}{3}x=-\frac{1}{3}(x^2-7x)$$

$$=-\frac{1}{3}\left\{\left(x-\frac{7}{2}\right)^2-\left(\frac{7}{2}\right)^2\right\}$$

$$=-\frac{1}{3}\left(x-\frac{7}{2}\right)^2+\frac{49}{12}$$

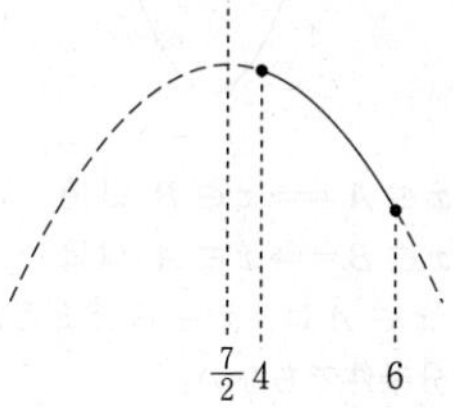

$4\leqq x\leqq 6$ より，AD の長さが最大となるのは $x=4$ のときで

$$AD=-\frac{1}{3}(4^2-7\cdot 4)=\frac{12}{3}=4$$

より，最大値は 4 である。

第2問

〔1〕

$$x^2+px+q=0 \quad \cdots\cdots\cdots ①$$

$$x^2+qx+p=0 \quad \cdots\cdots\cdots ②$$

(1) $p=4$，$q=-4$ のとき，①を解くと

$$x^2+4x-4=0$$

$$x=-2\pm 2\sqrt{2}$$

②を解くと

$$x^2-4x+4=0$$

$$(x-2)^2=0$$

$$x=2$$

よって，①または②を満たす実数 x の個数 n は

$$\boldsymbol{n=3}$$

また，$p=1$，$q=-2$ のとき，①を解くと

$$x^2+x-2=0$$

$$(x+2)(x-1)=0$$

$$x=-2,\ 1$$

②を解くと

$$x^2-2x+1=0$$

$$(x-1)^2=0$$

$$x=1$$

よって，①または②を満たす実数 x の個数 n は

$$\boldsymbol{n=2}$$

(2) $p=-6$ のとき，①，②はそれぞれ

$$x^2-6x+q=0 \quad \cdots\cdots\cdots ①'$$

$$x^2+qx-6=0 \quad \cdots\cdots\cdots ②'$$

となる。①′，②′ を満たす実数 x があるとき，その実数を α とすると

$$\alpha^2-6\alpha+q=0 \quad \cdots\cdots\cdots ①''$$

$$\alpha^2+q\alpha-6=0 \quad \cdots\cdots\cdots ②''$$

②″ − ①″ より

$$q\alpha+6\alpha-6-q=0$$

$$(q+6)\alpha-(q+6)=0$$

$$(\alpha-1)(q+6)=0$$

したがって

$$\alpha=1 \text{ または } q=-6$$

(i) $\alpha=1$ のとき，①″ より

$$1^2-6\cdot 1+q=0$$

$$q=5$$

$q=5$ のとき，①′ を解くと

$$x^2-6x+5=0$$

$$(x-1)(x-5)=0$$

$$x=1,\ 5$$

②′ を解くと

$$x^2+5x-6=0$$
$$(x+6)(x-1)=0$$
$$x=-6,\ 1$$

となり，確かに共通解 $\alpha=1$ をもち，①または②を満たす実数 x の個数 n は $n=3$ となる。

(ii)　$q=-6$ のとき，①′ と ②′ は一致し，①または②を満たす実数 x の個数 n は $n\leqq 2$ となるため不適。

(i)，(ii)より，$n=3$ となる q の値の 1 つは $q=5$ である。

これ以外で $n=3$ となるのは，(1)のように，①′，②′ の一方が重解をもち，もう一方がこの重解と異なる二つの実数解をもつときである。

①′，②′ の判別式をそれぞれ D_1，D_2 とすると
$$\frac{D_1}{4}=(-3)^2-q=9-q$$
$$D_2=q^2-4\cdot(-6)=q^2+24>0$$

したがって，D_2 はつねに $D_2>0$ であるから，②′ は q の値に関わらず，異なる二つの実数解をもつ。

①′ が重解をもつとき
$$9-q=0$$
$$q=9$$

$q=9$ のとき，①′ を解くと
$$x^2-6x+9=0$$
$$(x-3)^2=0$$
$$x=3$$

②′ を解くと
$$x^2+9x-6=0$$
$$x=\frac{-9\pm\sqrt{105}}{2}$$

となり，確かに①または②を満たす実数 x の個数 n は $n=3$ になる。

よって，$n=3$ となる q の値は

$\boldsymbol{q=5,\ 9}$

(3)
$$y=x^2-6x+q \quad \cdots\cdots\cdots\cdots\cdots\cdots ③$$
$$y=x^2+qx-6 \quad \cdots\cdots\cdots\cdots\cdots\cdots ④$$

③は，$y=(x-3)^2+q-9$ より，軸が直線 $x=3$，頂点が点 $(3,\ q-9)$ で下に凸の放物線である。

したがって，q の値を 1 から増加させると，頂点の y 座標のみが増加する。

よって，③のグラフは y 軸の正の方向へ平行移動する。　⇨ ⑥

④は，$y=\left(x+\dfrac{q}{2}\right)^2-\dfrac{q^2}{4}-6$ より，軸が直線 $x=-\dfrac{q}{2}$，頂点が点 $\left(-\dfrac{q}{2},\ -\dfrac{q^2}{4}-6\right)$ で下に凸の放物線である。

したがって，q の値を 1 から増加させると，頂点の x 座標と y 座標はともに減少する。

よって，放物線は x 軸の負の方向，かつ y 軸の負の方向へ平行移動する。　⇨ ①

(4)　$5<q<9$ とする。③と④のグラフそれぞれが $y<0$ となる x の値の範囲が，集合 A，B である。

$q=5$ のとき，(2)(i)より

③と x 軸の共有点の x 座標は $x=1,\ 5$

④と x 軸の共有点の x 座標は $x=-6,\ 1$

$q=9$ のとき，(2)より

③と x 軸の共有点の x 座標は $x=3$

④と x 軸の共有点の x 座標は
$$x=\frac{-9\pm\sqrt{105}}{2}$$

(3)より，q の値が増加するとグラフは次の図のように平行移動する（点線は $q=5$ のとき）。

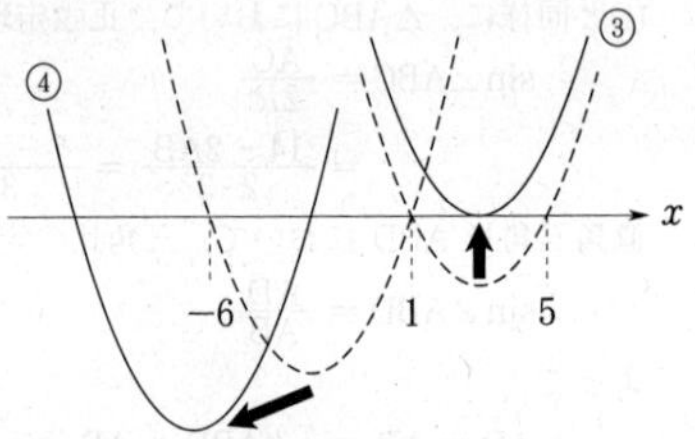

したがって，$5<q<9$ において，③と④のグラフは $y<0$ の部分で共通部分をもたない。

つまり，次の図のように，集合 A と B は共通部分をもたない。

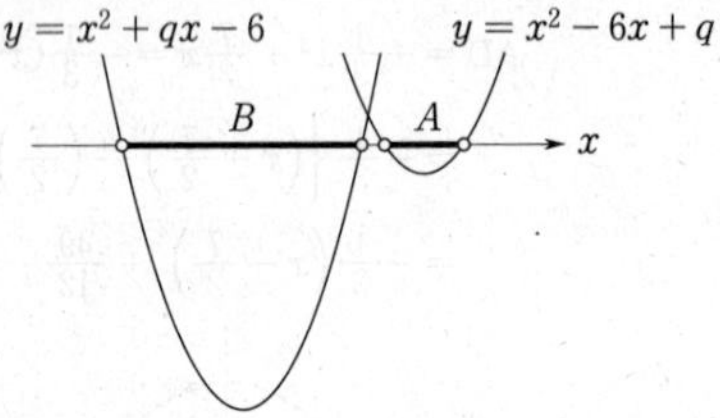

よって

$x\in A \Longrightarrow x\in B$　は偽

$x\in B \Longrightarrow x\in A$　は偽

より，$x\in A$ は，$x\in B$ であるための**必要条件でも十分条件でもない。**　⇨ ③

また

$x\in B \Longrightarrow x\in \overline{A}$　は真

$x\in \overline{A} \Longrightarrow x\in B$　は偽

より，$x\in B$ は，$x\in \overline{A}$ であるための**十分条件であるが必要条件ではない。**　⇨ ①

〔2〕

(1) 図 1，図 2 のヒストグラムを度数分布表に整理すると，次のようになる。

階級	0〜15	15〜30	30〜45	45〜60	60〜75	75〜90	90〜105	105〜120	120〜135	135〜150	150〜165	165〜180
2009 年度度数	0	11	6	4	3	2	0	1	0	1	0	1
2018 年度度数	1	9	11	2	1	2	1	0	2	0	0	0

29 個の値からなるデータだから，小さい方から，中央値は 15 番目，第 1 四分位数は 7 番目と 8 番目のデータの平均，第 3 四分位数は 22 番目と 23 番目のデータの平均の値である。

<階級値の比較>

- 中央値が含まれる階級は，2009 年度も 2018 年度も 30 人以上 45 人未満であるから，**両者は等しい。** ⇨ ②
- 第 1 四分位数が含まれる階級は，2009 年度も 2018 年度も 15 人以上 30 人未満であるから，**両者は等しい。** ⇨ ②
- 第 3 四分位数が含まれる階級は，2009 年度が 60 人以上 75 人未満，2018 年度が 45 人以上 60 人未満であるから，**2018 年度の方が小さい。** ⇨ ⓪

<範囲，四分位範囲の比較>

- 範囲は，2009 年度は 135(＝165－30) より大きく，165(＝180－15) より小さい。

  2018 年度は 105(＝120－15) より大きく，135(＝135－0) より小さい。

  よって，**2018 年度の方が小さい。** ⇨ ⓪
- 四分位範囲は，2009 年度は 30(＝60－30) より大きく，60(＝75－15) より小さい。

  2018 年度は 15(＝45－30) より大きく，45(＝60－15) より小さい。

  よって，**これら二つのヒストグラムからだけでは両者の大小を判断できない。** ⇨ ③

(2) 選択肢 ⓪，①，②，③ から，誤っているものを消去していく。

2009 年度における教育機関 1 機関あたりの学習者数は，箱ひげ図より，最大値は 450 以上 500 未満である。この条件に合うのは，⓪，②，③ である（① は，最大値が 450 未満)。

次に，第 1 四分位数は 50 以上 100 未満であるから，100 未満のデータが 7 個以上ある。この条件に合うのは，⓪，②，③ のうち，⓪，② である（③ は，100 未満のデータが 6 個)。

次に，第 3 四分位数は 200 以上 250 未満であるから，大きい方から 7 番目と 8 番目のデータの平均値がこの値になる。この条件に合うのは，⓪，② のうち，② である（⓪ は，7 番目と 8 番目のデータがともに，250 以上)。

よって，最も適当な散布図は ② である。

別解

⓪，②，③ から，⓪，② に絞るところでは，中央値が 150 人よりはやや少ないことから，15 番目の人数を散布図から見つけてもよい。

(3) S と T の相関係数は

$$\frac{(S\text{ と }T\text{ の共分散})}{(S\text{ の標準偏差})\times(T\text{ の標準偏差})}$$

で求められるので

$$\frac{735.3}{39.3\times29.9}=\frac{735.3}{1175.07}=0.625\cdots$$

よって，小数第 3 位を四捨五入して，S と T の相関係数は **0.63** である。

(4) (3)より，S と T の相関係数はおよそ 0.63 であるから，二つのデータの間にやや強い正の相関があることがわかる。

したがって，適当な散布図は ① または ③ であると判断できる。

次に，表 1 より，S の平均値は 81.8，T の平均値は 72.9 である。① の散布図は，S と T それぞれが 80 を上回るデータが 20 個，下回るデータが 9 個あり，外れ値もないので，平均値は明らかに表 1 の値と一致しない。

よって，最も適当な散布図は ③ である。

第3問

(1) A が持ち寄ったプレゼントを a，B が持ち寄ったプレゼントを b，… と表し，A が B のプレゼントを受け取ることを「A–b」のように表す。

(i) 2 人で交換会を開く場合，1 回目の交換でのプレゼントの受け取り方は $2!=2$（通り）である。

1 回目の交換で終了するような受け取り方は

A–b，B–a

の **1 通り** である。

よって，1 回目の交換で終了する確率は

$$\frac{1}{2}$$

(ii) 3 人で交換会を開く場合，1 回目の交換でのプレゼントの受け取り方は $3!=6$（通り）である。

1 回目の交換で終了するような受け取り方は

A–b, B–c, C–a
A–c, B–a, C–b
の 2 通り である。
よって，1 回目の交換で終了する確率は

$$\frac{2}{6}=\frac{1}{3}$$

(iii) 3 人で交換会を開く場合，4 回連続で終了しない確率は，(ii)で求めた確率の余事象の確率を考えることにより

$$\left(1-\frac{1}{3}\right)^4=\left(\frac{2}{3}\right)^4=\frac{16}{81}$$

よって，4 回以下の交換で終了する確率は

$$1-\frac{16}{81}=\frac{65}{81}$$

別解

1 ～ 4 回目それぞれで終了する確率を求めて，和をとってもよい。

$n \geqq 2$ のとき，n 回目で終了する確率は「$(n-1)$ 回目まで連続で終了せず，n 回目に終了する」確率であるから

$$\frac{1}{3}+\left(1-\frac{1}{3}\right)\cdot\frac{1}{3}$$
$$+\left(1-\frac{1}{3}\right)^2\cdot\frac{1}{3}+\left(1-\frac{1}{3}\right)^3\cdot\frac{1}{3}$$
$$=\frac{1}{3}+\frac{2}{9}+\frac{4}{27}+\frac{8}{81}$$
$$=\frac{27+18+12+8}{81}$$
$$=\frac{65}{81}$$

(2) 4 人で交換会を開く場合，1 回目の交換で，

(a) ちょうど 1 人が自分のプレゼントを受け取る場合，その 1 人の選び方が ${}_4C_1=4$ (通り) ある。

他の 3 人がそれぞれ自分以外のプレゼントを受け取る交換の仕方は，(1)(ii)より，2 通りである。

よって

$$4\times 2=8\text{ (通り)}$$

(b) ちょうど 2 人が自分のプレゼントを受け取る場合，その 2 人の選び方が ${}_4C_2=6$ (通り) ある。

他の 2 人がそれぞれ自分以外のプレゼントを受け取る交換の仕方は，(1)(i)より，1 通りである。

よって

$$6\times 1=6\text{ (通り)}$$

(c) ちょうど 3 人が自分のプレゼントを受け取る場合，残りの 1 人も自分のプレゼントを受け取るため，そのような受け取り方は存在しない。

(d) 4 人全員が自分のプレゼントを受け取る場合，4 人それぞれが自分のプレゼントを受け取るから

1 通り

よって，(a)～(d)より，1 回目の交換で終了しない受け取り方の総数は

$$8+6+1=15\text{ (通り)}$$

1 回目の交換における受け取り方は $4!=24$ (通り) であるから，1 回目で交換会が終了する受け取り方は $24-15=9$ (通り) である。

よって，1 回目で交換会が終了する確率は

$$\frac{9}{24}=\frac{3}{8}$$

(3) 5 人で交換会を開く場合，(2)と同様に考えて，1 回目の交換で，

(a) ちょうど 1 人が自分のプレゼントを受け取る場合，その 1 人の選び方が ${}_5C_1=5$ (通り) ある。

他の 4 人がそれぞれ自分以外のプレゼントを受け取る交換の仕方は，(2)より，9 通りである。

したがって

$$5\times 9=45\text{ (通り)}$$

(b) ちょうど 2 人が自分のプレゼントを受け取る場合，その 2 人の選び方が ${}_5C_2=10$ (通り) ある。

他の 3 人がそれぞれ自分以外のプレゼントを受け取る交換の仕方は，(1)(ii)より，2 通りである。

したがって

$$10\times 2=20\text{ (通り)}$$

(c) ちょうど 3 人が自分のプレゼントを受け取る場合，その 3 人の選び方が ${}_5C_3=10$ (通り) ある。

他の 2 人がそれぞれ自分以外のプレゼントを受け取る交換の仕方は，(1)(i)より，1 通りである。

したがって

$$10\times 1=10\text{ (通り)}$$

(d) ちょうど 4 人が自分のプレゼントを受け取る場合，残りの 1 人も自分のプレゼントを受け取るため，そのような受け取り方は存在しない。

(e) 5 人全員が自分のプレゼントを受け取る場合，5 人それぞれが自分のプレゼントを受け取るから

1 通り

(a)～(e)より，1 回目の交換で終了しない受け取り方の総数は

$$45+20+10+1=76\text{ (通り)}$$

1 回目の交換における受け取り方は $5!=120$ (通り) であるから，1 回目で交換会が終了する受け取り方は

$$120-76=44\text{ (通り)}$$

よって，1 回目で交換会が終了する確率は

$$\frac{44}{120}=\frac{11}{30}$$

(4) A，B，C，D，E の 5 人で交換会を開く場合，事象 X，Y を次のように定める。

事象 X：1 回目の交換で A，B，C，D がそれぞれ自分以外の人のプレゼントを受け取る。

事象 Y：1 回目で交換会が終了する。

A, B, C, D, E の全員が自分以外のプレゼントを受け取る場合は，事象 $X\cap Y$ であり，場合の数 $n(X\cap Y)$ は，(3)より

$$n(X\cap Y)=44 \text{（通り）}$$

A，B，C，D が自分以外のプレゼントを受け取り，E は自分のプレゼントを受け取る場合，(2)より 9 通りあるから，事象 X の場合の数 $n(X)$ は

$$n(X)=44+9=53 \text{（通り）}$$

よって，求める条件付き確率は

$$P_X(Y)=\frac{n(X\cap Y)}{n(X)}=\frac{44}{53}$$

第 4 問

(1)　$5^4x-2^4y=1$　……………………①

$5^4=625$ を $2^4=16$ で割ると，商は 39，余りは 1 であるから

$$5^4=2^4\cdot 39+1$$

$$5^4\cdot 1-2^4\cdot 39=1 \quad \cdots\cdots③$$

よって，①の解のうち，x が正の整数，つまり $x\geqq 1$ で最小になるのは

$$\boldsymbol{x=1,\ y=39}$$

① − ③ より

$$5^4(x-1)-2^4(y-39)=0$$

$$5^4(x-1)=2^4(y-39)$$

5^4 と 2^4 は互いに素であるから，$x-1$ は 2^4 の倍数であり，$y-39$ は 5^4 の倍数である。

ここで，$x-1=2^4k$（k は整数）とおくと

$$5^4\cdot 2^4k=2^4(y-39)$$

したがって，①の一般解は，k を整数として

$$x=2^4k+1,\ y=5^4k+39$$

である。よって，$x=2^4k+1$ が 2 桁の正の整数で最小になるのは，$k=1$ のときで

$$\boldsymbol{x}=2^4\cdot 1+1=17$$

$$\boldsymbol{y}=5^4\cdot 1+39=664$$

(2)　$\boldsymbol{625^2}=(5^4)^2=\boldsymbol{5^8}$

したがって，625^2 を 5^5 で割ったときの余りは 0 である。

また，$5^4=2^4\cdot 39+1$ の両辺を 2 乗して

$$(5^4)^2=(2^4\cdot 39)^2+2\cdot 2^4\cdot 39+1^2$$

$$625^2=2^8\cdot 39^2+2^5\cdot 39+1$$

$m=39$ より

$$\boldsymbol{625^2=2^8m^2+2^5m+1}$$

よって，625^2 を 2^5 で割ったときの余りは 1 である。

(3)　$5^5x-2^5y=1$　……………………②

5^5x は 5^5 の倍数であり，$5^5x=2^5y+1$ より，2^5 で割ったときの余りは 1 である。

(2)より，625^2 も 5^5 の倍数であり，2^5 で割ったときの余りは 1 であるから，5^5x-625^2 は $5^5\cdot 2^5$ の倍数である。

5^5 と 2^5 は互いに素より

$$5^5x-625^2=5^5\cdot 2^5l \quad (l \text{ は整数})$$

とおける。両辺を 5^5 で割ると

$$x-5^3=2^5l$$

$$x=5^3+2^5l$$

x が 3 桁の正の整数で最小となるのは，$l=0$ のときで

$$\boldsymbol{x}=5^3=125$$

これを②に代入して

$$5^5\cdot 5^3-2^5y=1$$

$$2^5y=5^8-1=(5^2+1)(5^2-1)(5^4+1)$$

$$\boldsymbol{y}=\frac{26\cdot 24\cdot 626}{2\cdot 8\cdot 2}=13\cdot 3\cdot 313$$

$$=12207$$

(4)　(1)〜(3)と同様の方法で

$$11^5x-2^5y=1 \quad \cdots\cdots④$$

を解く。$11^4=14641$ を $2^4=16$ で割ると

$$14641=16\cdot 915+1$$

$$11^4=2^4\cdot 915+1$$

両辺を 2 乗すると

$$(11^4)^2=(2^4\cdot 915)^2+2\cdot 2^4\cdot 915+1^2$$

$$11^8=2^8\cdot 915^2+2^5\cdot 915+1$$

したがって，11^8 を 11^5 で割ったときの余りは 0 であり，2^5 で割ったときの余りは 1 である。

また，④より，$11^5x=2^5y+1$ であるから，11^5x を 11^5 で割ったときの余りは 0 であり，2^5 で割ったときの余りは 1 である。

したがって，11^5x-11^8 は，$11^5\cdot 2^5$ の倍数であり

$$11^5x-11^8=11^5\cdot 2^5n \quad (n \text{ は整数})$$

とおける。両辺を 11^5 で割ると

$$x-11^3=2^5n$$

$$x=2^5n+11^3$$

$$=32n+1331$$

ここで

$$32n+1331\geqq 1$$

$$n\geqq -\frac{1330}{32}=-41-\frac{9}{16}$$

であるから，x が正の整数で最小となるのは，$n=-41$ のときで

$$x = 32\cdot(-41) + 1331 = -1312 + 1331$$
$$= 19$$

これを④に代入して

$$11^5\cdot 19 - 2^5 y = 1$$
$$32y = 3059969 - 1$$
$$= 3059968$$
$$y = 95624$$

研究

複雑な計算を要するが，誘導を無視して，次のように解くこともできる。④は

$$161051x - 32y = 1 \quad \cdots\cdots ⑤$$

であるから，161051 と 32 でユークリッドの互除法を用いて

$$161051 = 32\cdot 5032 + 27$$
$$32 = 27\cdot 1 + 5$$
$$27 = 5\cdot 5 + 2$$
$$5 = 2\cdot 2 + 1$$

これらの式より

$$1 = 5 - 2\cdot 2$$
$$= 5 - (27 - 5\cdot 5)\cdot 2$$
$$= 5\cdot 11 - 27\cdot 2$$
$$= (32 - 27\cdot 1)\cdot 11 - 27\cdot 2$$
$$= 32\cdot 11 - 27\cdot 13$$
$$= 32\cdot 11 - (161051 - 32\cdot 5032)\cdot 13$$
$$= -161051\cdot 13 + 32\cdot 65427$$

となるので

$$161051\cdot(-13) - 32\cdot(-65427) = 1 \quad \cdots\cdots ⑥$$

⑤ − ⑥ より

$$161051(x + 13) - 32(y + 65427) = 0$$
$$161051(x + 13) = 32(y + 65427)$$

$161051 = 11^5$ と $32 = 2^5$ は互いに素より，$x + 13$ は 32 の倍数である。

したがって，p を整数として

$$x + 13 = 32p$$

とおけ，⑤の整数解 x は

$$x = 32p - 13$$

と表せる。

よって，$p = 1$ のとき，x が正の整数で最小となり，$x = 19$ である。

これを⑤に代入して

$$161051\cdot 19 - 32y = 1$$
$$y = 95624$$

第5問

(1)　点 G は △ABC の重心より

$$\mathrm{AG} : \mathrm{GE} = 2 : 1$$

したがって

$$\mathrm{GE} = \frac{1}{2}\mathrm{AG}$$

また，点 D は線分 AG の中点であるから

$$\mathrm{AD} = \mathrm{DG} = \frac{1}{2}\mathrm{AG}$$

よって

$$\mathrm{AD} : \mathrm{DE} = \mathrm{AD} : (\mathrm{DG} + \mathrm{GE})$$
$$= \frac{1}{2}\mathrm{AG} : \left(\frac{1}{2}\mathrm{AG} + \frac{1}{2}\mathrm{AG}\right)$$
$$= 1 : 2$$

であるから

$$\boldsymbol{\frac{\mathrm{AD}}{\mathrm{DE}} = \frac{1}{2}}$$

△ABE と直線 FP において，メネラウスの定理より

$$\frac{\mathrm{AP}}{\mathrm{PB}}\cdot\frac{\mathrm{BF}}{\mathrm{FE}}\cdot\frac{\mathrm{ED}}{\mathrm{DA}} = 1$$

$\frac{\mathrm{AD}}{\mathrm{DE}} = \frac{1}{2}$ より

$$\frac{\mathrm{AP}}{\mathrm{PB}}\cdot\frac{\mathrm{BF}}{\mathrm{FE}}\cdot 2 = 1$$

よって

$$\boldsymbol{\frac{\mathrm{BP}}{\mathrm{AP}} = 2\times\frac{\mathrm{BF}}{\mathrm{EF}}} \qquad ⇨①，③$$

△AEC と直線 FD において，メネラウスの定理より

$$\frac{\mathrm{AD}}{\mathrm{DE}}\cdot\frac{\mathrm{EF}}{\mathrm{FC}}\cdot\frac{\mathrm{CQ}}{\mathrm{QA}} = 1$$

同様に $\frac{\mathrm{AD}}{\mathrm{DE}} = \frac{1}{2}$ より

$$\frac{1}{2}\cdot\frac{\mathrm{EF}}{\mathrm{FC}}\cdot\frac{\mathrm{CQ}}{\mathrm{QA}} = 1$$

よって

$$\boldsymbol{\frac{\mathrm{CQ}}{\mathrm{AQ}} = 2\times\frac{\mathrm{CF}}{\mathrm{EF}}} \qquad ⇨②，③$$

したがって

$$\frac{\mathrm{BP}}{\mathrm{AP}} + \frac{\mathrm{CQ}}{\mathrm{AQ}} = 2\left(\frac{\mathrm{BF}}{\mathrm{EF}} + \frac{\mathrm{CF}}{\mathrm{EF}}\right)$$
$$= \frac{2(\mathrm{BF} + \mathrm{CF})}{\mathrm{EF}}$$

なお，点 F が辺 BC の B，C どちらの延長上にあっても，上記の式は同様である。

ここで，点 F が辺 BC の C の延長上にあるとき

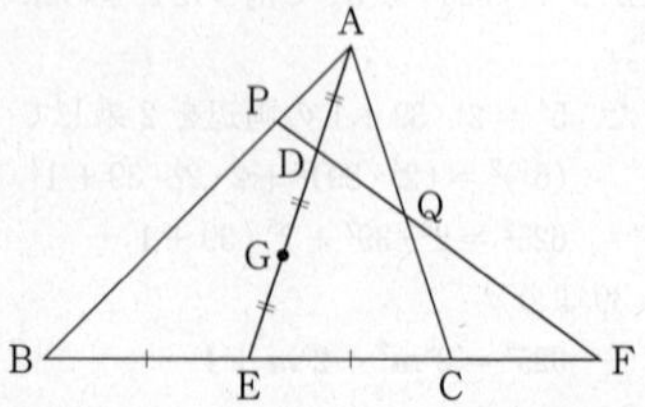

$\mathrm{BF}=\mathrm{BE}+\mathrm{EF}$ であり，点 E は辺 BC の中点より，$\mathrm{BE}=\mathrm{EC}$ であるから

$$\begin{aligned}\mathrm{BF}+\mathrm{CF}&=\mathrm{BE}+\mathrm{EF}+\mathrm{CF}\\&=\mathrm{EC}+\mathrm{EF}+\mathrm{CF}\\&=2\mathrm{EF}\end{aligned}$$

また，点 F が辺 BC の B の延長上にあるとき

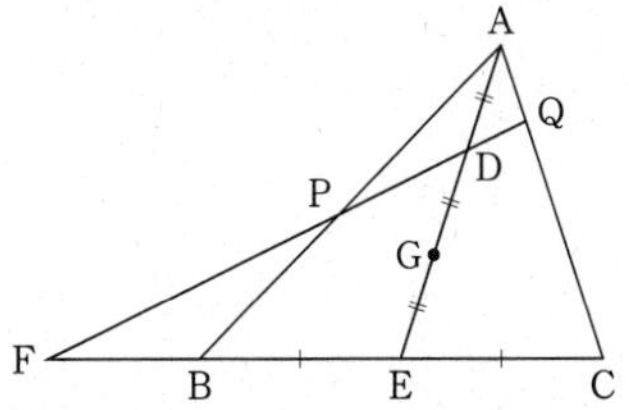

$\mathrm{CF}=\mathrm{BF}+\mathrm{BC}$ であり，点 E は辺 BC の中点より，$\mathrm{BC}=2\mathrm{BE}$ であるから

$$\begin{aligned}\mathrm{BF}+\mathrm{CF}&=\mathrm{BF}+\mathrm{BF}+\mathrm{BC}\\&=2(\mathrm{BF}+\mathrm{BE})\\&=2\mathrm{EF}\end{aligned}$$

よって，いずれにしても

$$\begin{aligned}\frac{\mathbf{BP}}{\mathbf{AP}}+\frac{\mathbf{CQ}}{\mathbf{AQ}}&=\frac{2\cdot 2\mathrm{EF}}{\mathrm{EF}}=2\cdot 2\\&=4\end{aligned}$$

(2) $\mathrm{AB}=9$，$\mathrm{BC}=8$，$\mathrm{AC}=6$，点 D が線分 AG の中点であるとき，次の図のようになる。

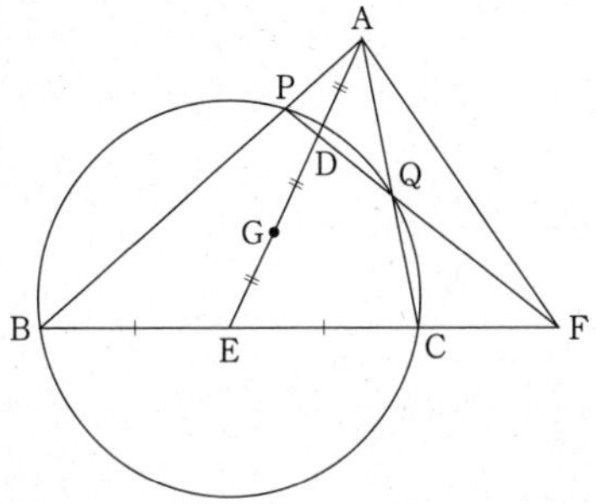

四角形 BCQP は同一円周上にあるから，方べきの定理より

$$\mathrm{AP}\cdot\mathrm{AB}=\mathrm{AQ}\cdot\mathrm{AC}$$

よって，$\mathrm{AB}=9$，$\mathrm{AC}=6$ より

$$\begin{aligned}\mathbf{AQ}&=\frac{\mathrm{AB}}{\mathrm{AC}}\cdot\mathrm{AP}=\frac{9}{6}\mathrm{AP}\\&=\frac{\mathbf{3}}{\mathbf{2}}\mathbf{AP}\end{aligned}$$

これより，$\mathrm{AP}=2x$ とおくと，$\mathrm{AQ}=3x$ であり

$$\mathrm{BP}=\mathrm{AB}-\mathrm{AP}=9-2x$$
$$\mathrm{CQ}=\mathrm{AC}-\mathrm{AQ}=6-3x$$

であるから，$\dfrac{\mathrm{BP}}{\mathrm{AP}}+\dfrac{\mathrm{CQ}}{\mathrm{AQ}}=4$ より

$$\frac{9-2x}{2x}+\frac{6-3x}{3x}=4$$
$$3(9-2x)+2(6-3x)=24x$$

したがって

$$x=\frac{13}{12}$$

よって

$$\begin{aligned}\mathbf{AP}&=2x=2\cdot\frac{13}{12}\\&=\frac{\mathbf{13}}{\mathbf{6}}\end{aligned}$$

$$\begin{aligned}\mathbf{AQ}&=3x=3\cdot\frac{13}{12}\\&=\frac{\mathbf{13}}{\mathbf{4}}\end{aligned}$$

これより

$$\begin{aligned}\mathrm{AP}:\mathrm{BP}&=\frac{13}{6}:\left(9-\frac{13}{6}\right)\\&=\frac{13}{6}:\frac{41}{6}\\&=13:41\end{aligned}$$

(1)より

$$\frac{\mathrm{BP}}{\mathrm{AP}}=2\times\frac{\mathrm{BF}}{\mathrm{EF}}$$
$$\frac{41}{13}=\frac{2(8+\mathrm{CF})}{4+\mathrm{CF}}$$
$$41(4+\mathrm{CF})=26(8+\mathrm{CF})$$
$$15\mathrm{CF}=44$$

よって

$$\mathbf{CF}=\frac{\mathbf{44}}{\mathbf{15}}$$

別解

AP と AQ の関係は，相似な三角形から求めてもよい。

四角形 BCQP は円に内接しており，内角はその対角の外角に等しいので

$$\angle\mathrm{ABC}=\angle\mathrm{AQP},\ \angle\mathrm{ACB}=\angle\mathrm{APQ}$$

したがって，$\triangle\mathrm{ABC}\backsim\triangle\mathrm{AQP}$ であるから

$$\mathrm{AQ}:\mathrm{AP}=\mathrm{AB}:\mathrm{AC}=9:6=3:2$$

よって

$$\mathrm{AQ}=\frac{3}{2}\mathrm{AP}$$

(3) $\mathrm{AD}:\mathrm{DE}=k:1$ とおくと，$\dfrac{\mathrm{AD}}{\mathrm{DE}}=k$ である。

(1)と同様に，$\triangle\mathrm{ABE}$ と直線 FP において，メネラウスの定理より

$$\frac{\mathrm{AP}}{\mathrm{PB}}\cdot\frac{\mathrm{BF}}{\mathrm{FE}}\cdot\frac{\mathrm{ED}}{\mathrm{DA}}=1$$

したがって

$$\frac{\mathrm{BP}}{\mathrm{AP}}=\frac{1}{k}\cdot\frac{\mathrm{BF}}{\mathrm{EF}}$$

$\triangle\mathrm{AEC}$ と直線 FD において，メネラウスの定理より

$$\frac{\mathrm{AD}}{\mathrm{DE}}\cdot\frac{\mathrm{EF}}{\mathrm{FC}}\cdot\frac{\mathrm{CQ}}{\mathrm{QA}}=1$$

したがって

$$\frac{\mathrm{CQ}}{\mathrm{AQ}}=\frac{1}{k}\cdot\frac{\mathrm{CF}}{\mathrm{EF}}$$

これらより

$$\begin{aligned}\frac{\mathrm{BP}}{\mathrm{AP}}+\frac{\mathrm{CQ}}{\mathrm{AQ}}&=\frac{1}{k}\cdot\frac{\mathrm{BF}+\mathrm{CF}}{\mathrm{EF}}\\&=\frac{1}{k}\cdot\frac{2\mathrm{EF}}{\mathrm{EF}}\\&=\frac{2}{k}\end{aligned}$$

$\frac{\mathrm{BP}}{\mathrm{AP}}+\frac{\mathrm{CQ}}{\mathrm{AQ}}=10$ となるのは

$\frac{2}{k}=10$ すなわち $k=\frac{1}{5}$

のときである。

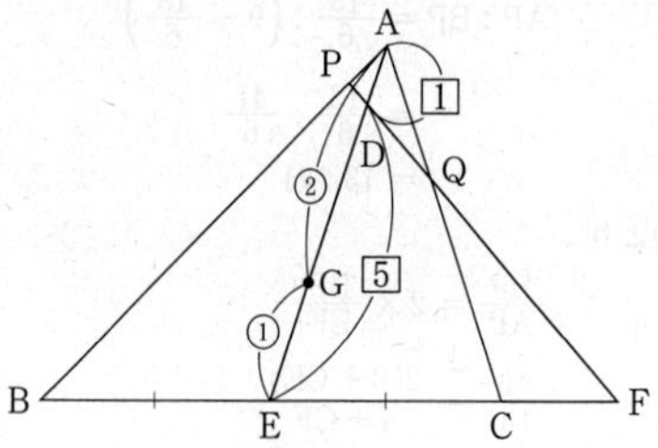

このとき，$\mathrm{AD}=\frac{1}{5}\mathrm{DE}$ であるから

$$\mathrm{AD}=\frac{1}{5}(\mathrm{AE}-\mathrm{AD})$$

$$\frac{6}{5}\mathrm{AD}=\frac{1}{5}\mathrm{AE}$$

$$\mathrm{AD}=\frac{1}{6}\mathrm{AE}$$

また，点 G は △ABC の重心より，$\mathrm{AG}=\frac{2}{3}\mathrm{AE}$ であるから

$$\begin{aligned}\mathrm{DG}&=\mathrm{AG}-\mathrm{AD}\\&=\frac{2}{3}\mathrm{AE}-\frac{1}{6}\mathrm{AE}\\&=\frac{1}{2}\mathrm{AE}\end{aligned}$$

したがって

$$\begin{aligned}\mathrm{AD}:\mathrm{DG}&=\frac{1}{6}\mathrm{AE}:\frac{1}{2}\mathrm{AE}\\&=1:3\end{aligned}$$

よって

$$\boldsymbol{\frac{\mathrm{AD}}{\mathrm{DG}}=\frac{1}{3}}$$

2022 追試

解　答

問題番号(配点)	解答記号	正解	配点	自己採点
第1問(30)	$x=\sqrt{\boxed{\text{ア}}}c-\frac{\boxed{\text{イ}}\sqrt{3}}{3}$	$x=\sqrt{3}c-\frac{2\sqrt{3}}{3}$	2	
	$\boxed{\text{ウ}}$	②	2	
	$x=\frac{\boxed{\text{エ}}+\sqrt{3}}{\boxed{\text{オカ}}}c$	$x=\frac{6+\sqrt{3}}{11}c$	2	
	$\boxed{\text{キ}}$	⑤	2	
	$\boxed{\text{ク}}$，$\boxed{\text{ケ}}$，$\boxed{\text{コ}}$	①，④，⑦	2	
	$\boxed{\text{サシ}}$ m	36 m	2	
	$\boxed{\text{ス}}$，$\boxed{\text{セ}}$	⑤，④	各2	
	$\mathrm{BC}=\boxed{\text{ソ}}$，$\mathrm{BC}\geqq\frac{\boxed{\text{タ}}}{\boxed{\text{チ}}}$	$\mathrm{BC}=6$，$\mathrm{BC}\geqq\frac{4}{3}$	各2	
	$\mathrm{BC}=\boxed{\text{ツ}}$，$\mathrm{BC}=\sqrt{\boxed{\text{テ}}}$	$\mathrm{BC}=4$，$\mathrm{BC}=\sqrt{2}$	各2	
	$\boxed{\text{ト}}$，$\boxed{\text{ナ}}$，$\boxed{\text{ニ}}$	⑤，⑦，⑧	各2	
第2問(30)	$0\leqq\mathrm{AP}<\boxed{\text{ア}}$	$0\leqq\mathrm{AP}<4$	2	
	$\frac{\boxed{\text{イウ}}}{\boxed{\text{エ}}}$，$\boxed{\text{オカ}}$	$\frac{25}{2}$，12	各2	
	$0\leqq\mathrm{AP}<\boxed{\text{キク}}-a$	$0\leqq\mathrm{AP}<10-a$	2	
	$5<a\leqq\frac{\boxed{\text{ケコ}}}{\boxed{\text{サ}}}$	$5<a\leqq\frac{15}{2}$	4	
	$\boxed{\text{シス}}a^2+\boxed{\text{セソ}}a-\boxed{\text{タチツ}}$	$-2a^2+30a-100$	3	
	$\boxed{\text{テ}}$	⑥	1	
	$\boxed{\text{ト}}$	①	2	
	$\boxed{\text{ナ}}$	①	1	
	$\boxed{\text{ニ}}$，$\boxed{\text{ヌ}}$	①，⑤ ※	各1	
	$\boxed{\text{ネノ}}$	57	2	
	$\boxed{\text{ハ}}$	3	1	
	$\boxed{\text{ヒ}}$，$\boxed{\text{フ}}$	2，②	各2	
	$\boxed{\text{ヘ}}$，$\boxed{\text{ホ}}$	⓪，②	2	

問題番号(配点)	解答記号	正解	配点	自己採点
第3問 (20)	$\boxed{\text{ア}}$ または $\boxed{\text{イウ}}$	4 または 10	各1	
	$\dfrac{\boxed{\text{エ}}}{\boxed{\text{オ}}}$，$\dfrac{\boxed{\text{カ}}}{\boxed{\text{キ}}}$	$\dfrac{1}{6}$，$\dfrac{1}{3}$	各2	
	$\dfrac{\boxed{\text{ク}}}{\boxed{\text{ケ}}}$，$\boxed{\boxed{\text{コ}}}$	$\dfrac{1}{3}$，①	各2	
	$\dfrac{\boxed{\text{サ}}}{\boxed{\text{シ}}}$	$\dfrac{5}{9}$	2	
	$\dfrac{\boxed{\text{ス}}}{\boxed{\text{セ}}}$	$\dfrac{2}{3}$	1	
	$\dfrac{\boxed{\text{ソタ}}}{\boxed{\text{チツ}}}$	$\dfrac{13}{18}$	2	
	$\boxed{\boxed{\text{テ}}}$	⓪	1	
	$\boxed{\boxed{\text{ト}}}$，$\dfrac{\boxed{\text{ナニ}}}{\boxed{\text{ヌネ}}}$	⓪，$\dfrac{11}{18}$	各2	
第4問 (20)	$k = \boxed{\text{ア}}$	$k = 3$	2	
	$\ell = \boxed{\text{イ}}$，$m = \boxed{\text{ウ}}$	$\ell = 6$，$m = 6$	各2	
	$x = \boxed{\text{エ}}$	$x = 2$	2	
	$y = \boxed{\text{オ}}$，$z = \boxed{\text{カ}}$	$y = 4$，$z = 5$	3	
	$b = \boxed{\text{キ}}$	$b = 3$	2	
	$c = \boxed{\text{ク}}$	$c = 5$	3	
	$q = \boxed{\text{ケコサ}}$	$q = 191$	4	
第5問 (20)	$\boxed{\boxed{\text{ア}}}$・$\boxed{\boxed{\text{イ}}}$	⓪・① ※	2	
	$\text{AD} = \dfrac{\boxed{\text{ウ}}}{\boxed{\text{エ}}}$	$\text{AD} = \dfrac{2}{5}$	2	
	$\dfrac{\text{AC}}{\text{AG}} = \dfrac{\boxed{\text{オ}}}{\boxed{\text{カ}}}$，$\dfrac{\triangle\text{ABF の面積}}{\triangle\text{AFG の面積}} = \dfrac{\boxed{\text{キ}}}{\boxed{\text{ク}}}$	$\dfrac{\text{AC}}{\text{AG}} = \dfrac{1}{2}$，$\dfrac{\triangle\text{ABF の面積}}{\triangle\text{AFG の面積}} = \dfrac{1}{4}$	各2	
	$\text{BH} = \dfrac{\boxed{\text{ケ}}}{\boxed{\text{コ}}}$	$\text{BH} = \dfrac{6}{5}$	3	
	$\text{AH} = \dfrac{\boxed{\text{サ}}}{\boxed{\text{シ}}}$，$\text{CH} = \dfrac{\boxed{\text{ス}}}{\boxed{\text{セ}}}$	$\text{AH} = \dfrac{4}{5}$，$\text{CH} = \dfrac{9}{5}$	3	
	$\dfrac{\boxed{\text{ソ}}\sqrt{\boxed{\text{タチ}}}}{\boxed{\text{ツテ}}}$，$\text{IO} = \dfrac{\boxed{\text{ト}}\sqrt{\boxed{\text{ナ}}}}{\boxed{\text{ニヌ}}}$	$\dfrac{2\sqrt{15}}{15}$，$\text{IO} = \dfrac{4\sqrt{6}}{15}$	各3	

(注) 第1問，第2問は必答。第3問～第5問のうちから2問選択。計4問を解答。
なお，上記以外のものについても得点を与えることがある。正解欄に※があるものは，解答の順序は問わない。

合計点	/100

第1問

〔1〕

$$|3x-3c+1|=(3-\sqrt{3})x-1 \quad \cdots\cdots \text{①}$$

(1)　$x \geqq c-\dfrac{1}{3}$ のとき，$|3x-3c+1|=3x-3c+1$ より，①は

$$3x-3c+1=(3-\sqrt{3})x-1 \quad \cdots\cdots\cdots \text{②}$$

$$\sqrt{3}x=3c-2$$

$$\boldsymbol{x}=\frac{3c-2}{\sqrt{3}}=\sqrt{3}\boldsymbol{c}-\frac{\boldsymbol{2\sqrt{3}}}{\boldsymbol{3}} \quad \cdots\cdots\cdots \text{③}$$

③が $x \geqq c-\dfrac{1}{3}$ を満たすとき，③を代入して

$$\sqrt{3}c-\frac{2\sqrt{3}}{3} \geqq c-\frac{1}{3}$$

$$(\sqrt{3}-1)c \geqq \frac{2\sqrt{3}-1}{3}$$

$$\boldsymbol{c} \geqq \frac{2\sqrt{3}-1}{3(\sqrt{3}-1)}=\frac{(2\sqrt{3}-1)(\sqrt{3}+1)}{3(\sqrt{3}-1)(\sqrt{3}+1)}$$

$$=\frac{\boldsymbol{5+\sqrt{3}}}{\boldsymbol{6}} \qquad ⇨ \text{②}$$

$x<c-\dfrac{1}{3}$ のとき，$|3x-3c+1|=-3x+3c-1$ より，①は

$$-3x+3c-1=(3-\sqrt{3})x-1 \quad \cdots\cdots \text{④}$$

$$(6-\sqrt{3})x=3c$$

$$\boldsymbol{x}=\frac{3}{6-\sqrt{3}}c=\frac{3(6+\sqrt{3})}{(6-\sqrt{3})(6+\sqrt{3})}c$$

$$=\frac{\boldsymbol{6+\sqrt{3}}}{\boldsymbol{11}}\boldsymbol{c} \quad \cdots\cdots\cdots\cdots\cdots\cdots \text{⑤}$$

⑤が $x<c-\dfrac{1}{3}$ を満たすとき，⑤を代入して

$$\frac{6+\sqrt{3}}{11}c<c-\frac{1}{3}$$

$$\frac{\sqrt{3}-5}{11}c<-\frac{1}{3}$$

$\sqrt{3}-5<0$ より

$$\boldsymbol{c}>-\frac{1}{3}\cdot\frac{11}{\sqrt{3}-5}=-\frac{11(\sqrt{3}+5)}{3(\sqrt{3}-5)(\sqrt{3}+5)}$$

$$=\frac{\boldsymbol{5+\sqrt{3}}}{\boldsymbol{6}} \qquad ⇨ \text{⑤}$$

(2)　①が異なる二つの解をもつための必要十分条件は，③，⑤がともに①の実数解となることだから，(1)より，$c \geqq \dfrac{5+\sqrt{3}}{6}$，$c>\dfrac{5+\sqrt{3}}{6}$ がともに成り立つことである。

　よって，2式の共通部分を考えて

$$\boldsymbol{c}>\frac{\boldsymbol{5+\sqrt{3}}}{\boldsymbol{6}} \qquad ⇨ \text{①}$$

①がただ一つの解をもつための必要十分条件は，③，⑤の片方のみが①の実数解となればよいから，(1)より，$c \geqq \dfrac{5+\sqrt{3}}{6}$，$c>\dfrac{5+\sqrt{3}}{6}$ の一方が成り立ち，他方が成り立たないことである。

よって

$$\boldsymbol{c}=\frac{\boldsymbol{5+\sqrt{3}}}{\boldsymbol{6}} \qquad ⇨ \text{④}$$

①が解をもたないための必要十分条件は，③，⑤がともに①の実数解とならなければよいから，(1)より，$c \geqq \dfrac{5+\sqrt{3}}{6}$ も $c>\dfrac{5+\sqrt{3}}{6}$ も成り立たないことである。よって

$$\boldsymbol{c}<\frac{\boldsymbol{5+\sqrt{3}}}{\boldsymbol{6}} \qquad ⇨ \text{⑦}$$

〔2〕

(1)　はしごと水平面のなす角の大きさを θ，はしごの支点の高さからはしごの先端までの高さを x とすると

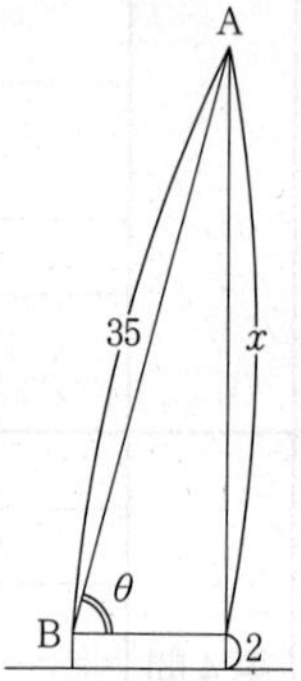

$$\sin\theta=\frac{x}{35}$$

$$x=35\sin\theta$$

$0° \leqq \theta \leqq 75°$ で，θ が最大となるとき，x も最大となる。

　よって，はしごの先端 A の最高到達点の高さは，$\theta=75°$ のときで，三角比の表より

$$2+x=2+35\sin 75°$$

$$=2+35\times 0.9659$$

$$=2+33.8065$$

$$=35.8065$$

小数第 1 位を四捨五入して，地面から **36 m** である。

(2)(i)　はしごの先端 A が点 P に一致するとき，図のように線分 AB をとり，直角三角形 ABQ を考える。

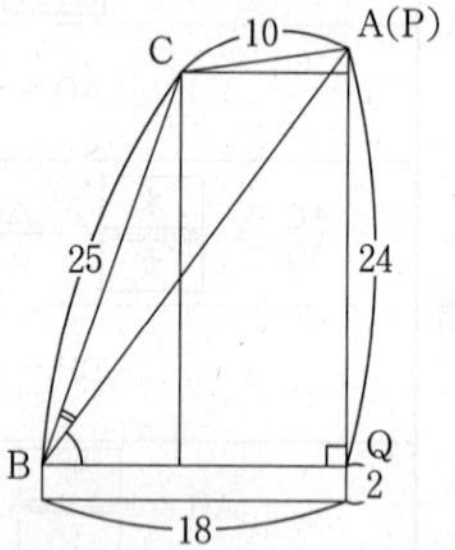

$$\tan\angle\text{ABQ}=\frac{\text{AQ}}{\text{BQ}}=\frac{24}{18}=\frac{4}{3} \fallingdotseq 1.33$$

したがって，三角比の表より

$$\angle\text{ABQ} \fallingdotseq 53°$$

直角三角形 ABQ は

$$\text{BQ}:\text{AQ}=18:24=3:4$$

より，辺の比が 3 : 4 : 5 の直角三角形であるから，AB = 30 である。

△ABC において，余弦定理より

$$\cos\angle ABC = \frac{AB^2 + BC^2 - AC^2}{2 \cdot AB \cdot BC}$$

$$= \frac{30^2 + 25^2 - 10^2}{2 \cdot 30 \cdot 25} = \frac{57}{60}$$

$$= 0.95$$

であるから，三角比の表より

$$\angle ABC \fallingdotseq 18^\circ$$

よって，∠QBC の大きさはおよそ

$$\angle QBC = \angle ABQ + \angle ABC$$

$$\fallingdotseq 53^\circ + 18^\circ = \mathbf{71^\circ}$$ ⇨ ⑤

(ii)　点 A と点 P が一致するとき，(2)(i)より

$$\angle CBQ \fallingdotseq 71^\circ$$

以下，$\angle CBQ = 71^\circ$ とする。

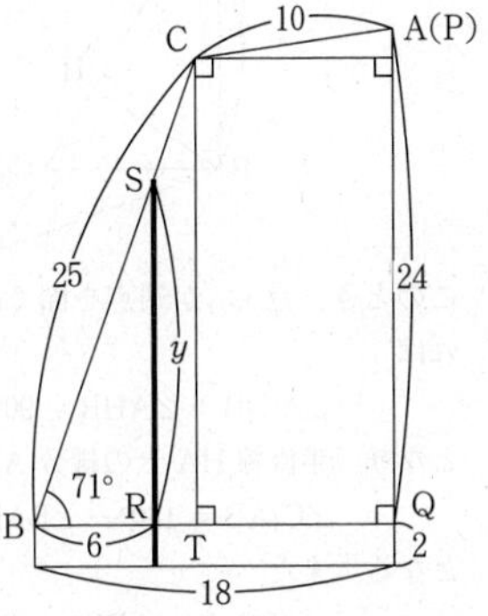

図のように，このときのフェンスの高さを $y+2$ とすると，はしごに当たらないフェンスの高さは $y+2$ 未満となる。

フェンスと辺 BQ との交点を R，フェンスと辺 BC との交点を点 S，点 C から辺 BQ に引いた垂線と BQ の交点を T とする。

直角三角形 SBR で，三角比の定義より

$$\tan\angle SBR = \frac{RS}{BR} = \frac{y}{6}$$

$\angle SBR = \angle CBQ = 71^\circ$ であり，三角比の表より

$$\tan\angle SBR = \tan 71^\circ = 2.9042$$

であるから

$$2.9042 = \frac{y}{6}$$

$$y = 6 \times 2.9042 = 17.4252$$

したがって，このときのフェンスの高さは

$$y + 2 = 17.4252 + 2 = 19.4252$$

となり，はしごがフェンスに当たらないのは，フェンスの高さが 19.4252 m 未満のときである。

よって，このときのフェンスの高さの最大値は，④ の **19 m** である。 ⇨ ④

〔3〕

△ABC において，AB = 4 とする。

(1)　AC = 6，$\cos\angle BAC = \frac{1}{3}$ のとき，△ABC において，余弦定理より

$$BC^2 = AB^2 + AC^2 - 2AB \cdot AC \cdot \cos\angle BAC$$

$$= 4^2 + 6^2 - 2 \cdot 4 \cdot 6 \cdot \frac{1}{3}$$

$$= 16 + 36 - 16 = 36$$

BC > 0 より

BC = 6

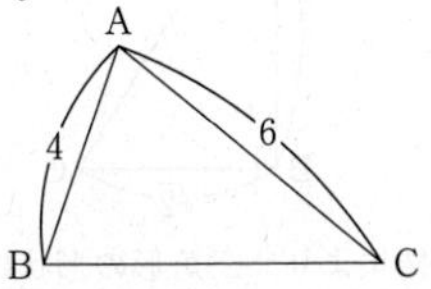

(2)　$\sin\angle BAC = \frac{1}{3}$ のとき，$\angle BAC \neq 90^\circ$ である。点 B から直線 AC に引いた垂線と AC の交点を H とすると，三角比の定義より

$$\sin\angle BAC = \frac{BH}{BA} = \frac{BH}{4}$$

$\sin\angle BAC = \frac{1}{3}$ より

$$BH = 4\sin\angle BAC = 4 \cdot \frac{1}{3} = \frac{4}{3}$$

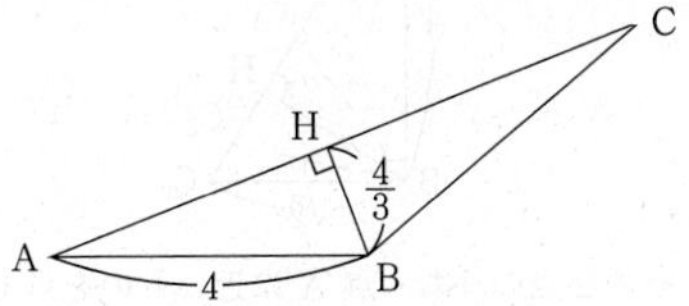

よって，点 B と直線 AC との距離は $\frac{4}{3}$ であるから

$$\mathbf{BC \geqq \frac{4}{3}}$$

$BC = \frac{4}{3}$ のとき，点 C は点 H と一致し，△ABC はただ一通りに決まり，直角三角形となる。

BA = BC のとき，△ABC は二等辺三角形となるから，点 C は直線 BH に関して点 A と対称な点となる。このとき，△ABC はただ一通りに決まり

BC = BA = 4

また，$\angle ABC = 90^\circ$ より，∠BAC は鋭角であるから，$\sin\angle BAC = \frac{1}{3}$ より

$$\cos\angle BAC = \sqrt{1 - \sin^2\angle BAC}$$

$$= \sqrt{1 - \left(\frac{1}{3}\right)^2}$$

$$= \sqrt{\frac{8}{9}} = \frac{2\sqrt{2}}{3}$$

したがって

$$\tan\angle BAC = \frac{\sin\angle BAC}{\cos\angle BAC} = \frac{1}{2\sqrt{2}} = \frac{\sqrt{2}}{4}$$

$\angle ABC = 90^\circ$ のとき，三角比の定義より

$$\tan\angle BAC = \frac{BC}{AB} = \frac{BC}{4}$$

よって

$$\mathbf{BC} = 4\tan\angle BAC$$
$$= 4\cdot\frac{\sqrt{2}}{4} = \sqrt{2}$$

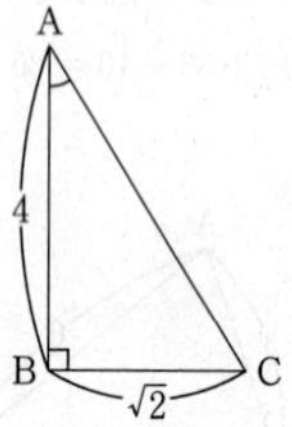

以上の結果より，三角形の形状について考える。$\angle ABC = 90^\circ$ となるときの点 C を C_0 とすると，$BC_0 = \sqrt{2}$ である。

- $\frac{4}{3} < BC < \sqrt{2}$ のとき，$BC < BC_0$ で，点 C は直線 BH に関して対称な点が 2 点とれる。

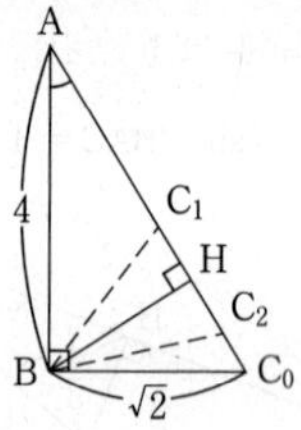

その 2 点のうち，点 A に近いものを点 C_1，他方を点 C_2 とする。このとき

$$\angle AC_2B < \angle AHB < \angle AC_1B$$
$$\angle AC_2B < 90^\circ < \angle AC_1B$$

であるから，$\angle AC_2B$ は鋭角，$\angle AC_1B$ は鈍角である。

よって，$\angle ABC_2 < 90^\circ$ より，$\triangle ABC_2$ は**鋭角三角形**であり，$\triangle ABC_1$ は**鈍角三角形**である。

⇨ ⑤

- $BC = \sqrt{2}$ のとき，$BC = BC_0$ で，直線 BH に関して点 C_0 と対称な点を C_3 とすると，点 C は C_0 と C_3 の 2 点とれる。

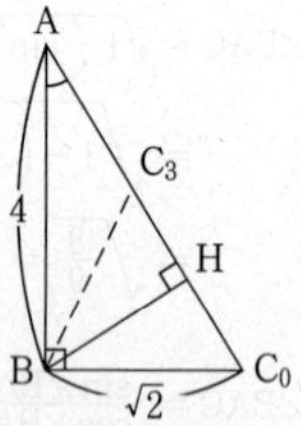

このとき

$$\angle AC_3B > \angle AHB = 90^\circ$$

であるから，$\angle AC_3B$ は鈍角である。

よって，$\angle ABC_0 = 90^\circ$ より，$\triangle ABC_0$ は**直角三角形**であり，$\triangle ABC_3$ は**鈍角三角形**である。

⇨ ⑦

- $BC > \sqrt{2}$ かつ $BC \neq 4$ のとき，$BC > BC_0$ かつ $BC \neq BA$ で，半直線 AC_0 の延長上に点 C_5，直線 BH に関して，点 C_5 と対称な点を C_4 とすると，点 C は C_4 と C_5 の 2 点とれる。

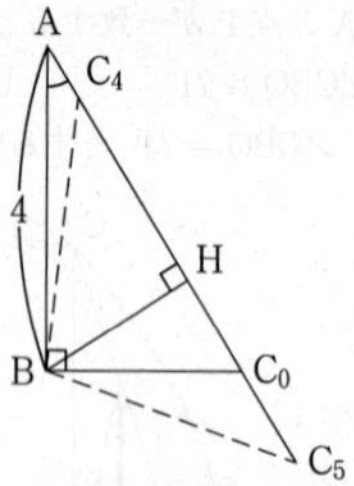

このとき，点 C_4 が端点を除く線分 AH 上にあれば

$$\angle AC_4B > \angle AHB = 90^\circ$$

となり，半直線 HA 上の線分 AH 上になければ

$$\angle C_4AB = 180^\circ - \angle BAH > 90^\circ$$

となる。また

$$\angle ABC_5 > \angle ABC_0 = 90^\circ$$

であるから，「$\angle AC_4B$ または $\angle C_4AB$」，$\angle ABC_5$ はともに鈍角である。

よって，$\triangle ABC_4$ と $\triangle ABC_5$ はともに**鈍角三角形**である。

⇨ ⑧

第2問

〔1〕

$5 < a < 10$，$AB = CD = 5$，$BC = DA = a$ で，$AP = x$ とおく。

$\triangle PBQ$ は $\angle B = 90^\circ$，$\triangle QCR$ は $\angle C = 90^\circ$，$\triangle RDS$ は $\angle D = 90^\circ$ の直角二等辺三角形であるから，$PB = BQ$，$QC = CR$，$RD = DS$ である。

したがって

$$PB = BQ = 5 - x$$
$$QC = CR = a - (5 - x) = x + (a - 5)$$
$$RD = DS = 5 - \{x + (a - 5)\} = -x + (10 - a)$$

より

$$QR = \sqrt{2}QC = \sqrt{2}\{x + (a - 5)\}$$
$$RS = \sqrt{2}RD = \sqrt{2}\{-x + (10 - a)\}$$

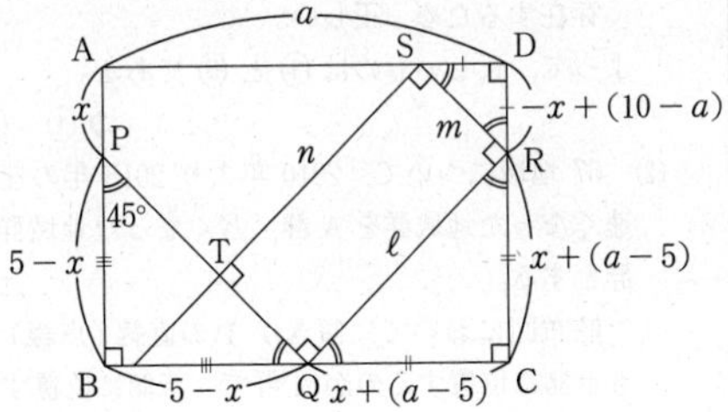

(1)　$a=6$ のとき，ℓ が頂点 C，D 以外の点で辺 CD と交わるのは

$$5>\mathrm{AP}\geqq 0 \text{ かつ } \mathrm{CR}>0 \text{ かつ } \mathrm{DR}>0$$
$$5>x\geqq 0 \text{ かつ } x+1>0 \text{ かつ } -x+4>0$$
$$5>x\geqq 0 \text{ かつ } x>-1 \text{ かつ } x<4$$

したがって

$$0\leqq x<4$$

よって

$$\mathbf{0\leqq AP<4}$$

四角形 QRST の面積を S とすると，

$\mathrm{QR}=\sqrt{2}(x+1)$，$\mathrm{RS}=\sqrt{2}(-x+4)$ より

$$\begin{aligned}S&=\mathrm{QR}\cdot\mathrm{RS}\\&=\sqrt{2}(x+1)\cdot\sqrt{2}(-x+4)\\&=-2(x^2-3x-4)\\&=-2\left(x-\frac{3}{2}\right)^2+\frac{25}{2}\end{aligned}$$

$0\leqq x<4$ より，S は $x=\mathrm{AP}=\frac{3}{2}$ のとき，**最大値 $\frac{25}{2}$** をとる。

$a=8$ のとき，同様に ℓ が頂点 C，D 以外の点で辺 CD と交わるのは

$$5>\mathrm{AP}\geqq 0 \text{ かつ } \mathrm{CR}>0 \text{ かつ } \mathrm{DR}>0$$
$$0\leqq x<5 \text{ かつ } x+3>0 \text{ かつ } -x+2>0$$
$$0\leqq x<5 \text{ かつ } x>-3 \text{ かつ } x<2$$

したがって

$$0\leqq x<2$$

$\mathrm{QR}=\sqrt{2}(x+3)$，

$\mathrm{RS}=\sqrt{2}(-x+2)$ より

$$\begin{aligned}S&=\mathrm{QR}\cdot\mathrm{RS}\\&=\sqrt{2}(x+3)\cdot\sqrt{2}(-x+2)\\&=-2(x^2+x-6)\\&=-2\left(x+\frac{1}{2}\right)^2+\frac{25}{2}\end{aligned}$$

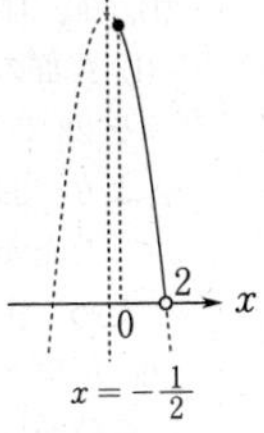

となるから，$0\leqq x<2$ より，S は $x=\mathrm{AP}=0$ のとき，**最大値 12** をとる。

研究

S について，平方完成しなくてもグラフをかくことができる。

例えば，$a=8$ のときであれば，$S=-2(x+3)(x-2)$ より，グラフと x 軸との交点は $x=-3,\ 2$ である。

したがって，2 次関数のグラフの対称性より，軸は直線

$$x=\frac{-3+2}{2}=-\frac{1}{2}$$

であることがわかる。

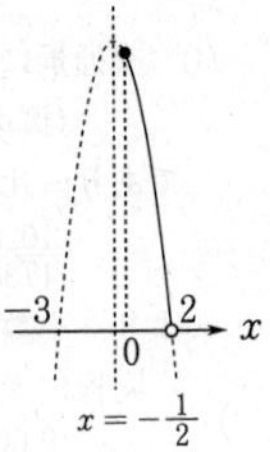

(2)　$5<a<10$ とする。ℓ が頂点 C，D 以外の点で辺 CD と交わるのは，(1)と同様に

$$5>\mathrm{AP}\geqq 0 \text{ かつ } \mathrm{CR}>0 \text{ かつ } \mathrm{DR}>0$$

となるときだから

$$\begin{cases}0\leqq x<5\\x+(a-5)>0\\-x+(10-a)>0\end{cases}$$

したがって

$$\begin{cases}0\leqq x<5\\x>5-a\\x<10-a\end{cases}$$

$5<a<10$ より，$5-a<0$，$10-a>0$ であるから

$$0\leqq x<10-a$$
$$\mathbf{0\leqq AP<10-a}\ \cdots\cdots\cdots\cdots\cdots\cdots\cdots ①$$

ここで，四角形 QRST の面積 S は

$$\begin{aligned}S&=\mathrm{QR}\cdot\mathrm{RS}\\&=\sqrt{2}\{x+(a-5)\}\cdot\sqrt{2}\{-x+(10-a)\}\\&=-2\{x^2+(2a-15)x+(a-5)(a-10)\}\\&=-2\left(x+\frac{2a-15}{2}\right)^2+\frac{25}{2}\end{aligned}$$

点 P が①をみたす範囲を動くとき，S の最大値が $\frac{25}{2}$ になるのは，$x=-\frac{2a-15}{2}$ のとき。つまり，$\mathrm{AP}=-a+\frac{15}{2}$ が①に含まれるときである。

したがって

$$0\leqq -a+\frac{15}{2}<10-a$$

ここで，$-a+\frac{15}{2}<10-a$ はつねに成り立ち，

$0\leqq -a+\frac{15}{2}$ より

$$a\leqq\frac{15}{2}$$

よって，$5<a<10$ より

$$\mathbf{5<a\leqq\frac{15}{2}}$$

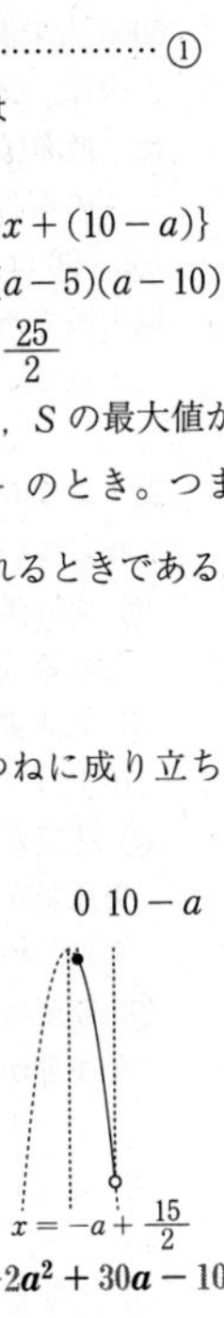

$\frac{15}{2}<a<10$ のとき，S は $x=0$ で最大値をとるから

$$S=-2(a-5)(a-10)=\mathbf{-2a^2+30a-100}$$

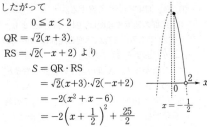

〔2〕

(1) 交通量については

$$(\text{標準偏差}):(\text{平均値}) = 10200 : 17300$$

であり，比の値は

$$\frac{10200}{17300} = 0.589\cdots$$

より，小数第 3 位を四捨五入して，0.59 である。

同様に，速度については

$$\frac{9.60}{82.0} = 0.117\cdots$$

より，小数第 3 位を四捨五入して，速度についての比の値は **0.12** である。 ⇨ ⑥

また，交通量と速度の相関関数 r は

$$r = \frac{-63600}{10200 \times 9.60} = -\frac{53}{34 \times 2.4}$$
$$= -0.649\cdots$$

小数第 3 位を四捨五入して，**−0.65** である。

⇨ ①

次に，2015 年の交通量と速度の散布図（図 1）から，ヒストグラムの選択肢 ⓪，①，②，③ より，誤っているものを消去していく。

まず，交通量が 5000 台未満の地域は，散布図では 4 地域である。

この条件に合うのは，①，②，③ である（⓪ は，5000 台未満の地域は 4 地域未満である）。

次に，交通量が 5000 台以上 10000 未満の地域は，散布図では 17 地域である。

この条件に合うのは，上記のうち，① である（②，③ は，5000 台以上 10000 未満の地域は 15 地域未満である）。

よって，適するヒストグラムは ① である。

⇨ ①

表 1 および図 1 から読み取れることとして，各選択肢について考察する。

⓪ 交通量が 27500 以上の地域で，速度が 75 以上の地域が 5 地域あるため，正しくない。

① 交通量が 10000 未満のすべての地域の速度は 70 以上であるから，**正しい**。

② 速度が平均値の 82.0 以上である地域のうち，交通量が平均値の 17300 未満である地域が存在するため，正しくない。

③ 速度は平均値の 82.0 未満である地域のうち，交通量が平均値の 17300 以上である地域が存在するため，正しくない。

④ 交通量が 27500 以上の地域は，13 地域存在するため，正しくない。

⑤ 速度が 72.5 未満の地域は，ちょうど 11 地域存在するため，**正しい**。

よって，正しいものは ① と ⑤ である。

⇨ ①，⑤

(2) 67 地域について，2010 年より 2015 年の速度が速くなった地域群を A 群，遅くなった地域群を B 群とする。

散布図において，傾きが 1 の直線（点線）よりも上側に位置するのが A 群で，下側に位置するのが B 群である。

よって，傾きが 1 の直線より下側に位置する B 群は 10 地域であるから，上側に位置する A 群の地域数は

$$67 - 10 = 57$$

である。

B 群において，2010 年より 2015 年の速度が 5 km/h 以上遅くなった地域は，直線よりも 5 km/h 以上，下側に位置している地域である。これは，傾きが 1 の直線（点線）を −5 km/h 平行移動した直線の線上，または，下側に位置するものである。

よって，2010 年の速度がおよそ 70 km/h，80 km/h，86 km/h の地域に該当するものがあるので，地域数は 3 である。

10 % 以上遅くなった地域は，直線よりも 2010 年の速度の 10 分の 1 以上，下側にある地域である。これは，(2010 年度の速度，2015 年度の速度) として，(50，45) と (100，90) の 2 点を通る直線の線上，または，下側に位置するものである。

よって，2010 年の速度がおよそ 70 km/h，80 km/h の地域に該当するものがあるので，地域数は 2 である。

2015 年の速度について，A 群の第 1 四分位数が 81.2，中央値が 86.7，第 3 四分位数が 89.7 のとき，(Ⅰ)，(Ⅱ)，(Ⅲ)について考察する。

(Ⅰ) A 群の速度の範囲は，$94 - 66 = 28$ より，およそ 28 である。B 群の速度の範囲は，$79 - 46 = 33$ より，およそ 33 である。

したがって，A 群の速度の範囲の方が小さいため，**正しい**。

(Ⅱ) B 群は 10 地域あるので，B 群の速度の第 3 四分位数は，小さい方から 8 番目の速度である。8 番目の速度はおよそ 76 であるから，B 群の第 3 四分位数は 76 である。

したがって，A 群の速度の第 1 四分位数 81.2 の方が大きいので，**誤り**。

(Ⅲ) A 群は，第 1 四分位数が 81.2，第 3 四分位数

が 89.7 より，四分位範囲は，$89.7-81.2=8.5$ である。

B 群の第 1 四分位数は，小さい方から 3 番目の速度であるから，およそ 60 である。第 3 四分位数は 76 であるから，四分位範囲は $76-60=16$ である。

したがって，A 群の速度の四分位範囲の方が小さいから，**正しい**。

よって，**(I)正**，**(II)誤**，**(III)正**である。　⇨ ②

(3)　速度を 1 km あたりの走行時間（分）に変換すると，箱ひげ図と散布図より，速度の最大値はおよそ 94 km/h であるから

$$\frac{1}{94}\times 60=0.638\cdots$$

となり，走行時間の最小値はおよそ 0.64 分である。

速度の最小値は，箱ひげ図より，およそ 46 km/h であるから

$$\frac{1}{46}\times 60=1.304\cdots$$

となり，走行時間の最大値はおよそ 1.30 分である。

これらに当てはまる 2015 年の速度を 1 km あたりの走行時間に変換したデータの箱ひげ図は，⓪ である。　⇨ ⓪

次に，40000 台以上の地域の速度を 1 km あたりの走行時間に変換すると，速度が 46 km/h のとき，およそ 1.30 分であり，速度が 76 km/h のとき，$\frac{1}{76}\times 60=0.789\cdots$ より，およそ 0.79 分である。

これらに当てはまる 2015 年の交通量と 1 km あたりの走行時間の散布図は，② である。　⇨ ②

第3問

(1)　1 回目に投げたさいころの目にかかわらず 2 回目を投げる場合，$A=4$ となるのは，出た目の合計を 6 で割って余りが 4 になる場合であるから

出た目の合計が 4 または 10

の場合である。

よって，$A=4$ となる確率 $P(A=4)$ は，さいころの目が

(1, 3)，(2, 2)，(3, 1)，(4, 6)，(5, 5)，(6, 4)

となるときで，6 通りあるから

$$P(A=4)=\frac{6}{6^2}=\frac{1}{6}$$

同様に考えて，$A=5$ となる確率 $P(A=5)$ は，出た目の合計が 5 または 11 になる場合であるから，さいころの目が

(1, 4)，(2, 3)，(3, 2)，(4, 1)，(5, 6)，(6, 5)

となるときで，6 通りあるから

$$P(A=5)=\frac{1}{6}$$

A の取りうる値は，$0\leqq A\leqq 5$ であり，$P(A=4)$ と $P(A=5)$ は互いに排反より，$A\geqq 4$ となる確率 $P(A\geqq 4)$ は

$$P(A\geqq 4)=P(A=4)+P(A=5)$$
$$=\frac{1}{6}+\frac{1}{6}=\frac{1}{3}$$

(2)　さいころを 1 回投げて出た目が 5 であったとき，2 回目を投げない場合の $A\geqq 4$ となる確率は 1 である。2 回目を投げると，$A\geqq 4$ となる確率は，2 回目が 5 または 6 のときだから

$$\frac{2}{6}=\frac{1}{3}$$

したがって，この条件のもとでは 2 回目を投げない方が $A\geqq 4$ となる確率は大きくなる。

他の場合も考えると，1 回目の目が 1，2，3，6 であったときは，6 で割ったときの余りが 3 以下であるから，2 回目を投げない場合の $A\geqq 4$ となる確率は 0 である。1 回目の目が 4，5 であったときは，2 回目を投げない場合の $A\geqq 4$ となる確率は 1 である。

よって，$A\geqq 4$ となる確率を最大とするには，1 回目に投げたさいころの目を 6 で割った余りが **3** 以下のときのみ，2 回目を投げればよい。　⇨ ①

1 回目に投げたさいころの目が 5 以外の場合も考えると，いずれの場合も 2 回目を投げたときに $A\geqq 4$ となる確率は $\frac{1}{3}$ である。このことから，$A\geqq 4$ となる確率が最大となるようにしたとき，1 回目の目が 1，2，3，6 で $A\geqq 4$ となる確率は

$$\left(\frac{1}{6}\times\frac{1}{3}\right)\times 4=\frac{2}{9}$$

1 回目の目が 4，5 で 2 回目を投げないとき，$A\geqq 4$ となる確率は

$$\left(\frac{1}{6}\times 1\right)\times 2=\frac{1}{3}$$

よって，このときの $A\geqq 4$ となる確率 $P(A\geqq 4)$ は

$$P(A\geqq 4)=\frac{2}{9}+\frac{1}{3}=\frac{5}{9}$$

この確率は，(1)で求めた「1 回目に投げたさいころの目にかかわらず 2 回目を投げる」ようにしたときの $P(A\geqq 4)=\frac{1}{3}$ より大きくなる。

(3)　さいころを 1 回投げたときの出た目が 3 のとき，2 回目を投げない場合は $A=3$ である。

得点なしになるのは，さいころをもう 1 回投げて目が 3 以上になるときであるから，その確率は

$$\frac{4}{6}=\frac{2}{3}\quad\cdots\cdots\cdots\cdots\cdots\cdots\cdots\cdots\cdots\cdots\text{①}$$

さいころを1回投げて目が3であったとき，2回目を投げる場合は，A の値は以下のようになる。

2回目の目	1	2	3	4	5	6
目の合計	4	5	6	7	8	9
A の値	4	5	0	1	2	3

A の値に対して，さいころをもう1回投げたとき，目が A 以上となる確率は

$A=0,\ 1$ のとき，$\dfrac{6}{6}=1$

$A=2$ のとき，$\dfrac{5}{6}$　　$A=3$ のとき，$\dfrac{4}{6}$

$A=4$ のとき，$\dfrac{3}{6}$　　$A=5$ のとき，$\dfrac{2}{6}$

であるから，得点なしになる確率は

$$\frac{1}{6}\times\left(1+1+\frac{5}{6}+\frac{4}{6}+\frac{3}{6}+\frac{2}{6}\right)$$

$$=\frac{1}{6}\times\frac{26}{6}=\frac{13}{18}\quad\cdots\cdots②$$

よって，①の確率 $\dfrac{2}{3}=\dfrac{12}{18}$ よりも，②の確率 $\dfrac{13}{18}$ の方が大きいから，1回目に投げたさいころの目が3であったときは，**2回目を投げない方が得点なしとなる確率は小さい。** ⇨ ⓪

1回目に投げたさいころの目が3以外のときも，2回目の目1〜6に対してそれぞれ A は0〜5の値をとるため，②と同様に2回目を投げるときの得点なしとなる確率は $\dfrac{13}{18}$ である。

2回目を投げないとき，②で求めた確率 $\dfrac{13}{18}$ より大きくなるのは，A の値が0，1，2のときである。

したがって，得点なしとなる確率が最小となるようにするには，1回目に投げたさいころの目を6で割った余りが**2以下**のときのみ，2回目を投げればよい。 ⇨ ⓪

よって，得点なしとなる確率が最小となる戦略で進めると

「1回目のさいころの目が1，2，6のときに2回目を投げ，得点なしになる」

（②の確率）

または

「1回目のさいころの目が3，4，5のときに2回目を投げずに，得点なしになる」

（A 以上の目が出る）

場合だから，その確率は

$$\left(\frac{1}{6}\times\frac{13}{18}\right)\times3+\frac{1}{6}\times\left(\frac{4}{6}+\frac{3}{6}+\frac{2}{6}\right)$$

$$=\frac{13}{36}+\frac{9}{36}=\frac{11}{18}$$

第4問

(1)　整数 $k\ (0\leqq k<5)$ について

$$77k=5\times15k+2k$$

より，$77k$ を5で割った余りと $2k$ を5で割った余りは等しいから，$77k$ を5で割った余りが1になるとき，$2k$ を5で割った余りが1になる。

よって，$0\leqq k<5$ より，これを満たすのは

$$\boldsymbol{k=3}$$

のときである。

(2)　整数 $k,\ \ell,\ m$ が $0\leqq k<5,\ 0\leqq\ell<7,\ 0\leqq m<11$ を満たすとき

$$\frac{k}{5}+\frac{\ell}{7}+\frac{m}{11}-\frac{1}{385}\quad\cdots\cdots\cdots①$$

が整数となる $k,\ \ell,\ m$ を考える。

①の値が整数のとき，①の値を n とおくと

$$\frac{k}{5}+\frac{\ell}{7}+\frac{m}{11}=\frac{1}{385}+n\quad\cdots\cdots②$$

②の両辺に385を掛けると

$$77k+55\ell+35m=1+385n\quad\cdots\cdots③$$

$$77k=5(-11\ell-7m+77n)+1$$

と変形できるから，$77k$ を5で割った余りは1である。このとき，(1)より $k=3$ である。

同様に，③より

$$55\ell=7(-11k-5m+55n)+1$$

と変形できるから，55ℓ を7で割った余りは1である。ここで，$55\ell=7\times7\ell+6\ell$ であるから，(1)と同様に，55ℓ を7で割った余りが1のとき，6ℓ を7で割った余りは1である。

よって，$0\leqq\ell<7$ より，これを満たすのは

$$\boldsymbol{\ell=6}$$

である。

同様に，③より

$$35m=11(-7k-5\ell+35n)+1$$

と変形できるから，$35m$ を11で割った余りは1である。$35m=11\times3m+2m$ であるから，$35m$ を11で割った余りが1のとき，$2m$ を11で割った余りは1である。

よって，$0\leqq m<11$ より，これを満たすのは

$$\boldsymbol{m=6}$$

である。

なお，$k=3,\ \ell=6,\ m=6$ を③に代入すると

$$77\times3+55\times6+35\times6=1+385n$$

$$231+330+210=1+385n$$

$$n=2$$

であることがわかる。

(3)　整数 x, y, z が $0 \leqq x < 5$, $0 \leqq y < 7$, $0 \leqq z < 11$ を満たすとき

$$77 \times 3 \times x + 55 \times 6 \times y + 35 \times 6 \times z$$

を 5, 7, 11 で割った余りがそれぞれ 2, 4, 5 であるとする。

このとき，$55 \times 6 \times y + 35 \times 6 \times z$ は 5 で割り切れるから，$77 \times 3 \times x$ を 5 で割った余りは 2 である。

よって

$$77 \times 3 \times x = 231x = 5 \times 46x + x$$

より，$0 \leqq x < 5$ のとき，x を 5 で割った余りが 2 となるのは

$$\boldsymbol{x = 2}$$

である。

同様に，$77 \times 3 \times x + 35 \times 6 \times z$ は 7 で割り切れるから，$55 \times 6 \times y$ を 7 で割った余りは 4 である。

よって

$$55 \times 6 \times y = 330y = 7 \times 47y + y$$

より，$0 \leqq y < 7$ のとき，y を 7 で割った余りが 4 となるのは

$$\boldsymbol{y = 4}$$

である。

同様に，$77 \times 3 \times x + 55 \times 6 \times y$ は 11 で割り切れるから，$35 \times 6 \times z$ を 11 で割った余りは 5 である。

よって

$$35 \times 6 \times z = 210z = 11 \times 19z + z$$

より，$0 \leqq z < 11$ のとき，z を 11 で割った余りが 5 となるのは

$$\boldsymbol{z = 5}$$

である。

x, y, z が，これらの値をとるとき，整数 p を

$$p = 77 \times 3 \times 2 + 55 \times 6 \times 4 + 35 \times 6 \times 5$$

で定める。このとき，5, 7, 11 で割った余りがそれぞれ 2, 4, 5 である整数 M は，5, 7, 11 の最小公倍数が 385 であるから，ある整数 r を用いて

$$M = p + 385r$$

と表すことができる。

(4)　整数 p が(3)で定めた値のとき，p を 5 で割った余りは 2 であるから，$p = 5A + 2$ (A：整数) とおくことができ

$$p^2 = (5A+2)^2 = 5(5A^2 + 4A) + 4$$

$5A^2 + 4A = A'$ とおくと

$$p^3 = p \cdot p^2 = (5A+2)(5A'+4)$$
$$= 5(5AA' + 4A + 2A' + 1) + 3$$
$$p^4 = (p^2)^2 = (5A'+4)^2$$
$$= 5(5A'^2 + 8A' + 3) + 1$$

よって，p^a を 5 で割った余りが 1 となる正の整数 a のうち，最小のものは $a = 4$ である。

同様に，p を 7 で割った余りは 4 であるから，$p = 7B + 4$ (B：整数) とおくことができ

$$p^2 = (7B+4)^2 = 7(7B^2 + 8B + 2) + 2$$

$7B^2 + 8B + 2 = B'$ とおくと

$$p^3 = p \cdot p^2 = (7B+4)(7B'+2)$$
$$= 7(7BB' + 2B + 4B' + 1) + 1$$

よって，p^b を 7 で割った余りが 1 となる正の整数 b のうち，最小のものは

$$\boldsymbol{b = 3}$$

である。

同様に，p を 11 で割った余りは 5 であるから，$p = 11C + 5$ (C：整数) とおくことができ

$$p^2 = (11C+5)^2 = 11(11C^2 + 10C + 2) + 3$$

$11C^2 + 10C + 2 = C'$ とおくと

$$p^3 = (11C+5)(11C'+3)$$
$$= 11(11CC' + 3C + 5C' + 1) + 4$$
$$p^4 = (p^2)^2 = (11C'+3)^2$$
$$= 11(11C'^2 + 6C') + 9$$

$11CC' + 3C + 5C' + 1 = C''$ とおくと

$$p^5 = p^2 \cdot p^3 = (11C'+3)(11C''+4)$$
$$= 11(11C'C'' + 4C' + 3C'' + 1) + 1$$

よって，p^c を 11 で割った余りが 1 となる正の整数 c のうち，最小のものは

$$\boldsymbol{c = 5}$$

である。

次に，p^8 を 5 で割った余りは，$5A'^2 + 8A' + 3 = A''$ とおいて

$$p^8 = (p^4)^2 = (5A''+1)^2$$
$$= 5(5A''^2 + 2A'') + 1$$

より，1 であり，p^8 を 7 で割った余りは

$$p^8 = (p^2)^4 = (7B'+2)^4$$
$$= \{7(7B'^2 + 4B') + 4\}^2$$

$7B'^2 + 4B' = B''$ とおくと

$$p^8 = (7B''+4)^2$$
$$= 7(7B''^2 + 8B'' + 2) + 2$$

より，2 であり，p^8 を 11 で割った余りは，$11C'C'' + 4C' + 3C'' + 1 = C'''$ とおいて

$$p^8 = p^3 \cdot p^5 = (11C''+4)(11C'''+1)$$
$$= 11(11C''C''' + C'' + 4C''') + 4$$

より，4 である。

ここで，p' を

$$p' = 77 \times 3 \times 1 + 55 \times 6 \times 2 + 35 \times 6 \times 4$$
$$= 231 + 660 + 840 = 1731$$

とおくと，p' は 5，7，11 で割った余りがそれぞれ 1，2，4 の整数である。

以上より，(3)と同様に 5，7，11 で割った余りがそれぞれ 1，2，4 の整数 M' は

$$M'=p'+385r$$

とおける。

よって，p^8 は 5，7，11 で割った余りがそれぞれ 1，2，4 の整数だから，$M'=p^8$ とおくと

$$\begin{aligned}p^8&=1731+385r\\&=385\times4+191+385r\\&=385(4+r)+191\end{aligned}$$

となり，p^8 を 385 で割った余り q は

$$\boldsymbol{q=191}$$

別解

p^8 を 5，7，11 で割った余りがそれぞれ 1，2，4 の整数であることまでは，合同式の考え方を用いて，次のように考えることもできる。

整数 p が(3)で定めた値のとき，p を 5 で割った余りは 2 であるから

$$p\equiv2 \pmod 5$$
$$p^2\equiv4 \pmod 5$$
$$p^3\equiv8\equiv3 \pmod 5$$
$$p^4=p\cdot p^3\equiv6\equiv1 \pmod 5$$

よって，p^a を 5 で割った余りが 1 となる正の整数 a のうち，最小のものは $a=4$ である。

同様に，p を 7 で割った余りは 4 であるから

$$p\equiv4 \pmod 7$$
$$p^2\equiv16\equiv2 \pmod 7$$
$$p^3=p\cdot p^2\equiv8\equiv1 \pmod 7$$

よって，p^b を 7 で割った余りが 1 となる正の整数 b のうち，最小のものは $b=3$ である。

同様に，p を 11 で割った余りは 5 であるから

$$p\equiv5 \pmod{11}$$
$$p^2\equiv25\equiv3 \pmod{11}$$
$$p^3=p\cdot p^2\equiv15\equiv4 \pmod{11}$$
$$p^4=p^2\cdot p^2\equiv9 \pmod{11}$$
$$p^5=p^2\cdot p^3\equiv12\equiv1 \pmod{11}$$

よって，p^c を 11 で割った余りが 1 となる正の整数 c のうち，最小のものは $c=5$ である。

p^8 を 5，7，11 で割った余りは

$$p^8=(p^4)^2\equiv1^2=1 \pmod 5$$
$$p^8=(p^2)^4\equiv2^4=16\equiv2 \pmod 7$$
$$p^8=(p^4)^2\equiv9^2=81\equiv4 \pmod{11}$$

より，それぞれ 1，2，4 である。

第5問

(1) 直線 PT と円 O との交点で点 T とは異なる点を T′ とすると，方べきの定理より

$$\mathbf{PT\cdot PT'=PQ\cdot PR}$$ ⇨ ⓪，①

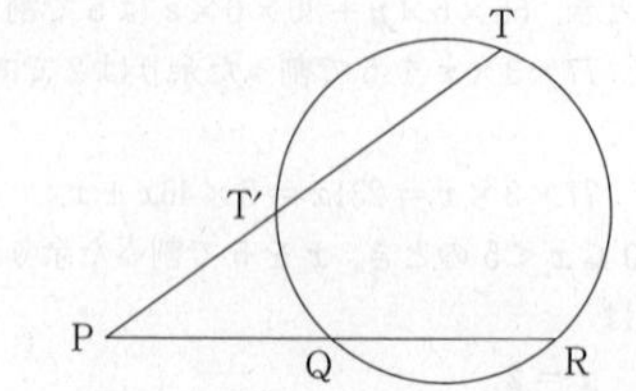

(2) △ABC において，$AB=\frac{1}{2}$，$BC=\frac{3}{4}$，$AC=1$ で，∠ABC の二等分線と辺 AC との交点を D とすると，三角形の角の二等分線と比の定理より

$$AD:DC=BA:BC=\frac{1}{2}:\frac{3}{4}=2:3$$

よって，$AD:AC=2:(2+3)=2:5$ より

$$\mathbf{AD}=\frac{2}{5}AC=\frac{2}{5}\cdot1=\frac{\mathbf{2}}{\mathbf{5}}$$

直線 BC 上に，点 C と異なり，BC＝BE となる点 E をとり，∠ABE の二等分線と線分 AE との交点を F とし，直線 AC との交点を G とすると，三角形の外角の二等分線と比の定理より

$$AG:CG=BA:BC=2:3$$

よって，$AG:AC=2:(3-2)=2:1$ より

$$\frac{\mathbf{AC}}{\mathbf{AG}}=\frac{\mathbf{1}}{\mathbf{2}}$$

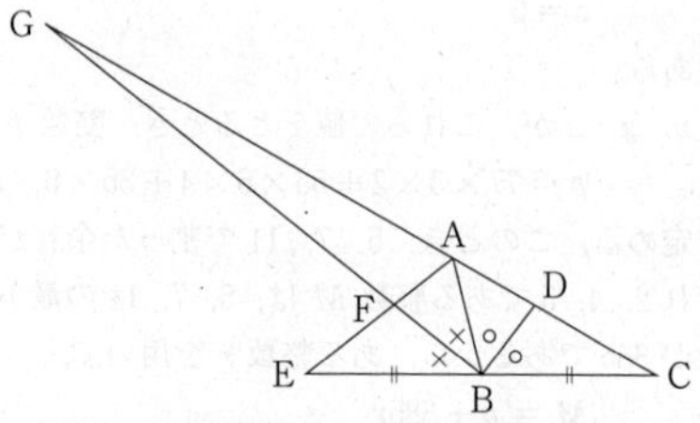

△GBC と直線 AE において，メネラウスの定理より

$$\frac{GF}{FB}\cdot\frac{BE}{EC}\cdot\frac{CA}{AG}=1$$

BC＝BE より，$\frac{BE}{EC}=\frac{1}{2}$ であるから

$$\frac{GF}{FB}\cdot\frac{1}{2}\cdot\frac{1}{2}=1$$

$$\frac{GF}{FB}=4$$

したがって，GF：FB＝4：1 である。

△AFG と △ABF は，底辺を FG，FB とみると，高さの等しい三角形である。

よって，面積比は底辺の比になるから

$$\triangle\mathrm{AFG}:\triangle\mathrm{ABF}=\mathrm{GF}:\mathrm{FB}=4:1$$

$$\frac{\textbf{△ABF の面積}}{\textbf{△AFG の面積}}=\frac{1}{4}$$

$\angle\mathrm{CBD}=\angle\mathrm{DBA}=\theta_1$，$\angle\mathrm{ABG}=\angle\mathrm{GBE}=\theta_2$ とすると，$2\theta_1+2\theta_2=180^\circ$ であるから

$$\angle\mathrm{DBG}=\angle\mathrm{DBA}+\angle\mathrm{ABG}$$
$$=\theta_1+\theta_2=90^\circ$$

$\triangle\mathrm{DBG}$ は $\angle\mathrm{DBG}=90^\circ$ の直角三角形である。

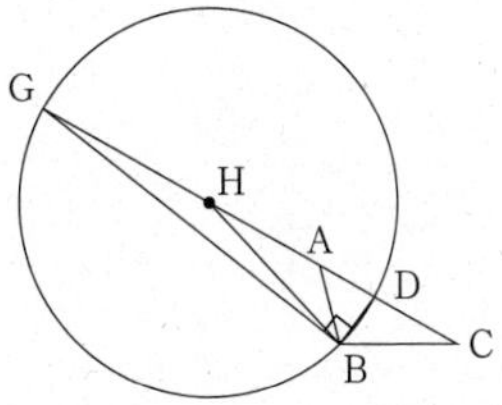

線分 DG の中点を H とする。直径の円周角は 90° であるから，線分 DG は △DBG の外接円の直径である。

このとき，点 H は線分 DG の中点であるから，△DBG の外接円の中心である。

したがって，線分 DH，BH，GH は △DBG の外接円の半径より

$$\mathrm{BH}=\mathrm{DH}=\mathrm{GH}=\frac{1}{2}\mathrm{DG}$$

ここで

$$\mathrm{DG}=\mathrm{AG}+\mathrm{AD}=2\mathrm{AC}+\mathrm{AD}$$
$$=2\cdot1+\frac{2}{5}=\frac{12}{5}$$

であるから

$$\mathbf{BH}=\frac{1}{2}\cdot\frac{12}{5}=\frac{6}{5}$$

よって

$$\mathbf{AH}=\mathrm{AG}-\mathrm{GH}=2-\frac{1}{2}\cdot\frac{12}{5}=\frac{4}{5}$$

$$\mathbf{CH}=\mathrm{AH}+\mathrm{AC}=\frac{4}{5}+1=\frac{9}{5}$$

△ABC の外心を O とする。このとき，△ABC において，余弦定理より

$$\cos A=\frac{\mathrm{AB}^2+\mathrm{AC}^2-\mathrm{BC}^2}{2\cdot\mathrm{AB}\cdot\mathrm{AC}}$$
$$=\frac{\left(\frac{1}{2}\right)^2+1^2-\left(\frac{3}{4}\right)^2}{2\cdot\frac{1}{2}\cdot1}$$
$$=\frac{11}{16}$$

したがって

$$\sin A=\sqrt{1-\cos^2 A}$$
$$=\sqrt{1-\left(\frac{11}{16}\right)^2}=\sqrt{\frac{16^2-11^2}{16^2}}$$
$$=\frac{3\sqrt{15}}{16}$$

よって，△ABC の外接円の半径を R とすると，正弦定理より

$$\frac{\mathrm{BC}}{\sin A}=2R$$

$$R=\frac{\frac{3}{4}}{2\cdot\frac{3\sqrt{15}}{16}}=\frac{2}{\sqrt{15}}=\frac{2\sqrt{15}}{15}$$

次に，線分 BH を 1：2 に内分する点を I とする。

$\mathrm{AH}=\frac{4}{5}$，$\mathrm{BH}=\frac{6}{5}$，$\mathrm{CH}=\frac{9}{5}$ より

$$\mathrm{AH}\cdot\mathrm{CH}=\mathrm{BH}^2$$

が成り立つので，(I)より，直線 BH は，3 点 A，B，C を通る円に接する。つまり，直線 BH は △ABC の外接円に接しているから

$$\angle\mathrm{OBH}=\angle\mathrm{OBI}=90^\circ$$

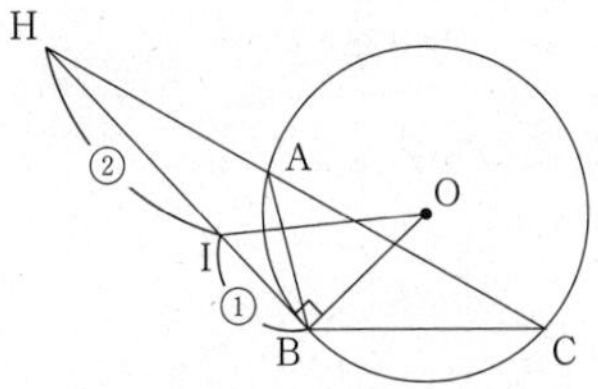

よって，△OBI において，三平方の定理より

$$\mathbf{IO}=\sqrt{\mathrm{OB}^2+\mathrm{BI}^2}=\sqrt{R^2+\left(\frac{1}{3}\mathrm{BH}\right)^2}$$
$$=\sqrt{\left(\frac{2\sqrt{15}}{15}\right)^2+\left(\frac{1}{3}\cdot\frac{6}{5}\right)^2}$$
$$=\sqrt{\frac{4\cdot15+36}{15^2}}$$
$$=\frac{4\sqrt{6}}{15}$$

別解

$\frac{\mathrm{AC}}{\mathrm{AG}}$ は次のように求めることもできる。

△AEC と直線 BG において，メネラウスの定理より

$$\frac{\mathrm{AF}}{\mathrm{FE}}\cdot\frac{\mathrm{EB}}{\mathrm{BC}}\cdot\frac{\mathrm{CG}}{\mathrm{GA}}=1$$

三角形の角の二等分線と比の定理より，

AF : FE = AB : BE であるから

$$\frac{\mathrm{AG}}{\mathrm{CG}}=\frac{\mathrm{AF}}{\mathrm{FE}}\cdot\frac{\mathrm{EB}}{\mathrm{BC}}$$
$$=\frac{\mathrm{AB}}{\mathrm{BE}}\cdot\frac{\mathrm{EB}}{\mathrm{BC}}=\frac{\mathrm{AB}}{\mathrm{BC}}$$
$$=\frac{\frac{1}{2}}{\frac{3}{4}}=\frac{2}{3}$$

数学Ⅱ・B
解答・解説

～CONTENTS～

試作問題
解　　答

問題番号（配点）	解答記号	正解	配点	自己採点
第1問（15）	$\sin\dfrac{\pi}{\boxed{\text{ア}}}$	$\sin\dfrac{\pi}{3}$	2	
	$y=\boxed{\text{イ}}\sin\left(\theta+\dfrac{\pi}{\boxed{\text{ア}}}\right)$	$y=2\sin\left(\theta+\dfrac{\pi}{3}\right)$	2	
	$\dfrac{\pi}{\boxed{\text{ウ}}}$，$\boxed{\text{エ}}$	$\dfrac{\pi}{6}$，2	2	
	$\dfrac{\pi}{\boxed{\text{オ}}}$，$\boxed{\text{カ}}$	$\dfrac{\pi}{2}$，1	1	
	$\boxed{\boxed{\text{キ}}}$	⑨	2	
	$\boxed{\boxed{\text{ク}}}$，$\boxed{\boxed{\text{ケ}}}$	①，③	各1	
	$\boxed{\boxed{\text{コ}}}$，$\boxed{\boxed{\text{サ}}}$	①，⑨	2	
	$\boxed{\boxed{\text{シ}}}$，$\boxed{\boxed{\text{ス}}}$	②，①	2	
第2問（15）	$f(0)=\boxed{\text{ア}}$，$g(0)=\boxed{\text{イ}}$	$f(0)=1$，$g(0)=0$	各1	
	$x=\boxed{\text{ウ}}$ で最小値 $\boxed{\text{エ}}$	$x=0$ で最小値 1	各1	
	$\log_2\left(\sqrt{\boxed{\text{オ}}}-\boxed{\text{カ}}\right)$	$\log_2(\sqrt{5}-2)$	2	
	$\boxed{\boxed{\text{キ}}}$，$\boxed{\boxed{\text{ク}}}$	⓪，③	各1	
	$\boxed{\text{ケ}}$，$\boxed{\text{コ}}$	1，2	各2	
	$\boxed{\boxed{\text{サ}}}$	①	3	
第3問（22）	$y=\boxed{\text{ア}}x+\boxed{\text{イ}}$	$y=2x+3$	2	
	$\boxed{\boxed{\text{ウ}}}$	④	2	
	$\left(0,\ \boxed{\text{エ}}\right)$	$(0,\ \mathbf{c})$	1	
	$y=\boxed{\text{オ}}x+\boxed{\text{カ}}$	$y=\mathbf{b}x+\mathbf{c}$	2	
	$\dfrac{\boxed{\text{キク}}}{\boxed{\text{ケ}}}$	$\dfrac{-\mathbf{c}}{\mathbf{b}}$	1	
	$S=\dfrac{ac^{\boxed{\text{コ}}}}{\boxed{\text{サ}}\,b^{\boxed{\text{シ}}}}$	$S=\dfrac{ac^3}{3b^3}$	4	
	$\boxed{\boxed{\text{ス}}}$	⓪	3	
	$y=\boxed{\text{セ}}x+\boxed{\text{ソ}}$	$y=\mathbf{c}x+\mathbf{d}$	2	
	$\dfrac{\boxed{\text{タチ}}}{\boxed{\text{ツ}}}$，$\boxed{\text{テ}}$	$\dfrac{-\mathbf{b}}{\mathbf{a}}$，0	2	
	$x=\dfrac{\boxed{\text{トナニ}}}{\boxed{\text{ヌネ}}}$	$x=\dfrac{-2\mathbf{b}}{3\mathbf{a}}$	3	

問題番号(配点)	解答記号	正解	配点	自己採点
第4問 (16)	$a_n = \boxed{\text{ア}} + (n-1)p$	$a_n = 3 + (n-1)p$	1	
	$b_n = \boxed{\text{イ}}\, r^{n-1}$	$b_n = 3r^{n-1}$	1	
	$\boxed{\text{ウ}}\, a_{n+1} = r\left(a_n + \boxed{\text{エ}}\right)$	$2a_{n+1} = r(a_n + 3)$	2	
	$\left(r - \boxed{\text{オ}}\right) pn = r\left(p - \boxed{\text{カ}}\right) + \boxed{\text{キ}}$	$(r-2)pn = r(p-6) + 6$	2	
	$p = \boxed{\text{ク}}$	$p = 3$	2	
	$c_{n+1} = \dfrac{\boxed{\text{ケ}}\, a_{n+1}}{a_n + \boxed{\text{コ}}} c_n$	$c_{n+1} = \dfrac{4a_{n+1}}{a_n + 3} c_n$	2	
	$\boxed{\text{サ}}$	②	2	
	$d_{n+1} = \dfrac{\boxed{\text{シ}}}{q}(d_n + u)$	$d_{n+1} = \dfrac{2}{q}(d_n + u)$	2	
	$q > \boxed{\text{ス}}$	$q > 2$	1	
	$u = \boxed{\text{セ}}$	$u = 0$	1	
第5問 (16)	$\boxed{\text{ア}}$, $\boxed{\text{イ}}$	⓪, ⑦	各1	
	$\boxed{\text{ウ}}$, $\boxed{\text{エ}}$	④, ⑤	各1	
	$\boxed{\text{オカキ}} \times 10^4 \leqq M \leqq \boxed{\text{クケコ}} \times 10^4$	$193 \times 10^4 \leqq M \leqq 207 \times 10^4$	3	
	$\boxed{\text{サ}}$, $\boxed{\text{シ}}$	②, ⑥	3	
	$\boxed{\text{ス}}$	⑦	1	
	$\boxed{\text{セ}}$	①	2	
	$\boxed{\text{ソ}}$, $\boxed{\text{タ}}$	①, ⓪	3	
第6問 (16)	$\boxed{\text{ア}}\, \overrightarrow{B_1C_1}$	$\mathbf{a}\overrightarrow{B_1C_1}$	2	
	$\left(\boxed{\text{イ}} - \boxed{\text{ウ}}\right)\left(\overrightarrow{OA_2} - \overrightarrow{OA_1}\right)$	$(\mathbf{a} - 1)\left(\overrightarrow{OA_2} - \overrightarrow{OA_1}\right)$	3	
	$\overrightarrow{OA_1} \cdot \overrightarrow{OA_2} = \dfrac{\boxed{\text{エ}} - \sqrt{\boxed{\text{オ}}}}{\boxed{\text{カ}}}$	$\overrightarrow{OA_1} \cdot \overrightarrow{OA_2} = \dfrac{1 - \sqrt{5}}{4}$	3	
	$\boxed{\text{キ}}$	⑨	3	
	$\boxed{\text{ク}}$	⓪	3	
	$\boxed{\text{ケ}}$	⓪	2	
第7問 (16)	$\boxed{\text{ア}}$	②	4	
	$\lvert w \rvert = \boxed{\text{イ}}$	$\lvert w \rvert = 1$	1	
	$\boxed{\text{ウ}}$	①	2	
	$\boxed{\text{エ}}$	③	3	
	$\boxed{\text{オ}}$ 個	6 個	3	
	$\boxed{\text{カ}}$	⑥	3	

（注）第1問，第2問，第3問は必答。第4問～第7問のうちから3問選択。計6問を解答。
なお，上記以外のものについても得点を与えることがある。正解欄に※があるものは，解答の順序は問わない。

第1問小計		第2問小計		第3問小計		第4問小計		第5問小計		第6問小計		第7問小計		合計点	/100

第1問

(1)　$0 \leqq \theta \leqq \frac{\pi}{2}$ より

$$\boldsymbol{\sin\frac{\pi}{3} = \frac{\sqrt{3}}{2}},\quad \cos\frac{\pi}{3} = \frac{1}{2}$$

であるから，三角関数の合成により

$$\boldsymbol{y} = \sin\theta + \sqrt{3}\cos\theta = 2\left(\frac{1}{2}\sin\theta + \frac{\sqrt{3}}{2}\cos\theta\right)$$

$$= 2\left(\sin\theta\cos\frac{\pi}{3} + \cos\theta\sin\frac{\pi}{3}\right)$$

$$= \boldsymbol{2\sin\left(\theta + \frac{\pi}{3}\right)}$$

と変形できる。

よって，$0 \leqq \theta \leqq \frac{\pi}{2}$ のとき

$$\frac{\pi}{3} \leqq \theta + \frac{\pi}{3} \leqq \frac{5}{6}\pi$$

◀

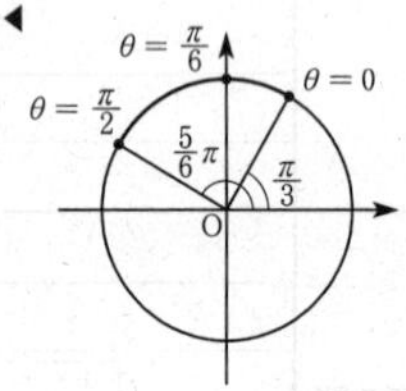

であるから，y は

$$\theta + \frac{\pi}{3} = \frac{\pi}{2} \text{ すなわち } \boldsymbol{\theta = \frac{\pi}{6}}$$

で最大値

$$2\sin\frac{\pi}{2} = \boldsymbol{2}$$

をとる。

(2)　(i)　$p = 0$ のとき，$y = \sin\theta$ であるから，$0 \leqq \theta \leqq \frac{\pi}{2}$ において，y は

◀$y = \sin\theta + p\cos\theta$ より。

$$\boldsymbol{\theta = \frac{\pi}{2}} \text{ で}\textbf{最大値 1}$$

をとる。

(ii)　$p > 0$ のとき，加法定理

$$\cos(\theta - \alpha) = \cos\theta\cos\alpha + \sin\theta\sin\alpha$$

を用いた三角関数の合成により

$$\boldsymbol{y} = \sin\theta + p\cos\theta = \sqrt{1+p^2}\left(\frac{1}{\sqrt{1+p^2}}\sin\theta + \frac{p}{\sqrt{1+p^2}}\cos\theta\right)$$

$$= \sqrt{1+p^2}(\sin\alpha\sin\theta + \cos\alpha\cos\theta)$$

$$= \sqrt{1+p^2}(\cos\theta\cos\alpha + \sin\theta\sin\alpha)$$

$$= \boldsymbol{\sqrt{1+p^2}\cos(\theta - \alpha)}$$　⇨ ⑨

◀$\cos(\theta - \alpha)$ の加法定理より。

と表すことができる。ただし，α は

$$\boldsymbol{\sin\alpha = \frac{1}{\sqrt{1+p^2}}},\quad \boldsymbol{\cos\alpha = \frac{p}{\sqrt{1+p^2}}},\quad 0 < \alpha < \frac{\pi}{2}$$　⇨ ①，③

を満たすものとする。

◀

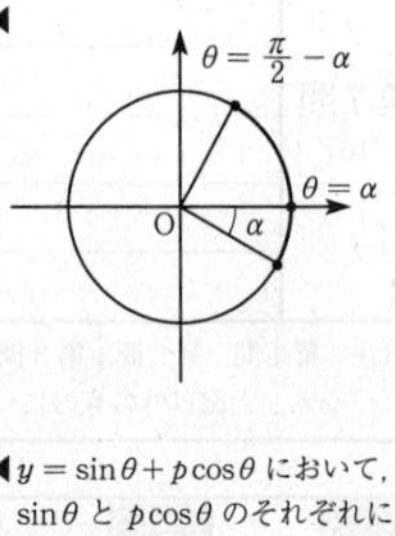

よって，$-\alpha \leqq \theta - \alpha \leqq \frac{\pi}{2} - \alpha$ であるから，y は

$$\theta - \alpha = 0 \text{ すなわち } \boldsymbol{\theta = \alpha}$$　⇨ ①

で最大値

$$\boldsymbol{\sqrt{1+p^2}}$$　⇨ ⑨

をとる。

(iii)　$p < 0$ のとき，$0 \leqq \theta \leqq \frac{\pi}{2}$ において，$\sin\theta$ と $p\cos\theta$ は，θ が増加するとともに増加するので，$\sin\theta + p\cos\theta$ も，θ が増加するとともに増加する。

◀$y = \sin\theta + p\cos\theta$ において，$\sin\theta$ と $p\cos\theta$ のそれぞれに着目する。

よって，y は

$$\boldsymbol{\theta = \frac{\pi}{2}}$$ ⇨②

で最大値

$$\sin\frac{\pi}{2} + p\cos\frac{\pi}{2} = 1 + 0 = \mathbf{1}$$ ⇨①

をとる。

研究

(2)(iii)を(ii)を用いて解くと，次のようになる。

$p<0$ のとき，(ii)と同様に

$$y = \sqrt{1+p^2}\cos(\theta - \alpha)$$

と表すことができ，このとき

$$\sin\alpha = \frac{1}{\sqrt{1+p^2}} > 0,\ \cos\alpha = \frac{p}{\sqrt{1+p^2}} < 0$$

より

$$\frac{\pi}{2} < \alpha < \pi$$

とおくことができ

$$-\alpha \leqq \theta - \alpha \leqq \frac{\pi}{2} - \alpha$$

において

$$-\pi < -\alpha < -\frac{\pi}{2},\ -\frac{\pi}{2} < \frac{\pi}{2} - \alpha < 0$$

◀

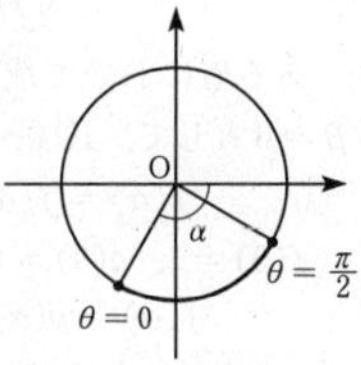

であるから，y は θ が増加するとともに増加する。したがって，$\theta = \frac{\pi}{2}$ で最大値

$$\sqrt{1+p^2}\cos\left(\frac{\pi}{2} - \alpha\right) = \sqrt{1+p^2}\sin\alpha = \sqrt{1+p^2}\cdot\frac{1}{\sqrt{1+p^2}} = 1$$

をとることがわかる。

ただし，この方法では時間がかかるので，解答のように効率よく処理できる方法を考えることが大切である。

第2問

(1) $\boldsymbol{f(0) = \frac{2^0 + 2^0}{2} = 1,\ g(0) = \frac{2^0 - 2^0}{2} = 0}$

また，$2^x > 0$，$2^{-x} > 0$ より，相加平均と相乗平均の関係から

$$f(x) \geqq \sqrt{2^x \cdot 2^{-x}} = 1$$

であり，等号は $2^x = 2^{-x}$ すなわち $x = 0$ のときに成り立つので，$f(x)$ は

$x = 0$ で最小値 1

をとる。

◀$a>0$，$b>0$ のとき
$\frac{a+b}{2} \geqq \sqrt{ab}$
等号は $a=b$ のときに成り立つ。

$g(x) = -2$ のとき

$$\frac{2^x - 2^{-x}}{2} = -2 \text{ すなわち } 2^x - 2^{-x} + 4 = 0$$

であり，この式の両辺を 2^x 倍すると

$$(2^x)^2 + 4\cdot 2^x - 1 = 0$$

◀$2^x = X$ とおくと
$X^2 + 4X - 1 = 0$
である。

これを解くと

$$2^x = -2 \pm \sqrt{2^2 - 1\cdot(-1)}$$

ゆえに

$$2^x = -2 \pm \sqrt{5}$$

$2^x > 0$ より

$$2^x = \sqrt{5} - 2$$

両辺の 2 を底とする対数をとると

$$\log_2 2^x = \log_2(\sqrt{5}-2)$$

◀対数の性質から
$x=\log_2(\sqrt{5}-2)$
としてもよい。

ゆえに

$$\boldsymbol{x=\log_2(\sqrt{5}-2)}$$

である。

(2)

$$\boldsymbol{f(-x)} = \frac{2^{-x}+2^{-(-x)}}{2} = \frac{2^x+2^{-x}}{2} = \boldsymbol{f(x)} \qquad ⇨ ⓪$$

$$\boldsymbol{g(-x)} = \frac{2^{-x}-2^{-(-x)}}{2} = -\frac{2^x-2^{-x}}{2} = \boldsymbol{-g(x)} \qquad ⇨ ③$$

$$\begin{aligned}\boldsymbol{\{f(x)\}^2-\{g(x)\}^2} &= \{f(x)+g(x)\}\{f(x)-g(x)\} \\ &= 2^x\cdot 2^{-x} \\ &= \boldsymbol{1}\end{aligned}$$

$$\begin{aligned}\boldsymbol{g(2x)} &= \frac{2^{2x}-2^{-2x}}{2} = \frac{(2^x)^2-(2^{-x})^2}{2} \\ &= \frac{(2^x+2^{-x})(2^x-2^{-x})}{2} \\ &= 2\cdot\frac{2^x+2^{-x}}{2}\cdot\frac{2^x-2^{-x}}{2} \\ &= \boldsymbol{2f(x)g(x)}\end{aligned}$$

◀ $f(x)g(x)$
$= \dfrac{2^x+2^{-x}}{2}\cdot\dfrac{2^x-2^{-x}}{2}$
$= \dfrac{1}{2}\cdot\dfrac{2^{2x}-2^{-2x}}{2}$
$= \dfrac{1}{2}g(2x)$
から求めることもできる。

(3)　ある値において成り立たない場合があることを確かめられればよいので，$\beta=0$ として，式(A)～(D)について調べる。

(A)　$f(\alpha)=f(\alpha)g(0)+g(\alpha)f(0)$

◀ $f(\alpha-\beta)$
$=f(\alpha)g(\beta)+g(\alpha)f(\beta)$
より。

$f(0)=1$，$g(0)=0$ より

$f(\alpha)=g(\alpha)$

$\alpha=0$ のときに $f(\alpha)\neq g(\alpha)$ となるので，$\alpha=0$ かつ $\beta=0$ のとき，(A)は成り立たない。

(B)　$f(\alpha)=f(\alpha)f(0)+g(\alpha)g(0)$ すなわち $f(\alpha)=f(\alpha)$

◀ $f(\alpha+\beta)$
$=f(\alpha)f(\beta)+g(\alpha)g(\beta)$

すべての α で $f(\alpha)=f(\alpha)$ となるので，$\beta=0$ のとき，(B)は成り立つ。

(C)　$g(\alpha)=f(\alpha)f(0)+g(\alpha)g(0)$ すなわち $g(\alpha)=f(\alpha)$

◀ $g(\alpha-\beta)$
$=f(\alpha)f(\beta)+g(\alpha)g(\beta)$

(A)と同様に，$\alpha=0$ かつ $\beta=0$ のとき，(C)は成り立たない。

(D)　$g(\alpha)=f(\alpha)g(0)-g(\alpha)f(0)$ すなわち $g(\alpha)=-g(\alpha)$

◀ $g(\alpha+\beta)$
$=f(\alpha)g(\beta)-g(\alpha)f(\beta)$

$\alpha=1$ のとき，$g(1)=\dfrac{3}{4}$ であり

$g(1)\neq -g(1)$

であるから，$\alpha=1$ かつ $\beta=0$ のとき，(D)は成り立たない。

以上より，(B)以外の三つは成り立たないことがわかる。　⇨ ①

研究

解答では，$\beta=0$ のとき(B)以外は成り立たない場合があることを確認したが，(B)がつねに成り立つことは，次のように右辺を変形して確かめられる。

$$\begin{aligned}&f(\alpha)f(\beta)+g(\alpha)g(\beta) \\ &= \frac{2^\alpha+2^{-\alpha}}{2}\cdot\frac{2^\beta+2^{-\beta}}{2}+\frac{2^\alpha-2^{-\alpha}}{2}\cdot\frac{2^\beta-2^{-\beta}}{2} \\ &= \frac{2(2^\alpha\cdot 2^\beta+2^{-\alpha}\cdot 2^{-\beta})}{4} = \frac{2^{\alpha+\beta}+2^{-(\alpha+\beta)}}{2} \\ &= f(\alpha+\beta)\end{aligned}$$

第3問

(1)　①，②ともに $x=0$ のとき $y=3$ であるから，y 軸との交点の y 座標は 3 である。

また，①の導関数は $y'=6x+2$，②の導関数は $y'=4x+2$ であり，①，②ともに $x=0$ における微分係数は 2 であるから，y 軸との交点における接線の方程式は

$$\boldsymbol{y=2x+3}$$

である。

◀点 (0, 3) を通る傾き 2 の直線である。

よって，①，②の共通点から，y 軸との交点における接線の方程式は x の 1 次の項の係数と定数項によって決まり，y 軸との交点における接線の方程式が $y=2x+3$ となる 2 次関数のグラフの方程式は，x の 1 次の項の係数が 2，定数項が 3 である。したがって，[ウ] の解答群の中で適するものは ④ である。

◀$y=-x^2+2x+3$ が適する。

a，b，c を 0 でない実数とする。曲線 $y=ax^2+bx+c$ 上にある x 座標が 0 である点の座標は

$$\boldsymbol{(0,\ c)}$$

◀$y=ax^2+bx+c$ に $x=0$ を代入すると $y=c$ である。

であり，点 $(0,\ c)$ における接線 ℓ の方程式は，x の 1 次の項の係数が b，定数項が c であるから

$$\boldsymbol{y=bx+c}$$

◀$y=ax^2+bx+c$ から求める。

接線 ℓ と x 軸との交点の x 座標は

$$0=bx+c$$

より

$$x=\boldsymbol{\frac{-c}{b}}$$

である。

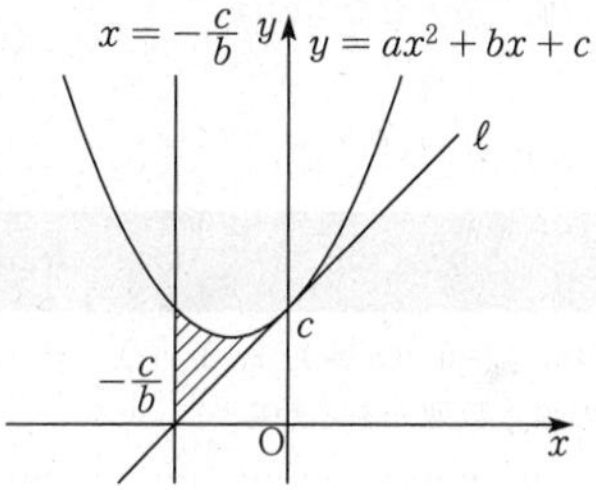

曲線 $y=ax^2+bx+c$（a，b，c は正の実数）と接線 ℓ および直線 $x=-\frac{c}{b}$ で囲まれた図形の面積 S は，右のような図の斜線部分である。

◀曲線 $y=ax^2+bx+c$ は ℓ の上側にあること，$-\frac{c}{b}<0$ であることに注意して図をかく。

よって

$$S=\int_{-\frac{c}{b}}^{0}\{ax^2+bx+c-(bx+c)\}\,dx=\int_{-\frac{c}{b}}^{0}ax^2\,dx$$
$$=\left[\frac{a}{3}x^3\right]_{-\frac{c}{b}}^{0}=\frac{a}{3}\left\{0-\left(-\frac{c}{b}\right)^3\right\}$$
$$=\boldsymbol{\frac{ac^3}{3b^3}} \quad \cdots\cdots ③$$

③において $a=1$ とすると

$$S=\frac{c^3}{3b^3}$$

◀S を定数とみて，この式を c について解く。

$$3S=\left(\frac{c}{b}\right)^3$$

$$\frac{c}{b}=\sqrt[3]{3S}$$

ゆえに

$$c=\sqrt[3]{3S}\,b$$

S の値が一定になるように正の実数 b，c を変化させるとき，$\sqrt[3]{3S}$ は正の定数で，c は b に比例する（c は b の 1 次関数になる）ので，b と c の関係を表すグラフの概形として最も適当なものは ⓪ である。

(2)　a, b, c, d を0でない実数とする。曲線 $y=ax^3+bx^2+cx+d$ 上にある x 座標が0である点の座標は $(0,\ d)$ であり，点 $(0,\ d)$ における接線の方程式は，(1)と同様に考えて

$$\boldsymbol{y=cx+d}$$

となる。

◀点 $(0,\ d)$ を通る傾き c の直線である。

次に，$h(x)=f(x)-g(x)$ とおくと

$$h(x)=ax^3+bx^2+cx+d-(cx+d)=ax^3+bx^2$$
$$=x^2(ax+b)$$

であり，$y=h(x)$ のグラフは，x 軸と点 $(0,\ 0)$ で接し，点 $\left(-\dfrac{b}{a},\ 0\right)$ で交わる。

$h(x)=0$ のとき

$$f(x)-g(x)=0 \text{ すなわち } f(x)=g(x)$$

であるから，$h(x)=0$ を満たす x が $y=f(x)$ のグラフと $y=g(x)$ のグラフの共有点の x 座標である。

よって，$y=f(x)$ のグラフと $y=g(x)$ のグラフの共有点の x 座標は

$$\boldsymbol{\frac{-b}{a}} \text{ と } \boldsymbol{0}$$

◀方程式 $x^2(ax+b)=0$ の解である。

また，x が $\dfrac{-b}{a}$ と0の間を動くとき

$$h'(x)=3ax^2+2bx=x(3ax+2b)$$

より $h(x)$ は $x=-\dfrac{2b}{3a}$ のときにだけ極値をとり，このとき

$|h(x)|=|f(x)-g(x)|$ は最大となる。

◀$|h(x)|$ は $y=h(x)$ のグラフ上の点と x 軸との距離とみることもできる。

したがって，$|f(x)-g(x)|$ の値が最大となるのは

$$\boldsymbol{x=\frac{-2b}{3a}}$$

のときである。

第4問

$$a_nb_{n+1}-2a_{n+1}b_n+3b_{n+1}=0 \quad (n=1,\ 2,\ 3,\ \cdots) \quad \cdots\cdots\cdots\cdots ①$$

(1)　数列 $\{a_n\}$ は初項3，公差 p の等差数列であるから

$$\boldsymbol{a_n=3+(n-1)p} \quad \cdots\cdots ②$$
$$a_{n+1}=3+np \quad \cdots\cdots ③$$

◀②において，$n\to n+1$ とし，$n-1\to n$ とした。

数列 $\{b_n\}$ は初項3，公比 r の等比数列であるから

$$\boldsymbol{b_n=3r^{n-1}}$$

次に，①の両辺を b_n で割ると

◀ $b_n\neq 0$

$$a_n\cdot\frac{b_{n+1}}{b_n}-2a_{n+1}\cdot\frac{b_n}{b_n}+3\cdot\frac{b_{n+1}}{b_n}=0$$

$\dfrac{b_{n+1}}{b_n}=r$ であるから

◀数列 $\{b_n\}$ は公比 r の等比数列である。

$$ra_n-2a_{n+1}+3r=0$$

ゆえに

$$\boldsymbol{2a_{n+1}=r(a_n+3)} \quad \cdots\cdots ④$$

が成り立つので，④に②と③を代入すると

$$2(3+np)=r\{3+(n-1)p+3\}$$
$$6+2pn=6r+rpn-rp$$

ゆえに

$$\boldsymbol{(r-2)pn=r(p-6)+6} \quad \cdots\cdots ⑤$$

となる。⑤がすべての n で成り立つことおよび $p\neq 0$ により，$r=2$ であり，

$r=2$ を⑤に代入して

$$0=2(p-6)+6$$

ゆえに

$$\boldsymbol{p=3}$$

が得られる。

(2) $a_nc_{n+1}-4a_{n+1}c_n+3c_{n+1}=0\ \ (n=1,\ 2,\ 3,\ \cdots)$ ………………… ⑥

⑥を変形すると

$$(a_n+3)c_{n+1}=4a_{n+1}c_n$$

$a_n>0$ より

$$\boldsymbol{c_{n+1}=\frac{4a_{n+1}}{a_n+3}c_n}$$

◀ $a_n+3\neq 0$

を得る。さらに，$p=3$ であることから，$a_n=3n$，$a_{n+1}=3(n+1)$ を代入すると

◀ $p=3$ を②，③に代入すると，$a_n=3n$，$a_{n+1}=3(n+1)$ が得られる。

$$c_{n+1}=\frac{4\cdot 3(n+1)}{3n+3}c_n=\frac{4\cdot 3(n+1)}{3(n+1)}c_n$$

$$=4c_n$$

よって，数列 $\{c_n\}$ は公比 4 の等比数列なので，**公比が 1 より大きい等比数列であることがわかる。** ⇨ ②

(3) $d_nb_{n+1}-qd_{n+1}b_n+ub_{n+1}=0\ \ (n=1,\ 2,\ 3,\ \cdots)$ ………………… ⑦

⑦の両辺を b_n で割ると

◀ $b_n\neq 0$

$$d_n\cdot\frac{b_{n+1}}{b_n}-qd_{n+1}\cdot\frac{b_n}{b_n}+u\cdot\frac{b_{n+1}}{b_n}=0$$

(1)と同様に，$\dfrac{b_{n+1}}{b_n}=2$ を代入して

$$2d_n-qd_{n+1}+2u=0$$

$q\neq 0$ より

$$\boldsymbol{d_{n+1}=\frac{2}{q}(d_n+u)}$$

を得る。

したがって，数列 $\{d_n\}$ が，公比が 0 より大きく 1 より小さい等比数列となるための必要十分条件は

◀ $d_{n+1}=\dfrac{2}{q}d_n$ のとき，数列 $\{d_n\}$ は公比 $\dfrac{2}{q}$ の等比数列である。

$$0<\frac{2}{q}<1 \text{ すなわち } \boldsymbol{q>2}$$

かつ

$$d_n+u=d_n \text{ すなわち } \boldsymbol{u=0}$$

である。

第5問

(1) $\overline{X}$ は確率変数 X の標本平均であり，標本の大きさ 49 が十分に大きいことから，平均 $E(\overline{X})=\boldsymbol{m}$，標準偏差 $\sigma(\overline{X})=\dfrac{\sigma}{\sqrt{49}}=\boldsymbol{\dfrac{\sigma}{7}}$ の正規分布に近似的に従う。 ⇨ ⓪，⑦

◀標本の大きさ n が十分に大きいとき，その標本平均の平均は母平均に等しく，母標準偏差が σ のとき，その標本平均の標準偏差は $\dfrac{\sigma}{\sqrt{n}}$ である。

確率変数 W が近似的に従う正規分布の平均を $E(W)$，標準偏差を $\sigma(W)$ とすると，**方針**より $W=125000\times\overline{X}$ であるから

$$E(W)=E(125000\times\overline{X})=125000\times E(\overline{X})$$

$$=\boldsymbol{125000m} \quad ⇨ ④$$

$$\sigma(W)=125000\times\sigma(\overline{X})=\boldsymbol{\frac{125000}{7}\sigma} \quad ⇨ ⑤$$

◀$\overline{X}$，W の分散をそれぞれ $V(\overline{X})$，$V(W)$ とすると

$\sigma(W)=\sqrt{V(W)}$

$=\sqrt{V(125000\times\overline{X})}$

$=\sqrt{125000^2\times V(\overline{X})}$

$=125000\times\sqrt{V(\overline{X})}$

$=125000\times\sigma(\overline{X})$

このとき，X の母標準偏差 σ は標本の標準偏差と同じ $\sigma=2$ であると仮定すると，花子さんたちが調べた 49 区画では $\overline{X}=16$ であるから，X の母平均 m に

対する信頼度 95 % の信頼区間は

$$\overline{X}-1.96\times\frac{\sigma}{7}\leqq m\leqq\overline{X}+1.96\times\frac{\sigma}{7}$$

$$16-1.96\times\frac{2}{7}\leqq m\leqq 16+1.96\times\frac{2}{7}$$

$$16-0.56\leqq m\leqq 16+0.56$$

$$15.44\leqq m\leqq 16.56$$

$M=125000\times m$ より，M に対する信頼度 95 %の信頼区間は

$$15.44\times 125000\leqq M\leqq 16.56\times 125000$$

$$\mathbf{193\times 10^4\leqq M\leqq 207\times 10^4}$$

◀標準正規分布 $N(0,\ 1)$ に従う確率変数 U について $P(-z_0\leqq U\leqq z_0)=0.95$ となるような z_0 を求めると $2\times P(0\leqq U\leqq z_0)=0.95$ $P(0\leqq U\leqq z_0)=0.475$ であるから，正規分布表より $z_0=1.96$ であることがわかる。

(2)　今年の母平均 m が昨年の母平均 15 と異なるといえるかを仮説検定するとき，「今年の母平均は 15 である」という仮説が正しくなければ，今年の母平均は 15 と異なるといえる。すなわち，帰無仮説は「**今年の母平均は 15 である**」であり，対立仮説は「**今年の母平均は 15 ではない**」である。　⇨ ②，⑥

◀仮説検定において，正しいかどうか判断したい主張を対立仮説といい，この主張に反する仮定として立てた仮説を帰無仮説という。

帰無仮説が正しいとすると，$\overline{X}$ は平均 **15**，標準偏差 $\dfrac{2}{\sqrt{49}}=\mathbf{\dfrac{2}{7}}$ の正規分布に近似的に従う。　⇨ ⑦，①

◀母平均 15，母標準偏差 2 である母集団から 49 個を無作為抽出した標本平均が $\overline{X}$ である。

したがって，確率変数 $Z=\dfrac{\overline{X}-15}{\frac{2}{7}}$ は標準正規分布 $N(0,\ 1)$ に近似的に従う。

花子さんたちの調査結果から求めた Z の値を z とすると

$$z=\frac{16-15}{\frac{2}{7}}=3.5$$

◀$\overline{X}=16$

よって，$P(Z\leqq -3.5)$ と $P(Z\geqq 3.5)$ の和は

$$\begin{aligned}1-P(-3.5\leqq Z\leqq 3.5)&=1-2\times P(0\leqq Z\leqq 3.5)\\&=1-2\times 0.4998\\&=1-0.9996\\&=0.0004\end{aligned}$$

◀正規分布表より $P(0\leqq Z\leqq 3.5)=0.4998$

となり，0.05 よりも**小さい**ので，帰無仮説は**棄却される**。　⇨ ①

よって，有意水準 5 %で今年の母平均 m は昨年と**異なるといえる**。　⇨ ⓪

第6問

(1)　$\triangle B_1C_1A_1$ は，$B_1A_1=B_1C_1$ の二等辺三角形で，$\angle A_1B_1C_1=108°$ であるから

$$\angle A_1C_1B_1=\frac{180°-108°}{2}=36°$$

◀$\angle B_1A_1C_1=\angle A_2A_1O=36°$ より。

また，$\angle C_1A_1A_2=108°-2\cdot 36°=36°$ であり，$\angle A_1C_1B_1=\angle C_1A_1A_2$ より錯角が等しいことから，$\overrightarrow{A_1A_2}$ と $\overrightarrow{B_1C_1}$ は平行で，$A_1A_2:B_1C_1=a:1$ より

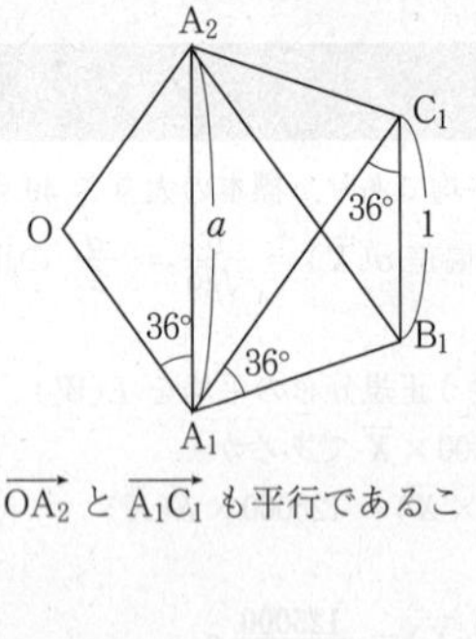

$$\mathbf{\overrightarrow{A_1A_2}=a\overrightarrow{B_1C_1}}$$

であるから

$$\overrightarrow{B_1C_1}=\frac{1}{a}\overrightarrow{A_1A_2}=\frac{1}{a}\left(\overrightarrow{OA_2}-\overrightarrow{OA_1}\right)$$

同様に考えて，$\overrightarrow{OA_1}$ と $\overrightarrow{A_2B_1}$ も平行で，さらに，$\overrightarrow{OA_2}$ と $\overrightarrow{A_1C_1}$ も平行であることから

$$\begin{aligned}\overrightarrow{B_1C_1}&=\overrightarrow{B_1A_2}+\overrightarrow{A_2O}+\overrightarrow{OA_1}+\overrightarrow{A_1C_1}\\&=-a\overrightarrow{OA_1}-\overrightarrow{OA_2}+\overrightarrow{OA_1}+a\overrightarrow{OA_2}\\&=\mathbf{(a-1)\left(\overrightarrow{OA_2}-\overrightarrow{OA_1}\right)}\end{aligned}$$

となる。したがって

$$\frac{1}{a} = a - 1$$

$$a^2 - a - 1 = 0 \text{ すなわち } a = \frac{1 \pm \sqrt{5}}{2}$$

◀$\overrightarrow{B_1C_1} = \frac{1}{a}\left(\overrightarrow{OA_2} - \overrightarrow{OA_1}\right)$ と $\overrightarrow{B_1C_1} = (a-1)\left(\overrightarrow{OA_2} - \overrightarrow{OA_1}\right)$ より。

$a > 0$ より

$$a = \frac{1 + \sqrt{5}}{2}$$

である。

(2)　面 $OA_1B_1C_1A_2$ に着目すると

$$\overrightarrow{OB_1} = \overrightarrow{OA_2} + \overrightarrow{A_2B_1}$$
$$= \overrightarrow{OA_2} + a\overrightarrow{OA_1} \quad \cdots\cdots ①$$

である。また

$$\left|\overrightarrow{OA_2} - \overrightarrow{OA_1}\right|^2 = \left|\overrightarrow{A_1A_2}\right|^2 = a^2$$
$$= \left(\frac{1 + \sqrt{5}}{2}\right)^2 = \frac{3 + \sqrt{5}}{2}$$

◀$a^2 - a - 1 = 0$ より
$$a^2 = a + 1 = \frac{1 + \sqrt{5}}{2} + 1 = \frac{3 + \sqrt{5}}{2}$$
としてもよい。

であるから

$$\left|\overrightarrow{OA_2} - \overrightarrow{OA_1}\right|^2 = \left|\overrightarrow{OA_2}\right|^2 - 2\overrightarrow{OA_2} \cdot \overrightarrow{OA_1} + \left|\overrightarrow{OA_1}\right|^2$$
$$= 1^2 - 2\overrightarrow{OA_2} \cdot \overrightarrow{OA_1} + 1^2$$
$$= 2 - 2\overrightarrow{OA_2} \cdot \overrightarrow{OA_1}$$

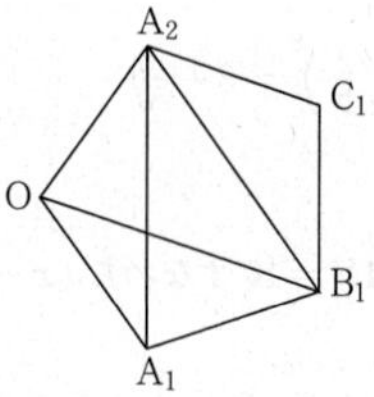

より

$$2 - 2\overrightarrow{OA_2} \cdot \overrightarrow{OA_1} = \frac{3 + \sqrt{5}}{2}$$

ゆえに

$$\mathbf{\overrightarrow{OA_1} \cdot \overrightarrow{OA_2} = \frac{1 - \sqrt{5}}{4}}$$

を得る。

次に，面 $OA_2B_2C_2A_3$ に着目すると

$$\overrightarrow{OB_2} = \overrightarrow{OA_3} + a\overrightarrow{OA_2} \quad \cdots\cdots ②$$

◀ $\overrightarrow{OB_2} = \overrightarrow{OA_3} + \overrightarrow{A_3B_2} = \overrightarrow{OA_3} + a\overrightarrow{OA_2}$

$\overrightarrow{OA_1} \cdot \overrightarrow{OA_2}$ と同様に考えて

$$\overrightarrow{OA_2} \cdot \overrightarrow{OA_3} = \overrightarrow{OA_3} \cdot \overrightarrow{OA_1} = \frac{1 - \sqrt{5}}{4}$$

が成り立つので，②より

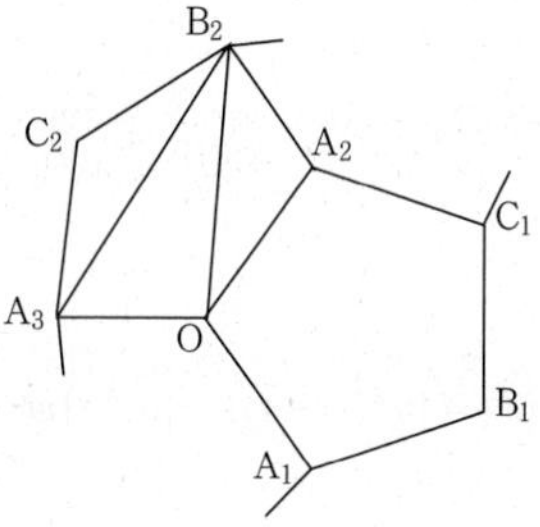

$$\mathbf{\overrightarrow{OA_1} \cdot \overrightarrow{OB_2}}$$
$$= \overrightarrow{OA_1} \cdot \left(\overrightarrow{OA_3} + a\overrightarrow{OA_2}\right)$$
$$= \overrightarrow{OA_1} \cdot \overrightarrow{OA_3} + a\overrightarrow{OA_1} \cdot \overrightarrow{OA_2}$$
$$= \frac{1 - \sqrt{5}}{4} + \frac{1 + \sqrt{5}}{2} \cdot \frac{1 - \sqrt{5}}{4}$$
$$= \mathbf{\frac{-1 - \sqrt{5}}{4}} \quad ⇨ ⑨$$

◀ $\frac{1 - \sqrt{5}}{4} - \frac{1}{2} = \frac{-1 - \sqrt{5}}{4}$

①，②より

$$\mathbf{\overrightarrow{OB_1} \cdot \overrightarrow{OB_2}}$$
$$= \left(\overrightarrow{OA_2} + a\overrightarrow{OA_1}\right) \cdot \left(\overrightarrow{OA_3} + a\overrightarrow{OA_2}\right)$$
$$= \overrightarrow{OA_2} \cdot \overrightarrow{OA_3} + a\left|\overrightarrow{OA_2}\right|^2 + a\overrightarrow{OA_1} \cdot \overrightarrow{OA_3} + a^2\overrightarrow{OA_1} \cdot \overrightarrow{OA_2}$$
$$= \frac{1 - \sqrt{5}}{4} + \frac{1 + \sqrt{5}}{2} \cdot 1^2 + \frac{1 + \sqrt{5}}{2} \cdot \frac{1 - \sqrt{5}}{4} + \frac{3 + \sqrt{5}}{2} \cdot \frac{1 - \sqrt{5}}{4}$$
$$= \mathbf{0} \quad ⇨ ⓪$$

である。

最後に，面 $A_2C_1DEB_2$ に着目して

$$\overrightarrow{B_2D} = a\overrightarrow{A_2C_1} = \overrightarrow{OB_1}$$

であることに注意すると，四角形 OB_1DB_2 は平行四辺形であり

$$OB_1 = OB_2 = a$$

◀正五角形の対角線の長さは a である。

$\overrightarrow{\mathrm{OB_1}} \cdot \overrightarrow{\mathrm{OB_2}} = 0$ より

$$\angle \mathrm{B_1OB_2} = 90^\circ$$

であるから，平行四辺形 $\mathrm{OB_1DB_2}$ は，4 辺が等しく，内角の 1 つが 90° であることがわかる。よって，**正方形であることがわかる。** ⇨ ⓪

◀平行四辺形において，4 辺が等しいだけだと，ひし形の可能性がある。

第７問

〔1〕

$a = 2$，$c = -8$，$d = -4$，$f = 0$ における図形の方程式は

$$2x^2 + by^2 - 8x - 4y = 0 \quad \cdots\cdots\cdots ①$$

まず，$b = 0$ のとき，①は

$$2x^2 - 8x - 4y = 0 \text{ すなわち } y = \frac{1}{2}x^2 - 2x$$

となるから，座標平面上には放物線が現れる。

次に，$b > 0$ のとき，①を変形すると

$$2(x-2)^2 - 8 + b\left(y - \frac{2}{b}\right)^2 - \frac{4}{b} = 0$$

すなわち

$$2(x-2)^2 + b\left(y - \frac{2}{b}\right)^2 = 8 + \frac{4}{b}$$

となる。

よって，$b = 2$ のとき

$$2(x-2)^2 + 2(y-1)^2 = 10 \text{ すなわち } (x-2)^2 + (y-1)^2 = 5$$

となり，円が現れる。

また，$0 < b < 2$，$2 < b$ のとき，$8 + \dfrac{4}{b} > 0$ より楕円が現れる。

◀原点を中心とする楕円を，x 軸方向に 2，y 軸方向に $\dfrac{2}{b}$ だけ平行移動したもの。

以上より，**楕円，円，放物線が現れ，他の図形は現れない。** ⇨ ②

〔2〕

$r > 0$ とし，$w = r(\cos\theta + i\sin\theta)$ とする。$w = w^n$（n は 1 以上の整数）について，両辺の絶対値に着目すると

$$r = r^n$$

◀ド・モアブルの定理より $w^n = r^n(\cos n\theta + i\sin n\theta)$

$r \neq 0$ より，両辺を r で割って

$$1 = r^{n-1}$$

よって，$r = 1$ より

$$|w| = \mathbf{1}$$

$1 \leqq k \leqq n-1$ に対して

$$\mathbf{A_kA_{k+1}} = |w^{k+1} - w^k| = |w^k(w-1)| = |w|^k \cdot |w-1|$$
$$= |\boldsymbol{w} - \mathbf{1}| \quad ⇨ ①$$

◀ $|w| = 1$

であり，つねに一定である。

また，$2 \leqq k \leqq n-1$ に対して

$$\angle \mathbf{A_{k+1}A_kA_{k-1}} = \arg\left(\frac{w^{k-1} - w^k}{w^{k+1} - w^k}\right) = \arg\left(\frac{w^{k-1}(1-w)}{w^k(w-1)}\right)$$
$$= \mathbf{arg}\left(-\frac{\mathbf{1}}{\boldsymbol{w}}\right) \quad ⇨ ③$$

◀$\angle \mathrm{A_{k+1}A_kA_{k-1}}$ は，線分 $\mathrm{A_kA_{k+1}}$ を線分 $\mathrm{A_kA_{k-1}}$ に重なるまで回転させた角である。

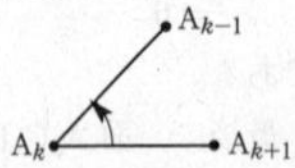

であり，つねに一定である。

$n = 25$ のとき，すなわち，$\mathrm{A_1}$ と $\mathrm{A_{25}}$ が重なるとき，$\mathrm{A_1}$ から $\mathrm{A_{25}}$ までを順に線分で結んでできる図形が正多角形になる場合には

正二十四角形，正十二角形，正八角形，正六角形，正方形，正三角形

の 6 通りがある。

◀24 の約数で 3 以上のものを考える。

正二十四角形のとき　$w=\cos\dfrac{\pi}{12}+i\sin\dfrac{\pi}{12}$

正十二角形のとき　$w=\cos\dfrac{\pi}{6}+i\sin\dfrac{\pi}{6}$

正八角形のとき　$w=\cos\dfrac{\pi}{4}+i\sin\dfrac{\pi}{4}$

正六角形のとき　$w=\cos\dfrac{\pi}{3}+i\sin\dfrac{\pi}{3}$

◀例えば，A_1 と A_7 が一致するとき，A_{13}，A_{19}，A_{25} も A_1 と一致し，正六角形になる。

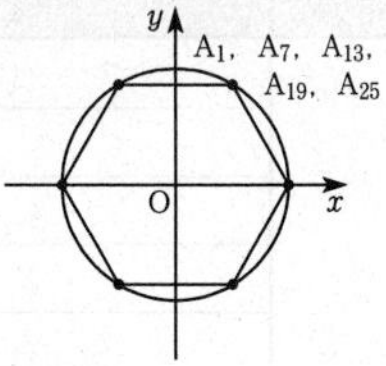

このとき

$w=\cos\dfrac{\pi}{3}+i\sin\dfrac{\pi}{3}$

である。

正方形のとき　$w=\cos\dfrac{\pi}{2}+i\sin\dfrac{\pi}{2}$

正三角形のとき　$w=\cos\dfrac{2}{3}\pi+i\sin\dfrac{2}{3}\pi$

であり，それぞれの場合について，対応する w の値が一つずつ存在するから，このような w の値は全部で **6** 個である。

また，このような正多角形について，どの場合であっても，それぞれの正多角形に内接する円の中心は原点である。

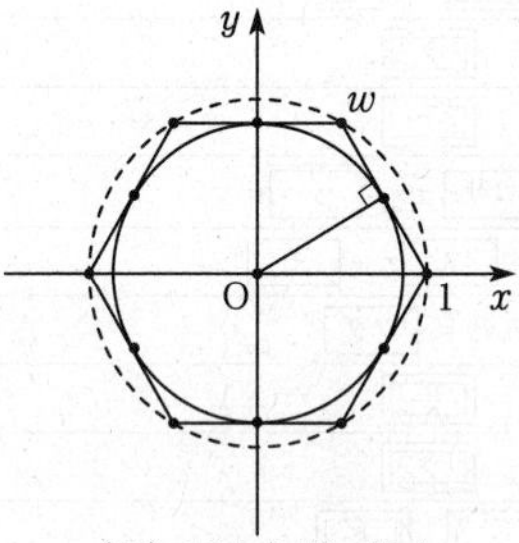

（例）正六角形の場合

正多角形と円の接点を表す複素数は，$1\leqq k\leqq 23$ として

$$\frac{w^k+w^{k+1}}{2}=\frac{w^k(1+w)}{2}$$

◀線分 $\mathrm{A}_k\mathrm{A}_{k+1}$ の中点。

と表せるから，円上の点 z が満たす式は

$$|z|=\left|\frac{w^k(w+1)}{2}\right|$$

$$|z|=\frac{|w|^k\cdot|w+1|}{2}$$

◀z が表す点は，原点を中心とする半径 $\left|\dfrac{w^k+w^{k+1}}{2}\right|$ の円上にある。

よって

$$|z|=\frac{|w+1|}{2}$$

⇨⑥

◀　$|w|=1$

2024 本試

解　答

問題番号(配点)	解答記号	正解	配点	自己採点
第1問 (30)	(27, $\boxed{\text{ア}}$), ($\boxed{\text{イウ}}$, 1)	(27, **3**), (**10**, 1)	各1	
	($\boxed{\text{エ}}$, $\boxed{\text{オ}}$)	(**1**, **0**)	2	
	$\boxed{\text{カ}}$, $\boxed{\text{キ}}$	⓪, ⑤	各3	
	$\boxed{\text{ク}}$	②	2	
	$\boxed{\text{ケ}}$	②	3	
	$x=\boxed{\text{コサ}}\pm\sqrt{\boxed{\text{シ}}}\,i$	$x=\mathbf{-2}\pm\sqrt{\mathbf{3}}i$	2	
	$T(x)=\boxed{\text{ス}}\,x-\boxed{\text{セ}}$	$T(x)=\mathbf{2}x-\mathbf{1}$	2	
	$U(x)=\boxed{\text{ソタ}}$	$U(x)=\mathbf{12}$	1	
	$\boxed{\text{チ}}$	③	3	
	$\boxed{\text{ツ}}$	①	1	
	$\boxed{\text{テ}}$, $\boxed{\text{ト}}$	①, ①	2	
	$\boxed{\text{ナ}}$	③	1*	
	$p=\boxed{\text{ニヌ}}$	$p=\mathbf{-6}$	2	
	$\boxed{\text{ネノ}}$	**14**	1	
第2問 (30)	$x=\dfrac{\boxed{\text{ア}}}{\boxed{\text{イ}}}$	$x=\dfrac{\mathbf{3}}{\mathbf{2}}$	2	
	$\int_0^x\left(3t^2-\boxed{\text{ウ}}\,t+\boxed{\text{エ}}\right)dt$	$\int_0^x(3t^2-\mathbf{9}t+\mathbf{6})\,dt$	1	
	$x^3-\dfrac{\boxed{\text{オ}}}{\boxed{\text{カ}}}x^2+\boxed{\text{キ}}\,x$	$x^3-\dfrac{\mathbf{9}}{\mathbf{2}}x^2+\mathbf{6}x$	2	
	$x=\boxed{\text{ク}}$ のとき，$S(x)$ は極大値 $\dfrac{\boxed{\text{ケ}}}{\boxed{\text{コ}}}$	$x=\mathbf{1}$ のとき，$S(x)$ は極大値 $\dfrac{\mathbf{5}}{\mathbf{2}}$	各1	
	$x=\boxed{\text{サ}}$ のとき，$S(x)$ は極小値 $\boxed{\text{シ}}$	$x=\mathbf{2}$ のとき，$S(x)$ は極小値 **2**	各1	
	$\boxed{\text{ス}}$	③	3	
	$\boxed{\text{セ}}$, $\boxed{\text{ソ}}$	⓪, ⑤	2	
	$\boxed{\text{タ}}$	①	2	
	$\boxed{\text{チ}}$	①	4	
	$\boxed{\text{ツ}}$	②	2	
	$\boxed{\text{テ}}$	③	1	
	$\boxed{\text{ト}}$, $\boxed{\text{ナ}}$	④, ②	3	
	$\boxed{\text{ニ}}$, $\boxed{\text{ヌ}}$	⓪, ④	2	
	$\boxed{\text{ネ}}$	②	2	

問題番号(配点)	解答記号	正解	配点	自己採点
第3問 (20)	$\boxed{\text{ア}}$	⓪	2	
	$\boxed{\text{イ}}$	③	2	
	$\boxed{\text{ウ}}$，$\boxed{\text{エ}}$	①，②	3	
	$\boxed{\text{オ}}$	⓪	3	
	$E(U_4)=\dfrac{\boxed{\text{カ}}}{128}$	$E(U_4)=\dfrac{3}{128}$	3	
	$E(U_5)=\dfrac{\boxed{\text{キク}}}{1024}$	$E(U_5)=\dfrac{33}{1024}$	3	
	$E(U_{300})=\dfrac{\boxed{\text{ケコ}}}{\boxed{\text{サ}}}$	$E(U_{300})=\dfrac{21}{8}$	4	
第4問 (20)	$a_2=\boxed{\text{アイ}}$，$a_3=\boxed{\text{ウエ}}$	$a_2=24$，$a_3=38$	2	
	$a_n=a_1+\boxed{\text{オカ}}(n-1)$	$a_n=a_1+14(n-1)$	2	
	$b_n=\left(b_1+\boxed{\text{キ}}\right)\left(\dfrac{\boxed{\text{ク}}}{\boxed{\text{ケ}}}\right)^{n-1}-\boxed{\text{コ}}$	$b_n=(b_1+3)\left(\dfrac{1}{2}\right)^{n-1}-3$	3	
	$c_2=\boxed{\text{サ}}$	$c_2=1$	1	
	$c_2=\boxed{\text{シス}}$，$c_1=\boxed{\text{セソ}}$	$c_2=-3$，$c_1=-3$	2	
	$c_5=\boxed{\text{タ}}$，$c_5=\boxed{\text{チツ}}$	$c_5=1$，$c_5=40$	3	
	$\boxed{\text{テ}}$	③	3	
	$\boxed{\text{ト}}$	④	4	
第5問 (20)	$\overrightarrow{\mathrm{AB}}=\left(\boxed{\text{ア}},\ \boxed{\text{イウ}},\ \boxed{\text{エ}}\right)$	$\overrightarrow{\mathrm{AB}}=(1,\ -1,\ 1)$	2	
	$\overrightarrow{\mathrm{AB}}\cdot\overrightarrow{\mathrm{CD}}=\boxed{\text{オ}}$	$\overrightarrow{\mathrm{AB}}\cdot\overrightarrow{\mathrm{CD}}=0$	2	
	$\boxed{\text{カ}}$	②	3	
	$\lvert\overrightarrow{\mathrm{OP}}\rvert^2=\boxed{\text{キ}}s^2-\boxed{\text{クケ}}s+\boxed{\text{コサ}}$	$\lvert\overrightarrow{\mathrm{OP}}\rvert^2=3s^2-12s+54$	3	
	$\boxed{\text{シ}}$	①	3	
	$s=\boxed{\text{ス}}$	$s=2$	3	
	$\left(\boxed{\text{セソ}},\ \boxed{\text{タチ}},\ \boxed{\text{ツテ}}\right)$，$\left(\boxed{\text{トナ}},\ \boxed{\text{ニヌ}},\ \boxed{\text{ネノ}}\right)$	$(-3,\ 12,\ -6)$，$(-7,\ 12,\ -2)$	4	

(注) ＊は，解答記号テ，トが両方正解の場合のみ ③ を正解とし，点を与える。

第 1 問，第 2 問は必答。第 3 問～第 5 問のうちから 2 問選択。計 4 問を解答。

なお，上記以外のものについても得点を与えることがある。正解欄に※があるものは，解答の順序は問わない。

第1問小計		第2問小計		第3問小計		第4問小計		第5問小計		合計点	/100

第１問

〔1〕

(1)(i)　$y=\log_3 x$ のグラフについて，$x=27$ のとき

$$y=\log_3 27=\log_3 3^3=3$$

より，$y=\log_3 x$ のグラフは点 **(27, 3)** を通る。

また，$y=\log_2\dfrac{x}{5}$ のグラフについて，$y=1$ のとき

$$1=\log_2\frac{x}{5}$$

$$2=\frac{x}{5}$$

◀ $\log_2 2=\log_2\dfrac{x}{5}$

より

$$x=10$$

であるから，$y=\log_2\dfrac{x}{5}$ のグラフは点 **(10, 1)** を通る。

(ii)　$k>0$ のとき，k の値によらず $k^0=1$ であるから

$$0=\log_k 1$$

よって，$y=\log_k x$ のグラフは，k の値によらず定点 **(1, 0)** を通る。

(iii)　$y=\log_k x$ のグラフについて，(ii)より，k の値によらず点 (1, 0) を通る。

◀ここで ⓪ か ① に絞られる。

また，$x>0$，$x\neq 1$ のとき

$$\log_k x=\frac{1}{\log_x k}$$

◀$a>0$，$a\neq 1$，$b>0$，$c>0$，$c\neq 1$ のとき $\log_a b=\dfrac{\log_c b}{\log_c a}$

より，1 より大きい同じ x の値における y の値を比較すると，$k=2$，3，4 のとき，k の値が大きくなるにつれて y の値は小さくなる。よって，グラフの概形は ⓪ である。　⇨ ⓪

次に

$$y=\log_2 kx=\log_2 x+\log_2 k$$

より，$y=\log_2 kx$ のグラフは，$y=\log_2 x$ のグラフを y 軸の正の方向に $\log_2 k$ だけ平行移動したものである。

$\log_2 2$，$\log_2 3$，$\log_2 4$ はすべて異なる値であるから，$k=2$，3，4 のときの $y=\log_2 kx$ のグラフは，どの二つも共有点をもたない。また

◀ここで ④ か ⑤ に絞られる。

$$\log_2 2<\log_2 3<\log_2 4 \text{ すなわち } \log_2 2x<\log_2 3x<\log_2 4x$$

◀$\log_2 x$ は増加関数。

より，グラフの概形は ⑤ である。　⇨ ⑤

(2)(i)　$x>0$，$x\neq 1$，$y>0$ のとき，$\log_x y=2$ より

$$y=x^2$$

◀$\log_x x^2=2$ より。

よって，方程式 $\log_x y=2$ の表す図形を図示すると，② の $x>0$，$x\neq 1$，$y>0$ の部分となる。　⇨ ②

(ii)　(i)と同様に考えると

$$0<\log_x y<1 \text{ すなわち } \log_x 1<\log_x y<\log_x x$$

より

$x>1$ のとき $1<y<x$，

$0<x<1$ のとき $0<x<y<1$

◀底 x と 1 の大小関係によって場合を分ける必要があることに注意。

であるから，不等式 $0<\log_x y<1$ の表す領域は

$x>1$ のとき，直線 $y=1$ の上側かつ直線 $y=x$ の下側

$0<x<1$ のとき，直線 $y=1$ の下側かつ直線 $y=x$ の上側

であり，これを図示すると ② の斜線部分となる。ただし，境界（境界線）は含まない。　⇨ ②

〔2〕

(1)　方程式 $S(x)=0$ の解は，$x^2+4x+7=0$ より

$$x=-2\pm\sqrt{2^2-1\cdot 7}$$

ゆえに

$$\boldsymbol{x=-2\pm\sqrt{3}i}$$

また，$2x^3+7x^2+10x+5$ を x^2+4x+7 で割ると

$$\begin{array}{r}
2x \quad -1 \phantom{{}+10x+5} \\
x^2+4x+7\,\big)\overline{\,2x^3+7x^2+10x+5} \\
\underline{2x^3+8x^2+14x \phantom{{}+5}} \\
-x^2-4x+5 \\
\underline{-x^2-4x-7} \\
12
\end{array}$$

商 $T(x)$ は $\boldsymbol{2x-1}$，余り $U(x)$ は $\boldsymbol{12}$

(2)(i)　題意より，$P(x)=S(x)T(x)+U(x)$ である。

$P(x)$ を $S(x)$ で割った余りが定数 k になるとき，$U(x)=k$ とおける。

このとき

$$P(x)=S(x)T(x)+k$$

であり

$$S(\alpha)=S(\beta)=0$$

◀α，β は方程式 $S(x)=0$ の異なる二つの解である。

が成り立つことから

$$P(\alpha)=P(\beta)=k$$

◀$x=\alpha$，β のとき $S(x)T(x)=0$

となる。すなわち，**$P(x)=S(x)T(x)+k$ かつ $S(\alpha)=S(\beta)=0$ が成り立つことから，$P(\alpha)=P(\beta)=k$ となることが導かれる。**　⇨③

したがって，余りが定数 k になるとき

$$\boldsymbol{P(\alpha)=P(\beta)} \quad ⇨①$$

が成り立つ。

(ii)　$S(x)$ が2次式であるから，m，n を定数として，$U(x)=mx+n$ とおける。このとき

◀2次式で割った余り $U(x)$ は，1次式または定数である。

$$\boldsymbol{P(x)=S(x)T(x)+mx+n} \quad ⇨①$$

と表され，ここに $x=\alpha$，β をそれぞれ代入すると

$$\boldsymbol{P(\alpha)=m\alpha+n} \text{ かつ } \boldsymbol{P(\beta)=m\beta+n} \quad ⇨①$$

◀　$S(\alpha)=S(\beta)=0$

となるから，$P(\alpha)=P(\beta)$ より

$$m\alpha+n=m\beta+n$$

$$m(\alpha-\beta)=0$$

ここで，$\alpha\neq\beta$ より $\alpha-\beta\neq 0$ であるから

$$\boldsymbol{m=0} \quad ⇨③$$

以上より，$P(\alpha)=P(\beta)$ が成り立つとき，余りは定数になることがわかる。

(i)，(ii)の考察より，方程式 $S(x)=0$ が異なる二つの解 α，β をもち，$P(x)$ を $S(x)$ で割った余りが定数になるとき，$P(\alpha)=P(\beta)$ である。

(3)　$S(x)=x^2-x-2$ のとき，$\alpha<\beta$ とすると $\alpha=-1$，$\beta=2$ であり

◀方程式 $x^2-x-2=0$ の解は $x=-1$，2 である。

$$P(\alpha)=(-1)^{10}-2\cdot(-1)^9-p\cdot(-1)^2-5\cdot(-1)$$

$$=1+2-p+5=-p+8$$

◀$P(x)=x^{10}-2x^9-px^2-5x$ に $x=-1$ を代入した。

$$P(\beta)=2^{10}-2\cdot 2^9-p\cdot 2^2-5\cdot 2=-4p-10$$

◀同様に $P(x)$ に $x=2$ を代入した。

であり，$P(\alpha)=P(\beta)$ より

$$-p+8=-4p-10$$

よって

$$\boldsymbol{p=-6}$$

このとき

$$P(\alpha)=P(\beta)=14$$

◀$-p+8$ または $-4p-10$ に $p=-6$ を代入した。

より，余りは **14** となる。

第2問

(1)(i)　$f(x)=3(x-1)(x-2)$ のとき

$$f(x)=3x^2-9x+6$$

より，$f'(x)=6x-9$ であるから，$f'(x)=0$ となる x の値は

$$\boldsymbol{x=\frac{3}{2}}$$

(ii)　$S(x)$ を計算すると

$$S(x)=\int_0^x f(t)\,dt=\int_0^x \boldsymbol{(3t^2-9t+6)\,dt}$$

$$=\left[t^3-\frac{9}{2}t^2+6t\right]_0^x$$

$$=\boldsymbol{x^3-\frac{9}{2}x^2+6x}$$

であり

$$S'(x)=f(x)=3(x-1)(x-2)$$

◀ a を定数として $\dfrac{d}{dx}\displaystyle\int_a^x f(t)\,dt=f(x)$

より，$S(x)$ の増減は右の表のようになる。よって，$S(x)$ は，

x		1		2	
$S'(x)$	+	0	−	0	+
$S(x)$	↗	極大	↘	極小	↗

$\boldsymbol{x=1}$ のとき極大値

$$S(1)=1^3-\frac{9}{2}\cdot 1^2+6\cdot 1=\boldsymbol{\frac{5}{2}}$$

をとり，$\boldsymbol{x=2}$ のとき極小値

$$S(2)=2^3-\frac{9}{2}\cdot 2^2+6\cdot 2=\boldsymbol{2}$$

をとる。

(iii)　$S'(3)$ は $y=S(x)$ のグラフ上の x 座標が 3 である点における接線の傾きである。よって，$f(3)=S'(3)$ より，$f(3)$ は**関数 $y=S(x)$ のグラフ上の点 $(3,\ S(3))$ における接線の傾きと一致する。**　⇨ ③

◀ $S'(x)=f(x)$

(2)　S_1 は，$0\leqq x\leqq 1$ の範囲で関数 $y=f(x)$ のグラフと x 軸および y 軸で囲まれた図形の面積であるから

$$\boldsymbol{S_1=\int_0^1 f(x)\,dx}\quad ⇨ ⓪$$

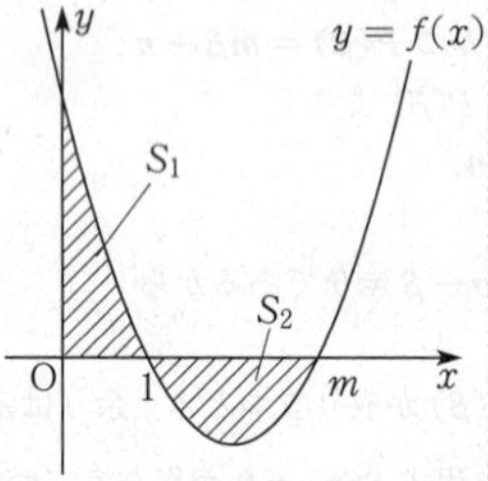

◀ $f(x)=0$ のとき $x=1,\ m$

S_2 は，$1\leqq x\leqq m$ の範囲で関数 $y=f(x)$ のグラフと x 軸で囲まれた図形の面積であるから

$$\boldsymbol{S_2=\int_1^m \{-f(x)\}\,dx}\quad ⇨ ⑤$$

また，$m>1$ と

$$S'(x)=f(x)$$

$$=3(x-1)(x-m)$$

より，$S(x)$ の増減は右の表のようになる。

x		1		m	
$S'(x)$	+	0	−	0	+
$S(x)$	↗	極大	↘	極小	↗

◀(1)(ii)の考察をふまえる。

$S_1=S_2$ となるとき

$$\int_0^1 f(x)\,dx=\int_1^m \{-f(x)\}\,dx$$

$$\int_0^1 f(x)\,dx=-\int_1^m f(x)\,dx$$

$$\int_0^1 f(x)\,dx+\int_1^m f(x)\,dx=0$$

$$\boldsymbol{\int_0^m f(x)\,dx=0}\quad ⇨ ①$$

よって，$S_1 = S_2$ が成り立つような $f(x)$ に対して

$$S(m) = \int_0^m f(t)\,dt = 0$$

であり，$S(x)$ の増減より，$S(x) = 0$ となるのは $x = 0$，m のときだとわかるので，$y = S(x)$ のグラフの概形は ① である。 ⇨ ①

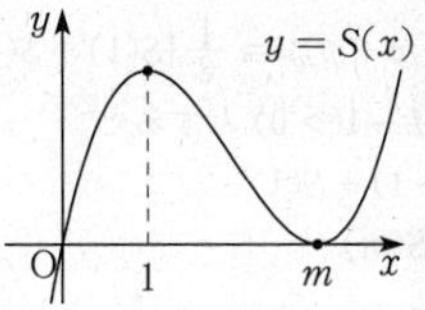

また，$S_1 > S_2$ が成り立つような $f(x)$ に対しては

$$\int_0^1 f(x)\,dx > \int_1^m \{-f(x)\}\,dx$$

より

$$\int_0^m f(x)\,dx > 0$$

であるから

$$S(m) > 0$$

$S(x)$ の増減より，$S(x) = 0$ となるのは $x = 0$ のときのみだとわかるので，$y = S(x)$ のグラフの概形は ② である。 ⇨ ②

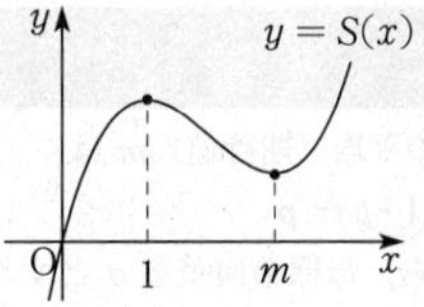

(3) 関数 $y = f(x)$ のグラフは放物線であり，その軸は $x = \dfrac{m+1}{2}$ である。

◀ $f(x) = 3(x-1)(x-m)$ より，軸は 2 点 $(1,\ 0)$，$(m,\ 0)$ を結ぶ線分の中点を通る。

すなわち，関数 $y = f(x)$ のグラフは

直線 $\boldsymbol{x = \dfrac{m+1}{2}}$ に関して対称である。 ⇨ ③

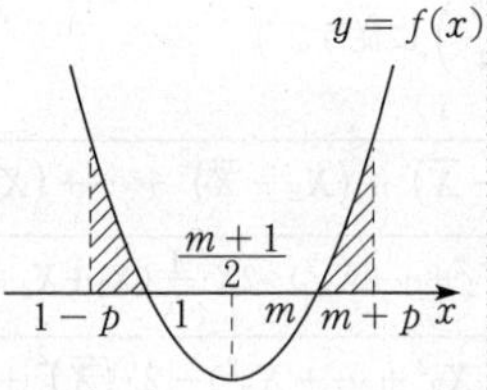

よって，右の図より，すべての正の実数 p に対して

$$\boldsymbol{\int_{1-p}^1 f(x)\,dx = \int_m^{m+p} f(x)\,dx} \quad \cdots\cdots ①$$

⇨ ④

また，右の図より，$M = \dfrac{m+1}{2}$ とおくと，

$0 < q \leqq M - 1$ であるすべての実数 q に対して

$$\boldsymbol{\int_{M-q}^M \{-f(x)\}\,dx = \int_M^{M+q} \{-f(x)\}\,dx} \quad \cdots\cdots ②$$

◀ $M - q \geqq 1$，$M + q \leqq m$

⇨ ②

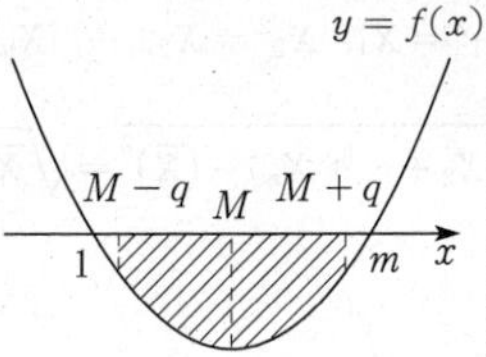

①より

$$S(1) - S(1-p) = S(m+p) - S(m)$$

$$\boldsymbol{S(1-p) + S(m+p) = S(1) + S(m)} \quad \cdots\cdots ③$$

◀ $\Big[S(x)\Big]_{1-p}^{1} = \Big[S(x)\Big]_{m}^{m+p}$

⇨ ⓪

②より

$$\int_{M-q}^M f(x)\,dx = \int_M^{M+q} f(x)\,dx$$

$$S(M) - S(M-q) = S(M+q) - S(M)$$

$$\boldsymbol{2S(M) = S(M+q) + S(M-q)} \quad \cdots\cdots ④$$

◀ $\Big[S(x)\Big]_{M-q}^{M} = \Big[S(x)\Big]_{M}^{M+q}$

⇨ ④

2 点 $(1-p,\ S(1-p))$，$(m+p,\ S(m+p))$ を結ぶ線分の中点について，x 座標は

$$\frac{1}{2}\{(1-p) + (m+p)\} = \frac{m+1}{2} = M$$

y 座標は，③より

$$\frac{1}{2}\{S(1-p)+S(m+p)\}=\frac{1}{2}\{S(1)+S(m)\}$$

ここで，④において $q=M-1(>0)$ とすると

$$2S(M)=S(2M-1)+S(1)$$
$$=S(1)+S(m)$$

◀$M=\frac{m+1}{2}$ より。

であるから，y 座標は

$$\frac{1}{2}\{S(1)+S(m)\}=\frac{1}{2}\cdot 2S(M)=S(M)$$

となる。

以上より，**中点は p の値によらず一つに定まり，関数 $y=S(x)$ のグラフ上にある。** ⇨ ②

◀中点は $(M,\ S(M))$

第3問

(1)　表1より，確率変数 X の平均（期待値）m は

$$m=0\cdot(1-p)+1\cdot p=\boldsymbol{p}$$ ⇨ ⓪

$n=300$ は十分に大きいから，母標準偏差を σ とすると，標本平均 $\overline{X}$ は近似的に正規分布に従い，その平均は m，標準偏差は $\frac{\sigma}{\sqrt{n}}$ である。すなわち，$\overline{X}$ は近似的に正規分布 $\boldsymbol{N\left(m,\ \frac{\sigma^2}{n}\right)}$ に従う。 ⇨ ③

また，S は

$$S=\sqrt{\frac{1}{n}\left\{\left(X_1-\overline{X}\right)^2+\left(X_2-\overline{X}\right)^2+\cdots+\left(X_n-\overline{X}\right)^2\right\}}$$

◀S は標本の標準偏差。

$$=\sqrt{\frac{1}{n}(X_1{}^2+X_2{}^2+\cdots+X_n{}^2)-2\overline{X}\cdot\frac{1}{n}(X_1+X_2+\cdots+X_n)+\frac{1}{n}\cdot n\cdot\left(\overline{X}\right)^2}$$

$$=\sqrt{\frac{1}{n}(X_1{}^2+X_2{}^2+\cdots+X_n{}^2)-2\cdot\left(\overline{X}\right)^2+\left(\overline{X}\right)^2}$$

◀ $\overline{X}=\frac{1}{n}(X_1+X_2+\cdots+X_n)$

$$=\sqrt{\boldsymbol{\frac{1}{n}(X_1{}^2+X_2{}^2+\cdots+X_n{}^2)-\left(\overline{X}\right)^2}}$$ ⇨ ①

で計算できる。ここで，$X_1{}^2=X_1$，$X_2{}^2=X_2$，…，$X_n{}^2=X_n$ であることに着目すると

◀$k=1,\ 2,\ \cdots,\ n$ に対して $X_k=0$ または 1 であり $X_k=0$ のとき，$X_k{}^2=0$ $X_k=1$ のとき，$X_k{}^2=1$ である。

$$\boldsymbol{S}=\sqrt{\frac{1}{n}(X_1+X_2+\cdots+X_n)-\left(\overline{X}\right)^2}=\sqrt{\overline{X}-\left(\overline{X}\right)^2}$$

$$=\sqrt{\boldsymbol{\overline{X}\left(1-\overline{X}\right)}}$$ ⇨ ②

いま，表2より

$$n=300,\ \overline{X}=\frac{75}{300}=\frac{1}{4}$$

であるから

$$\frac{S^2}{n}=\frac{\frac{1}{4}\cdot\left(1-\frac{1}{4}\right)}{300}=\frac{1}{1600}$$

したがって，$\overline{X}$ は，正規分布 $N\left(m,\ \frac{1}{1600}\right)$ に従う。

ここで

$$Z=\frac{\frac{1}{4}-m}{\frac{1}{40}}$$

◀ $Z=\frac{\overline{X}-m}{S}$，$\sqrt{\frac{1}{1600}}=\frac{1}{40}$

とおくと，Z は近似的に標準正規分布 $N(1,\ 0)$ に従う。Z に対する信頼度 95% の信頼区間は，正規分布表より

$$-1.96\leqq Z\leqq 1.96$$

◀値が $\frac{0.95}{2}=0.475$ となる z_0 を探す。

であるから，母平均 m に対する信頼度 95% の信頼区間は

$$\frac{1}{4}-1.96\cdot\frac{1}{40}\leqq m\leqq\frac{1}{4}+1.96\cdot\frac{1}{40}$$

$$0.25-0.049\leqq m\leqq 0.25+0.049$$

すなわち

$$\mathbf{0.201\leqq m\leqq 0.299}$$ ⇨ ⓪

(2)　$k=4$ のとき，$U_4=1$ となる確率は

$$\left(\frac{1}{4}\right)^3\cdot\left(1-\frac{1}{4}\right)\cdot 2=\frac{3}{128}$$

◀ $(X_1,\ X_2,\ X_3,\ X_4)=(1,\ 1,\ 1,\ 0),\ (0,\ 1,\ 1,\ 1)$ の 2 通りがある。

であるから，U_4 の期待値は

$$E(U_4)=1\cdot\frac{3}{128}=\mathbf{\frac{3}{128}}$$

同様に，$k=5$ のとき，$U_5=1$ となるのは

(ア)　$(X_1,\ X_2,\ X_3,\ X_4,\ X_5)=(1,\ 1,\ 1,\ 0,\ 1),\ (1,\ 1,\ 1,\ 0,\ 0)$

(イ)　$(X_1,\ X_2,\ X_3,\ X_4,\ X_5)=(0,\ 1,\ 1,\ 1,\ 0)$

(ウ)　$(X_1,\ X_2,\ X_3,\ X_4,\ X_5)=(1,\ 0,\ 1,\ 1,\ 1),\ (0,\ 0,\ 1,\ 1,\ 1)$

のときである。

(ア)，(ウ)が起こる確率はそれぞれ

$$\left(\frac{1}{4}\right)^3\cdot\frac{3}{4}\cdot 1=\frac{3}{256}$$

◀(ア)の X_5，(ウ)の X_1 は，0，1 のどちらの値でもよい。

(イ)が起こる確率は

$$\left(\frac{1}{4}\right)^3\cdot\left(\frac{3}{4}\right)^2=\frac{9}{1024}$$

であるから，U_5 の期待値は

$$E(U_5)=1\cdot\left(\frac{3}{256}\cdot 2+\frac{9}{1024}\right)=\mathbf{\frac{33}{1024}}$$

座標平面上の点 $(4,\ E(U_4))$，$(5,\ E(U_5))$，…，$(300,\ E(U_{300}))$ が一つの直線上にあるとすると，その直線は 2 点 $\left(4,\ \frac{3}{128}\right)$，$\left(5,\ \frac{33}{1024}\right)$ を通るので，その直線の式は

$$y-\frac{3}{128}=\frac{9}{1024}(x-4)$$

◀直線の傾きは $\dfrac{E(U_5)-E(U_4)}{5-4}=\dfrac{33}{1024}-\dfrac{3}{128}=\dfrac{9}{1024}$

より

$$y=\frac{9}{1024}x-\frac{3}{256}$$

である。よって

$$E(U_{300})=\frac{9}{1024}\cdot 300-\frac{3}{256}=\mathbf{\frac{21}{8}}$$

研究

座標平面上の点 $(4,\ E(U_4))$，$(5,\ E(U_5))$，…，$(300,\ E(U_{300}))$ が一つの直線上にある理由を考えよう。

k を 4 以上の整数とし，A の個数が k のときと $k+1$ のときでどのように変化するかを考える。

$X_1,\ X_2,\ \cdots,\ X_k$ の値の組について，X_{k-3}，X_{k-2}，X_{k-1}，X_k の値に着目すると

(I)　$X_{k-3}=1,\ X_{k-2}=1,\ X_{k-1}=1,\ X_k=1$

(II)　$X_{k-3}=0,\ X_{k-2}=1,\ X_{k-1}=1,\ X_k=1$

(III)　$X_{k-3}=0$ または 1，$X_{k-2}=0,\ X_{k-1}=1,\ X_k=1$

(IV)　$X_{k-3}=0$ または 1，$X_{k-2}=0$ または 1，$X_{k-1}=0,\ X_k=1$

(V)　$X_{k-3}=0$ または 1，$X_{k-2}=0$ または 1，$X_{k-1}=0$ または 1，$X_k=0$

のいずれかに当てはまる。

(I)，(IV)，(V)のとき，X_{k+1} の値によらず，A の個数は変化しない。

(Ⅲ)のとき，$X_{k+1}=0$ であれば A の個数は変化しないが，$X_{k+1}=1$ であれば A の個数は 1 だけ増加する。

(Ⅱ)のとき，$X_{k+1}=0$ であれば A の個数は変化しないが，$X_{k+1}=1$ であれば A の個数は 1 だけ減少する。

以上より，A の個数が 1 だけ増加する確率は

$$\frac{3}{4}\cdot\left(\frac{1}{4}\right)^3=\frac{3}{256}$$

◀ $X_{k-2}=0$，$X_{k-1}=1$，$X_k=1$，$X_{k+1}=1$ となる確率。

であり，A の個数が 1 だけ減少する確率は

$$\frac{3}{4}\cdot\left(\frac{1}{4}\right)^4=\frac{3}{1024}$$

◀ $X_{k-3}=0$，$X_{k-2}=1$，$X_{k-1}=1$，$X_k=1$，$X_{k+1}=1$ となる確率。

であるから

$$E(U_{k+1})=E(U_k)+1\cdot\frac{3}{256}-1\cdot\frac{3}{1024}$$

$$E(U_{k+1})-E(U_k)=\frac{9}{1024}$$

となり，k の値によらず $E(U_k)$ と $E(U_{k+1})$ の差は一定である。

したがって，$(4,\ E(U_4))$，$(5,\ E(U_5))$，…，$(300,\ E(U_{300}))$ は一つの直線上にあることがわかる。

第4問

(1)　数列 $\{a_n\}$ が $a_{n+1}-a_n=14\ (n=1,\ 2,\ 3,\ \cdots)$ を満たすので

$$a_{n+1}=a_n+14$$

$a_1=10$ のとき

$$\boldsymbol{a_2}=a_1+14=10+14=\boldsymbol{24}$$

また，$a_2=24$ であるから

$$\boldsymbol{a_3}=a_2+14=24+14=\boldsymbol{38}$$

数列 $\{a_n\}$ は公差が 14 の等差数列であるから

$$\boldsymbol{a_n=a_1+14(n-1)}$$

(2)　数列 $\{b_n\}$ が $2b_{n+1}-b_n+3=0\ (n=1,\ 2,\ 3,\ \cdots)$ を満たすとき

$$b_{n+1}+3=\frac{1}{2}(b_n+3)$$

◀方程式 $2x-x+3=0$ の解は $x=-3$ である。

よって，数列 $\{b_n+3\}$ は初項 b_1+3，公比 $\frac{1}{2}$ の等比数列であるから

$$b_n+3=(b_1+3)\cdot\left(\frac{1}{2}\right)^{n-1}$$

したがって

$$\boldsymbol{b_n=(b_1+3)\left(\frac{1}{2}\right)^{n-1}-3}$$

(3)　$(c_n+3)(2c_{n+1}-c_n+3)=0\ \ (n=1,\ 2,\ ,\ 3\cdots)$ ………………①

(i)　数列 $\{c_n\}$ が①を満たし，$c_1=5$ のとき

$$(c_1+3)(2c_2-c_1+3)=0$$

◀①に $n=1$ を代入した。

$$8(2c_2-2)=0$$

よって

$$\boldsymbol{c_2=1}$$

数列 $\{c_n\}$ が①を満たし，$c_3=-3$ のとき

$$(c_2+3)(2c_3-c_2+3)=0\ \ \cdots\cdots\cdots\cdots(*)$$

◀①に $n=2$ を代入した。

$$-(c_2+3)^2=0$$

よって

$$\boldsymbol{c_2=-3}$$

さらに

$$(c_1+3)(2c_2-c_1+3)=0 \quad \cdots\cdots\cdots\cdots\cdots\cdots\cdots\cdots\cdots\cdots\cdots\cdots (**)$$

◀①に $n=1$ を代入した。

$$-(c_1+3)^2=0$$

よって

$$\boldsymbol{c_1=-3}$$

◀$c_3=c_2$ であり，(*) において c_2，c_3 をそれぞれ c_1，c_2 に置き換えたものが (**) であるから

$$c_1=c_2=-3$$

と考えることもできる。

(ii)　数列 $\{c_n\}$ が $c_3=-3$ と①を満たし，$c_4=5$ のとき

$$(c_4+3)(2c_5-c_4+3)=0$$

◀①に $n=4$ を代入した。

$$8(2c_5-2)=0$$

ゆえに

$$\boldsymbol{c_5=1}$$

数列 $\{c_n\}$ が $c_3=-3$ と①を満たし，$c_4=83$ のとき

$$(c_4+3)(2c_5-c_4+3)=0$$

◀①に $n=4$ を代入した。

$$86(2c_5-80)=0$$

ゆえに

$$\boldsymbol{c_5=40}$$

(iii)　**命題 A** が真であることを証明するには，①と $c_1\neq-3$ を満たす数列 $\{c_n\}$ について，$\boldsymbol{n=k}$ **のとき** $\boldsymbol{c_n\neq-3}$ **が成り立つと仮定すると，**$\boldsymbol{n=k+1}$ **のときも** $\boldsymbol{c_n\neq-3}$ **が成り立つことを示せばよい。**　⇨ ③

◀「研究」参照。

(iv)　(I)について，(iii)の**命題 A** が真であることから，$c_1=3\,(\neq-3)$ かつ $c_{100}=-3$ であり，かつ①を満たす数列 $\{c_n\}$ はない。すなわち，偽である。

◀$c_1\neq-3$ より，すべての自然数 n で $c_n\neq-3$ である。

(II)について，(iii)の**命題 A** の対偶を考えると，命題「数列 $\{c_n\}$ が①を満たし，ある自然数 n について $c_n=-3$ であるとき，$c_1=-3$ である」は真であるから，(II)は真である。

(III)について，(i)，(ii)での考察より，例えば

$$c_1=c_2=\cdots=c_{99}=-3,\ c_{100}=3$$

である数列 $\{c_n\}$ は①を満たす。すなわち，真である。

◀「解答」の(III)と同様に

$$c_1=c_2=\cdots=c_{99}=-3$$

である数列 $\{c_n\}$ において，c_{100} はどのような値でもよいから

$$c_1=c_2=\cdots=c_{100}=-3$$

である数列 $\{c_n\}$ があると考えてもよい。

◀具体的な数列 $\{c_n\}$ を一つ見つければよい。

以上より，真偽の組合せとして正しいものは ④ である。　⇨ ④

研究

(iii)の証明の方針は，数学的帰納法の手順である。**命題 A** が真であることは，次のように証明できる。

(a)　$n=1$ のとき，仮定より $c_1\neq-3$ であるから，$c_n\neq-3$ は成り立つ。

(b)　$n=k\,(k=1,\ 2,\ 3,\ \cdots)$ のとき $c_n\neq-3$ が成り立つ，すなわち $c_k\neq-3$ と仮定する。

このとき，$c_k+3\neq0$ であるから，①より

$$2c_{k+1}-c_k+3=0$$

$$c_{k+1}=\frac{1}{2}c_k-\frac{3}{2}$$

ここで，$c_k\neq-3$ のとき

$$c_{k+1}\neq\frac{1}{2}\cdot(-3)-\frac{3}{2}$$

より

$$c_{k+1}\neq-3$$

である。

よって，(a)，(b)より，すべての自然数 n について $c_n\neq-3$ である。　(証明終)

第5問

(1)　A(2, 7, −1), B(3, 6, 0), C(−8, 10, −3), D(−9, 8, −4) より

$$\overrightarrow{\mathrm{AB}}=(3-2,\ 6-7,\ 0-(-1))=\mathbf{(1,\ -1,\ 1)}$$

$$\overrightarrow{\mathrm{CD}}=(-9-(-8),\ 8-10,\ -4-(-3))=(-1,\ -2,\ -1)$$

よって

$$\overrightarrow{\mathbf{AB}}\cdot\overrightarrow{\mathbf{CD}}=1\times(-1)+(-1)\times(-2)+1\times(-1)=\mathbf{0}$$

(2)　P が ℓ_1 上にあるから，$\overrightarrow{\mathrm{AP}}=s\overrightarrow{\mathrm{AB}}$ を満たす実数 s があり

◀イメージ図

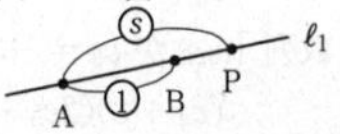

$$\overrightarrow{\mathrm{OP}}-\overrightarrow{\mathrm{OA}}=s\overrightarrow{\mathrm{AB}}$$

より

$$\overrightarrow{\mathrm{OP}}=\overrightarrow{\mathrm{OA}}+s\overrightarrow{\mathrm{AB}} \qquad ⇨ ②$$

が成り立つ。よって

$$|\overrightarrow{\mathrm{OP}}|=|\overrightarrow{\mathrm{OA}}+s\overrightarrow{\mathrm{AB}}|$$

であり，この式の両辺を 2 乗すると

$$|\overrightarrow{\mathrm{OP}}|^2=|\overrightarrow{\mathrm{OA}}|^2+2s\overrightarrow{\mathrm{OA}}\cdot\overrightarrow{\mathrm{AB}}+s^2|\overrightarrow{\mathrm{AB}}|^2 \quad \cdots\cdots ①$$

ここで

$$|\overrightarrow{\mathrm{OA}}|^2=2^2+7^2+(-1)^2=54$$

$$\overrightarrow{\mathrm{OA}}\cdot\overrightarrow{\mathrm{AB}}=2\times1+7\times(-1)+(-1)\times1=-6$$

$$|\overrightarrow{\mathrm{AB}}|^2=1^2+(-1)^2+1^2=3$$

したがって，①は

$$|\overrightarrow{\mathbf{OP}}|^2=\mathbf{3s^2-12s+54}$$

また，$|\overrightarrow{\mathrm{OP}}|$ が最小となるとき，直線 OP と ℓ_1 は垂直である。

◀イメージ図

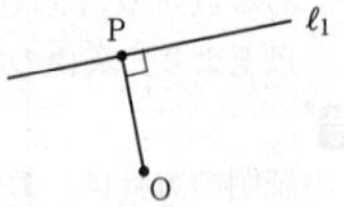

よって

$$\overrightarrow{\mathbf{OP}}\cdot\overrightarrow{\mathbf{AB}}=\mathbf{0} \qquad ⇨ ①$$

太郎さんの考え方によると

$$\overrightarrow{\mathrm{OP}}\cdot\overrightarrow{\mathrm{AB}}=(\overrightarrow{\mathrm{OA}}+s\overrightarrow{\mathrm{AB}})\cdot\overrightarrow{\mathrm{AB}}=\overrightarrow{\mathrm{OA}}\cdot\overrightarrow{\mathrm{AB}}+s|\overrightarrow{\mathrm{AB}}|^2$$

$$=-6+3s=0$$

より，$\boldsymbol{s=2}$ のとき $|\overrightarrow{\mathrm{OP}}|$ が最小となる。

別解

花子さんの考え方によると

$$|\overrightarrow{\mathrm{OP}}|^2=3s^2-12s+54=3(s-2)^2+42$$

より，やはり $s=2$ のとき $|\overrightarrow{\mathrm{OP}}|$ が最小となる。

◀$|\overrightarrow{\mathrm{OP}}|>0$ より，$|\overrightarrow{\mathrm{OP}}|^2$ が最小のとき $|\overrightarrow{\mathrm{OP}}|$ も最小。

(3)　Q は ℓ_2 上にあるから，(2)において P について考えたときと同様に

$$\overrightarrow{\mathrm{PQ}}=\overrightarrow{\mathrm{PC}}+t\overrightarrow{\mathrm{CD}}$$

を満たす実数 t がある。

◀あとの計算を考え，ベクトルの始点を P にした。

P を ℓ_1 上で固定したとき，(2)の考察より，$|\overrightarrow{\mathrm{PQ}}|$ が最小となるのは，直線 PQ と ℓ_2 が垂直となるときである。

◀イメージ図

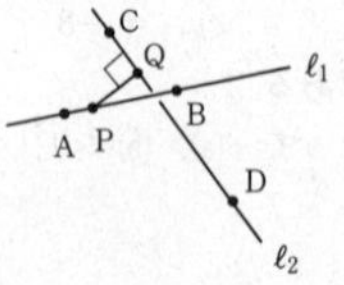

よって，$\overrightarrow{\mathrm{PQ}}\cdot\overrightarrow{\mathrm{CD}}=0$ より

$$(\overrightarrow{\mathrm{PC}}+t\overrightarrow{\mathrm{CD}})\cdot\overrightarrow{\mathrm{CD}}=0$$

すなわち

$$\overrightarrow{\mathrm{PC}}\cdot\overrightarrow{\mathrm{CD}}+t|\overrightarrow{\mathrm{CD}}|^2=0 \quad \cdots\cdots ②$$

ここで，P は ℓ_1 上の点であるから，実数 u を用いて

$$\overrightarrow{\mathrm{OP}}=\overrightarrow{\mathrm{OA}}+u\overrightarrow{\mathrm{AB}}$$

と表せる。したがって，P の座標は

$$\mathrm{P}(2+u,\ 7-u,\ -1+u)$$

◀ $\overrightarrow{\mathrm{OA}}=(2,\ 7,\ -1)$，$\overrightarrow{\mathrm{AB}}=(1,\ -1,\ 1)$

であり

$$\overrightarrow{\mathrm{PC}}=\overrightarrow{\mathrm{OC}}-\overrightarrow{\mathrm{OP}}=(-10-u,\ 3+u,\ -2-u)$$

◀ $\overrightarrow{\mathrm{OC}}=(-8,\ 10,\ -3)$，$\overrightarrow{\mathrm{CD}}=(-1,\ -2,\ -1)$

$$\overrightarrow{\mathrm{PC}}\cdot\overrightarrow{\mathrm{CD}}=(-10-u)\times(-1)+(3+u)\times(-2)+(-2-u)\times(-1)=6$$

$$\left|\overrightarrow{\mathrm{CD}}\right|^2=(-1)^2+(-2)^2+(-1)^2=6$$

より，②は

$$6+6t=0$$

$$t=-1$$

よって

$$\overrightarrow{\mathrm{PQ}}=\overrightarrow{\mathrm{PC}}-\overrightarrow{\mathrm{CD}}\quad\cdots\cdots\cdots\cdots\ ③$$

◀ $\overrightarrow{\mathrm{PQ}}=\overrightarrow{\mathrm{PC}}+t\overrightarrow{\mathrm{CD}}$ より。

次に，P を動かす。このとき，Q は，P に応じて③を満たす位置にあるとする。$\left|\overrightarrow{\mathrm{PQ}}\right|$ が最小となるとき，直線 PQ と ℓ_1 は垂直であるから，$\overrightarrow{\mathrm{PQ}}\cdot\overrightarrow{\mathrm{AB}}=0$ より

$$\left(\overrightarrow{\mathrm{PC}}-\overrightarrow{\mathrm{CD}}\right)\cdot\overrightarrow{\mathrm{AB}}=0$$

ここで

$$\begin{aligned}\left(\overrightarrow{\mathrm{PC}}-\overrightarrow{\mathrm{CD}}\right)\cdot\overrightarrow{\mathrm{AB}}&=\overrightarrow{\mathrm{PC}}\cdot\overrightarrow{\mathrm{AB}}-\overrightarrow{\mathrm{CD}}\cdot\overrightarrow{\mathrm{AB}}\\&=(-10-u)\times1+(3+u)\times(-1)+(-2-u)\times1\\&=-15-3u\end{aligned}$$

◀(1)より $\overrightarrow{\mathrm{CD}}\cdot\overrightarrow{\mathrm{AB}}=\overrightarrow{\mathrm{AB}}\cdot\overrightarrow{\mathrm{CD}}=0$

であるから

$$-15-3u=0$$

$$u=-5$$

したがって，P の座標は

$$\mathbf{(-3,\ 12,\ -6)}$$

◀ $(2+(-5),\ 7-(-5),\ -1+(-5))$

③より

$$\begin{aligned}\overrightarrow{\mathrm{OQ}}&=\overrightarrow{\mathrm{OP}}+\overrightarrow{\mathrm{PQ}}=\overrightarrow{\mathrm{OP}}+\overrightarrow{\mathrm{PC}}-\overrightarrow{\mathrm{CD}}=\overrightarrow{\mathrm{OC}}-\overrightarrow{\mathrm{CD}}\\&=(-7,\ 12,\ -2)\end{aligned}$$

◀ $\overrightarrow{\mathrm{OC}}=(-8,\ 10,\ -3)$，$\overrightarrow{\mathrm{CD}}=(-1,\ -2,\ -1)$

したがって，Q の座標は

$$\mathbf{(-7,\ 12,\ -2)}$$

別解

太郎さんの考え方で解くと次のようになる。

$$\overrightarrow{\mathrm{OP}}=\overrightarrow{\mathrm{OA}}+s\overrightarrow{\mathrm{AB}}=(2+s,\ 7-s,\ -1+s)$$

$$\overrightarrow{\mathrm{OQ}}=\overrightarrow{\mathrm{OC}}+t\overrightarrow{\mathrm{CD}}=(-8-t,\ 10-2t,\ -3-t)$$

より

$$\begin{aligned}\left|\overrightarrow{\mathrm{PQ}}\right|^2&=\{-8-t-(2+s)\}^2+\{10-2t-(7-s)\}^2+\{-3-t-(-1+s)\}^2\\&=(-10-t-s)^2+(3-2t+s)^2+(-2-t-s)^2\\&=6(t+1)^2+3(s+5)^2+32\end{aligned}$$

であるから，$t=-1$，$s=-5$ のときに $\left|\overrightarrow{\mathrm{PQ}}\right|$ は最小となる。

したがって，点 P の座標は

$(2-5,\ 7-(-5),\ -1-5)$ すなわち $(-3,\ 12,\ -6)$

点 Q の座標は

$(-8-(-1),\ 10-2\times(-1),\ -3-(-1))$ すなわち $(-7,\ 12,\ -2)$

である。

◀ここから花子さんの考え方で

$\overrightarrow{\mathrm{PQ}}=(-s-t-10,\ s-2t+3,\ -s-t-2)$

より

$\overrightarrow{\mathrm{PQ}}\cdot\overrightarrow{\mathrm{AB}}$

$=(-s-t-10)\times1+(s-2t+3)\times(-1)+(-s-t-2)\times1$

$=-3s-15$

$\overrightarrow{\mathrm{PQ}}\cdot\overrightarrow{\mathrm{CD}}$

$=(-s-t-10)\times(-1)+(s-2t+3)\times(-2)+(-s-t-2)\times(-1)$

$=6+6t$

$\overrightarrow{\mathrm{PQ}}\perp\overrightarrow{\mathrm{AB}}$，$\overrightarrow{\mathrm{PQ}}\perp\overrightarrow{\mathrm{CD}}$ より

$$\begin{cases}-3s-15=0\\6+6t=0\end{cases}$$

であることから

$s=-5$，$t=-1$

と求めることもできる。

2023 本試

解　答

問題番号(配点)	解答記号	正解	配点	自己採点
第1問 (30)	$\boxed{\text{ア}}$, $\boxed{\text{イ}}$	⓪, ②	各1	
	$\sin x\left(\boxed{\text{ウ}}\cos x-\boxed{\text{エ}}\right)$	$\sin x(2\cos x-1)$	2	
	$0<x<\dfrac{\pi}{\boxed{\text{オ}}},\ \pi<x<\dfrac{\boxed{\text{カ}}}{\boxed{\text{キ}}}\pi$	$0<x<\dfrac{\pi}{3},\ \pi<x<\dfrac{5}{3}\pi$	各2	
	$\boxed{\text{ク}}$, $\boxed{\text{ケ}}$	ⓐ, ⑦	2	
	$0<x<\dfrac{\pi}{\boxed{\text{コ}}}$	$0<x<\dfrac{\pi}{7}$	2	
	$\dfrac{\boxed{\text{サ}}}{\boxed{\text{シ}}}\pi<x<\dfrac{\boxed{\text{ス}}}{\boxed{\text{セ}}}\pi$	$\dfrac{3}{7}\pi<x<\dfrac{5}{7}\pi$	2	
	$\dfrac{\pi}{\boxed{\text{ソ}}}\pi,\ \dfrac{\boxed{\text{タ}}}{\boxed{\text{チ}}}\pi$	$\dfrac{\pi}{6}\pi,\ \dfrac{5}{6}\pi$	各2	
	$\boxed{\text{ツ}}$	②	3	
	$\log_5 25=\boxed{\text{テ}},\ \log_9 27=\dfrac{\boxed{\text{ト}}}{\boxed{\text{ナ}}}$	$\log_5 25=2,\ \log_9 27=\dfrac{3}{2}$	各2	
	$\boxed{\text{ニ}}$	⑤	2	
	$\boxed{\text{ヌ}}$	⑤	3	
第2問 (30)	$\boxed{\text{ア}}$	④	1	
	$f'(x)=\boxed{\text{イウ}}x^2+\boxed{\text{エ}}kx$	$f'(x)=-3x^2+2kx$	3	
	$\boxed{\text{オ}}$, $\boxed{\text{カ}}$	⓪, ⓪	各1	
	$\boxed{\text{キ}}$, $\boxed{\text{ク}}$	③, ⑨	各1	
	$V=\dfrac{\boxed{\text{ケ}}}{\boxed{\text{コ}}}\pi x^2\left(\boxed{\text{サ}}-x\right)$	$V=\dfrac{5}{3}\pi x^2(9-x)$	3	
	$x=\boxed{\text{シ}}$	$x=6$	2	
	$\boxed{\text{スセソ}}\pi$	180π	2	
	$\boxed{\text{タチツ}}$	180	3	
	$\dfrac{1}{\boxed{\text{テトナ}}}x^3-\dfrac{1}{\boxed{\text{ニヌ}}}x^2+\boxed{\text{ネ}}x+C$	$\dfrac{1}{300}x^3-\dfrac{1}{12}x^2+5x+C$	3	
	$\boxed{\text{ノ}}$	④	3	
	$\boxed{\text{ハ}}$, $\boxed{\text{ヒ}}$	⓪, ④	各3	

問題番号(配点)	解答記号	正解	配点	自己採点
第3問 (20)	$P\left(\frac{X-m}{\sigma} \geqq \boxed{\text{ア}}\right) = \frac{\boxed{\text{イ}}}{\boxed{\text{ウ}}}$	$P\left(\frac{X-m}{\sigma} \geqq 0\right) = \frac{1}{2}$	各1	
	$\boxed{\text{エ}}$, $\boxed{\text{オ}}$	④, ②	各2	
	$z_0 = \boxed{\text{カ}}.\boxed{\text{キク}}$, $\boxed{\text{ケ}}$	$z_0 = 1.65$, ④	各2	
	$\frac{\boxed{\text{コ}}}{\boxed{\text{サ}}}$	$\frac{1}{2}$	1	
	$\boxed{\text{シス}}$	25	2	
	$\boxed{\text{セ}}$, $\boxed{\text{ソ}}$	③, ⑦	各1	
	$\boxed{\text{タ}}$	⓪	3	
	$k_0 = \boxed{\text{チツ}}$	$k_0 = 17$	2	
第4問 (20)	$a_3 = \boxed{\text{ア}}$	$a_3 =$ ②	2	
	$\boxed{\text{イ}}$, $\boxed{\text{ウ}}$	⓪, ③	3	
	$\boxed{\text{エ}}$, $\boxed{\text{オ}}$	④, ⓪	3	
	$\boxed{\text{カ}}$, $\boxed{\text{キ}}$	②, ③	2	
	$\boxed{\text{ク}}$, $\boxed{\text{ケ}}$	②, ①	各2	
	$\boxed{\text{コ}}$	③	2	
	$p \geqq \frac{\boxed{\text{サシ}} - \boxed{\text{スセ}} \times 1.01^{10}}{101(1.01^{10}-1)}$	$p \geqq \frac{30 - 10 \times 1.01^{10}}{101(1.01^{10}-1)}$	2	
	$\boxed{\text{ソ}}$	⑧	2	
第5問 (20)	$\overrightarrow{AM} = \frac{\boxed{\text{ア}}}{\boxed{\text{イ}}}\overrightarrow{AB} + \frac{\boxed{\text{ウ}}}{\boxed{\text{エ}}}\overrightarrow{AC}$	$\overrightarrow{AM} = \frac{1}{2}\overrightarrow{AB} + \frac{1}{2}\overrightarrow{AC}$	2	
	$\boxed{\text{オ}}$	①	2	
	$\overrightarrow{AP} \cdot \overrightarrow{AB} = \overrightarrow{AP} \cdot \overrightarrow{AC} = \boxed{\text{カ}}$	$\overrightarrow{AP} \cdot \overrightarrow{AB} = \overrightarrow{AP} \cdot \overrightarrow{AC} = 9$	2	
	$\boxed{\text{キ}}\overrightarrow{AM}$	$2\overrightarrow{AM}$	3	
	$\boxed{\text{ク}}$	⓪	3	
	$\boxed{\text{ケ}}$	③	2	
	$\boxed{\text{コ}}$	⓪	2	
	$\boxed{\text{サ}}$	④	3	
	$\boxed{\text{シ}}$	②	1	

(注) 第1問, 第2問は必答。第3問～第5問のうちから2問選択。計4問を解答。
なお, 上記以外のものについても得点を与えることがある。正解欄に※があるものは, 解答の順序は問わない。

第1問小計		第2問小計		第3問小計		第4問小計		第5問小計		合計点	/100

第１問

〔1〕

(1)　$x=\dfrac{\pi}{6}$ のとき $2x=\dfrac{\pi}{3}$ であり

$$\sin x=\sin\frac{\pi}{6}=\frac{1}{2}$$

$$\sin 2x=\sin\frac{\pi}{3}=\frac{\sqrt{3}}{2}$$

よって

$$\boldsymbol{\sin x<\sin 2x}\qquad ⇨ ⓪$$

$x=\dfrac{2}{3}\pi$ のとき $2x=\dfrac{4}{3}\pi$ であり

$$\sin x=\sin\frac{2}{3}\pi=\frac{\sqrt{3}}{2}$$

$$\sin 2x=\sin\frac{4}{3}\pi=-\frac{\sqrt{3}}{2}$$

よって

$$\boldsymbol{\sin x>\sin 2x}\qquad ⇨ ②$$

(2)　2倍角の公式より

$$\begin{aligned}\boldsymbol{\sin 2x-\sin x}&=2\sin x\cos x-\sin x\\&=\boldsymbol{\sin x\,(2\cos x-1)}\end{aligned}$$

であるから，$\sin 2x-\sin x>0$ が成り立つことは

「$\sin x>0$ かつ $2\cos x-1>0$」

………………………… ①

または

「$\sin x<0$ かつ $2\cos x-1<0$」

………………………… ②

が成り立つことと同値である。

$0\leqq x\leqq 2\pi$ のとき，①が成り立つような x の値の範囲は

「$\sin x>0$ かつ $\cos x>\dfrac{1}{2}$」

より

「$0<x<\pi$」

かつ

「$0\leqq x<\dfrac{\pi}{3}$ または $\dfrac{5}{3}\pi<x\leqq 2\pi$」

よって

$$\boldsymbol{0<x<\frac{\pi}{3}}$$

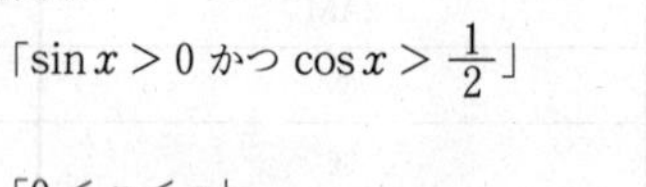

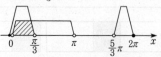

②が成り立つような x の値の範囲は

「$\sin x<0$ かつ $\cos x<\dfrac{1}{2}$」

より

「$\pi<x<2\pi$ かつ $\dfrac{\pi}{3}<x<\dfrac{5}{3}\pi$」

よって

$$\boldsymbol{\pi<x<\frac{5}{3}\pi}$$

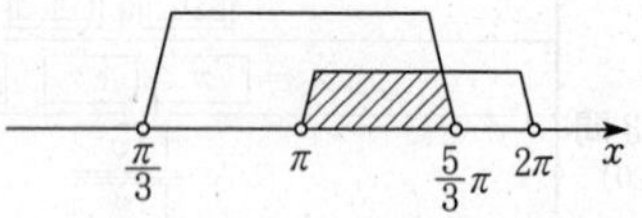

よって，$0\leqq x\leqq 2\pi$ のとき，$\sin 2x-\sin x>0$ すなわち $\sin 2x>\sin x$ が成り立つような x の値の範囲は

$$0<x<\frac{\pi}{3},\ \pi<x<\frac{5}{3}\pi$$

………………………… ⑥

である。

(3)　$\alpha+\beta=4x$，$\alpha-\beta=3x$ を満たす α，β は

$$\alpha=\frac{7}{2}x,\ \beta=\frac{x}{2}$$

であるから，③より

$$\sin 4x-\sin 3x=2\cos\frac{7}{2}x\sin\frac{x}{2}$$

である。よって，$\sin 4x-\sin 3x>0$ が成り立つことは

「$\boldsymbol{\cos\dfrac{7}{2}x>0}$ **かつ** $\boldsymbol{\sin\dfrac{x}{2}>0}$」

………………………… ④

または

「$\cos\dfrac{7}{2}x<0$ かつ $\sin\dfrac{x}{2}<0$」

………………………… ⑤

⇨ ⓐ，⑦

が成り立つことと同値であることがわかる。

$0\leqq x\leqq\pi$ のとき

$$0\leqq\frac{7}{2}x\leqq\frac{7}{2}\pi,\ 0\leqq\frac{x}{2}\leqq\frac{\pi}{2}$$

より，④が成り立つような x の値の範囲は

「$0\leqq\dfrac{7}{2}x<\dfrac{\pi}{2}$ または $\dfrac{3}{2}\pi<\dfrac{7}{2}x<\dfrac{5}{2}\pi$」

かつ

「$0<\dfrac{x}{2}\leqq\dfrac{\pi}{2}$」

すなわち

「$0\leqq x<\dfrac{\pi}{7}$ または $\dfrac{3}{7}\pi<x<\dfrac{5}{7}\pi$」

かつ

「$0<x\leqq\pi$」

よって

$$0<x<\frac{\pi}{7},\ \frac{3}{7}\pi<x<\frac{5}{7}\pi$$

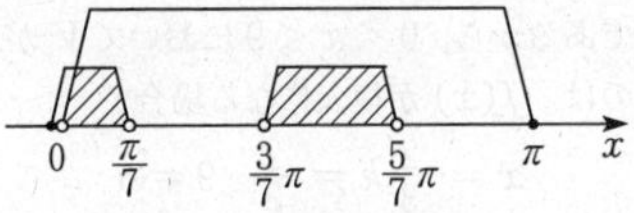

⑤が成り立つような x の値の範囲は，$0 \leqq x \leqq \pi$ のとき $\sin\frac{x}{2} \geqq 0$ より

$$\sin\frac{x}{2} < 0$$

が成り立たないので存在しない。

よって，$0 \leqq x \leqq \pi$ のとき，$\sin 4x - \sin 3x > 0$ すなわち $\sin 4x > \sin 3x$ が成り立つような x の値の範囲は

$$\boldsymbol{0 < x < \frac{\pi}{7},\ \frac{3}{7}\pi < x < \frac{5}{7}\pi}$$

である。

(4)　$0 \leqq x \leqq \pi$ のとき，$\sin 3x > \sin 4x$ となるのは，(3)より

$$\frac{\pi}{7} < x < \frac{3}{7}\pi,\ \frac{5}{7}\pi < x < \pi$$

…………………………⑦

$\sin 4x > \sin 2x$ となるのは，(2)より，⑥において x を $2x$ とすればよく，$0 \leqq x \leqq \pi$ において

$$0 < 2x < \frac{\pi}{3},\ \pi < 2x < \frac{5}{3}\pi$$

すなわち

$$0 < x < \frac{\pi}{6},\ \frac{\pi}{2} < x < \frac{5}{6}\pi$$

…………………………⑧

であるから，$\sin 3x > \sin 4x > \sin 2x$ が成り立つような x の値の範囲は，⑦，⑧の共通部分をとって

$$\frac{\pi}{7} < x < \frac{\pi}{6},\ \frac{5}{7}\pi < x < \frac{5}{6}\pi$$

であることがわかる。

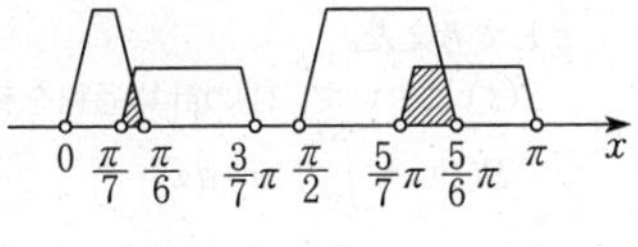

〔2〕

(1)　$a > 0$，$a \neq 1$，$b > 0$ のとき，$\log_a b = x$ とおくと

$$\boldsymbol{a^x = b}　　⇨②$$

が成り立つ。

(2)(i)　$\log_5 25 = x$ とおくと

$$25 = 5^x$$
$$5^2 = 5^x$$

よって

$$x = \mathbf{\log_5 25 = 2}$$

$\log_9 27 = y$ とおくと

$$27 = 9^y$$
$$3^3 = 3^{2y}$$

よって

$$y = \boldsymbol{\log_9 27 = \frac{3}{2}}$$

であり，x と y はどちらも有理数である。

(ii)　二つの自然数 p，q を用いて，$\log_2 3 = \frac{p}{q}$ と表せるとすると，(1)より

$$2^{\frac{p}{q}} = 3$$

となり，この式の両辺を q 乗して

$$\boldsymbol{2^p = 3^q}　　⇨⑤$$

と変形できる。いま，2 は偶数であり 3 は奇数であるので，これを満たす自然数 p，q は存在しない。

したがって，$\log_2 3$ は無理数であることがわかる。

(iii)　a，b を 2 以上の自然数とするとき，(ii)と同様に考えると，a と b の偶奇が異なれば

$$a^p = b^q$$

を満たす自然数 p，q は存在しないので，「**$\boldsymbol{a}$ と $\boldsymbol{b}$ のいずれか一方が偶数で，もう一方が奇数ならば $\boldsymbol{\log_a b}$ はつねに無理数である**」ことがわかる。　⇨⑤

研究

(2)(ii)のように，ある命題を証明するのに，その命題が成り立たないと仮定して矛盾することを示し，そのことによって，もとの命題が成り立つことを証明する方法を**背理法**という。

本問では，$\log_2 3$ が無理数であることを証明するために，$\log_2 3$ が有理数であると仮定し，二つの自然数 p，q を用いて

$$\log_2 3 = \frac{p}{q}$$

と表せるとすると矛盾が生じることから，$\log_2 3$ が有理数でない（すなわち無理数である）ことを背理法によって証明している。

第２問

〔1〕

(1)　$y = f(x) = x^2(k - x)$ と x 軸（$y = 0$）との共有点の x 座標は

$$x^2(k - x) = 0$$

より

$$x = 0,\ k$$

である。よって，$y=f(x)$ のグラフと x 軸との共有点の座標は $(0,\ 0)$ と $\boldsymbol{(k,\ 0)}$ である。

⇨④

また

$$f(x)=x^2(k-x)=-x^3+kx^2$$

より

$$\boldsymbol{f'(x)=-3x^2+2kx}=x(2k-3x)$$

であり，$k>0$ より $f(x)$ の増減は次の表のようになる。

x		0		$\dfrac{2}{3}k$	
$f'(x)$	$-$	0	$+$	0	$-$
$f(x)$	$\searrow$	極小	$\nearrow$	極大	$\searrow$

よって

$\boldsymbol{x=0}$ のとき，$f(x)$ は極小値

$$f(0)=\boldsymbol{0}$$

をとる。 ⇨⓪，⓪

$\boldsymbol{x=\dfrac{2}{3}k}$ のとき，$f(x)$ は極大値

$$f\left(\frac{2}{3}k\right)=\frac{4}{9}k^2\cdot\frac{k}{3}=\boldsymbol{\frac{4}{27}k^3}$$

をとる。 ⇨③，⑨

また，$\dfrac{2}{3}k<k$ より，$0<x<k$ の範囲において $x=\dfrac{2}{3}k$ のとき $f(x)$ は最大となることがわかる。

(2) 図のように円錐に内接する円柱の高さを h とおくと

$$x:9=(15-h):15$$

より

$$15x=9(15-h)$$

すなわち

$$h=15-\frac{5}{3}x$$

である。

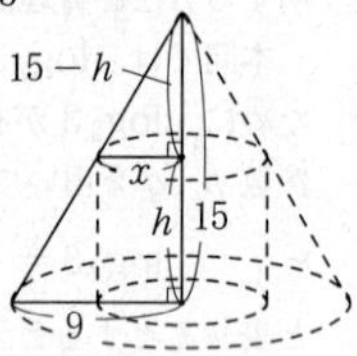

よって，円柱の体積 V を x の式で表すと

$$\begin{aligned}\boldsymbol{V}&=\pi x^2h\\&=\pi x^2\left(15-\frac{5}{3}x\right)\\&=\boldsymbol{\frac{5}{3}\pi x^2(9-x)}\quad(0<x<9)\end{aligned}$$

である。(1)の $f(x)$ において $k=9$ とすると

$$f(x)=x^2(9-x)$$

であり，このとき

$$V=\frac{5}{3}\pi f(x)$$

であるから，$0<x<9$ において V が最大となるのは，$f(x)$ が極大になる場合で

$$\boldsymbol{x}=\frac{2}{3}k=\frac{2}{3}\cdot 9=\boldsymbol{6}$$

のとき V は最大になることがわかる。

よって，V の最大値は

$$\frac{5}{3}\pi\cdot\frac{4}{27}k^3=\frac{5}{3}\pi\cdot\frac{4}{27}\cdot 9^3=\boldsymbol{180\pi}$$

である。

別解

(1)の $f'(x)$ は，数学 III で学習する積の微分法

$$\begin{aligned}&\{f(x)g(x)\}'\\&=f'(x)g(x)+f(x)g'(x)\end{aligned}$$

を用いて

$$\begin{aligned}f'(x)&=(x^2)'\cdot(k-x)+x^2\cdot(k-x)'\\&=2x(k-x)+x^2\cdot(-1)\\&=-3x^2+2kx\end{aligned}$$

のように計算できる。

〔2〕

(1)

$$\begin{aligned}\int_0^{30}\left(\frac{1}{5}x+3\right)dx&=\left[\frac{1}{10}x^2+3x\right]_0^{30}\\&=\frac{1}{10}\cdot 30^2+3\cdot 30-0\\&=90+90\\&=\boldsymbol{180}\end{aligned}$$

また，C を積分定数とすると

$$\begin{aligned}&\int\left(\boldsymbol{\frac{1}{100}x^2-\frac{1}{6}x+5}\right)\boldsymbol{dx}\\&=\boldsymbol{\frac{1}{300}x^3-\frac{1}{12}x^2+5x+C}\end{aligned}$$

である。

(2)(i) 太郎さんは

$$f(x)=\frac{1}{5}+3\quad(x\geqq 0)$$

として考えた。

$S(t)$ について，(1)の計算過程を利用すると

$$\begin{aligned}S(t)&=\int_0^t f(x)\,dx\\&=\int_0^t\left(\frac{1}{5}x+3\right)dx\\&=\left[\frac{1}{10}x^2+3x\right]_0^t\\&=\frac{1}{10}t^2+3t\end{aligned}$$

$S(t)=400$ となる t の値を求めると

$$\frac{1}{10}t^2+3t=400$$

$$t^2+30t-4000=0$$

$$(t-50)(t+80)=0$$

であり，$t>0$ より

$$t=50$$

である。

　よって，ソメイヨシノの開花日時は２月に入ってから**50日後**となる。　⇨④

(ii)　花子さんは

$$f(x)=\begin{cases} \dfrac{1}{5}x+3 & (0 \leqq x \leqq 30) \\ \dfrac{1}{100}x^2-\dfrac{1}{6}x+5 & (x \geqq 30) \end{cases}$$

として考えた。

　$x \geqq 30$ の範囲において $f(x)$ は増加するから

$$\boldsymbol{\int_{30}^{40} f(x)\,dx < \int_{40}^{50} f(x)\,dx}$$　⇨⓪

であることがわかる。

　したがって

$$\int_0^{30}\left(\frac{1}{5}x+3\right)dx=180$$

$$\int_{30}^{40}\left(\frac{1}{100}x^2-\frac{1}{6}x+5\right)dx=115$$

より

$$\int_0^{40} f(x)\,dx$$

$$=\int_0^{30} f(x)\,dx+\int_{30}^{40} f(x)\,dx$$

$$=180+115$$

$$=295\ (<400)$$

であり

$$\int_{30}^{40} f(x)\,dx=115<\int_{40}^{50} f(x)\,dx$$

より

$$\int_0^{50} f(x)\,dx$$

$$=\int_0^{40} f(x)\,dx+\int_{40}^{50} f(x)\,dx$$

$$>295+115=410\ (>400)$$

であるから，ソメイヨシノの開花日時は２月に入ってから**40日後より後，かつ50日後より前**となる。　⇨④

研究

(2)(ii)の問題文に与えられている情報を確認しておく。

(a)　$0 \leqq x \leqq 30$ のときの $f(x)=\dfrac{1}{5}x+3$ と $x \geqq 30$ のときの $f(x)=\dfrac{1}{100}x^2-\dfrac{1}{6}x+5$ において，$x=30$ のときのそれぞれの右辺の値が一致することは

$$\frac{1}{5}\cdot 30+3=9$$

$$\frac{1}{100}\cdot 30^2-\frac{1}{6}\cdot 30+5=9$$

より確かめられる。

(b)　$\displaystyle\int_{30}^{40}\left(\frac{1}{100}x^2-\frac{1}{6}x+5\right)dx=115$ となることは

$$\int_{30}^{40}\left(\frac{1}{100}x^2-\frac{1}{6}x+5\right)dx$$

$$=\left[\frac{1}{300}x^3-\frac{1}{12}x^2+5x\right]_{30}^{40}$$

$$=\frac{1}{300}(40^3-30^3)-\frac{1}{12}(40^2-30^2)+5(40-30)$$

$$=\frac{1}{300}\cdot 37000-\frac{1}{12}\cdot 700+5\cdot 10$$

$$=\frac{370}{3}-\frac{175}{3}+50$$

$$=115$$

より確かめられる。

(c)　$x \geqq 30$ の範囲において $f(x)$ が増加することは

$$\frac{1}{100}x^2-\frac{1}{6}x+5$$

$$=\frac{1}{100}\left(x^2-\frac{50}{3}x+500\right)$$

より，２次関数 $\dfrac{1}{100}x^2-\dfrac{1}{6}x+5$ のグラフが下に凸の放物線で，放物線の軸は

$$x=\frac{25}{3}\ (<30)$$

であることより確かめられる。

研究

(2)(ii)において，ソメイヨシノの開花日時を求めるために，$400-180-115=105$ より

$$\int_{40}^{t}\left(\frac{1}{100}x^2-\frac{1}{6}x+5\right)dx=105$$

となる t の値を求めようとすると

(左辺)

$$=\left[\frac{1}{300}x^3-\frac{1}{12}x^2+5x\right]_{40}^{t}$$

$$=\frac{1}{300}(t^3-40^3)-\frac{1}{12}(t^2-40^2)+5(t-40)$$

$$=\frac{1}{300}t^3-\frac{1}{12}t^2+5t-280$$

より

$$\frac{1}{300}t^3-\frac{1}{12}t^2+5t-280=105$$

すなわち

$$t^3 - 25t^2 + 1500t - 115500 = 0$$

のような複雑な3次方程式を解かなければいけなくなる。したがって，本問では「解答」のように誘導にそって解くことが必要不可欠となる。

第3問

(1)　確率変数 X は正規分布 $N(m,\ \sigma^2)$ に従うので，平均は m，標準偏差は σ である。

ここで

$$Z = \frac{X-m}{\sigma}$$

とすると，確率変数 Z は平均0，標準偏差1の正規分布 $N(0,\ 1)$ に従う。

(i)　1個のピーマンを無作為に抽出したとき，重さが m g以上である確率 $P(X \geqq m)$ というのは，正規分布 $N(0,\ 1)$ に従う確率変数 Z が平均（すなわち0）以上である確率ということである。つまり

$$\boldsymbol{P(X \geqq m) = P\left(\frac{X-m}{\sigma} \geqq 0\right)}$$

$$= \frac{1}{2}$$

である。

(ii)　母集団から無作為に抽出された大きさ n の標本 $X_1,\ X_2,\ \cdots,\ X_n$ の標本平均を $\overline{X}$ とすると

$\boldsymbol{E(\overline{X}) = m}$　⇨④

$\boldsymbol{\sigma(\overline{X}) = \frac{\sigma}{\sqrt{n}}}$　⇨②

となる。

確率 $P(-z_0 \leqq Z \leqq z_0)$ は $2\cdot P(0 \leqq Z \leqq z_0)$ と等しいので，**方針**において

$$P(-z_0 \leqq Z \leqq z_0) = 0.901$$

のとき

$$P(0 \leqq Z \leqq z_0) = 0.4505$$

であり，正規分布表より

$$\boldsymbol{z_0 = 1.65}$$

である。

$n = 400$，標本平均が30.0 g，標本の標準偏差が3.6 gのとき，n は十分に大きい値なので $\overline{X}$ は正規分布

$$N\left(30.0,\ \frac{3.6^2}{400}\right)$$

に従うとみなすことができる。そこで

$$Z = \frac{m-30.0}{\frac{3.6}{\sqrt{400}}} = \frac{m-30}{\frac{3.6}{20}}$$

で標準化すると

$$-1.65 \leqq \frac{m-30}{\frac{18}{100}} \leqq 1.65$$

$$\frac{18}{100} \times (-1.65) \leqq m - 30 \leqq \frac{18}{100} \times 1.65$$

$$30 - 0.297 \leqq m \leqq 30 + 0.297$$

よって，m の信頼度90%の信頼区間は

$$29.703 \leqq m \leqq 30.297$$

したがって，最も適当な選択肢は

$\boldsymbol{29.7 \leqq m \leqq 30.3}$　⇨④

である。

(2)(i)　$m = 30.0$ であり，(1)(i)より，$m \geqq 30$ である確率と $m \leqq 30$ である確率は $\frac{1}{2}$ で等しい。よって，無作為に1個抽出したピーマンがSサイズである確率は

$$\frac{1}{2}$$

である。

したがって，ピーマンを無作為に50個抽出したときのSサイズのピーマンの個数を表す確率変数 U_0 は二項分布 $B\left(50,\ \frac{1}{2}\right)$ に従うので，ピーマンを無作為に50個抽出したとき，**ピーマン分類法**で25袋作ることができる確率 p_0 は

$$\boldsymbol{p_0 = {}_{50}C_{25}\left(\frac{1}{2}\right)^{25} \times \left(1 - \frac{1}{2}\right)^{50-25}}$$

となる。

(ii)　ピーマンを無作為に $(50+k)$ 個抽出したとき，Sサイズのピーマンの個数を表す確率変数を U_k とすると，U_k は二項分布 $B\left(50+k,\ \frac{1}{2}\right)$ に従う。ここで，U_k の平均を $E(U_k)$，分散を $V(U_k)$ とすると

$$E(U_k) = (50+k)\cdot\frac{1}{2}$$

$$V(U_k) = (50+k)\cdot\frac{1}{2}\cdot\left(1 - \frac{1}{2}\right)$$

であり，$(50+k)$ は十分に大きいので，U_k は近似的に正規分布

$\boldsymbol{N\left(\frac{50+k}{2},\ \frac{50+k}{4}\right)}$　⇨③，⑦

に従い

$$Y = \frac{U_k - \frac{50+k}{2}}{\sqrt{\frac{50+k}{4}}}$$

として標準化すると，Y は近似的に標準正規分布 $N(0,\ 1)$ に従う。

よって，**ピーマン分類法**で，25袋作ることがで

きる確率を p_k とすると

$$\frac{25-\frac{50+k}{2}}{\sqrt{\frac{50+k}{4}}}=-\frac{\frac{k}{2}}{\frac{\sqrt{50+k}}{2}}$$
$$=-\frac{k}{\sqrt{50+k}}$$

であり

$$\frac{(25+k)-\frac{50+k}{2}}{\sqrt{\frac{50+k}{4}}}=\frac{\frac{k}{2}}{\frac{\sqrt{50+k}}{2}}$$
$$=\frac{k}{\sqrt{50+k}}$$

であるから

$$\boldsymbol{p_k=P(25\leqq U_k\leqq 25+k)}$$
$$\boldsymbol{=P\left(-\frac{k}{\sqrt{50+k}}\leqq Y\leqq\frac{k}{\sqrt{50+k}}\right)}$$

⇨ ⓪

となる。

$k=\alpha$, $\sqrt{50+k}=\beta$ とおくと，$\dfrac{\alpha}{\beta}\geqq 2$ のとき，$\alpha^2\geqq 4\beta^2$ なので

$$k^2\geqq 4(50+k)$$
$$k^2-4k-200\geqq 0$$
$$\{k-(2-2\sqrt{51})\}\{k-(2+2\sqrt{51})\}\geqq 0$$
$$k\leqq 2-2\sqrt{51},\ k\geqq 2+2\sqrt{51}$$

$\sqrt{51}=7.14$ であるから

$$k\leqq -12.28,\ k\geqq 16.28$$

よって，これを満たす最小の自然数 k すなわち k_0 は

$$\boldsymbol{k_0=17}$$

であることがわかる。

別解

$k^2\geqq 4(50+k)$ は次のように解いてもよい。

$$k^2\geqq 4(50+k)$$
$$(k-2)^2\geqq 204$$

これを満たす最小の自然数 k すなわち k_0 は，$14^2=196$, $15^2=225$ に注意して

$$k_0-2=15$$

ゆえに

$$k_0=17$$

第4問

(1) 参考図より2年目の終わりの預金は

$$1.01\{1.01(10+p)+p\}$$

であるから

$$\boldsymbol{a_3=1.01\{1.01(10+p)+p\}+p}$$

である。 ⇨ ②

同様に考えると，すべての自然数 n について

$$\boldsymbol{a_{n+1}=1.01a_n+p}$$ ⇨ ⓪，③

が成り立つ。特性方程式

$$x=1.01x+p$$

を解くと

$$x=-100p$$

であるから

$$\boldsymbol{a_{n+1}+100p=1.01(a_n+100p)}$$

⇨ ④，⓪

と変形できる。

方針2の場合，1年目の初めに入金した p 万円は，n 年目の初めには利息が $(n-1)$ 回つくので

$$\boldsymbol{p\times 1.01^{n-1}}\ (\text{万円})$$ ⇨ ②

になり，2年目の初めに入金した p 万円は，n 年目の初めには利息が $(n-2)$ 回つくので

$$\boldsymbol{p\times 1.01^{n-2}}\ (\text{万円})$$ ⇨ ③

になる。3年目以降に入金した p 万円も同様である。これより

$$a_n=10\times 1.01^{n-1}+p\times 1.01^{n-1}+p\times 1.01^{n-2}+\cdots+p\times 1.01^1+p$$
$$=10\times 1.01^{n-1}+p(1.01^{n-1}+1.01^{n-2}+\cdots+1.01^1+1.01^0)$$
$$=10\times 1.01^{n-1}+\boldsymbol{p\sum_{k=1}^{n}1.01^{k-1}}$$

⇨ ②

となることがわかる。ここで

$$\boldsymbol{\sum_{k=1}^{n}1.01^{k-1}}=\frac{1\cdot(1.01^n-1)}{1.01-1}$$
$$\boldsymbol{=100(1.01^n-1)}$$ ⇨ ①

となる。

(2) 10年目の終わりの預金は $1.01a_{10}$ 万円であるから，10年目の終わりの預金が30万円以上であることを不等式を用いて表すと

$$\boldsymbol{1.01a_{10}\geqq 30}$$ ⇨ ③

となる。**方針2**より

$$a_{10}=10\times 1.01^9+p\times 100(1.01^{10}-1)$$

であり

$$1.01a_{10}=10\times 1.01^{10}+p\times 101(1.01^{10}-1)$$

であるから，不等式を p について解くと

$$1.01a_{10}\geqq 30$$
$$10\times 1.01^{10}+p\times 101(1.01^{10}-1)\geqq 30$$

$$p\times 101(1.01^{10}-1)\geqq 30-10\times 1.01^{10}$$

$$\boldsymbol{p\geqq \frac{30-10\times 1.01^{10}}{101(1.01^{10}-1)}}$$

となる。

(3) **方針２**と同様に考える。

$$a_n=\boxed{10}\times 1.01^{n-1}+p\sum_{k=1}^{n}1.01^{k-1}$$

において，$p\sum_{k=1}^{n}1.01^{k-1}$ は１年目の入金を始める前の預金と関係なく，１年目の入金を始める前の預金は $\boxed{}$ の部分である。したがって，１年目の入金を始める前における花子さんの預金が13万円の場合，n 年目の初めの預金 b_n 万円は

$$b_n=13\times 1.01^{n-1}+p\sum_{k=1}^{n}1.01^{k-1}$$

である。

よって，n 年目の初めの預金は a_n 万円よりも

$$\begin{aligned}b_n-a_n&=13\times 1.01^{n-1}-10\times 1.01^{n-1}\\&=\boldsymbol{3\times 1.01^{n-1}}\ (\text{万円})\end{aligned}$$ ⇨ ⑧

多い。

第５問

(1) M は辺 BC の中点なので

$$\boldsymbol{\overrightarrow{AM}=\frac{1}{2}\overrightarrow{AB}+\frac{1}{2}\overrightarrow{AC}}$$

また，$\angle PAB=\angle PAC=\theta$ より

$$\overrightarrow{AP}\cdot\overrightarrow{AB}=|\overrightarrow{AP}||\overrightarrow{AB}|\cos\theta$$
$$\overrightarrow{AP}\cdot\overrightarrow{AC}=|\overrightarrow{AP}||\overrightarrow{AC}|\cos\theta$$

であるから

$$\boldsymbol{\frac{\overrightarrow{AP}\cdot\overrightarrow{AB}}{|\overrightarrow{AP}||\overrightarrow{AB}|}=\frac{\overrightarrow{AP}\cdot\overrightarrow{AC}}{|\overrightarrow{AP}||\overrightarrow{AC}|}=\cos\theta}$$ ……①

である。 ⇨ ①

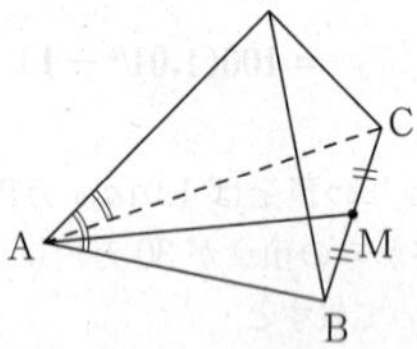

(2) $\theta=45^\circ$，$|\overrightarrow{AP}|=3\sqrt{2}$，$|\overrightarrow{AB}|=|\overrightarrow{AC}|=3$ のとき

$$\begin{aligned}\boldsymbol{\overrightarrow{AP}\cdot\overrightarrow{AB}=\overrightarrow{AP}\cdot\overrightarrow{AC}}&=3\sqrt{2}\cdot 3\cos 45^\circ\\&=9\end{aligned}$$ ……②

D は直線 AM 上の点であるから，a を実数として $\overrightarrow{AD}=a\overrightarrow{AM}$ とおくと，(1)より

$$\begin{aligned}\overrightarrow{PD}&=\overrightarrow{AD}-\overrightarrow{AP}\\&=a\overrightarrow{AM}-\overrightarrow{AP}\\&=\frac{a}{2}(\overrightarrow{AB}+\overrightarrow{AC})-\overrightarrow{AP}\end{aligned}$$

$\angle APD=90^\circ$ のとき

$$\overrightarrow{AP}\cdot\overrightarrow{PD}=0$$
$$\overrightarrow{AP}\cdot\left\{\frac{a}{2}(\overrightarrow{AB}+\overrightarrow{AC})-\overrightarrow{AP}\right\}=0$$
$$\frac{a}{2}(\overrightarrow{AB}+\overrightarrow{AC})\cdot\overrightarrow{AP}-|\overrightarrow{AP}|^2=0$$
$$\frac{a}{2}(\overrightarrow{AB}\cdot\overrightarrow{AP}+\overrightarrow{AC}\cdot\overrightarrow{AP})-|\overrightarrow{AP}|^2=0$$

②，$|\overrightarrow{AP}|=3\sqrt{2}$ より

$$\frac{a}{2}(9+9)-(3\sqrt{2})^2=0$$
$$a=2$$

よって

$$\boldsymbol{\overrightarrow{AD}=2\overrightarrow{AM}}$$

である。

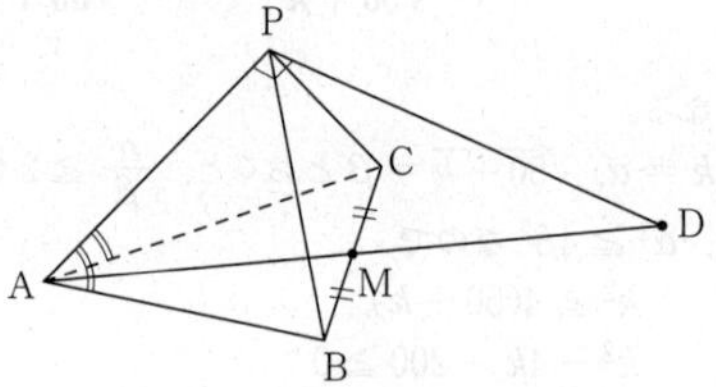

(3) $\overrightarrow{AQ}=2\overrightarrow{AM}$ で定まる点を Q とおく。

(i) (2)と同様にして

$$\begin{aligned}\overrightarrow{PQ}&=\overrightarrow{AQ}-\overrightarrow{AP}=2\overrightarrow{AM}-\overrightarrow{AP}\\&=\overrightarrow{AB}+\overrightarrow{AC}-\overrightarrow{AP}\end{aligned}$$

$\overrightarrow{PA}$ と $\overrightarrow{PQ}$ が垂直であるとき

$$\overrightarrow{AP}\cdot\overrightarrow{PQ}=0$$
$$\overrightarrow{AP}\cdot(\overrightarrow{AB}+\overrightarrow{AC}-\overrightarrow{AP})=0$$
$$\overrightarrow{AP}\cdot(\overrightarrow{AB}+\overrightarrow{AC})-\overrightarrow{AP}\cdot\overrightarrow{AP}=0$$

よって

$$\boldsymbol{\overrightarrow{AP}\cdot\overrightarrow{AB}+\overrightarrow{AP}\cdot\overrightarrow{AC}=\overrightarrow{AP}\cdot\overrightarrow{AP}}$$ ……③

である。 ⇨ ⓪

さらに①に注意すると，③より

$$|\overrightarrow{AP}||\overrightarrow{AB}|\cos\theta+|\overrightarrow{AP}||\overrightarrow{AC}|\cos\theta=|\overrightarrow{AP}|^2$$

両辺を $|\overrightarrow{AP}|\ (\neq 0)$ で割って

$$\boldsymbol{|\overrightarrow{AB}|\cos\theta+|\overrightarrow{AC}|\cos\theta=|\overrightarrow{AP}|}$$ ……④

が成り立つ。 ⇨ ③

(ii) k を正の実数とし，$k\overrightarrow{AP}\cdot\overrightarrow{AB}=\overrightarrow{AP}\cdot\overrightarrow{AC}$ が成り立つとするとき，①より

$$k\left(|\overrightarrow{AP}||\overrightarrow{AB}|\cos\theta\right)=|\overrightarrow{AP}||\overrightarrow{AC}|\cos\theta$$

両辺を $|\overrightarrow{\mathrm{AP}}|\cos\theta\ (\neq 0)$ で割って

$$\boldsymbol{k}|\overrightarrow{\mathbf{AB}}| = |\overrightarrow{\mathbf{AC}}| \quad ⇨ ⓪$$

が成り立つ。

$\overrightarrow{\mathrm{PA}}$ と $\overrightarrow{\mathrm{PQ}}$ が垂直であるとき，③であり

$$k\overrightarrow{\mathrm{AP}}\cdot\overrightarrow{\mathrm{AB}} = \overrightarrow{\mathrm{AP}}\cdot\overrightarrow{\mathrm{AC}}$$

より

$$\overrightarrow{\mathrm{AP}}\cdot\overrightarrow{\mathrm{AB}} + k\overrightarrow{\mathrm{AP}}\cdot\overrightarrow{\mathrm{AB}} = \overrightarrow{\mathrm{AP}}\cdot\overrightarrow{\mathrm{AP}}$$

$$(1+k)\overrightarrow{\mathrm{AP}}\cdot\overrightarrow{\mathrm{AB}} = |\overrightarrow{\mathrm{AP}}|^2$$

$$(1+k)|\overrightarrow{\mathrm{AP}}||\overrightarrow{\mathrm{AB}}|\cos\theta = |\overrightarrow{\mathrm{AP}}|^2$$

両辺を $|\overrightarrow{\mathrm{AP}}|\ (\neq 0)$ で割って

$$(1+k)|\overrightarrow{\mathrm{AB}}|\cos\theta = |\overrightarrow{\mathrm{AP}}| \quad \cdots\cdots ⑤$$

また，点 B から直線 AP に下ろした垂線と直線 AP との交点を B′ とし，点 C から直線 AP に下ろした垂線と直線 AP との交点を C′ とすると

$$\mathrm{AB'} = \mathrm{AB}\cos\theta \quad \cdots\cdots ⑥$$

$$\mathrm{AC'} = \mathrm{AC}\cos\theta \quad \cdots\cdots ⑦$$

⑤，⑥より

$$(1+k)\mathrm{AB'} = \mathrm{AP}$$

$$\mathrm{AB'} : \mathrm{AP} = 1 : (1+k)$$

すなわち

$$\mathrm{AB'} : \mathrm{B'P} = 1 : k$$

AC′ についても同様にして

$$\frac{1}{k}\overrightarrow{\mathrm{AP}}\cdot\overrightarrow{\mathrm{AC}} + \overrightarrow{\mathrm{AP}}\cdot\overrightarrow{\mathrm{AC}} = \overrightarrow{\mathrm{AP}}\cdot\overrightarrow{\mathrm{AP}}$$

$$\left(1+\frac{1}{k}\right)\overrightarrow{\mathrm{AP}}\cdot\overrightarrow{\mathrm{AC}} = |\overrightarrow{\mathrm{AP}}|^2$$

ゆえに

$$\left(1+\frac{1}{k}\right)|\overrightarrow{\mathrm{AC}}|\cos\theta = |\overrightarrow{\mathrm{AP}}|$$

⑦より

$$\mathrm{AC'} : \mathrm{AP} = 1 : \left(1+\frac{1}{k}\right) = k : (1+k)$$

すなわち

$$\mathrm{AC'} : \mathrm{C'P} = k : 1$$

となるので，$\overrightarrow{\mathrm{PA}}$ と $\overrightarrow{\mathrm{PQ}}$ が垂直であることは，**B′ と C′ が線分 AP をそれぞれ $\boldsymbol{1 : k}$ と $\boldsymbol{k : 1}$ に内分する点**であることと同値である。 ⇨ ④

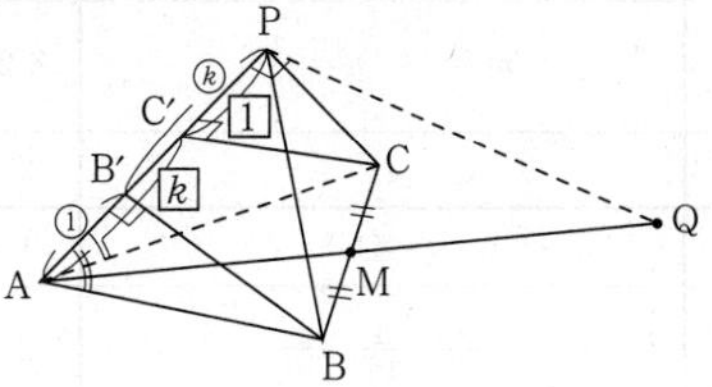

特に $k=1$ のとき，$|\overrightarrow{\mathrm{AB}}| = |\overrightarrow{\mathrm{AC}}|$ であり

$$\mathrm{AB'} : \mathrm{B'P} = 1 : 1$$

$$\mathrm{AC'} : \mathrm{C'P} = 1 : 1$$

であるから，B′，C′ は線分 AP の中点である。

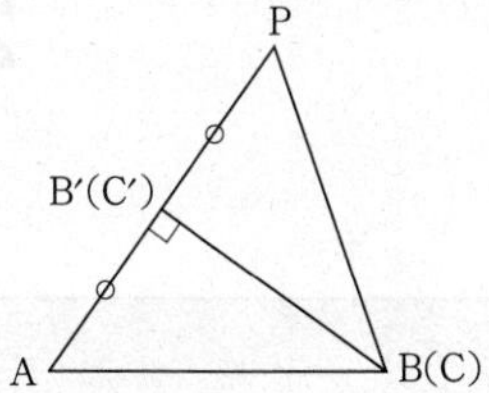

よって，$\overrightarrow{\mathrm{PA}}$ と $\overrightarrow{\mathrm{PQ}}$ が垂直であることは，**△PAB と △PAC がそれぞれ BP = BA，CP = CA を満たす二等辺三角形**であることと同値である。

⇨ ②

2023 追試

解　答

問題番号(配点)	解答記号	正解	配点	自己採点
第1問 (30)	$x^2-\boxed{\text{ア}}x+\boxed{\text{イ}}$	x^2-2x+3	2	
	$P(x)=\boxed{\text{ウ}}$, $R(1+\sqrt{2}i)=\boxed{\text{エ}}$	$P(x)=$③, $R(1+\sqrt{2}i)=0$	各1	
	$m=\boxed{\text{オ}}$, $n=\boxed{\text{カ}}$	$m=0$, $n=0$	1	
	$\boxed{\text{キ}}$	③	2	
	$Q(x)=\boxed{\text{ク}}x^2+\boxed{\text{ケ}}x+\boxed{\text{コ}}$	$Q(x)=3x^2+8x+7$	2	
	$R(x)=\left(k-\boxed{\text{サシ}}\right)x+\ell-\boxed{\text{スセ}}$	$R(x)=(k-10)x+\ell-21$	2	
	$k=\boxed{\text{ソタ}}$, $\ell=\boxed{\text{チツ}}$	$k=10$, $\ell=21$	2	
	$\boxed{\text{テ}}-\sqrt{\boxed{\text{ト}}}\,i$, $\dfrac{-\boxed{\text{ナ}}\pm\sqrt{\boxed{\text{ニ}}}\,i}{\boxed{\text{ヌ}}}$	$1-\sqrt{2}i$, $\dfrac{-4\pm\sqrt{5}i}{3}$	1, 2	
	$\boxed{\text{ネ}}$	2	3	
	$p_2=\boxed{\text{ノ}}.\boxed{\text{ハヒフ}}$	$p_2=2.566$	3	
	$\boxed{\text{ヘ}}$, $\boxed{\text{ホ}}$	②, ⑤	各4	
第2問 (30)	$0<x<\dfrac{\boxed{\text{ア}}}{\boxed{\text{イ}}}$	$0<x<\dfrac{9}{2}$	2	
	$V=\boxed{\text{ウ}}x^3-\boxed{\text{エオ}}x^2+\boxed{\text{カキク}}x$	$V=4x^3-66x^2+216x$	2	
	$x=\boxed{\text{ケ}}$, 最大値 $\boxed{\text{コサシ}}$	$x=2$, 最大値 200	各2	
	$\boxed{\text{ス}}$	③	2	
	$\boxed{\text{セ}}$, $\boxed{\text{ソ}}$	④, ②	各3	
	$\boxed{\text{タ}}$	④	4	
	$\boxed{\text{チ}}$, $t+\dfrac{\boxed{\text{ツ}}}{\boxed{\text{テ}}}$, $t^2+t+\dfrac{\boxed{\text{ト}}}{\boxed{\text{ナ}}}$	1, $t+\dfrac{1}{2}$, $t^2+t+\dfrac{1}{3}$	各1	
	$\ell=\boxed{\text{ニ}}$	$\ell=1$	1	
	$m=\boxed{\text{ヌネ}}$, $n=\dfrac{\boxed{\text{ノ}}}{\boxed{\text{ハ}}}$	$m=-1$, $n=\dfrac{1}{6}$	各2	
	$\boxed{\text{ヒフ}}$	11	2	
第3問 (20)	$\boxed{\text{ア}}$ 通り	7 通り	1	
	$\dfrac{\boxed{\text{イ}}}{16}$, $\dfrac{\boxed{\text{ウ}}}{16}$, $\dfrac{\boxed{\text{エ}}}{16}$	$\dfrac{5}{16}$, $\dfrac{3}{16}$, $\dfrac{1}{16}$	2	
	$\dfrac{\boxed{\text{オ}}}{16}$, $\dfrac{\boxed{\text{カ}}}{16}$, $\dfrac{\boxed{\text{キ}}}{16}$	$\dfrac{3}{16}$, $\dfrac{5}{16}$, $\dfrac{7}{16}$	1	

問題番号(配点)	解答記号	正解	配点	自己採点
(第3問)	$Z=\boxed{\text{ク}}-X$	$Z=5-X$	1	
	$E(X)=\dfrac{\boxed{\text{ケコ}}}{8}$, $E(Y)=\dfrac{\boxed{\text{サシ}}}{8}$	$E(X)=\dfrac{15}{8}$, $E(Y)=\dfrac{25}{8}$	2, 1	
	$\sigma(Y)=\boxed{\boxed{\text{ス}}}$	$\sigma(Y)=$③	2	
	$P(\overline{X}=2.50)=\dfrac{\boxed{\text{セソ}}}{64}$, $\boxed{\boxed{\text{タ}}}$	$P(\overline{X}=2.50)=\dfrac{11}{64}$, ①	各1	
	$\sigma(\overline{X})=\boxed{\boxed{\text{チ}}}$	$\sigma(\overline{X})=$②	1	
	$\boxed{\boxed{\text{ツ}}}\leqq m_X\leqq\boxed{\boxed{\text{テ}}}$, $\boxed{\boxed{\text{ト}}}\leqq m_Y\leqq\boxed{\boxed{\text{ナ}}}$	④ $\leqq m_X\leqq$ ⑦, ④ $\leqq m_Y\leqq$ ⑦	各2	
	$\boxed{\boxed{\text{ニ}}}$, $\boxed{\boxed{\text{ヌ}}}$, $\boxed{\boxed{\text{ネ}}}$	①, ⓪, ①	3	
第4問 (20)	$a_n=\boxed{\text{アイ}}n+\boxed{\text{ウエ}}$, $\boxed{\text{オ}}$	$a_n=-3n+26$, 9	各2	
	$\boxed{\boxed{\text{カ}}}$, $\boxed{\boxed{\text{キ}}}$	①, ②	1, 2	
	$\boxed{\boxed{\text{ク}}}$, $\boxed{\boxed{\text{ケ}}}$	⓪, ⓪	2	
	$d_1=\dfrac{1}{\boxed{\text{コサ}}}$, $c_n=\dfrac{1}{d_n}+\boxed{\text{シス}}$	$d_1=\dfrac{1}{10}$, $c_n=\dfrac{1}{d_n}+20$	1, 2	
	$d_{n+1}=\dfrac{d_n}{\boxed{\text{セ}}}+\dfrac{1}{\boxed{\text{ソタ}}}$	$d_{n+1}=\dfrac{d_n}{3}+\dfrac{1}{30}$	2	
	$d_n=\dfrac{1}{\boxed{\text{チツ}}}\left(\dfrac{1}{\boxed{\text{テ}}}\right)^{n-1}+\dfrac{1}{\boxed{\text{トナ}}}$	$d_n=\dfrac{1}{20}\left(\dfrac{1}{3}\right)^{n-1}+\dfrac{1}{20}$	2	
	$\boxed{\boxed{\text{ニ}}}$, $\boxed{\boxed{\text{ヌ}}}$	②, ①	2	
	$\boxed{\boxed{\text{ネ}}}$	④	2	
第5問 (20)	$\mathrm{P}\left(\boxed{\text{ア}}t,\ \boxed{\text{イ}}t-\boxed{\text{ウ}},\ -t+\boxed{\text{エ}}\right)$	$\mathrm{P}(2t,\ 3t-3,\ -t+5)$	2	
	$\mathrm{C}\left(\boxed{\text{オカ}},\ \boxed{\text{キク}},\ 0\right)$, $\boxed{\text{ケ}}:\boxed{\text{コ}}$	$\mathrm{C}(10,\ 12,\ 0)$, $5:4$	1, 2	
	$\dfrac{\boxed{\text{サシ}}}{\boxed{\text{ス}}}$	$\dfrac{-1}{2}$	2	
	$\overrightarrow{\mathrm{AB}}\cdot\overrightarrow{\mathrm{PD}}=-7\left(\boxed{\text{セ}}t-\boxed{\text{ソ}}\right)$	$\overrightarrow{\mathrm{AB}}\cdot\overrightarrow{\mathrm{PD}}=-7(2t-5)$	2	
	$\lvert\overrightarrow{\mathrm{PD}}\rvert^2=14\left(t^2-\boxed{\text{タ}}t+\boxed{\text{チ}}\right)$	$\lvert\overrightarrow{\mathrm{PD}}\rvert^2=14(t^2-5t+7)$	2	
	$t=\boxed{\text{ツ}}$, $\boxed{\text{テ}}$	$t=2$, 3	2	
	$\mathrm{P}\left(\boxed{\text{ト}},\ \boxed{\text{ナ}},\ \boxed{\text{ニ}}\right)$	$\mathrm{P}(6,\ 6,\ 2)$	2	
	$\overrightarrow{\mathrm{OQ}}=\left(\boxed{\text{ヌネ}},\ \boxed{\text{ノハ}},\ 0\right)-\dfrac{\boxed{\text{ヒフ}}}{t}(1,\ 1,\ 0)$	$\overrightarrow{\mathrm{OQ}}=(17,\ 19,\ 0)-\dfrac{35}{t}(1,\ 1,\ 0)$	3	
	$\boxed{\boxed{\text{ヘ}}}$	④	2	

(注) 第1問，第2問は必答。第3問～第5問のうちから2問選択。計4問を解答。
なお，上記以外のものについても得点を与えることがある。正解欄に※があるものは，解答の順序は問わない。

第1問小計		第2問小計		第3問小計		第4問小計		第5問小計		合計点	/100

第1問

〔1〕

(1) $x=1\pm\sqrt{2}i$ を解とする x の2次方程式で x^2 の係数が1であるものを $x^2+ax+b=0$ とおくと，解と係数の関係より

$$a=-\{(1+\sqrt{2}i)+(1-\sqrt{2}i)\}$$
$$=-2$$
$$b=(1+\sqrt{2}i)(1-\sqrt{2}i)=1-2i^2$$
$$=3$$

であるから，求める2次方程式は

$$\boldsymbol{x^2-2x+3=0}$$

また，$S(x)=x^2-2x+3$ とし，$P(x)$ を $S(x)$ で割ったときの商を $Q(x)$，余りを $R(x)$ とすると

$$\boldsymbol{P(x)=S(x)Q(x)+R(x)} \qquad ⇨③$$

が成り立つ。

$x=1+2i$ が $P(x)=0$ と $S(x)=0$ の解であることから

$$P(1+\sqrt{2}i)=0,\ S(1+\sqrt{2}i)=0$$

であり

$$\boldsymbol{R(1+\sqrt{2}i)=0}$$

となる。よって，$R(x)=mx+n$ とおくと

$$m(1+\sqrt{2}i)+n=0$$
$$m+n+\sqrt{2}mi=0$$

m，n は実数であるから

$$m+n=0 \text{ かつ } \sqrt{2}m=0$$

より

$$\boldsymbol{m=0,\ n=0}$$

であることがわかる。したがって

$$\boldsymbol{R(x)=0} \qquad ⇨③$$

であることがわかるので，$1-\sqrt{2}i$ も $P(x)=0$ の解である。

(2) $P(x)=3x^4+2x^3+kx+\ell$ のとき，$P(x)$ を $S(x)=x^2-2x+3$ で割ったときの商を $Q(x)$，余りを $R(x)$ とすると

$$\boldsymbol{Q(x)=3x^2+8x+7}$$
$$\boldsymbol{R(x)=(k-10)x+\ell-21}$$

となる。

$P(x)=0$ は $x=1+\sqrt{2}i$ を解にもつので，(1)の考察を用いると

$$R(1+\sqrt{2}i)=0$$

すなわち

$$k-10=0 \text{ かつ } \ell-21=0$$

より

$$\boldsymbol{k=10,\ \ell=21}$$

である。このとき

$$P(x)=S(x)Q(x)$$

であり，$P(x)=0$ の解は

$S(x)=0$ の解と $Q(x)=0$ の解

であるから，$P(x)=0$ の $x=1+\sqrt{2}i$ 以外の解は，$S(x)=0$ より，(1)の

$$\boldsymbol{x=1-\sqrt{2}i}$$

と，$Q(x)=0$ より

$$3x^2+8x+7=0$$

の2解である

$$\boldsymbol{x=\frac{-4\pm\sqrt{5}i}{3}}$$

であることがわかる。

別解

(1)で $x=1\pm\sqrt{2}i$ を解とする x の2次方程式で x^2 の係数が1であるものを求めるところは

$$\{x-(1+\sqrt{2}i)\}\{x-(1-\sqrt{2}i)\}=0$$

を展開してもよいし，$x-(1\pm\sqrt{2}i)=0$ より

$$x-1=\pm\sqrt{2}i \quad \text{（複号同順）}$$

の両辺を2乗して

$$(x-1)^2=(\pm\sqrt{2}i)^2$$
$$x^2-2x+3=0$$

などとしてもよい。

〔2〕

(1) $N_1=285$ と $\log_{10}2.85=0.4548$ より

$$\boldsymbol{\log_{10}N_1}=\log_{10}(2.85\times10^2)$$
$$=\log_{10}2.85+\log_{10}10^2$$
$$=\boldsymbol{0.4548+2}$$
$$=2.4548$$

であり，小数第4位を四捨五入して

$$\boldsymbol{p_1=2.455}$$

である。また，$N_2=368=3.68\times10^2$ で，常用対数表より $\log_{10}3.68=0.5658$ なので

$$\log_{10}N_2=\log_{10}(3.68\times10^2)$$
$$=0.5658+2$$
$$=2.5658$$

よって，小数第4位を四捨五入して

$$\boldsymbol{p_2=2.566}$$

いま，N を正の実数とし，座標平面上の点 $(x,\ \log_{10}N)$ が直線 $y=k(x-22)+p_1$ 上にあるとすると

$$\log_{10}N=k(x-22)+p_1 \quad \cdots\cdots (*)$$

ゆえに

$$\boldsymbol{N=10^{k(x-22)+p_1}} \qquad ⇨②$$

が成り立つ。

(2) (1)の考察より

$$k=\frac{p_2-p_1}{25-22}=\frac{2.566-2.455}{3}$$
$$=0.037$$

である。$x=32$ のとき

$$k(x-22)+p_1$$
$$=0.037(32-22)+2.455$$
$$=0.37+2.455$$
$$=2.825$$

よって，(*) に代入して

$$\log_{10}N=2.825$$

となる。$N=q\times10^2$ とおくと

$$\log_{10}q=0.825$$

であり，常用対数表より，$\log_{10}6.68=0.8248$，$\log_{10}6.69=0.8254$ であるから

$$\log_{10}6.68<\log_{10}q<\log_{10}6.69$$

である。よって，$x=32$ のときの N の値は

$$668<N<669$$

すなわち

660 以上 670 未満 ⇨ ⑤

の範囲にある。

第2問

〔1〕

(1) 箱が作れるためには箱の縦，横，高さがすべて正の値でなくてはいけないので

$$9-2x>0 \text{ かつ } 24-2x>0 \text{ かつ } x>0$$

すなわち

$$x<\frac{9}{2} \text{ かつ } x<12 \text{ かつ } x>0$$

であるから

$$\boldsymbol{0<x<\frac{9}{2}} \quad \cdots\cdots\cdots ①$$

である。このとき，箱の容積 V は

$$V=(9-2x)(24-2x)x$$
$$=(4x^2-66x+216)x$$
$$=\boldsymbol{4x^3-66x^2+216x}$$

であり，これを x で微分すると

$$V'=12x^2-132x+216$$
$$=12(x-2)(x-9)$$

したがって，① における V の増減は次の表のようになる。

x	0		2		$\frac{9}{2}$
V'		+	0	−	
V		↗	極大	↘	

よって，V は $\boldsymbol{x=2}$ で最大値

$$(9-2\cdot2)(24-2\cdot2)\cdot2=5\cdot20\cdot2$$
$$=\boldsymbol{200}$$

をとる。

(2) 図 2 の右側二つの斜線部分の長方形の横の長さは厚紙の横の長さ 24cm の $\frac{1}{2}$ なので

$$24\cdot\frac{1}{2}=\boldsymbol{12}\ (\text{cm})$$ ⇨ ③

箱の容積 W は

$$W=(9-2x)(12-x)x$$
$$=\frac{1}{2}(9-2x)(24-2x)x$$
$$=\frac{1}{2}V$$

W における x のとり得る値の範囲は

$$9-2x>0 \text{ かつ } 12-x>0 \text{ かつ } x>0$$

より，(1)の V における x のとり得る値の範囲と同じであるから，V が最大となるとき W も最大となる。したがって，W の最大値は(1)で求めた V の最大値の $\boldsymbol{\frac{1}{2}}$ 倍である。 ⇨ ④

また，W が最大値をとる x はただ一つあり，その値は $\boldsymbol{x_0}$ と等しい。 ⇨ ②

(3) 厚紙の縦の長さを a，横の長さを b とすると

$$V=(a-2x)(b-2x)x$$
$$W=(a-2x)\left(\frac{b}{2}-x\right)x$$

ゆえに，a，b の値に関係なく

$$W=\frac{1}{2}V$$

であり，x のとり得る値の範囲は V，W とも同じなので，ふたのある箱の容積の最大値がふたのない箱の容積の最大値の $\frac{1}{2}$ 倍であることは，**縦と横の長さに関係なくどのような長方形のときでも成り立つ。** ⇨ ④

〔2〕

(1)
$$\int_t^{t+1}\boldsymbol{1\,dx}=\Big[x\Big]_t^{t+1}=1$$
$$\int_t^{t+1}\boldsymbol{x\,dx}=\left[\frac{1}{2}x^2\right]_t^{t+1}$$
$$=\frac{1}{2}\{(t+1)^2-t^2\}$$

$$= \boldsymbol{t + \frac{1}{2}}$$

$$\int_t^{t+1} \boldsymbol{x^2\,dx} = \left[\frac{1}{3}x^3\right]_t^{t+1}$$

$$= \frac{1}{3}\{(t+1)^3 - t^3\}$$

$$= \boldsymbol{t^2 + t + \frac{1}{3}}$$

$f(x) = \ell x^2 + mx + n$ とおくと

$$\int_t^{t+1} f(x)\,dx$$

$$= \ell\int_t^{t+1} x^2\,dx + m\int_t^{t+1} x\,dx + n\int_t^{t+1} 1\,dx$$

$$= \ell\left(t^2 + t + \frac{1}{3}\right) + m\left(t + \frac{1}{2}\right) + n$$

$$= \ell t^2 + (\ell + m)t + \frac{1}{3}\ell + \frac{1}{2}m + n$$

となるから，t についての恒等式

$$t^2 = \ell t^2 + (\ell + m)t + \frac{1}{3}\ell + \frac{1}{2}m + n$$

が成り立つとき

$$\begin{cases} \ell = 1 \\ \ell + m = 0 \\ \dfrac{1}{3}\ell + \dfrac{1}{2}m + n = 0 \end{cases}$$

よって

$$\boldsymbol{\ell = 1,\ m = -1,\ n = \frac{1}{6}}$$

(2)　(1)より

$$\int_1^{1+1} f(x)\,dx = 1^2$$

$$\int_2^{2+1} f(x)\,dx = 2^2$$

$$\vdots$$

$$\int_{10}^{10+1} f(x)\,dx = 10^2$$

となるので，各辺の和をとって

$$\int_1^2 f(x)\,dx + \int_2^3 f(x)\,dx + \cdots + \int_{10}^{11} f(x)\,dx$$

$$= 1^2 + 2^2 + \cdots + 10^2$$

よって

$$\boldsymbol{1^2 + 2^2 + \cdots + 10^2 = \int_1^{11} f(x)\,dx}$$

別解

(1)より

$$f(x) = x^2 - x + \frac{1}{6}$$

よって

$$\int_1^m f(x)\,dx$$

$$= \left[\frac{1}{3}x^3 - \frac{1}{2}x^2 + \frac{1}{6}x\right]_1^m$$

$$= \frac{1}{3}m^3 - \frac{1}{2}m^2 + \frac{1}{6}m - \left(\frac{1}{3} - \frac{1}{2} + \frac{1}{6}\right)$$

$$= \frac{1}{3}m^3 - \frac{1}{2}m^2 + \frac{1}{6}m$$

ここで

$$\sum_{k=1}^{n-1} k^2 = \frac{1}{6}(n-1)n(2n-1)$$

$$= \frac{1}{3}n^3 - \frac{1}{2}n^2 + \frac{1}{6}n$$

であり，$1^2 + 2^2 + \cdots + 10^2 = \sum_{k=1}^{10} k^2$ なので

$$m = n \text{ かつ } n - 1 = 10$$

とすればよいから

$$1^2 + 2^2 + \cdots + 10^2 = \int_1^{11} f(x)\,dx$$

とすることもできる。

第3問

以下，(白のカードの数，赤のカードの数）とする。

(1)　$X = 1$ となるのは

(1, 1)
(1, 2), (1, 3), (1, 4)
(2, 1), (3, 1), (4, 1)
} **7 通り**

$X = 2$ となるのは

(2, 2)
(2, 3), (2, 4)
(3, 2), (4, 2)
} 5 通り

$X = 3$ となるのは

(3, 3), (3, 4), (4, 3) … 3 通り

$X = 4$ となるのは

(4, 4) … 1 通り

よって，X の確率分布は次の表のようになる。

X	1	2	3	4	計
P	$\boldsymbol{\frac{7}{16}}$	$\boldsymbol{\frac{5}{16}}$	$\boldsymbol{\frac{3}{16}}$	$\boldsymbol{\frac{1}{16}}$	1

また，$Y = 1$ となるのは

(1, 1) … 1 通り

$Y = 2$ となるのは

(2, 2), (2, 1), (1, 2) … 3 通り

$Y = 3$ となるのは

$$\left.\begin{array}{l}(3,\ 3)\\(3,\ 2),\ (3,\ 1)\\(2,\ 3),\ (1,\ 3)\end{array}\right\}\text{5 通り}$$

$Y=4$ となるのは

$$\left.\begin{array}{l}(4,\ 4)\\(4,\ 3),\ (4,\ 2),\ (4,\ 1)\\(3,\ 4),\ (2,\ 4),\ (1,\ 4)\end{array}\right\}\text{7 通り}$$

であるから，Y の確率分布は次の表のようになる。

Y	1	2	3	4	計
P	$\frac{1}{16}$	$\boldsymbol{\frac{3}{16}}$	$\boldsymbol{\frac{5}{16}}$	$\boldsymbol{\frac{7}{16}}$	1

つまり，確率変数 Z を $\boldsymbol{Z=5-X}$ とすると，Z の確率分布と Y の確率分布は同じである。

$5-X$	4	3	2	1	計
P	$\frac{7}{16}$	$\frac{5}{16}$	$\frac{3}{16}$	$\frac{1}{16}$	1

(2) 確率変数 X の平均（期待値）は

$$\boldsymbol{E(X)}=1\cdot\frac{7}{16}+2\cdot\frac{5}{16}+3\cdot\frac{3}{16}+4\cdot\frac{1}{16}$$
$$=\boldsymbol{\frac{15}{8}}$$

であり，(1)の考察より，確率変数 Y の平均は

$$\boldsymbol{E(Y)}=E(5-X)=5-E(X)$$
$$=5-\frac{15}{8}$$
$$=\boldsymbol{\frac{25}{8}}$$

また，確率変数 Y の標準偏差は

$$\boldsymbol{\sigma(Y)}=\sigma(5-X)=|-1|\sigma(X)$$
$$=\boldsymbol{\sigma(X)}$$ ⇨③

となる。

(3)(i) $t_2=2.50$ について，$\overline{X}=2.50$ となるのは，$X_1+X_2=5$ となる場合なので

$$(X_1,\ X_2)=(1,\ 4),\ (2,\ 3),\ (3,\ 2),$$
$$=(4,\ 1)$$

のときである。よって，(1)の確率分布より

$$\boldsymbol{P(\overline{X}=2.50)}$$
$$=\frac{7}{16}\cdot\frac{1}{16}+\frac{5}{16}\cdot\frac{3}{16}+\frac{3}{16}\cdot\frac{5}{16}+\frac{1}{16}\cdot\frac{7}{16}$$
$$=2\left(\frac{7}{16\cdot16}+\frac{15}{16\cdot16}\right)$$
$$=\boldsymbol{\frac{11}{64}}$$

であり，(1)の確率分布より

$$\boldsymbol{P(\overline{Y}=2.50)=P(\overline{X}=2.50)}$$ ⇨①

が成り立つことがわかる。

(ii) $t_{100}=2.95$ について，n が大きいとき，$\overline{X}$ は近似的に正規分布 $N(E(\overline{X}),\ \{\sigma(\overline{X})\}^2)$ に従い

$$\boldsymbol{\sigma(\overline{X})=\frac{\sigma(X)}{\sqrt{n}}}$$ ⇨②

である。

$n=100$ は大きいので，$\overline{X}=2.95$ であったとすると，(2)より

$$\sigma(X)=\frac{\sqrt{55}}{8}$$

近似値 $\sqrt{55}=7.4$ を用いて

$$\sigma(\overline{X})=\frac{\sqrt{55}}{8}\cdot\frac{1}{\sqrt{100}}=\frac{7.4}{8\cdot10}$$
$$=\frac{3.7}{40}$$

である。推定される母平均を m_X として，m_X の信頼度 95% の信頼区間は

$$\overline{X}-1.96\sigma(\overline{X})\leqq m_X\leqq\overline{X}+1.96\sigma(\overline{X})$$

であり

$$1.96\cdot\frac{3.7}{40}=0.1813$$

より，m_X の信頼度 95% の信頼区間は

$$2.95-0.1813\leqq m_X\leqq 2.95+0.1813$$

すなわち

$$2.7687\leqq m_X\leqq 3.1313$$

よって，小数第 4 位を四捨五入して答えると

$$\boldsymbol{2.769\leqq m_X\leqq 3.131}$$ ……………①

となる。 ⇨④，⑦

一方，$\overline{Y}=2.95$ であったとすると，$\sigma(Y)=\sigma(X)$ なので，推定される母平均を m_Y として，m_Y の信頼度 95% の信頼区間は，m_X の信頼度 95% の信頼区間と同様にして

$$\boldsymbol{2.769\leqq m_Y\leqq 3.131}$$ ……………②

となる。 ⇨④，⑦

また，(2)より，$E(X)=\frac{15}{8}=1.875$ なので，$E(X)$ は ① の信頼区間に含まれていない。

⇨①

さらに，(2)より，$E(Y)=\frac{25}{8}=3.125$ なので，$E(Y)$ は ② の信頼区間に含まれている。

⇨⓪

以上より，太郎さんの記憶については，**正しくないと判断され，メモに書かれていた $\boldsymbol{t_2}$ と $\boldsymbol{t_{100}}$ は「確率変数 $\boldsymbol{Y}$」の平均値である。** ⇨①

第４問

(1) $a_1=23$，$a_{n+1}=a_n-3$ より，数列 $\{a_n\}$ は初項が 23，公差が -3 の等差数列なので

$$\boldsymbol{a_n = 23 - 3(n-1)}$$
$$\boldsymbol{= -3n + 26}$$

となり，$a_n < 0$ を満たす最小の自然数 n は

$$-3n + 26 < 0$$
$$n > 8 + \frac{2}{3}$$

より，$n = 9$ である。

そして，等差数列の公差が -3 より，数列 $\{a_n\}$ は**つねに減少する。** ⇨ ①

また，$S_n = \sum_{k=1}^{n} a_k$ とおくと，$a_n > 0$ となる n の範囲で S_n は増加するが，$a_n < 0$ となる範囲で S_n は減少するので，数列 $\{S_n\}$ は**増加することも減少することもある。** ⇨ ②

$n \geqq 9$ のとき，$\boldsymbol{a_n < 0}$ である。 ⇨ ⓪

また，$b_n = \dfrac{1}{a_n}$ とおくと，$n \geqq 9$ のとき，$b_n < 0$ で

$$b_9 = \frac{1}{a_9} = \frac{1}{-1} = -1 = -\frac{1}{1}$$

$$b_{10} = \frac{1}{a_{10}} = \frac{1}{-4} = -\frac{1}{4}$$

$$\vdots$$

のように分母の絶対値はつねに大きくなるので，数列 $\{b_n\}$ はつねに増加し，$\boldsymbol{b_n < b_{n+1}}$ である。

⇨ ⓪

(2) $c_1 = 30$，$d_n = \dfrac{1}{c_n - 20}$ $(n = 1,\ 2,\ 3,\ \cdots)$ より

$$\boldsymbol{d_1} = \frac{1}{c_1 - 20} = \frac{1}{30 - 20} = \boldsymbol{\frac{1}{10}}$$

であり

$$c_n - 20 = \frac{1}{d_n}$$

よって

$$\boldsymbol{c_n = \frac{1}{d_n}} + 20 \quad (n = 1,\ 2,\ 3,\ \cdots)$$

これと $c_{n+1} = \dfrac{50c_n - 800}{c_n - 10}$ より

$$\frac{1}{d_{n+1}} + 20 = \frac{50\left(\dfrac{1}{d_n} + 20\right) - 800}{\left(\dfrac{1}{d_n} + 20\right) - 10}$$

であるから

$$\frac{1}{d_{n+1}} = \frac{200d_n + 50}{10d_n + 1} - 20$$
$$= \frac{200d_n + 50 - 20(10d_n + 1)}{10d_n + 1}$$
$$= \frac{30}{10d_n + 1}$$

よって

$$\boldsymbol{d_{n+1}} = \frac{10d_n + 1}{30} = \boldsymbol{\frac{d_n}{3} + \frac{1}{30}}$$

が成り立つ。

さらに

$$x = \frac{x}{3} + \frac{1}{30}$$
$$\frac{2}{3}x = \frac{1}{30}$$
$$x = \frac{1}{20}$$

より

$$d_{n+1} - \frac{1}{20} = \frac{1}{3}\left(d_n - \frac{1}{20}\right)$$

と変形でき，$d_1 = \dfrac{1}{10}$ より，数列 $\left\{d_n - \dfrac{1}{20}\right\}$ は初項が

$$d_1 - \frac{1}{20} = \frac{1}{10} - \frac{1}{20} = \frac{1}{20}$$

公比が $\dfrac{1}{3}$ の等比数列であるから

$$d_n - \frac{1}{20} = \frac{1}{20}\left(\frac{1}{3}\right)^{n-1}$$

であり，数列 $\{d_n\}$ の一般項は

$$\boldsymbol{d_n = \frac{1}{20}\left(\frac{1}{3}\right)^{n-1} + \frac{1}{20}}$$

である。

したがって，$\dfrac{1}{20}\left(\dfrac{1}{30}\right)^{n-1} > 0$ なので

$$\boldsymbol{d_n > \frac{1}{20}}$$ ⇨ ②

であり，$\dfrac{1}{20}\left(\dfrac{1}{3}\right)^{n-1}$ は n が増加するとつねに減少するので，数列 $\{d_n\}$ は**つねに減少する。** ⇨ ①

よって，$c_n - 20 = \dfrac{1}{d_n}$ であるから，$c_n - 20$ すなわち c_n はつねに増加し

$$c_1 = 30$$

であり

$$d_{10} = \frac{1}{c_{10} - 20} > \frac{1}{20}$$

より

$$c_{10} < 40$$

であることから，$n = 1$ から $n = 10$ まで点 $(n,\ c_n)$ を図示すると ④ となる。 ⇨ ④

別解

数列 $\{d_n\}$ の漸化式を導くところは

$$c_{n+1} = \frac{50c_n - 800}{c_n - 10}$$

より

$$c_{n+1} - 20 = \frac{50c_n - 800}{c_n - 10} - 20$$

$$= \frac{50c_n - 800 - 20(c_n - 10)}{c_n - 10}$$
$$= \frac{30(c_n - 20)}{c_n - 10}$$

であるから

$$\frac{1}{c_{n+1} - 20} = \frac{1}{30} \cdot \frac{c_n - 10}{c_n - 20}$$
$$= \frac{1}{30} \cdot \frac{10 + (c_n - 20)}{c_n - 20}$$
$$= \frac{1}{30}\left(\frac{10}{c_n - 20} + 1\right)$$

すなわち

$$d_{n+1} = \frac{1}{30}(10d_n + 1) = \frac{d_n}{3} + \frac{1}{30}$$

としてもよい。

第5問

(1) $A(0,\ -3,\ 5)$, $B(2,\ 0,\ 4)$ より

$$\overrightarrow{AB} = (2,\ 0,\ 4) - (0,\ -3,\ 5)$$
$$= (2,\ 3,\ -1)$$

であるから

$$\overrightarrow{OP} = \overrightarrow{OA} + t\overrightarrow{AB}$$
$$= (0,\ -3,\ 5) + t(2,\ 3,\ -1)$$
$$= (2t,\ 3t - 3,\ -t + 5)$$

よって，点 P の座標は

$$\mathbf{P(2\boldsymbol{t},\ 3\boldsymbol{t} - 3,\ -\boldsymbol{t} + 5)}$$

と表すことができて，z 座標が 0 のときの点 P が点 C なので

$$-t + 5 = 0$$

すなわち

$$t = 5$$

より，点 C の座標は

$$C(2 \cdot 5,\ 3 \cdot 5 - 3,\ 0)$$

ゆえに

$$\mathbf{C(10,\ 12,\ 0)}$$

である。さらに，$t = 5$ より

$$\overrightarrow{OC} = \overrightarrow{OA} + 5\overrightarrow{AB}$$

すなわち

$$\overrightarrow{AC} = 5\overrightarrow{AB}$$

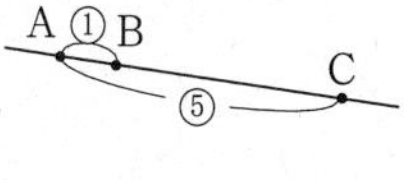

であり

$$AC : AB = 5 : 1$$

よって，点 C は線分 AB を **5 : 4** に外分する。

(2) $\angle CPD = 120°$ のとき

$$\overrightarrow{\mathbf{PC}} \cdot \overrightarrow{\mathbf{PD}} = |\overrightarrow{PC}||\overrightarrow{PD}|\cos 120°$$
$$= \frac{-1}{2}|\overrightarrow{\mathbf{PC}}||\overrightarrow{\mathbf{PD}}| \quad \cdots\cdots\cdots ①$$

$\overrightarrow{PC} /\!/ \overrightarrow{AB}$ より，0 でない実数 k を用いて

$$\overrightarrow{PC} = k\overrightarrow{AB}$$

と表すことができるので，① は

$$k\overrightarrow{AB} \cdot \overrightarrow{PD} = -\frac{1}{2}|k\overrightarrow{AB}||\overrightarrow{PD}| \quad \cdots ②$$

と表すことができる。また

$$\overrightarrow{PD} = (7,\ 4,\ 5) - (2t,\ 3t - 3,\ -t + 5)$$
$$= (7 - 2t,\ 7 - 3t,\ t)$$

より

$$\overrightarrow{\mathbf{AB}} \cdot \overrightarrow{\mathbf{PD}} = 2(7 - 2t) + 3(7 - 3t) - 1 \cdot t$$
$$= \mathbf{-7(2\boldsymbol{t} - 5)}$$
$$|\overrightarrow{\mathbf{PD}}|^2 = (7 - 2t)^2 + (7 - 3t)^2 + t^2$$
$$= \mathbf{14(\boldsymbol{t}^2 - 5\boldsymbol{t} + 7)}$$

② の両辺を 2 乗すると

$$k^2(\overrightarrow{AB} \cdot \overrightarrow{PD})^2 = \left(-\frac{1}{2}\right)^2 k^2|\overrightarrow{AB}|^2|\overrightarrow{PD}|^2$$

であるから

$$|\overrightarrow{AB}|^2 = 2^2 + 3^2 + (-1)^2 = 14$$

より

$$k^2\{-7(2t - 5)\}^2$$
$$= \frac{1}{4} \cdot k^2 \cdot 14 \cdot 14(t^2 - 5t + 7)$$

$k \neq 0$ より

$$49(2t - 5)^2 = 49(t^2 - 5t + 7)$$
$$4t^2 - 20t + 25 = t^2 - 5t + 7$$
$$3(t^2 - 5t + 6) = 0$$
$$3(t - 2)(t - 3) = 0$$

したがって，② の両辺の 2 乗が等しくなるのは

$$\mathbf{\boldsymbol{t} = 2,\ 3}$$

のときである。

$t = 2$ のとき，$P(4,\ 3,\ 3)$ であり

$$\overrightarrow{PC} = (6,\ 9,\ -3) = 3(2,\ 3,\ -1)$$
$$= 3\overrightarrow{AB}$$

$t = 3$ のとき，$P(6,\ 6,\ 2)$ であり

$$\overrightarrow{PC} = (4,\ 6,\ -2) = 2(2,\ 3,\ -1)$$
$$= 2\overrightarrow{AB}$$

$t = 2,\ 3$ は $\angle CPD = 120°$，$\angle CPD = 60°$ のいずれかに対応するが，$\triangle CPD$ の角の大きさと辺の長さの関係に着目すれば，$\angle CPD = 120°$ になるのは，PC の長さが短い場合であるから，求める点 P の座標は

$$\mathbf{P(6,\ 6,\ 2)}$$

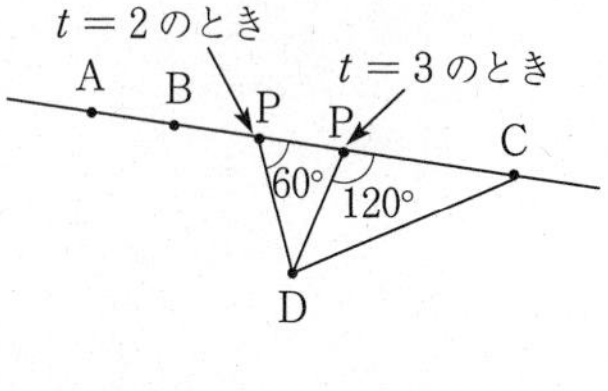

(3) $\overrightarrow{\mathrm{DP}}=-\overrightarrow{\mathrm{PD}}=(2t-7,\ 3t-7,\ -t)$ より

$$\begin{aligned}&\overrightarrow{\mathrm{OQ}}\\&=\overrightarrow{\mathrm{OD}}+s\overrightarrow{\mathrm{DP}}\\&=(7,\ 4,\ 5)+s(2t-7,\ 3t-7,\ -t)\\&=(2st-7s+7,\ 3st-7s+4,\ -st+5)\end{aligned}$$

Q は xy 平面上の点なので

$$-st+5=0$$

すなわち

$$st=5$$

よって

$$\begin{aligned}\overrightarrow{\mathbf{OQ}}&=(2\cdot5-7s+7,\ 3\cdot5-7s+4,\ 0)\\&=(-7s+17,\ -7s+19,\ 0)\\&=(17,\ 19,\ 0)-7s(1,\ 1,\ 0)\\&=\mathbf{(17,\ 19,\ 0)-\frac{35}{\mathit{t}}(1,\ 1,\ 0)}\end{aligned}$$

と表すことができる。

t が 0 以外の実数値を変化するとき，$\dfrac{35}{t}$ は 0 以外のすべての実数値をとる。よって，点 Q が $(17,\ 19,\ 0)$ となることはないので，$\mathrm{R}(17,\ 19,\ 0)$ であり

$$\begin{aligned}\overrightarrow{\mathrm{DR}}&=(17,\ 19,\ 0)-(7,\ 4,\ 5)\\&=(10,\ 15,\ -5)=5(2,\ 3,\ -1)\\&=5\overrightarrow{\mathrm{AB}}\end{aligned}$$

したがって，$\overrightarrow{\mathrm{DR}}$ は $\overrightarrow{\mathbf{AB}}$ と平行である。　⇨ ④

2022 本試

解　答

問題番号(配点)	解答記号	正　解	配点	自己採点
第1問 (30)	点(ア, イ)	点(2, 5)	1	
	半径がウ	半径が5	1	
	エ	③	2	
	$y=$ オ	$y=0$	2	
	カ	⓪	2	
	$\tan\theta=\frac{キ}{ク}$	$\tan\theta=\frac{1}{2}$	1	
	tan ケ	tan ①	2	
	$k_0=\frac{コ}{サ}$, シ	$k_0=\frac{4}{3}$, ⑤	各2	
	$\log_3 9=$ ス	$\log_3 9=2$	2	
	$\log_{\frac{1}{4}}$ セ	$\log_{\frac{1}{4}} 8$	3	
	ソ	①	2	
	タ	①	1	
	チ, ツ	③, ⓪	各2	
	テ	②	3	
第2問 (30)	ア, イ	①, ⓪	各2	
	ウ $< p <$ エ	③ $< p <$ ②	各2	
	$q=$ オカ $\sqrt{キ}\,a^{\frac{1}{2}}$, $r=\sqrt{ク}\,a^{\frac{1}{2}}$	$q=-2\sqrt{2}a^{\frac{1}{2}}$, $r=\sqrt{2}a^{\frac{1}{2}}$	各2	
	ケ, コ	①, ④※	各3	
	$\alpha=$ サ, $\beta=$ シス	$\alpha=\mathrm{b}$, $\beta=2\mathrm{b}$	2	
	セ, ソ	②, ①	2	
	タ	②	2	
	$\frac{チツ}{テ}$, ト, ナニ, ヌ	$\frac{-1}{6}$, 9, 12, 5	4	
	$t=\frac{ネ}{ノ}b$	$t=\frac{5}{2}b$	2	

問題番号(配点)	解答記号	正解	配点	自己採点
第3問 (20)	0.アイ, ウエオ	0.25, 100	各2	
	$\sigma(R)=$ カ	$\sigma(R)=$ ②	2	
	キ	②	3	
	ク	1	2	
	ケ, コ	4, 2	2	
	サ, シス	3, 11	各2	
	セ %	② %	3	
第4問 (20)	ア	4	1	
	$a_2=$ イ, $b_2=$ ウ	$a_2=8$, $b_2=7$	各1	
	エ, オ	③, ④	各2	
	$a_{n+1}=a_n+$ カ b_n+ キ	$a_{n+1}=a_n+2b_n+2$	2	
	$b_{n+1}=3b_n+$ ク	$b_{n+1}=3b_n+1$	2	
	$b_n=$ ケ	$b_n=$ ⑦	2	
	$a_n=$ コ	$a_n=$ ⑨	3	
	サ 回	4 回	2	
	$x=$ シスセ	$x=137$	2	
第5問 (20)	$\cos\angle\mathrm{AOB}=\dfrac{\text{アイ}}{\text{ウ}}$	$\cos\angle\mathrm{AOB}=\dfrac{-2}{3}$	1	
	$\overrightarrow{\mathrm{OQ}}=$ エ $\overrightarrow{\mathrm{OA}}+$ オ $\overrightarrow{\mathrm{OB}}$	$\overrightarrow{\mathrm{OQ}}=$ ① $\overrightarrow{\mathrm{OA}}+$ ⓪ $\overrightarrow{\mathrm{OB}}$	2	
	$\overrightarrow{\mathrm{CQ}}=$ カ $\overrightarrow{\mathrm{OA}}+$ キ $\overrightarrow{\mathrm{OB}}$	$\overrightarrow{\mathrm{CQ}}=$ ④ $\overrightarrow{\mathrm{OA}}+$ ⓪ $\overrightarrow{\mathrm{OB}}$	2	
	$t=\dfrac{\text{ク}}{\text{ケ}}$	$t=\dfrac{3}{5}$	2	
	$k=\dfrac{\text{コ}}{\text{サ}\,t-\text{シ}}$	$k=\dfrac{3}{5t-3}$	2	
	ス, セ	③, ⓪	各2	
	$\lvert\overrightarrow{\mathrm{OQ}}\rvert=\sqrt{\text{ソ}}$	$\lvert\overrightarrow{\mathrm{OQ}}\rvert=\sqrt{6}$	2	
	タ $\overrightarrow{\mathrm{CQ}}$	$-\overrightarrow{\mathrm{CQ}}$	1	
	チ $\overrightarrow{\mathrm{OA}}+$ ツ $\overrightarrow{\mathrm{OB}}$	$2\overrightarrow{\mathrm{OA}}+3\overrightarrow{\mathrm{OB}}$	1	
	$\dfrac{\text{テ}}{\text{ト}}$	$\dfrac{3}{4}$	3	

(注) 第1問, 第2問は必答。第3問～第5問のうちから2問選択。計4問を解答。
なお, 上記以外のものについても得点を与えることがある。正解欄に※があるものは, 解答の順序は問わない。

合計点	/100

第１問

〔1〕

(1)　不等式 $x^2+y^2-4x-10y+4 \leqq 0$ を変形すると

$$(x-2)^2-4+(y-5)^2-25+4 \leqq 0$$

$$(x-2)^2+(y-5)^2 \leqq 5^2$$

であるから，領域 D は中心が点 **(2, 5)**，半径が 5 の円の**周**および**内部**である。　⇨ ③

(2)(i)　(1)により，次の図のようになるので，直線 $\boldsymbol{y=0}$ (x 軸) は点 A を通る C の接線の一つである。

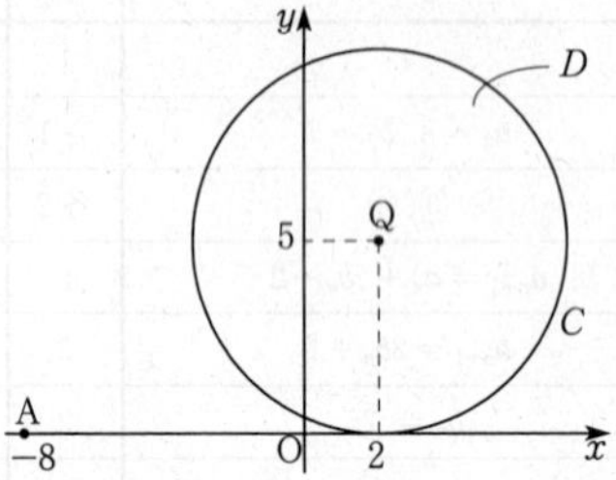

(ii)　ℓ の方程式 $y=k(x+8)$ を C の方程式

$$x^2+y^2-4x-10y+4=0$$

に代入すると，x についての次の 2 次方程式

$$(k^2+1)x^2+(16k^2-10k-4)x$$
$$+64k^2-80k+4=0 \quad \cdots\cdots\cdots\cdots ①$$

が得られる。

①の方程式の解が ℓ と C の共有点の x 座標と対応するので，ℓ と C が接するのは共有点を 1 つだけもつときである。よって，①の方程式が**重解をもつ**ときの k の値が接線の傾きとなる。　⇨ ⓪

(iii)　x 軸と直線 AQ のなす角を $\theta\left(0<\theta \leqq \dfrac{\pi}{2}\right)$ とすると，$\tan\theta$ は直線 AQ の傾きであるから

$$\boldsymbol{\tan\theta}=\frac{5}{2-(-8)}=\frac{1}{2}$$

であり，直線 $y=0$ と異なる接線の傾きは $\boldsymbol{\tan 2\theta}$ と表すことができる。　⇨ ①

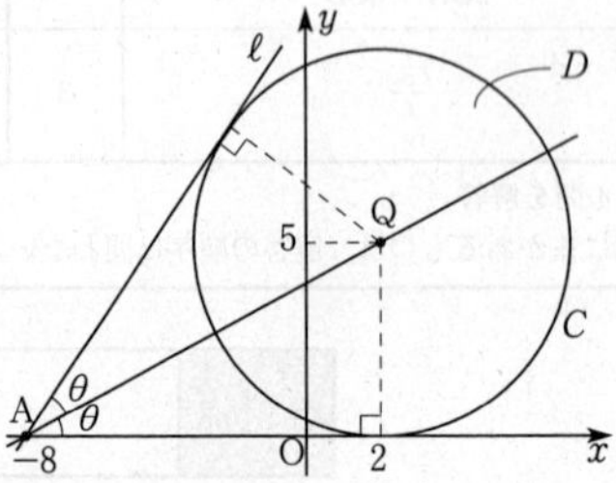

(iv)　(iii)の考え方で解く。

$$\boldsymbol{k_0}=\tan 2\theta=\frac{2\tan\theta}{1-\tan^2\theta}$$

$$=\frac{2\cdot\frac{1}{2}}{1-\left(\frac{1}{2}\right)^2}=\frac{4}{3}$$

であり，(iii)の図より，直線 ℓ と領域 D が共有点を持つような k の値の範囲は $\boldsymbol{0 \leqq k \leqq k_0}$ である。　⇨ ⑤

別解

(iv)を(ii)の考え方で解くと次のようになる。

①の方程式の判別式を D' とすると

$$\frac{D'}{4}$$
$$=(8k^2-5k-2)^2-(k^2+1)(64k^2-80k+4)$$
$$=(64k^4+25k^2+4-80k^3+20k-32k^2)$$
$$-(64k^4-80k^3+4k^2+64k^2-80k+4)$$
$$=-75k^2+100k$$
$$=-25k(3k-4)$$

であり，①の方程式が重解をもつとき $D'=0$ であるから

$$-25k(3k-4)=0$$

$$k=0,\ \frac{4}{3}$$

直線 $y=0$ と異なる接線の傾きが k_0 なので

$$k_0=\frac{4}{3}$$

研究

(ii)，(iii)の考え方以外でも，次のように解くことができる。

$y=k(x+8)$ より $kx-y+8k=0$ であり，ℓ が C と接するとき，点 Q(2, 5) と ℓ の距離は C の半径 5 に等しいから

$$\frac{|k\cdot 2-1\cdot 5+8k|}{\sqrt{k^2+(-1)^2}}=5$$

$$\frac{|10k-5|}{\sqrt{k^2+1}}=5$$

$$|2k-1|=\sqrt{k^2+1}$$

両辺を 2 乗して

$$(2k-1)^2=k^2+1$$

$$k(3k-4)=0$$

$$k=0,\ \frac{4}{3}$$

直線 $y=0$ と異なる接線の傾きが k_0 なので

$$k_0=\frac{4}{3}$$

〔2〕

(1)

$$\boldsymbol{\log_3 9}=\log_3 3^2=2$$

$$\log_9 3=\frac{\log_3 3}{\log_3 9}=\frac{1}{2}$$

より

$$\log_3 9 > \log_9 3$$

が成り立つ。

一方，$\log_{\frac{1}{4}} x = -\dfrac{3}{2}$ とおくと

$$x = \left(\frac{1}{4}\right)^{-\frac{3}{2}} = (2^{-2})^{-\frac{3}{2}} = 2^3 = 8$$

より

$$\boldsymbol{\log_{\frac{1}{4}} 8 = -\frac{3}{2}}$$

であり

$$\log_8 \frac{1}{4} = \frac{\log_{\frac{1}{4}} \frac{1}{4}}{\log_{\frac{1}{4}} 8} = \frac{1}{-\frac{3}{2}} = -\frac{2}{3}$$

より

$$\log_{\frac{1}{4}} 8 < \log_8 \frac{1}{4}$$

が成り立つ。

(2) $\log_a b = t$ ……………………………… ①

とおく。①により

$\boldsymbol{a^t = b}$ ⇨ ①

両辺を $\dfrac{1}{t}$ 乗して

$\boldsymbol{a = b^{\frac{1}{t}}}$ ⇨ ①

が得られ，b を底とする両辺の対数をとると

$\log_b a = \dfrac{1}{t}$ ………………………… ②

が成り立つことが確かめられる。

(3) $t > \dfrac{1}{t}$ を満たす t $(t \neq 0)$ の値の範囲は，

$t > 0$ のとき

$$t^2 > 1$$
$$(t+1)(t-1) > 0$$

より

$$t > 1$$

$t < 0$ のとき

$$t^2 < 1$$
$$(t+1)(t-1) < 0$$

より

$$-1 < t < 0$$

であるから

$-1 < t < 0,\ 1 < t$ ……………………… (*)

ここで，a $(a > 0,\ a \neq 1)$ の値を一つ定めたとき，不等式

$\log_a b > \log_b a$ ……………………… ④

を満たす実数 b $(b > 0,\ b \neq 1)$ の値の範囲について考える。

①，②より，④は $t > \dfrac{1}{t}$ に他ならないから，(*)において $t = \log_a b$ とおくと

$$-1 < \log_a b < 0,\ 1 < \log_a b$$
$$\log_a a^{-1} < \log_a b < \log_a a^0,\ \log_a a^1 < \log_a b$$
$$\log_a \frac{1}{a} < \log_a b < \log_a 1,\ \log_a a < \log_a b$$

であるから，$a > 1$ のときは

$\boldsymbol{\dfrac{1}{a} < b < 1,\ a < b}$ ⇨ ③

であり，$0 < a < 1$ のときは

$$\frac{1}{a} > b > 1,\ a > b$$

すなわち

$\boldsymbol{0 < b < a,\ 1 < b < \dfrac{1}{a}}$ ⇨ ⓪

である。

(4) $p = \dfrac{12}{13}$，$q = \dfrac{12}{11}$，$r = \dfrac{14}{13}$ とする。

(i) $\log_p q$ と $\log_q p$ の大小を比べる。

(3)より

$$a = q = \frac{12}{11},\ b = p = \frac{12}{13}$$

とすると

$$b - \frac{1}{a} = \frac{12}{13} - \frac{11}{12} > 0$$

より

$a > 1$ のとき，

$\dfrac{1}{a} < b < 1$ または $a < b$

が成り立つので

$$\log_a b > \log_b a$$
$$\log_{\frac{12}{11}} \frac{12}{13} > \log_{\frac{12}{13}} \frac{12}{11}$$
$$\log_q p > \log_p q$$

すなわち

$$\log_p q < \log_q p$$

が成り立つ。

(ii) $\log_p r$ と $\log_r p$ の大小を比べる。

(3)より

$$a = p = \frac{12}{13},\ b = r = \frac{14}{13}$$

とすると

$$\frac{1}{a} - b = \frac{13}{12} - \frac{14}{13} = \left(1 + \frac{1}{12}\right) - \left(1 + \frac{1}{13}\right) = \frac{1}{12} - \frac{1}{13} > 0$$

より

$0 < a < 1$ のとき，

$0 < b < a$ または $1 < b < \dfrac{1}{a}$

が成り立つので

$$\log_a b > \log_b a$$
$$\log_{\frac{12}{13}} \frac{14}{13} > \log_{\frac{14}{13}} \frac{12}{13}$$

$$\log_p r > \log_r p$$

が成り立つ。

以上より，正しいものは

$$\boldsymbol{\log_p q < \log_q p}\ \textbf{かつ}\ \boldsymbol{\log_p r > \log_r p}$$

⇨ ②

である。

第2問

〔1〕

(1) $f(x)=x^3-6ax+16$ より

$$f'(x)=3x^2-6a$$

$a=0$ のとき

$$f'(x)=3x^2 \geqq 0 \quad (\text{等号は } x=0 \text{ のとき})$$

よって，$f(x)$ はつねに増加し，$x=0$ における接線の傾きは 0 であり，グラフの概形は ① である。

⇨ ①

$a<0$ のとき

$$f'(x)=3x^2-6a>0$$

よって，$f(x)$ はつねに増加し，接線の傾きはつねに正であり，グラフの概形は ⓪ である。 ⇨ ⓪

(2) $a>0$ のとき

$$f'(x)=3(x^2-2a)$$
$$=3\left(x+\sqrt{2a}\right)\left(x-\sqrt{2a}\right)$$

であり，$f(x)$ の増減表は次のようになる。

x		$-\sqrt{2a}$		$\sqrt{2a}$	
$f'(x)$	$+$	0	$-$	0	$+$
$f(x)$	↗	極大	↘	極小	↗

また

$$f(x)=x^3-6ax+16$$
$$=x(x^2-6a)+16$$

より，極大値は

$$f\left(-\sqrt{2a}\right)=-\sqrt{2a}\left\{\left(-\sqrt{2a}\right)^2-6a\right\}+16$$
$$=4a\sqrt{2a}+16$$
$$=4\sqrt{2}a^{\frac{3}{2}}+16$$

極小値は

$$f\left(\sqrt{2a}\right)=\sqrt{2a}\left\{\left(\sqrt{2a}\right)^2-6a\right\}+16$$
$$=-4a\sqrt{2a}+16$$
$$=-4\sqrt{2}a^{\frac{3}{2}}+16$$

であるから，曲線 $y=f(x)$ と直線 $y=p$ が 3 個の共有点をもつような p の値の範囲は

$$\boldsymbol{-4\sqrt{2}a^{\frac{3}{2}}+16<p<4\sqrt{2}a^{\frac{3}{2}}+16}$$

⇨ ③，②

$p=-4\sqrt{2}a^{\frac{3}{2}}+16$ のとき，曲線 $y=f(x)$ と直線 $y=p$ は 2 個の共有点をもつ。それらの x 座標を q，r $(q<r)$ とすると，曲線 $y=f(x)$ と直線 $y=p$ は，x 座標が q である点で交わり，x 座標が $r=\sqrt{2a}$ である点で接するので

$$f(x)=p$$
$$(x-q)(x-r)^2=0$$

であり

$$x^3-6ax+16=-4\sqrt{2}a^{\frac{3}{2}}+16$$
$$x^3-6ax+4\sqrt{2}a^{\frac{3}{2}}=0$$
$$\left(x+2\sqrt{2}a^{\frac{1}{2}}\right)\left(x-\sqrt{2}a^{\frac{1}{2}}\right)^2=0$$

より

$$\boldsymbol{q=-2\sqrt{2}a^{\frac{1}{2}},\ r=\sqrt{2}a^{\frac{1}{2}}}$$

と表せる。

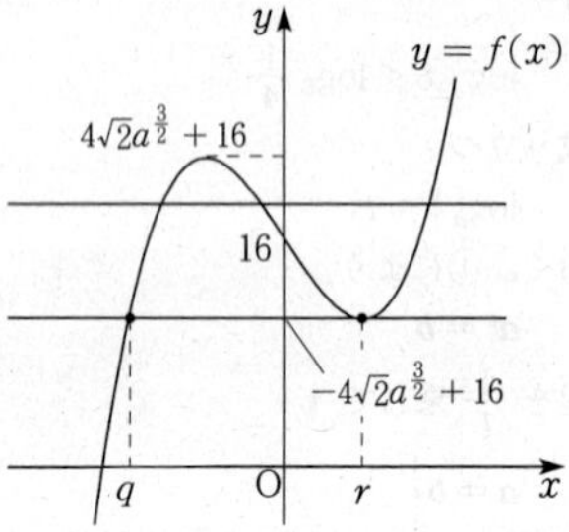

(3) 方程式 $f(x)=0$ の異なる実数解の個数 n は曲線 $y=f(x)$ と x 軸の共有点の個数に等しい。

$a \leqq 0$ のとき，(1)により

$$n=1$$

$a>0$ のとき，極大値 $4\sqrt{2}a^{\frac{3}{2}}+16$ が正なので，極小値 $-4\sqrt{2}a^{\frac{3}{2}}+16$ が

正ならば $n=1$

0 ならば $n=2$

負ならば $n=3$

であり，$-4\sqrt{2}a^{\frac{3}{2}}+16$ は正，0，負いずれの場合もあるから

$$n=1,\ 2,\ 3$$

よって

①：$\boldsymbol{a<0}$ ならば $\boldsymbol{n=1}$

は正しく，③，⑤ は誤りである。

また，$n=1$ のとき

$$a<0,\ a=0,\ a>0$$

のいずれの場合もあり，$n=2,\ 3$ のとき

$$a>0$$

であるから

④：$\boldsymbol{n=3}$ ならば $\boldsymbol{a>0}$

は正しく，⓪，② は誤りである。

以上より，正しいものは ①，④ である。

⇨ ①，④

〔2〕

方程式 $g(x)-h(x)=0$ の 2 解が α, β である。

$$g(x)-h(x)$$
$$=(x^3-3bx+3b^2)-(x^3-x^2+b^2)$$
$$=x^2-3bx+2b^2$$
$$=(x-b)(x-2b)$$

であるから，C_1 と C_2 の交点の x 座標 α, β $(\alpha<\beta)$ は，$b>0$ より

$$\boldsymbol{\alpha=b,\ \beta=2b}$$

である。

$\alpha\leqq x\leqq\beta$ すなわち $b\leqq x\leqq 2b$ のとき

$$g(x)-h(x)=(x-b)(x-2b)\leqq 0$$

だから

$$g(x)\leqq h(x)$$

$x\leqq\alpha$, $x\geqq\beta$ すなわち $x\leqq b$, $x\geqq 2b$ のとき

$$g(x)-h(x)=(x-b)(x-2b)\geqq 0$$

だから

$$g(x)\geqq h(x)$$

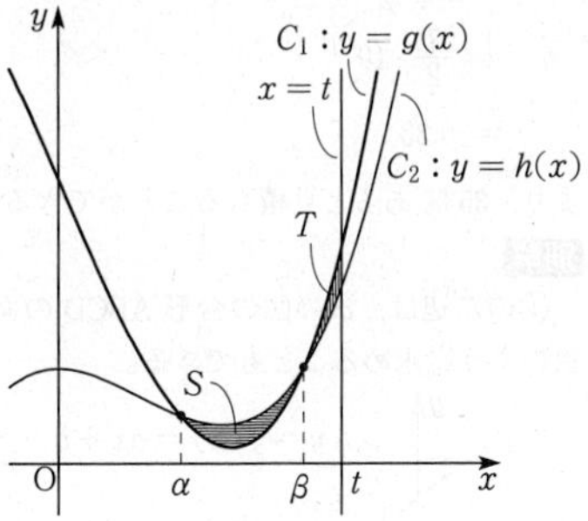

このとき

$$\boldsymbol{S=\int_\alpha^\beta\{h(x)-g(x)\}dx}$$ ⇨②

$$\boldsymbol{T=\int_\beta^t\{g(x)-h(x)\}dx}$$ ⇨①

$$\boldsymbol{S-T}$$
$$=\int_\alpha^\beta\{h(x)-g(x)\}dx-\int_\beta^t\{g(x)-h(x)\}dx$$
$$=\int_\alpha^\beta\{h(x)-g(x)\}dx+\int_\beta^t\{h(x)-g(x)\}dx$$
$$\boldsymbol{=\int_\alpha^t\{h(x)-g(x)\}dx}$$ ⇨②

よって，$\alpha=b$ より

$$\boldsymbol{S-T}$$
$$=-\int_b^t\{g(x)-h(x)\}dx$$
$$=-\int_b^t(x^2-3bx+2b^2)dx$$
$$=-\left[\frac{1}{3}x^3-\frac{3}{2}bx^2+2b^2x\right]_b^t$$
$$=-\left(\frac{1}{3}t^3-\frac{3}{2}bt^2+2b^2t\right)+\left(\frac{1}{3}b^3-\frac{3}{2}b^3+2b^3\right)$$
$$=-\frac{1}{3}t^3+\frac{3}{2}bt^2-2b^2t+\frac{5}{6}b^3$$
$$\boldsymbol{=\frac{-1}{6}(2t^3-9bt^2+12b^2t-5b^3)}$$

したがって，$S=T$ のとき

$$S-T=0$$
$$2t^3-9bt^2+12b^2t-5b^3=0$$

因数分解して

$$(t-b)(2t^2-7bt+5b^2)=0$$
$$(t-b)^2(2t-5b)=0$$
$$t=b,\ \frac{5}{2}b$$

であるから，$t>2b$ より

$$\boldsymbol{t=\frac{5}{2}b}$$

第3問

(1) A 地区で収穫されるジャガイモを母集団とする。

1 個の重さが 200 g を超えるものの母比率が 0.25，無作為標本の大きさが 400 だから，確率変数 Z は二項分布 $\boldsymbol{B(400,\ 0.25)}$ に従う。

よって，Z の平均（期待値）は

$$E(Z)=400\cdot 0.25=\boldsymbol{100}$$

(2) 重さが 200 g を超えていたジャガイモの標本における比率 $R=\dfrac{Z}{400}$ について

$$E(R)=E\left(\frac{Z}{400}\right)=\frac{1}{400}E(Z)$$
$$=\frac{100}{400}=0.25$$

また，Z の分散は

$$V(Z)=400\cdot 0.25\cdot(1-0.25)=75$$

R の分散は

$$V(R)=V\left(\frac{Z}{400}\right)=\left(\frac{1}{400}\right)^2V(Z)$$
$$=\frac{75}{400^2}=\frac{3\cdot 5^2}{5^2\cdot 80^2}=\frac{3}{80^2}$$

であるから，R の標準偏差は

$$\boldsymbol{\sigma(R)=\sqrt{V(R)}=\frac{\sqrt{3}}{80}}$$ ⇨②

標本の大きさ 400 は十分大きいので，R は近似的に正規分布 $N\left(0.25,\ \left(\dfrac{\sqrt{3}}{80}\right)^2\right)$ に従い

$$W=\frac{R-0.25}{\frac{\sqrt{3}}{80}}$$

とおくと，W は標準正規分布 $N(0,\ 1)$ に従うから

$$P(R \geqq x)$$
$$= P\left(W \geqq \frac{x-0.25}{\frac{\sqrt{3}}{80}}\right)$$
$$= 0.5 - P\left(0 \leqq W \leqq \frac{x-0.25}{\frac{\sqrt{3}}{80}}\right)$$

$P(R \geqq x) = 0.0465$ のとき

$$P\left(0 \leqq W \leqq \frac{x-0.25}{\frac{\sqrt{3}}{80}}\right) = 0.5 - 0.0465$$
$$= 0.4535$$

正規分布表から

$$\frac{x-0.25}{\frac{\sqrt{3}}{80}} = 1.68$$
$$x - 0.25 = 1.68 \times \frac{1.73}{80}$$
$$x - \frac{1}{4} = \frac{1.68 \times 1.73}{80}$$
$$x = \frac{1.68 \times 1.73 + 20}{80}$$
$$x = \frac{22.9064}{80}$$
$$x = 0.28633$$
$$\boldsymbol{x \fallingdotseq 0.286}$$ ⇨ ②

(3)　X のとり得る値 x の範囲が $100 \leqq x \leqq 300$ だから

$$\boldsymbol{P(100 \leqq X \leqq 300) = 1}$$

X の確率密度関数が $f(x) = ax + b$ のとき

$$P(100 \leqq X \leqq 300)$$
$$= \int_{100}^{300} (ax+b)\,dx$$
$$= \left[\frac{a}{2}x^2 + bx\right]_{100}^{300}$$
$$= \frac{a}{2}(300^2 - 100^2) + b(300-100)$$
$$= \frac{a}{2}(3^2 \cdot 10^4 - 10^4) + b(3 \cdot 10^2 - 10^2)$$
$$= 4 \cdot 10^4 a + 2 \cdot 10^2 b$$

よって

$$\boldsymbol{4 \cdot 10^4 a + 2 \cdot 10^2 b = 1} \quad \cdots\cdots\cdots ①$$

$m = \int_{100}^{300} x f(x)\,dx$ において $m = 180$ より

$$\frac{26}{3} \cdot 10^6 a + 4 \cdot 10^4 b = 180 \quad \cdots\cdots\cdots ②$$

①×$2 \cdot 10^2$－② より

$$\left(8 - \frac{26}{3}\right) \cdot 10^6 a = 2 \cdot 10^2 - 180$$
$$-\frac{2}{3} \cdot 10^6 a = 20$$

よって

$$a = -3 \cdot 10^{-5}$$

①より

$$4 \cdot 10^4 \cdot (-3 \cdot 10^{-5}) + 2 \cdot 10^2 b = 1$$
$$-12 \cdot 10^{-1} + 2 \cdot 10^2 b = 1$$
$$b = \frac{1 + 12 \cdot 10^{-1}}{2 \cdot 10^2} = \frac{22 \cdot 10^{-1}}{2 \cdot 10^2}$$
$$b = 11 \cdot 10^{-3}$$

よって

$$\boldsymbol{f(x) = -3 \cdot 10^{-5} x + 11 \cdot 10^{-3}} \quad \cdots\cdots ③$$

したがって，B 地区で収穫され，出荷される予定のすべてのジャガイモのうち，重さが 200 g 以上のものは

$$P(200 \leqq X \leqq 300)$$
$$= \int_{200}^{300} (-3 \cdot 10^{-5} x + 11 \cdot 10^{-3})\,dx$$
$$= \left[-\frac{3}{2} \cdot 10^{-5} x^2 + 11 \cdot 10^{-3} x\right]_{200}^{300}$$
$$= -\frac{3}{2} \cdot 10^{-5}(300^2 - 200^2) + 11 \cdot 10^{-3}(300 - 200)$$
$$= -\frac{3}{2} \cdot 10^{-5} \cdot 10^4 (3^2 - 2^2) + 11 \cdot 10^{-3} \cdot 10^2 (3 - 2)$$
$$= -\frac{15}{2} \cdot 10^{-1} + 11 \cdot 10^{-1}$$
$$= \frac{7}{2} \cdot 10^{-1}$$
$$= 0.35$$

より，**35 %** あると見積もることができる。 ⇨ ②

別解

①の左辺は，次の図の台形 ABCD の面積とみて，次のように求めることもできる。

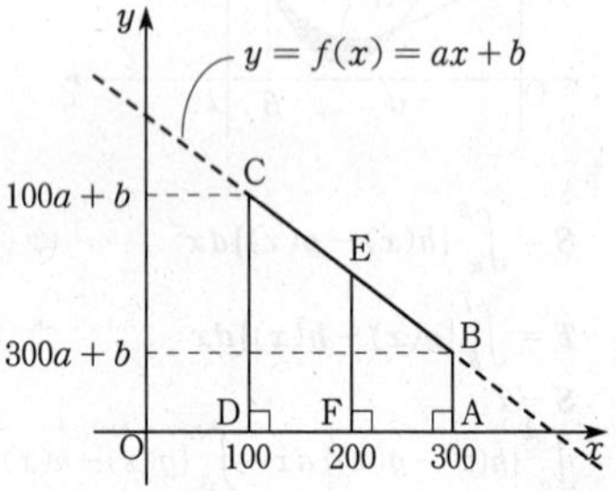

$$(\text{台形 ABCD})$$
$$= \frac{1}{2}(\text{AB} + \text{DC}) \cdot \text{AD}$$
$$= \frac{1}{2}\{(300a + b) + (100a + b)\} \cdot (300 - 100)$$
$$= \frac{1}{2}(400a + 2b) \cdot 200$$
$$= 10^2(4 \cdot 10^2 a + 2b)$$
$$= 4 \cdot 10^4 a + 2 \cdot 10^2 b$$

また，③のように $f(x)$ が求まったあと，重さが 200g 以上のものの割合は，台形 ABEF の面積として 0.35 と求められる。

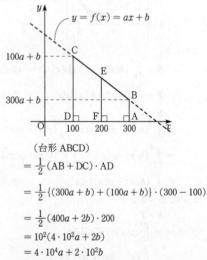

研究

問題文で省略されていた部分について補足する。

②の立式の途中計算は次のようになる。

$$\int_{100}^{300} xf(x)\,dx$$
$$= \int_{100}^{300} (ax^2 + bx)\,dx$$
$$= \left[\frac{a}{3}x^3 + \frac{b}{2}x^2\right]_{100}^{300}$$
$$= \frac{a}{3}(300^3 - 100^3) + \frac{b}{2}(300^2 - 100^2)$$
$$= \frac{a}{3}(3^3 \cdot 10^6 - 10^6) + \frac{b}{2}(3^2 \cdot 10^4 - 10^4)$$
$$= \frac{26}{3} \cdot 10^6 a + 4 \cdot 10^4 b$$

また，③の確率密度関数の立式の際は，$100 \leqq x \leqq 300$ において $f(x) \geqq 0$ を満たすことの確認が必要であり，これは

$$f(100) = -3\cdot 10^{-3} + 11\cdot 10^{-3} = 8\cdot 10^{-3} > 0$$
$$f(300) = -9\cdot 10^{-3} + 11\cdot 10^{-3} = 2\cdot 10^{-3} > 0$$

と $f(x)$ が 1 次関数であることから確認できる。

第４問

(1)　歩行者と自転車の時刻 x と位置 y を表す点の座標 $(x,\ y)$ を考える。自転車が n 回目に自宅を出発する時刻を $x = a_n$，そのときの歩行者の位置を $y = b_n$ とする。

自転車が最初に自宅を出発するとき，時刻は 2 であるから

$$a_1 = 2,\ b_1 = 1\cdot 2 = 2$$

最初に自転車が歩行者に追いつくのにかかる時間は

$$2 \div (2-1) = 2\ (\text{分間})$$

よって，自転車が最初に歩行者に追いつくときの時刻と位置を表す点の座標は

$$x = 2 + 2 = 4,\ y = 2\cdot 2 = 4$$

より **(4，4)** である。

次に，自転車が最初に自宅に戻るのにかかる時間は

$$4 \div 2 = 2\ (\text{分間})$$

であるから，自転車が 2 回目に自宅を出発するときの時刻 a_2 は

$$\boldsymbol{a_2} = 4 + 1 + 2 + 1 = 8$$

自転車が 2 回目に自宅を出発するときの歩行者の位置 b_2 は

$$\boldsymbol{b_2} = 4 + 1\cdot(2+1) = 7$$

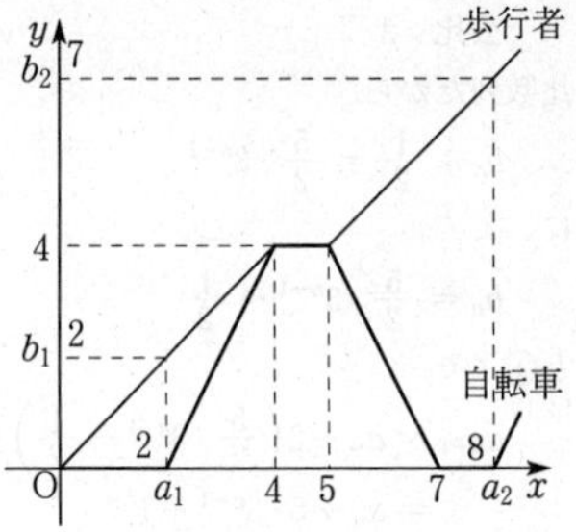

自転車が n 回目に自宅を出発するときの自転車の座標は $(a_n,\ 0)$，そのときの歩行者の座標は $(a_n,\ b_n)$ である。n 回目に自転車が歩行者に追いつくのにかかる時間は，自転車が n 回目に自宅を出発するときの歩行者との位置の差 b_n と追いかけるときの速さの差より

$$b_n \div (2-1) = b_n$$

よって，n 回目に自宅を出発した自転車が次に歩行者に追いつくときの時刻と位置を表す点の座標は

$$x = a_n + b_n,\ y = b_n + 1\cdot b_n = 2b_n$$

より $\boldsymbol{(a_n + b_n,\ 2b_n)}$ である。　　⇨ ③，④

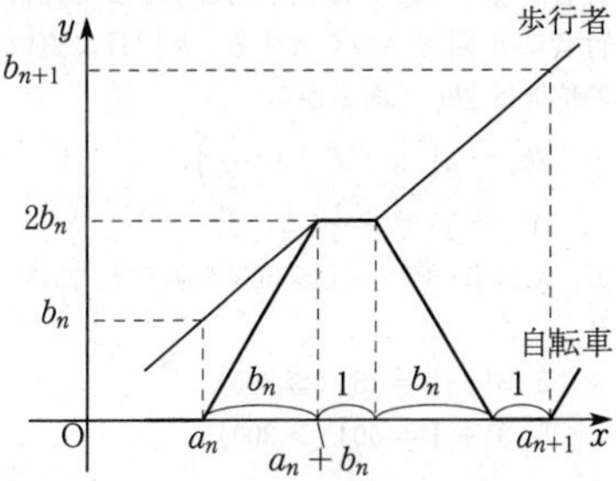

自転車が n 回目に自宅に戻るのにかかる時間は b_n で，自転車が $n+1$ 回目に自宅を出発するときの時刻は

$$a_n + b_n + 1 + b_n + 1 = a_n + 2b_n + 2$$

よって

$$\boldsymbol{a_{n+1} = a_n + 2b_n + 2} \quad \cdots\cdots\cdots\cdots\ ①$$

時刻 a_{n+1} の歩行者の位置は

$$2b_n + 1\cdot(b_n + 1) = 3b_n + 1$$

だから

$$\boldsymbol{b_{n+1} = 3b_n + 1} \quad \cdots\cdots\cdots\cdots\ ②$$

②より

$$b_{n+1} + \frac{1}{2} = 3\left(b_n + \frac{1}{2}\right)$$

$b_1 = 2$ より，数列 $\left\{b_n + \frac{1}{2}\right\}$ は

$$\text{初項}：b_1 + \frac{1}{2} = 2 + \frac{1}{2} = \frac{5}{2}$$

公比：3

の等比数列だから

$$b_n+\frac{1}{2}=\frac{5}{2}\cdot 3^{n-1}$$

ゆえに

$$\boldsymbol{b_n=\frac{5}{2}\cdot 3^{n-1}-\frac{1}{2}}$$ ⇨ ⑦

これと①より

$$\begin{aligned}a_{n+1}&=a_n+2\left(\frac{5}{2}\cdot 3^{n-1}-\frac{1}{2}\right)+2\\&=a_n+5\cdot 3^{n-1}+1\end{aligned}$$

a_n の階差数列を考えて，$n\geqq 2$ のとき

$$\begin{aligned}a_n&=a_1+\sum_{k=1}^{n-1}(5\cdot 3^{k-1}+1)\\&=2+\frac{5(3^{n-1}-1)}{3-1}+1\cdot(n-1)\\&=\frac{5}{2}\cdot 3^{n-1}+n-\frac{3}{2}\end{aligned}$$

この式において $n=1$ とすると

$$a_1=\frac{5}{2}\cdot 3^0+1-\frac{3}{2}=2$$

となるから，この式は $n=1$ でも成り立つ。よって

$$\boldsymbol{a_n=\frac{5}{2}\cdot 3^{n-1}+n-\frac{3}{2}}$$ ⇨ ⑨

(2)　歩行者が $y=300$ の位置に到着するまでに自転車が歩行者に k 回追いつくとする。k 回目に追いつくときの位置は $2b_k$ であるから

$$\begin{aligned}2b_k&=2\left(\frac{5}{2}\cdot 3^{k-1}-\frac{1}{2}\right)\\&=5\cdot 3^{k-1}-1\end{aligned}$$

よって，k は $5\cdot 3^{k-1}-1\leqq 300$ を満たす最大の整数であり

$$5\cdot 3^3-1=134\ (\leqq 300),$$
$$5\cdot 3^4-1=404\ (>300)$$

より

$k-1=3$ すなわち $k=4$（回）

である。また，n 回目に自転車が歩行者に追いつく時刻は $x=a_n+b_n$ であり

$$\begin{aligned}&a_n+b_n\\&=\frac{5}{2}\cdot 3^{n-1}+n-\frac{3}{2}+\frac{5}{2}\cdot 3^{n-1}-\frac{1}{2}\\&=5\cdot 3^{n-1}+n-2\end{aligned}$$

であるから，$n=4$ のとき

$$\begin{aligned}\boldsymbol{x}&=a_4+b_4\\&=5\cdot 3^{4-1}+4-2\\&=137\end{aligned}$$

第５問

(1)　$|\overrightarrow{OA}|=|\overrightarrow{OB}|=1$，$\overrightarrow{OA}\cdot\overrightarrow{OB}=-\frac{2}{3}$ より

$$\begin{aligned}\cos\angle\mathrm{AOB}&=\frac{\overrightarrow{OA}\cdot\overrightarrow{OB}}{|\overrightarrow{OA}||\overrightarrow{OB}|}=\frac{-\frac{2}{3}}{1\cdot 1}\\&=\frac{-2}{3}\end{aligned}$$

$0<t<1$ で，点 P は線分 AB を $t:(1-t)$ に内分する点であるから

$$\overrightarrow{OP}=(1-t)\overrightarrow{OA}+t\overrightarrow{OB}$$

したがって

$$\begin{aligned}\overrightarrow{OQ}&=k\overrightarrow{OP}\\&=k\left\{(1-t)\overrightarrow{OA}+t\overrightarrow{OB}\right\}\\&=\boldsymbol{(k-kt)\overrightarrow{OA}+kt\overrightarrow{OB}}\end{aligned}$$ …………①

⇨ ①，⓪

$$\begin{aligned}\overrightarrow{CQ}&=\overrightarrow{OQ}-\overrightarrow{OC}\\&=\overrightarrow{OQ}-(-\overrightarrow{OA})\\&=(k-kt)\overrightarrow{OA}+kt\overrightarrow{OB}+\overrightarrow{OA}\\&=\boldsymbol{(k-kt+1)\overrightarrow{OA}+kt\overrightarrow{OB}}\end{aligned}$$

⇨ ④，⓪

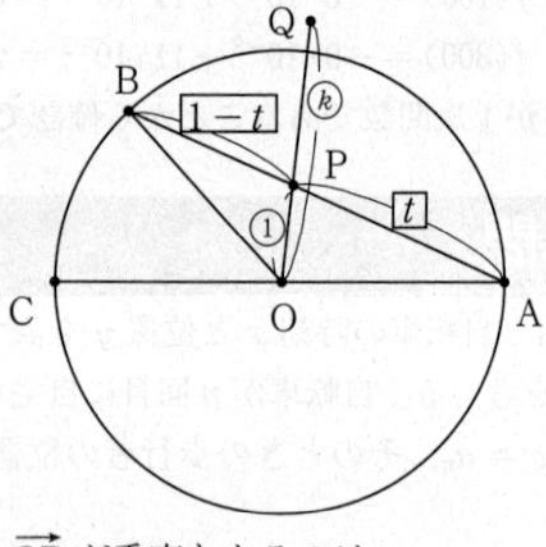

$\overrightarrow{OA}$ と $\overrightarrow{OP}$ が垂直となるのは

$$\overrightarrow{OA}\cdot\overrightarrow{OP}=0$$

すなわち

$$\begin{aligned}&\overrightarrow{OA}\cdot\left\{(1-t)\overrightarrow{OA}+t\overrightarrow{OB}\right\}=0\\&(1-t)|\overrightarrow{OA}|^2+t\overrightarrow{OA}\cdot\overrightarrow{OB}=0\\&(1-t)\cdot 1^2+t\cdot\left(-\frac{2}{3}\right)=0\\&1-\frac{5}{3}t=0\end{aligned}$$

よって

$$\boldsymbol{t=\frac{3}{5}}$$

(2)

$$\begin{aligned}\overrightarrow{CO}\cdot\overrightarrow{CQ}&=\overrightarrow{OA}\cdot\overrightarrow{CQ}\\&=\overrightarrow{OA}\cdot\left\{(k-kt+1)\overrightarrow{OA}+kt\overrightarrow{OB}\right\}\\&=(k-kt+1)|\overrightarrow{OA}|^2+kt\overrightarrow{OA}\cdot\overrightarrow{OB}\\&=(k-kt+1)\cdot 1^2+kt\cdot\left(-\frac{2}{3}\right)\\&=1+\left(1-\frac{5}{3}t\right)k\end{aligned}$$

よって，∠OCQ が直角より

$$1+\left(1-\frac{5}{3}t\right)k=0$$
$$3+(3-5t)k=0$$

$$(3-5t)k=-3$$

$t \neq \dfrac{3}{5}$ より

$$\boldsymbol{k=\frac{3}{5t-3}} \quad \cdots\cdots\cdots\cdots\cdots\cdots\cdots\cdots\cdots ②$$

したがって，②より

$$0<t<\frac{3}{5} \text{ のとき } k<0$$

$k<0$ のとき，点Qは点Oに関して点Pと反対側にあり，$\boldsymbol{D_2}$ に含まれ，かつ $\boldsymbol{E_2}$ に含まれる。 ⇨ ③

$$\frac{3}{5}<t<1 \text{ のとき } k>0$$

$k>0$ のとき，点Qは点Oに関して点Pと同じ側にあり，$\boldsymbol{D_1}$ に含まれ，かつ $\boldsymbol{E_1}$ に含まれる。 ⇨ ⓪

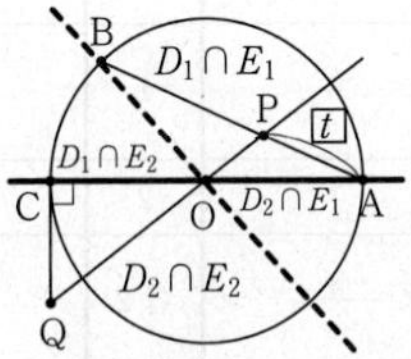

$k<0$

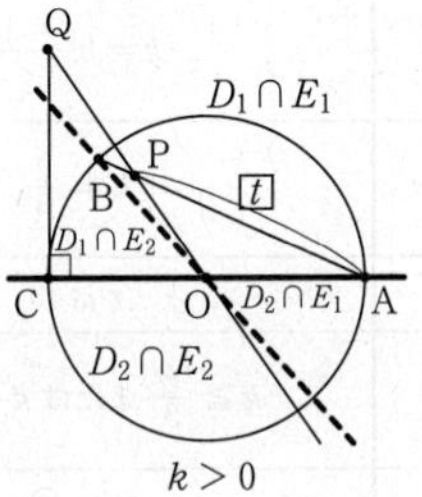

$k>0$

(3)　$t=\dfrac{1}{2}$ のとき，②より

$$k=\frac{3}{5\cdot\frac{1}{2}-3}=-6$$

$t=\dfrac{1}{2}$，$k=-6$ のとき，①より

$$\begin{aligned}\overrightarrow{\mathrm{OQ}}&=k(1-t)\overrightarrow{\mathrm{OA}}+kt\overrightarrow{\mathrm{OB}}\\&=-3\left(\overrightarrow{\mathrm{OA}}+\overrightarrow{\mathrm{OB}}\right)\end{aligned}$$

$$\begin{aligned}\left|\overrightarrow{\mathrm{OQ}}\right|^2&=(-3)^2\left|\overrightarrow{\mathrm{OA}}+\overrightarrow{\mathrm{OB}}\right|^2\\&=9\left(\left|\overrightarrow{\mathrm{OA}}\right|^2+2\overrightarrow{\mathrm{OA}}\cdot\overrightarrow{\mathrm{OB}}+\left|\overrightarrow{\mathrm{OB}}\right|^2\right)\\&=9\left\{1^2+2\cdot\left(-\frac{2}{3}\right)+1^2\right\}\\&=9\cdot\frac{2}{3}=6\end{aligned}$$

ゆえに

$$\boldsymbol{\left|\overrightarrow{\mathrm{OQ}}\right|=\sqrt{6}}$$

直線OAに関して，$t=\dfrac{1}{2}$ のときの点Qと対称な点をRとすると

$$\triangle\mathrm{OCQ}\equiv\triangle\mathrm{OCR}$$

となるから

$$\left|\overrightarrow{\mathrm{OR}}\right|=\left|\overrightarrow{\mathrm{OQ}}\right|=\sqrt{6}$$

$$\boldsymbol{\overrightarrow{\mathrm{CR}}=-\overrightarrow{\mathrm{CQ}}}$$

$t=\dfrac{1}{2}$，$k=-6$ のとき，$kt=-3$ より

$$\begin{aligned}\boldsymbol{\overrightarrow{\mathrm{CR}}}&=-\overrightarrow{\mathrm{CQ}}\\&=-\{-6-(-3)+1\}\overrightarrow{\mathrm{OA}}-(-3)\overrightarrow{\mathrm{OB}}\\&=\boldsymbol{2\overrightarrow{\mathrm{OA}}+3\overrightarrow{\mathrm{OB}}}\end{aligned}$$

さらに

$$\begin{aligned}\overrightarrow{\mathrm{OR}}&=\overrightarrow{\mathrm{CR}}-\overrightarrow{\mathrm{CO}}\\&=2\overrightarrow{\mathrm{OA}}+3\overrightarrow{\mathrm{OB}}-\overrightarrow{\mathrm{OA}}\\&=\overrightarrow{\mathrm{OA}}+3\overrightarrow{\mathrm{OB}}\\&=4\cdot\frac{\overrightarrow{\mathrm{OA}}+3\overrightarrow{\mathrm{OB}}}{4}\end{aligned}$$

であり，線分ABを3：1に内分する点をSとすると

$$\overrightarrow{\mathrm{OR}}=4\overrightarrow{\mathrm{OS}}$$

このRとSがそれぞれQとPのとき，$t\neq\dfrac{1}{2}$ で $\left|\overrightarrow{\mathrm{OQ}}\right|=\sqrt{6}$ となる。

よって，$t\neq\dfrac{1}{2}$ のとき

$$\left|\overrightarrow{\mathrm{OQ}}\right|=\sqrt{6}$$

となる t の値は

$$t=\boldsymbol{\frac{3}{4}}$$

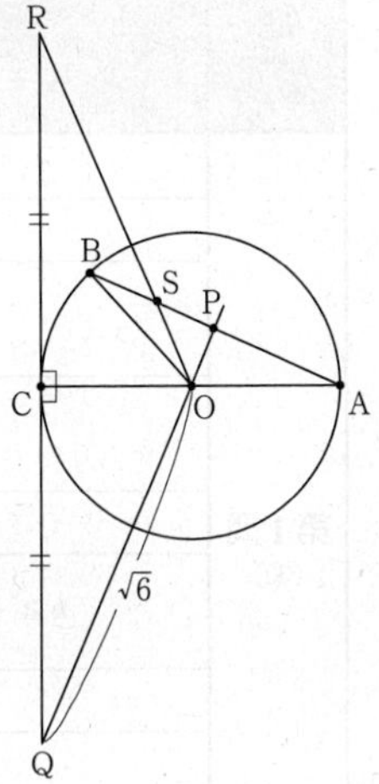

2022 追試

解　　答

問題番号(配点)	解答記号	正解	配点	自己採点
第1問 (30)	アイ	13	2	
	(ウ, エオ)	(5, 12)	2	
	$k=$ カ, $\frac{\text{キク}}{\text{ケ}}$	$k=0, \frac{-3}{2}$	各2	
	$k=\frac{\text{コ}}{\text{サ}}$	$k=\frac{2}{3}$	1	
	$r \geqq$ シス	$r \geqq 13$	2	
	$k \geqq \frac{\text{セ}}{\text{ソ}}$ または $k < \frac{\text{タチ}}{\text{ツ}}$	$k \geqq \frac{2}{3}$ または $k < \frac{-3}{2}$	各2	
	$\theta=$ テ	$\theta=$ ⓪	2	
	ト, ナ	⑦, ④	2	
	ニ, ヌ	⑧, ⓐ	各2	
	ネ, ノ	②, ④	各2	
	ハ	②	3	
第2問 (30)	$f'(2)=$ ア, $k=$ イウ	$f'(2)=0$, $k=12$	各2	
	$x=$ エオ, $t=$ カ	$x=-2$, $t=5$	各2	
	$k=$ キク	$k=19$	2	
	ケ	3	1	
	$\frac{\text{コサ}}{\text{シ}}$	$\frac{81}{2}$	4	
	$p=$ スセ	$p=-a$	2	
	$b=$ ソ p^2-k	$b=3p^2-k$	2	
	$k=$ タ a^2-b	$k=3a^2-b$	1	
	$y=x^3-$ チ x	$y=x^3-3x$	2	
	$x=$ ツ, 極小値 テト	$x=6$, 極小値 -1	各2	
	ナ, ニ	①, ③ ※	4	

問題番号（配点）	解答記号	正解	配点	自己採点
第3問（20）	$B\left(\text{アイ}, \frac{\text{ウ}}{\text{エオ}}\right)$	$B\left(72, \frac{1}{36}\right)$	各1	
	カ，$E(X)=$ キ	②，$E(X)=2$	各1	
	$\sigma(X)=\frac{\sqrt{\text{クケ}}}{\text{コ}}$	$\sigma(X)=\frac{\sqrt{70}}{6}$	2	
	$\frac{\text{サ}}{\text{シ}}$，ス	$\frac{1}{7}$，1	1	
	$E(Y)=\frac{\text{セソ}}{\text{タチ}}$，$\alpha=\frac{\text{ツ}}{\text{テ}}$	$E(Y)=\frac{38}{21}$，$\alpha=\frac{1}{7}$	各2	
	$m=\frac{\text{トナ}}{\text{ニヌ}}$，ネ	$m=\frac{38}{21}$，②	1，2	
	ノ，ハ	⓪，⓪	2	
	$U=$ ヒ，0.フヘホ	$U=$ ④，0.055	各2	
第4問（20）	$a_2=$ ア，$a_n=$ イ n^2- ウ	$a_2=7$，$a_n=2n^2-1$	1，3	
	$S_n=\frac{\text{エ}\,n^3+\text{オ}\,n^2-\text{カ}\,n}{\text{キ}}$	$S_n=\frac{2n^3+3n^2-2n}{3}$	3	
	$b_2=$ ク，ケ	$b_2=5$，⑤	1，2	
	コ，サ	①，②	2	
	シ，ス	②，②	2	
	$b_n-c_n=$ セ $-$ ソ，$c=$ タ	$b_n-c_n=1-c$，$c=2$	各2	
	チ，ツ	⓪，①	2	
第5問（20）	$B_2(-1,$ ア，イウ$)$，$C_3(-1,$ エ，オカ$)$	$B_2(-1, 1, 2a)$，$C_3(-1, 0, 3a)$	各2	
	$\overrightarrow{OA_1}\cdot\overrightarrow{OB_2}=$ キ，$\overrightarrow{OA_1}\cdot\overrightarrow{B_2C_3}=$ ク	$\overrightarrow{OA_1}\cdot\overrightarrow{OB_2}=$ ⑧，$\overrightarrow{OA_1}\cdot\overrightarrow{B_2C_3}=$ ③	各2	
	$a=\frac{\sqrt{\text{ケ}}}{\text{コ}}$	$a=\frac{\sqrt{2}}{2}$	2	
	$\overrightarrow{OA_1}\cdot\overrightarrow{OA_1}=\frac{\text{サ}}{\text{シ}}$，$\overrightarrow{OA_1}\cdot\overrightarrow{OA_2}=\frac{\text{ス}}{\text{セ}}$	$\overrightarrow{OA_1}\cdot\overrightarrow{OA_1}=\frac{3}{2}$，$\overrightarrow{OA_1}\cdot\overrightarrow{OA_2}=\frac{1}{2}$	各1	
	$s=\frac{\text{ソ}}{\text{タ}}$	$s=\frac{1}{3}$	2	
	$t=$ チ	$t=$ ①	3	
	ツ，テ	①，⓪	3	

（注）第1問，第2問は必答。第3問～第5問のうちから2問選択。計4問を解答。
なお，上記以外のものについても得点を与えることがある。正解欄に※があるものは，解答の順序は問わない。

合計点	/100

第１問

〔1〕

(1)　$\ell_1 : 3x+2y-39=0$ と x 軸との交点は，$y=0$ を $3x+2y-39=0$ に代入して

$$3x+2\cdot 0-39=0$$
$$x=13$$

より **点 (13, 0)** である。

また，$\ell_2 : kx-y-5k+12=0$ より

$$k(x-5)-y+12=0 \quad \cdots\cdots\cdots\cdots\cdots\cdots(*)$$

であり，$x=5$ のとき，k の値に関係なく $y=12$ であるから，ℓ_2 は k の値に関係なく **点 (5, 12)** を通る。さらに，$3x+2y-39=0$ に $x=5$，$y=12$ を代入すると

$$3\cdot 5+2\cdot 12-39=0$$

が成り立つから，ℓ_1 もこの点を通る。

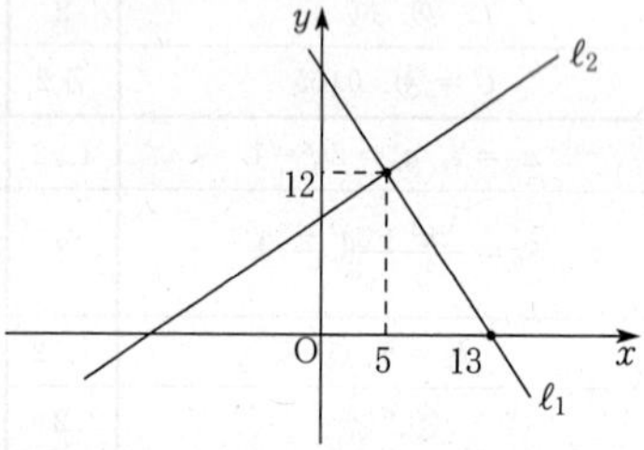

(2)　2 直線 ℓ_1，ℓ_2 および x 軸によって囲まれた三角形ができないのは，ℓ_2 が x 軸に平行のときと，ℓ_2 が ℓ_1 と一致するときである。

$$\ell_1 : y=-\frac{3}{2}x+\frac{39}{2}$$
$$\ell_2 : y=kx-5k+12$$

であるから，ℓ_2 の傾き k に着目すると，ℓ_2 が x 軸に平行のとき

$$\boldsymbol{k=0}$$

ℓ_2 が ℓ_1 と一致するとき

$$\boldsymbol{k=\frac{-3}{2}}$$

である。

(3)　ℓ_2 が点 $(-13,\ 0)$ を通るとき，$x=-13$，$y=0$ を $(*)$ に代入して

$$k(-13-5)-0+12=0$$
$$\boldsymbol{k=\frac{2}{3}}$$

である。このとき，領域 D は 3 頂点が $(13,\ 0)$，$(5,\ 12)$，$(-13,\ 0)$ の三角形の周および内部であり，領域 E は原点を中心とする半径 r の円の周および内部であるから，D が E に含まれるような r の値の範囲は

$$\boldsymbol{r \geqq 13}$$

である。

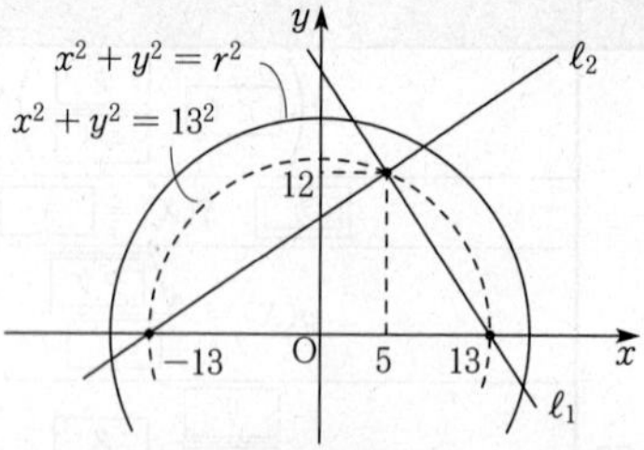

次に，$r=13$ の場合を考えると，ℓ_2 は k の値に関係なく $(5,\ 12)$ を通り

$k=\dfrac{2}{3}$ のときに点 $(-13,\ 0)$

を通り

$k=-\dfrac{3}{2}$ のときに点 $(13,\ 0)$

を通るので，D が E に含まれるような k の値の範囲は，ℓ_2 の傾き k に着目すると，次の図より

$\boldsymbol{k \geqq \dfrac{2}{3}}$ または $\boldsymbol{k < \dfrac{-3}{2}}$

である。

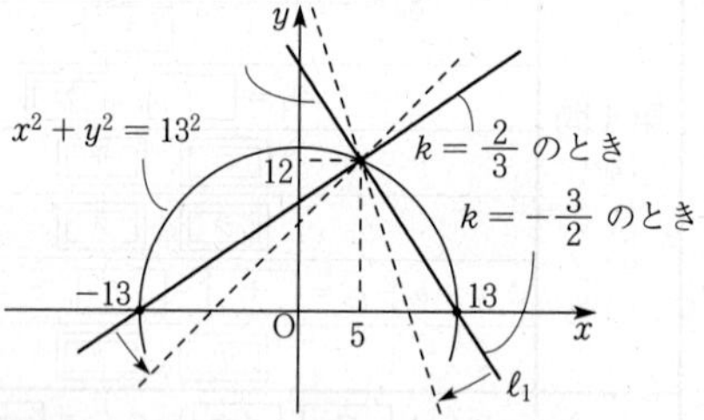

別解

(3)の後半は次のように解くこともできる。

2 直線 ℓ_1，ℓ_2 および x 軸によって囲まれた三角形ができるとき，(2)より

$$k \neq 0 \text{ かつ } k \neq -\frac{3}{2}$$

ℓ_2 と x 軸との交点は，$k \neq 0$ のもとで

$$kx-5k+12=0$$
$$x=5-\frac{12}{k}$$

であるから，領域 D は 3 頂点が $(13,\ 0)$，$(5,\ 12)$，$\left(5-\dfrac{12}{k},\ 0\right)$ の三角形の周および内部である。

よって，D が E に含まれるような k の値の範囲は，ℓ_2 は直線 $x=5$ にはならないので

$$-13 \leqq 5-\frac{12}{k} < 5 \text{ または } 5 < 5-\frac{12}{k} < 13$$
$$-18 \leqq -\frac{12}{k} < 0 \text{ または } 0 < -\frac{12}{k} < 8$$

$$0<\frac{1}{k}\leqq\frac{3}{2} \text{ または } -\frac{2}{3}<\frac{1}{k}<0$$

ここで，$0<\dfrac{1}{k}\leqq\dfrac{3}{2}$ において $k>0$ であり，$-\dfrac{2}{3}<\dfrac{1}{k}<0$ において $k<0$ であることより

$$k\geqq\frac{2}{3} \text{ または } k<-\frac{3}{2}$$

〔2〕

(1)　$-\dfrac{\pi}{2}<\theta<\dfrac{\pi}{2}$ より，$\tan\theta=-\sqrt{3}$ のとき

$$\boldsymbol{\theta=-\frac{\pi}{3}}$$ ⇨ ⓪

であり

$$\boldsymbol{\cos\theta}=\cos\left(-\frac{\pi}{3}\right)=\cos\frac{\pi}{3}$$

$$=\boldsymbol{\frac{1}{2}}$$ ⇨ ⑦

$$\boldsymbol{\sin\theta}=\sin\left(-\frac{\pi}{3}\right)=-\sin\frac{\pi}{3}$$

$$=\boldsymbol{-\frac{\sqrt{3}}{2}}$$ ⇨ ④

一般に，$\tan\theta=k$ のとき

$$1+\tan^2\theta=\frac{1}{\cos^2\theta}$$

より

$$\cos^2\theta=\frac{1}{1+\tan^2\theta}=\frac{1}{1+k^2}$$

であり，$-\dfrac{\pi}{2}<\theta<\dfrac{\pi}{2}$ より $\cos\theta>0$ だから

$$\boldsymbol{\cos\theta=\frac{1}{\sqrt{1+k^2}}}$$ ⇨ ⑧

$\tan\theta=\dfrac{\sin\theta}{\cos\theta}$ より

$$\boldsymbol{\sin\theta}=\tan\theta\cos\theta=k\cdot\frac{1}{\sqrt{1+k^2}}$$

$$=\boldsymbol{\frac{k}{\sqrt{1+k^2}}}$$ ⇨ ⓐ

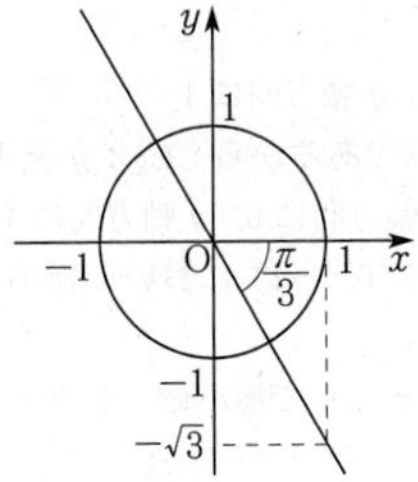

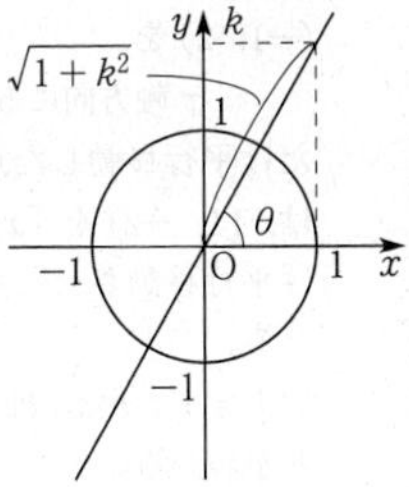

(2)　$\dfrac{\sin 2\theta}{\cos\theta}=p$ より

$$p=\frac{2\sin\theta\cos\theta}{\cos\theta}=2\sin\theta$$

$-\dfrac{\pi}{2}<\theta<\dfrac{\pi}{2}$ より

$$-1<\sin\theta<1$$
$$-2<2\sin\theta<2$$

であるから

$$\boldsymbol{-2<p<2}$$ ⇨ ②

また

$$q=\frac{\sin\left(\theta+\frac{\pi}{7}\right)}{\cos\theta}$$
$$=\frac{\sin\theta\cos\frac{\pi}{7}+\cos\theta\sin\frac{\pi}{7}}{\cos\theta}$$
$$=\cos\frac{\pi}{7}\tan\theta+\sin\frac{\pi}{7}$$

$-\dfrac{\pi}{2}<\theta<\dfrac{\pi}{2}$ より $\tan\theta$ のとり得る値の範囲は実数全体で，$\cos\dfrac{\pi}{7}\tan\theta+\sin\dfrac{\pi}{7}$ のとり得る値の範囲も実数全体であるから，q のとり得る値の範囲は

実数全体 ⇨ ④

(3)　(2)より，r のとり得る値の範囲が実数全体とならない場合を考える。

$$r=\frac{\sin(\theta+\alpha)}{\cos\theta}$$
$$=\frac{\sin\theta\cos\alpha+\cos\theta\sin\alpha}{\cos\theta}$$
$$=\cos\alpha\tan\theta+\sin\alpha$$

$-\dfrac{\pi}{2}<\theta<\dfrac{\pi}{2}$ より $\tan\theta$ のとり得る値の範囲は実数全体であり，$\cos\alpha\neq0$ のとき，r のとり得る値の範囲は実数全体であるが，$\cos\alpha=0$ のとき，$r=\sin\alpha$ は定数であり，q のとり得る値の範囲（実数全体）と異なる。

よって，r のとり得る値の範囲が q のとり得る値の範囲と異なる α（$0\leqq\alpha<2\pi$）は，$\cos\alpha=0$ のとき，すなわち

$$\alpha=\frac{\pi}{2},\ \frac{3}{2}\pi$$

のちょうど **2** 個存在する。 ⇨ ②

第2問

(1)(i)　$f(x)=x^3-kx$ より

$$f'(x)=3x^2-k$$

$f(x)$ が $x=2$ で極値をとるとき

$$\boldsymbol{f'(2)=0}$$

であるから

$$3\cdot2^2-k=0$$
$$\boldsymbol{k=12}$$

であり

$$f'(x)=3x^2-12=3(x+2)(x-2)$$

より，$f(x)$ の増減表は次のようになる。

x		-2		2	
$f'(x)$	$+$	0	$-$	0	$+$
$f(x)$	↗	極大	↘	極小	↗

よって，$f(x)$ は $\boldsymbol{x=-2}$ で極大値をとる。また，$C_1 : y=g(x)$ は $C : y=x^3-kx$ を x 軸方向に t だけ平行移動したものだから，$g(x)$ が $x=3$ で極大値をとるとき

$$\boldsymbol{t}=3-(-2)=5$$

(ii) $t=1$ のとき

$$C : y=x^3-kx,$$
$$C_1 : y=(x-1)^3-k(x-1)$$

であり，C と C_1 が 2 点で交わり，1 つの交点の x 座標が -2 であるから

$$x^3-kx=(x-1)^3-k(x-1) \quad \cdots\cdots(*)$$

に $x=-2$ を代入して

$$(-2)^3+2k=(-3)^3+3k$$
$$\boldsymbol{k}=19$$

$k=19$ を $(*)$ に代入すると

$$x^3-19x=(x-1)^3-19(x-1)$$
$$x^3-19x=x^3-3x^2+3x-1-19x+19$$
$$3x^2-3x-18=0$$
$$3(x+2)(x-3)=0$$
$$x=-2,\ 3$$

より，もう一方の交点の **x 座標**は 3 である。

また，C と C_1 で囲まれた図形のうち，$x \geqq 0$ の範囲にある部分の面積は

$$\int_0^3 \left[\{(x-1)^3-19(x-1)\}-(x^3-19x)\right]dx$$
$$=\int_0^3 (-3x^2+3x+18)\,dx$$
$$=\left[-x^3+\frac{3}{2}x^2+18x\right]_0^3$$
$$=\left(-27+\frac{27}{2}+54\right)-0$$
$$=\frac{81}{2}$$

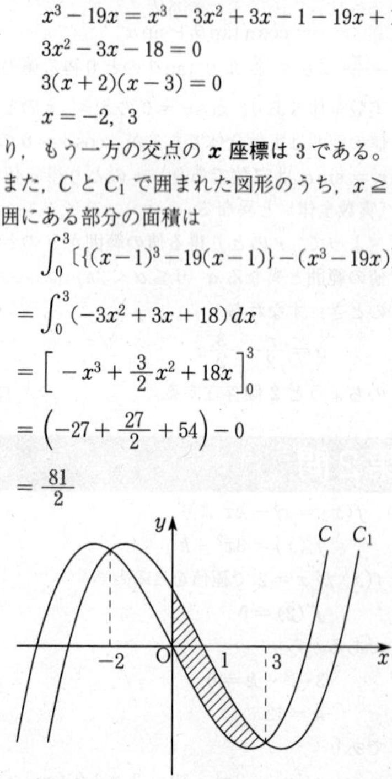

(2)(i) C を x 軸方向に p，y 軸方向に q だけ平行移動した曲線 C' を

$$y=(x-p)^3-k(x-p)+q$$

とする。C' が C_2 と一致するとき

$$h(x)=x^3+3ax^2+bx+c \quad \cdots\cdots\cdots\cdots ①$$
$$(x-p)^3-k(x-p)+q=x^3+3ax^2+bx+c$$

すなわち

$$x^3+3ax^2+bx+c$$
$$=x^3-3px^2+(3p^2-k)x-p^3+kp+q$$

よって

$$3a=-3p \text{ すなわち } \boldsymbol{p=-a}$$

であり

$$\boldsymbol{b=3p^2-k} \text{ すなわち } k=3p^2-b$$

より

$$\boldsymbol{k=3a^2-b} \quad \cdots\cdots\cdots\cdots\cdots\cdots\cdots\cdots\cdots ②$$

また，①に $x=p$ を代入すると

$$q=h(p)=h(-a)$$
$$=(-a)^3+3a(-a)^2+b(-a)+c$$
$$=2a^3-ab+c$$

となる。

(ii) $b=3a^2-3$ のとき，②より

$$k=3a^2-(3a^2-3)=3$$

であるから，曲線 C_2 は曲線

$$\boldsymbol{y=x^3-3x}$$

を平行移動したものと一致する。

$y=x^3-3x$ について

$$y'=3x^2-3=3(x+1)(x-1)$$

であるから，$y=(-1)^3-3\cdot(-1)=2$ より，極大値をとる点は $(-1,\ 2)$ であり，$y=1^3-3\cdot 1=-2$ より，極小値をとる点は $(1,\ -2)$ である。

したがって，$h(x)$ が $x=4$ で極大値 3 をとるとき，$(-1,\ 2)$ と $(4,\ 3)$ を比べると，$(4,\ 3)$ は $(-1,\ 2)$ を

x 軸方向に 5，y 軸方向に 1

だけ平行移動した点であるから，$C_2 : y=h(x)$ は，$(1,\ -2)$ を「x 軸方向に 5，y 軸方向に 1」だけ平行移動させた点 $(6,\ -1)$ において極小値をとる。

よって，$h(x)$ は $x=6$ で極小値 -1 をとることがわかる。

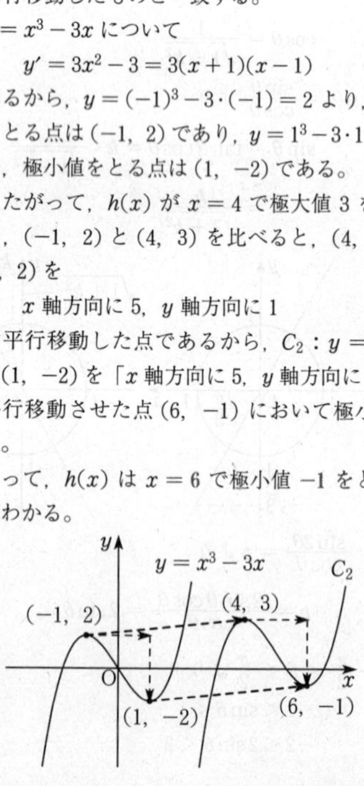

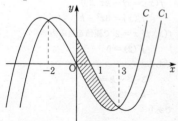

(iii) (i)の結果より，曲線

$C_2 : y = x^3 + 3ax^2 + bx + c$

を

x 軸方向に $-p = a$,

y 軸方向に $-q = -2a^3 + ab - c$

だけ平行移動した曲線は曲線

$y = x^3 - (3a^2 - b)x$

であることを用いると

⓪：$y = x^3 - x - 5$ は $a = 0,\ b = -1$ のとき

$3a^2 - b = 1$

だから，曲線 $y = x^3 - x$ に重なる。

①：$y = x^3 + 3x^2 - 2x - 4$ は $a = 1$，$b = -2$ のとき

$3a^2 - b = 5$

だから，曲線 $y = x^3 - 5x$ に重なる。

②：$y = x^3 - 6x^2 - x - 4$ は $a = -2$，$b = -1$ のとき

$3a^2 - b = 13$

だから，曲線 $y = x^3 - 13x$ に重なる。

③：$y = x^3 - 6x^2 + 7x - 5$ は $a = -2$，$b = 7$ のとき

$3a^2 - b = 5$

だから，曲線 $y = x^3 - 5x$ に重なる。

よって，平行移動によって一致させることができる二つの異なる曲線は ① と ③ である。

⇨ ①，③

第3問

(1) 2個のさいころを同時に1回投げるとき，2個とも1の目が出る確率は

$$\frac{1}{6} \times \frac{1}{6} = \frac{1}{36}$$

であり，これを72回繰り返すので，X は二項分布

$$\boldsymbol{B}\left(72,\ \frac{1}{36}\right)$$

に従う。このとき，$k = 72$，$p = \frac{1}{36}$ とおくと，

$X = r$ である確率は

$$\boldsymbol{P(X = r) = {}_k\mathrm{C}_r\, p^r (1 - p)^{k - r}}$$

$(r = 0,\ 1,\ 2,\ \cdots,\ k)$

⇨ ②

X の平均（期待値）は

$$\boldsymbol{E(X)} = 72 \cdot \frac{1}{36} = 2$$

標準偏差は

$$\boldsymbol{\sigma(X)} = \sqrt{72 \cdot \frac{1}{36} \cdot \left(1 - \frac{1}{36}\right)} = \frac{\sqrt{70}}{6}$$

である。

(2) 21名全員の試行結果について，2個とも1の目が出た回数を表にすると

回数	0	1	2	3	4	計
人数	2	7	7	3	2	21

であり，Y のとり得る値を 0，1，2，3，4 とし，各値の相対度数を確率とするので

$$\frac{3}{21} = \frac{1}{7}$$

より，Y の確率分布は次の表のようになる。

Y	0	1	2	3	4	計
P	$\frac{2}{21}$	$\frac{1}{3}$	$\frac{1}{3}$	$\frac{1}{7}$	$\frac{2}{21}$	1

このとき，Y の平均は

$$\boldsymbol{E(Y)}$$

$$= 0 \cdot \frac{2}{21} + 1 \cdot \frac{1}{3} + 2 \cdot \frac{1}{3} + 3 \cdot \frac{1}{7} + 4 \cdot \frac{2}{21}$$

$$= \boldsymbol{\frac{38}{21}}$$

である。

(3) Z の確率分布の表は

$$P(Z = 0) = \alpha \cdot \frac{2^0}{0!} = \alpha$$

$$P(Z = 1) = \alpha \cdot \frac{2^1}{1!} = 2\alpha$$

$$P(Z = 2) = \alpha \cdot \frac{2^2}{2!} = 2\alpha$$

$$P(Z = 3) = \alpha \cdot \frac{2^3}{3!} = \frac{4}{3}\alpha$$

$$P(Z = 4) = \alpha \cdot \frac{2^4}{4!} = \frac{2}{3}\alpha$$

であるから

Z	0	1	2	3	4	計
P	α	2α	2α	$\frac{4}{3}\alpha$	$\frac{2}{3}\alpha$	1

であり

$$\alpha\left(1 + 2 + 2 + \frac{4}{3} + \frac{2}{3}\right) = 1$$

$$7\alpha = 1$$

より

$$\boldsymbol{\alpha = \frac{1}{7}}$$

である。

(4) $\overline{W} = \frac{1}{n}(W_1 + W_2 + \cdots + W_n)$ より

$$\boldsymbol{m} = E(\overline{W}) = E(Z) = E(Y) = \frac{38}{21}$$

$$\boldsymbol{s} = \sigma(\overline{W}) = \boldsymbol{\sigma(Z) \cdot \frac{1}{\sqrt{n}}}$$ ⇨ ②

よって，n が増加すると

$$s^2=\left\{\sigma(Z)\cdot\frac{1}{\sqrt{n}}\right\}^2=\left(\frac{\sqrt{614}}{21}\right)^2\cdot\frac{1}{n}$$

は小さくなるので，$\overline{W}$ の分布曲線と，$m=\dfrac{38}{21}$ と $E(X)=2$ の大小関係に注意すると

$$m<E(X)$$

より，n が増加すると $P(\overline{W}\geqq 2)$ は小さくなることがわかる。 ⇨ ⓪，⓪

ここで

$$\boldsymbol{U=\frac{\overline{W}-m}{s}}$$ ⇨ ④

とおくと，$n=100$ は十分大きく，確率変数 U は近似的に標準正規分布 $N(0,\ 1)$ に従うので

$$P(\overline{W}\geqq 2)=P\left(\frac{\overline{W}-m}{s}\geqq\frac{2-m}{s}\right)$$
$$=P\left(U\geqq\frac{2-m}{s}\right)$$

であり

$$\frac{2-m}{s}=\frac{2-\frac{38}{21}}{\frac{\sqrt{614}}{21}\cdot\frac{1}{\sqrt{100}}}=\frac{40}{\sqrt{614}}$$
$$=40\cdot 0.040=1.60$$

であるから

$$\boldsymbol{P(\overline{W}\geqq 2)}=P(U\geqq 1.60)$$
$$=0.5-0.4452=0.0548$$
$$\fallingdotseq \boldsymbol{0.055}$$

である。

研究

(2)の標準偏差 $\sigma(Y)$ は次のようにして求められる。

$$E(Y^2)$$
$$=0^2\cdot\frac{2}{21}+1^2\cdot\frac{1}{3}+2^2\cdot\frac{1}{3}+3^2\cdot\frac{1}{7}+4^2\cdot\frac{2}{21}$$
$$=\frac{94}{21}$$

より

$$\sigma(Y)=\sqrt{E(Y^2)-\{E(Y)\}^2}$$
$$=\sqrt{\frac{94}{21}-\left(\frac{38}{21}\right)^2}$$
$$=\sqrt{\frac{94\cdot 21-38^2}{21^2}}$$
$$=\frac{\sqrt{530}}{21}$$

また，(3)の Z の確率分布および平均と標準偏差は次のようになる。Z の確率分布の表は

Z	0	1	2	3	4	計
P	$\frac{1}{7}$	$\frac{2}{7}$	$\frac{2}{7}$	$\frac{4}{21}$	$\frac{2}{21}$	1

であるから，Z の平均 $E(Z)$ は

$$E(Z)$$
$$=0\cdot\frac{1}{7}+1\cdot\frac{2}{7}+2\cdot\frac{2}{7}+3\cdot\frac{4}{21}+4\cdot\frac{2}{21}$$
$$=\frac{38}{21}$$

標準偏差 $\sigma(Z)$ は

$$E(Z^2)$$
$$=0^2\cdot\frac{1}{7}+1^2\cdot\frac{2}{7}+2^2\cdot\frac{2}{7}+3^2\cdot\frac{4}{21}+4^2\cdot\frac{2}{21}$$
$$=\frac{98}{21}$$

より

$$\sigma(Z)=\sqrt{E(Z^2)-\{E(Z)\}^2}$$
$$=\sqrt{\frac{98}{21}-\left(\frac{38}{21}\right)^2}$$
$$=\sqrt{\frac{98\cdot 21-38^2}{21^2}}=\frac{\sqrt{614}}{21}$$

である。

第４問

(1)　$a_1=1,\ \ a_{n+1}=a_n+4n+2\ \ (n=1,\ 2,\ 3,\ \cdots)$

より

$$\boldsymbol{a_2}=a_1+4\cdot 1+2=\boldsymbol{7}$$

また，$\{a_n\}$ の階差数列を考えると

$$a_{n+1}-a_n=4n+2\ \ (n=1,\ 2,\ 3,\ \cdots)$$

であり，$n\geqq 2$ のとき

$$a_n=a_1+\sum_{k=1}^{n-1}(4k+2)$$
$$=1+4\cdot\frac{1}{2}(n-1)n+2(n-1)$$
$$=1+2(n-1)(n+1)$$
$$=2n^2-1$$

$n=1$ のとき，$a_n=2n^2-1$ において，$n=1$ を代入すると

$$a_1=2\cdot 1^2-1=1$$

であり，$n=1$ のときも成り立つから

$$\boldsymbol{a_n=2n^2-1}\ \ (n=1,\ 2,\ 3,\ \cdots)$$

さらに

$$\boldsymbol{S_n}=\sum_{k=1}^{n}a_k=\sum_{k=1}^{n}(2k^2-1)$$
$$=2\cdot\frac{1}{6}n(n+1)(2n+1)-n$$
$$=\frac{1}{3}n(2n^2+3n+1-3)$$
$$=\boldsymbol{\frac{2n^3+3n^2-2n}{3}}\ \ (n=1,\ 2,\ 3,\ \cdots)$$

を得る。

(2)　$b_1=1,\ b_{n+1}=b_n+4n+2+2\cdot(-1)^n$ $(n=1,\ 2,\ 3,\ \cdots)$ より

$$\boldsymbol{b_2}=b_1+4\cdot 1+2+2\cdot(-1)=\boldsymbol{5}$$

また

$$a_{n+1}-b_{n+1}=(a_n+4n+2)$$
$$-\{b_n+4n+2+2\cdot(-1)^n\}$$
$$=a_n-b_n-2\cdot(-1)^n$$

$\{a_n-b_n\}$ の階差数列を考えて，$n\geqq 2$ のとき

$$a_n-b_n=a_1-b_1-\sum_{k=1}^{n-1}\{2\cdot(-1)^k\}$$
$$=-2\sum_{k=1}^{n-1}(-1)^k$$
$$=-2\cdot\frac{-1\cdot\{1-(-1)^{n-1}\}}{1-(-1)}$$
$$=1+(-1)^n$$

$n=1$ のとき，$a_n-b_n=1+(-1)^n$ において，$n=1$ を代入すると

$$a_1-b_1=1+(-1)^1=0$$

であり，$n=1$ のときも成り立つから，すべての自然数 n に対して

$$\boldsymbol{a_n-b_n=1+(-1)^n} \quad ⇨ ⑤$$

が成り立つ。

(3)　(2)より

$$a_{2021}-b_{2021}=1+(-1)^{2021}=1+(-1)=0$$

すなわち

$$\boldsymbol{a_{2021}=b_{2021}} \quad ⇨ ①$$

が成り立ち

$$a_{2022}-b_{2022}=1+(-1)^{2022}=1+1=2>0$$

すなわち

$$\boldsymbol{a_{2022}>b_{2022}} \quad ⇨ ②$$

が成り立つ。(2)の結果より一般的に

n が奇数のとき，$a_n=b_n$

n が偶数のとき，$a_n>b_n$

であるから，$n\geqq 2$ のとき

$$S_n>T_n$$

であり

$$\boldsymbol{S_{2021}>T_{2021}} \quad ⇨ ②$$
$$\boldsymbol{S_{2022}>T_{2022}} \quad ⇨ ②$$

が成り立つこともわかる。

(4)　$c_1=c$，$c_{n+1}=c_n+4n+2+2\cdot(-1)^n$ $(n=1,\ 2,\ 3,\ \cdots)$ より

$$b_{n+1}-c_{n+1}=\{b_n+4n+2+2\cdot(-1)^n\}$$
$$-\{c_n+4n+2+2\cdot(-1)^n\}$$
$$=b_n-c_n$$

であるから，すべての自然数 n に対して

$$\boldsymbol{b_n-c_n}=b_1-c_1=\boldsymbol{1-c}$$

が成り立つ。

また

$$a_n-c_n=(a_n-b_n)+(b_n-c_n)$$
$$=1+(-1)^n+1-c$$
$$=2-c+(-1)^n$$

であるから，$S_4=U_4$ が成り立つとき

$$\sum_{k=1}^{4}(a_k-c_k)=0$$
$$\sum_{k=1}^{4}\{2-c+(-1)^k\}=0$$
$$4(2-c)+\frac{-1\cdot\{1-(-1)^4\}}{1-(-1)}=0$$
$$8-4c=0$$
$$\boldsymbol{c=2}$$

である。$c=2$ のとき $a_n-c_n=(-1)^n$ より

$$S_{2021}-U_{2021}=\sum_{k=1}^{2021}a_k-\sum_{k=1}^{2021}c_k$$
$$=\sum_{k=1}^{2021}(a_k-c_k)$$
$$=\sum_{k=1}^{2021}(-1)^k=-1<0$$

$$S_{2022}-U_{2022}=\sum_{k=1}^{2022}a_k-\sum_{k=1}^{2022}c_k$$
$$=\sum_{k=1}^{2022}(a_k-c_k)$$
$$=\sum_{k=1}^{2022}(-1)^k=0$$

であるから

$$\boldsymbol{S_{2021}<U_{2021}} \quad ⇨ ⓪$$
$$\boldsymbol{S_{2022}=U_{2022}} \quad ⇨ ①$$

である。

別解

(3)の後半は次のように解くこともできる。

$$S_n-T_n=\sum_{k=1}^{n}a_k-\sum_{k=1}^{n}b_k=\sum_{k=1}^{n}(a_k-b_k)$$
$$=\sum_{k=1}^{n}\{1+(-1)^k\}$$
$$=n+\frac{-1\cdot\{1-(-1)^n\}}{1-(-1)}$$
$$=n-\frac{1-(-1)^n}{2}$$

であるから，一般的に

n が奇数のとき，$S_n-T_n=n-1$

n が偶数のとき，$S_n-T_n=n$

である。よって

$$S_{2021}-T_{2021}=2021-1=2020>0$$

すなわち

$$S_{2021}>T_{2021}$$

が成り立ち

$$S_{2022}-T_{2022}=2022>0$$

すなわち

$$S_{2022}>T_{2022}$$

が成り立つこともわかる。

また，(4)の後半は次のように解くこともできる。

$c=2$ のとき

$$S_n - T_n = n - \frac{1-(-1)^n}{2}$$

$$U_n - T_n = (c-1)n = n$$

より

$$S_n - U_n = -\frac{1-(-1)^n}{2}$$

であるから，一般的に

n が奇数のとき，$S_n - U_n = -1$

n が偶数のとき，$S_n - U_n = 0$

である。よって

$$S_{2021} - U_{2021} = -1 < 0$$

すなわち

$$S_{2021} < U_{2021}$$

が成り立ち

$$S_{2022} - U_{2022} = 0$$

すなわち

$$S_{2022} = U_{2022}$$

も成り立つ。

第5問

(1)　点 B_2 の座標は

$$\overrightarrow{OB_2} = \overrightarrow{OA_2} + \overrightarrow{OA_3}$$
$$= (0,\ 1,\ a) + (-1,\ 0,\ a)$$
$$= (-1,\ 1,\ 2a)$$

より

$$\mathbf{B_2(-1,\ 1,\ 2}\boldsymbol{a}\mathbf{)}$$

点 C_3 の座標は

$$\overrightarrow{OC_3} = \overrightarrow{OA_3} + \overrightarrow{A_3B_2} + \overrightarrow{B_2C_3}$$
$$= \overrightarrow{OA_3} + \overrightarrow{OA_2} + \overrightarrow{OA_4}$$
$$= (-1,\ 0,\ a) + (0,\ 1,\ a) + (0,\ -1,\ a)$$
$$= (-1,\ 0,\ 3a)$$

より

$$\mathbf{C_3(-1,\ 0,\ 3}\boldsymbol{a}\mathbf{)}$$

また，$\overrightarrow{OA_1} = (1,\ 0,\ a)$，$\overrightarrow{OB_2} = (-1,\ 1,\ 2a)$ より

$$\overrightarrow{OA_1} \cdot \overrightarrow{OB_2} = -1 + 0 + 2a^2$$
$$= \boldsymbol{2a^2 - 1} \qquad ⇨⑧$$

であり

$$\overrightarrow{B_2C_3} = \overrightarrow{OA_4} = (0,\ -1,\ a)$$

より

$$\overrightarrow{OA_1} \cdot \overrightarrow{B_2C_3} = 0 + 0 + a^2$$
$$= \boldsymbol{a^2} \qquad ⇨③$$

となる。

(2)

$$\overrightarrow{B_1B_4} = \overrightarrow{OB_4} - \overrightarrow{OB_1}$$
$$= \overrightarrow{OA_4} + \overrightarrow{A_4B_4} - \left(\overrightarrow{OA_1} + \overrightarrow{OA_2}\right)$$
$$= \overrightarrow{OA_4} + \overrightarrow{OA_1} - \left(\overrightarrow{OA_1} + \overrightarrow{OA_2}\right)$$
$$= \overrightarrow{OA_4} - \overrightarrow{OA_2}$$
$$= (0,\ -1,\ a) - (0,\ 1,\ a)$$
$$= (0,\ -2,\ 0)$$

$$\overrightarrow{A_1A_2} = \overrightarrow{OA_2} - \overrightarrow{OA_1}$$
$$= (0,\ 1,\ a) - (1,\ 0,\ a)$$
$$= (-1,\ 1,\ 0)$$

より

$$B_1B_4 = \sqrt{0^2 + (-2)^2 + 0^2} = 2$$
$$A_1A_2 = \sqrt{(-1)^2 + 1^2 + 0^2} = \sqrt{2}$$

であるから，対応する対角線の長さが等しいことに着目すると

$$B_1B_4 = OB_1 = 2$$
$$A_1A_2 = A_1C_1 = \sqrt{2}$$

である。

$$\overrightarrow{OB_1} = \overrightarrow{OA_1} + \overrightarrow{OA_2}$$
$$= (1,\ 0,\ a) + (0,\ 1,\ a)$$
$$= (1,\ 1,\ 2a)$$

より

$$OB_1 = \sqrt{1^2 + 1^2 + (2a)^2} = \sqrt{4a^2 + 2}$$

であるから

$$\sqrt{4a^2 + 2} = 2$$
$$a^2 = \frac{1}{2}$$
$$\boldsymbol{a = \frac{\sqrt{2}}{2}}$$

このとき

$$\overrightarrow{A_1C_1} = \overrightarrow{OC_1} - \overrightarrow{OA_1}$$
$$= \overrightarrow{OA_1} + \overrightarrow{OA_2} + \overrightarrow{OA_4} - \overrightarrow{OA_1}$$
$$= \overrightarrow{OA_2} + \overrightarrow{OA_4}$$
$$= (0,\ 0,\ 2a)$$

より

$$A_1C_1 = \sqrt{0^2 + 0^2 + (2a)^2} = \sqrt{2}$$

であるから，$A_1A_2 = A_1C_1 = \sqrt{2}$ を満たす。

また，$\overrightarrow{OA_1} = (1,\ 0,\ a)$，$\overrightarrow{OA_2} = (0,\ 1,\ a)$ より

$$\boldsymbol{\overrightarrow{OA_1} \cdot \overrightarrow{OA_1}} = 1 + 0 + a^2 = a^2 + 1$$
$$= \left(\frac{\sqrt{2}}{2}\right)^2 + 1$$
$$= \boldsymbol{\frac{3}{2}}$$

$$\boldsymbol{\overrightarrow{OA_1} \cdot \overrightarrow{OA_2}} = 0 + 0 + a^2 = a^2$$
$$= \boldsymbol{\frac{1}{2}}$$

および，$\overrightarrow{OP} = s\overrightarrow{OA_1}$（$s$ は実数）と $\angle OPA_2 = 90°$ より

$$\overrightarrow{OA_1} \cdot \overrightarrow{PA_2} = 0$$
$$\overrightarrow{OA_1} \cdot \left(\overrightarrow{OA_2} - \overrightarrow{OP}\right) = 0$$

$$\overrightarrow{OA_1}\cdot\left(\overrightarrow{OA_2}-s\overrightarrow{OA_1}\right)=0$$
$$\overrightarrow{OA_1}\cdot\overrightarrow{OA_2}-s\overrightarrow{OA_1}\cdot\overrightarrow{OA_1}=0$$
$$\frac{1}{2}-\frac{3}{2}s=0$$
$$\boldsymbol{s=\frac{1}{3}}$$

であることがわかる。

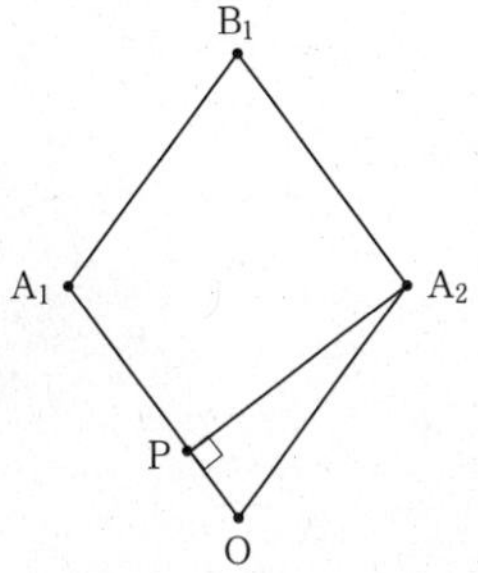

(3) $\overrightarrow{OQ}=\overrightarrow{OB_2}+t\overrightarrow{B_2C_3}$ より

$$\overrightarrow{OQ}=(-1,\ 1,\ 2a)+t(0,\ -1,\ a)$$
$$=\left(-1,\ 1-t,\ (2+t)a\right)$$

$\overrightarrow{OA_1}\perp\overrightarrow{PQ}$ より

$$\overrightarrow{OA_1}\cdot\overrightarrow{PQ}=0$$
$$\overrightarrow{OA_1}\cdot\left(\overrightarrow{OQ}-\overrightarrow{OP}\right)=0$$
$$\overrightarrow{OA_1}\cdot\left(\overrightarrow{OQ}-\frac{1}{3}\overrightarrow{OA_1}\right)=0$$
$$\overrightarrow{OA_1}\cdot\overrightarrow{OQ}-\frac{1}{3}\overrightarrow{OA_1}\cdot\overrightarrow{OA_1}=0$$
$$-1+0+(2+t)a^2-\frac{1}{2}=0$$
$$(2+t)\cdot\frac{1}{2}-\frac{3}{2}=0$$
$$2+t-3=0$$
$$\boldsymbol{t=1}$$

⇨ ①

これより

$$\overrightarrow{OQ}=\overrightarrow{OB_2}+\overrightarrow{B_2C_3}=\overrightarrow{OC_3}$$

よって，点 Q は点 C_3 に一致し，Q は平面 α 上にあるから，C_3 も平面 α 上にある。

次に，点 B_2 について

$$\cos\angle OPB_2=\frac{\overrightarrow{PO}\cdot\overrightarrow{PB_2}}{|\overrightarrow{PO}||\overrightarrow{PB_2}|}$$

および

$$\overrightarrow{PO}\cdot\overrightarrow{PB_2}$$
$$=-\overrightarrow{OP}\cdot\left(\overrightarrow{OB_2}-\overrightarrow{OP}\right)$$
$$=-\frac{1}{3}\overrightarrow{OA_1}\cdot\left(\overrightarrow{OB_2}-\frac{1}{3}\overrightarrow{OA_1}\right)$$
$$=-\frac{1}{3}\overrightarrow{OA_1}\cdot\overrightarrow{OB_2}+\frac{1}{9}\overrightarrow{OA_1}\cdot\overrightarrow{OA_1}$$
$$=-\frac{1}{3}(2a^2-1)+\frac{1}{9}\cdot\frac{3}{2}$$
$$=-\frac{1}{3}\left(2\cdot\frac{1}{2}-1\right)+\frac{1}{6}$$
$$=\frac{1}{6}>0$$

より $\cos\angle OPB_2>0$ だから，$\angle OPB_2$ は鋭角であり，B_2 は平面 α で分けられた部分のうち O を含む側にある。

以上より，点 B_2 は **O を含む側**にあり，点 C_3 は **$\boldsymbol{\alpha}$ 上**にある。 ⇨ ①，⓪

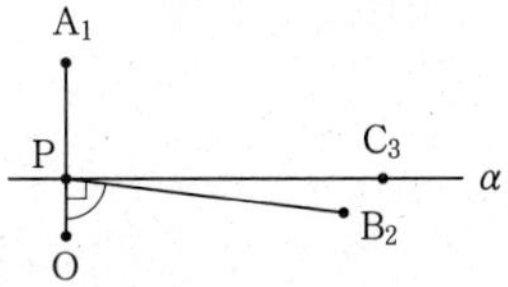

国語
解答・解説

～ CONTENTS ～

試作問題　解答

第A問 小計		第B問 小計		合計点	/40

問題番号(配点)	設問	解答番号	正解	配点	自己採点	問題番号(配点)	設問	解答番号	正解	配点	自己採点
第A問 (20)	1	1	①	3		第B問 (20)	1	1	②	4	
		2	②	3			2	2	③	3	
	2	3	③	5			3	3	③	3	
	3	4	③	4			4	4 - 5	②-④	10 (各5)	
		5	②	5							

(注)　－(ハイフン)でつながれた正解は，順序を問わない。

第A問

出典【資料Ⅰ】文章・図 環境省「気候変動影響評価報告書 詳細」(令和二年十二月)をもとに作成。

グラフ1～グラフ3 気象庁「気候変動監視レポート 二〇一九」(令和二年七月)をもとに作成。

【資料Ⅱ】 橋爪真弘《はしづめまさひろ》「公衆衛生分野における気候変動の影響と適応策」(『保健医療科学』VOL.69 No.5(二〇二〇年十二月)所収)による。

橋爪真弘は医師、医学者。専門分野は、グローバルヘルス、プラネタリーヘルス、環境疫学、気候変動。

【出題の特徴】

本問では、「気候変動が健康に与える影響」について書かれた文章や図、グラフなど複数の多様なテクストが提示されている。複数の資料の〈どことどこ〉が〈どのように〉つながっているのか、テクストを横断的に読み取り、必要な情報を短時間で抽出する力が求められている。また、**問3**は資料を踏まえてレポートを作成する場面が想定されている。各資料を適切に参照するだけでなく、レポートの書き手の意図を把握した上で、目次の内容や構成を分析する力が問われている。

【概要】

【資料Ⅰ】

文章では「健康分野における、気候変動の影響について」という題で、気候変動が人々の健康にどのような影響を与えるかが説明されている。ここでは、主に次の五つの内容が指摘されている。

1 気候変動による気温上昇→熱ストレスの増加→熱中症リスクや暑熱による死亡リスク、その他、呼吸器系疾患等の様々な疾患リスクの増加(特に、高齢者を中心に、暑熱による超過死亡が増加傾向)。

2 気温の上昇→感染症を媒介する節足動物の分布域・個体群密度・活動時期の変化。

3 外気温の変化→水系・食品媒介性感染症やインフルエンザのような感染症類の流行パターンの変化。

4 (猛暑・強い台風・大雨等)極端な気象現象の増加→自然災害が発生→被災者の暑熱リスクや感染症リスク、精神疾患リスク等の増加の可能性。

5 (二〇三〇年代まで)温暖化に伴い光化学オキシダント・オゾン等の汚染物質の増加→超過死亡者数の増加。(二〇四〇年代以降)汚染物質の増加に伴う超過死亡者数は減少すると予測。

図は文章の内容を図式化したもの(ただし、省略あり)。上段に「気候・自然的要素」について、下段に「気候変動による影響」についてまとめられ、それぞれが矢印で結ばれて、因果関係を示している。

グラフ1は「日本の年平均気温偏差の経年変化」を示している。ここでは年々、年平均気温が上昇していることが読み取れる。

グラフ2は「日本の年降水量偏差の経年変化」を示している。一九八一～二〇一〇年の平均値と比較して、降水量が多い場合は中心より棒グラフがプラス(上)に伸び、少ない場合は中心より棒グラフがマイナス(下)に伸びている。

グラフ3は「台風の発生数及び日本への接近数」を示したものである。

【資料Ⅱ】

「地球温暖化の対策」として今後求められることについて説明したものである。内容は次の通り。

・地球温暖化の対策は、これまで温室効果ガスの排出を削減する「緩和策」を中心に進められてきた。しかし、緩和策だけでは地球温暖化の進行を完全に制御することはできない。

・地球温暖化の影響を抑えるには、私たちの生活・行動様式の変容や防災への投資など被害を回避、軽減するための「適応策」が求められる。

・健康影響が生じた場合、現状の保健医療体制で住民の医療ニーズに応え、

健康水準を保持できるか、不足しているリソースや必要な施策を特定することが望まれる。

・緩和策と健康増進を同時に進めるコベネフィットを追求することも推奨される。コベネフィットを社会全体で追求することは、各セクターで縦割りになりがちな適応策に横のつながりをもたらすことが期待される。

問1 (i) 1 ① (ii) 2 ② **《文章および図の読解問題》**

(i) **【資料Ⅰ】**の文章の下線部ⓐ～ⓔのうち、図で省略されている内容を選ぶ問題。文章の下線部の内容を押さえた上で、それらが図のどこに当たるのか（あるいは記載がないのか）を整理する必要がある。

ⓐは〈気温上昇によって熱ストレスが増加する〉ことが説明されている。図では、左側で「気温上昇」と「熱ストレスの増加」が矢印で結ばれている。

ⓑは〈高齢者を中心に、暑熱による死亡が増えている〉ことが説明されている。図では下段の左側に「暑熱による死亡リスク・熱中症リスクの増加」が書かれているが、これが高齢者を中心とするものかどうかは明言されていない。

ⓒは「気温の上昇」によって〈節足動物（＝昆虫やダニ類など）の分布域・個体群密度・活動時期の変化〉がもたらされることが指摘されている。図では、「気温上昇」から図の中央の「分布・個体数の変化・蚊・ダニ等の分布域拡大・個体群密度増加・活動時期の長期化……」へ矢印が引かれている。

ⓓは〈自然災害発生〉によって「被災者の暑熱リスクや感染症リスク、精神疾患リスク等が増加する可能性がある」と説明されている。図では、下段の右側で「自然災害の発生（に伴うライフラインの停止）」から「避難生活の長期化に伴う熱中症・感染症・精神疾患リスクの増加」へ矢印が引かれている。

ⓔは「温暖化」によって「汚染物質の増加に伴う超過死亡者数が増加する」一方で、二〇三〇年代を境にそれ以降は減少することが指摘されている。図では、下段の左から三つ目で「大気汚染物質（オゾン等）の生成促進」と「心血管疾患死亡・呼吸疾患死亡リスクの増加」が矢印でつながっている。しかし、二〇四〇年代以降に起きるという「超過死亡者数」の「減少」に関する記載はない。

これらのことから、図で省略されているものはⓑ・ⓔであり、①が正解となる。

(ii) 図の内容や表現の説明として適当でないものを選ぶ問題。図の理解が問われており、選択肢と図の内容や表現とを丁寧につき合わせる必要がある。

図の上段では気候変動による影響のうち「気候・自然的要素」が二段構成でまとめられている。一番上の段で気候変動によって直接的に生じる変化（「気温上昇」や「気圧・風パターンの変化」など）が示されている。上から二つ目の段では、一番上の段の要素（「気温上昇」や「気圧・風パターンの変化」など）が二次的にもたらす影響（「冬季の気温上昇」や「相対湿度の変化」など）を示し、それぞれを矢印で結んでいる。

さらに、下段では「気候変動による影響」が示されており、ここでは気候変動による〈自然環境、生物に与える影響〉とそれらに伴う〈人間の健康へのリスクや害〉が示されている。そして、上段二つから下段へはそれぞれの因果関係がわかりやすいように矢印が引かれている。これを踏まえて各選択肢を検討しよう。

①前半「『気候変動による影響』として環境及び健康面への影響を整理して図示」は右で説明した内容に合っており、適切。また図は文章の内容を読み手が理解しやすくするためのものなので、後半も適切である。

②「気温上昇」と「降水量・降水パターンの変化」及び「海水温の上昇」は図の最も上段に並列されているが、これらの三つは「気候変動」によって生じる影響を列挙したものである。三つの間に因果関係は書かれていないため、「気温上昇によって降水量・降水パターンの変化や海水温の上昇が起こる」とはいえず、不適切である。適当でないものを選ぶ問題なので、②が正解。

③図の左側で題目名として使われている通り、「気候・自然的要素」と「気候変動による影響」が分けて整理されている点は正しい。またそれぞれが矢印でつながっていて、「どの要素がどのような影響を与えたか」がわかりやすくなっている。

④図では、一つの「気候・自然的要素」から複数の「気候変動による影

響」へと矢印がつながっている（例えば、「気温上昇」は「熱ストレスの増加」「大気汚染物質（オゾン等）の生成促進」「分布・個体数の変化」などとつながっている）。したがって、「特定の現象が複数の影響を生み出し得ることを示唆している」といえるため、適切。

⑤(i)で確認した通り、図では文章で説明された内容を省略している場合がある。それは図でいくつかの事象に限定して示すことで、読み手にわかりやすく伝える意図があるためだと考えられる。したがって適切。

問2　3　③　**《複数資料の内容把握問題》**

【資料Ⅰ】【資料Ⅱ】の内容を根拠として、ア〜エの各文の正誤を判別する問題である。これまでの共通テストでも選択肢の正誤を問う問題は出題されてきたが、本問ではそこに「判断できない」という観点が加わっている点が特徴的である。単純な正誤の判断ではない点で、一層の論理的な思考力が求められる。

アについて、図の左側で「気温上昇」は「冬季死亡者数の減少」につながっており、同時に「暑熱による死亡リスク・熱中症リスクの増加」「呼吸疾患死亡リスクの増加」にも結びつけられている。これらのリスクの増加は、文章の第1段落にも記載があり、「特に、暑熱に対して脆弱性が高い高齢者を中心に」とあることから、アの「高齢者を中心に……」という記載は正しいと判断できる。

イの日本の年降水量の平均の推移についてはグラフ2を確認する。このグラフは中央の0を基準に、一九八一年から二〇一〇年の三〇年間の降水量の平均よりも多いとプラス（上）に棒グラフが伸び、少ないとマイナス（下）に棒グラフが伸びる。一九〇一年から一九三〇年の三〇年間と、基準値（一九八一年から二〇一〇年の三〇年間の年降水量の平均値）を比較すると、一九〇一年から一九三〇年の三〇年間は、プラス（上）に棒グラフが伸びていることが多いため、イの内容は誤っているとわかる。

ウの台風の発生数はグラフ3で確認できるが、真夏日・猛暑日の多さの根拠となる資料は提示されていない。したがって、「気温や海水温の上昇と台風の発生数」が関連しているかどうかは判断できない。

エは、地球温暖化の対策に「緩和策」だけでなく「適応策や健康増進のための対策」が必要であるとする内容である。**【資料Ⅱ】**を確認する。

> ・地球温暖化の対策　これまで「緩和策」を中心に進められてきた。
> ←（地球温暖化の進行を完全に制御することはできない）
> 「適応策」が求められる。（1〜5行目）
> ・「緩和策」と健康増進を同時に進めるコベネフィットを追求していくことも推奨される。（14〜15行目）

すると、エは**【資料Ⅱ】**を適切にまとめており、正しい。

それぞれの選択肢の正誤を判断した上で、その組合せを確認すると、「ア—正しい　イ—誤っている　ウ—判断できない　エ—正しい」となるため、正解は③である。

問3　(i)　4　③　(ii)　5　②　**《複数資料を踏まえた言語活動に関する問題》**

(i)　**【資料Ⅱ】**を踏まえて考えたレポートの**【目次】**について、空欄Xに当てはまる内容を考える問題である。章立てや項目から書き手の意図を適切にとらえることが求められている。

空欄X（c）のある第3章は「気候変動に対して健康のために取り組むべきこと」をまとめたものなので、**【資料Ⅱ】**から「取り組むべきこと」を整理して、a・b・dには挙げられていないこと（空欄X（c）に当てはまる内容）を探せばよい。**【資料Ⅱ】**の内容と構成を、「取り組むべきこと」を中心に整理すると次の通りである。「また」「例えば」などの接続語を手がかりに文章の構成や展開を追っていくと内容が整理しやすいので、押さえておきたい。

> 「取り組むべきこと」
> ・（地球温暖化の）影響を抑えるためには、私たちの「生活・行動様式の変容」（＝a）や「防災への投資」（＝b）といった、被害を回避、軽

減するための「適応策」が求められる。例えば……　（4・5行目）
・また、健康影響が生じた場合、現状の保健医療体制で住民の医療ニーズに応え、健康水準を保持できるのか、そのために不足しているリソースがあるとすれば何で、必要な施策は何かを特定することが望まれる。例えば……　（8～11行目）
・また緩和策と健康増進を同時に進めるコベネフィットを追求していく（＝d）ことも推奨される。例えば……　（14～15行目）

このように**【資料Ⅱ】**は「取り組むべきこと」が述べられ、それに続けて「例えば」以降でその具体例が示されている。さらに「また」という言葉で、別の二つの内容が同じ構成で繰り返されている。そうすると、a・bは右の一つ目の「取り組むべきこと」に当たる内容であり、dは右の三つ目の「取り組むべきこと」に当たる内容だとわかるだろう。

したがって、空欄X（c）には、右のうちの二つ目の「健康影響が生じた場合、現状の保健医療体制で住民の医療ニーズに応え、健康水準を保持できるのか、そのために不足しているリソースがあるとすれば何で、必要な施策は何かを特定する」という「取り組むべきこと」に当たる内容だと考えられる。これを踏まえて選択肢を検討すると、③が正解になる。

①・②は「被害を回避、軽減するための『適応策』」に当たり、これらは一つ目の内容なので不適切。

④の「現行の救急搬送システムの改善点」は二つ目の内容に当たりそうだが、これは具体例の一部に当たる内容であり、部分的に留まった内容なので不適切。

⑤の内容は**【資料Ⅱ】**の末尾に記載されているが、「コベネフィットを追求する」ことがもたらす恩恵の一つと見られるため、不適切である。

(ii)「ひかるさん」のレポートの内容や構成に対する助言として、「内容に誤りがあるもの」を選ぶ問題である。**【目次】**の表現や内容、展開について適切に評価できるかどうかが問われている。

①テーマに掲げられた「対策」は、第3章の「気候変動に対して健康のために取り組むべきこと」に書かれるものだが、(i)でも確認した通り、a・bは

地球温暖化の影響を抑えるための「適応策」であり、〈気候変動を防ぐための対策〉といえる。一方、cは「住民の医療ニーズに応えるために必要な施策」で〈健康を守るための対策〉といえる。dの緩和策と健康増進を同時に進める「コベネフィットの追求」は〈気候変動を防ぐための対策〉と〈健康を守るための対策〉を兼ねたものといえる。

このように、二つの対策に基づいたものが書かれているものの、テーマの「対策」という言葉は二つを一括《くく》りにしているため、意味がわかりづらくなっていると考えられる。したがって、この助言は正しい。

②第1章は「気候変動が私たちの健康に与える影響」について、**【資料Ⅰ】**を中心にまとめられている。だが、図を確認すると「大気汚染物質」と「感染症」とはつながっておらず、「大気汚染物質による感染症の発生リスクの増加」という指摘は資料の誤読だと判断できる。したがって、助言の内容として**誤りがあるといえ**、②が正解。

③**【資料Ⅰ】**のグラフを見ると気候変動に関するデータはあるが、「感染症や熱中症の発生状況の推移がわかるデータ」はない。気候変動によって、感染症や熱中症が増える、という観点で論じるなら、それらのデータがあった方がより根拠が明確になるといえ、これは妥当な助言である。

④「気候変動」が起きているデータを示した上で、「気候変動が健康に与えるリスク」を示すべき、という構成の順序に関する指摘であり、適切な助言である。

⑤**【目次】**の構成は**【資料Ⅰ】【資料Ⅱ】**の内容を紹介しただけにとどまっており、レポートとして成立させるには、書き手の意見や考察を入れる方がより適切である。したがって、これは妥当な助言といえる。もしかするとひかるさんとしては、「おわりに：調査をふりかえって」に「考察」を入れるつもりなのかもしれないが、明確に「考察」等とは書かれていないので、このような助言をしても問題はない。

第B問

出典 【資料Ⅰ】旺文社「第6回ことばに関するアンケート」による。
【資料Ⅱ】金水《きんすい》敏《さとし》『ヴァーチャル日本語 役割語の謎』（岩波書店・二〇〇三年）、金水敏「役割語と日本語教育」（『日本語教育』第一五〇号）による。
【資料Ⅲ】金水敏「役割語と日本語教育」（『日本語教育』第一五〇号）による。

金水敏（一九五六年〜）は、日本語学者。主な著作に、『ヴァーチャル日本語 役割語の謎』『日本語存在表現の歴史』などがある。

【出題の特徴】

本問は日本語の独特な言葉遣いについて、「言葉遣いへの自覚」という題で生徒がレポートを書いた、という設定で作成されている。試作問題の**第A問**に比べて文章が中心の設問となっている。複数の文章やグラフの内容を多角的に読み取り、レポートに反映していく力や、「役割語」という概念を資料から理解し、身近な具体例に落とし込んでいく力などが問われている。また、**問4**では、よりよいレポートにするためにレポートの内容を批判的にとらえなおしたり、どのような根拠を挙げればより主張を強化できるかを考察したりする力も求められた。

【概要】

【レポート】は**【資料Ⅰ】**〜**【資料Ⅲ】**の内容を引用しながら、言葉遣いについて「自覚的」であるべきとする主張を論じたものである。結論に至るまでの流れは以下の通りである（形式段落を1・2……で示す）。

1 **【資料Ⅰ】**によると、性差によって言葉遣いに違いが生じると思っている人の割合は七割以上に及ぶ。

2 一方、「このバスに乗ればいいのよね?」を使う女子は三割程度にとどまり、「このカレーライスうまいね!」を使う女子は三割を超えている。それにも着目すると、女性らしいとされていた言葉遣いがあまり用いられず、逆に男性らしいとされる言葉遣いをしている女性も少なからず存在することが分かる。

3・4 **【資料Ⅱ】【資料Ⅲ】**によれば、言葉遣いの違いは性別によるとはかぎらない。年齢や職業、性格といった話し手の人物像に関する情報と結びつけられた言葉遣いを役割語と呼び、私たちはそうした言葉遣いを幼児期から絵本やアニメ等の登場人物の話し方を通して学んでいるということである。

↓フィクションでは、役割語が発達しており、役割語が効率的にキャラクタを描き分けることで、それぞれのイメージを読者に伝えることができる。一方、キャラクタのイメージがワンパターンに陥ってしまう。

5 現実では、他人の目を意識して、親密な人にも敬語を用いて話し方を変えるなどの役割語の例が見受けられる。

6 役割語の性質を理解した上で、自らの言葉遣いにも自覚的でありたい。

【資料Ⅰ】「性別による言葉遣いの違い」に関するアンケート調査（グラフ）

・〈質問1〉より 性差によって言葉遣いが同じだとは思わないと考えている人の割合は七一・七%。

・〈質問2①〉より 話し方に性差が表れていると考える人は過半数に及ぶ。

・〈質問2②〉より 女の子らしいとされる話し方をする男子は一三・五%、女子は三一・六%存在する。男の子らしいとされる話し方をする男子は七〇・三%、女子も三三・五%存在している。

【資料Ⅱ】役割語の定義

・役割語とは、ある特定の言葉遣いを聞くと特定の人物像を思い浮かべることができる、あるいは、ある特定の人物像を提示されると、その人物がいかにも使用しそうな言葉遣いを思い浮かべることができるといった場合の言葉遣いのことである。

・特定の話し方あるいは言葉遣いと特定の人物像（キャラクタ）との心理的な連合（ステレオタイプの言語版）。

【資料Ⅲ】役割語の習得時期

・多くのネイティブの日本語話者は〈男ことば〉と〈女ことば〉を正しく認識するが、これは絵本やテレビなどの作品の受容を通して知識を受け入れている。

・実験によると、三歳児では性差を含む役割語の認識が不十分だったが、五歳児ではほぼ完璧な認識ができていた。

・幼児が日常的に触れる絵本やアニメ作品には、役割語の例があふれている。

問1 1 ②**《データの理解を踏まえた空欄補充問題》**

【レポート】の空欄Xに入る内容を推測する問題。データを正しく読み取るだけでなく、空欄Xに入る内容を前後の文脈を踏まえて推測する必要がある。空欄Xがあるのは、**【資料Ⅰ】**の内容を説明した箇所なので、**【資料Ⅰ】**をもとに検討していこう。ちなみに、**【レポート】**の空欄Xの前後（①・②段落）の流れは次の通りである。

> **1** （**【資料Ⅰ】**の結果は）性差によって言葉遣いがはっきり分かれているという、日本語の特徴の反映ではないだろうか。
>
> **2** 一方、［X］にも着目すると、男女の言葉遣いの違いを認識しているものの、女性らしいとされていた言葉遣いがあまり用いられず、逆に男性らしいとされる言葉遣いをしている女性も少なからず存在することが分かる。

したがって、空欄Xには、〈女性らしいとされていた言葉遣いがあまり用いられていないこと〉と〈女性も男性らしいとされる言葉遣いをしていること〉の二点に関連する内容が入ることになる。続いて、「女性らしいとされていた言葉遣い」「男性らしいとされる言葉遣い」の具体的な言葉（「このバスに乗ればいいのよね？」「このカレーライスうまいね！」）に触れているのは〈質問2〉である。以上を踏まえて各質問と回答のグラフを確認する。

〈質問2①〉からは「～いいのよね？」という言葉遣いは女の子の話し方だと八割以上の人が思っており、「～うまいね！」という言葉遣いは男の子の話し方だと思う人が六割以上いるとわかる。続いて、〈質問2②〉によると、「～いいのよね？」という女の子らしいとされる話し方をする女子は約三割いる。また、「～うまいね！」という男の子らしいとされる話し方をする女子も約三割いると読み取れる。

すると、「～いいのよね？」は女の子の話し方だと八割以上の人が思っているものの、そのような言葉遣いをするのは約三割である。一方、「～うまいね！」は男の子の話し方だと六割以上の人が思っているものの、そのような言葉遣いをする女子も三割を超えているとわかる。

これらをもとにして各選択肢を確認する。各選択肢の前半は表記の仕方は違えど、おおむね同じ内容が説明されているため、後半に着目して判断するとよい。すると、ここまでのポイントを踏まえた②が正解だとわかる。他の選択肢もグラフの読み取りとしては間違っていないが、文脈上、〈女性も男性らしいとされる言葉遣いをしている〉という内容と合わないため、不適切となる。

①は後半が「男子」について、③は後半が「男女（＝総数）」について述べられている点で不適切。

④は、「『～うまいね！』を使うか分からないという女子」とあり、〈女性も男性らしいとされる言葉遣いをしている〉という内容と合わない。

⑤は、「『～うまいね！』を男女どちらが使ってもいいと考える人」とあり、これは〈質問2①〉の「男女どちらでもよい」と回答した人の割合が二七・四％いることを示していると考えられる。これもその他の選択肢と同様に「女子」の状況について述べていないため、不適切。

問2 2 ③**《複数資料を踏まえた空欄補充問題》**

【レポート】の空欄Yの内容を検討する問題。設問に「**【資料Ⅱ】**及び**【資料Ⅲ】**の要約が入る」とあることから、二つの資料の内容が適切に要約されているものを選べばよいということになる。

【資料Ⅱ】は「役割語の定義」について述べた文章である。【資料Ⅱ】によると、「役割語」とは「ある特定の言葉遣い……を聞くと特定の人物像……を思い浮かべることができるとき、あるいはある特定の人物像を提示されると、その人物がいかにも使用しそうな言葉遣いを思い浮かべることができるとき」の言葉遣いのことである（第1段落）。

【資料Ⅲ】は「役割語の習得時期」について述べた文章である。「習得時期」というキーワードを踏まえて文章を読むと、〈幼児期に習得していること（三歳児は役割語の認識が不十分で、五歳児はほぼ完璧に認識可能）〉、また役割語の習得は、〈幼児が日常的に触れる絵本やアニメ作品等の受容を通して行われること〉が述べられているとわかる（第4・5段落）。

以上の「役割語の定義」と「役割語の習得時期」の二点を適切にまとめている③が正解である。

①は、「役割語の習得時期」に関することのみが記されており、不十分。

②は、「役割語の定義」についてのみ説明されたものであり、不適切。

④は、②と同様「役割語の定義」についてのみ説明されており、不適切。

⑤は、「成長の過程で理性的な判断によってそのイメージは変えられる」が資料にはない説明であり、不適切。

問3 3 ③ **《具体例を踏まえた空欄補充問題》**

【レポート】の空欄Zに当てはまる役割語の具体例として、適当でないものを選ぶ問題である。空欄補充問題なので念のため、空欄前後の文脈を確認しておく。

> 私たちの身近にある例を次にいくつか挙げてみよう。→ Z →以上のように、私たちの周りには多くの役割語があふれている。

設問条件の通り、〈役割語の身近な具体例〉として不適切なものを選べばよいということになる。

問2でも確認した通り、「役割語」とは〈年齢や職業、性格といった話し手の人物像に関する情報と結びつけられた言葉遣い〉である。【資料Ⅱ】ではこれを、「特定の話し方あるいは言葉遣いと特定の人物像（キャラクタ）との心理的な連合」「ステレオタイプの言語版」とも説明しており、これも判断の材料となる。これらを踏まえて各選択肢を見ていこう。

①「他人の目を意識して、親密な人にも敬語を用いて話し方を変える」のは、丁寧なふるまいをする「人物像」を意識したものといえ、そうした「特定の人物像」が「いかにも使用しそうな言葉遣い」を受け手に想起させるものなので、「役割語」の例として適切である。

②「アニメやマンガ、映画の登場人物」は「特定の人物像」に当たり、これを真似るなどして、女性が「一般的に男性が用いる『僕』や『俺』などの一人称代名詞を用いる」のも、「特定の人物像」を意識した話し方といえるため、「役割語」の例として正しいと判断できる。

③「方言」について、不自然な方言よりも自然な方言の方が好まれるという選択肢だが、これは言葉遣いが「特定の人物像」を想起させるといった内容とは異なるため、「役割語」の説明ではない。方言によって、ある地方特有の人物像を思い起こさせるのであれば、方言は「役割語」としての役目を果たしているといえる。例えば、普段は共通語を話す人物が、関西や九州の人の話し方やイントネーションを真似て話すなどである。しかし、③は不自然な方言より自然な方言の方が好まれる傾向という〈好み〉の話をしており、「役割語」の具体例自体を述べているわけではないので不適切である。

④「〇〇キャラ」というキャラクタの「類型的な人物像」を場面に応じて使い分けるのは、「役割語」をもとにしたコミュニケーションといえるため、「役割語」の例として適切である。

⑤「男性言葉をことさら強調して翻訳」するのは、男性という「特定の人物像」を強調するものであるため、「役割語」の例として適切である。

問4 ［4］・［5］ ②・④（順不同）

《複数資料を踏まえた言語活動に関する問題》

【レポート】の主張を読み手により理解してもらうために、補足すべき内容を検討する問題である。**【レポート】**の内容と構成を確認すると、次の通りである。

> ［1］・［2］ **【資料Ⅰ】**より、性差による言葉遣いの違いは認識されているが、「女性らしい」とされる言葉遣いを用いない女性も少なくない。
>
> ［3］〜［5］ **【資料Ⅱ】**によると、「役割語」とは年齢や職業、性格といった話し手の人物像に関する情報と結びつけられた言葉遣いであり、私たちはそうした言葉遣いを幼児期から絵本やアニメ等の登場人物の話し方を通して学んでいる。
>
> ［6］ 役割語の性質を理解したうえで、フィクションとして楽しんだり、時と場所によって用いるかどうかを判断したりするなど、自らの言葉遣いについても自覚的でありたい。

［6］の「役割語の性質を理解したうえで……自らの言葉遣いについても自覚的でありたい」が「ヒロミさん」の主張であると考えられる。これを踏まえて各選択肢を確認する。

①は「語彙や語法より音声的な要素が重要である」が不適切。**【資料Ⅲ】**の第4段落最後に「語彙・語法的な指標と音声的な指標のどちらが効いていたかはこれからの検討課題である」とあることに矛盾する。

②〈英語の「I」に対応する日本語が多様に存在するため、一人称代名詞の使い分けによって具体的な人物像を想起させることができる〉という指摘は、一人称代名詞をどう使い分けるべきか、役割語を理解した上で自らの言葉遣いに意識的になるという点で、主張を補足するものとして正しい。

③「役割語の多くが江戸時代の言葉を反映している」という役割語の成り立ちを補足しても、「役割語」を用いるかどうかなど、自らの言葉遣いを自覚的に決めていくことには結びつかないため不適切。

④「役割語と性別、年齢、仕事の種類、見た目などのイメージとがつながりやすい」というのは、「役割語」の説明として適切である。また、「不用意に役割語を用いることは人間関係において個性を固定化してしまう可能性がある」は、「役割語」のマイナスな面を説明しており、自らの言葉遣いに対する自戒へと結びつくので、補足する内容として正しい。

⑤「絵本やアニメなどの幼児向けの作品を通していつの間にか認識されるという役割語の習得過程とその影響力の大きさを示し」は〈言葉遣いに自覚的でありたい〉とする主張を補強するため、適切。一方で、「この時期の幼児教育には子どもの語彙を豊かにする可能性がある」は、〈言葉遣いの自覚的な決定〉とは無関係であり、不適切。

⑥「一人称代名詞や文末表現などの役割語の数が将来減少してしまう可能性がある」について、「役割語」の数が減少する可能性を指摘しても、「自らの言葉遣いについても自覚的でありたい」という主張の補強にはならないため、不適切。

したがって、②と④が正解。

2024 本試験　解答

第1問 小計	第2問 小計	第3問 小計	第4問 小計	合計点
				／200

問題番号(配点)	設問	解答番号	正解	配点	自己採点
第1問 (50)	1	1	②	2	
		2	③	2	
		3	②	2	
		4	②	2	
		5	③	2	
	2	6	⑤	7	
	3	7	①	7	
	4	8	⑤	7	
	5	9	③	7	
	6	10	①	3	
		11	③	3	
		12	②	6	
第2問 (50)	1	13	④	3	
		14	④	3	
		15	②	3	
	2	16	①	5	
	3	17	④	6	
	4	18	②	7	
	5	19	②	7	
	6	20	②	6	
	7	21	④	5	
		22	③	5	

問題番号(配点)	設問	解答番号	正解	配点	自己採点
第3問 (50)	1	23	③	5	
		24	②	5	
		25	⑤	5	
	2	26	②	7	
	3	27	④	7	
	4	28	②	7	
		29	②	7	
		30	③	7	
第4問 (50)	1	31	⑤	5	
	2	32	①	5	
		33	④	5	
		34	①	5	
	3	35	④	7	
	4	36	④	7	
	5	37	⑤	8	
	6	38	②	8	

第1問

出典 渡辺《わたなべ》裕《ひろし》『サウンドとメディアの文化資源学――境界線上の音楽』（春秋社・二〇一三年）

渡辺裕（一九五三年〜）は、千葉県生まれ。音楽学者。専門は音楽美学、音楽社会学。東京大学大学院人文科学研究科博士課程（美学芸術学）単位取得退学、玉川大学助教授、大阪大学助教授などを経て、東京大学名誉教授（文化資源学）。東京音楽大学音楽学部音楽教育専攻教授。著書に、『聴衆の誕生――ポスト・モダン時代の音楽文化』『日本文化――モダン・ラプソディ』『歌う国民――唱歌、校歌、うたごえ』などがある。二〇一三年に紫綬褒章受章。

【出題の特徴】

本問は、モーツァルト没後二〇〇年の節目に行われた追悼ミサでの《レクイエム》の演奏を事例として取り上げ、「音楽」や「芸術」という概念について論じた評論から出題された。二〇二二・二〇二三年度は二つの問題文が提示される出題形式だったが、二〇二四年度は一つの問題文からの出題であり、**問6**で生徒が書いた**【文章】**が加えて提示された。

設問は、**問1**の漢字問題で、二〇二一年度から三年ぶりに従来の枝問五題の形式に戻った。**問2**〜**問4**は問題文の部分読解に関する設問、**問5**は問題文の各段落の役割に着目した、文章全体の構成・展開に関する設問が出題されており、評論読解の基本的な力が問われたといえる。**問6**は生徒が書いた**【文章】**を推敲する形式の問題が出題された。ここでは、単に文章を正しく読み解くことができるかというだけでなく、どのような表現にすれば他者に正確に伝わるのかを、主体的に考え、判断する力が問われている。

【概要】 問題文の概要は次の通りである。

Ⅰ　モーツァルトの追悼ミサでの《レクイエム》の演奏（1〜6段落）

・モーツァルト没後二〇〇年を記念して演奏された《レクイエム》は「音楽」でもあり、「宗教行事」でもあるという典型的な例である。これを「音楽」として捉えようとする立場と典礼として捉える立場がある。しかし、何よりも重要なのは、ここでの問題が、音楽vs.典礼といった図式的な二項関係の説明にはおさまりきれない複合的な性格をもった、しかもきわめてアクチュアルな現代的問題を孕《はら》んでいるということである。（1〜4段落）

・《レクイエム》の演奏は追悼ミサという限りでは宗教行事であるが、大規模なオーケストラや合唱団、客の存在などを踏まえると「音楽」として「鑑賞」することも可能である。さらには、典礼全体が「作品化」され、一つの音楽的なメディア・イヴェントとして「鑑賞」の対象となるような状況も生じている。（5・6段落）

※モーツァルトの没後二〇〇年の節目に行われた《レクイエム》の演奏を事例として、〈「典礼」全体が「鑑賞」の対象として捉えられる状況が生じた〉ことが説明されている。

Ⅱ　「芸術」全般にわたって進行しつつある現代的な現象（7・8段落）

・今「芸術」全般にわたって進行しつつある状況は、「博物館化」、「博物館学的欲望」などと呼ばれる現象である。

・美術館や博物館で、物品を現実のコンテクストから切り取って展示するあり方が不自然だという批判があった。

・最近では、「もの自体」に付随するコンテクスト全体をみせ、そのものが生活の中で使われている状況を可能な限りイメージさせるような工夫や、作品の背景になった時代全体を主題化した展覧会のようなものが増えている。（7段落）

・（もともとは現実の時空から切り離された「作品そのもの」を展示する

場であった）美術館や博物館に、「作品そのもの」の外に位置していたはずの現実の時空が引きずり込まれた。

・美術館や博物館で育まれてきた「鑑賞」のまなざしが町全体（周囲の景物）にも向けられるようになってきている。（8段落）

※「芸術」全般にわたって進行している「博物館化」、「博物館学的欲望」という現象について説明している箇所である。展示物をその背景とともに捉えることで、美術館や博物館の中で作品に向けられてきた「鑑賞」のまなざしが、周囲の景物や、はては町全体のような現実の空間にまで向けられるようになったことが説明されている。

Ⅲ「音楽」や「芸術」という概念の自明性を問い直す（9・10段落）

・「音楽」や「芸術」に向けるまなざしや聴き方が今や、その外側にまであふれ出てきて、あらゆるものの「音楽化」や「芸術化」を促進している。

・「音楽」や「芸術」という概念が自明の前提であるかのように考えてスタートしてしまうような議論に対しては、警戒心をもって周到に臨まなければならない。（9段落）

・「音楽」や「芸術」は決して最初から「ある」わけではなく、「なる」ものである。それにもかかわらず、これらの概念を繰り返し使っているうちに、それがいつの間にか本質化され、最初から「ある」かのような話にすりかわってしまい、気がついてみたら、「音楽は国境を越える」、「音楽で世界は一つ」という怪しげなグローバリズムの論理に取り込まれていたということにもなりかねない。（10段落）

※「音楽」や「芸術」という概念を自明のものとすることに対する、筆者の危惧がまとめられた段落である。対象を「音楽」や「芸術」とみなす「まなざし」が向けられることによってはじめて、その「もの」は「音楽」や「芸術」となるのであり、そうしたまなざしを共有しない人にとっては、単なる「雑音」や「らくがき」に見えてしまう可能性もある。しかし、「音楽」や「芸術」を自明のものとして捉えてしまうと、最初から普遍的な価値があると考えてしまいかねない。そのため、筆者は「音楽」や「芸術」を自明のものと捉える議論を警戒すべきだと考えているのである。

問1　1 ②　2 ③　3 ②　4 ②　5 ③　**《漢字問題》**

ア「掲載」は〈新聞・雑誌に載せること〉。①「啓発」は〈気づいていない点を教え示して理解を深めるようにすること〉。②「掲出」は〈書き出したものを掲げること〉。③「契機」は〈きっかけ〉。④「系図」は〈一族の代々の血筋などを書き表した図〉。

イ「活躍」は〈めざましく活動して成果を上げること〉。①「利益」は〈神仏が人間に与える恵み〉。②「倹約」は〈無駄遣いをしないこと〉。③「躍如」。「面目躍如」で〈世間の評価にふさわしい活躍をすること〉。④「役職」は〈組織における立場や職務〉。

ウ「催し（物）」。「催す」は〈行事などを行う〉という意味。①「採択」は〈いくつかのものから選び取ること〉。②「催眠」は〈眠くなること、または眠気をもよおさせること〉。③「喝采」は〈声をあげてほめたたえること〉。④「負債」は〈返済の義務を負うこと。借りたもの〉。

エ「悪弊」は〈悪い習わし〉。①「公平」は〈かたよりがないこと〉。②「疲弊」は〈つかれて弱ること〉。③「幽閉」は〈とじこめること〉。④「横柄」は〈えらそうにすること〉。

オ「紛れ」。「紛れもなく」は〈疑いの余地がなく〉という意味。①「噴出」は〈ふきでること〉。②「分別」は〈ものの道理をよくわきまえていること〉。③「紛糾」は〈意見が対立してごたごたすること〉。④「粉飾」は〈見かけをよくして取り繕うこと〉。

問2　6 ⑤　**《理由把握問題》**

傍線部Aの「これ」はモーツァルトの追悼ミサにおける《レクイエム》の演奏のことだが、この《レクイエム》の演奏は「典礼なのか、音楽なのか」「微

妙」だと述べられている理由を読み取る問題である。傍線部A周辺を確認して、理由を探っていこう。

A これが典礼なのか、音楽なのかという問題は、実はかなり微妙である。

❶「典礼」―**追悼ミサであるという限りでは紛れもなく宗教行事である。**

⇔

❷「音楽」―ウィーン・フィルと国立歌劇場合唱団の大部隊による演奏。大規模なオーケストラと合唱団を後方に配置するために、聖堂の後ろにある通常の出入り口を閉め切る（＝聖堂での通常の儀礼ではない）。客（信徒）もオーケストラや合唱の方をみている、など、**音楽自体を「鑑賞」の対象にしている**様子が窺える。

←

❸ 極めつきなのが、大多数の人々はその（典礼の）様子を、メディアを通して体験している。これはほとんど**音楽的なメディア・イヴェントと言っても過言ではない。典礼をも巻き込む形で全体が「作品化」され、「鑑賞」の対象になるような状況が生じている。**

このように《レクイエム》の演奏は**追悼ミサであったという点で「典礼」の要素もある**（＝❶）が、**「鑑賞」することも可能である点から、「音楽」の要素も大いにある**（＝❷）ことがわかる。その意味で追悼ミサの《レクイエム》の演奏が「典礼」か「音楽」かという問いは、答えがどちらかに明確に定まらない問題であるといえる。さらに、**典礼全体がメディアを通じて「音楽的なイヴェント」として「鑑賞」の対象となるという状況も生じている**（＝❸）ことからも、単に「典礼」か「音楽」かのどちらかとして説明することはできないと考えられる。これら三点が適切にまとめられている⑤が正解である。

①「典礼の全体を体験することによって楽曲本来のあり方を正しく認識できる」が誤り。本文にはない説明である。

②について、《レクイエム》は本来は「典礼」と理解されていたが、条件を満たせば「音楽」として捉えることもできる、という誤った説明になっており、傍線部を説明したものとしては不適切。

③「儀式と演奏の空間を分けたことによって、聖堂内でありながら音楽として典礼から自立することにもなった」とする点が不適切。空間を分離したことで、典礼から音楽が切り離された、というわけではない。

なお、①～③はどれも❸の要素を含まず、適当な選択肢とはいえない。

④「典礼が音楽の一部と見なされるように」なったという点が不適切。「典礼が音楽の一部」とみなされるようになったのではなく、典礼全体が「鑑賞」の対象となったのである。

問3 7 ① **《内容把握問題》**

傍線部Bの内容を説明する問題。傍線部Bの直後に「それは……」とあることから、この後に続く内容を確認していけばよいことがわかる。

B 今「芸術」全般にわたって進行しつつある状況

＝それは**「博物館化」、「博物館学的欲望」**などの語で呼ばれる。

・美術館や博物館で、物品を現実のコンテクストから切り取って展示するあり方が不自然だという批判があった。

・単に「もの自体」をみせるのでなく、「もの」が使われたコンテクスト全体をみせ、「もの」が生活の中で使われている状況を可能な限りイメージさせるような工夫がなされた。

・作品の背景になった時代全体を主題化した展覧会のようなものが増えた。

← **（その結果）**

・かつては「聖域」として仕切られた「作品そのもの」の外に位置していたはずの現実の時空もろとも、美術館や博物館という「聖域」の中に引きずり込まれた。

・美術館や博物館で育まれてきた「鑑賞」のまなざしが美術館や博物館だけでなく、町全体に流れ込むようになってきている。

・「博物館化」、「博物館学的欲望」といった語はまさに、そのような心性や状況を言い表そうとしている。

例えば、「京都」は美術館や博物館の外にある現実の空間なのだが、人々は、あたかも美術館や博物館で展示されている「もの」に向けるまなざしと同じ視点で、京都の歴史的な町並みを「鑑賞」している、ということである。

これらを整理すると、「博物館化」、「博物館学的欲望」は、次のようなプロセスを経て成立してきた心性や状況であると考えられる。

> 展示物をその背景とともに捉えてきた↓美術館や博物館で作品に向けられていたまなざしが周囲の景物、はては町全体のような現実の空間にまで向けられるようになった↓現実の空間も「鑑賞」の対象となった。

これをもとに、各選択肢を検討すると、右の内容を過不足なく説明している①が正解である。

②「美術館や博物館内部の空間よりもその周辺に関心が移り」がまず誤り。本文では「『鑑賞』のまなざしが今や、美術館や博物館の垣根をのりこえて、町全体に流れ込むようになった」とあるように、「美術館や博物館内部の空間」と「その周辺」とを比較して、「その周辺」の方がより関心がもたれるようになった、というわけではないので不適切。

③、後半の「地域全体を展示空間と見なす新たな鑑賞のまなざしが生まれ、施設の内部と外部の境界が曖昧になってきた」が不適切。ここは「展示空間」ではなく、「もの」に向けるまなざしと同じ視点で鑑賞することであり、「施設の内部と外部の境界が曖昧になってきた」とも本文で述べられていない。

④、作品のコンテクストが「鑑賞の対象として主題化され」てきた過程は押さえられているが、美術館や博物館で育まれてきた「鑑賞」のまなざしが町全体にまで向けられるようになった、という点が説明されておらず、不十分。

⑤「町全体をテーマパーク化し人々の関心を呼び込もうとする都市が出現してきた」が誤り。このような都市の出現を説明しても、「博物館化」や「博物館学的欲望」の説明をしたことにはならない。また、この都市の事例は、傍線部Bの「『芸術』全般」とはいえないので不適切。

問4　8　⑤　**《理由把握問題》**

傍線部Cは文の後半なので、前半を含めて一文を確認しておきたい。

> だがそうであるならば、「音楽」や「芸術」という概念が自明の前提であるかのように考えてスタートしてしまうような議論に対しては、Cなおさら警戒心をもって周到に臨まなければならないのではないだろうか。

冒頭に「そうであるならば」とあるので、その内容をさかのぼって確認する。

> ・近代的なコンサートホールの展開と相関的に形成されてきた「音楽」や「芸術」に向けるまなざしや聴き方が今や、その外側にまであふれ出てきて、かつてそのような概念の適用範囲外にあった領域にまでどんどん浸食してきている状況である。
>
> ・コンサートホールや美術館から漏れ出したそれらの概念があらゆるものの「音楽化」や「芸術化」を促進している。

問3でも確認したように、ここではコンサートホールや美術館の中で「もの」に向けられてきたまなざしが、外部の現実の空間にまであふれ出ており、そうした**まなざしが向けられることによってあらゆる対象が「音楽」や「芸術」として捉えられるようになった**、ということが説明されている。つまり、「そうであるならば」とは**「音楽」や「芸術」という概念が、「鑑賞」のまなざしによって成り立つものであるならば**、といった意味であると考えられる。

これを踏まえて、なぜ「音楽」や「芸術」という概念を自明の前提とする議論を警戒すべきなのかをさらに考えていくと、まず、直後の一文に「このような状況自体……重要になってくるからである」とあることに着目できるだろう。ただ、この部分は指示語が多用されており、やや抽象的な説明なので、読み進めていくと「問題のポイントを簡単に言うなら……」と、より読者にわかりやすく説明している箇所があるため、こちらを押さえておくとよい。

問題のポイントを簡単に言うなら、**「音楽」や「芸術」は決して最初から「ある」わけではなく、「なる」ものである**ということになろう。それにもかかわらず、「音楽」や「芸術」という概念を繰り返し使っているうちに、それが**いつの間にか本質化され、最初から「ある」かのような話にすりかわってしまい……その結果は、気がついてみたら、……怪しげなグローバリズムの論理に取り込まれていたということにもなりかねない**のである。

つまり、**そもそも「音楽」や「芸術」は、それを「鑑賞」の対象とするまなざしがあることによって、「音楽」や「芸術」になるものである**。それなのに、「音楽」や「芸術」という概念を自明のわかりきっているものとしてしまうと、それ自体が本質化し、**それ自体に最初から普遍的な価値があるものとして捉えられ、気がついてみたら「音楽は国境を越える」「音楽で世界は一つ」という怪しげなグローバリズムの論理に取り込まれかねない**、と説明している。だからこそ、「音楽」や「芸術」という概念を自明のものと捉える議論には、警戒をしなければならないと筆者は述べているのである。

さて、これらの理解を踏まえて各選択肢を確認しよう。選択肢はすべて二文構成だが、一文目はまず「音楽」や「芸術」がどのような概念なのか（どのように成立してきた概念なのか）が説明されており、二文目は「音楽」や「芸術」という概念の成立過程を無視した場合に、どのようなことが危惧されるのか、が説明されている。それぞれを確認していこう。

①「概念化を促す原動力としての人々の心性を捉え損ねてしまう」が誤り。筆者が危惧している理由が説明されておらず、不適切。

②、まず前半の「演奏や展示を通して多様に評価され変容してきた概念」が誤り。「音楽」や「芸術」という概念の成立過程の説明が誤っている。後半は、やや説明が不足しており、「音楽」や「芸術」を自明のものとすると、それ自体が本質化されてしまい、最初から「ある」かのような話にすりかわってしまう、という点が指摘されていない。

③「あらゆるものが『音楽化』や『芸術化』の対象になってゆく状況を説明できなくなる」が誤り。「あらゆるものが『音楽化』や『芸術化』の対象になっていく状況を説明」できないことが問題なのではなく、「音楽」や「芸術」それ自体が本質化し、普遍的な価値をもつものとして捉えられてしまうことが問題なのである。

④、これも③と同様に「それらの周辺にはたらいている力学の変容過程を明確にすることができなくなる」ことが問題なのではなく、不適切。筆者が危惧している理由が説明できていない。

⑤が正解。「音楽」や「芸術」が成立する過程を、「『音楽』や『芸術』は、コンサートホールや美術館で育まれた『鑑賞』のまなざしと関わり合いながら成り立ってきた概念である」とまとめている。また後半では筆者が危惧する内容について過不足なくまとめており、正しい。

問5 9 ③ **《文章の構成・展開に関する問題》**

文章の構成と展開に関する問題である。適当でないものを選ぶ問題であることに注意したい。各選択肢を確認する。

①、[1]段落でモーツァルトの《レクイエム》が、モーツァルトの没後二〇〇年を記念して演奏されたことが説明され、[2]・[3]段落ではこの《レクイエム》の演奏に対して、「音楽」として捉える立場と「典礼」として捉える立場の二つの立場を紹介している。したがって、①の説明は正しい。

②、[4]段落では、[2]・[3]段落の内容を受けて「何よりも重要なのは、……ということである」と問題への指摘を行っている。続く[5]・[6]段落では[4]段落で提起された問題について、《レクイエム》が演奏された当時の様子（宗教行事でありながら、音楽として「鑑賞」の対象にもなっていたことなど）や、メディアを通じて音楽的なメディア・イヴェントとして捉えられていることなど、より具体的な情報が加えられている。また、[6]段落の最後の一文では、「ここで非常におもしろいのは……ということである」と、今後の議論の方向性を定めている。したがって、②の説明は正しい。

③、[7]段落の冒頭で、「このことは、今『芸術』全般にわたって進行しつつ

ある状況とも対応している。それは……」とあるように、6段落までに説明されていた内容は7段落で説明しようとすることと対応していると考えられる。したがって、「7段落は……新たに別の問題への転換を図っており」は不適切であり、これが正解となる。

④、9段落は、7・8段落で導き出された観点（現実の空間全体が「鑑賞」の対象となり、「音楽」や「芸術」として捉えられている）に基づいて、「音楽」や「芸術」という概念を自明の前提とみなすことに対する問題点が指摘されている。また、10段落ではその問題点を踏まえて、『音楽』や『芸術』という概念を繰り返し使っているうちに、それがいつの間にか本質化され、最初から『ある』かのような話にすりかわってしまい……気がついてみたら……怪しげなグローバリズムの論理に取り込まれていたということにもなりかねない」と筆者の危惧を述べている。したがって、④の説明も正しい。

問6 (i) **10** ① (ii) **11** ③ (iii) **12** ② **《複数文章の内容把握問題》**

本文を読んでSさんが書いた、作品鑑賞のあり方についての**【文章】**が示されている。テーマは**【文章】**にある通り、「作品を現実世界とつなげて鑑賞することの有効性について」である。**【文章】**は、いわゆる「聖地巡礼」（作品に登場していた縁のある土地や場所を訪れること）について触れており、二つのポイントについて説明されているので、整理しておこう。

> ❶ 作品を読み終えたり見終わったりした後に、実際に舞台となった場所を訪れることで、現実空間と作品をつなげて鑑賞することができる。作品世界というフィルターを通じて現実世界をも鑑賞の対象にすることが可能である。**〈＝作品を通して現実の印象が変わる〉**
>
> ❷ 作品の舞台を歩くことによって、作品が新しい姿を見せることもある。**〈＝現実を通して作品の印象が変わる〉**

(i) 傍線部をより適切な表現に修正する問題。前後の文脈を押さえておくと、

> 私は何度もそこ（＝作品の舞台になっている町）に行ったことがあるが、これまでは何も感じることがなかった。ところが、小説を読んでから訪れてみると、今までと別の見方ができて面白かった。

つまり、作品を読むことで普段から知っている町の印象が変わった〈＝作品を通して現実の印象が変わる〉というような内容が説明できていればよい。したがって、①が正解。作品を通して、（特に魅力的なところがなかったはずの）なにげない町の風景が魅力的に見えた、ということである。

②は町ではなく、作品の印象が変わる、という説明になっており不適切。

③は「作者の創作意図」、④は「時間の経過」が、それぞれ町の印象が変わることとは異なっており、誤り。

(ii) 脱文挿入問題。加筆される一文は次の通り。

> それは、単に作品の舞台に足を運んだということだけではなく、現実の空間に身を置くことによって得たイメージで作品を自分なりに捉え直すということをしたからだろう。

この一文は❷**〈現実を通して作品の印象が変わる〉**ことに関連している。したがって、**【文章】**中の後半部である「一方で……」以降に挿入するのがよいだろう。そこで、その部分にある（**c**）と（**d**）のどちらに入れるのがよいかを考える。設問の条件は、「自身が感じ取った印象に理由を加えて自らの主張につなげるため」に一文を加筆したい、ということなので、印象＋理由→主張という流れを想定するとよいだろう。

> 「小説の舞台をめぐり歩いてみたことによって小説のイメージが変わった気もした」印象
>
> ↓
>
> 「それは……したからだろう」理由

←「実際の町の印象を織り込んで読んでみることで、作品が新しい姿を見せることもあるのだ」主張

「実際の……のだ」は断定する言い回しで終わっているので、この一文がSさんが強調したい主張だとつかむことができる。したがって、③(c)が理由の部分にあたるので正解。

(iii) **【文章】**の主張を明確にするために全体の結論を加筆する問題。**【文章】**は❶**〈作品を通して現実の印象が変わる〉ことと、**❷**〈現実を通して作品の印象が変わる〉こと**の二点について書かれている。したがって、**【文章】**全体の結論としても、この二点に触れつつ、その主張をより明確にする必要があると考えられる。それを踏まえて各選択肢を検討する。

①、まず❷〈現実を通して作品の印象が変わる〉ことの指摘が不足している。また、「作品世界と現実世界が不可分であることに留意して作品を鑑賞する必要がある」も文章の結論として不適切。

②、前半「作品世界と重ね合わせることで現実世界の見方が変わる」は❶、「現実世界と重ね合わせることで作品の印象が変わる」は❷の説明をしており、正しい。さらに、作品が現実に影響を与え、現実が作品に影響を与えるというように、作品と現実世界の鑑賞のあり方には相互性があることを説明して主張をより明確にしている。

③、まず❶〈作品を通して現実の印象が変わる〉ことの説明が不足している。また、「読者の鑑賞のあり方によって作品の意味は多様である」も**【文章】**の結論として不適切。

④、③と同様、❶〈作品を通して現実の印象が変わる〉ことの説明が不足している。また、「作品世界を鑑賞するには現実世界も鑑賞の対象にすることが欠かせない」も**【文章】**の主張とは合わず不適切。

以上から、②が正解である。

第2問

出典　牧田真有子《まきたまゆこ》「桟橋」（雑誌『文藝』二〇一七年秋季号（河出書房新社）発表、日本文藝家協会編『文学２０１８』（講談社・二〇一八年）掲載）

【資料】　太田省吾《おおたしょうご》「自然と工作——現在的断章」（『プロセス——太田省吾演劇論集』（而立書房・二〇〇六年）所収）

　牧田真有子（一九八〇年〜）は京都府生まれ。小説家。同志社大学文学部文化学科美学及芸術学専攻卒業、同志社大学文学研究科美学および芸術学専攻博士課程（前期課程）修了。二〇〇七年「椅子」で第一〇五回文學界新人賞の辻原登奨励賞を受賞。主な作品に「夏草無言電話」「予言残像」「合図」「動物園の絵」などがある。

　太田省吾（一九三九〜二〇〇七年）は中華民国山東省済南市生まれ。劇作家、演出家。一九七〇年より、劇団転形劇場主宰。「小町風伝」（第二二回岸田國士戯曲賞受賞）「水の駅」「地の駅」「やじるし」等の作品を発表する。劇団解散後は、藤沢市湘南台市民シアター芸術監督、近畿大学教授、京都造形芸術大学教授を歴任。著作に、戯曲「裸足のフーガ」、演劇論集『舞台の水』『劇の希望』『太田省吾劇テクスト集（全）』などがある。

【出題の特徴】

　高校生の「イチナ」と八歳年上の「おば」の関係が描かれた現代小説からの出題である。主人公が高校生であることから、受験生にとっても馴染《なじ》みやすく読みやすいものだったと思われる。

　設問は**問1**で語句の意味を問う問題が復活した。**問2**〜**問5**は、従来通り、登場人物の心情や状況に関わる問題が、**問6**は、本文の表現についての問題が出題された。オーソドックスな出題で、小説の基本的な読み方や解き方が身についているかどうかが問われたといえる。**問7**では本文の理解を深めるため、**【資料】**を参照しながら、教師と生徒の対話の中の空欄を埋める設問が出題された。本文と**【資料】**を関連させながら、適切に読み解く力が問われた。

【概要】　問題文の概要は次の通りである。

Ⅰ　幼い頃のおばとの思い出（1〜19行目）

・イチナが幼い頃のおばの印象は、「ままごと遊びになぜか本気で付き合ってくれるおねえさん」だった。

・児童公園でさまざまな年齢の子どもたち七、八人を巻き込んでままごとをしていたが、ままごとといっても、ありふれた家庭を模したものであったためしはない。彼女からは簡単な説明があるだけなので、子どもたちは的外れなせりふを連発するが、おばがいる限り世界は崩れなかった。

・ここと、ここにあるはずのない場所とががらりと入れ替わっていく一つの大きな動きに、子どもたちは皆、巻き込まれたがった。

Ⅱ　幼馴染との電話（21〜46行目）

・イチナは自室で幼馴染（友人）との電話中、ちょっとした話題の一つとして、おばが現在居候中であることを話す。すると、友人は、はじめはためらいがちに、実はおばは、友人の家にしばらく居候していたことがあるのだと打ち明ける。

・イチナは階下の台所で話すおばと母の会話を聞いたり、絨毯の上の糸屑を拾ったりしながら、友人との電話を続けた。

・友人は、おばを「全っ然、ぼろ出さないね」「おばさんの場合いっそ自然の側みたいに思える時ない？　他人なのに不透明感なさすぎて」と評した。

Ⅲ　おばという人物について（47行目〜最終行）

・友人の家にまで居候していたというおばを非難しつつ、イチナはおばという人のあり方について考える。

・厳格な祖父ですら、本当のことを受け入れれば自分自身を損なうような場面ではやにわに弁解し、自分の領域を護ろうとするときがあった。普通、人にはもっと、内面の輪郭が露わになる瞬間がある。肉体とは別に、

> その人がそこから先へ出ることのない領域の、縁。当人には自覚しきれなくても他人の眼にはふしぎとなまなましく映る。たしかにおばには、どこからどこまでがおばなのかよくわからない様子があった。
>
> ・おばを住まわせた人たちは皆その、果てのなさに途中で追いつけなくなってしまうのだ。私はごまかされたくない、とイチナは思う。
>
> ・おばは、居候をする理由について、「私の肉体は家だから。だから、これより外側にもう一重の、自分の家をほしいと思えない」と述べ、イチナはそれを、「演じるごとに役柄に自分をあけ払うから」だと理解した。

問1 13 ④ 14 ④ 15 ② **《語句問題》**

(ア)「うらぶれた」は〈地位や財産などを失ってみすぼらしくなる〉という意味。したがって、④が正解。

(イ)「もっともらしい」は〈いかにも道理にかなっているように見えるさま〉。したがって、④が正解。

(ウ)「やにわに」は〈すぐに、突然に〉の意味がある。②が正解。

問2 16 ① **《内容把握問題》**

傍線部A「おばがいる限り世界は崩れなかった」を説明する問題。まず、傍線部Aは一文の途中にあるため、全体を確認しておく。

> 彼女からは簡単な説明があるだけなので、子どもたちは的外れなせりふを連発するが、おばがいる限り世界は崩れなかった。

傍線部Aの「世界」はおばが設定し表現する「ままごと」の世界観や秩序のことだと考えられる。本文の9～16行目を読むと、おばとする「ままごと」は一般的に想像するような家庭での様子をまねした〈ごっこ遊び〉と違い、「専業主婦の正体が窃盗団のカシラ」「王家の一族」など、設定が特殊である。また、せりふの言葉遣いも子どもには耳慣れないものが多い。さらに、おばからは「ままごと」の設定やせりふについて「簡単な説明があるだけ」だったので、子どもたちは「ままごと」の設定や各々の役柄に合わない「的外れなせりふを連発」することになる。しかし、傍線部Aの直後にあるように、おばは自在な演技を駆使しており（これは「ままごと」の世界がおかしな方向に進まないように適宜調整をしていたと考えられよう）、その演技に「子どもたちは皆、巻き込まれたがった」のである。そのようなおばの演技に「ままごと」の世界観や秩序が保たれていた、ということになる。以上を踏まえた①が正解。これは傍線部Aの「世界は崩れなかった」を「自在な演技をするおばに生み出された雰囲気によってその場が保たれていた」と言い換えており、適切である。

②おばの「ままごと」は「子ども相手のたわいのない遊戯だった」とはいえず、不適切。また、世界が「崩れなかった」ということと、「参加者全員を夢中にさせるほどの完成度に達していた」こととは異なるので、誤り。

③「相応の意味づけをしたため、結果的に子どもたちを退屈させない劇になっていた」が誤り。おばは自身の演技によって「ままごと」を成立させていたのであり、子どもたちの「的外れなせりふ」に対し「相応の意味づけ」をしたというわけではない。また、「子どもたちを退屈させない」のは、おばの自在な演技やそれが作り出した「危険な匂い」や雰囲気に対してであり、誤り。

④「奇抜なふるまいを子どもたちに求めるものだった」が不適切。奇抜な設定の「ままごと」だったが、「的外れなせりふ」でも許されていたように、子どもたちに「奇抜なふるまい」を求めたというわけではない。⑤「おばが状況にあわせて話の筋をつくりかえることで、子どもたちが楽しんで参加できる物語になっていた」が不適切。子どもたちのせりふに合わせて話の筋がつくりかえられていたわけではなく、それによって「子どもたちが楽しんで参加できる物語になっていた」のではない。おばは自在な演技を駆使し、その演技に子どもたちが皆、巻き込まれたがったのである。

問3 17 ④ **《理由把握問題》**

傍線部B「もう気安い声を出した」の理由を説明する問題。まず傍線部Bを含む一文の全体を見ると「言ってしまうと友人は、もう気安い声を出した」と

ある。したがって、友人が「気安い声」を出したのは「言ってしま」ったことがきっかけであることがわかる。何を「言ってしまう」かといえば、〈おばが友人の家に居候していたこと〉である。友人はイチナにおばを居候させていたことを隠していたのである。傍線部Bにある「もう」は〈もはや・すでに〉といった意味の副詞だが、〈もはや〉隠し事をしゃべってしまったのだからと、それまでの緊張感や後ろめたさから解放されて、すっきりとした気持ちになった友人の様子が見て取れる。

ここに至るまでのイチナと友人のやりとりを確認する。

> イチナがおばの居候について話題にあげる。
>
> ↓
>
> 電話口の向こうに、すばやい沈黙があった。……一拍おいて友人は……ちぐはぐなことを言った。
>
> 「……電話代わろうか」イチナが冗談半分で勧めると、相手（友人）も「結構です」と笑って言ったが、そこには何か、拭いきれていない沈黙が交じっている。
>
> ↓
>
> 「おばさんと話すのは億劫？」とイチナは訊いた。
>
> 「いや、これ言っていいのかな。おばさんさ、私の家にもちょっと住んでたんだよね。……あ、別にいいんだよ、じゅうぶんな生活費入れてくれてたし。私もほら、一人暮らしも二年目で飽きてたし」
>
> ↓
>
> 言ってしまうと友人は、Bもう気安い声を出した。

イチナは電話先の友人の雰囲気（沈黙やちぐはぐなことを言う様子）から、友人がおばのことをよく思っていないのではないかと思い、おばのことをどう思っているのかそれとなく聞くことにした。それに対しての友人の心情を整理しよう。

> ・おばを嫌がっているのでは、というイチナの懸念を解くために、これまで話さずにいたおばとの同居について話す（嫌がっていたわけではない、ということを強調するために、生活費や一人暮らしの退屈さについても説明を加える）
>
> ↓
>
> ・隠し事をすでに明かしてしまったので、隠し事に対する気まずさから解放されて、すっきりした気持ちでイチナとおばの話を続けている。

これらの心情の動きを説明した④が正解である。

①「同居していたことをおばに口止めされていた」かどうかはわからず、不適切。

②「イチナに隠し事をしている罪悪感に耐えきれず」とあるが、おばが居候していたことを黙っていたことに「罪悪感」までもっていたかどうかはわからない。「イチナとの会話を自然に続けようと考えてくつろいだ雰囲気をつくろうとした」も誤り。友人が「気安い声を出した」のは、隠し事から解放されて気楽に話せると考えたからであり、「くつろいだ雰囲気をつくろう」という意図があってのことではない。

③「同居するなかでおばと親密になった友人」が誤り。おばとの共同生活は、結果として「なぜかはっきり思い出せない」ものになっており、関係が親密になったとは考えられない。またイチナは「おばさんと話すのは億劫？」と友人がおばのことを嫌がっているのかと懸念していたのだから、「付き合いがないことを示して」もイチナを安心させることにはつながらない。

⑤友人が「おばがイチナにうっかり話してしまうことを懸念して」という描写はなく不適切。

問4 **18** ②　**《表現把握問題》**

絨毯の上の糸屑を拾うという動きに表れているイチナの気持ちが問われている。本文中で絨毯の上の糸屑を拾う動きが描写されている箇所に着目する。

・空いている方の手で絨毯の上の糸屑を拾っていたイチナの動きがとまる。（33行目）

イチナは狼狽（＝うろたえる、あわてる）を引きずったまま再び手を動かし始める。（37行目）

→ここは、おばと友人が同居していた、と聞かされた場面。（30～32行目）

イチナの手の動きがとまったのはおばと友人が同居していたことを聞かされたことによる驚きや衝撃によるものだと考えられる。

・イチナは今度は、絨毯の上の糸屑を拾う手をとめない。上手くとめられなかったのだ。（47行目）

→おばと同居していた友人から見たおばの人物評価（「自然の側みたい」・「他人なのに不透明感なさすぎて」）を聞いた場面。（40～46行目）

「上手くとめられなかったのだ」という表現に、イチナの動揺が表れていると考えられる。イチナがこれほど動揺していたのは、友人が伝えてきたおばの人物像が、自分がそれまで感じてきたものとは違う見方だったからだろう。本文60行目に「友人の言うとおりなのかもしれない」という一文があり、ここでやっと友人の言うおばの人物像が腑《ふ》に落ちている様子である。そこで、友人の人物評価がイチナにとっては意外なものだったとわかる。これらを整理しよう。

❶おばと友人が同居していたことに衝撃を受けた。

❷友人が自分が思ってもみなかったおばの一面を伝えてきたことに動揺した。

→これらの狼狽や動揺といった心のありようが、糸屑を拾う手の動きに表れている。

以上を踏まえると、正解は②。

①「自分とおばの関係に他人が割り込んでくることの衝撃」が誤り。イチナはおばと友人が同居していたという話に驚いているが、自分とおばの関係に友人が入り込んでくることに抵抗や忌避感を覚えたわけではないので不適切。

③「おばの居候の生活を厚かましく迷惑なものと捉えていた見方を覆された」が誤り。おばの居候に対して新しい見方を得たのではなく、おばの人物像に対して意外な評価を聞いたのである。

④「現在とは違いおばに懐いていた頃を思い返すイチナの物寂しい思い」が不適切。ここではイチナが過去を思い返している様子はないし、自分とおばの関係について、現在と過去とを比較して今を物寂しく思っているわけではないので、誤り。

⑤「おばに対して同じ思いを抱いていたこと」が誤り。イチナは友人からおばの意外な人物評価を聞かされたことにうろたえていたのであり、「同じ思いを抱いて」いたわけではない。

問5 **19** ② **《心情把握問題》**

傍線部Cのイチナの気持ちを説明する問題。「私はごまかされたくない」というのだから、「私」以外の誰かはおばに「ごまかされ」ていることになる。〈『私』以外の誰か〉とは「おばを住まわせた人たち」のことであり、ここでは〈同居したのに共同生活中のことをあまり思い出せない友人〉や〈おばの居候を許している母〉のことであると考えられる。

では、「ごまかされ」ていた、とはどういうことか。本文には、おばと「おばを住まわせた人たち」との関係について、イチナが分析している箇所があるので押さえておきたい。

普通、人にはもっと、内面の輪郭が露わになる瞬間がある。肉体とは別に、その人がそこから先へ出ることのない領域の、縁。当人には自覚しきれなくても他人の眼にはふしぎとなまなましく映る。たしかにおばには、どこからどこまでがおばなのかよくわからない様子があった。

（60～62行目）

母だけではない、おばを住まわせた人たちは皆その、果てのなさに途中で追いつけなくなってしまうのだ。（64行目）

おばには〈内面がはっきりせず、どこまでがおばなのかよくわからない。おばという人物を明確につかめない〉といったところがあり、「おばを住まわせた人たち」はそのつかみどころのない「果てのなさ」に追いつけなくなってしまうのだという。これを「ごまかされる」と表現しているのである。

傍線部では、「私はごまかされたくない」というのだから、こうしたおばのつかみどころのなさに惑わされることなく、おばという人物をしっかり見定めたいとイチナが考えているのだということがわかる。したがって、正解は②。

①「（おばの居候生活を）自分だけは迷惑なものとして追及し続けたい」が誤り。ここはおばという人物をつかみたいということであり、居候は迷惑であると非難し続けたい、ということではないので誤り。

③「明確な記憶を残させないようおばがふるまっているため」がまず誤り。「明確な記憶を残させないよう」にふるまっているかどうかは、本文では判断がつかない。「自分だけはおばを観察することによって記憶にとどめておきたい」も不適切。ここはおばという人物をつかみたい、ということであって、おばを観察することでおばとの生活を記憶にとどめたいと思っているわけではない。

④「同居していた友人や母ですらどこまでが演技か見抜くことができなかった」が誤り。ここは、おばという人がどういう人物なのかつかめない、ということであって、「どこまでが演技か」とおばの本心を知りたいということではないので不適切。

⑤はまず「何を質問してもおばがはぐらかすような答えしかしない」が不適切。イチナの「質問」に対しておばがすべて「はぐらかすような答え」をしていたとはいえない。また、「おばの居候生活の理由」は「隠し通されてきた」わけでもなく、それを解き明かしたい、ということでもないため不適切。

問6　20　②　**《表現把握問題》**

本文の表現の説明として適当でないものを選ぶ問題。

①指摘されている擬音語・擬態語は、中学校時代のおばの様子や行動を示したものとして適切。

②「子どもたちの意識が徐々に変化していく様子」が不適切。ここの「遊具の影」の動きは、太陽の動きとそれにあわせてできる影によって、日が暮れていくこと（＝時間の推移）を表したものである。また、子どもたちにも〈帰りたい〉〈ままごとをやめる〉といった変化を示す描写は見られない。よって、「子どもたちの意識」の変化を描写したものとはいえないので、②が正解。

③選択肢に書かれている通り、22～47行目では、友人の話すイチナの知らないおばの話と階下から聞こえてくる身近なおばの様子とが交互に示されており、「おばの異なる姿が並立的に表現」されているといえ、適切。

④選択肢に書かれている通り、50～57行目では、居候をめぐるイチナとおばのやりとりがせりふだけで描写されており、イチナが次第に「言い募っていく」さまが「臨場感をもって」表現されている。

⑤選択肢に書かれている通り、「たしかに……氷山の一角みたいに。」には、比喩と倒置が用いられており、適切。また、「氷山の一角」は海面下に隠れている大きなものをうかがわせる表現であり、「イチナから見たおばのうかがいしれなさ」が示されていると考えられるため適切。

問7　(i)　21　④　(ii)　22　③　**《複数資料の内容把握問題》**

「おば」は居候する理由をイチナに問われ、「私の肉体は家だから」（67～68行目）と答えた。この言葉をイチナは「演じるごとに役柄に自分をあけ払うから。」（69行目）ということだと理解した。イチナによるこうしたおばの捉え方を、**【資料】**や教師と生徒の対話から深めることを求めた問題である。

【資料】太田省吾「自然と工作――現在的断章」の要点は次の通りである。

・われわれは、日常、**己れの枠をもたずに生活しており、**〈**私**〉**を枠づけたいという欲求は、われわれの基礎的な生の欲求である。**

・われわれは、**なに者かである者として〈私〉を枠づけ自己実現させたい**のだ。
・演技の欲求を、自分でないなに者かになりたいという言い方で言うことがある。つまり、それは**自分になりたい欲求を基礎とした一つの言い方**である。

(i)　空欄**X**・**Y**について。

教　師――この**【資料】**によると、**「われわれは、日常、己れの枠をもたずに生活している」**ので**「〈私〉を枠づけたいという欲求」**を持つとのことです。
生徒M――イチナはおばのことを「X」と思っていました。それは**【資料】**の「Y」ようという様子が**おばには見られない**ことを示しているのではないでしょうか。

解答については前後するが、空欄**Y**から考えた方がわかりやすい。教師の言葉や**【資料】**を踏まえると、**人は「なに者かである者として〈私〉を枠づけ」ようとするものだという**。しかし、**そうした様子がおばには見られない**、と生徒Mは考えているのである。したがって、空欄**Y**には「なに者かである者として〈私〉を枠づけ」が入るので、正解は①か④に絞られる。

空欄**X**には、イチナがどのようにおばを捉えているかを踏まえた内容であるもの、また、〈おばには「なに者かである者として〈私〉を枠づけ」ようとする様子が見られない〉という内容と関連するものが入ると考えられる。イチナがおばの人物像を分析している箇所を確認しよう。

普通、人にはもっと、内面の輪郭が露わになる瞬間がある。肉体とは別に、その人がそこから先へ出ることのない領域の、縁。当人には自覚しきれなくても他人の眼にはふしぎとなまなましく映る。たしかにおばには、どこからどこまでがおばなのかよくわからない様子があった。
（60〜62行目）

おばには、通常人にあるはずの「領域の、縁」がなく、「どこからどこまでがおばなのかよくわからない」ところがある。この「領域の、縁」や「どこからどこまで」という表現が、**【資料】**中の「己れの枠」や「〈私〉を枠づけたい」という言葉と対応していると考えられる。そこで、空欄**X**には「どこからどこまでがおばなのかよくわからない」が入ると判断できる。したがって、正解は④。

(ii)　空欄**Z**について。

生徒N――イチナはおばのことを、日常生活で「Z」と考えています。幼い頃に体験した中学生のおばの演技の様子も考えると、**役者としてもおばは様々な役になりきることで自分であることから離れている**、とイチナは捉えていると思います。……
教　師――**【資料】**では、「自分でないなに者かになりたい」欲求の現れとして演技がみなされていますが、**イチナの考えているおばのあり方とは隔たりがありそう**ですね。

生徒Nと教師の対話を踏まえると、空欄**Z**に入る内容の条件は次の二つ。

・役者としてもおばは様々な役になりきることで自分であることから離れている。
→様々な役になりきることで、おばは〈私〉という枠にとらわれないし、自分を枠づけようとしていない。
・イチナが考えているおばのあり方は**【資料】**の内容（＝自分を枠づけたいという欲求）とは異なる。

これを踏まえて各選択肢を検討する。
①「『枠』を隠し『実現』させたい『自己』を人に見せない」が誤り。「『実

現』させたい『自己』」は【資料】による「演技」についての説明であり、おばのあり方とは異なる。

②「『〈私〉を枠づけたいという欲求』の内容を常に更新しながらその欲求を実現」が誤り。おばには「〈私〉を枠づけたいという欲求」が見られないため、不適切。

③演技を通して〈私〉という一つの「枠」にとらわれないふるまいをしているおばのあり方をまとめており、これが正解。

④「『自分になりたい』という『欲求』に基づいて」は【資料】の内容を説明したものであり、おばのあり方とは異なるため不適切。

第3問

出典 天野政徳《あまのまさのり》『草縁集《そうえんしゅう》』（秋山光彪《あきやまみつたけ》「車中雪」）

『草縁集』は天野政徳により編纂された歌文集。文政二年（一八一九）刊、十二巻四冊、一七六〇首の短歌のほか、長歌十三首、和文十五篇からなる。長歌・和文を収める点に特徴があり、賀茂真淵以降の江戸派の和歌観・文章観が反映されている。

「車中雪」はそのうちの和文の一作品で、作者・秋山光彪は江戸時代後期の国学者、歌人（安永四〈一七七五〉～天保三〈一八三二〉年）。豊前小倉藩藩士で、村田春海に師事した。香川景樹の家集『桂園一枝』を批判した「桂園一枝評」でも知られる。

【出題の特徴】

近世作品からの出題は二〇一八年度の本居宣長『石上私淑言』以来。また二〇二三年度の『俊頼髄脳』に続いて和歌が複数含まれている。本文は一つ、**問4**に現代文の説明文があるが古文の引用はなく、読解の負担は軽減されている。

問1・**問2**は従来通りの形式で、基本的な語彙や文法事項が問われる。**問3**は和歌に関するもの。選択肢が四つで、うち和歌**X**・**Y**の説明がそれぞれ二つずつのため検討がしやすい。**問4**は資料問題で、前述の通り現代文である上に、本文読解に資する内容が含まれており、早めに目を通していれば文章の内容を把握しやすかったことだろう。問いも空欄の前後の内容がヒントになっており、選択肢も四つと、大変解きやすい。選択肢の数、設問の作りから易化といってよい。

問4の解説文で指摘される通り『源氏物語』を強く意識した擬古文ということもあり、江戸時代の作品ながら語彙や言い回しが古めかしく、典型的な重要単語が中心といえる。あまり一語一語の解釈に神経質になりすぎず、文章全体の展開をつかんで読み進めたい。

【概要】

- 主人公は雪に誘われるように、突然桂の院訪問を思い立つ。急に決めた外出のため、普段であれば供とする源少将らにも知らせることなく、家従四、五人を供として出発する。
- 「空より花の」などと雪を楽しんでいたが、早々にやんでしまい、人々は大変悔しがる。主人公もそのあっけないことを残念がるが、かといって引き返すのもきまりが悪いと考え、先を急ぐ。そのうち先ほどよりもさらに雪が散り乱れ、道の端に牛車を停《と》めさせてその景色をご覧になる。
- 人々もたいそう喜び、見事な雪景色を前に口々に言い合い、主人公も「このままここで雪を賞美しよう」と、下簾をかかげながら和歌を詠んだ。
- 水干姿の童が源少将からの手紙を届けにくる。手紙には訪問を知らされずに置いていかれたことを恨むような歌が書かれていた。主人公は「あなたを待っていたのだ」という歌を詠んで雪がついた松の枝に結びつけて返事をした。
- 曇っていた空が晴れて、桂という名を持つ里にふさわしい、すばらしい雪景色があたり一面にひろがり、不思議なまでにまぶしい夜のさまであった。
- 桂の院の預かりが慌てて出てきて、いろいろと世話をするがなにかと裏目に出る。人々は早く桂の院に入りたいとそわそわし始め、主人公もそれはもっともだと思うものの、やはりこの景色をそのまま見過ごしてしまうのを惜しく感じたのだった。

問1 23 ③ 24 ② 25 ⑤ **《語句の解釈問題》**

(ア) 主人公が増築した桂の院に〈おいでにならなかった〉ことを修飾した部分。形容動詞「あからさまなり」は重要単語。

> **あからさまなり**【ナリ活用形容動詞】
> 物事が急に起こるさまを指して〈突然である〉の意。また、一時的であるさまを指して〈ちょっと、かりそめに〉などの意。この場合、「あからさまにも」の下に打消の語を伴って〈全く・少しも～しない〉と訳す。
> 現代の〈あらわ・明白なさま〉の意は近世以降にみられるもの。

直後に「渡り給はざりし」と打消を伴うことから、「少しも（～ない）」と訳した③が正解。他の選択肢はいずれも「あからさまなり」の語義に合わない。

(イ) 主人公は、このような外出時に諸道に精通した者を伴うのが常であったが、今回その限りではなかった理由を述べた部分。

> **とみなり**【ナリ活用形容動詞】
> 急を要するさまを指し、〈急、にわかなさま〉の意。連用形「とみに」の形で副詞的に用いられるほか、傍線部のように連体詞的に用いられることが多い。
> ＊形容動詞語幹は直後に格助詞「の」を伴って、連体修飾語にもなる。

以上より②が正解。この度の桂の院訪問が「急なこと＝にわかに思いついたこと」であったがために、源少将らに知らせることなく出立したのだと説明されている。②以外はいずれも「とみなり」の訳として不適切。

(ウ) 主人公に手紙を届けた童に対する表現。

> **かたち**【名詞】
> ひろく物のかたちを指すが、古文では〈容貌、容姿〉の意で用いられることが多い。

> **をかしげなり**【ナリ活用形容動詞】
> 形容詞「をかし」に接尾語「げ」が付いたもの。形容詞「をかし」の意をうけて〈趣のあるさま〉〈滑稽なさま〉また〈正常でなくあやしげなさま〉と訳すこともあるが、多くは人の姿かたちに対して、〈美しく魅力的であるさま、可愛く愛らしいさま〉をいう。

以上より、正解は⑤。②・③は「かたち」の訳が含まれず、①は「をかしげ」の好意的な側面を踏まえられていない。④は「かたち／を／かしげ」と解したもので不適切。

問2 26 ② **《文法知識および表現把握問題》**

本文全体から複数箇所を取り上げ、その文法事項と表現効果を説明する問題である。ただし今回は、前半の文法の正誤判断のみでは正答できず、後半の表現についても十分検討する必要がある。

①は「し」を強意の副助詞とする点が不適切。「たりし」は完了の助動詞「たり」＋過去の助動詞「き」で、〈おもしろがっていた〉の意。主人公が降る雪に対して和歌を引き興じていたが早々に雪がやんでしまった場面で、直後の「も」は逆接の接続助詞に解す。仮に「し」が強意の副助詞だった場合、「も」は係助詞でともに強調の意となり、文意が通らなくなる。

②は「む」を仮定・婉曲の助動詞とし、主人公が仮に想定しているということを説明できており、適切。雪がやんだものの、〈だからといって引き返してもきまりが悪いだろう〉と主人公が引き返した場合を想定している。「仮定・婉曲」と併記されることからわかるように、両者が明確に区別できない場合も多く、参考書によっては〈もし～なら、そのような～〉とひとまとめにした解釈も見える。また、婉曲として〈引き返すようなことも〉と解すことも可能だが、「引き返した場合の状況を主人公が考えている」といえるだろう。

③は、「面変はり」を「人々の顔色が寒さで変化し」たこととする点が不適切。「面変はり」は〈顔つきが変わること〉のほかに〈物の様子が変わること〉をいう。降り乱れる雪によって〈少しの間に様子を変えてしまった〉のは、

「何がしの山、くれがしの河原」である。

④は「させ」を使役とした上で、「主人公が和歌を詠んで人々を楽しませた」とする点が不適切。「興ず」は〈心をひかれ、おもしろがる〉意で、ここでは見事な雪の景色に対し主人公がおもしろみを感じたことを指す。その気持ちの発露が詠歌であり、和歌それ自体を「興じさせた」のではないことに注意。「（さ）せ給ふ」の助動詞「す」は尊敬・使役どちらの可能性もあるが、「興ぜさす」はあとに敬意表現を伴い、二重敬語で解す例が圧倒的に多い。「さす」を使役の意で用いた例は管見の限りだと『今昔物語集』巻三十・十一に「見セテ興ゼサセム〈おもしろがらせてやろう〉」の例があるのみ。「せ給ふ」は本文で他に「ひたやりに急がせ給ふ」（6行目）、「折らせ給ひて」（19行目）の二例が見える。どちらも使役と解せるため、主人公に二重敬語が使われているという根拠がなく判断に迷うところだが、「思し立たすめる」（1・2行目）、「思しおきて給ふ」（3行目）などの例から、主人公に二重敬語を用いることは問題ないといえる。また「『空より花の』とうち興じたりしも」と和歌を引いて〈雪の景色におもしろみを感じ〉るという同様の描写があることもヒントになる。

⑤は「見給ふ」の敬意の方向が誤り。波線部は〈大夫が取り次いで差し上げるのをご覧になる〉意で、手紙を「見給ふ」のは主人公であるから、作者から主人公に対する敬意が表されている。本文では、大夫をはじめとする家司の人々に敬意表現はみられない。

問3 27 ④ **《和歌の解釈問題》**

詠歌状況などを踏まえた、二首の和歌の解釈を問うもの。選択肢は四つ、説明も一首に対するもので短いため、比較的解きやすい。

X歌は童によって届けられた「源少将よりの御消息」である。詞書には〈いつもあとに残しなさることもないのに、このように〉とあり、主人公が普段であれば供とするところを「とみのことなりければ、かくとだにもほのめかし給はず」出発したため、自分が残されてしまった（詞書「かく」）ことに対する和歌であることをまず押さえよう。

X歌では「ふり」に〈白雪が降る〉〈自分が振り捨てられる〉の意がかけられ、「雪」の縁語（積もる）を用いながら、〈白雪が降り積もっていますが、あなたに振り捨てられた私のところには恨みだけが幾重にも積もっています〉と、置き去りにされた恨みが積もっていると主人公の薄情さを責める気持ちが詠まれている。

それに対し、主人公は「ほほ笑み給ひて」返歌をする。**Y**歌では「ゆき」に〈雪〉〈行き〉の意味がかけられ、〈（私を）尋ね求めて来るだろうかと、雪の中を行き車の跡をつけながらあなたを待っているとは、あなたは知らなかったのだろうか〉と、源少将をなだめる歌を詠み、雪の積もった松の枝に結んで返したとある。

主人公が黙って出発してしまったことに拗《す》ねる源少将と、それをほほ笑ましく思いなだめるような返事をする主人公の応酬である。以上を踏まえ、選択肢を検討する。

①は「主人公の誘いを断った」という詠歌状況、「私への『恨み』が積もっている」という解釈ともに誤り。誘わなかった主人公に対する、源少将の恨みが詠まれている。

②は「恋情を訴えた」という和歌の解釈が誤り。せっかくの桂の院訪問に際し置いてきぼりにされたことを責めるもので、恋情を訴えたのではない。

③は「源少将が待つ桂の院」という状況説明が誤り。源少将がどこにいるかは定かでないが、主人公が源少将を供とせず桂の院を訪問しようとした状況から少なくとも桂の院にいることはない。

④は掛詞と和歌の解釈ともに適切であり、これが正解。

問4 (i) 28 ② (ii) 29 ② (iii) 30 ③ **《複数文章の比較読解問題》**

本文の「桂」という表現を切り口に解説した文章で、本文読解に資するところが大きい内容になっている。むしろここで挙げられている「月の中なる里」「桂風を引き歩く」の表現は、受験生にとって注なしには解釈し難いものであったろう。もし本文よりも先に、設問全体に目を通すような解き方をしていた

場合は、その解釈に困らされることもなくスムーズに問題に取り組むことができたと思われる。

(i)　空欄Ⅰは「月の中なる里」が桂を踏まえた表現だということを押さえた上で「ここもまた」の歌を解釈するもの。上の句はすでに文章中に訳が示されており、ここでは「ならし」という断定的推量の根拠となる下の句を解釈すればよい。

よ(世)に似ず

〈世の中に類がない〉の意。〈比べるものがない〉ことから〈この上もない〉の意でも用いられる。「世に知らず」などの類語もある。ここの「よ」は「夜」ではないので注意。

よって「雪の光」が〈世の中に類がない〉ほどであることが説明されている②が正解。

他は「よに似ず」を適切に訳出できていない。①の「比較できない」は〈比べるものがない〉とは意味が異なる。また「小倉や梅津」は家司の会話内でのもので、和歌には無関係。③は「雪の光」が踏まえられていない。④の「昼のように明るい」という意味は見出《みいだ》すことができない。

(ii)　空欄Ⅱは桂の里が「名に負ふ里」と表現されることについて、「桂」と「月」の関わりから考えるもの。対象となる20〜22行目は、日が暮れだしそれまでの曇っていた空がいつのまにか晴れわたった際の情景描写である。本文の訳としてふさわしい選択肢を探そう。

名に負ふ

〈名前としてもつ〉ことから〈名高い、有名である〉の意。強調の副助詞「し」とともに「名にし負ふ」として和歌によく詠まれる。

「名に負ふ里の月影」とは、「桂の里の月影」としてもよいところを、「桂」が「月」を連想させる名であることから、〈月を連想させる〉名を持つ〈桂の〉里だけに、月の光が美しく……〉と直後の「月影」を踏まえた表現を用いているのである。そして、次に挙げる美しさの描写が続く。

a　雪の光もいとどしく映えまさりつつ

〈＝雪の光もいっそうあざやかに美しく〉

※形容詞「いとどし」は〈ますますはなはだしい〉の意。

b　天地のかぎり、白銀うちのべたらむがごとくきらめきわたりて

〈＝あたり一面、白銀を打ってのばしたように輝きわたり〉

※「天地のかぎり」「白銀うちのべたらむ」はどちらも比喩。「天地」はそのまま〈天と地、世界の全て〉の意で、ここでは見渡す限り、目に映る世界全てを指した表現。見渡す限り〈白銀を打ってのばしたように〉輝いているのは雪とそこに差す月明かりゆえである。

c　あやにまばゆき夜のさまなり。

〈＝不思議なまでにまぶしい夜のさまである。〉

※副詞「あや(奇)に」は驚嘆の意の感動詞「あや」に助詞「に」が接続したもの。言葉に表せない、理解できないほどの感動をいい、〈たとえようもなく、不思議なほど〉などの意。

以上の、「名に負ふ」という表現の解釈、情景描写の訳として適切な②が正解。

①はまず「わずかな隙間」が「なごりなく晴れわたり」と矛盾する。また「一筋の月の光」も「天地のかぎり」という表現と相違するため不適切。

③は「少しずつ薄らぎ」に該当する本文がないほか、「差し込んでいるものの」と逆接で続けた内容が不適切。雪が光によって輝くのであって、雪が月の光を「打ち消して」いるのではない。

④は「空にちりばめられた銀河の星」という内容は本文にないため不適切。「天地」にはたしかに〈宇宙〉の意味もあるが、ここでは比喩で用いられている。

(iii) 空欄Ⅲは『源氏物語』の「浜風を引き歩く」という表現が「人々が思わず浜を浮かれ歩き風邪を引く」意味で用いられていることを踏まえて、本文25行目「桂風を引き歩く」をはじめとして、この場面で主人公や人々がどのように描かれているかを考えるものである。

最終段落では、（1）桂の院の管理を任された男（「院の預かり」）→注14では「人」とあるが、烏帽子をかぶっているので男性）、（2）家司たち（「人々」）、（3）主人公がそれぞれ描写されている。

まず（1）男（「院の預かり」）は、主人公の突然の訪問に対応するが、牛の額の雪を払おうとして烏帽子を落としてしまったり（「頭ももたげで……烏帽子を落とし」）、せっかくの雪を踏みつけながら道を整えようとして、手足を海老のように真っ赤にして風邪を引いたり（「御車やるべき……引き歩く」）と、やることが裏目に出る、散々な様子であった。資料本文の「人々が思わず浜を浮かれ歩き風邪を引くというユーモラスな場面」という説明を踏まえると、「桂風を引き歩く」からは同情や心配ではなく、おかしみを読み取るべきであろう。

一方の（2）家司たちは、桂の院の様子に心ひかれるために〈今はもう早く車を（桂の院に）引き入れよう〉とみなそわそわしていた（「人々、……そそきあへる」）。

そのような人々の様子に対する、（3）主人公の描写が「『げにも』……見過ぐしがたうて」である。「げにも」は〈その通りだ、もっともだ〉の意で、何に対して「その通りだ」と思っているのかがポイントになる。注意すべきは続く「思すものから」である。

ものから【接続助詞】

もともと逆接の意で、中世以降順接の意で用いられるようにもなる。

今回の『草縁集』は近世の作品だが、擬古文（平安時代の文学を意識した文章）であることから、逆接として用いられていることは矛盾しない。

今回は、前後の文脈から逆接と導くことは十分可能。

つまり「その通りだ」と思うものの、〈ここもやはりそのまま見過ごしてしまうのは惜しくて〉と見事な雪景色を前に、そこを去ることに名残惜しさを感じているのである。よって「げにも」は〈早く桂の院へ〉という家司たちの言葉に対するものとわかる。

以上、三者の様子を適切に説明できている③が正解。院の預かりの軽率さは「轅に触れて烏帽子を落とし」「あたら雪をも踏みしだき」などから見てとれるほか、先を急ぐ人々に対して、どうしてもすばらしい景色に心引かれる主人公はまさに「風雅な心」をもった人物として描写されているといえよう。

①はまず「仕事が手につかない」が誤り。主人公ら訪問者に対応する中で「足手の色を海老になし」たとある。また主人公の心内語を「その場に居続けようとする」ものと解する点も不適切。実際に居続けようとしているのではなく、「げにも」と同意しながらも、後ろ髪を引かれている様子を表している。

②は人々が「風邪を引いた院の預かりを放って」桂の院に移動しようとしているとする点、主人公の「げにも」の解釈が不適切。

④は人々の台詞を「都に帰りた」いと解する点が不適切。「とく引き入れてむ」とは桂の院に車を引き入れることを指す。また「周囲の人を気にかけない」という主人公の姿も描かれていない。

全訳

桂の院を建て増ししなさったものの、少しの間もおいでにならなかったのだが、後から降ってくる雪を待つかのように消え残っている雪に誘われて、不意に思い立たれたようだ。このようなお出ましには、源少将、藤式部をはじめとして、当代の諸道に精通していると評判の若者をみな、必ずそばに侍らせていたのだが、にわかに思いついたことだったので、こう（桂の院を訪問する）とさえもそれとなく知らせることもなさらず、「ただ親しい家従を四、五人供として」とお心にお決めになる。

すぐに御車を引き出していると、「空より花の」と（雪を）おもしろがっていたが、（雪を）賞美しているうちに早くも雪が散り失せてしまったのは、こうして（今日の雪は）やんでしまうということであろうか。「そのようである

のは（雪がやんでしまっては）ひどく見栄えがしないことであるよ」と、人々がとても強く悔しがるのを、「本当にあっけなく（やんでしまい）残念だ」とお思いになるが、「だからといって引き返してもきまりが悪いだろう。やはり法輪寺の八講にかこつけて（行こう）」とお思いになって、とにかく急がせなさるうちに、またまっくら闇に曇りみち、先ほどよりもさらに（雪が）散り乱れたので、道の端に御車を立てさせてご覧になると、何とかという山、何とかという河原も、少しの間に様子を変えてしまった。

あの気乗りしていなかった人々も、たいそう笑い喜んで、「これこそ小倉山であろう」「それこそが梅津の渡りだろうよ」と、口々に批評し合っているけれども、松と竹の区別でさえ、うっかり間違えてしまうにちがいない。「ああ、実にすばらしいというのはこのような景色をいうのであろうよ。このままここで見て賞美しよう」と言って、そのまま下簾をかかげなさりながら、

ここもまた……まだ桂の里に着いていないはずだが、この場所もまた「月の中なる里」だと思われる。なぜなら、雪がこの世のものとは思えないほど光り輝いているから

などおもしろがりなさるうちに、見た目が好ましい童で水干を着た者が、手に息を吹きかけながらあとを追ってきて、榻のあたりにうずくまりながら、「これを御車（の方）に」と言って差し出したのは、源少将からの手紙であった。大夫が取り次いで差し上げるのを（主人公が）ご覧になると、「いつもあとに残しなさることもないのに、このように（置いていくなんて）、

白雪の……白雪が降り積もっていますが、あなたに振り捨てられた私のところには恨みだけが幾重にも積もっています」

とあるのを（ご覧になり）、ほほ笑みなさって、畳紙に、

尋め来やと……（私を）尋ね求めて来るだろうかと、雪の中を行き車の跡をつけながらあなたを待っているとは、あなたは知らなかったのだろうか（雪に車の跡をつけながら進み、あなたを待っていたのですよ）

そのままそこにあった松を雪がついたまま折らせなさって、その枝に結びつけて（返事を）お与えになった。

だんだん暮れゆく間に、それほどに空が一面に曇っていたのも、いつのまにかきれいに晴れわたって、（桂という）名をもつ里の月の光が明るく差しはじめたので、雪の光もいっそうあざやかに美しく、あたり一面、白銀を打ってのばしたように輝きわたり、不思議なまでにまぶしい夜のさまである。

桂の院の管理を任された人も出てきて、「このようにおいでになると知りませんでしたので、早くお迎え差し上げなかったことでした」などと言いながら、頭も上げず、何かにつけてあとに付き従うあまり、牛の額の雪を取り払おうとしては、軛に触れて烏帽子を落とし、御車の向かう道をきれいにしようとしては、せっかくの雪を踏みつけながら、手足の色を海老のように赤くして、桂風に吹かれて歩き、風邪を引く。人々は、「今はもう早く車を引き入れよう。桂の院の様子にも大変心ひかれるので」と言って、一斉にそわそわするのを、「もっともだ」とはお思いになるが、ここもやはりそのまま見過ごしてしまうのは惜しくて。

第4問

出典　【詩】・【資料】Ⅰ～Ⅲ蔡正孫《さいせいそん》『詩林広記』（【詩】杜牧《とぼく》「華清宮」）・【資料】Ⅰ王仁裕《おうじんゆう》『天宝遺事』・Ⅱ謝枋得《しゃぼうとく》『畳山詩話』・Ⅲ陳正敏《ちんせいびん》『遯斎閑覧』）、【資料】Ⅳ程大昌《ていだいしょう》『考古編』（袁郊《えんこう》『甘沢謡』）

『詩林広記』は、南宋の蔡正孫が編纂した詩話集。晋・唐・北宋の代表的な詩人について、その詩と詩話とを載せる。詩話とは、詩人の逸話や後人の批評、随筆など、詩に関する文章をいう。【資料】Ⅰ～Ⅲは、蔡正孫が杜牧の「華清宮」の詩話にあたるものとして引用した他の書物の記事である。

『考古編』は南宋の程大昌が書物の誤りなどについて気づいたことを書き記した書。【資料】Ⅳは、杜牧の「華清宮」に関する記事として引用されている。

杜牧（八〇三～八五二）は晩唐の文人。「江南春」「山行」など多くの人に親しまれる詩を作った。

【出題の特徴】

漢詩と、詩に関連する文章四点を題材とする問題であった。共通テストで定着しつつある複数テクスト形式だが、例年より資料の点数が多く、比較読解の要素がより顕著であった。漢詩は七言絶句、文章も一つ一つは短く、内容も詩の事物に対する考証であり、難解な思想などを述べたものではない。したがって読むこと自体はそれほど困難とは考えられない。だからこそ、一つ一つの内容を正確にとらえ、共通点・相違点を厳密に判定することが求められている。大学で文学や史学等、過去の文献を研究対象とする分野で学ぶ場合、このような一つのテーマに関する複数の記事の収集・比較検討が必須であり、本問は漢文の知識を問うのみならず、大学での学究活動に必要な資質をはかっているかのような構成であったともいえる。

問1は漢詩の知識、**問2**は語句の意味、**問3**は返り点・書き下し文で、主に漢文の知識を問う問題。**問4**～**6**は詩と資料の比較読解問題となっている。**問4**は資料に基づく詩句の解釈、**問5**は資料間の内容比較と評価、**問6**は資料に基づく詩全体の鑑賞で、資料によって詩の内容（当時の人々の鑑賞態度）を明らかにする過程を体験する構成となっている。

【概要】

【詩】

起句　長安から見た驪山の山容

　↓　驪山全容→華清宮への道のり

承句　次々と門を通り華清宮へ向かう

　↓　道を行く一頭の馬→楊貴妃

転句　騎馬の上げる砂煙と楊貴妃の笑み

　↓　情景描写の意味を明かす

結句　早馬が荔枝をもたらしている真相

焦点が絞られていく

【資料】　※資料間で対応する主な箇所を各傍線で示している。

Ⅰ　『天宝遺事』によれば、楊貴妃は荔枝が好きであった。荔枝は産地から早馬で七日七晩で都へ運ばれ、道中の人馬を苦しめた。

Ⅱ　『畳山詩話』によれば、玄宗皇帝は遠方の産物を取り寄せることで楊貴妃を喜ばせ、このために人力・人命が尽くされても気にかけなかった。

Ⅲ　『遯斎閑覧』によれば、杜牧の華清宮の詩はことさら広く知れわたっている。唐の歴史記録によれば、玄宗は十月から華清宮に滞在し、春になると宮（長安）へ戻る。荔枝は夏の盛りが旬だが、玄宗一行は六月には華清宮に滞在していない。

Ⅳ　『甘沢謡』によれば、天宝十四年六月一日、楊貴妃の誕生日に玄宗一行が驪山に出かけ、新しい楽曲が披露された。そこへ偶然荔枝が献上されたので、これにちなんで楽曲を「荔枝香」と名づけた。

問1 31 ⑤《漢詩の形式と押韻問題》

「華清宮」は、七音（七字）の詩句四つで構成されているので、詩の形式は「七言絶句」である。「律詩」は八句で構成される。また七言詩は、第一句末及び偶数句末で押韻することが原則である。「華清宮」の該当部分の字を見ると、第一句末「堆（t-ai）」、第二句末「開（k-ai）」、第四句末「来（l-ai）」となっている。（　）内に、発音の目安として現代日本語音をローマ字で記したが、これを見ても「-ai」という響きが共通していることがわかる。したがって、詩の形式と押韻の説明がどちらも正しい⑤が正解となる。

問2 32 ①　33 ④　34 ①《語句の意味問題》

(ア)「百姓」は、日本語では「ひゃくしょう」と読んで〈農業に従事する庶民〉の意で用いるのが一般的だが、漢文の「百姓」は「ひゃくせい」と読み、広く〈人民・民衆〉を意味する。日本語と漢文とで意味が異なる言葉の代表的なものであり、漢文常識として覚えておきたい。よって①が正解。

(イ)「膾‐炙二人口一」は、現代の日本語でもことわざとして使われる表現で、詩文などが〈広く知れわたっている〉意を表す。「膾炙」は、なますとあぶった肉のことで、人々が好んで口にする食べ物を意味する。その膾炙のように、多くの人が口にし、親しまれているさまを「人口に膾炙す」と表現する。ここでは、杜牧の華清宮の詩が人々に広く知れわたっていることを表している。よって④が正解。

(ウ)「因」は、「起因」「因果」などの熟語に使われるように、「よりて」と読んで〈そのために・～にちなんで〉といった意味がある。ここでも、まだ名がなかった「新曲」に、〈たまたま南海郡が荔枝を献上した〉ことにちなんで、「荔枝香」という名をつけた、という事情を説明している。よって①が正解。

総じて、本問で問われている語句は漢文常識として押さえておきたい語や現代でも使われる慣用表現であり、語彙や知識の量が試されているともいえる。日頃から文章に触れ、知らない言葉は辞書にあたっておきたい。

問3 35 ④《返り点と書き下し文の問題》

まず文章の展開を見ると、傍線部は、明皇（玄宗）が「遠物を致して以て婦人を悦ばしむ」〈遠方の産物を取り寄せて婦人を喜ばせた〉ことについて述べている。この文章は【詩】に関連したものなので、「婦人」は楊貴妃、「遠物」は荔枝のことだとわかる。【資料】Ⅰには、楊貴妃が好んだ荔枝は南方の特産物であり、「馬逓」〈早馬〉を使って運ばれたために「人馬多く路に斃れ、百姓之に苦しむ」とある。【資料】Ⅰの情報を補って考えると、【資料】Ⅱの前半は〈玄宗が遠く南方の荔枝を早馬で取り寄せて楊貴妃を喜ばせた〉ということである。したがって傍線部は、【資料】Ⅰの「人馬多く路に斃れ、百姓之に苦しむ」と似た内容であると推測できる。この推測を念頭に置いて傍線部を見ると「窮人力」「絶人命」は対句で〈人の力を尽くし、人の命を絶やす〉の意にとらえれば、早馬で荔枝を運ぶために多くの人馬が「斃れ」、人々が「苦しむ」という【資料】Ⅰの内容と整合する。

そして傍線部後半「有所不顧」の「不顧」は、〈かえりみない〉と読める。多くの人や馬を犠牲にしてでも楊貴妃を喜ばせようとしていた玄宗の犠牲者への態度は、〈それを気にかけない〉ものといえる。これらを踏まえると、「人力を窮め人命を絶つも、顧みざる所有り」が、詩や他の資料と整合し、無理のない読みといえよう。よって④が正解となる。

①は〈人の力が人の命を絶とうとする〉という意味になり、玄宗が人力や人命を損なったという資料の主旨に合わない。

②・③は「絶人」「窮人」という熟語の意味が不明瞭であり、「窮人力」「絶人命」が対句であることも押さえていない。

⑤は「窮人力」「絶人命」を対ととらえている点はよいが、「所有るも」が何を指しているのかが不明。

問4 36 ④《資料を踏まえた漢詩の解釈問題》

選択肢を見ると、詩句の後半の「妃子笑ふ」についてはすべて〈それを見て楊貴妃は笑う〉と解釈している。したがって検討しなければならないのは、楊貴妃が何を見て笑ったのか、それを示す「一騎紅塵」の解釈である。また、語

注及び選択肢の記述から「一騎」は〈早馬〉、「紅塵」は〈砂煙〉の意であることも間違いない。ここまで確認したところで、**【資料】**Ⅰ・Ⅱを見る。**問3**でも確認したが、**【資料】**Ⅰには、南方の涪州から「京（都）」へ茘枝を献上するために早馬が使われたことが書かれている。また、**【資料】**Ⅱには、婦人（楊貴妃）を喜ばせるために、玄宗が「遠物を致し」、そのために人力人命が損なわれることを顧みなかったとある。これらを踏まえると、**【詩】**の「一騎」は〈玄宗の命で楊貴妃のために茘枝を運ぶ早馬〉であり、「紅塵」は〈都（ここでは玄宗と楊貴妃が待つ華清宮）に茘枝を運ぶ早馬が上げる砂煙〉ということになる。よって、正解は④である。

①は「玄宗のため楊貴妃が手配した」が、**【資料】**Ⅱの指摘と逆になっている。

②は、早馬が「産地へと走りゆく」が、**【資料】**Ⅰの「涪州貢を致すに馬逓を以てし」に合わない。都から早馬を飛ばしたのではなく、産地から都に早馬で輸送したのである。

③は、「宮殿の門の直前で倒れて」が不適切。**【資料】**Ⅰ・Ⅱからわかるのは、楊貴妃が茘枝を好んでいること、玄宗が茘枝を手に入れることで楊貴妃を喜ばせようとしていることである。楊貴妃が、自分のために人馬が力を尽くす様を見て楽しんだといったことは書かれていない。

⑤は、「玄宗に取り入りたい役人が」とあるが、**【資料】**Ⅱからわかるのは、早馬を使った茘枝の手配は、玄宗自身が楊貴妃を喜ばせるためにしているということであり、役人の思惑といった要素は出てこない。

問5 37 ⑤ 《資料の比較読解問題》

【資料】Ⅲでは、「唐紀」に依拠して、玄宗一行が驪山に滞在した時期を「十月を以て驪山に幸し、春に至りて即ち宮に還る」と述べている。冬が始まる十月から驪山に滞在し、春、すなわち一月、遅くも三月には長安の宮殿に戻っているということなので、夏から秋（四～九月）には驪山に滞在していないことになる。一方、茘枝が熟すのは「盛暑」すなわち、夏の暑さが盛んなころになってからだという事実を併記している。つまり、歴史記事と事実に基づけば、玄宗一行は茘枝が熟す暑さの盛り、六月ごろには驪山に滞在していなかったはずなのに、**【詩】**では驪山の華清宮にいる玄宗一行のもとへ茘枝が届くという描写があり、事実とは合わないということになる。一方**【資料】**Ⅳでは、楊貴妃の誕生日に当たる「六月一日」に玄宗一行が驪山に出かけ、南海から茘枝が献上されたと書かれている。これは、**【資料】**Ⅲの「未だ嘗て六月には驪山に在らざるなり」に反する事例であり、**【詩】**の描写がまったく架空の出来事とはいえないことを示唆している。整理すると、

> **【資料】**Ⅲ…玄宗一行が驪山に滞在した時期は、茘枝が熟す時期に合わない
> ＝**【詩】**の描写は事実に合わない
> ⇔
> **【資料】**Ⅳ…茘枝が熟す時期に、玄宗一行が驪山に滞在したことがある
> ＝**【詩】**の描写は事実に即している

となる。また、**【資料】**Ⅳには、まだ名がなかった「新曲」に、南海から献上された茘枝にちなんで「茘枝香」という名をつけたことが書かれている（**問2**(ウ)参照）。よって、正解は⑤。

①は**【資料】**Ⅲが「玄宗一行が驪山に滞在した時期と茘枝が熟す時期との一致」を指摘しているとする点が不適切。

②も、**【資料】**Ⅲが「玄宗一行が驪山に滞在した時期と茘枝が熟す時期との一致」を指摘しているとする点は不適切。また、**【資料】**Ⅳで「献上された茘枝が特別に『茘枝香』と名付けられた」とする点も不適切。「茘枝香」は茘枝の名ではなく、「新曲」につけられた名である。

③は「献上された『茘枝香』が果物の名ではなく楽曲の名」が、献上されたのが茘枝とする**【資料】**Ⅳの内容に合わない。

④は「『茘枝香』という名の茘枝を賞味した場所は夏の南海郡であった」とあるが、「茘枝香」は「新曲」につけられた名であり、南海から茘枝が献上されたとする**【資料】**Ⅳの内容に合わない。

なお、②～④は**【資料】**Ⅳが**【資料】**Ⅲを「補足できる」としている点も

不適切。

問6 **38** ②《資料を踏まえた漢詩の鑑賞問題》

各選択肢は、次の四つの観点から「華清宮」を鑑賞している。

> A「【詩】の第一句～第三句までの展開」
> B「【詩】の第四句の『茘枝』の位置づけ」
> C「【詩】の描写と事実との関係」
> D「【詩】が伝える心情」

Aは【詩】自体の内容、Bは主に【資料】Ⅰ・Ⅱ（問4も参照）、Cは主に【資料】Ⅲ・Ⅳ（問5も参照）から考え、これらを総合してDを判断する。各選択肢についてA～Dの観点から検証していく。

①は、Aについては各句の意味をとらえており【詩】の内容と整合している。またBも「常軌を逸した茘枝の輸送」は、公文書を急送する早馬で茘枝を運ぶという【資料】Ⅰの記述を踏まえれば妥当な解釈である。ただし、Cの「事実無根の逸話」は疑問。確かに【資料】Ⅲに基づくと華清宮の楊貴妃のもとへ茘枝がもたらされたことは事実とはいえない。しかし【資料】Ⅳは、楊貴妃の誕生日の「天宝十四年六月一日」という日付や、新曲に茘枝にちなんだ名をつけたという具体的なエピソードによって、【詩】の描写がまったくの虚構とはいえないことを示唆する。またDは、【資料】Ⅱに、玄宗が楊貴妃のためにならば人力人命を顧みなかったとあることと関連づけられるが、楊貴妃との関連に言及せず「政治を怠り」と断じるのは、【資料】に基づく鑑賞としては飛躍がある。

②は、Aについて驪山→門→馬という、遠景から近景へと焦点が絞られている流れをとらえており、【詩】の内容と整合している。またBも「不適切な手段で運ばれる茘枝」は【資料】Ⅰの記述を踏まえた妥当な解釈である。Cは「事実かどうか不明な部分がある……逸話」として、【資料】Ⅲ・Ⅳを踏まえた鑑賞となっている。Dの「為政者の道を踏み外して楊貴妃に対する情愛に溺れた」という鑑賞は、【資料】Ⅰの早馬を使った茘枝の輸送、【資料】Ⅱの楊貴妃のためになら人力人命を顧みなかったという指摘を踏まえたものとして妥当である。

③は、Aの「門の配置を詳しく描き」が、【詩】の第二句の鑑賞として疑問。詩句は〈いくつもの門が次々と開いていく〉といった意味で、その配置に関しては特に言及していない。Bの「茘枝についても写実的に描写」も、詩句や【資料】からは読み取れない。さらにC・D「事実を巧みに」「歴史的知識を提供」は、【資料】Ⅲ・Ⅳに依拠した鑑賞として適切ではない。

④は、Aはおおむねよいが、Bの「茘枝の希少性」は疑問。確かに茘枝は遠く離れた南方の産物なので珍重はされるであろうが、【詩】と【資料】Ⅰでは、茘枝が早馬で運ばれたことに着目している。つまり茘枝の希少性ではなく、輸送手段の不適切さに重点が置かれている。C「事実かどうかわからないことを含む」は【資料】Ⅲ・Ⅳを踏まえた鑑賞として妥当。Dは楊貴妃との関連に言及していないという問題はあるものの、玄宗が早馬を私的に用いていることから、おおむね妥当な鑑賞である。

⑤も、Aはおおむねよいが、Bの「玄宗が楊貴妃とともに賞味する茘枝」は、玄宗が楊貴妃を喜ばせるために茘枝を取り寄せていたという【資料】Ⅱを踏まえた鑑賞としてはやや外れる。C「事実かどうかを問題とせず」は【資料】Ⅳのような、事実の可能性を含む記事が残っていることを考えると、【詩】の作者（杜牧）が事実かどうかをまったく気にしなかったと見るのはやや不適切。D「仲睦まじさが際立つ」「永遠の愛を誓った」は、【資料】Ⅰ・Ⅱの、楊貴妃のために人馬を犠牲にして顧みなかったという玄宗への批判的な見方を踏まえた鑑賞としては適切とはいえない。

よって、A～Dすべての観点において適切である②が正解となる。

書き下し文

【詩】

華清宮《くわせいきう》
長安《ちやうあん》より回望《くわいばう》すれば繡堆《しうたい》を成《な》す
山頂《さんちやう》の千門《せんもん》次第《しだい》に開《ひら》く

一騎紅塵妃子笑《いつきこうぢんひしわら》ふ
人《ひと》の是《こ》れ荔枝《れいし》の来《き》たるを知《し》る無《な》し

【資料】

Ⅰ『天宝遺事《てんぽうゐじ》』に云《い》ふ、「貴妃荔枝《きひれいし》を嗜《たしな》む。当時涪州貢《たうじふうしうこう》を致《いた》すに馬逓《ばてい》を以《もつ》てし、馳載《ちさい》すること七日七夜《なぬかななよ》にして京《けい》に至《いた》る。人馬《じんば》多《おほ》く路《みち》に斃《たふ》れ、百姓之《ひやくせいこれ》に苦《くる》しむ」と。

Ⅱ『畳山詩話《でふざんしわ》』に云《い》ふ、「明皇遠物《めいくわうゑんぶつ》を致《いた》して以《もつ》て婦人《ふじん》を悦《よろこ》ばしむ。人力《じんりよく》を窮《きは》め人命《じんめい》を絶《た》つも、顧《かへり》みざる所有《ところあ》り」と。

Ⅲ『遯斎閑覧《とんさいかんらん》』に云《い》ふ、「杜牧《とぼく》の華清宮詩《くわせいきうし》尤《もつと》も人口《じんこう》に膾炙《くわいしや》す。唐紀《たうき》に拠《よ》れば、明皇十月《めいくわうじふぐわつ》を以《もつ》て驪山《りざん》に幸《みゆき》し、春《はる》に至《いた》りて即《すなは》ち宮《きう》に還《かへ》る。是《こ》れ未《いま》だ嘗《かつ》て六《ろく》月《ぐわつ》には驪山《りざん》に在《あ》らざるなり。然《しか》るに荔枝《れいし》は盛暑《せいしよ》にして方《はじ》めて熟《じゆく》す」と。

Ⅳ『甘沢謡《かんたくえう》』に曰《い》はく、「天宝十四年六月一日《てんぽうじふよねんろくぐわつついたち》、貴妃誕辰《きひたんしん》、駕驪山《がりざん》に幸《みゆき》す。小《せう》部音声《ぶおんせい》に命《めい》じて楽《がく》を長生殿《ちやうせいでん》に奏《そう》し、新曲《しんきよく》を進《すす》めしむるも、未《いま》だ名《な》有《あ》らず。会《たまたま》南海荔枝《なんかいれいし》を献《けん》じ、因《よ》りて荔枝香《れいしかう》と名《な》づく」と。

全訳

【詩】

華清宮
長安から見渡せば綾絹を重ねたような美しさの驪山の山々が連なる
山頂の宮殿へと続くいくつもの門が次々と開き
一頭の馬が日に照る砂煙を上げて疾走して来、それを見て楊貴妃は笑う
人々はこの早馬が荔枝を運んできたことなど知る由もない

【資料】

Ⅰ『天宝遺事』にはこうある、「楊貴妃は荔枝を好んだ。当時涪州が貢ぎ物（の荔枝）を届けるために早馬を使い、馳《は》せて運ぶこと七日七晩で都に到着した。人馬がたくさん途上で倒れて死に、人々はこのやり方に苦しんだ」と。

Ⅱ『畳山詩話』にはこうある、「玄宗は遠方の産物を取り寄せて婦人（楊貴妃）を喜ばせた。人の力を尽くし人の命を絶やしても、気にかけないようなところがあった」と。

Ⅲ『遯斎閑覧』にはこうある、「杜牧の華清宮の詩はことさら広く知れわたっている。唐の時代についての記録によれば、玄宗は冬十月になると驪山に行幸し、春になると都の宮殿に戻った。つまり夏六月には驪山には滞在していなかったのである。しかし荔枝は夏の暑さが最も盛んな頃にようやく熟す」と。

Ⅳ『甘沢謡』にはこうある、「天宝十四年六月一日、楊貴妃の誕生日に、皇帝の乗り物が驪山へお出ましになった。宮廷づきの少年歌舞音楽隊に命じて楽曲を長生殿で演奏させ、新曲を披露させたが、（その新曲には）まだ名がなかった。ちょうどその時南海郡から荔枝が献上されたので、そのために（新曲を）『荔枝香』と名づけた」と。

2023 本試験　解答

第1問小計	第2問小計	第3問小計	第4問小計	合計点
				/200

問題番号（配点）	設問	解答番号	正解	配点	自己採点
第1問（50）	1	1	①	2	
		2	③	2	
		3	②	2	
		4	④	2	
		5	③	2	
	2	6	③	7	
	3	7	②	7	
	4	8	⑤	7	
	5	9	③	7	
	6	10	④	4	
		11	②	4	
		12	③	4	
第2問（50）	1	13	①	5	
	2	14	⑤	6	
	3	15	⑤	6	
	4	16	①	6	
	5	17	①	7	
	6	18	④	7	
	7	19	③	6	
		20	②	7	

問題番号（配点）	設問	解答番号	正解	配点	自己採点
第3問（50）	1	21	③	5	
		22	④	5	
		23	②	5	
	2	24	③	7	
	3	25	⑤	7	
	4	26	④	7	
		27	①	7	
		28	③	7	
第4問（50）	1	29	①	4	
		30	①	4	
		31	⑤	4	
	2	32	③	6	
	3	33	⑤	7	
	4	34	①	6	
	5	35	③	5	
	6	36	④	6	
	7	37	④	8	

第1問

出典　**【文章Ⅰ】**柏木《かしわぎ》博《ひろし》『視覚の生命力──イメージの復権』（岩波書店　二〇一七年）**【文章Ⅱ】**呉谷《くれたに》充利《みつとし》『ル・コルビュジエと近代絵画──二〇世紀モダニズムの道程』（中央公論美術出版　二〇一九年）

　柏木博（一九四六〜二〇二一）は、兵庫県生まれ。デザイン評論家。専門は近代デザイン史、広告論、都市論。武蔵野美術大学名誉教授、英国ロイヤル・カレッジ・オブアート名誉フェロー。主な著書に『デザインの20世紀』、『日用品の文化誌』、『「しきり」の文化論』などがある。

　呉谷充利は一九四九年三重県生まれ。建築史家。専門は近代建築、日本の近代、大阪文化。相愛大学名誉教授。主な著作に、『町人都市の誕生　いきとすい、あるいは知』、『近代、あるいは建築のゆくえ──京都・神宮道と大阪・中之島をあるく』などがある。雑誌『りずむ』（白樺サロンの会）を創刊。

【出題の特徴】

　本問は、ル・コルビュジエの建築物における窓について、二つの文章より出題されている。文章は、それぞれ別の観点から考察されているが、文中に同一の引用文が含まれているところが特徴的である。二〇二二年度の、「食べること」という具体的で身近な話題と比べると、受験生にとって馴染《なじ》みのない題材であり、読み取りにくさを感じただろうと思われる。

　設問は、**問2**から**問5**までは、各文章の要旨を押さえるなど、基礎的な読解力を問う問題が出題されている。また、**問6**は共通テストらしい出題で、二つの文章に関する生徒の話し合いの場を想定し、会話の中にある空欄を補う設問が出された。設問は(i)〜(iii)の三つの問いから成るが、ここでは、子規の挿話を導入した意図を問う問題の他に、二つの文章の引用の仕方を比較する問題、また二つの文章の関連性を考察する問題などが出題された。ここでは、複数の観点を統合的に解釈する力が問われているといえる。

【概要】　問題文の概要は次の通りである。

【文章Ⅰ】

リード文：正岡子規の書斎にあったガラス障子と建築家ル・コルビュジエの建築物における窓について考察したもの。

(1)　**子規の挿話　風景を見るための「ガラス障子」**

・病床の子規にとっては、室内にさまざまなものを置き、それをながめることが楽しみだった。そして、ガラス障子のむこうに見える庭の植物や空を見ることが慰めだった。**視覚こそが子規の自身の存在を確認する感覚だった。**

・映画研究者のアン・フリードバーグによれば、窓は風景を切り取り、外界を二次元の平面へと変える「フレーム」であり、「スクリーン」でもある。

・子規の書斎（病室）の障子をガラス障子にすることで、その室内は風景を見るための「視覚装置」となったが、実のところ、外界をながめることのできる「窓」は、視覚装置として、建築・住宅にもっとも重要な要素としてある。

(2)　**「視覚装置」としての窓**

・建築家のル・コルビュジエは、いわば**視覚装置としての「窓」をきわめて重視していた**。彼は、住まいを徹底した視覚装置のように考えており、**窓は確信を持ってつくられたフレーム**だった。

・ル・コルビュジエは、窓に換気ではなく「視界と採光」を優先した。

・ル・コルビュジエは、両親のための家をレマン湖のほとりに建てたが、この家は塀（壁）で囲まれている。彼は、この塀について著作の中で、次のように述べている。

　囲い壁の存在理由は、部分的に視界を閉ざすためである。北から東にかけて、さらに四方八方に蔓延する景色というものは圧倒的で、焦点をかく。**景色を望むには、むしろそれを限定しなければならない。そうすることで、水平線の広がりを求めることができる。**

・風景を見る「視覚装置」としての窓（開口部）と壁をいかに構成するかが、彼にとっては課題であった。

【文章Ⅱ】

リード文：ル・コルビュジエの窓について考察したもの。

(1) **「沈思黙考の場」としての住宅**

・ル・コルビュジエの作品、サヴォア邸やスイス館は、四周を遮る壁に囲まれている。

・ル・コルビュジエは初期に**「住宅は沈思黙考の場である」**あるいは、「人間には自らを消耗する〈仕事の時間〉があり、自らをひき上げて、心の琴線に耳を傾ける〈瞑想の時間〉とがある」と述べた。

・ル・コルビュジエは『小さな家』において「風景」を語る。

ここに見られる囲い壁の存在理由は、視界を閉ざすためである。景色を望むには、むしろそれを限定しなければならない。（壁で囲うことで）〝囲われた庭〟を形成すること、これがここでの方針である。

(2) **「動かぬ視点」の意義**

・ル・コルビュジエの語る「風景」は動かぬ視点をもっている。**「動かぬ視点」は風景を切り取る。風景は一点から見られ、眺められる。**この動かぬ視点の存在は、即興的なものではない。

・かれは、住宅は、**沈思黙考、美に関わると述べている。**初期に明言されるこの思想は、明らかに動かぬ視点をもっている。このテーマはル・コルビュジエが後期に手がけた「礼拝堂」や「修道院」において再度主題化され、深く追求されている。「礼拝堂」や「修道院」はなによりも沈思黙考、瞑想の場である。つまり、後期のこうした宗教建築を問うことにおいて、ル・コルビュジエの動かぬ視点の意義が明瞭になる。

※**【文章Ⅰ】**では、導入として子規のガラス障子の話題に触れた上で、ル・コルビュジエの窓の思想について論じている。**【文章Ⅰ】**のポイントとなるのは、**「視覚」「見る」**ということである（文章の出典に「視覚」とあることもヒントになるかもしれない）。子規のガラス障子は、風景を望むための「視覚装置」としての役割をもっていたのである。ル・コルビュジエは窓に意図的に「視覚装置」としての役割をもたせたが、窓と壁で視界を制限することによって、風景の広がりを感じ取ることができる、と説明している。

一方、**【文章Ⅱ】**のポイントは、**「動かぬ視点」と「沈思黙考の場」としての住宅**である。壁によって視界が一点に固定化される（＝「動かぬ視点」をもつ）ことによって、住宅が「沈思黙考」あるいは「瞑想」の場として機能することを説明している。

このように各々の文章を踏まえた上で、**【文章Ⅰ】**の子規のガラス障子の挿話を、**【文章Ⅱ】**の「動かぬ視点」や「沈思黙考の場」としての住宅という論点と関連づけることを求めているのが、**問6**(iii)である。子規が病床にあり自由に身動きできなかったことも加わって、ガラス障子は子規に「動かぬ視点」を獲得させたと考えることができる。とすれば、こうした「動かぬ視点」をもつ子規の書斎は、「沈思黙考の場」としての機能があったのではないかと考察することができるだろう。

問1　1 ①　2 ③　3 ②　4 ④　5 ③　**《漢字問題》**

(i) 漢字の書き取り問題。

(ア)「**冒**頭」は〈文章や談話、物事のはじめの部分〉。①は「感**冒**」で〈風邪〉のこと。②は「寝坊」。③は「忘却」で〈忘れ去ること〉。④は「膨張」で〈ふくれあがること〉。

(エ)「**琴**線」は〈物事に感動、共鳴しやすい感情〉。①は「卑近」で〈身近でありふれていること〉。②は「布巾」。③は「木**琴**」。④は「緊縮」で〈引き締めること〉。

(オ)「**疎**んじられる」。「疎む」は〈嫌って遠ざけること〉。①は「提訴」で〈裁判所に訴え出ること〉。②は「過**疎**」で〈人口が他に流出して、極端に減っ

ている状態〉。③は「粗品」で〈粗末な品。贈答品をへりくだって言う表現〉。
④は「素養」で〈ふだんから身につけてきた教養〉。

(ii) 同じ意味をもつ熟語を選ぶ問題。

(イ)「行った」の「行」という漢字には、〈ⓐいく、すすむ〉、〈ⓑおこなう、ふるまう〉、〈ⓒ宗教上のつとめ〉、〈ⓓたび〉、〈ⓔみち〉、〈ⓕならび〉などの意味がある。「行った」は「いった」とも「おこなった」とも読めるが、(イ)は「おこなった講演……」という内容なので、ⓑの意味で使われている。

①「行進」。〈大勢で隊列を組んですすむこと〉→ⓐ
②「行列」。〈列をつくってならぶこと〉→ⓕ
③「旅行」。〈たびをすること〉→ⓓ
④「履行」。〈決めたことや言ったことを実際におこなうこと〉→ⓑ

傍線部と同じ意味の熟語を選ぶので、正解は④。

(ウ)「望む」の「望」という漢字には、〈ⓐ遠くを見渡す〉、〈ⓑねがう、まちのぞむ〉、〈ⓒ人気、誉れ〉といった意味がある。(ウ)はⓐの意味。

①「本望」。〈もともと抱いているのぞみ〉→ⓑ
②「嘱望」。〈人の将来に望みをかけること〉→ⓑ
③「展望」。〈見晴らし、見通し〉→ⓐ
④「人望」。〈人から期待されること〉→ⓒ

傍線部と同じ意味の熟語は③。

問2 6 ③ 《内容把握問題》

傍線部Aのある段落は、当時の子規の様子と、ガラス障子が彼に与えた意味を説明している。傍線部Aは段落の最後の一文であり、段落全体を踏まえたものと考えることができる。傍線部Aの内容を整理する。

・子規の状況＝**a**寝返りさえ自らままならなかった子規
・「季節や日々の移り変わりを楽しむ」
＝**b**ガラス障子のむこうに見える庭の植物や空を**見ることが慰めだった。視覚こそが子規の自身の存在を確認する感覚**だった。

つまり、子規にとってガラス障子のむこうに見える庭の植物や空〈季節や日々の移り変わり〉を見ることが、慰めであり、自身の存在を実感することにつながっていた、といえる。

ちなみに、傍線部Aと近い内容は3段落にもある。

……ガラス障子にすることで、子規は、庭の植物に季節の移ろいを見ることができ、青空や雨をながめることができるようになった。ほとんど寝たきりで身体を動かすことができなくなり、絶望的な気分の中で自殺することも頭によぎっていた子規。

ここも参考に、解答を考えることができるだろう。正解は③。

①「現状を忘れるための有意義な時間になっていた」のみの説明が不適切。**b**「視覚」が子規自身の存在を確認する感覚だったという言及が不足している。

②「外界の出来事が自己の救済につながっていった」が誤り。子規を慰めていたのは、「庭の植物や空」といった「季節や日々の移り変わり」であり、「外界の出来事」では不十分。また、①と同様に「視覚」が自身の存在を確認する感覚だったとする指摘がない。

③これが正解。**b**の内容を「多様な景色を見ることが生を実感する契機となっていた」と適切に言い換えている。

④「外の世界への想像をかき立ててくれた」が誤り。**b**の内容と対応していないし、「想像」ではなく、実際に見る風景が子規にとっての慰めだったのである。

⑤「作風に転機をもたらした」が誤り。ガラス障子から見ることが彼の著作に影響を与えたとは書かれていない。

問3 7 ② 《理由把握問題》

ガラス障子が「視覚装置」であったといえる根拠を説明する問題。傍線部Bはその前文の「子規の書斎は、ガラス障子によるプロセニアムがつくられたのであり、それは外界を二次元に変えるスクリーンでありフレームとなったので

ある」を言い換えたものである。したがって、ここでいう「視覚装置」とは、「プロセニアム」、あるいは「外界を二次元に変えるスクリーンでありフレーム」としての機能をもつ装置という意味で使われていると考えられる。

これらの説明は、映画研究者のアン・フリードバーグの引用に詳しく説明されているので、押さえておきたい。

> 窓はフレームであるとともに、プロセニアム〔舞台と客席を区切る額縁状の部分〕でもある。**窓の縁〔エッジ〕が、風景を切り取る。窓は外界を二次元の平面へと変える。**つまり、窓はスクリーンとなる。

したがって、ガラス障子の特徴は次の通りである。

> **a**外界を切り取る（視界を制限する）
> **b**外界を二次元の平面へと変える

以上の二点の特徴をもつがゆえに、「視覚装置」と説明されているのである。正解は②である。

① 「隔てられた外界を室内に投影して見る」が誤り。外界が投影されるのはスクリーンである「ガラス障子」であり、室内に投影するわけではない。

③ 「外の世界と室内とを切り離したり接続したりする」が誤り。外の世界と室内との接続については、**【文章Ⅰ】**に述べられていない。

④ 「新たな風景の解釈を可能にする」が誤り。風景の解釈が改まるという説明は**【文章Ⅰ】**にはなく根拠がない。

⑤ 「絵画に見立てることで、その風景を鑑賞するための空間へと室内を変化させる」が誤り。「ガラス障子」が外界を「絵画」に見立てる作用があるとは説明されていない。

問4 **8** ⑤ **《内容把握問題》**

傍線部Cでは、子規のガラス障子と対比して、ル・コルビュジエの窓が意図的に作られたフレームであったことが説明されている。本問はこれを踏まえて、「ル・コルビュジエの窓」がもつ特徴（a）と効果（b）を説明することを求める問題である。傍線部Cのあとの「ル・コルビュジエの窓」について説明されている部分から**a**特徴と**b**効果を拾い上げていこう。

> **a**窓の特徴
> ・ル・コルビュジエは、窓に換気ではなく「視界と採光」を優先した。
> ・ル・コルビュジエは窓を、外界を切り取るフレームだと捉えた。
>
> **b**効果
> ・引用部より
> 　壁を建てることによって視界を遮ぎり、つぎに連らなる壁面を要所要所取り払い、そこに水平線の広がりを求めるのである。
> →視界を遮ることで、見るべき風景の焦点が定まるだけでなく、風景の広がりを望むことができる。

ところで、選択肢はすべて「ル・コルビュジエの窓は**aという特徴**をもつものであり、～することで**bという効果**がある」という内容になっている。したがって、特徴（a）と効果（b）のそれぞれが適切に説明されているかを確認していくといいだろう。すると、⑤が整理した内容に即しており適切である。

① **b**の効果について、「風景がより美しく見える」が誤り。「水平線の広がりを求める」とする内容が説明されていない。

② **a**の特徴について、「居住性を向上させる機能を持つ」が誤り。「換気」に配慮の少ないル・コルビュジエの建築に居住性を向上させる意図はあまりないと考えられる。また、**b**の効果について、「囲い壁に遮られた空間の生活環境が快適なものになる」も不適切。囲い壁は外界を切り取るためのものであり、「囲い壁に遮られた空間の生活環境」が不快なものであるという説明もない。

③ **a**の特徴について、「アスペクト比の変更を目的としたもの」が誤り。窓のアスペクト比はル・コルビュジエが「視覚装置」としての窓を追求した結

果として変わったのであって、アスペクト比の変更を目的としたわけではない。

④ aの特徴について、「囲い壁を効率よく配置することで」が誤り。【文章Ⅰ】では、視界を遮るための囲い壁を要所要所取り払ったとある通り、風景を望むために必要な箇所を必要な分だけ取り除いたのであって、それは「効率がよい」とはいえない（強いていえば、風景を望むために「有効」な仕様ではあると考えられる）。また、bの効果について、「風景への没入が可能」が誤り。【文章Ⅰ】では、風景の広がりを感じ取ることができる、とあり、風景に没入することができるとは述べられていない。

問5 **9** ③ 《内容把握問題》

まず、傍線部Dの内容を押さえるところから始めよう。「観照」とは「対象の本質を見極めること」だが、この言葉を踏まえても傍線部Dの表現はやや難解なので、傍線部前後より「壁がもつ意味」を考えてみよう。

着目すべきは、傍線部D直後に「この動かぬ視点 theōria の存在」とあることである。指示語「この」は直前を指すため、「壁がもつ意味」には、「動かぬ視点」が関わっていることがわかる。したがって、「動かぬ視点」に着目して傍線部Dまでを整理しておきたい。

> ・風景についての引用部：
> ここに見られる囲い壁の存在理由は、……視界を閉ざすためである。……景色を望むには、むしろそれを限定しなければならない。……〝囲われた庭〟を形成すること、これがここでの方針である。
> ・ここに語られる「風景」は動かぬ視点をもっている。……この「動かぬ視点」は風景を切り取る。視点と風景は、一つの壁によって隔てられ、そしてつながれる。風景は一点から見られ、眺められる。

つまり、「動かぬ視点」とは、壁によって視界が遮られることで、風景を眺める視点が一点に限定・固定化されたものということができる。

そして、こうした「動かぬ視点」を獲得することで、住宅はどのような空間になるのか。傍線部Dのあとの段落にあるル・コルビュジエの考えによると次の通りである。

> ・かれ（＝ル・コルビュジエ）は、住宅は、沈思黙考、美に関わると述べている。初期に明言されるこの思想は、明らかに動かぬ視点をもっている。

以上を踏まえると、

> a「壁がもつ意味」→視界を一点に限定することで、（見る人に）「動かぬ視点」を獲得させる。
> b「どのような空間になるのか」→沈思黙考の場となる。

選択肢を見ると、それぞれ二文あるうちの、初めの文にa「壁がもつ意味」、二つ目の文にb「どのような空間になるのか」が書かれているので、それぞれを点検して、適切なものを選ぶといいだろう。正解は③。

① まず、a「外光は制限されて一方向からのみ部屋の内部に取り入れられる」が誤り。制限されるものが、「視点」ではなく、外光になっている。また、b「心を癒やす空間」も不適切。「沈思黙考」「瞑想」について指摘されていない。

② b「人間が風景と向き合う空間になる」が不適切。風景と向き合うことに触れているのは【文章Ⅰ】であり、【文章Ⅱ】の論旨と合わない。

④ b「住宅は風景を鑑賞するための空間」が誤り。①と同様に、「沈思黙考」「瞑想」についての指摘がなく不適切。風景の鑑賞について述べられているのは、【文章Ⅰ】の内容である。

⑤ a「外界に対する視野に制約」が、「動かぬ視点」の説明として不十分。「制約」では、視点が一点に制限されている効果が説明できていない。また、b「自己省察するための空間」も不適切。【文章Ⅱ】では「沈思黙考」とあり、「自己省察（＝自分自身の言動を反省し、考えること）」にのみ限定するのは誤

りである。

問6 10 ④ 11 ② 12 ③

《会話文形式による複数文章の内容把握問題》

(i) 生徒同士の会話を見ると、空欄Xは【文章Ⅰ】と【文章Ⅱ】のル・コルビュジエの引用について、その違いを説明したものが入るとわかる。違いを整理しておこう。

押さえておくべきなのは、【文章Ⅱ】の引用では中略があり、その省略された箇所を重視していないという点である。

【文章Ⅱ】の引用の中略で省略されているのは、【文章Ⅰ】の末文、「すなわち、まず壁を建てることによって視界を遮ぎり、つぎに連らなる壁面を要所要所取り払い、そこに水平線の広がりを求めるのである」である。一方で、【文章Ⅱ】の引用では、【文章Ⅰ】の引用にはなかった一文「北側の壁と、そして東側と南側の壁とが〝囲われた庭〟を形成すること、これがここでの方針である」が追加されている。

つまり、【文章Ⅰ】では、壁とそこに開けられた窓によって、風景の広がりを望むことができるという点を重視しているが、【文章Ⅱ】では、そうした窓を設ける意図が省略されて、壁を設けることの意図が重視されている、と考えられる。したがって、それを説明した④が正解。

①【文章Ⅱ】「壁の圧迫感について記された部分が省略されて」が誤り。省略された箇所は、窓を設ける意図を述べた部分である。

②【文章Ⅱ】「どの方角を遮るかが重要視」が不適切。方角が重要なのではなく、「壁で囲われる」ことを重要視しているのである。

③【文章Ⅰ】「壁の外に広がる圧倒的な景色とそれを限定する窓の役割」が誤り。右の引用で確認した通り、視界を閉ざし、景色を限定するのは「壁」の役割である。壁と窓の役割の説明が不適切。

(ii) 空欄Yでは、生徒Bの質問を受けて、【文章Ⅰ】で子規を取り上げた理由を考察している。【文章Ⅰ】はル・コルビュジエの窓が風景を見るための「視覚装置」として機能していることを述べたものだが、子規のガラス障子がこのル・コルビュジエの窓とどのような関わりがあるのか、再度【文章Ⅰ】を追って確認しておこう。

・子規の挿話

↓**ガラス障子が「視覚装置」として機能しており、**子規はガラス障子から風景をながめることができた。

↓

・実のところ、**外界をながめることのできる「窓」は、視覚装置として、**建築・住宅にもっとも重要な要素としてある。

↓

・建築家のル・コルビュジエは、いわば**視覚装置としての「窓」**をきわめて重視していた。……窓が視覚装置であるという点においては、子規の書斎（病室）のガラス障子といささかもかわることはない。しかし、ル・コルビュジエは、住まいを徹底した視覚装置……のように考えていた……子規のガラス障子は、フレームではあっても、操作されたフレームではない。他方、ル・コルビュジエの窓は、確信を持ってつくられたフレームであった。

これを見ると、「子規のガラス障子」と「ル・コルビュジエの窓」は、風景を望むための「視覚装置」としての役割をもつという点で共通していることがわかる。つまり、共通する点をあらかじめ示すことで、あとから説明する「ル・コルビュジエの窓」の特徴を読者が理解しやすくするねらいがあったと推察されるだろう。

一方、「子規のガラス障子」が「視覚装置」として機能したのは偶然によるものだったのに対して、「ル・コルビュジエの窓」は確信を持って意図的に設計されたものだったと説明されている。これは、ル・コルビュジエが、住まいの居住者と風景の関係を計算した上で、窓を設計したことを強調する意図があったと考えられる。

これらを踏まえると、筆者が子規のことを取り上げた理由としては、②が正

しいとわかる。

①「現代の窓の設計に大きな影響を与えたこと」が誤り。【文章Ⅰ】では、現代の窓の設計については論じられていない。

③「子規の芸術に対してガラス障子が及ぼした効果」が誤り。子規の芸術への影響について、【文章Ⅰ】ではまったく触れられていない。

④「換気と採光についての考察が住み心地の追求であった」が誤り。ル・コルビュジエは「換気」にはあまり重点を置いていないし、「住み心地」を追求したとも書かれていない。

(iii) 空欄Zでは、【文章Ⅱ】と関連づけて【文章Ⅰ】の子規の話題をとらえなおそうとしている。【文章Ⅱ】で説明された「ル・コルビュジエの窓」の思想が、【文章Ⅰ】の子規の話題とどのように関係づけられるかを整理していきたい。

【文章Ⅱ】の主旨は「『動かぬ視点』によって、住宅が『沈思黙考の場』としての役割をもつ」ということである。そのことを踏まえて【文章Ⅰ】の子規の話題を解釈すると、「ガラス障子」と病で「寝返りさえ自らままならなかった子規」の状況が子規に「動かぬ視点」を獲得させ、その「動かぬ視点」によって、子規の書斎が「沈思黙考の場」としての機能をもつことになった、と考えられるだろう。これらの内容を踏まえた③が正解。

①「ル・コルビュジエの主題化した宗教建築」が誤り。ル・コルビュジエが主題化したのは「沈思黙考の場をうたう住宅論」(【文章Ⅱ】)であり、「宗教建築」ではない。

②「光の溢れる世界」や「仕事の空間として機能していた」が誤り。【文章Ⅱ】で述べられたル・コルビュジエの建築は「沈思黙考の場」としての住宅であり、「仕事の空間」について述べたわけではない。また、「沈思黙考の場」はむしろ「光の疎んじられる世界」である。(【文章Ⅱ】)

④【文章Ⅱ】の内容に即して子規のガラス障子が説明されておらず、不適切。選択肢の「視覚装置として機能していた」という説明は【文章Ⅰ】だけの内容になっている。

第2問

出典 梅崎春生《うめざきはるお》「飢えの季節」（一九四八年初出）**【資料】**「マツダランプの広告」（雑誌『航空朝日』一九四五年八・九月合併号32頁〔朝日新聞社・一九四五年九月一日発行〕掲載）

梅崎春生（一九一五～一九六五）は福岡県生まれ。東京帝国大学文学部国文科卒。大学卒業後は陸軍に招集されるも病気で帰郷を命じられる。この前後で東京市教育局などに雇員として勤務していたが、海軍に召集され暗号特技兵などを務めて終戦を迎える。一九四六年、海軍体験を踏まえた「桜島」を発表し、注目を浴びる。続いて「日の果て」、「B島風物誌」などを発表し、戦後派作家としての地位を獲得する。一九五四年、「ボロ家の春秋」で直木賞受賞。一九五五年、「砂時計」で新潮社文学賞受賞。一九六四年、「狂ひ凧《だこ》」で芸術選奨受賞。毎日出版文化賞受賞作「幻化」（一九六五年）が遺作となった。

【出題の特徴】

本問は、第二次世界大戦の終結直後の食糧難の時代を舞台にした小説から出題された。**問1**～**問6**までは、主人公である「私」の心情を把握する問題を中心として、小説読解のための基礎的な力が問われている。**問7**は共通テストならではの新傾向問題といえるが、本文の舞台となった時代の広告を踏まえて、本文の表現を考察する問題であった。これによって本文のタイトルである「飢えの季節」というテーマを、受験生により深くとらえさせる工夫がなされている。なお、昨年に引き続き、センター試験で例年課されていた「語句の意味を問う」問題は、今回も出題されなかった。

【概要】 問題文の概要は次の通りである。

(1) **《「私」の夢と会社の方針との乖離《かいり》》**（リード文～36行目）

・私が拵えた構想のなかには、私がもっとも念願する理想の食物都市の精神が加味されていた。ここには私のさまざまな夢がこめられていると言ってよかった。私の夢は飢えたる都市の人々の共感を得ない筈はないと確信していた。だから自身の構想を会議に提出するにあたっても、晴れがましい気持でいたのである。

・しかし、会議の席上では、私の下書きはてんで問題にされなかった。

・思えば会社が戦争中情報局と仕事をやっていたというのも、たんなる儲け仕事にすぎなかったことは、少し考えれば判る筈であった。そして戦後、掌をかえしたように文化国家の建設の啓蒙をやろうというのも、私費を投じた慈善事業である筈がなかった。

・私はだんだん腹が立ってきた。ただただ私は自分の間抜けさ加減に腹を立てていたのであった。

(2) **《物乞いの老爺》**（37行目～56行目）

・会議で構想のたてなおしを命ぜられた帰り道、変な老人から呼びとめられた。老人は私に一食めぐんでくれるように頼んだ。老人はぎょっとするほど痩せていて、よごれており、立っているのも精いっぱいであるらしかった。

・断るものの、自身の上衣すら抵当に入れようとしてまで、なおもすがりつく老爺に、あたりに人眼がなければ私の方がひざまずいて、これ以上自分を苦しめて呉れるなと、頭をさげたい気持になった。

・老爺からなんとか逃れるため、自分でもおどろくほど邪険な口調で、老爺を追い払った。

(3) **《食堂にて》**（57行目～66行目）

・しきりに胸を熱くして来るものがあって、食物の味もわからない位だった。私をとりまくさまざまの構図が、ひっきりなしに心を去来した。それら貧富さまざまな人々のたくさんの構図にかこまれて、朝起きたとき

から食物のことばかり妄想し、こそ泥のように芋や柿をかすめている私自身の姿が思い浮かんだ。こんな日常が続くことで、一体どんなおそろしい結末が待っているかと考えるだけで、私は恐怖した。

(4) **《退職と私の決意》**（68行目～最終行目）

・給与が日給であること、それも一日三円の割であることを知ったとき、私はある衝動を覚えた。庶務課長によると、私はしばらくの間は見習社員で、実力次第では昇給も可能であるという話だった。続けて私の勤務態度をあげ、今後を期待していると述べた。

・日給三円だと聞かされたときの衝動は、すぐ胸の奥で消えてしまって、水のように静かな怒りが胸のうちに拡がってきた。一日三円では食えないことを理由として挙げ、庶務課長には辞意を告げた。

・会社を辞めることによる今後の生活への危惧はあった。しかし、私は私の道を自分で切りひらいてゆく他はなかった。ふつうのつとめをしていては満足に食べて行けないなら、私は他に新しい生き方を求めるよりなかった。

・切実な思いで希求していた「盗みもする必要がない、静かな生活」が望めないものであるとはっきり判った瞬間、私はある勇気がほのぼのと胸にのぼってくるのを感じていた。

・辞職した帰途、電車みちまで出てふりかえると曇り空の下で灰色のこの焼けビルは、私の飢えの季節の象徴のようにかなしくそそり立っていた。

問1 13 ①**《内容把握問題》**

傍線部Aは、「私」が提出した構想が、会議の場では想定外に酷評され、会長からも「一体どういうつもりなのか」「一体何のためになると思う」と詰問されたため、「あわてて」自分の構想意図を説明したという場面である。「あわてて」に至るまでの「私」の様子について順を追って確認していこう。

常に空腹を抱えていた「私」は、「もっとも念願する理想の食物都市」とはやや異なるものの、食べものに困らないようなしくみを考え、構想の下書きを作成した。そうした構想の中では、都民のひとりひとりが楽しく胸をはって生きてゆけるはずだった。この中には「私のさまざまな夢がこめられて」いたのである。この夢は「飢えたる都市の人々の共感を得ない筈はな」いと確信し、だから下書きを提出するにあたっても「晴れがましい気持」でいたのである。こうして自信をもって提出した下書きが酷評されたため、うろたえながらも、下書きの作成意図を説明し、なんとか会長の理解を得ようとした、というわけである。したがって正解は①。

②「会長も出席する重要な会議の場で成果をあげて認められようと張り切って作った構想」が誤り。成果をあげて認められようと構想を練ったわけではない。また、本文の「無理矢理に拵え上げた構想」（1行目）とも矛盾する。

③「自分の未熟さにあきれつつも」が誤り。ここでは、自分の提出した下書きが予想外に否定されて、うろたえているのであって、「自分の未熟さにあきれ」ているわけではない。

④「都民の現実を見誤っていたことに今更ながら気づき」が誤り。「都民の現実を見誤っていた」わけではないので不適切。「見誤っていた」のは、会長や会社が求めていた構想の意図である。

⑤「『私』の理想の食物都市の構想」が誤り。「理想」とは「いささか形はちがっていた」（2行目）のである。また、「会長からテーマとの関連不足を指摘されて」が誤り。会長からは、どういうつもりでこの下書きを作成したのか、と問われたのであって、「大東京の将来」というテーマから乖離している、という指摘を受けたわけではない。

問2 14 ⑤**《理由把握問題》**

傍線部Bで「私」が腹を立てた理由は、直後に説明されている。

> 私の夢が侮蔑されたのが口惜しいのではない。この会社のそのような営利精神を憎むのでもない。佐藤や長山の冷笑的な視線が辛かったのでもない。ただただ私は**自分の間抜けさ加減に腹を立てていた**のであった。

しかし、「私」が自分を「間抜け」だと感じた理由はここでは言及されていないので、文章をさかのぼって確認していく必要がある。

> 思えば戦争中情報局と手を組んでこんな仕事をやっていたというのも、憂国の至情にあふれてからの所業ではなくて、たんなる儲け仕事にすぎなかったことは、少し考えれば判る筈であった。そして戦争が終って情報局と手が切れて、掌をかえしたように文化国家の建設の啓蒙をやろうというのも、私費を投じた慈善事業である筈がなかった。

つまり、会社が文化国家の建設の啓蒙をしようとしたのは、**金儲けの手段であったことに気づかなかったこと、その思い違いに気づかず、自分の夢や理想を詰め込んだ構想を自信もって提出したこと**、を間抜けだと感じたということである。したがって、正解は⑤。

① 「給料をもらって飢えをしのぎたいという自らの欲望を優先させた自分の浅ましさ」が誤り。この選択肢では「自分の間抜けさ」が説明されておらず、不適切。

② 「戦後に方針転換したことに思い至らず」が誤り。会社は「方針転換」したわけではなく、一貫して「儲け仕事」を重視しているので、「方針転換したことに思い至らず」という説明は不適切。また後半も、「暴利をむさぼるような経営にいつの間にか自分が加担させられていること」に腹を立てているわけではなく誤り。

③ 「戦後に営利を追求するようになった会社が社員相互の啓発による競争を重視していることに思い至らず」が誤り。「思い至ら」なかったのは、社員相互の競争が重視されていることではなく、会社の方針が金儲けにあることである。この方針は戦前から変わっていない。また、社員相互の競争が重視されていた、という説明もない。

④ 「飢えの解消を前面に打ち出す提案をした自分の安直な姿勢」が誤り。「私」は「都民のひとりひとりが楽しく胸をはって生きてゆける……都市」（1行目）を構想したのであり、「飢えの解消」はその一つの条件であって、「前面」に打ち出したわけではない。

問3 15 ⑤ **《心情把握問題》**

問われているのは、傍線部Cに至るまでの「私」の心の動きなので、老爺に出会ってから、邪険な口調で老爺を追い払うまでの流れと心の動きを押さえる必要がある。37行目から55行目を確認していこう。

> ・私は変な老人から呼びとめられた。ひどく飢えて痩せた老人に食べものをめぐんでくれるように頼まれる。
>
> ↓
>
> ・私は**ある苦痛をしのびながらそれを振りはらった**。
>
> ↓
>
> ・老人に重ねて食べものを乞われる。
>
> ↓
>
> ・頭をふらふらと下げる老爺よりもどんなに私の方が頭を下げて願いたかったことだろう。**あたりに人眼がなければ私はひざまずいて、これ以上自分を苦しめて呉れるなと、老爺にむかって頭をさげていたかも知れないのだ**。しかし私は、自分でもおどろくほど邪険な口調で、老爺にこたえていた。

右の部分で「私」の気持ちが表れているのは、波線部である。

老爺はひどく飢えていて痩せており、立っていることも精いっぱいの様子であった。しかし、自分が食べることすら満足にできない「私」には、食べものをめぐんでやりたくてもそうすることができない（＝a）のである。そのため、はじめ苦痛をしのびながら、食べものをめぐむことを断る（＝b）が、それでも重ねて頼む老爺に対し、「これ以上自分を苦しめて呉れるな」と「頭を下げて願いた」いような気持ちにかられた（＝c）のである。一方、心ではそういう気持ちをもちながらも、「邪険な口調」で老爺を追い払っているのだから、老爺と向き合うことからなんとか逃れたい、という思い（＝d）をもっていた

のだろうと考えることができる。これらaからdまでの流れを説明できている選択肢が正解となる。したがって、正解は⑤。

①「せめて丁寧な態度で断りたい」や「人目をはばからず無心を続ける老爺にいら立った」が誤り。「私」が邪険な態度をとったのは、食べものをめぐんでやりたくても、そうすることができないという苦痛に原因があるのであって、老爺の言動によるものではないので不適切。また、cやdの内容を踏まえていない。

②「周りの視線を気にしてそれもできない自分へのいらだちを募らせた」が誤り。老爺の懇願に応じてやれないことへの苦痛から、邪険な態度をとったのであって、「周りの視線」が気になって許しを請うことができない自分に対していらだちを覚えているわけではないので不適切。

③「自分と重なるところがあると感じた」が本文に根拠がない。また、dの内容を踏まえておらず、「自分にはない厚かましさ」を感じたという指摘も①と同様に、老爺の言動に原因を求めた説明になっており、不適切。

④「老爺のしつこさに嫌悪感」が誤り。①、③と同様に、「老爺のしつこさ」と老爺の言動を「私」の行動の原因としており不適切。

問4 16 ①《心情把握問題》

まず、傍線部Dの指示語「それ」は、直前の「こんな日常が連続してゆくことで、一体どんなおそろしい結末が待っているのか」を指すことがわかる。したがって、「身ぶるい」するほどの恐怖を感じている対象は、「おそろしい結末」、つまり自分の行く末、将来についてである。こうした「おそろしい結末」に思い至るまでの「私」の心の動きを追っていこう。

・私をとりまくさまざまの構図が、ひっきりなしに心を去来した。
・貧富の差が顕著に描写された人々（下宿のあるじ、裏の吉田さん、会長、庶務課長、佐藤、長山アキ子、T・I氏、青いモンペの女、勤め人たち、老爺）

↓

・それらのたくさんの構図にかこまれて、朝起きたときから食物のことばかり妄想し、こそ泥のように芋や柿をかすめている（＝すきをうかがって、盗みだす）私自身の姿がそこにあるわけであった。

↓

・**こんな日常が連続してゆくことで、一体どんなおそろしい結末が待っているのか。**それを考えるだけで私は身ぶるいした。

すると、貧富の差が顕著にあらわれた周囲のさまざまな人々の姿から起きている間中ずっと食物のことばかりに執着する「私」の状況が強く意識され、こんな生活を続けていった先にある「おそろしい結末」を思って、恐怖したという心の動きを読み取ることができる。したがって、正解は①。

②「自分は厳しい現実を直視できていないと認識した」が誤り。傍線部Dにおける「私」の恐怖の対象は、「おそろしい結末」だが、その言及がない。

③「その場しのぎの不器用な生き方しかできない我が身を振り返った」が誤り。この時意識されたのは、「朝起きたときから食物のことばかり妄想し、こそ泥のように芋や柿をかすめている私自身の姿」である。また、②と同様に、この選択肢では、「おそろしい結末」に対する「私」の恐怖が説明されておらず不適切。

④「富める人もいれば貧しい人もいる社会の構造にやっと思い至った」が誤り。「私」は貧富の差が顕著にあらわれた周囲のさまざまな人々から、自身が起きている間中ずっと食物のことばかりに執着していると自覚したのである。

⑤「社会の動向を広く認識できていなかった自分を見つめ直した」が誤り。「社会の動向」に目を向けていなかった自身を省みたという選択肢だが、これも「おそろしい結末」に対する恐怖を説明できておらず、不適切。

問5 17 ①《内容把握問題》

傍線部Eの「私」の発言について説明する問題だが、この発言は庶務課長との応答によるものなので、庶務課長と「私」のやりとりやその時の心理状況を

整理する必要がある。

・給料が日給で、しかも一日三円の割であることを知らされる。

心情「私」の心に生じた「衝動」（＝心が突き動かされること）

↓

・しばらくは見習いだが、実力次第では昇給が可能。期待をかけていると告げられる。

心情「衝動」はすぐ胸の奥で消えてしまって、その代りに水のように静かな怒りがゆるゆると拡がってきた。そのときすでに会社を辞める決心をかためていた。

↓

・私は低い声でいった。「私はここを辞めさせて頂きたいとおもいます」「一日三円では食えないのです。食えないことは、やはり良くないことだと思うんです」

「私」の給料は日給でしかも一日三円の割であった。「私の一日の給料が一枚の外食券の闇価と同じだ」（74行目）というのだから、とんでもなく薄給であることがわかる。いつも空腹を抱えていた「私」は満足に「食べられること」を希求していた。そのためには、不本意な「儲け仕事」にも従事していたし、「毎日自発的に一時間ほど残業」（72行目）もしてきたのである。

庶務課長は、今は見習社員でも実力次第では昇給させるし、期待しているからと、将来的な展望を伝えるが、**「私」は今、満足に食べられないほど薄給であることに納得できず、辞意を告げることになった**のである。「食えないことは、やはり良くないことだと思うんです」という言葉を低い声で述べたことには、「私」の決意や、うちに潜む「静かな怒り」が表現されていると考えられる。したがって、正解は①。

②「感情的に反論した」が誤り。「私」は低い声で冷静に辞意を告げており、「感情的に反論」という指摘は当てはまらない。

③「課長に正論を述べても仕方がないと諦めて、ぞんざいな言い方しかできなかった」が誤り。「私」は低い声で淡々と辞意を告げているので、「ぞんざいな（＝乱暴でいいかげんな）言い方」ではない。また、この選択肢では、他に述べたかった「正論」があることになるが、そうした「正論」にあたるものは本文では指摘されていないため、不適切。

④「課長に何を言っても正当な評価は得られないと感じて」が誤り。「正当な評価」や会社からの期待などを「私」は重視していない。

⑤「有効な議論を展開するだけの余裕もないので、負け惜しみのような主張を絞り出すしかなかった」が誤り。日給三円では食えない、というのは「私」の本音であり、「負け惜しみのような主張」（＝いいわけや屁《へ》理屈）とはいえず、不適切。

問6 **18** ④《心情把握問題》

傍線部Fの心情を説明する問題。「ある勇気」が胸にのぼってくるのを感じた、とあるのだから、まずは、この「ある勇気」の内容を本文中から読み取る必要がある。また、傍線部Fの直前を確認すると、「ある勇気」が胸にのぼってきたのは、「それ（＝盗みもする必要がない、静かな生活に対する希求）が絶望であることがはっきり判ったこの瞬間」。つまり、「人並みな暮しの出来る給料」が得られず、切望していた「盗みもする必要がない、静かな生活」が手に入らないことを理解した瞬間ということも押さえておきたい。

その瞬間の気持ちを「ある勇気」というポイントを踏まえて確認していくと、

（仕事を辞すことによる将来の心配はあるものの）**私は私の道を自分で切りひらいてゆく他はなかった**。ふつうのつとめをしていては満足に食べて行けないなら、**私は他に新しい生き方を求めるよりなかった**。……そこ（＝鞄の中にいろんな物を詰めこんで、売ったり買ったりする場）にも生きる途がひとつはある筈であった。そしてまた、……（あの老爺のように）外套を抵当にして食を乞う方法も残っているに相違なかった。

つまり、a**「盗みもする必要がない、静かな生活」**を期待していた。→bそ

れが決してかなわない願いであることを知って絶望し、（給料では食べていけないのならと）会社を辞める決断をした→c将来の生活に対する心配はあるものの、自分で自分の新しい道を切り開いていかなければならない、とやる気がわき起こっているということである。したがって、正解は④。

①「その給料では食べていけないと主張できたことにより」が誤り。「ある勇気」が胸にのぼってきたきっかけは、「それ（＝盗みもする必要がない、静かな生活）が絶望であることがはっきり判ったこの瞬間」である。

②「課長に言われた言葉を思い出すことにより」がまず誤り。①と同様に、勇気が胸にのぼってきたきっかけの説明が不適切。また、「自分がすべきことをイメージできるようになり」も不適切。ここは「新しい生き方」を模索しだす段階で、具体的な「イメージ」があるわけではない。

③「物乞いをしてでも生きていこう」が誤り。「物乞い」も「新しい生き方」の選択肢の一つではあるが、ここでは「新しい生き方」を「物乞い」に限定していない。

⑤「課長が自分に期待していた事実があることに自信を得て」が誤り。「ある勇気」が胸にのぼってきたきっかけの説明が不適切。また、本文では、課長が自分に期待していたかどうかを「私」はプラスにとらえておらず、それによって自信を得たという説明も根拠がない。

問7 19 ③ 20 ② **《複数資料の把握問題》**

(i)【文章】の空欄Ⅰに入る言葉を考察する問題である。まずは空欄の前後を整理しておこう。

> この広告と「飢えの季節」本文の最後にある「焼けビル」とには共通点がある
> ↓
> 共通点の説明＝空欄Ⅰ
> ↓
> この共通点は、本文の会長の仕事のやり方とも重なる。

したがって、「この広告」と「焼けビル」、また、「会長の仕事のやり方」の三つに共通点があることがわかる。それぞれの内容を整理しておこう。

> 「この広告」→【資料】中の「マツダランプ」の広告。戦時中に使われていたものを、戦後も一部を削除して流用している。
> 「焼けビル」→注3参照。戦災で焼け残ったビル。
> 「会長の仕事のやり方」→戦時中も戦後も変わることなく、「たんなる儲け仕事」。

これらに共通するものは、「戦時中に存在したものが、終戦後社会が変化したあとになっても、なお残り続けている」という点である。したがって正解は③。

①「軍事的圧力の影響」が誤り。広告も焼けビルも、仕事のやり方も「軍事的圧力」とは無関係である。

②「倹約の精神」が誤り。「倹約」は強いていえば「広告」にのみ当てはまる内容である。

④「戦時下の国家貢献を重視する方針」が誤り。これまでの設問でも見たように、会長の仕事は「たんなる儲け仕事」で国家貢献を重視するものではないし、広告も焼けビルも国家貢献とは無関係である。

(ii)【文章】の空欄Ⅱは文章最後の一文の末尾にあたるので、文全体を把握することから始めよう。

> そこで改めて【資料】を参考に、本文の最後の一文に注目して「私」の「飢え」について考察すると、「かなしくそそり立っていた」という「焼けビル」は、［Ⅱ］と捉えることができる。

また、本文の最後の一文は、「……この焼けビルは、私の飢えの季節の象徴

のようにかなしくそそり立っていたのである」となっている。したがって、

a 焼けビル＝飢えの季節の象徴

b **【資料】**（「焼けビル」のもつ特徴 **問7**(i)より）を参考に、「私」と「飢え」についての考察→終戦後なおも残り続けているもの。

以上の二点から考えると、「焼けビル」は「私」にとって、解消することを切望していた「飢え」がなおも継続していることの象徴としてとらえられている、ということがいえそうである。したがって、正解は②。

①「給料を払えない会社の象徴」が誤り。ここでは「飢え」の継続性を指摘すべきであり、「給料」や「会社」に着目している点で不適切。

③「飢えた生活や不本意な仕事との決別の象徴」が誤り。「飢えた生活」からは決別できていない。

④「飢えから脱却する勇気を得たことの象徴」が誤り。仮に、これが当てはまるのであれば、本文では「焼けビル」が「かなしくそそり立っていた」とは表現されないだろう。この空欄にはマイナスの内容が入ると考えれば、④はすぐに誤りとわかる。

第3問

出典　源《みなもと》俊頼《のとしより》『俊頼髄脳《ずいのう》』
【問4】源俊頼『散木奇歌《さんぼくきか》集』

『俊頼髄脳』は、平安時代後期（天永二〈一一一一〉～永久二年〈一一一四〉頃）成立の、歌人・源俊頼による歌学書。藤原忠実《ただざね》の依頼により、その娘・勲子（後の鳥羽院皇后、高陽院泰子）のために述作したとされる（『今鏡』）。実作のための入門書的性格が強く、具体的な作品解説や和歌にまつわる故事・伝説も多く記される一方で、歌体論、歌病論、題詠論、秀歌論などの和歌概論からは俊頼の新風志向がうかがえる。源俊頼は平安時代後期の歌人（天喜三〈一〇五五〉～大治四年〈一一二九〉）。白河上皇の院宣により『金葉和歌集』を撰した他、多くの歌合《うたあわせ》の判者を務めた。

『散木奇歌集』は、源俊頼の自撰家集で、晩年の大治三年（一一二八）頃の成立。十巻千六百二十二首に及ぶ大部の歌集で、細かく部類されている。奇語・俗語など多種多様な語彙を用いた、俊頼らしい新風の和歌が並ぶ。書名の「散木」は役に立たない木の意であり、「奇歌」とともに謙辞〈＝へりくだりの言葉〉である。

【出題の特徴】

本文が一つ、設問に和歌が引用される形は二〇二一年度第一日程と同様。歌学書ではあるものの問題文は説話的性格が強く、状況もわかりやすく読みやすい。全体を通して基本的な語彙・文法を確実に押さえられているかが問われる。

問1は従来通り、重要単語を訳出する力を問う。紛らわしい選択肢はない。**問2**は昨年度と同様、文法や語句に関する問い。表現効果に主眼が置かれるものの文法事項だけでほぼ正答を導ける。**問3**は本文内容との合致問題で、段落が指定されており該当本文を見つけやすい。**問4**は新傾向の問題。教師と生徒の会話をもとにした空欄補充の形式は昨年度本試験と同様。今回は短連歌の解釈や詠歌状況、表現技法といった和歌を軸とした内容になっている。掛詞を踏まえ自分で一から解釈するのはいささか難しいかもしれないが、選択肢を読めば適切な解釈にたどり着ける。また昨年度は本文の該当箇所を確認・解釈する必要があり、紛らわしい選択肢も多かったが、今回は選択肢内に誤っている箇所が複数あることが多く、判断しやすい。登場人物の心情や語り手の意図などを文章から読み取る力はほとんど問われず、全体的に基礎力が身についていれば得点できる問題が多い。

【概要】

1　皇后寛子のための船遊びに際し、宮司らは船を紅葉で飾りつけたり、船を操作する若侍の華やかな衣裳を用意したりと、入念に準備した。

2　当日、二艘《そう》の船に乗りわかれた人々は、船前方に奏者を置くなどして船を進めていると、南の普賢堂の辺りに着いた。そこには宇治の僧正（当時は僧都の君）がおり、船遊びが催されると知った多くの僧もまた庭に集まっていた。

3
・その中にいた歌僧・良暹を知る者が、船に乗せて連歌をするよう提案するが、（部外者の良暹を）船に乗せるのは後の時代の人から批判を受けるということで、その場で連歌をさせることになった。
・良暹も連歌を求められることもあろうと思っていたのか、すぐに詠んで傍らの僧に伝え、僧が船に歩み寄り「紅葉が焦げるように色づいており、その紅葉を飾って漕いでいるのが見える、美しい船であることよ」と詠みかけた。

4　船の人々は句を付けられないまま築島を二周もしてしまい、島陰で「どうしようか」と言い合うが、もはや句を付けようという気もなく、混乱しきりであった。

5　皇后にお借りした楽器も演奏することなく、宮司が準備してあった饗宴もそのかいなく、中止となった。

【問4・『散木奇歌集』】
・八幡の御神楽の翌日、別当法印光清の堂の池の釣殿で人々が遊興していたところ、光清が連歌を求めたので、俊重が「釣殿の下には魚は住んで

いないのだろうか」と詠んだ。

・結局光清が句を付けられなかったことを、帰宅した俊重が話し、俊頼は「梁ならぬ釣針が水底に映って見える（からだろうよ）」と詠んだ。

問1　21　③　22　④　23　②　**《語句の解釈問題》**

(ア)　船遊びの場面で、人々が乗る二艘の船が南の普賢堂の辺りにやってくる時の様子を表している。語意はそれぞれ次の通り。

さしまはす【サ行四段活用動詞】

接頭語「さし」が「まはす」に接続した語として、〈まわす〉〈さし向ける〉などの意。また「鎖す」と「まはす」の複合動詞として〈（門戸を）閉じる〉の意もある。

なお、本文の「船さし〈船を操作する人〉」を参考にすると、複合動詞として「操作する」意のサ行四段動詞「さす」＋「まはす」と考えることも可能。どちらにしても船を向けるという意味になる。

やうやう（漸う）【副詞】

主に〈だんだん・次第に・徐々に〉など、時がたつにつれて進行するさまを指す。他にも、何らかの困難があったものが時の経過によってどうにか成ったさま〈かろうじて・やっと〉、時が経ってある事態が成立するさま〈まさしく・すでに〉を指すこともある。

以上を適切に訳した③が正解。

なお、傍線部を検討するにあたり、「やうやう」からだけでは正解の選択肢を絞ることは難しい。なぜなら、「やうやう」の訳としては③・④・⑤が該当し、また②は「やうやう」を「様々」として解釈しており、これも不適切とは即断できないからである。そこで「さしまはす」の語意と文脈を踏まえながら考える必要がある。動詞「さしまはす」の意味を知らなかった場合は、複合動詞的な構成であることに注目し、「さす」「まはす」の語意を意識しながら文脈と照らして解けばよい。②「準備する」、④「集まる」、⑤「演奏が始まる」は、この文脈における「まはす」の訳として違和感がある。さらに「さしまはし」た結果、船が南の普賢堂の辺りにきたという文脈を踏まえれば、船の進行に関わる言葉であろうと推測できる。

(イ)　この傍線部の主語は「その僧」、つまり良暹の使いをする役目の者である。さらに傍線部の最後にある単純接続の「て」に続き、「『もみぢ葉の……』と申しかけて帰りぬ」とあるから、「その僧」は連歌の下の句を詠む者たち（＝船にいる人々）に歌を届けに行ったとわかる。傍線部は「その僧」の様子を描写したものであり、ここでは形容詞「ことごとし」が「その僧」のどのような様子を表しているかを考えればよい。

ことごとし【シク活用形容詞】

〈おおげさである・ものものしい〉などの意で、いかにも一大事であるかのようなさま。

以上より、「もったいぶって」と訳した④が適切。④以外はいずれも「ことごとし」の訳として不適。歩み寄った先の解釈も①「僧侶たちの方」、③「良暹のそば」、⑤「良暹のところ」がいずれも適切ではない。

(ウ)　句を付けることができない人々の言葉。「かへすがへす」の訳は次の通り。

かへすがへす【副詞】

何度も繰り返すさまを指し、〈かさねがさね〉〈念入りに〉の意や、〈何度考えてもそうとしか考えられない〉と程度を強め、〈つくづく〉〈非常に〉の意を表す。また助詞「も」を伴い、〈きっと・必ず〉、打消表現が加わると〈決して〉などとも訳す。

傍線部を含む一文は倒置となっており、今まで句を付けられていないという状況に対して「かへすがへすもわろきことなり」と言うのである。よって「つ

くづくよくない」という意を含む②が適切だとわかる。①③④は「かへす」を踏まえたような訳になっているが、「かへすがへす」にそのような意味はない。①は一見適切なように見えるが、ここの場合の「かへすがへす」は「繰り返す」という行動を指すものではなく、文脈にそぐわない。

問2 **24** ③《文法知識および表現把握問題》

本文全体から複数箇所を取り上げているので、広く本文に目を配る必要がある一方で、波線部は短く、また選択肢は文法の正誤のみで正答を導けるものが多く、細かな解釈も必要でないため、解きやすくなっている。

aは「若からむ」に助動詞「らむ」を見出す点が不適。形容詞「若し」の未然形「若から」に推量の助動詞「む」が接続したものである。直前の「の」は同格の格助詞であり「侍の若からむ（侍）」と「侍」が省略されていると考えられ、助動詞「む」は婉曲と判断できる。選択肢後半の「断定的に記述することを避けた表現」は適切といえる。

bは「読み手への敬意」が込められているとする点が不適。この「侍り」は若き僧の台詞に含まれる丁寧語であるが、台詞における丁寧語は聞き手に対するものであるから、ここでは船の人々に対する敬意であると考えるのが妥当。

cは、良暹に対する作者の推測を表したものであり、「さる者……まうけたりけるにや」の部分が作者の見解として、船遊びの描写に挿入されているのである。良暹は連歌を求められたところ「聞きけるままに程もなく」、つまり即座に読むことができた。それは良暹が「さる者」すなわち〈しかるべき者〉であったため、〈もしかするとそのようなこと（＝連歌を求められること）もあるかもしれない〉と「まうけ」ていたのではないかと、作者は想像したのである。動詞「まうく」は〈準備する〉〈心構えする〉などの意で、良暹が事前に準備していた可能性を示唆している。よって③が適切。

dは「ぬ」を強意の助動詞とする点が不適。強意の助動詞をこのように単独で用いることはない。人々が「え付けざりけ」る状況であったことを踏まえれば、「ぬ」は打消の助動詞「ず」の連体形だとわかる。

eは「なり」を推定の助動詞とする点が不適。「覚えず」は〈わからなくなる〉という人々の状態を指す表現であり、〈〜になる〉と訳すことができることから、動詞「なる」であると識別できる。なお、「なり」は聴覚情報からの推定を表す助動詞だが、そのような聴覚情報は記されていない。

問3 **25** ⑤《内容把握問題》

傍線部ではなく[1]〜[3]段落の内容を把握・照合する必要があって範囲は広くなる。まずは該当する記述を見つけることが求められるので、落ち着いて本文と照らし合わせよう。

①は「もみじの葉で飾った船」が[1]「宮司ども……船の屋形にして」と一致するものの、当日に「御船はまうけたりや」と準備ができているか問われて「皆まうけて侍り」と答えている。準備が前日までに行われていたことが読み取れ、「当日になってようやく」が不適とわかる。

②は[2]に照らし、「祈禱を中止し……呼び集めた」という記述がないため不適。

③は、まず良暹が自ら辞退したとする点が不適。船の人々の「いかが。あるべからず」という意見によって、船に乗せることなく連歌をさせたのであった。また即座に句を傍らの僧に伝えてはいるが、「句を求められたことには喜びを感じていた」ことは本文になく、適切としがたい。

④の「後で批判されるだろう」とは「後の人や……申さむ」を受けたものだが、その内容を「管絃や和歌の催しだけでは」とする点が不適。良暹を船に乗せるべきでない理由として、人々は「さらでもありぬべかりけることかな」、すなわち（部外者の）良暹を乗せなくとも〈すばらしい会にちがいなかったことだろうよ〉と批判されると考えたのである。

⑤は「良暹……平がりてさぶらひければ、かたはらに若き僧……申しければ」と合致し、適切。

選択肢は本文の順に並べられているとは限らないので注意。

問4 **26** ④ **27** ① **28** ③ **《複数文章の比較読解問題》**

問題文の連歌にまつわる出来事について、同じ作者の『散木奇歌集』を参考にしながら理解を深める問題。『散木奇歌集』の詞書《ことばがき》の内容は教師と生徒とのやりとりでまとめられており、ここでは問われない。

(i) 掛詞に注目したそれぞれの句の解釈が問われている。整理すると次の通りである。

> 釣殿 の 下 に は 魚 や すま ざら む
> 　　　　　　　　　疑問　　打消 推量
> 〈釣殿の下には魚は住んでいないのだろうか〉
>
> **梁・(釣)針**
> うつばり の 影 そこ に 見え つつ
> 〈梁ではないが針が水底に見える(から)〉
> ＊「影」はここでは〈水や鏡などに映った人・物の姿形〉の意。
> ＊「釣殿」に対応する「うつばり」を軸にし、「釣」「魚」に対し「針」「(水)底」の縁語を配す。

両句を適切に解釈した④が正解。俊重の前の句に限っても、「すまざらむ」を正しく訳せているのは④のみである。①は「皆が釣りすぎたせいで」という魚の姿が見えない理由を説明しているが、これは句からは判断できない。また、「影」を「昔の面影」と解釈している点も不適。②は「や／すま／ざら／む」を「やすま／ざら／む」ととらえている点が間違い。したがって、俊重の句を踏まえて俊頼の句の「うつばり」に「鬱」を掛けていると解釈している点も認められない。③は「魚やすまざらむ」とあるように「すむ」の主語が魚である以上、「澄む」が掛けられていると考えることはできない。俊頼の句の「そこ」に「あなた」という意味を掛けた恋の句と解釈している点も不適。

(ii) Yの直前の「この句」が指す良暹の「もみぢ葉の」句の解釈が問われている。まず句を見ていこう。

> **焦・漕**
> もみぢ葉 の こがれ て 見ゆる 御船 かな
> →もみじが 焦がれ て 見える ＝ もみじが紅葉して見える
> 　　　　　漕がれ て 見える ＝ 船屋形にしつらえられたもみじの飾られた船が漕がれている様子が見える
> 〈紅葉が焦げるように色づいており、その紅葉を飾って漕いでいるのが見える、美しい船であることよ〉

以上の解釈を適切に踏まえた①が正解。

良暹が句を詠んだのは、殿上人の「さりぬべからむ連歌などして参らせよ」という求めに応じたためである。「さりぬべからむ」はラ変動詞「さり(さ＋あり)」＋完了の助動詞「ぬ」＋推量の助動詞「べし」＋推量の助動詞「む」から成り、〈そうあるはずだ〉〈適当である〉あるいは身分などに対し〈相当である〉〈ふさわしい〉などの意。すなわち〈この場にふさわしい連歌〉を求められたのだとわかり、「船遊びの……詠んだ句」という背景の説明も適切である。

②にあるようにラ行下二段活用動詞「焦がる」には〈焼けて焦げる〉〈日に照りつけられて変色する、紅葉する〉の他、〈恋い焦がれる〉の意があり、この場合にも「漕がれる」に掛けられることがよくあるが、選択肢には掛詞への言及がなく、また「寛子への恋心」を本文から読み取ることができず、不適。

③は句の最も重要なポイントである「こがれて」の掛詞を一切踏まえず、一方で「寛子の美しさ」を「もみぢ葉」に、「藤原氏」を「御船」に見立てているとして、一族の将来を讃えるといった本文から読み取ることのできない説明に終始しており、不適。

④も同様に掛詞に触れず、本文にない解釈をしている点で不適。頭韻という修辞法は確かにあるが、この句に「心を癒やしたいという思い」を読み取る根

拠がない。
なお、「こがれ」に「焦がれ」と「漕がれ」が掛けられた例については、藤原通俊の「いかなればふなきの山のもみぢばのあきはすぐれどこがれざるらん」（『後拾遺集』巻五、秋下）が「焦がれ」に舟の縁語「漕がれ」を掛けていることをはじめ、多くの用例が認められる。

(iii) 連歌の、前句だけで完結するのではなく、「別の人がこれに続く七・七を付けることが求められ」るという性質を踏まえ、4・5段落をどう読むべきかを説明したもの。

4では、「え付けざりければ」、すなわち句を付けられなかった船の人々の様子についてさまざまに描写されている。「いかに」「遅し」といった言い合いや、「今は、付けむの心はなくて、付けでやみなむことを嘆く」などの描写から、その混乱ぶり（「何事も覚えずなりぬ」）をうかがうことができる。そしてその結果として興ざめした人々の有様が5で述べられている。

選択肢では、用意してあった宴が催されずに終わった（「宮司、まうけしたりけれど、いたづらにてやみにけり」）理由、つまり本文の「御前にて遊ばむなど思ひけれど、このことにたがひて、皆逃げておのおの失せにけり」の「このことにたがひて」が、どういうことかについて問われている。良暹に連歌を求めた殿上人にとって想定外の出来事であり、「このことにたがひて」とは、すなわち結局句を付けられなかったことである。よって正解は③。「時間が経っても池の周りを廻るばかり」は、4の「船を漕ぐともなくて……むなしく過ぎにけり……二めぐりになりにけり」と合致する。また、「雰囲気をしらけさせ」たことは、5の「かきならす人もなくてやみにけり」「皆立ちにけり」などと合致する。

①は、宴が中止になったのは「良暹を指名した責任について」の言い争いが終わらなかったからだとする点が不適。4の「たがひに船々あらそひて」という言い合いの内容は、「いかに」「遅し」とあるように付け句をどうするか、付けるのが遅いといったものであったことがわかる。

②は、句を付けられない「無能さを自覚」し、「取り仕切ることも不可能」だとして中止したとする点が本文になく不適。宴が中止になったのは、決まりが悪くなった殿上人が「皆逃げておのおの失せ」てしまったためである。

④は「予定の時間を大幅に超過し」たことが本文になく、また「反省の場となった」と宴が催されたように解釈しており、不適。船遊びの準備も、殿上人ではなく宮司によるものである。

全訳

宮司（皇后に仕える役人）たちが集まって、船をどうしようか（と相談し）、紅葉をたくさんとりにやって、（その紅葉を）船の屋根にして、船を操作する人は侍で若いような者を指名したので、急いで狩袴を今回の催しにふさわしいよう染めるなどして華やかに着飾る準備をした。当日になって、人々がみな参集した。「御船は準備してあるか」とお尋ねになったので、「すべて用意しております」と申し上げて、その（船遊びが始まる）時になって、島陰から漕ぎ出た船を見ると、どこと限ることもなく、あたり一面光輝く船が二艘、装い出てきた様子は、たいそう趣深かった。

人々はみな二艘の船に乗りわかれて、管弦の楽器などを皇后様からお借りして、演奏する人々を前方に置いて、徐々に船を動かすうちに、南の普賢堂に、宇治の僧正、（当時は）僧都の君と（人々が呼び）申し上げていた頃であったが、御修法していらっしゃったところ、このような船遊びがあると聞いて、あらゆる僧たち、年長者から若者までが集まって、庭に並んで座っていた。稚児、従者の法師に至るまで、花模様の刺繍の装束を着て、（僧たちからは）離れて集まり座っていた。

その中に、良暹といった歌人がいたのを、殿上人は、知り合いであるので、「良暹が（この中に）いるか」と問うたところ、良暹は目を細めて笑って平伏していたので、そばにいた若い僧が気づき、「その通りでございます（＝ここにおります）」と申し上げたので、「彼を船に呼び寄せて乗せ、連歌などをさせるようなことは、どうだろうか」と、もう一艘の船の人々に相談したところ、「どうだろうか、そうすべきではない。後の人が、そうでなくても（部外者を加えなくても）すばらしい会にちがいなかったことだろうよ、とか申すだろうか」などという意見があったので、それもそうだとなって、（良暹を）船に乗

せず、そのままその場で連歌などさせようなどと決めて、近くに漕ぎ寄せて、「良暹、この場にふさわしい連歌などをして献上せよ」と人々が申されたので、（良暹も）しかるべき者であるので、もしかするとそのようなこともあるかと思って準備しておいたのであろうか、（その言葉を）聞くやいなや即座にそばの僧に何事かを言ったところ、その僧はもったいぶって船の方に近づいていって、

「もみぢ葉の……紅葉が焦げるように色づいており、その紅葉を飾って漕いでいるのが見える、美しい船であることよ

と申しております」と言いかけ申し上げて戻った。

人々はこれを聞いて、二艘の船の人々に聞かせて、句を付けようとしたがなかなか付けられなかったので、船を漕ぐともなく、ゆっくりと築島をまわって、一周する間に、句を付けて返そうとするが、付けられなかったので、無駄に過ぎてしまった。「どうした」「遅い」と、二艘の船の人々は互いに言い合って、二周になってしまった。依然として付けることができなかったので、船を漕がずに、島陰に入って、「どう考えてもよくないことだ。付け句を今まで付けられないのは。日はすっかり暮れてしまった。どうしたらよいだろうか」と、今はみな付けようとする気はなく、付けずに終わってしまうだろうことを嘆く間に、何も考えられなくなってしまった。

仰々しく管弦の楽器をお貸しいただき船に乗せてあったのも、一人もかきならす人がいないまま終わってしまった。このように言い合っている間に、普賢堂の前に大勢いた人もみな立ち去ってしまった。人々は船から下りて、皇后の御前で管弦の遊びをしようなどと思っていたが、想定外の出来事のために、みな逃げるようにそれぞれ去っていった。宮司も、宴会の準備をしてあったが、無駄になって中止になった。

【問4・『散木奇歌集』】

人々が大勢、石清水八幡宮の御神楽に参加していたところ、催しが終わった翌日、別当法印光清の堂の池の釣殿に人々が並び座って遊興していた時に、「私、光清は連歌を作ることが得意だと思われる。すぐさま連歌を付けたい」などと言っていたので、（では）慣例に従ってと（俊重が）申し上げた句、

釣殿の……釣殿の下には魚は住んでいないのだろうか　俊重

光清は熟考したが、付けることができないで終わってしまったことなどを、（俊重が）帰って話したところ、ためしに（付けてみよう）と言って、

うつばりの……梁ならぬ釣針が水底に映って見える（からだろうよ）　俊頼

第4問

出典　**【予想問題】** および **【模擬答案】**　白居易《はくきょい》『白氏文集』

『白氏文集』は唐（中唐）の詩人、白居易（七七二～八四六）の詩文集。白居易の詩は中国だけでなく、朝鮮半島や日本でも広く親しまれ、『枕草子』や『源氏物語』の中でも言及されている。

【出題の特徴】

これまでの共通テストの傾向を踏襲し、関連をもつ複数のテキストを題材とする問題であった。ただし、時代や作者などが異なる、まったく別のテキスト同士を読み比べるものではなく、試験の予想問題とそれに対する模擬答案という、元々相互に関連づけて書かれていた文章が題材である。この点は昨年度の、阮元の詩とその序文という題材にも共通している。ただし、必ずしもこの点が問題の難度を下げるとはいえない。性質の異なる複数のテキストを読む作業がなくなる代わりに、より精密にテキスト間の論点や共通点・相違点などを読み取る力が求められると考えられるからである。とはいえ、出題形式は基本的にこれまでの共通テストを踏襲している。**問1～3**は語句の意味・解釈・返り点と書き下し文といった、漢文の知識を問う問題である。**問4～6**は、比喩や対句を踏まえて内容を把握する、空欄補充と組み合わせるなど、出題形式が多様である。**問7**では二つのテキストの「問い―答え」の構造を押さえた内容の理解が問われた。漢詩が出題されず、比較的大意をつかみやすい文章であったこともあり、総じて形式的な知識を問うことよりも、内容を把握する読解問題の比重が高かったといえよう。

【概要】

【予想問題】

(1) 問題が起こる原因を問う

・君主は賢者を登用しようと思っており、賢者は君主の役に立ちたいと思っている。

・それにもかかわらず、両者がうまく出会えないのはなぜか。

(2) 問題の解決方法を問う

・君主が賢者を求めるための方法は何か。

【模擬答案】

(1) 前半：問題が起こる原因についての見解

・君主が賢者を求めようとして得られず、賢者が君主の役に立とうとして方法がないのは、君主と賢者との間に隔たりが大きいからである。

(2) 後半：問題の解決方法についての見解と、その方法をとる理由

・君主が賢者を求め、賢者を見分けるためには、似た者の類を明らかにした上で、その中から推薦させればよい。

・糸や矢が役目を果たすためには、針や弓の弦の力による必要があるのと同じように、自分の力だけで目的を達成することはできない。（似た者の類から推薦させる理由1）

・水が湿ったところへ流れ、火が乾いたところへ広がるように、賢愚・善悪など、似た者同士が集まるのは自然なことである。（似た者の類から推薦させる理由2）

問1 29 ① 30 ① 31 ⑤ 《語句の意味の問題》

(ア)「無レ由」は「よしなシ」と読む慣用表現。「由」は〈機会や方法〉を意味し、「由無し」で〈機会がない・方法がない〉となる。現在の日本語でも「よしない（由無い）」で〈理由がない・なすすべがない〉といった似た意味で用いられる。よって①が正解。

(イ)「以為」は「おもへラク」と読み、〈思うには・考えるには〉の意。よく見解を述べる時に用いられる。よって①が正解。

(ウ)選択肢に列挙された熟語が示すように、「弁」は、〈物事を処置する・言葉を話す・物事を区別する〉といった意味をもつ。ここでは、「賢を弁ずる」が、「賢を求むる」と並置されているので、「賢を求むる」と似た意味になると見当をつけると、〈賢者と愚者とを見分ける・賢者を愚者から区別する〉といった意味がふさわしい。よって⑤が正解。

問2 32 ③ 《解釈問題》

傍線部Aには「無不～」という二重否定の句法が用いられており、「君者……其賢」と「賢者……其用」が対句になっている。これらのポイントを押さえながら解釈していく。まず「君たる者〈＝君主〉……」に対して「賢なる者〈＝賢者〉……」と提示していることをつかむ。続く二重否定「無不～」は、「～（セ）ざルハなシ」と読み、〈～しないものはいない〉という意味を表す。同じ意味を、否定表現を使わずに表せば〈みな～する〉ということである。そして、この句法を次に挙げる対句の構造の中に位置づけよう。

	二重否定〈みな～する〉	〈～する〉の内容	「思」の目的語
君者	無レ不レ	思レ	求二 其賢一
—	—	—	—
賢者	罔レ不レ	思レ	効二 其用一

つまり、二重否定の句法によって〈君主はみな～する〉、〈賢者はみな～する〉という内容が対になっている。〈～する〉の内容は「無不思」「罔不思」とあるから、「思フ」ことである。何を思うのかというと、君主の場合は「其の賢を求むる」ことであり、賢者の場合は「其の用を効す」こと。つまり、君主の方では賢者を求めようとしており、賢者の方では自分の有用性を君主に届けたいと思っている、というのが傍線部Aの趣旨である。よって、正解は③。

他はいずれも傍線部の趣旨を違えている上に、①は、「無能な臣下を退けたい」が「効二其用一」の解釈として適切とはいえない。傍線部Aは君主と賢者の、登用したい・されたいという関係を対句で示しており、賢者が他の臣下に及ぼす影響までは言及していない。②は、「君主の要請を辞退したい」が、④は「自分の意見は用いられまい」が、それぞれ二重否定の解釈として適切ではない。⑤は「賢者の称賛を得よう」が、「賢を求むる」の解釈として適切ではない。

問3 33 ⑤ 《返り点と書き下し文の問題》

まず文章の展開を見ると、**【模擬答案】**の冒頭は**【予想問題】**の「君たる者……思はざるは罔し。然れども両つながら相遇はざるは、其の故は何ぞや」という問いを受けたものであり、傍線部Bを含む文はそれに続いている。また、傍線部Bの直前にある「者」は、「は」と読む主題・強調を表す用法である。すると、傍線部Bを含む文は〈……というのは、……だからです〉という**【予想問題】**の問いに対して答えを述べようとしているものだと見当がつく。さらに傍線部Bと選択肢を見ると、次のような対句の存在に気づくだろう。

豈不 以

対句
貴賤 相懸〈貴賤が懸たっている〉
＝ ＝
朝野 相隔〈朝野が隔たっている〉

対句
堂 遠 於千里〈堂が千里より遠い〉
＝ ＝ ＝
門 深 於九重〈門が九重より深い〉

漢字の並びや書き下し文から考えて、「貴賤相懸」と「朝野相隔」、「堂遠於千里」と「門深於九重」とが対句だとわかる。加えて「貴賤相懸」「朝野相隔」と「堂遠於千里」「門深於九重」とも、それぞれ上下の身分や立場の隔たりが大きいことを示しており、これも対句になっている。したがって傍線部Bの「豈不以」は、この四つの要素を包み込むようにおかれていると考えるのが妥当だろう。

「豈不〜」は「あニ〜〈ナラ〉ずヤ」という詠嘆の句法である。また「以」は返読して理由・原因・手段・方法などを意味する。先に見た文章の展開、すなわち「其の故は何ぞや」と問う**【予想問題】**への**【模擬答案】**であることを踏まえると、「以」を使って「……を以てなり〈＝……だからです〉」と理由を答えていると考えられる。よって、この「以」は理由を表す「もつテ」だと判断する。つまり、傍線部Bは、この「……を以て」という理由に「豈不〜」という詠嘆を添えて、自分の意見を強調しているのである。

以上を踏まえると、傍線部Bの書き下し文は「豈に貴賤相懸たり、朝野相隔たり、堂は千里よりも遠く、門は九重よりも深きを以てならずや」となる。つまり、君主と賢者が「両つながら相遇はざる」理由は、君主と賢者とが、貴賤（身分）や朝野（朝廷と在野）というかけ離れた立場にあり、君主が賢者にとってはるか遠い場所にあるからではないのか、というのが**【模擬答案】**の考えである。

よって、正解は⑤。他の選択肢はどれも「以」が受ける内容を、「以」以下のすべての内容ではなく、途中までとしている。

問4 34 ①《表現把握問題》

本文は、傍線部Cの比喩の対象を明らかにするだけではなく、比喩の対象とその比喩に用いられた事物との共通点をとらえることが求められている。

「線」・「矢」のたとえは、**【予想問題】**の「其の術は安くに在りや」という問いに対して**【模擬答案】**で「臣以為へらく……」と、答えを述べている部分にあり、次のように解答者の考えが示されている。

賢を求むるに［術］有り
賢を弁ずるに［方］有り
［方術］は、各其の族類を審らかにし、之をして推薦せしむるのみ。

つまり賢者を求め、見分ける方術は、「族類」を明らかにして、それに「推薦」させることだ、というのが解答者の考えである。そして傍線部Cは、この考えを説明するための比喩である。

このことを踏まえて、傍線部C以下の「線」・「矢」に関する記述を見ると、まず「線は針に因りて入り、矢は弦を待ちて発す」とある。糸で布を縫い合わせるためには、針の力を借りる必要がある。矢も標的に向かって飛ばすには、弓の弦の力を借りなければならない。さらに続けて「線矢有りと雖も、苟くも針弦無くんば、自ら致すを求むるも、得べからざるなり」とある。逆接の「雖も」、仮定の「苟くも」に注意して解釈すると、〈糸や矢があったとしても、もし針や弦がなければ、自分の力だけで役に立とうとしても、できないのです〉といった意味になる。したがって、「線」「矢」は、「針」「弦」の力を借りて初めて効力を発揮するものだ、というのが全体の趣旨である。これと先ほど見た解答者の考えとを比べてみると、

解答者の考え方	賢者を	求め見分けるためには、	族類による推薦しかない
比喩の内容	線や矢に	効力を発揮させるには、	針や弦の力を必要とする

となる。つまり、それだけでは力を発揮できず、仲間の助力が必要であるという点に着目した比喩だということになる。よって、正解は①。

ここでは「線」は「針」に、「矢」は「弦」に関係することが述べられており、「線」と「矢」との相互関係は述べられていない。したがって②・④は適

切ではない。③は、「線」「矢」を助けるという「針」「弦」の役割を正しくとらえていない。⑤は、本文の内容と逆の内容を述べている。

問5 **35** ③《空欄補充と書き下し文の問題》

傍線部Dは、**問4**に続けて、「賢者を求め見分けるためには、族類による推薦しかない」という考え方を説明している文章の中にある。**問4**では、他者からの「推薦」が必要だということを述べていた。それに対して傍線部Dを含む一文は、「夫れ必ず族類を以てするは」を主題としている。したがって「蓋……傍線部D」の部分は、推薦の「族類による」べき理由が述べられていると見当がつく。

まず、「賢愚貫くこと有り、善悪倫有り」は、直訳すれば、賢愚は一貫しており、善悪は仲間がある、となる。「賢者を求め見分ける」という観点からもう少し具体的に解釈すれば、〈(人がもつ)賢や愚の性質は一貫しており、善人は善人、悪人は悪人で仲間をもつものだ〉といった意味になる。これを前提として、「若し類を以て求むれば、傍線部D」と結論づけている。前提を踏まえるなら、賢愚や善悪といった性質・価値観によって仲間が集まるというのだから、「類」つまり似た者同士によって人を求めれば、やはりそれの「類」が集まる、ということになるだろう。このような意味を表すには「類を以て求むれば、必ず類を以て至る」とすればよい。よって、正解は③。

①は「類」によらずに集まる、という意味になり、文章の内容に反する。②・④は反語で、②「どうして類によって至るだろうか、いや、至らない」、④「誰が類によって至るだろうか、いや、至らない」となり、いずれも「類」によって人が集まるという文章の内容に反する。⑤は「以前は類によって至っていた」という意味になり、「以前は」という条件が文章の展開に合わない。

問6 **36** ④《内容把握問題》

傍線部Eは、**問5**で見た、「類を以て求むれば、必ず類を以て至」るという考え方について、水と火にたとえて説明した文の中にある。文全体を書き下し文にすると「此れ亦た猶ほ水の湿に流れ、火の燥に就くがごとく、自然の理なり」となる。「此れ」は直前の「若し類を以て求むれば、必ず類を以て至ればなり」を指している。「〜亦た」と言っているのは、**問4**で、他者からの推薦が必要だということを、線と矢の比喩で説明したことを踏まえて、それと同様に、ということを表している。線と矢に針と弦が必要なことは自明な、ごく自然に納得できることであった。それと同じように、「水が湿気のあるところへ流れる」「火が乾燥したところへ広がる」のは、ごく自然なことである。つまり、水と湿気、火と乾燥というように、「類」のものが集まるのは、ごく自然なことだと言いたいのである。よって、正解は④。

①・②は水と火の相互の関係について述べているが、**問4**の線と矢の比喩の時と同様、ここでの水と火は、それぞれの「類」の方へ集まるものの例として述べられており、適切ではない。③は「湿地を作り」「土地が乾燥する」という「作用を生み出す」としている点が、「類」の方へ集まるという文章の趣旨と異なる。⑤も「恵みにも害にもなる」「長所と短所がある」という観点が、文章の趣旨と合わない。

問7 **37** ④《複数文章の内容把握問題》

【概要】にも示してあるが、前問までに見た内容を踏まえて、**【予想問題】**と**【模擬答案】**の内容を整理してみる。**【予想問題】**はまず、「君たる者其の賢を求むるを思はざるは無く、賢なる者其の用を効すを思はざるは罔し」と、君主は賢者を求め、賢者は君主に応えたいと思っている、ということを前提として述べる。その上で、次の二つの問いを発する。すなわち、

一、両者が遭遇できないのはなぜか＝問題が起こる理由
二、賢者を求める方法は何か　＝問題の解決方法

である。これを受けて、**【模擬答案】**は、それぞれの問いに対して、

一、問いを自分の言葉で言い換える
二、問いに対する自分の答えを述べる
三、比喩を使って答えを説明する

という手順で論じている。一つ目の問いに関しては**問3**、二つ目の問いに関しては**問4**〜**問6**の部分が対応している。**【模擬答案】**は、君主と賢者とがお互いに求めていながら会えない理由を、お互いがかけ離れた場所にいるからだとしている（**問3**）。そして、君主が賢者を求める方法としては、似た者の類から推薦させるのがよいことを、線と矢、水と火の比喩を交えながら説明している（**問4**〜**問6**）。よって、正解は、これらの趣旨に合う④である。

①は「君主が賢者を採用する機会が少ない」が、立場や居る場所が遠く離れているという趣旨に合わない。また、「採用試験をより多く実施する」は、似た者の類から推薦させるという趣旨に合わない。②は「君主の考えを広く伝えて」が、似た者の類から推薦させるという趣旨に合わない。③は「君主が人材を見分けられない」と、君主の能力を論点にしているが、本文にはそのような記述はない。また、「賢者が党派に加わらず」という点を評価するのは、似た者の類から推薦させるという考え方と相反する。⑤は、「君主が賢者を受け入れない」が、「君たる者其の賢を求むるを思はざるは無く」という前提に反する。また「やって来る人々を広く受け入れる」は、まず似た者の類を明らかにして、その中から推薦させるという趣旨に合わない。

書き下し文

【予想問題】

問《と》ふ、古《いにしへ》より以来《いらい》、君《きみ》たる者《もの》其《そ》の賢《けん》を求《もと》むるを思《おも》はざるは無《な》く、賢《けん》なる者《もの》其《そ》の用《よう》を効《いた》すを思《おも》はざるは罔《な》し。然《しか》れども両《ふた》つながら相遇《あひあ》はざるは、其《そ》の故《ゆゑ》は何《なん》ぞや。今之《いまこれ》を求《もと》めんと欲《ほっ》するに、其《そ》の術《じゅつ》は安《いづ》くに在《あ》りや。

【模擬答案】

臣《しん》聞《き》く、人君《じんくん》たる者《もの》其《そ》の賢《けん》を求《もと》むるを思《おも》はざるは無《な》く、人臣《じんしん》たる者《もの》其《そ》の用《よう》を効《いた》すを思《おも》はざるは無《な》しと。然《しか》り而《しか》うして君《きみ》は賢《けん》を求《もと》めんとして得《え》ず、臣《しん》は用《よう》を効《いた》さんとして由無《よしな》きは、豈《あ》に貴賤相懸《きせんあひへだ》たり、朝野相隔《てうやあひへだ》たり、堂《だう》は千里《せんり》よりも遠《とほ》く、門《もん》は九重《きうちよう》よりも深《ふか》きを以《もつ》てならずや。

臣以為《しんおも》へらく、賢《けん》を求《もと》むるに術《じゅつ》有《あ》り、賢《けん》を弁《べん》ずるに方有《はうあ》り。方術《はうじゅつ》は、各《おのおの》其《そ》の族類《ぞくるい》を審《つまび》らかにし、之《これ》をして推薦《すいせん》せしむるのみ。近《ちか》く諸《これ》を喩《たと》へに取《と》れば、其《そ》れ猶《な》ほ線《いと》と矢《や》とのごときなり。線《いと》は針《はり》に因《よ》りて入《い》り、矢《や》は弦《げん》を待《ま》ちて発《はっ》す。線矢《せんし》有《あ》りと雖《いへど》も、苟《いやし》くも針弦無《しんげんな》くんば、自《みづか》ら致《いた》すを求《もと》むるも、得《う》べからざるなり。夫《そ》れ必《かなら》ず族類《ぞくるい》を以《もつ》てするは、蓋《けだ》し賢愚貫《けんぐつらぬ》くこと有《あ》り、善悪倫《ぜんあくともがら》有《あ》り、若《も》し類《るい》を以《もつ》て求《もと》むれば、必《かなら》ず類《るい》を以《もつ》て至《いた》ればなり。此《こ》れ亦《ま》た猶《な》ほ水《みづ》の湿《しつ》に流《なが》れ、火《ひ》の燥《さう》に就《つ》くがごとく、自然《しぜん》の理《ことわり》なり。

全訳

【予想問題】

問う、古来、君主は誰しも賢者を登用しようと思っており、賢者は誰しも君主の役に立ちたいと思っている。しかし両者とも互いに出会わないのは、その理由は何であろうか。いま賢者を登用しようとするにあたって、その方法はどこにあるだろうか。

【模擬答案】

わたくしはこのように聞いております、君主は誰しも賢者を登用しようと思っており、人臣は誰しも君主の役に立ちたいと思っていると。そうであって、

君主は賢者を求めても得られず、臣下は役に立とうとしても（君主に出会う）方法がないのは、身分の貴賤が隔たり、朝廷と在野の立場がかけ離れており、（賢者にとって）君主の執務室は千里のかなたにあり、王城の門は幾重にも重なっているからではないでしょうか。

わたくしが思いますには、賢者を登用するには方法はあり、賢者を見分けるにも方法があります。その方法とは、それぞれ似た者の類を明らかにして、これらの仲間内のものに推薦させるに限ります。身近な例で言いますと、それは糸と矢のようなものです。糸は針によって（布を）縫い合わせ、矢は弓の弦によって発射します。糸や矢があったとしても、もし針や弦がなければ、自分の力だけで役に立とうとしても、できないのです。また、必ず似た者の類から推薦させるのは、思うに、賢愚の性質は一貫しており、善悪の価値観によって仲間ができますから、もし似た者の類によって（人材を）求めれば、必ずそれに似た者が集まるからです。このこともやはり水が湿ったところへ流れ、火が乾燥したところへ広がるように、自然なことであります。

2023 追試験　解答

第1問 小計	第2問 小計	第3問 小計	第4問 小計	合計点
				／200

問題番号（配点）	設問	解答番号	正解	配点	自己採点
第1問（50）	1	1	③	2	
		2	②	2	
		3	③	2	
		4	②	2	
		5	①	2	
	2	6	⑤	7	
	3	7	④	7	
	4	8	①	7	
	5	9	②	7	
	6	10	②	3	
		11	②	3	
		12	①	6	
第2問（50）	1	13	④	3	
		14	③	3	
		15	⑤	3	
	2	16	④	5	
	3	17	①	5	
	4	18	⑤	5	
	5	19	①	6	
	6	20	④	6	
	7	21	②	7	
		22	①	7	

問題番号（配点）	設問	解答番号	正解	配点	自己採点
第3問（50）	1	23	①	5	
		24	③	5	
		25	①	5	
	2	26	②	7	
	3	27	③	7	
	4	28	②	7	
	5	29	①	7	
		30	③	7	
第4問（50）	1	31	①	4	
		32	⑤	4	
	2	33	②	5	
		34	④	5	
	3	35	⑤	5	
	4	36	①	6	
	5	37	③	7	
	6	38	①	7	
		39	⑤	7	

第1問

出典 北川東子《きたがわさきこ》「歴史の必然性について──私たちは歴史の一部である」（『岩波講座哲学11 歴史／物語の哲学』所収・岩波書店 二〇〇九年）

北川東子（一九五二〜二〇一一）は福岡県生まれ。ドイツ思想研究者でハイデガーとゲオルク・ジンメルを専攻。東京大学大学院総合文化研究科教授。著書に、『ジンメル──生の形式』『ハイデガー──存在の謎について考える』などがある。

【出題の特徴】

本文は、複数の歴史家の論説を取り上げながら、歴史認識のあり方について述べたものである。抽象度が高い評論文からの出題で、従来のセンター試験の出典傾向が踏襲されている。歴史学はしばしば大学入試で出題されるテーマだが、本問では「自分の不在」や「ゆるい関心」など、筆者が定義したキーワードを正確にとらえる必要があり、読み取りづらさを感じた人もいたことだろう。

設問は、**問1**の漢字問題は、本試験と同様に五問・四つの選択肢という形式で出題された。また、**問2**から**問5**は傍線部の内容や理由を把握する問題が出題されており、評論読解の基本的な力が問われたといえる。**問6**は表現に関する問いだが、本文を授業で取り扱ったことを想定し、生徒の書いた**【文章】**が追加された。枝問は二問構成であり、表現を訂正させたり、**【文章】**の結論を推測させたりする問題が課されている。ここでは、単に文章を読み解くだけではなく、どのような表現にすれば他者に伝わるかを、主体的に考え、判断する力が問われている。

【概要】 ※著作権の都合により省略。

問1 1 ③ 2 ② 3 ③ 4 ② 5 ① 《漢字問題》

(i) 傍線部の漢字の意味と同じ意味で構成された熟語を選ぶ問題。

(ア)「挙」という漢字には、〈ⓐあげる、持ち上げる〉、〈ⓑ物事を起こす、おこなう〉、〈ⓒ並べあげる、数えあげる〉、〈ⓓ取り立てる〉、〈ⓔとらえる〉、〈ⓕふるまい、身のこなし〉などの意味がある。本文では、理由を並べあげているところなので、ⓒの意味で使われている。

①「挙式」〈式を挙げる〉→ⓑ
②「快挙」〈胸がすくようなすばらしいふるまい〉→ⓕ
③「列挙」〈並べあげること〉→ⓒ
④「挙動」〈たちふるまい〉→ⓕ

したがって、正解は③。

(オ)「関」という漢字には、〈ⓐ出入り口〉、〈ⓑ物と物をつなぎとめるしかけ〉、〈ⓒかかわる、あずかる〉などの意味がある。本文では、歴史にどう「かかわる」べきかを問う文脈なので、ⓒの意味で使われている。

①「難関」〈通り抜けるのが難しい場所〉→ⓐ
②「関知」〈あずかり知ること〉→ⓒ
③「関門」〈目的のために突破しなければならないところ〉→ⓐ
④「税関」〈税の徴収と通関手続きに関する業務を行う国の機関〉→ⓐ

したがって、正解は②。

(ii) 漢字の書き取り問題。

(イ)「翻弄」は〈思うままにもてあそぶこと〉。①「本懐」は〈もとから抱いていた願い〉、②「謀反」は〈国家や君主に背くこと〉、③「翻意」は〈決意をひるがえすこと〉、④「奔走」は〈目的を達成するためにあちこちをかけまわること〉。

(ウ)「怠惰」は〈なまけてだらしないこと〉。①「駄作」は〈取るに足りない作品〉、②「惰性」は〈これまでの習慣や習い性〉、③「妥協」は〈双方が譲り合い意見をまとめること〉、④「長蛇」は〈長く並んでいることの喩《たと》え〉。

(エ)「徹底」は〈一貫していること〉。①「根底」は〈物事のおおもとになる

ところ〉、②「探偵」は〈隠された事柄をひそかにさぐる人〉、③「体裁」は〈見た目、外見〉、④「策定」は〈計画をたてて決めること〉。

問2 **6** ⑤ **《内容把握問題》**

傍線部Aの内容を把握するには、まず「自分の不在」について押さえる必要がある。「自分の不在」という言葉は冒頭から繰り返されているので、振り返って確認していこう。傍線部Aの直前の段落を見ると、「自分の不在」という意識は「（私たちが）歴史の一部でしかない」あるいは「自分はそこにいない」という意識であるとわかる。また、さらに冒頭までさかのぼってみると、

> ・歴史学的な関心の出発点となっているのは、まさに「自分の不在」の意識である。
> ・「自分がいなかった時間を生きた人々の存在を意識することで、「個人の記憶に直接に残されている出来事より前の時期」としての歴史を意識するようになる。

とする内容が見つかる。

これらを踏まえて考える。自分はそこにいなかったという意識を前提として、個人の記憶よりももっと昔の出来事をもとらえようとすることが、歴史理解のおおもとにあると説明しているのである。これに即して選択肢を検討すると、正解は⑤である。選択肢では、自分はそこにいなかったという意識を「自分は歴史の当事者ではないという意識」と説明している。

①「当事者の立場で体験した出来事だけを歴史と考える」が誤り。歴史理解の対象を「当事者の立場で体験した出来事だけ」と限定するのは不適切である。先に挙げた本文の「『個人の記憶に直接に残されている出来事より前の時期』としての歴史を意識する」という記述と矛盾する。

②「自分が生きた時代の出来事を歴史上に位置づけて把握する」が誤り。傍線部Aは「自分の不在」の意識を前提とする歴史理解について述べているので、「自分が生きた時代の出来事を歴史上に位置づけ」るという説明は不適切。

③「歴史を動かした少数者だけを当事者と見なす」が誤り。歴史理解の対象が、「歴史を動かした少数者」だけに限定されている点が不適切。

④「自分より年上の人々の経験から学ぼうとする」が誤り。①と同様に、「『個人の記憶に直接に残されている出来事より前の時期』としての歴史を意識する」という記述に反する。

問3 **7** ④ **《理由把握問題》**

傍線部Bでいわれている「私たちの願望の現れ」の主語は、「この『非対称性』」であることをまず押さえておこう。「この『非対称性』」は、歴史の権力性でもあり、願望の現れでもあるというのである。ところで、「この『非対称性』」とは何か。「非対称」とは「ものとものとがつりあっていないこと」を指すが、何と何がつりあっていない、というのだろうか。

指示語の「この」に着目して一つ前の段落を確認すると、「歴史を動かすのは少数者であり、歴史に登場できるのは私たちのほんの一部の人々である。また、おびただしい過去の出来事のなかで、歴史として知る価値があるのはごく一部である」という記述が見つかる。つまり、多くの出来事や多くの人がいる中で、歴史に書かれる人も出来事は全体のうちのごく一部である、という多数対少数の不均衡さを「非対称性」と説明しているのである。

では、このような〈歴史に書かれる人や出来事は全体のうちのごく一部である〉という事実が、なぜ「私たちの願望の現れ」であるといえるのだろうか。傍線部Bの直後を見ると、

> 一人のささやかな市民として、私は自分が歴史に登場しないことを知っている。平穏な生活が続き、自分が歴史に登場しないことも願っている。歴史的出来事に翻弄されないこと、その当事者でないことを願うのである。

とある。歴史に登場しない、ということは自分たちの平穏な生活が続いていること、歴史的出来事に翻弄される当事者ではないことの証明であるといえる。したがって、〈歴史に書かれる人や出来事は全体のうちのごく一部である〉と

いう考えには、歴史の当事者にはならず、平穏に暮らしていたいという私たちの願いが現れていると考えられる。これが、筆者が「私たちの願望の現れ」という理由として説明できそうである。

選択肢の一文目が、歴史の「非対称性」の説明、二文目が「願望の現れ」といえる理由が説明されたものとなっている。それぞれの内容が正しいものを選ぶとよいだろう。正解は④。

①「歴史は、多くの人々が慣れ親しんだ出来事が記述されたもの」が誤り。歴史の「非対称性」の説明が不適切であり、願望の内容を「歴史の当事者ではないながらもそこに生きた人々の存在を意識したい」とするのも誤り。

②「歴史を動かした者の体験」が誤り。歴史に書かれているのは、「歴史を動かした者の体験」ではなく、歴史を動かした者やそれらに関わる出来事の、全体のうちのごく一部である。また、「歴史の当事者としての責任からは免れたい」が誤り。歴史の当事者にならないことを願っているのであり、当事者がもつ責任から逃れたいと考えているわけではない。

③「権力を持つ者に関する記憶が記述されたもの」が誤り。本文の「歴史の権力性」とは、歴史に記述されるだけの価値をもつものだけが歴史に書かれるということを説明しているのであり、「権力を持つ者に関する記憶が記述され」るという意味ではないので不適切。

⑤「歴史の書物を通して価値ある出来事だけを知りたい」が誤り。「私たちの願望」の内容として不適切である。

問4 **8** ① 《内容把握問題》

傍線部C「『健全な歴史家意識』ともいうべき姿勢」の説明を求める問題だが、文中の一部に傍線が引かれているので、まずは一文全体を確認しておこう。

> たとえば、近代史学の方法論を書いたドロイゼンは、くどいほどに史料研究の重要さを説いているが、その背景には**「健全な歴史家意識」ともいうべき姿勢**があった。

また、この文は「たとえば」から始まっているので、何の例であるかを押さえておこう。すると、前段落に「歴史の解釈学」についての記述があることがわかる。つまり、「歴史の解釈学」を展開したドロイゼンをはじめとする歴史家や哲学者が、「『健全な歴史家意識』ともいうべき姿勢」を背景に、史料研究の重要さを説いたことを筆者は説明しているのである。そして、傍線部Cの次の文の冒頭にある「**つまり**」でつながるあとの文も読解のヒントになる。歴史家の意識について問われているので、それを踏まえて整理する。

> ・**つまり**、「記述をする者は、シーザーやフリードリヒ大王のように、特に高いところにいて出来事の中心から見たり聞いたりしたわけではない」という意識である。
> ・歴史家とは歴史を理解しようとする人々であって、みずからが歴史に登場するわけではない。
> ・歴史について知る人は、歴史の外に立っている人である。過去の出来事を歴史として理解できるのは、当事者たちではなく、観察者たちなのである。歴史家たちの言う「歴史認識の客観性」は、**「体験されなかったし、もはや体験もされない」という外の視点から行われる再構成の客観性**である。歴史家たちの態度とは、……**歴史的出来事からの「解釈学的距離」によって成立している**。

そこで「歴史の解釈学」において、歴史家は、

> ⅰ史料研究を重視しているが、
> ⅱその背景には、歴史的出来事の当事者として歴史を捉えるのではなく、対象から距離をとって客観的に解釈しようとする、という姿勢がある

ということになる。これを踏まえると、①が正解である。

②「断片的な事実だけを組み合わせて、知りうることの総体を歴史として確定させよう」が誤り。ⅰ・ⅱのどちらも踏まえていない。

③「市民の代理として歴史を解釈しようとする」が誤り。「市民の代理として」という説明は本文に根拠がない。

④「自分も歴史の一部として、実際に生きた人々の体験のみを記述しよう」が誤り。先に挙げた本文の「歴史家たちの言う『歴史認識の客観性』は、『体験されなかったし、もはや体験もされない』という外の視点から行われる再構成の客観性である」とする記述と矛盾する。

⑤「客観的に記述された歴史だけを観察しようとする」が誤り。「健全な歴史家意識」が歴史の解釈に関わるものであることが指摘できておらず不適切。

問5 9 ②《内容把握問題》

傍線部**D**は「〜のだ」という文末で終わっている。ここの「〜のだ」「〜である」は、その文が前の文を説明したりまとめたりする役割をもっていることを示す場合に使われる表現である。ここでは、傍線部**D**が、直前の一文を言い換えたものになっていることを示している。直前の一文までの流れを確認する。

> ・私たちはときに、自分が歴史にたいして「ゆるい関心」しかもたないことに、あるいは、「ゆるい関心」しかもってはいけないことにたいして、激しい焦燥や憤りの気持ちを抱くことがある。「歴史の捏造」が感じられるときである。そのようなとき、激しい怒りが私たちを襲う。
> ・そうした怒りのなかで、私たちは「ゆるい関心」が「歴史との正しい関わり方」でないことを感じる。私たちがまさに歴史の一部でもあるからである。むしろ「自分の体験」が歴史を正しく理解するための基礎となり、歴史的出来事について客観的に議論するための基盤であってほしいと切望する。

これらを踏まえると、「歴史に内在する」ことを望むとは、

> 「自分の体験」が歴史を正しく理解するための基礎となり、歴史的出来事について客観的に議論するための基盤であってほしいと切望する

という内容であると考えられる。また、そうした気持ちになるのは、

> 歴史にたいして「ゆるい関心」しかもっていなかった私たちが、「歴史の捏造」に直面して激しい憤りを覚え、私たちの歴史との関わり方（自らのあり方や状況）が誤っていると感じるとき

である。

これらの理解に即して、選択肢を検討しよう。なお、選択肢前半では「ゆるい関心」についての説明があるので、本文からの「自分がその一部であり、したがって、まったく無関係ではないが、他方で、当事者そのものでもないような事柄にたいする関心のこと」という理解も検討において補足しておきたい。

正解は②。

①「『歴史の捏造』を正さなければならない」が誤り。「歴史の捏造」に怒りを覚えることをきっかけとして、「歴史に内在しよう」とするのだが、「『歴史の捏造』を正さなければならないと感じる」とまでは書かれておらず、不適切。

③「『歴史の捏造』を強く批判する必要性を感じる」は①と同様に誤り。

④「『歴史の捏造』を生み出す自己の関わり方への怒り」がまず誤り。この記述では、歴史の捏造を生み出しているのは、自己の関わり方に原因があることになるが、そうした説明は本文にはない。また、「歴史的出来事と歴史記述の間の不均衡を解消しようとする」も本文にはない説明である。

⑤「自己の体験を客観的な歴史に重ね合わせようとする」が不適切。本文で述べられているのは、歴史を正しく理解するための基盤に自己の体験を据えようということであり、自己の体験と歴史を重ね合わせようとすることではない。

問6 10 ② 11 ② 12 ①《生徒の文章を介した複数文章の内容把握問題》

(i) 適切な表現に修正する問題である。

a 傍線部**a**は【文章】の二段落目の最後にあたるので、この二段落目全体を踏まえて考えてみよう。

まず気づいた点は、キーワードを巧みに使用していることである。「自分の不在」や「ゆるい関心」のように、歴史学の専門家ではない読者にも理解しやすい言葉を使い、それにカギ括弧を付けて強調することで、論点を印象づける工夫がなされている。このようにキーワードを使用することで、**a**難しい話題が扱いやすくなる。

傍線部**a**の直前を見ると「このようにキーワードを使用することで」とあるので、修正の内容は、キーワードが果たす役割を正確に説明したものがふさわしいと考えられる。

問2や**問5**でも確認した通り、「自分の不在」や「ゆるい関心」といった言葉には、それぞれ「『(私たちが)歴史の一部でしかない』……あるいは『自分はそこにいない』」という意識や「自分がその一部であり、したがって、まったく無関係ではないが、他方で、当事者そのものでもないような事柄にたいする関心のこと」などといった意味が含まれている。

このように一言では説明できない話題を短いキーワードで定義することで、議論のポイントを端的に表現することができると考えられる。よって、正解は②になる。

①「筆者の体験をふまえて」が誤り。「自分の不在」や「ゆるい関心」といったキーワードは「筆者の体験」が踏まえられたものではない。

③「理論的な根拠に基づいて」が誤り。キーワードで短く定義することによって、その特徴だけが抽出されることになる。そこに「理論的な根拠に基づい」た議論をする効果はない。

④「多岐にわたる議論の論点を取捨選択する」が誤り。キーワードに「議論の論点を取捨選択する」効果はなく不適切。

b　**a**と同様、傍線部**b**も段落の後半にあってまとめにあたるので、**【文章】**の三段落目全体から考えてみよう。

次に気づいた点は、キーワードが歴史家の言葉と関連づけて用いられていることである。例えば、冒頭ではキャロル・グラックの発言をふまえて「自分の不在」という言葉が示されている。また、後半では「ゆるい関心」という言葉を説明した上で、ドロイゼンによる歴史の定義が引用されている。**b**これらによって説得力のある文章になっている。

選択肢を見ると、すべて「このように歴史家の言葉を用いることで」とあるので、キーワードと歴史家の言葉を関連づける意図を正しく説明したものが、傍線部**b**の内容としてふさわしいと考えられる。

【文章】でも説明されている通り、筆者が挙げているキーワードは、過去の歴史家の言葉を踏まえたものである。専門的な知見をもつ歴史家の言葉を引用し、読者に提示することによって、自身の歴史認識に対する理解が先行する研究成果を十分に積み重ねた上で成りたっていること、したがって根拠がある内容であることを、読者に主張することができると考えられる。これを説明したものとして適当なものは②である。

①「キーワードの延長線上にある筆者の主張を権威づけている」が誤り。「権威づける」とは、地位や肩書などの権威的な特徴を用いることで、自身の発言や論説の価値を高めることをいうが、ここでは歴史家の言葉に、筆者の論の価値を高める効果を求めてはいないので、不適切。

③「キーワードの対極にある既存の学説を批判的に検討」が誤り。歴史家たちの学説が、キーワードの対極にあるとはいえないので不適切。

④「キーワードの基盤にある多様な見解を抽象化」が誤り。「抽象化」とは、多数あるものの中から、共通するポイントを抜き出すことである。しかし、多数の歴史家の論の共通点を抜き出した結果、「自分の不在」や「ゆるい関心」といったポイントが現れているというわけではないので、誤りである。

(ii)　**【文章】**の末尾の内容を考える問題である。**【文章】**の最後の文では、「ただし、歴史家の言葉と筆者の主張は必ずしも一致しているわけではない」と、本文の筆者の主張は、歴史家の言葉を引用しつつも、完全に重なるわけではな

いことが示されている。したがって、まずは、この内容に続くものとして不自然でないものを選ぶことがポイントになる。

また、**【文章】は本文を読んでKさんが論理的な文章を効果的に書くための技術や工夫についてまとめたものである。**選択肢も、「自己の主張を効果的に論述するためには、……議論に参加できるようになる」とある。したがって、**【文章】**の末尾に置くまとめとしてどれがふさわしいかは、**従来の学説や論説と自身の意見が異なる場合に、どのように主張をまとめれば、読者に伝わり、議論に参加してもらえるのか**という観点から考えるといいだろう。

加えて、あくまでもこの**【文章】**は、本文を読んだ上で与えられた課題として書かれたもの、という設問の設定を踏まえると、本文の特徴から外れるものは選択できないので注意したい。

以上のポイントから選択肢を検討すると、①が適切である。従来の学説と自身の主張が異なるならば、どの点が異なるのか、その学説のどこに問題があるのかを明確に提示する必要があると考えられる。そうすることで、読者も筆者の主張に妥当性があるかどうかを検討しながら、文章を読み進めることができるだろう。

他の選択肢についても検討しておこう。

②この選択肢は、専門的な見解と自身の主張との間に乖離《かいり》がない場合の説明である。これを末尾に書き加えると、直前の内容とのつながりが不自然になるため不適切。

③「専門用語を適切に使用して論点を示す」とあるが、たとえば「自分の不在」や「ゆるい関心」は筆者が論じる上で定義したキーワードなので、専門用語ではない。また、「身近な事例を挙げて」も本文ではそうした例がないため、不適切。

④「多様な学説を参照して相互の整合性を確認する」が誤り。本文では、確かに複数の学説が挙げられているが、その学説の相互間の整合性が検証されているわけではないので、不適切。

第2問

出典 太宰治《だざいおさむ》「パンドラの匣」（一九四六年発表）【資料】外山滋比古《とやましげひこ》『「読み」の整理学』（筑摩書房 二〇〇七年）

太宰治（一九〇九～一九四八）は青森県生まれ。小説家。本名は津島修治《つしましゅうじ》。東京帝国大学文学部仏文科を中退。小説家になるべく井伏鱒二《いぶせますじ》に弟子入りする。一九三五年に発表した「逆行」が第一回芥川賞の候補となる。高校時代から何度も自殺未遂を繰り返していたが、一九三九年に結婚し、「女生徒」、「富嶽百景」、「走れメロス」などの多くの優れた作品を発表した。戦時下でも「津軽」、「お伽草紙」などの創作活動を続け、一九四七年発表の中編小説「斜陽」で流行作家となるが、「人間失格」、「桜桃」などを書き上げたあと、入水心中。「グッド・バイ」が未完の遺作となった。

外山滋比古（一九二三～二〇二〇）は愛知県生まれ。お茶の水女子大学名誉教授。専門の英文学の他、日本語論や教育論者としても活躍。九〇歳代になっても精力的に執筆を続けた。一九八三年出版の『思考の整理学』は二〇〇〇年代以降も東大生や京大生に読まれる本として話題になり、大学入試によく出題される著作者である。他の著書に『ことわざの論理』、『伝達の整理学』などがある。

【出題の特徴】

本文は「かっぽれ」と彼が作った俳句をめぐる出来事について、「僕」が「君」に宛てた手紙という設定で書かれた小説である。従来のセンター試験の時から、明治～昭和期の比較的古い文章が題材として選ばれやすい傾向にあるが、本問も昭和中期の文章から出題されている。

設問は、**問1**で、昨年の本試験・追試験ともに出題されなかった、語句に関する問題が復活した。**問2**・**問4**・**問6**は、「僕」の心情理解に関する問題が出題されており、小説読解の基本を問われている。**問3**・**問5**は表現に関する問題であり、とくに**問5**は、本文が手紙であるという設定を踏まえて、宛先である「君」に何を伝えたいのかを問うた点が特徴的である。また、共通テストらしい問題として、**問7**では、授業を想定し**【資料】**が新たに提示され、文学作品と読者との関係を考えさせる問題が出題された。ここでは一つのテーマについて複数の文章をもとに、総合的に判断する力が問われている。

【概要】 問題文の概要は次の通りである。

(1) 手紙の導入――「かっぽれ」が俳句を詠んだ経緯について（冒頭～8行目）

・こんどの日曜の慰安放送では、塾生たちの文芸作品の発表会があり、「かっぽれ」が、「僕」たちの「桜の間」の選手として、得意の俳句を提出する事になった。「かっぽれ」は二、三日前から真剣に句を案じていたが、けさ、やっとまとまったそうで、十句ばかり便箋に書きつらねたのを、同室の「僕」たちに披露した。

・「かっぽれ」はまず、「固パン」に見せ、次に、「越後獅子」に見せて批評を乞うた。「越後獅子」はつくづくと便箋を見つめ、「けしからぬ。」と言った。「僕」は下手だとか何とか言うなら、まだしも、けしからぬという批評はひどいと思った。

(2) 「かっぽれ」の盗作と「僕」の心情（10行目～40行目）

・「かっぽれ」は蒼ざめて、「僕」のところに便箋を持って来た。どうも、「かっぽれ」が気の毒で、何とかなぐさめてやりたく、わかりもしない癖に、とにかくその十ばかりの句を拝読した。

・月並とでもいうのか、ありふれたような句であるが、けしからぬと怒るほどの下手さではないと思った。けれども、最後の一句に突き当って、はっとした。「越後獅子」が憤慨したわけも、よくわかった。

・「露の世は露の世ながらさりながら」一茶の句である。これは、いけないと思った。けれども、それをあからさまに言って、「かっぽれ」に赤恥をかかせるような事もしたくなかった。そこで、「最後の一句は他のと取りかえたら、もっとよくなるんじゃないかな」と遠回しに盗作を変更するように求めた。しかし、「かっぽれ」はその句が一ばんいいと思っているようで不服そうである。「僕」は、ちょっと途方に暮れた。

・「かっぽれ」は図に乗って、少し「僕」を軽蔑するような口調で、句に込めた「まごころ」を述べた。

・「僕」は内心あっけにとられた。この句は、一茶が子供に死なれて、露の世とあきらめてはいるが、それでも、悲しくてあきらめ切れぬという気持の句だった筈なのに、きれいに意味をひっくりかえしている。古人の句を盗んで勝手な意味をつけて、もてあそぶのは悪い事だし、この句をそのまま、「かっぽれ」の作品として事務所に提出されては、この「桜の間」の名誉にもかかわると思ったので、「僕」は、勇気を出して、はっきり告げることにした。

(3) 「かっぽれ」の態度の変化と手紙のオチ（42行目～最終行目）

・「かっぽれ」の俳句に似た有名な句があると告げると、「かっぽれ」は眼を丸くして「僕」を見つめた。盗んで、自分で気がつかぬ、という奇妙な心理も、俳句の天狗たちには、あり得る事かも知れないと僕は考え直した。

・どうも、「かっぽれ」は、常習犯らしい。

・「かっぽれ」はあっさり、「露の世」の句のかわりに、「コスモスや……」の句をしたためてみせた。

・「僕」は、ほっとした。安心のあまり、微修正の提案すらしてしまった。「かっぽれ」はその修正案をすんなりと受け入れ、「僕」をほめたたえるので、「僕」は落ちつかない気持になった。

・けれども、「かっぽれ」は、どうやら「僕」を尊敬したようである。これからも俳句の相談に乗ってくれと頼まれ、「僕」はどうにも、かなわない気持であった。

・けれども、さらに驚くべき事実が現出した。「コスモスや……」の句は、「マア坊」の句だったのだ。

問7 【資料】の概要　文学作品と読者の関係を考える

Ⅰ　外山滋比古『「読み」の整理学』より

・読者は、作品を自分のコンテクストに合わせて読む。それが目に見えない添削になる。

・多くの読者が、くりかえし自身のコンテクストに合わせて読んでいるうちに、作品そのものが、すこしずつ特殊から普遍へと性格を変える。つまり、古典化する。

・古典化は作者の意図した意味からの逸脱である。読者が古典へと改変するのである。

・読者は、未知を読もうとして、不可避的に、自分のコンテクストによって解釈する。

Ⅱ　太宰治「パンドラの匣」本文よりあとの「マア坊」の発言から始まる一節

・「かっぽれ」や「マア坊」には、作者の名なんて、どうでもいいんだ。みんなで力を合せて作ったもののような気がしているのだ。そうして、みんなで一日を楽しみ合う事が出来たら、それでいいのだ。芸術と民衆との関係は、元来そんなものだったのではなかろうか。作者なんて、てんで有り難くないんだ。誰が作っても、その句が面白くなけりゃ、無関心なのだ。自分の心にふれた作品だけを自分流儀で覚えて置くのだ。

問1 13 ④ 14 ③ 15 ⑤《語句問題》

(ア)「てんで」はあとに否定的な表現を伴って、〈まったく〉という意味を表す。したがって、④「全然」〈（否定的な表現を伴って）まるで、少しも〉が正解。

(イ)「あからさまに」は〈明らかなさま、露骨なさま〉を意味する言葉である。したがって、③「露骨に」が正解。

(ウ)「いたずらに」は〈役に立たないさま〉を意味する言葉である。したがって、⑤「無益に」が正解。

問2 16 ④《心情把握問題》

傍線部Aにおける「僕」の心情を説明する問題。傍線部Aでは「かっぽれが気の毒で、何とかなぐさめてやりたく」とあるのだから、そうした気持ちになるまでの状況ときっかけを確認しておこう。

・塾生たちの文芸作品の発表会で、「かっぽれ」は、「僕」たちの「桜の間」の選手として、得意の俳句を提出する事になった。彼は真剣に句を案じていたが、けさ、やっとまとまったそうで、十句ばかり便箋に書きつらねたのを、同室の「僕」たちに披露した。

↓

・「越後獅子」は便箋をつくづくと見つめ、「けしからぬ。」と言った。

・下手だとか何とか言うなら、まだしも、**けしからぬという批評はひどいと思った**。

↓

・「かっぽれ」は、蒼ざめて、「だめでしょうか。」とお伺いした。

・**どうも、かっぽれが気の毒で、何とかなぐさめてやりたく**、わかりもしない癖に、とにかくその十ばかりの句を拝読した。

太字の傍線部分が「僕」の心情が現れているところである。「かっぽれ」は「僕」たちの代表として、十句を苦心して作り上げたのだが、「越後獅子」はその句を見てただ一言「けしからぬ」と述べた。「かっぽれ」の努力が報われず、たった一言で切って捨てられてしまうのではあまりに「ひどい」と思われ、何かしらなぐさめの言葉をかけて、努力をねぎらってあげたい、と考えたのである。これを説明した④が正解。

①「十句そろえたこと自体は評価できるので、不自然でない程度には褒めてあげたい」が誤り。「越後獅子」の批評をひどいと思った、という指摘がないし、「十句そろえたこと自体は評価できる」とは本文には書かれていない。

②「『先生』と名指しされたことで、俳句が得意だという『かっぽれ』の体面を傷つけていた」が誤り。確かに「越後獅子」に「僕」が「先生」と名指しされたという場面はあるが、それによって「かっぽれ」の体面を傷つけた、という説明はない。

③「笑われたり相手にされなかったりする様子に同情して」が誤り。「僕」が「ひどい」と思ったのは、「越後獅子」の「けしからぬ」という一言である。「固パン」の苦笑は当てはまらない。また「持てる最大限の見識を示して」も誤り。傍線部Aの直前に「僕は不風流だから、俳句の妙味などてんでわからない」（13行目）とある通り、「最大限の見識」どころか、俳句はよくわからないのである。

⑤「憤りを覚え」が誤り。傍線部Aで「気の毒」といっている通り、かわいそうに思ったのである。「巧拙にかかわらずどうにかして称賛してあげたい」も誤り。ねぎらってあげたいとは思っているが、「称賛してあげたい」とまではいっていない。

問3 17 ①《表現把握問題》

傍線部Bは「かっぽれ」の書いた「露の世は露の世ながらさりながら」という句に対する「僕」の気持ちを表現したものである。有名な句であり（受験生の中にも知っている人がいるかもしれないが）、37行目まで少し読み進めると、一茶の俳句の盗作にあたることが明示されている。そのため、この句を詠んだ「僕」は、「誰やらの句だ。これは、いけないと思った」のである。しかし、「それをあからさまに言って」しまうと、「かっぽれ」に「赤恥をかかせる」こ

とになると思い、「どれもみな、うまいと思いますけど、この、最後の一句は他のと取りかえたら、もっとよくなるんじゃないかな。素人考えですけど」と**遠回しに、盗作という断言を避けて「かっぽれ」に句を変更してほしいと伝えようとしている。**

そうした配慮を示した「僕」に対し、「その句が一ばんいい」と思っていると「かっぽれ」が言うものだから、「いい事は、いいに違いないでしょうけど」とやんわりと答えたのである。

・一方で、内心では、**俳人の有名な句なのだから、「いい」に違いないのは当たり前だろう、とあきれていたし、「かっぽれ」の自覚のない盗作に「ちょっと途方に暮れ」ていた〈＝どうしていいかわからず困惑していた〉**、といえる。そうした心情が、「そりゃ」や「なんだもの」という傍線部Bの軽い口調にも表れていると考えられる。

選択肢を確認すると、それぞれ傍線部Bの「僕」の心中の表現だけではなく、その前後の「僕」のセリフの表現についても説明したものになっている。右で確認した内容を踏まえて検討すると、傍線部B前後の「僕」のセリフと、傍線部Bの心中の表現との落差を、過不足なく説明した①が正解である。

②「『門外漢の僕でさえ』という表現は「かっぽれ」をおとしめて盗作を非難するもの」が誤り。門外漢は〈その道の専門家ではない人〉を指すが、ここでの「門外漢の僕でさえ」という表現は、素人の自分でも知っているくらい「有名」であることを強調するものなので、「かっぽれ」を「おとしめて盗作を非難する」意図はない。また、「不遜な態度を取る『かっぽれ』への『僕』の怒り」も不適切。「怒り」というよりは、あきれや困惑である。

③「言葉を尽くしてもいっこうに話の通じない『かっぽれ』に対する『僕』のいら立ち」が誤り。「いら立ち」というよりも、あきれや困惑の気持ちを抱いたとする方が適切である。

④この選択肢で対比されているのは、丁寧な口調で話す、良識のある「僕」と、横柄な態度をとって、名句を流用する非常識な「かっぽれ」についてである。しかし、傍線部Bでは、「かっぽれ」の態度には触れていないので、不適切である。また、「僕」の心情にも触れていないので不十分である。

問4　**18**　⑤　**《理由把握問題》**

傍線部C「もはや笑わずに反問した」理由を問う問題である。小説で行動の理由が問われる場合には、そうした行動をとるに至ったきっかけや気持ちがあるはずなので、それを直前の記述から探していく必要がある。

「僕」は、「露の世は……」の句について、「かっぽれ」に恥をかかせないように配慮しつつ、盗作の事実を遠回しに伝えようとしていたが、「かっぽれ」には伝わらず、途方に暮れる。

↓

・「かっぽれ」は図に乗って来た〈＝いい気になって得意がる〉。

・「……わからねえかな。」と、少し「僕」を軽蔑するような口調で言う。

↓

・「どんな、まごころなんです。」と「僕」も、もはや笑わずに反問した。

以上のような流れを確認できる。傍線部Cの「反問」は、〈質問をしてきた相手に、逆に問うこと〉である。それまで、「かっぽれ」に合わせて、盗作の事実をやんわりと伝えてきたが、「かっぽれ」が調子に乗って「僕」をばかにしたような言い方をしてきたため、こちらも態度を変えて、「いまの日本国に対する私のまごころ」が句に織り込まれているという、言葉の意味を問うことにした、ということである。これを説明した⑤が正解である。

①「俳句に対する『かっぽれ』の真摯な態度」や「『僕』は笑いながら無難にやり過ごそうとしていた」が誤り。盗作の時点で、「かっぽれ」の態度は、俳句に対して真摯ではないし、「僕」は「かっぽれ」の盗作を何とか別の句に取り換えさせようと苦心しているので、「笑いながら無難にやり過ごそう」とはしていない。また、「よりよい作品へと昇華させるために心を鬼にして添削しよう」も不適切。よりよい作品にしたいのではなく、盗作を別の作品に変えさせたいのである。

②「『かっぽれ』の稚拙な俳句に対して笑いをこらえるのに必死であった」が誤り。問題の俳句を「僕」は何とか変更させねば、と思っているのであって、

「稚拙な俳句」だと笑っているのではない。また、「『僕』も本気で応えなければ失礼に当たると深く反省した」も誤り。この場面で、「僕」は「かっぽれ」の言う「まごころ」の意味を問おうとしているのであり、「反省」をしているわけではない。

③「お互いの上下関係を明確にするため」が誤り。どんな「まごころ」なのかをたずねたのは、その俳句に込められたという思いを問うためである。「お互いの上下関係を明確に」しようとする意図はない。

④「『僕』には俳句を評する力がない」という「かっぽれ」の言い分を否定しようと思った、という内容の選択肢だが、「僕」は自分に俳句を評する力があるということを「かっぽれ」にわからせようとしているわけではなく、誤り。

問5 19 ①《心情把握問題》

傍線部Dにおける「僕」の心理を説明する問題である。ポイントは、リード文にも書かれている通り、この文が「僕」が「君」に宛てた手紙だということである。手紙である以上、「僕」は「君」に何かを伝えたいと考えているはずなので、そこを踏まえて考えたい。傍線部Dは一文の途中から引用されているので、全体を確認しておこう。「そんなもの、どっちだっていいじゃないか、と内心の声は叫んでもいた」とあるが、「どっちだっていい」というのは、「かっぽれ」の俳句の初句が「コスモスや」でも「コスモスの」でもどちらでもいい、という意味である。本文にも「下手でも何でも、盗んだ句でさえなければ今は安心の気持だった」(53行目)とある通り、**「僕」は「かっぽれ」が提出する俳句が盗作でなければ、もはやどんな作品でもいいのであり、それほど関心があるわけでもなかった**のである。それを踏まえて、場面と「僕」の心情とを確認しておこう。

・一茶の俳句の盗作ではなく、別の俳句を「かっぽれ」が提出する目途がついた安堵から、「よけいの事」ながら、助言までしてしまった「僕」だったが、それを「かっぽれ」がいたく気に入り、「僕」を評価した。

↓

・「僕」は赤面した。落ちつかない気持になった。

・「……ただ、コスモスの、としたほうが、僕たちには、わかり易くていいような気がしたものですから。」

そんなもの、どっちだっていいじゃないか、と内心の声は叫んでもいた。

「僕」は何の気なしにした助言が予想外に褒められてうろたえ、あわてて説明を付け加えている。「そんなもの、どっちだっていいじゃないか」という内心の叫びには、**予想外の評価を得た「僕」の居心地の悪さが現れており、それを、手紙を宛てた「君」にもわかってほしいと思っている**のだと考えられる。

したがって、答えは①。予想外の事態に対する「僕」の居心地の悪さは、「この展開に違和感を抱いている」とまとめられている。

②「『かっぽれ』に褒められて舞い上がってしまった」や「『かっぽれ』の俳句などに関わっている状況自体が恥ずべきこと」が誤り。「僕」は褒められて落ち着かない気持ちになってはいるが、「舞い上がって」はいない。また、「かっぽれ」の俳句に関わることを、恥ずべきこととまではいっていない。

③「微細な修正案を提示することしかできなかった自分の苦悩」が誤り。「僕」は初句の修正案を、盗作を提出する可能性がなくなった安心から何の気なしに言ったのである。「現実の人間関係」を原因として、「微細な修正案」を出すだけにとどめた、というわけではないので、不適切。

④「『僕』の修正案に批判的な見解が出されないように『君』に対して予防線を張っておきたい」が誤り。「どっちでもいい」という言葉からも、「僕」が俳句の修正案を批判されたくないと思っているとは考えにくいし、「君」に対してそうした予防線を張る必要もない。

⑤「内心ではどう修正しても彼の俳句が良くなることはない」がまず誤り。内心では「かっぽれ」の俳句が良くなることを願って修正案を出したと思っていたとは本文には説明されていない。また、「客観的に価値判断できているのだと『君』に示したい」も不適切。「君」に伝えたいのは、「僕」が「客観的な価値判断ができている」ことではなく、「僕」の現状への違和感であり、居心

地の悪さである。

問6 **20** ④《**理由把握問題**》

傍線部E「どうにも、かなわない気持であった」と「僕」が感じた理由を考える問題である。ここでの「かなわない気持」とは、傍線部Eのあとにも「落ちつかず、閉口〈=困る〉の気持」などとあるように、「どうしようもない、ほとほと参ってしまう」くらいの気持ちと考えることができる。こうした気持ちになった理由を確認すると、まず、傍線部Eの直前に、

> けれども、かっぽれは、どうやら僕を尊敬したようである。これからも俳句の相談に乗ってくれと、まんざらお世辞だけでもないらしく真顔で頼んで、そうして意気揚々と、れいの爪先き立ってお尻を軽く振って歩く、あの、音楽的な、ちょんちょん歩きをして自分のベッドに引き上げて行き、僕はそれを見送り、

とあるように、俳句作りについて「僕」を尊敬したらしい「かっぽれ」が、「僕」の修正案をやすやすと受け入れ、今後の俳句の指南をお願いして意気揚々と帰っていく姿を見たことが、「かなわない気持」のきっかけになっていると考えられる。ただ、「かっぽれ」がもともと素直な性質で、他者をまっすぐに尊敬するような人柄であったら、「僕」はこれほど困惑しなかったことだろう。「僕」が「かなわない気持」になったのは、そもそも、「かっぽれ」が盗作を悪びれずに提出しようとしたり、「僕」を「軽蔑するような」(30行目)そぶりを見せたりしたこと、そして、そこから一転して「僕」を尊敬すらして見せたことが原因であることを押さえておこう。**そのような「かっぽれ」の、気まぐれで、つかみどころがなく、ころころと態度が変わるさまに、「僕」は振り回され、困惑を深めていった**ということをつかみたい。これを踏まえて選択肢を検討すると、④が正解である。

①「いらだちを見せたところで結局無駄であることに思い至ったから」が誤り。「僕」は「かっぽれ」の言動に戸惑ったり、あっけにとられたりはしているが、「いらだ」ってはいないので、不適切。

②「別の句を褒められれば上機嫌になる」が誤り。「かっぽれ」の機嫌が上向いたのは、「僕」が句を褒めたからではなく、「僕」の提示した修正案が気に入り、「僕」を尊敬したからである。また、「これ以上まじめに応じる必要はないと思い至った」も誤り。「まじめに応じ」なくてもいいと、「かっぽれ」に向き合うのをやめたということと、「かなわない気持」を抱くこと〈=ほとほと参ったなと思うこと〉とは異なるので、不適切。

③「『かっぽれ』のけなげな態度」が誤り。「僕」を軽んじてみたり、かと思えば、尊敬してみせたりする「かっぽれ」の様子は「けなげ」〈=心がけが殊勝であること〉とはいいがたい。

⑤「日本の運命についてまじめに語るようでいながら、そこで提示される俳句は盗作でしかないというような『かっぽれ』のちぐはぐな態度」が誤り。「僕」が「かなわない気持」になったのは、「僕」に対する態度がころころと変わるからであって、「かっぽれ」の日本や俳句に対する態度のちぐはぐさが原因ではないので不適切。

問7 **21** ② **22** ①《**複数資料の把握問題**》

(i) 本文の二重傍線部とその直後を確認すると、「僕」は「古人の句を盗んで勝手な意味をつけて、もてあそぶのは悪い事だ」と考えていたことがわかる。しかし、**【資料】**のIの外山滋比古の文章では、「僕」とは異なる意見が述べられている。まずは、**【資料】**のIの文章を簡単にまとめておこう。

> ・多くの読者が、くりかえし自身のコンテクストに合わせて読んでいるうちに、作品そのものが、すこしずつ特殊から普遍へと性格を変える。つまり、古典化する。
> ・古典化は作者の意図した意味からの逸脱である。読者が古典へと改変するのである。

「コンテクスト」は注によると〈文脈〉の意で、自分の文脈とは、つまり自

分がいま生きている流れや時代背景、環境などと言い換えて考えることもできるだろう。江戸時代を生きた一茶は「露の世は……」の句で「子供に死なれて、露の世とあきらめてはいるが、それでも、悲しくてあきらめ切れぬ」（36・37行目）気持ちを詠んだが、「かっぽれ」は同じ俳句で、日本の世は「露の世である。さりながら、諸君、光明を求めて進もうじゃないか。いたずらに悲観する勿れ」と意味を変えて詠んでいる。外山滋比古が言うように、読者が作者の意図した意味から逸脱して、「自分のコンテクスト」で作品を解釈してしまうとすれば、「かっぽれ」の行為も一茶の俳句本来の意味から離れて、自分の生きている時代背景に即して、句を読み替えているのだと考えることができる。これを踏まえて選択肢を検討すると、②が正解である。

①「意図せず句の意味を取り違えている」が誤り。句の意味を取り違えたのではなく、自分の文脈に即して解釈し直しているのでる。

③選択肢全体が誤っている。「江戸時代と戦後とを対比」させておらず、【資料】のⅠの「古典化」の内容を取り違えた選択肢になっている。作品が、その著作者固有の「特殊」なものから、「普遍」的なものに変わるのであって、「句に込められた作者の個人的な思い」が「時代を超えた普遍性を備え」るわけではない。

④「江戸時代の人々と戦後を生きる自分たちの境遇に共通性を見いだし」が誤り。一茶が句に込めた思いと、「かっぽれ」が句に詠んだ思いとは大きく異なっており、「共通性」を見いだしてはいない。また、「古典化していた句に添削を施すことで現代的な解釈を与えている」は、因果関係を取り違えている。

(ii) 本文の二重傍線部の時と【資料】のⅡの時とで、「僕」の文学作品と読者との関係についての考えが、どのように変化したのかを読み取る問題である。変化を問われているので、前者と後者がどう異なるかをそれぞれ確認していこう。また、設問には【資料】のⅠを参考にとも書かれているので、(i)で確認した内容を踏まえて考えていく必要がある。さて、本文の二重傍線部の時、「僕」は「古人の句を盗んで勝手な意味をつけて、もてあそぶのは悪い事だ」と考えていた。つまり、**文学作品は作者が意味をつけた通りに読むべきだ**と考えていたのである。しかし、【資料】のⅡでは、

> この人たちには、作者の名なんて、どうでもいいんだ。**みんなで力を合せて作ったもののような気がしているのだ。**そうして、みんなで一日を楽しみ合う事が出来たら、それでいいのだ。芸術と民衆との関係は、元来そんなものだったのではなかろうか。……あの人たちには、作者なんて、てんで有り難くないんだ。……**自分の心にふれた作品だけを自分流儀で覚えて置くのだ。**

としている。つまり、作品は作者のものではなく、**共有した皆で作り上げたものであり、自分の心に触れた作品を自分流儀に覚えておくものだ**というのである。また、【資料】のⅠについて先に検討した(i)を踏まえると、

> 読者は、作品をその本来の意味から離れて自分たちが生きる時代に即したものへと読み替えている

ということがわかる。すると、「僕」は作品とは読者に共有されることで、読者の時代や背景に即して解釈され、本来の意味から離れた新しい意味がつくり出されることもあると考え直した、ということになると推測されよう。こうした理解をした上で選択肢を検討すると、①が正解である。

②前半の「文学作品の意味を決定するのは読者であるという考えであった」が誤り。「僕」は初め、文学作品は作者が意味をつけた通りに読むべきだと考えていたのである。また、「作者の意図に沿って読む厳格な態度は作品の魅力を減退させていく」とまでは【資料】のどちらでも説明されていないので不適切。

③後半の「多様性のある価値は読者によって時代とともに付加されていく」が誤り。価値が付け加わっていくのではなく、新しい意味が生み出されていくのである。

④前半の「文学作品の価値は時代によって変化していくものだ」が誤り。本文では、文学作品の価値が時代によって変化するということについては説明さ

れていない。また、後半の「読者が面白いと感じることによって価値づけられることもある」も誤り。この説明では、**【資料】**のⅠの〈読者は、作品をその本来の意味から離れて自分たちが生きる時代に即して読み替えている〉とする内容を踏まえておらず、不適当。

第3問

出典　『石清水《いわしみず》物語』【**学習プリント**】『伊勢《いせ》物語』

『石清水物語』は、鎌倉時代に成立した作者未詳の擬古物語。主人公・伊予守は木幡の姫君に恋慕し、石清水八幡《はちまん》への祈願によって一度は結ばれるが、木幡の姫君が入内してしまったことで出家するという、悲恋の物語。主人公が貴族ではなく武士である点は特徴的であるが、武士であるがゆえの描写はほとんどなく、貴族を描くのと大差ない。構成や文章に『源氏物語』等の先行作品の影響を強く受けている。

『伊勢物語』は、平安時代前期成立の歌物語。在原業平《ありわらのなりひら》の歌や逸話をもとに作られ、業平没後の九世紀から『後撰《ごせん》和歌集』成立の十世紀中頃にかけてさまざまに手を加えられながら、今日みられる百二十五の章段に定着したといわれる。

【出題の特徴】

和歌を含む典型的な擬古文を取り上げたもの。本文には『源氏物語』を真似るような語彙や表現が多く、一般的な重要古典単語が押さえられていれば難なく読み進められよう。ただし、後述するように和歌が多く、ポイントを絞って解釈する上で慣れが必要である。また、分量の割に登場人物が多く、人物に着目した**問3**・**問4**などで混乱しないよう、まず落ち着いてリード文の内容を頭に入れておきたい。

問1の語句解釈問題は過去二年間の追試験（第二日程）が枝問数が二問であったのに対し、今回は本試験と同様の三問である。**問2**は本試験にも見られる形式で、文法を踏まえながら心情を解釈するもの。**問3**・**問4**では段落が指定されているが、広範囲かつ多くの登場人物に関係する内容であり、丁寧に照らし合わせる必要がある。**問5**は、資料をもとに本文の引歌表現を解釈するもの。学習プリント・ノートという形式は一見面倒ではあるが、和歌の解釈の手がかりが多分に含まれており、順を追っていけばむしろ正解を導きやすい。全体に和歌が多く面食らうかもしれないが、まずは大づかみの解釈でも構わないのであきらめずに取り組もう。

【概要】

- 木幡の姫君を忘れられずにいた男君だったが、女二の宮の評判の高さから、木幡の姫君への思いを紛らわせるために会いたいと思うようになる。
- 院は男君を権大納言に昇進させる。春の中納言も同様に昇進するが、女二の宮と結ばれなかったことで何事もおもしろくない思いであった。
- 十月十日過ぎに男君が女二の宮をお忍びで訪ねる。たいそう立派な様子に男君の父も亡き妻（大宮）が生きていればどれほど喜んだかと思う。
- 女二の宮の様子は想像以上で男君は安堵《あんど》するも、女二の宮を木幡の姫君になぞらえ、木幡の姫君と誰かが結婚することまで考えてしまい、我ながら情けないことだと思う。
- 後朝《きぬぎぬ》の文で、男君は女君と別れた悲しみを詠んだ。女二の宮の返事の美しい筆跡を見るにつけ、理想的な女性であると男君は思う。
- 三日たち、格別な儀式がとりおこなわれた。女二の宮の美しさは木幡の姫君にも匹敵するにちがいないと思われ、男君は結婚したかいがあると思った。

問1 23 ① 24 ③ 25 ① 《語句の解釈問題》

(ア) ここでは「さらぬ」の解釈が問われている。

> **さらぬ【連語】**
> 指示の副詞「さ」+ラ変動詞「あり」未然形+打消の助動詞「ず」連体形=「さあらぬ」が約された語。
> 〈そうでない、それ以外の〉〈なんでもない、たいしたことのない〉の意。

「たいして重要でない」と訳出した①が適切。また傍線部直後の「だに〜、まして」にも注目したい。

> **Aだに〜、ましてB〜。**
> 〈Aさえ〜である。ましてBはより〜である。〉
> →程度の軽いAを取り上げ、重いBを類推させる構文。

ここでは男君の用意周到さを強調するために、程度の軽いもの（「さらぬほどの所」）をまず挙げ、それでさえ十全な用意をするのだから、まして三条院を訪問するのに粗略なことがあろうか（反語）という表現が用いられている。①以外はこの文脈に合わない。

(イ) 傍線部(イ)は、男君が「宮の御さま〈女二の宮のお姿〉」に対してどうしようと思っていたのかを述べたもの。重要単語は以下の通り。

> **いつしか【副詞】**
> 代名詞「いつ」+強意の副助詞「し」（間投助詞とする説もあり）+係助詞「か」
> 現代語では気づかないうちに実現しているさま〈いつのまにか、早くも〉の意で用いられるが、それ以外にも古文では〈いつ〜（する／できるだろうか）〉〈早く〜（したい）〉という実現を待ち望む気持ちを表す他、〈いつ〜か〉〈いつであったか〉などと時間が特定できない際の表現としても用いられる。またナリ活用形容動詞として、時期が早すぎるさまを指す場合もある。

> **ゆかし【シク活用形容詞】**
> 動詞「行（ゆ）く」が形容詞化した語で、もとは心ひかれてそこに行きたいと思う気持ちを指した。よって〈見たい、知りたい、聞きたい〉の意が生じ、転じて心をひきつける対象に対する表現として〈なつかしい、恋しい、慕わしい〉の意もある。

以上から、③が適切。「いつしか」「ゆかし」がもつ願望の気持ちを十分に反映できている。①の「いつ〜か」という表現は「いつしか」の訳として間違いではないが、一方「見られる」は〈〜したい〉という「ゆかし」の語義を踏まえられておらず不適。②・④・⑤はどちらの語の訳も不適。

(ウ) ここでは動詞「おくる」をどのように訳出するかが問われている。

> **おくる（後る・遅る）【ラ行下二段活用動詞】**
> 他より時間・空間的にあとになること、ある基準に及ばないことを指し、〈遅れる〉〈取り残される〉の意。また親しい人に死なれ、自分が死ぬのがあとになることから〈先立たれる〉の意でもよく用いられる。加えて、才能や性質が標準的な基準に及ばないことから〈ふつうより劣る〉意もある。

これを踏まえて選択肢を見ると、①「未熟なところ」は〈ふつうより劣る〉、③「流行から外れる」は〈時流に取り残される〉、④「時間にいい加減」は〈遅れる〉という「おくる」の訳に対応すると考えることができ、単語の意味からだけでは絞り込むことができない。よって文脈と照合する必要がある。

傍線部(ウ)直前に「いみじう盛りに調ひて〈たいそう年盛りにととのっていて〉」、「気高く、らうらうじきもののなつかしげ〈奥ゆかしく、気品があり心ひかれる様子〉」とあり、直後に「うつくしき人〈美しいお方〉」とされていることから、傍線部(ウ)もまた「女二の宮の御さま」すなわち女二の宮の姿かたちや様

子を褒める描写であることがわかる。したがって、①「未熟なところがなく」が正解。③「流行から外れる」の「流行」や、④「時間にいい加減」の「時間」に関する言及は一切ない。

問2　26　②《文法知識および心情把握問題》

選択肢の前半で文法知識、後半で解釈（心情）が問われる。木幡の姫君を忘れられずにいる男君であったが、「宮の御かたちの名高く聞き置きたれば〈女二の宮のお顔立ちが評判高いことを聞いて心にとどめていたので〉」、父・関白がすすめる女二の宮との縁談を受け入れようとしはじめていた。傍線部では男君がどのように考えたかが述べられている。

まず、傍線部を逐語訳すると、〈ものの嘆かわしさが紛れるほどに、お会い申し上げたいとお思いになった〉となる。以下、選択肢を順に検討する。

①は、まず「ものの」の文法説明が不適。接頭語「もの」は「ものさびしい」「ものしずか」等、形容詞や形容動詞、状態を表す動詞の上に付いて、〈なんとなく、そこはかとなく〉の意で用いられるもの。ただし接頭語は自立語の上に位置するものであり、助詞が接続することはない。この「もの」は名詞で、「もののかなしさ」「ものの心ばへ」などと同様に、心情に関する表現として用いられている。その場合、とくに訳出しないか、してもさきの接頭語の場合と同じように「もの悲しさ」などと訳す。よって「迷い」を表すほどの意味をもたない表現である。ここでの「ものの嘆かしさ」とは、リード文にあるように、木幡の姫君に対する恋の苦悩を指しており、「女二の宮と結婚しても良いのだろうか」という内容も男君の心情と合致しない。

②は、動詞「紛る」を「木幡の姫君への思いが紛れる」、副助詞「ばかり」を「くらいに」と訳出している。つまり「ものの嘆かしさ〈嘆かわしさ〉」が「紛れるくらい」とあり、嘆かわしさが紛れるくらい、つまり木幡の姫君への思いを忘れられるくらいに女二の宮に夢中になってしまいたいという男君の思いが述べられている。よって後半の解釈も文脈と合致し、②が正解だとわかる。

③は「見なし聞こゆ」を「複合動詞」と説明する点が不適。この「聞こゆ」は謙譲語の補助動詞で「見なす」に接続し〈〜（し）申し上げる〉の意を加える役割をもつが、補助動詞が動詞に接続してもそれを一語として複合動詞とは見なさない。一方の「見なす」はマ行上一段動詞「見る」にサ行四段動詞「なす（成・為）」が接続した複合動詞である。終助詞「ばや」によって「女二の宮に会ってみたいという願い」を表現しているという点は適切。

④は「思しける」の文法説明は適切であるものの、「いつのまにか女二の宮に恋をしていたことに対する気づき」という解釈が不適。女二の宮に会おうとする気持ち（「見なし聞こえばや」）は、女二の宮に対する恋心ではなく、あくまで木幡の姫君への恋が成就しない嘆かわしさによるもの。過去の助動詞「けり」のうち詠嘆の意味をもつものは今まで気づかなかったことにはじめて気づいた「気づきの『けり』」ともいわれるが、ここでは詠嘆の意味合いはない。

問3　27　③《人物把握問題》

本問では対象となる段落が指定されている他、選択肢冒頭にどの登場人物に関する説明かが示されており、選択肢との照合がしやすい。以下、選択肢を検討する。

①・②は春の中納言に関する説明。春の中納言は1段落3・4行目に登場するのみである。該当本文は「春の中納言も……おぼえ給ひけり」のみであるから、この一文と選択肢の内容とを照らし合わせればよい。

当該文は注が多いが、おおよそ〈春の中納言も、例によって同じく権大納言におなりになって、（任官叙位の）奏慶も（男君と）互角になさったが、高い枝に手が届かない（ように成就しなかった女二の宮との結婚という）ただ一つのことのために、何事もおもしろくなくお思いになった〉と訳すことができる。すなわち同様に昇進した男君と春の中納言の違いは、女二の宮と結婚するという一点にあり、春の大納言はそのせいで「よろづすさまじくおぼえ」たという。よって①は「男君にあらためて畏敬の念を抱いた」、②は「すべての力を注いで女二の宮を奪い取ろうという気持ち」という説明が不適。

③は関白（殿）に関するもので、本文では2段落最終行にその名が見える。2段落では、三条院に渡る男君の立派な様子が繰り返し述べられており、その様子を見た関白が「大宮おはせましかば、いかに面立たしく思し喜ばむ」とい

う思いを抱いたとある。「大宮」は注6から関白の亡き妻だと判断でき、「ましかば～」という反実仮想の表現が用いられていることからも、この場にいない大宮が〈もし生きていらっしゃったら、どれほど面目が立つように思い喜ばれただろうか〉と想像しているのだとわかる。よって③は適切。

④・⑤は院に関する説明で、[1]・[3]段落と照合する。④は「娘が幼かったころの日々が思い出され」「涙を抑えることができな」いなどという内容が本文になく不適。「宮の御さま」以下の女二の宮の描写が院の視点によるものだと解しているような説明になっているが、ここはすべて男君の視点である。

⑤は「男君を叱咤激励」という内容は本文になく不適。「ふさわしい官位を得るよう」は、[1]段落3行目「官位の短きを飽かぬことに思しめされて〈官位が低いのを物足りないこととお思いになって〉」を受けたものであろう。「思す」とあることや、一存で昇進させられることなどから、主語が院であることが推測できる。ただし「叱咤激励」したわけではないため、不適切であることに変わりはない。また「男君が訪れた際も、あえて厳しく接した」が本文[3]段落「待ち取らせ給ふ御心づかひなのめならず〈男君を待ち迎えなさるお心配りも格別である〉」とも合致しない。

なお「院には」とあり、人物に対し格助詞「に」＋係助詞「は」が接続することで主体を表すことに違和感を覚える人もいるだろうが、次のような用法があることを申し添えておく。

ここの「院には」について

「には」には高位の人物を主語とすることを避けるために、〈～におかせられては〉と、**住む所を示す語などを用いて間接的に尊敬の意を表す**という役割もある。

（例）「**院には**、かの櫛《くし》の箱の御返り御覧ぜしにつけても」（『源氏物語』絵合巻）

〈**院におかせられては**、あの櫛の箱のお返事をご覧になったにつけても〉

ここでは直後の敬語のあり方（「せ給ふ」「御心づかひ」）から、単純な場所を指すのではなく、院という高位の人物を想定した表現であることがわかる。

問4 28 ② **《内容把握問題》**

問3と同様の問題。該当箇所を指定の段落から探し、照合していく。

①・②は和歌の贈答にまつわる説明で、[4]段落の内容と照らせばよい。選択肢にある和歌の説明は簡潔で詳細な解釈は求められていないものの、解釈のポイントを次に示しておく。なお、和歌を解釈する際は、表と裏の意味を意識しよう。すなわち、言葉通りの解釈（表）を踏まえ、そこに込められた思いや別の意味（裏）を押さえる必要がある。

今朝はなほしをれぞまさる女郎花いかに置きける露の名残ぞ

ここでは動詞「しをる」・名詞「露」に二つの意味を込めることで、しおれた女郎花を詠みながら涙で袖を濡《ぬ》らす自分の姿を仮託している。

しをる【ラ行下二段活用動詞】

(1)草花が雪や露などによって、生気を失う。しおれる

(2)元気をなくす。ぐったりする

(3)衣服がひどく濡れてぐっしょりする

つゆ【名詞】

(1)大気中の水蒸気が夜の冷気により、物の表面に水滴となって付着したもの。また雨のあとの草木の葉に残った水滴など

(2)涙の比喩

(3)（「つゆの」で）はかないもの、わずかなこと

【表】 今朝はいっそう元気がなくしおれているように見える女郎花であることよ。どれほど露が降りたせいだろうか。

【裏】私も今朝はもう袖がひどく濡れています、あなたと別れた悲しみによる涙がなんとも多いためだろうよ。

今朝のみやわきて時雨れむ女郎花霜がれわたる野辺のならひを

返歌では、おくられた歌の表の意味に対応させる形で詠みながら、裏の意味にもこたえる必要がある。ここでも、女郎花がしおれているのは今朝だけでなく、いつもの霜枯れであろうと詠みながら、男君が涙を見せるのは別に今朝だけではないでしょう、すなわち男君にとって自分などとるに足らない存在でしょうと、つれないそぶりを見せる。もちろんこれは本心というよりも後朝の歌としてのポーズである。

【表】今朝だけとくに時雨が降ったのでしょうか（いえ、そうではありません）。女郎花がしおれていたのはあたり一面の草木が霜によって枯れる、野原の常でしょうに。

【裏】私と別れた今朝が特別なのではなく、あなたにとってはいつものことなのではないですか。

※後朝の歌では、早朝に女性のもとを発《た》つという状況上、朝露や、その露によって袖が濡れる（＝涙で濡れる）ことを詠む歌がとても多い。

なお、「女郎花」は女性の比喩として用いられるのが平安和歌の常套《じょうとう》である。よってここでも「女郎花」が女二の宮の比喩なのではないかという疑問をもつむきもあるかもしれない。その問題について以下説明しておく。

「今朝はなほ……」歌は、『源氏物語』宿木巻にある次の歌を踏まえているという指摘がある。「女郎花しほれぞまさる朝露のいかにおきける名残なるらむ〈女郎花がいっそう元気なくしおれています。朝露がどのように置いた名残なのでしょうか……娘は気落ちしています。あなたがどのように扱ったせいでしょうか〉」というものである。

これは新妻の六の君におくった匂宮の後朝の文に対する返事で、六の君に代わって養母・落葉の宮が詠んだ歌である。ここでは通例通り「女郎花」を女性である六の君、女郎花をしおれさせた「朝露」を匂宮の比喩として用いている。

もしこれを「今朝はなほ……」歌にそのまま引き写してしまうと、「女郎花」が女二の宮、「朝露」が男君の比喩となり、〈今朝あなたはひどく泣いています、私との別れがなんとも悲しいためだろうよ〉などとなり、まったく意味が通らなくなってしまう。つまり「今朝はなほ……」歌は『源氏』歌にあった比喩の構造を無視し、単に似たような和歌として仕立て直された、形骸化したものであるといえる。

一方、「今朝のみや……」歌で「女郎花」を女二の宮ととることは不可能ではないが（私はあなたにいつも泣かされている）、返歌で「女郎花」の比喩の対象を変えるとは考えがたい。

以上より、ここでの「女郎花」は女性の比喩としては機能しておらず、文脈に照らして「女郎花」を男君の比喩として解すのが適切であると判断した。

①では男君の「今朝はなほ」歌を「逢瀬の後の寂しさを詠んだ歌」と説明しており、適切。一方、女二の宮の「今朝のみや」歌について「景色だけを詠んだ歌」とするのは誤り。また「思いに応えようとしなかった」も適切ではない。加えて女二の宮の返事を受け取った男君の反応を「自分に遠慮しているようだと思った」とする点も不適。美しい筆跡に「待ち見給ふも、よろづに思ふやうなりと思すべし〈（手紙を）待ちかねてご覧になるにつけても、すべて理想的（な女性）であるとお思いになった〉」とあり、非常に満足していることが読み取れる。

一方の②は、女二の宮の返歌がしおれた女郎花を軸に詠まれていることを「男君の手紙の言葉をふまえたもの」と適切に評価できている。またそれに対する男君の反応の「理想にかなう女性と結婚できたと男君は満足した」という説明は、本文「よろづに思ふやうなり」に対応している。よって正解。なお「結婚できた」について、三日通って（「かくて三日過ぐして」）はじめて結婚したことになるのではないかという疑問があるかもしれない。確かに平安期の

貴族社会において、三日夜の儀式（親族への挨拶「露顕（ところあらわし）」、餅を食べる「三日夜餅（みかよのもちい）」等）を経ることで晴れて夫婦として公然化するとされ、通い始めを結婚の開始とみてよく、一日目の翌日に「理想にかなう女性と結婚できた」という思いを男が抱いたと解釈するのは問題ない。

③は「女二の宮と……密かに木幡の姫君とも関係を持とうと考えた」が不適。5段落の最後の一文「御心落ちゐて、いとかひありと思したり〈安心なさって、たいへん（結婚した）かいがあることだとお思いになった〉」など、木幡の姫君とも「並び給ふべし〈匹敵なさるにちがいない〉」と思われる女二の宮との結婚に、非常に前向きな様子が読み取れる。

④は、女二の宮が男君と木幡の姫君の関係を察していたという内容が本文になく不適。本文中に女二の宮の心情描写はない。

問5　**29**　①　**30**　③　《複数文章の比較読解問題》

本問で提示される【学習プリント】【ノート】には、作品の引用だけでなく、ヒントとなるようなコメントや図が含まれている。資料を丁寧に読み、手がかりをつかみながら引用文の意味を押さえたい。

(i)　和歌Ⅰに込められた別の意味について整理した【ノート】の空欄を補充する問題。**問4**でも確認したように、とくに恋の和歌では景物などの当たり障りのない内容を詠みながら、掛詞《かけことば》などによって別の意味を込めることが多い。［ステップ1］や【ノート】も参考にしながら、和歌Ⅰを整理してみよう。

うら若みねよげに見ゆる若草を人の結ばむことをしぞ思ふ

「ねよげ」は若草の縁語「根」に「寝」を掛けており、「うら」「根」「結ぶ」は「草」の縁語である。

寝よげ

(1)（旅人が草を引き結んで枕にし旅寝することから）寝心地がよさそう

(2)共寝するのに好ましい

（参考）根よげ　性格が善良そう

結ばむ（結ぶ）

(1)（旅寝のために草を）結ぶ

(2)契る、結婚する

【表】若く瑞々《みずみず》しいので、引き結んで枕にすればいかにも寝心地がよさそうな若草を、誰かが結んでしまうことを（悩ましく）思います。

【裏】若々しいので、共寝に好ましいほど美しいあなたを、誰かが妻とすることを（悩ましく）思います。

＊参考歌（当該歌の影響を受けた歌）

「若草のねみむものとは思はねどむすぼほれたる心地こそすれ」（『源氏物語』総角《あげまき》巻）

〈若草のよう（に美しい）なあなたと、（姉弟の関係なので）共寝をしようとは思いませんが、気が晴れない思いでおります。〉

【ノート】上段にあるように「若草」が妹を指すと考えれば、「若草」を「結ばむこと」は〈妹が結婚すること〉と解せる。よって「人」とは妹の結婚相手であるまだ見ぬ誰か（他人）のことだとわかる。

また【ノート】下段の和歌Ⅱの解釈では「自身が兄の気持ちにこれまで気づいていなかった」とあり、和歌Ⅰに込められた気持ちに驚いていることがわかる。

以上から、**X**を「他人が妹と結婚すること」、**Y**を「恋心」と説明した①が適切。

なお、和歌Ⅱの解釈は以下の通り。

初草のなどめづらしき言の葉ぞうらなくものを思ひけるかな

「初草の」は「めづらしき」を導く枕詞であり、「葉」「うら」は縁語。

うらなし【ク活用形容詞】

うら（心）にない、すなわち〈何の気もないさま〉〈遠慮のないさま〉の意。

〈なんともめったにないお言葉ですね。私は何心もなく思っておりましたのに。〉

(ii)　傍線部**B**で和歌**I**を引きながら表現される男君の心情を考えるもの。傍線部直前には、女二の宮の美しさに安堵しつつも、「よそへぬべき心地する人ざまにおはしますにも、まづ思ひ出でられて」すなわち女二の宮が〈木幡の姫君になぞらえてしまいそうな気持ちになるほどの雰囲気でいらっしゃるにつけても、真っ先に（木幡の姫君のことが）思い出されて〉とあり、男君の揺れる気持ちが描かれていることがわかる。

傍線部**B**の「人の結ばむこと」とは、(i)の**X**で確認した通り「他人が妹と結婚すること」である。「いかなる方にか」〈どのような人に〉とあるように、男君は木幡の姫君が誰と結婚するのかと、美しい女二の宮を前にしても考え続けてしまうのであった。またそのような自分に対し、「我ながらうたてと思ひ知らるる」という思いを抱いてもいる。「うたて」は〈情けない、嘆かわしい、気に入らない、嫌だ〉という意味の形容詞「うたてし」の語幹で、ここでは木幡の姫君の結婚相手にまで思いを致す自分を、〈我ながら情けない〉と痛感しているのである。以上より、正解は③。それ以外は(i)の和歌**I**の解釈が踏まえられていない。加えて②「釣り合う相手はいない」、④「院の複雑な親心が理解できるようになり」なども本文にない。また、①と④は「うたて」の意味が踏まえられていない。

全訳

中納言（である男君）はそれにつけても、人知れぬ心の中では、あってはならない（木幡の姫君への）恋心がとどまる折とてなく、胸が苦しくなってゆくのを、無理やりに気持ちを静めて月日を過ごしていらっしゃったが、女二の宮のお顔立ちが評判高いことを（噂《うわさ》に）聞いて心にとどめていたので、同じことならば、（木幡の姫君に対する悲恋の）嘆かわしさが紛れるほどに、お会い申し上げたいとお思いになった。官位が低いのを物足りないことと（院が）お思いになって、（男君は）権大納言におなりになった。春の中納言も、例によって同じく権大納言におなりになって、（任官叙位の）奏慶も（男君と）互角になさったが、高い枝に手が届かない（ように成就しなかった女二の宮との結婚という）ただ一つのことのために、何事もおもしろくなくお思いになった。

十月十日過ぎに、（男君は）女二の宮をお訪ねになる。得意になる様子は、言うまでもない。まずお忍びで三条院にいらっしゃる。たいして重要でない場所（を訪問するの）でさえ、格別な心遣いをなさる方であるので、まして（三条院という立派な場所を訪問なさる時に）おろそかであるようなことがあろうか（いやない）。くどいほどに香をたきしめなさって、身なりを整えてお出でになる直衣姿は、優美であり、並々ならぬ支度は、ほんとうに院の婿殿といっても十分で、たとえ女二の宮と申し上げても、平凡なご容姿であれば、並ぶのがはばかられるようなご様子である。お忍びであるが、前駆の者などを大勢連れてお出でになられるにつけても、もし大宮が生きていらっしゃったら、どれほど面目が立つように思い喜ばれただろうかと、男君の父は真っ先に思い出し申し上げなさる。

院（三条院）におかせられては、（男君を）待ち迎えなさるお心配りも格別である。女二の宮のお姿を、早く目にしたいとお思い申し上げなさっていたが、御殿油の灯《あか》りもほのかで、御几帳の内にいらっしゃる灯火に照らされたお姿は、まずもって悪くはないことよと思われて、御髪がお顔にかかっている様子は、すばらしく見える。まして、傍《そば》で感じとれるご様子は、想像していた通りで、愛らしくおっとりしているご様子を（拝見し）、安心して、思いがけずに近づき寄った恋の道の迷い（の相手である木幡の姫君）にも、なぞらえてしまいそうな気持ちになるほどの雰囲気でいらっしゃるにつけても、真っ先に（木幡の姫君のことが）思い出されて、どのような人に（嫁ぐのか）と、誰かが（木幡の姫君と）結ばれるようなことさえ思い続けてしまうことは、我ながら情けな

いことだと痛感する。

夜が明けたので、早々にお出でになって、すぐにお手紙を差し上げなさる。

「今朝はなほ……今朝はいっそう元気がなくしおれているように見える女郎花であることよ。どれほど露が降りたせいだろうか。……私も今朝はもう袖がひどく濡れています。あなたと別れた悲しみによる涙がなんとも多いためだろうよ

時雨が降る季節ですが、あなたと別れた今朝ほど袖が濡れる朝はありませんでした」とある。お返事をおすすめ申し上げると、たいそうつつましく、薄い墨の跡で、

「今朝のみや……今朝だけとくに時雨が降ったのでしょうか（いえ、そうではありません）。女郎花がしおれていたのはあたり一面の草木が霜によって枯れる、野原の常でしょうに。……私と別れた今朝が特別なのではなく、あなたにとってはいつものことなのではないですか」

と（お書きになって）、お置きになったお手紙を、包んで（使者が男君に）差し出した。使者には女の装束や、細長などを、慣例通りに（与えた）。ご筆跡までも、並々でなく美しくお書きになったので、（手紙を）待ちかねてご覧になるにつけても、すべて理想的（な女性）であるとお思いになったようだ。

　こうして三日たち、男君の邸宅にお入りになる儀式は格別である。寝殿の渡殿にかけて、装飾が施されている。女房二十人、童四人、下仕えなど（お供の様子は）、見所が多くたいそうすばらしい。女二の宮のご様子をゆっくりと拝見なさると、たいそう年盛りにととのっていて、そう思うせいか奥ゆかしく、気品があり心ひかれる様子で、未熟なところがなく美しいお方で、御髪は袿の裾と同じ（くらいの長さ）で、人の姿が映って見えるくらいに光輝いている様子は、この上もない。人知れず忘れられずにいる木幡の姫君にも匹敵なさるにちがいないと思われて、男君は安心なさって、たいへん（結婚した）かいがあることだとお思いになった。

【学習プリント】

昔、男が、妹のとても愛らしいさまを見ていて、

うら若み……若く瑞々しいので、引き結んで枕にすれば、いかにも寝心地がよさそうな若草を、誰かが結んでしまうことを（悩ましく）思います

……若々しいので、共寝に好ましいほど美しいあなたを、誰かが妻とすることを悩ましく思います。

と申し上げた。返しの歌、

初草の……なんともめったにないお言葉ですね。私は何心もなく思っておりましたのに。

第4問

出典　**【文章Ⅰ】**安積艮斎《あさかごんさい》『洋外紀略』**【文章Ⅱ】**『性理大全』

『洋外紀略』は、江戸末期の儒学者、安積艮斎の著作で、一八四八（嘉永元）年に成立した。三巻からなり、ヨーロッパ各国の歴史などの記事、ワシントン伝などの人物伝、海防論などで構成されている。

『性理大全』は、明の永楽帝の勅命を受けた胡広《こうこう》らが、『五経大全』『四書大全』と共に編纂《さん》した書物。周敦頤《とんい》や朱熹《き》をはじめとする、宋の儒学者たちの著作や論説を集めたもの。

【出題の特徴】

これまでの共通テストの傾向を踏襲し、複数のテクストを題材とし、関連づけて読む問題であった。**【文章Ⅰ】**が日本の学者の漢文であり、題材が西洋人の伝記である点はやや目新しい。大学入試の漢文で取り上げる作品は中国の古典および漢詩が中心なのは言うまでもないが、日本や中国以外の地域で書かれた漢文や、近代前後に書かれた漢文などもあり、漢文の裾野は案外広い。複数のテクストを使用することで、選ばれる素材の幅が広がったといえよう。とはいえ、出題される内容自体は高校までに学習した句法や語句の知識に基づく読解であり、どのようなテクストであっても、それに向かう姿勢は同じである。

追試験は本試験よりも挑戦的な設問が目立つが、それがかえって共通テストの出題傾向や範囲をつかむ参考になるだろう。**問1**は語句の意味を問う問題だが、空欄補充形式である点がやや目新しい。また、**問1**で問われがちな副詞や複合語の意味ではなく、文の内容を踏まえてふさわしい意味の漢字を選択させる問題となっている。**問2**は短い句の解釈、**問4**も文の解釈の問題。**問2**が文の内容を踏まえた解釈であるのに対し、**問4**は句法の理解を含む。**問3**は返り点の付け方と書き下し文の問題で、オーソドックスな漢文の問題である。**問5**は傍線部の内容説明問題。比喩や対句を踏まえた内容を把握するもので、今回は故事成語を絡めた出題だった。なお二〇二三年度の本試験でも比喩の内容を問う問題が見られた。**問6**は、提示された**【資料】**と会話を手がかりとして**【文章Ⅰ】**・**【文章Ⅱ】**の要約・関連づけを行う問題。総じて句法の知識を選択の決め手とするというよりは、文および論の展開を踏まえて正しく意味を取ることが要求される内容である。

【概要】

【文章Ⅰ】

(1) 大統領としてのワシントン
・清廉で公正、誠実な態度で物事にあたる。
・ハミルトンという有能な人物を政治に参与させる。
・在任八年で法律や軍備を整え、国を安定させた。
・自分の政策を批判する人に対しては憤慨した。

(2) 晩年のワシントン
・任期を終えると故郷に帰り、世間の目につかないように暮らした。
・天寿を全うし、自宅で亡くなった。

【文章Ⅱ】

(1) 君主とはどのような存在か
・たった一人で広い天下を治め、多くの職務に対応しなくてはならない。

(2) 君主はどうあるべきか
・一人の見聞や思慮の及ぶ範囲は広くないので、賢人と協力するべきである。
・公正で落ち着いた、明鏡止水の態度であれば、外物に心をまどわされることはない。

【資料】

安積艮斎のワシントン評価
・ワシントンは異民族の出身であるけれども、人柄には賞賛に値する点がある。

問1 31 ① 32 ⑤ 《語句の意味の問題》

空欄Xは、「話聖東政を為すや」に続いているので、ワシントンの政治のやり方を表し、かつ、「X而公」と、「公」と並べることができるような語である。また、「X而公」のあとには「誠を推して物に待す」とあって、より具体的にワシントンの政治的態度が書かれている。これらを踏まえると、空欄Xには「公（公正）」「誠（誠実）」に類する語が入ると見当がつく。①の「廉」は「清廉潔白」などと使うように〈正しい・高潔である・無欲である〉といった意味があり、「公・誠」に通じる。よって、これが正解。

②は「刻薄」などと用いて〈むごい〉といった意味になる。③は「頑迷・頑固」などと用い〈かたくな・貪欲〉といった意味になる。④は「濫用」などと用い〈節度がない〉といった意味になる。⑤は「偏狭」などと用い〈公正ではない〉の意味になる。②～⑤はいずれも「公・誠」と並列しがたい。

空欄Yは、次に示すように「御四海之広」と「応万務之Y」が対句を構成している。

制御する＝統治する	天下の	広いこと	
御	四海之	広	→ 広い天下を統治する
応	万務之	Y	→ Yな職務に対応する
対応する	職務の	Yなこと	

これらは「人君」について述べた一文にあるので、君主の役目、責務について述べていると見当をつける。その上で、四海の「広さ」に相当する「万務」の状態は何か、と考えると、「万」という字からも察せられるように、〈数量の多さ〉という意味がふさわしい。よって、正解は⑤「衆」（多い）。

①〈重要さ〉、②〈美しさ・立派さ〉は、「万物のYに応ず」という一句のみには当てはまるが、「四海の広さ」との対応を考えると、⑤「衆」の方が適当である。③〈応対〉は、そもそも「万物のY」にふさわしくない。④は〈臣下〉といった意味で、そもそも責務の状態を形容する意味にはならない。

問2 33 ② 34 ④ 《解釈問題》

(ア) 書き下し文にすると「寿を以て家に終はる」となる。「寿」には〈寿命・長寿〉といった意味がある。これが「終はる」のであるから、波線部(ア)全体で〈家で死んだ〉という意味だと見当がつく。また本文は**【文章Ⅰ】**の末尾の一文である。ここにはワシントンが国家を大いに治めたことを記して、大統領をしりぞいたあと、故郷で隠遁し、もはや「功名」をあげる心をもたなかったことを記している。それを受けて「寿を以て家に終はる」であるから、「天寿を全うして自らの家でこの世を去った」とする②が正解。

①「めでたいことに……事業を成し遂げた」、⑤「民の幸せを願いながら……余生を過ごした」、③「祝福されて……節義を貫いた」は、いずれも「終はる」の意味がなく、不適切。④「長寿の親のために」は「寿」の意味も異なり、長寿の対象を「親」とする点も不適切。

(イ) 書き下し文にすると「其の独智を役して」となる。(イ)の前には**問1Y**で確認したように、君主の責務が広範かつ膨大であることが示されている。ごく常識的に考えれば、それを「一人の身」でこなすことは難しいと見当がつく。これを踏まえて波線部(イ)を含む文を見ると、仮定を表す「苟」を用いて、

（「御四海之広、応万務之衆（**問1Y**）」という君主の責務に対して、）

仮定「もし～」

苟しくも ｛至誠を以て賢と与にせずして ⇔ ……其の独智を役して｝ 以て天下に先だてば

と論を展開している。君主の広範かつ膨大な責務を、もし「賢人と一緒にするのではなくて」という句に続くのだから、「其の独智を役して」は、「賢人と一緒に」とは逆の内容、すなわち〈君主が独りで〉という意味になるはずだ。したがって、「独智」は〈（君主の）自分独りだけの知恵〉と解釈するのが最も適当である。なお「役」は「使役」の「役」であり、〈使う〉こと。日本語の

「役人」という意味ではないので注意する。よって、正解は④。

①は、「独智」を「比類のない見識」と肯定的に解釈している点が適切ではない。ここでは「賢と与にせず」に対応した否定的な意味で用いられている。②は、「誇示して」が「役」の語義に合わない。③は、「独智」を君主自身の知恵ではなく「孤高の賢人」としており、また「模倣して」も「役」の語義に合わない。⑤は、「独特の見解」がここでの「独智」とはニュアンスが異なり、「役」も「しりぞけて」と解釈することはできない。

問3 **35** ⑤ **《返り点と書き下し文の問題》**

選択肢を見ると、「然人或……」の読みはどれも同じで、「然れども人或いは……」となる。傍線部**A**の直前には、ワシントンが在任八年で「法令整粛、武備森厳、闔州大治」という功績をあげたことが書かれている。これを逆接の「然れども」で受けているので、ワシントンの政策に対して批判的な内容になることが推測できる。また、「人或いは……」は、ある場合には「人が」何かする、あるいは、そういう人がいる、という意味だと見当がつく。これをまとめると、ワシントンには政策で大きい業績があった、しかしその政策に批判的な人がいた、という内容だとわかる。

これらを踏まえて傍線部を見ると、まず「有……者」という形が見える。漢文でよく使われる「……する者有り〈＝……する者がいる〉」という言い方であり、先ほど見た内容と一致する。したがって傍線部**A**の骨格は「然れども人或いは……する者有り〈＝しかし人々の中にはある場合には……する者がいた〉」だと考えてよいだろう。

そして、「……する」の部分に相当するのが「議其所為」である。「……する」、すなわち動詞にあたるのは「議」で〈議論する、批判する〉といった意味を表す。また「其所為」は批判の対象、すなわち「議」の目的語にあたる。論の展開から、ワシントンの政策に対して批判的な内容になると考えると、「其」は「ワシントン」、「所為」はワシントンが「為す所」と読める。以上をまとめると、「然れども人或いは其の為す所を議する者有り」となる。なお、傍線部**A**は直後の「ワシントンは憤慨した」につながっていることから、「……者有り」は「……者有れば〈＝……する人がいたので〉」に改める。よって、正解は⑤。

①は「其の所を議す」が〈その場所を議論する〉というような意味になるが、場所について議論するというのは文の展開に合わない。②・③は「其の為にする所の者を議す」が〈ワシントンのために行動する者を批判する〉あるいは〈ある人のために行動する者を批判する〉というような意味になりそうだが、いずれにしてもその「為にする所の者」が誰なのかわからず、文の展開に合わない。④は「議有りて其の為す所の者」が〈意見があってその意見を行動に移す者〉とでも解釈することになると思われるが、これをワシントンの政策を批判するという文の展開に組み込むことは難しい。

問4 **36** ① **《解釈問題》**

傍線部**B**は**問2**(イ)で見た仮定の一文の、結論にあたる部分である。論の展開は次のようになっている。

「御四海之広、応万務之衆」という君主の責務に対して、＝**話題**

仮定「もし～」

苟しくも
至誠を以て賢と与にせずして
⇔
其の独智を役して
以て天下に先だてば……　＝**仮定条件**

耳目心志の及ぶ所の者、其れ能く幾何ぞ。　＝**仮定の結果**

耳目・心志が及ぶところは、それはいったいどれくらいのことが可能か？

君主の広範かつ膨大な責務に対して、〈もし君主が自分だけの知恵を用いてそれに臨むとしたら〉というのが仮定の条件。したがって「耳目心志」とは、君主自身のそれを指すと考えられる。「幾何ぞ」は、〈どれくらいか〉と、数量をたずねる時に用いる語。論の展開を踏まえると、君主一人の「耳目〈＝見聞きできること〉」と「心志〈＝考えられること〉」との数量には限界があるだろ

う、と理解するのが適当である。したがって「其れ能く幾何ぞ」は、疑問文で〈どれくらいの数量が可能なのか〉とたずねているのではなく、反語で〈どれくらいの数量が可能となるだろうか、いやそう多くはあるまい〉と解釈すると文の展開に合う。また、ここの「数量」は「四海の広」「万務の衆」に対応しているので、「多い」を「広い」と置き換えると、より日本語としてわかりやすい解釈になる。よって、正解は①。

②・③・⑤は「耳目心志」を君主のそれではなく「天下の人々の」と解釈している点が適切ではない。④は「其能幾何」の解釈がおかしい。紛らわしい表現で書かれているが、要するに選択肢は〈君主の耳目心志の及ぶところは広大である〉という意味になり、先ほど見た傍線部Bの解釈と正反対の意味になる。

問5 37 ③《内容・故事成語の把握問題》

本問は、問4までに見てきた「君主のあるべき姿」を踏まえて、傍線部Cを含む一文を解釈していけばよい。論の展開は次のようになっている。

人君必ず
心を清めて以て之に涖み、己を虚しくして以て之に待する　こと
対句
←比喩による言い換え
鑑の明なるがごとく、水の止まるがごとく　なれば、
対句
則ち物至るも罔ふること能はず。

まず人君のあるべき姿として「心を清めて以て之に涖み」「己を虚しくして以て之に待する」とある。「之」すなわち君主の責務に臨み、応対するにあたって「心を清め」「己を虚しく」することが必要だというのである。

これを受けて、「如」＝比喩による言い換えがなされている。この比喩の部分は「鑑（鏡）」・「明」・「水」・「止」の四つの漢字が核になっている。すなわち明鏡止水＝曇りのない鏡と波立っていない（鏡のような）水面の意から、〈一切の邪念がなく、心が落ち着いている状態〉を意味する故事成語である。これは先ほどの「人君のあるべき姿」の内容と一致する。傍線部Cはこの明鏡止水の「止水」の部分にのみ引かれているので、「静かな水」の比喩を説明した③が正解。

①「低い場所に自然とたまっていく」、⑤「あふれそうな水をせき止める」は、水の動きに着目しており、「清める」「虚しくする」ことの喩えにはふさわしくない。②は「公平な裁判」に限定して君主のあり方を説明している点が適切ではない。④は「善行」という観点がここまでの論の中になく、「豊富に蓄えられた」水も、「清める」「虚しくする」の喩えとしてふさわしくない。

問6 38 ① 39 ⑤《複数文章の比較読解問題》

(i) aでは、【資料】の一文を正しく解釈することが求められている。「嗚呼」は「ああ」という感動詞。「雖」は「いへどモ」と読み、〈～だけれども・～だとしても〉という逆接の確定または仮定条件の意味を表す。また「為レ人」は「ひとトなリ」と読むと〈人柄・性格〉という意味になり、「ひとノためニ」と読むと、文字通り〈人のために〉という意味になる。【資料】は【文章Ⅰ】と同じく「話聖東伝」の中の一文なので、作者である安積艮斎が〈ああ、ワシントンという人は……〉と、ワシントンの人物評を述べていると考えると、「為レ人」は「ひとトなリ」、すなわちワシントンの〈人柄〉という意味でとるのが妥当である。

これらを踏まえて【資料】の一文を書き下し文にすると「嗚呼、話聖東、戎羯に生まると雖も、其の人と為り多とするに足る者有り」で、意味は〈ああ、ワシントンは、異民族の出身ではあるけれども、その人柄には賞賛に値するものがある〉となる。【文章Ⅰ】の内容からも、安積艮斎は、ワシントンに対してハミルトンと協力して国を安定させ、引退後は名誉を求めず家で寿命を迎えたことを肯定的に記述していると考えて差し支えないだろう。よって、正解は①。

なお、「異民族の出身ではあるけれども」は、遠回しな言い方をしている点

に注意しておきたい。**【資料】**は問6の最初に教師が「もとは西洋に批判的だった」と述べる渋江抽斎の好んだ一節である。したがって、ここは単に「ワシントンは異民族出身だった」という事実を述べたと考えるべきではなく、「ワシントンは異民族（＝西洋の人）であるにもかかわらず、優れた人物だった。優れた人物は異民族である西洋にもいるのだから、西洋の言語を学び、西洋のことを学ぶ必要がある」というように、「批判的な存在であっても優れたものはある」というねじれた感情がこもっていると考えられる。

②は、「言うものもいるが」が「戎羯に生まると雖も」の解釈として不適切。ここは「異民族出身ではあるけれども」という解釈である。③は、「ワシントンの政策には肯定的に評価すべき面がある」としているが、**【資料】**において艮斎が評価したのはワシントンの政策ではなく、「為レ人」である。④は「問わずに」という解釈が「雖」のもつ逆接の意味に合わない。また**【資料】**には「あらゆる人々にとって学ぶべき」といった意味を見いだせる語も見当たらない。⑤は「異民族の出身でなかったとしても」と、「雖」の逆接に否定が付け加えられているが、**【資料】**には否定を表す語がない。

(ii) 空欄**b**は**【文章Ⅰ】**、空欄**c**は**【文章Ⅱ】**について述べているので、各選択肢についてその内容を検討していく。

①は、空欄**b**の「人々から反発されても動じなかった」が**【文章Ⅰ】**に合わない。傍線部**A**（**問3**）の一文を見ると、ワシントンは自分の政策を批判する人がいると、「感憤」したとあり、彼が怒ったことがわかる。また空欄**c**についても「信念を曲げない」といった内容は**【文章Ⅱ】**には書かれていない。

②は、空欄**b**については**【文章Ⅰ】**の「法令整粛、武備森厳、闔州大治」に合致する。しかし空欄**c**の「個人の力より制度を重視する」は**【文章Ⅱ】**には書かれていない。**【文章Ⅱ】**では、君主は「至誠を以て賢と与に（す）」すなわち公正に賢人と協力すべきだと述べている。

③は、まず空欄**b**の「信頼する部下に自分の地位を譲った」が誤り。**【文章Ⅰ】**を見ると、ワシントンは有能なハミルトンを登用し、「政事を参決せしむ」とはあるが、地位を譲ることはなく、「任満」まで大統領の地位に就いている。また空欄**c**についても「権力や名誉に執着しない」は**【文章Ⅱ】**の内容に一致しない。

④は、空欄**b**の「政策の意図を……文章で示した」、空欄**c**の「人々に対して」のいずれも、**【文章Ⅰ】**・**【文章Ⅱ】**には書かれていないので、不適切。

⑤は、空欄**b**が**【文章Ⅰ】**でワシントンがハミルトンを登用して「政事を参決せしむ」ことに合致し、空欄**c**が**【文章Ⅱ】**の「以至誠与賢」に合致する。よって、正解は⑤。

書き下し文

【文章Ⅰ】

話聖東《わしんとん》政《まつりごと》を為《な》すや廉《れん》にして公《こう》、誠《まこと》を推《お》して物《もの》に待《たい》す。巴爾東《はみるとん》なる者有《ものあ》り、明敏《めいびん》にして器識《きしき》有《あ》り、辞令《じれい》に嫻《なら》ひ、大体《だいたい》に通《つう》ず。話聖東之《わしんとんこれ》を挙《あ》げて、政事《せいじ》を参決《さんけつ》せしむ。任《にん》に在《あ》ること八年《はちねん》、法令整粛《はふれいせいしゆく》、武備森厳《ぶびしんげん》にして、闔州大《かふしうおほ》いに治《をさ》まる。然《しか》れども人或《ひとある》いは其《そ》の為《な》す所《ところ》を議《ぎ》する者有《ものあ》れば、話聖東感憤《わしんとんかんぷん》す。任満《にんみ》つるに及《およ》びて、乃《すなは》ち旧閭《きうりよ》に還《かへ》り、深《ふか》く自《みづか》ら韜晦《たうくわい》し、復《ま》た功名《こうみやう》の意《い》無《な》し。寿《じゆ》を以《もつ》て家《いへ》に終《を》はる。

【文章Ⅱ】

人君《じんくん》は一人《いちにん》の身《み》を以《もつ》て、四海《しかい》の広《ひろ》きを御《ぎよ》し、万務《ばんむ》の衆《おほ》きに応《おう》ず。苟《いや》しくも至《し》誠《せい》を以《もつ》て賢《けん》と与《とも》にせずして其《そ》の独智《どくち》を役《えき》して以《もつ》て天下《てんか》に先《さき》だてば、則《すなは》ち耳目心《じもくしん》志《し》の及《およ》ぶ所《ところ》の者《もの》、其《そ》れ能《よ》く幾何《いくばく》ぞ。是《こ》の故《ゆゑ》に人君必《じんくんかなら》ず心《こころ》を清《きよ》めて以《もつ》て之《これ》に涖《のぞ》み、己《おのれ》を虚《むな》しくして以《もつ》て之《これ》に待《たい》すること、鑑《かがみ》の明《めい》なるがごとく、水《みず》の止《とど》まるがごとくなれば、則《すなは》ち物至《ものいた》るも罔《し》ふること能《あた》はず。

【資料】

嗚呼《ああ》、話聖東《わしんとん》、戎羯《じゆうけつ》に生《う》まると雖《いへど》も、其《そ》の人《ひと》と為《な》り多《た》とするに足《た》る者有《ものあ》り。

全訳

【文章Ⅰ】

ワシントンは政治を行うにあたって清廉で公平であり、誠実な判断で物事を

扱った。ハミルトンという者がいて、賢明で才能と見識があり、文章の執筆に習熟しており、政治の要点に通暁していた。ワシントンは彼を登用して、政治に参与させた。大統領の地位にあること八年にして、法令は厳粛に、軍備は重々しく整い、国中が大いに治まった。しかしながら彼の政策について批判するような人があれば、ワシントンは憤慨した。大統領の任期が満了すると、故郷へ戻り、自らじっと世間の目につかないようにして、決して名誉を求めることはしなかった。天寿を全うして自らの家でこの世を去った。

【文章Ⅱ】

君主というものは、たった一人の身で、広い天下を治め、膨大な任務に対応するものである。仮に公正な心で賢人と協力せず、自分だけの知恵を用いて、天下を導くとしたら、君主の見聞や思慮が及ぶ範囲はどれほどであろうか、決して広くはあるまい。そういうわけで君主は必ず心の雑念をしりぞけて政治に臨み、私心なく政治に向き合うこと（態度）が、あたかも鏡が曇りなく澄み、波立っていない静かな水面のように静かで落ち着いているようであれば、外界の事物がやって来てもその心をまどわすことはできない（＝外界で何が起ころうとも〈それによって〉自分の心がまどわされることはない）。

【資料】

ああ、ワシントンは異民族の出身ではあるけれども、その人柄には賞賛に値するものがある。

2022 本試

解　答

合計点	／200

問題番号（配点）	設問	解答番号	正解	配点	問題番号（配点）	設問	解答番号	正解	配点
第１問（50）	1	1	②	2	第３問（50）	1	20	②	5
		2	③	2			21	②	5
		3	④	2			22	③	5
		4	②	2		2	23	③	7
		5	③	2		3	24	④	7
	2	6	①	7		4	25	①	7
	3	7	②	7			26	①	7
	4	8	②	7			27	④	7
	5	9	④	7	第４問（50）	1	28	④	4
	6	10	②	6			29	②	4
		11	③	6			30	④	4
第２問（50）	1	12 － 13	② － ⑥	8（各４）		2	31	④	7
	2	14	①	8		3	32	⑤	7
	3	15	③	8		4	33	③	5
	4	16	②	6		5	34	⑤	5
		17	①	6		6	35	⑤	6
	5	18	①	6		7	36	⑤	8
		19	⑤	8					

（注）－（ハイフン）でつながれた正解は，順序を問わない。

	出　典	目安時間	難易度 大問別	難易度 全体
第１問	文章Ⅰ：檜垣立哉『食べることの哲学』 文章Ⅱ：藤原辰史『食べるとはどういうことか』	20分	標準	標準
第２問	黒井千次「庭の男」	20分	標準	
第３問	文章Ⅰ：『増鏡』 文章Ⅱ：後深草院二条『とはずがたり』	21分	やや難	
第４問	阮元『揅経室集』	19分	標準	

第1問

出典　**【文章Ⅰ】** 檜垣立哉《ひがきたつや》『食べることの哲学』（世界思想社　二〇一八年）
【文章Ⅱ】 藤原辰史《ふじはらたつし》『食べるとはどういうことか』（農山漁村文化協会　二〇一九年）

檜垣立哉は、一九六四年埼玉県生まれ。哲学者。専門は生命論、応用倫理学、生命倫理学。現在、大阪大学大学院人間科学研究科教授。主な著書に『西田幾多郎の生命哲学』、『生と権力の哲学』、『ドゥルーズ入門』などがある。

藤原辰史は、一九七六年北海道生まれ。農業史研究者。専門は、農業史と環境史。現在、京都大学人文科学研究所准教授。主な著作に、『ナチス・ドイツの有機農業』、『ナチスのキッチン』、『分解の哲学』などがある。

【出題の特徴】

本問は、「食べる」ことと生命との関係性を論じた二つの文章から出題された。各文章の要旨や表現の特徴を押さえる問題など、過去のセンター試験の形式を踏襲したものも多かった。一方、**問6**のように、授業場面を想定し、生徒が整理した**【メモ】**を通して、複数の文章の主題を把握させるような新しい傾向の問題も出題されている。これらは大学入学共通テストの作成方針である「学習の過程を意識した問題の場面設定を重視する」という項目や、「複数の題材による問題を含めて検討」という点を意識して作られているものだと考えられる。

こうした共通テストの問題に対応するには、各段落や各文といった細部の読みを丁寧に行うだけではなく、複数の文章間を比較したり、関係性をとらえたりするなど、情報を整理して的確に把握する力が必要である。

【概要】　問題文の概要は次の通りである。

【文章Ⅰ】

(1)「食べる」ことと「生」にまつわる議論について（1段落）

・「食べる」ことは、動物が主題になる。そこでは、動物も人間も互いの言葉を理解する。人間はもとより動物である（そうでしかありえない）ということである。

(2)よだかにとっての「食べる」ことと「生」に関する苦悩（2〜4段落）

・（宮沢賢治の）「よだかの星」は、擬人化が過剰になされている作品で、その感情ははっきりと人間的である。よだかは、みなからいじめられ、何をしても孤立してしまう。なぜ自分は生きているのかとおもう。ある意味では、普通の人間の誰もが、一度は心のなかに抱いたことのある感情だ。自分の存在そのものを否定されたかのように感じる。しかしよだかは、いかに自分の存在を低くみようとも、羽虫や甲虫《かぶとむし》を食べてしまう。なぜ自分のような存在が、劣等感をもちながらも、他の生き物を食べて生きていくのか、それがよいかどうかわからない。

(3)「よだかの星」に基づく「食べる」ことと「生」についての考察（5〜9段落）

・当然のことながら、よだかが羽虫や甲虫を食べることは、食物連鎖上やむをえないことである。

・この話は、もともとは**よだかが自分の生のどこかに困難を抱えていて、それが次第に、他の生き物を殺して食べているという事実の問いに転化され、そのなかで自分も鷹《たか》にいずれ食べられるだろう、それならば自分は何も食べず絶食し、空の彼方《かなた》へ消えてしまおうというはなしにさらに転変していく**ものである。

・結局よだかは最後の力を振り絞り、自らが燃え尽きることにより、自己の行為を昇華する。

・よだかにとって問題なのは、**どうして自分のような惨めな存在が生きつづけなければならないのか**ということであった。

・**自分の惨めさを感じつつも、無意識に羽虫や甲虫を咀嚼《そしゃく》してしまっている自分に対し「せなかがそっとした」「思ひ」を感じる**のである。

・このはなしは表面的には食物連鎖の議論にみえる。だが、主題としていえば、これは食べないことの選択、断食につながるテーマである。

・ここでみいだされるのは、**心が傷ついたよだかが、それでもなお羽虫を食べるという行為を無意識になしている**ことに気がつき「せなかがぞっとした」「思ひ」をもつという一点だけにある。それは、人間である（同時によだかでもある）われわれすべてが共有するものではないか。

【文章Ⅱ】

⑴豚肉（あなた）の視点より「食べる」ことの過程（1～3段落）

・長い旅のすえに、あなたは人間の口のなかに入る準備を整える。口→食道→胃袋→十二指腸→小腸→大腸に進むなかで、消化酵素によって分解され、栄養は吸い取られていく。

・大腸の微生物によってあなたのなかの繊維は発酵され、ついには人間の体から排泄《はいせつ》され、下水の旅を始める。

・こう考えると、食べものは、人間のからだのなかで、ゆっくり、じっくりと時間をかけ、徐々に変わっていくのであり、どこまでが食べもので、どこからが食べものでないのかを決めるのは難しいことがわかる。

⑵「食べる」ことについて、二つの極端な見方（4～7段落）

・一つ目は、**人間は「食べて」などいないという見方**である。食べものはすべて生きものであり、その死骸であって、それが**人間を通過しているにすぎない**。**人間は、生命の循環の通過点にすぎない**のであって、地球全体の生命活動がうまく回転するように食べさせられている、と考えている。

・二つ目は、**ずっと食べものであると捉える**という見方である。世の中は食べもので満たされていて、**食べものは、生きものの死によって、つぎの生きものに生を与えるバトンリレー**である。しかも、バトンも走者も無数に増える。食べものは、**人間を通過しているにすぎない**。

・どちらも極端で、間違いではなく、しかも似ているところさえある。死ぬのがわかっているのに生き続けるのはなぜか、という質問にもどこかで関わってきそうな気配もある。

※【文章Ⅰ】も【文章Ⅱ】も、リード文において、『食べる』ことについて考察した文章である」と書かれている。したがって「食べる」ことをそれぞれの筆者がどうとらえているかに着目しながら読むとよいだろう。

【文章Ⅰ】では、よだかを通して、「食べる」ことはどちらかといえば否定的にとらえられている。「食べる」ことは、他の生命を殺して自分を生かすことであり、その行為は無意識に行われるものと説明している。

一方、【文章Ⅱ】では「食べる」ことを二つの観点から述べている。しかし、共通点もあり、それは「食べる」とは、人間を通過点として、地球全体の生命活動をうまく回すための行為であるととらえられているという点である。【文章Ⅰ】でよだかが「どうして自分のような惨めな存在が生きつづけなければならないのか」と自問し、また【文章Ⅱ】では「死ぬのがわかっているのに生き続けるのはなぜか」という質問が書かれているが、「食べる」という行為を巨視的に見ると、地球全体・あらゆる生命につなげるために、個人の「食」がある、という理解ができそうである。

問1 1 ②　2 ③　3 ④　4 ②　5 ③　《漢字問題》

(i) 漢字の書き取り問題。

(ア)「過剰」は〈必要な量や程度を越えて多すぎること〉。①は「冗長」で〈むだが多くて長いこと〉。②は「剰余」で〈あまり、余分〉。③は「浄化」。④は「常軌」。「常軌を逸する」は慣用表現で〈常識外れの言動をとる〉の意味。

(イ)「傷ついた」。①は「勧奨」で〈ある行動をすすめ励ますこと〉。②は「鑑賞」で〈芸術作品などを味わうこと〉。③は「感傷」で〈物事に感じやすい心の傾向〉。④は「緩衝」で〈衝撃をゆるめるもの〉。

(エ)「遂げる」。①は「類推」で〈似ている点をもとに他の物事を推し量ること〉。②は「生粋」で〈まじりけがないこと〉。③は「麻酔」。④は「完遂」で〈やりとげること〉。

(ii) 異なる意味をもつ熟語を選ぶ問題。新傾向の漢字問題だが、日頃より漢字の意味に着目して学習することが肝要である。

(ウ)「襲い」の「襲」には「ⓐおそう（襲撃、逆襲）」、「ⓑかさねる」、「ⓒつぐ（襲名、踏襲）」などの意味がある。(ウ)はⓐの意味で使われている。

①「夜襲」。〈夜間に攻め入っておそうこと〉→ⓐ
②「世襲」。〈地位を子孫が代々受け継ぐこと〉→ⓒ
③「奇襲」。〈相手の不意をついておそうこと〉→ⓐ
④「来襲」。〈おそいかかってくること〉→ⓐ

傍線部と異なる意味の熟語を選ぶので、正解は②。

(オ)「与える」の「与」には「ⓐあたえる（所与、付与）」、「ⓑかかわる（寄与、参与）」、「ⓒ仲間になる（与党、与国）」などの意味がある。(オ)はⓐの意味。

①「供与」。〈物品や利益をあたえること〉→ⓐ
②「贈与」。〈金品や物品をあたえること〉→ⓐ
③「関与」。〈関わること〉→ⓑ
④「授与」。〈さずけあたえること〉→ⓐ

傍線部と異なる意味の熟語なので、正解は③。

問2 6 ① 《**内容把握問題**》

傍線部A中の「つぎのように」の指示語は、次の括弧書きの中を指す。

> （ああ、かぶとむしや、たくさんの羽虫が、毎晩僕に殺される。そしてそのただ一つの僕がこんどは鷹に殺される。それがこんなにつらいのだ。……僕はもう虫をたべないで餓ゑ《う》て死なう。いやその前にもう鷹が僕を殺すだらう。いや、その前に、僕は遠くの遠くの空の向ふに行ってしまはう。）

設問はこのよだかの思考の展開を「筆者」がどのようにとらえているかを問うているため、この括弧書きについて、筆者が解釈した内容を踏まえて解答する必要がある。続く5段落にこの解釈が記されている。

> 当然のことながら……羽虫、……甲虫を食べることは、そもそも食物連鎖上のこととしてやむをえないことである。それに……もともとはよだかが自分の生のどこかに困難を抱えていて……、それが次第に、他の生き物を殺して食べているという事実の問いに転化され、そのなかで自分も鷹にいずれ食べられるだろう、それならば自分は何も食べず絶食し、空の彼方へ消えてしまおうというはなしにさらに転変していくものである。

この「もともとは」→「それが次第に、……（転化され）」→「さらに（転変していく）」が、筆者が考える「よだか」の思考の流れであり、この流れを押さえておくことがポイントである。

ちなみに、よだかにとっての「生の困難」は、よだかの環境や状況が書かれている2段落で説明されている。

> よだかは、みなからいじめられ、何をしても孤立してしまう。いつも自分の醜い容姿を気にかけている。……なぜ自分は生きているのかとおもう。さらには、……いじめっ子の鷹が……名前を変えろと迫る。……自分の存在そのものを否定されたかのように感じる。

これらを整理すると、

> **a** もともと
> ……自分の生に困難（孤立や存在の否定など）を抱えている
> ↓
> **b** それが次第に
> ……他の生き物を殺して食べているという事実の問いに転化され、

c　さらに
↓
……鷹にいずれ食べられるなら、絶食して、消えてしまおうと考える

この三つの過程を押さえたものが正解である。したがって、答えは①。

②「鷹に殺されてしまう境遇を悲観し」が誤り。a・bの「自分の生に困難を抱えたまま他の生き物を殺して食べている」という指摘がなく、不適。

③「弱肉強食の関係を嫌悪」、「不条理な世界を拒絶」がそれぞれ誤り。a・bの指摘がなく、また、「消えてしまおう」とする結論と合わない。

④「他者を犠牲」→「自分の存在自体が疑わしい」では、a→bの思考の順序が逆である。また、「新しい世界を目指そう」が③と同様に不適。

⑤a・bについて、「鷹におびやかされながらも羽虫や甲虫を食べ続けているという矛盾を解消できず」としている点が誤り。「生の困難」が、「鷹におびやかされ」ていることに限定されている。また、「遠くの世界で再生しよう」も不適。再生したいのではなく、「消えてしまおう」と考えているのである。

問3　7　②　《内容把握問題》

傍線部Bの直前に「それ」という指示語があるため、まずこの指示内容を明らかにしたい。この「それ」が指すのは、直前の「心が傷ついたよだかが、それでもなお羽虫を食べるという行為を無意識のうちになしていることに気がつき『せなかがぞっとした』『思ひ』をもつ」ことである。したがって、よだかもわれわれも同じような思いをもっていると筆者は考えているのである。また、「『せなかがぞっとした』『思ひ』」については7段落でも考察している。

よだかにとって問題なのは、どうして自分のような惨めな存在が生きつづけなければならないのかということであった。……自分の惨めさを感じつつも、無意識にそれ（＝羽虫や甲虫）を咀嚼してしまっている自分に対し「せなかがぞっとした」「思ひ」を感じるのである。

つまり、これらを整理すると、われわれ人間も、よだかも、

a　どうして（自分のような惨めな存在が）生きつづけなければならないのか、という問題をもちつつも、
↓
b　無意識に他の生命を食べているという事実に気づき、
↓
c　「せなかがぞっとした」「思ひ」をもつ

ことが共通している、ということになる。

ちなみに、「せなかがぞっと」するような思いとは、恐怖などのような精神的に強い衝撃を受けた時に、身体の中に冷たいものが抜けていくさまを表す言葉である。ここでも、無意識のうちに他の生命を食べている自分に気がつき、それに対して強い衝撃を受けたと考えればよい。

①「動物の弱肉強食の世界でいつか犠牲になるかもしれないと気づき、自己の無力さに落胆」が誤り。bの「無意識に他の生命を食べている」ことと、「犠牲になるかもしれない」とでは反対の内容になっている。

②これが正解。自分の無意識の行為に対するそらおそろしさや、それによってうろたえているさまを「自己に対する強烈な違和感」と説明している。

③「自己を変えようと覚悟する」が誤り。「自己を変えようと覚悟する」は「『せなかがぞっとした』『思ひ』」とは合わない。

④「理不尽な扱いに打ちのめされていた自分」がまず誤り。ここでは、aの「どうして（自分のような惨めな存在が）生きつづけなければならないのか」という生への疑問について説明すべきであり、解答としては説明不足。「罪深さ」も不適切である。

⑤ここは生への疑問をもちながらも、他者を捕食することへの違和感を指摘するべきであり、「惨めさから逃れたいともがいていた自分」「知らないままに弱肉強食の世界を支える存在であったことに気づき」「自己の身勝手さに絶望する」はそれぞれ誤りである。

問4 **8** ②《**段落の趣旨問題**》

筆者の言う「二つの極端な見方」の類似点を探す問題。それぞれの要旨をまとめる。

> **一つ目（a）**
> 人間は「食べて」などいないという見方です。食べものは、……すべて生きものであり、その死骸であって、それが人間を通過しているにすぎない、……人間は、生命の循環の通過点にすぎないのであって、地球全体の生命活動がうまく回転するように食べさせられている、と考えている……。
>
> **二つ目（b）**
> （食べることは）循環のプロセスと捉えることです。……（食べものは）ずっと食べものである、……（食べものは）つぎの生きものに生を与えるバトンリレーである。……人間を通過しているにすぎないのです。

これらから、両者の共通する点を抜き出すと、

> 食べることは、地球全体の生命活動をうまく回すための行為であり、食べものは人間を通過しているにすぎない

という点を導き出すことができる。

したがって、「別の生きものへの命の受け渡し」を指摘している②が正解。

①「微生物の活動と生物の排泄行為から生命の再生産を捉えている」が誤り。「微生物の活動」と「生物の排泄行為」については**二つ目（b）**に述べられている内容に限定されており、共通点とはいえない。

③「食べられる側の視点から消化と排泄の重要性を捉えている」が誤り。「消化と排泄の重要性」は二つの見方のどちらにも述べられていない。

④「地球環境の保護という観点から食べることの価値を捉えている」が誤り。問題文は「地球環境の保護」について述べているわけではない。

⑤「多様な微生物の働きから消化のメカニズムを捉えている」が誤り。「多様な微生物の働き」は**二つ目（b）**の内容に一致するが、**一つ目（a）**の内容を踏まえていないし、「消化のメカニズム」は二つの見方のどちらの内容とも関わりがない。

問5 **9** ④《**表現把握問題**》

【文章Ⅱ】の表現に関する問題。**【文章Ⅱ】**では豚肉が口で咀嚼され、人間の体内で消化・分解され、栄養として吸収される過程が説明されている。人間を主体にして、体の働きを述べるのではなく、食べられる対象としての豚肉の視点（「あなた」の視点）から、その過程が描写されているのである。食べものがどのような器官を通り、どのように姿を変えていくのかといった流れが、まるで豚肉（あなた）が体内を旅するかのように説明されているところに、この文章の特徴があるといえる。

ところで、選択肢を見ると、

> ①～③：豚肉を「あなた」と見立てるとともに、～説明している／描いている。
> ④・⑤：豚肉を「あなた」と二人称で表しながら、～説明している／描いている。

となっている。①～③の場合も、④・⑤の場合も、前半は豚肉を「あなた」と表現することには変わらず、後半でその効果を問う、という構成になっているので、後半の表現効果を中心に、選択肢の妥当性を検討していくとよいだろう。

①「無機的な消化過程に感情移入を促す」が誤り。豚肉を「あなた」と見立てているので、豚肉に感情移入ならばまだ当てはまらなくもないが、「無機的な消化過程」に感情移入を促す効果は期待できない。

②「消化酵素と微生物とが協同して食べものを分解する様子」が「比喩的に表現」されている、というのはよいが、「比喩」は何かに置き換えて、たとえ

る表現方法であり、「厳密」に描くことはできない。

③「擬態語」とは物事の状態を実際の音とは関係なく文字でそれらしく表した言葉で、その状態を「感覚的に」イメージしやすくする効果がある。たとえば、「てきぱき」「だらだら」「ふらふら」などがそれにあたる。【文章Ⅱ】では「ドロドロになります」「くねくね旅します」(1段落)などが擬態語である。しかし、それが「食べることの特殊な仕組み」を「筋道立てて」説明しているとはいえないため、誤りである。

④が正解。「軽妙」は気が利いておもしろいこと。豚肉を「あなた」にたとえて消化・分解・吸収の過程を表現する方法は「軽妙」といってもよいだろう。

⑤「生きものが消化器官でかたちを変えて物質になるさまを誇張して表現」が誤り。【文章Ⅱ】は消化・分解・吸収の実際の過程を、比喩を使ってわかりやすく説明したものであり、「誇張(=実際よりおおげさに示す)」したものではない。

問6 10 ② 11 ③ 《メモ形式による複数文章の内容把握問題》

Mさんの【メモ】をもとに、【文章Ⅰ】【文章Ⅱ】における「食べる」ことの意味を考える問題である。

(i) 【文章Ⅰ】では、よだかを通して「食べる」ことと生命との関係を述べている。問2、問3でもよだかの思考の過程を通して「食べる」ことの意味を考えてきたので、それも踏まえて考えるとよい。

よだかにとって「食べる」ことと「生きる」こと(生命)の関係は、必ずしもよい意味ではとらえられておらず、「どうして自分のような惨めな存在が生きつづけなければならないのか」と思いつつも、「無意識に」他の生命を殺して食べている自分に「ぞっとした」「思ひ」を感じている(【文章Ⅰ】7段落を参照)。逆に言えば、「無意識」ながらも、他の生命を食べることによって、生きつづけているのであり、それがつらくてよだかは絶食し、空の彼方に消えてしまおうとするのである。

これを踏まえているのは②。「食べる」という行為が、本人の意志とは関係なし(無意識)に行われること、それが結果として、本人を生きながらえさせているという点が「自己の生命を否応なく存続させる行為」と説明されている。

①「弱者の生命の尊さを意識させる」が誤り。この場合、「弱者」とは羽虫や甲虫、あるいは鷹に食べられるかもしれないよだか自身だろうが、こうした弱者の命を尊いものととらえることは【文章Ⅰ】の主題とは外れる。

③「意図的に他者の生命を奪う」という点が「食べる」=「無意識」のうちに行われている行為という説明に反する。

④「食物連鎖から生命を解放する契機」が誤り。【文章Ⅰ】によると、「食物連鎖からの解放」については、よだかの「食べないことの選択」つまりは「断食」(「僕はもう虫をたべないで餓ゑて死なう」)を通して、最終的に「星への昇華」に至る事態として説明されている。したがって、「食べる」ことが「食物連鎖からの解放」と結びつくわけではないので、不適切。

(ii) 【文章Ⅰ】と【文章Ⅱ】で示された「食べる」ことの二つの考えをどのように関連づけられるか、考える問題である。両者の主題と照らし合わせて、妥当な推論が行われている選択肢を選ぶ必要がある。

> 【文章Ⅰ】(「食べる」こと=自己の生命を否応なく存続させる行為である。)
> 【文章Ⅱ】(「食べる」こと=生物を地球全体の生命活動に組み込むものである。)

また、【文章Ⅱ】は問4(「食べる」ことについての二つの見方の共通点=別の生きものへの命の受け渡し)も、整理の手助けになるので押さえておくとよいだろう。ここで、選択肢を確認すると、すべて「a〜(前半一文)。しかし見方を変えれば、b…(後半一文)。」になっている。したがって、まずはa(前半)の内容が【文章Ⅰ】【文章Ⅱ】の内容を踏まえているかどうか、またb(後半)の内容がa(前半)の内容から推論できるものとして妥当であるかをそれぞれ検討するとよい。

①a(前半)は【文章Ⅰ】の「食べる」こと=「自己の生命を否応なく存続させる行為」を踏まえていない。念のため、b(後半)の推論の内容も確認しておくと、「自他の生を昇華させる行為」とは、よだかが「食べる」ことを放

棄したこと、つまり「食物連鎖からの解放」を意味していると思われるが、これは「地球全体の生命活動を円滑に動かす」ことにはつながらないので誤り。

②a（前半）の「生命が本質的には食べてなどいない」について。これは【文章Ⅱ】の一部の指摘であり、全体を踏まえたものではないので、内容が不足している。またb（後半）の「食べることの認識を改める必要がある」も不適切。【文章Ⅰ】【文章Ⅱ】のどちらとも「食べる」ことの認識の改善を求めるような結論は導かれていない。

③が正解。まずa（前半）では、【文章Ⅰ】【文章Ⅱ】の両方の内容を踏まえており適切である。「食べる」ことが、無意識のうちに行われる、自分の生命を存続させる行為であり（＝【文章Ⅰ】）、それが別の生きものへの命の受け渡しとして機能することで、「地球全体の生命活動を循環させる重要な意味がある」（＝【文章Ⅱ】）と説明されている。これは、見方を変えれば、**無意識ながらも「食べる」という行為が行われることで、他の生命や地球全体の命の循環が成り立っている**とも考えることができる。b（後半）では、以上の内容を説明しており、これも適切である。「一つ一つの生命がもっている生きることへの衝動」については、生きるために、「無意識」のうちに他の生命を食べていることを「生きることへの衝動」とまとめていると考えればよいだろう。

④a（前半）について。食物連鎖が「命のバトンリレーのなかで解消される」とは【文章Ⅰ】【文章Ⅱ】のどちらでも述べられていない。またb（後半）についても、「地球全体の生命活動を円滑にするために」、「食べることによって生じる序列が不可欠である」とはどちらの文章でも結論づけられていないので誤り。

第2問

【出典】 黒井千次《くろいせんじ》「庭の男」〈一九九一年初出〉

黒井千次は、一九三二年東京都生まれ。本名は長部《おさべ》舜二郎《しゅんじろう》。一九五五年に東京大学経済学部を卒業後、富士重工業に入社。その傍らで執筆活動を行う。一九七〇年に『時間』で芸術選奨新人賞を受賞し、同社を退社、作家活動に専念する。一九八四年に『群棲《ぐんせい》』で谷崎潤一郎賞、一九九五年に『カーテンコール』で読売文学賞、二〇〇一年に『羽根と翼』で毎日芸術賞、二〇〇六年に『一日　夢の柵』で野間文学賞をそれぞれ受賞。代表作に『時の鎖』、『走る家族』、『五月巡歴』、『春の道標』、『たまらん坂』などがある。

【出題の特徴】

本問では、センター試験に見られたような心情・場面の理解などが求められる一方で、大学入学共通テスト問題作成の方針に則り、新しい形式の問題も取り入れられている。**問5**では、国語辞典や歳時記の記載をもとに、ある生徒が整理した**【ノート】**を提示するなど、複数の資料から情報を整理・統合する力が問われた。

問題文は隣家の看板の存在に思い悩む主人公「私」の姿が描かれている。まずは、少年とのやりとりやその後の主人公の心情の変化を丁寧に追うことで、小説読解の基本を押さえていきたい。また、国語辞典や歳時記の記載を踏まえることで、問題文の「案山子」と「雀」の関係性を深く理解できるはずである。そこを読み取ることが本問の読解の要でもあった。なお、センター試験で例年課されていた「語句の意味を問う」問題は、今回出題されなかった。

【概要】　問題文の概要は次の通りである。

(1) **《看板の男と「私」》**（リード文～15行目）

・隣家のプレハブ小屋に立てかけられた看板が「私」の自宅のキッチンから見える。その看板に描かれた男の存在が気になりはじめた「私」は、自分のことを、まるで「案山子《かかし》をどけてくれと頼んでいる雀《すずめ》のようだ」と感じていた。

・立看板をなんとかするよう裏の家の息子に頼んでみるよう妻に言われたが、その理由を少年にどう説明すればよいのか見当もつかない。

・いつも看板の男がこちらを凝視していると感じて、落着《おちつ》けなかった。

・隣の家に電話をかけ、親に事情を話して看板をどうにかしてもらう、という手も考えたが、少年の頭越しの手段はフェアではないだろう、という意識が働いた。

(2) **《少年との会話》**（16行目～37行目）

・ある夕暮れ、散歩に行くところで隣家の少年を見かけた。「私」はほとんど無意識のように道の反対側に移って彼の前に立ち、声をかけた。

・少年は看板を移動させてくれるように頼む「私」を振り切り、罵言を吐いて立ち去る。

(3) **《少年に対するいら立ち》**（38行目～44行目）

・少年の無視と罵言が身に応えた。彼が息子よりも遥《はる》かに歳《とし》若い少年だけに、耐え難かった。

(4) **《看板の男との対面》**（45行目～62行目）

・夜が更けて、もしや、という淡い期待を抱いて隣家の庭を窺《うかが》ってみたが、懐中電灯の明《あか》りに照らされて、きっと「私」を睨《にら》み返す（看板の）男の顔が浮かんだ。

・強い感情に突き動かされ、懐中電灯を手にしたまま隣家の庭に踏み込んだ。

・男は見上げる高さでそこに平たく立っていた。そんなただの板と、窓から見える男が同一人物とは到底信じ難かった。案山子にとまった雀はこ

んな気分がするだろうか、と苦笑した。

(5)**《少年の覚悟》**(63行目～最終行)

・看板は硬質のプラスチックに似た物体でできており、裏側には金属の補強材が縦横に渡されている。厚み、大きさ、重みもかなりあるようだ。看板の縁は太い針金できつく固定されており、「私」は看板の男を動かすことを諦めざるを得なかった。

・夕暮れの少年の細めた眼を思い出し、理由はわからぬものの、あ奴はあ奴でかなりの覚悟でことに臨んでいるのだ、と認めてやりたいような気分がよぎった。

問1 12・13 ②・⑥(順不同)**《心情把握問題》**

「私」がなぜ「隣の少年だ」と思うと同時に、「ほとんど無意識のように……彼の前に立」つことになったのか、その行動の理由を問われているので、そこに至るまでの「私」の事情や心情に着目する。

・「私」……看板の男の存在が気になっている(リード文)
・看板の男の視線の気配を覚えて、……落着けなかった(10・11行目)

↓

・「立看板をなんとかする(＝撤去する)よう裏の家の息子に頼」みたいと考えていたが、「その理由を……少年にどう説明すればよいのか見当もつかない」(1・2行目)
・(親に事情を話して看板をどうにかしてもらうような)少年の頭越しの手段は、フェアではない(12・13行目)＝直接頼みたい

ここから、**「私」は看板が気になって落着けないので、看板を撤去してほしいと思っていたが、どのように撤去を依頼すべきかわからなかった**、ということがわかる。「ほとんど無意識のように……彼の前に立っていた」のは、交渉の方法が定まっていないのに、少年を見て思わず寄って行ってしまったからである。

また、看板の撤去を依頼するとしても、親に頼むのもフェアではないので**少年に直接交渉したいと考えている**ことも読み取れる。これを踏まえて、選択肢を検討しよう。

①「少年にどんな疑惑が芽生えるか想像し恐ろしく思っていた」が誤り。問題文では、「頭のおかしな人間」という噂を立てられることを恐ろしく思っていたと説明されており、「少年にどんな疑惑が芽生えるか」を恐れたわけではない。また、それが、少年の前に立った理由にはならないので、不適切。

②少年に直接声をかけた理由として適切。「少年の頭越しのそんな手段はフェアではないだろう、との意識も働いた」に一致する。

③問題文の「お前は案山子ではないか、と言ってやる」というのは、看板の男の視線を感じることへのいらだちと、その気持ちを抑えようとするための毒突きの言葉であり、少年に声をかける理由にはならないので誤り。

④看板の男の視線が気になってしかたがない「私」の様子が表れているが、これも、親ではなく、少年本人に声をかけざるを得ない理由にはならず、説明不足。

⑤少年の骨格や身なりへのいぶかしさが述べられているが、声をかけようと思った理由は、「看板をどうにかして」ほしいからであって、少年の外見に関することとは無関係である。

⑥少年にどう説明すればよいのか見当がつかないながらも、看板を撤去してほしいという気持ちがあって、少年に声をかけたことは間違いないため、これも正解。

したがって、正解は②・⑥。

問2 14 ①**《内容把握問題》**

傍線部**B**「身体の底を殴られたような厭《いや》な痛み」は直前の「一応は礼を尽《つ》くして頼んでいるつもりだったのだから、中学生の餓鬼にそれを無視され、罵られたのは身に応えた」という「私」の心情をたとえたものである。この比喩について、前後の流れも含めて整理すると、

・「身体の底を殴られたような厭な痛み」の対象
↓礼を尽くして頼んだのにも関わらず、頼み事を無視され、罵言をぶつけられたこと。
・「身体の底を殴られたような」の表現の意図
↓身体の底（＝自身の存在そのもの）を揺るがす精神的な衝撃をたとえたものと考えられる。

これを踏まえて各選択肢を検討すると、①が正解。「存在が根底から否定されたように感じた」は右で見たとおり、「身体の底を殴られたような」で表現された精神的な衝撃の程度をたとえたものとして適切。

②「妻にも言えないほどの汚点だと捉えたことによる、深い孤独と屈辱感」が誤り。確かに問題文には「ひどく後味の悪い夕刻の出来事を、私は妻に知られたくなかった」とあるが、少年の「無視」や「罵言」にひどく不快感を覚えたのであって、「汚点（＝不名誉）」だと考えたわけではない。

③「分別のある大人として交渉にあたれば、説得できると見込んでいた」が誤り。「私」は「落着いて考えてみれば、その（＝立看板をなんとかしてほしいという）理由を中学生かそこらの少年にどう説明すればよいのか見当もつかない」（2行目）でいたのであり、説得できると見込んでいたわけではない。

④「へりくだった態度で接したために、少年を増長させてしまった」がまず誤り。確かに交渉のために「礼を尽して頼んでいるつもり」ではあったが、そのために少年の（無視などの不遜な）態度が「増長」したわけではない。また、「看板についての交渉が絶望的になった」ために、「身体の底を殴られたような厭な痛み」を覚えたわけではない。

⑤は④と同様、「身体の底を殴られたような厭な痛み」を覚えた対象が間違っている。「妻の言葉を真に受け……少年に対して一方的な干渉をしてしまった自分の態度」に対し、そのような感情を抱いたわけではない。

問3 15 ③ 《心情把握問題》

傍線部Cにおける「私」の心情を読み取る問題。ポイントは、「私」が「あ奴《やつ》はあ奴でかなりの覚悟でことに臨んでいるのだ」と感じた根拠と、「認めてやりたいような気分」が、どのような心情なのかを説明することである。

まず、「あ奴」は直前の「夕暮れの少年の細めた眼を思い出し」から「少年」のことを指すと判断する。続いて「かなりの覚悟でことに臨んでいるのだ」とあるため、少年の行動のどのような部分に「かなりの覚悟」が感じられるのかを読み取る必要がある。

・それ（＝看板）がベニヤ板でも紙でもなく、硬質のプラスチックに似た物体だった……。……果《はた》して断面は分厚い白色で、裏側……には金属の補強材が縦横に渡されている。（63〜65行目）
・……看板の縁を辿《たど》った指が何かに当った。太い針金だった。看板の左端にあけた穴を通して、針金は小屋の樋《とい》としっかり結ばれている。同じような右側の針金の先は、壁に突き出たボルトの頭に巻きついていた。その細工が左右に三つずつ、六ヵ所にわたって施されている……。（70〜72行目）

このように、「私」がなんとかして撤去したいと考えていた看板は、素材が頑丈であるだけでなく、過剰なまでの厳重さで取りつけられている。これを見て、「私」は、なぜここまでしっかり取りつけられているか「理由はわからぬものの」、何が何でもここにこの看板を設置したいという「少年」の強い意志を感じるのである。

とすれば、「認めてやりたいような気分」については、ただ「看板の撤去」を迫るのではなく、ここまで厳重に設置しているなら、と少年の意志自体はくみ取ってやろうという気持ちになった、と考えられる。

a
←看板の素材の頑丈さ、厳重な設置状態から

b　少年の強固な意志を感じ取り、

↓

c　少年の意志自体はくみ取ってやろうという気持ちを抱いた。

こうした流れが説明できている③が正解。

①少年が「私」の家の窓に向けて看板を設置した意志を、自分が隣家の庭に忍び込んだ決意と重ねて共感した、という内容だが、「私」は怒りに任せて衝動的に隣家に忍び込んでおり、「隣家の庭に忍び込むには決意を必要とした」という記述は問題文にはないため、誤り。

②aの看板の素材に関する言及がない。また、「陰ながら応援したいような新たな感情」が言い過ぎ。「認めてやりたいような気分」には、「応援したい」というまでの積極性はない。

④「状況を受け入れてしまったほうが気が楽になる」が誤り。撤去の難しさと比較して、「状況を受け入れてしまったほうが」まし、と考えたわけではないので誤り。

⑤「彼の気持ちを無視して一方的に苦情を申し立てようとしたことを悔やみ」が誤り。少年の決意に理解を示しただけで、これまでの自分の行動を「悔や」んだわけではない。

問4　16　②　17　①　**《表現把握問題》**

(i)　隣家の少年を示す表現とその時の「私」の心情をとらえる問題。問題文では、少年を「裏の家の息子」「中学生かそこらの少年」「隣の少年」「君」と呼び、はては「中学生の餓鬼」「あの餓鬼」「あ奴」などと呼んでいるが、前半と比較して後半の「餓鬼」や「あ奴」などといった表現には、否定的な感情が込められていることがわかる。このような否定的な呼び名が出てくるのは、ある夕暮れに少年に会って、無視と罵倒を受け、ひどく厭な思いをしたあとのことだから、これらの呼び名には少年へのいら立ちや不快感が表れていると考えることができるだろう。場面の流れと、少年を示す表現について整理する。

【少年に会って話しかけるまで】（始め～20行目）

……「裏の家の息子」「中学生かそこらの少年」「隣の少年」「彼」が中心。

↓

【少年から無視と罵倒を受ける→「身体の底を殴られたような厭な痛み」】

……「君」「彼」「中学生の餓鬼」「息子よりも遥かに歳若い少年」

（21～49行目）

↓

【いら立ちや不快感を抱いたまま、夜更けに隣家に忍び込む】

（50行目～終わり）

……「あの餓鬼」「あ奴」

これを踏まえて、それぞれの選択肢を検討する。

①「我が子に向けるような親しみ」が誤り。「息子よりも遥かに歳若い少年」という表現が出てきたのは、44行目の「無視と捨台詞《すてぜりふ》にも似た罵言」を「息子よりも遥かに歳若い少年」に受けたことが耐え難かった、という場面であり、ここに親しみがあるとは読み取れない。

②前半の「依頼する少年に礼を尽くそうとして『君』と声をかけた」は、「一応は礼を尽して頼んでいるつもりだった」とも矛盾しないので問題はない。後半も、「中学生の餓鬼」や「あの餓鬼」には、少年から受けた無視と罵言に対する不快感が表現されており、適切。

③「少年の外見や言動に対して内心では……侮っている」が誤り。「中学生の餓鬼」「あの餓鬼」という言葉は少年の外見や言動を「侮っ」たものではなく、少年に対するいら立ちや不快感の表れである。

④「我が身の老いを強く意識させられた」「彼の若さをうらやんでいる」が誤り。①と同様、「息子よりも遥かに歳若い少年」は、「無視と捨台詞にも似た罵言」をその少年に受けたことが耐え難かった、という場面で出てきたもので

ある。また「あの餓鬼」も自身の老いを悲観したり、少年の若さをうらやんで出てきた表現としては無理がある。

⑤「親の方を意識して『裏の家の息子』と表していたが」がまず誤り。看板の撤去については、少年に直接話をしようとするなど、そもそも少年に対する意識も強かったと考えられる。「中学生の餓鬼」や「息子よりも遥かに歳若い少年」も彼の無視や罵言へのいら立ちや不快感から出た表現で、「年頃を外見から判断」しようとしたものではない。

(ii) 看板の絵に対しての、「私」の様子や心情を把握する問題。選択肢を見ると、どれも次のようになっている。

a 少年に会う前に、看板の絵をどう表現しているか ——**b** その時の「私」の心情

c 少年との交渉時に、看板の絵をどう表現しているか ——**d** 少年との交渉時の「私」の様子や心情

この**a**～**d**の点を問題文と照らし合わせて考える。

a （始め～17行目）少年に会う前の、看板の絵の表現

・男と睨み合った時、なんだ、お前は案山子ではないか、と言ってやる……。

・裏の男は、私のそんな焦りを見透《みすか》したかのように、前にもまして帽子の広いつばの下の眼に暗い光を溜《た》め、こちらを凝視して止《や》まなかった。

・あの男が見ている、との感じは肌に伝わった。

・すぐ隣の居間に男の視線の気配を覚えた。

・あの男がいつもと同じ場所に立っているのを確かめるまで落着けなかった。

・散歩に行くぞ、と裏の男に眼で告げて玄関を出た。

b （心情）…看板に描かれている男を、まるで人間のように感じており、それが窓からこちらを凝視していることに居心地の悪さや脅威を感じている、ととらえることができる。

c （17行目～29行目）少年との交渉時の、看板の絵の表現

[私]「映画の看板かい」

[少年] 警戒の色が顔に浮かんだ。

[私]「素敵な絵だけどさ」「あのオジサンを横に移すか、裏返しにするか」

d （心情）…少年と看板の撤去を交渉するのに、まさか「あの男」などと言うわけにもいかず、はじめは「映画の看板」「素敵な絵」と呼んでいる。ここは交渉のために思ってもいないことを言ってでも、相手の機嫌を取ろうとしていると考えられる。また、「男」に着目させず、「絵」や「看板」そのものを表現しているところからは、自分が「男」の視線に脅威を感じていることを話さずに、看板の撤去を願い出ようとしていると見て取れる。

また、少年と話すうちに、看板の呼び名が「オジサン」へと変わっていることにも注意が必要である。それは（おそらく看板を大事にしているであろう）看板の持ち主である少年に対するものとしては配慮がなく、ぞんざいである。このように一言の中にも表現の統一性がないところに、「私」の動揺が表れているといえる。以上の内容を踏まえている①が正解。

②「少年が憧れているらしい映画俳優への敬意を全面的に示すように『あのオジサン』と呼んでいる」が誤り。「オジサン」という呼称には敬意が表れているとは言いがたいし、少年が映画俳優に憧れているかどうかもこの問題文からは読み取れない。

③「妻の前では看板を『案山子』と呼び」とあるが、妻の前で看板を「案山子」呼ばわりしていたという説明は、問題文にはない。また、「素敵な絵」「あのオジサン」という表現が出たのは、少年が拒絶の態度を出した後である。したがって、はじめは「素敵な絵」「あのオジサン」と親しみを込めて呼んでいたが、少年の拒絶の態度によって、絵を単なる物として扱うようになった、という流れには当てはまらない。

④「少年の前でとっさに『映画の看板』『素敵な絵』と表してしまった」が

誤り。「私」は自分が看板の男を、人間のように感じていることを少年に隠そうとして、「裏の男」や「あの男」とは呼ばず、「映画の看板」や「素敵な絵」と言ったのである。したがって、本当は看板を人間に見立てていたが、とっさに物扱いしてしまった、というわけではないので誤り。また、「親しみを込めながら『あのオジサン』と呼び直している」も、③と同様に「オジサン」という表現に、「親しみ」が込められているとはいえず、誤りである。

問5 **18** ① **19** ⑤ **《複数資料の把握問題》**

(i) 国語辞典や歳時記にある「案山子」「雀」の記載から、看板の男を「案山子」、「私」を「雀」と表現していた理由を読み取りたい。俳句が問題に関わっており、戸惑ったかもしれないが、ⓐ〜ⓒの俳句には「●解釈のメモ」もあるので、ここはそれを参考に考えればよい。(i)の選択肢を見ると、歳時記の俳句ⓐ〜ⓒと、国語辞典の説明㋐、㋑の組合せが問われているので、まず整理しておく。

> 俳句ⓐは「案山子」が脅かす存在として「雀」を描いている。
> ――国語辞典㋐
> 俳句ⓑは「雀」を脅かすことができない「案山子」の様子を描いている。
> ――国語辞典㋑
> 俳句ⓒは「案山子」が「雀」に対して虚勢を張っている様子を表現している。
> ――国語辞典㋑

これを踏まえると、まず(エ)が誤りとわかる。

次に、空欄**X**「看板を家の窓から見ていた時の『私』」について考えよう。リード文には、「私」は看板を家の窓から見ていた時、自分のことを、まるで「案山子をどけてくれと頼んでいる雀のようだと感じていた」とある。

この場面では、**問4**(i)でも確認した通り、「私」は、看板に描かれている男を、人間のように感じており、それが窓からこちらを凝視していることに居心地の悪さや脅威を覚えていたのである。したがって、俳句ⓐ（脅かす存在）の内容が当たると考えられる。空欄**X**は㋐が正解。

続いて、空欄**Y**「看板に近づいた時の『私』」について考えよう。二重傍線部にある通り、看板に近づいた時の「私」は、「案山子にとまった雀はこんな気分がするだろうか」と考えている。

看板を遠くから見ていた時には、看板の男の視線に脅威を感じていたのに、近づいて見れば、それはただの板であった。その時の気持ちを「案山子にとまった雀」と表現している。一般的には「案山子」は「雀」をおどす存在であるはずだが、ここでは「雀」は「案山子」をまったく怖がることなく、「案山子」にとまっているのである。したがって、ここでは「案山子」（＝看板の男）を怖がることがなくなった「雀」（＝「私」）→「雀」を脅かせない見かけ倒しの「案山子」という関係を見て取ることができるため、ここに関係する俳句はⓑであると考えられる。したがって、空欄**Y**は㋒が正解。

空欄**X**＝㋐、**Y**＝㋒の組合せとして最も適当なものは①である。

(ii)「私」の心情の変化を把握する問題である。(i)で見た内容も踏まえて、「私」の心情の変化を図式化しておく。

> **看板を家の窓から見ていた時の「私」―空欄X**
> →案山子をどけてくれと頼んでいる雀
> 俳句ⓐ「案山子立つれば群雀空にしづまらず」
> ――国語辞典㋐「おどし防ぐもの」
> 「案山子」（看板）→脅かす存在→「雀」（私）
> ↓
> **看板に近づいた時の「私」―空欄Y**
> →案山子にとまった雀の気分を感じ、苦笑
> 俳句ⓑ「稲雀追ふ力なき案山子かな」
> ――国語辞典㋑「見かけばかりもっともらしくて、役に立たない」
> 「案山子」（看板）←見かけ倒し←「雀」（私）

また、近づいて直に看板を見た時、「私」が「苦笑」した理由も考えておき

たい。看板に近づいて見ると、これまで気になっていた看板の男は「到底信じ難」いほどに「ただの板」であり、見かけ倒しなものであった。この「苦笑」はこんな看板を過剰に怖がっていた自分の滑稽さに対してであると考えることができよう。ここで、選択肢を見ると、すべて前半ははじめ「私」が看板の男をどう思っていたのか、後半は、実際に看板を見たあと、「私」の心情がどう変わったのかを説明したものになっている。また、前半も後半も国語辞典や歳時記の記載と関連させて説明されているので、先に確認した心情の変化や、国語辞典と歳時記の組合せが正しいかどうかを確認しながら、選択肢の吟味を進めるとよい。

①前半の歳時記はⓐが正しいので、「はじめ『私』は、ⓒ『某は案山子にて候雀殿』の虚勢を張る『案山子』のような看板に」がまず不適。後半はおおむね正しいが、「こだわり続けていたことに対して大人げなさを感じている」は誤り。「大人げなかった」と思ったのではなく、「見かけばかり」のものを怖がっていた自分に苦笑したのである。

②前半の歳時記はⓐが正しいので、「はじめ『私』は、ⓑ『稲雀追ふ力なき案山子かな』の『案山子』のように看板は自分に危害を加えるようなものではないと理解していた」が不適。はじめ「私」は看板の視線を脅威と感じていた。また、後半の国語辞典の意味は㋑が正しく、「看板の㋐『おどし防ぐもの』としての効果を実感し」が誤り。「そんなただの板と、窓から見える男が同一人物とは到底信じ難かった」とあり、「ただの板」に「おどし防ぐもの」としての効果は感じていない。

③後半「ⓒ『某は案山子にて候雀殿』」がまず誤り。看板に近づいてじっくり見たことで、「私」は看板に対する脅威を感じなくなっており、看板（「案山子」）からの虚勢を感じ取ったわけではないので、誤り。また「『ただの板』に対する怖さを克服しえた自分に自信」も誤り。自信をもったことと「苦笑」とは結びつかない。

④俳句ⓑや国語辞典㋐などの組合せはよいが、後半の「『ただの板』である看板に心を乱されていた自分に哀れみを感じている」が誤り。自分に「哀れみ」を感じたわけではなく、自分の滑稽さを笑ったのである。

⑤心情の変化の説明や国語辞典と歳時記の組合せ方が正しく、適切である。よって、⑤が正解。

第3問

出典　【文章Ⅰ】『増鏡《ますかがみ》』　【文章Ⅱ】後深草院《ごふかくさいん》二条《にじょう》『とはずがたり』

『増鏡』は南北朝時代の歴史物語で、「四鏡」（他は『大鏡』『今鏡』『水鏡』）の一つ。治承四（一一八〇）年後鳥羽《ごとば》天皇誕生から元弘三（一三三三）年後醍《ごだい》醐《ご》天皇還幸までの出来事を編年体で記したもので、老尼の昔語りという体裁をとる。二条良基《にじょうよしもと》が作者として有力視されるが決め手はない。問題文は「草枕」による。

『とはずがたり』は鎌倉時代末期（徳治元〈一三〇六〉年頃）成立の、後深草院の女房であった二条という女性の日記（回想）。記事は作者十四歳の正月から四十九歳の秋に及ぶが、空白期間も多い。前三巻は後深草院に仕えた女房時代、後二巻は出家後のことが語られる。本作は宮内庁書陵部に江戸時代初期の写本一本が現存するのみで、昭和初期にその存在が知られるようになった。当時の宮廷の内情が赤裸々に記されているため、宮廷書庫に秘蔵されていたのかもしれない。問題文は巻一による。

【出題の特徴】

二つの文章を組み合わせた出題で、昨年度より字数は増えた。一方、和歌が四首から一首に減り、文学的な解釈力より状況を的確に把握する読解力が求められた。**問1**は従来通り、重要単語を訳出する力を問う。**問2**は昨年度もあった文法や語句を踏まえ心情を説明するもの。**問3**は重要単語を踏まえ、前後の文脈から語り手がこめた意図を読み取る。**問4**は新傾向の問題。会話内容を踏まえ文章を比較し、その特徴を明らかにする。試行調査でも会話形式（第二回**問5**）や、比較を通して文章の特徴を考える（第一回**問5**）問題は見られたが、小問が三つあり、それぞれ問題文の該当箇所を確認・解釈しなければならず、解答に時間がかかる。ただし**問4**の選択肢は四つに、さらに設問も五つから四つに減少しており、新形式に落ち着いて対応できれば、全体にかかる時間は従来と変わらないだろう。

【概要】

【文章Ⅰ】

・後深草院は面会した斎宮が気にかかり眠れずにいる。院と斎宮は兄妹であったが、離れて暮らしていたせいか異母妹への恋心を控えようとしない。このまま終わってしまうのは残念だと思う、好色な性格であった。

・院は二条を召し寄せ、近くに行って自分の気持ちを伝えるだけでいいからと仲立ちを懇願する。二条の手引きで院が斎宮に近づくと、斎宮はつらい気持ちであったが、（消えてしまいそうになるほど）うろたえることはなかった。

【文章Ⅱ】

(1) 美しい斎宮

・斎宮の成熟した美しさは桜と見紛《みまが》うほどで、好色な院の心中ではさっそく思い煩いの種になるだろうと気の毒に思われた。

(2) 院と斎宮の仲立ち

・斎宮との面会後、院は自室に戻ると、案の定どうにかして斎宮に近づこうと思案する。二条は院の懇願により、使者として斎宮のもとに参る。

・「お目にかかれてうれしく存じます」などというありふれた挨拶とともに、斎宮への恋心を詠んだ歌が書かれた氷襲の薄様の手紙を持参する。

・おやすみになる斎宮に近づき、事の次第を申し上げると、斎宮は顔を赤らめて手紙も見ずに置いた。二条は返事を催促するが、「申し上げるべき言葉もない」と寝てしまったため、二条は帰り院にその旨を伝える。

・院が「ともかく斎宮のもとへ連れて行け」と急《せ》き立てるので、二条は斎宮の部屋へ案内する。院は仰々しいお召し物は避け、ひっそりと入る。

・二条がまず障子を開けると斎宮は先ほどのままおやすみになっている。お付きの女房も寝ているようで物音一つない。院は這うように入ったが、このあと、どのようなことがあったのだろうか。

問1 **20** ② **21** ② **22** ③ 《語句の解釈問題》

(ア) 文頭の「院」とは、リード文から後深草院であることがわかる。天皇（ここでは上皇）には敬語表現が用いられることから、「うちやすませ給へ」「まどろまれ給はず」はともに主体・院の動作に対する尊敬表現であることがわかる。傍線部のうち、重要なのは動詞「まどろむ」と助動詞「る」である。

> **まどろむ【マ行四段活用の動詞】**
> 〈うとうとする〉〈眠る・熟睡する〉の意。

助動詞「る」は、直前の「うちやすませ給へれど〈おやすみになられたが〉」という逆接表現を踏まえつつ、「給はず」の「ず」が打消の助動詞であることに着目すると、可能の助動詞「る」と判断できる。以上から傍線部は〈お眠りになることができない〉と訳出できるので、正解は②になる。

③以外の選択肢はすべて「まどろむ」の訳として不適切。仮に「まどろむ」を〈横になる・休息する〉と理解し、③・④・⑤がその意訳であると考えたとしても、助動詞「る」が訳に反映されておらず、やはり不適切と判断できる。

(イ) 直後に「御さま〈ご様子〉」とあることから、傍線部は斎宮に対する形容の一部だとわかる。動詞「ねびととのふ」はあまり馴染《なじ》みがないかもしれないが、次のように考えることで大まかな解釈を導くことができる。

> **ねびととのふ【ハ行四段活用の動詞】**
> **ねぶ【バ行上二段活用の動詞】**
> 〈年をとる・老ける〉〈成長する・大人びる〉の意。
> **ととのふ【ハ行四段活用の動詞】**
> 〈調和がとれる〉〈不足なく備わる〉〈具合よい状態になる〉の意。
> ＝〈成長し、大人びて容姿が整う〉〈立派に成熟する〉

以上より正解は②。直前で「二十に余り給ふ」という斎宮の年齢に触れている点も解釈の助けとなろう。

①の「将来が楽しみ」は、この時点で「ねぶ」状態であることが反映されておらず不適切。③「着飾った」や④「調和した」は「ととのふ」を踏まえたような表現だが、「ねぶ」が訳出できておらず不適切。⑤の「年相応」という表現は容姿が年齢につり合っているさまを指すが、「ととのふ」がもつポジティブな意味合い・評価が失われており不適切。

なお「ねびととのふ」は『源氏物語』など主に中古において、男女問わず、おおむね二十歳以上の人物に用いられる。当時の感覚では、二十歳を超えた女性は妙齢を過ぎているのだが、ここではかえって若年者にはない成熟したよさがあるというのである。

(ウ) 斎宮への気持ちを抑えられない院は「このこと申しかなへたらむ、まめやかに心ざしありと思はむ」すなわち〈このこと（＝斎宮への思い）を斎宮に申し上げ、叶《かな》えてくれたなら、（私に対して）まことに誠意があると思おう〉と、二条に斎宮との仲立ちを命じる。傍線部は、院の命をうけた二条が、院の「御使」として斎宮のもとへ参上した場面。「おほかたなるやうに」は「御対面うれしく。御旅寝すさまじくや」という言葉にかかる表現である。

> **おほかたなり【ナリ活用の形容動詞】**
> ざっくりと全般的、総体的なさまを表し、〈程度が一般的、普通であるさま〉〈範囲が大部分に及ぶさま、おおよそ、大体、ほとんど〉転じて〈いい加減〉などの意。形容動詞以外にも名詞・副詞の形をとることがあり、副詞の場合は打消の語句を伴い〈まったく・少しも……ない〉の意となることに注意。

二条（と彼女に命じた院）の目的は院の思いを斎宮に伝えることだが、まずはさきの対面の礼と旅寝を気にかける、ありきたりで一般的な内容の言葉を述べたのである。以上より、「おほかたなり」を「ありふれた」と適切に訳出した③が正解。

①「特別」、②「落ち着き」、④「親切心」、⑤「大人らしい」はどれも「おほかたなり」の訳として不適切である。また、たとえば④「親切心を装って」

などは、本来の目的を隠して近寄る二条の様子としてあり得そうな選択肢ではあるが、語意を無視して文脈から想像した内容にすぎない。語句の解釈問題において最も重要なのは語意の適切な理解であり、それを踏まえた上で文脈に照らすという基本姿勢を忘れずにいよう。

ちなみに、この「御対面うれしく。御旅寝すさまじくや」は院が使者・二条に託した口上（口頭での伝達）であり、使者は手紙とともに口上を託されるのが一般的であった。③「挨拶」はそれを踏まえた表現であろう。もちろんこのような古典知識がなく、単純に斎宮を訪問した二条が（自分の意思で）このような挨拶を用意したと解釈してしまったとしても、解答に差し障りはない。

問2　**23**　③《**語句の意味や心情把握問題**》

傍線部の頭から順に表現を一つずつ取り上げ、文法事項も関連させながら解釈（ここでは登場人物の心情）を問うもの。前後の状況を踏まえながら傍線部の意味をとり、選択肢を検討しよう。

まず傍線部を逐語訳すると〈はばかられるお気持ちも乏しかったのだろうか、やはりひたすらに気にかかったまま終わってしまうようなことは、不満足で残念だとお思いになる〉となる。傍線部中の重要単語は次の通り。

つつまし【シク活用の形容詞】

出来事や感情を他人に知られないよう包み隠しておきたい気持ちを表し、〈気がひける、恥ずかしい〉〈遠慮される、はばかられる〉、また〈表立たず控えめなさま〉の意。「つつましい生活」のような「贅沢《ぜいたく》でない、質素な」という意は近代以降のもの。

ひたぶるなり【ナリ活用の形容動詞】

〈ひたすらな、一途なさま〉や〈強引で配慮にかけるさま〉の意。また打消の語句を伴って〈一向に、まったく〉の意。

いぶせし【ク活用の形容詞】

〈心がはればれとせず、気がふさぐ〉〈気にかかる〉の意。またそういう感情を抱かせる対象に対し〈不快、不愉快だ〉〈きたない、むさくるしい〉の意。

あかず【連語】（あく【カ行四段活用の動詞】＋ず【助動詞（打消）】）

〈満足しない、物足りない〉、また物足りないために〈飽きることなく、いつまでもいやにならないで〉の意。副詞的に用いられる。

傍線部は、斎宮への思いを抑えきれない院に対する説明の一部である。リード文にもあるように、院と斎宮は異母兄妹である（問題文の「はらから」は本来同腹の兄弟姉妹を指す語だが、『増鏡』の時代には一般に兄弟姉妹を指す語に転じていたとみえる）。つまり恋愛関係になるべきでない間柄であるが、「年月よそに……給へる」（【文章Ⅰ】2・3行目）すなわち長く離れて育った二人が疎遠になっていたことから、妹と関係をもってはならないというはばかられる気持ち（「つつましき御思ひ」）が薄かったのだろうか（「薄くやありけむ」）、と院の心中を語り手が推量する。

続く「なほひたぶるに」以下も同様に院の心中を描写したもの。「いかがはせむ」（【文章Ⅰ】2行目）と思い乱れる院は、やはりこのまま斎宮との関係が進展なく終わってしまうのは、物足りず残念だと思い、その結果、二条に仲立ちを頼むのである。

以上の状況を踏まえ、選択肢を検討しよう。

①「つつましき御思ひ」は〈はばかられるお気持ち〉であり、妹と関係をもつことを遠慮する気持ちを指す。よって「斎宮の気持ち」という説明は不適切。確かに「つつまし」に「気恥ずかし」いという意味はあるが、その解釈で直後の「その気持ちが薄かったのだろうか」を合わせて読むと、斎宮に気恥ずかしい気持ちがほとんどなかったことになり、院に迫られた際の「いと心憂しと思せど」（【文章Ⅰ】7行目）という斎宮の描写とも矛盾する。

②「けむ」が過去推量の助動詞であることは正しいが、斎宮の心中に対する院の推量と解釈する点が不適切。「つつましき御思ひ」とは通念としてもつべき、血縁者への恋慕を押しとどめようとする気持ちのことで、前でも確認した

通りこれを斎宮の心中と解すことはできない。
③は「いぶせし」を「悶々とした気持ち」と適切に訳出できており、その主体が院であること、またその理由を「斎宮への思いをとげることができずに」と説明していることなど、すべて適切である。よって正解。
④「やみなむ」はマ行四段活用動詞「やむ」連用形に強意の助動詞「ぬ」・推量の助動詞「む」が接続したもの。助動詞「む」には意志の意味もあり、その場合「なむ」は〈きっと……しよう、……してしまおう〉と訳出するため、一見適切に思える。しかしマ行四段活用動詞「やむ」は〈止まる、終わる〉意の自動詞であり、選択肢のように「かわそう」つまり「(院が言い寄るのを)止めよう」と表現するには、他動詞であるマ行下二段動詞「やむ」〈止める、やめる〉でなくてはならない。よって不適切。またこの時点で斎宮が院の思いに気づいていたと判断する根拠も問題文中にない。
⑤「不満で残念」という「あかず口惜し」の訳は適切。しかしそれが斎宮の態度に対する物足りなさとしている点が不適切。傍線部の「なほひたぶるにいぶせくてやみなむ」ことが不満で残念だとある。

問3 **24** ④《心情把握問題》

傍線部は直前の「なれなれしき……難かるべし」と言う院に関する描写である。ここでは「このときの院の言動」がどのようなものであったかが問われているため、傍線部直前の院の台詞を理解し、その上でそこに表れている院の心情を考える必要がある。
【文章Ⅰ】では、第一段落で院の斎宮に対する抑えきれない思いが述べられ、続く第二段落で院が自身に仕え、斎宮とつながりのある女房の二条に仲立ちを頼み、斎宮に近づいたことが書かれている。院の台詞から順に解釈していく。
「なれなれし」は〈慣れ親しんでいるさま〉また〈親しげで、無遠慮なさま〉の意の形容詞。「なれなれしい、深い関係になろうとまでは思っていない」と断った上で、「ただ少し近くで、慕わしく思う私の気持ちの一部分だけでも申し上げよう」と考えを述べる。形容詞「け近《ちか》し」は〈近い〉の意で、物理的・心理的な近さの両方の場合に用いられるため、「少し近いところで」(場所)、「少し親しくなる程度で」(心情)のどちらとも解せようが、ここは院が少しでよいから斎宮に近づきたいと言っているのだと理解できれば問題ない。
院がこれほどまでに言う理由は「かく折よき事もいと難かるべし」から読み取れる。もともと疎遠であった斎宮が奇《く》しくも今夜は同じ宮殿内にいる。その状況を指して「このようなよい機会もめったにないだろう」と言うのである。
このように話す院の様子を、傍線部「せちにまめだちてのたまへば」と描写する。傍線部内の重要単語は以下の通り。

せちなり【ナリ活用の形容動詞】
〈ひたむき、一途なさま〉〈身にしみる、痛切なさま〉など心の状態や程度がはなはだしいさまを指す。また連用形「せちに」の形で、間隔をおかず、しきりであるさまを指し、〈ひたすら、しきりに〉また〈どうしても〉などの意で用いられる。「切なり」と書き、中世以降は「せつなり」と漢音で読む。現代でも「切なる願い」などで使用される。

まめだつ【タ行四段活用の動詞】
形容動詞「まめなり」の語幹に接尾語「だつ」が接続した語。「まめなり」は〈まじめ、誠実でうわついたところのないさま〉の意。接尾語「だつ」は〈そのような様子、状態になる〉また〈それらしいふるまいをする〉意で、「まめだつ」は「まめ」であるようにふるまう、つまり〈まじめな態度をとる、親切にふるまう〉などと解釈する。

つまり必死に訴える院の姿も、語り手からは「しきりにまじめくさっておっしゃる」ように見えているのである。第一段落末の「けしからぬ御本性なりや〈感心できない(好色な)御性格であることよ〉」という評などとあわせても、院のふるまいがかなり否定的に描かれていることに気づかされよう。
①の「二条と斎宮を親しくさせ」るという表現は、すでにつき合いのある間柄であった(「さるべきゆかりありて睦まじく参りなるる」)という問題文と矛盾し不適切。また、「二条と斎宮を親しくさせ」ることで斎宮を手に入れるのではなく、「思ふ心の片端を聞こえむ」と自分の思いを伝えることが念頭にあ

るため誤り。

②の「恋心を手紙で伝えることをはばかる」「身分と立場を気遣う」は第一段落の「さしはへて聞こえむも、人聞きよろしかるまじ」に対応する説明である。ここでは傍線部の院の言動が問われているため適切ではない。

③は「自分の気持ちを斎宮に伝えてほしい」と二条に依頼するように解釈しているが、「思ふ心の片端を聞こえむ」に意志の助動詞「む」が用いられていることからも、院自身が斎宮に思いを伝えようとする意志を読み取るべきであるため、不適切。くわえて「まめだちて」を「誠実」と解釈している点も適切でない。たしかな誠実さを表すのであれば「まめにのたまへば」などとすればよく、わざわざ「まめだつ」が用いられている意味を押さえたい。

④「この機会を逃してはなるまい」という「性急さ」は、「かく折よき事もいと難かるべし」や「せちに」という表現から読み取ることができるので適切。

⑤「斎宮の利益にもなる」という発言は問題文になく不適切。

問4 25 ① 26 ① 27 ④ **《複数文章の比較読解問題》**

問1(イ)(ウ)を除けば、ここまですべて**【文章Ⅰ】**に関する問題であったが、**問4**ではようやく**【文章Ⅱ】**を踏まえた解釈が問われる。教師と生徒の話し合いの様子が示されており、空欄X・Yは生徒の意見の補足、Zは直前の教師・生徒の発言を踏まえて考察を深める内容が問われている。話し合いの内容を十分に踏まえながら、**【文章Ⅰ】【文章Ⅱ】**と選択肢とを照らし合わせよう。

(i) 空欄Xは、**【文章Ⅰ】**より**【文章Ⅱ】**に臨場感があるという生徒Aに対し、生徒Bが賛同しつつ「院の様子」を挙げるくだり。つまり**【文章Ⅱ】**のうち臨場感を印象づける「院の様子」を、適切に説明した選択肢を選べばよい。

①の「同じ言葉を繰り返している」は「いかがすべき、いかがすべき」(7行目)、「ただ、寝たまふらむ所へ導け、導け」(19行目)という院の台詞が該当する。どちらも斎宮と親しくなりたい院の逸《はや》る気持ちが表現されていると解釈でき、「いてもたってもいられない」という説明も適切。よって①が正解。

②「次第に深まっていく様子」という解釈は、①でみたような院の性急さや、事の展開の早さと矛盾する。「二条との会話」も院の一方的な要求に終始しており、「斎宮に……次第に深まっていく様子」が「ありありと伝わ」るとはいえない。

③「斎宮に執着する院の心の内」は①のような院の前のめりな様子からも明らかだが、「斎宮の気持ちを繰り返し思いや」るような描写は**【文章Ⅱ】**になく不適切。

④の「斎宮から期待通りの返事をもらった」という内容は問題文にない。また**【文章Ⅱ】**の「服装描写」は「甘の御衣などは……大口ばかりにて」(20・21行目)が該当するが、人目につくことを避けて部屋に向かったことが述べられているにすぎず、「院の心躍る様子」も読み取れない。

(ii) 空欄Yは、X同様**【文章Ⅱ】**の臨場感について、「二条のコメントが多い」点に注目して意見を述べたくだり。**【文章Ⅱ】**はリード文にある通り二条の手になる文章であるから、二条の台詞だけでなく、地の文にも目を配る必要がある。

①「いつしかいかなる御物思ひの種にか」(3行目)は、〈さっそくどのような思い煩いの種になるか〉の意。つまり桜に見紛うほど美しい斎宮が、好色な院の恋煩いの原因になってしまうことを、二条が気の毒に思うという内容であり、選択肢の「斎宮の容姿を見た院に……感づいている」と一致する。また二条が「院の性格を知り尽くしている」ことは「ましてくまなき御心の内」(2・3行目)や、「思ひつることよ」(8行目)から読み取れる。よって正解。

②「思ひつることよと、をかしくてあれば」は〈(私の)思った通りだわとおかしく思っていると〉の意。斎宮との面会で院は「今宵はいたう更け侍りぬ……御帰りあれ」(5行目)と至って普通を装っていたが、自室に戻った途端「いかがすべき、いかがすべき」と斎宮への思いが抑えきれずにいる様子に、二条は「思ひつることよと、をかしく」思ったのである。なお「思ひつること〈思った通り〉」とは①で確認した「いつしかいかなる御物思ひの種にか」という二条の確信めいた予想を指す。つまり予想通りの院の反応がおかしかったのである。よって選択肢の「口説こうとしているのに……全く通じていないことを面白がっている」という説明は不適切。

③「寝給ひぬるも心やましければ」(18行目)を解釈するにあたり、まず場

面の状況を確認しよう。院の命で使者として斎宮のもとへ参った二条は、院の手紙（「知られじな……」）を携えていた。13～18行目はその斎宮の部屋での出来事である。ここで「御殿籠りたる」と尊敬語が用いられていることから「御主」は斎宮だとわかる（院は眠らずに返事を待っている）。二条は斎宮に近づき事情を説明すると、顔を赤らめて手紙を見ることもなく、二条が返事を促しても「申し上げるべき言葉もない」とだけ言って、「また寝給ひぬる」つまり斎宮はそのまま横になってしまったとある。選択肢に「院が強引な行動に出かねないことに対する注意を促すため」とあるが、二条はあくまで院の使者であり、手紙を渡して返事を催促するという行動から「注意を促す」という意図を読み取ることはできない。よって不適切とわかる。

続く「心やましければ」はそのような斎宮の態度に対して二条の抱いた気持ちであるが、この表現は少々解釈が難しい。

心やまし【シク活用の形容詞】

相手に対して抱く気持ちを表現する語で、相手が自分の思うようにならない時の不満や怒り、あせり、もどかしさを指し、(1)〈不愉快である、気がもめる、じれったく思う〉の意。また「心やましいことがある」といった(2)〈うしろめたい、良心に恥じるところがある〉の意は中世以降、主として近代以降に用いられる。

「心やまし」の一般的な意味(1)を踏まえれば、二条は返事もせず寝てしまった斎宮の態度にじれったさ、もどかしさを抱きながら、院の部屋に帰ったと解釈できる。一方で、『とはずがたり』の注釈のほとんどは(2)「（返事を強いることは）気がとがめるので」と解釈する。好色な院に狙われた斎宮に対し「御心苦しくぞおぼえさせ給ひし」と記したことを踏まえれば、二条が斎宮に同情して気後れしたと読む方が自然であるともいえる。ここでは、どちらでも解釈可能であるといえよう。それを踏まえた上で改めて選択肢を検討したい。選択肢の最後には「斎宮を起こしてしまったことに恐縮している」とあり、寝ていた斎宮に声をかけたことを二条が「心やまし(2)」と思っていると解釈している。しかしここは斎宮の「寝給ひぬる」状態に対して「心やまし」と思った場面であるから、不適切だとわかる。

なお、「心やまし」について補足しておく。【文章Ⅱ】のあとで院と斎宮は関係をもつに至り、斎宮があっけなく院になびいてしまったことに対して二条は「余りに念なかりし〈非常に残念だった〉」「心強くて明かし給はば、いかにおもしろからん〈斎宮が気強く拒んで夜を明かされたなら、どんなに面白かったろう〉」と記しており、二条のある種の好奇心を読み取り(1)「もどかしい」と解釈する考えもあるかもしれない。あるいは『とはずがたり』には当該箇所以外にも「心やまし」が一例用いられており、「今二日果てぬも心やましけれども〈（七日参籠を）あと二日やり遂げないのも後ろめたいが〉」（巻三）とあるのを踏まえて同じ意味(2)で解すべきともいえる。いずれにせよ、(1)(2)どちらの意味で解釈しても、不適切であることは明らかである。

④「責めさせ給ふもむつかしければ」（20行目）を解釈するために、まず状況を整理しよう。斎宮の部屋から戻った二条は、「このよし」つまり使者としての役目を果たしたものの斎宮が返事もせずに横になってしまったことを院に伝えた。すると院は構わず「斎宮の寝ている部屋へ連れて行け」と言う。「責めさせ給ふもむつかしければ」とはその院に対する二条の心情である。

心責む【マ行下二段活用の動詞】

相手との間隔をせばめて働きかける意で、「攻む」「迫む」などと語源が同じとされる。〈過失や罪をとがめる、なじる〉〈つよく促す、しいて求める〉〈苦しめる、悩ます〉〈拷問する〉〈一つのことに打ち込む〉など多様に訳される。

むつかし【シク活用の形容詞】

動詞「むつかる（むづかる）」と語源が同じとされる。(1)〈不快である、うっとうしい、わずらわしい〉の意で、そういった印象を与える対象に(2)〈気味が悪い、むさくるしい〉とする意もある。(3)〈複雑で理解しづらい〉〈困難である〉の意は主に近世以降のもの。

ここは「責めさせ給ふ」と二重敬語が用いられていることから、院が二条を「責む」つまり「部屋へ連れて行け」と強く要求するのだとわかる。そのような院の要求に対し、二条は〈うっとうしい、わずらわしい〉と感じ、素直に部屋へ案内するのであった。選択肢には「斎宮を院のもとに導く手立てが見つからずに困惑している」とあるが、まず「斎宮を院のもとに導く」のではなく、院を斎宮の部屋に連れて行く状況なので、誤り。さらに「手立てが見つからずに困惑」は「むつかし」を(3)で訳している他、直後の「御供に参らむことはやすくこそ〈お供に参ることは簡単だ〉」とも矛盾し、不適切。

(iii) 空欄Zは、教師の発言をうけて、書き手の意識の違いによって**【文章Ⅰ】**・**【文章Ⅱ】**にどのような差異が生じているかを、**【文章Ⅰ】**をもとに説明するくだり。なお教師の発言内容を踏まえ、**【文章Ⅰ】**は「過去の人物や出来事などを後の時代の人が書いた」、言い換えれば第三者的な文章であり、**【文章Ⅱ】**は「当事者の視点から書いた」、つまりその場を経験した者の文章であるという特徴を押さえておこう。

①は歴史物語である**【文章Ⅰ】**が「朝廷の権威を保つ」配慮をしているという内容。「院を理想的な人物として印象づけ」とあるが、「けしからぬ御本性なりや」（4行目）といった語り手の言葉と矛盾し、不適切。

②の「院と斎宮と二条の……複雑に絡み合った三人の恋心」とあるが、斎宮への院の一方的な懸想という問題文の内容と異なり、不適切。

③は**【文章Ⅱ】**の院の歌（「知られじな……」）を「いつかは私になびくことになる」と解釈しており不適切。当該歌は〈ご存じないでしょうね。たった今会ったあなたの面影が、そのまま私の心から離れずにいるとは〉ほどの意味で、院の斎宮に対する思いを詠んだもの。また「神に仕えた相手との密通という事件性」とあるが、**【文章Ⅰ】**では「御はらからといへど……つつましき御思ひも薄くやありけむ」（3・4行目）などと、（前）斎宮であることよりも異母妹であることを重要視しているように読み取れる。

④「院の発言を簡略化」「二条の心情を省略」は**【文章Ⅰ】**・**【文章Ⅱ】**を比較すれば明らかである。ここまでみたように**【文章Ⅱ】**では使者である二条の心情が「思ひつることよと、をかしくてあれば」「心やましければ」「むつかしければ」「御供に参らむことはやすくこそ」など随所で描写されるが、**【文章Ⅰ】**にはない。また、選択肢「斎宮の心情に触れている」は**【文章Ⅰ】**の最後「いと心憂しと思せど、あえかに消えまどひなどはし給はず」という斎宮の描写が該当する。さらに、それらの記述方針の違いに対する「当事者全員を俯瞰する立場から……叙述しようとしているから」という説明も、**【文章Ⅰ】**が第三者の手になる「歴史物語」である点と矛盾しない。よって正解。

全訳

【文章Ⅰ】

後深草院もご自分の部屋に帰って、おやすみになられたが、お眠りになることができない。先ほどの（斎宮の）面影が気にかかり思い出しなさっているのは、ほんとうにどうしようもない。（院は）「わざわざ手紙をさしあげるのも、人聞きがよくないだろう。どうしようか」と思い悩まれる。御兄妹といっても、長い年月のあいだ離れた場所でお育ちになったので、疎遠になってしまわれたまま、（妹への恋慕を）はばかられるお気持ちも乏しかったのだろうか、やはりひたすらに気にかかったまま終わってしまうようなことは、不満足で残念だとお思いになる。感心できない（好色な）御性格であることよ。

某大納言の娘で、（院が）御身近に召し使う女房で、その斎宮にも、然《しか》るべき縁があって親しく参りなれている者を呼び寄せなさって、「なれなれしい（深い）関係になろうとまでは思っていない。ただ少し近いところで、（慕わしく思う）私の心の一端を申し上げよう。このようなよい機会もめったにないだろう」としきりにまじめくさっておっしゃるので、（女房は）どのようにして段取りをつけたのであろうか、（院は）夢とも現《うつつ》ともなく（斎宮に）近寄り申し上げなさると、（斎宮は）たいそうつらいこととお思いになるが、はかなく魂も消えてしまうほどうろたえるということはなさらない。

【文章Ⅱ】

斎宮は二十歳を過ぎていらっしゃる。（その）成熟したご様子は、伊勢の御神も別れを惜しまれたのももっとも（だと思えるほど）で、花というなら、桜にたとえても、傍目《はため》にはどうだろうかと（斎宮と桜とが）見間違われるほど（優劣のない様子）で、美しい桜の花を霞が隠すように、美しい顔を隠してしまう袖の隙間にも、どうしようかしら（顔を見たい）と（誰もが）きっと思うに違いないご様子なので、まして（院の好色で）抜け目ないご心中では、（斎宮の存在が）さっそくどのような思い煩いの種になるかと、はたからもお気の毒に思われた。

（院と）お話をなさり、（斎宮は）伊勢神宮での思い出話などを、とぎれとぎれに申し上げなさり、

「今夜はずいぶん更けました。のんびりと、明日は嵐山の落葉した木々の梢《こずえ》などをご覧になって、お帰り下さい」

などと（院は）申し上げなさって、ご自分のお部屋へお入りになって、早くも、

「どうしたらよいだろう、どうしたらよいだろう」

とおっしゃる。（私の）思った通りだわと、おかしく思っていると、

「幼い時から私に仕えてきた証《あか》しとして、このことを（斎宮に）申し上げ（私の思いを）叶えてくれたなら、（私に対して）まことに誠意があると思おう」

などとおっしゃって、（二条は）ただちに使者として（斎宮のもとに）参る。ただありふれた挨拶で、「お目にかかれてうれしく存じます。旅泊は興ざめでございましょうか」などとして、ひそかにお手紙が（添えて）ある。氷襲の薄様であったろうか、

「知られじな……ご存じないでしょうね。たった今会ったあなたの面影が、

そのまま私の心から離れずにいるとは」

夜が更けたので、斎宮の御前にいる女房もみなもたれて横になっている。斎宮ご本人も小几帳を引き寄せて、おやすみになっておられた。近くに参って、事の次第を申し上げると、お顔を赤らめて、ほとんど何もおっしゃらず、手紙も見るということもなく、お置きになった。

「何と御返事申しましょうか」

と申し上げると、

「思いがけないお言葉は、何と申し上げるべき言葉もなくて」

とばかりで、また寝てしまわれたのも（返事を強要することに）気がとがめるので、帰参して、（院に）このことを申し上げる。

「ともかく、寝ておられる所へ連れて行け、連れて行け」

と急き立てなさるのもうっとうしいので、お供に参ることは簡単だ（と思い）、案内して（斎宮のところに）参上する。甘のお召し物などは仰々しいので、大口袴だけで、こっそりとお入りになる。

まず私が先に参って、御障子をそっと開けたところ、（斎宮は）さきほどの

ままでおやすみになっている。御前の女房も寝入ってしまっているのだろうか、音を立てる人もなく、（院は）体を縮めて小さくして這うようにお入りになった後、どのようなことがあったのだろうか。

第4問

出典　**【序文】**および**【詩】**阮元《げんげん》『揅経室集《けんけいしつしゅう》』

『揅経室集』は中国清の学者・政治家である阮元（一七六四〜一八四九）の詩文集。阮元は、清の時代に盛んになった考証学（古典の資料を収集し、比較検討し、正しい記述や文字を決めることで解釈していく学問）を大成した。

【出題の特徴】

これまでの共通テストの傾向を踏襲し、関連をもつ複数のテキストを題材とする問題であった。漢詩（韻文）と漢文（散文）を取り上げ、漢文の知識と読解力とを問うと同時に、複数のテキストを関連づけて読み取る力も問う問題となっている。とくに今回の問題文は、漢詩とその序文であるため、元々二つのテキストに強い関連性がある。出題形式は、基本的にこれまでのセンター試験・共通テストを踏襲し、語句の意味や読み方・訓読（返り点と書き下し文）・解釈などの設問が中心となっている。漢詩が出題されているため、漢詩の知識を問う設問（**問4**）が見られた。**問6**・**問7**では二つのテキストを関連づけて内容を整理したり、読み取ったりする力が問われた。

【概要】

【序文】

(1)状況の説明

・阮元が所有していた董思翁の詩扇＝「名園」「蝶夢」の句

(2)庭園での出来事

・辛未の秋　珍しい蝶（＝太常仙蝶）が阮元の庭園に現れる
　蝶を呼ぶと、扇の上にとまる

・（同じ時期）　瓜爾佳氏の庭園で再びこの蝶を目撃する
　客が蝶を阮元の庭園に帰そうとして失敗する

・壬申の春　再び阮元の庭園の台上に蝶が現れる
　画家の求めに応じて蝶は画家の袖にとまる
　董思翁と蝶にちなんで、庭園に名をつける

(3)現在の心境

・（壬申）秋半ば　阮元は都を離れ、庭園も他人の手にゆだねられる

・庭園での出来事を思い出すと、夢のようだ

【詩】

(1)前半：蝶の視点

春の町には花を見て歩く庭園がたくさんあり、しばしば花を見ては歌う
花は私のために開き、私は花の庭園にとどまる
春も人も過ぎゆくが、どうすることもできない

(2)後半：阮元の視点

董思翁の素晴らしい夢は（翁の手で）書扇を遺《のこ》し、
仙蝶の美しい色形は（画家の手で）絵となって袖をいろどっている
いつの日か誰かの家でまた竹を植えて子猷《しゆう》（＝王徽之）が通りがかるのを期待したい

問1 28 ④ 29 ② 30 ④ **《漢字の意味の問題》**

(ア)「復」は「マタ」と読み、〈ふたたび〉という意味を表す。「往復」「復帰」などの熟語からも、〈もう一度〜する〉という意味が推測できるだろう。問題文では、「辛未の秋」に庭園中に現れた蝶が、「継いで復た……」、「壬申の春、蝶復た……」と、場所を変えながら繰り返し出現したことを表している。よって④が正解。

(イ)「審」は「つまびラカニ」と読む。「審査」「審美眼」などの熟語にも使われているように、〈くわしくみる・みきわめる〉という意味の語。ここでは、画家が袖に留まった蝶を「審らかに視《み》」て、「形色を得」ようとしている。つまり、蝶の絵を描くためにその姿形を細かく観察しているという意味である。よって②が正解。

(ウ)「得」は(イ)と連続した動作である。画家は、蝶を細かく観察することで「形色」を得ようとしている、というのだから、観察して蝶の形や色を〈把握する〉という意味が最もふさわしい。よって④が正解。

問2 31 ④ **《返り点と書き下し文の問題》**

傍線部の前には、阮元が住んでいた屋敷の庭園に「異蝶」が現れ、「之を呼べば扇に落つ」という出来事があり、続けて「瓜爾佳氏の園中」でふたたび(問1(ア))これを目撃したと書かれている。

傍線部はこの状況を受けているので、「呼之」は、瓜爾佳氏の庭園で蝶を呼んだと推測できる。また傍線部の後に「園に至りて……則ち空匣なり」とあることから、瓜爾佳氏の庭園で蝶を呼び、「匣」に入れて、別の「園」すなわち「余(=私の=阮元の)園」へ移動して匣を啓いたら空だった、という流れが見える。一連の行動における客の意図は、蝶を阮元の庭園へ帰すことだと考えられる。したがって「奉帰」は〈(蝶を)持っていって帰す〉意味だと考えれば、全体がつながる。まとめると、傍線部は〈客の中にこれを呼んで匣に入れ私の庭園へ持ってきて帰そうとする者がいた〉という意味で読めば、前後と無理なくつながる。

ここから正解を選ぶために、傍線部の構造をみていこう。傍線部には、登場人物とその状況を説明する際によく用いられる「有〜者(〜スルものあり)」〈=〜する者がいる〉という表現が使われている。ここでは、主語「客」について、〈〜する者がいる〉と説明している。客の動作の内容を表すのは、「有」と「者」の間に挟まれた「呼之入匣奉帰余園」の部分である。ここには「呼」「入」「奉帰」と、動作を表す言葉が三つあり、それぞれに「之を(呼ぶ)」「匣に(入れる)」「余の園に(奉帰する)」という目的語を伴っている。この構造を押さえると、正解は④だと判断できる。

①の「之を呼び匣に奉じ入るること有りて余の園に帰る」という訓読は、「余の園に帰る」が「有〜者」の枠から飛び出ているため、適当ではない。②の「余の園の者有り」は、「客」を自分の庭園の関係者ととらえている点がやや不自然である。③の「匣に入れ呼び奉じて」は、何を呼び、奉じたのかがよくわからない。蝶を匣に入れてから誰かを呼んだのだろうか。⑤は「帰すを奉ず」の意味が不明瞭である。「奉ず」を日本語の謙譲語のように用いて〈帰すことをして差し上げる〉と読むにしても、客が庭園の関係者(庭師など)にそのようにへりくだる理由がない。

問3 32 ⑤ **《解釈問題》**

解釈の問題を考えるには、傍線部前後の内容を押さえ、それらとのつながりが最も自然なものを選ぶ。とくに試験の場においては時間の制限もあるため、じっくり時間をかけるわけにはいかない。場合によっては構造面から選択肢を吟味し、候補を絞ってから内容面の検討をするという手順をとった方がよい。本問はまさにこのパターンで、傍線部には仮定を表す「苟〜(いやシクモ〜)」〈もしも〜ならば〉と、再読文字「当(まさニ〜べシ)」〈〜べきだ・きっと〜だろう〉が含まれている。これらを見抜けるように、基本的な句形や再読文字についての知識をもっておこう。

「苟しくも〜」を仮定で解釈しているのは④と⑤。①は願望、②・③は「苟」を〈ようやく〉という意味で解釈しているが、この字はそのような使い方はしない。また再読文字「当に〜べし」は、〈当然である〉ということをベースにして〈〜べきだ・きっと〜だろう〉という意味になる。これを踏まえると、①

は願望、③・④は「どうして～だろうか」と問いかける形、反語で解釈しており、いずれも再読文字「当」の用法に合わない。もちろん「苟」にもそのような使い方はない。②・⑤は「当」の意味を反映している。

以上の検討から、構造に合う解釈は⑤ということになる。念のため、内容面からも確認しておこう。傍線部は蝶に対して「画者」が言った頼み事の言葉の中にある。また傍線部の後には、蝶が画家の「袖に落ち」画者は「其の形色を得」（**問1**(ウ)）と書かれている。画家が蝶の「形色」を把握する目的は、その絵を描くためだと考えられる。したがって、画家が蝶に頼むことは、〈絵を描きたいので、自分の近くへ来て（近くで姿を観察させて）ほしい〉ということであろう。「苟」「当」の意味を踏まえれば⑤になる。

問4 **33** ③ **《漢詩の形式把握問題》**

漢詩は近体詩と古体詩に大別され、厳密な形式があるのは近体詩である。試験では近体詩が出題されることが多い。本問の**【詩】**は、一句七音（七字）のまとまりが八つで構成されているので、「七言律詩」である。「絶句」は四句で構成される。この時点で、正解は③か⑤に絞られる。

また、漢詩（近体詩）の句末に入る漢字を答える問題は、詩の内容と同時に押韻を考慮する。七言詩は基本的に第一句末と偶数句末で押韻する。本問の**【詩】**から該当する文字を抜き出し、便宜的に日本語の発音をローマ字で示すと「多（t-a）・[X]・何（k-a）・羅（r-a）・過（k-a）」となっており、「-a」という音の響きが揃《そろ》えられている。

これを踏まえて選択肢を見ると①「座（z-a）」・②「舞（b-u）」・③「歌（k-a）」・④「少（syô）」・⑤「香（kô）」となる。注意したいのは⑤「香（kô）」。「か・かおり」は訓読みで、音読みは「コウ」である。「-a」という音の響きをもつものは①「座（z-a）」と③「歌（k-a）」である。以上から、形式・押韻ともに正しい③が正解。「幾度か花を看て幾度か歌ふ」は、詩句の内容としても問題ない。

問5 **34** ⑤ **《語句の読み方の問題》**

「奈何（いかん〔セン〕）」〈どうすればよいか〉は、手段や方法を問い、疑問や反語の文を作る語である。「奈何」が目的語を伴って、〈～をどうすればよいか〉となる場合は、目的語を二字の間に置き「奈＋目的語＋何」の形になる。読み方は「～をいかんせん」で、〈～をどうすればよいか（いや、どうしようもない）〉という反語で用いられることが多い。よって、正解は⑤。

問6 **35** ⑤ **《文章と詩の比較読解問題》**

まず**【序文】**の中の時と場所を表す言葉に着目して、蝶が現れた時期と場所を整理する。**【概要】**にも示したが、おおむね次のような流れになっている。

【時】	【場所】
辛未の秋	珍しい蝶（＝太常仙蝶）が阮元の庭園に現れる →蝶を呼ぶと、扇の上にとまる
↓（同じ時期）	瓜爾佳氏の庭園で再びこの蝶を目撃する →客が蝶を阮元の庭園に帰そうとして失敗する
↓壬申の春（【詩】の「春城」）	再び阮元の庭園の台上に蝶が現れる →画家の求めに応じて蝶は画家の袖にとまる →董思翁と蝶にちなんで、庭園に名をつける
↓（壬申）秋半ば	阮元は都を離れ、庭園も他人の手にゆだねられる

また、**【詩】**の「春城」は、春のことだから**【序文】**の「壬申の春」に対応すると考える。すると、①は「春城」「袖」（＝壬申の春）と「瓜爾佳氏の庭園」（辛未の秋）が逆、④は「瓜爾佳氏の庭園」と「扇」が逆である。さらに、**【序文】**に示されている場所の中には、③の「董思翁の家」、②・③の「画家の家」は登場しない。董思翁は阮元が所有していた扇の作者であり、その扇の詩に「名園」「蝶夢」の語があった。画家が見たのは阮元の庭園の台上に現れた

蝶であり、画家の袖にとまった。よって、正解は⑤。

問7 **36** ⑤ **《文章と詩の主旨把握問題》**

筆者の心情が最もよく表れているのは、**【序文】**の最後の一文「芳叢を回憶すれば、真に夢のごとし」である。また、庭園と蝶にまつわる思い出を、董思翁の詩の「名園」「蝶夢」に重ね合わせている。ここから、阮元が庭園での出来事を夢のような美しい思い出として懐かしんでいることがうかがえる。これと合致するのは⑤であるが、念のため各選択肢についてみておこう。

①の「毎年花が散り季節が過ぎゆくことにはかなさを感じ」は、**【詩】**の「春を奈何せん」（**問5**）に合致する。しかし、「董思翁の家……に現れた」「蝶が扇や絵とともに他人のものとなった」は**【序文】**に合致しない。董思翁は阮元が所有している扇の作者であり、阮元の住んでいた家が董思翁の家だとは書かれていない（**問6**）。また、阮元が都を離れたことで他人の手に渡ったのは家と庭であり、扇や絵には言及がない。

②は蝶が「扇から抜け出し」が、**【序文】**に合致しない。また、「いずれは箱のなかにとらえて……絵に描きたい」も合致しない。蝶を箱の中へとらえようとしたのは「客」であり（**問2**）、絵を描いたのは「画者」（**問3**）である。

③は「董思翁の夢を扇に描き」が**【序文】**に合致しない。董思翁自身が扇に「名園」「蝶夢」についての詩を書いている。

④は「都を離れているあいだに人に奪われてしまい……嘆いている」も、**【序文】**の最後の心情には当てはまらない。阮元は都を離れた際、庭園も他人にゆだねたのであり、奪われてはいない。

⑤は、「捕まえようとしても捕まえられない」が**【序文】**の蝶を連れ戻そうとした客人のエピソード（**問2**）に合致する。また、「懐かしく思い出している」は**【序文】**の最後の一文「芳叢を回憶すれば、真に夢のごとし」に合致する。よって、⑤が正解。

書き下し文

【序文】

余《よ》旧《もと》董《とう》思《し》翁《をう》の自《みづか》ら詩《し》を書《しよ》せし扇《あふぎ》を蔵《ざう》するに、「名園《めいゑん》」「蝶夢《てふむ》」の句《く》有《あ》り。辛《しん》未《び》の秋《あき》、異《い》蝶《てふ》の園中《ゑんちう》に来《き》たる有《あ》り。識者《しきしや》知《し》りて太常仙蝶《たいじやうせんてふ》と為《な》し、之《これ》を呼《よ》べば扇《あふぎ》に落《お》つ。継《つ》いで復《ま》た之《これ》を瓜爾佳《くわじか》氏《し》の園中《ゑんちう》に見《み》る。客《かく》に之《これ》を呼《よ》びて匣《はこ》に入《い》れ奉《ほう》じて余《よ》の園《ゑん》に帰《かへ》さんとする者《もの》有《あ》り、園《ゑん》に至《いた》りて之《これ》を啓《ひら》くに及《およ》べば、則《すなは》ち空《くう》匣《かふ》なり。壬申《じんしん》の春《はる》、蝶《てふ》復《ま》た余《よ》の園《ゑん》の台上《だいじやう》に見《あらは》る。画者《ぐわしや》祝《いの》りて曰《い》はく、「苟《いや》しくも我《われ》に近《ちか》づかば、我《われ》当《まさ》に之《これ》を図《ゑが》くべし」と。蝶《てふ》其《そ》の袖《そで》に落《お》ち、審《つまび》らかに視《み》ること良《やや》久《ひさ》しくして、其《そ》の形色《けいしよく》を得《う》れば、乃《すなは》ち従容《しようよう》として翅《はね》を鼓《う》ちて去《さ》る。園《ゑん》故《もと》名《な》無《な》し。是《ここ》に於《お》いて始《はじ》めて思翁《しをう》の詩《し》及《およ》び蝶《てふ》の意《い》を以《もつ》て之《これ》に名《な》づく。秋半《あきなか》ばにして、余《よ》使《つか》ひを奉《ほう》じて都《みやこ》を出《い》で、是《こ》の園《ゑん》も又《ま》た他人《たにん》に属《しよく》す。芳叢《はうそう》を回憶《くわいおく》すれば、真《まこと》に夢《ゆめ》のごとし。

【詩】

春城《しゆんじやう》の花事《くわじ》小園《せうゑん》多《おほ》く
幾度《いくたび》か花《はな》を看《み》て幾度《いくど》か歌《うた》ふ
花《はな》は我《わ》が為《ため》に開《ひら》きて我《われ》を留《とど》め住《とど》め
人《ひと》は春《はる》に随《したが》ひて去《さ》り春《はる》を奈何《いかん》せん
思翁《しをう》夢《ゆめ》は好《よ》くして書扇《しよせん》を遺《のこ》し
仙蝶《せんてふ》図《ず》成《な》りて袖羅《しうら》を染《そ》む
他日《たじつ》誰《た》が家《いへ》か還《ま》た竹《たけ》を種《う》ゑ
輿《こし》に坐《ざ》して子猷《しいう》の過《よぎ》るを許《ゆる》すべき

全訳

【序文】

私はもともと董思翁が自ら詩を書きつけた扇を所蔵していたが、（そこには）「名園」「蝶夢」という詩句が書かれていた。辛未の秋、珍しい蝶が庭園の中へやって来た。博識な人は（その蝶のことを）見分けて太常仙蝶だとみなし、これ（＝蝶）を呼ぶと（蝶は）扇の上へはらりと留まった。続いてふたたびこ

れ（＝蝶）を瓜爾佳氏の庭園の中で見かけた。客人にこれ（＝蝶）を呼び寄せて箱に入れて私の庭園へ持っていって帰そうとした人がいたが、（私の）庭園に到着してこれ（＝箱）を開いてみると、空箱であった。壬申の春、蝶はふたたび私の庭園の台上に現れた。画家が祈って言うには「もしも私に近づいてくれたならば、必ずお前を絵に描いてやろう」と。蝶はその（＝画家の）（服の）袖にはらりと留まり、くわしく観察することしばらくして、その（＝蝶の）形や色を（画家が）把握すると、そこで（蝶は）ゆったりと翅を羽ばたかせて去った。（私の）庭園にはもともと名前はなかった。このような出来事があって初めて董思翁の詩と蝶の気持ちをくんでこれ（＝庭園）に名づけた。秋の半ばになって、私は使いの役目を承って都を離れ、この庭園もまた他人にゆだねることになった。（あの庭園の）かぐわしい草木のしげみを思い出すと、本当に夢のようである。

【詩】

春の町には花を見歩くと小さな庭園がいっぱいだ
何度も花を見て何度も歌う
花は私のために開いて私を（花に）とどめ（それによって庭園に）留める
人は春(が過ぎる)と共に去りゆき(去りゆく)春をどうすることもできない
董思翁の夢は素晴らしく詩を書いた扇を遺し
仙蝶のすがたは絵になって着物の袖をいろどる
いつの日か誰かの家でまた竹を植え
輿に乗った子猷（＝王徽之）が通りがかるのを期待できるだろうか

2022 追試

解　答

合計点	/200

問題番号(配点)	設問	解答番号	正解	配点	問題番号(配点)	設問	解答番号	正解	配点
第1問(50)	1	1	②	2	第3問(50)	1	21	②	5
		2	①	2			22	⑤	5
		3	③	2		2	23 − 24	③ − ⑥	12（各6）
	2	4	①	7		3	25	⑤	7
	3	5	⑤	7		4	26	⑤	6
	4	6	③	7			27	④	8
	5	7	④	7		5	28	③	7
	6	8	②	4	第4問(50)	1	29	③	4
		9	③	2			30	②	4
		10	④	2		2	31	③	7
		11	②	2		3	32	②	7
		12	③	6		4	33	③	7
第2問(50)	1	13	③	6		5	34	①	5
	2	14	①	6			35	④	8
	3	15	⑤	6		6	36	①	8
		16	⑤	6					
	4	17	④	7					
		18	①	7					
	5	19	①	6					
		20	②	6					

(注) −(ハイフン)でつながれた正解は，順序を問わない。

	出典	目安時間	難易度 大問別	難易度 全体
第1問	若林幹夫「メディアの中の声」	20分	標準	標準
第2問	室生犀星「陶古の女人」 資料：柳宗悦「『もの』と『こと』」	20分	標準	
第3問	藤原道綱母『蜻蛉日記』 資料：『古今和歌集』	21分	標準	
第4問	蘇軾『重編東坡先生外集』 資料：『旧唐書』	19分	標準	

第1問

出典 若《わか》林《ばやし》幹《みき》夫《お》「メディアの中の声」（『季刊 PANORAMIC MAGAZINE vol.58 特集・声 ポーラ文化研究所』一九九二年十二月 所収）

若林幹夫は、一九六二年東京都生まれ。東京大学教養学部卒。東京大学大学院博士課程中退。社会学者。専門は社会学理論、都市論、メディア論。現在、早稲田大学教育・総合科学学術院教授。著書に『熱い都市 冷たい都市』、『地図の想像力』、『都市の比較社会学』、『都市への／からの視線』などがある。

【出題の特徴】

問題文は、言葉が内包するへだたりという概念をとりあげながら、電気的なメディアの登場によって、言葉をめぐる社会的な関係が変容していくことを指摘したものである。抽象度が高く、硬質な評論文からの出題で、従来のセンター試験の出典の傾向が踏襲されている。設問は、**問1**の漢字問題は三問・四つの選択肢という形式で出題された。また、**問2**から**問4**は傍線部の内容説明問題、**問5**は構成・展開を把握する問題が出題されており、センター試験と同様、各意味段落の細部の理解と、問題文全体を俯瞰《ふかん》してとらえる力が問われたと言える。また**問6**では新しい傾向の設問として、生徒の書いた**【文章】**が追加され、問題文をもとに**【文章】**の展開を把握し、結論を推測させる問題が課されている。提示された複数の題材を踏まえて、情報を整理し、主体的に判断することが求められている。

【概要】 問題文の概要は次の通りである。

リード文：言葉の生産と流通をめぐる社会的諸関係を「言葉のエコノミー」と規定する。

⑴ 言葉における声と文字の関係（[1]〜[2]段落）

・言葉のエコノミーの空間に文字が持ち込んだ重要なことの一つは、言葉の一次的な媒体であった「声」と二次的な媒体である「文字」との間に時間的・空間的な「へだたり」が持ち込まれたことである。

・文字に書かれることで、言葉は「声」と「文字」とに分裂する。

・「声」…言葉を発する身体に直接属する「内的」なもの

・「文字」…「内面」から距離化された「表層」

・**声としての言葉もすでに、その内部に文字と同じようなへだたりをもっていた。**

⑵ 言葉が内包するへだたり（[3]〜[6]段落）

・声である音の特徴…

・音波形に完全な周期性は見られない。

・人間のような生物の、**心のような内的なものにかかわる意味をともなって発せられる音。**

・声には「内部（内面）」がある。

・「声としての音」の背後には、**声としての音には還元されない「何か」が存在しており、声はその「何か」を表現する音であることで「言葉」になる。**

・音としての声が表現するこの「何か」は、しばしば言葉を発する人間の身体の内部や心の内部にあるものと考えられる。

・声の向こう側にある「何か」は、必ずしも近代的な意味での「主体」や「自我」である必要はない。（例：神や祖先、部族や身分の言葉）。このような場合、人は自らを媒介として「誰か」の言葉を語る。「私」とは、その「誰か」が取りうる一つの位相に過ぎない。

(3) 電気的なメディアによる声の特徴（7〜11段落）

・話される言葉の向こうに居る「誰か」を、近代の社会は、もっぱら語る身体の内部にある「私」へと帰属させるようにして、言葉のエコノミーの空間を組織してきた。

・十九世紀後半になると、音声を電気的に再生し、伝達し、蓄積する技術が発明・開発され、肉体から切り離されて複製された「声」が現れる。

・電気的なメディアによる声の再生、蓄積、転送は、声としての言葉とそれを発話する人間の身体とを時間的・空間的に切り離す（例：電話・ラジオ、レコード・テープ・CD）。

・電気的な複製メディアの中の声は「書かれた声」、「遠い声」である。それらは、その所記性や遠隔性によって、文字と同様のへだたりを、複製される声とその声を発した身体の間に持ち込む。

(4) 電気的なメディアが言葉のエコノミーの空間にもたらすもの（12〜17段落）

・電気的な複製メディアは、声としての言葉を語り・歌う身体から切り離し、引き剝がすことによって、声が身体にとって外在的な位相をとることを可能にする。

・電気的な複製メディアは声を、それを語り・歌う身体から時間的・空間的に切り離すことで、言葉としての声が内的に孕《はら》むあのへだたりを顕在化する。

・電気的な複製メディアにおいて、再生される声とそれを語る身体は相互に外在しあう。この時、声と身体は、それまで互いを結びつけてきた言葉のエコノミーから束《つか》の間解放される。このような身体感覚（あるいは脱—身体感覚）は、語る身体と語られる声とが相互に外在化する電気的な複製メディアのなかの空間で、語り手の主体性が身体にたいして外在したり、身体から切り離された声に投射されたりすることを示している。

・組織的に編集された「作品」のなかの声の場合、声は主体としてではなく客体として対象化されており、「商品」として多くの人々の前に現われ、消費される。このような場合、声はもはや特定の身体や主体に帰属するとは言いがたい。そこでは声は、言葉の生産、流通、消費をめぐる社会的な制度と技術によって、特定の人称への帰属から切り離され、テクストのように多様な人々の中へと開かれる。時には、言葉を語り・歌う者の側が、生産され流通する声に帰属する者として現れたりもする。

・電気的なメディアの中の声を聞く時、人が経験するのは身体に外在する声の経験であり、それらの声が可能にする関係の構造の変容である。

問1　1　②　2　①　3　③　**《漢字問題》**

(ア)「装飾」は〈美しくかざること〉。②「虚飾」は〈実質を伴わない外見だけの飾り〉の意味で正解。①は「委嘱」で〈特定の仕事を他に頼むこと〉。③は「誤植」。④は「払拭」で〈すっかりぬぐいさること〉。

(イ)「還元」は〈物事をもとの形に戻すこと〉。①「奪還」は〈奪われたものを取り返すこと〉で正解。②は「根幹」で〈物事の最も重要なところ〉。③は「慣習」で〈しきたり、ならわし〉。④は「閑散」で〈静かでひっそりしていること〉。

(ウ)「祖先」。③「開祖」は〈学問の流派や宗教の創始者〉で正解。①は「空疎」で〈形式だけで中身がないさま〉。②は「平素」で〈いつも、ふだん〉。④は「敗訴」で〈裁判で不利な判決が下されること〉。

問2　4　①　**《内容把握問題》**

傍線部Aは「声としての言葉」が「文字」と同じように「その内部にへだたりをもっていた」と述べている。**問2**はこの内容を説明する問題なので、

a　「文字」についてのへだたり
b　「声としての言葉」のもつへだたり、が
↓　どのような点で同じか

をそれぞれ説明すればよい、ということになる。

まず、a「文字」について。文字については2段落に示されている。

・文字に書かれることで、言葉は「声」と「文字」とに分裂する。この時、声の方はしばしば言葉を発する身体に直接属する「内的」なものとして位置づけられ、他方、文字の方はそのような「内面」から距離化された「表層」に位置づけられる。

ここから、**言葉は文字で書かれることで「声」と「文字」に分裂するが、声は身体に直接属する「内的」なもの、文字は「表層」に位置づけられ、両者の間にはへだたりが生まれる**、ということが読み取れる。

b「声としての言葉」については、傍線部A以降に詳しく説明されている。

・人間のような生物の、心のような内的なものにかかわる意味をともなって発せられる音を「声」と呼んで……（4段落）
・声には「内部（内面）」がある……
・「声としての音」の背後には、声としての音には還元されない「何か」が存在しており、声はその「何か」を表現する音であることで「言葉」になる。音としての声が表現するこの「何か」は、しばしば言葉を発する人間の身体の内部や心の内部にあるものと考えられる。（5段落）

とすると、「声としての言葉」は、身体の内部や心の内部である「何か」を「声としての音」が表現することで成り立つものであり、**表面に現れる「声としての音」とその内部にある「何か」の間にはへだたり**があると、考えられる。

a（文字について）言葉→「声（身体に直接属する内的なもの）」と「文字（表層）」
b 声としての言葉→「内部（内面）にある『何か』」と「『何か』を表現する『声としての音』」

この関係が成り立ち、a・bともに内面と表層（文字や音）の間にはへだたりがある、という点が同じであることが説明できる。これを踏まえて選択肢を確認すると、①が正解である。

②「声に出された言葉にも一次的な音としての性質と二次的な心の内部との間に距離があった」が誤り。ここのへだたりとは、内面と表層の間のものであり、一次的な音と二次的な心の内部の間のものではない。

③「声に出された言葉にも客体としての音と主体としての声との間に違いがあった」が誤り。声と音とを主体と客体の関係で論じてはいない。

④「声に出された言葉にも音声学的な音と生物学的な声との間に開きがあった」が誤り。問題文では、音と声について、音声学的な観点からその違いを論じているが、声を生物学的なものとみなす説明はなされていない。

⑤「声に出された言葉にも完全な周期性をもった表層的な音と周期性をもたない内的な声との間にずれがあった」が誤り。問題文では音声学的な観点から、完全な周期性をもつ＝（ただの）音と、周期性がない＝声とを比較して説明しているが、ここは内面と表層（声）の間のへだたりを指摘すべきである。

問3 5 ⑤《内容把握問題》

傍線部Bの指す内容を説明する問題。ここに至るまでの流れを確認する。

・「声としての音」の背後には、声としての音には還元されない「何か」が存在しており……、音としての声が表現するこの「何か」は、しばしば言葉を発する人間の身体の内部や心の内部にあるものと考えられる。（5段落）

↓

・声の向こう側にある「何か」は、必ずしも近代的な意味での「主体」や「自我」である必要はない。**人間の歴史のなかで、人は時に神や祖先の言葉を語り、部族や身分の言葉を語ってきた。……人は自らを媒介として「誰か」の言葉を語る。**「私」とは、その「誰か」が取りうる一つの位相に過ぎない。（6段落）

←
・近代の社会はこの「誰か」を、もっぱら語る身体の内部にある「私」へと帰属させるようにして、言葉のエコノミーの空間を組織してきた。
（7段落）

これを整理すると、近代の社会では、

声の向こう側にある「何か」——近代的な意味での「主体」や「自我」

「私」の内面

それを発する「誰か」——言葉を語る「私」

ととらえることが多かったが、歴史を見ると、声というメディアを通して、神や祖先、部族や身分といった「私」個人の意志を超えた存在の言葉が反映されており、**語られる「誰か」の言葉→声を発する「私」の内面（近代的な意味での「主体」や「自我」）の表現という見方は一面的でしかない**、ということがわかる。

①この選択肢は、「人間はもともと他者の言葉を語ったため音と身体との間にへだたりがあった」が、近代になってそのへだたりが失われた、という趣旨である。しかし、時代が進むにつれて、音と身体の間の関係が密接になったという内容は問題文に書かれておらず、誤りである。

②「人間は歴史のなかで共同体の秩序とつながったメディアによって意志を決定していた」とあるが、問題文には根拠のない指摘であり、誤り。

③「言葉をなかだちとして『私』が自我とは異なる他者と語り合うという近代社会の発想」が誤り。こうした近代社会の発想については、問題文には説明されていない。

④「声は元来現実の外部にある『何か』によって世界の意味を想定するメディアだった」という指摘は問題文にはない。また、「表現される考えが『私』の内部に帰属するという発想は近代になるまで現れなかった」とあるが、近代まで現れなかったとする根拠はない。近代社会では「表現される考え」が「私」の内部に帰属すると考えられることが多かった、というだけである。

⑤前半の「声はかつて状況に応じて個人の意志を超えた様々な存在の言葉を伝えるメディアだった」という点は、声というメディアを通して、神や祖先、部族や身分の言葉を語ってきた歴史を説明したものとして正しい。また、後半の「他者とは異なる『私』の内面を表すという近代的な発想が唯一のものではない」という点も、語られる言葉は、それを語る「私」の内面を表現したものととらえる見方が一面的なものであることを指摘しており、正しい。なお、「他者とは異なる『私』の内面」という表現は、近代論のテーマである「主体」や「自我」（他者や外界から区別された、認識し行為する存在）の概念を簡単に言い換えたものと考えられる。

問4 6 ③ **《内容把握問題》**

傍線部Cの指示語「それ」は、直前の一文の「電気的なメディアの中の声」を指す。つまり、傍線部Cは「電気的なメディアの中の声」が、時にa「声を発した身体の側を自らに帰属させて響き」、また時にはb「特定の人称から解き放たれて囁《ささや》きかける」という性質をもつものであることが説明されているとわかる。本問は、この「電気的なメデイアの中の声」のもつ性質をわかりやすく説明することが求められているので、これらaとbについて、問題文から内容を補足しながら、それぞれ把握していく必要がある。

ところで、選択肢を確認すると、どれも「電気的なメデイアの中の声は、～「商品」／「作品」（として）～流通したり、……されたりすることがあるということ」とあることから、a・bの内容を説明するには、電気的なメディアの中の声が「商品」あるいは「作品」となる場合を踏まえる必要があるとわかる。そうした内容が説明された16段落に着目すればよい。

まず、a「声を発した身体の側を自らに帰属させて響き」について。

16段落の末文には、「時にはメディアの中のアイドルやDJたちのように、言葉を語り・歌う者の側が、生産され流通する声に帰属する者として現われたりもする」と書かれており、aの内容はこの箇所の言い換えであると考えることができる。レコードやCD、ラジオ番組やテレビ番組などのように、様々な加工・編集がほどこされた声は、**客体として対象化され、「商品」として生産・**

流通・消費される。時には、たとえば、その声を聞いてある特定のアイドルやDJを思い浮かべることがあるように、**生産・流通する声に、言葉を語り・歌う側の身体（アイドルやDJという個人）を帰属させるという形をとることもある**、というのである。

b「特定の人称から解き放たれて囁きかける」について。

「特定の人称から解き放たれ」ることに関する説明も16段落にある。様々な加工・編集がほどこされた声は、「商品」として多くの人々に消費されるが、この場合、**声はもはや特定の身体や主体に帰属するとはいえない**。「特定の人称への帰属から切り離され、テクストのように多様な人々の中へと開かれる」とあるが、**b**の内容はこの箇所の言い換えであると考えられる。以上の内容を踏まえた③が正解である。

①「声を発する主体としての身体を感じさせない不気味なものとして享受され」が誤り。声を発する主体としての身体と声が切り離される、という点は問題文で指摘されているが、それが「不気味なものとして享受され」ているという記述はない。

②「複雑な制度や技術から自由になったものとして」が不適。問題文では、レコードやCD、ラジオ番組やテレビ番組など、組織的に加工、編集された声は、生産、流通、消費をめぐる社会的な制度と技術に支えられている、と説明されている。

④「近代において語られた自我という主体に埋め込まれたものとして密かに消費」が不適。問題文では、電気的なメディアにおいて、声は「特定の人称への帰属から切り離され、テクストのように多様な人々の中へと開かれる」と述べられているので、「自我という主体に埋め込まれたもの」として「密かに」消費されているわけではない。

⑤「様々な身体が統合された『作品』として流通」が誤り。電気的なメディアが関わる「作品」は組織的に編集されたものだが、その際、「様々な身体が統合され」るという説明は問題文ではなされていない。

問5 **7** ④ **《構成把握問題》**

問題文の構成・展開を大まかに整理すると、次のようになる。

(1) **言葉における声と文字の関係**（1〜2段落）……（導入）

↓

(2) **言葉が内包するへだたり**（3〜6段落）

……声としての言葉が内包する「へだたり」の具体的な説明。

↓

(3) **電気的なメディアによる声の特徴**（7〜11段落）

……新たに現れた電気的なメディアによる声と身体との関係性の変化。

↓

(4) **電気的なメディアが言葉のエコノミーの空間にもたらすもの**（12〜17段落）

……（結論）電気的なメディアの中の声を聞く時、人が経験するのは身体に外在する声の経験であり、それらの声が可能にする関係の構造の変容である。

これを踏まえて各選択肢を検討する。

①「電気的なメディアによって言葉が主体性を獲得していく過程を論じ」が誤り。電気的なメディアの登場によって、「声は主体としてではなく客体として対象化」（16段落）されるようになったことが問題文で指摘されている。

②「電気的なメディアで声が身体に内在化していく経緯を説明しながら」が不適。電気的なメディアによって「声が身体にとって外在的な位相をとること」（13段落）が可能になったと、問題文にはある。

③「電気的なメディアにおいて声と身体がともに加工されて」が誤り。電気的なメディアによって声が加工・編集された、という指摘はあるが、身体にもその加工が及んだとの指摘はない。

④これが、右で確認した問題文の流れを押さえており、適切。選択肢は、「声と文字との関係を導入として（→(1)の内容）言葉が内包するへだたりという概念を中心に論を整理しながら（→(2)の内容）、新たに現れた電気的なメデ

イアがもたらす経験について具体例を挙げて考察し、言葉をめぐる社会的な関係が変容すると総括している（→3・4の内容）」のように対応している。

⑤「かつては声としての音が人間の内部に縛られていたことを問題提起し」が誤り。筆者は声が人間の内部に縛られていたと問題視していたわけではないし、もともと「人間の歴史のなかで、人は時に神や祖先の言葉を語り、部族や身分の言葉を語ってきた」のであり、「『私』とは、その『誰か』が取りうる一つの位相に過ぎない」（6段落）と述べられている。

問6 8 ② 9 ③ 10 ④ 11 ② 12 ③ 《複数文章の内容把握問題》

まず、Nさんが書いた【文章】を簡単に整理しておく。

> 1 本文では、「電気的なメディア」によって、声とそれを発する人間の身体とが切り離されるということが述べられていた。**問題提起a**
>
> ↓
>
> 2 別の存在が発した声であっても、私たちは違和感なく聞いているのだ。（例：映画の吹き替え版やアニメ）
>
> 3 声を聞いたときに、そこに実在する誰かがいるかのように考えてしまう……。声と身体は一体化していて、切り離されているとは言い切れない面もある……。（例：電話やボイスメッセージ）
>
> 4 さらに考えてみると、……声によって個人を特定することは不可能なのではないだろうか。（例：電話における話者の取り違え。録音した自分の声の判別困難さなど）

(i) 【文章】の内容から1段落末尾の問題提起の表現を考える問題である。まず、選択肢の冒頭にすべて逆接の「だが」があることから、直前の文と矛盾・対立する要素がある内容になることがわかる。傍線部**a**直前の文には、「声とそれを発する人間の身体とが切り離される」という説明があるため、「だが」のあとに「声とそれを発する人間の身体とは結びついている」とする内容が続くと考えられるだろう。さらに選択肢はすべて「それでは」と続いているので、「声とそれを発する人間の身体は結びついている」とする内容を受けながら、2〜4段落で述べていることとも関連するものが当てはまるとわかる。これを踏まえて、各選択肢の内容を検討する。

①前半の内容は、正しい。一方、後半の「声によって他者の身体の実在を特定できるだろうか」について、他者の身体の実在を特定可能かどうかは、2〜4段落で述べられてはいるが、問題提起としてではなく、問題提起した内容を補強する具体例として述べられているため、誤りである。

②前半の内容は正しい。後半については、2〜4段落では、声と身体が切り離してとらえられるかがどうか、具体例を述べつつ検討されているため、「密接な関係にあるはずの声と身体とを切り離して捉えることはできるのだろうか」という疑問とも関連づけられると考えられる。したがって、これが正解。

③前半について「身体と声の持ち主とは必ずしも一致しない」が不適。後半も「声と身体とが一致しないことに」よる「他者との関係性」の変化について、2〜4段落では述べられていない。

④前半にあたる内容が真逆であり、不適。後半も「声と身体との結びつきが成立する」ための「条件」について2〜4段落で述べられているわけではない。

(ii) 傍線部**b**〜**d**の接続詞や副詞を正しい表現に直す問題。

傍線部**b**〜**d**の選択肢を見ると、すべて接続詞である。したがって、【文章】の2段落と3段落のつながりを考えるとよい。

> 2 ……つまり、別の存在が発した声であっても、私たちは違和感なく聞いているのだ。（＝声と身体は一体化しておらず、切り離されて存在しても違和感がない）
>
> ⇔ **（逆接）接続詞b**
>
> 3 私たちは声を聞いたときに、そこに実在する誰かがいるかのように考えてしまうことがある。……声と身体は一体化していて、切り離されているとは言い切れない面もあるのではないか。

2と3は声と身体とが結びついているかどうかについて、相反する内容が述べられている。したがって、傍線部bは逆接の役割を果たすものが望ましい。

正解は③「しかし」。

傍線部cも前後のつながりを考えて、適切な役割を果たすものを検討する。

①「まさに」はある事柄が確かな事実であるさまを表現する副詞である。傍線部cに続く一文では「声によって個人を特定することは不可能なのではないだろうか」と疑問を述べており、「確かな事実」として認めているわけではないため、誤り。

②「ところで」は話題の転換の役割をもつ接続詞である。傍線部cの前後で話題は変わっていないので、これも不適。

③「いまだに」は、以前から続いている物事が現在も続いているさまを表す副詞。ここでは「以前から声によって個人を特定することができなかったが、今になっても同じく特定は不可能である」と、時間経過に伴って声の持ち主の決定の可否が変わることを述べているわけではないので、これも誤り。

④「やはり」は、予想通りの結果になるさまを表す副詞である。物事を「～だろう」と推察していて、その推察が実際にその通りになった、という場合に使われる言葉である。ここでは、前文で声によって間違いなく家族や友人であると決定することは難しいのでは、と推察し、そのあとに「声によって個人を特定することは不可能なのではないだろうか」と推察の内容が肯定されている。したがって、④が正解。

傍線部dの選択肢は、述語の陳述の仕方に呼応して用いられる副詞である。

①「まさか」――あとに打消や反語の表現を伴う。

②「もし」――あとに仮定表現を伴う。

③「あたかも」――多くの場合、あとに「～のようだ、～のごとし」を伴う。

④「おそらく」――多くの場合、あとに推量の表現を伴う。

【文章】では、あとに「わかっていなければ」という仮定表現を伴うので、②が正解である。

(iii) **【文章】**の末尾に置く結論を求める問題である。問題文には「**電気的なメディア**」によって、**声とそれを発する人間の身体とが切り離される**ことが説明されているが、**【文章】**では、この前提に一度疑問を呈した上で、具体例を挙げながら検討し直すという構成になっている。問題文の内容や**【文章】**で検討されたことを踏まえて、**【文章】**の結論として正しいものを吟味する。

①「他者の声については個人と身体を切り離さずに無条件に親近感を抱くことがある」や「自分以外の存在に限って、声と切り離されない身体性を感じる」が誤り。声とそれを発する身体との関係について、自分と他者とで異なる感じ方をするとは、問題文でも**【文章】**でも説明されていない。

②前半は**【文章】**の2～4段落の内容を受けており、適切。しかし、後半の「人間の声と身体とはつねに結びついている」が誤り。問題文では、電気的なメディアによって、声が身体から切り離され、外在的な位相をとることが可能になると指摘されている。また**【文章】**でも2段落や4段落において、声と身体が必ずしも結びついていない例が説明されている。

③前半「声だけで個人を特定することは難しいにもかかわらず、他者の声から安心感を得たり、自分自身の声を認識したりしていた」という内容は2～4段落の具体例をまとめたものであり、適当である。では、後半の「声の側に身体を重ねていた」はどうか。2～4段落の内容を検討すると、どの具体例も聞こえてくる声が先にあって、それを発したはずの身体を思い起こすという流れになっている。また**問4**でも考えた通り、電気的なメディアの中の声は、編集や加工によって「商品」や「作品」となり、語り・歌う者がその声に帰属する者として現われて流通したり、声を発した身体からは切り離されたものとして人々に受容されたりする。「声の側に身体を重ねていた」という結論はこうした内容を指摘したものとして適切といえそうである。

④「声を発した本人以外の何者かに身体性を感じて本人の声であっても異なる人物の声と誤解したりする」が誤り。4段落の例のように、録音した自分の声を聞いても、その声が誰のものなのか判断できないといった場合には、録音機器から聞こえる声に、「本人（＝この場合は自分）以外の何者かに身体性を感じ」たことで、判断を誤るわけではないため、不適切である。

したがって、③が正解。

第2問

出典　室生犀星《むろうさいせい》「陶古の女人」（『群像』一九五六年十月初出）

【資料】　柳宗悦《やなぎむねよし》「『もの』と『こと』」（『工藝《こうげい》』一九三九年二月の一部）

室生犀星（一八八九〜一九六二）は石川県生まれ。大正〜昭和期に活躍した詩人、作家。本名は室生照道。生後まもなく僧侶の養子となるが、貧窮のため十二歳で裁判所の給仕として就職、働きながら文学を志す。一九一五年、萩原《はぎわら》朔太郎《さくたろう》、山村暮鳥《やまむらぼちょう》らと交流し、『卓上噴水』を創刊。以降『抒情小曲集』、『寂しき都会』などの詩集を刊行。一九四一年『戦死』で菊池寛賞、一九五九年『かげろふの日記遺文』で野間文芸賞などを受賞。

柳宗悦（一八八九〜一九六一）は東京都生まれ。大正〜昭和期の美術評論家、宗教哲学家。一九一三年、学習院を経て東京帝国大学哲学科を卒業。学習院高等科に在学中に文芸雑誌『白樺』創刊に参加。のち、日常生活で民衆が用いる工芸品に「用の美」を見出《みいだ》して民藝運動を起こす。一九二四年に朝鮮民族美術館をソウルに設立。一九三六年に日本民藝館を開設、館長となる。一九五七年には文化功労者に顕彰された。著作に『ヰリアム・ブレーク』、『木喰五行上人の研究』、『工藝の道』などがある。

【出題の特徴】

問題文は客の青年が持参した「雲鶴青磁」をめぐる「彼」の心情の動きを描いたものである。従来のセンター試験の時から、明治〜昭和期の比較的古い文章が題材として選ばれやすい傾向にあるが、本問も昭和中期の文章から出題されている。設問では、本試験と同様、例年**問1**で課されていた「語句の意味を問う」問題は出題されなかった。**問1**から**問5**にかけては、登場人物の心情理解に関する問題や表現問題が出題されており、ここまでは基本的にセンター試験を踏襲している。特徴的な設問は**問6**で、「彼」の「蒐集家」としての姿勢を理解するために、**【資料】**（柳宗悦の文章）と教師と二人の生徒の会話が示されている。異なる複数の題材をもとに、多角的な視点から思考・判断する力が求められた。

【概要】　問題文の概要は次の通りである。

(1) 信州の町の美術品に対する「彼」の心情（冒頭〜7行目）

・この信州の町にも美術商と称する店があって、彼は散歩の折に店の中を覗《のぞ》いて歩いたが、つまらない壺《つぼ》にも眼《め》をとめながら何という意地の汚なさであろうと思った。見るべくもない陶画をよく見ようとする、定見のない自分に惘《あき》れていた。どこにでもあるような染付物《そめつけもの》や、ちょっとした壺の染付などに、いやしく眼をさらして、思い返して何も買わずに店を立ち去るのだが、何ももとめる物も、見るべき物もない折のさびしさはなかなかだった。東京では時間をかけて見るべきものもあるが、田舎の町では何も眼にふれてくるものは、なかった。

(2) 青年との対面（7行目〜55行目）

・家に帰ると、生い立ちの宜《よ》さそうな青年が庭の中に立っていた。青年は見ていただきたい物があって訪ねてきたと言う。彼は青年の眼になにか飢《う》えているものを感じて、その飢えは金銭にあることが持参された品物と関聯《かんれん》して直《す》ぐに感じられた。少しの間だけと、青年を茶の間に通した。

・青年が箱と絹のきれを除けると、はだかの雲鶴《うんかく》青磁が立っていた。彼はこの恐ろしい雲鶴青磁を見とどけた時の寒気《さむけ》が、しばらく背中にもむねからも去らないことを知った。

・青年は穏かな眼の中にたっぷりと構えた自信のようなものを見せて、本物でしょうかと取りようによっては、幾《いく》らかのからかい気分まで見せた。

・青年は、この青磁は、生前、父がとくにたいせつにしていた物で、青年個人の事情で三万円くらいで売りたいと思っているが、或《あ》る随筆を読んで彼に買って貰《もら》えば余処者《よそもの》の手に渡るよりも嬉《うれ》しいと思って上ったのだと言う。金額も三万円が無理なら下げてもよいが、外の人の手に渡すより彼の手元にあれば、父が青磁を愛していたおもいも、とどまるような気もして預けることができる気がすると、青年は真率に述べた。

・彼は、この青磁は相当な逸品で大変な値のつくものだが、自分はそういう金は持合《もちあわ》せていないし、一流の美術商に任せるべきであると話した。

・青年は彼のいう市場の価値にぞっとして驚いたらしかったが、たとえ市価がどうあろうと一度持参した物だから、彼の心持《こころもち》を添えていただければ、それで沢山なのだと、真底からそう思っているらしくいったが、彼は、価値の判定しているものに対して、人をだますような事は出来ない、と東京の信用の於《お》ける美術商を紹介してやった。

(3) 青磁に対する「彼」の思い（56行目～最終行）

・客は間もなく立ち去ったが、彼はその後で損をしたような気がし、その気持《きもち》が不愉快だった。青年の持参した青磁は逸品であり、二度と手に入る機会はないものだった。当然彼の手にはいったも同様の物を、自ら逃したことは惜しくもあった。しかし、やすく手にいれるみすぼらしさ、文学を勉強した者のすることでない汚なさを考えると、あれはあれで宜かったのだ、と心までくさっていないことが、喜ばしかった。

・因縁がなくて手に出来なかった四羽の鶴は、その生きた烈《はげ》しさが日がくれかけても、昼のように皓々《こうこう》として眼中にあった。

【資料】の概要

・全幅的に頭の下《さが》る蒐集に出逢《あ》ったためしがない。例えば猫に因《ちな》んだものなら何なりと集めるような蒐集は価値の大きなものとはならない。猫を現したものだという「こと」に興味が集注されて、それがどんな品物であるかは問わなくなるからである。それは珍《めず》らしい「こと」への興味で、それが美しい「もの」か醜い「もの」かは別に問わない。そういう蒐集は質的に選練される見込みはない。

・真に質のよい美術品の蒐集はほとんどない。筋の通った蒐集が少《すくな》いのは、集める「こと」、自分のものにする「こと」、自慢する「こと」等に魅力があるからだ。而《しか》も標準は大概、有名なものである「こと」、時には高価なものである「こと」でさえある。「もの」を見るより、「こと」で購《あがな》う。「物」をじかに見ているなら、集める物に筋が通る筈《はず》である。いつも玉石が混合して了《しま》うのは、蒐集する「こと」が先だって了うからだ。蒐集家は「こと」への犠牲になってはいけない。

問1 13 ③ 《心情把握問題》

傍線部Aにおける「彼」の心情を問う問題。ここの場面は、「彼」が美術商を見回りながら信州の町を散策しているところである。「彼」は美術品に関心が高く、見るべくもないようなちょっとしたものでも、眼をとめて見てしまうらしい。それを「彼」は「何という意地の汚なさであろう」と思い、「定見のない自分に惘れていた」。一方で、東京ではもっと時間をかけて見るべきものもあるのだが、と田舎の町でもとめる価値のあるものを何も見つけられないことに、さびしさを覚えているのである。以上を踏まえると、正解は③。

①「東京から離れてしまった我が身を顧みて」が誤り。東京と違って信州の町では見るべきものを見つけられないことが悲しいのであり、東京から離れたことに心細さを感じているわけではない。

②「信州の美術商なら掘り出し物があると期待して、ちょっとした品もしつこく眺め回してみたが」が誤り。ちょっとした品にも眼をとめてしまうのは、「彼」が言うには自分の「意地の汚なさ」や「定見のな」さの問題であり、「掘り出し物があると期待して」いたわけではない。

④「遠く離れた故郷を思い出し、しみじみと恋しく懐かしくなっている」が不適。①と同様に、東京に対する郷愁の念をもっているわけではないため、誤り。問題文4行目に「郷愁」とあることからやや紛らわしいが、ここは「ありふれた壺に、ちょっとでも心が惹かれること」を「彼」が「郷愁」という言葉で名づけていただけであり、東京に郷愁の念をもっているという意味ではない。

⑤「どこへ行っても求めるものに出会えず」とあるが、東京には見るべきものはあると言っているので、誤り。

問2 14 ① 《表現把握問題》

本問は「雲鶴青磁」についての表現を問うものであり、20行目から29行目にかけて、青磁の在りようやその美しさ、それを「彼」がどのように受け取ったのかが詳細に描き出されている。

①第三羽の鶴が、烈しい啼《な》き声を発しながら羽ばたいていくさまが、翼際の骨の様子や、とさかの立ち毛に着目して表現されている。これらが「熱っぽい

「……ほてり」「平たい鋭さ」と感覚的な表現によって強調されているのは、鶴の姿を生き生きと表現するためであり、また、それをつくづくと眺めている「彼」の興奮を描くためだと考えることができる。よって不適切な点はない。

②「卑俗（＝品がなく、俗っぽいさま）なもののように表現されている」という点が誤り。ここは陶器そのもののあでやかさや、飛翔する鶴のはっきりと力強いさまが描かれているところであり、「卑俗」さは感じられない。

③選択肢の前半の22行目「見入った」、28行目「見とどけた」など「彼」の見る動作が繰り返し描写されるとしている点の説明に誤りはない。しかし、後半の「鶴の動きを分析しようとする『彼』の冷静沈着な態度」が誤り。ここは「彼」が青磁の美しさに興奮し、飛翔する鶴の羽根や脚先に至るまでをじっくりと見つめている様子が描かれており、「冷静沈着」に鶴の動きを分析しているわけではない。

④選択肢前半の「とろりと」「ふわふわ」といった擬態語は、人や物の様子を文字でそれらしく表現したものである。擬態語は、読み手が人や物の状態を直感的にとらえやすくなるという効果があり、「卑近な印象を持たせ」るためのものではないので誤り。後半に「この陶器の穏やかなたたずまいに対して『彼』の感じた慕わしさ」とあるが、28行目に「この恐ろしい雲鶴青磁」とあるように、「彼」はこの陶器に「慕わしさ」ではなく、「寒気」すら感じるような緊張感や恐ろしさを感じたと書かれており、誤りである。

⑤選択肢の前半にある25行目「黒い立ち毛」や27行目「翼は白く」は、鶴の姿かたちを表現しているため、白黒の表現が多いものと思われる。だが、20行目には「濃い乳緑」と青磁の地の色も指摘されているため、「他の色をあえて用いない」という指摘は誤りである。後半の「かえって陶器の色鮮やかさに目を奪われている」も前半の説明が間違っているため、その効果も不適切である。

以上から、正解は①である。

問3 **15** ⑤ **16** ⑤ **《心情把握問題》**

(i) 「彼」が何を「からか」われていると感じたのかを考える問題。

傍線部Cの直前を見ると、青年が「幾らかのからかい気分まで見せていった」のは、「これは本物でしょうか」という一言である。したがって、その「からかい」の内容は、見せられた青磁の真贋《しんがん》や価値を「彼」が正しく見抜けるかどうかに関することだとわかる。したがって、正解は⑤。

①は「陶器に対する愛情の強さを冷やかされている」は陶器の真贋とは無関係なので、不適切。

②はやや紛らわしいが、文頭に「人物」が入っているのが誤りである。人物の見きわめは関わっていない。

③は「陶器を見て自分が態度を変えたことを軽蔑されている」も①と同様に、陶器の真贋の指摘がなく、不適切。

④は「陶器におののいているさまを面白がられている」もからかいの対象として誤り。

(ii) 「からかい気分」を感じ取った「彼」の心情を説明する問題。

傍線部Cに至るまでの「彼」の心情の動きに着目して、場面を整理する。

（「彼」は青年の持ってきた「雲鶴青磁」のあまりの素晴らしさに見惚《ほ》れ、その色味や一羽一羽の鶴の姿をじっくりと見つめている。）

・彼はこの恐ろしい雲鶴青磁を見とどけた時の寒気が、しばらく背中にもむねからも去らないことを知った。

↓

・客の青年は穏かな眼の中にたっぷりと構えた自信のようなものを見せて、これは本物でしょうかと取りようによっては、幾らかのからかい気分まで見せていった。併《しか》しそれはあまりに驚きが大きかったために、彼がそういう邪推をしてうけとったものかも知れなかった。

客の青年は、青磁を「彼」に見てもらいたいと持ってきておきながら、「たっぷりと構えた自信のようなもの」を見せつつ、青磁に見入る「彼」に「これは本物でしょうか」と尋ねてきたのである。とすれば、**この青年は実はこの青磁が本物であることを知っていて、自分にきちんと正しい見極めができるかどうか試すために、あえてこの質問をしたのでは、と勘繰り、自分が「からか」**

われているように感じたのである。ここでの「彼」の心情をまとめる。

・青磁のあまりの素晴らしさに衝撃を受けた。
・たっぷりと構えた自信のようなものを見せる青年が、本当はこの陶器の価値を正しく知っているのではと勘繰った。

この二点を踏まえた⑤が正解である。

①は「盗品を持参したのではないか」が誤り。「盗品」を持ってきたのではないかと考えた根拠が問題文にはなく、誤り。

②は「軽妙さを見せた青年が自分をだまそうとしているのではないか」が誤り。「軽妙」は〈文章などが軽快でうまみがあること〉だが、青年が見せた「たっぷりと構えた自信のようなもの」や「からかい気分」は「軽妙さ」とは合わないので不適切。また、「だまそうとしている」もここでは誤り。「だまそうとしている」と思ったのではなく、陶器の本当の価値を知った上で、自分を試そうとしているのではないかと思ったのである。

③は「青磁の価値に怖じ気づき」が誤り。陶器の素晴らしさにひどく驚いてはいるが、その価値に「怖じ気づ」いたわけではない。また、「青年が陶器を見極める眼を持っていると誤解」も誤り。青年に陶器の真贋を見極める能力があるかではなく、青年がその陶器の価値を知っているのではと考えたのである。

④は「軽薄な態度を取る青年が自分を見下しているのではないか」が誤り。②と同じく、青年が見せた「たっぷりと構えた自信のようなもの」や「からかい気分」は「軽薄な態度」とはいえないので不適切。

問4 **17** ④ **《心情把握問題》**

傍線部Dの「真率さ」は〈まじめで、飾ってよく見せようとするところがないさま〉を表す。この場面は、青年が「彼」に、持参した青磁は父がたいせつにしていた遺品であること、その品を「彼」に買い取ってもらいたいと考えている理由を述べているところである。この時の青年について「彼」がどのように受け止めているか、青年の言葉や態度も踏まえて考える。

・（この青磁は）父が就中《なかんずく》（＝とくに）、たいせつにしていた物だが、二年前父の死と同時にわすれられて了《しま》って……。
→ふたたびこの若い男の眼に飢えたような例のがつがつしたもの（＝10行目：その飢えは金銭にある）が、うかべられた。（33〜34行目）
・実は私個人の事情でこの青磁を売りたいのですが、……私は三万円くらいに売りたいと思っているんです。……私は或る随筆を読んであなたに買って貰えば余処者の手に渡るよりも嬉しいと思って上ったのだ……。（34〜37行目）
・若し三万円が無理なら商店の付値《つけね》（＝二万円）と私の付値の中間で結構なのです、外の人の手に渡すよりあなたのお手元にあれば、そのことで父が青磁を愛していたおもいも、そこにとどまるような気もして、あんしんしてお預けできる気がするのですと、その言葉に真率さがあった。（42〜44行目）

ここからは、青年について次の二点が読み取れる。

・青年が金銭的な問題を抱えている。
・それにもかかわらず、青年は、値段を下げてもいいから、この人ならと見込んだ人に父が生前愛した青磁を引き取ってもらいたいと考えている。

そして、そうした青年の姿勢に、「真率さ」がうかがえたと「彼」は受け止めている、というのである。したがって、この内容を踏まえた④が正解。「実直さ」とは「まじめで正直なこと」であり、「真率さ」の言い換えと考える。

①まず、金銭的な問題を抱えつつも、「彼」に青磁を買い取ってもらいたいと考えていることが説明されておらず、不適切。また、そうした姿に青年の真率さを見た、という内容なので、「最後まで可能性を追い求める青年の懸命さがある」も誤り。

②「市価よりも高い値段で青磁を買い取ってくれるだろうと期待する」が、

問題文の「若し三万円が無理なら商店の付値と私の付値の中間で結構なのです」と矛盾する。

③「陶器への態度が父と重なる人物を交渉相手に選ぶ」が不適。「彼」の随筆を読んで、この人ならと見込んだことは問題文からわかるが、「陶器への態度が父と重なる」かどうかは、根拠がなく判断ができない。また、「両親への愛情を貫こうとする青年の一途さ」も「真率さ」の意味とは合わない。

⑤「いたしかたなく形見の青磁を手放そうとする」が誤り。青磁を売りたいという青年の眼には「飢えたような例のがつがつしたもの」があると問題文では指摘されており、その「がつがつした」ものと「いたしかたなく……手放そうとする」様子とは合わない。

問5 **18** ①《理由把握問題》

客の青年が立ち去ったあとの、「彼」の心情の理由を考える問題である。傍線部Eには指示語「その」があるので、まずはそこを押さえておきたい。直前を確認すると、「彼はその後で損をしたような気がし」たとあることから、「損をした」ように感じてしまったことが不愉快だった、とわかる。したがって、「損をした」と「彼」が考えたのはなぜか、そして、「損」だと感じたことを「不愉快」に思ったのはなぜかを考える。

・彼は当然、価格の判定しているものに対して、人をだますような事は出来ない、東京に信用の於《お》ける美術商があるからと彼は其処《そこ》に、一通の紹介状を書いて渡した。

↓

・客は間もなく立ち去ったが、彼はその後で損をしたような気がし、その気持が不愉快だった。しかも青年の持参した雲鶴青磁は……逸品であり、再度と手にはいる機会の絶無の物であった。……当然彼の手にはいったも同様の物を、まんまと彼自身でそれの入手を反らしたことが、惜しくもあった。

ここから、「損をした」と「彼」が考えてしまったのは、二度と手に入らない逸品に対して破格の値段で買う機会を自ら逃したことが惜しかったから、ということがわかる。では、青磁を手に入れる機会を逃して「損をした」と考えたことが、なぜ「不愉快」なのだろうか。彼は、「価格の判定しているものに対して、人をだますような事は出来ない」と、青年に誠実に接して、自ら美術商を紹介してやったが、一方で青磁を青年の言うままに買わなかったことを惜しいとも思っている。そうした自分の姿にいやしさや浅ましさを感じて、それが「不愉快」だったと考えることができるだろう。したがって、

a 「彼」は青年に誠実に接して、美術商を紹介してやったが
b 逸品を安く手に入れる機会を自ら逃して後悔した
c 自分のいやしさや浅ましさを腹立たしく思ったから。

と、読み取ることができる。これを踏まえると、①が正解である。

②「その期待に応えられなかった自分の狭量さ」が誤り。「彼」は「価格の判定しているものに対して、人をだますような事は出来ない」と青磁を買い取ることを拒んだのであり、青年の期待に応えられなかったことに自分の度量の狭さを感じたという説明は不適切である。

③「父の遺品を自宅から独断で持ち出した青年の焦燥感」が誤り。確かに父の遺品を持ち出したのは青年の判断だが、「若し母が知ってもひどくは咎《とが》めない筈《はず》です」とあるため、青年が「焦燥感」を覚えているとは考えられない。また「自分の小心さ」も誤り。「彼」はある意味信念をもって、美術商を紹介したのである。そこに「小心さ（＝気が小さくて臆病なこと）」は感じられない。

④「逸品を入手する機会を前にしてそれに手を出す勇気を持てなかった自分の臆病さ」が誤り。「彼」は自分の意志で購入を拒んでいるので、「手を出す勇気を持てなかった」わけではない。

⑤「品物の素晴らしさに感動するあまり陶器の価値を正直に教えてしまった自分の単純さ」が誤り。この選択肢では陶器の価値を正直に伝えるか否かで、青年と「彼」との間で無言の駆け引きがあったように書かれているが、そうし

た内容は問題文にはない。また、青年の態度と自分とを比較して、「自分の単純さ」に落胆した、という内容も問題文に根拠がない。

問6 **19** ① **20** ② **《複数文章の内容把握問題》**

(i) **【話し合いの様子】**の中の空欄を埋める問題である。Aさんの「批判されているのは『猫を現したもの』なら何でも集めてしまうような『蒐集』のあり方」という発言を受けて、Bさんが、その「蒐集のあり方」を空欄Ⅰだとしている。この何でも集めてしまう「蒐集」のあり方が**【資料】**では次のように説明されている。

> ・そういう（＝猫に因んだものなら何なりと集める）蒐集はどうあっても価値の大きなものとはならない。
>
> ↑（なぜなのか）
>
> ・**猫を現したものだという「こと」に興味が集注されて、それがどんな品物であるかは問わなくなるから**である。だから二目と見られぬようなくだらぬものまで集める。**質よりも量なのだから、**特に珍らしい品に随喜して了う。併《しか》しそれは**珍らしい「こと」への興味で、それが美しい「もの」か醜い「もの」かは別に問わない。**

ここから、「猫を現したもの」なら何でも集めてしまうような「蒐集」が批判されるのは、**質より量を集めることに力を入れてしまい、それが美しい「もの」かどうかが問われないから**、とわかる。したがって、正解は①である。

② 「美しいかどうかにこだわりすぎて」が不適。筆者の主張とは反対である。

③ 「他者との交流が失われること」が誤り。**【資料】**では、「猫を現したもの」ばかりを集めてしまうような「蒐集」を批判する理由に、「他者との交流」が関係するとは指摘されていない。

④ 「対象との出会いを受動的に待つこと」が誤り。**【資料】**では、「猫を現したもの」ばかりを集めてしまうような「蒐集」を批判する理由に、「対象との出会い」に対する主体性が関わるとは書かれていない。

⑤ 「質も量も追い求めた結果」が誤り。**【資料】**では「質よりも量」だと述べている。

(ii) 空欄Ⅱは**【話し合いの様子】**の後半で、教師の発問に対するAさんの返答が入ると考えられる。**【資料】**では、集める「こと」や自分のものにする「こと」、それが時に高価なものである「こと」に執着すると、筋の通った蒐集にはならないと指摘し、「もの」をじかに見ることが重要であると述べられている。さらに**【資料】**をもとにして、Aさんの発言の直前にあるBさんの発言をとらえ直そう。「彼」はその場にないはずの壺の絵が「眼中にあ」るほど、壺をじっくり見ており、結果としては、壺を自分のものにする「こと」はできなかったけれど、壺の与えた強い印象が「彼」の中に残ったのだと考えることができる。ここから、**入手する「こと」に執着するのではなく、「もの」と真摯に向き合う「彼」の姿**を見てとることができる。最後に教師は、「彼」を「『もの』と真摯に向き合う『蒐集家』」と評価しており、これも選択肢を吟味するヒントになる。

① 「『もの』に対する強い関心に引きずられ、『こと』への執着がいっそう強められた」は、「蒐集家」である「彼」の評価として反対の内容なので不適切。

② 前半「入手するという『こと』を優先しなかったからこそ」は、これまで考えた内容と合致しており、正しい。後半「『もの』の本質をとらえられた」も、「もの」と真摯に向き合う「彼」の姿勢を説明したものと考えてよい。

③ 「貴重である『こと』にこだわり続けたことで」が誤り。「蒐集家は『こと』への犠牲になってはいけない」という筆者の主張に反する。

④ 「所有する『こと』は諦められなかった」が誤り。「彼」は「所有する『こと』」に執着せず、壺を買い取らなかったのである。

⑤ 「所有する『こと』の困難に直面」が誤り。「彼」は、所有したくてもできなかった、というわけではなく、自ら入手を拒んだのである。また、「『もの』から目を背ける」というのも、最後の教師の評価に反する。

したがって、②が正解。

第3問

出典 藤原道綱母《ふじわらのみちつなのはは》『蜻蛉日記《かげろうにっき》』**【資料】**『古今和歌集《こきんわかしゅう》』

『蜻蛉日記』は、平安中期の歌人・藤原道綱母が、天暦《てんりゃく》八（九五四）年の藤原兼家との結婚から、兼家の訪問が途絶える天延二（九七四）年までを記した、上中下巻からなる自伝的回想記である。兼家との結婚生活の苦悩や、子・道綱への愛情など女性である作者の心情が赤裸々に描かれる。女流日記文学の先駆的作品。問題文は上巻のうち康保《こうほう》元（九六四）年の記事で、作者を支えてきたかけがえのない母が亡くなり、作者の孤独や寂しさが深まっていく場面である。

『古今和歌集』は、平安時代前期の延喜五年（九〇五）、醍醐《だいご》天皇の勅命によって編纂された日本最初の勅撰和歌集である。編者は紀貫之《きのつらゆき》・紀友則《とものり》・凡河内躬恒《おおしこうちのみつね》・壬生忠岑《みぶのただみね》の四人。

【出題の特徴】

著名な日記文学の一節を取り上げ、主に段落ごとの解釈を問うている。問題文の特徴は和歌三首及び引歌が含まれることで、本試験で和歌が一首に減り、場面の状況を把握する読解力が重視されたことと非常に対照的である。

問1の語句解釈問題は二〇二一年の本試験第二日程と同様二問であった。形式面では、正答を二つ選ぶもの（**問2**）、適当でないものを選ぶもの（**問5**）が見られた。新傾向問題は**問4**で、資料を参考に、引歌の効果を理解する力が問われた。和歌に関する問いは増えたものの（**問2**・**問4**）、二〇二一年の本試験第二日程が文章全体に目を配らなければならなかったのに対し、今回は段落が適宜指定されており、照合作業自体は比較的しやすくなったといえる。また選択肢の表現も問題文に忠実なものが多く、基礎的な語彙力が備わっていれば、余裕をもって取り組めよう。

【概要】

(1) 母の死と「みみらくの島」（1段落～2段落）

・周囲の人々によって葬儀のあれこれを済ませた後、みな喪に服すため山寺に籠もる。嘆き明かす作者は、ここで死にたいと思うが、自分を生かそうとする人がいるので、その者を恨めしく思う。

・十日ほどが過ぎ、僧らが故人の姿が見えるという「みみらくの島」について話しているのを聞く。「どこにあるのか知りたい」という歌を詠むと、兄も泣きながら「私も島を訪ねたい」という歌を詠んだ。

(2) 兼家の対応と帰京（3段落～4段落）

・兼家は毎日見舞いに訪れ、穢れのために作者に会えないもどかしさをわずらわしいほど書いてよこすが、悲しみに呆然とする作者の心には響かない。

・山寺を発《た》つ日になった。山寺に来る時の、母と自分の心を励まし続けた車中での様子を思い出し、それとは対照的な、一人でゆったりと乗車している状況に、母の不在を感じて悲しみが募る。

(3) 帰宅後の庭と人々の様子（5段落～6段落）

・母の発病以来、そのままになっていた庭に咲き乱れる草花に、主人を失い荒廃した庭を詠んだ『古今和歌集』の歌が思い出され、それとは対照的な眼前の庭に亡き母を偲《しの》ぶ歌を詠んだ。

・みなが一カ所で喪に服すため、仕切りなど準備する中、作者だけが悲しみが紛れることなく泣き続ける。四十九日の法事は兼家が取り仕切り、弔問客も多かった。服喪期間が過ぎてみな去っていき、ますます心細さが増す作者を、兼家は以前より足繁く訪問するようになった。

問1 21 ② 22 ⑤ **《語句の解釈問題》**

(ア) 傍線部には難解な表現こそないものの、「みな」や「し（す）」が指す内容を適切に押さえる必要があり、柔軟な読解力が求められる。傍線部を品詞分解すると、名詞「みな」＋サ行変格動詞「す」連用形＋タ行下二段活用動詞「はつ」連用形＋完了の助動詞「つ」となり、〈みな、し終わった〉と逐語訳できる。このうち「はつ」は主に補助動詞としてよく用いられるため、押さえておこう。

> **はつ（果つ）【タ行下二段活用の動詞】**
> 〈終わりになる〉〈命が尽きる〉の他、今回のように動詞に接続して〈すっかり……する〉〈……し終わる〉の意。

直前の内容は、注が多くついていることから、わかりやすい。すなわち作者の亡き母の葬式やその後始末などを世話する人が多かったために、「みな、し終わった」とある。よって「みな」を葬式やそれにまつわる諸事と解し、それら準備がすべて終わったと解釈する②が正解。

①は「しはてつ」を「疲れ果てた」と訳出するが、直前にない「疲れた」という表現を「す」がうけるとは考えがたい。くわえて「疲れる」という心理的な動詞に対し「す」を用いることにも大いに違和感がある。よって不適。

③は「みな」を「一通り」と解釈する点で不適。「一通り」では「ざっと、あらかた」という意味になり、すべての準備が済んだという意味にはならない。また「体裁を整えた」は「しはてつ」のうち「はつ」の訳が反映されていない。

④の「見届け終わった」は、「みなし」をサ行四段活用動詞「みなす」の連用形で解釈したことによる表現である。しかし、「準備を世話する人が多くて」という理由に対する結果を「見届け終わった」とするのは文脈にそぐわない。

⑤は「す」を「悲しみ」と解釈するが、④と同様、「準備を世話する人が多くて」という直前の内容と対応せず不適。

(イ) 傍線部の重要表現は次の通り。

> **さらに【副詞】**
> 〈くわえて、もう一度〉〈いっそう、ますます〉といった重なるイメージの意味の他、打消表現に呼応し〈決して、まったく（ない）〉と訳すことに注意。
>
> **ものおぼゆ【ヤ行下二段活用の動詞】**
> 〈物事の判断ができる〉ゆえに〈正気である〉意。また子どもに対して〈物心がつく〉とも訳す。

「ものおぼえず」と打消の助動詞が接続していることから、〈物事の判断ができない〉〈正気でない〉と解釈しなければならない。作者の深い悲しみが、まったく分別がつかないような状態になるほどである点を適切に解釈した⑤が正解。

①「たとえようがない」、③「思い出したくない」、④「何も感じない」は「ものおぼえず」の訳として不適。②「考えられない」は「正気でない」の意訳ともとれなくもないが、前半の「これ以上は」という表現は「さらに」の訳として適切でない。

問2 23・24 ③・⑥（順不同）**《内容把握問題》**

問題文の内容と合致する選択肢を選ぶ問題である。段落が指定されており照合しやすいものの、2段落には和歌があるためその解釈に注意したい。段落ごとの内容を確認しよう。

2段落は、僧たちが亡くなった人を遠くから見ることができる「みみらくの島」について話しているのを聞いた筆者が、「ありとだに……」の歌を詠み、それをうけて兄も泣きながら「いづことか……」の歌を詠むという場面である。

まず「ありとだに……」の歌を逐語訳すると、〈あるということだけでも、遠くからでも見たい。（「みみらく」の）名をもっているならば、私に聞かせてほしい、みみらくの島よ〉となる。「遠くから見たい（よそにても見む）」というのは亡き母の姿であり、「せめてそこにあるということがわかるだけでもよい

から、母の姿を一目見たい、どこにあるか教えてほしい」とみみらくの島に呼びかけるような歌である。その歌に応じた「いづことか……」の歌は、〈どこにあるのか、話にだけ聞くみみらくの島よ、その島に隠れてしまった（亡くなった）人を訪ねたいものだ〉と解釈でき、兄も作者も「みみらくの島」を訪ね母の姿を一目見たいのだという気持ちを詠んでいることがわかる。

[3]段落は場面が変わり、作者と夫・兼家の様子が描かれる。注4にあるとおり、兼家は穢れを避けるために立ったまま見舞いに訪れるが、作者は「ただいまは何心もなき」状態であった。「何心」は〈どのような心、気持ち〉の意で、どのような気持ちもない、つまり〈配慮や正気をもっていない、思慮分別もない〉という意味であり、深い悲しみのあまり何の判断もできないような作者の様子を指す。そのような相手に対し兼家は、穢れのせいで会えないもどかしさ（「穢らひの心もとなきこと」）や気がかりな思い（「おぼつかなきこと」）を、「むつかしきまで書きつづけ」たのであった。「むつかし」は重要単語である。

> **むつかし【シク活用の形容詞】**
> 動詞「むつかる（むづかる）」と同語源の語とされる。(1)〈不快である、うっとうしい、わずらわしい〉の意で、そういった印象を与える対象に(2)〈気味が悪い、むさくるしい〉と感じる意もある。(3)〈複雑で理解しづらい〉〈困難である〉の意は主に近世以降のもの。

つまり兼家が書き連ねる思いは、作者にとってはわずらわしいだけであり、何もわからない状態の作者は、その内容を確かに覚えてはいないと記している。以上を踏まえ、選択肢を検討する。①～③はみみらくの島や作者と兄の歌に関する内容であるから[2]段落を、④～⑥は作者と兼家の関係を説明したものであるから[3]段落を踏まえればよい。

①は僧の雑談を耳にした作者の心情を説明したもの。「悲しうおぼえ」たのは「いと知らまほしう」つまり「（みみらくの島のありかを）たいそう知りたい」と思ったからであり、「不真面目な態度」ではないため不適切。

②はみみらくの島の話を聞いた作者の反応に関するもの。作者は僧の話を聞いて、母の姿を遠くからでよいから一目見たいという「ありとだに……」の歌を詠んでおり、「半信半疑」という説明は適切でない。また「知っているなら詳しく教えてほしいと兄に頼んだ」という解釈は「ありとだに……」の歌の下の句のものとして不適切である。「私に場所を聞かせてほしい」という願いは、「みみらく」という名をもった（「名にし負はば」）みみらくの島に向けたものであり、兄に向けてのものではない。

③は[2]段落のうち兄の「いづことか……」の歌に関するもの。当該歌の解釈はすでに示した通りで、選択肢「その島の場所がわかるなら母を訪ねて行きたい」は下句「島がくれにし人をたづねむ」と一致し、適切。なお当該歌の「島」は「みみらくの島」と「島がくれ」の両方にかかる。「島がくれ」は「死ぬ」の遠回しな表現である。なお、他にも「雲隠れ」といった表現があり、ラ行下二段活用動詞「隠る」のみでも同様の意味になる。

④は「兼家にいつ会えるかはっきりしないと伝えた」という作者の行動は、問題文の「ものおぼえざりしほどのことなればにや、おぼえず」と合致せず、不適切。会えないもどかしさを訴える兼家に対し、どう対応したか覚えていないとある。

⑤の、兼家の作者に対する態度が「だんだんといい加減」になったとする内容が不適切。兼家は毎日見舞いに訪れ、作者がわずらわしく（「むつかしきまで」）思うほどに思いの丈を書いてきていた。

⑥は兼家の「むつかしきまで書きつづけて」という行動やそれに対する「ものおぼえざりし……おぼえず」という作者の対応の説明として適切。

問3 25 ⑤ 《心情把握問題》

本問も**問2**と同様、対象となる段落が指定されており、選択肢との照合がしやすい。一方で[4]段落は心情描写が書き連ねられており、問われている作者の心情がかなり把握しづらいという側面もある。語意を適切に踏まえながら、一つ一つ心情を解釈していこう。

一文目「里にも……日になりぬ」について。「心にまかす」は〈自分の思うままにする〉〈思い通りに事が運ぶ〉意の表現で、打消表現を伴うことも多い。

ここでも「心にしまかせねば」と打消表現を伴っており、〈(私の)思い通りにもできないので〉つまり急いで帰るつもりはなかったものの、そのまま山寺に居続けることもできず、結局山寺を発ったことが述べられている。
続く二文目「来し時は……頼もしかりき」は、作者が山寺へ来た時の回想である。「膝に臥し給へりし人」とは敬語表現から亡くなった母親だとわかる。母に対して、なんとか(車中で)楽なように(「いかでか安らかに」)と、汗だくになりながら気を配る作者であったが、その時には「さりともと思ふ心そひて、頼もしかりき」という心情であったことが記される。

さりとも【接続詞】
〈そうであっても、そうはいっても〉〈いくらなんでも、それにしても〉など、前に述べた内容をうけて、その反対の事態を期待する表現。
たのもし【シク活用の形容詞】
頼みにできるさまを指し、〈信頼できる、頼りになる〉〈心強い〉意や、希望があるさまを指し〈期待ができる、楽しみに思われる〉意。

母は作者の膝に寄り臥しているものの、「さりとも」つまり、〈そうはいっても山寺の療養で病は癒えるだろう・亡くなることはないだろう〉という希望があったために、介抱にも張り合いがあったのだという。
三文目「此度は……いみじう悲し」は前文とは対照的な帰り道の様子を述べたもの。「いと安らかに〈たいそう気が楽で〉」、「くつろかに乗られたる〈ゆったりと車に乗っていられる〉」という表現をそのまま受け取って、肩の荷が下りたような作者の安堵する気持ちを読み取ることは適切ではない。病人に気を遣う必要のなくなった車中の「あさましきまでくつろかに」つまり驚くほどゆったりした気持ちは、行きの車中での必死の介抱や快癒の希望、さらにその時はまだ生きていた母の不在をくっきりと浮かび上がらせ、作者に「いみじう悲し」という心情を抱かせたのである。以上を踏まえて選択肢を検討しよう。
①の「自宅には帰りたくない」「山寺を去ることを不本意に思って」という解釈は、一文目の内容と異なり不適。「里にも急がねど」からは、いつか自宅に帰る必要があるとわかっていながら渋っていた内面が読み取れる。つまり、どうしても山寺に残りたかったというわけではない。
②は「母の不安をなんとか和らげようと、母の気を紛らすことに必死」という解釈が不適切。たしかに「いかでか安らかに」を母の心中が穏やかになるように手を尽くす描写と解釈することは可能だろうが、「母の気を紛らすことに必死」に該当する表現はない。
③は「母の死を予感して」という説明が「さりともと思ふ心そひて」と矛盾するので不適切。具合の悪い母ではあったが、作者は行きの車内ではまだ希望をもっていた。
④は「さりともと思ふ心」を適切に説明しているが、「頼もしかりき」を「僧たちを心強く思っていた」と解釈する点が不適切。前述のとおり「頼もし」には〈信頼できる、頼りになる〉意があるものの、その理由は「さりともと思ふ心そひて」いるからであり、僧ではなく、治ることの期待に希望を寄せる心情が述べられていると解すべきである。
⑤は三文目の帰りの車中の心情を説明したもの。「介抱する苦労がなくなった」は「いと安らかにて、あさましきまでくつろかに乗られたる」と合致し、それにより「かえって母がいないことを強く感じ」たことは「……乗られたるにも、道すがらいみじう悲し」から読み取れるので、適切。

問4 **26** ⑤ **27** ④ **《複数文章の比較読解問題》**
関連する資料を読み、問題文の理解を深めるための問題である。新傾向問題であるが、複数の文章を用いる問いは試行調査以降、何度かみられたものであるから、落ち着いて取り組みたい。
(i) **【資料】**のみを踏まえる問題で、詞書と和歌を適切に解釈する力が求められる。詞書の解釈では、基本的に詠者(御春有助)視点であることに注意する。
①伝聞推定の助動詞「なり」は終止形およびラ変型活用語の連体形に接続する。直前の「ず」は打消の助動詞だが、下に助動詞がくる場合は補助活用が用いられることを踏まえれば、連体形ではない、つまり伝聞推定の「なり」ではないと判断でき、誤りであるとわかる。ここでは、かつて藤原利基が住んでい

た部屋が、利基没後に「人も住まず」つまり誰も住まない状態になったことを述べており、そのまま「なる」と訳せることから動詞「なる」（連用形）と判別できる。仮に「なり」が助動詞だった場合、打消「ず」・「なり」・完了「ぬ」・過去「けり」と助動詞が四連続することになり、大いに違和感があろう。

②利基がかつて住んでいた部屋を、有助がある秋の夜更けに訪ねたことが述べられている。ラ行下二段活用の動詞「見入る」には〈じっと見る、一心に見る〉意のほか、〈外から中をのぞきこむ〉の意がある。ここでは「ものよりまうで来けるついでに〈ある所から参上したついでに〉」とあり、後者の〈のぞきこむ〉という解釈が適切である。よって選択肢は不適切。

③「前栽《せんざい》」は庭先に植えた草花、あるいは植え込みのある庭自体を指す。庭や屋敷を囲うものを「垣」などというが、「前栽」と「垣（垣根）」は異なるものである。よって不適切。

④「はやく」はまず形容詞「はやし」の〈早い〉〈速い〉〈勢いが激しい〉といった意味が思い浮かぶが、直後の「侍りければ〈仕えていたので〉」という表現に合わない。よってここは副詞「はやく」と解したい。

はやく【副詞】
形容詞「はやし」が副詞化した語。〈以前に、昔〉〈すでに〉〈もとから〉の意。

つまり荒れた庭を見た有助は、以前利基に仕えていたので、その昔を思い出して次の歌を詠んだ、という詠作状況を説明しているのである。よってここには「時の経過に対する驚き」という心情は含まれておらず、不適切。

⑤ラ行変格活用動詞「侍り」はここだと〈伺候する、仕える〉の意。「そこ」は主に場所を指す表現だが、ここでは利基の部屋、ひいては利基に仕えていたことを示している。よって適切。

(ii) 【資料】と問題文との対比を説明するものだが、問2・問3同様、段落が指定されているため比較的照合しやすい。ただしどちらも和歌が含まれるため、韻文の解釈力が求められる。

まず5段落の内容を確認する。自宅に到着した作者の目に映ったのは母との思い出の庭であった。かつて母とともに庭先に出ては（従者に）手入れさせた草花は、「わづらひしよりはじめて、うち捨てたりければ」つまり〈母の発病以来、ほうっておいていたので〉、生い茂り色とりどりに咲き乱れている。物思いに沈む作者はその庭を前に「ひとむらすすき虫の音の」という『古今和歌集』の和歌【資料】を口ずさみ、また歌を詠む。

「手ふれねど花はさかりになりにけり」とは、母が発病して以降、手入れすることがなくなった庭が花盛りになっている眼前の様子を描写したもの。下句は少し解釈しづらいが、「とどめおく」が〈残しておく、あとに残す、この世に残す〉といった意味であることを踏まえれば、亡き母が残した露によって花が咲き誇っていると詠んでいると解釈できる。

次に【資料】について。詠歌状況は(i)で確認した通り。「君が植ゑし……」の歌は荒廃した庭を見て、〈あなた（＝利基）が植えた一群のすすきは、今では虫の声がさかんで、草が生い茂る野原のようになってしまったことよ〉と詠んだものである。では5段落と【資料】の内容を整理し、選択肢を検討しよう。

5段落
・亡き母と作者が手入れしていた庭
・母が病に倒れてから手入れをしていなかった
・花は色とりどりに咲きほこっている
・〈歌〉母が残した露によって手入れしていなかった庭が花盛りである

【資料】
・かつて仕えていた利基の部屋
・誰も住んでおらず、前栽も生い茂り荒れてしまっている
・〈歌〉利基が植えたすすきは草深き荒れ野のようになってしまった

①の指摘する共通点、および【資料】の状況説明は適切であるが、5段落の「母が亡くなる直前まで手入れをしていたおかげで」は「わづらひしよりはじ

めて、うち捨てたりければ」と矛盾するので不適切。

②は①同様、共通点の指摘は適切であり、また荒廃した庭の「虫の音」を印象づける「君が植ゑし……」の歌の解釈もよいが、「手ふれねど」によって「草花のたくましさ」が強調されていると解釈する点が誤り。手入れしていなかった庭で花が咲きほこっているのは、「とどめおきける露」すなわち亡き母が残してくれた露によってである。もちろんこれは比喩表現であり、草花にかかる露に、母の草花に対する愛情を重ねたもので、本当に母が水をやった結果の露ではない。

③は歌の解釈が適切でない。まず「君が植ゑし……」の歌の「虫の音」は荒廃した庭のさびしさを印象づけるものであって、それを「利基に聴かせたい」と読み取ることはできない。また「手ふれねど……」の歌は眼前に咲く花に母を思う気持ちが詠まれているものの、「いつまでも残しておきたいという願望」は歌のどの部分からも読み取れない。

④の指摘する共通点は①〜③と表現が異なるものの同義であり、適切である。また「君が植ゑし……」の歌の「もの悲しさが詠まれている」という解釈、また「手ふれねど……」の歌の「悲しみの中にも……花が咲きほこっていることへの感慨」という解釈も適切。生前大切にしていた庭が、手入れできなかったことでも荒れ果てていなかった。その「感慨」が「手ふれねど……」の歌からは読み取ることができる。作者は、同じように主人を失った庭を詠んだ「君が植ゑし……」の歌が思い出されつつも、それと違う庭の様子に強く心を動かされたのである。

⑤は「君が植ゑし……」の歌の解釈について「利基が植えた草花がすっかり枯れてすすきだけになった」が不適切。利基が植えたすすきが草深き荒野になったのである。また「まだ花が庭に咲き残っている」という庭の説明も不適切。「手ふれねど……」の歌の「花はさかりになりにけり」からは「まだ花が庭に咲き残っている」という生前からの継続性を読み取れない。

問5 **28** ③ **《表現効果の把握問題》**

6段落のどのような表現が、作者のどのような孤独を浮き彫りにしているかを適切に説明できていない選択肢を選ぶもの。それぞれ具体的な表現が冒頭で示されているので、適宜、問題文と照らし合わせていこう。

①の助動詞「めり」は「穢らひもひとつにしなしためれば、おのがじしひき局などしつつあめる中に」（20行目）、「おほかたのことを行ひためれば」（22行目）の三箇所に見える。すべて周囲の人々の行動に対して用いられ、そこに作者の姿はない。中でも20・21行目では、「めり」を用いて描く周囲の人々の様子に対して「我のみぞ紛るることなくて」とその断絶を強調しており、説明は適当であるといえる。

②「おのがじし」と「我」「わが」の描写は「おのがじしひき局などしつつあめる中に、我のみぞ紛るることなくて」（20・21行目）、「みなおのがじし行きあかれぬ。ましてわが心地は心細うなりまさりて」（23行目）に見え、確かに「繰り返し作者の状況が対比され」ている。また「我のみぞ紛るることなくて」「わが心地は心細うなりまさりて」には、諸事を済ませ、日常に戻っていく周囲の人々と、癒えぬ悲しみを抱えたままの作者との違いがはっきりと描かれており、「理解されない悲しみが表現されている」という説明も適切である。

③「仏をぞ描かせたる」は22行目に見え、一文は〈私の志として、仏像を描かせた〉と訳せる。四十九日の法要に際し、兼家が取り仕切り弔問客が多く訪れたのに対し、作者はただ供養の志を示すために仏像を描かせたという状況を踏まえれば、「兼家が仏の姿を描いてくれた」またそのことへの「感謝の気持ち」が表現されていると解釈することはできない。よって不適切なので③が正解である。

④「いとどやるかたなく」は23行目に見え、〈いよいよやるせなく〉などと訳す。その理由は直前にある通り、法要後それぞれ引き払い別れていった人々に対し、「ましてわが心地は心細うなりまさり〈いっそう私の気持ちは心細くなっていき〉」という状況にある。よって「親族が法要後に去って……作者の晴れない気持ち」という説明は適切。

⑤「人」は注10にある通り兼家を指し、その行動が作者の心細さを思いやったものであることが、作者自身に理解されていることがわかる。よって説明は適切といえる。

全訳

こうして、あれこれ行うこと（葬式やその後始末）などを世話する人が多くて、すべて済ませた。今はたいそうしみじみと感じられる山寺に（喪に服すため）集まって、物寂しい気持ちでいた。夜、眠れないまま、嘆き続けて夜を明かして、山の斜面を見ると、霧はなるほど（かの歌のように）麓に立ち重なっている。京へ帰るとしても、本当に誰の元へ向かえばよいのだろうか、いや、やはりここ（山寺）に居るまま死にたいと思うが、（作者を）死なせないようにする人がたいへん恨めしいことだなあ。

こうして十日あまりになった。僧たちが念仏の合間に話しているのを聞くと、「この亡くなった人が、はっきり見える所がある。そこで、近くに寄ると、消え失《う》せてしまうそうだ。遠くでは見えるということだ」「どこの国か」「みみらくの島という所だそうだ」など、口々に話しているのを聞くと、とても知りたいと思い、悲しい気持ちになって、このような歌が自然と口をついて出た。

ありとだに……せめて母の姿がそこにあるということだけでも（よいから）、遠くからでも見たい。（「耳楽」という）名をもっているならば、私に（その場所を）聞かせてほしい、みみらくの島よ。

と言うのを、（私の）兄にあたる人が聞いて、その兄も泣きながら、

いづことか……どこにあるのか、噂《うわさ》にだけ聞いているみみらくの島、その島に隠れてしまった（亡くなってしまった）人（母）を私も訪ねたいものだ。

こうしている間も、（兼家は）立ったまま面会しようとして、毎日見舞いにくるようだが、（作者は）ただ今は何の思慮分別もない状態なので、（兼家は）穢れの（ために会うことができない）もどかしい気持ち、気がかりな思いなど、わずらわしいほど書き連ねてくるが、呆然としていた時のことだったせいか、覚えていない。

自宅へも急いで帰るつもりはないが、思い通りにはできないので、今日、みな（山寺を）出発する日になった。来た時は（私の）膝にもたれていらっしゃった母を、なんとか（車中で）楽なようにと気を配っては、自分は汗をかきながら、いくらなんでも（死ぬことはないだろう）という希望もあって、張り合いがあった。このたびは、たいそう気が楽で、驚きあきれるほどゆったりと車に乗っていられることにつけても、道中ひどく悲しい。

（家に着き）車を降りてあたりを見るにつけても、全く何もわからないくらい悲しい。（母と）一緒に（廂《ひさし》のあたりに）出ては、（従者に）手入れをさせた草花なども、母の発病以来、ほうっておいたので、一面に生い茂り、色とりどりに咲き乱れている。母のための特別の供養なども、みながそれぞれ思い思いに行っているので、私はただ所在なくぼんやりと物思いに沈んでいるばかりで、「ひとむらすすき虫の音の」とばかり口ずさまれる。

手ふれねど……手入れもしなかったが、花は盛りになったことだ。（亡き母が）残しておかれた恵みの露によって。

などと思われる。

誰も彼も殿上への出仕もしないので（穢れを避ける必要がなく）、一緒に喪に服すことにしたようなので、それぞれ部屋を仕切りながら暮らすような中で、私だけは悲しみの紛れることもなく、夜は念仏の声を聞き始める時から、そのまま一晩中泣き明かしてしまった。四十九日の法事は、誰も欠ける者はなくて、家でとり行う。私と関係のある人（兼家）が一通りのことを取り仕切ったようなので、多くの人々が弔問につめかけた。私の供養の志として、仏像を描かせた。その日が過ぎてしまうと、みなそれぞれ引き払って別れていった。いっそう私の気持ちは心細くなっていき、いよいよやるせなく、あの人（兼家）はこのような心細くある様子を察して、以前よりは足繁く通う。

【問４　資料】

藤原利基朝臣が右近衛の中将だった時に住んでいました部屋が、（利基が）亡くなった後、誰も住まなくなってしまった時に、ある秋の夜更けにある所から参上したついでに覗《のぞ》いてみたところ、以前からあった庭の植込みもたいそう草が茂り荒れていたのを見て、以前利基に仕えていたので、昔に思いを馳《は》せて詠んだ歌　　御春有助

君が植ゑし……あなたが植えた一群のすすきは、今では虫の声がさかんで、草が生い茂る野原のようになってしまったことよ。

第4問

出典　蘇軾《そしょく》『重編東坡先生外集《ちょうへんとうばせんせいがいしゅう》』**【資料】**『旧唐書《くとうじょ》』

『重編東坡先生外集』は、北宋の詩人・文章家である蘇軾の文集。蘇軾の文章は数多く作られているが、これは明の万暦三十六（一六〇八）年に、康丕揚という人物によって刊行された。『旧唐書』は唐王朝の歴史書。五代後晋の劉《りゅう》昫《く》らが編纂《へんさん》した。劉昫の時代は唐が滅亡してからの混乱期で多くの史料が散逸しており、また、歴史書の元となる史料が過去の王朝の交替期に生じた混乱で失われるなどしていたため、『唐書』には不備があった。その後、見つかった史料などを用いて北宋の欧陽脩《おうようしゅう》らが、新たに『唐書』を編纂した。そこで、劉昫らが編纂したものを『旧唐書』、欧陽脩らが編纂したものを『新唐書』と呼んで区別する。どちらの『唐書』も正史に含まれている。

【出題の特徴】

前年の共通テストの傾向を踏襲し、関連をもつ複数のテキストを題材とする問題であった。問題文は漢文（文章）で、**【資料】**として問題文の内容に関連した漢文（文章）を取り上げ、漢文の知識と読解力とを問うと同時に、複数のテキストを関連づけて読み取る力も問う問題となっている。問題文の出題形式は、基本的にこれまでのセンター試験・共通テストを踏襲し、語句の意味や読み方・訓読（返り点と書き下し文）・解釈などの問が中心となっている。**問5**では二つのテキストを関連づけて内容を整理したり、読み取ったりする力が問われた。

【概要】

【問題文】

(1) 唐・太宗の時代の出来事

・王宮の中に雉が集まるという事件が続く。

・太宗が臣下に意見を求める。

↓

・褚遂良（秦の文公の故事を引いて）「陛下の明徳を称《たた》えている」。

・太宗「褚遂良は物知りの君子である」。

(2) 蘇軾の批評

・秦の故事に出てくる雉は普通の雉でない。

→雉を見て即座に秦の故事に結びつけること（＝褚遂良の見解）は、君主にこびへつらい、君主の判断を誤らせる。

・理由もなく野鳥が王宮内に入るのは災異である。

→魏徴がいたなら、殷の高宗の故事を引いて、太宗に反省を促しただろう。

・褚遂良は秦の故事も殷の故事も知っていたはずなのに、秦の故事（＝君主が喜ぶ内容）だけを取り上げたのは、忠臣とはいえない。

【資料】

太宗が魏徴の死を悼んだ言葉

・私（＝太宗）は三つの鏡（＝銅・古・人）で自分の過ちを防いできたが、そのうちの**一つ（＝人＝魏徴）**を失ってしまった。

銅の鏡……身なりを整える

古の鏡……王朝の盛衰を知る

人の鏡……人の長所と短所を知る＝魏徴

問1 29 ③ 30 ② 《漢字の意味の問題》

(ア)「即」は「すなはチ」と読み、〈すぐに〉という意味を表す。「即断」などの熟語と結びつけて覚えるとよい。よって③が正解。

(イ)「善」は、現代語でも「善行」「善良」などの熟語で使うように、〈よい、よいこと、よくおこなう〉といった意味を表す。ここでは「太宗[主語]善[述語]レ之[目的語]」と太宗の動作を表しているので「よシトス」または「よみス」と読む(選択肢も、すべて動作を表す語になっている)。「太宗之を善しとす」の「之」は、問題文前半の太宗と褚遂良とのやり取りを踏まえると、褚遂良の「昔秦文公時……以告明徳」という発言を指している。この発言は太宗を喜ばせるものであったことを考えると、「善しとす」は〈称賛する〉という意味が最も自然である。よって②が正解。

問2 31 ③ 《空欄補充と書き下し文の問題》

選択肢それぞれの意味を押さえた上で、傍線部Aの内容を検討する。①「須」は「すべかラク～ベシ」と読む再読文字で〈～する必要がある、ぜひ～すべきだ〉という意味を表す。この場合の傍線部は〈人は無学であるべきだ〉となる。②「不如」は「しカず」と読み、「A不レ如二B一(AハBにしカず)」の形で〈AはBに及ばない〉という比較の意味を表す。この場合の傍線部は〈人は無学であることに及ばない＝人は無学である方がよい〉となる。③「不可」は「ベカラず」と読み、不可能や禁止を表す。また「不レ可二以～一(もつテ～ベカラず)」の形で〈～できない・～してはいけない〉を表す。したがって傍線部は〈人は無学でいることはできない・人は無学であってはいけない〉となる。④「猶」は「なホ～ノ・ガごとシ」と読む再読文字で、〈まるで～のようだ、ちょうど～と同じだ〉という意味を表す。この場合の傍線部は〈人はまるで無学であるかのようだ〉となる。⑤「不唯」は「ただ～ノミナラず」と読み、〈～だけではない〉という意味を表す。この場合、傍線部は〈人はただ無学なだけではない〉となる。

選択肢の意味を確認したところで問題文を見ると、傍線部は褚遂良の発言を聞いた太宗が喜んで、「遂良は所謂多識の君子なるかな」と、彼の「多識」を褒める主旨の発言の中にある。「多識」すなわち〈知識が多いこと〉を褒める、という発言の意図を踏まえると、傍線部は〈学があること〉〈学んで知識を得ること〉を肯定する内容であればつながりがよい。よって、正解は③。

問3 32 ② 《解釈問題》

傍線部Bには、ここだと反語を表す「豈～乎(あニ～ンや)」〈＝どうして～だろうか、いや、～ではない〉が含まれている。

選択肢を見ると、①「きっと……だろう」は推量、③「おそらく……のだろう」は推量、④「なんとも……ではないか」は詠嘆、⑤「なぜ……なのだろう」は疑問の意味で解釈している。②「どうして……であろうか」は、〈普通の雉であろうか〉と問いかけることで〈(いや、)普通の雉ではない〉ことを主張する反語で解釈している。よって、傍線部Bの句形から正解は②である。念のため問題文の内容との整合性を確認すると、傍線部Bは「秦の雉」についての「予(蘇軾)」の考えを述べている。秦の雉というのは、問題文前半に書かれている秦の文公の時代に「童子化して雉と為る」の雉であり、傍線部Bでは「陳宝」と表現されている。童子が変身した雉は普通の雉とはいえないから、〈どうして普通の雉であろうか(いや、普通の雉ではない)〉という解釈は妥当である。よって正解は②。

問4 33 ③ 《返り点と書き下し文の問題》

傍線部Cは、太宗と褚遂良のやり取りに対する蘇軾の批評の中にある。「王宮の中に雉が集まってくるという事件が何度も続いた」ことについて、褚遂良は秦の文公の故事を引き合いに出し、太宗の「明徳を告ぐ」〈＝素晴らしい徳を告げ知らせる〉ものだという意見を述べた。

この意見に対して蘇軾は「諂妄の甚だしきものにして、其の君を愚瞽するなり」と、厳しく批判し、続けて「傍線部C、此れ乃ち災異なり」〈＝傍線部Cは、これはむしろ災異である〉と述べている。災異とは、皇帝に過ちがある場合などに天が自然災害や怪奇現象によってそれを知らせることなので、褚遂良の言う「明徳を告ぐ」とは正反対の評価である。

この蘇軾の意見の展開から、傍線部Cは〈王宮の中に雉が集まってくるという事件が何度も続いた〉ことを意味する言葉だと見当をつけ、選択肢を見ていく。すべての選択肢において主語は「野鳥」、すなわち王宮に集まってきた雉である。〈王宮の中に雉が集まってくるという事件が何度も続いた〉を、雉を主語として書き直すと〈雉が、何度も王宮の中に集まってきた〉となる。これを基準に選択肢を検討すると、まず④〈野鳥がいないのはもともと何回も王宮に入ってくるからである〉は、「野鳥無きは」〈＝野鳥がいないのは〉が問題文でいわれていない事柄である。また、「無」は返読文字なので、〈野鳥がいない〉を意味する語順は「無野鳥」である。したがって構造面からも適当ではない。⑤〈野鳥がわざわざ何回も王宮に入ってくることはない〉は、〈王宮の中に雉が集まってくるという事件が何度も続いた〉とあることに反する。

残る三つを順に見ていくと、①は〈野鳥が王宮に入るのを数えることに理由がない〉、つまり、王宮に入ってくる回数に意味があるかどうかということを問題にしている。しかし、そもそも野鳥（雉）が王宮に入ってくること自体が異常であり、その上、そのようなことが何度も続いたので問題になっている。入ってくる回数が何回だったか、あるいは、何回入るとこういう意味になる、というような細かな議論はなされていないので不適当。②は〈野鳥がわざわざ数えないで王宮に入る〉という意味で読んでいる。しかし、野鳥が回数を気にせず王宮に入ってくること自体は特におかしくないので、それを「災異」だと言うのは無理があり、不適当。③は〈野鳥が理由無く何回も王宮に入る〉で、ここで問題となっている事件を正しく言い表している。よって③が正解。

問5 34 ① 35 ④ **《複数文章の比較読解問題》**

(i) 「得失」は文字通り〈得ることと失うこと〉を意味し、そこから、損と得、成功と失敗など、何らかの得・利益があることと、逆に損害を受けることとを言い表す。選択肢もすべて、そのような利益不利益の関係にあるものが挙げられている。

【資料】を見ると、この語を含む一文は、その前の二つの文と同じ構造をしている。つまり対句になっている。

「以A為B」→「可以〜」	大意
以銅為鏡、可以正衣冠	銅を鏡とすれば→衣冠を整えられる
以古為鏡、可以知興替	古を鏡とすれば→興替を理解できる
以人為鏡、可以明得失	人を鏡とすれば→得失を解明できる

三つの文の前半はいずれも、「以A為B（AヲもつテBトなス）」〈＝AをBとみなす〉の形で、Bには「鏡」が入っている。それぞれ、〈銅／古／人を鏡とみなす〉という意味である。文の後半は、銅・古・人を鏡とみなした結果を、「可以〜（もつテ〜べシ）」〈＝〜できる〉という形で示している。それぞれ〈衣冠を正す／興替を知る／得失を明らかにすることができる〉と述べている。

また、太宗はこの三つを「以て己の過ちを防ぐ」ための「三鏡」としている。その上で、魏徴が亡くなったことで「一の鏡を亡ふ」と言っているので、三つのうち「人」は魏徴を指していると考えられる。これを踏まえて「得失」の意味を考える。

三つのうち、最初の〈銅を鏡とすれば、衣冠を整えられる〉は、文字通り鏡に映る自分の姿を見て、身なりを整えることを表している。二つ目で鏡とされているのは「古」、つまり古いこと、歴史である。歴史を参照すれば、「興替」すなわち王朝の興亡の原因を知り、誤った政治によって唐王朝を滅亡させることを防げる、ということだ。では三つ目の「人」、すなわち魏徴によって明らかになり、太宗の過ちを防ぐのに有効なこととは何だろうか。

「銅鏡―身なり（外見）」「歴史―政治（能力）」という対応から考えると、太宗が過ちを避けるべき要素としては、太宗自身の内面、性格や資質といったことが考えられる。ここで選択肢を見ると、②・④は「古」の鏡に関係が深く、⑤は「銅」の鏡で見るものである。残るは①と③だが、問題文で蘇軾は魏徴について「必ず……諫めん」と述べている。「諫める」は、臣下が主君の過ちを直接に指摘し、改めるようにうながすこと。つまり太宗は魏徴からの諫言によって、自分のよくない点を改めていたと考えられる。したがって魏徴という鏡で明らかになるのは、臣下の人望ではなく、太宗自身の長所や短所ということ

になる。よって、正解は①。

以上のように、【資料】での魏徴は、太宗の短所を指摘し、その過ちを防ぐ鏡のような存在とされている。

(ii) これを踏まえて各選択肢を見ていこう。

①は「事件を誤解している太宗」が適当ではない。太宗は王宮に雉が集まってくる事件について「何かの前触れではないか」と怪しんでいるが、褚遂良が都合のいい解釈をして太宗を喜ばせたのであり、太宗自身が事件について何らかの解釈をしたわけではない。また「うそをつかなかった」「真実を話した」も不適。魏徴は太宗を「諫め」たのである。

②は「太宗の無知をたしなめた」が適当ではない。これも①と同様で、雉が集まってくる事件について「何かの前触れではないか」と怪しむこと自体は君主として慎重な態度であり、ことさらに太宗を「無知」とする根拠はない。

③は、魏徴が太宗を「鏡に映った自分自身であるかのように」が適当ではない。皇帝と臣下の関係として、臣下が皇帝を自分自身に対置することは考えにくいし、【資料】から、太宗の姿を映すのは銅の鏡の役目で、魏徴の役目はその長所短所をわからせることである。また蘇軾は〈魏徴なら諫めただろう〉と言っているので「同情して慰めた」も適当ではない。

④は、「魏徴は太宗に遠慮せず率直に意見する」が、蘇軾の〈魏徴なら諫めただろう〉に合致している。

⑤は、「歴史の知識で太宗を助けてきた」とあるが、歴史は「古」の鏡と関連づけられているので、これを魏徴と結びつけるのは適当ではない。

よって正解は④。

問6 **36** ① **《傍線部の理由説明問題》**

傍線部Eは、褚遂良に対する蘇軾の評価である。選択肢の文がすべて「褚遂良は……が、……べきだったから」という枠組みであることを押さえ、まず問題文前半から褚遂良の行動をとらえる。次に、問題文後半から、蘇軾は、褚遂良がどのような行動をとるべきだったと考えているのかをとらえる。この際、蘇軾が褚遂良と魏徴とを対比している点に着目する。

褚遂良は、王宮の中に雉が集まってくるという事件について、雉がめでたい知らせとなった「陳宝」の故事を引用し、太宗を喜ばせた。

これに対して蘇軾は、「諂妄の甚だしきものにして、其の君を愚瞽する」と厳しく批判している。一方で、太宗が己の短所を知る「鏡」としていた魏徴の名を挙げ、もし魏徴がいたなら「鼎雊」の故事を引用して、太宗を諫めただろうと述べている。「鼎雊」の故事は、問題文の語注にあるように、「異変(=よくない前触れ)」とされている。

そして結論として、「多識の君子」といわれるような褚遂良なら「鼎雊」の故事を「知らざるに非ざる(=知らないわけではない=知っている)」のに、「鼎雊」ではなく「陳宝」を引いたのは「忠臣ではない」と結論づけている。要するに蘇軾は、褚遂良が忠臣であるならば、主君を喜ばせるよりも主君を諫めるべきだと批判している。これを踏まえて選択肢を見ていく。

①は「めでたい知らせだと解釈して太宗の機嫌を取った」「忠臣ならば……厳しく忠告して主君をより良い方向へと導くべき」が、褚遂良の行動と、蘇軾の批評のいずれにも合致している。

②は「貴重な教訓を引き出して太宗の気を引き締めた」「主君に自信を持たせるべきだった」が、褚遂良の行動と、蘇軾の批評のいずれにも合致しない。

③は「珍しくないと説明して」が、太宗を喜ばせる解釈をした褚遂良の行動に合致しない。

④は「普段から勉強して主君の求めに備えておくべき」が、蘇軾の評価と合致しない。

⑤は「事件の実態を隠し間違った報告をし」「主君に事実を教えるべき」が、問題文の内容に合わない。事実は「王宮の中に雉が集まってくるという事件が何度も」続いた、ということであり、これに関して褚遂良が隠し事をしたわけではない。あくまで、その事件をどのように解釈するか、ということが話題になっている。

よって、①が正解。

書き下し文

遂良《すいりやう》曰《い》はく、「昔秦《むかししん》の文公《ぶんこう》の時《とき》、童子《どうじ》化《くわ》して雉《きじ》と為《な》る。雌《めす》は陳倉《ちんさう》に鳴《な》き、雄《をす》は南陽《なんやう》に鳴《な》く。童子《どうじ》曰《い》はく、『雄《をす》を得《う》る者《もの》は王《わう》たり、雌《めす》を得《う》る者《もの》は覇《は》たり』と。文公遂《ぶんこうつひ》に諸侯《しよこう》に雄《ゆう》たり。陛下《へいか》は本秦《もとしん》に封《ほう》ぜらる、故《ゆゑ》に雄雌《ゆうし》並《なら》びに見《あら》はれ、以《もつ》て明徳《めいとく》を告《つ》ぐ」と。上《しやう》説《よろこ》びて曰《い》はく、「人《ひと》以《もつ》て学《がく》無《な》かるべからず、遂良《すいりやう》は所謂《いはゆる》多識《たしき》の君子《くんし》なるかな」と。

予《よ》以謂《おも》へらく、秦《しん》の雉《きじ》は、陳宝《ちんほう》なり、豈《あ》に常雉《じやうち》ならんや。今雉《いまきじ》を見《み》て、即《すなは》ち之《これ》を宝《たから》と為《な》すは、猶《な》ほ白魚《はくぎよ》を得《え》て、便《すなは》ち自《みづか》ら武王《ぶわう》に比《くら》ぶるがごとし。此《こ》れ諂妄《てんばう》の甚《はなは》だしきものにして、其《そ》の君《きみ》を愚瞽《ぐこ》するなり。而《しか》るに太宗之《たいそうこれ》を善《よ》しとし、史《し》も譏《そし》らず。野《や》鳥《てう》故《ゆゑ》無《な》くして数《しばしば》宮《きう》に入《い》るは、此《こ》れ乃《すなは》ち災異《さいい》なり。魏《ぎ》徴《ちよう》をして在《あ》らしめば、必《かなら》ず高宗鼎耳《かうそうていじ》の祥《しやう》を以《もつ》て諫《いさ》めん。遂良此《すいりやうこれ》を知《し》らざるに非《あら》ざるに、鼎雊《ていこう》を捨《す》てて陳宝《ちんほう》を取《と》るは、忠臣《ちうしん》に非《あら》ざるなり。

【資料】

夫《そ》れ銅《どう》を以《もつ》て鏡《かがみ》と為《な》せば、以《もつ》て衣冠《いくわん》を正《ただ》すべく、古《いにしへ》を以《もつ》て鏡《かがみ》と為《な》せば、以《もつ》て興替《きようたい》を知《し》るべく、人《ひと》を以《もつ》て鏡《かがみ》と為《な》せば、以《もつ》て得失《とくしつ》を明《あき》らかにすべし。朕常《ちんつね》に此《こ》の三《さん》の鏡《かがみ》を保《たも》ち、以《もつ》て己《おのれ》の過《あやま》ちを防《ふせ》ぐ。今《いま》魏《ぎ》徴《ちよう》殂逝《そせい》し、遂《つひ》に一《いち》の鏡《かがみ》を亡《うしな》ふ。

全訳

遂良が言うには、「昔秦の文公の時代に、童子が変身して雉になりました。雌は陳倉で鳴き、雄は南陽で鳴きました。童子が言うには、『雄の雉を手に入れた者は王になり、雌の雉を手に入れた者は覇者となる』と。文公はとうとう諸侯の中で最も優れた者になりました。陛下はもともと秦王でいらっしゃいました、それゆえ雌雄どちらも現れて、（太宗の）素晴らしい徳を告げ知らせたのです」と。上（＝太宗）が喜んで言うには、「人は無学であってはいけない、遂良はいわゆる物知りの君子であるなあ」と。

私（＝蘇軾）が思うに、秦の雉は、童子が変身したものであり、どうして普通の雉であろうか（いや、普通の雉ではない）。いま雉を見て、すぐにこれを宝とみなすのは、まるで白魚を手に入れて、すぐに自分を周の武王と同じだと考えるようなものだ。これ（＝遂良の意見）はこびへつらいのひどいものであって、その君主（＝太宗）の判断を誤らせるものである。にもかかわらず太宗はこれ（＝遂良の意見）を称賛し、史官も非難しなかった。野鳥が理由もなく何回も王宮に入ってくることは、これはむしろ災異である。魏徴が（その場に）いたならば、きっと殷の高宗の鼎耳の故事を引いて反省を促しただろう。遂良がこれ（＝鼎耳の故事）を知らなかったわけではない（はずな）のに、鼎雊の故事を捨てて陳宝の故事を取っ（て太宗に申し上げ）たことは、忠臣（の行動）ではない。

【資料】

銅を鏡として使えば、それによって衣冠を正しく整えることができ、古（＝故事・歴史）を鏡として使えば、それによって王朝の興亡を知ることができ、人（＝魏徴）を鏡として使えば、それによって人の長所と短所とを明らかにすることができる。わたし（＝太宗）は常にこの三つの鏡を持ち、それによって自分の過ちを防いできた。（しかし）今魏徴が亡くなり、ついに一つの鏡を失ってしまった。